2007 2008

刘成果 主编

中国奶業

年鉴

2004

中国农业出版社

编 辑 说 明

《中国奶业年鉴》是农业部年鉴系列中最新编纂的一部重要产业年鉴。经农业部批准，由中国奶业协会主持编纂《中国奶业年鉴》，2002年卷为首卷本，2004卷为第三卷本。《中国奶业年鉴》是客观记述我国奶业发展历程的大型综合性资料工具书，是中国奶业发展的编年史册，是中国奶业信息建设的重要组成部分，具有政府公报性质。编纂《中国奶业年鉴》是中国奶业协会在市场经济条件下，服务行业发展的重要工作内容。

《中国奶业年鉴》编委会由农业部、科技部、国家统计局、国务院发展研究中心、国家学生饮用奶计划办公室、中国奶业协会、中国乳制品工业协会、中国科学院、中国社会科学院、中国农业科学院、中国农业大学等部门和单位的领导、专家、企业家等组成，特邀编辑由各省、自治区、直辖市和计划单列市相关主管部门和奶业协会的负责同志担任，编委和特邀编辑共同组成本刊编撰队伍。

《中国奶业年鉴》(2004) 主要记载我国奶业发展方针、政策和措施，全面反映我国奶业发展现状，包括奶业产业化、饲草饲料、奶畜养殖、乳制品加工、乳制品消费等整个产业链发展的基本态势；记载我国奶业及相关行业重要科技成果，以及奶业企业发展的典型经验和业绩；记载国家和地方重要奶业法规、标准和行业大事记；记载国内外奶业统计资料和奶业行业名录等。

《中国奶业年鉴》(2004) 数据资料主要采用国家统计局公开发表的统计数据，部分资料由农业部畜牧业司、农垦局和全国畜牧兽医总站，海关总署，中国奶业协会和中国乳制品工业协会等部门和单位提供。国内数据资料范围仅限于内地31个省、自治区、直辖市。

《中国奶业年鉴》(2004) 中各省、自治区、直辖市按行政区划顺序排列。

《中国奶业年鉴》(2004) 所刊载资料一般截止2003年底，部分时效性较强的资料，如行业名录等，不限于2003年。

《中国奶业年鉴》(2004) 的编辑、出版和发行工作得到了各级行政主管部门、各有关单位、生产企业、奶业行业协会和奶业知名专家、学者的大力支持和帮助，谨此表示诚挚的感谢。

《中国奶业年鉴》编辑委员会

2003 年 6 月 28 日，由中国奶协主办，北京市、天津市、上海市、广东省、广州市、大连市奶业协会和武汉市奶业管理办公室联合支持的“鲜奶标识与奶业健康发展研讨会”在北京召开，刘成果理事长作主题发言，魏克佳秘书长主持会议，农业部、科技部、国家质检总局、国务院发展研究中心、国家发改委、中国消费者协会等单位以及光明、伊利、三元、三鹿、蒙牛、完达山、均瑶、广东燕塘、佳宝、银桥等企业的代表参加会议。

2003 年 7 月 9 日，由“国家学生饮用奶计划”部际协调小组办公室主办的“学生奶奶源升级计划”启动仪式在北京召开。农业部副部长张宝文，农业部总经济师、学生奶办公室主任朱秀岩，常务副主任丁力，利乐（中国）有限公司总裁李赫逊，利拉伐全球总裁 Anders 先生参加启动仪式。

2003年8月，中国奶业协会理事长刘成果、副理事长兼常务秘书长魏克佳、副理事长徐定人等一行，在包头市政府副秘书长任福和内蒙古乳泉奶业有限公司总经理郭予丰的陪同下，考察该公司美加系统纯种奶牛繁育基地。

2003年9月15日，北京三元食品股份有限公司挂牌仪式在上海证券交易所举行，北京市副市长张茅、北京控股有限公司董事局领导胡昭广和衣锡群、北京三元集团有限责任公司董事长包宗业、北京三元食品股份有限公司董事长邢春华、总经理郭维健出席仪式。

2003年10月8～10日，由中国奶业协会主办的“2003中国国际奶业展览会及高层论坛”在北京隆重举行。中国奶协副理事长王佳芬主持开幕式，中国奶协顾问李易方、全国人大农村工作委员会副主任伍精华、中国奶协理事长刘成果致辞，副理事长魏克佳、方有生、王怀宝、张沅、谷继承、郑俊怀、牛根生、王德胜、郭维健以及中国乳制品工业协会理事长宋昆冈参加会议。

2003年10月8～10日，中国奶业协会2003年会及奶业发展高层论坛在北京召开，刘成果理事长作工作报告，农业部总经济师贾幼陵，科技部农社司司长王晓方、农业部产业化办公室副主任丁力等领导以及知名专家、企业家在论坛讲演。

2003年11月12～13日，由上海奶业行业协会联合国内10个大城市奶业协会举办的“城市型奶业发展战略研讨会”在上海举行。上海市奶业行业协会理事长王佳芬致辞、秘书长陈新主持会议。图为北京市奶业协会理事长范学珊等为大会演讲嘉宾资深专家李易方等颁发纪念品。

2003年12月30日 为了科学引导消费，促进奶业健康发展，搜狐网和中国奶业年鉴编辑部联合邀请政府官员、行业专家做客搜狐谈奶业发展。国家学生饮用奶计划办公室常务副主任丁力、北京市奶业协会理事长范学珊、广州市奶业协会理事长王丁棉、中国奶业协会理事豆明等嘉宾参加论坛。

中国奶业协会（北京）认证中心

中国奶业协会（北京）认证中心是经农业部和国家认证认可监督管理委员会(CNCA)正式批准，专门从事乳制品企业食品安全管理体系（HACCP）认证的专业机构。CNCA批准注册号：CNCA-R-2004-135。英文名称Dairy Association of China (Beijing) Certifica-tion Center（缩写为DACC）。

中心拥有雄厚的技术实力，来自全国的一大批著名乳品专家和众多乳制品企业的管理者，为乳制品企业食品安全管理体系（HACCP）认证提供权威性强劲支撑；同时中心具有一支资深的、高素质的专业审核员队伍，为乳制品企业提供优质的认证服务。

展望未来，中国奶业协会（北京）认证中心面临着前所未有的机遇和挑战，并将依托自身的优势，不断开拓和创新，塑造中国奶业认证最高水准的品牌机构。

中心主任：魏克佳

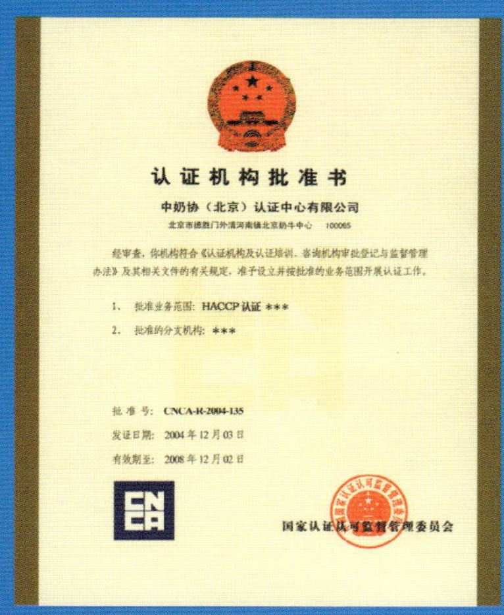

认证机构批准书

中奶协（北京）认证中心有限公司

北京市德胜门外清河南镇北京奶牛中心 100085

经审查，你机构符合《认证机构及认证培训、咨询机构审批登记与监督管理办法》及其相关文件的有关规定，准予设立并按批准的业务范围开展认证工作。

1、 批准业务范围：HACCP认证 ***

2、 批准的分支机构：***

批准号：CNCA-R-2004-135

发证日期：2004年12月03日

有效期至：2008年12月02日

CNCA

国家认证认可监督管理委员会

DACC质量方针：尊重客户　全面履行承诺

依据标准　实施公正认证

高效进取　尽显专业水准

努力开拓　创建品牌机构

地　　址：北京市德胜门外清河南镇北京奶牛中心

电　　话：010-62948041

邮政编码：100085

网　　址：http://www.dac.org.cn

传　　真：010-62948006

4℃7天的鲜奶更营养

1. 光明鲜奶来自就近牧场，更新鲜更营养
2. 光明鲜奶拥有全程冷链，营养不流失
3. 光明鲜奶采用巴氏杀菌，更完整地保存了牛奶中的营养

光明鲜奶更完整地保存了牛奶的精华
想更健康当然选择更营养的鲜奶

	光明4℃7天的鲜奶	保质期10天以上的常温牛奶
乳清蛋白	损失量仅为10%～20%	损失量达40%～60%
可溶性钙、磷	几乎不损失	损失量达40%～50%
维生素	维生素B_6、B_{12}、C、E及β-胡萝卜素含量几乎不损失	维生素B_{12}的损失量是4度7天牛奶的3倍，维生素B_6、C有不同程度的损失，β-胡萝卜素、维生素E损失量达5%

光明低脂，脱脂奶

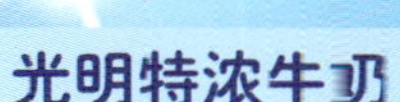

光明益菌奶

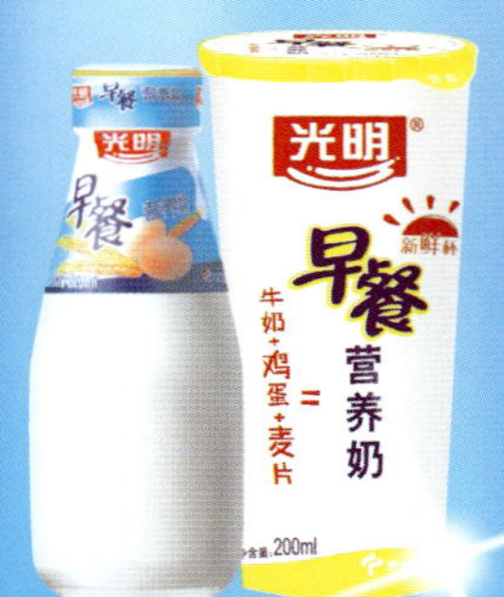

光明早餐营养奶

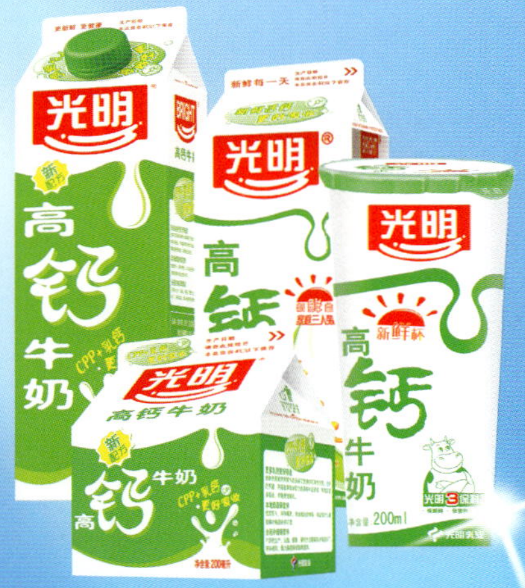

光明高钙牛奶

北京三元食品股份有限公司
BEIJING SANYUAN FOODS CO.,LTD.

三元
SANYUAN

北京三元食品股份有限公司是以奶业为主，兼营麦当劳快餐和房地产开发的中外合资股份制企业，现有员工一万余人，是1997年5月在香港成功上市的北京控股有限公司的成员企业之一。北京三元食品股份有限公司由北京企业(食品)有限公司(72%)、北京三元集团有限责任公司(20%)、北京燕京啤酒股份有限公司(5%)、北京燕京啤酒集团公司(1%)、东顺兴业股份有限公司(1%)、北京亦庄新城实业有限公司(1%)六家优质企业出资组成，公司总股本48500万股，总资产13亿元人民币。

北京三元食品股份有限公司具有45年的乳品加工历史，其产品涵盖了屋型包装鲜奶系列、超高温灭菌奶系列、酸奶系列、袋装鲜奶系列、奶粉系列、北京干酪及各种乳饮料、冷食、宫廷乳制品等百余品种；拥有“三元”、“燕山”、“绿鸟”、“雪凝”等著名商标；销售网络覆盖北京、上海、深圳等50多个省市；到目前已建成了与国际接轨、在国内处于领先地位的液态奶、发酵奶、固态奶、科研培训中心四大基地，日处理鲜奶达1000余吨，并于2000年3月通过ISO9001国际质量体系认证，严格的质量控制体系保证了产品的精良品质。4名博士、20名硕士及200余名科技管理人员使公司具有强大的新品开发和技术储备能力，为市场开拓和公司发展提供了强有力的技术保障。

北京麦当劳食品有限公司和广东三元麦当劳食品有限公司的中方权益是三元食品的一个重要组成部分。北京三元食品股份有限公司拥有北京麦当劳50%的股份，间接拥有广东麦当劳25%的股份。

三元食品控股的三元嘉铭房地产开发有限公司，以雄厚的经济和技术实力运作首都房地产开发业，成为三元食品的又一支柱产业。

北京三元食品股份有限公司全体员工秉承“以人为本，情系千家万户”的经营理念，以提高国民健康水平、不断满足消费者需求为已任，真诚与社会各界合作，共创三元食品的美好未来。

1. 年加工能力15万吨的液态奶加工厂
2. 超高温灭菌奶生产线
3. 天然纯净的奶源基地

中国名牌产品

三元公司液态奶产品荣获“中国名牌产品”称号

北京三元食品股份有限公司
BEIJING SANYUAN FOODS CO.,LTD.

中国名牌

- 中国乳品十强企业
- 农业产业化国家重点龙头企业
- 中国学生饮用奶定点生产企业
- 中国农业产业化经营20大龙头食品企业
- 中国西北地区乳制品产销量最大骨干企业
- 通过ISO9001国际质量体系和产品质量认证
- 陕西省农业产业化龙头示范企业

地址：中国·西安临潼经济开发区

邮编(Post code):710600

科学院合作进行高产奶牛克隆胚胎移植试验攻关，为周边地区养牛户起示范、带头作用。四是引进先进技术和设备相结合，加工企业的关键设备均从西欧引进，确保技术先进、产品新颖、市场竞争能力强、发展后劲足。要占领国内外市场，必须根据多元化市场不断变化的需要，抓好新品种开发贮备和更新换代体系建设。

吉林省乳业集团广泽有限公司

2001年4月正式进入乳制品行业；

2002年末建成了吉林省“十五”期间百项重点工程项目之一的年产4万吨乳品加工项目；

2003年末，产品日销量突破100吨，在吉林省市场份额超过20%，实现了“做吉林省第一品牌”的阶段性战略目标；

2004年10月，产品日销量突破150吨，累计销量已超过4万吨，在吉林省市场份额超过30%，跨入了国内大型乳品企业的行列。

广纳百川　泽惠四海

广泽乳业将乘着东

迎来更加辉煌的明天！

泽乳业

吉林省作为农业和牧业大省，具有先天的奶源优势，省委省政府的高度重视和广泽的快速带动更是形成了后发优势，使得吉林省的奶源基地建设迅猛发展。目前广泽公司基本上形成了以长春为中心，通榆和前郭为两翼的战略布局，保证了公司长足、稳定的奶源供应。

继先后成为吉林省和国家农业产业化龙头企业之后，公司申报的年产20万吨乳品加工项目，也已被批准成为国家东北老工业基地改造项目之一。

吉林省乳业集团广泽有限公司

地址：长春市经济技术开发区自由大路8333号
电话：0431-4646666
E-mail:ground2001@163.com
网址:www.gzry.com

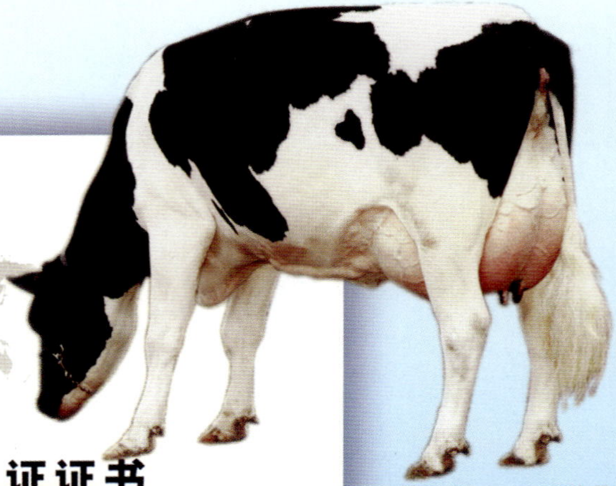

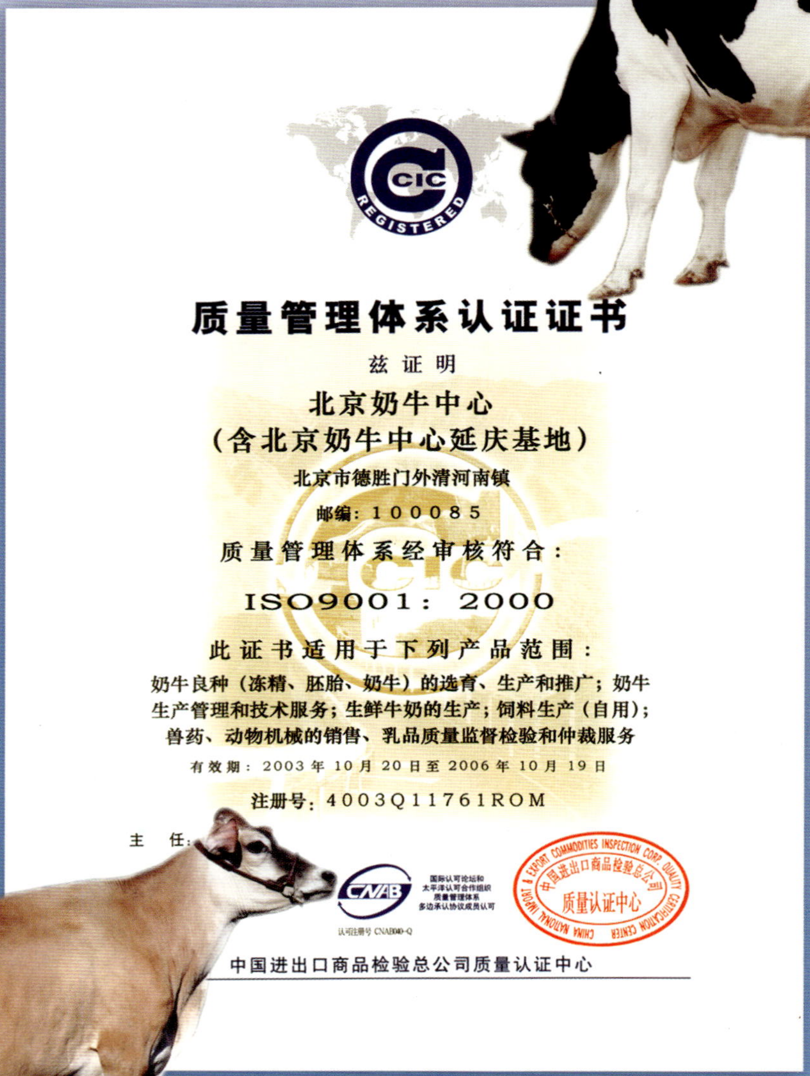

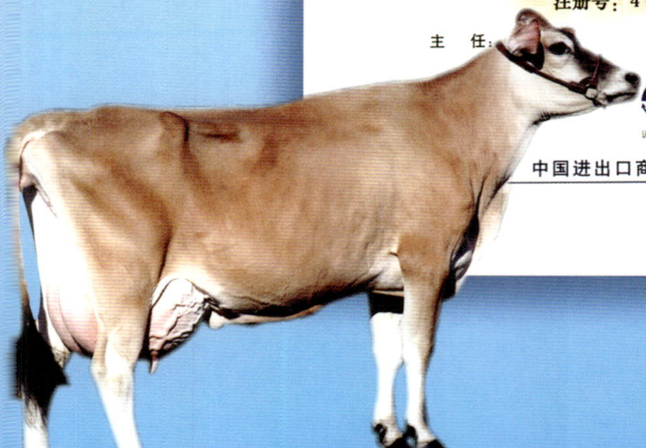

Beijing Dairy Cattle Centre

国家重点高科技、产业化奶牛良种繁育基地

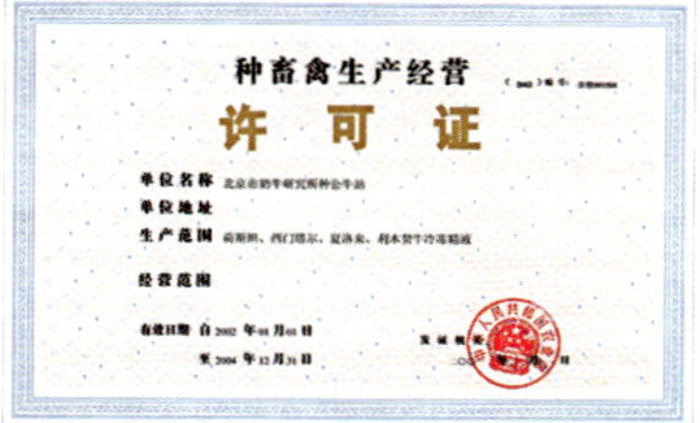
种畜禽生产经营
许 可 证
单位名称
单位地址
生产范围
经营范围

- 国内第一家种公牛性能测定中心（1973－2003）
- 2001年国家计委命名“国家高技术产业化示范工程”
- 连续荣获中国国际农博会冷冻精液惟一名牌产品
- 奶牛冷冻精液连续八年产销量全国第一

证 书

北京奶牛中心：

你单位BDCC牌 荷斯坦牛冷冻精液 被认定为2001年中国国际农业博览会名牌产品

特发此证

美国进口红白花荷斯坦公牛，母亲三胎 305 天产奶 11495 千克，乳脂率 4.1%，乳蛋白率 3.1%

美国进口青年公牛，父亲 2001 年 2 月美国公牛育种值排队第 1 名，母亲产奶 17604 千克，乳脂率 4.7%，乳蛋白率 3.6%

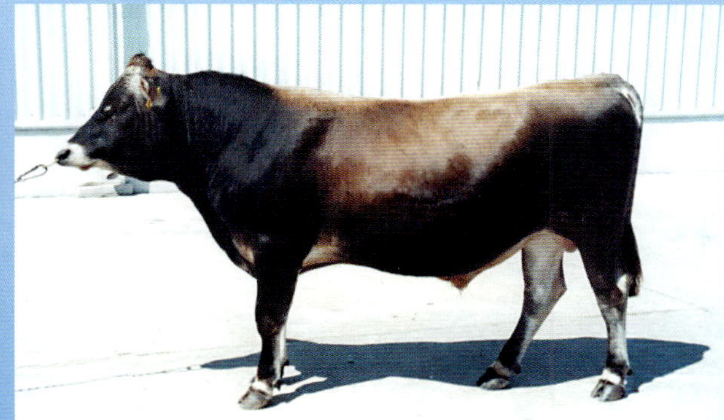
美国进口娟姗公牛

“空中之星”之子

用北京公牛冻精，走养牛致富之路！

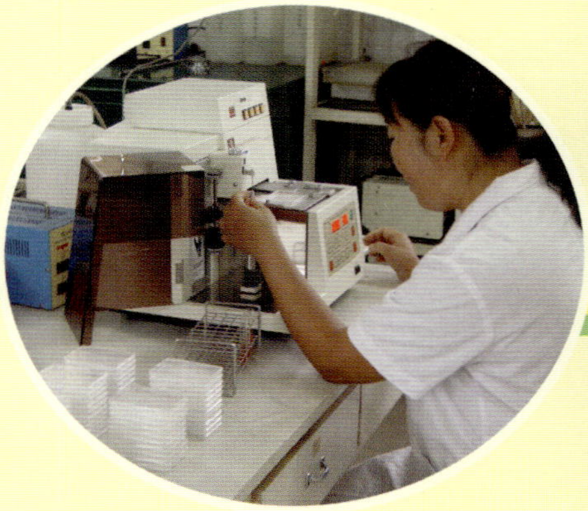

證書

天津市奶牛良种站：

你单位被批准为《国家科技成果重点推广计划》项目"DHI（奶牛牛群改良）技术"的技术依托单位，特颁此证。

被科技部指定为（DHI）奶牛牛群改良技术依托单位

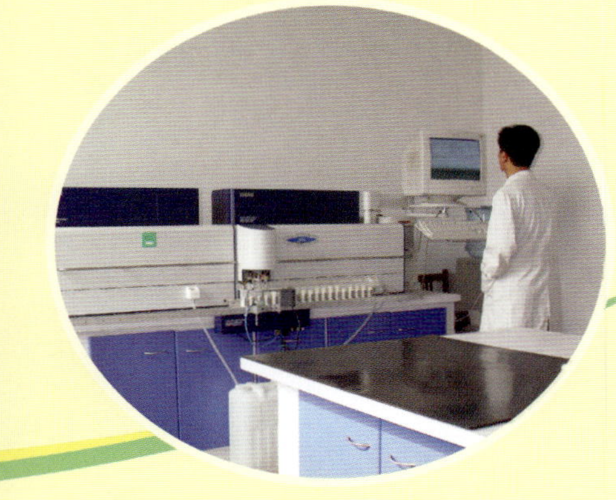

TIANJIN DAIRY CATTLE DEVELOPMENT CENTER

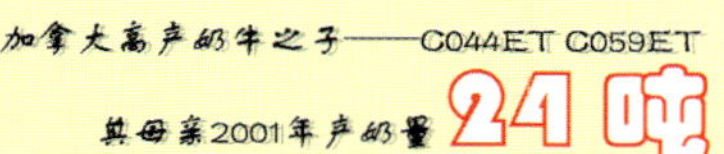

著名公牛"燃烧者"之子
父：CAN 6466625
2001年11月加拿大LPI排名第4

著名公牛"元帅"之子
父：USA 2297473
2001年8月 美国TPI排名第2

著名公牛"罗基"之后代
父：USA 2231562
2000年11月加拿大LPI排名第12

奶牛全混合日粮(TMR)饲养技术示范推广

"奶牛全混合日粮（TMR）饲养技术示范推广"项目，来源于2002年天津市奶牛发展中心引智项目（加拿大）"高产奶牛饲养管理技术及疾病防治技术"。通过现有奶牛生产中存在的饲养方式所造成的日粮营养不平衡等关键问题，提出了引进和推广国外先进成熟奶牛饲养技术—— TMR。根据专家意见，我们于2003年经市引智办批准，确立了奶牛TMR饲养技术示范推广项目。在天津市东效奶牛场、军粮城奶牛场、黄庄奶牛场，总计1 200头成母牛群进行了TMR技术实施示范。一年来按照项目确定的主要内容，配套技术措施、组织措施和年度计划，进行了全面细致的工作取得了明显的效果，达到了预期目标，示范奶牛场成母牛年平均单产和经济效益及牛群质量都有很大提高。

从一年的执行情况看，我们认为本项目充分利用引智成果，立题正确，有示范带动作用，实践性强，符合天津奶业发展方向。项目成果在全市奶牛养殖业推广必将取得更大的经济效益和社会效益。

主要成果

1. 通过项目实施确立了符合奶牛不同阶段营养需要的合理饲养配方，全天候自由采食。
2. 根据TMR技术要求，精粗饲料均匀混合，营养均衡，适口性强。使示范场牛群体质、生产性能全面改善。引进优质牧草和全株玉米青贮，使奶牛健康，牛奶质量大大提高。
3. 示范场产量效益结果
   ①参试牛1 490头，比计划多290头，参试牛平均单产增加101■千克，年总计增加产奶量150吨。
   ②由于采用全混合日粮，粗精料均匀混合切碎等方法，增强适口性。减少青贮饲料浪费745吨。
   ③由于采用机械操作自动上料，节约劳力近30%。

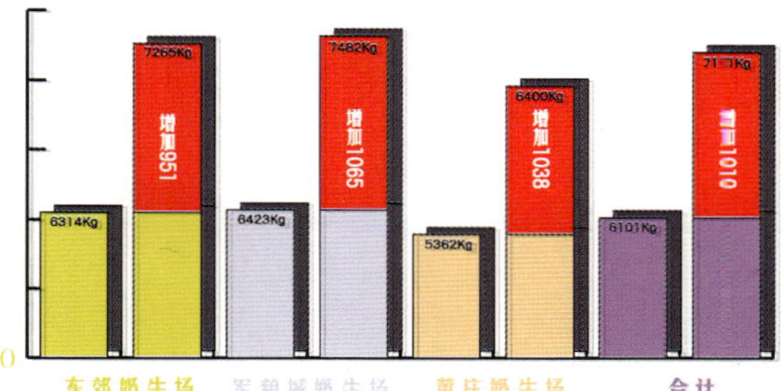

奖状

天津市奶牛管理站：

在二〇〇二年全国农牧渔业丰收奖 等奖

项目中为第 完成单位。

特发此证。

IDEXX
LABORATORIES

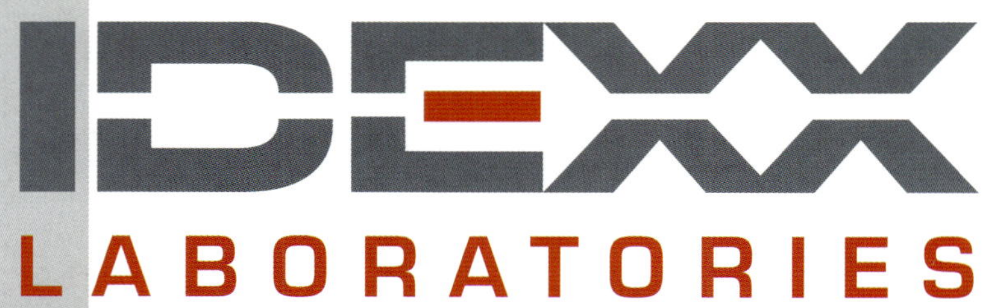

爱德士(IDEXX)SNAP 牛奶快速测试试剂盒

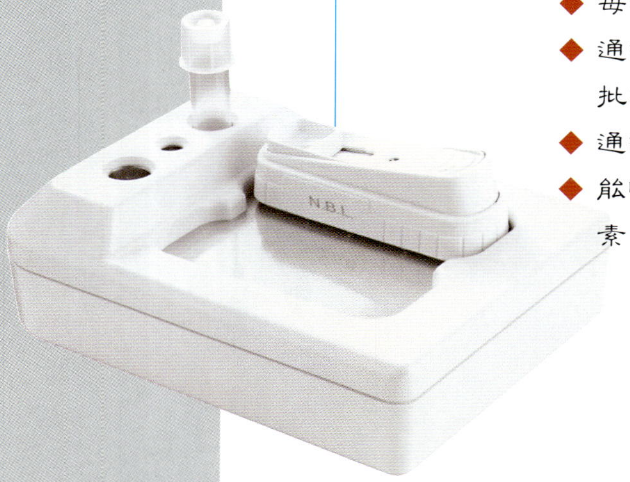

- 拥有世界各地不同国籍的客户
- 每年销售高达 600 万个
- 通过美国食品及药物管理局（FDA）批准
- 通过美国分析协会（AOAC）批准
- 能快速测试原始及混合牛奶内的青霉素 (Beta Lactam) 等的残余

首部使用触碰式屏幕技术的残余测试仪器

SNAP 判读机(SNAP Shot Reader)

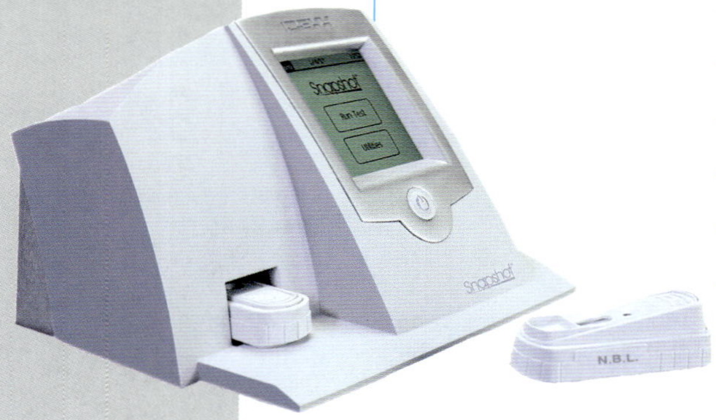

- 容易了解的自助式说明让您能照步骤完成测试程序
- 培训时间明显减少
- 测试结果于数秒内出现
- 日期及时间
- 试剂盒种类
- 批号
- 技术人员身份及样品确认
- 判读结果系数
- 阳／阴性结果

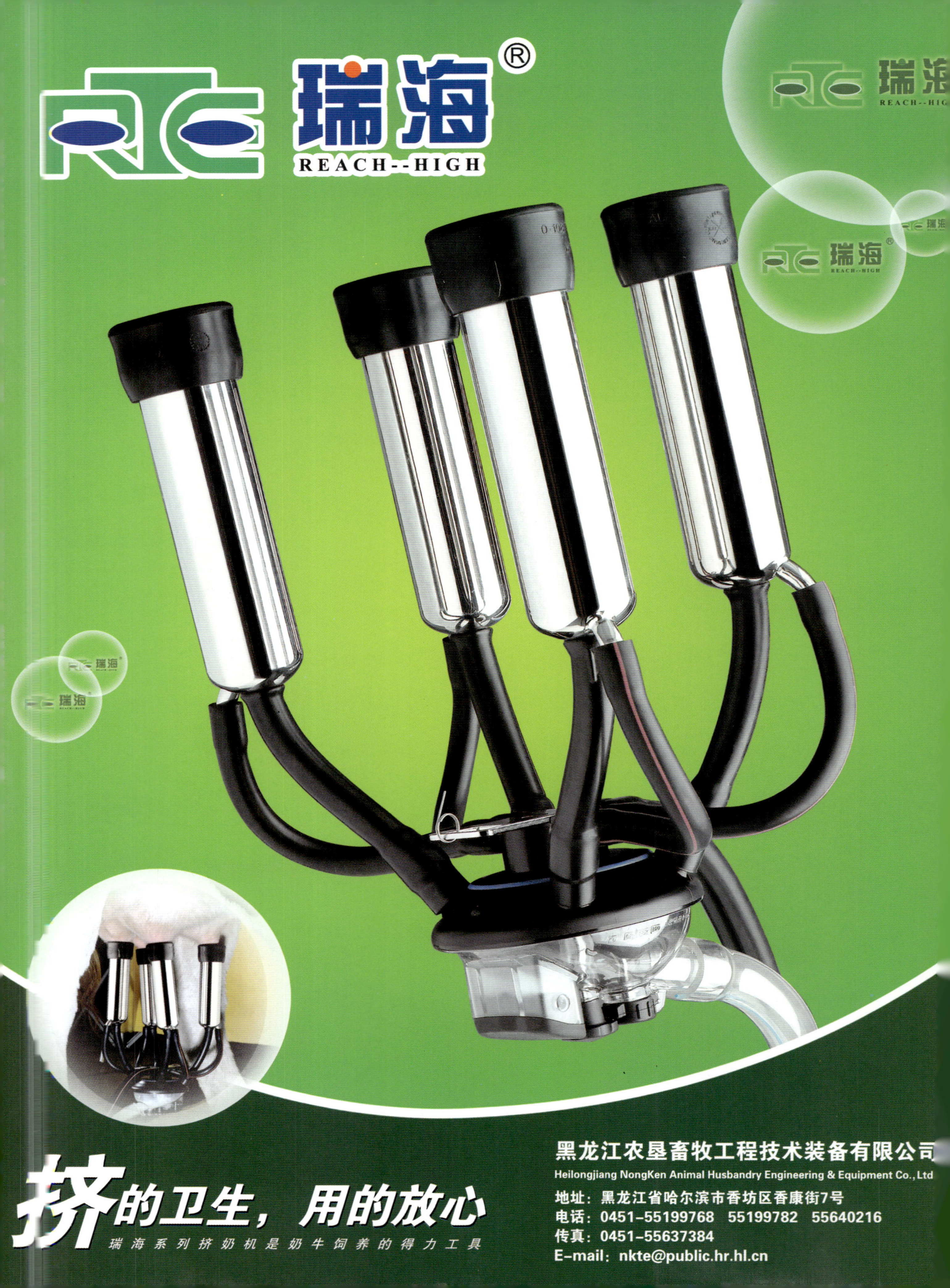

REACH--HIGH
瑞海®
挤的卫生，用的放心
瑞海系列挤奶机是奶牛饲养的得力工具
黑龙江农垦畜牧工程技术装备有限公司
Heilongjiang NongKen Animal Husbandry Engineering & Equipment Co., Ltd
地址：黑龙江省哈尔滨市香坊区香康街7号
电话：0451-55199768 55199782 55640216
传真：0451-55637384
E-mail：nkte@public.hr.hl.cn

Westfalia Separator Food Tec GmbH

分离技术

德国韦斯伐里亚分离机公司是世界上领导生产分离机的厂家，在世界各地享有盛誉，它的高质产品树立了优质和可靠的标准。它涉及乳品、医药、化工、饮料、酒类、食用油、生物、环保和矿物油等领域。

应用范围包括：

乳及乳清的脱脂
乳及乳清的净化
乳及乳清的细菌分离
奶油的浓缩

制造／回收：

干酪素
奶酪
软奶酪
新鲜奶酪
乳糖
乳清蛋白
黄油
乳脂肪

香港总部（负责人：李仕德）
香港湾仔港湾道 26 号
华润大厦 27 楼 2708 室
电话：00852-28660009　传真：00852-25200432
电子邮件：wschina@netvigator.com

北京代表处（负责人：于凯健）
北京市朝阳区光华路甲 8 号
和乔大厦北座 209 室　邮编：100026
电话：010-65814606/7/8/9　传真：010-65814610
电子邮件：wsbj@public.bta.net.cn

韦斯伐里亚分离机公司

优质服务

韦斯伐里亚分离机公司拥有超过110年制造离心机的经验及DINISO90001质量证书，自1994年起成为德国GEA集团的一员，为集团机械分离部的核心公司；当全世界在讨论全球一体化时，韦斯伐里亚分离机公司在数十年前已将之实现，在全球拥有超过50家直属分支机构和在超过60个国家设有代理机构，无论在欧洲、美洲、亚洲、非洲或澳大利亚，均可以得到韦斯伐里亚分离机公司的优质服务。

服务

良好合作的基础

阁下的满意是我公司的目标，靠近用户、主动策划和高素质员工等，均为长远合作的基础。

原厂备件随时随地可以提供

使用韦斯伐里亚分离机公司的原厂备件，不仅安装容易及快捷，且使用寿命长，并能保证长期提供智能型的全球贮存系统，使交货时间缩短，能尽早使阁下的设备重新投入使用。

乳清脱脂及净化

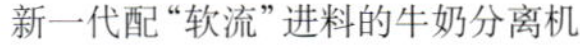

新一代配“软流”进料的牛奶分离机

上海代表处（负责人：吴丹人）
上海市金陵东路2号
光明大厦2207室　　邮编：200002
电话：021-63239156　　传真：021-63238852
电子邮件：wssh@public4.sta.net.cn

广州代表处（负责人：李仕德）
广州市江南大道中348号
广州珀丽酒店2603室　　邮编：510245
电话：020-84243384　　传真：020-84472063
电子邮件：wsgzoff@public.guangzhou.gd.cn

利乐
Tetra Pak
保护好品质
利乐，保护好品质
喝喝牛奶，快乐起来 |喝喝牛奶，活力起来 |喝喝牛奶，健康起来 |好牛奶，利乐保护起来 |利乐，保护好品质。
找到利乐标志 找到OK好品质
牛奶蕴含丰富营养，只有经过周密的保护，才能让你完整地品尝到新鲜纯正的好品质。
来自瑞典的利乐无菌砖、利乐无菌枕，采用六层复合包装技术，隔绝细菌、光线和空气，无需防腐剂，无需冷藏，让你随心享受牛奶的醇香、健康、快乐！
www.tetrapak.com.cn

INTERNATIONAL PAPER
屋 顶 包 的 领 导

者

国际纸业介绍

- 成立于1898年，距今已有100多年的历史
- 世界上最大的造纸公司
- 世界上最大的森林产品公司
- 全球财富500强排名第153位
- 道琼斯30支工业股之一

上海国际纸业有限公司介绍

- 由美国国际纸业公司独资，总投资2 900万美金，2001年底员工已达到115人
- 专业的屋顶型纸盒生产企业
- 目前上海国际纸业公司屋顶型纸盒销量在国内遥遥领先

上海浦东金桥金海路450号　　邮政编码:201206
电话:(86-21)50311548　　传真:(86-21)50315006
网址:www.internationalpaper.com.cn

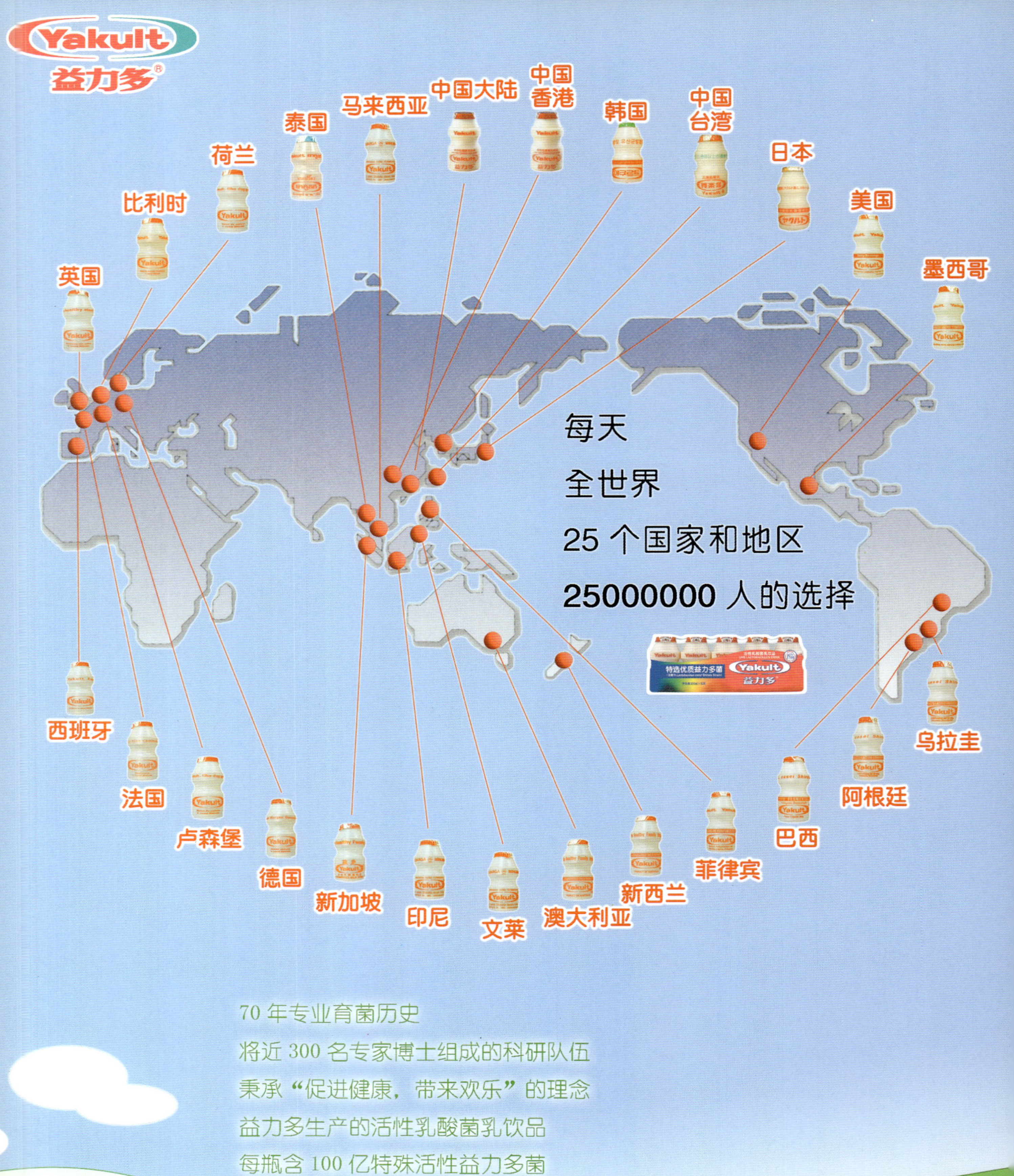

Yakult
益力多
荷兰
泰国
马来西亚
中国大陆
中国香港
韩国
中国台湾
日本
比利时
英国
美国
墨西哥
每天
全世界
25 个国家和地区
25000000 人的选择
西班牙
法国
卢森堡
德国
新加坡
印尼
文莱
澳大利亚
新西兰
菲律宾
巴西
阿根廷
乌拉圭
70 年专业育菌历史
将近 300 名专家博士组成的科研队伍
秉承“促进健康，带来欢乐”的理念
益力多生产的活性乳酸菌乳饮品
每瓶含 100 亿特殊活性益力多菌

营养先锋——美赞臣

美赞臣（广州）有限公司进入中国市场以来，至今已经昂首迈进了第十个年头并取得了骄人的成绩。

十年来，美赞臣公司深入了解中国客户的需要，生产出十多种适合中国婴幼儿的营养产品，产品遍布各大城市。美赞臣系列产品都在健康地向上发展，高于市场的平均增长率。在科学研究领域中，美赞臣坚持研究与创新，其生产的安婴儿A^{+}产品是第一个获美国FDA批准在美国上市的添加DHA和ARA的婴儿配方奶粉，其添加量及添加比例更符合世界卫生组织及联合国粮食组织的推荐标准。

（美赞臣公司）

作为世界级的营养专家，一直秉承“人生健康路，照顾每一步”的宗旨，致力于全人类健康事业永无止境的追求，美赞臣将继续把世界最先进的婴幼儿保健观念和营养产品带给人们。

Nutrition Pioneer-Mead Johnson

Mead Johnson, since its entry to the Chinese market, has earned glorious achievements in its ten-year development in China.

In the past ten years, with deep insight into the needs from Chinese consumers, Mead Johnson has developed over ten kinds of nutrition food for infant and children in China. Its products are available in various main cities. Mead Johnson's products are in a healthy growing momentum right now. Its growing rate is above the average level of the market. In to the scientific research field, Mead Johnson is persistent in product research and innovation. One of its products, Enfamil A+ milk Formula, is the first infant formula with DHA & ARA that gets list permit in the U.S. from the U.S. Food and Drug Administration (FDA). The content level of DHA/ARA and ratio has met the recommended standard from World Health Organization (WHO) and United Nations (UN).

As an international nutritional expert and under the tenet "Mead Johnson where good health begins", Mead Johnson is committed to be involved in the health-care course of human beings, and is bringing the most advanced baby care concept and nutritio food to people

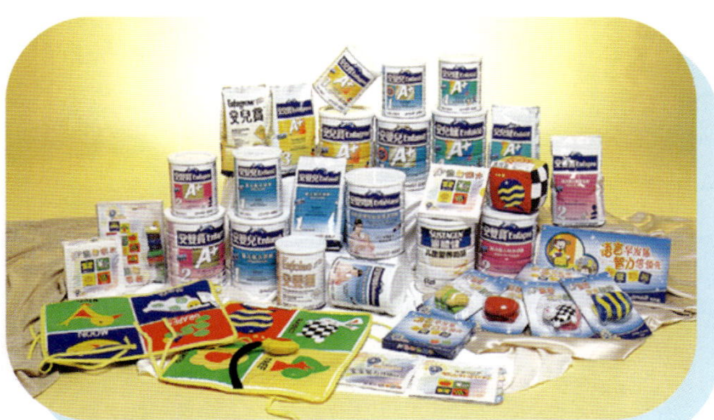

（美赞臣系列营养品）

VALIO
Since 1905
MIDNIGHT SUN
Finnish Butter
UNSALTED
MIDNIGHT SUN
维利奥
MIDNIGHT SUN
维利奥

百年历史
源自纯净

VALIO
DEMI 90
Demineralised Whey Powder
脱盐乳清粉
DEMI 90
VALIO
store in a cool and dry place
VALIO
DEMI 70
Demineralised Whey Powder
脱盐乳清粉
DEMI 70
VALIO
store in a cool and dry place
VALIO
SKIMMED
MILK POWDER
芬兰脱脂奶粉
MILK POWDER
VALIO
store in a cool and dry place

双城雀巢——我们长久的承诺

雀巢集团

总部位于瑞士的雀巢集团，是世界上最大的食品公司。1867年，亨利·雀巢(Henri Nestl)先生在瑞士的日内瓦湖畔正式创立了雀巢公司。雀巢先生是德国人，在德语里，Nestl的意思是“小小鸟巢”，直到现在，雀巢的所有产品仍在使用这个名称作为产品标志。雀巢既是公司创始人的名字，又代表着安全、温馨、母爱、自然和营养。今天，雀巢公司秉承先人的理念和原则，以人为本、以产品为重，全力了解世界范围内消费者的需求，以及如何更好地为处于人生不同阶段、有着不同生活方式和不同文化背景的消费者服务，使产品得到他们的喜爱。

2003年，雀巢集团的总销售额约为880亿瑞士法郎（5420亿元人民币），净利润为62亿瑞士法郎（380亿元人民币），在86个国家经营着511家工厂，全球的员工人数约25.3万名，来自各国的股东超过25万。雀巢是速溶咖啡、巧克力和糖果、奶粉和炼乳、婴儿营养品、矿泉水、鸡精和调味品、冷冻预制食品，以及宠物食品领域中全世界最大的生产商。

雀巢在中国的发展与投资

雀巢在中国有着长久的历史，是最早进入中国的外商之一，对中国有着坚定的承诺。一个世纪以来，中国消费者已经非常熟悉并信任雀巢品牌，早在本世纪初的1908年，雀巢在上海开设了它在中国的第一家销售办事处。20世纪80年代初，雀巢就开始与中国政府商谈在中国投资建厂，并将其在营养品和食品加工方面世界上最好的专有技术和丰富的专业知识转让给中国。1990年，雀巢在中国大陆的第一家合资厂开始运营。在过去的14年，雀巢从瑞士引进的直接投资已累计达67亿元人民币，在中国经营着20家工厂。

2003年，雀巢在大中华区的年度销售额达94亿元人民币，每年交纳各项税款约9亿元人民币，为约10 500人提供了就业机会。雀巢大中华区的总部设在北京。

双城雀巢——我们长久的承诺

当雀巢1990年在黑龙江省双城地区建厂时，当地的生活条件还非常艰苦。农民住在土墙堆砌的茅草屋内，收入非常低而且不稳定、没有保障。在雀

双城雀巢收奶站

巢经过3年的奶区建设并在1990年投产前，当地的农村人口没有真正意义的其他收入。

14年后，双城雀巢已成为中国最大的奶制品工厂，鲜奶年收购量持续增长，2003年已超过30万吨。雀巢在这里投资建厂，更重要的是带来了先进的技术诀窍和全面的技术援助，带来了世界一流的生产技术。双城雀巢的产品完全符合国内国际质量标准，主要有奶粉、婴儿配方奶粉、婴儿米麦粉、营养麦片等。雀巢农业服务部一直在提供日常技术援助，帮助数以千计的小农户改善奶牛的质量和喂养条件，从而产出更多更好的牛奶，也增加了小农户的日常收入。

约22 000名小农户、他们的家人以及当地社区中许多其他人的生活因此得到了根本改善。雀巢为农民提供了稳定的日常收入，每个固定奶户平均每天得到80元人民币，而这还不包括其他农业收入。该地区农民的生活条件、基础设施和居住条件得以持续提高：双城地区随处可以看见漂亮的砖瓦房，许多家庭都用上了电视和空调。此外，双城雀巢还为900多名固定员工提供富有吸引力的就业和培训机会。

2003年雀巢为当地经济作出的贡献价值超过11亿元人民币，包括付给奶户的鲜奶收购款、付给当地政府的税金、购买原材料、能源及服务的费用、以及付给双城员工的工资。大约10万人从我们双城工厂成功的发展中直接和间接地获益。

2004年，农业部部长杜青林先生访问双城雀巢有限公司

2004年，黑龙江省委书记宋法棠先生与雀巢大中华区总裁穆立先生亲切交谈

2004年，黑龙江省省长张左己先生与雀巢大中华区总裁穆立先生亲切交谈

CORRAL LINE

绿色乳城 包头

包头市从2002年实施“奶业富民”工程以来，经过全市上下的共同努力，奶产业在短期内实现了超常规、跨越式发展，为促进农村牧区经济发展，增加农牧民收入做出重要贡献。

全市奶牛存栏已达33万头，年鲜奶产量近80万吨，人均占有鲜奶230千克，乳品加工企业日加工能力达到1 900吨。累计投入奶业建设资金40亿，建成万头规模养殖企业2个，千头规模养殖企业6个，百头以上养殖场62个，养殖小区134处，养殖场和养殖小区所养奶牛占到全市奶牛总数的38%。全市70万农牧民人均从奶业中获得收益1 080元。

- **发展思路** 依托龙头、建设基地，政府推动、市场运作，数质并举、做大做强；
- **发展模式** 户养牛、村建站、乡服务、县防疫、市保险；
- **出台法规** 《关于做大做强我市“奶业富民”工程的决定》《包头市奶业发展奖惩办法》《包头市基层兽医体制改革意见》《包头市奶牛良种繁育条例》《包头市奶业市场管理办法》《包头市奶产业风险基金实施方案》
- **服务体系** 考核聘用了576名畜牧兽医防疫员充实到63个乡、450个村，实现了乡建兽医站，村建兽医室，形成了包头市基层兽医防疫网络“线实、网全、人整齐”的好格局。
- **资金支持** 市县两级政府每年出资2 000万元扶持奶产业发展。

内蒙古自治区常委、包头市市委书记邢云视察奶业工作

内蒙古自治区党委书记储波视察包头

今后包头市奶产业将紧紧围绕把包头建设成为经济强市和率先建成小康社会的总体要求，以增加农牧民收入为目的，进一步强化防疫、科学管理，尽快实现奶产业“一个稳定、两个转变和三个提高”（即稳定发展奶牛数量；由数量型向质量型转变，由粗放型向集约化转变；提高单产、提高品质、提高效益），加快构筑中国一流的奶源基地和加工基地，把包头建成世界品牌的绿色乳城的发展思路，大力推进奶牛养殖集约化、规模化、产业化；在培育液态奶产品向纵深发展的同时，引进培育干酪、炼乳、奶油等高附加值的乳品深加工龙头企业，充分发挥资源优势，把包头建成世界品牌的绿色乳城。

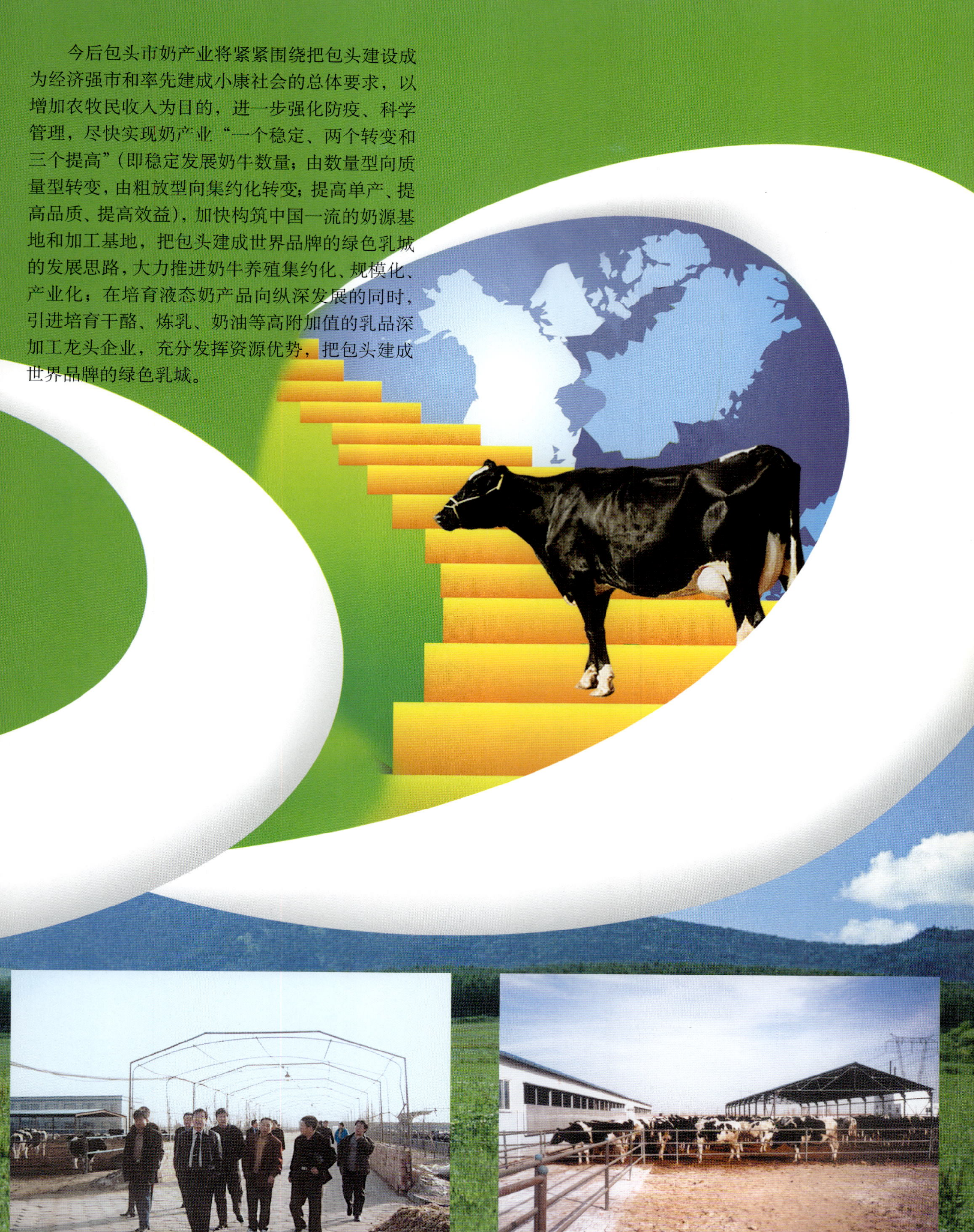

包头市副市长王智、市长助理任福视察奶牛场

内蒙古孔家养殖场

呼和浩特 中国乳都之路

呼和浩特市规模养殖奶牛场

蒙牛全球样板工厂远景

抓住资源优势 大力发展奶业经济

自治区党委副书记、自治区主席杨晶视察伊利集团

纵观几年来呼和浩特市经济发展，速度最为迅猛的产业，莫过于奶业。呼和浩特市奶业已经连续五年取得了年增50%以上的快速发展，茁壮成长起伊利、蒙牛等几个生机勃勃的中国奶业骄子。呼和浩特市奶业能够取得这样的辉煌业绩，主要得益于市委、市政府提出的“奶业兴市”、打造“中国乳都”的战略构想。

(一)呼和浩特市奶业发展具有的资源优势

1.土地资源丰厚　土地资源可以说是呼市奶业的最大资源。呼市现有土地面积17 224平方公里，其中农村土地面积15 170平方公里。现有耕地面积53.33万公顷，其中粮饲玉米播种面积13.33万公顷。

2.人工牧草种植方兴未艾　呼和浩特市现有天然草地75.47万公顷，为大规模发展奶牛养殖预留了空间。并且随着退耕还林、还草工程的逐步发展，坡地、梁地、沙地、盐碱地用来种草已成为必然。

呼和浩特市副市长高炜明

3.奶业人力资源充足　由于呼市奶业发展历史较长，奶业人才济济。农户中三代人从事奶牛养殖的家庭不在少数。企业中特别是伊利，经过20年的艰苦创业，由小到大，培育出一大批熟悉奶牛养殖、牛奶加工、乳品销售的人才。这些人才现已成为伊利、蒙牛、奈伦等牛奶加工企业的中坚力量。

4.政策环境资源优良　呼和浩特市是全国最早提出“奶业兴市”和打造“中国乳都”的城市，也是国内第一家为奶牛冷冻精液的使用而实行地方立法的城市。

5.呼和浩特市拥有全国两大著名奶业品牌，同时也是全国销售业绩名列前两名的奶业企业，即伊利和蒙牛这两大企业被业界视为全国重量级的著名品牌企业。他们的发展力和市场渗透力比较强，而且在全国具有一定的龙头作用。

(二)呼和浩特市奶业发展的一些对策与措施

1.千方百计筹集奶业发展资金

2.加大对奶产业发展的扶持力度

3.加快奶源基地建设，发展规模养殖

4.大力推进与奶业发展相适应的饲草产业化经营

5.加强标准化体系建设

6.走数质并举的奶业发展之路

7.奶源与市场均衡发展，防范奶源过剩与不足，建立化解奶业危机机制

8.积极发挥奶业协会的组织、协调和桥梁作用

中国奶业之乡

远景规划

到2005年底，
全区奶牛存栏达12万头，
鲜奶产量40万吨。
全区奶业纯收入达到6.6亿元，
农业人口人均1 000元。

到2008年底，
全区奶牛存栏达到20万头，
实现农户户均1头奶牛，
年均递增18.6%，
奶业纯收入达到11.7亿元，
农业人口人均1 800元。

中国奶业协会理事长刘成果（右三）、河北省副省长宋恩华（右二）在唐山市副市长王元孝（左二）的陪同下到唐山奶业科技园视察工作

河北省省委书记白克明（左四）来丰润视察奶业

河北省副省长宋恩华（左四）来丰润视察奶业

唐山市市委书记张和（右三）在丰润区主要领导的陪同下视察良种奶牛繁育中心

唐山市丰润区

基本状况

近年来，唐山市丰润区以建设“全国奶业之乡”为中心，狠抓龙头企业、规模养殖、品种改良、品牌经营、疫病防治、市场规范六大工程，全面推行奶业标准化建设，实现全区奶业持续健康发展。到2004年底，全区实现奶牛存栏达到10万头，鲜奶产量31万吨，日产鲜奶850吨以上。全区奶牛存栏百头以上场区60个、千头以上村5个，万头以上乡镇2个，建成机械化挤奶厅64个。区内有蒙牛、乐百氏、均瑶等乳品加工企业8家，日处理鲜奶能力达到1 300吨。全区奶业纯收入达到5.5亿元，农业人口人均840元。

蒙牛乳业唐山有限责任公司

河北国富（爱德）生物工程有限公司

副区长李贵富（右二）向中国奶协领导汇报丰润奶业情况

2002年以来，丰润区相继被农业部确定为“全国奶业重点发展区域”和“全国第一批农产品加工业示范基地”，被科技部确定为国家十五科技攻关项目“良种奶牛繁育示范基地”，被国家标准化管理委员会确定为“全国奶业标准化生产示范区”，被中国（国际）农产品深加工暨投资商务论坛组委会评定为“中国农产品深加工十强县”，2004年5月被中国农业区域布局与产业化高层论坛组委会评定为“中国奶业之乡”。

恒天然（中国）有限公司
FONTERRA (CHINA) LTD.

目　录

中国奶牛发展大会

加强奶源基地建设 夯实奶业健康发展的基础

中国奶业协会理事长 刘成果

一、加强奶源基地建设的重要性

（一）当前奶业发展的形势及特点

我国奶业已连续五年快速增长。2003年，尽管受到突如其来的“非典”和饲料原料价格上涨等不利因素的影响，据农业部预计，全国牛奶总产量达到1 746.3万吨，增长43.3%。而同期全国肉类增长为4%，蛋类增长为3%。奶牛2003年末存栏预计能突破893.2万头，消费增长也在30%以上。

我国奶业和肉畜、家禽业相比，发展相对滞后，目前，肉类、蛋类人均占有量却大大高于奶类，肉类人均占有量达到53千克，蛋类人均占有量达到18千克，都接近或超过世界人均占有水平，处于稳定增长阶段。而奶类的人均占有量仅为12.5千克，大大低于世界人均占有水平。人们常说奶业是“朝阳产业”，今后5～10年甚至更长时间，我国奶业仍将保持快速发展的势头；加工企业的规模将进一步扩大；产业化程度和行业的集中度将进一步提高；奶业在国民经济中的比重将会加大，并将成为区域经济新的增长点和农民增收的重要途径。

奶业发展的另一个突出特点是产业链长，不仅包括产业内部的原料奶生产、乳制品加工和市场营销，而且可以延伸到饲料、兽药、挤奶机械、乳品机械、包装材料等相关产业。产业链长，其发展对经济的带动、影响面大，这是奶产业发展的优势方面。而由此产生的挑战也由于产业链长，整个产业协调发展的难度大，加之我国奶业发展历史短，缺乏经验，并处于高速发展的阶段，使这个问题更显突出。

产、加、销不协调，中间强，两头弱，是当前奶业发展的实际状况。所谓“中间强”，是指乳品加工环节，表现在三方面：一是设备、工艺先进。几乎所有的大型乳品企业、一部分中型企业加工设备的主体都是从国外引进的先进设备；二是加工能力强。据业内专家估计，目前我国乳品企业的负荷不满，实际日处理鲜奶量只有加工能力量的60%左右；三是由于我国奶业发展的历史原因，在奶业中，加工企业一直处于强势地位，奶农生产的原料奶必须依赖加工业才能走向市场。“两头弱”是指奶源基地建设薄弱、乳制品消费环节薄弱。

（二）奶源基地建设存在的问题及原因分析

我国的奶牛饲养虽然历史悠久，但真正发展是改革开放以后。由于受农村经济发展条件的限制，个体农民没有能力购买很多奶牛，不可能形成规模饲养，长期以来，处于“小、散、低”的状态。小是指奶牛饲养规模小；散是指奶牛饲养分布在千家万户，人牛混居，非常分散；低是指生产水平低。小则散，散则生产水平低。据统计，2002 年全国有奶牛养殖户（场）137 万家，平均每户（场）饲养奶牛 5 头，其中 1～4 头的 114 万户，占养牛户（场）总数的 83.2%，饲养奶牛 304 万头，占全国奶牛存栏的 45%，成母牛的平均单产水平一直在 3 200 千克左右徘徊，部分原料奶细菌总数严重超标。

落后的饲养方式与引进世界先进的乳品加工工艺设备形成了巨大的反差，产生了尖锐的矛盾。由于奶牛的整体生产水平低，奶源不足，加工企业又产能过剩，必须扩大生产量，达到生产规模才能降低成本，增加盈利。在这种情况下，一些加工企业采取降低标准、提高收奶价格等手段，争夺奶源，或者大幅度增加奶粉进口，用奶粉作原料生产液态奶。

奶源的竞争引发牛源的竞争。近几年全国性的牛价居高不下，有价无市，奶牛大“搬家”。卖“假牛”坑农的事件也时有发生。

“小、散、低”是奶业发展初期阶段必然出现的现象，是由一定时期生产力水平和奶农的素质所决定。不仅中国，很多奶业发达国家在发展的初期，都经历过这个阶段。

二、奶源基地建设的重点

当前，奶源基地建设的重点是推行奶牛的适度规模经营，因为它是解决上述奶牛生产“小、散、低”状况的一项战略性措施。国内外实践证明，实现规模化经营，是高产、优质、高效发展奶牛饲养业的必经之路，符合市场经济的规律。

据统计，目前我国农户饲养的奶牛占全国奶牛总存栏数的 90%以上，实现奶牛饲养向规模化、现代化转变的途径，一是发展规模奶牛场，包括奶牛大户、国有奶牛场、股份制奶牛场等。奶牛大户，确切地说，就是家庭规模奶牛场，从长远看，它是我国奶牛养殖业的主体，有条件的地方要加大扶持力度，推进其快速发展。二是发展奶牛养殖小区。在目前农村生产力水平和农村的实际状况下，大多数农户的资本积累有限，生产力水平较低，社会化服务体系不够健全，以奶牛大户为主体的规模化饲养难以做到，而奶牛养殖小区就成了当前的现实选择。随着奶牛小区的发展，一些资金和技术积累多的奶农，又会从“小区”转移出来，建立家庭规模奶牛场。我国规模奶牛场的比重虽然不高，2002 年全国饲养 100 头以上的户（场）有 2 813 家，占养牛户（场）总数的 2%，饲养奶牛 80.8 万头，占总存栏头数的 11.8%，但其发展历史较长。“小区”则是近年来涌现的新事物，受到各方面的关注。这里，我就发展奶牛养殖小区的问题讲几点认识。

第一，奶牛养殖小区这种组织形式，对农民来说是生产方式的创新。因为它突破了庭院经济的局限，发展了农村家庭联产承包统分结合的双层经营体制，加速了奶牛养殖规模化进程，对科学地组织奶牛饲养业的生产，提高奶牛饲养业的生产力具有深远意义。“小区”的主要特点可以概括为“一分四统”、“五个转变”和“六个提高”。下面就谈谈具体内容：

关于“一分四统”。“一分”就是所有权分属农户所有。“四统”，一是统一规划。就是对小区的布局、选址、规模和设施等进行统筹规划和建设，为奶牛饲养创造良好的环境；二是统一挤奶。就是在“小区”内建立公共机械挤奶厅，实行集中挤奶，变手工挤奶为机械化挤奶；三是统一售奶。由“小区”的管理者代表奶农交售原料奶，通过契约的方式，与乳品企业确定稳定的购销关系，明晰各自的利益和权利义务；四是统一服务。为“小区”的奶牛改良、疫病防治、精粗饲料配制和饲养管理技术等方面提供系列服务。

关于“五个转变”。即奶牛养殖由小规模向适度规模转变，由分散养殖向集中养殖转变，由粗放养殖向集约化养殖转变，由手工挤奶向机械化挤奶转变，由兼业经营向专业化养殖转变。奶牛养殖集约化、机械化、专业化的提高来自于“小区”规模经营，而反过来又进一步促进“小区”向适度规模发展，为奶牛养殖业实现跨跃式发展，缩短规模化进程，加快现代化进程创造了良好的条件。

关于“六个提高”。一是奶牛的产奶量提高。由于“小区”便于开展科学养牛，与传统的散养户相比，奶牛的单产大幅度提高，形成量差。二是牛奶的质量提高。由于饲养环境改善，实行机械挤奶，减少了挤奶、贮存和运输等环节的污染，降低了细菌总数，使掺杂使假者无机可乘，“小区”所生产的牛奶一级品率多数可达100%，与传统散养户相比，牛奶的等级提高，形成质差。三是劳动生产率提高。小区饲养奶牛的又一个显著优势是劳动生产率提高。小区养殖规模一般在300～500头，每户养10～20头，由于有机械挤奶厅，并提供系列服务，一般1～2个劳动力即可承担自家的养牛工作，与散养户相比，劳动生产率提高几倍，形成效率差。四是经济效益提高。上面说的量差、质差和效率差综合起来，自然提高了“小区”奶农所获得的比较效益。乳品企业也随之拥有丰富的优质原料奶，增强了市场竞争力，消费者饮用优质牛奶，强壮了体魄。五是提高奶农的组织化程度。“小区”统分结合的生产方式，对区内奶农饲养奶牛提供品种改良、精粗饲料配制、疫病防治、机械化挤奶、原料奶交售和技术培训等服务，实际上，“小区”已经成为组织奶农发展奶牛生产的合作经济组织，一些地方在此基础上又建立起基层奶业协会，提高了农户饲养奶牛的组织化程度。六是环境质量提高。奶牛从庭院、从农户房前屋后进入“小区”，不仅改善了奶牛的饲养环境，而且避免了牛粪尿和饲料等对养牛户和周围环境的污染，提高了农民生活环境的质量。

第二，小区蓬勃发展，建设和管理模式多种多样。小区统分结合生产方式的创新，引导奶牛养殖业走内涵的路子，提高科技含量和整体素质，实现跨越式发展。它出现后就显示了强大的生命力，极大地调动了牛奶生产者、乳品加工者和业外投资者的积极性，短短的几年中，奶牛养殖小区如雨后春笋蓬勃发展。目前，北京、上海、天津、河北、山西、内蒙古、黑龙江等七省、自治区、直辖市奶业优势产区共建有小区1 600多个，奶牛存栏70多万头，占七省、自治区、直辖市总存栏头数335万头的比例达20%以上。同时，涌现出许多建设和管理小区的典型，这些典型概括起来有五种模式。①乳品企业与乡村联合共建小区。由乡村提供场地，共建牛舍和挤奶厅，乳品企业提供挤奶机械、冷奶槽等设备。农户租牛舍，牵牛入区。“小区”由基层奶协管理，有的乡基层奶协管理几个小区。②农民合伙投资建“小区”。奶农共同出资建设牛舍和挤奶厅，县区政府资助挤奶机械设备。“小区”由奶农组成管委会共同管理或由基层奶协管理。③养牛大户投资建“小区”。“小区”的设施全部由养牛大户兴建，自用部分牛舍，大部分出租给其他奶农使用。由养牛大户自己管理。④乳品企业投资建“小区”。作为企业自有奶源基地直接管理，牛舍招租。⑤开发商投资建“小区”。“小区”的设施全部由开发商投资兴建，成立管委会管理。有的“小区”牛舍招租；有的“小区”将牛舍出售给奶农使用；有的“小区”吸纳社会投资人出资买牛，交给“小区”经营，年终根据经营状况按比例分红，戏称“托牛所”。这五种建设和管理“小区”模式的共同特点：一是有凝结力。“小区”的投资者（包括乳品企业）与养牛者，通过资产把双方的利益联结在一起，实行利益共享，风险共担，成为利益共同体，增强了奶农抵御风险的能力，有利于奶牛饲养业的稳定发展；二是有承受力。进驻“小区”的农户大都是牵牛入区，适合于农民现有的经济条件，扩大了农户养牛的范围，能吸纳更多农民和社会剩余劳动力投入奶牛饲养业，增加了就业机会；三是有活力。“小区”坚持“民力、民营、民受益”，各级政府不直接参与“小区”的经营管理，主要是制定优惠扶植政策，实行市场运作，帮助农民发展奶牛养殖小区。同时，通过引导“小区”建章立制，建立民主管理机制，确保各方的利益和“小区”的发展，具有生机和活力。

第三，加强引导培育，推动“小区”继续向深度广度发展。奶牛养殖小区这一新鲜事物出现后，既调动了奶牛饲养者的积极性，又鼓励了乳品加工企业的积极性，辐射带动作用日趋扩大，对推动奶源基地的建设显示了威力。但也存在一些值得注意的问题：一是认识问题。由于对“小区”特点研究不够，有的地方存在贪多求大，忽视建设质量和适度规模饲养的思想，产生了一些盲目性；二是规划问题。有的地方“小区”规划不符合防疫条件，设计不规范，排水排污设施不健全；三是管理问题。有的“小区”缺乏统一管理，小区业主与入驻奶农之间存在分配不合理的问题。忽视系列化服务，良种良法不配套，奶牛单产偏低和原料奶质量参差不齐的问题依然是一部分“小区”的通病。

三、充分发挥各方面积极性，加速奶源基地建设

加强奶源基地建设，是我国奶业发展的一项长期的战略任务。只有在政府的宏观指导和支持下，充分发挥乳品企业、奶牛场、奶牛养殖小区、奶农、行业协会和有关单位的积极作用，开展扎实有效的工作，才能把奶源基地建设的任务落到实处，将我国奶业发展水平推进到一个新的阶段。

（一）充分发挥政府主管部门的引导扶持作用

近年来，从中央到地方各级政府都把发展奶业作为农业结构调整的重点和解决“三农”问题的重要措施，进一步加大了对奶业发展的支持力度。一是增加投入，扶持建立健全奶畜良种繁育体系、疫病防治体系、科技创新与应用体系、质量监测体系、资源与生态保护体系、信息与社会化服务体系等，增强奶源基地建设的后劲。二是采取优惠政策支持奶牛养殖小区的发展。农业部制定的全国奶业优势区域规划把建立奶牛养殖示范小区作为重要项目予以支持。三是加强规划、管理，制定和完善“无公害生鲜牛乳”奶源基地建设和奶牛养殖小区标准以及相关配套法规，引导建立奶牛保险，规避农户饲养奶牛的风险等，为保障奶牛养殖业的健康发展创造更好的条件。

（二）发挥乳品企业的龙头作用

牛奶生产是奶业发展的源头，许多有远见的企业家也认识到“奶源基地是乳品企业的第一车间”，“谁握有优质奶源，谁就掌握了市场竞争的主动权”，提出了“乳品企业与社区共建奶源基地”，“要以双赢的思想培育奶源”等指导思想，充分发挥了龙头企业的作用：一是投资扶持。龙头企业通过对“小区”进行投资，以向奶农提供贷款或贷款担保等形式，扶持建设奶源基地；二是以保护价收购牛奶，解除奶农的后顾之忧；三是提供系列服务，提高奶农科学养牛的水平，使龙头企业与“小区”建立紧密的利益连接。

（三）提高“小区”建设的质量和管理水平

“小区”建设要符合防疫条件、资源合理配置和环境保护的要求，总之要尊重奶业的自然规律和经济规律。各地要根据本地的实际制定建设“小区”的标准，进行合理规划，配套建设，建立健全管理机制和制度，充分发挥“小区”的规模效益，使进入“小区”的农户真正得到实惠。奶农是奶源基地建设的主体，要跟上我国奶业发展的新形势，积极兴办和加入“小区”，自愿参加基层奶农协会组织，努力提高本身的科学文化素质，发挥主体作用，从根本上解决奶牛养殖的“小、散、低”问题。这方面工作搞好了，奶农、“小区”和企业的效益才能得到保证。

（四）发挥行业协会的服务作用

中国奶业协会作为行业的代表，对我国奶源基地建设负有重要的责任。一年多来，奶业协会在推进奶源基地建设方面开展了一些基础性的工作，今后要加大工作力度，以加强协调、服务、维护、自律四项职能为基点，集中力量促进我国奶源基地建设向规模化方向发展。

1. 推进良种繁育体系建设　建设良种繁育体系是奶源基地建设的基础，同时也是今后工作的重点，奶业协会要继续配合政府部门抓好奶牛改良计划，在奶牛养殖小区和规模奶牛场优先开展奶牛生产性能测定（DHI）、良种登记和青年公牛后裔测定等基础性工作，搞好良种的选育、繁殖、引进工作，从根本上解决我国奶牛总体素质低的问题。争取今后五年将DHI测定规模由目前每年6万头逐步扩大到每年20万头，同时建立健全中国荷斯坦牛品种和良种登记制度，加大开展公牛后裔测定的力度，协助畜牧主管部门规范良种奶牛引进，积极推广人工授精、胚胎移植等先进技术，帮助“小区”和规模奶牛场能够选购上好奶牛，并提高奶牛繁殖的技术水平。

2. 促进科学饲养管理　实行科学饲养管理是提高原料奶产量和质量的重要措施之一。中国奶业协会和地方奶协，要把它作为一项经常性的工作，为奶农提供优质服务：一是抓饲料。主要是改善粗饲料品质，大力推广饲喂全株青贮玉米、苜蓿等优质牧草、配合饲料和TMR技术与经验，帮助奶农提高养牛水平。二是抓机械挤奶。加强宣传和技术培训，帮助“小区”和规模奶牛场根据实际

情况选择适合的挤奶机械，并按照规范的要求进行挤奶操作和进行设备清洗等，保证奶牛的健康和设备的良好状态。三是抓疫病防治。主要是协助地方行政部门组织防疫工作，帮助奶农坚持预防为主的方针，落实防疫措施，减少奶牛疫病的发生；帮助奶农及时发现疫情，便于有关部门能够不失时机地采取扑灭和控制措施。四是抓系统管理。主要是建立和实施科学的管理制度和奶牛养殖规范，加强人员培训。中国奶业协会将重点围绕科学饲养管理制度和规范等方面内容总结“小区”和规模奶牛场实行规范化、标准化饲养管理奶牛的经验，为全国提供示范。

3. 组织奶农技术培训　由于我国奶业连续多年快速发展，奶农队伍急速增加，如何尽快提高奶农的科学文化素质，使之适应我国奶业发展的要求，是我们面临的一个紧迫任务。今后的工作：一是对奶农开展技术培训。奶业协会将配合地方制定培训计划，对奶牛饲养员、挤奶员、技术员、收奶员、牧场管理员等进行分阶段、分层次培训，全面提高他们的技术素质。二是组织编写培训教材。中国奶业协会将结合奶源基地建设的需要，组织专家编写针对性、实用性强的饲养管理技术、营养保健技术、饲料调制技术等方面的专门资料和教材，提供给各地办培训班时使用和参考。要探索建立一种机制，使奶农产生一种动力，自己迫切要求提高科学文化素质，学会科学养牛。要逐步对奶农实行绿色证书制度，规定凡从事奶牛养殖人员，必须通过技术培训，考核合格发给证书，然后持证上岗。

4. 做好奶业认证工作　食品安全是一个关系人民健康和产业发展的重要问题。根据 2003 年国务院办公厅《关于实施食品药品放心工程的通知》（国办发［2003］65 号）的精神，为提高乳品的质量、保证乳品安全，我国奶业应该尽快建立国际公认的危害分析与关键点控制（HACCP）管理体系。该体系是以预防为主，从源头抓起，全过程控制食品生产安全与质量的方法。根据国家认证委的意见，中国奶协将建立全国奶业认证中心，推进乳品企业和规模奶牛场、“小区”逐步通过 HACCP 体系认证，提升奶业的整体水平，加速与国际接轨的进程。

5. 搞好信息服务　当今世界，奶牛养殖技术发展迅速，市场形势多变。为适应这种形势，必须十分重视信息的收集和利用。中国奶业协会，将加快进行“全国奶牛数据处理中心”建设，为全国各级行政部门、乳品企业和奶农提供多方面的信息服务。目前，由原“中国奶协信息网”和“中国乳业网”合并成的“中国奶业协会信息网”已经于 2003 年 9 月 1 日正式开通、投入运行，这个信息网开设了“政策法规”、“行业动态”、“统计分析”、“奶业标准”、“奶牛养殖”、“乳品加工”、“产品咨询”、“供求平台”等栏目。此外，将继续办好会刊《中国奶牛》杂志，与中国农科院文献中心共同主办好《中国乳业》杂志，与《中国食品报》和《中国乡镇企业报》协办好“乳品专刊”、“中国奶业”专刊，为全国奶业界提供更广阔的宣传阵地和信息平台。由中国奶业协会编辑出版的《中国奶业年鉴》是一本反映中国奶业全貌的具有权威性、科学性、完整性和可读性的大型工具书，现在 2003 年卷已经出版，希望奶业界同行和有关方面继续给予大力支持，共同把年鉴办好。

6. 开展国际交流与合作　2003 年 10 月，中国奶业协会在北京成功地举办了中国国际奶业展览会，来自澳大利亚、英国、美国、加拿大、法国、德国、荷兰、丹麦、以色列、意大利、日本、韩国、瑞典、瑞士等十几个国家和我国的 100 多家企业参展，会议期间还举行了中法奶业交流日活动。这次展览和交流活动，对促进国际乳业界的合作与交流，发挥了积极作用，同时也初步摸索了举办这样活动的经验。

7. 加强基层协会建设　建立和完善奶农协会，把分散的奶农组织起来，形成利益共同体，对解决小生产与大市场难以对接、奶农与加工企业利益分离的矛盾具有重要意义。天津、内蒙古、黑龙江等地区成立了一些很有特色的奶农协会，协会与“小区”密切结合，负责小区的统一挤奶、统一卖奶，统一与乳品企业协调奶价，提供技术服务，增强了协会、奶农和乳品企业的凝聚力，取得了很好的效果，为加强基层奶协建设创造了有益经验，值得总结和大力推广。

农业部党组成员于永维
在中国奶牛发展大会上的讲话

中国奶牛发展大会今天在石家庄市开幕，河北省政府主要领导和有关部门的负责人以及奶业界的代表几百人参加会议，说明这次会议非常重要。

在党中央和国务院的关怀下，我国奶业得到了快速发展。改革开放以来，特别是近几年以来，奶和奶制品市场呈现产销两旺的良好局面。据预计，2003年奶牛存栏突破800万头，奶类总产量突破1 700万吨，人均奶类消费量接近14千克，比上一年增长20%以上。我国乳品企业，通过重组兼并和利用外资，形成了一批具有一定规模的奶业企业集团。如上海光明，内蒙古伊利、蒙牛，河北石家庄三鹿，黑龙江完达山，北京三元等。2003年，全国乳制品企业总产值达到509亿元，比上年增长34.5%。各地发展奶业的积极性高涨，把奶业作为调整畜牧业产业结构的重点和增加农民收入的新的增长点，形成了奶牛饲养的热潮。

但是，我国奶业还存在着一些值得重视的问题，在良种繁育、饲养管理、单产水平、原料奶质量以及加工技术、生产规模等方面，与世界奶业发达国家相比，还有很大差距。在奶业区域合理布局，奶的生产、乳品加工与市场营销同步协调发展，奶农的组织化程度和奶产业一体化经营程度，乳品市场的规划管理，如何有效应对入世后国际竞争等方面都还存在一些不容忽视的问题。一年多来，这些问题有的已经有了改善，但大部分的问题仍然存在。针对我国奶业的实际情况，我认为，今后一段时期内，奶业工作的重点：一是合理布局规划，充分利用我国南方北方自然资源和奶畜资源的优势，发展本地区具有特色的奶业；二是加强奶源基地建设，实行规模化经营，加强良种繁育，疫病防治和科学饲养管理，提高奶牛业的生产水平，增加奶牛业生产产值在畜牧业产值中的比重；三是深化乳品企业的改革，提升乳品企业的整体水平，调整品种结构，开发新产品，增强市场竞争力；四是开拓小城镇市场，培育农村市场，拓宽国际市场，扩大奶业成长的空间；五是建立奶农合作经济组织，提高奶农的组织化程度。加强奶农与乳品企业的利益连接，加速奶业产业一体化的进程；六是加强生态与环境保护，保障奶业的持续发展；七是推进科学进步，建立健全奶业法规、标准、信息和质量安全体系，保障奶业健康发展，加速与国际接轨的进程。

本次大会的主题叫做“奶源基地建设与奶业健康发展”，切中我国奶源基地建设薄弱的要害，是一次务实的会议。大家要利用这次机会认真研究奶源基地的发展潜力，奶源基地建设的重点，奶源基地建设的措施。刘成果理事长和部有关司局负责人将在会议上作报告，提出建设奶源基地的思路和意见，我就不多说了。希望大家集中精力，畅所欲言，交流经验，把会议开好，实实在在地解决一些问题。

国家对奶业发展一直给予高度重视。最近，回良玉副总理批示：“奶牛是饲料回报率高而粮食消耗少的家畜，牛奶是能量转化效率高而蛋白含量颇丰的产品。目前我国奶业发展滞后，但成长空间广阔，发展奶业包括发展奶水牛业应与时俱进地提出和完善发展纲要、规划、措施和政策支持。”我们要认真学习贯彻，踏实工作，把我国奶业做大做强，为农村经济发展和全面建设小康社会服务。

河北省人民政府副省长宋恩华在中国奶牛发展大会上的讲话

阳春二月，群贤毕至。今天，来自国家有关部委的领导、奶业界专家学者、海内外乳品加工及相关企业和奶牛养殖园区代表齐聚石家庄，共商我国奶牛发展大计。首先，我代表河北省政府对全国首届奶牛发展大会的胜利召开表示热烈祝贺！对各位领导和来宾到我省光临指导表示热烈欢迎！

当前，我国正处在全面建设小康社会的起步阶段，“三农”问题已成为各级政府重中之重的工作。大力发展畜牧业，特别是奶业，对促进农业产业结构调整，增加农民收入，保持农村稳定具有十分重要意义。中国奶业协会、农业部畜牧兽医局、农业部农垦局、全国畜牧兽医总站联合举办的这次全国奶牛发展大会是新中国成立以来，首次就奶牛发展问题而召开的全国性专题大会。大会将围绕奶源基地建设与奶业健康协调发展这个主题进行深入研讨，其目的是进一步推广我国奶牛小区饲养模式、提高奶农组织化程度、增加奶牛生产科技含量。本次大会必将对我国奶业发展起到巨大的促进作用。

近年来，河北省委、省政府把发展奶业作为主导产业、新兴产业、朝阳产业和实现农民增收、农业增效、县域经济增长和县级财力增强的“四增”产业来抓，出台《河北省奶业发展“十五”规划》，制定扶持政策，加大支持力度，奶牛业和乳品加工业每年以30%的速度递增。2003年全省奶牛存栏130.37万头，牛奶产量207.61万吨，分别是全国总量的1/6和1/8，涌现出三鹿、小洋人、乡谣、天香等一批大中型龙头企业，已成为我省食品工业中发展最快、成长性最好的产业，初步形成了规模化生产、集团化运作、产业化经营的格局。为适应奶业竞争日益加剧的新形势，首先，对河北省奶业协会进行了重大改组，由原先政府部门办协会转变为以龙头企业为主办协会，由原先的兼职秘书处转变为专职秘书处，由原先的奶牛协会转变为集乳品加工、奶牛饲养和饲料生产为一体的奶业协会。奶业协会的成功转型对有效解决小生产与大市场对接的问题，降低交易费用，减少违约行为，维护行业利益起到了积极作用。其次，由省发改委牵头制定了“河北省千万吨奶工程实施规划”，到2012年我省奶牛存栏将达到280万头，奶类产量达到1 000万吨。我们将筹集政府、银行和社会各界资金120多亿元，实施加工龙头带动、奶源基地建设、饲草饲料基地建设、奶业相关产业建设四大工程，着力完善奶牛良种繁育、疫病防治、质量监控、新技术创新和培训四大体系，加快实现建设奶业强省的战略目标。第三，大力推广奶牛现代化规模养殖和奶牛集中饲养小区模式，创办了“奶牛公寓、托牛所、奶牛生态园区”等多种奶牛集中饲养类型，对提高我省牛奶质量、改善生态环境、保证食品安全等起到了显著的推动作用。

为此，我们要充分调动社会各界发展奶业的积极性，为奶业发展创造良好的外部环境，积极协调解决奶业发展中的问题，把奶产业做大做强，把工作往深里做、往实里做，为我国奶业发展做出新的贡献。

中国奶业协会年会

乳品质量安全是奶业发展的生命线

中国奶业协会理事长　刘成果

近几年来，我国奶业发展迅速，成效显著。奶类生产、乳品加工和市场消费实现了快速增长，在农村经济发展、农民致富和改善乳品市场供给中发挥了重要的作用。据统计，2003 年全国奶牛存栏 893.2 万头，奶类总产量 1 846.6 万吨，其中牛奶产量为 1 746.3 万吨，分别比 1998 年增长 109.4%、147.7%和 163.9%，平均年增长率分别为 21.9%、29.5%和 32.8%；2003 年全国乳品加工企业生产干乳制品 140.5 万吨，比 1998 年增长 155.9%，平均年增长率为 31.2%。液态奶 582.9 万吨，比 2000 年增长 334.9%，平均增长率为 67%；乳品加工企业产值达 509.4 亿元，比 1998 年增长 3.1 倍；2003 年全国人均奶类消费量为 15 千克，比 1998 年增长 1.5 倍。奶业发展呈现产销两旺的良好局面。但是，近半年多来，奶业发展也遇到了新的情况和问题。如，随着饲料的大幅度涨价，农民饲养奶牛的效益下降；乳品企业利润减少，亏损面扩大；有的地方限收牛奶，拖欠农民奶资；出现了在全国造成很大影响的“阜阳劣质奶粉事件”。希望大家引起高度重视，深入开展调查研究，把握好发展形势。中国奶协将结合正在开展的“中国奶业战略研究”课题进行研究，并将研究的情况及时向大家通报。这次的会议的主题是“乳品质量安全与奶业健康发展”，我先讲几点意见，供大家研讨时参考。

一、乳品质量安全的重要意义

“民以食为天”，随着社会和国民经济的发展，我国食品工业的地位不断加强，对食品工业的要求越来越高，解决好食品质量安全问题备受社会的关注。一是食品质量安全与每个人息息相关，涉及千家万户的切身利益和生命安全。食品生产、加工必须做到以人为本，切实解决好食品质量安全问题，让广大老百姓吃得放心，喝得放心，这是落实与实践“三个代表”重要思想最直接的体现；二是食品在人民的日常生活用品中所占的比重大，解决好食品质量安全问题，有利于拉动内需、促进消费等经济政策的顺利实现；三是食品质量安全问题关系到食品工业本身的发展，只有解决好食品质量安全问题，才能逐步增强我国食品工业的国际竞争力，才能使我国食品工业健康发展。

乳品工业是食品工业的重要组成部分。牛奶是“最接近完善的食品”，其制品在食品工业中占有重要地位。据有关资料报导，世界各乳品大国乳品工业产值占食品工业产值都在 10%以上，其中美国为 12.4%、法国为 21.9%、德国为 19.1%、英国为 11.8%。而且牛奶具有鲜活易腐的自然属性，奶牛挤奶一日几次，需要及时冷却、收集、储运，产加销任何一个环节的不协调都影响奶及其制品的质量安全。因此，解决好乳品质量安全问题具有特殊的意义。

（一）乳品质量安全是人命关天的大事

在我国，牛奶已经由个别群体的营养保健品转变为大众的大宗食品，特别是婴幼儿、儿童、老年人以及大中城市的居民，牛奶消费占有较大比例，婴儿奶粉成为无母乳婴儿的主食，乳品质量安全直接关系到人民群众的身体健康和生命安全。今年上半年发生的“阜阳劣质奶粉事件”，就是一个沉痛的教训。经国务院调查组核实，阜阳市因食用劣质奶粉造成营养不良而死亡的婴儿共计12人，引起了全社会的高度关注。5月13日举行的食品安全专项整治工作全国电视电话会议上，中央政治局委员、国务院副总理、全国整顿和规范市场经济秩序领导小组组长吴仪就明确指出，“阜阳劣质奶粉事件”以血的教训告诫我们，在事关人民群众身体健康和生命安全的问题上来不得半点官僚主义和形式主义。她强调，不仅要切实抓好种植养殖、生产加工、批发零售和消费四个环节的质量安全管理，还要抓好对假包装、假标识、假商标三种印刷品的打击。

（二）乳品质量安全是奶业企业的命根子

企业与市场的关系是鱼和水的关系。企业靠生产的产品进入市场，从而获得回报，以维持和扩大再生产。产品质量安全出问题就会被消费者抛弃，失去市场而倒台。尤其是奶业企业一旦出现乳品质量安全问题，会倒得更快更惨，而且对整个行业都会造成不利的影响。在这里，我举一个日本的例子。雪印乳品公司在日本无人不知。该公司不仅历史悠久，而且生产颇具规模，有员工一万多人，产品占据日本大部分的市场。2001年该公司生产的低脂牛奶等乳品因含有金黄色葡萄球菌，造成14 000名消费者中毒，公司总经理被迫引咎辞职。与此同时，雪印乳品在日本全国遭到广泛抵制，利润从上年同期的36亿日元黑字转为108亿日元赤字，名声扫地，不得不关闭。2002年该公司宣布：单靠公司的努力，已难以起死回生，因此公司决定放弃雪印乳制品公司的招牌，将公司分割、拍卖，或按分割后的业务，寻找合适的合作伙伴。一个久负盛名的大型乳品企业就这样因质量问题被断送了。

（三）乳品质量安全直接关系到农民增收

近几年来，奶业发展对农业结构调整和农民增收显示了巨大作用，使奶业成为农业和农村经济的朝阳产业，这个局面的形成来之不易。如果乳品质量安全出了问题，消费者不放心，就会影响乳品市场扩大，影响乳品加工企业收购原料奶，影响奶牛养殖业的发展，进而影响农民增收。受“阜阳劣质奶粉事件”影响，浙江乐清的几家乳品厂全部关门停业，多家奶牛养殖户因无处交售每天生产的20多吨牛奶而造成倒奶现象。同时，随着全社会乳品质量安全意识的普遍提高和乳品短缺局面的扭转，对原料奶质量的要求越来越高，质量差的原料奶势必遭到乳品企业的冷落甚至拒收，因此，原料奶质量安全对奶牛养殖户已经不是一个收多收少的问题，说到底是一个有收无收的问题。

二、乳品质量安全现状和产生问题的主要原因

今天，在座的有关质量部门的同志和专家，你们对乳品质量安全的情况掌握得全面，研究得深入，在这里我谈三点认识。

（一）关于乳品质量安全的含义和影响因素

就质量安全的定义而言，目前说法不一。根据我国《产品质量法》、《食品卫生法》、《乳品质量标准》和乳品消费特点，我认为乳品质量安全的含义应该包括两个方面：一是保障卫生安全。乳品中有毒有害的重金属和农药兽药残留量、致病性细菌和病毒等不准超过国家乳品标准规定的卫生指标，杜绝因食用乳品引起中毒而对人体造成危害。二是保障营养安全。乳品中的蛋白质、脂肪和碳水化合物等的含量必须达到国家乳品标准规定的理化指标，杜绝因食用乳品引起营养不良而对人体造成的危害，做到卫生安全和营养安全并重。最近，国家质检总局发出通知，要求乳品企业在生产中严格执行婴儿奶粉强制性国家标准；在产品标签必须标示的内容方面，通知要求婴幼儿配方乳粉的标签必须标注食品的名称，配料表，热量，营养素（蛋白质、脂肪、碳水化合物、维生素、矿物质等）净含量，制造者的名称和地址，产品标准号，生产日期，保质期，食用方法，贮藏方法，适宜人群。婴儿配方乳粉标签上还应标明“婴儿最理想的食品是母乳，在母乳不足或无母乳时可食用本产品”。适宜0～12个月婴儿食用的婴儿配方乳粉，须标明“6个月以上婴儿食用本产品时，应配合添加辅助食品”；较大婴儿配方乳粉，须标明“须配合添加辅助食品”。我认为这个通知精神不仅适用于婴儿配方奶粉，而且适用于其他乳品。

为了保障乳品质量安全，必须从源头到餐桌实行全过程质量安全控制，在这个过程中，奶的加

工和销售环节是重要的，我在前面已经列举了日本雪印乳品公司和阜阳劣质奶粉的例子。同样，奶的生产环节也是重要的，如环境（水、土、气等）对奶的质量安全的影响。据有关资料报导，美国加利福尼亚州部分奶牛，由于受到火箭燃料、导弹助推器燃料等物质的长期污染，污染程度超过标准5.8倍，据医学部门证实，婴儿、幼儿、孕妇食用被污染的牛奶将产生较大危害，他们称为“毒奶事件”。又如兽药残留对奶的质量安全的影响。在休药期挤出的牛奶抗生素将严重超标，消费者食用会产生抗药性，影响人体的健康。因此，奶业推行产加销一体化经营至关重要。它不仅关系到奶的生产者、加工者和营销者的经济利益，而且关系到奶业行业的生存，奶业各个环节都要把保障乳品质量安全作为奶业发展的生命线来抓，形成齐抓共管的局面。

（二）关于我国乳品质量安全的现状

改革开放以来，特别是近几年，我国乳品质量安全的水平有了很大的提高，对扩大乳品市场发挥了重要作用，据国家质检总局公布，2003年度乳制品国家免检产品名单有：乳粉生产企业10家，灭菌奶生产企业10家。免检产品申请条件为：乳粉年产量2.5万吨以上；灭菌牛乳产量9万吨以上。有一定的代表性。由于乳品质量安全水平的提高，我国乳品在国际和港澳特别行政地区的市场开拓也取得了新的进展。2003年，乳粉出口7 677吨，创汇1 706.7万美元，比1995年分别增长69.8%和89.8%。但是也应该清醒地看到，在乳品质量安全方面还存在着值得重视的问题。今年第二季度国家质检总局对酸牛奶产品质量进行了监督抽查，共抽查了沈阳、长春、哈尔滨、北京等4个城市42家企业的42种产品，合格38种，产品抽查合格率为90.5%。最近国家质检总局对全国496家奶粉生产企业进行了检查，有54家企业被列入劣质奶粉生产企业，生产的劣质奶粉中，蛋白质、脂肪、微量元素等营养物质大大低于国家标准。上述数据表明，解决我国乳品质量安全问题任务是艰巨的。

（三）关于产生问题的主要原因

1. 乳品质量安全意识不强，难以适应奶业健康发展的要求 有的单位和个人对乳品质量安全的重要意义认识不足，不能把保证乳品质量安全作为自己的天职；有的单位和个人对乳品质量安全必须进行生产全过程控制认识不足，缺乏奶业产加销一体化经营的理念；还有的单位和个人对乳品质量安全工作的艰巨性和长期性认识不足，缺乏持之以恒。

2. 生产经营水平较低，难以适应奶业标准化生产的要求 在奶业生产方面，我国奶牛养殖“小、散、低”的局面没有得到根本扭转，影响了牛奶质量的提高。这个问题，我在今年4月召开的“中国奶牛发展大会”上作过专题讲话。在乳品加工方面，我国乳品企业的水平参差不齐。现在我国乳品企业有1 600多家，其中属大型企业的有石家庄三鹿、内蒙古伊利、上海光明、内蒙古蒙牛、黑龙江完达山和北京三元等8家，2003年全国国有及年销售收入500万元以上的非国有企业共有561个，占乳品企业的1/3，其余1 000多家属于中小型企业。大型乳品企业和一部分中型乳品企业的加工设备和工艺是先进的，但是其他企业，特别是有些小型企业设备陈旧，工艺落后，生产水平很低。乳品质量安全方面的问题，往往发生在这些小型企业上。

3. 有些企业自律性不强、诚信度较低 今年4月，中国奶业协会在雀巢公司的支持下，委托中国经济景气监测中心对中国居民奶品消费状况进行了入户调查，被调查者的总体年龄为18～60岁、在家里负责食品饮料购买、过去3个月里购买过液态奶和奶粉的北京、上海、广州、武汉、成都的1 500户城市居民。调查报告表明，有44%的消费者不相信奶品生产商对奶品质量的承诺；45%的消费者不相信奶品生产商对原料奶来源有很好的控制。由此看来，只有加强企业自律，杜绝偷工减料、粗制滥造、掺杂使假、盲目追求低成本高利润，做到货真价实，才能赢得消费者对乳品质量安全的信任。

4. 法规和标准体系建设滞后，不利于实施对乳品质量安全的有效监管。我国奶业法规不健全，至今尚未制定国家的乳业管理、生鲜原料奶管理、乳品质量安全管理和乳品市场管理等法规。奶业标准不完善，有的标准指标落后，难以适应提高乳品质量安全水平的需要。而且乳品质量安全检测机构不健全，手段落后、认证能力不足、监督约束机制不健全、资金投入少，不能满足乳品质量安全管理工作的要求。

三、以法治奶，齐抓共管，确保乳品质量安全

前面讲了确保乳品质量安全的重要性，对现状和存在的问题进行了分析。下面我讲讲怎么抓，也就是措施问题。

确保乳品质量安全是一项系统工程，涉及到很多方面，如果从生产和管理角度来归纳，主要涉及三个层面，即政府层面、企业层面、行业协会层面。这三个层面在确保乳品质量安全上都负有不同的责任和义务。如果从乳品生产的最终目的角度讲，还涉及到第四个层面，即消费者层面，对于这个层面，是如何维护好自己的消费权益和增加科学饮奶知识问题。

（一）政府层面

政府有关职能部门是奶业的管理者，从目前政府管理的职能分工来看，主要涉及乳品生产和营销的有工商、卫生、质量技术监督、食品药品监督管理、农业等部门，这些政府职能部门从不同侧面对原料奶的生产、乳制品加工、市场营销进行监督管理。用通俗的话讲，就是对乳品生产企业设置、市场准入设定门槛；制定游戏规则；监督、检查企业是否按游戏规则办事；对违规者进行处罚。也就是说，政府要管立法、执法。

市场经济是法制经济。这一点，随着我国市场经济逐步发育成熟，大家的认识也在逐步提高。所谓法制经济，就是说经济运行活动，需要有法，用法来管。有一种模糊认识，认为既然是市场经济，就应由市场来管，曾经很流行的一句话是："有问题找市场，不要找市长"。这句话是对的，但这只是问题的一个方面，市场经济的固有规律，必须体现在法制上，用立法的形式反映、总结市场规律并固定下来，成为经济运行的规则，以实现对市场的管理、调控。从这个意义上讲，有了问题必须找市长，不仅要找，如果问题出大了，还必须"问责"。要问有关职能部门的责，问市长的责。阜阳奶粉事件的最终处理就是典型的例证。

要确保奶品质量安全，从政府层面上讲，就是要"以法治奶"。要抓两件事：一是抓紧立法工作，解决立法滞后问题，使奶业发展有法可依。前面讲了，全国目前奶牛存栏已接近 900 万头，奶类总产量超过 1 800 万吨，乳制品生产企业 1 600 多家，已是一个不小的产业。但目前，除几个奶业较发达的省、自治区近期制定了奶业管理的地方法规外，就全国来讲，尚无一个专门针对奶业生产和管理的法律。我这里不是说现在没有法，前面提到的《产品质量法》、《食品卫生法》等都能管奶，而是强调随着我国奶业的不断发展，已到了需要一个专门针对奶业，以适应奶业发展的新形势的立法，用法律、法规、条例来规范奶业市场、管理奶业市场，对奶业发展进行调控，使奶业的发展纳入法制的轨道。纵观世界奶业发达国家，无一不是在对奶业生产管理上用法律、法规进行严格管理、调控的国家。欧盟、加拿大对奶的生产、销售都是通过立法进行管理，实行严格的"配额制"就是一例。当然，立法需要一个过程，需要时间，但现在已经到必须抓的时候了。这里我还想讲一个观点，目前在奶业管理上，制定了一些标准，尽管还不成体系。但"标准"决不能代替法，标准是对产品、方法的规范，而不是对行业发展的规范。规范行业发展必须立法。

第二件事是抓执法。立法是解决有法可依问题，执法是解决监督、管理的落实问题，要做到执法必严，违法必究。前面讲到很多存在的问题，都是由于监督不严、惩罚不力或者说疏于监督管理造成的。

对于政府层面的问题，还涉及政府职能转变、发挥中介组织作用等，我这里不展开讲。要强调的是：只有抓好立法、执法，才能使奶业发展纳入有序的轨道，才能确保乳品的质量安全。

（二）企业层面

我这里讲的企业不仅包括乳品加工企业，也包括原料奶生产企业、乳制品营销企业。即整个奶业产业链从源头到销售所涉及到的企业，也包括奶农。

对于企业层面，我想强调四个字：科学、诚信。科学，就是要求我们企业在进行产品生产时，不仅要有科学的态度，还要有科学的方法，提高科技水平。对原料奶生产企业来讲，在今年的石家

庄会议上，我们要求搞好小区建设，强调奶牛饲养上的五化：机械化、专业化、集约化、标准化和科学化，归根结底，就是要科学化，科学的生产原料奶，保证生鲜牛奶的质量是生产质量安全乳制品的基础。对于乳制品生产企业来讲，就是要求按科学、先进的工艺流程，生产符合标准的高质量乳制品，这是对质量安全的基本要求。

诚信，是对企业品质、企业经营者品质的要求，是企业对社会、对消费者的责任。掺杂使假、不按标准生产合格产品、在销售上的恶性竞争等等，都是不诚信的行为。其结果不仅损害消费者的利益，同时也损害企业自身的形象，影响企业自身的利益和发展。甚至会因严重违法造成企业的破产、倒闭。

关于诚信的问题，在2004年的换届会及4月石家庄中国奶牛发展大会上，我就反复强调这个“诚”字，在协会文化、会风、精神方面，我们也提倡三个字“勤”、“智”、“诚”。协会是由各个会员单位、企业组成的。协会精神是各个会员单位、企业的精神体现出来的。所以，诚信要体现在企业文化中，企业精神中。这也是“以人为本”精神的体现，是对企业基本的要求。

这里我还想强调往往被忽视的一点，就是企业之间的诚信。突出地反映在乳品加工企业和原料奶生产企业之间，在原料奶紧俏时，生产者掺水、掺杂使假，使乳品加工企业受到损害；在销售市场不畅、乳制品积压时，乳品加工企业压级、压价、不按合同收购原料奶，卡奶农。企业之间缺乏诚信，互相的利益都将受到损害，最终是两败俱伤，影响到整个奶业的发展。

（三）行业协会层面

在确保乳品质量安全问题上，行业协会应做些什么？能做什么？这个问题与行业协会的定位和职能有关。毫无疑问，作为行业协会，规范行业行为，对行业协会会员提出自律要求，是协会义不容辞的责任。“一条鱼腥了一锅汤”，一个企业出问题，有时会影响整个行业，阜阳奶粉事件发生，造成一段时间整个行业的奶粉销售都受到影响。这是给我们的重要警示。作为协会，在行业自律上应紧紧抓住不放，使害群之马无立足之地，这是作为协会必须抓好的工作。

协会是企业和政府之间的桥梁和纽带。上面提到的政府层面、企业层面应做的事，都是协会应予关注、协助做好的事，要充分发挥协会的服务、协调职能。

（四）消费者层面

和以上三个层面不一样，不是责任和义务的问题，而是维权和自我保护的问题，消费者要了解一些科学饮奶知识和消费维权的基本常识。当然，这方面主要靠政府、企业、协会的宣传。我们不应苛求消费者，因为每个人需要消费的商品那么多，都要了解、懂得是不可能的。中央电视台每逢周日有个“每周质量报告”栏目，有的看了让人触目惊心。所以，关键还是生产者要诚信，要提供质量安全合格产品，让消费者放心。

以上讲了四个层面，主要还是从宏观上讲的，应该怎么抓，具体怎么做，措施是什么，有的需要调查研究，如立法，有的需要根据自己的实际情况制定、落实措施，如企业，对各个层面又都有各自的侧重和要求。大家都动起来，也就形成了齐抓共管的局面，就能确保乳品的质量安全，保住奶业发展的生命线，我国的奶业一定能更加健康持续的发展。

在中国奶业协会四届三次理事会暨2004年年会上的工作报告

中国奶业协会常务副理事长兼秘书长 魏克佳

各位理事、各位代表：

刚才刘成果理事长就乳品质量安全问题做了重要讲话，体现了这次理事会和年会的主题思想。讲话从理论与实践的结合上，对乳品质量安全问题进行了深入的分析，特别是对企业和协会层面的分析和要求，请大家在安排工作时认真研究和参考。下面，我代表中国奶业协会向各位理事、各位代表报告奶协今年工作情况和明年重点工作的安排意见，请审议。

一、今年工作情况

自去年四届二次理事会以来，协会秘书处认真贯彻会议精神，按照理事会确定的工作总体思路、工作计划，积极开展工作。今年3月，奶协就几项重要工作向农业部部常务会议做了汇报，部常务会议原则同意协会的工作安排，并就今后工作做出了重要指示。一年来，在农业部和其他有关部门的指导和支持下、在地方协会和各位理事、会员单位的努力工作和积极配合下，奶协各项工作有了很大进展。

（一）成功召开中国奶牛发展大会，促进奶源基地建设

今年4月7—9日，中国奶协在河北省石家庄市成功召开了“中国奶牛发展大会”，大会主题是：“奶源基地建设与奶业健康发展”，参会1 000多人，会议针对现阶段如何解决我国奶牛养殖的“小”、“散”、“低”问题，通过专题报告、经验交流、产品技术展示和现场参观考察相结合的形式，展开了深入探讨和广泛交流。会议还表彰了全国200个奶牛养殖示范小区和养殖示范场。刘成果理事长做了关于“加强奶源基地建设，夯实奶业健康发展的基础”的讲话。通过这次会议，进一步提高了对加强奶源基地建设重要性的认识，明确了奶源基地建设的重点和发展模式，为进一步推动奶源基地建设明确了方向。大家一致认为，会议开得很及时、很成功。

（二）专业委员会积极开展活动，加强为行业服务

今年，各专业委员会开展活动比较活跃。饲养和饲料专业委员会组织专家先后对北京、内蒙古、黑龙江、山西、江苏等地奶牛养殖情况进行了调研，针对“农户型”和“集约型”两种养殖类型在饲养饲料方面存在的主要问题，组装编制了我国“农户型”和“集约型”奶牛养殖技术规范各一套，在试用中取得了明显效果；选择北京郊区规模化牛场、小型牛场和小区养殖三种模式为代表，在试点和示范基础上，编制了各自相应的技术标准体系、管理标准体系和工作标准体系，为实施标准化生产提供依据；深入基层开展培训工作，在北京、山东、河北等地先后举办奶牛场场长、技术员、奶农户等技术培训班，培训人员3 300多人次，发放科普资料3 450份，受到广大农民的好评。繁殖专业委员会以“利用现代生物技术，高效繁殖奶牛”和“应用繁育新技术，提高奶牛质量”为主题，召开了第18、19次繁殖技术研讨会，展示了新技术、新产品，编辑了奶牛繁殖新技术论文集，在业界广泛交流。育种专业委员会围绕良种繁育体系建设积极开展工作，制定了奶牛个体生产性能测定技术规范和管理规程（草案），并组织专家进行了讨论；通过“中加奶牛育种综合项目”的实施，在上海、北京、西安、杭州等13个省市部分地区开展了奶牛个体生产性能测定工作，测试能力及水平有所提高，测定头数有所增加；修订了奶牛品种登记软件，准备发放各省市；全国种公牛联合后裔测定工作取得很大进展，今年春季符合条件的参测青年公牛达42头（14个单

位)，是历年来参测公牛最多的一次。18～20批后测公牛女儿数据正在整理中，计划今年10月公布后测结果；组织考察了国外奶牛数据处理系统软件，并已同荷兰签约。乳品工业委员会积极宣传奶协去年9月组织六大企业提出的“规范行业行为，让广大消费者吃上放心奶”倡议书和饮奶知识，配合有关部门和乳品企业，积极推动乳制品质量安全工作。奶业信息、奶业经济和动物保健专业委员会在协会信息网建设、奶业发展中一些重大问题的调研及配合动物保健及疫病防治等方面都做了很多工作，并取得了成效。

（三）同国外有关组织积极协商，协助畜牧行政主管部门引进良种奶牛的服务工作

遵照农业部领导的批示和畜牧主管部门的意见，去年10月份以来，协会主要领导先后与澳大利亚、新西兰、加拿大等国家有关组织进行技术洽谈，并与澳大利亚荷斯坦协会签订了《种用荷斯坦牛进出口备忘录》，双方就奶牛进口类别、质量标准、出证手续等形成了一致意见，对提高我国良种奶牛的引进质量和加强服务将起到促进作用。最近，中澳双方决定轮流举办奶业研讨会，首次会议将于9月9日在山东省烟台市召开。

（四）加入世界荷斯坦联盟（WHFF），增强国际间的合作与交流

2004年2月27日，四年一届的世界荷斯坦联盟大会在巴黎召开。经农业部批准，中国奶协积极组织力量和申报材料，并派专人参加会议。在3月1日举行的世界荷斯坦联盟全体成员会议上，来自20多个国家和地区的代表一致同意中国奶业协会的申请，正式接受中国为世界荷斯坦联盟成员。

中国奶业协会代表中国加入世界荷斯坦联盟（WHFF），为加强我国与国际奶牛繁育技术先进国家的交流与合作，开辟了新的渠道。通过WHFF组织，加强技术交流和信息共享，有利于我国奶牛的育种和良种登记、注册工作；通过WHFF组织，协调与参盟国家有关组织就荷斯坦奶牛繁殖的技术交流和相关事务；通过WHFF组织，参加相关问题的世界性会议和论坛，更好地学习和引进国际先进技术，不断缩短我国奶牛养殖业与国际先进水平的差距，与国际接轨，对促进中国奶牛养殖业发展意义重大，影响深远。

（五）配合国家质量监督管理部门开展奶制品质量安全工作

去年11月份，协会配合国家“食品药品放心工程”，积极开展“奶制品放心工程”，会同国家食品药品监督管理局组织编写了“饮奶与健康”的科普宣传丛书，印制5万册，免费向社会发放，向消费者和广大群众宣传饮奶与健康知识，在引导消费、开拓市场等方面取得了很好的社会效益。

在国家认证认可监督管理委员会支持下，奶协积极开展工作，完成了全国奶业认证标准文件的起草工作。组织编写了中奶协（北京）认证中心的HACCP《程序文件》和《质量管理手册》，配合国家认监委草拟了“乳制品企业HACCP认证体系要求（草案）”、“乳制品HACCP认证实施规则（草案）”和“奶牛牧场HACCP认证体系实施规则（草案）”，组织奶业专家集中研讨，供认监委开展全国乳品企业和牧场认证工作参考。

（六）召开了“承诺乳品安全，规范奶业行业行为”新闻发布会，加强企业诚信和行业自律

中国奶协于5月21日在国务院新闻办公室召开了“承诺乳品安全，规范奶业行业行为”新闻发布会。会上刘成果理事长就加强奶业质量安全工作做了发言；发布了今年4月中国奶协委托国家统计局经济景气监测中心对全国五大城市开展的居民奶品消费市场调查报告；发布了三鹿、伊利、光明、蒙牛、完达山、三元和雀巢七家大企业关于“规范奶业行业行为，让广大消费者喝上放心奶”的联合倡议。近百家媒体参加了新闻发布会，会后进行了广泛报道，收到了良好效果。

（七）中国奶业发展战略研究工作已启动

国家“十五”发展规划即将完成，将进入“十一五”发展规划阶段，我国奶业发展也进入一个关键时期。搞好中国奶业发展战略研究工作，对我国奶业发展具有深远的意义。在农业部有关司局支持下，经过一段的准备工作，课题已批准立项，课题组已成立，由刘成果理事长任组长，完成了调研提纲的编写，明确了具体工作任务，研究工作正分头开展，力争明年上半年完成。

（八）广泛开展国际合作交流

今年协会分别派团出访了日本、韩国、欧洲、澳大利亚、加拿大等国家，加强了国际交流。同加拿大、美国、荷兰、德国、法国、丹麦、韩国、巴西、乌拉圭等20多个国家的协会组织、企业进行了广泛联系，对学习和借鉴国外先进经验，促进我国奶业健康发展十分有益。协会主办第一、二届“中国国际奶业展览会”，参展企业和参会人员逐年增加，参展面积明显扩大。

二、明年重点工作的安排意见

明年工作总的想法：以党的“三个代表”重要思想为指导，树立科学发展观，以推进中国奶业持续、健康发展和提高奶业现代化水平为中心，突出抓好奶源基地建设和培育消费市场两个重点，积极为奶农、乳品加工企业、消费者和政府有关部门提供多方位的服务，充分发挥协会服务、协调、维权、自律的职能作用，开创协会工作新局面。

重点工作：

（一）继续做好中国奶业发展战略研究工作

今年底至明年上半年，要继续组织好专家，在认真总结中国奶业发展基本经验和教训的基础上，针对新时期我国奶业在国民经济中的战略地位、出现的新情况，进行深入调查研究，提出今后一个时期奶业发展的战略目标、战略重点、战略措施。为政府决策和宏观指导，为制定奶业发展规划、奶业发展纲要、奶业管理条例等打下良好的基础，提供科学的依据。这项工作的完成，需要业界同仁和有关部门的大力支持和配合。

（二）继续做好奶牛良种繁育体系建设几项基础性工作

自中国奶协第四次会员代表大会以来，协会对加强奶牛的良种繁育体系建设工作一直很重视，注意从基础性工作抓起。但是，目前我国奶牛群体总体遗传水平和生产性能仍然很低，奶牛群的遗传改良工作尚不规范，良种观念落后，一些奶业发达国家行之有效的育种技术在我国尚未完全实施，先进的育种技术和优良种质不能很快推广应用，牛群改良进展缓慢，其主要原因之一是良种繁育的几项基础性工作薄弱，这是今后一个很长时期应当坚持抓好的工作。

1. 建立健全奶牛个体生产性能测定体系

个体生产性能测定是奶牛群遗传改良的基础。奶业发达国家早在19世纪初就开始了个体生产性能的监测工作。20世纪中期，美国以奶牛生产性能测定（DHI）为基础，实施了“奶牛群改良方案”(DHIP)，使奶牛生产性能的遗传水平不断提高。“DHI”已成为奶牛群改良科学化、规范化和现代化的一个标志。我国自1994年“中加奶牛育种综合项目”实施以来，每年生产性能测定已达6万多头，已有了一定基础。但是目前测定规模远不能满足全国牛群遗传改良的需要，而且测定工作尚未完全执行国际认可的“第三方测定”原则，有的生产性能记录可靠性不足。

建立健全奶牛个体生产性能测定体系十分重要。建议有条件的地区要建立测定站（实验室），有条件的养殖场和养殖小区逐步开展奶牛个体生产性能测定工作，既要扩大测定规模，也要提高测定质量。今后，开展测定的单位都要同中国奶牛数据处理中心联网，测定数据统一存入数据库。

2. 建立健全中国荷斯坦牛品种及良种登记制度

品种登记是将符合品种标准的牛登记和贮存在数据管理系统中，是奶牛群管理的基础性工作。品种登记主要是根据系谱资料进行，其目的是保证荷斯坦牛品种的一致性、稳定性。品种登记实施方案，去年农业部畜牧业司已转发给7个优势省、市、自治区，并在上海召开了座谈会，先在部分试点县和国有牧场中试行。

良种登记是在品种登记的基础上，将符合良种标准的个体牛登记注册。通过对奶牛个体系谱资料、外貌评定、生产性能记录的审核登记，进行科学的综合遗传评定，准确选择良种，进而提高奶牛繁殖和科学饲养管理水平。

各地对品种和良种登记工作十分重视，今年在许多地方已先行开展工作。根据畜牧主管部门的要求，今后，各地的奶牛一律按国家统一编号原则，实行全国统一编号。品种登记软件，奶协已组织专家进行了修改，十月份将发给大家。

3. 建立青年公牛后裔测定和优秀种公牛评定制度

选择优秀种公牛，是奶牛育种中最重要的工作。培育和选育优秀种公牛，是提高全国奶牛遗传素质的一项根本措施，也是中国奶协的重要工作任务之一。奶牛发达国家的经验证明，青年公牛的后裔测定是评定公牛种用价值最可靠方法。中国奶协自 1983 年开始进行全国联合青年公牛后测，迄今已公布 17 批后测结果，验证公牛精液的推广对我国奶牛遗传改良起到了一定的作用。

但是，因为这项工作跨省区，并在较大范围内进行，周期长，工作开展还缺乏周密的组织和严格的制度；参加后测女儿的牛场分布不均，缺乏系统可靠的生产性能测定和完善的记录体系保证，有的提供的女儿性能记录数达不到育种值估计的最低要求。协会准备在原来公牛后裔测定的基础上，制定中国荷斯坦种公牛后裔测定“技术规程”和“管理办法”，包括后裔测定组织、后测技术方案、工作方法、数据采集、数据传输、数据处理、结果公布等内容，使种公牛后裔测定工作规范化、制度化。请各地育种组织，种公牛站 、牛场积极配合，共同开展好这项工作。今年 10 月份中国奶协还将专门召开一次全国奶牛育种方面会议，落实本次会议精神和工作任务。

（三）加强中国奶牛数据处理中心建设和运行工作

为适应我国奶牛品种、良种登记及种公牛后裔测定和开展种牛遗传评定工作，满足良种选育和遗传改良工作对有关数据的需要，在农业部有关行政管理部门的大力支持下，中国奶牛数据处理中心一期工程已完工。最近，又同荷兰奶牛育种组织签订了协议，引进一套国际先进的数据处理系统软件。今年底和明年，这套软件将正式安装，投入运行，第二期设备安装完毕。中国奶牛数据处理中心将正式开展数据收集、网络传输、数据存储、数据统计分析，统计结果将向政府和基层部门及会员单位提供，并做到数据信息全面、及时、准确。

建议各地奶业管理部门或育种中心、奶业协会，争取各地能逐步设立数据收集工作站，尽快将我国奶牛数据信息处理形成网络化。

（四）发展奶业市场，促进乳品消费，规范行业行为

奶业是养、加、销结合最紧密的一个产业，而且其产品具有易腐蚀、变质的特性。原料奶生产、牛奶加工、市场消费必须协调、平衡发展。奶业的发展速度和产品结构，在很大程度上取决于市场和消费。

目前，我国乳品市场和消费尚不成熟，乳品企业市场行为尚不规范，是奶业发展的一个薄弱环节，为适应奶业发展新形势的要求，中国奶协拟在深入调研和研究的基础上，明年上半年召开一次有关中国奶业市场发展方面的会议，会议主题是：“奶业市场与奶业健康发展”，其主要内容：一是如何把握乳品市场走势；二是如何开拓乳品市场；三是如何规范乳品市场，避免无序竞争。希望大家共同做好会议的准备工作，把会议开好。

（五）积极组织开展技术培训，加强国内外技术交流

目前，在奶牛科学饲养和乳品加工等领域，我国和奶业发达国家差距很大，国内地区间也很不平衡。针对我国奶牛养殖普遍存在的规模小、饲养管理水平低、饲料结构不合理、良种覆盖率低、许多乳品企业加工技术和质量管理亟待提高的现状，明年各专业委员会将加大为协会成员单位的服务力度，开展好以下几项活动：一是办好第三届中国奶业国际展览会和奶业高层论坛；二是组团去澳大利亚参加 2005 年中澳奶业研讨会；三是组织专业团组去北美和欧盟等奶业发达国家考察；四是举办奶牛品种和良种登记、饲养、饲料、繁殖、乳品加工等技术培训班及研讨会。

（六）推进乳品企业开展质量认证工作

保障奶与奶制品质量安全是奶业持续健康发展的重要任务。如何确保食品的卫生质量和质量安全，已成为我国政府和全社会共同关注的重要议题，特别是我国加入 WTO 后，食品进出口贸易中更要依赖以食品安全管理体系（HACCP）为基础的食品安全管理体系，进行国际性交易。

ISO9000 质量管理体系是食品安全管理体系的基础，HACCP 质量体系是国际上控制食品安全最为普遍采用的管理方法，在我国食品领域已开始推行。而奶业 HACCP 安全体系的实施与认证工作，尚处于起步阶段。在继续开展 ISO9000 质量管理体系的前提下，应当尽快建立起以 HACCP 为基础的乳品安全管理体系，并实施有效的监督和认证，这对保障乳品质量安全，加快中国奶业质量管理与国际市场接轨，促进我国奶业健康发展有着重要意义。

经农业部和中国国家认证认可监督管理委员会批准，中国奶协正在组建中国奶协认证机构，成立后的“中奶协（北京）认证中心”，即将开展对乳品企业的质量管理培训和认证工作。

（七）搞好协会自身建设，提高服务能力和服务水平

为适应新时期、新形势下奶业发展的需要，中国奶协和地方协会必须加强自身建设，抓好协会组织建设工作，提高协会的服务能力。一是继续发展会员，扩大协会的覆盖面和辐射能力。二是严格执行协会章程，认真履行会员的权利和义务。对违反章程的会员，协会将按章程规定，给予批评、通报或予以除名。三是加强协会服务功能。中国奶业协会将进一步办好“中国奶业协会信息网”，办好《中国奶牛》杂志、《中国奶业年鉴》，办好“中国奶牛数据处理中心”和“中奶协（北京）认证中心”；向广大会员提供更多的服务内容，提高服务质量和服务水平。

在过去的一年里，地方奶协根据各地的实际情况，为奶业发展做了卓有成效的工作，付出了辛勤的劳动，得到了有关方面的好评。在此，我代表中国奶协表示衷心感谢和诚挚的敬意。

同志们，几年来中国奶业呈现了较好的发展形势，奶业的快速发展，对调整农业结构、增加农民收入、改善人民群众生活水平、提高国民身体素质，发挥了重要作用。但是，我们也应该清醒地看到，目前我国奶业仍然存在一些不容忽视的问题，需要我们认真加以研究和解决。发展奶业是实践“三个代表”重要思想的具体体现，让我们团结一致，共同努力，为我国奶业的持续健康发展做出新的贡献。

对稳定奶业发展的几点意见

农业部畜牧业司副司长　张喜武

一、中国奶业发展现状

近年来，我国奶业发展迅速。2003年，全国奶牛存栏893.2万头，牛奶产量1 746.3万吨；牛奶产量主要集中于奶业主产省（自治区），其中内蒙古308万吨、黑龙江300.5万吨、河北197.9万吨、山东124.4万吨和新疆113万吨，五省、自治区奶类产量占全国总量59.7%。

2003年，我国乳制品工业同样保持了快速发展，全国共有规模以上乳制品加工企业561家，工业产值509.42亿元，同比增长35.04%，其中液体乳和乳制品的产量为582.87万吨和140.57万吨，同期分别增长64.12%和33.28%。上海光明乳业集团2003年乳制品销售收入达54亿元，比2000年的20亿元，增长1.7倍。

2003年，全国奶类人均占有量为14.7千克，城镇居民人均奶及制品的消费支出为125元，比2002年增长了20元，增长率为30.9%。以2004年4月为例，上海市场的液态奶消费比重占全国市场的11%，在全国城市奶制品消费总额排名第一。其中，巴氏消毒奶总额表现平稳，占液态奶消费总额30.15%；超高温奶销售额环比增长42.58%，占液态奶市场消费总额的41.99%；酸奶消费呈现快速上升趋势，占液态奶消费总额的27.86%，环比增长17.50%。

我国奶业快速增长的主要原因：一是畜牧业结构调整的政策引导。各省在农业和农村经济结构的战略性调整中，把畜牧业作为重点发展的产业，大力推进畜牧业结构调整，发展奶业生产成为许多地方调整畜牧业结构的突破口。同时，奶业生产投入的大幅增长，推动了奶业的快速发展。牛奶产量从1998年的662.9万吨，增长到2003年的1 800万吨，6年时间增长1.7倍，生产的快速发展，加剧了对良种奶牛的需求。二是市场需求的推动。1998年我国人均奶类占有量仅为6.0千克，到2003年人均奶类占有量达到13.6千克。三是乳品加工企业市场开拓能力增强。随着乳品加工业的科技进步和加工能力的提高，原料奶的需求量增加，从而带动了我国奶业的快速增长。四是奶牛养殖有效益，农民积极性高。近几年来，奶牛养殖的效益在畜牧养殖中是最好的，农民饲养一头奶牛，年平均收益在3 000～4 000元之间。

二、对中国奶业稳定发展的几点意见

1. 组织专家对近几年进口的奶牛质量状况进行评估　近期，我们将组织奶牛育种、营养和饲养管理等方面的专家，分别到进口奶牛较多的黑龙江、内蒙古、新疆、河北、山东、陕西、宁夏等省、自治区，了解进口奶牛的生产现状和存在的问题，对进口奶牛在我国不同地区表现出的适应能力、健康状况、生产性能、经济效益和对当地奶业发展的作用进行跟踪评估，并提出综合评估报告，为进一步完善奶牛进口政策和改进奶牛进口管理工作提供依据。同时，要加强对进口奶牛使用情况的监督检查，发现倒卖进口奶牛的单位，一经查实，进行通报。情节严重的，将配合海关、工商等部门依法处理。

2. 加强奶牛进口审批管理　一是进一步完善各项审批制度，强化奶牛进口申请、省级畜牧兽医行政主管部门的进口审核，以及奶牛进口的最终审批工作。二是增强进口申请单位、进口代理商的法律意识，在进口申请过程中，告知他们国家对种畜禽进口的免税扶持政策和相应的法律责任，使之在实施奶牛的进口贸易中，做到知法守法。三是强化监管工作。明确种畜禽进出口过程中各方当事人的责任和义务，保障进口种畜禽的质量。对弄虚作假、制作假合同、假系谱，一经查实，将按《行政许可法》的相关规定，对这些单位和代理商进行备案并在相关媒体上予以公布。

3. 加强奶牛良种繁育体系建设　一是合理布局规划，认真实施好《全国奶业优势区域发展规划》，充分利用我国的自然资源和奶畜资源，突出重点，加快良种工程和基础设施建设，形成自己的奶牛良种繁育体系。二是以种公牛站、高产母牛场为核心，充分利用国内外遗传资源，建立种源生产基地，满足奶业发展对良种奶牛的需要。三是抓好种公牛的后裔测定、奶牛生产性能测定和奶牛良种登记三项基础性工作，采用常规技术与新技术相结合的办法，不断提高奶牛质量。四是大力推广行业标准化饲养技术，不断改进饲料配方和环境控制技术，加强良种繁育、疫病防治和科学饲养管理，增加科技含量，提高奶牛的生产水平。

4. 加强中澳双边奶业发展的合作　通过构建合作机制，本着互惠互利的原则，促进两国奶业的持续健康发展，实现中澳双边贸易的进一步深化。同时，拓宽合作领域，发展中澳双方在乳制品深加工、原料奶质量控制等方面的技术交流与合作，加强技术人员的培训，提高中澳双方奶业的科技水平，使两国的奶业生产、加工能迈上一个新的台阶。

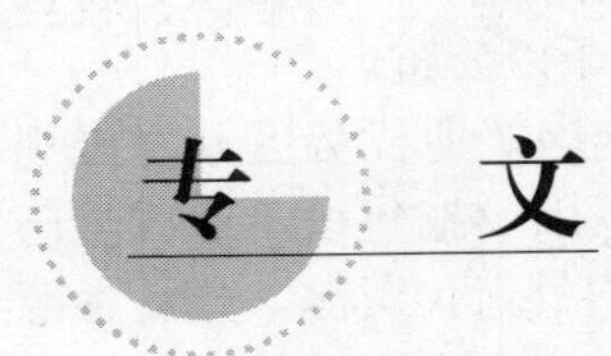

关于发展我国奶业的几点思考

国务院研究室副主任　尹成杰

奶业是高效的畜牧业，事关经济社会发展全局。加快奶业发展，是新时期我国农业和农村经济发展的一项重要任务，对于带动农业和农村经济结构战略性调整，发展二、三产业，促进国民经济发展，提高国民素质，都具有重要意义。本文从世界奶业发展的特点与趋势入手，根据我国奶业的发展现状，对我国奶业发展的战略选择和基本发展对策进行了一些思考。

（一）世界奶业发展的特点与趋势

1. 世界各国普遍重视奶业发展　发达国家把奶业的发展水平作为现代农业特别是畜牧业发展水平的重要标志，畜牧业发达的国家大都有发达的奶业。2000 年，世界奶业产值占农业总产值的比重为 20%。欧美及大洋洲等奶业发达国家，奶业发展历史悠久，生产力水平高，奶业产值一般都占畜牧业总产值的 1/3 左右，在国民经济中也占有重要地位。如法国，汽车制造业产值占 GDP 的 6%，而乳品加工业的产值却占 8%。2001 年美国、丹麦、德国的奶产量占畜牧业主要产品总产量的比重都超过 60%。发达国家非常重视奶业发展，对发展奶业采取各种各样的优惠政策，包括政府投资、信贷、对生产者进行价格补贴、实行最低保护价格、国家参与市场调控、促进奶及其制品加工业的发展以及乳制品的对外贸易等。在欧盟对农业的巨额补贴中，奶业占相当大一部分。

发展中国家特别是亚洲国家近年来也把发展奶业作为提高国民营养水平和民族素质、促进经济发展的重要途径，通过采取政府投资、低息或无息贷款以及促进消费等措施加快奶业发展。值得一提的是印度，从 1970 年起就在全国开展“洪流行动”、“白色革命”，积极支持奶业发展，到 1995－1996 年度的奶产量达到 6 300 万吨，居世界第二位。在人口增长很快的情况下，人均牛奶占有量从 20 世纪 70 年代初的 14.2 千克增加到 1998 年的 71.9 千克，增加了近 5 倍。

2. 欧美国家主导奶业市场，发展中国家发展加快　世界牛奶的生产、消费主要集中在欧洲、北美和大洋洲的发达国家。世界牛奶产量的大半产自于欧美发达国家（其中欧洲占 33.2%，北美占 19.5%。），在世界奶产量排名前 10 位的国家中，除了印度外全部都是欧美国家。这些国家无论是奶业生产还是乳品加工都处在世界领先水平。2000 年世界牛奶总产量 4.85 亿吨，欧美就有 2.83 亿吨，占 58.3%。从人均占有量来看，发达国家更是远远高于发展中国家。2000 年新西兰人均牛奶占有量高达 3 180 千克，而亚洲人均产量只有 25 千克。在乳制品的国际贸易中，出口国也主要是发达国家，进口国则主要是发展中国家。1998 年，发达国家的奶粉出口为 2 837 万吨，发展中国家为 25.2 万吨，不到发达国家的 1/10。

近年来，发展中国家奶业发展速度加快，尤其是亚洲国家的发展速度更快。20 世纪 80 年代以来，发达国家的奶业发展日趋平缓，特别是自 20 世纪 80 年代中期开始，奶类总产量开始下降。而同期发展中国家奶业发展加速，奶产量逐年增加，其中亚洲国家增长更快。1999 年发达国家奶类总产量比 1992 年减少

42%，发展中国家则增长29%，亚洲发展中国家增长29.3%。这是由于发达国家的奶业生产和消费已接近饱和，而发展中国家根据经济社会发展和人民生活改善的需要纷纷致力发展奶业的缘故。

3. 世界奶业发展逐渐从注重增加奶牛数量转向提高奶牛单产水平 发达国家奶业的单产水平较高。发达国家自20世纪70年代起开始减少奶牛饲养数量，提高奶牛单产水平，以保持奶产量稳步增长。1984－1994年的10年间，美国奶牛总数减少了13.84%，而单产量却提高了28.6%，总产量仍然提高了10.8%。到1998年，美国成年奶牛每头年均产奶量达7 412千克，荷兰也有6 378千克，远远高于世界平均5 500千克的单产量。

发展中国家也逐渐开始重视奶业的集约经营。长期以来发展中国家由于奶业单产水平低，奶产量增加的87%靠的是奶牛数量增加。近几年来，亚洲一些奶业大国如印度和中国也已经逐渐重视奶业的集约经营，在奶牛数量增加的同时，强调不断提高奶牛单产水平。仅在20世纪80年代，除中国以外的亚洲国家的奶牛数量和单产分别增长了11.1%和27.4%，印度更是分别增长了14.5%和48.7%。

4. 世界奶业社会化生产服务体系较为健全，产业化发展程度较高 建立健全从配种、饲料、防疫到收奶、加工等一整套社会化服务体系，不仅是采用集约生产的专业奶农的需要，也是稳定发展农户分散饲养奶畜的必要条件。世界各国普遍采用合作经营来为奶业的产前、产中和产后提供全方位的社会化服务。在西欧，奶农在自愿的基础上组成各种形式的合作社，参加各种联合会，以此获得信贷、科技和市场信息等社会化服务。在日本，通过农业协同组织对奶农进行产前、产中、产后服务。在印度，奶农自愿入股参加基层的村牛奶生产合作社，通过村牛奶合作社－地区联合会－总联合会的组织形式，把农村分散的牛奶收集到城镇加工，然后再运到各大中城市销售，由这些组织为奶农提供技术、市场等社会化服务。

健全的社会化服务体系有效地促进了奶业的产业化经营。在各种农牧业生产和加工运销产业中，奶业的产业化经营程度是最高的。主要原因在于牛奶鲜活易腐，挤奶一日数次，需要及时冷却、收集、储运。产加销任何环节的不协调都会影响鲜奶及其制品的质量。同时，产业链的整合与协调，减少甚至消除了产加销各方利益的冲突，可以提高整个奶业的效率和效益，增强其市场竞争力。在荷兰，现有22家乳品厂中有13家是产加销一体化的合作社，其中包括供应本国80%牛奶及其制品的最大三家加工厂。在美国，实行一体化经营的比例也非常高，250家奶业合作社供应全国近八成的牛奶及其制品。

（二）我国奶业发展的现状

1. 我国奶业发展的基本情况 改革开放以来，我国奶业有了较大发展，尤其是近几年来发展速度明显加快。1998—2003年，我国奶类总产量由7 445千吨增加到18 486千吨。2003年，我国奶牛年末存栏8 932千头，比上年增长30%；但从总体上看，不论是与发达国家还是世界平均水平相比，我国奶业发展仍然相当滞后。一是奶产品产量低，人均占有量更低。从1997—2002年间，成年母奶牛平均单产由1 550千克增加到3 400千克。2003年，全国奶类人均占有量仅为14.3千克，远远落后发达国家268千克的水平，也低于发展中国家50.9千克的水平。我国奶产量低、人均占有量低，主要是奶畜少、奶畜单产低；我国成年奶畜单产远低于发达国家7 000千克的水平。二是我国奶制品加工企业规模小，加工能力低，奶制品品种单一。人均消费水平低，2003年，我国乳品加工企业生产奶制品1 404千吨，液态奶5 829千吨。奶制品主要是加工奶粉，其他品种不多。这是我国奶制品消费水平低的一个重要原因。人均奶制品消费水平也大大低于世界平均水平。2003年，人均占有奶类14.3千克。其消费主要集中在城镇，占全国消费量的90%左右。三是奶业国际竞争能力低。由于我国奶产量低，质量不稳定，在国际市场缺乏竞争力，出口数量少，是典型的奶制品净进口国。尤其是加入WTO后，进口数量更是呈不断增加的趋势。据初步统计，2003年我国奶制品进口数量比2002年增长19.4%，进口金额增长29.2%。四是奶业生产社会化服务体系不健全，产业化经营水平较低。原料奶生产分散，经营规模狭小，收购、加工、销售脱节滞后，社会化服务体系不健全。农户、奶牛饲养基地、奶产品加工企业之间的利益分配机制不完善，相当大一部分生产者没有与加工企业建立稳定的合同关系，缺乏抵抗市场风险和自然风险的能力。小生产与大市场的矛盾仍然相当突出。

2. 我国奶业发展的主要特点与趋势 近年来，我国奶业发展明显加快。尤其是1999年以来，中央及各地把奶业作为解决“三农”问题的重要途径，从政策、资金等多方面给予重点支持，企业界和广大奶牛养殖者的热情空前高涨，我国奶业发展速度连续几年超过两位数。呈现出奶业产量高起来、花色品种多起来、奶农钱袋子鼓起来、奶业投资热起来的喜人趋势。主要表现在以下几个方面：

(1) 奶业发展势头趋热，原料奶生产、乳品加工和消费等都快速增长。一是奶类总产量快速增长。2001年，我国奶类和牛奶总产量双双突破1 000万吨，分别达到1 122.9万吨和1 025.5万吨，比上年增长22.2%和23.9%。2002年，良种奶牛存栏数、奶类总产量又分别增长了21.55%和24.7%。2003年仍然保持了较快的发展势头。二是乳制品的加工能力迅速增长，其产量也大幅增长，乳制品花色品种也逐渐增多。液态奶除了饮用鲜奶，还有酸奶和各种花色奶；乳制品除了各种奶粉外，还有黄油、干酪和炼乳等。三是乳品消费同步增长。2002年，全国人均消费奶类11.5千克，城镇居民的人均消费达到21.5千克。消费年增长速度继续保持在较高水平。同时，对品质的要求不断提高，具有优质、安全、风味、便捷等特点的产品成为消费热点。乳品消费在总体不断增长的同时，消费结构不断改善，消费群体不断扩大。20世纪90年代以前，消费者主要是婴幼儿和老人；进入新世纪以来，已逐渐扩大到各个年龄层次的消费者，消费市场潜力很大。

(2) 产业的整体素质和经济效益有所提高。一是产业集中度在提高。一些乳品加工企业通过股份制改造和强强联合等整合方式形成了一批有实力的奶业集团，众多中小乳品企业与实力较强的企业联合或并入大型乳品企业、企业集团。2002年，销售额排名前10位的企业完成销售收入占全行业规模以上企业的53%，利税占60%。二是乳品加工企业与奶源基地的紧密度在加强。不少加工企业更加重视奶源基地建设，并采取诸如为奶牛养殖户提供贷款或担保、实行保护价收购、加强挤（收）奶站服务功能等措施。还有些乳品企业吸收奶农入股，使生产、加工、销售各个环节的联系更加紧密。三是奶牛饲养的组织化程度在提高。一大批实行适度规模饲养的奶牛小区和相应配套基础设施在各地建立，有的地方成立了奶业合作社，提高了原奶生产的科技含量和劳动生产率。不少地方由奶农自发成立了奶业协会。健全的社会化服务增强了奶业发展抵抗各种风险的能力。

(3) 奶业市场竞争进一步加剧。乳品加工业的调整力度加大。大的乳品企业、集团发展迅速，资产重组、兼并速度加快。以大城市为中心的乳品企业为解决奶源不足，向牧区、农区奶源基地扩张，奶源基地与加工企业的结合更加紧密、合理。当前，以抢占奶源基地和争夺市场份额为核心，国际国内企业积极参与市场角逐，竞争日趋激烈。乳品企业之间的竞争具有层次性，大致可以分为以下几类：一类是具有较强实力和全国品牌的新老乳业巨头，第二类是拥有地方知名品牌和区域市场并日益壮大起来的乳品企业，第三类是立足中小城市和地方市场的大批小企业。还有新涉足乳业领域且拥有雄厚资本实力的企业。不同类型的企业实力不同、处境不同、竞争对象不同、应对措施也不一样。第一类企业除了巨头之间的竞争，还要应对外资企业和业外资本的竞争。第二类企业不但面临乳业巨头的威胁，还要提防外资企业的吞并和众多小企业的围追堵截。占乳品企业绝大多数的地方小企业，处于乳业竞争的边缘地带，处境更为艰难。竞争重点还是围绕争夺奶源、消费市场、要素投入以及人才、技术、管理、服务等方面展开。已经从过去侧重某个方面的竞争转变为综合实力的竞争。这种竞争，有利于整个产业的发展。

(4) 奶业发展对农业和农村经济的带动作用明显增强。目前，我国饲养奶牛的农户大约有200万户，原料奶生产总值超过300亿元，约占畜牧业总产值的3.5%，农业总产值的1%；奶业的产值已占到整个农业总产值的3%。不仅如此，奶业的发展还会带动包装、运输、销售等相关产业的发展，为包括大量农村剩余劳动力在内的人员提供就业机会。随着奶业的快速发展，尤其是在国家加大支持奶业发展力度的新阶段，奶业将会保持快速的发展势头，奶牛存栏和原料奶产量将继续增加，加工企业的规模将进一步扩大，产业化程度和行业的集中度将进一步提高，奶业在国民经济中的比重将会进一步加大，必将成为区域经济新的增长点和农民增收的重要途径。

3. 制约我国奶业发展的主要因素 一是奶牛养殖规模小，奶牛单产水平低。我国奶牛养殖的主流模式是农户散养，平均饲养规模为7头。大型乳品加工企业主要通过合同方式收购，形成了所谓“公司＋农户”模式。由于加工企业与农户只是合同关系，一旦出现市场波动或其他风险，就可能出现合同的违约问题。这种农户小规模饲养方式既缺乏规模经济，缺乏抗风险能力；又因为与牛奶加工企业的松散联合而缺乏直观的市场导向和风险约束，严重地制约了奶牛饲养规划的提高，影响了奶总产量的快速增长。单产水平的低下不仅制约了原奶产量的增长，也难以降低原奶的生产成本。二是奶产品质量不稳定。我国目前80％是手工挤奶，原料奶生产卫生条件差、细菌数量偏高、杂质较多。国家颁布的质量卫生标准大多数是十几年前制定的，且分别隶属于不同部门，涉及指标少，检测方法落后，远远落后于当前食品安全的要求。三是奶制品加工仍然薄弱。奶类加工类型少，种类单一，整体工艺水平低，产品附加值不高，不能满足市场需求。奶制品主要有液态奶、奶粉、奶酪、冰激凌、发酵乳等。鲜奶的一半用于生产奶粉，主要是加糖奶粉。我国现有奶制品加工企业500多个，中小企业占九成以上，大部分技术装备水平低，产量质量不稳定。四是奶业市场秩序不规范，行业自律性不强。当前，在乳品市场还存在竞相杀价、炒作、欺骗宣传、弄虚作假等手段进行不正当竞争的情况。如不及时规范，将会使奶业市场混乱，最终会使消费者对整个奶业市场失去信心。五是产业化组织程度还有待进一步提高。奶牛养殖以农户分散养殖为主，生产方式落后，技术与管理水平低。六成以上的鲜奶仍然由小型乳品企业加工处理。虽然出现了一些注重奶源基地建设的大型乳品加工企业，但其还是处于外延式扩大再生产阶段，不是真正意义上的依靠科技进步为动力的内涵式扩大再生产。导致奶业科技含量不高，科技贡献率仅有30％，发达国家则达到70％～80％。

制约我国奶业发展的上述因素的形成，根本原因在于我们重数量增长，忽视总体生产水平提高。一谈到增长，就是要“翻番买奶牛”。为了达到数量的增长，不惜降低正常淘汰，使整体生产水平降低。在资金投入上，买牛、买加工设备舍得花钱，而对服务体系、研发中心、奶牛繁育体系等基础性建设舍不得投入，总体生产水平提高不大，影响劳动生产率的提高和生产成本的下降，影响奶业发展质量的提高。

（三）我国奶业发展的战略选择

1. 加快发展我国奶业的战略意义 一是有利于提高国民身体素质。一杯牛奶健康一个民族。大力发展奶业生产，开发多样化的奶制品，可以满足人们对多种奶制品的需求，改进膳食习惯，改善营养结构，提高营养水平，增强人们身体素质。二是有利于增加农民收入。一头奶牛致富一个家庭。大力发展奶产业，可以带动种植结构、养殖结构、农村产业结构的调整，开辟农民增收的新渠道，培育农民增收的新的增长点。三是有利于促进农业和农村经济发展。一个龙头企业带动一项产业，一项产业托起一方经济。大力发展奶产业，可以促进饲料种植业、饲料加工业、鲜奶收购等业的发展，可以促进加工业、运销服务业的发展，从而带动农村第三产业的发展，使农业结构、农村产业结构得到调整和优化，促进一方经济全面发展。

2. 加快我国奶业发展的战略时机已基本具备 一是具有发展奶业的良好政策环境。国家在产业政策上将奶业作为重点支持的产业，各级政府都给予足够的重视和政策倾斜。推出了奶业发展工程、“学生饮用奶计划”等重大举措，制定了《奶业优势区域发展规划》，启动了“奶业专项”，各级地方政府和部门也加大了支持力度。尤其是近年来，在农村产业结构调整中，农业部进一步把奶业作为突出发展的产业来抓。二是具有发展奶业的资源环境条件。我国有较为丰富的奶畜资源，充足的饲料来源，初具规模的奶源基地和一大批乳品加工企业。有廉价、充足的人力资源，为降低奶业生产成本奠定的基础。三是具有广阔的市场空间。随着城乡居民健康意识增强，奶制品消费意识提高，以及“学生饮用奶计划”的实施和“学生营养餐”的推广等鼓励奶制品消费措施的实行，潜在的消费空间必将成为实际的市场需求。尤其是农村城镇化水平的提高，将进一步拓宽奶制品的消费空间。四是具有加入 WTO 后的促进效应。加入 WTO 后，为奶业发展赢得了更大的发展空间。更重要的是，在不断加剧的国际竞争的促进下，会有利于我国奶业内部结构的调整和优化，有利于奶业质量的全面提高，更有利于我国奶业持续快速健康发展。

3. 我国奶业发展的战略选择

（1）持续快速协调发展是我国奶业发展的战略原则。奶业是一个构成复杂、涉及面广的产业，发展奶业是一个重大的战略决策，也是一项长期的任务。新时期加快我国奶业的发展，必须从调整农村经济结构、增加农民收入和全面建设小康社会的战略高度出发，牢固树立和落实科学发展观，按照“五个统筹”的要求，坚持走持续快速协调高效的奶业发展道路。一是要快速发展。这是我国经济社会发展对奶业发展的客观要求。一定要充分利用当前各种有利条件，不失时机地加快奶业发展，全面推动奶业发展的集约化、优质化和现代化。但是，奶业的发展有着自身的规律，能快到什么程度，必须尊重客观规律，实事求是。在没有条件的地方，如果没有超常规手段或者重大科技突破，不要轻易提出“超常规发展”、“跨越式发展”这类口号。二是要协调发展。这是科学发展观的内在要求。奶业的协调发展就是要在发展中求平衡，在平衡中求发展。既要重视发展的数量，又要重视发展的质量，正确处理好速度、效益和质量的关系。在乳业生产发展上，要与农业结构调整步伐相协调，要与国民经济发展步伐相协调。在乳品加工业发展上，要与奶源增长相协调，要与居民的消费水平增长相协调。三是要可持续发展。这是充分发挥奶产业作用的基本条件。奶业的持续发展就是要在发展中不断增强奶业的发展后劲，持续不断地发挥其重要作用。因此，在加快奶业发展的同时，要充分考虑资源和环境的承受能力，市场的持续吸纳能力，加快奶业基础设施建设步伐，确保奶业发展的可持续性。国家制定了“十一五”、2010、2015 年的发展目标和规划，就是一个持续增长的规划。奶业发展也要按照规划要求，逐步发展，才能达到目的。四是要高效发展。是促进奶业发展的根本动力。奶业发展上要以市场为导向，以效益为中心，发挥区域优势，依靠科技进步，提高整体生产水平。要调整奶畜群结构，促进奶牛数量和质量的同步增长。要加快发展乳制品加工业，加快产品的升级换代。要大力加强奶业科学研究，提高奶业发展的科技含量。要推动奶业产业化和规模化经营，制定并实施奶业发展计划，尽快提高我国居民的乳制品消费水平。

（2）提高奶业竞争力是我国奶业发展的战略重点。我国已加入世贸组织，国际、国内市场奶产品竞争激烈，需求日趋多样化，质量要求越来越高。我国奶产业发展必须深化经营机制改革，调整奶产品结构，加快奶业科技进步，创造名优产品，大力提高奶产业市场竞争力。一是要努力开拓奶业市场。消费市场不断扩大和升级是我国奶业加快发展的重要前提。要采取各种营销手段，开辟国际、国内的奶产品销售渠道。加强奶制品营养知识宣传，积极做好消费引导工作。要采取各种形式，搞好奶产品销售、配送服务，为消费者提供方便的消费渠道。加快建设奶产品电子商务营销体系。二是要大力调整奶产品结构。要调整区域布局，优化奶业区域结构，科学规划城郊、农区、牧区奶业生产，合理配置奶业的资源。大力开发新产品，增加适销品种，适应多样化消费需求。调整奶牛品种结构，培育发展优质高产奶牛，增加奶源产量，提高奶源质量。鼓励发展多种经济成分的奶牛场和奶产品加工企业。三是要加快奶业科技进步。要鼓励奶制品加工企业技术改造，扶持大型奶制品企业建设科研中心和质量监测体系。加强疫病防治的科学研究。培育与引进优良奶牛品种，提高单畜产奶率。加快专业人才培养，加强奶业人才队伍建设。四是要大力提高奶制品质量。要依据市场多样化的消费需求，依靠科技进步，积极开发新的奶制品。健全奶牛疫病防治体系，加强奶源基地疫病防治。研制开发安全饲料，发展绿色、无公害奶制品。建立健全奶制品质量标准体系，强化奶制品质量监督。加强奶制品市场管理，严厉打击假冒伪劣奶制品。

（四）加快我国奶业发展的基本思路

1. 健全社会化服务体系，提高组织化程度

要针对新阶段奶业发展的新形势和新情况，结合我国奶业发展中存在的问题，加快完善奶业社会化服务体系，尽快提高奶业的组织化程度。一是要完善各级奶业协会的组织体系和规章制度，有效发挥其行业自律和为成员提供社会化服务的职能。二是要按照企业自愿、政府支持、市场运作的原则，鼓励龙头企业参与社会化服务体系建设。三是要建立和完善养牛合作社、奶业生产者协会以及成立股份合作制的联合体等形式，把分散的奶农组织起来，开展原料奶收购、连锁销售、人员培训、疫病防治、良种繁育等社会化服务，提高养畜业组织化程度。四是要加强奶业产业链的衔接，密切基地农户与龙头企业的关系，为产加双方的协调发展提供保障，增强奶业发展的抗风险能力。

2. 扶强龙头、壮大基地，提高产业化经营水平 开展产业化经营是现代化奶业发展的必由之路。我国奶业产业化经营尚处在初级阶段，当前，发展奶业产业化经营，需要采取综合配套措施，要抓好以下几项工作：一是要扶强龙头企业，充分发挥其对奶业发展的强大带动力。龙头企业是实行奶产业化经营的关键，具有带动奶产业生产、优化奶产业结构、开拓奶产业市场、应用奶产业科技的作用。要认真落实国家扶持龙头企业的各项政策，支持龙头企业进行体制创新、技术改造和产业升级，带动奶业发展。二是要加强奶源基地建设。这是奶产业化经营的基础。要围绕龙头企业，充分利用当地资源，建设具有一定规模和集中度的生产基地。采取多种形式，发展奶源基地，可以农户、联户饲养奶牛，并逐步向专业化、规模化、区域化发展；加强奶牛饲养基地建设，改善基础设施条件，不断提高资金、技术集约程度。三要采取有效手段组织龙头企业与基地农户通过服务机制、契约机制以及股份合作制等方式，加快龙头与基地的利益对接，形成风险共担、利益均沾的一体化关系。这是奶产业化经营的纽带。要正确处理龙头企业与农户、奶制品加工企业的关系，形成利益共同体。

3. 加大支持力度，建立多元化投融资机制 加大扶持力度，是加快奶业发展的必要动力。一是要加大对奶业发展的科技投入力度，支持奶源基地和基础设施和配套服务设施建设，加快奶业科技推广，加强奶牛良种繁育体系、疫病防治体系、饲料安全与开发体系、技术服务体系的建设，建立奶业发展风险基金，提高奶业抗风险能力，增强奶业发展的后劲。二是要加大对奶业发展的信贷支持，适当简化贷款手续，扩大信贷范围和金额，为奶牛养殖农户提供中长期低息或无息贷款，推广小额信贷。三是要制定相关政策，优化投资环境，建立奶业发展多元化的投融资机制，引导外资和国内民间资金进入奶业，形成国有、集体、个人一起上，中外合资、外商独资乳品企业共同发展的新格局，为奶业发展提供充足的资金。

4. 加强宏观调控，完善管理 各级政府要正确发挥作用，落实措施，加强奶业管理。一是要提高对奶业发展的宏观调控能力，要根据本地市场和资源优势，制定符合实际的发展规划，充分发挥规划对奶业发展的指导作用。二是要制定和完善发展奶业相关的政策措施，规范奶业的发展。要加强奶业的立法和执法工作，建立、完善符合我国国情与国际接轨的奶业法规和标准，尽快制定适应新形势发展需要的检验检疫标准和我国奶业的技术性贸易法律体系。同时，健全和强化相应的检测机构。充分运用法律手段维护我国奶业的正当权益，提高我国奶业在对外开放中参与竞争和自我保护、自我发展的能力。三是要为奶业发展创造良好的外部环境。建立健全全国统一的奶业市场体系，协调相关的产业政策，加强奶业协会的行业自律。四是要重视对新情况新问题的研究，及时采取应对措施。

建设奶源基地　确保学生奶奶源的质量安全

农业部总经济师　朱秀岩

在实施国家“学生饮用奶计划”中，为什么现在要推出“学生奶奶源升级计划”？国务院领导批示的“四条重要原则”的第一条就是“保证奶品质量”。如何保证学生奶的质量和学生饮奶安全，始终是我们给予极大关注的首要问题。为此，我们先后采取了严格定点生产企业审批认定制度、规定学生奶为超高温灭菌奶、建立定点生产企业和学生奶工作机构的安全责任制、建立对定点生产企业的动态监管制度和对产品的不定期抽检制度等措施。现在推出的“学生奶奶源升级计划”，就是根据国务院领导批示和“学生饮用奶计划”实施中的实际情况，为确保学生奶质量和安全的又一基础性重要措施。我们在有关文件法规中，将学生饮用奶定位于超高温灭菌奶（UHT 奶），即在 135℃以上数秒钟瞬时灭菌并在无菌状态下包装，要求既达到“商业无菌”又最大限度保存营养成分的牛奶，这种产品在所有液态奶制品中是安全性能最好的。但生产这种 UHT 奶必须以优质牛奶为原料，如果原料奶质量不高，就会影响最终产品的质量。我国收购原奶的标准（《生鲜牛乳收购标准》GB 6914－86）是 1986 年出台的，总体低于国际标准，但许多奶牛养殖生产单位仍不能完全达到，低等级原奶占了较大比重，在乳品加工生产过程中学生奶和其他液态奶尤其是酸奶争优质原奶的矛盾比较突出。没有足够的优质原奶，是制约学生奶计划进一步推广的重要因素。优质奶源不足、总体质量不高的原因主要是：我国 70％的奶牛为农户分散饲养，饲养规模小，机械化挤奶普及率低，生产者总体技术素质不高，在奶牛饲养、疫病防治、畜舍环境卫生、挤奶操作、原奶收购及相关的管理环节都存在许多漏洞和问题，特别是近年来奶业的快速发展，许多没有养殖经验的农户纷纷加入奶牛养殖生产行列，使问题更显突出。因此，尽快提高奶源管理和质量水平是中国奶业发展面临的重要任务。提出和实施“学生奶奶源升级计划”就是从源头上保证学生奶质量安全的一项极具现实性、紧迫性的措施。

实施“学生奶奶源升级计划”要达到的目标是：借鉴国内外先进经验，建立一套与国际接轨、符合中国国情的奶源管理体系和生产规范，建立示范基地，提高奶牛养殖者的技术素质、奶源管理水平和原料奶质量，为学生饮用奶提供充足的优质奶源和产品质量安全保证，对全国奶业生产发挥示范和辐射作用。

为了实现以上目标，我们主要将开展以下工作：一是分层次、分阶段开展定点企业奶牛养殖生产者和基层管理人员的技术培训。通过对 48 家定点生产企业所属奶源基地的饲养人员、动物卫生监督员、检疫员、乡村级兽医、技术员、收奶员和牧场管理人员等进行分层次、分阶段培训，形成一支高水平的技术骨干队伍，提高他们的技术素质和生产水平；二是探索和建立奶源管理体系和生产规范。要在广泛调查的基础上，结合 ISO9000、HACCP、GMP 和无公害食品生产规范等质量管理体系要求，借鉴雀巢公司等企业的奶源管理经验，帮助定点生产企业建立起一套具有中国特色的奶源管理指标体系和生产规范，提高定点生产企业的奶源管理水平；三是建立奶牛生产示范基地。在前两项工作的基础上，选择不同区域、不同类型的定点生产企业奶牛场 8～10 家，作为优质奶源示范基地，强化质量管理规范，同时在每个省的定点生产企业奶牛养殖基地中选择 3～5 个养殖示范户，为企业和养殖户提供示范；四是建立学生社会实践基地。组织中小学生到定点生产企业的牧场、加工厂参观，增加对奶牛养殖和奶制品加工生产过程的感性认识；五是成果的普及和扩大推广。将总结出的经验和主要成果先在定点生产企业中推广、普及，然后通过媒体宣传向全国扩散。这项计划预计进行 3 年，先用半年左右时间，进行普及性技术培训，同时开展全面调研，深入了解奶牛养殖生产中存在的问题，完善和充实培训教材，制定生产标准和管理规范；然后用一年左右时间建立示范基地，并对部分技术骨干进行提高培训，使其充分发挥示范作用；最后再用一年左右时间进行检查验收和推广、普及。为了使“学生奶奶源升级计划”达到预期的目标，我们正在着手组织一支高水平的专家队伍，其中既有知名的教授，又有经验丰富的专业人士。

我国人民抗击“非典”的斗争告诉我们，提高国民的身体素质是一件关系国家民族前途和命运的大事，实施国家“学生饮用奶计划”就是落实这件大事的重要步骤。我们一定要认真贯彻国务院领导批示精神，以对广大学生的健康和安全高度负责的态度，始终把学生奶的质量和安全放在高于一切的位置，从源头抓起，搞好各个环节的监管工作，继续推进学生饮用奶计划健康、有序地开展。

发展奶水牛业的建议

中国科学院

根据党的“十六大”提出的“发展要有新思路”的要求，中国科学院学部结合国家中长期科学和发展规划，以支撑经济发展和全面建设小康社会为目标，组织有关院士和专家对我国奶业生产现状进行了分析比较，提出在我国实施“农业绿色革命”成功解决温饱的基础上，应加速制定和实施我国“农业白色革命”的计划，并将发展奶水牛产业列入国家生产和科技发展计划的建议。

从我国人均乳产品占有量与其他国家相比较看，在我国主要食品中，现在的人均乳产品（主要是牛奶）占有量与其他国家差距很大。据2001年统计，我国人均乳产品的占有量为8.8千克，发达国家人均200千克以上，发展中国家人均45.3千克，亚洲人均超过40千克，2002年世界人均94千克。由于印度在20世纪60～80年代倡导了世界上规模最大的“白色革命”，从而一跃成为世界第二产奶大国，牛奶总产量达到6491.6万吨，人均达到78千克，他们的经验值得我们研究和借鉴。

从我国农业资源的潜力分析来看，人类食物来源有三大块：农田、草地和海洋。我国草地面积最大，达4亿公顷；其次是海洋，3.54亿公顷；第三是农田，1.233亿公顷。从发展潜力看，草地投资最少，相当一部分草地退化严重，有的甚至沙化，生产能力很低。试验证明，选择基础条件较好的草地，加大投资力度，改造为人工草地后，生产能力可以增长十几倍至数十倍，具有很大发展潜力。如能将草地改良和农田秸秆利用结合起来合理开发，将大大推动我国草食动物畜牧业的发展，为我国实施农业白色革命提供充分的物质基础。

从饲料回报、能量转化效率和提高动物蛋白的消费比例看，奶牛是饲料回报率最高的家畜，消耗粮食最少。其中粗饲料占50％以上，奶牛生产牛奶是能量转化效率最高的第二性产品，其净能量转化率为25％以上，而其他动物产品净能量转化率一般在10％左右，1千克饲料喂奶牛获得的动物蛋白与喂猪至少高出2倍。全球奶类提供的动物蛋白约占肉、蛋、奶动物蛋白总量的35％～37％，因此，选择饲料回报率最高的奶产品作为人类获取蛋白的主要来源是符合科学发展规律的。

我国对动物蛋白的消费习惯，多数是以肉产品为主，肉蛋奶的消费比例为6.7：2.8：1，而发达国家的比例是0.4：0.6：1，发达国家选择奶产品作为动物蛋白的第一来源。我国近5年牛奶消费高速增长情况看，我国人民的生活习惯也在不断变化之中，加速发展我国牛奶业正是对这种变化的适应。

从我国奶产业的区域分布和奶产品的消费需求看，目前我国奶产业的区域分布情况是“北强南弱”，即80％的奶产品分布在北方，而占我国人口70％以上的南方各省的产奶量仅有20％。要满足南方居民对奶产品的巨大需求，应认真研究如何加速南方奶产业发展的战略。多年来我国引进和发展奶牛品种主要是黑白花牛及杂交改良牛，均属黄牛类，适宜于北方的温带气候条件（在北方的平均产奶量为7 000千克左右），但对我国南方高温高湿的气候条件不适应，疾病多，饲养成本高，产奶量低（平均只有4 000千克左右），而且药物的大量使用还会对牛奶的质量产生不良的影响。

根据印度的成功经验，在高温高湿地区以发展奶水牛为宜，印度奶水牛占奶牛总头数的比重持续上升，从60年代的25％左右提高到现在45％左右，其中奶水牛奶产量在牛奶总产量中所占的比重在50％～60％之间，这些经验对我国南方发展奶水牛业具有重要参考价值。40多年前，我国广西水牛研究所分别接受了由印度政府赠送的印度“摩拉”良种奶水牛55头和巴基斯坦政府赠送的“里—拉菲”良种奶水牛

50头，至今累计繁殖杂交奶水牛10多万头，取得了饲养、繁殖与推广的成功经验，近年胚胎移植也获得成功。今后，如能将发展奶水牛业列入国家生产与科研计划，加强支持力度，在未来15～20年内，我国人均占有奶的水平可赶上印度现在的水平，即人均78千克，2015年杂交奶水牛发展到1 160万头，2020年发展到1 750头（现在我国南方饲养的役用水牛约为2 400多万头，可逐步改造为杂交奶水牛或以胚胎移植繁殖的奶水牛替代），从而改变目前我国奶产业北强南弱的现状，并为实现我国农业白色革命做出巨大贡献。

我国的水牛过去主要为役用，产奶量不高，一般不过800～1 000千克，印度的摩拉牛一般在2 200千克，个别高产牛可达4 300千克，我国杂交改良的奶水牛杂交一代产量为1 200～1 500千克，杂交二代为1 500～1 800千克，杂交三代为2 200千克，个别高产牛可达3 800千克。与荷斯坦奶牛相比，奶水牛的产奶量仅及其半，主要原因一方面由于奶水牛的育种与品种改良比荷斯坦牛晚很多；另一方面奶水牛奶的干物质与乳脂肪含量比荷斯坦牛奶要高50%～100%，1千克奶水牛奶相当于1.5～1.8千克的标准奶，1头杂交奶水牛的产奶量相当于3 200千克的标准奶，与全国奶牛的平均产奶量相当。此外，奶水牛较耐粗饲，在湿热气候条件下很少疫病，饲养成本显著低于荷斯坦奶牛，通过我国南方农民家中的土种水牛和良种水牛杂交的方式，可培育出产量高、成本低、见效快的杂交奶水牛。

应尽快制定全国奶业发展纲要，把奶水牛业发展纳入纲要予以重点支持；把奶水牛的科技攻关纳入国家中长期科学和技术发展规划；尽快构建立足全国和面向世界的水牛种质资源库，以收集和保存现有水牛品种资源，为奶水牛的品种改良奠定基础；加强奶水牛科学饲养示范基地县建设，如以中国农科院广西水牛研究所为依托，面向全国开展奶水牛饲养技术培训和推广中心工作，逐步在南方各省、自治区建立奶水牛研究机构和示范基地县，并给予资金、技术和政策上的重点扶持；制定奶水牛产业化发展的政策，如把奶水牛产业发展纳入国家扶贫计划和农民增收计划，加强对水牛奶的宣传，引导消费水牛奶，鼓励成立各级奶水牛行业协会等。

我国奶牛业要走质量型发展道路

农业部畜牧业司副司长　张喜武

发展奶业是我国畜牧业发展进入新阶段后，推进畜牧业结构调整的必然选择。近年来，在各级政府的大力支持下，我国奶业以市场为导向，以良种为基础，以产业化经营为纽带，呈现出良好的发展势头。主要体现在：奶牛良种和养殖技术的推广步伐加快；农区和牧区奶业发展相互促进；奶业在农民增收的示范效应增强；奶类消费市场快速增长；奶业加工龙头企业的带动辐射能力更加明显。

一、当前奶业发展形势

2003年，我国奶业继续保持两位数增长，奶牛存栏893.2万头，奶类产量约1 848.6万吨，人均奶类占有量14.3千克，呈现产销两旺的良好局面。

1. 奶业优势区域发展规划稳步实施　2002年，农业部《奶业优势区域发展规划》实施以来，各地分别制定了适合本地区的奶业发展规划和实施方案，京、津、沪三大市成立了奶业发展项目协调领导小组和办公室，把奶牛的良种选育作为重点，走现代化奶业发展的路子。黑龙江成立了由省长担任组长的奶业推进工作组，以实施《黑龙江奶业振兴计划》为契机，把黑龙江建设成奶业强省。河北省出台五个方面的政策促进奶业快速发展。所有这些，都有力地促进了我国奶业优势区域发展规划的稳步实施。

2. 中国荷斯坦奶牛良种登记开始启动　奶牛良种登记是奶牛育种的一项基础性工作。2002年，农业部委托中国奶业协会提出了奶牛良种登记实施方案，在7个奶业优势区，选择部分县和农垦的国营牧场进行试点，探索并建立适合我国国情的奶牛良种登记制度，然后逐步在全国推行，为构建我国自己的奶牛育种群打下坚实的基础。

3. 奶牛良种繁育体系建设加速推进　近年来，为切实提高奶牛质量，强化了奶牛良种繁育体系建设，并通过引进、扩繁和选育，加强种公牛站、高产奶牛育种基地、改良配种站点的基础设施建设，全面提高了高产核心奶牛群和种公牛质量及生产水平。在有条件的地方，开展了奶牛胚胎移植和奶牛生产性能测定（DHI测定）。同时，通过人工授精技术，提高良种覆盖率。国家加强了对奶牛良种的扶持力度，通过畜禽良种工程建设，扶持建设了一批奶牛良种场、公牛站、胚胎移植中心，为建设支撑奶业发展需要的奶牛良种繁育体系发挥了重要作用。连续两年实施了"万枚高产奶牛胚胎移植富民工程"，累计完成奶牛胚胎移植2.8万枚，生产优良母牛犊近7 000头。

4. 奶牛养殖小区蓬勃发展　奶牛养殖小区的兴起是转变养殖方式的必然要求。发展奶牛养殖小区有利于控制动物疫病，建立公共卫生防疫体系，确保人畜安全；有利于实行严格的畜禽养殖、卫生防疫和环境控制标准，促进畜产品质量的提高，增强市场竞争力；有利于采用先进的科学技术，提高畜禽养殖的生产效率和生产水平，增加农民收入；有利于促进养殖、加工、经营、销售各环节联结，进一步缓解小生产和大市场之间的矛盾，提高畜牧业产业化经营水平，推进畜牧业结构战略性调整；有利于改善农村居民的生产生活环境，实现经济社会与环境的协调发展。

5. 奶牛饲养实用技术普及推广 我国有4亿公顷草地，精粗饲料资源十分丰富。随着退耕还草、草地改良和农业结构的调整，三元种植业结构的推广，以及舍饲技术的普及，为奶牛的发展提供了饲料保障。

当前，奶牛养殖要大力推广青贮玉米饲喂技术。专用饲料青贮玉米营养价值比玉米生产的籽实和秸秆所提供的营养物质高7%，按营养需要计算，每公顷饲料青贮玉米比普通玉米多承载1头牛的饲养量。用青贮玉米饲料饲喂奶牛，基本不需添加精饲料，而且比用玉米面加干秸秆饲喂一年要多产1 000千克鲜奶，按1千克鲜奶1.5元计算，收入增加就是1 500元。如果专用饲料玉米能够大力推广，奶业发展就会再上一个新台阶。

二、我国奶牛业发展过程中应注意的问题

从总体上看，我国奶业发展水平较低，奶业的生产、加工与营销环节不平衡、不协调，产品数量和质量都不能满足人民生活的需要。存在的问题主要有：

1. 我国奶牛业整体质量水平不高 我国奶牛业整体质量水平不高，荷斯坦良种牛比重不足1/3，平均产量较低，全国平均产量不足3 500千克。

2. 奶牛疫病防治难度加大 奶牛饲养分散，疫病防治措施难以到位，加之奶牛在地区间流动量增加，疫病传播的风险加剧。此外，在对奶牛常见病的治疗中，不能正确使用抗生素，造成原料奶抗生素残留问题。

3. 牛奶质量监督任务艰巨 手工挤奶比重过大，原料奶质量难以控制。在质量监测方面，第三方检测基本没有建立，质量监测体系还不完善。同时，在保鲜、储运、包装等环节不尽规范，也影响了鲜奶及乳制品的质量。

4. 饲料饲草生产和加工滞后 专用饲草饲料，特别是青绿饲料和优质牧草不足，奶牛饲养所需的工业饲料及其加工水平不适应生产发展的需求。

5. 产业化程度不高 奶牛饲养分散，产业化组织程度低，小生产与大市场的矛盾依然突出，相当一部分生产者没有与加工企业建立牢固而稳定的合同关系。另一方面，我国大部分乳品企业都没有形成自己稳定的奶源生产基地。在奶牛饲养比较集中的地区，存在盲目建设乳品加工企业的现象。

三、奶业发展要继续强化的几项工作措施

1. 奶业发展要走质量型道路 我国奶业发展要防止依靠增加奶牛饲养数量来增加牛奶产量的倾向，要优化品种结构和提高单产水平，走质量型的发展道路。发达国家的奶业发展，实行减少奶牛饲养头数，提高奶牛单产水平，保持奶产量稳定增长的战略。美国从1984年到1994年，奶牛总头数从1 105.9万头减少到952.8万头，减少13.84%，而头均年产奶量却由5 688千克提高到7 316千克，提高28.6%。20世纪80年代，印度奶牛头数增长14.5%，而同期奶牛单产水平提高了48.7%，目前，美国奶牛平均单产为8 400千克，荷兰为7 300千克，而我国目前奶牛平均单产水平仅为3 500千克，差距十分明显。因此，我国奶牛业的发展不能只注重数量的增长，更要注重质量的提高。

2. 提高组织化程度，发展标准化养殖 我国奶牛饲养以小规模生产、分散的农户饲养为主，户均饲养规模为3～5头，饲养奶牛数量在20头以上的规模经营比重不到1/4。即使是奶业大省黑龙江，规模经营的比重也仅为35%左右。奶业发展的动力源于市场，开拓市场的主要力量是奶业加工龙头企业。在奶业优势产区培植一批大规模、高水平、国际化的龙头加工企业，在市场竞争中创立名牌，真正把资源优势变成产业优势。大力推广“公司＋基地＋农户”经营模式，引导企业和农户通过利益机制实现产销和服务对接。龙头企业要与养殖场户签订购销合同，组织农户按标准和合同规定安排饲养，规避市场风险。积极培育各类行业协会、专业合作社，把千家万户的小生产与大市场联系起来，进行生产、管理、营销和服务，通过提高组织化程度，加快奶业的产业化发展步伐。

3. 切实加强疫病防治，特别是结核病防治和布病普查 要加强疫病防治，做好疫病监测，完善无规定动物疫病区建设，重点做好奶牛结

核病和布病的普查、监测和防治工作，同时加强对奶牛常见病和某些传染病的控制，形成完善的疫情报告、疫病控制和扑灭体系。全面推行强制免疫，对泌乳牛实施健康合格证管理。

4. 加强奶水牛开发 在实施《奶业优势区域发展规划》的同时，及时采取措施，开发水牛资源，发展奶水牛产业，对于加快奶业发展，提高国民营养水平，推进畜牧业结构调整，增加农民收入具有重要意义。目前我国奶牛饲养主要分布在北方，占全国人口70%左右的南方牛奶产量仅为全国的20%左右，奶牛和乳品生产与人口分布极不相称。充分利用我国南方丰富的水资源，大力发掘水牛的奶用潜力，可以有效解决我国南方奶源不足的突出矛盾。奶水牛的发展应坚持突出重点、以点带面、全面规划、分步实施的方针，加强舆论宣传，引导水牛奶消费。增加投入，加大资金扶持力度，加强奶水牛养殖的示范引导。从水牛的杂交改良、饲养和挤奶技术的推广、农民技术培训入手，完善水牛奶产区的鲜奶收集设施，大力发展水牛奶加工，尽快提高奶水牛综合生产水平，为我国奶业发展做出应有的贡献。

5. 进一步加强种奶牛进口管理 近年来，由于良种奶牛不足，我国进口种奶牛数量迅速增加，受进口渠道的限制，进口奶牛近80%来自澳大利亚。奶牛进口总的看是好的，但也存在一些“圈牛”和降低种牛质量标准的问题。为了规范种奶牛进口，确保进口奶牛的质量，申请种奶牛进口时，必须附有出口国奶牛协会出具的标准种牛系谱或纯种荷斯坦奶牛检验证明；在种奶牛到国内检验隔离场前25天，凭进口牛的全部系谱原件、奶牛登记号以及申请单位留存联，换取农业部动植物苗种进出口审批表。对提供虚假材料者，一经查实，申请单位三个月内不得再次申报。对缺乏系谱和奶牛登记号的进口种奶牛将视为商品奶牛处理，国家将加征13%的关税和17%的增值税。从事种奶牛进口贸易的公司或代理公司在开展业务时必须做出“提供的种奶牛系谱真实、可信，不存在任何弄虚作假行为”的承诺，对弄虚作假的单位和企业将对外公布。

6. 加强DHI测定、良种登记和种公牛后裔测定工作 DHI测定、良种登记和种公牛后裔测定是奶业发展的基础，在DHI测定的基础上建立良种登记制度，开展公牛后裔测定。培育和选育优秀种公牛，是提高全国奶牛遗传素质的一项根本措施。目前，良种登记规程已制定，2004年将逐步扩大登记范围。同时要制定并完善中国荷斯坦种公牛后裔测定技术规程，包括：后测组织、后测技术方案、工作方案、数据采集、数据传输、数据处理、结果公布等内容。制定中国荷斯坦种公牛后裔测定管理办法，规范公牛后裔测定工作，使公牛站的种公牛都有后裔测定成绩。

我国奶业转型与创新

国家学生饮用奶计划部际协调小组办公室常务副主任 丁 力

奶业转型是指奶业的发展观、战略及奶业的产业体系，包括微观、中观、宏观等各个方面都要有根本性的、整体性的转变。只有创新才能真正实现奶业转型。

一、中国奶业提前进入转型期

中国奶业经过五年高速成长进入新阶段。主要表现在“五个新”：一是新的支撑。这五年中国经济高速发展，特别是工业化、城市化进程的加速，使人民的收入有了较大幅度的提高。牛奶是大众消费食品，是工薪阶层等中低收入人群的消费品，收入的增加成为刺激奶制品消费的支撑。二是新的市场。20世纪80年代至90年代，奶业市场几起几落，奶制品还不被市场普遍接受。后来我国政府推出国家学生奶计划，专家强调牛奶的营养，企业积极参与，营造了奶业良好的市场氛围，于是很多人都开始喝奶，奶制品市场大面积启动，直接拉动了奶业发展。三是新的主体。这几年奶业中有代表性的伊利、光明、三鹿、蒙牛等大型企业集团迅速崛起，优秀的企业家在这个舞台上充分展示才能，开拓市场、整合资源，极大地推动了奶业发展。四是新的产品。中国牛奶的消费较低，除收入和人们的认识外，还缺乏适合当时人们消费习惯的好产品。这几年一系列新型产品的介入，加上企业家的运作，使奶制品的消费竞争力迅速提高，在众多食品中后来居上。五是新的营销方式。世界各国牛奶制品的迅速普及跟超市系统的普及有很大关系，这五年中国的超市系统也有较大发展。

除此之外，还出现了一些新情况：一是消费者的成熟度和挑剔度逐渐增加，市场开发的难度加大；二是企业竞争无序，产业秩序比较混乱；三是国际奶业的进入，直接或间接地影响我国奶业的发展。这些新因素都在深刻地影响着奶业形势的变化。

世界各国的奶业经过上千年的自然放牧和近百年的产业发展阶段，在近几十年逐渐地实现转型。那么我们国家的奶业为什么才高速发展了四、五年，就提前进入转型期了呢？主要有三点理由：一是中国经济进入转型期。随着经济的转型，奶业也必须顺势而为。二是因为奶业是农业中最具现代性、多功能性的产业。它不仅有经济功能，还有社会功能、生态功能、人文功能。奶业在农业转型中的地位和作用是最突出的，它必须率先转型，才能够应对各方面的挑战，求得主动。三是奶业今后十几年是战略机遇期，但也是高风险期。风险主要来自四个方面：①市场风险。今后消费者理性、挑剔、敏感，市场替代品日益增多，市场的不确定性越来越大。②疫病风险。奶牛的疫病，特别是传染病的发生，将对奶业发展产生危害和损失。③自然风险。奶业与种植业紧紧地联系在一起，自然灾害来临，玉米减收，马上引起饲料价格暴涨，进而影响奶业。④国际冲击。各大国继续对奶业高额补贴，并支持跨国公司的行业整合。这几重风险在未来的十几年将日益显著。要适时应对，主动应战，驾驭局势的变化，就必须进行转型。

二、奶业转型的方向和重点

奶业转型的方向就是由过去那种分散的、粗放的、落后的生产经营方式转变到规模化、集约化、市场化、现代化的奶业产业体系，也就是从生产、加工、销售、消费等各环节，在微观、中观、宏观各层次都要转变，逐步跟国际接轨并符合中国国情。

奶业转型要有正确的奶业发展观。新的奶业发展观是这样四句话。即高效是导向，安全是前提，协调是核心，现代是方式。所谓现代的奶业发展观：一是集约化；二是规模化；三是产业化；四是国际化。现在各地建小区的实践就可以看出来，有规模化才能够专业化和集约化。集约化和专业化是跟规模化紧紧地联系在一起的。

奶业转型的五个重点。一是产业布局的转型。我们过去讲产业布局强调优势区域。禽流感等疫病提醒我们：仅仅讲优势区域是不够的，还要讲风险区域。在风险区域和优势区域之外，还有其他区域。在这三类区域里面奶业的发展方式是不一样的。优势区域中的奶业要大力发展；风险区域要控制发展或不发展，其他区域适当发展。在优势区域，要讲究小区和小区之间，养殖场和养殖场之间的合理布局。要引导养殖集中区域建立低风险的布局。现在要强调适度规模，既要避免过度分散，也要避免过度集中，尤其是在各个优势区域，更要强调不能过度集中。在集中时要考虑到不同的社会公共支撑环境，以及不同生产水平和经营管理能力。

二是产业经营方式的转型。现在奶业的经营方式大致有三类：①工厂化的规模性生产；②奶牛养殖小区生产；③农户散养。当前发展适度规模经营比较稳妥的方式是养殖小区，它是解决小农户分散饲养与发展规模经济的有效载体，也是中国老百姓的一大创造。小区建设要讲条件，要有标准，要进行制度创新和机制创新，鼓励企业家参与，鼓励小区的农民组织专业协会，依据小区建立防疫体系。

三是产业环节连接方式的转型。现在产业各环节之间的连接，第一种是一体化的连接；第二种是订单式的连接；第三种是市场随机交易型的连接。在奶业里面，我们提倡第一种，引导第二种，规范第三种方式。现在各地的市场随机交易型的情况很多，由于没有规范，一些龙头企业在全国性的扩张中都利用这一点来抢夺奶源。

四是产业准入的转型。我们过去讲产业准入，主要是讲加工环节，如建立 HACCP 制度等加工准入；也讲市场流通环节，如奶制品的质量标准等市场准入；现在应该强调养殖环节的准入，什么人可以养奶牛，什么地方可以养奶牛，国外都有严格规定，我们也应该尽快建立适合中国国情的奶业准入制度，特别是养殖准入制度。

五是产业组织方式的转型。奶业产业化的核心问题是产业参与者的组织化程度。当前的重点是强化全国行业协会；大力扶植基层的专业协会等产业化组织。从世界各国的经验看，奶业全国是一家，各产业的竞争要求奶业形成整体。产业的环节不协调，奶业行业就会受到损失，因此必须有全国性的组织来指导。

三、靠创新促进奶业转型

奶业是复杂的系统工程，转型是一个长期而艰苦的过程，要想加速转型并取得实效，还得靠创新，包括四个方面：

第一，市场创新。奶业发展最终靠市场，奶业转型也要市场引导。当前有四个重点：一是规范市场。要从鲜奶标识入手来逐步规范奶品市场，如果鲜奶制品能够在消费者中奠定应有的位置，中国奶业还会有很大的发展，产业布局也会有一个很大的变化。二是市场细分。世界各国的奶业到了竞争比较激烈的阶段，都是朝着市场细分的方向发展。这时功能奶、有机奶等各种各样的附加值比较高的奶品不断出现，会进一步开拓奶业市场，而且可以使产业中的企业和农民有更多的收益。三是新产品开发。蒙牛最近推出“鲜奶干吃片”是产品开发的新尝试。我们应该举一反三，把更多的精力放在新产品的开发上，特别是大型企业。四是宣传。宣传包括政府的宣传和企业的宣传。国家学生奶计划就是政府利用这个公益性计划打造整个奶业的群体品牌。现在不仅是已认定的 48 家可以生产学生奶的大中型加工企业，更重要的是各个奶业企业都应该想办法推出公益性的广告。

第二，科技创新。一是加强科技高端。任何一个产业的发展如果没有科技从高端来促进和推动，那么不会有长久的进步和提高，所以当前要整合奶业的科技资源，中国奶协在这方面可发挥作用的潜力大得很。为此要加快引进国外的先进科技，引进各类高端人才。二是人才战略。奶业要转型，人才要先行，现在高端人才极其缺乏，是否可以让清华、北大等名牌大学开设奶业专业，或者是和世界一流的大学结合起来办奶业研究生院，并且设立奶业人才基金，鼓励杰出人才的培养和使用。同时也要注意基层的专业技术队伍和农民。是否可以推行奶牛养殖“白色证书”计划，强调从业资格。三是加强公益性推广。政府不能只支持基层的原有的奶业推广机构，而是应该开阔视野，创新思路，政府可以出钱，向社会上的其他机构和单位购买“公益性推广”这类公共服务和产品，各种奶业项目里头也要拿出一块钱来专门搞培训和推广。此外各类中介组织及公司要介入推广，还可以组织志愿者。我们搞学生奶，实施奶源升级计划，组织专家小分队，其中有不少老专家就是志愿者。他们到各个企业后受到欢迎，到农户后，能给农户带来的是实实在在的收入和需要普及的知识，这个经验可以推广。

第三，制度创新。有五个重点：一是制定《奶业促进法》。世界各国，尤其是大国为了保护本国奶业，都有很多相应的法律法规，现在我国的学生奶计划实施时有障碍，重要原因就是缺乏法律、法规的支持。关于奶业的市场问题、小区问题、同行业竞争问题、质量标准问题等，奶业方方面面的重大问题是否能够经过讨论以后，以立法的形式表现出来，那么我们带动千千万万的农民发展奶业就踏实了。二是奶业保险制度。各地都在探索。最近杜青林部长说，他跟保监会的主席谈到农业保险制度，已经形成共识：农业保险先从奶业起步。三是奶业的财政补贴和紧急援助制度。世界各大国对奶业都有补贴。奶业不但是靠市场机制，也得靠政府支持。遇到大的灾害时要有财政补贴，要有紧急援助。四是奶业防疫制度。做到政府和民间机构有机结合，如在内蒙古包头的土右旗考察，那里的防疫就是以小区为依托，政府是官方“兽医”，管本区及周边的传染病，社会上的执业兽医需要准入进小区给牛看病。同时这两支队伍在出现重大疫情的时候又可以合为一体。五是奶业基础建设制度。实施学生奶计划，国家发展改革委员会、财政部，特别是支撑体系建设有的时候安排资金搞奶源基地建设、搞宣传等，但不稳定。以后要建立稳定财政资金的渠道和来源的制度，如在良种上，在小区引导上，在奶业科技创新上，在基础设施上，有稳定的资金支持，奶业的事就好办了。

第四，政府管理服务创新。一是政府管理奶业的机构要加强，人员要充实，职能要由管生产转到社会管理和公共服务上来。二是明确政府管理的职能和权限。奶业战略规划、奶业监测、重大信息发布等政府应该发挥主导作用，应该向广大农民宣传：积极发展奶业是好的，但是要有科学的发展观。有的农民不具备条件，不见得硬逼着他搞；而有条件的农民，也需要指导。三是政务公开、社会监督。现在我们农业的好多项目批不下来，或者投了钱后不放心，都怕层层克扣、转移、挪用。能不能率先在奶业项目管理上创新，向全社会公布，欢迎各方面投资，同时大家都来监督。创造良好环境，是“筑巢引凤”。四是集中力量推进奶业产业化。畜牧业的产业化中，奶业产业化是打头的。奶业特性决定其最需要产业化经营，但是现在的奶业产业化还停留在传统的、落后的观念中，只讲微观的、当地的一体化，从而形成“小而全”。现在要从更新观念入手，认真总结成功地区和成功企业的经验，向现代的产业化经营过渡。五是加快制定奶业发展战略和规划。中国奶协现在正团结各方面专家干这个事情，奶业是解决中国“三农问题”的战略性产业，要在立足调研的基础上提出总体的中长期的发展战略，并据此制定近期规划，有这样的具体设计，才能吸引更多的投资，吸引社会的眼球，吸引更多有才智的人贡献力量。

全行业紧急动员　献爱心共抗“非典”

中国奶业协会副理事长　方有生

2003年入春以来，面对突如其来的“非典”疫情在我国部分地区爆发，全国奶业界紧急动员起来，按照党中央、国务院的统一部署，一手抓“非典”防控，一手抓生产发展，保证了市场“放心奶”的稳定供应。为了表达对战斗在抗击“非典”第一线的医护人员的敬意和支持，各地奶业企业纷纷捐款、捐物、捐奶，慰问白衣战士。在这场举国上下，万众一心，众志成城抗击“非典”的斗争中，我国奶业企业抓好防护、搞好生产、奉献爱心、支持前线的实际行动，展示了良好的精神风貌和企业形象。

一、抓防控 严防死守 确保安全生产

自“非典”疫情发生以来，全国各地的奶牛场、乳品加工厂按照当地政府的统一部署和要求，紧急行动起来，严防死守，确保牧场、加工厂全体员工以及奶源基地、加工生产、物流营销全过程的安全。

北京三元、上海光明、河北三鹿、内蒙古伊利、蒙牛等企业在本地发生“非典”疫情后，都及时成立了以企业一把手为组长的防治非典工作领导小组，迅速采取措施，对内强化管理，对外全力支援。对所属加工企业、奶牛场和奶源基地的饲养小区实行封闭管理。对全体员工查体温，建立健康档案；对环境严格消毒；从原料奶生产、收购、乳品加工到成品上市所有环节全面按照卫生部规定的防疫措施和乳品生产卫生要求严格执行，确保产品卫生安全。针对这些大企业多是跨地区、全国性的公司，基地、营销网络分布广、人员流动大的特点，对外地的子公司、分公司、营销网点，要求按照属地化原则，接受当地政府领导，并建立报告制度。由于预防早，措施到位，实行封闭管理，及时切断了疫病的传入途径，做到了“非典”诊断病例和疑似病例的“零记录”，加工不停产、销售不停业、奶品不涨价，既保证了奶农的利益，又保证了消费者的健康需求。

北京奶牛中心担负着向全国供应奶牛配种用优良冻精、胚胎的任务，为安全生产，他们

及时对种公牛站、良种场实行封闭管理。由于北京地区的疫情较严重，由营销人员向各地发送和外地人员到京购买冻精都不可避免地面临这种严峻的形势，为此，他们及时进行调整，采取用电话联系订购，通过空运向全国各地发送的方式进行销售，保证了正常供种，使疫情严重的4、5月销售量不减。全国各地其他种公牛站也都采取多种形式，向奶农提供良种冻精，保证了全国奶牛配种的正常生产需要。

5月10日吴邦国委员长在视察蒙牛集团时，对蒙牛在"一手抓生产，一手抗非典"中的突出表现给予了充分肯定。整个奶业企业在抗击"非典"中，为保持两项"零记录"做出了突出贡献。

二、献爱心捐钱捐奶 支援抗非前线

为了表达对战斗在抗非典第一线的白衣战士、新闻记者、公安干警、交管部门及政府相关部门的感激和支援，全国乳品企业纷纷捐钱捐物捐奶，奉献爱心，支援抗非前线，共同参加全民抗击"非典"的战斗。

据不完全统计，内蒙古蒙牛集团先后向国家卫生部、自治区卫生厅、通辽市等部门和地区捐款900万元，捐奶价值300万元。企业的共产党员、共青团员带头发起个人捐款，参加人数达3 418人，共捐款52 306.40元。伊利集团捐资700万元，还通过其在各地的营销部门向重点地区防治"非典"第一线的医护人员负责提供伊利牛奶，增强医护人员的体质。河北三鹿集团捐赠防疫专用车10辆、优质奶1万箱，加上集团子公司的捐赠累计达230万元。北京三元公司向战斗在首都抗"非典"第一线的医护人员、公安干警、地铁、出租等部门无偿提供了价值数百万元的奶制品。上海光明集团将价值200万元的新研制的光明健能益菌奶捐赠给上海医务工作者。山西恒康乳业捐赠乳制品价值200多万元，印制宣传画及消毒贴20万册，公益条幅5万条，宣传抗击"非典"。雀巢（中国）有限公司通过中国外商投资企业协会向卫生部捐赠价值100万元的营养食品和饮品。广东省、广州市奶协在"五一"国际劳动节和5月12日的护士节期间，两次组织广州风行、广东燕塘、广州强兴、广州光明、广美香满楼、广州益力多、深圳光明晨光等多家企业，带上两千箱奶品慰问呼吸病研究所、广州市胸科医院等12家抗"非典"重点医院，广州市风行牛奶公司向市属15家医疗单位和广州日报等五家新闻单位员工2 420多人免费提供优质牛奶，直至抗"非典"胜利结束。济南佳宝、南京奶业集团、西安银桥银川金河、宁波双燕、妙士乳业、乐百氏集团、娃哈哈集团、海王集团、新世达乳业等多家企业都以自己的产品捐赠白衣战士、新闻工作者。全国奶业界以实际行动为国分忧，为民分忧，表现出强烈的社会责任感，也赢得了社会的广泛赞誉。

三、促发展 保障供应 防非生产双赢

在抗击"非典"的斗争中，人们对牛奶的营养价值和保健作用有了进一步的认识。由于牛奶含有丰富的蛋白质、各种氨基酸和维生素，对增强人的体质和提高肌体免疫力有很大的帮助，是一种接近完善的保健食品。加强身体锻炼和平衡膳食是个人预防"非典"的两项有效措施。"非典"期间市场上对奶的消费需求有了较大增长。4月份济南佳宝乳业公司销售量比3月份增长34%；武汉市订户奶增长近50%，酸牛奶销售增长近70%。部分地区的超市甚至出现了集中抢购的现象，一些市民担心不宜长期保存的鲜奶产品能否保证供应，会不会涨价。

针对这种情况，各地乳品企业在抓好非典防护的同时，采取有力措施，确保市场乳品的安全供应，使市民能喝上"放心奶"。三元乳业是北京市最大的奶产品供应基地，为满足市场需求，奶的日加工量达到1 000余吨，并增加了日配送次数，抽调部分车辆增援运输，保证乳品及时送到居民手中；三鹿集团积极调整产品结构，增加酸奶生产，生产经营形势良好，4月份累计销售各种奶粉4 694吨，液态奶26 228吨，产值完成3.2亿元，销售额完成3.4亿元，完成利税0.35亿元、利润0.24亿元，与去年同期相比分别增长21. 4%、112%、45. 4%、49. 5%、29%和26%；截至4月底，伊利集团液态奶事业部产销量比去年同期增长73%，销售额同比增长73%，营业利润同比增长105%，平均日发货量与2002年同比翻一番；2003年1～4月，蒙牛集团实现销售额12亿元，税金6 830万元，利润6 020万元，分别是2002

年同期的2.26倍、2.05倍和2.4倍；济南佳宝日加工量达到100多吨，每日三班生产鲜奶、酸奶仍供不应求，连续数月为零库存，销售创出历史新高。

在党中央、国务院的坚强领导下，按照各地政府的周密部署，通过奶业界全体员工的团结奋斗和共同努力，我们取得了生产、防非双赢的大好局面。这只是初步成绩，我们要对这场抗击"非典"攻坚战的长期性、复杂性和艰巨性有充分认识，切不可有丝毫的懈怠和麻痹。要继续努力，争取抗击"非典"的彻底胜利。同时，要认真研究、准确估计后"非典"时期的奶业发展形势，及早采取应对措施，以促进奶业的健康发展。

奶业龙头企业与奶农利益联结的几种模式

中国奶业协会副理事长　徐定人

加强奶农与乳品加工企业利益联结，做到风险共担，利润共享，实现奶业产、加、销一体化经营是奶业发展的必由之路。这一特点是牛奶鲜活易腐的自然属性所决定的。据有关资料证实，原料奶贮运的温度和时间是影响奶中微生物数量的最主要因素。奶牛场生产的原料奶不经过冷处理，3个小时后其微生物合格率将降至30%。因而，牛奶应在生产后3小时内迅速冷却到4℃，以抑制微生物生长，但不能长期低温贮存，因嗜冷菌在低温条件下仍能生长，影响奶及奶制品的质量。一般情况下，原料奶在4℃条件贮存不宜超过24小时。因此，不能因为奶农和乳品加工厂的利益不协调而贻误原料奶的收购和加工。

奶业发达国家在奶农和乳品加工厂的利益联结以及奶业一体化方面积累了许多经验。在欧洲，芬兰以合作组织为纽带形成产、加、销一体化经营，全国现有奶农合作联社5万多个，其中维利奥（VALIO）奶业合作联社是芬兰最大的奶农合作社，其收购奶量占全国总产量90%以上，维利奥属于牛奶生产者所共有，乳品加工设施由牛奶生产者共同投资兴建，奶业产、加、销的风险由生产者共担，利润由生产者共享；荷兰现有22家乳品厂中，有13家是产、加、销一体化的合作社。在美洲，美国实行一体化经营的比例也非常高，250家奶业合作社供应全国八成的牛奶及其制品；加拿大则采取建立奶农协会的方式，实现奶农与乳品加工厂的利益联结，国家授权奶农协会收购和销售奶农所生产的全部原料奶，并制定原料奶的收购价格。奶农协会根据奶牛场和乳品加工厂经营情况调整原料奶的收购价格，原则上每年调整一次，以保持奶农和乳品加工厂都有合理的利润。在亚洲，印度农民家庭养牛分散，奶农自愿入股参加基层的村奶牛生产合作社，通过村奶牛合作社—地区联社—总联合会的组织形式，把农村分散的牛奶收集到城镇加工，乳品厂按交售鲜奶多少返还利润的办法，保护奶农的利益。日本奶牛业的生产也是由合作组织—"农业协同组合"组织的，该合作组织承担协调乳品加工厂与奶农之间的各种利益关系，保证原料奶销售和生产资料的供应。

我国奶业是一个新兴的产业，改革开放以来，特别是近些年来，在奶农与乳品厂利益联结和推行奶业产业化经营方面，也积累了许多好的经验，涌现出许多好的管理模式。主要有：

1. 乳品厂投资建设小区　如天津市金威实业福士妙乳品有限公司，投资建设奶牛养殖小区，为奶农提供养牛用地、牛舍、挤奶设备等。农户牵牛入住"小区"，公司承担机械化挤奶，奶牛配种、防疫、收奶和技术培训等工作。通过原料奶购销差价（公司收购奶农原料奶价格与交乳品厂的差价），以及牛舍租金，收回小区投资和服务费用，奶农饲养一头成母牛年利润可达3 000元，小区已成为奶农和乳品厂利益连接的纽带。

2. 乳品加工厂投资兴建奶站　乳品厂投资购置机械挤奶的设备，在奶牛养殖小区和奶牛村兴建奶站，负责集中挤奶、统一售奶、与乳品厂协调奶的价格并结算奶款，提供技术服务。奶站由乳品厂管理或承包给它人经营，通过原料的购销差价收回经营费用。奶站成为奶农与乳品加工企业利益的结合体。

3. 乳品加工企业为奶农贷款提供担保 如天津中芬乳业有限公司采取“公司＋信用社＋小区＋农户”的连接方式，向奶农提供贷款担保并获得稳定的奶源，具体做法分六个步骤：(1) 农民自愿申请加入养牛小区，提交申请书和家庭经济情况表；(2) 通过政府的协调办理土地使用权，与村委会签定入区土地租赁合同(每亩每年100元)；(3) 业务部门负责小区的设计方案和图纸；(4) 镇政府、信用社对农户申请加以确认。确定的原则是有劳动力和自筹资金的能力，每个农户设计饲养奶牛为50头，自筹资金和奶牛折价要够15万元。只有这样，信用社才能贷款35万元；(5) 按图纸建设小区。牛舍的建设资金由农户自筹，挤奶厅设备资金由天津中芬乳业有限公司提供，小区主干线、挤奶厅土建由镇政府投资兴建；(6) 由镇政府协调办理农户贷款：①信用社、公司和农户三方签订协议，贷款第一年贴息，第二、三年为6厘；②由农户与小区其他农户签订联保协议，保证不擅自出卖奶牛，卖淘汰牛必须由信用部门批准，卖牛的钱存信用社还款。如果不遵守上述约定，小区内联保户也要承担连带责任；③协议签订后，发放贷款，农户买牛可自购也可以请他人选购，但必须经过畜牧兽医部门检疫；④由乡镇奶牛服务协会收奶交中芬乳品有限公司。按质论价，奶款存入信用社奶农账户，款项的50%扣还购牛贷款。保证了乳品加工企业和奶农双方的利益。

4. 乳品加工企业通过向奶农提供优惠服务 河北石家庄三鹿集团采取五种方法帮助农民养牛，保证奶农的利益：①奶牛“身价租赁”。即奶牛作价租给农民，每月用1/3的奶款还租金，三年还清，奶牛归己；②以30%的优惠价格把公司奶牛卖给农民；③公司派出技术人员帮助购牛并提供妊娠检查，外貌测定，代办检疫等事宜；④资金上予以扶持，农民自有资金50%，本公司或小区负责担保从银行贷款，还款从奶款抵扣；⑤及时调整鲜奶收购价格，制定最低保护价格。1986年以来，已18次主动上调鲜奶收购价格，确定奶料比价1：1.4以上，并承诺在旺季绝不拒收合格的原料奶。

5. 乳品加工企业与奶农鉴定收奶契约合同 乳品加工企业和奶农定期建立原料奶购销合同，一般为一年，规定原料奶的价格、质量付款期和服务内容，有的还签订了牛奶收购最低保护价格条款，保护了乳品加工厂和奶农双方的利益。

国外的实践证明，真正实现奶业的一体化经营，必须做到提高奶农的组织化程度，加强奶农和乳品加工企业的经济利益联结，使双方成为真正稳固的利益共同体。我国的以上五种模式与国外的一体化水平相比还有一定的差距，需要在今后实践中不断探索，总结经验，以提高我国奶业产、加、销一体化的水平。

我国奶水牛发展现状

农业部奶类项目办公室主任 殷成文

2003年，全世界水牛存栏1.7亿头，水牛奶的产量为7 268.5万吨。全球水牛饲养量集中于亚洲发展中国家，特别是印度、巴基斯坦和中国，三个国家的水牛饲养量占世界总量的84.96%。

(一) 中国水牛奶业概况

1. 水牛头数增长情况 世界水牛大致分为两大类型，即河流型和沼泽型。河流型水牛主要产于南亚大陆地区，如印度的摩拉水牛等。我国是饲养沼泽型水牛最多的国家，据统计，2003年，中国（不包括台湾省）饲养水牛2 228.2万头。水牛饲养量达到百万头以上的有广西、云南、贵州、四川、湖南、广东、湖北、江西等8个省（自治区），其中以广西水牛头数最多417.1万头，占全国水牛总数18.72%，上述8个省（自治区）共饲养水牛1 882.8万头，占全国水牛总数84.5%。

2. 水牛挤奶历史和现状 尽管我国利用水牛挤奶和加工的历史悠久，然而，真正把水牛奶作为商品和产业来开发与利用，是在改革开放之后的20多年，总体上水牛挤奶工作有了长足的进步，取得了成效。但发展是不平衡和不平稳的。

目前，我国水牛挤奶主要集中在广西的南宁、防城港、灵山、合浦、武宣；广东的南海；云南的大理、德宏；福建的漳州等地。

广东省主要是依托南海水牛奶加工厂，带动周边市县利用改良水牛和纯种摩拉与尼里/拉菲水牛进行挤奶。由于市场销售好，现该厂又投资300多万元进行改造，提升了技术装备水平，为水牛挤奶提供有力保障。目前每天可收到10多吨的水牛奶。

广西壮族自治区是我国水牛存栏最多的地区，2003年存栏量达到417.1万头，其中，能繁母牛180万头。同时，全国惟一的摩拉、尼里/拉菲水牛原种场和水牛研究所就设在南宁市，其水牛原种场拥有400头纯种水奶牛，每年可提供冷冻精液40万头份，研究所设有水牛奶加工厂（车间），具有很强的科研和推广力量。在一些县市还建立了奶水牛示范点。2002年，广西壮族自治区第九届人民代表大会第五次大会一致通过的《政府工作报告》和《2002年广西国民经济和社会发展计划报告》中，把奶业发展纳入广西经济和社会发展的重大领域，奶水牛业开发作为广西七个重大专项之一，并出台了《广西奶水牛业产业化开发项目（繁育体系建设）2004—2005年实施方案》，确定了36个奶水牛业开发基地县。自治区为了促进牛杂交改良工作进展，从财力、物力等方面给予大力支持：一是拨出水牛品改专项经费，用于生产和采购牛冻精、液氮，免费向市级中转站供应。二是拨出专款，建立和完善全区水牛人工授精网络。2002—2004年，自治区政府分别拨出431万元、581万元、658万元“种子工程”专项经费，用于水牛品种改良工作。此外，各市、县政府也相继制定了一系列促进奶水牛业发展的扶持政策，农民在水牛的品种改良中得到了实惠，积极性日渐高涨，发展势头很好。

云南省现有水牛269.2万头，其中能繁母牛84.5万头，在我国位居第二。近十年来，通过多种畜禽商品生产基地及人工草地建设项目的实施，全省半数以上的县市的品种改良、饲草饲料生产及兽医防疫体系的基础设施建设得到加强。2003年，省冻精站和大理州冻精站均通过农业部的质量认证，并形成年产水牛冻精18万剂的生产规模，全省已建立902个冻精配种站，省地县牛冻精改良配种网络已基本形成。全省已有杂交水牛4万余头，挤奶水牛1.2万头，头日均产奶4～5千克，最高的达14千克。在省内各地，不仅有企业界人士投资从事水牛屠宰加工及产品、活牛营销，而且有相当一批数量的私人企业家直接投资于奶水牛的饲养，更有个别私人企业家，注册成立了民营水牛研究所（云南巴富乐水牛研究所），与此同时，各级政府出台有关政策，鼓励和支持发展奶水牛业。如省级对人工授精配种，每产犊1头牛补助50元。大理州及红河州的弥勒县、沪西县出台对饲养繁殖母水牛每头分别补助600元、1 000元的政策。西双版纳、思茅及临沧等地州也分别出台鼓励和引导发展水牛生产的优惠政策。

福建省2003年水牛存栏35.47万头，其中能繁母牛15.05万头。虽然水牛数量在全国所占的比重很小，但是挤奶水牛所占比例较高。挤奶水牛主要集中在漳州市，2002年有挤奶水牛6 500头，其中摩拉杂交改良水牛4 300头，本地挤奶水牛2 200头，产奶7 611吨，主要用于加工奶粒等传统水牛奶制品。

（二）发展水牛奶业的有利条件

1. 丰富的资源 一是水牛资源丰富。当前，奶类的生产主要靠奶牛，特点是产量高。但是，除奶牛以外，我国南方的水牛是发展奶业的重要种质资源。全国现有水牛2228.2万头，居世界第三位。我国本地水牛属沼泽型水牛，多为役用，泌乳期7～8个月，产奶量500～700千克，通过杂交改良，可大幅度提高其泌乳量，杂交一代水牛的泌乳期280～302天，泌乳量1 230～2 040千克，杂交二代水牛的泌乳期310～320天，泌乳量2 260～2 290千克，水牛奶的开发潜力巨大。二是农业资源丰富。我国水牛主要集中在两广、两湖、云、贵、川、皖、赣和海南十个省、自治区，存栏数占全国水牛存栏数的93%。这十个省、自治区有可利用草山草坡面积3 333公顷，有大量冬闲地、退耕地用于种草，有丰富的农作物秸秆，饲草资源潜力巨大。

2. 广阔的市场 我国奶类的消费与发达国家、周边国家和世界平均水平相比，差距很大。2003年，我国人均奶类占有量为14千克。随着经济收入的增长和营养知识水平的提高，我国的乳品消费需求量将出现大幅度增长。根据《中国食物与营养发展纲要（2001—2010年）》，未来几年，我国每人每年消费的口粮要从现在的206千克下降到155千克，奶类食物消费要从5.5千克增至16千克，这样，2010年全国奶类的生产总量的安全保障目标为2 600万吨，市场潜力巨大。水牛奶属于特色奶，其制品质量高，风味好，营养丰富，备受消费者的青睐，在国内外有更为广泛的市场。

3. 较高的效益 水牛具有适应性强、耐高温高湿、耐粗饲、抗病力强等特点，在亚热带、热带气候带区域，农民饲养水牛与饲养黑白花奶牛相比，生产成本低，疫病危害的风险小，收入稳定。同时，随着我国入世和鲜奶按质论价逐步与国际接轨，水牛奶及其制品的经济效益将会进一步提高。意大利奶类总产量为900万吨，其中水牛奶14万吨，水牛奶的收购价每千克1美元，黑白花牛奶每千克0.3美元，高出2倍。水牛奶酪的市场价比黑白花奶牛奶酪的市场价也高出3～4倍，而且供不应求，为生产者和加工者带来了好的效益。

4. 适宜的宏观环境 目前，我国奶业正面临着大好的发展形势，为开发水牛奶带来了千载难逢的机遇。国务院批准试行的《当前国家重点鼓励支持发展的产业、产品和技术目录》，奶业被列入其中；实施《中国营养改善行动》，把奶业放在重要位置；施行水牛奶业开发项目，要求“开发市场，提高加工深度，增加品种”。1996—2003年，中国和欧盟合作的“中国—欧盟水牛开发项目”在广西、广东和云南实施，在开展水牛育种、杂交改良、乳品加工和技术培训方面取得了成效，做出了示范。国家科技部启动实施十二项重大关键技术攻关与产业化示范科技专项，计划在“十五”期间投资50亿元，奶业发展被列入十二个专项之一。这些重大举措，为开发水牛奶创造了适宜的宏观环境。

（三）我国的水牛奶业发展潜力巨大

我国有18种优良水牛品种，具有体格高大、生产性能良好的特点，是中国水牛选育的基因库。我国水牛主要分布在黄河以南的17个省、市、自治区，2003年有水牛2228.2万头，超过百万的省份有8个。但我国长期以来将水牛作为役用，没有进行系统的产奶性能的选育，泌乳期7～8个月，产奶量只有500～700千克，通过良种繁育，泌乳期可增至9～10个月，平均每头产奶1 500～2 300千克，而且水牛奶的营养价值高于黑白花奶牛奶，具有很大的发展潜力。

目前我国奶业生产格局与人口、消费市场的分布不一致，有必要构建南方奶水牛业区，对我国奶业格局进行战略性调整，这既是南方农业结构调整、农民增收、扶贫工作的需要，也是北方草场生态恢复的需要。

我国南方有0.27亿～0.33亿公顷（4亿～5亿亩）的冬闲田，可用于种植绿肥或牧草喂牛。有大量的农作物秸秆和加工副产品用于养牛。还有0.65亿公顷（9.8亿亩）的草山草坡，其中利用极少部分发展人工草地就可饲喂相当数量的水牛。而且奶水牛适应南方的湿热环境，抗病能力强，耐粗饲，饲养管理简易，养殖奶水牛的成本低效益高。

随着人们对水牛及水牛奶业认识的不断深化及水牛业开发所体现出的现实价值及潜在价值，水牛业正成为世界畜牧业研究和开发的一个热点。2003年，中国科学院根据党的“十六大”提出的“发展要有新思路”的要求，结合国家中长期科学和技术发展规划，以支持经济发展和全面建设小康社会为目标，组织有关院士和专家对我国奶业生产的现状进行了分析比较，提出在我国实施“农业绿色革命”成功解决温饱的基础上，应加速制定和实施我国“农业白色革命”计划，把发展奶水牛产业列入国家生产和科技发展计划的建议，国务院有关领导同志为此作了批示，要求从纲要和规划的制定、措施和政策等方面予以支持。奶水牛产业开发正受到各级政府的高度重视，对促进我国畜牧业的健康、持续发展，尤其是奶业的发展有重要意义。

中加奶类项目对我国奶业的促进

中国奶业协会顾问　加里·朗尼

加一中奶类项目是中华人民共和国和加拿大国际开发署的一个双边项目。该项目的目标是：加强奶牛基因与管理基础，提高中国奶类生产的产量，改进质量和提高效率。在实施的11年期间，该项目在提供奶牛优良基因、先进技术和管理咨询等方面，成为了许多中方奶业机构和政府部门的重要合作伙伴。随着人均奶消费量的增加，人们需要更多的质量更好的奶制品，这就给所有的奶业部门增添了提高生产率的压力。加一中奶类项目（加一中奶牛育种综合项目）是通过中国奶业协会，并与各项全国性的奶业改进计划一起实施的。最初的三个项目点设在杭州、上海和西安，后来由于项目活动的扩大，在北京设了第四个主要项目点，并在呼和浩特、济南、昆明、南昌、常州、吴中、沈阳、天津、武汉、徐州、哈尔滨和南京等地设了12个分项目点。

加一中奶类项目在许多方面取得了很大的进展，基本实现了预定的目标。具体情况如下：

1. 遗传改良与改进管理工作　是该项目的重点工作。从1993—1995年，共向中国的头三个项目点运送了12 000份荷斯坦牛精液、400个荷斯坦牛胚胎、210头未配加拿大荷斯坦青年母牛。在这一遗传基础上，优质的加拿大奶牛基因主要通过人工授精，传给了每一个省、自治区。2003年，生产销售了59.5万份精液。从1997—2004年，共生产销售了1 400万份精液。有三个主要人工授精中心使用了加拿大的“奶畜模式”，为他们的奶用荷斯坦牛的公牛及其体形外貌编制索引，提供精液的公牛当中有60%为育种用的纯种加拿大荷斯坦牛，其中大部分是通过该项目产生的。

对奶牛群改良项目生产数据的分析表明，加拿大育成的荷斯坦母牛每个泌乳期的奶产量比中国奶牛群的奶产量平均高出863千克。由于到该项目结束时，加拿大提供的精液大约可产生150万只产奶母牛后裔，可使中国的奶产量增加900万千克，相当于使奶农增加19.8亿元的收益。

通过人工授精，小户奶农普遍都能获得优良的加拿大奶牛遗传基因；同时由于培训的结果，这些奶农们都更加重视遗传选择。因此，预计每年每头奶牛的奶产量可望提高600千克，奶农可增收1 320元；就全国而言，预计奶农全年收益将达到19.8亿元。

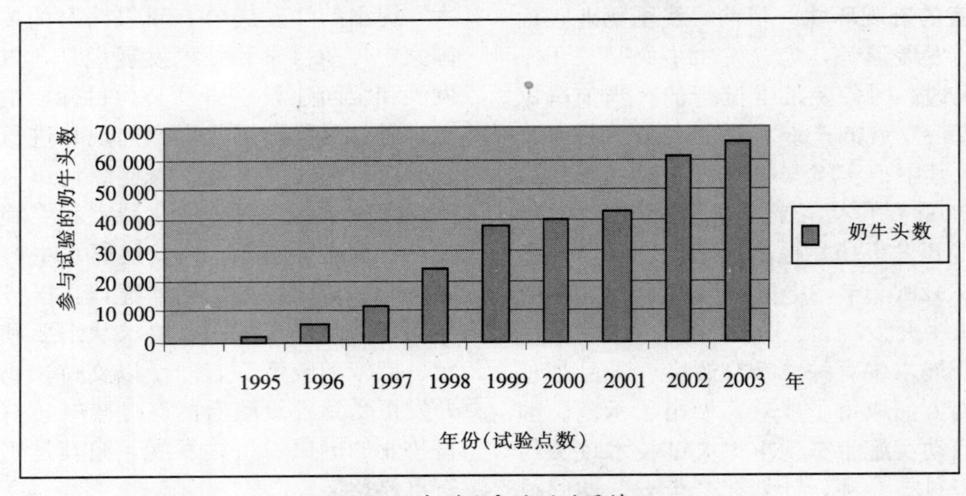

图1　奶牛群改良计划进展情况

对于奶畜鉴定、产奶记录（奶牛生产性能测定）和体形外貌鉴定等在全国推行的奶牛改良项目来说，都是通过加－中奶类项目启动的。奶牛群改良项目于1995年在杭州开始实施，以后推广到18个省、自治区，参与这些项目的有149群奶牛群和66 611头奶牛（图1）。

对1995—2003年这8年期间奶牛群改良项目纪录的分析表明，奶牛群产量水平的年均增长率为4.2%（292千克），同一期间的年均体细胞数减少了4.8%。这对奶业和对参与奶牛群改良项目农场的经济影响都相当显著，因为参与计划的奶牛群的产奶量增长率按现价计算，相当于每年增加4 190万元。对于改进管理工作提高牛奶质量的详尽阐述，以及把SCC从980 000减少到506 000，促进了制定关于防止奶牛群乳房炎的规定（图2）。

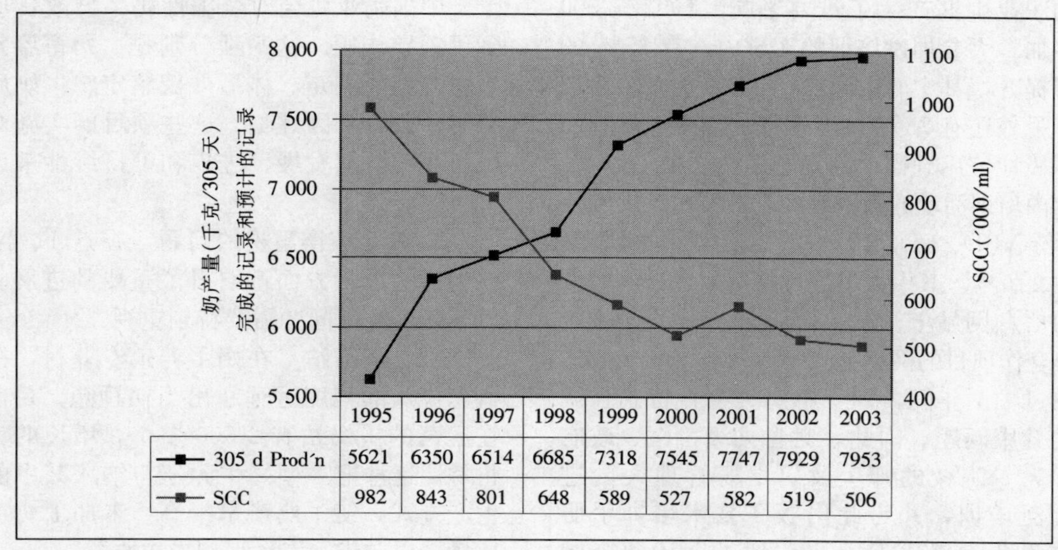

	1995	1996	1997	1998	1999	2000	2001	2002	2003
305 d Prod′n	5621	6350	6514	6685	7318	7545	7747	7929	7953
SCC	982	843	801	648	589	527	582	519	506

图2　年均奶产量

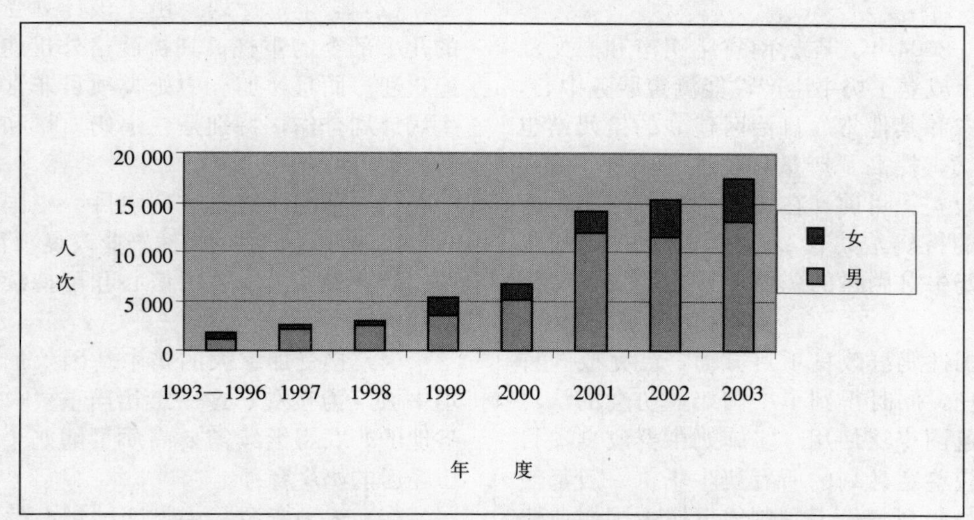

图3　国内培训情况

体形外貌鉴定制改用了加拿大的9分制，并使之计算机化。总共对80 186头奶牛使用这一新鉴定制进行了鉴定。中国是世界上头一个对奶牛体形外貌鉴定使用手掌法（palm top technology）的国家。

2. 推广与培训　是加－中奶类项目的一个主要内容，并且在几年内得到了丰富和发展。如项目点数量不断增加、在黑龙江富裕县启动了一个青年项目、成立了咨询服务小组等等。2003—2004年，共有16 011名技术、管理和支持服务人员参加了培训，由中方专家和三位加方长期技术顾问共同授课。在过去11年期间，

28个省、自治区中参加过奶牛场管理和牛奶质量等方面的国内培训的管理人员和技术人员已经超过了66 707人次（图3）。这种技术传授形式是使奶业在过去十年飞速发展的重要因素之一。

该项目的国外培训也非常成功，共有233人接受了考察或专门培训，培训的内容涉及了中国奶业发展的一些重要领域，并对一些培训人员的职业生涯产生了重要影响。1993—2000年，在加拿大参加过培训的人员中，有35％的得到了提升，其中95％得益于在加拿大的培训经历，另外还有75％的专家把在加拿大学到的知识积极地应用到当地的奶业发展之中。

国内培训活动的资料有255篇技术论文和简报，7份VCD、CD，10种主要的实用手册等，均为中文版本。其中大多数资料都放在中国奶业协会的信息网站上（www.dac.com.cn）和中一加农业合作项目的网站上（www.ccag.com.ca）。

在过去两年间，加一中奶类项目特别强调奶畜的健康问题。因此，对省县级兽医、政府官员、大专院校的师生及奶牛场管理人员进行了广泛培训，并为此出版了技术培训手册和一本兽药参考手册，均放到了上述两个网站上。

2000—2004年，在云南省昆明市和黑龙江省哈尔滨市成立了奶牛生产性能测定服务中心，在这两个省和其他省、自治区建立的挤奶站也都非常成功，提高了产量，改进了质量，增加了奶农的收益。目前，在全国各地养殖奶牛专业村运营的挤奶站共有2 500个。同时，西部地区养殖奶牛贫困村的奶业生产也受到了特别的关注。

在全国性奶群改良项目方面，已完成3种奶牛的改良，同时得到了中国奶业协会的认可并在全国范围广泛使用。实施奶牛群改良项目和体形外貌鉴定计划的所有奶牛场，一般都使用全国统一奶畜身份识别制。隶属中国奶业协会领导的全国奶群改良工作委员会为一项全国性奶牛生产性能测定项目的起草了操作标准，并为奶牛生产性能测定服务中心草拟了认可规程，均已获得批准。

加拿大以及其他世界荷斯坦牛统一标准协调协会成员国大都实行了9分制的奶牛体形外貌鉴定制。该鉴定制已得到中国奶业协会的认可，目前在5个地点广为应用。

从2001年开始，就第三方检测牛奶及奶制品成分质量和安全的方式方法展开了讨论，并于2003—2004年间在天津建立了一个试点实验室。

中国奶业协会对全国性奶牛群改良项目起到了领导作用。这5项分别是：奶畜鉴定、奶牛生产性能测定、体形外貌鉴定、牛奶质量和奶用种公牛基因评估。这些项目的实施对于中国奶业的长期发展、进步和可持续性来说是至关重要。

3. 几个值得重视的问题　在这11年期间，该项目的很多方面都取得了重要的进展。但是以下几个方面问题需要特别重视：

（1）挤奶站　在奶牛养殖专业村，挤奶站概念普及的程度远远超出当初预想。目前，正在运营的挤奶站有2 500多个，增长的数量很正常。这种把小型奶牛养殖户纳入其中的奶业生产方式，使牛奶产量提高，未加工奶产品的质量得以改进，农民得到更大收益。

（2）学生奶计划　由于该计划受中国政府的几个部委的重视，其扩展格外迅速，受到普遍欢迎。而且，加一中奶类项目非常愿意与学生奶计划合作，特别是在牛奶质量和安全专家的培训方面开展合作。

（3）全国性奶业改良项目　中国奶业协会承担了领导这5项全国性奶业改良项目的责任，并向奶业界发出了表明信心和可持续性的明确信号。

（4）接受加拿大的奶牛基因　加拿大荷斯坦牛被广为接受，这一点相当重要，表明中国各地的奶农将继续需要高质量的奶牛基因，用于今后的奶牛育种。

（5）人力资源　中加两国举办的关于奶业生产各个方面的培训班，为奶业提供了大批训练有素的管理人员、专家、技术人员和支持人员，从而使中国的牛奶产量和质量在1993—2004年间得到了迅速的提高。

奶业产业政策

牛奶优势区域发展规划

一、发展现状

（一）生产概况

改革开放以来，我国奶业有了较大发展。到2001年，全国存栏奶牛566.2万头，奶类产量1 122.9万吨(其中牛奶产量1 025.5万吨)，分别是1978年的11.8倍和11.57倍；人均占有奶类8.8千克，仅为世界平均水平的1/11，为发达国家的1/30。

1. 生产区域 我国奶业生产主要集中在牧区、农区和城市郊区。牧区的内蒙古、新疆奶牛头数占全国总数的35.8%。农区和农牧结合地区饲养数量超过全国饲养量的一半，其中饲养数量较大的有黑龙江、河北、山东、山西、陕西等省。大中城市郊区以北京、上海、天津饲养量较大。从奶类产量看，年产量在100万吨以上的有黑龙江、河北、内蒙古，占全国总量的37.5%，其中黑龙江是我国奶类生产第一大省，产量占全国的17.1%。

2. 奶牛品种和生产水平 我国奶牛的主要品种是荷斯坦牛及其杂交改良牛，还有一些乳肉兼用的西门塔尔牛、草原红牛、三河牛和新疆褐牛。其中良种荷斯坦牛约有150万头，主要分布在大中城市郊区、黑龙江省和部分农区；西门塔尔牛、草原红牛、三河牛和新疆褐牛主要分布在广大牧区。2001年全国奶牛单产3 200千克，而美国、以色列平均单产达8 400千克，丹麦、法国、日本等国也在6 500千克以上。

3. 生产方式 我国奶牛以小规模、分散饲养为主，户均3～5头，饲养数量在20头以上的规模经营户比重不到1/4。在组织形式上，以农户生产、龙头企业松散收购为主。近年来，一些乳品加工企业已开始通过“公司＋基地＋农户”的经营模式，建立原料奶基地，这种产业化模式正在被越来越多的加工企业所接受。

（二）乳品加工情况

我国乳品加工业近几年有了较快的发展，涌现了一批有较强实力的奶业集团，如上海光明、内蒙古伊利、河北三鹿、北京三元、黑龙江完达山等。2000年，我国乳品加工企业达1 500余家，其中年销售额500万元以上的有359家，上亿元的12家。与此同时，一批世界知名的外国乳品公司也进入我国，如雀巢、卡夫、达能、帕玛拉特等。2001年全国液态奶和乳制品产量分别达到280万吨和105.4万吨，其中液态奶产量是1996年的5.4倍，年递增40.1%。

（三）乳品消费情况

我国的乳品消费主要集中在城镇。2000年，城镇居民家庭人均乳品消费量11.66千克，比1992年增加近1倍；农村居民家庭人均消费乳制品量近1千克。发达国家肉、蛋、奶的消费比例是0.4：0.06：1，乳制品消费比例最高；我国的比例是6.7：2.8：1，乳制品消费比例最低，造成我国人均畜产品消费中脂肪的占有量超过世界平均水平的5%，而蛋白质低于世界平均水平的20%，动物性食物的摄入营养平衡失调。

（四）乳品贸易情况

我国一直是乳品净进口国，2001年净进口各类乳品15.3万吨，贸易逆差1.76亿美元，而且在今后几年里，随着关税的降低，乳制品的进口数量还有可能继续增大。乳品的出口对象主要是我国的港澳地区，少量出口到一些东南亚国家，而进口来源地则集中在美国、澳大利亚和新西兰等国家。

（五）主要问题

1. 良种奶牛不足 良种奶牛不足是当前制约我国奶业快速增长的主要因素。目前我国虽然有存栏奶牛566.2万头，但良种奶牛只有150万头左右。由于牛源紧缺，良种奶牛数量少，导致种牛进口数量大幅度增加以及牛价上涨。

2. 饲料饲草生产和加工体系建设滞后 青绿饲料和优质牧草是奶牛优质高产的基础，但我国目前还没有专用饲草饲料种植基地。草原退化、沙化面积达到1.35亿公顷，并正以每年200万公顷的速度增加，制约了牧区奶业生产的发展。我国奶业生产用饲料及其加工水平低，饲养奶牛的场户仍以自拌料为主，全价配合饲料的数量和品质不适应生产发展的需求。

3. 加工企业规模小 目前，我国乳品加工企业中，日处理能力在100吨以上的企业约占5%左右，日处理能力在20万吨以下的企业占一半以上。这与欧美及澳、

注：《牛奶优势区域发展规划》一文刊登在2003年5月30日《农民日报》上。

新等乳品加工企业平均日处理规模均在2 200吨左右形成鲜明对比。2000年，我国乳品加工企业中销售额排在前十位的企业总销售额也仅为70.42亿元，只占世界第一大乳品加工企业雀巢公司同年销售额的7.2%。

4. 产业化程度不高 由于饲养分散，产业化组织程度低，小生产与大市场的矛盾依然突出，相当一部分牛奶生产者没有与加工企业建立牢固而稳定的利益联结机制，生产与加工脱节，不利于生产的稳定、协调发展。

5. 质量体系建设滞后 与发达国家相比，我国在确保奶业发展和奶产品质量安全的基础设施方面比较落后。由于手工挤奶比重过大，致使原料奶质量与先进国家相比有一定差距，而且我国制定的原料奶质量标准也相对偏低。在质量监测方面，只是少数大型加工企业在收购原料奶时做简单的质量检测，而第三方检测基本没有建立，难以确保鲜奶的质量。

二、市场前景与竞争力分析

总的来看，今后一个时期，我国奶业会呈现快速、健康的发展势头。其主要原因有以下几点：

（一）国内市场需求旺盛

随着人民生活水平的提高，消费观念的转变，国内乳品市场日趋扩大。2000年城镇居民家庭人均乳品消费量比1992年增加近1倍，消费群体仍以收入水平较高的城镇居民为主。按上述消费增长速度，加上"学生饮用奶计划"的实施等因素，预计到2005年全国人均消费量将达到10～12千克，奶类总量需增加约400万吨。到2010年，全国人均消费奶类水平将达到16千克，奶类产量须达到2 600万吨。

（二）资源存量大，具有进一步发展的潜力

我国有4亿公顷草地，粮食转化的潜力也很大，精粗饲料资源十分丰富。随着退耕还草、草地改良和农业结构的调整，种植业三元结构的建立，以及舍饲技术的推广普及，为奶牛的发展提供了饲料保障。我国是养牛大国，存栏量大，品种资源十分丰富，也为加快奶畜发展奠定了坚实基础。

（三）具有成本价格相对比较优势

奶业是典型的劳动密集型产业，我国劳动力资源丰富、价格低廉，与欧美国家相比，生产成本具有较大的优势。2000年，我国每千克鲜奶平均生产成本比北美和欧盟国家低45%。

（四）产品消费特性有利于巩固国内乳品市场

乳品主要是固体奶和液态奶，前者如奶酪、乳粉等，后者以液态保鲜奶为主，我国消费量最大的是液态奶。由于液态奶不易保存和长距离运输，国际间贸易量很小，市场的开放对我国保鲜奶生产的冲击不大。奶粉的消费主要在农村和中小城市，由于进口奶粉价格高，难以大量进入此市场。只要充分发挥自身优势，努力提高质量，将成本和价格优势变成市场竞争优势，就能在巩固国内市场、抵御进口乳制品冲击的同时，打开国际市场之门。

三、发展思路和目标

（一）发展思路和原则

1. 发展思路 以市场为导向，以良种为基础，以产业化经营为纽带，做大做强龙头企业，提高基地规模经营水平，加快产业科技进步，率先实现生产集约化、产品优质化、产业现代化，带动全国奶业快速、协调、健康发展。

2. 发展原则 相对集中原则。综合考虑优势产区的基础情况、资源状况等因素，围绕龙头企业、消费市场建设集中连片的奶源基地，形成主导产业突出，区域整体推进的格局。

龙头带动原则。瞄准市场需求，树立名牌企业，创立名牌产品，健全市场网络，通过产业化带动奶业现代化。

效益并重原则。兼顾经济、社会、生态三个效益。通过奶业发展，加快农牧民致富步伐，并统筹考虑资源开发与保护、奶牛增长与环境治理等因素。

（二）发展目标

到2007年，规划区域内奶牛存栏量达到280万头，年递增12%；鲜奶产量年均递增15%～18%；人均鲜奶占有量比目前增加一倍，达到40千克；奶牛平均单产提高20%左右。

良种繁育、疫病防治、饲草饲料生产、技术推广、鲜奶收贮等支持与服务体系进一步健全和完善，规模化、标准化生产水平明显提高。

培育和壮大一批大型龙头企业和企业集团。规划区域内日加工鲜奶能力达到2.5万吨，并形成以名牌产品为主导，花色多样、品味对路、质量较高，能与国际标准接轨的加工群体。

四、优势区域布局

（一）选择依据

市场优势。区域内经济相对发达，居民消费水平较高；居民素有食用乳及乳制品的习惯，奶类消费呈稳步增长之势。即区域内存量市场稳固，增量市场看好。

资源优势。区域内气候条件适宜，饲草饲料资源丰富，具有发展奶业生产得天独厚的条件。

基础优势。区域内奶牛存量大，良种化程度较高，良种繁育体系较健全，规模养殖发展迅速，基础设施和服务体系比较完善，具备发展的良好条件。

加工优势。区域内具有在国内领先的乳品加工业和知名品牌，产加销一体化格局已初步形成。

（二）优势区域布局

1. 京、津、沪牛奶优势区 本区域包括北京、天津、上海三市的13个重点县（区）及25个农场，为城郊奶业发展类型。区域内2000年奶牛存栏11.6万头、牛奶产量39.4万吨，分别占三市总量的62.3%和54.4%。京、津、沪为我国三大中心城市，经济发达，居民消费水平高，人均年消费奶类在30千克以上，而且市场容量扩张快，消费稳定。区域内有三元、光明等国内著名企业。该区域良种化和牛群质量高，如北京、天津有许多奶牛场的奶牛单产水平达到7 000千克以上，上海市第七牧场奶牛单产达9 052千克。存在的主要问题是环境保护压力大，饲草饲料资源比较缺。

北京市重点建设顺义、大兴、密云、房山、延庆5个区（县）及分布在区县内的10个农场。天津市重点建设武清区、北辰区、宁河县和静海县。上海市重点建设南汇、奉贤、金山、崇明三区一县和15个农场。

2. 东北牛奶优势区 本区域包括黑龙江、内蒙古两个省、自治区的37个县（市、旗），为牧区、农牧结合型奶业发展类型。

黑龙江是国家重要的商品粮基地，正处于世界奶牛带，荷斯坦奶牛存栏、鲜奶产量和乳制品产量均居全国首位，人均占有奶量为全国平均水平的6倍，是全国奶业第一大省。在乳品加工方面，黑龙江省培育了完达山、龙丹等国内知名品牌，还引进了雀巢、光明、伊利等一些国际、国内驰名品牌。

内蒙古有广袤的天然牧场，丰富的饲料资源，环境相对良好，牧民有养奶牛和消费乳及乳制品的习惯，有利于奶业的成长。随着伊利、蒙牛两大乳业集团的发展壮大，上海光明、北京三元集团的进驻，带动了奶牛养殖数量和牛奶产量快速增长。

2000年，区域内37个县（市、旗）奶牛存栏69.5万头、牛奶产量174.8万吨，分别占两个省、自治区总量的46.9%和74.7%。但奶牛单产水平不高，分散饲养比重较大，距主销区运距较远。

黑龙江省重点建设中部的哈尔滨、绥化、牡丹江等3个地（市）7个市（县），西部的绥化、大庆、齐齐哈尔、黑河等4个地（市）14个市县区，以及东部的鸡西、双鸭山市等2个地（市）3个县（市）。内蒙古重点建设呼和浩特市、包头市、呼伦贝尔市三大奶源基地，包括呼市4个县（旗）、包头市1个旗、呼伦贝尔市8个旗县场，13个旗县场。

3. 华北牛奶优势区 本区域包括山西、河北两省的29个县（市、区），为农区、农牧结合型奶业发展类型。河北省地处北温带、中纬度，气候条件适宜，全省饲草、饲料资源丰富，适宜饲养奶牛。同时地处京、津两大城市周围，是南北枢纽、东西要道的结合部，具有发展奶业的独特区位优势。山西省气候温和，饲草饲料资源丰富，全省有20公顷以上连片草地373.33万公顷，有各种农作物秸秆1 500万吨。

2000年区域内29个县（市、区）奶牛存栏42.6万头、牛奶产量78.5万吨，分别占两省总量的57.6%和66.7%。区域内有三鹿、古城、乐百氏等国内著名的乳品加工企业。该区域地理位置优越，加工基础好，但奶牛品种杂，单产水平低，改良与扩群任务比较繁重。

河北省重点建设唐山、保定、石家庄、承德等4个地（市）14个县市。山西省重点建设太原、大同、朔州、忻州、晋中和临汾市等6个地（市）15个县（市、区）。

五、主要建设项目

（一）良种繁育体系

通过引进、扩繁和选育，全面提高高产核心奶牛群和种公牛质量及生产水平；加强区域内配种站点的建设，通过人工授精和胚胎移植技术，提高良种覆盖率。重点完善北京、上海和黑龙江3个种公牛站；建设和完善饲养高产奶牛500头以上的奶牛育种基地80处；完善基地县配种站点400处；建设10处DHI测定系统。

（二）奶源基地

建设的重点是发展“规模饲养、集中挤奶、统一服务”的生产模式，建立奶农合作组织，加强奶农与加工企业的紧密联系，走产业化经营的路子。建设500头以上规模的高产奶牛园区400处；发展10头以上的奶牛饲养专业户12万户；建设机械化挤奶站1 200个；建设配套环保设施400处。

（三）饲草、饲料生产体系

通过改良草场和种植业结构调整，生产优质牧草和青贮饲料，提高奶牛生产效率和牛奶品质。在优势产区增加10条奶牛配合饲料生产线；种植青贮玉米或优质人工草地19.33万公顷；建设青贮窖（池）1 800万米^3；购置青贮揉切碎机2万台、青贮收获机1 000台。

（四）疫病防治体系

建设重点是加强对奶牛常见病和某些传染病的控制，确保原料奶的质量安全。区域内要按照无规定动物疫病区建设的要求，形成完善的疫情报告、疫病控制和扑灭体系；配套完善1 000个基层兽医站，主要配套奶牛疫病诊断、治疗器械等。

（五）质量监控体系

重点是建立完善的质量标准体系，把好市场准入关口。建立鲜奶及乳品质量监测标准化和质量保证体系，并与ISO 9000质量认证体系相接轨。主要包括鲜奶质量标准，乳制品生产、加工和质量标准以及质量认证体系的研究与制定。建设和完善7处乳品质量监测中心。

（六）龙头企业改造

对优势产区的重点乳品加工企业进行技术改造，引进先进的加工设备和加工工艺，扩大生产规模，使区域内日加工鲜奶能力达到2.5万吨；配套建设7处储运系统，主要包括储运罐、冷藏运输车等。

六、主要措施

（一）做大做强产业龙头，大力推行产业化经营

采取积极的政策导向，通过招商引资、社会融资等办法，建设一批大规模、高标准、现代化的新型加工企业，提升加工水平和产品层次。对现有龙头企业进行机制创新、技术改造，建立具有很强竞争能力的民族乳品加工业群体。依托优势企业，通过强强联合、兼并重组等办法，尽快改变乳品加工企业小而分散的不利局面。实施品牌战略，培育、壮大优势区现有的几个民族品牌。

大力推行“公司＋农户”模式，采取有效组织手段，协调和引导龙头企业与基地农户通过服务机制、契约机制以及股份合作机制等方式，实现利益对接，加快奶业产业化进程。

（二）加快科技进步，提高产业发展水平

以种公牛站、高产母牛场为核心，充分利用国内外遗传资源，建立种源生产基地，满足奶业大发展的需要。从奶牛良种登记入手，搞好奶牛生产性能测定，不断提高奶牛质量。大力推广行业标准和模式化饲养技术，不断提高奶牛的科学管理水平。

（三）建立和完善质量检测体系，确保鲜奶及乳品安全

加强标准化建设，加快制定国家生鲜牛乳质量管理暂行办法及奶制品的国家标准。建设一批手段先进、功能完善、辐射与服务面积大的质检中心和质检机构，强化对饲料、鲜奶和乳制品的检验和质量监管。以建设无规定动物疫病区作为主导形式，增加投入，完善动物疫情测报和扑灭体系。加强对牛舍、挤奶站的环境控制，防止生产环节可能造成的污染，特别要大力普及机械化挤奶、智能化管理，使鲜奶质量水平得到质的提高。以饲料安全为基础，严格控制原料生产、收购加工、辅剂添加等环节可能造成的药物残留和有害物污染，为生产优质、安全、绿色奶创造条件。

（四）大力扶持合作经济组织和中介服务组织

培植和引导各种合作经济组织和中介服务组织，充分发挥其在行业内的协调和纽带作用。鼓励和支持龙头企业参与服务组织建设。以建立和完善养牛合作社、奶农生产者协会以及成立股份制产加销一体化联合体为主导形式，把分散的奶农组织起来，形成利益共同体，通过规范各自的生产与经营行为，开展系列化服务，密切基地农户与龙头企业的利益关系，为产加双方的协调发展提供保障。

（五）积极开拓市场，引导城乡居民扩大乳品消费

从普及营养知识和培养科学消费习惯、扩大消费群体、提高服务水平等方面着手，尽快扩大城乡居民乳品消费量。支持媒体开展奶类营养健康与民族体质增强方面的宣传教育，并给予政策与资金上的扶持。紧紧抓住全国各地启动“学生饮用奶计划”的有利时机，通过政府与市场两种力量的有机结合，培育增量市场，带动更多的人参与早餐革命。在巩固国内市场的同时，积极开拓东亚、东南亚、东欧等国际市场，扩大乳制品出口。

奶业产业化发展

我国奶业优势区域一体化经营现状

农业部奶类项目办公室受部畜牧兽医局的委托，组成调查组，于2003年4～8月先后赴北京、上海、天津、河北、山西、内蒙古、黑龙江等7个省（市、自治区）奶业优势区域中的25个县（区、市），就奶业产业化问题，对11个龙头企业、37个规模饲养小区、生态园区等进行了典型调查。各地领导和业务主管部门对奶业的发展均十分重视，并根据自身的资源、市场条件及技术基础，理出了各具特色的奶业发展思路，制定了扶持奶业的若干优惠政策和发展规划。奶业发展呈现出产销两旺的强劲势头，产业化的格局已经基本形成，奶业成为一片投资热土，一个生机勃勃的奶业发展新高潮已经到来。

一、总的发展形势看好

概括起来，可以从三个方面表述：

（一）乳及乳制品市场产销两旺

全国排序名列前茅的大型乳品企业或企业集团，如：光明、伊利、三鹿、蒙牛、三元、完达山诸家的核心企业以及他们的合资、合作、联营企业（子公司）和奶源基地也大多分布在奶业优势区域内。这几家名牌产品占有的市场份额比例最大；一些地方品牌和外来企业产品也积极参与竞争，乳及乳制品花色品种繁多，消费群体扩大。

在龙头企业带动下，原料奶不愁销路，农民养奶牛的热情高涨，奶牛生产快速发展。根据国家统计局统计，2002年北京、天津、上海、黑龙江、内蒙古、山西、河北7省（市、自治区）奶牛存栏总计为334.6万头，奶类总产量721.5万吨，分别比上年增长24.4%和30.2%。据此次调查访问中的12个县（区、市）统计，2002年奶牛存栏共计103.4万头，奶产量279.5万吨，比上年分别增加18.41%和26.07%；成年母牛平均年单产4 242千克。其中，上海3.53万头成年母牛年均产奶量达到7 967千克，为全国之冠。

（二）奶牛适度规模饲养小区经营生机勃勃

奶牛饲养经历“户有户养”、“公司＋农户”的历程，奶业产业化的程度不断提高。然而，奶牛散户饲养的科学技术含量不高，劳动生产率低，原料奶质量也难以保证，环境污染问题不易解决。为了解决这一矛盾，在统分结合的前提下，突破庭院经济的局限，开展专业合作，奶牛适度规模饲养小区经营方式应运而生，发展很快。2002年，天津市已先后建立奶牛适度规模饲养小区96处，共有奶牛近7万头，占全市奶牛存栏总数的71%；河北省石家庄市三鹿集团从适度规模小区挤奶大厅收购的原料奶已经占到其收奶总量的61%；北京市的区（县）有70%的奶牛进入160个合作社（饲养小区）经营；内蒙古呼和浩特、包头两市已经建立奶牛适度规模小区116处；上海市到2003年底将全部实现规模饲养。

目前各地区小区的形式多种多样，主要有：

1. 企业与乡村联合共建小区。由龙头企业与村委会共同协商，村和奶牛技术服务站提供场地建设牛舍和挤奶厅，企业提供挤奶机械、冷奶槽、发电机组设备。养牛大户自愿申请到场养牛，饲养场管理委员会负责日常管理，提供配合饲料、疫病防治、配种、鲜奶收购等系列服务，牛舍租金及水电费等从牛奶购销差价中支付。

2. 养牛大户自筹资金建小区，自己管理，自用部分牛舍，大部分租给农民养牛使用，负责机械挤奶和统一售奶，靠牛奶购销差价或牛舍租金回收投资。

3. 农民合伙投资建小区，投资者共同管理，牛舍租给农民养牛，实行集中挤奶，投资者负责收奶卖奶，并靠牛奶差价和牛舍租金回收投资。

4. 乳品企业投资建小区，作为企业自有奶源基地直接管理，牛舍招租，让农民进区养牛，牛奶由乳品企业自行加工销售。

5. 开发商投资建小区。经营方式有三种：一是开发商投资建小区，牛舍无偿提供给农民养奶牛使用，投资从牛奶的购销差价中回收；二是开发商投资建小区，建成后租赁给农民使用，农户接受小区统一管理，单独经营，集中挤奶；三是开发商投资建小区，建成后售给

注：本文执笔人为李易方、杨稼、徐定人、王树贵等。

农民养牛使用，实行分户饲养，集中挤奶，统一售奶，农民购买养牛设施的资金逐年从奶款中扣回。

6. 委托经营方式。已建成的奶牛小区吸纳社会投资人出资买牛，交给小区经营管理，或出资委托经营者代为买牛并负责经营，年终根据经营状况按比例分红，戏称“托牛所”。

奶牛养殖小区这种组织形式，对农民来说，不仅仅是生产方式的创新，养殖规模的扩大还体现在：①科技含量增加，原料奶质量的提高；②劳动生产率提高，生产环境得到改善；③经济效益提高，市场竞争力的增强；④组织化程度的加强，凝集效应显著。

奶牛养殖小区经营实行统分结合，责权利清晰，既促进了奶农的积极性，又发挥了集体经营的优越性，也鼓励了乳品加工企业的积极性，其所产生的凝聚力在增强，辐射带动作用在扩大。不难预料，这类新型经营方式将继续向深广度发展，成为我国奶业经济又一新的增长点，并且必将成为建立我国“畜产品生产安全体系”的重要组成部分——建立绿色原料奶基地提供无公害牛乳的着力点。

（三）龙头企业产业化经营中的贡献和作用

本次调查涉及大型龙头企业有：上海光明，内蒙古伊利、蒙牛，河北三鹿，北京三元，黑龙江完达山、金星，山西古城、恒康，天津海河、娃哈哈等乳品企业。2002 年 8 家乳品企业经营简要情况如下：

2002 年上述乳品企业销售收入、收奶、利税情况表

企业名称	销售收入（亿元）	收奶量（万吨）	完成利税（万元）	主要产品
上海光明	50.00	60.00	26 310	液体奶、酸奶、奶粉
内蒙古伊利	39.00	61.90	50 734	液体奶、冷食
河北三鹿	30.7	34.10	36 000	液体奶、酸奶、奶粉
内蒙古蒙牛	20.97	28.00	21 646	液体奶、乳酸饮料
黑龙江完达山	13.18	26.48	16 315	液体奶、酸奶、奶粉
北京三元	11.16	30	7 417 利润	液体奶、酸奶
山西古城	7.96	21.95	5 913	液体奶、奶粉
天津海河	2.00	60	2 000	液体奶、奶粉

在此次调查的县（区）中，龙头企业、奶源基地、奶牛小区和奶农的利益联结方式归纳起来有以下四种：

一是投资扶持。龙头企业通过对小区进行投资，向奶农提供贷款或贷款担保等形式，扶持建设奶源基地。例如：三鹿公司近年累计投入两亿多元，购置挤奶设备和牧业机械 1 800 多台/套，建设挤奶大厅 280 座，奶牛饲养小区 360 个，奶牛技术服务站 530 个，在三鹿支持建设的小区中，农民购牛可自筹资金 50%，其余由公司担保从银行贷款，还贷由奶款中抵扣，如遇节假日或奶农急需时还可以预支奶款。内蒙古伊利公司为呼和浩特和包头市奶农购买奶牛提供贷款每头 4 500 元，蒙牛公司提供贷款每头 6 000 元。两公司还投资兴建了一批奶牛饲养小区。天津市武清区“金威实业福是妙乳品有限公司”全资建设奶牛养殖基地，占地 40 公顷，拥有 80 套设备完善的牛舍，6 座现代化挤奶厅，规划养牛 5 000 头。对饲养 10 头以上奶牛的农户，公司帮助贷款 5 万元，借给进场费 6 000 元。

二是以保护价收购牛奶，以解除奶农的后顾之忧。例如：三鹿公司 1986 年以来采取确定奶、料比价的方式收购牛奶，奶料比价不低于 1∶1.4。伊利和蒙牛公司在呼、包两市都与奶站或政府签订了牛奶收购最低保护价合同条款，规定奶的最低保护价为 1.50 元/千克。

三是提供系列服务。许多龙头企业通过奶牛技术服务站和自身的技术人员向奶农提供服务。服务项目包括帮助奶农建立“奶牛系谱档案”，选购优质冷冻精液，进行选种选配，提供饲料配方，引导农民调整种植业结构，从事奶牛疫病防治和人员技术培训，以及开展奶牛保险等。

四是以订立购销合同方式，建立相对稳定的买卖关系。乳品加工企业和奶农，定期建立购销合同，一般为一年，规定原料奶的价格、质量、付款期和服务内容。这种传统方式仍占一定的比例。

二、涌现出来的新事物和典型

（一）科技进步明显

北京、上海两处奶牛育种中心的优良冻精均供不应求，北京奶牛中心上半年冻精销量已接近 2002 全年。胚胎移植形成产业，除北京、上海育种中心外，山西朔州市兴隆养殖有限责任公司，现有供体牛 54 头，受体牛 580 头，产犊 127 头，成功率达到 60%；几年内将形成体内胚胎 4 000 枚，体外胚胎 2 万枚的生产能力。上海真元乳业公司与上海二医大合作成立真元思赛医学技术有限公司，从事奶牛胚胎的生产、销售，具备年提供 5 000 枚的能力；河北唐山科技示范园区与加拿大 IND 公司合资的年供 1 万枚胚胎的项目即将投产。

（二）开展普查，建立谱系，实行电子计算机管理

北京动员 660 多人，花了 40 天时间对全市饲养 3 头以上奶牛的场、户进行普查、登记、建档，将信息输入电子计算机。山西太原市小店区、山阴县也完成了奶牛普查，建立起电子档案。河北唐山丰润区养牛大户周文清、北京广峰奶牛合作社均采用微机管理，电视远程监控。

（三）饲喂苜蓿干草和全株玉米青贮在部分地区得到推广

我们调查的地区中，有一部分地方大力推广苜蓿干草和全株玉米青贮饲料，取得了显著效果。黑龙江双城市有“全国养牛第一县”之称，2002 年全市奶牛存栏 14.1 万头，种植饲料玉米 0.6 万公顷，其中青贮玉 0.3 万公顷，制作青贮 20 万吨，可饲喂奶牛 4 万头，增加奶产量 2 万吨，增效 0.5 亿元。2003 年专用青贮玉米已增至 0.6 万公顷。北京市奶牛存栏 15 万头，种植苜蓿 1.87 万公顷，平均每头牛按 1 200 米^2，按 667 米^2 产青干草 800 千克计算，平均每头牛 1.44 吨，自给有余；种植青贮玉米 8.7 万公顷，平均每头牛 5 666 米^2，北京市“绿荷奶牛公司”普遍饲喂苜蓿干草和全株青贮玉米，2002 年该公司 1.6 万头成母牛平均单产高达 8 700 千克。内蒙古和林县奶牛存栏 4.5 万头，种植苜蓿等优质牧草 0.5 万公顷，专用青贮玉米 0.4 万公顷，每头平均分别为 1 067 米^2 和 933 米^2，全县奶牛平均单产超过 5 吨。山西省朔州市结合退耕还林、还草，推动建立生态畜牧业，紫花苜蓿的种植和利用也正在开展示范推广中。

（四）生态治理与养畜相结合

山西省朔州市提出建设生态畜牧区，充分利用退耕还林、京津风沙源治理、京津水源涵养工程的资金，实行林间种草。在万亩科技示范园区建立林网，将退耕还林补贴用于种草，全市退耕还林种草已达 13 万公顷，大部分是苜蓿草，为发展奶牛业和牧草加工业打下了基础。

（五）环保措施已见行动

上海真元乳业公司投资 100 万元，建立粪便处理系统，粪尿分离，制作沼气，牛粪发酵后制作复合肥。崇明岛奚东沙集体牛场、新建小区均有粪尿处理设施。石家庄鹿泉市新建容量 5 000 头奶牛的饲养小区，一个日加工 120 吨的牛粪加工厂即将建成。天津市经过验收合格的无公害奶牛小区（场）已达 81 个（一部分尚未正式公布）。

（六）第三方检测机构的权威得到公认

天津、上海两处乳品质量检测中心均由市技术质量监督部门授权，农业部命名，有成套的化验分析设备；实验室人员中有近 60% 具有高中级技术职称。天津市的具体做法是对奶牛场、收奶站和乳品加工厂实行质量全程监测，按年度向服务对象收费；中心派专人专车每周三次到点取样，将个体养牛户的生奶样品逐一取样检验。一年检测奶样 12 万个，其结果作为计价标准；当奶站、奶牛场与加工企业发生质量纠纷时，在市奶办主持下，由中心进行仲裁检验，检验费由败诉方承担。

上海采用一次性试管取样，条形码识别，专人专车天天取样，随机抽检。检测结果和奶价挂钩，原料奶细菌数每下降 10 万个，每千克加价 0.08 元奖励。2003 上半年全市商品奶中，每毫升细菌总数在 10 万个以下的已占 22.6%。

（七）加强奶协等基层组织建设，提高奶农组织化程度

一是大力开展奶牛饲养小区建设。二是建立机械化和半机械化奶站，实行统一挤奶、统一售奶、系列服务。三是建立贴近农民的基层奶协，如天津市宁河县东棘坨镇潮白河奶牛发展协会、黑龙江呼兰县对青镇奶农技术协会等，他们的共同特点是将技术服务和收奶站的经营管理融为一体，与奶农的利益联系紧密。其业务范围包括向会员宣传国家有关政策；提供国内外奶业信息；定期组织会员听技术讲座；帮助会员选购奶牛；代表会员与乳品加工厂协商牛奶价格；与乡镇畜牧兽医站配合，抓好奶牛防疫和品种改良；为会员提供和推广饲料、饲草；进行技术咨询；经营管理机械化挤奶站等。其活动经费除会员缴纳的少量会费外，主要靠乳品加工企业付给挤奶站的管理费解决。

三、问题和建议

主要问题是：有的地区产加销的关系不够协调，加工厂重复建设，导致加工能力过度超前，销售市场无序竞争；奶牛和原料奶的质量在多数地方有待提高；原料奶质量由第三方质量监督检验机构进行检测的办法亟待推广；饲料结构中全株玉米青贮和苜蓿青干草的使用还不普遍，草产业刚刚起步；奶牛饲养业的大发展与技术服务力量薄弱之间的矛盾比较突出等。

本次调查撰写了 23 份专题报告，内容包括奶业产业化、奶牛饲养小区、龙头企业与奶农、奶农经济合作组织、牛奶质量第三方检测等，其中一些典型经验颇具借鉴或参考价值，建议采取现场会、座谈会或其他方式进行交流推广。同时建议尽快对《无公害生鲜牛乳》奶源基地建设和奶牛养殖小区标准、牛奶按质论价管理办法以及其他相关奶业政策配套法规和规范等进行研究与拟订，以促进奶业优势区域规划的实施和全国奶业的持续健康发展。

（农业部奶类项目办公室）

哈尔滨市振兴奶业加快产业化进程

哈尔滨市 2002 年开始实施奶业振兴计划，两年来取得了突破性的进展。奶业的大发展实现了农民增收，企业增效，财政增税。下面就实施奶业振兴计划加快奶业产业化发展进程分述如下：

（一）奶业生产现状

哈尔滨市是国家和黑龙江省乳及乳制品生产基地。全市有雀巢、完达山、娃哈哈、绿乐尔、龙丹、森永、金星等知名乳品企业，乳品日加工能力3 200吨。全市发展奶牛业有丰富的自然资源。有24.6万公顷草原，每年有400万吨的粮食可供转化增值，有1 200万吨的农作物秸秆可以综合利用。奶牛基地主要分布在双城市、呼兰县和哈市郊区，现拥有千头标准化奶牛示范场4处，三百头标准化奶牛小区、场40多处，饲养奶牛专业户、大户2.2万户，饲养奶牛17.1万头，占全市奶牛存栏的66.5%。2003年全市奶牛存栏25.7万头，鲜奶产量72万吨，奶牛平均单产4.7吨，居全省首位。奶牛养殖业产值实现32亿元，占畜牧业产值的21%。奶牛业转化粮食130万吨，占粮食总产量的17.1%。近年来，按照市委、市政府制定的乳品产业化发展思路和目标，各级政府相继出台了各项优惠政策，加大投入，极大地调动了多元养殖奶牛的积极性，外埠的个体私营投资者、大型乳品集团纷纷入户本市，扩大了奶源基地建设。随着结构的调整和综合效益的提高，广大农户把奶牛业作为致富的“钱袋子”，积极拓展养殖规模。到目前为止，以完达山、龙丹、雀巢为重点的乳品企业，在本市养牛主产区建成机械化、标准化奶站216处，奶牛业发展正向规模化、产业化方向发展，奶业产业化格局初步形成。

但是目前也存在着一些主要问题：一是奶源基地与龙头企业建设不同步，形成较大的反差，全市有乳品加工企业23家，设计加工能力为日处理鲜奶3 200吨，而目前实际日加工量仅为2 000吨左右；二是饲养方式落后分散经营比重较高，难以控制动物疫病和推广综合高产技术；三是一些中小企业设备水平低，研发能力弱，品牌杂、品质差，市场信誉低。

(二) 发展思路、目标

哈尔滨市奶业要振兴，今后必须以农村产业产品结构调整为主线，以市场为导向，以农民增收为目的，以科技兴奶和体制创新为支撑，积极实行品牌战略，充分挖掘资源、劳动力的潜力，大力推进奶业产业化经营，加快服务、繁育体系建设，不断提高全市奶业的规模、档次及素质，通过奶业振兴，带动畜牧业和整个农村经济的发展。据预计，到2005年全市奶牛存栏将达到30万头，其中成母牛达到20万头，全市牛奶总产量达到100万吨，乳品企业日处理鲜奶能力达到4 000吨。奶牛饲养业产值达到45亿元，占畜牧业产值的25%；畜牧业产值占农业总产值由目前的43%提高到48%；乳制品加工业产值超过70亿元；奶业增加值可达到20亿元。全市奶业生产规模化、服务社会化、技术现代化、经营产业化的水平将有更大的提高。

(三) 发展布局与建设重点

全市奶业发展要围绕集中连片、规模化、产业化搞好生产布局。以乳制品加工企业为龙头，建设奶牛生产基地。形成以双城、呼兰和哈市郊区为主的奶牛业核心区，努力建设三大奶源基地，到2005年，基本建成以双城市、呼兰县和哈市郊区奶牛主产区，阿城市、五常市等奶牛生产带，尚志市、宾县奶牛开发带为主导的发展格局；乳品加工布局。采取市场运作、政府组织、龙头牵动等多种办法，引导加工企业走集团化、规模化的发展道路，尽快形成竞相发展的格局；要集中资金，突出重点，抓好核心项目和对乳业发展影响较大的基础设施配套项目建设。

(四) 具体应对措施

1. 依托科技，不断提高基地建设水平 目前，全市奶业呈现加工趋旺、奶源不足的态势。为此，必须从奶牛良种工程入手，积极推广优质奶牛冻精和胚胎高新技术。力争到2005年全市高产奶牛（年产奶6吨以上）存栏由1.5万头增加到3万头，高产奶牛比例由8.8%提高到15%以上。在双城、呼兰、哈市郊区等奶牛主产区建设高标准、集约化高产示范园区20个，每个园区饲养奶牛1 000头左右，同时每个园区建设机械化奶站2处。在饲养技术上全面推广综合配套技术，特别是日粮全混合技术和青贮利用技术，每头奶牛青贮饲喂量达到6吨以上，平均单产水平达到6吨以上。同时扶持建设一批标准化奶牛饲养小区和家庭牧场，每个场饲养奶牛300头以上，采用高标准饲养技术生产优质奶，进而辐射带动全市奶牛饲养业由数量型向质量效益型转变，尽快解决奶源不足对加工业发展的制约。引导农户走规模经营之路，到2005年使奶牛规模化饲养比重由目前的28%提高到50%以上，使奶牛饲养业步入集约化的发展轨道。

2. 围绕提高产品竞争力，加快品牌整合，做大做强龙头，推进产业化进程 依托完达山、龙丹、雀巢等骨干企业，通过政府引导，企业运作，市场驱动等办法，加快对中小企业的兼并和整合，加速资源、品牌、市场的优化重组步伐，进一步降低生产成本，提高劳动与管理效率，扩大品牌知名度和品牌产品比重，在巩固国内市场的同时，通过品牌的带动，进军国际市场。到2005年，形成日处理鲜奶1 000吨以上大型乳品集团2个，日处理500吨乳品加工企业4个，实现乳品加工业由数量扩张型向质量跨越型的转变。

3. 大力推进奶协和合作经济组织建设，提高奶农的组织化程度 在引导和组织龙头企业基地农户通过契约机制、服务机制和资产连接机制等加快利益对接的同时，参照奶业发达国家和国内先进地区的经验，按照市场引导，政府组织、企业参与、农民自愿的原则，在奶牛集中产区和龙头企业周边，建立一批奶牛生产者协会或奶业合作社，通过制定章程、完善组织、规范运作，把千家万户组织起来，制定共同的生产规程和经营规范，协调产加各方的关系，积极参与价格的制定、合同的签定、质量的管理，并提供低廉有效的技术和生产服务，化解小生产与大市场难以对接的矛盾，确保奶农和加工企业的利益实现。到2005年加入奶协或奶业合作社的养奶牛户达到60%以上，使奶业成为农村组织化程度最高的产业。

4. 确保乳及乳制品的营养与安全，健全质量保证体系

（1）加强动物防疫体系建设　结合无规定疫病区建设项目，强化市、县、乡、村四级动物防疫体系建设，严格实施重大动物疫情应急预案，使全市的动物疫病监控体系、动物防疫体系、动物疫情测报体系和动物防疫屏障体系的建设水平达到国际标准。通过动物防疫体系建设，到2005年奶牛健康合格认证率达到95%以上。

（2）加强动物诊疗体系建设　到2005年，市、县全部建立完善诊疗中心。市级动物疫病诊疗中心具备病毒、细菌等病的确诊能力，具备重点疫病综合防治技术的研究能力；县级诊疗中心具备常规、多发病的诊断和测报能力。乡、村兽医院、兽医室具备组织疫病的预防、初步诊断、疫情报告和实施免疫接种能力。对动物疫病诊疗机构引入竞争机制，实行市场化运作，使诊治水平适应畜牧业发展的需要。

（3）加强畜产品安全体系建设　建立健全与国际通行标准相接轨的畜产品质量标准体系、质量认证体系、质量检验监测体系，尽快达到畜产品出口地的市场准入标准，提高畜产品安全水平。以建立健全市、县两级兽药饲料、畜产品检验检测机构为重点，加快各级兽药饲料和畜产品监督检验机构的基础设施建设，配备先进仪器设备，全面开展兽药、饲料、畜产品的检验监测，使市级检验检测能力达到发达国家水平。加强县级监督队伍建设，提高执法手段，规范兽药、饲料市场，为畜牧业健康发展提供保障。

5. 完善政策加强基础设施建设　按照本市奶业实际，结合实施奶业振兴计划争取国家和省市财政支持，加强奶业基础设施和服务体系建设。通过实施奶牛良种工程、青贮利用工程、草原改良人工种草工程、奶源基地建设工程、奶业科技创新推广工程、疫病控制与乳品安全工程，加大对乳品加工业和奶源基地的扶持力度；建立健全养牛保险制度，帮助农户化解生产风险；加强对技术人员和从业人员的培训，特别是要以奶牛饲养管理规程和绿证为重点，通过各种有效形式把科技成果尽快转化为现实生产力，从而保证奶业振兴和产业化发展进程。

（哈尔滨市畜牧局　刘进盛　曲经业）

内蒙古兴安盟大力建设奶源基地

内蒙古兴安盟处于中国东北奶牛养殖带的腹地，实施奶源基地建设有非常优越的发展条件。全盟有261.2万公顷可利用草场，耕地面积66.7万公顷，年产优质牧草40亿千克，丰富的粮食、秸秆和牧草产量可为发展奶牛提供充足的饲草料资源。广大农牧民有强烈的养奶牛致富的积极性，全盟奶牛养殖户已达4 000多户，更为重要的是大型乳品加工企业——内蒙古蒙牛乳业有限公司落户兴安，为我们带来先进的乳品加工生产技术和现代化的生产管理模式，推动了兴安盟奶业的大发展。

2003年，兴安盟良种黑白花奶牛数量由年初的20 345头增长到年末的64 350头，增长3.2倍。牛奶年生产能力达到6.3万吨；通过招商引资、银行借贷、个人筹集等多种方式，最大限度吸纳资金，形成了农民单独饲养、职工筹资联合饲养、干部职工出资寄养等多种形式的养奶牛热潮；建设机械化挤奶站126个，围绕奶站规划奶牛养殖小区，带动了奶牛业区域规模的发展；蒙牛企业落户乌兰浩特市经济开发区，一期工程2.2万米^2，工程造价1.5亿元，建设10条液态奶生产线，日处理鲜奶能力300吨，已于2002年末投入生产。蒙牛乳业二期工程将建成日处理鲜奶500吨生产能力的液态奶和乳粉生产线，届时蒙牛乳业在兴安盟生产能力将达到日处理鲜奶800吨。奶业成为畜牧业中增长最快的行业。

（一）奶源基地建设的特点

领导重视，各部门联动，发展迅速　兴安盟盟委、行署明确提出要把发展奶牛业作为农牧业结构调整，提高农民收入的重要手段，各地都成立了以党委书记任组长，分管领导为副职，相关部门为成员的奶业专项推进领导小组，统一组织协调奶业发展，同时把发展奶业作为年终考核领导干部政绩的重要内容，从而确保了全盟奶源基地建设快速、稳定、健康的发展。

正确引导，政策优惠，环境优化　为扶持和发展奶源基地建设，盟委、行署专门制定了《兴安盟奶业产业化基地建设规划》。规划发布之后各地区都根据本地具体情况制定奶源基地建设优惠政策，凡进入奶牛养殖园区投资养牛的客商，都可享受税费减免、综合服务等方面的优惠，成为吸引社会资本，加快发展奶牛业的主要渠道，形成了发展奶牛业的良好环境。

以乌市为奶源中心带动周边发展　兴安盟盟委、行署确定打破行政区划的限制，把乌市建成奶源基地中心，形成奶源基地的核心。在立足兴安盟现有6个旗县市、10个国营农牧场发展奶牛业资源的同时，加强了与周边地区的联系与合作，扩大了收奶半径。

高标准建小区引来巨资养奶牛　为适应传统畜牧业向现代畜牧业转变的要求，兴安盟按照“统一饲养、统一管理、统一服务、统一挤奶”的模式，在交通便利的地方建立高起点、高标准的奶牛养殖小区和奶牛养殖带，引导有实力的规模养牛户“入区进带”饲养奶牛。如乌市通过建立小区和制定优惠政策，引来了吉林、辽宁、黑龙江及本区其他盟市和本盟的投资者，这一部分占各小区奶牛饲养的80%以上，总投资规模近1.8亿元。

（二）奶源基地建设中的问题

资金短缺　由于兴安盟各地连年受灾，农民生活拮据，自筹能力低，融资渠道狭窄，大多数建了牛舍，没钱买奶牛，或买了奶牛，无钱建牛舍。2004年，蒙牛日处理鲜奶能力将达到800吨，按这一生产能力，奶源区要达到11万头以上奶牛的规模，需净增5万多头。资金不足已成为影响奶牛业发展的最大障碍。

抵御风险能力弱 兴安盟80%以上的奶牛户个体饲养，由于缺乏统一组织，奶牛户抵御市场风险能力弱，一旦遇到奶牛疾病、奶价波动、天灾人祸等意外事故，奶牛户将遭受重大损失。

饲养管理水平低 饲料结构单一，奶牛的日粮仍停留在劣质作物秸秆粗饲料与玉米面的简单混合上，饲料转化率低，营养不合理，再加上管理水平低，造成鲜奶干物质达不到企业收购标准。

挤奶送奶难 蒙牛公司规定在半径0.5公里范围内有奶牛300～500头才可建一处挤奶站。而很多奶牛养殖专业村的自然屯距离都在5公里左右，农户很难将奶牛送到挤奶站，自行散挤的鲜奶，微生物超标严重，企业经常拒收，挫伤农民养奶牛的积极性。

贷款困难 一是贷款抵押机制落后，一般农民的房舍、农机具和牲畜等均不符合目前的贷款抵押标准；二是农业贷款周期短，不适合奶牛养殖业周期长的特点。目前农业贷款多为当年回收的短期贷款，而养殖业周期较长，当年很难回本，农民因还贷困难而不敢借贷，严重影响奶牛业发展。

（三）奶源基地建设发展对策

提高认识，增强信心，把奶业做大做强 盟委、行署把发展奶牛业作为全盟各项工作的重中之重。蒙牛公司一期工程按时投入运行，投资额已达亿元，二期工程也将投产运行。通过多种渠道的招商引资，建奶站及养殖小区，也已吸纳资金近亿元。

推广科学饲养方法，提高牛奶质量 改变传统的秸秆加玉米料奶牛饲养方法，奶牛户必须保证每头牛种1333米^{2}青贮或优质牧草。奶牛发展重点地区要把饲料的种植作为种植业的重要组成部分。在推广科学饲养方面，一是通过办学习班、发放奶牛适用技术手册和现场指导等多种形式加以辅导。二是转变粗放的经营方式，完善和推广标准化饲养，推广奶牛全价混合饲料配方，提高养殖户的饲养水平。三是推广使用青贮饲料和种优质牧草养奶牛。

拓宽融资渠道，加大投资力度 奶业的发展要相关部门联动，真正把奶业作为主导产业，拓宽融资渠道，加大投资力度。一是蒙牛企业可通过奶站，向养殖户发放贷款，加快形成区域性奶牛养殖规模。二是国家扶贫资金可纳入奶业发展规划，利用扶贫造血机能，推动奶业发展。三是金融部门可增加小额贷款的发放力度，减少投资风险。四是各级政府积极争取政策性资金支持加速奶牛的发展。同时，金融部门针对奶牛养殖业的特殊性，要增加中长期贷款的数量，奶牛业贷款要以三年或更长时间为好。

拓宽贷款抵押形式，简化手续，增加贷款总量 一是由挤奶站抵押贷款，就近培植奶牛养殖基地，带动周边养牛户。二是联户抵押贷款，用联户的资产减轻信贷风险，促进奶业的发展。三是固定资产抵押贷款，利用法定的抵押程序，提高贷款比例。同样扩大了贷款额度。四是干部担保抵押贷款，也是目前行之有效的方法之一。

数量、质量并重，增加牛奶的生产 随着蒙牛二期工程的竣工，日处理鲜奶能力将达800吨，乌市奶源区奶牛数量需达到11万多头。目前全盟黑白花奶牛的数量为6.4万头，还需新增奶牛5万头，来满足蒙牛的需求。因此，必须通过自繁、改良、胚胎移植和引进等方法增加奶牛数量，提高质量，加快牛奶生产步伐。

坚持奶户至上的原则，共同培育奶业市场 全盟奶业已初步形成蒙牛乳业为龙头、奶站为龙身、基地和养殖户为基础的密集型产业链。企业与奶户应形成经济共同体，共同抵御商品经济大潮的冲击，希望蒙牛乳业坚持奶户至上的原则，建立稳固的企业基础，应承诺并实现：一是要与奶牛养殖户签订合同，保证按时收奶并提供鲜奶保护价，以保护奶牛养殖户的利益。二是不应拖欠奶资，做到按期结算，取信于民。三是对目前尚未建奶站的散养户要创造条件继续收购，建立一定的过渡期，直到奶牛规模可建奶站为止。

完善优惠政策，创造奶牛发展的良好环境 进一步完善优惠政策，凡来兴安盟从事奶牛养殖的投资者，在土地使用、税费减免、承包“四荒”、子女就业等方面享受优惠政策，并协调金融部门提供资金支持，同时，要树立全盟一盘棋思想，建设发展奶牛业“绿色通道”，创造奶牛业健康发展的良好环境。

设立奶业风险调节和发展基金，加强奶牛饲养业在市场竞争中的应变能力 奶牛饲养周期长、投入大，一旦遭遇市场或疫病风险，造成生产波动，短时期内往往难以恢复。为此，兴安盟将设立奶业风险调节和发展基金，采取政府拿一块、加工企业拿一块、养殖户出一点的办法加以筹资。

（内蒙古兴安盟畜牧局 李庆峰 田大华）

黑龙江安达市积极推进奶业产业化

安达市地处黑龙江省中西部，松嫩平原腹地，哈大齐经济带上，属于农业县城，市域经济主要由两部分构成，一是以石油化工产业为主的工业经济。主要是由于毗邻油城大庆，利用资源开发，为石油化工产业的崛起提供了有利条件而发展起来的。二是以奶牛产业为主的农业经济。主要是依托于10.5万公顷土地，18万公顷草原，有着得天独厚的草场资源。2003年，全市GDP实现46.5亿元，其中农业总产值实现17.75亿元，占38.2%。在农业总产值中牧业产值为7.9亿元，占农业总产值的44.5%，占全市GDP的17%，确立了以奶牛为主的畜牧业经济在市域经济中的主导地位。

（一）奶牛业经济在农业经济结构中的地位与作用

1. 奶牛业经济是拉动农业经济持续增长的重要产业，奶牛业生产是增加农民收入的重要途径 2003年，全市奶牛存栏近9.47万头，户均养奶牛1.53头，商品奶产量18.9万吨，奶牛业产值占畜牧业产值的70%，显现了奶牛业经济在农业经济中的主导地位。

安达作为牧业市，在奶牛业发展方面有着较大的优势，发展以奶牛为主的畜牧业是首选产业。2003年，全市有12～13个乡镇把发展奶牛业放在促进农村经济增长的首要位置，实施农产品的过腹增值。特别是在省委、省政府提出了"主辅换位"的发展战略后，安达市提出了"复主"的发展计划，并围绕奶业发展，实施种植结构的调整，全市粮、经、饲的种植比例接近了45∶36∶19，也就是说全市有1.98万公顷土地种植饲草、饲料，发展优质、高效畜牧业。

发展奶牛业是促进农民增收和提高生活水平的重要途径。安达市大多数农民的收入基本上依靠农业，而且是以奶牛业为主。2003年，全市农村人均纯收入2 682元，其中807元来自奶牛业，占30.1%。例如，先源乡红星村全村奶牛存栏3 057头，人均2.5头，全村人均纯收入3 150元，其中奶牛业收入2 830元，占89.2%。所以奶牛业是增加农民收入的重要途径。在促进农民增收的同时，广大农牧民的生活水平也得到了明显提高，不少农户因此改善了居住条件。此外，还可增强乡村经济的发展活力，促进地方财政的增长。

2. 奶牛业在转移农村剩余劳动力、保证农村社会稳定中起到积极的促进作用 目前安达市农村各类奶牛饲养户、专业户、大户、家庭牧场近2.5万户，从事奶牛业生产的近3万人，其中兼职从事其他产业生产的2.3万人，专业从事奶牛业生产的近7 000人。既解决了由于耕地面积少，劳动力没有得到充分发挥效率的矛盾，又解决了剩余劳动力无业可就的社会问题。专业从事奶牛业生产者（被养殖户雇用）每年工资大约在6 000～7 000元，高的可达1万元。同时，由于奶牛业的发展带动相关产业的发展，增加大量的就业机会。

3. 奶牛业为发展绿色种植业创造良好环境 奶牛业的快速发展，可为种植业提供大量的有机粪肥、改善土壤的有机结构，提高土壤的有机质含量。据测算，全市存栏奶牛每年可生产有机肥130万吨，含氮、磷、钾总量15 990吨。相当于16 300吨尿素的含氮量或15 000吨磷酸二胺的含氮磷量。既节省了由于大量使用化肥所增加的投入，又改善了土壤有机结构，农作物生长快速、壮实，抗病虫害能力增强，这样就控制了农药的使用水平和化肥的施用量，为发展绿色种植业生产绿色农产品创造了条件，反过来必将促进奶牛业的发展。

（二）奶牛业经济发展存在的问题及不足

虽然安达市以奶牛为主的畜牧业有着比较优越的发展优势和发展现状，但与发达地区和国外相比，还存在着一些实际问题和不足。一是龙头企业拉动力相对弱。与一些大的、好的企业比较，安达市的乳制品加工企业生产效益、产值低，而且对国际市场适应性差，与国际接轨慢，缺乏相应的企业经营理念；二是基地生产规模相对不足。就安达自身的资源特色和产业历史而言，以奶牛为主的畜牧业整体规模相对不足，不能满足整个周围市场的需要，影响了全市农业经济的效益和优势；三是产业机制不健全，影响了农业经济的发展。

（三）发展奶牛业经济的建议和对策

在市场经济体制建立的初期，特别是入世之后，全国上下把畜牧业摆上重要位置，各级政府相应制定了发展规划和措施，作为一个老牧业市如何发展奶牛业，进一步优化和调整农业经济结构是关键所在。就安达的实际情况，应重点做好以下几项工作：

1. 建立有强大拉动力和现代经营理念的龙头企业 安达市在计划经济时期，根据基地的发展需要形成了以乳加工为主的乳制品加工企业，为奶牛业的发展起到了一定的作用。但是现在由于经营理念和资金实力差等多种原因已不能在市场经济条件下带动基地奶牛业健康、稳定、快速发展。这样就无法形成一个具有旺盛生命力的产业链，市场、加工和基地生产相互脱节，资源利用不充分、不科学，经济效益低，科技含量不高，不能充分有效地带动一个产业的发展。因此，一要扶强扶壮现有的龙头企业。政府应按现代市场经济体制规律办事，积极创造条件实施对内整合，充分发挥安达市现有的知名品牌的优势，集中有限资金，最大限度地扩大企业生产规模，提高产品市场占有率；培养有理想、有信念的现代企业家，用长远的发展眼光处理企业与基地的关系，增强企业对基地的拉动力，带动基地快速发展，最终实现企业和基地共同发展，达到双赢。二要实施对外挂强靠大。引进国内外知名具有雄厚实力的企业到本市投资，通过股份、合资或合作等多种融资方式，利用知名企业的品牌优势、资金优势、市场优势及管理优势等带动奶牛业的快速发展。三要通过政府扶持和企业自身努力。积极为企业发展创造条件，发挥企业自身的主动性和能动性，引入科技竞争机制，提高产品的市场竞争力，增强企业的后劲和拉动基地发展的能力。

2. 建立能够扩充鲜奶总量的饲养模式 根据安达市的现有基础和生产水平，运用现代化手段实现鲜奶总量的快速增加。因此，一要大力发展以千家万户普养为主的"普养工程"，扩大养殖面，增加养殖户数，以得到总量的扩充。同时，又可促进农村整体发展，整体增收、致富。二要大力发展以专业户、专业大户、家庭牧场等为重点的规模化养殖群体，通过进一步扩大规模以期实现总量的扩充。并把一些综合饲养管理技术应用到生产实际中，发挥专业生产的中坚作用，保证奶牛业发展。三要大力发展现代化牧场及高科技牧业示范园区，以通过采用高科技手段、应用先进的技术，实现高投入、高产出获得总量的扩充，带动全市奶牛业的高水平发展。四要科学筹划养殖小区。为保证以奶牛为主的畜牧业规模化发展，进一步加强和完善现有的养殖小区，规划建设新的养殖小区。在小区建设中要求规模适中、规划合理、布局一致、科学水平高、生产效益好，为牵动全市大发展做出应有贡献。

3. 建立具有完善功能的服务体系 一要在现有基础上完善市、乡两级服务体系，发挥其服务功能。市乡两级服务体系要进一步提高服务能力和水平，真正能够在饲料生产、防疫灭病、繁育改良等各方面给养殖户提供生产技术指导与咨询服务，解决养殖户在饲料供应、疾病治疗、繁育配种、鲜奶销售等方面的问题。对现有服务队伍进行强化教育，提高业务水平，提升服务理念。二是要引导鼓励养殖户组建民间的各类协会、研究会等，发挥各类人才的作用，解决生产中与产品销售存在的问题，重点规范以收奶大户、养殖大户和草原承包大户为首的一些组织，引导他们向协会的方向发展，并通过这样的组织促进奶牛业的健康发展。

4. 建立具有保证作用的领导和政策体系 一是要建立有利于促进奶牛业发展的领导体系。市乡两级党政部门都要确定奶牛业发展目标，以及要实现目标所采取的措施；要把奶牛业发展的好与坏、快与慢作为评价领导工作业绩的主要内容。制定切实可行的考核办法进行督促检查，实行领导逐级负责制，重大工作专人负责制，业绩评定奖惩机制，并按照“解放思想、脚踏实地”标准进行督促，保证事业发展。二要建立有利于奶牛业发展的政策体系。为了保证和促进奶牛业发展，各级政府在相关方面，如草原改良及饲料生产、防疫灭病，繁育改良及新品种引进以及金融部门资金投向等都要制定有利于奶牛业发展的政策体系。要认真贯彻执行安达市两大优惠政策，把企业扶强扶壮，把它发展好、发展大、发展实，达到调整农业经济结构的目的，真正带领广大农牧民致富奔小康。

（黑龙江省安达市乳业办公室　徐万库）

石家庄三鹿集团
努力开创奶业发展新模式

（一）谋划奶源发展新思路，在奶源管理模式上不断创新

早在1986年，公司就制定并实施了“奶牛下乡，鲜奶进城”的战略举措，建起了三鹿稳固的奶源基地；进入90年代中期，又通过“四统一分一集中”（即统一规划、统一领导、统一管理、统一服务，分户饲养，集中挤奶）的集约化饲养模式，实现了鲜奶质量的稳步提高；近年来，随着乳业的快速发展，积极探索新形势下奶源基地建设的新路子，使奶农与三鹿进一步强化了风险共担、利益共享的共同体。

尊重奶农的首创精神，大力推广先进饲养模式

1. 托牛所 社会投资人在政府的支持和三鹿的设备、技术等扶持下，建设标准化养殖场，招聘相关技术人员进场工作，一些想投资奶牛业而又缺乏技术或时间的人购买奶牛后，托付给场里养，场里每年从销奶收入中，根据奶牛体况给予1 500～3 000元相对稳定的回报，这种模式即称“托牛所”。

“托牛所”主要是卖服务。奶牛进所，“所长”要与奶牛投资人签订合同，并由场里为奶牛统一办理保险，负责奶牛进所后的一切事宜。奶牛投资人可以随时了解奶牛情况。10年后，投资人将原有的奶牛淘汰，交场里处理，场里返还投资人相同数量、体况相近的奶牛，投资人可以续签合同继续托养，也可以选择将牛全部牵走。实现了社会闲散资金与三鹿集团的优势互补，有效提高了资源利用率。

2. 奶牛公寓 奶农牵牛进入三鹿集团养殖小区自己饲喂，小区只提供场地，奶农交付租金，并对场里提供的配合饲料、疾病防治、繁殖育种、供水供电、鲜奶收购贮存及职工食堂等配套设施选择自由消费，这种模式称为“奶牛公寓”。

奶牛公寓主要是“租”场所，进入三鹿集团这类小区的农户自愿组成奶牛协会，民主选举会长、理事，实现奶农、公寓及龙头企业间的有效沟通。奶牛公寓按照“四统一分一集中”的原则进行管理，实行严格的人畜分离制度，生活区与生产区分设，并设置专门牛道、奶牛淋浴、集体青贮饲料等。奶牛生产有记录，系谱有档案，并聘有专职的兽医、育种员、化验员等，实行规范化管理。

这种模式实现了双赢。对奶农来说，三鹿集团奶牛公寓的精饲料价格比自己买便宜5%左右，奶价每千克比外边多卖0.1元左右，鲜奶质量、产量显著增加，因此，每头牛一年多收入500元左右。同时，三鹿集团得到了高质量的原料奶，奶牛公寓的投资者也获得了合理的投资回报。

3. 奶牛生态园区 这种模式的兴起实现了人类对环境的保护，并成为今后奶牛养殖模式的一种方向。奶牛生态园区包括养牛单元、挤奶大厅、青贮窖、粪便处理场、奶牛专用饲料厂、绿化带、配种站、兽医120救治中心、培训中心、物业管理中心等，集多种功能为一体。奶牛园区以饲料地、树木及青贮窖等作为隔离带，并保持一定的距离，自然形成多个独立小区，净污道分开，整个园区整洁美观。

采用租赁、联营等多种模式，加强奶源管控力度

1. 租赁 即三鹿对奶站的房屋、土地实行租赁，购置设备，掌握经营权，对奶站站长及用工实行聘任制，这种方式适合奶源基础稳固的老奶站。

2. 联营 即由三鹿购置设备，奶农负责提供房屋、土地以及水电等基础条件，由三鹿掌握使用权，奶农的投入由三鹿根据收奶量给予一定比例的回报，具体金额以对方合理的权益报酬率或投资回收期为依据。

3. 奶牛园区 奶农自愿进驻，实行统一管理。这些举措不仅增强了三鹿对奶源的控制力，提高了原料奶质量，而且探索出了一条在新形势下密切奶农与公司合作关系的新途径。

（二）发挥龙头带动作用，农民致富我发展

农民致富需要龙头企业的带动，龙头企业的发展要以农民的支持为前提，为此，公司一直将奶农与企业作为一个利益共同体来考虑。

规划设计奶牛养殖基地，保障企业原奶供应

三鹿集团组建后，各乳品加工企业都已成为当地的龙头企业。首先，依据集团发展总体规划，作为子系统的奶源基地，都要制订相应的奶源基地发展规划，特别是要与重大加工项目相匹配，并适度超前；其次，各龙头企业依据项目规划、所在区位等条件，对奶源发展规划做出分解；再次，坚持选择饲草资源丰富、交通通讯便利、环境污染少的区域，重点发展规模化饲养小区，并与当地市、县政府统一制订发展规划，从选址上坚持高标准、高起点，切实做到符合“绿色奶源基地”的标准。

同时，奶源基地按照三鹿集团《奶牛养殖小区建设规范》实行统一设计，即依据奶牛饲养规模，对养殖小区的设置、场地规划与建设布局、小区建设、单元建设、机械化挤奶中心（厅）建设、牛舍建筑材料的特性与选择、生产废弃物的处理和利用等按照统一标准实施，建成后，按照《奶牛养殖小区管理规范》、《奶牛养殖小区养殖技术规范》严格运行，保证原奶的高质量。

加大投入力度，提高科学饲养水平

公司先后投入近2亿元资金，购置各种挤奶设备和牧业机械2 000余台套，建立奶牛技术服务站600多个，同时，设立了奶业研究中心，研究开发奶牛饲养管理全过程的技术问题，在奶农中大力推广应用科研成果，不断提高科学饲养水平。

1. 搞好选种选配，提高牛群质量 抽调专业技术人员组成育种小组，帮助奶农建立奶牛档案，摸清谱系，统一提供冻精，进行科学的选种选配，杜绝了近亲繁殖。

2. 科学配料，提高奶牛单产 科技人员深入养殖小区，应用微机为奶农提供营养全面的科学配方，宣传秸秆青贮、饲喂苜蓿的好处。使养殖小区里家家有青贮窖，推广种植苜蓿饲喂奶牛，产奶量和质量明显提高。

3. 搞好防疫灭病 配合当地动检站、兽医站每年定期对布病、结核病等疾病进行防疫、检疫工作，对常见病、多发病积极做好防治工作。

4. 加强奶源基地建设，提高管理水平 三鹿在奶源基地的管理上，强制推行企业化管理，不仅在奶牛小区、挤奶厅、奶牛场推行了ISO9001质量管理体系，还先后出台了《奶站（厅）现场管理考核实施细则》、《关于加强生鲜牛乳质量管理的规定》等20余项规章制度，对集团各企业的奶源基地建设实施了六统一（规划、模式、小区名称、着装、扶植政策、地区价格）管理模式，全面提高了基地管理水平和经济效益。2003年，研制开发了奶牛养殖小区管理软件，推广应用“自动化微机管理系统”进行饲养小区管理，对小区的奶牛谱系档案、饲料、药品、鲜奶等进行全面微机化管理，同时，建立了牛奶资源分布状况电子档案，及时掌握牛奶资源的发展变化情况，为奶牛的繁育及小区、基地的管理提供了科学依据，增加了奶牛生产的科技含量。

提高服务水平，促进农民增收

1. 为农民提供基础奶牛 先后采取了奶牛“身价租赁”、优惠价卖牛、免费帮助购牛、为农民购牛做担保、与科研院所合作开展胚胎移植等5个方面来帮助农民养牛。

2. 抓好技术培训 在基地县畜牧局的支持下，三鹿抽调技术人员对养牛基地县、乡、村分片包干，进行技术服务和指导，及时解决奶牛饲养中的难题和困难。同时，开办各种类型的学习班为农村培养鲜奶化验员、育种员、兽医技术员等各类人才，做到有三鹿集团奶源基地的地方就有三鹿培养的各类专业技术人员。

3. 积极开展奶牛保险 在有关部门的大力支持下，积极与农业银行、保险公司协商，共同开展奶户贷款、奶牛入保，化解了奶农投资风险，促进了三鹿奶源基地规模的发展与壮大。

（三）完善利益联结机制，夯实奶源基地

1. 维护奶农利益 收奶以质论价、优级优价，同时，公司投入巨额资金购进鲜奶快速测定仪，使定级快速、准确，保护了大多数诚实奶农的利益，提高了鲜奶质量。

2. 与奶农订立产销合同 三鹿与饲养小区签订合同，一级保一级，将以往的单一买卖关系转变为合同契约关系。并明确双方的责任、义务与权利。这样，既提高了奶农的组织化程度，又使企业与奶农的关系，从松散型联合过渡到产加销一体的产业化经营方式。

3. 及时调整收奶价格 保持奶料合理比价，使奶料价格比始终在1.4∶1以上，必要时，宁可企业受损失，也决不能伤害奶农的利益。

4. 对奶农给予合理的补贴 三鹿规定，凡是自备车辆将奶送至公司的，根据路途远近付给运费。各奶站交奶有1%的奶耗补贴，化验药品、各种设备维修费，三鹿负担50%，等等。

5. 及时发放奶款 奶农的奶资每月定时发放，不打白条、不拖欠，遇有节假日，还要提前发放；奶农遇到特殊情况，还可预支奶款。当前，又组织实施了对奶农直接结算奶款、对奶站结算管理费的“二次结算”制度，取得了良好效果。

（四）政企农携手，推进奶业产业化大发展

近年来，国家、省、市政府相继出台了一系列扶持发展奶业的政策，把发展奶业作为有效解决“三农”问题的重要途径，走出了一条农民脱贫致富奔小康的光明之路，有效地促进了奶业的快速发展，促进了农民增收。（1）在资金上给予贴息贷款。如，三年来，全省各级、各部门共投入奶业发展资金4亿多元支持奶牛养殖，石家庄市政府每年拿出4 000多万元用于扶植养牛等等；三鹿曾利用中国奶业发展基金500万元用于奶牛基地建设。（2）划拨农田养牛五年免征土地占用费。（3）利用玉米秸秆制作青贮，每500米^{3}的青贮窖补贴资金4 000元。（4）每购一台青贮切割机补贴价款的50%。（5）奶农制作青贮，免费供应塑料薄膜。（6）派技术人员免费修理牧业机械。（7）划拨专款在小区推行微机管理等等。各县（市）政府也把发展奶业作为农业的第一主导产业来抓，在奶牛小区占地、用水、用电方面给予优惠，在新建挤奶大厅、农民养牛等方面给予资金支持，极大地促进了龙头企业的发展壮大。

通过实施产业化经营之路，三鹿集团真正发挥了龙头带动作用，既实现了"农民致富、企业发展"的双赢目标，又获得了经济效益、社会效益、生态效益三丰收。

1. 显著的经济效益 2003 年集团实现销售收入 53 亿元，利税 4.6 亿元，发放到农民的奶款 9 亿元，同比分别增长 72.6%、28.6%和 57.9%。

2. 可观的社会效益 三鹿的发展使 161 个大中型奶牛场和 18 家乳品企业由亏损或微利变为当地的利税大户，安排下岗职工 7 000 多人，盘活资产 7.8 亿元，有效地吸纳农村剩余劳动力 30 余万人。

3. 良好的生态效益 由于奶牛业的大发展，实现了秸秆过腹还田，不仅解决了焚烧造成的烟雾污染，而且牛粪肥田、制作沼气，使农业生产形成了良性循环。

为了更好地发挥龙头企业的带动作用，公司在"十五"规划的基础上，制订了 2003—2007 年的发展规划，简称"13181616"目标，即到 2007 年，奶粉产销量 13 万吨，液态奶产销量 180 万吨，销售收入 160 亿元，利税 16 亿元。为此，奶源基地计划投资 2.4 亿元，增建 200 头以上的规模化饲养小区 500 个，增加奶牛 14.2 万头。

（石家庄三鹿集团董事长　田文华）

大庆银螺集团依托科技创建绿色奶源基地

大庆银螺乳业集团始建于 2000 年 5 月，是集奶牛养殖、优良品种繁育、鲜奶加工为一体的国家级产业化龙头企业。现有资产总值 11.5 亿元，职工 600 多人，高级畜牧师、畜牧师 40 多人，技术员 65 人。集团现有奶牛存栏 13 940 头，拥有草原 2 万公顷，饲料地 0.67 万公顷，牛舍 40 万米^2，日加工 500 吨液体奶加工厂土建工程已完工。

（一）坚持高标准起步，创国内一流高产优质奶牛繁育及乳品加工生产基地

2002 年，公司制定的奶牛养殖达到 1 万头的目标已完成；2003 年奶牛养殖达到 13 940 头，建成鲜奶加工一期土建工程；到 2004 年奶牛养殖达到 2 万头，建成一期奶加工生产线，年加工鲜奶达到 5 万吨，2005 年将建成全国规模大、标准最高的现代化、高科技、花园式奶牛及鲜奶加工等产业化基地。为了尽快实现集团规划目标，公司本着高标准起步、新技术支撑、快速度发展的指导方针，重点采取了以下几点做法。

在奶牛基地建设上，采取走捷径办法起步，出巨资收购了原大庆三环公司 12 个牧场 1 000 多头奶牛，租赁草原 2 万公顷，青贮饲料地 0.67 万公顷。在此基础上，还进行了奶牛基地的硬件建设和改造，先后将原来购买的 26 栋旧牛舍进行更新改造；与此同时，按照现代养殖技术的要求，两年来新建 30 多万米^2 钢材结构新牛舍，且在场区建设了四通八达的水泥路 11 公里、排污管线、隔离带及绿化带，建设标准场区围墙近 10 公里。基础设施完善的同时，公司重点抓优良奶牛存栏的增加。一是投入出规模，到国内有优质奶牛的产地，购买优良品种奶牛。两年多时间，奶牛存栏增加到 13 940 头；二是引出规模，到世界上奶牛业发达国家美国、加拿大、新西兰、澳大利亚进行考察和选奶牛。2001 年，与加拿大签定了购买优良怀孕成年种母牛 875 头的合同。为了尽快从国外引进这批优质奶牛，公司在大连港口附近投资 2 200 多万元建立了一个占地 40 公顷、建筑面积 1.2 万米^2 的功能齐全、设施完备的现代化的奶牛隔离场。三是繁育出规模。这是尽快发展奶牛基地的重要环节。公司在利用优良冷冻精液进行自繁自育的同时，还从加拿大引进优良高产奶牛胚胎，2002 年已移植 1 000 枚优质高产奶牛胚胎；2003 年又从美国和加拿大引进近 1 000 枚高产奶牛胚胎，自己培育的 100 多枚胚胎进行移植，和 3 000 多支进口高产奶牛精液配种，在奶牛自繁自育上实现快速发展。在鲜奶加工龙头企业建设上，面对产品日益增多和市场竞争日趋激烈的现实，在对市场考察论证的基础上，公司审时度势，确立了用现代科技武装企业，靠一流产品、质量开拓市场的发展思路，引进国外先进技术，建设起点高、规模大的乳品加工企业。预计 2005 年完成三期工程，达到年加工 15 万吨的规模。

在如何迅速建成具有一流水平的乳品加工企业方面，为了搞好产品市场定位，产品结构定位和产品生产工艺技术定位，公司先后派人到上海、北京、广州、河北及本省等多家企业进行考察和市场调研，聘请国内乳业加工方面专家教授指导和论证，现已形成了初步产品结构方案和工艺技术方案，而且 6 万米^2 主体厂房和配套工程已基本完工。

（二）依托科技，提质增效，实现奶牛产业的快速发展和升级

公司首先大力引进外部智力参与决策，邀请国外三位畜牧专家来主持管理和指导牛场工作；二是积极搞好课题攻关，围绕探索速繁速育高产优质奶牛繁育新途径，抓住关键，集中攻关。投资 300 多万元同华南理工大学合作建立银螺集团乳产品开发研究室，成为可靠的技术依托；三是超前引进良种奶牛，树立超前意识，超前引进新技术，超前试验新技术，为周边地区养牛户起示范带头作用；四是引进技术和设备相结合，加工企业的关键设备均从西欧引进，确保技术先进、产品新颖、市场竞争能力强、发展后劲足。要占领国内外市场，必须根据市场多元化的需要，抓好新品种开发和更新换代体系建设。目前已与国内外一些科研机构和协会建立了经常性的密切联系。

（三）加强管理，完善机制，瞄准创建"绿色奶源"

基地目标打好攻坚战

围绕强化质量管理，公司建立健全了质量管理体系，从奶牛养殖、繁育、防疫、奶质检验、饲料加工到奶产品出厂，每道工序都制定了严格的质量标准，并把质量责任与个人工资挂钩，奖罚分明，明确规定“质量下降，责任人下岗”。在此基础上，在集团内开展了“在岗1分钟，干好60秒”活动，使质量意识深入到每个职工的心中。

卫生防疫是大规模养殖的生命线，现在我们已建立了卫生防疫责任制，每个分场均设有防疫安全员，严格把住病疫传播关，建立每头奶牛种代和健康档案，定期检疫检查，做好记录存档；在饲养方式上，实行按品种、按年龄段、按健康程度分舍饲养，对刚出生犊牛一律实行在犊牛岛区隔离单独特养特护；每个分场设消毒间，对进场进牛舍人员实行先消毒后进场的管理办法，有效地避免了病疫传播。同时，公司还在各分场设立了病疫隔离区，发现病情及时隔离。由于管理到位，机制健全，两年来，没有发生病疫传播而死牛现象。现在公司正积极筹备对奶牛的饲养实行微机管理，给每条牛都建起牛档案，将其基本状况、健康状况、奶品质、奶产量等输入微机，随时进行监测、管理。

（四）用最先进最可靠的一流技术设备确保奶源基地健康发展

实施机械化自动化挤奶技术是生产“绿色牛奶”的重要保证措施。在奶牛检疫检查合格后，机械挤奶是杜绝外来细菌、病菌进入牛奶、确保牛奶质量的重要措施，是生产“绿色牛奶”的基本保证。奶牛基地从组建后，引进目前世界技术最先进的瑞典利乐公司生产的全自动多功能挤奶设备，建成了可日挤800～1 000头的现代化挤奶站2座。今后，银螺乳业集团将继续大胆探索，不断实践努力，为全国奶业振兴做贡献。

（大庆银螺乳业集团　刘树清）

福建长富乳业集团产业化经营的实践

福建长富乳业集团股份有限公司创建于1998年3月，现有福建南平和即将竣工的内蒙古呼伦贝尔两个生产加工基地。目前集团注册资金2.168亿元，资产总额7亿多元，在册员工519人，其中专业技术人员138人。2002年，长富集团共生产长富牌系列乳制品4.95万吨，实现销售收入2.55亿元，利税6 041万元，市场销售收入列全国乳品行业第17位，是南平市延平区最大纳税大户；2003年，以排名第193的名次，获福建省年度纳税300强称号，获2003年省食品制造业竞争力第一名。长富乳业集团从诞生到现在虽然仅有五个年头，但却走过了一条不同寻常的产业化经营之路。

（一）创新经营模式，在低起点上实现快速跨越

创建初期，公司决策者就提出从培植奶源做起，一步一个脚印地改写北牛不宜南养的历史。公司把80%的创业资金投入到建设规范化现代牧场中，首创“乳业公司＋规模牧场＋饲草种植户”的奶业产业化经营模式，短期内就建成了34个标准化现代牧场，奶牛存栏数达34 228头，解决了在福建省规模发展乳品工业奶牛数量不足的问题。现在，长富乳业生产所需的原料奶，全部来自自建牧场。

牧场是乳品企业的第一车间，为了确保原料奶的数量和质量跟得上企业发展，我们探索出“公司＋规模牧场”的产业化经营模式，并根据公司经营的情况，进行不断完善。其具体做法是：由公司出资购买奶牛和挤奶设备，农户出资兴建牛舍和办公设施。合作牧场由农户自主经营、独立核算、自负盈亏。公司负责技术指导和人员培训。合作牧场生产的牛奶由公司统一收购加工。公司的投资部分，农户用牛奶折价抵还。这种模式既调动了民间投资的积极性，又实现了企业快速扩张和降低投资风险的目的，还保证了原料奶的高质量。长富集团现有的34个牧场，都采取“公司＋规模牧场”的方式进行建设。

2002年2月，经福建省政府批准，企业进行了股份制改造，成立了长富乳业股份有限公司，建立起了股东机构、董事机构、经理机构。产权制度的确立，标志长富乳业向公司制企业转变，为企业更快更健康地发展提供了体制上的保障。经股份改造，长富乳业当年新增股本13 464万元资金。利用这些资金，公司进行了二期扩建改造工程和与之相配套的11个现代化牧场建设，成为福建省最大的乳制品加工企业，经济效益位居全省乳品行业第一。

（二）凭借人才技术，打造长富百年金字品牌

创立伊始，公司就提出要“借脑生财”，三番五次北上求贤，召来了一批乳业人才。为充分发挥人才的作用，公司的技术管理等重要岗位，全部由专业技术人才担任。他们中有国内乳品业知名专家、教授和博士。近两年，公司还大量吸收本地生源的大学毕业生，实现人才本土化。在国家人事部的支持和关心下，成立了博士后工作站，目前已有3位博士入站工作。随着与中国农业大学合作项目的启动，长富乳业还将成为中国农业大学本科生、硕士、博士的实践基地。

2002年，长富乳业各牧场奶牛平均单产为4 526千克，高于全国平均水平，但与上海、北京等地比还有很大差距，与先进国家比差距就更大。长富乳业要在日益激烈的市场竞争中占据优势，就必须不断改善现有奶牛的遗传素质，提高奶牛生产的投入与产出比，加快牛群改良。一方面，积极发挥牧场和奶牛存栏数最多的优势，与中国农业科学院、福建农林大学等高校科研院所开展奶牛饲养与繁殖技术的交流合作。并作为这些院所的实验、实习基地，培养和培训自己的技术队伍；另一方面，依靠自己力量，加快新技术应用和推广，大力开展良种冻精、人工授精为主的良种扩繁，启动了胚胎移植技术的应用，制定了生产和引进万枚良种胚胎计划，力争用五年时间完成各牧场奶牛群的改良，建立适应福建生态条件的奶牛良种繁育推广体系。现已建立规模2 500头以上、产奶量平均达6 500千克以上、其中850头产奶量达7 000千克以上的奶牛育种群；与美国、加拿大、澳大利亚等国的遗传公司达成良种胚胎引进移植等技术合作协议与意向；公司还利用承担“十五”国家重大科技奶业专项课题研究的机会，进一步加快牛群改良。

质量问题是奶业发展的核心问题，为了确保牛奶的品质，长富乳业建立健全了一套完整的质量保证体系。牧场管理上实行“五个统一”：即统一标准建设牛舍，统一科学喂养，统一疫病防治，统一购置一流加工设备，统一良种繁育。同时，引进了代表世界乳品业先进水平的生产工艺和检测设备，并进一步完善车间检测和中心检测两级检测制度，从而从整个流程上控制好了产品质量。

（三）以诚信为本，不断拉长产业链，做大做强企业

为了让周边农民先富起来，长富乳业集团依照国家农业产业化政策，千方百计做强龙头，拉长产业链，推动农业产业结构的调整，增加农民收入。在与青饲料种植户签订的合同中，既规定了收购数量、质量，也给予了最低保护价，还给每户开一张专用银行卡，按时结算，及时付款。对困难农户，公司除提供种子、技术指导外，还提供资金和肥料扶持帮助，带动困难农民走向市场，增加农民收益。2002年，长富乳业集团与农民签订青玉米、苜蓿草等牧草种植合同，总数达4 000多公顷，7 500多户农民直接受益，增收多达3 500万元。仅运奶费用一项，2003年长富乳业就支付当地车主1 412万元。

诚信赢得了消费者的厚爱。集团从一开始就把长富牛奶的品质定位在国标上，不惜把80%的创业资本投资在牧场建设上，保证100%的奶源来自自建牧场；花费重金在国内率先引进先进转盘挤奶设备、检测设备和全程序高端标准工艺，实现原料奶供应到产品终端与人体、空气隔绝，杜绝污染。长富乳业2000年在全福建省乳品行业中率先通过ISO9002国际质量认证体系，被福建省企业评价中心评为“AAA”级诚信企业，被福建省农业银行授予“AAA”级信用企业，2001年获得全国统一使用的“无公害农产品”、“绿色食品”和“定量包装免检标志”的使用权，2002年利乐装牛奶被国家质量检验检疫总局评定为“国家质量免检产品”等。鲜奶在福建市场的占有量连续四年稳居第一，一举成为祖国东南沿海最大的乳品企业和国家级农业产业化龙头企业之一。

（福建长富乳业集团　陈学坤）

国家学生奶计划

我国学生奶计划实施概况

2003年是实施国家“学生饮用奶计划”的第四年，这是学生奶计划在困境中艰难跋涉、继续前进的一年。

（一）召开全国第二次实施“学生饮用奶计划”工作会议

全国第二次实施“学生饮用奶计划”工作会议于2月25～26日在北京召开。这是十六大以后，在实施“学生饮用奶计划”工作进入关键时期召开的一次重要会议，会议的主题是：贯彻十六大精神，总结、交流过去三年实施“学生饮用奶计划”的工作经验，明确今后的发展思路和目标，部署下一阶段的工作。参加会议的有来自全国29个省、自治区、直辖市、重点城市的学生奶工作机构和教育部门的负责人、48个定点企业的领导和部际协调小组成员单位领导、专家委员会部分专家等共120多人。在会上，“学生饮用奶计划”部际协调小组负责人、农业部张宝文副部长作了题为《认真贯彻党的十六大精神，推进“学生饮用奶计划”健康发展》的主题报告，教育部、中宣部、国家计委、财政部、国家质检总局等中央和国家机关部门领导同志分别作了重要讲话。广东省学生奶办、昆明市教育局、上海光明、青岛雀巢介绍了工作经验；蒋建平等几位专家就学生奶的国际经验、质量保证体系、乳糖不耐、品牌形象等方面问题作了专题发言。与会代表通过会议交流、讨论，发表了很多好的意见。

值得注意的是，张宝文副部长在他所作的工作报告中提出了“认真贯彻十六大精神，围绕全面建设小康目标，与时俱进，开拓创新，夯实基础，完善体制，加强监管，确保安全，树立品牌形象，调动和发挥各方面的积极性，推进“学生饮用奶计划”健康发展的工作思路，以及形成稳定的有优质奶源和质量保证的定点企业群，建立与完善适合我国国情的学生饮用奶计划管理体制和运行机制，实施范围扩大到全国多数大中城市，并逐步增加供奶数量的工作目标。按照以上目标，预计经过两三年可以将“学生饮用奶计划”推广到全国40个以上大中城市，日供奶300万份左右，饮奶人数约占全国城市普通中小学在校学生的8%左右；经过5～6年的时间，扩大到100个以上城市，日供学生奶700万份左右，饮奶人数约占全国城市在校中小学生的20%左右；到2010年，可以推广到全国更多的城市和有条件的县镇，日供学生奶1 000万份以上，约占全国城市在校中小学生的30%左右。

这次工作会议为我们展示了实施国家“学生饮用奶计划”的光明前景。

（二）克服困难，坚持生产和向学校供应学生奶

正当各地积极贯彻全国“学生饮用奶计划”工作会议的精神、努力将学生奶计划工作向前推进的时候，对学生奶计划遭受重大挫折的两大突发事件相继发生了。

3月19日辽宁海城市8所小学突发学生豆奶中毒事件。8所小学共有4 818名学生，饮用鞍山宝润乳业有限公司生产豆奶的学生3 936人，引起不良反应的学生2 556人，其中中毒学生285人（后经专家鉴定产生豆奶中毒的原因是：活性豆粉中的胰蛋白酶抑制素等抗营养因子未彻底灭活）。这一事件本来与国家“学生饮用奶计划”没有任何关系，但是经过一些媒体炒作，却对“学生饮用奶计划”的实施造成了巨大的破坏性影响。许多人分不清学生豆奶（注：是按照“东北三省学生豆奶计划”在部分中小学校试点，学生饮用的是以大豆为原料的“豆奶”）与“学生饮用奶”（是按照在全国推行的国家“学生饮用奶计划”组织学生饮用由国家认定的定点企业按国家标准生产的牛奶制品）的区别，以为是“学生饮用奶计划”出了问题，从而对“学生饮用奶”的质量和安全性提出质疑。一些地方教育部门和政府出于回避风险的考虑明确规定停止学生饮用奶进入学校，这就使国家“学生饮用奶计划”的推进遇到了极大的困难。紧接着，一场突如其来的“非典”疫情，使“学生饮用奶计划”的工作更加“雪上加霜”，定点企业对学校的供奶量大幅度下降，使不少定点企业蒙受巨大的经济损失。

面对上述两大突发事件，国家学生奶办公室和有关方面，积极采取了一系列应对措施，如邀请新闻媒体的记者和专家召开“学生饮用奶计划”情况通报会，通过媒体澄清一些情况，说明学校组织学生饮用定点企业生产的牛奶质量是有保证的，是安全的等。但是，由于种种原因，困难的局面一时未能改变。

除此以外，另一个客观因素也对“学生饮用奶计划”的推进工作产生影响。8月27日全国人大常委会第四次会议通过了一部重要的法律：《中华人民共和国行政许可法》。这部将于2004年7月1日正式施行的重要法律，对于规范政府行为、保护公民、法人和其他组织的合法权益等具有非常重要的意义。9月28日国务院发出《关于贯彻实施行政许可法的通知》，要求抓紧进行过去实行的行政许可规定的清理工作。按照规定，凡是没有经国家法律和行政法规授权的行政许可，原则上都要予以修改或废止。国家“学生饮用奶计划”是2000年开始实施的，其中关于学生奶定点企业行政审批的设定，虽然已由农业部、教育部、国家质检总局等部门联合制定和发布的“管理办法”等行政规章予以确定，但还没有制定法律，也没有通过行政法规来确定。因此，对学生奶定点企业进行行政审批的规定，可能面临被取消的命运。如果是这样，国家“学生饮用奶计划”能不能继续实施，也将成为问题。虽然国家学生奶办公室积极向国务院有关部门和领导反映情况，争取保留学生奶定点企业行政审批项目，但在较长时间在该项目的去留未定的情况下，如新申报定点企业的审批等许多工作只好暂时停止，等待大局确定后，再行定夺。(注：2004年7月，经国务院审改办审查、国务院常务会议通过，学生饮用奶定点企业的审批作为具有法律地位的行政审批项目予以保留)。

尽管实施“学生饮用奶计划”的环境、条件发生不利变化，仍有许多地方如广东、云南、海南、江苏、河南、内蒙古等省、自治区和城市坚持推进工作并有所发展，上海光明、昆明雪兰、内蒙古伊利、广东风行、燕塘、太阳宝、深圳晨光、山东雀巢、福建长富、重庆天友、宁夏夏进、南京卫岗、徐州绿健、张家港梁丰、杭州四季青、美丽健、成都菊乐、华西等许多定点企业克服困难，坚持生产和向学校供应学生奶，而且保证了产品质量，没有发生学生饮奶中毒事故。

(三) 中央领导的高度重视

2003年，国家对“学生饮用奶计划”的实施，继续给予高度重视和支持。这年1月，胡锦涛总书记在蒙牛乳业视察时说：“牛奶本身就是温饱之后小康来临时的健康食品，不仅小孩喝、老人喝，最重要的是中小学生都要喝上牛奶，提升整个中华民族的身体素质。”这一指示把国家“学生饮用奶计划”的实施提到了新的战略高度。

6月中旬，国家“学生饮用奶计划”在遭遇海城豆奶中毒事件和“非典”影响陷入低谷时，许多同志为刚刚步入轨道的“学生饮用奶计划”的前景忧虑。著名营养学家于若木老人出于对国家和民族前途的高度关心，奋笔疾书，毅然向国务院领导提出了《后“非典”时期坚持实施国家学生饮用奶计划的建议》。温家宝总理在批示中要求总结经验，实行保证奶品质量（包括豆奶），坚持群众自愿，运用市场机制，不强求一律的四条重要原则。国务院回良玉副总理在批示中指出：“发展牛奶产业，倡导国民喝奶，是推进农业结构调整的重要内容，是增强国民体质的一大举措。”并指出：于老所提建议很好，要求农业部认真研酌，配合有关部门做好相关工作。国务委员陈至立在批示中，也要求教育部、农业部根据温家宝总理批示精神，在总结经验的基础上，按四条原则指导下一步工作。国务院领导对实施国家“学生饮用奶计划”所作的重要批示，不仅是对实施“学生饮用奶计划”的有力支持，而且为今后开展此项工作指明了方向。同时，上述批示，对从事“学生饮用奶计划”工作的部门、学校、定点企业和专家也是巨大的鼓舞。

(四) 推出“奶源升级计划”

为了贯彻国务院领导对“学生饮用奶计划”所做的批示，克服海城豆奶中毒事件和“非典”带来的不利影响，7月9日国家“学生饮用奶计划”部际协调小组办公室正式推出“学生奶奶源升级计划”。实施该计划的目标是：借鉴国内外先进经验，探索、建立一套与国际接轨、符合中国国情的奶源管理体系和生产规范，建立示范基地，提高奶牛养殖者的技术素质、奶源管理水平和原料奶质量，为学生饮用奶提供充足的优质奶源和产品质量安全保证，对全国奶业生产发挥示范和辐射作用。

为了实现以上目标，将开展以下工作：一是分层次、分阶段开展对48家定点企业奶牛养殖生产者和基层管理人员的技术培训，形成一支高水平的技术骨干队伍；二是探索和建立奶源管理体系和生产规范。结合ISO 9000、HACCP、GMP和无公害食品生产规范等质量管理体系要求，借鉴国内外先进的奶源管理经验，帮助定点企业建立起一套具有中国特色的奶源管理指标体系和生产规范，提高定点企业的奶源质量管理水平；三是建立奶牛生产示范基地；四是建立学生社会实践基地；五是成果的普及和扩大推广。

这项计划预计进行3年，先用半年左右时间，进行普及性技术培训，同时开展全面调研，深入了解奶牛养殖生产中存在的问题，完善和提高培训教材，制定生产标准和管理规范；然后用一年左右时间建立示范基地，并对部分技术骨干进行提高性培训，使其充分发挥示范作用；最后再用一年左右时间进行检查验收和推广、普及。

(五) 发展国际交流与合作

我国的“学生饮用奶计划”是在学习和借鉴国际经验的基础上，结合我国的实际情况具体设计和运作的。计划实施以来，一直重视开展国际间的交流与合作，多次组团参加学生奶国际会议，交流经验。曾成功举办了2001年11月20～22日在上海召开的第二届亚太地区学生奶会议。2003年11月我们又组团参加了由联合国粮农组织支持、乌拉圭教育部主办的第二届美洲地区学生奶国际会议，农业部丁力副局长在大会上介绍了中国学生奶计划的运行模式和基本经验，其中重点介绍了中国学生奶运行模式有别于其他国家的特点：一是增强儿童体质与发展奶业相结合；二是政府主导与企业运作相结合；三是运用市场机制与实行计划调控相结合；四是立足国内情况与整合国际资源相结合。指出这一运行模式来源于中国的国情，其中特别是考虑到中国实施学生奶计划的三个主要背景：一是我国是一个大多数人没有饮奶习惯的国家，儿童中发生乳糖不耐的几率较大；二是中国的乳品加工企业处于发展初期，大规模高水平的企业与小规模低水平的企业并存，而后者在数量上占绝大多数；三是受政府的财力所限，中国的学生奶计划不可能像许多西方国家那样采取政府补贴的方式。另外，中国在实施学生奶计划中，从一开始就把解决学生营养健康问题与促进奶业发展、农民增收结合起来考虑。联合国粮农组织官员 Michael Griffin 在大会的讲话中高度评价了中国的运作模式及经验，认为非常值得各国借鉴。一些外国媒体则评价说：中国虽然是学生奶起步较晚的国家，但中国政府致力于在拥有 2 亿中小学生的国度实施学生饮用奶计划，其战略眼光和出色的运作模式，值得发展中国家学习和借鉴。

为了落实国务院领导和部际协调小组关于学生饮用奶质量和安全保证的要求，帮助定点企业尽快建立世界公认的食品生产质量管理体系，国家学生奶办公室与新西兰乳品原料（中国）有限公司于 2003 年 10 月下旬至 11 月上旬，联合举办两期危害分析与关键控制点（HACCP）培训班，聘请新西兰 Agriquality 公司的专家授课。

2003 年国家学生奶办公室与各地办事机构继续组织开展了有关学生奶计划的宣传工作，出版了《中国学生饮用奶计划》（中英文）一书，摄制了一部介绍中国“学生饮用奶计划”的宣传片。

（国家学生饮用奶计划部际协调小组办公室　孙仁松）

“学生奶奶源升级计划”实施方案

自 2000 年 11 月正式实施国家“学生饮用奶计划”以来，在党中央、国务院领导的关怀下，在各部门、企业和社会各界的关心和支持下，取得了重要进展，2003 年，48 家定点企业已经在 28 个省会和重点城市的 4 500 余所中小学校供奶，日供学生奶近 200 万份，整个计划的推进是健康、有序的，得到广大师生的好评，也得到了联合国粮农组织和许多国家的肯定和赞誉。

为落实温家宝总理等国务院领导同志最近对“学生饮用奶计划”的重要批示精神，积极稳妥实施“学生饮用奶计划”，国家“学生饮用奶计划”部际协调小组决定启动“学生奶奶源升级计划”，从源头抓起，提升学生奶品质。

一、目的和意义

国家“学生饮用奶计划”的八字方针中，将“安全”放在第一位，学生奶质量和安全问题是实现学生奶计划可持续发展的保证。牧场是乳品企业的第一生产车间，质量安全必须从源头抓起。

实施“学生奶奶源升级计划”的目标是：借鉴国内外先进经验，探索、建立一套与国际接轨、符合中国国情的奶源管理体系和生产规范，建立示范基地，提高奶牛养殖者的技术素质、奶源管理水平和原料奶质量，为学生饮用奶提供充足的优质奶源和产品质量安全保证，对全国奶业生产发挥示范和辐射作用。

二、组织体系

在国家“学生饮用奶计划”部际协调小组办公室领导下成立“学生奶奶源升级计划”执行小组。各级学生饮用奶领导机构及定点生产企业指定专人负责制定和执行本地、本企业的“学生奶奶源升级计划”。

国家“学生饮用奶计划”专家委员会设立专门的“学生奶奶源升级计划”专家小组，负责培训、咨询和指导工作。要发挥省市及企业的奶业专家和技术人员的作用。

三、实施内容

1. 制定学生奶奶源管理办法和生产规范　在充分调研的基础上，了解并掌握制约学生奶奶源质量提高和优质奶源数量增加的主要因素和关键环节，参照 ISO 9000、HACCP、GMP、无公害食品生产规范等体系的要求，借鉴国内外优秀乳品企业奶源管理的先进经验，制定出具有可操作性的《学生奶奶源管理办法》、《学生奶优质奶源生产规范》和《奶农须知手册》等规范和材料。

2. 开展培训　组织国内外奶业专家，有针对性地对学生奶定点企业的奶牛繁育、饲养管理、奶牛疫病防治、挤奶和储运技术、原料奶检测、奶源质量管理等方面开展培训活动。主要方式：

（1）分散培训。组织专家分赴各定点生产企业的奶源基地，按原料奶生产的各工序开展对奶农、技术员、收奶员、牧场管理员等相关人员不同层次的培训。具体参加培训的人数由定点企业提出方案，专家组审查决定。

（2）集中培训。对省市学生奶办公室指定的负责人和定点生产企业奶源质量管理人员，按分区就近原则，开展理论结合实际的系统培训，使之成为基层实施“学生奶奶源升级计划”的骨干力量。预计每个定点企业培训 10 人，共约 500 人。

3. 建立示范点　选择不同区域、不同类型 8～10 个牧场、奶站或养牛小区，通过专家现场指导，定向培训，强化企业原奶生产规范和质量管理规范，完善质量管理体系，提高原奶质量和优质奶的数量，并向其他企业提供示范。

4. 建立规范的奶源管理体系　帮助学生奶定点生产企业，建立全程、整体的奶源管理体系，完善企业质量管理规范，提升学生奶的总体质量水平和扩大优质奶源供给。

5. 建立学生社会实践基地　帮助定点生产企业建

立学生社会实践基地，组织青少年学生到牧场和加工厂参观，增加师生对乳品生产及质量安全的认识，推动学生奶的普及。

四、实施步骤

学生奶奶源升级计划实施期为3年，分三个阶段：

1. 启动阶段（2003年7～10月）

（1）2003年7月上旬举行启动仪式，争取社会及舆论的关注和支持。

（2）组织实施体系，成立执行计划的领导机构和专家小组；下发实施方案；各地明确执行计划负责人，根据实施方案提出本地的具体实施办法；各定点生产企业落实专人负责计划的执行。

（3）进行普及培训。专家分组到定点企业进行交流和培训，培训与调研相结合，了解和掌握制约学生奶奶源质量提高的关键因素，完善培训教材及讲师队伍，并为制订学生奶奶源升级计划的验收要求提供依据。培训的主要内容包括原料奶检验办法、原料奶的质量评价、奶牛的科学饲养、奶牛常见的疾病预防、正确的挤奶程序、牛奶的冷却储存和运输、挤奶设备和储运设备的清洗等。

2. 试点阶段（2003年11月至2005年2月）　按照兼顾不同区域、不同类型养殖模式原则，在8～10家定点生产企业中选择20个左右牧场/养牛小区或奶站进行试点，最后形成10个左右学生奶优质奶源示范点。以地方专家及企业技术人员为主体，与专家组共同努力，指导、培训奶源管理人员和牧场的生产管理人员。主要培训内容包括奶牛管理和饲养方式、牛奶质量控制与机械挤奶、乳房炎防治、奶牛繁殖技术、青贮制作及粗饲料生产、收奶站质量控制与管理等。

在试点阶段，结合阶段性的试点成果及时组织按区域划分的推广活动。集成试点阶段成果，形成先进的、适用的、既与国际接轨又符合中国国情的《学生奶优质原奶生产规范》和《奶源管理体系》，并为奶农提供通俗易懂的《奶农须知手册》。

3. 验收和推广阶段（2005年2月至2006年7月）将试点阶段示范点形成的经验及成果在全国学生奶定点生产企业中推广、普及，并向全国推广，促进全国奶源管理水平和中国奶业整体素质的提高。

由国家“学生饮用奶计划”部际协调小组办公室对“学生奶奶源升级计划”的实施效果组织验收。

“学生奶奶源升级计划”是实施“学生饮用奶计划”的重要的基础性工作，各地要根据本方案的要求，制定出相应的实施方案，把这项工作抓实抓好。

（国家“学生奶奶源升级计划”专家组）

“学生奶奶源升级计划”定点生产企业奶源示范、试点基地标准（试行）

按《关于实施“学生奶奶源升级计划”的通知》的要求，通过考核选定若干学生奶奶源示范基地、试点基地，以点带面，逐步实现学生奶奶源升级。为便于操作，“学生奶奶源升级计划专家组”提出示范、试点基地的基本要求：

（一）示范、试点基地原料奶质量的要求

1. 提供原料奶的奶牛，必须是养殖在非传染病疫区、不罹患奶牛结核病与布氏杆菌病等影响乳汁卫生疾病的健康牛。

2. 原料奶必须是从健康奶牛挤出的，不添加任何物质的，不含初乳、末乳与乳腺炎乳的常乳。

3. 生产学生饮用奶（目前只有UHT一个品种）的原料奶质量具体要求（表1）：

表1　生产学生饮用奶原料奶质量具体要求

项　目	标　准	可接受
脂肪（%）	≥3.2	≥3.1
蛋白质（%）	≥3.0	≥2.95
滴定酸度（°T）	16	14～18
杂质度（毫克/千克）	≤4	≤4
汞（毫克/千克）	≤0.01	≤0.01
农药残留	≤0.1	≤0.1
黄曲霉毒素M1（毫克/千克）	≤0.5	≤0.5
酒精试验（V/V）	通过80%	通过75%
冰点（℃）	−0.59～−0.54	−0.59～−0.54
抗生素	未检出	未检出
青霉素（微克/毫升）	≤0.001	≤0.001
其他	未检出	未检出
体细胞	≤400 000/毫升	≤500 000/毫升
细胞总数（cfu/毫升）	≤50 000	≤50 000
芽孢菌总数（cfu/毫升）	≤100	≤1 000
耐热芽孢菌总数（cfu/毫升）	≤10	≤100
嗜冷菌（cfu/毫升）	≤1 000	≤10 000

（二）奶源示范、试点基地原料奶的保障体系

1. 奶源试点基地应达到国家《奶牛场卫生及检疫规范》(GBl6568—1996）的要求。

2. 挤奶应使用机械化挤奶系统，配备2小时内奶温冷却至0～6℃的设备和贮温在0～4℃的冷贮系统。挤奶与冷贮应有完善的操作与清洗养护工艺与技术标准，并有相应的记录。

3. 试点基地应有无公害的饲料供应，确保奶牛营养需要。要有合理的饲养工艺技术规章，提供充足优质的奶源。

4. 应有完善奶牛改良计划，不断地提高单位产量和降低单位成本。

5. 应有完整的奶牛保健医疗系统和抗生素类药品的使用与控制制度。

6. 应有牛粪尿处理达标排放系统。

（三）奶源示范、试点基地的监督体系

1. 应有严密的生产监督体系和机构，制定原料奶各项指标，明确控制点，岗位以及生产设备与技术标准，并有监测与处理记录。

2. 应有检测饲料中黄曲毒霉素B1等有害物质的设备与技术，并有监测与处理记录。

3. 应有抗生素类药品使用后的控制。监督系统与技术、并有监督与处理记录。

（四）奶源示范、试点基地的作用

1. 示范作用 学生奶源示范、试点基地要通过自身的提高，达到生产有机奶的水平，为学生奶原料奶和全国原料奶的提升起到示范作用。

2. 培训作用 应带动和辐射本企业其他牧场的生产水平提高，同时与其他定点企业自愿组合，以培训班、带教等多种形式实行专业培训，帮助提高奶牛和鲜奶质量生产水平。

（五）提供完整的奶源示范、试点基地的基础资料

1. 试点牧场的平面布置图及挤奶与冷贮设备清单。

2. 试点牧场的管理制度。

3. 组织机构及人员情况。

4. 2001－2003各年度牛群和牛奶生产月（年）报。

5. 2001－2003年度本单位成本分析年报。

6. 2001－2003年鲜奶质量月（年）报。

注：本标准于2003年12月29日试行。

（国家“学生奶奶源升级计划”专家组）

南京奶业集团加强学生奶安全管理

为把好质量关，由“南京市学生饮用奶计划实施协调小组”采取公开招标方式，在国家学生奶定点生产企业中选定供奶企业，通过对投标企业进行严格的专家评审，经协调小组办公室成员集体讨论决定认定南京奶业（集团）有限公司作为南京市学生饮用奶试点阶段的供奶企业。为了使南京市“学生奶”计划顺利而有效的进行，南京奶业集团遵循“政府引导、社会参与、企业生产、学校组织、学生自愿”的原则，在南京市“学生奶”办公室的领导下，按照“安全、营养、廉价、方便”的基本方针，通过政府、企业、学校和家长的共同努力，在教委的“先行试点后逐步推广”的规划下，积极稳妥地落实此项工作。

2002年以来，公司严格遵照国家“安全、营养、方便、价廉”的八字方针，认真贯彻国家有关学生饮用奶计划的指示精神，依照“政府让税、企业让利、学校让费、学生自愿”的工作原则，确定了“统一部署、规范管理、严格把关、确保质量”的工作指导方针，扎扎实实抓好学生饮用奶计划实施过程中的每个环节。并由企业向南京市学生奶办公室交纳10万元质量保证金，用于危机处理、质量追究等相关事宜。

目前，公司已顺利通过ISO9002国际质量体系认证，按标准要求建立起一套完善的质量管理体系，对每批学生奶都要进行产品质量检验，并将每批次生产产品抽取若干进行留样、建档，随时接受市监督部门的抽查检验。

南京市实施“国家学生饮用奶计划”经过两个学期的运作，已有6个城区近1万名中小学生安全的饮用了学生奶，试点学校平均饮奶率为45%，最高为60%，在学生奶推广过程中未发生1起重大事故。学生奶的推广得到了试点学校老师、学生和家长的普遍好评，并取得了良好的社会效益。

在学生饮用奶推广初期，各部门专家从奶源质量、生产工艺、质量控制、安全配送、环境卫生等多方面认真负责、严格把关，对学生饮用奶成品实行留样封存跟踪监督等全程监控，并设立了热线电话和举报电话，建立了规范的监督体系。

南京奶业（集团）有限公司本着对学生高度负责的态度，从各方面严格加强产品质量管理和监控等内部管理工作，不仅建立了许多学生奶安全管理制度，而且从生奶验收、生产过程控制、产品包装、出厂检验、仓储管理、配送服务等各环节制定了管理制度和操作规程，并认真执行各级领导安全首长负责制，进一步明确各工序、各岗位人员可追溯的安全责任，切实做到严把产品质量关、安全关，让学生饮用奶推广工作安全、有序地开展。

在重视安全质量管理工作同时，亦加大了学生奶推广工作的宣传力度。在推广初期，一些学校对此项工作存有担忧，思想认识并不一致。面对种种看法，我们在试点工作开展之前，先后4次召开各有关部门参加的会议，提高认识，统一思想，同时利用各种宣传手段，积极宣传实施“学生饮用奶计划”的重大意义，引导各方面把推广学生饮用奶与改善青少年的身体健康状况、提高中华民族的综合素质联系在一起，因而提高了大家对开展学生饮用奶计划意义的认识。

为了从科研的高度验证饮用牛奶确实对儿童、青少年的健康有益，用科学的理念进一步倡导饮奶的好处，南京市中小学卫生保健所在南京奶业集团的赞助下，对试点学校的124名学生分别在奶前和饮奶一年后，进行了骨密度以及体内维生素含量等项目的测试。测试由南京市儿童保健所选用专门的仪器进行。测试结果表明：124名学生在连续饮用1年学生奶后骨密度增加，血红蛋白、血锌有明显增加，经统计学处理有显著差异，为我们进一步推广学生饮用奶计划提供了科学依据。

冬季饮奶是学生奶推广工作的一大难题，为了解决孩子们冬季喝热奶的问题，南京奶业集团花费了大量资金为每个试点学校安装了电热蒸饭箱，并制定了“学生奶加热器”安全操作规程，委派专人上门指导老师操作。

为了满足家长的要求，保证孩子们寒暑假营养不间断，南京奶业集团在寒、暑假花费了大量的人力、财力、物力克服重重困难，将学生奶安全送到学生家中。

学生饮用奶计划是一项关系国家、民族根本利益的长远大计。学生饮用奶计划实施不仅是增强青少年身体素质的健康事业，而且也是一项关系到农业产业结构的调整，关系到全面建设小康社会、全面提高我国整体竞争力的特殊工程。我们相信，有党和国家领导人的关心，有政府的政策扶持，有南京市委、市政府的重视指导，有社会各界的理解支持，南京市学生饮用奶推广工作一定会在开拓中不断创新，在发展中不断前进。

（南京奶业集团有限公司学生奶办公室）

福建长富严格把关 确保学生奶质量

长富乳业集团股份有限公司创建于1998年3月，2002年2月被国家学生奶计划部际协调小组确认为中国学生饮用奶定点生产企业以来，深感责任重大，积极投入，把长富学生饮用奶推广工作当作“良心工程”、“爱心工程”，努力做到让社会放心、家长安心，孩子开心，力争配合政府把这项功在当代，利在千秋的大好事办好。

1. 优质的奶源使学生饮用奶天然品质始终如一 “源于天然、保持天然”是长富乳业为孩子们奉献的厚礼！每一滴长富牛奶都源于纯生态天然环境的长富武夷山脉、呼伦贝尔两大自然生态牧场。

为保证孩子们最终真正完整享有牛奶的天然品质，长富乳业从创建以来，就全面致力于奶源的国际化全体系高端标准控制，在我国乳业界全面倡导和实施三大新奶源标准：牧草无公害选植和奶牛营养均衡、全机械化挤奶工艺及牛奶离开牛体后的品质控制、牛群保健和种群优化。

长富牧场设备先进，管理科学，所有牧场均实行全机械化挤奶，从德国引进的转盘式挤奶台和意大利全自动喂料机不仅填补了国内空白，而且杜绝了牛奶受到二次污染的可能性，解决了我国乳业界一大难题，奶中的天然营养组成更加合理。奶源品质优良，其中每毫升原料奶微生物数小于5万个，优于国家一级原料奶标准。

2. 先进的加工技术和专业的营销队伍保障学生饮用奶安全、营养 对于乳品生产企业来说，产品质量是企业的生命。长富公司从创业初始，就把质量问题当作一件大事来抓，为了确保牛奶的质量，长富乳业构筑了全过程质量安全保证体系。在生产领域，长富公司引进美国、德国、瑞典、西班牙等国际先进的全程序高端标准生产工艺，通过全封闭的标准化净乳、均质、闪蒸、杀菌、冷链贮存等加工工序组织无抗奶生产；质量检测上，长富采用美国食品与药品管理局FDA标准进行生产和质量检测，并率先在全国乳品企业中，采用100%新鲜奶源组织生产。

为了真正把党和政府提出的“安全、营养、方便、价廉”八字方针落到实处，长富乳业建立了一支专业性的营销服务队伍，经过严格的筛选和专业培训，以专业严谨的工作态度专门负责饮用奶的配送工作，最大限度地减少了中间流通环节。与此同时，还根据学校市场需求，不断开发新品种，现有纯味、草莓、巧克力、哈密瓜、麦香、鸡蛋布丁等多种口味，大大满足了孩子们的需求。目前，长富学生奶已经遍布省内20多个县（市），并以其优越的品质和良好的服务赢得了广大中小学生、老师以及家长的好评。学生饮用奶推广工作是一个系统工程，也是检验定点生产企业各方面综合实力的试金石。

3. 爱心工程——长富学生饮用奶推广的基石 长富学生饮用奶的推广工作从昨日的蹒跚起步到今天的逐步壮大，离不开政府扶持和社会各界的关心和支持，所以我们时刻不忘回报社会，把关心下一代的健康成长为己任。公司组织举办了各类主题明确、内容丰富的以“长富学生奶杯”冠名的赞助活动，仅2003年就投入98万元资金作为活动赞助费用。每年拨出专款赞助特困儿童完成九年义务教育；赞助部分学校增设教学设备；（如一次性捐助南平一所小学20万元人民币购置电脑），举办“关心下一代成长，长富献爱心”等向贫困生赠送牛奶活动。特别值得一提的是，2003年4月，在团省委、省教育厅共同开展的“孩子的牛奶孩子选”的活动中。长富学生奶以口感好、品质优良等特点赢得了广大同学的青睐，成为孩子们心目中的好牛奶（96%的同学选择了长富牛奶，1%的学生弃权，3%的同学选择喝其他品牌的牛奶）。这次活动意义深远，它充分折射出在学生饮用奶的推广过程中，必须严格遵循“公平”、“择优”、“自愿”等原则，总之，“学生饮用奶计划”的实施给长富乳业带来了一个更加深刻、更加广泛地回报社会、关心少年儿童成长的机会。长富公司定将不负众望，力争让广大中小学生都能喝上长富学生奶，为孩子们的健康成长献上一份厚礼！

4. 危机应急预防与处理措施 学生饮用奶安全问题不仅仅是学校、学生家长关注的问题，更是企业最关注的问题。杜绝学生奶危机的发生，不仅要求我们对学生奶的生产、配送、分发、饮用进行全过程严格跟踪监控。而且要建立一支能打硬战的、专业的学生奶危机管理小组（成员包括最高领导层在内的有关生产、质检、销售等人员）。有针对性地制定危机预防措施和处理原则，拟定危机处理预案并积极开展危机管理宣传教育，做到防患于未然。

作为学生饮用奶定点生产企业，长富将一如既往地坚持“统一部署、规范管理、严格把关、确保质量”的工作方针，推进“学生饮用奶计划”的顺利实施。让更多的学生每天都能喝上“安全、营养、方便、价廉”的长富学生奶。

（福建长富集团股份有限公司）

青岛雀巢学生奶注重质量控制

总部位于瑞士的雀巢集团，是最早进入中国的外商之一，青岛雀巢有限公司是雀巢在中国的第二大乳品厂，是山东省乳品的龙头企业，公司成立于1996年，2002年7月被中国学生饮用奶办公室部际协调小组颁发学生饮用奶定点生产企业的证书和标牌，成为全国48家国家学生饮用奶定点生产企业之一。2002年9月，雀巢加加优学生奶进入试点学校，并取得了试点期学生奶供应的宝贵经验。自试点以来，“雀巢学生奶”的质量控制重点抓了以下工作：

（一）从源头做起，把好原料奶的质量关

好的原料是生产出好的产品的前提。为控制好奶源质量，公司加强了奶源部的力量，以突出质量控制工作。奶源部专门从事鲜奶的收购，质量控制与提高，以及对奶产品的宣传与教育。“为奶户增加收益，提高他们的质量意识与自觉性，使他们自觉成为雀巢供应链中的一员，愿意为雀巢质量的不断提高而贡献力量并以此为自豪”这是公司追求的目标。

此外公司有专门配备的车辆供奶源部在各个奶户与奶站间不间断巡视，奶站有专门配备的一系列的制冷设备与配套设施，使收奶过程首先在硬件上达到高标准。在收奶时间上的有效控制，使鲜奶在微生物质量控制方面有了可靠的保证。

在软件上，公司制定了一系列严格的监控与处置措施。QMS（质量监控计划）覆盖到收奶户开始的整个收奶链。奶源部按一定计划对奶户进行全面的采样监控，对不合格的奶户有严格的处罚措施。

正是因为有了严格的控制与把关，公司的奶源在过去几年里一直保持在一个良好水平上并逐年提高，国家学生奶办公室对生产学生奶的鲜牛奶要求TPC控制在50万以下，而公司长期以来一直优于此标准，在过去两年中，鲜奶平均TPC控制在20万左右，正逐步向欧洲发达国家标准（10万）接近。

（二）从材料到成品，每一个过程都处于严格的监控之下，不合格的材料成品不会进入下一道工序

1. 工厂的质量保证部有23位受过专业培训的人员对全厂的质量进行全方位的控制。从人员上看质保部占公司总人数的8%，从设备上，我们拥有600多万元的进口设备用于各种化验与分析；从资金上，每年用于质量保证的常规费用（不计算设备投资与人员工资等）达到180万～200万元。质量保证部独立于任何其他部门，在有关产品质量拥有决定权。

2. 在雀巢，任何一个工厂要采用“Nestle”这个商标进行生产，都必须达到FPL（第一优先水平），这是一个工厂达到保证安全性的前提。而要达到FPL，在雀巢33个质量元素中有6个必须强制性全面执行，他们是HACCP（危害分析与关键控制点），WMS（质量监控计划），GMP（雀巢良好生产规范），用于监控关键控制点的仪器/设备的标准，产品的放行与召回（包装上游与下游产品追踪），还有实验室的检测水平与熟练性。青岛雀巢作为一个达到FPL多年的工厂，除了全面系统地实施了以上内容外，正向着雀巢高级水平迈进，逐步地全面实施其他质量体系内容。

3. 学生奶的生产关系中国下一代的健康。生产中，我们在雀巢的质量控制标准之上又给予了更高的重视，公司专门成立了学生奶小组，负责学生奶的生产、发送、协调生产、质保、计调等相关部门都有成员在这个小组内，具体负责相关区域的控制。

从奶牛健康到饲喂、管理，到原料奶入场，公司都进行严格把关，对每车奶都严格检验。只有当酒精实验、冰点、抗生素检测、TS、FAT，硝酸盐及亚硝酸盐等项目合格后才允许收奶。2002年，公司又出资20多万元从美国购进CHARM2设备。使抗生素检测能力从β-内酰胺类扩展到了四环素、磺胺等多个谱系（在欧美及香港法规中所列抗生素均可置于监控之下）。对调味乳的生产，辅助原料都购自于世界上著名的供应商。

在学生奶生产线上，有多个CCP点（关键控制点），他们涵盖了从产品热处理（杀菌）到无菌阀的控制、无菌空气的处理到包材的灭菌和封合等各个环节。这些关键控制点都是按照生产过程对产品的安全性影响，经仔细分析并结合生产经验和GMP的实施状况而设定的。在生产过程中，这些点都得以严格的监控。除了自动控制系统之外，人工的定时检查与记录使各个关键点处于控制之下。一旦有异常出现，相关的产品会立即被扣置做进一步检查处理。CP（控制点）的控制状态是最终产品放行的一项重要依据。

除了CCP点之外，还有许多CP，它们也是保证产品质量的重要条件，整个体系在一起的有机结合与全面实施是保证生产出合格产品的关键。通过参加中国学生饮用奶办公室部际协调小组2002年举办的HACCP培训班，公司对HACCP制度更加重视，但也同时强调，HACCP绝不是孤立的，它只有与GMP、GHPC等良好的卫生规范有机结合在一起一并实施，才会真正发挥出作用。因为，任何一个与产品质量相关的人的行为对质量都是重要的，从原料的采购到成品到达消费者手里，任何一个环节都不能出问题，对学生奶也是如此。

除了HACCP外，还有QMS，它详细规定了生产过程中每一个检查要素（包括设备、材料、卫生、CIP、操作等）并对控制项目、参数与标准作了严格规定。此外，公司还建立了一系列的SOP（标准操作规程）、OM（操作守则），对生产操作做出了详细的规定。即有利于人员的约束与培养，也保证了生产的规范化操作。

在整个生产过程中，公司还建立了详细的传递单。从原料进厂开始便进行详细的记录与必要的检查，每一步都附带检查结果，只有合格后，才允许进入下一道工序。任何一个环节有问题都必须停下来进行处理，直至合格才能往下走。半成品只有检验合格后才能灌装。生产结束后，所有的生产记录立即归档备查。记录一直保存至产品过期两年。

强调整个生产过程中每一步的质量控制而不仅仅是对成品的检验与放行，这是公司的一贯作风，只有每一步都控制好了，才能保证最终产品的质量。

4. 最终产品的质量把关。在UHT奶的生产上，控制产品的无菌性是质量的关键，也是最敏感的一方面。公司从国外购进了两台ELECTEST检测仪，每台价值4万多美元，可用于对样品进行快速的非破坏性检查。有了这种检测仪，使我们在实验室的常规分析外，又可大量采样，进行培养检查，在保温室培养数天后作全部检查，每批数千包的样品，大大增加了对缺陷产品发现的几率，从而使最终产品有了更可靠的质量保证。一旦发现有缺陷样品，相应的产品会立即被扣留作原因分析，必要时会做100%检查。自2002年9月份供应学生奶至今，公司的产品缺陷率是零。安全，是食品供应尤其是学生奶供应必须坚持的首要原则。在雀巢，质量永远是第一位的。

公司的质量保证部除对生产过程的各个环节进行化验、分析、控制外，还有一项重要的功能，既是雀巢质量体系的推行，质保部对与质量相关的各个环节进行全面的监督。包括工程设计、维修、整个工厂的卫生、生产操作的规范性、生产参数的控制、人员行为、仓储的合理性、生产记录等。除了内部的监督外，公司每年都要接收来自总部和外部的多次审查。以确保整个工厂质量体系的可靠性，使生产与质量控制完全符合雀巢的质量标准。

学生是一个特殊的消费群体，公司支持政府落实学生饮用奶项目，始终坚持“安全、营养、方便、价廉”八字方针，让学生喝的舒心，让老师、家长放心，让学生们学习更加优秀、身体更健康。

（青岛雀巢有限公司）

各地奶业

北京市

【概况】北京市奶牛养殖业近几年来在政府政策的推动、市场需求拉动、龙头企业带动、经济利益驱动四股力量合力作用下，保持了快速发展势头，奶业生产取得了令人瞩目的成绩。

自1999年以来，北京市的奶牛养殖从1999年初的66.23千头，增至2003年末181千头，5年内增加114.7千头，增长173%，平均每年递增近43%，达到了北京市奶牛养殖历史上的新高潮。

奶业发展的关键在乳品加工企业，乳品加工企业是原料奶生产者的终端市场，国内外各大知名的乳品加工企业纷纷以不同的形式进入北京的乳品市场，投资建厂是重要的一环。目前全市有大小乳品企业62家，其设备日处理能力5 000吨，大大超过日处理2 051吨（其中鲜奶日处理量1 600吨）的能力。

2003年北京市奶类总产量637千吨，实际每天上市鲜奶1 780.8吨。全市按1 200万人口计算，人均每年拥有鲜奶54.17千克，按城镇人口750万计算，城镇人口年拥有鲜奶86.67千克。而1999年北京奶类总产量243.6千吨，全市人均年拥有鲜奶20.3千克，城镇人口拥有鲜奶32.48千克。同比人均分别增加33.87千克/年（全市1 200万人口），增长1.67倍和54.19千克/年（城镇750万人口），增长1.67倍。

据中国奶业年鉴公布的2002年全国大中城市各地奶业总产量和人均占有量及位次表明，2002年全国人均占有量10.9千克，北京人均占有量39.3千克，在全国名列第七位。全国城镇居民家庭平均每人每年食品消费支出北京3 522.7元（在全国名列第四位，依次为上海、浙江、西藏）；人均乳制品消费为255.9元，居全国第二位（第一位为西藏，人均333.64元）。以上统计数字仅限北京所生产乳制品，不含全国各地的乳制品进京数字。

【中近期北京奶业发展规划】根据北京总体发展规划及奶牛产业特点，和北京在奶牛品种、质量、技术、市场等多方面优势，区域布局重点从资源、环境、结构三个重点考虑；计划至2007年全市奶牛发展到240千头，其中成乳牛140千头，年总产奶100万吨；其中三元集团饲养良种奶牛30 000头，平均单产9 000千克，年总产奶170千吨。区县以北京西南部及东北部7个区县建立环北京奶牛带（包括大兴、通州、顺义、怀柔、密云、延庆、房山），并发展成为全国高产奶牛园区，建成后存栏奶牛210千头，其中成乳牛120千头。

关键技术是抓好繁育，提高奶牛质量和单产水平，使区县奶牛平均单产从2001年4 876千克提高到年单产7 000千克。区县2007年牛奶总产达到830千吨。实现北京奶业高产、优质、高效、环保和可持续健康发展。

中近期奶业发展目标实现后，北京人均拥有鲜奶按全市人均1 200万，城镇人口750万不变数字统计，2007年全市人均拥有鲜奶83.34千克，城镇人均拥有鲜奶133.34千克，即时可以达到世界人均奶占有量的水平。

目前存栏10 000头以上区县4个（顺义、通州、怀柔、房山），存栏20 000头以上区县3个（延庆、大兴、密云）。计划2007年各区县存栏：大兴县40 000头，其中成乳牛24 000头；通州区15 000头，其中成乳牛9 300头；顺义区30 000头，其中成乳牛18 400头；怀柔县19 000头，其中成乳牛11 700头；密云县30 000头，其中成乳牛18 600头；延庆县51 000头，其中成乳牛30 000头；房山区25 000头，其中成乳牛15 500头；区县合计210 000头，其中成乳牛140 000头。

（北京市奶业协会　经宝临）

天津市

【概况】2003年全市奶业行业和其他农业产业一样，在“三步走”发展战略中迈出了可喜的第一步。在全市的农业工作中，继续把发展奶业放在农业和农村经济结构战略性调整中的重要位置，积极贯彻以市场为导向，以农民增收、繁荣市场为目标，提升奶业在农业乃至国民经济发展中战略地位的奶业发展方针。在宣传牛奶、引导消费；提高素质、增强实力；扩大规模、提高质量；强化龙头，推进产业化经营等方面都取得了显著成绩。全市奶牛存栏、牛奶产量、经济效益等主要指标连续三年呈两位数增长，增长速度位居全国同行业前列。

1. 奶牛数量和牛奶产量稳步增长　年末全市奶牛存栏133 025头，比上年纯增35 092头，增长35.8%；总产奶量432 264吨，比上年增加96 334吨，增长

28.7%，其中商品奶 414 425 吨，比上年增加 91 618 吨，增长 28.4%。

在奶牛饲养业经济结构组成中，个体奶牛发展速度较快，2003 年末，全市个体奶牛 118 210 头，比上年增长 42.2%，占全市奶牛数量的比重由上年 85%上升到 88.9%。在个体奶牛业主中，以农民为主体，也有部分城市下岗职工和其他产业转移到奶业方面的投资者、劳动力和经销商。奶业作为一个独立的产业，其地位已在市场经济的发展过程中逐渐确立。

2. 乳品加工业的发展，对奶业经济形成了巨大的拉动作用 2003 年末全市乳品加工厂 34 个，其中日加工能力超过 100 吨的有 10 个，全市乳品加工企业的有效加工能力已达 2 100 吨/日。天津乳品加工能力在短短的几年中迅速提高，一条根本经验就是改革的魄力，开放的力度，大胆引进国内外知名企业在天津合资、合作建厂。目前国内上海的光明、黑龙江的完达山、杭州的娃哈哈、北京的三元等，国外的菲仕兰等都在天津建厂，加工能力超过全市加工能力的 65%。

3. 乳品消费市场日渐成熟，市场容量逐年增大 2003 年底，全市自产牛奶人均占有量约 43 千克，比上年增加 9.6 千克。全年自产牛奶上市量 414 425 吨，除 104 610 吨原料奶销往北京、河北、山东以外，其余 309 815 吨原料奶在本地加工销售。其中以巴氏消毒奶、超高温灭菌奶、酸奶和含乳饮料为主的液态奶 280 778 吨，平均日生产和销售 769 吨，比上年增加 150 吨，增长 24.2%，占牛奶上市量的 90.6%。说明天津市饮奶人数增加，市场容量增大，产品结构趋于合理，巨大的消费需求及购买力的绝对增长使乳品市场逐渐成熟并趋于理性化消费。

4. 奶业经济效益显著，对加快农民增收和全面建设小康社会发挥了重要作用 2003 年全市奶业总产值 19.23 亿元人民币，其中主产品销售收入 16.73 亿元，分别比上年增长 32.6%和 23.9%。由于奶牛饲养业有较大的发展潜力，广大农村已把发展奶牛作为首选产业，宁河县东棘坨镇小顼店村有一半以上农民养牛，人均收入已达到 2 万余元，成为远近闻名的“奶牛村”。武清区从 2001 年开始重点扶持发展奶业，到 2003 年底奶牛存栏达 48 200 头，比 2000 年增长 4 倍多，位居全市首位。2003 年获奶业总产值 9.14 亿元，占牧业总产值的 52%，人均奶业增加收入 336 元。

5. 奶业一、二、三产业协调发展，带动相关产业，产生了巨大的社会效益 随着奶业经济地位的形成，越来越多的相关产业如种植业、草业、饲料加工业、服务业、机械制造业、兽医药业以及以奶业为服务对象的信贷银行、各类保险、物流储运、广告宣传等都在直接与间接地为奶业服务，并获得较好的效益。近年来大量的玉米秸秆被作为奶牛的青粗饲料，仅武清区 2003 年就利用玉米秸秆 45 万吨，平均每公顷玉米地增收 1 590 元。现代设施奶业的建设，带动了以生产挤奶机、制冷罐、青贮切碎机为主的机械制造业的兴起。大大地增加了就业机会。

【主要工作和存在的问题】

1. 重视奶源基地建设，抓好以奶牛养殖小区为重点的基础建设 按照天津市“十五”期间奶业发展计划“农业和农村经济结构调整中重点发展养殖业，增加畜牧业在农业中的比重，在发展畜牧业中突出发展奶业”的思路，2003 年又提出了“稳定牛群，提高质量；科技创新，增加实力；开拓市场，增加效益”的阶段性指导思想，把抓好农村奶源基地建设作为全年的工作重点。

(1) 抓好以奶牛养殖小区为重点的奶源基地建设。首先是合理布局，坚持标准，不搞盲目建设。组织专家对申办的奶牛小区进行论证，按实际情况科学设计；其次是宣传引导，把国家和市政府的产业政策贯彻下去；第三是在整个奶牛小区建设过程中巡回指导，避免走弯路；第四是组织有关业务人员对已建成的奶牛小区进行验收，使奶牛养殖小区建设达到高标准。2003 年全市新建奶牛养殖小区 52 个，已达到设计要求的 44 个。截止到 2003 年底，全市已建成并投入使用的奶牛养殖小区（场）148 个，已进驻小区集中饲养的奶牛 10 万余头，超过全市奶牛总数的 80%，奶牛养殖小区的建设，使天津市奶源基地建设上了一个新的台阶，奶源质量大幅度提高。

(2) 引导乳品加工企业投资与农民合建奶源基地。2003 年已有菲仕兰、娃哈哈、完达山、光明梦得、中芬等乳品加工企业以直接投资或投设备等方式在武清、北辰、宁河、宝坻建立了多处奶牛养殖小区，这样不仅使乳品加工企业获得了奶源，而且紧密了生产、加工的内在联结，推进了产业化的进程。

(3) 各级政府的优惠政策，使奶源基地建设有了可靠的保证。2001 年以来，各级政府对奶业的发展相继出台一系列扶持政策，如市政府每年从财政预算中拿出专项资金扶持现代设施奶业建设，并对小额贷款给予贴息。各区县也在资金、用地、用电、用水等方面给以扶持，使全市奶源基地快速发展。

2. 依靠科学技术，提高奶业的整体水平 为了保证奶业发展的高质量，2003 年的奶业工作会提出了发展数量与质量并重，到“十五”末平均年单产达到 6 500 千克的目标。为了实现这个目标，各地采取了相应的技术措施，一是扩大了奶牛生产性能测定的范围，积累科学数据，指导全市奶牛改良事业；二是聘请国内外专家，指导奶牛小区的饲料和饲养管理技术；三是推行现代化设施技术，通过装备挤奶机、冷链体系、检验仪器，提高了奶业现代化水平；四是采取请进来，走出去的办法对技术队伍进行技术培训，先后从美国、英国、瑞典、荷兰、日本、韩国、法国等国家请来专家来天津巡回授课，同时又派人出国学习；五是抓好奶牛良种繁育工程，在中日奶业技术合作项目的基础上，2003 年农业部正式批准宁河县和农垦种公牛站建设项目。充分利用天津市被列为国家奶业发展优势区域这一机遇，抓好种子工程，为奶业发展积攒后劲。

3. 一批龙头企业的发展，推动了奶业产业化经营 2003年是全市乳品加工企业变化最大的一年，一是国内外知名企业纷纷落户天津，到2003年底，世界排名前10位的跨国集团有3个在天津落户，国内排名前10位的有5个在天津境内投资建厂，其加工能力达到1 400吨，占天津可运转加工能力的67%左右，可以说是天津市乳品加工业的主力军；二是国有乳品加工老企业的重组改造以新的面貌出现，重振地方品牌有望，海河乳业投资1.6亿元新建日处理鲜奶400吨的新车间，并以股份制形式为企业注入了新的活动。2002年又被国家授予国家级龙头企业，成为天津市地产最大的乳品加工企业；三是一批私营中型乳品加工企业诞生，这些企业以新、特活跃在乳品市场竞争中，加工能力50吨左右，生产的品种以新、特著称，如全国惟一一家生产加工羊奶粉和羊奶片的企业就在天津。这些中小企业虽没有大型企业实力强，产品多，但却以其新特的品种和口味、灵活的运营机制在市场中拾遗补阙，受到广大消费者的欢迎。目前天津市乳品加工业各企业的实力都在增强，竞争也日趋激烈。这对奶业的发展十分有利。2001年以来在天津投资（或合资）建厂的光明、娃哈哈、完达山、三元、三鹿和伊利都是国家级龙头企业，加上海河乳业，已有7个国家级龙头企业，除伊利、三鹿外（这两个企业是在天津境内建厂，但属河北管辖的汉沽农场），有5个国家级龙头企业将带动天津奶业的发展。目前这些企业都有新的举措，与奶牛饲养业结盟形成产业化经营的新格局。

4. 奶业专项计划的实施，确保了牛奶质量和安全，开拓了潜在乳品市场

（1）无公害牛奶行动计划。目前已完成了第三批无公害牛奶生产基地的认定工作，有112个奶牛场和奶牛养殖小区被确定为天津市无公害牛奶生产基地，有8个乳品加工企业被认定为无公害牛奶加工企业。此项计划的实施，将使天津市乳制品的质量和安全水平提高一个档次，确保广大消费者能喝上放心奶。

（2）学生饮用奶计划。目前已开展4年多的时间。有海河乳业、菲仕兰（天津）、中芬乳品、光明梦得、娃哈哈等5个乳品加工企业被确定为国家学生饮用奶定点生产企业。高峰时有600多所中小学校，16万中小学生饮用学生奶产品。上述的5个定点生产企业的学生奶产品，除供应本市外，还供应北京、沈阳、杭州、山东、河北等地的学校和学生。这项计划对拉动奶业发展发挥了重要作用。

5. 市委、市政府的正确领导，奶业管理部门的艰苦努力和各有关部门的密切配合，为奶业发展提供了可靠的保证 在2003年的奶业管理工作中，政府对奶业宏观调控的作用不仅体现在政策、资金、技术的扶持方面，而且在宣传引导、工作协调、指导服务等方面都发挥了重要作用。

各有关部门密切配合，各司其职，为奶业发展提供了周到的服务和有力的保证。奶业办公室深入农村和企业，解决实际难题，在奶源配置、小区规划、组织技术培训和服务，推动产、加、销一体化经营和信息交流等一些具体工作中发挥了重要作用，受到基层和企业的欢迎和好评。

存在的问题：一是奶业的超常规发展，出现了重数量忽视质量的倾向。大量的从外地购入奶牛，质量得不到保证，使全市牛群质量下降，产量降低。全市成母牛平均单产由上年的6 312千克下降到6 038千克；二是奶牛养殖小区数量的迅速增加，带来了管理不规范，达不到设计规模，造成效益低下，资源浪费等问题；三是产业化程度低，产、加、销脱节，龙头企业数量多形不成拳头，地方实力不强；四是生鲜牛奶购销质量管理体系不健全，造成原料奶购销环节质量管理秩序混乱，尤其是奶站收购的分散奶源质量差等问题都需在以后的工作中加以改进。

（天津市奶业办公室　曲金铎）

河 北 省

【概况】在省委、省政府的正确领导下，河北省奶业发展势头强劲，形势喜人，已成为农民增收的一大支柱产业。近年来，奶牛生产和乳品加工每年以30%以上的速度递增，显示出超常发展态势。

奶牛饲养规模不断扩大。2003年全省奶牛存栏1 304千头，奶类总产量2 076千吨，分别占全国总量的1/6和1/8，位居全国第3位。

品种改良成绩显著。全省建立了以省种公牛站为主体，以市冻精站为依托，以县乡配种改良站为基础的三级良种繁育推广体系。“九五”以来，先后从美国、加拿大引进优质种公牛100多头，奶牛冻精12 000支，高产奶牛胚胎5 000多枚，购置配种改良设备3 000多套，新增奶牛配种改良站点1 100多个，2003年全省生产优质奶牛冻精70万支，奶牛胚胎移植3 200多枚，改善了奶牛品种质量，提高了单产水平。

乳制品加工能力提高迅速。2003年，乳制品产量连续4年位居全国第二位，其中固体乳制品产量119千吨，液态奶产量400千吨，乳制品国内市场占有率近10%。坚持一手抓奶业发展，一手抓龙头企业建设，大大提高了全省乳品行业的总体竞争实力，形成了较为完善的乳品加工体系，已成为河北省食品工业中发展最快、成长性最好的产业，初步形成了规模化生产、集团化运作、产业化经营的格局。三鹿集团充分发挥品牌优势，投资近20亿元对核心企业和联营企业进行了技术改造，已经成为河北省乃至全国乳制品加工龙头企业。与此同时，各地还先后引进了伊利、蒙牛、三元、均瑶、完达山等全国知名企业来我省投资建厂。为河北省奶业快速发展奠定了基础。

目前，河北省奶业发展仍存在以下不利因素：一是奶牛良种率不高，单产水平低。牛源供需矛盾突出，特别是纯种荷斯坦奶牛缺乏；二是乳品加工企业重复建设，奶源无序竞争。一些加工企业抢购奶源，降低收奶标准，随意提高收奶价格，导致市场竞争无序；三是乳制品生产档次低，缺乏市场竞争力。乳制品品种少、档次低。主要以鲜奶、奶粉、酸奶和乳酸饮料等产品为主，而国际上流行的高档配方奶粉、奶酪、奶油等大宗产品生产严重短缺，造成市场竞争缺位。

【奶源基地建设】在认真调研和充分论证的基础上，紧紧围绕乳品加工企业，大中城市，无公害饲草基地和交通要道四大要素，制定了奶源基地建设规划，先后建立了环京津、环省会和环张承三大奶源基地。截至目前，三大奶源基地共涉及 7 个市、37 个县，奶牛存栏 574 千头，牛奶产量 1 213 千吨，占全省牛奶总产量的 61.3 %。有力地保证了全省奶业健康稳步发展。

【标准化生产】小区建设是标准化生产的平台。2003 年，狠抓了以奶牛小区建设为载体的标准化生产，将标准化生产和小区建设有机地结合起来，按照“统一规划、统一标准、统一服务、统一销售，分户饲养”的模式，引导养殖户由家庭分散饲养向小区规模养殖转变，把养殖小区建成标准化奶牛生产示范基地；截至 2003 年底，全省共有 100 头以上规模养殖小区 470 个，机械化挤奶厅 526 个，挤奶数量 73 万吨，占全省牛奶总产量的 37%。

【饲草饲料基地建设】一直坚持奶源基地建到哪里，饲草饲料基地就布到哪里。2003 年，在三大奶源基地共建成了国家级秸秆养牛示范区 1 个，国家秸秆养畜示范县 34 个，大型永久性青贮窖 1 712 个、购置了青贮机械 4 286 台，大力推广全株玉米青贮，青贮数量达到 5 350 千吨，占全省青贮总量的 41%。2003 年全省新种苜蓿 46 667 公顷，生产商品草 130 千吨，同比分别增长 46%和 83%，秸秆处理利用率达 23%，饲草产量达 7 151 千吨，比 2002 年增长 1.42%。有力地支持了奶源基地建设。

【质量控制】2003 年，为了严格原料奶检测措施和优质优价的价格调节杠杆，确保原料奶质量。首先制定了挤奶厅操作规程，对挤奶厅布局、道路、挤奶设备、挤奶人员等做了明确的规定，并每天对牛奶留样做抗生素和酒精试验，实行严格的责任赔偿制度。然后，乳品加工企业在收购原料奶之前对蛋白质、脂肪、酸度、细菌等全项指标做进一步检测，最终按蛋白质、脂肪、细菌、比重、酸度等综合确定原料奶等级和价格。真正把原料奶质量控制与优质优价紧密结合起来，保证了全省乳制品生产质量。

【政策扶持】政策扶持是奶业发展的重要保证。一是在用地上，把奶牛规模饲养场和集约化饲养园区占地视作农业用地；对扩建、引进大型加工企业和研发企业建设用地实行优惠政策。二是在用电上，对省内重点奶业龙头企业免征国家电建资金和城市附加费。三是在税收上，对农业产业化国家重点龙头企业从事奶牛养殖业及牛奶初加工所得，按国家现行税收政策给予减免企业所得税的照顾。四是在资金投入上，对引进、扩建奶产品加工企业、奶牛小区建设、良种牛购进等发展建设贷款实行贴息政策，允许农户以奶牛、牛舍和相关设备等固定资产做抵押申请贷款。据统计，2003 年全省各级财政投入奶业资金达 1 亿多元，同时拉动 20 多亿民营资本，为加快河北省奶业发展注入了新的动力。

（河北省奶业协会　贾树刚　吕金玉）

石家庄市

【概况】2003 年末，全市奶牛存栏达到了 169 千头，比 2002 年纯增 48 千头，鲜奶产量达到了 405 千吨，同比增加 34.76%；全市具备一定规模的奶牛小区已达 160 个，比上年增加 40 个；奶牛小区存栏奶牛 40 千头，比年初增加 10 千头。已有 120 个机械化挤奶厅建成投入使用，日挤鲜奶 400 吨以上，规模化饲养程度达到 30%。奶牛小区无论从数量上，还是建设标准上均比上年同期有了明显提高。

石家庄市乳品加工企业达到 23 家，2003 年共生产乳制品 51 万吨，“龙头”企业三鹿集团已发展成为集奶牛饲养、乳品加工、科研开发于一体的综合性大型企业集团，资产总额达到 12.5 亿元，共生产 8 大系列 136 个品种，年处理鲜奶能力达到 65 万吨，年产各种乳品能力达到 40 万吨。其产品有 50 多个通过了国家绿色认证，企业也多次获得了国际质量认证。2003 年实现销售收入 53 亿元，利税 4.6 亿元，分别比上年增长 73.6%和 28.6%。

【奶业发展的特点】

（1）县级政府对奶牛业发展的支持力度加大。如平山县对年内完成新增奶牛 300 头的乡领导给予 2 万元的奖励，对年内完成新增奶牛 500 头的乡领导给予 5 万元的奖励；县政府还拿出 100 万元为进区奶牛投资保险，保价 9 000 元，而且农户可凭保单到信用社再贷款 9 000 元用于购牛；奶牛养殖小区占地按照农业占地对待，水电费按农业生产标准收取；对建设的 2 个 1 000 头以上的小区除上述优惠外还享受农业开发水利设施配套的优惠。

元氏县人民政府出台了《进一步加快发展奶牛业的实施意见》，要求每个平原、半山区乡镇至少新建一个 300 头以上的奶牛小区，并在信贷政策上给予一定倾斜。

（2）各界、各阶层投资奶牛养殖业的积极性空前高涨。投资奶牛养殖的有农户联合合股投资，也有个人独资的；既有本乡本土的农民，也有原在市区投资工商业赚了钱转向奶牛业的；有直接买牛进行奶牛养殖的，也有不少是投资奶牛小区建设的；资金量有多有少，少的一股数万元，多的一股几十万元。总之是热情非常高，投资非常踊跃，资金来源方方面面。全市全年新增奶牛养殖小区、规模养殖场 40 个，新增奶牛 48 千头。

（3）奶牛养殖小区向规模、规范、标准化方向发展。今年以来新上奶牛养殖户均以建设小区为基点，在建设前在小区的规划、设计，机械化挤奶设备的采购上，均征求专业人员和龙头企业的意见，新建设小区更加规范化、标准化。

（4）奶牛奇缺，价格大幅度上扬。据调查今年每头奶牛年单产在5 000～6 000千克的成母牛最高价格约在1.8万元，大月龄青年牛价格约在1.5万元，母犊落地0.6万元，而上年同期价格分别在1.3万元、0.9万元、0.3万元。并且这些价格买家多，卖家少，经常是有行无市。为了买到足量的牛，对于进口牛的咨询日渐增多，全年从澳大利亚和新西兰引进奶牛近300头。

（5）奶协工作成绩显著，被河北省政府和石家庄市市委、市政府评为“先进农民合作组织”。一是发挥专业特长，帮助基层规划奶牛小区。今年以来或会同乳品龙头企业或独自完成，从实地考察到平面图绘制，先后为3个县市规划设计奶牛养殖小区7处。二是充分发挥奶协的职能和作用，认真搞好各项服务。组织有关专家分四次深入到鹿泉等县市为奶协会员、奶农讲课，主要讲授了奶牛的饲养管理知识，奶牛的主要疾病的防治、科学配合奶牛饲料知识，专家们还现场解答了养牛户遇到的生产问题，受到了好评。三是搞好宣传，引导消费，提高全民素质。2003年“世界牛奶日”、“全国乳及乳制品营养周”受“非典”（SARS）影响，按照石家庄市委、市政府防范“非典”疫情流行的统一安排不搞大型群众集会活动，本着既宣传了乳品加工企业和乳品知识，又能正确引导消费的目的，奶业协会于6月1日在河北有影响的《燕赵都市报》刊登专版公益广告，介绍乳品知识，推介优秀乳制品加工企业引导广大市民群众认识乳品，科学消费乳制品。另外还与省电视台《伴你生活》栏目合作完成了5集系列节目，宣传牛奶的生产、饮用、购买知识。

（石家庄市奶类项目管理中心　石家庄市奶业协会
刘亚男　刘英虎　褚素欣）

山 西 省

【概况】2003年，山西省奶业生产呈现出前所未有的良好发展势头。全省奶业产值达17.8亿元（现价），奶类总产556千吨，其中牛奶532千吨，奶牛年末存栏214千头，平均单产达到3 822千克，奶业产值、奶类总产、牛奶产量、奶牛年末存栏分别比上年增长17.65%、19.08%、17.98%、21.98%，分别比1978年增长33倍、31.44倍、34.21倍和26.94倍。全省奶山羊年末存栏16.96万只，羊奶产量2.4万吨，单产231.02千克。

全省84%以上的县市饲养奶牛，其中绝大多数都进行乳品加工。除晋城、运城外，其他市均建有一定规模的奶牛场和乳品厂。全省奶牛主要分布于大同、朔州、忻州、太原、晋中5市沿同蒲铁路沿线两侧的县（市）城郊，并带动辐射周围农区饲养奶牛，形成了山西奶源的主要基地——晋中北奶牛乳品生产带。2003年，晋中北奶牛带饲养奶牛184.5千头，产奶470.9千吨，分别占全省总量的86.13%和84.64%。朔州市奶牛存栏94.9千头，鲜奶产量246.7千吨，分别占全省总量的44.30%和46.33%，农民人均奶业纯收入415元，比2002年增长88.64%，占农民总收入的18%。山阴县2003年存栏奶牛58.4千头，产奶186.2千吨，分别占全省总量的27.26%和34.97%。奶山羊主要分布于临汾、运城等市，其中洪洞县最为广泛，该县2003年奶山羊存栏90.1千头，产奶15.6千吨，分别占全省总量的52.19%和65.03%。

全省奶牛年末存栏在5万头以上或年产牛奶在5万吨以上的市有朔州市、太原市和晋中市；奶牛年末存栏2万头以上或年产牛奶2万吨以上的县（区）有山阴县、忻府区、朔城区、小店区、清徐县、大同南郊和应县等7县（区），牛奶产量年1万吨以上的县区有山阴、应县等13县。

经2002年末调查，全省饲养奶牛101头以上的规模场（户）196个，饲养奶牛24 594头，占当年全省总量的14.01%；51～100头规模的养殖场（户）247个，饲养奶牛13 624头，占全省总量的7.76%；11～50头规模的养殖户1 959个，饲养奶牛33 898头，占全省总量的19.30%；10头以下的奶牛养殖户32 921个，饲养奶牛103 484头，占全省总量的58.93%。目前，已建饲养奶牛500头以上的奶牛养殖示范园区40余个。朔州市奶牛养殖势头强劲，全市奶牛养殖达到3万户，存栏奶牛5头以上的专业户1.5万户，存栏10头以上的专业户3 500户，50头以上的大户100个，百头以上专业村288个，养殖园区29个，规模饲养量占全市总数的15%。

2003年全省成母牛平均单产3 822千克，比2002年增长2.1%。据初步调查，单产水平在3 000千克以下的低产奶牛为29 835头，占全省成母牛总数的21.42%；单产水平在3 000～5 000千克的奶牛47 302头，占成母牛总数的33.96%；5 001～6 000千克的奶牛46 438头，占成母牛总数的33.34%；6 001千克以上的高产奶牛15 711头，占全省成母牛总数的11.28%。从调查情况看，全省单产5 000千克以上的高产奶牛不足45%，超过6 000千克的高产奶牛仅一成，这些高产牛主要分布于太原、大同城郊及原国有、集体奶牛场及其周围地区，单产最高的奶牛养殖企业有太原农牧场、小店奶牛场、大同奶牛场、解村农场、原平农场、红旗牧场、山阴农牧场等。

2003年，山西原奶收购价格因外地的伊利、蒙牛、夏进等企业入晋参与竞争和居民生活水平的不断提高，朔州、大同等地的原奶价格仍保持着上年较高的价位。达到1.7元/千克左右。其他市县仍为1.4元/千克。全省人均鲜奶占有量达到16.6千克，实际消费量约10千克。

奶源的扩大促进了乳品工业的发展。据初步调查，省内各地乳品加工企业或厂家已发展到110多个，生产规模大小不等，日处理能力在1吨以下的小乳品厂有13家，占企业总数的12.62%；1.1～5吨的乳品厂有18家，占企业总数的17.48%；5.1～10吨的生产厂家有9家，占企业总数的8.7%；10.1～50吨生产企业有16家，占企业总数的15.5%；50.1～100吨的生产企业有5家，占企业总数的4.8%；100吨以上的乳品企业有古城、恒康2家，占企业总数的1.94%。全省日处理鲜奶能力达到1 540吨，实际年加工乳品40多万吨，其中生产超高温灭菌奶10.3万吨、巴氏消毒奶17.3万吨、奶饮料5.76万吨、酸奶1.29万吨、奶粉0.16万吨。花色品种已从自产自销、单一奶粉生产为主，发展到奶粉、巴氏奶、超高温灭菌奶、酸奶、奶饮料等五大系列100多个品种。目前，使用塑料膜软包装鲜牛奶销售已经普遍，上市乳品质量有所提高。

近几年，许多乳品企业加大了设备更新改造的力度。山西古城乳业集团公司是省最大的乳品加工企业，设备生产能力达到800吨/日，目前加工鲜奶能力为300吨/日，产品全部通过绿色食品认证，公司筹资2.4亿元兴建了年产学生饮用奶3万吨，其他液态奶16万吨的高标准生产线，并配套建设26个现代化收奶站；山西恒康乳业科技公司在引进美国、芬兰、挪威先进的乳品加工生产线的基础上，又投巨资引进了依莱克斯德超高温灭菌灌装机、ELOPPAK新鲜屋灌装机、BENTLEY公司150型牛奶分析仪等代表世界先进水平的系列生产与检测设备，形成年产能力22万吨，日产奶制品60吨的生产规模；太原长风乳业公司筹资600万元、榆次博瑞乳业公司投资260万元，分别建起了机械化挤奶、灭菌消毒、无菌灌装生产线的现代化奶业企业；省农科院生物所、山西康尔佳乳业、大同云城乳业、大同御宝乳业、离石益欣食品公司和山西鸣源奶业等许多乳品企业都投资对乳品生产线进行了改建或扩建，或投资机械化挤奶设备，致使乳品的质量上了一个新台阶。

【奶源基地建设】近两年，许多市县政府加强了奶源基地建设。朔州市政府决定在平川4县100公里长的大运高速公路两侧建立奶牛科技示范带，目前已建奶牛园区、现代化奶牛场29处，总建筑面积12万米^2，入栏奶牛9 800头；机械化挤奶站逐步普及，已建57座和在建的机械化挤奶站共127座，全部投入运营后，可供4万头奶牛使用，占全市奶牛机械挤奶需要量的60%，青贮饲料和配合饲料的使用量增加，年青贮量达到12万吨，微贮量达到3.5万吨，配合饲料量达到2.5万吨。太原市、大同市也分别建设了各自的奶源基地。在政府积极抓奶源基地建设的同时，许多乳品加工企业也积极建立奶牛养殖小区，扶持职工或农户饲养奶牛。大同云城乳业有限公司实行统一规划、三通一平（通水、电、路，平整建舍地基）、提供优惠、分户饲养、统一服务的方式，扶持职工饲养奶牛，现有奶牛养殖户236户，奶牛存栏2 060头。山阴农牧场、朔州红旗牧场等企业在统一规划的前提下，允许职工在指定的养殖小区兴建奶牛场，大力发展民营奶牛养殖，优惠提供土地和各种技术服务。古城乳业兴建挤奶站提供改良和疾病防治服务，促进农户向奶牛集约化、规模化方向发展。榆次博瑞、阳曲四海、朔州绿乳、怀仁云东、长治鸣远等一批奶牛养殖园区也脱颖而出，这些奶牛养殖园区正步入科学化、规模化、制度化轨道。

朔州市在龙头企业的发展上，采取了优外扶内的政策措施，扶持古城乳业集团做大做强，资产迅速由1.5亿元增加到5亿元，产品结构实现了以奶粉为主向液态奶为主的战略性转移。与此同时，创造优惠、宽松的引资环境，引入伊利、蒙牛集团落户朔州，目前全市拥有乳制品企业11个，资产总额8.5亿元，奶粉加工线12条，液态奶加工线31条，冷饮生产线5条，年加工鲜奶能力42万吨，在建或拟建液态奶生产线30条。

【奶业政策支持】近几年，山西省奶业主管部门及有关市政府积极采取优惠政策扶持奶业健康快速发展。省农业厅重视奶业的产业化开发，拨专款扶持壮大龙头企业，带动农户发展奶业生产。自2001年太原市制定出台了《太原市牛奶生产经营管理办法》，2002年大同市颁发了《大同市整顿牛奶市场的通知》后，2003年朔州市委、市政府又出台了《关于加快奶源基地建设的意见》的文件，确立了畜牧强市、奶业优先的指导方针，在与各县（区）签订的《朔州农业农村工作目标责任书》中，把发展奶牛养殖园区、新增奶牛数量明确作为一项硬指标，把“奶业发展与小康建设”作为今后一段时期的发展战略，同时市政府还下发了“关于整顿和规范奶源市场秩序的意见”的文件，严厉打击掺杂使假行为，进一步规范奶源市场。省农业厅、太原市农业局、朔州市畜牧局等部门分别制定了各自的奶业发展“十五”规划，为奶业的发展创造了良好的外部环境。

许多市县政府将奶业作为当地农业的重点发展项目之一，加大了扶持力度。太原市政府近五年连续拨出专款共52.5万元购回优质冻精，以优惠价扶持有一定规模的养殖场户发展奶牛，以进一步提高奶牛的群体素质；拨出专款购回DHI监测仪器设备，开展了奶牛生产性能测定和对原料奶进行监测，以提高原料奶的质量；敦促有关部门加强乳品市场质量监管，规范乳品市场，采取措施，积极扶持龙头企业加快发展；阳曲四海奶牛原种场2003年从新西兰引进优种奶牛200头。朔州市政府确立了畜牧强市、奶业优先的发展方针，全面启动雁门关畜牧生态经济区的建设，在奶牛场和农村奶牛较集中区域进行统一规划，建立奶牛养殖园区。该市怀仁云东奶牛养殖园区投资1.2亿元，现入驻奶牛养殖户23户，奶牛存栏1 140头；朔州绿乳优种繁殖场从新西兰引进优种奶牛500头，配置有世界先进水平的利拉伐MP400自动挤奶系统，全面打造奶牛养殖企业新形象。

大同市政府为促进本地奶业的快速发展，成立了以市政府秘书长为组长的奶业管理办公室，并成立了大同市奶业协会，积极扶持加快奶业发展。

2003年内蒙古伊利、蒙牛两大乳业集团相继在朔州安家落户，与古城乳业形成了强大的龙头带动效应。目前古城乳业建设8条液态奶生产线，加上原有的5条奶粉生产线，成为山西省最大的乳制品加工企业，山阴康喜乳业与伊利乳业合作，建成6条液态奶生产线，山阴溶溶乳业与蒙牛乳业合作，一期工程4条液态奶生产线已投产，奶业龙头企业的拉动大大提高了奶业产业化的发展水平，带来了较好的经济效益和社会效益。

（山西省奶牛协会　王印魁　师骏华　刘富祥）

太　原　市

【概况】2003年底太原市奶牛存栏达到25千头，全年牛奶产量达75千吨，原奶收购价1.5～1.6元/千克。目前全市成母牛平均单产达到6 000千克以上，比全省平均水平4 500千克高出1 500多千克，最高的太原农牧场千头奶牛单产达到7 800千克，成为全国高产奶牛核心群。长风乳业900多头奶牛群体单产达7 000千克，成为全省奶牛核心群，跨入全国先进行列。

2003年太原市奶牛存栏11～20头的奶牛养殖户发展到245户，饲养奶牛3 464头；21～100头的奶牛养殖户发展到121户，饲养奶牛3 629头；100头以上的奶牛养殖户发展到19户，饲养奶牛5 348头。全市存栏在10头以上的奶牛场户牛群存栏占全市奶牛存栏的58.5%。

2003年新增奶牛养殖园区4个，奶牛存栏达1 100头（其中阳曲县高村饲养奶牛600头，李家沟饲养奶牛300头，小店区高中村第二奶牛园区存栏奶牛200头，晋源区北绍寺村200头）。

太原市奶牛生产主要分布在两个区域，一个是在城南10～40公里形成半环城的奶牛养殖带，主要是清徐县、小店区、晋源区的平川区；一个是城北的阳曲县为主的奶牛养殖半山区。在这4个县区，同时出现了一批奶牛养殖大户、专业村和规模乡镇。2003年已建成百头以上奶牛专业村19个，存栏奶牛在500头以上的4个，1 000头以上的3个。

太原市现有牛奶加工企业共有30家，其中小店区9家、晋源区9家、万柏林区3家、清徐县3家、阳曲县1家、尖草坪区2家，杏花岭区2家、古交市1家，日加工量156.28吨，日处理鲜奶量138吨。其中50吨以上2家，10.1～50吨以上7家，其余均在10吨以下。品种为奶粉、液态奶、酸奶、乳酸饮料和冷饮5大系列80多个品种；全市无菌奶生产线4条，日加工上市无菌奶68吨，全自动酸奶生产线3条，日加工上市23吨，分别占到全市销售总量的65%。

【乳品加工与消费】全市人均年牛奶占有量24千克。日消费量为194.28吨，外地产品日消费量58吨，以蒙牛、光明、三鹿、伊利为主；本地产品日消费量136.28吨，以恒康、众和、阿牛、长风为主。本市产品占全市上市量的73%，外地产品占27%。学前儿童日消费量占全市日消费量的28%、中小学生日消费量占全市日消费量的13%、青年日消费量占全市日消费量的7%、中年日消费量占全市日消费量的11%、老年日消费量占全市日消费量的41%、男性日消费量占全市日消费量的47%、女性日消费量占全市日消费量的53%，消费群体由原来的老弱病残发展到各类群体。

【奶牛品种改良】1989—1997年10年时间，太原市奶牛数量一直徘徊于8 000头左右，这种状况严重制约着奶牛业的健康发展。通过参观学习省内及兄弟省市的先进经验，认识到奶牛品种改良是带动全市奶业长期稳定发展，提高经济效益的根本途径。为此，市政府加大了对奶牛引种改良的力度，从1999年开始到2003年，共拿出52.5万元资金引进美国、加拿大优秀奶牛公牛冻精35 000支，对太原市规模奶牛场进行改良。共配种奶牛17 000头，产犊牛15 560头，其中母犊7 788头，现在怀胎1 100头。

为了把政府投资的优秀冻精用好，充分发挥经济效益，首先制定了太原市奶牛育种方案，根据全市奶牛存栏的体型外貌和产奶性能，针对性地对奶牛进行引种改良；二是制定了优秀冻精分配办法，具体条件为：必须有奶牛育种档案；必须有专职的奶牛配种人员；奶牛受胎率必须达到90%，一次情期受胎率达到60%以上（计2支分配一头牛）；必须配备有配种使用的工具和液氮罐；奶牛存栏必须在50头以上；饲养管理认真负责，搞好相关记录。

经过几年的引种改良，我们对全市奶牛引种改良效果作了如下对比：一是遗传性能好；二是抗病力强，乳房炎、蹄病减少15%；三是产奶量高，全市现培育出的良种奶牛一胎已有1 192头，头胎高峰期日产奶达到25千克，比原来日产17.5千克增加7.5千克，头牛年增产奶2 250千克，一胎牛共增产奶2 726.7吨；培育出二胎奶牛1 150头，高峰期日产奶32.5千克，比原来日产22.5千克高了10千克，头牛年可增加产奶3 000千克；四是体型、乳房结构好；五是乳脂率高；六是乳蛋白高。以前太原市奶牛乳脂率、蛋白率长期达不到国家标准，改良后的牛群乳脂率达到3.2%以上、蛋白率达到2.9%以上，完全符合国家标准。

太原市引进冻精所产的后备牛和已投产的成母牛全部都是良种奶牛，无论犊牛价、育成牛价和成母牛价都高于普通牛群平均价。犊牛平均每头高1 500元，青年牛平均高3 000元，成母牛平均高5 000元。

1999年引进的优质奶牛冻精配种所产的犊牛现已成为二胎成母牛，2000年所产犊均已成为一胎成母牛。这些奶牛单产水平高，已成为太原市高产奶牛核心群。2003年一胎母牛1 192头，平均年单产达到6 500千克，同比增加1 400千克。近两年引进的奶牛冻精现培育出1 100头优秀犊牛和500头青年牛。引种改良的成母牛在三胎之后的单产水平均可达到7 000千克以上，这5年市政府共投资52.5万元用于奶牛改良工作，通过引种给奶农增加经济效益4 130.69万元。目前奶业已成为太原市带动农村经济快速增长的重要产业，因此今后要加大力度加强奶牛引种，争取在5年时间内把全市的25 000头奶牛都改良成为高产奶牛群，与国际水平接轨。

（太原市乳品监察管理站 雷秀敏 王学文）

内蒙古自治区

【概况】畜牧业是自治区的基础产业，奶业在畜牧业中占有非常重要的特殊地位。在自治区党委和政府的正确领导下，认真落实党的一系列方针政策，经过广大科技人员和农牧民群众的共同努力，在龙头企业带动下，使自治区奶业跨入了全国的先进行列。20世纪80年代初在发展奶牛业上明确了国营、集体、个人一齐上，以户养为主的方针，进一步实行了“以奶换料”、划给饲料地、调整奶价等项政策，并广泛推广了冷冻精液配种，科学饲养技术等项措施，对奶牛业的发展起了巨大的推动作用。1980年全区奶牛头数只有127千头，产奶67千吨，2000年奶牛总数718千头，奶产量798千吨。到2003年底，全区奶牛存栏1 445千头，比上年增长46.8%；牛奶产量3 080千克，比上年增长86.4%，2003年全区鲜奶加工能力超过200万吨，全区乳制品产量达104千吨，同比增长1.1倍，液态奶产量达73.67万吨，同比增长88%；人均占有鲜奶量为11.3千克，其中呼和浩特市人均占有鲜奶量达205千克，位居全国大中城市之首。

自治区奶牛的主要品种是中国荷斯坦奶牛和三河牛、西门塔尔牛、科尔沁牛等乳肉兼用牛，其中荷斯坦奶牛存栏约40万头，主要分布于呼和浩特市、包头市、乌海市和盟市所在地的郊区；三河牛存栏约20万头，主要分布于呼伦贝尔盟；西门塔尔牛，科尔沁牛存栏约40万头，主要分布于通辽市。

【奶源基地建设成绩斐然】2000年初，由畜牧、兽医、草原、科研等共同组成的专家组会同地方政府，在自治区土默特左旗赤老乡两个自然村建立了奶牛养殖小区，取得良好的效果。目前，这一模式在全区乃至全国得到广推。全区共建成的百户千头奶牛示范小区共有8个，农户饲养成规模由几头发展到10头以上，8个小区饲养奶牛共计近2万头。年产鲜奶近10万吨。在伊利、蒙牛等龙头企业的有力带动下，奶源基地正向规模化方向发展。截至2003年底，全区饲养万头奶牛以上的旗县有22个，年产万吨鲜奶的旗县20个。呼和浩特市饲养奶牛千头以上的乡（镇）有38个。

【各级政府高度重视奶业发展】“九五”以来，自治区党委，政府把畜牧业作为自治区第一支柱产业，制定了一系列加快发展农畜牧产品加工业的政策措施，加大了指导力度。2000年5月，自治区党、政府联合下发了《关于加快全区奶业发展的意见》，提出要加快奶业发展，把奶业培育为自治区新的经济增长点。最近又出台的《关于进一步推进农牧业产业化经营的意见》，把奶业作为今后加快发展的“六大主导产业”之首。同时把原奶牛协会和乳品工业协会合并成立“内蒙古自治区奶业协会”，为全自治区今后奶业的发展奠定了基础。各地区、各部门也围绕奶业发展，相继出台了一系列优惠政策和发展措施，把发展奶业作为当地的一项富民工程、民心工程、政绩工程来对待，各级领导班子，把发展奶牛头数，提高牛奶产量，列入考核范围。

【龙头企业是拉动乳业快速发展的根本保证】内蒙古奶业的大发展，得益龙头企业的带动，可以说没有伊利、蒙牛就没有今天内蒙古蓬勃发展的奶业。2003年，蒙牛产值突破45亿元，伊利将突破50亿元大关，成为中国乳品行业新的龙头老大。2003年10月，在中央电视台广告招标会上，以1亿元的天价，夺得中央电视台2004年食品类首播权。乳业发展促进了农牧民收入的增加，2003年内蒙古养奶牛户人均能收入达6 200元，是全区农民人均纯收入2 214元的2.8倍；集中饲养户收入更高，达到1.8万元，是全区农民人均纯收入的8.8倍。目前，伊利、蒙牛两大公司鲜奶的加工能力达1 800吨，带动了18万农牧民脱贫致富，人均增收1 000元左右。

【目前自治区奶业仍存在以下主要问题】（1）奶牛种源市场不规范，良繁体系不健全，配套服务不到位。自治区现有规模以上的奶牛种源生产基地有2个，年生产冻精能力也就40万剂左右。而全区年需求量最低在90万剂以上。这么大空缺，给外地种源经销商提供了很大市场。由于种源的来源多很难保证冻精质量，更可怕的是他们的冻精来路不明，没有系谱档案。全区各地配种员队伍庞大，相关的业务部门监管力度不大，奶牛受胎率低、品种退化、没有科学的育种管理计划，更谈不上后裔测定的工作。此外，对奶牛放牧、喂养、给水、配种、育犊、挤奶、防疫等缺乏科学方法，致使牛群良种化程度低，生产性能不能充分发挥，导致自治区奶牛猛增，但平均产奶量提高缓慢。（2）奶源基地建设无序竞争，奶站经营不规范。内蒙古乳品加工业已有50多年的历史，现有56家乳制品企业中有3家大型企业，13家中型企业，40家小型企业。小型企业的处理鲜奶能力在50吨以下，有的不足10吨，由于加工规模小，效率低下。原有的一些乳品加工厂普遍存在奶源缺乏、设备利用率低等问题。近年来，一些地方在原有大乳品厂的奶源区内重新建立加工厂，又跟大厂争夺奶源。（3）奶源基地建设滞后，企业与奶农的关系松散。目前自治区奶牛业主要由农牧民家庭经营，近两年奶牛价格猛增，已达到12 000～18 000元，农牧民的投入主要在购进奶牛上，所以各地普遍存在着经营规模小，基础建设投入少，奶牛单产低，大部分地区产业水平低现象。奶农与企业之间还没有真正建立起风险共担，利益共享的有机完整的产业化链条。如订立产销合同，股份合作等。

【发展奶业采取的几项措施】

1. 继续坚持全面发展的方针，进一步完善有关政

策 继续贯彻落实中央和自治区有关发展畜牧业的方针、政策。应逐步推广扩大养殖小区实施范围，使这一养牛模式不断完善。逐步实现专业化生产，社会化服务的奶业生产结构。推广带动"学生饮用奶"的实施，全面推动奶业发展的集约化、优质化和现代化，夯实基础，增强竞争力。

2. 积极扶持群众养奶牛，大力发展奶牛户、奶牛村和养殖小区 近几年采取的一系列措施：退耕还牧、还林、围栏育草、实施圈养等取得了明显成效。倡导和鼓励推行养殖小区标准化生产。在养殖小区建设过程中，要科学论证，从实际出发，小区规模不宜过大，一般在500～1 000头牛，每户饲养20～50头奶牛。在养殖小区，要拓宽投资、融资渠道，最大限度地吸引民间资本。既鼓励企业和乡村集体直接或以招商的方式投资兴建小区，也支持奶农以合作的方式集资入股兴建小区。要利用养殖小区这个载体将龙头企业、养殖小区、农牧民结合起来，形成产、销、加一体化，使分散无序的生产向产业化生产转变，从而提高产品的市场竞争力。

3. 奶牛品种改良与综合配套技术相结合 抓好繁育改良，提高牛群质量，良种良法配套，自治区成年母牛（一个泌乳期）的平均产奶量只有3 500千克，主要原因是良种牛纯种荷斯坦牛比例不大，约占全区奶牛总数的30%左右，饲养管理工作没跟上，因此要在奶牛种源生产和使用的管理上下功夫。建立全区统一管理、统一协调的专门管理机构，加强依法管理力度，加强外来冻精和胚胎的管理，杜绝进入不合格、无系谱档案的奶牛冻精和胚胎质。进一步完善奶牛良种繁育体系，加强奶牛繁育中心建设，搞好种公牛的后裔测定，培育优秀的种公牛。同时要提高奶牛单产和饲养规模；以产业经营为纽带，促进奶产品加工业健康发展。加强奶牛疫病控制，进一步完善鲜奶质量检测体系，大力提高奶产品质量安全水平。

4. 加强协会工作，开展保险业务 使协会能够具体指导奶牛的生产、育种、科研、产品加工、储运和销售一系列工作，协调奶牛产前、产中、产后的一系列问题。真正做到桥梁、纽带的作用。

此外，还要积极开展奶牛保险业务：一是要设立奶牛发展风险基金。由地方政府、龙头企业和养殖户共同投资，设立防范奶牛养殖风险专项基金，以增强奶农抗风险能力；二是设立奶牛保险险种。

（内蒙古自治区奶业协会　那达木德　陈巴特尔）

呼和浩特市

【概况】呼和浩特奶牛存栏为358.3千头，比2002年增长62.23%；鲜牛奶产量达到100.8万吨，同比增长56.28%；全市人均鲜奶占有量达到411.0千克，同比增加136.4千克，仍列全国大中城市之首，远远超出全国人均14千克的水平；全市产奶牛平均单产为5.38吨；奶牛饲养人家增至8.65万户；挤奶站已达1 049处；农民出售鲜奶收入总额已达17.4亿元，全市乳制品销售总额突破100亿元大关。奶牛头数、鲜奶产量和鲜奶人均占有量三项指标在全国大中城市中均位居第一。

2003年呼和浩特市学生奶办公室根据《呼和浩特市人民政府办公厅关于转发学生饮用奶计划实施方案（试行）的通知》要求，在全市52所中小学近30 000名学生中积极开展了学生饮用奶的组织实施工作，得到了学生和家长的广泛欢迎，取得了明显的社会效益。呼和浩特市学生饮用奶计划实施的经验，被国家学生饮用奶计划实施领导小组办公室录制成影像，在2003年度世界学生饮用奶会议上作为我国成功的经验向全世界进行了介绍。

2003年，呼和浩特人在为提高奶牛养殖科学水平、提高整体奶业水平而奋斗的同时，为今后的发展、如何稳步实现建设"中国乳都"的梦想、如何规避奶业风险而全面考虑的一年。市政府办公厅印发了《呼和浩特市奶牛饲养管理规程》。规程对奶牛饲草饲料、饲养管理、挤奶、配种、统计记录及奶牛不同生长期的管理进行了严格规定；组织编写了《呼和浩特市奶业发展规划》。规划对呼和浩特市2004—2010年的奶业发展作了科学和详尽的计划；政府还印发了《呼和浩特市人民政府关于加快实施奶业兴市战略的决定》、《呼和浩特市人民政府关于开展无规定疫病区建设的通知》、《呼和浩特市人民政府关于进一步加强原奶管理的通知》、《呼和浩特市人民政府关于印发呼和浩特市奶牛养殖科技服务实施方案的通知》、《呼和浩特市人民政府办公厅关于做好奶牛养殖互助会工作的通知》等相应的政策性文件；与此同时，政府正在调研、酝酿出台《设立奶牛风险金的实施意见》、《实施奶牛保险的意见》和《进一步加强奶牛防疫体系建设的实施意见》。

2003年呼和浩特市共举办各类奶牛业实用技术培训班180期（次）。培训基层专业技术人员2 400多人（次），培训奶农2.9万人（次），发放各类技术资料3.0万多份。下半年对全市奶牛开展了健康检测，发放《奶牛健康合格证》工作，奶站实行验证挤奶制度，从而保证了呼和浩特原奶的质量安全。

【奶源基地建设】截止到2003年底，在全市9个旗县区中，已建成5个万头以上的奶牛基地旗（县），2个10万头以上的奶牛基地旗（县）。其中赛罕区的奶牛存栏达10.5万头，土默特左旗10.8万头，和林县6.3万头，托克托县4.3万头，玉泉区2.0万头。以上5个基地旗（县）的奶牛存栏数共达33.8万头，占全市奶牛总存栏的94.7%。在全市77个乡（镇）中，共建成奶牛养殖基地乡（镇）57个，占全市乡（镇）总数的74.03%。全市建成千头以上的奶牛基地乡（镇）40个，比1999年增加23个乡（镇），其中奶牛存栏达到1 000～3 000头的基地乡（镇）有15个；3 000～5 000头的有10个；5 000～10 000头的有10个；1万头以上的有8个乡镇，以上40个千头以上奶牛基地乡（镇）的奶牛存栏数达33.65万头，占全市奶牛总数的94.3%。

各地积极创造条件，按照“统一规划，合理布局，相对集中，规模推进”的原则，积极推进奶牛小区建设。截至目前，全市共建成46个奶牛养殖示范小区，入区农户达3 000多户，饲养奶牛达2.8万头。

此外，伊利、蒙牛两大企业，还不断加大对本地以外的奶源基地建设和奶业资源的整合力度。在全国范围内大力整合乳业资源，营造自己的全国大基地。2000—2003年，他们投资数十亿元，通过合资、收购、兼并、重组等方式，先后在内蒙古自治区以外的黑龙江、京津沪、唐山、河南、山西、陕西、四川、新疆等地和在自治区内的呼伦贝尔市、兴安盟、通辽市、赤峰市、锡林郭勒盟、乌兰察布市、包头市、鄂尔多斯市、巴彦淖尔市等10个盟市建立了自己的奶源基地和加工基地。构筑起了建设“中国乳都”的战略框架。

【草原建设】2003年全市完成人工种草90.3千公顷，其中种植优质牧草24.3千公顷，种植青贮专用玉米50.3千公顷，二者均创历史最高水平。

此外，为了满足奶牛的不断增长对饲草饲料的需要，近年来大力推广了农作物秸秆的加工转化技术。2003年，全市共制作完成“两贮”（青贮、微贮）饲料142.6万吨，其中青贮饲料124.6万吨。按全市35万头奶牛计算，每头奶牛的“两贮”饲料量达到了4吨，保证了奶牛的饲草料供应。

【牛奶加工企业】目前，在呼和浩特地区经过整合后，只剩下伊利、蒙牛和奈伦三家规模型的乳品加工企业，年加工能力达到200万吨以上鲜奶。其中规模大，带动能力强且具有市场竞争力的有伊利和蒙牛两大企业（集团）公司。

2003年伊利集团公司已成为拥有40.26亿元总资产的现代化大型乳品加工企业，企业的日处理鲜奶能力也由1999年的不足200吨，达到了2 900吨，在短短的4年时间里增长了14倍；主营业销售收入达到62.99亿元，比2002年增长57.09%，当年实现利润总额3.19亿元。

2003年蒙牛公司的总资产已达到23.43亿元之多；到2003年底其日处理鲜奶能力迅速提高到了2 600吨，是4年前的40倍之多；继第三期工程完工后，蒙牛公司现正在抓紧时间建设第四、第五期工程。2003年其年销售收入达到50.52亿元，又创历史新高，是2002年的2.6倍。从而，蒙牛在全国乳业巨头的排位中，又从第4位上升至第2位；2003年实现利润总额2.3亿元。

伊利、蒙牛两大企业（集团）生产的乳制品共500多个花色品种。这些产品畅销到全国32个省、自治区、直辖市和香港、澳门两个特别行政区，并已形成品牌竞争力。伊利和蒙牛商标，被国家工商行政管理局认定为“中国驰名商标”。两大企业生产的液态奶、奶粉和冰激凌产品也赢得了中国名牌产品称号。两大企业生产的“伊利”、“蒙牛”品牌产品覆盖了全国市场，每天从呼和浩特市销往外地的乳及乳制品已突破3 000吨，市场占有率也随之快速增长。

【奶业与增收】2003年，全市交售商品奶84万吨，企业向农民支付奶款14.53亿多元，加之出售8%左右的淘汰奶牛和10万多头公牛犊等项收入，奶农的年人均纯收入达3 929.56元，比全市农民人均收入（3169元）高24.0%。按全市112万农民计算，仅奶牛业一项收入，就可为农民人均增收1 036.08元，占农民人均纯收入的32.7%。

乳品加工龙头企业的发展，还为转移农村富余劳动力，安置城市下岗职工等方面做出了巨大贡献。到2003年底，各乳品企业直接解决了2万多人的就业岗位。同时，由于这些龙头企业的发展壮大，还带动了种植业、养殖业和其他相关产业的蓬勃发展。2003年，奶牛业产值达到17.30亿元（按现行价格计算），占畜牧业产值的62.0%，已占到2/3，比实施“奶业兴市”战略前的1999年提高了45个百分点；奶牛业产值占农业总产值的比重达到30.8%，比1999年提高了22个百分点。形成了以奶牛业为主的大农业格局，实现了农村经济结构日趋合理化的呼和浩特特色的经济发展目标。

（呼和浩特市奶业协会　巴根那）

辽　宁　省

【概况】2003年，辽宁省奶业基本实现了与全国奶业同步增长，奶牛存栏达到146千头，比上年增加了26千头，增长了21%，奶类产量达到464千吨，牛奶产量达到427千吨，均比上年增长了30%以上，奶类总产量在全国的排名已由2002年14位上升到2003年第12位，奶类人均占有量超过了11千克，有3个市奶牛存栏超过了万头，奶牛单产水平也有所提高，奶牛饲养业正逐步走向快速、健康的发展轨道。

到2003年底全省共有加工企业80多家，加工能力达到80多万吨，其中日加工能力超过50吨的企业12家，加工能力达到60多万吨，实现产值7.8亿元，统计口径内液态奶产量17.7万吨，位于全国第10位，大中型企业正在成为市场的主导，加工业也向前迈出了可喜的一步。

总的说来，2003年辽宁奶业的发展呈现了以下的特点：

1. 奶牛饲养积极性比较高，饲养管理模式逐渐成熟　一些地区把饲养业作为调整产业结构的重点和增加农民收入的新的增长点，把科学饲养、规模饲养作为饲养业发展的方向，如鞍山市政府出台了一系列政策鼓励奶牛饲养业发展，对小区基础设施建设进行补贴，养牛达到200头、300头、400头、500头，市财政分别给予20万、30万、40万、50万补贴，并给予解决户口、贷款补贴、榨乳设备等问题；抚顺市政府为养牛大户和小区无偿提供50套挤奶设备，鼓励奶农规模化经营；阜新市、铁岭市政府多方筹集资金鼓励奶牛小区建设，采取政府、企业、农户共同投入的方式，使奶牛小区建设很快发展起来；大连市奶业协会指导农户成立了个体奶农协会，为会员提供产前、产中、产后服务，朝阳市也组成了多个奶业合作社。奶牛小区的发展、基层合作组织的建立对协调组织生产、提高管理水平、保护奶农利益等方面发挥了重要作用，目前全省奶牛超过500头的规模化小区（企业）已达到30多个，科学饲养、规模饲养的氛围正逐渐形成。

2. 奶牛质量有较大提高 各地在鼓励提高奶牛数量的同时，注重奶牛品质的提高，采取多种方式提高奶牛生产性能，一是积极引进优质奶牛，很多地区采取了进口奶牛的作法，如沈阳乳业计划引进20 000澳大利亚奶牛，已经引进了2 000头；鞍山市首批进口了500头新西兰奶牛，第二批进口牛计划正在运作中；阜新、朝阳等市也准备分别从澳大利亚、新西兰进口3 000头奶牛，丹东、铁岭等地也引进了数量不等的国外奶牛，其中大连进口的180头美国高产奶牛，有些牛头胎产奶接近9吨，饲养效果非常理想。引进优质奶牛，对改善辽宁省奶牛品质发挥了积极作用。二是注重提高饲养管理水平。很多企业聘请了省内外优秀专家做技术顾问，请专家现场指导、培训，阜新奶牛园区配合3 000头进口牛计划，请省内外专家举办了多期有针对性的培训班，培训了200多人次；鞍山市奶办、海城市政府、抚顺奶协也牵头组织了多期培训，反响非常好；丹东、鞍山等地企业还派员到北京、上海等地学习取经；大连奶协和相关企业组织技术力量，对引进的美国奶牛进行了长时间的调研，努力发挥进口高产奶牛的生产潜能，这些措施有效地提高了奶牛饲养业的管理水平，为辽宁省奶业持续健康发展打下了良好的基础。

3. 加工业整体水平有了较大提升 一是规模效益正在突出，目前全省日处理能力超过50吨的企业已经达到12家，这12家企业总产值达到7.8亿元，利润达到6 000万元以上，成为加工业的主力和中坚。二是新建和扩建了一批企业，这些企业加工能力较强，加工设备比较先进，大多采用进口设备，有效地提高了加工业的档次和水平。如沈阳乳业扩建后生产能力达到了900吨，鞍山完达山乳业、铁岭伊露乳业、阜新阿森乳业、大连小牛倌乳业等一批新建企业日处理能力都在百吨以上。三是企业的发展思路和发展视野也在不断的拓宽，省内、省外企业之间合作不断加强，阜新比牛哥乳业已与内蒙古伊利乳业成功联姻、鞍山农垦与完达山乳业合作项目将要投产、盘锦源源乳业与内蒙古科尔沁合作项目正在顺利进行，大连、阜新、抚顺等省内企业间也在尝试合作，已经产生了明显的效果。这种合资合作、外引内联的作法，对加速企业的扩张和发展、增强企业发展后劲产生了积极的作用，明显提高了企业的竞争能力。

辽宁省奶业在发展中还存在不少的矛盾和问题，主要表现在：一是饲养业中还普遍存在着饲养规模小、管理水平低、单产水平不高、卫生条件差、养牛设施落后等问题。2003年奶牛单产水平提高的幅度不大，甚至一些小区奶牛单产只有3吨左右，部分原料奶奶质也较差，细菌总数严重超标，不容乐观。二是加工业与饲养业不平衡的矛盾比较突出，加工能力增长得比较快，与之相比饲养业比较滞后。三是竞争秩序混乱，在消费市场上一些企业为争夺市场，采取降价促销等方式。在原料奶市场上由于奶源不足，造成一些加工企业采取降低标准、提高收奶价格等手段争夺奶源，或者大量进口奶粉生产还原奶。这些问题需要引起足够的重视。

（辽宁省奶业协会　林仁堂）

沈 阳 市

【概况】2003年，沈阳市在农业和农村经济结构战略性调整中，继续把发展奶业放在突出位置，将奶业生产作为畜牧业的主导产业，进行重点培育和扶持，通过政策引导，资金扶持，加强监督等措施，推动了沈阳奶业健康有序的发展。

2003年全市奶牛存栏51 041头，比上年增长21%。其中成母牛38 504头，比上年增长36.3%。牛奶总产量171 869吨，比上年增长32.7%，全市人均占有量23.9千克，比上年增长27.8%。

这一年，沈阳市有关方面还加大了对奶牛饲养小区的扶植力度，对占地6.7公顷、建筑面积4 000平方米、饲养奶牛500头以上的31个奶牛饲养小区给予了一定的经济补助。目前，沈阳市高标准奶牛饲养专业小区已近百个。

为推进奶业服务体系建设，沈阳市初步建立了集奶牛饲养、技术指导、奶牛疫病防治、兽医兽药、奶牛饲料生产供应等为一体的奶业服务体系。在奶牛饲养集中的乡镇，建立了45个收奶站，就近收购农户的牛奶；养牛集中的乡镇都建有奶牛配种站，并实行上门服务；并都设立了奶牛协会，帮助奶户解决生产和交售牛奶过程中遇到的问题。此外还建立了奶牛生产性能测定系统，指导全市奶牛场的生产管理，提高了牛群的整体质量。

2003年沈阳市的乳品加工企业也有了很大的发展。沈阳乳业有限公司投巨资兴建的中国乳品城运行态势良好，日加工量超过320吨。蒙牛乳业有限公司、伊利乳业有限公司也相继在沈阳投资建厂。

为保证乳品质量，沈阳市有关方面加大了工作力度。沈阳市乳品质量监测中心，把工作的重点放在生鲜牛乳的生产和收购两个方面，积极开展生鲜牛乳的监督检验工作；沈阳市动物防疫站，加强奶牛检疫、防疫工作；卫生及技术质量监督部门有效地开展监督检查工作；乳品加工企业严把产品质量关，保证不合格的乳品不出厂。由于多方重视、齐抓共管、有效工作，从而使沈阳乳品质量上了一个新台阶。

（沈阳市奶业管理办公室　李殿文　尤敬红）

大 连 市

【概况】 大连市2003年有国营、集体百头以上奶牛场20个，个体奶牛户1 840户，有奶业综合服务站4个，奶农协会6个。据统计，2003年全市奶牛存栏14.4千头，牛奶产量58.7千吨，加工上市鲜奶5万吨。全市有乳品（食品）加工企业16个，设计规模484吨（单班），实际利用能力为140吨（单班），大连三寰乳品厂、大连渤海乳厂两个乳品龙头企业已通过ISO 9000质量管理认证。其他小型乳品企业也在蓄势待发，奶业产销两旺，2003年奶业产值约1.8亿元。

【奶业管理工作】 根据《大连市生牛奶管理办法》的规定和要求，4月份下发了《关于对〈奶牛健康证〉进行检查的通知》，并于5月中旬对各县（市）、区的《奶牛健康证》发放情况进行了抽查。在这次检查中，共抽查了8个县（市）、区，17个乡（镇）、31个奶牛场（户）及4个收奶站，共1 889头奶牛。其中两户55头奶牛无《奶牛健康证》，占总抽查数的2.9%，持证率达97.1%。据统计，全年已发放《奶牛健康证》1.45万个。

【奶业服务工作】 为了加快奶牛品种更新，提高奶业整体水平，在市政府、市农发局的支持下，大连建达农业有限公司从美国引进180头高产奶牛，大连市奶业协会对两个场奶牛引进工作非常重视，市政府责成奶业协会理事长以顾问的身份两次赴美参与了从选牛到监运的整个过程。这批奶牛生长发育很好，已陆续产犊，经测算第一胎平均单产可超过8吨。金州区北乐实业公司从澳大利亚引进420头奶牛，解决了大连心乐乳业公司奶源不足问题。

按市委提出的“科教兴农”的战略，2003年大连市奶业协会成立了奶牛业科技服务分团，先后到金州三十里堡、登沙河、旅顺城华、昊杨等奶农协会、收奶站召开座谈会，科技讲座7次，印发《奶牛生产十问》科普资料1万余份发给奶农户，深受广大奶农户欢迎和好评。

大连市金州区北乐村大力发展奶牛业生产，在奶农户自愿的基础上2003年3月成立了东北第一家个体奶农合作社。从合作社提出、章程起草、入社社员摸底，大连市奶业协会都给予指导和协助，现入社农民62户，奶牛680头，全年奶产量5 500吨，平均每头产奶收入3 200元。农民日报还刊发了由市奶业协会撰写的《北乐人“牵牛”入社当股东》宣传文章，省内外已有40多个乡、镇、村组织奶农户到该社学习。省、市领导视察该合作社后，对这种奶农合作组织给予了高度评价。

为了尽快改变目前大连市奶牛品种差、饲养规模小、单产水平不高的现状，加速美国原种高产奶牛的扩繁，提高奶牛单产，增加总产奶量，提高大连市奶业与国内外同行的竞争能力，推进实施无公害牛奶计划，以满足消费者对优质乳品的需求，大连市奶业协会草拟了《美国原种荷斯坦奶牛扩繁可行性课题报告》、《关于我市奶牛业情况的调查报告》上报市农发局、科技局并向主管市长做了书面报告。

为了配合国家奶协、上海奶协在上海召开的“城市型乳业发展战略研讨会”，大连市奶业协会撰写了《三十里堡个体奶协发展奶牛产业化经营调查报告》，协助金州区北乐集团撰写了《加强奶源建设、提高原料奶质量作为公司产品的核心竞争力》的经验并在大会上介绍。

【政府对大连市奶业发展的支持政策】 大连市委市政府为了发展大连农业，推动农业产业化经营。出台了2003年15号文件，其中规定：凡是近三年，农产品加工“龙头”企业新增固定资产投资额在1 000万元以上的，市政府给予投资额10%的补助、区市县政府给予投资额2%的补助。国家、省级“龙头”企业新上项目可参照有关规定，减免工业用水的增容费、配套费。获得国家和省驰（著）名商标、名牌产品的企业，市、区（县）两级政府按照统一规定给予奖励。继续鼓励和引导各类工商企业参与农业开发，大力推广“公司＋农户”、“公司＋基地＋农户”的经营方式，发展订单农业。农业银行、信用联社和其他金融部门要进一步加大对“龙头”企业的支持力度，适当放宽贷款条件、扩大贷款规模。

市财政局、农发局还出台了大财农［2003］365号文件，专门扶持畜牧小区建设其中规定：对符合标准的新建奶牛养殖小区，政府一次性无偿给予20万元的补贴。

（大连市奶业协会　魏成凤）

吉 林 省

【概况】 吉林省奶业在省委、省政府的关怀和支持下，通过畜牧业产业结构调整，把发展奶业放到重要位置。各级政府以市场为导向，以农民增收为目的，强化龙头企业的作用，积极引导消费，在推进奶业产业化方面取得了新的进展。全省奶业发展呈现出良好的发展势头。

2003年全省奶牛存栏117 085头，其中可繁母牛78 785头，奶类产量232 841吨、其中牛奶产量226 803.98吨，分别比2002年增长29.99%、57.56%、23.3%、26.1%。

全省人均牛奶占有量8.7千克。比2002年增长1.8千克，增长29%。

乳品加工方面也出现了快速增长态势，特别是吉林广泽乳业、九牛乳业、长春新希望乳业等企业的兴起，推动了吉林省奶业的进一步发展。全省分布着17个中小型乳品加工企业，大多数日处理鲜奶在20吨以下，其中吉林广泽乳业日处理鲜奶在150吨、九牛乳业、春光乳业日处理鲜奶在60吨左右。全省日加工鲜奶近400吨，比2003年提高了100多吨。

奶牛主要分布在长春、吉林、松原、四平等地区。其奶源基地的格局可划分为三个部分。即以吉林广泽乳品公司、长春新希望乳业、长春金财乳品公司、吉林农大奶牛场为主辐射周边长春地区、四平地区等中部奶源基地；以九牛乳业发展有限公司、吉林市春光乳业有限责任公司为主辐射周边吉林郊区和永吉、磐石、蛟河、桦甸等东部奶源基地；以前郭尔罗斯蒙古族自治县查干花西门达尔牛繁育场、通榆县三家子草原红牛繁育场辐射周边白城地区、松原地区的西部奶源基地。中部奶源、东部奶源是吉林省两个最大的奶源。其形成的原因有：一是城市居民初始型消费的需求及城郊群众的饲养习惯；二是乳制品加工企业的辐射带动作用。西部奶源是具有特色的奶源基地，主要以西门达尔牛、草原红牛为主，这两种牛的产奶量虽然不及荷斯坦奶牛，但乳质率高、乳中干物质多、质量好，是生产高档乳制品的理想奶源。

吉林省奶业出现快速发展的原因是多方面的。一是政策的调动。在农业发展进入新阶段后，供求关系发生根本性变化，农产品价低、卖难，农民增收遇到困难，这就迫切要求农业经济结构进行战略性调整。在结构调整中，畜牧业成为优先发展的产业，其中奶业又成为重中之重，国家和地方政府在政策、资金投入等方面给予了有力支持，加之养殖奶牛有较高的经济效益，因此发展奶牛养殖就成为许多农民的现实选择。各级把发展奶牛养殖作为农民增收、致富的主要途径，积极性空前高涨。二是科技的推动。近年来，在“科技是第一生产力”思想的指导下，从改良品种、饲料生产、防疫灭病、饲养管理、机械设施、加工技术、质量检验等方面都进一步注重科技投入，增加了整个奶业的科技含量，从而促进了原料和加工生产水平的提高。三是龙头企业的牵动。在国家产业化政策的引导下，推动一批乳品企业扩大规模，引进先进设备，提高技术水平，培育和壮大了一批龙头企业（广泽乳业、九牛乳业、长春新希望乳业等）。这些龙头企业为了培植奶源，在地方政府的支持下，加强了奶源基地建设，对农民进行养殖技术培训，为发展奶牛养殖创造了条件，调动了农民养殖奶牛的积极性。四是市场的拉动。随着城市居民收入水平的提高，城市化进程加快，城镇人口大量增加，促进了人们饮食和营养观念的转变，加工企业又不断开发适销对路的新产品，带动了乳品消费需求相应增长和市场的不断扩大。

【存在问题】一是乳品加工企业规模还不够大，市场竞争力和产业带动力还不够强；二是基地发育相对不足。由于近些年乳品市场看好，乳品加工能力逐步扩大，相应出现了奶牛的发展速度与企业生产能力不相适应的矛盾，有些乳品企业因奶源不足，限制了加工能力的发挥；三是奶牛的总量和单产水平不高。奶牛平均单产水平 3 000 千克左右；四是一些地方发展奶牛存在着一定的盲目性。主要表现在：局部地方违背奶业自身的发展规律，片面追求奶牛养殖发展速度，甚至把养牛同干部业绩挂钩，提出不切实际的发展指标；也有的该淘汰的不淘汰，使奶牛质量下降；在乳品加工方面也存在盲目建厂、上项目，搞低水平重复建设等现象。由于奶业是一个比较特殊的产业，生产周期长，供给弹性小，产品又有易腐不宜长期保存的特点，投资大风险也大。如果不保持清醒的头脑，将会使奶农和加工企业的利益受到损害，从而加大整个奶业的产业风险，对吉林省奶业的发展产生不利的影响。五是目前在乳品市场竞争中，出现了一些不正常现象，即无序的甚至是恶性的竞争，在一定程度上扰乱了乳品市场秩序。

今后应进一步加大政府的引导力度和宏观调控能力；加快企业联合，提高经济实力，发挥龙头企业的作用；依靠科技进步，提升全省奶业的整体水平；加快奶源基地建设，合理规划，鼓励多元投资机制；加强宣传力度，实施多元启动策略，大力开拓乳品市场，引导消费；强化奶业发展配套服务体系；大力培育合作经济和中介组织，发挥奶业行业协会的作用，实现企业和农户双赢。

（吉林省畜牧管理站　谢春雷）

黑龙江省

【概况】黑龙江省地处北纬 43 度至 53 度，东经 121 度至 135 度之间。具有良好的发展奶牛自然环境和气候条件。十几年来，在省委、省政府的正确领导下，全省奶业获得了较快发展，年均增长速度达 16.7%。2003 年末，全省奶牛存栏达到 1 176 千头，奶类产量 304 万吨。

近几年，省委、省政府高度重视奶业发展，始终把奶业作为一项重要工作来抓。先后出台了《关于加快畜牧业发展的决定》和《关于加快畜牧业发展的实施方案》，并都将奶业列为优先和重点发展的产业，确定了奶业在发展全省农村经济中的主导地位。通过实施了《奶业振兴计划》，采取超常规措施，实现奶业跨越式发展。各地纷纷把奶业作为农村产业结构调整的重点，加大调整力度，促进奶业由自然优势向经济优势转变。

黑龙江省奶牛品种主要是纯种中国荷斯坦牛，全省奶牛基本实现了良种化、规模化，饲养上实现标准化，2003 年全省饲养高产奶牛（平均单产达 6 吨以上）34 万头，已占全省产奶母牛的 30%；全省奶牛单产 4.5 吨，建设 1 000 头以上的高产园区 6 处，奶牛生产小区达到 26 处，家庭奶牛场 2 035 个，50 头以上的养牛大户 2.3 万户。全省初步形成了以哈尔滨、绥化、大庆、齐齐哈尔、农垦为主的 38 个重点奶牛县市“一区两带”奶业发展格局。

2003 年全省有乳品加工企业 66 家，日处理鲜奶能力达 9 280 吨。在乳制品方面，除培育了本省的完达山、龙丹、金星、绿洲、齐梅和大庆等国内知名品牌外，还引进了雀巢、光明、伊利等一批国际、国内驰名品牌，产品 80%销往全国各地，覆盖全国市场，部分销往东南亚和东欧市场。

在产业化方面，为进一步推进奶业产业化，强化龙头企业与生产基地的利益对接。重点采取契约、服务、合作等三种有效对接机制，有效地实现奶业生产经营一体化、利益分配合理化，逐步形成龙头带基地、基地连农户，风险共担、利益均沾、互促并进的一体化生产格局。并计划2004年制定《黑龙江省奶业条例》，通过《条例》的实施保证了奶户、企业的利益，促进全省奶业健康、快速、稳定发展。

在消费方面，2003年，黑龙江省鲜奶收购价格为1.50～1.60元/千克，20%的乳制品、液态奶省内消费。消费乳制品、液态奶量比较小，主要由于城乡收入水平、消费水平比较低，对乳制品、液态奶重要性认识不够，随着城乡居民收入水平和生活水平不断提高，生活观念的改变，城乡居民乳制品、液态奶消费量将大幅度提高。

（黑龙江省奶牛协会　张　闯）

哈尔滨市

【概况】2003年哈尔滨市奶业发展态势良好。年末奶牛存栏256.31千头，鲜奶产量727千吨，分别比2002年增长24.4%和21.17%，成年乳牛平均单产4.7吨，奶牛业产值实现32亿元（现价），占畜牧业产值的21%。奶牛品种主要以中国荷斯坦为主，良种化程度达到95%以上，规模化、标准化饲养程度较高。全市奶牛专业户2.2万户，饲养奶牛171千头，拥有万头奶牛乡镇5个，千头奶牛场（小区）40个。双城市奶牛达到168千头，占全市奶牛存栏的65.3%。

2003年是哈尔滨市实施奶业振兴计划的第二年。为保证奶牛业健康发展，经市政府批准成立了哈尔滨市奶业办公室，为加快奶牛良种工程的实施，市政府计划利用3年时间每年拨发2 000万元专项款作为奶牛贷款贴息，从农发资金中每年拿出100万元实施奶牛特优级冻精补贴，采取引进、培育等技术手段开展奶牛生产性能测定（DHI），预计利用3～7年时间培育高产奶牛10万头，单产达到7吨以上。2003年全市引进澳大利亚良种奶牛800多头，提供特优级冻精3万剂。

为确保奶牛及乳制品安全生产，全面实施奶牛健康证和奶牛标识制，奶牛两病检疫和免疫标识加戴率达到100%。为改善奶牛饲养生产环境，各地普遍采取政府统一规划、多元化投资、集中管理、分散饲养的模式吸引、组织养殖户由庭院转移到奶牛小区，2003年全市新建标准化奶牛小区16处。由哈尔滨市技术监督局、哈尔滨市畜牧局联合制定了哈尔滨市地方农业标准奶牛A级绿色产品生产技术规程，2003年11月10日召开新闻发布会，从2004年1月1日开始实施。

【乳品加工企业】哈尔滨市乳品加工企业23家，日处理鲜奶能力3 200吨。加工能力300吨以上的乳品企业有雀巢、完达山、龙丹、绿乐尔等，其中雀巢公司日加工能力为1 500吨。雀巢、森永为中外合资企业，龙丹、金星乳业被哈尔滨工大集团收购兼并，改称为龙丹乳业有限公司。2003年全市乳品企业销售收入70亿元，实现利税20亿元，其中雀巢乳业年销售收入24亿元，利税7.3亿元。

【乳制品市场】2003年全市乳制品市场繁荣，日销鲜奶由2002年的380吨增加到近500吨，市场销售的鲜奶主要以液态奶、酸奶、配方奶为主，拥有全国各家知名品牌，竞争比较激烈，竞相采取买赠方式扩大销售渠道。

【牛奶收购价格】双城雀巢乳业收购生牛奶收购标准按质论价每千克1.60～2.10元，哈尔滨市郊区每千克1.80～2.00元。

（哈尔滨市畜牧局）

上海市

【概况】随着上海迈向世界级大都市的步伐，尤其是申办2010年世博会成功，上海的城市化进程加速，在新形势下上海奶业的结构布局、发展目标和重点乃至战略定位正在发生重大的变化。2003年上海市奶业工作会议提出要建设都市型现代化上海奶业。市场上供应乳制品数量、品种、式样、质量还在增多和提升。以满足多层次人群多档次的需求；外地乳制品大举涌入竞争激烈。乳品加工业和奶牛养殖业则继续朝着集约化、规范化经营的方向发展。不断提高质量，讲求经济效益，社会效益和生态效益并重的理念及机制正得到进一步强化和贯彻。

2003年上海市的奶牛存栏数61千头，其中成乳牛35 343头，生鲜牛奶总产量271千吨，成乳牛平均单产7 813千克；分别比上年增长0.83%、3.44%和−1.93%。可见奶牛数和产奶量基本与上年持平；单产略有下降的主要原因是当年夏季遭遇持续高温的影响，严酷的热应激反应令成乳牛减了产。以往上海地区饲养的奶牛全部是荷斯坦品种。2003年起上海真元乳业公司先后引进娟—荷杂种牛100头和娟姗牛300头试养。2003年本市的规模饲养模式继续发展，截至当年6月底统计，百头以上的奶牛场从年初的161头增至179个，平均每场饲养321头，百头以下的散养户从230户、4 464头降至71户、3 319头，随着上海市调整畜禽养殖业布局，城区和水源区等划为禁止养殖区和控制养殖区，部分牛群被迁往苏、浙等外省饲养。以往上海的奶牛群有5%左右沿用手工挤奶，2003年已全部改用机器挤奶；原先联结个体养牛户与乳品加工厂之间的收奶站个数近年来逐渐减少，当年则被完全撤消，代之以到牧场冷却贮奶罐直接收奶。收购的鲜奶质量，尤其是安全卫生指标大幅度提升。

2003年上海市进一步完善生鲜牛奶收购按质论价的办法；继续将牛奶中的脂肪和蛋白质含量作为生奶收购的基础论价指标，将生奶的微生物、抗生素和黄曲霉素指标作为附加论加价指标。生奶年平均收购价为2.30元/千克。

2003年，有关部门继续贯彻落实2001年市政府公布的上海市食用农产品安全监管暂行办法和上海市生鲜牛乳质量管理暂行办法。结合防治SARS，上海市加强了奶牛的饲养管理和提高了卫生防疫措施。

由农业部和上海市政府支持，以培育优质高产长寿奶牛为目标的上海奶牛育种中心于2003年10月22日建成开业。当年生产公牛冷冻精液160万剂，高产奶年胚胎40 000枚，是全国优秀奶牛种畜的重要生产基地。

【乳品加工与市场】2003年上海地区的乳品加工企业共有28家，日处理原料奶1 400吨以上。光明、上海真元、三元全佳、蜜儿可、永安、英特儿、上海卫岗、达能等18家大中型企业实施规模化、规范化生产。贯彻与完善HACCP（危害分析与关键控制点）管理系统，成为上海市乳品生产的主力军。主要加工生产巴氏杀菌乳、UHT（超高温）灭菌乳、酸牛乳、奶粉、含乳饮料和其他含乳食品，亦加工再制或分装冰激凌、炼乳、干酪、乳糖等产品。

上海乳品市场除供应地产的品牌数大类、百余种乳制品外，另有40%的乳制品由外省、自治区输入本市，如伊利、蒙牛、雀巢、均瑶、三鹿、安怡、完达山等品牌。2003年上海市居民人均消费乳品折合奶量约为35千克。

2003年上海市政府有关部门继续贯彻对乳品加工企业监管和市场准入制度。并召开“市整顿和规范市场秩序工作会议”。提出当年对食品、药品、房产及服务市场等进行专项整治，推行行业的有序竞争。

【奶业服务业与特色活动】上海奶业正突破传统的发展模式与行政区划的束缚。日益融入长江三角洲奶业圈内，并发挥其人才、资金、物资、信息、技术等领域的优势。在供应优秀奶牛种源、奶业机械、包装材料与设备、食品辅料与添加剂、兽医药械与饲料添加剂、奶业贸易与物流、技术咨询与培训、会展宣传与出版物等方面服务于全国。例如，总部位于上海的光明乳业股份有限公司建设了20多个奶源和加工生产基地。在全国31个省、自治区、直辖市建立销售网络，经营奶业。又如，2003年在上海成功地举办了“城市型奶业发展战略研讨会”等。2003年起，原《上海奶业信息》更名和改扩版，《奶业信息》以崭新的面目呈现在中国奶业界的面前，上海奶协续办了《乳业科学与技术》期刊和奶业信息网，当年完成了《中国学生饮用奶定点生产企业实施HACCP培训教材》的编写，出版了《乳牛高效生产技术手册》等。

2003年9月国际乳业联合会（IDF）通过了申办评选，决定2006年IDF年会暨第27届世界乳业大会将在上海召开。由上海的奶协和光明乳业负责承办。这为中国奶业和上海奶业提供了发展的良机，也提出了更高的要求。

（上海市奶业行业协会　陈　新　董德宽）

江　苏　省

【概况】2003年，在党的十六大和十六届三中全会精神指引下，按照江苏省委、省政府提出“两个率先”（率先实现现代化，率先实现全面小康）的奋斗目标及江苏省奶业发展规划（2003—2007年）的要求，全省奶业行业继续在改革与发展的道路上前进。

奶牛养殖业：2003年，各级政府扶持和奶业龙头企业带动，加快了奶源基地建设步伐。广大奶牛场、户自繁扩群的同时，江苏维维集团继续从澳洲引进良种奶牛2 500头。全省推行奶牛规模化养殖，100头以上规模的奶牛场、户（含小区或公寓）达到144个，存栏奶牛2.8万头，占全省奶牛存栏的20%；牛奶产量13.8万吨，占全省牛奶产量28%。推行无公害牛奶生产，已通过江苏省无公害农产品产地认证的无公害奶牛生产基地达到69个，存栏奶牛3万余头，占全省奶牛存栏的22.34%。在实施江苏省奶牛“七吨工程”与推行《江苏省奶牛场生产技术管理规范》的基础上，又在徐州顺利执行与美国胚胎移植协会合作的“中国种畜改良援助计划”——奶牛胚胎移植示范项目，在南京启动实施国家科委“十五”重大科技专项——南方农区奶业现代化技术集成与产业化示范项目，带动了奶牛现代综合技术和高新技术的应用推广。全省奶牛数量、牛群质量与生鲜牛奶质量、奶牛单产水平与总产水平均有新的提高，至2003年底，全省奶牛年末存栏量达到142千头，牛奶年总产量达到498千吨，人均占牛奶产量达到6.7千克，比上年分别增长11.29%、9.96%和提高0.6千克。

乳品加工业：2003年，全省各地大、中、小型乳品加工企业，沉稳面对国内、省内乳品市场激烈的竞争压力，集中精力练好自身企业内功，实施科技创新和管理创新，扎实搞好生产经营，努力提升奶业产业化水平和综合竞争力。奶源基地建设的加强和新一轮企业技术改造的普遍完成，为扩大加工生产规模、提升乳品质量和加快新产品开发奠定了基础条件。特别是企业质量安全意识增强，重视了从奶源、加工到市场营销各环节的质量控制，全省有35家乳品企业已通过ISO 9000或ISO9001：2000国际质量管理体系认证，有1家乳品企业已通过ISO14000环境管理体系和HACCP安全管理体系认证；有9家乳品企业已通过QS（市场准入）认证。全省乳品加工厂生产，不仅产量增加，花色品种增多，并且产品质量显著提高，有48家乳品企业共66个产品已通过江苏省无公害农产品认证，有4家乳品企业共12个产品获得国家绿色产品标志。各大、中、小型乳品企业，立足江苏本地市场为主，利用各媒体和“国际牛奶日”与重要节假日坚持常年开展牛奶宣传促销活动，不断完善市场营销网络，充分发挥各自企业的市场区位优势、产品优势与销售服务优势，促使大、中城市地产乳品市场得到巩固和扩大，小城市和农村乡镇乳品市场也开始启动并逐步发展，尤其中、小型乳品企业在开拓小城市和农村乳品市场中起了先锋作用。至2003年底，全省乳品年总产量达到59.5万吨，乳品年销售总额达到28.29亿元，乳品加工年利税总额达到3.17亿元，比上年分别增长36.16%、24.29%和8.19%。

【中国·南京山田国际牛奶文化节】2003年10月21～26日，江苏省农林/南京市农林局、南京市江宁区政府（主办）及南京川田乳品有限公司（承办）联合在南京江宁开发区举办了国内首次以弘扬牛奶文化为特色的“中国·南京山田国际牛奶文化节”的大型宣传活动。开幕式设在具有“草原风情”与奶文化特色的南京山田牛奶文化园，农业部刘坚副部长和中国奶业协会、江苏省农林厅、南京市与江宁区政府部门的领导，国内著名专家学者与国际友人，各地奶业行业代表及江宁区广大群众等近7 000人出席，省农林厅刘立仁厅长发表了《农民也要喝牛奶》的重要讲话，并举行了“奶牛选美”大赛。文化节期间还举办了“江苏奶业发展论坛”，全国儿童奶牛绘画大赛，向聋哑学校捐赠爱心牛奶行动，奶牛花车市区大巡游，市民万人看奶业，以及挤奶比赛、喝奶比赛、奶牛造型陶艺比赛、百家湖牛大王龙舟比赛、篝火假面狂欢晚会等别开生面的牛奶文化活动。同时还接待了海内外嘉宾近千人和数十万南京市民观光牛奶文化节。国内和省主流报刊与电视台争相跟踪报道了这次以宣传奶业和牛奶科普知识、弘扬牛奶文化的宣传活动盛况。这次大型牛奶文化节活动对于宣传牛奶知识、引导市场消费、促进交流合作、加快奶业发展产生了广泛的积极影响。

（江苏省奶业协会　刘　敞）

【江苏省奶业发展规划（2003—2007年）**】**发展思路：以市场为导向，科技为依托、创新为动力，积极引导市场消费，着力培植和壮大一批大型乳品加工龙头企业，大力推进产业化经营，提高奶牛场规模化、集约化水平，全面实施乳品全程质量监控，快速推进乳品绿色化进程，切实提高奶业综合竞争力，努力将江苏建成全国乳业强省。发展目标：全省奶牛存栏25万头，奶类总产量突破100万吨，奶业总产值突破70亿元；江南和徐连奶业经济带奶牛存栏20万头，奶产量达75万吨～80万吨；60%以上的产奶牛年平均单产达7 000千克，全省奶牛单产水平提高20%以上；鲜奶加工达到120万吨～140万吨；上市各种乳制品种类10～12个，品种数量120～150个；开发功能性乳制品品种4～5个；培育3～5个国内知名品牌，发展15个奶制品无公害品牌；城镇居民消费达到30千克，农村居民消费达到12千克，学生饮用奶推广覆盖全省。产业区域布局：继续实施“两头带中间”奶业发展战略，建成“两带一区”的区域生产布局，即一头以南京奶业（集团）有限公司为核心，重点发展沪宁一线大中城市郊区的规模化养牛，形成江南奶业经济带；一头以维维集团、徐州绿健乳业有限责任公司为核心，重点发展陇海线的适度规模养牛，形成徐连奶业经济带。以两个经济带逐步带动盐、淮、泰、通、扬等地区的奶业发展，并逐步形成淮南及苏中奶业生产区域。主攻方向：一是强化规模化优质奶源基地建设；二是培植和壮大一批龙头企业；三是积极引导消费，培育乳品增量市场；四是建立健全质量标准体系。发展重点：一是加强规模化优质奶源基地建设；二是推进奶牛良种种质产业化；三是加快重点龙头企业技术改造和中等规模学生饮用奶定点生产企业技术改造；四是提高新型乳品开发能力；五是强化质量检测体系建设；六是做大做优区域性龙头企业和一批著名品牌。

【江苏省奶牛育种中心建设】江苏省奶牛育种中心是由江苏省畜牧兽医总站、南京农业大学、南京奶业集团有限公司三家单位合作新建立的股份制企业。中心充分发挥各自优势，优化配置人才、种质和技术装备资源，重点建立高产奶牛核心群和种公牛站，集奶牛育种、精液生产、胚胎移植为一体，作为现代化奶牛繁育基地，带动提升全省奶牛育种体系建设水平，该中心位于江宁区淳化镇，占地面积1.33公顷，计划总投资1 400多万元，现有母牛舍4 464米^2，种公牛舍1 670米^2，实验室466.5米^2，办公楼622.8米^2，高产奶牛核心群，优质种公牛18头，中心建成后，种公牛饲养量将增至30头以上，达到农业部公牛站验收标准。

（江苏省学生饮用奶计划实施协调小组办公室　侯庆永）

南　京　市

【概况】2003年全市通过实施“以奶兴牧，龙头加工带动，畜产品安全保障三大发展战略，使畜牧业整体水平提升。以奶兴牧成效显现：奶业继续保持着快速增长的势头。2003年全市奶牛存栏35.2千头，同比增长16.67%，生鲜牛奶产量107.7千吨，同比增长8.34%。据测算，奶牛饲养产值已达3.3亿元，占全市畜牧业产值的11%，奶牛规模化养殖取得突破性进展，目前全市共有奶牛公寓44个，其中今年新建22个，奶牛公寓化饲养达到16 000头，比上年增加4 000头。为了促进奶业的发展：一是广泛调研，做好产业发展规划。完成了全市奶业调研报告，制定了全市奶业发展五年规划，并制作了多媒体演示；二是积极发挥加工龙头企业的带动作用，推行“公司+基地+农户”的生产模式，实行规模化集中饲养。目前卫岗淳化千头奶牛公寓、金阳光千头奶牛公寓都已基本建成。山田、古泉、汤山、上峰、摄山、星甸等六个奶牛公寓完成配套建设，奶牛已进场饲养；三是积极引导消费，营造奶业发展良好环境。2003年，我们依托山田企业与省农林厅、江宁区政府联合举办了“南京山田国际牛奶文化节”，展示了南京奶业的形象，达到了促进消费、宣传品牌、促进行业交流的目的。这次牛奶文化节在中国是第一次，文化节活动内容在全国60多家新闻媒体播出，其中开幕式盛况在中央电视台播放，社会反响强烈；四是积极注重奶牛饲养品质的提高。今年已在珠江奶牛场进行奶牛

"七吨工程"试点，并与光明集团奶业科技服务公司进行科研合作，提高奶牛生产的单产水平和饲养效益；五是积极组织实施学生饮用奶计划。今年学生饮用奶在全市40个中小学全面开展，取得了老师和学生的一致赞誉，社会效益与经济效益显著。

【龙头企业发展壮大】奶业加工继续保持快速发展。全市现有卫岗、光明、山田、金阳光等上规模的奶品加工企业10家，液态奶加工能力达24万吨，已占全省液态奶加工总量的45%，其中仅卫岗一家就直接带动全市发展奶牛2万头。为了迎接日益激烈的市场竞争，全市奶业加工企业投入巨资进行技术改造。南京奶业集团和金阳光乳品有限公司共投资3.5亿元在江宁经济开发区建设新的加工厂，预计新厂区全部投产后，全市液态奶生产能力将由目前的24万吨提高到38万吨，为全市奶业的发展奠定了基础。招标项目"优质乳品深加工与农区规模养殖"完成了优质乳品深加工净化系统、杀菌消毒系统和进口灌装系统的安装调试。完成牛粪处理设施和牛舍监控系统建设。完成牛奶文化园二期工程建设，丰富了各项娱乐设施。种植了无公害牧草66.7公顷，完成了安全牛奶操作规程及奶牛小区管理办法草案的制定。全面推行安全牛奶生产模式。

【无公害畜产品生产全面启动，动物防疫体系建设力度加大】全市每个县区确立了1个安全畜产品全程质量控制示范点，制定了实施方案，确立了相应的生产操作技术规程，开展了安全奶全程质量控制。采取常年免疫与突击免疫相结合，积极探索有效的免疫组织形式；全面实施动物免疫标识管理制度，强化"免疫目标、免疫证、免疫台账"三位一体的管理，加强督查，不留死角。同时加强免疫水平监测，指导各地免疫计划的针对性实施等措施，确保免疫质量。2003年，全市共完成奶牛布病检测10 750头份，结核病检测12 890头份。

【饲料兽药管理得到加强】主要体现在：(1)完成了全市饲料兽药生产企业《饲料添加剂、添加剂预混合饲料生产许可证》、配合饲料、浓缩料《饲料生产企业登记证》及《兽药生产经营许可证》的年检工作，按时进行饲料兽药生产统计，并对饲料兽药管理人员进行了培训。(2)成立了市饲料协会，并通过对全市500多家饲料兽药生产经营企业进行普查登记，完善了全市饲料兽药管理信息网络的建设。(3)加大了畜禽生产投入品市场监管力度。今年全市共出动执法管理人员500多人次，对全市60多家饲料兽药生产企业进行了检查，共查获2家企业非法生产兽药，对26家企业要求整改和停售。

【今后奶业工作重点】

1. 进一步加大优势产业的建设力度，做大做强全市奶业经济 今后奶业工作既要推进数量的增长，更要重视品质的提高。要按照南京奶业发展规划的要求，努力构建南京市奶业发展的四个体系：(1)布局合理、管理科学的现代化奶牛生产体系。一方面鼓励现有的乳品企业向集团化发展，提高企业实力。另一方面在全市奶牛小区探索建立股份合作制，实现加工企业和个体奶农的紧密结合，形成稳固的奶源基地。变个体小规模分散饲养模式为奶牛公寓的统一饲养，统一管理，统一防疫，统一奶牛更新。在现有的基础上努力实现奶牛公寓化标准饲养；加快规模奶牛场的生产技术改造，推进奶牛生产由数量型增长向质量型提高转变。推广"七吨"工程技术。(2)适应市场、动态平衡的牛奶供求体系。通过颁布《南京市生鲜牛奶生产、购销管理暂行办法》，推行按质论价，统一鲜奶收购质量与价格标准。允许加工企业的收购价格在规定的价格幅度内上下浮动，刺激奶农发展优质奶生产，增强质量意识。(3)全方位、全过程的牛奶质量监控体系。在奶牛饲养阶段和鲜奶收购和加工阶段，兽医卫生监督部门制定严格的标准，对奶牛实行强制性免疫，制定奶牛免疫档案，严禁乳品加工厂收购未经免疫的牛奶。制定牛奶加工企业的乳产品标准，确保鲜奶质量和奶农的正当利益。(4)多层次、多元化的奶牛生产服务体系。一是建立和完善养牛合作社、奶农协会，通过股份制、产加销一体化，把分散的奶农组织起来，形成利益共同体，解决奶牛饲养小生产与奶业发展大市场之间的矛盾；二是发挥奶业协会在行业管理中的作用。鼓励支持龙头企业参与奶业协会等服务组织建设；三是建立奶业风险基金。采取政府贴一点，企业拿一点，农民出一点的办法建立奶业风险基金，推行奶牛保险，提高单个奶农抗御市场风险的能力；四是建立奶牛重大疫病和常见病防疫、诊断、预报体系，实行奶牛防疫垂直管理体制。

2. 进一步抓好8个产业基地建设，发挥示范带动作用 要从"产前抓良种，产中抓监控，产后抓加工，培育龙头和开拓市场"入手，以"品种、品质、品牌"为重点，充分依托龙头企业，以农业合作组织为纽带，积极实施无害化、标准化生产，探索适合农户广泛参与的规模化、工厂化的养殖模式和机制。

3. 进一步切实加强防疫工作，完善基层兽医防疫体系建设 重点抓好疫病防控体系、应急体系和监测体系，提高疫病控制能力，确保南京市不发生重大疫情。防疫人员必须持有兽医职业资格证书，采用包村、包组、包户的形式建立责任制。

（南京市农林局　王生平）

浙　江　省

【概况】2003年，浙江省奶业继续呈增长态势，奶牛存栏量77千头，其中能繁母牛47.6千头，牛奶产量247.3千吨，分别比2002年增长15.79%、7.45%和11.65%；全省奶类人均占有量5.3千克，比2002年增长11%。全省有日处理鲜奶能力50吨以上的乳品加工企业19家，日处理能力达2 500多吨，日实际处理量为1 300吨，年销售收入达13亿元。奶牛主要分布在金华、杭州、温州、台州、宁波，共存栏奶牛68.6千头，占全省存栏总数的89%。规模饲养再上新台阶，全省有存栏20头以上的奶牛场411个，存栏奶牛54 216头，占奶牛存栏总量的70%；有存栏100头以上的奶牛场124个，存栏奶牛42 799头，占规模存栏总数的56%；有存栏1千头以上的奶牛场9个，最大的杭州奶业有限公司奶牛存栏达到2 668头。

【沪浙奶牛业合作】为配合省委、省政府提出的“接轨大上海、融入长三角”的重大决策，抓住上海市养殖企业外迁的有利时机，浙江省以“政府搭台、企业唱戏”的形式，先后4次举办了由沪浙两地畜牧主管部门、龙头企业和生产基地参加的洽谈活动，同时积极引导各地采取实地考察、部门牵线、企业面谈等多种方法，全面推进两地畜牧业的合作。到年底止，上海市已有1995头奶牛迁移入浙江省。浙江李子园牛奶食品有限公司与上海宝山区奶管站，浙江阳光牧场有限公司也与宝山区奶管站，浙江普新乳业有限公司与上海浦东新区奶管站、奶牛场分别签订了《奶牛搬迁合作意向书》和《奶牛异地养殖协议书》，今后两年还将陆续引进2 000余头奶牛。

【奶牛优势区域布局规划】2003年，作为省农业厅制定的2003－2007年浙江省特色优势农产品区域布局规划的一部分，针对全省奶牛发展趋势，制定了具体的发展规划，其发展目标：到2007年，优势产区奶牛存栏提高到11万头以上，年提供优质鲜牛奶提高到43万吨；优势产区成年母牛年均产奶量比目前提高20%，生鲜牛乳质量100%符合无公害产品标准；培育形成日加工能力超100吨的乳制品企业6个。优势区域：杭州、宁波、温州城郊型现代化奶源基地，高速公路沿线的婺城、金东、椒江、黄岩等4个经济发达县（市、区）的奶业产区，新建杭州湾海涂和长兴等浙西北奶业生产带。

【奶源基地建设】2003年，杭州双峰奶牛场在富阳投资3 000多万元，建成了占地6.7公顷，存栏1 400头的全国性示范奶牛场；浙江东兴实业有限责任公司伊康乳业分公司在金华投资3 500多万元，创建了2 000头规模的现代化奶牛养殖场。在建好规模场的同时，还积极引导，并推动奶牛养殖小区建设，2002－2003年已有6个千头规模的省级奶牛示范小区给予立项，每个小区由省扶持60万元；此外，金华市至2003年底已建成奶牛养殖小区56个，存栏奶牛13.2千头，占总存栏量的41.25%。

【奶源质量控制】为确保乳制品安全供应，从2003年7月1日起，全省开始实施《浙江省奶牛健康证》制度，奶牛必须经过强制免疫以及结核病和布氏杆菌病强制监测，并经过健康确认后，才发放“奶牛健康证”，做到一牛一证。此外，对从省外调入奶牛，由省统一审批，防止从省外引进病牛。

（浙江省畜牧管理局　任　丽）

杭　州　市

【概况】2003年度全市存栏奶牛17.7千头，其中成母牛10 706头，牛奶产量63.68千吨。与2002年相比，存栏奶牛增加1 397头，增长8.5%；成母牛增加834头，增长8.4%；牛奶总产量增加2 551吨，增长4.1%。2003年全市生产纯牛奶和酸牛奶54 968吨，比2002年增加7 015吨，增长14.6%；乳饮料11 070吨，比2002年减少979吨，减8.1%。2003年全市奶业总产值达到4.96亿元，其中乳制品加工业达到2.46亿元、生产牛乳达到1.4亿元、饲料种植等收入达到1.1亿元。2003年杭州市奶牛存栏数、成母牛头数、牛奶产量和乳制品生产量都有明显的增长。

1. 杭州市奶业发展面临新的形势　近年来，奶牛存栏和原料奶的生产连续几年保持快速增长。特别是随着经济的发展，生活素质的提高，人们对乳制品产品已经从“数量”上的渴望转变为对“质量”上的要求，近年来，国内大的财团纷纷加入杭州奶业市场，为奶业发展注入了新的发展动力和机遇。在这新的发展机遇中，奶业企业能按现代化、规范化的生产要求，狠抓生产管理，使生鲜牛乳的质量有了明显提高，根据杭州市牛乳检测中心检测表明，市生鲜牛乳的各项检测指标均已达到国际质量要求，如乳蛋白在3.4%以上；乳脂肪在3.0%左右；细菌总数每毫升均控制在10万以下，还实现了无抗奶，有效地促进了奶业生产的健康发展。

2. 新的竞争形势要求规范奶业市场　2003年杭州市乳品加工企业为大动荡的一年，也是大变化的一年。一是随着交通条件的改变，外地的乳制品大量涌入杭州市。二是国内国外大财团看好杭州这个大的乳品市场，给该市奶业市场竞争增加了新的变数。这些大的财团和外地乳制品企业以其强大的资金、技术实力和管理经验进入乳品市场，对杭州的奶业发展，产生了巨大的影响。一年来，全市乳制品加工企业能进一步发挥科技优势，加大技术改造力度，实施杭产乳制品的名牌战略，不断研制开发的新产品质量和工艺有了明显提高，口感深受百姓喜欢，市区的乳制品加工企业还均通过了ISO 9000的认证。还注重向全省及农村市场发展，不断挖掘液态奶市场的巨大潜力。同时，还注重乳品冷链、销售体系的建设，注重销售服务的方式，为消费者提供了方便的购买渠道，促进奶业生产和消费进入新的阶段。

3. 加大乳业生产管理，全面提升管理者的素质　随着乳品事业的不断发展和机械化程度的不断提高，乳业生产的管理能力和生产水平已成为影响全市乳制品发展的一个重要环节。完善奶业生产者的队伍建设，是摆在奶业生产者面前的一个重要课题，为此，杭州市乳制品加工企业和奶牛养殖场能及时了解生产者的新情况，认真组织生产者学习，加大上岗培训力度，强化自身队伍的素质提高，不断增强对市场的适应能力和竞争能力。

【发挥协会服务作用】杭州市奶业协会坚持以协会章程为协会活动的原则，始终围绕市奶业生产发展搞好服务为目标，根据奶业生产不同时期的不同生产特点，及时指导各奶牛场的生产发展。一是扩大饲养规模，发挥规模效应。不断提高科学饲养管理水平，强化以质量求生存，以管理增效益的意识。强化各项管理，争创一流水平。二是宣传引导，积极发展。在消费方面，积极宣传牛奶食品的优点、作用和食用方法；在饲养方面，积极宣传饲养知识和实用技术，宣传饲草料生产知识和加工技术；在乳制品加工方面，积极宣传产品质量和加强品牌建设，不断开发新产品。三是加强培训，抓好各企业奶业生产者素质的提高。为了使市奶业生产发展再上一个新的台阶，市奶业协会组织了全市乳制品加工企业和奶牛养殖场负责人赴福建南平及中国西部参观考察，进一步拓宽全市奶业生产者的视野；同时，加强乳品加工人员和奶牛饲养人员的专门化、系统化技术培训。在乳制品加工方面，积极引导市区有关加工企业向现代化、集团型方向发展；在乳制品销售方面，积极引导向网络化信息方向进军；在奶牛良种方面，加快实现高产奶牛的胚胎移植技术和转基因技术的开发；在饲草料方面，引导开发低耗、高效安全、经济的新型添加剂，并全面推广机械化作业。进一步提高乳品加工、奶牛饲养的科学管理水平，走可持续发展的道路。

【奶业今后发展重点】今后要突出抓好生鲜牛奶基地建设：主要是解决奶牛养殖的良种、良法问题。在良种方面，协会要协助奶牛养殖企业抓好奶牛改良计划，组织奶牛生产性能测定、种公牛后裔测定、良种牛登记等基础性工作，搞好良种的选育、繁殖和引进工作，从根本上解决全市奶牛素质的问题；良法主要是奶牛饲养的科学化、标准化问题，提高奶农的组织化程度，发展奶业合作社、发展养殖小区，实现规模化饲养，从而实现“五变”，即：奶牛养殖规模由小变大、由分散养殖向集中养殖、由粗放养殖变集约化养殖、由手工挤奶变机械化挤奶、由兼业变专业养殖，解决奶牛传统养殖的“小、散、低”问题，向奶牛饲养现代化转变。

要加强乳制品加工企业建设：重点在技术改造、新产品开发、市场营销上给予指导和帮助，并进一步加强整合力度，要鼓励企业进行强强联合，使乳制品加工企业做大做强。

培育消费市场：采取多种形式开展宣传活动，引导乳品消费，搞好销售服务，拓展乳品市场，提高人民的乳品消费水平。在增加市区原有市场占有率的基础上，重视拓宽周边市场，发展农村市场，努力生产适应农村市场的产品。同时，还要着手加强市场销售网点的建设，加强售后服务，逐步提高城乡市民购买乳品的方便程度。

继续做好协会服务工作：为奶农、企业、政府提供服务。

加大市区奶牛场环保整治的力度，促进奶业生产的健康发展。实施奶业环保治理是促进奶牛养殖业健康发展的必由之路。要坚持推行“区域化布局、专业化生产、规模化经营”的发展方针。巩固奶牛生产基地，特别是在现有奶牛基地的基础上，首先合理区划，因地制宜地规划和布局。同时，要坚持稳步发展、适度规模、科学管理、污染治理、环保养殖。加快市区奶牛养殖场向农村搬迁的同时，提高奶牛养殖场的规模经营水平，在切实抓好规模基地场的同时，推进奶源基地建设上规模，上档次，使全市奶牛的规模经营得到一定发展。

（中共杭州市委人民政府农业和农村工作办公室　叶剑华）

安徽省

【概况】奶牛饲养：2003 年底，全省奶牛存栏 41 千头，比 2002 年增长 46.95%，其中中国荷斯坦牛占 72%，西门塔尔、荷斯坦杂交改良牛占 28%；存栏能繁奶牛及改良种奶牛 19.2 千头，比 2002 年增长 17.07%，其中中国荷斯坦奶牛占 89%；全省牛奶产量 90 138 吨，比 2002 年增长 22.20%。存栏奶牛平均年产奶量 2 198 千克，存栏能繁奶牛及改良种奶牛头平均年产奶量 4 695 千克，安徽白帝乳业有限公司的合肥奶牛场核心群年头平均产奶量 8 474 千克。

2003 年全省人均年牛奶占有量为 1.41 千克，比 2002 年增长 20.51%。

乳品加工：与 2002 年相比，全省乳制品生产新增处理鲜奶加工能力 110 吨。益益集团 12 月新投产超高温消毒奶（UHT）生产线 3 条、利诺诺砖生产线 2 条；合肥丰大乳业投产一条日处理 30 吨鲜奶的乳制品加工厂，主要产品是瓶装消毒奶、酸奶，塑杯装酸奶；滁州市乳品总厂扩建超高温消毒奶（UHT）生产线和国产屋顶包生产线投产。

牛奶及乳制品市场：全省 2003 年度鲜奶收购价格在 1.70～2.20 元/千克。大、中城市收购价在 1.9～2.2 元/千克，农村及县城在 1.70～1.95 元/千克。

安徽的乳制品消费量应较人均生产占有量为高，因为安徽本省乳制品企业生产的乳制品基本上在本省销售，而国内外知名乳制品企业的奶粉、超高温消毒奶、花色奶、消毒奶在安徽各中小城市销售，有些已打到县城，2003 年销售量在 45 千吨。

【学生饮用奶计划】2003 年益益、白帝两定点企业在国家有关部门的检查中受到好评，在两试点城市向学校供应学生奶日供应量在 10 万份以上。

（安徽省奶牛协会　李赛明）

福建省

【概况】2003 年仍是福建省乳业继续保持较快发展的年份，增长速度超过两位数，并继续朝着规模化、产业化、现代化方向发展，有力地促进了农业增效、农民增收。2003 年整个行业发展呈现如下特点：一是生产快速发展。据统计，截至 2003 年末，全省奶牛存栏达 69 千头，其中能繁母牛存量为 37 千头，牛奶产量达 192 千吨，分别比 2002 年增长 18%、13%和 39%；二是地位进一步提高。首先是人均占有水平继续提高，2003年全省人均奶占有量为5.5千克，比2002年人均占有量增加1.5千克，增长37.5%。其次奶在畜产品结构中的比重也进一步提高，2003年奶占畜产品的比重达8.2%，比2002年的6.5%提高1.7个百分点，奶业的发展，不但丰富了城乡居民的菜篮子，而且使人们的膳食结构更趋科学；三是产业化水平高。涌现出了福建长富集团股份有限公司、惠尔康乳业有限公司、福建大乘乳品有限公司、福建省宏宝露乳业股份有限公司、浦城华美乳业有限公司、长绿乳业公司、闽西绿蒙奶业有限公司等一批乳品加工龙头企业，其中长富和惠尔康两家公司2003年被农业部确定为第二批国家级农业产业化龙头企业，大乘和长绿是省级龙头企业。长富集团2003年拥有基地牧场33个，奶牛存栏3.34万头，占全省总存栏量的49.93%，加工鲜奶7.97万吨，占全省鲜奶产量的41.64%，销售收入达3.77亿元；四是生产趋于规模化、现代化。据不完全统计，截至2003年底，全省年存栏100～200头、200～500头、500～1 000头、1 000头以上饲养户奶牛存栏数分别为1 682头、8 202头、14 723头和22 349头，占总存栏量的比例分别达2.46%、11.98%、21.5%和32.64%，存栏100头以上规模养殖占总存栏量的比例高达68.59%，规模最大的饲养场是福建长富乳业集团有限公司第二牧场，存栏奶牛达2 423头。其次奶牛生产现代化水平高，规模养殖场基本解决了青贮饲料问题，规模在1 000头以上的奶牛场中有16个场采用放牧式饲养，有12个奶牛场采用全混日粮（简称TMR）饲养新技术，有12个乳牛场采用全自动饲料搅拌喂料车饲喂。挤奶方式也由手工挤奶向机器挤奶转变，机器挤奶的类型主要有移动式、管道式、鱼骨式和转盘式4种，以管道式挤奶为主。人工授精技术已在奶牛繁殖上得到普及，长富和大乘两公司正在实施奶牛胚胎移植工程，两公司2003年共同承担福建省科委重大科技项目“良种奶牛胚胎”课题，大乘公司还承担2003年农业部“万枚高产奶牛胚胎移植富民工程”任务。乳品加工设备齐全，技术先进，有软包灌装线、屋型灌装线、利乐包生产线、酸牛奶生产线和初乳粉生产线6种，长富和大乘的加工生产线设备基本上是从国外引进，与国际先进水平同步；五是生乳卫生质量安全可靠，乳制品花色品种较多。由于规模奶牛场基本上采用机器挤奶，从而大大地提高了生鲜牛奶的卫生质量，大乘和长富的生鲜牛奶每毫升生物菌落数低于5万个，原奶的卫生指标达到甚至超过欧美先进国家的标准，同时大乘和长富等一些乳品加工企业还配备了乳成分分析仪、微生物快速检测仪、抗生素快速检测仪，并建立了一整套安全完善的检测系统，有效地杜绝了原料的不安全的隐患，保证了牛奶饮用的安全、新鲜和营养，长富和大乘两公司还取得绿色标志使用权。福建省过去牛奶销售以生鲜乳直接上市销售和纯鲜牛奶（巴氏杀菌奶）销售为主，现在上市销售的乳制品花色品种较多，主要有纯鲜牛奶、利乐包牛奶、酸牛奶、风味牛奶（含乳酸饮料奶）、百利包奶、初乳粉等六大系列；六是带动相关产业发展，促进农民增收。从近年来奶牛发展情况看，农户饲养成年母牛每头年收益可达2 000～3 000元，南平市奶业带动农民种植青割玉米等青饲料一项年种植面积达13.7千公顷，农户创收达上亿元，另外奶业的发展还带动饲草饲料、兽药、食品等加工业以及运输、包装、服务业等相关产业发展，其创造的经济、社会效益相当可观。

【万枚高产奶牛胚胎移植富民工程】按照农业部畜牧兽医局《关于实施2003年农业部“万枚高产奶牛胚胎移植富民工程”项目的通知》要求，福建省作为南方惟一的省份承担了该项目的1/10任务。由大乘乳业股份有限公司承担该任务，经全省所有参与项目的广大技术和管理人员的辛勤努力，项目按合同要求和进展如期进行，个别指标超过合同计划，取得的成效主要为：一是健全机构。项目实施单位所在地南平市政府及其有关部门对本项目的实施高度重视，成立了由分管农业的副市长为项目总顾问、市畜牧水产局局长、南平市延平区副区长、福建大乘乳业股份有限公司总经理任副组长，相关人员参加的项目领导小组，负责项目的组织协调工作。同时还成立由北京安伯胚胎生物技术中心主任任组长的项目专家组，负责项目的技术指导；二是规范胚胎移植操作规程。制定了《牛胚胎移植技术规程》、《牛胚胎移植场标准》、《受体牛标准》、《牛胚胎移植实施方案》、《胚胎移植日程安排》等规程、方案和标准；三是确定项目实施对象。选择牛群质量较好、管理水平较高、存栏奶牛400头以上的奶牛场和养殖小区作为项目实施对象，共确定福建大乘乳业股份有限公司常坑牧场、大横牧场、延平区南山奶牛饲养小区、建瓯房村雅鲜牧场、建瓯房村德鲜牧场、建瓯东峰牧场、建瓯徐墩山边奶牛饲养小区7个场区作为奶牛胚胎移植的具体实施单位；四是宣传发动。在南平市电视台播放“万枚高产奶牛胚胎移植富民工程”的专题宣传，承担单位还向下属养殖企业和周围农户广泛宣传胚胎移植的目的和意义，激发他们参与胚胎移植的积极性，并与养殖业主签订了胚胎移植合同；五是培训技术骨干。在项目实施前，由北京安伯胚胎生物中心举办牛胚胎移植技术培训班，对福建大乘乳业股份有限公司及下属12个牧场的10名技术人员进行了培训，项目实施期间，大乘乳业股份有限公司也对各牧场的管理和技术人员及饲养人员进行了不同形式的培训，共举办培训班4场（次），培训人员80多人次，印发资料100多份；六是选择供体牛和受体牛。按照合同要求，采用直肠检查法，共检查供体牛300头、受体牛2 300头，从中选出合格供体牛220头、受体牛1 500头；六是胚胎的采购与生产。本项目共从加拿大和澳大利亚引进胚胎250枚，其中荷斯坦牛胚胎200枚、娟姗牛胚胎50枚，完成计划任务的100%。通过超排和冲胚，生产胚胎1 150枚，完成计划任务的153%；七是移植胚胎。共移植胚胎1 020枚，完成计划任务的102%，通过对移植的受体牛进行妊娠检查，确定受胎牛总数达 561 头 。

（福建省畜牧兽医总站　梁全顺　陈玉明）

厦门市

【概况】2003 年末全市奶牛存栏 389 头，奶山羊存栏 1 600 头，奶产量 1 649 吨；与 2002 年相比，分别增长 17.9%、下降 43.1%、下降 15.4%。按全市常住人口计算，人均鲜奶年占有量 0.76 千克。奶业生产主要有以下特点：一是生产形不成规模，基本上都是农户散养，技术含量较低，疫病多，管理体制落后；二是奶牛单产量低，平均单产量仅 3 000 千克左右。此外，伴随着特区经济的发展，奶业养殖生产用地相对不足，拓展空间有限，龙头加工企业纷纷将养殖基地外移，客观上制约了厦门市奶业的进一步发展。

【发展条件】随着城市化进程的加快，一些村委会改为居委会以后，养殖奶牛、奶山羊的农户将进一步减少，散养奶牛、奶山羊数量也将逐步递减。与此同时，厦门市奶业发展也将面临一些新的机遇，其一是由于奶业的空白点，具有投资发展的优势；其二是大力推行生态养殖模式，一些养殖场种植了大量优质牧草，为发展草食动物提供了良好的发展条件；其三是厦门市有国家级的龙头企业——厦门惠尔康食品有限公司，具有奶业加工优势。

（厦门市农业局　陈集生）

江西省

【概况】2003 年江西省奶牛继续呈现增长态势，奶牛年末存栏 36 千头，其中能繁母牛 17.5 千头，牛奶产量 109 千吨，全省人均占有量为 2.6 千克。奶业发展呈现以下特点：一是形成区域性突破性发展。江西省奶牛主要分布在南昌、新余、萍乡、赣州等市，共存栏奶牛 24.8 千头，占全省存栏总量的 85.5%。2003 年全省奶牛发展，主要得益于主产区奶牛大幅增长。赣州市于都县奶牛养殖户达到 2 338 户，奶牛饲养量达 6 428 头，增幅高达 55.8%；二是招商引资解决资金不足的难题。在 2002 年浙江李子园奶业公司、南京卫岗奶业相继落户于都县和新余市后，2003 年长富乳业公司、友之友乳业公司分别落户萍乡和南昌，英雄乳业已完成企业重组，多元化融资体制已经形成，这些将有利促进江西省奶业快速发展；三是实施科学饲养方式，采取公司＋基地＋农户，实行统一规划，统一选址，搞“三通一平”基础设施，划分饲养小区，进行分户饲养，在小区内部实行“四统一分”的经营管理模式；四是各地出台优惠扶持政策，鼓励奶牛发展。首先是稳定明晰经营权属，对租赁草山草坡养殖奶牛的农户，按照“谁开发、谁所有，谁受益”的原则，30～50 年不变，对经营户落实了经营权属，颁发许可证。并对用地、贷款、涉农资金扶助都有明确的规定。

【疫病及监测】为了确保乳制品安全供应，2003 年全省开展对奶牛结核病和布病的监测、处理。全省 11 个市对所辖县奶牛场、户进行了结核病的监测，共检测奶牛 1.6 万头，同时对奶牛布病也进行监测，共检测奶牛 1.5 万头。这次监测面、检测量，是多年未有过的，对监测结果为阴性的牛群发放健康证，对监测结果为阳性的牛只进行无害化处理，确保奶牛健康和乳品安全。

【品种及改良】江西省现存奶牛主要是美系、德系、加系、日系的荷斯坦品种，由于奶业快速发展，从外地引进的奶牛中，也混杂一部分劣奶牛，我们对此进行了整顿。由于企业改制重组，2003 年对奶种公牛进行了整合。由省畜牧技术推广站组成省种公牛站，负责全省的统一供精、培育、选育和技术推广。2003 年已向社会推广纯荷斯坦种公牛细管冷冻精液 20 万剂，推广区域达陕西、甘肃、宁夏、湖南、湖北、安徽、福建、广东等省、自治区。在大力发展优质奶牛的同时，利用江西省多年用西门塔尔牛改良本地黄牛的成果，在高安市的杨墟、新街、八景三镇开展扶持建立西杂奶牛示范小区建设，并陆续投产挤奶，充分开发利用西杂母牛挤奶的生产潜力，以弥补奶源不足，增加农民的收入。

【乳品及市场】2003 年度全省鲜奶收购价为 1.80～2.20 元/千克，大中城市收购价 2.00～2.20 元/千克，县城及农村收购价为 1.80～2.00 元/千克。江西省乳品消费量比人均占有奶量要高。一些中、小乳品加工厂生产的乳制品多数在省内就地销售。而一些知名的乳制品企业如英雄、阳光、李子园的奶粉，超高温消毒奶、花色奶、消毒奶，除在省内各中小城市销售外，同时也销往浙江、福建、湖南、四川等省市。而外地品牌伊利、蒙牛、光明、三鹿等乳制品亦呈强劲销售势头，全省奶业竞争已日趋激烈。

（江西省奶牛协会　张修品）

南昌市

【概况】截止到 2003 年末，南昌市奶牛存栏全部为荷斯坦奶牛，其总数为 16 029 头，比 2002 年增长 2.5%；全市牛奶产量 47 313 吨，比 2002 年增长 6.8%。这一年，个体奶牛户仍是南昌市奶牛发展的主体，其饲养量占全市奶牛饲养总量的 71%，且有比率不断增大的趋势。2003 年，南昌市乳品企业只支持奶牛生产大户的发展，对生产规模较小的奶农采取限制。除几个大型国营牧场外，股份和个体奶牛户饲养规模均不够大，100～200 头规模的仅有 7 家，绝大多数规模在 10～20 头，是典型的家庭式生产。全市奶牛几乎全部实行舍饲，个体奶牛户绝大部分采用手工挤奶，大型牧场一般采取机械化挤奶，每天挤奶 3 次。不同的乳品厂收购生鲜牛奶的价格不同，其实际收购价格范围大致在每千克 1.80～2.10 元之间，全市平均约 1.91 元。有的乳品厂根据乳品产销情况把生鲜牛奶收购价格分为冬、夏两季价格，使得夏季价格与冬季价格的差价每千克在0.20元左右。

乳品加工：到2003年末，南昌市共有3家现代化乳品加工企业，它们分别是江西光明英雄乳业股份有限公司、江西阳光乳业有限公司、江西维雀乳业有限公司。全市乳品加工日单班处理鲜奶能力230吨，全年液态奶产量68 437吨，奶粉产量5 678吨，软饮料产量38 469吨，全市乳品年产值4.5亿元，实现利税4千余万元。

乳品市场与消费：2003年，南昌市乳品消费总量近5万吨，消费市场主要在城市，城市居民年乳品消费量约占整个地区的93%，主要消费液态奶，少量为奶粉，农村乳品消费对象主要是婴幼儿，消费乳品主要是奶粉。

2003年南昌市奶业经济总体运行情况，可以概括出两高一低，即与2002年相比，乳品加工量增长率和乳制品消费量增长率较高，分别增长约28%和10%，而奶牛数量增长率较低，只有约2.5%，造成这种现象的三要原因是乳品加工原料来源不局限于生鲜牛奶，在很大程度上被外购奶粉（还原奶）所取代，以致于造成生鲜牛奶收购价格偏低，加上2003年下半年以来饲料价格上涨而牛奶收购价格未变等诸多因素，导致奶牛生产发展缓慢。

【南昌市奶业发展政策】南昌市政府对奶业发展十分重视，针对全市乳品加工、消费与奶牛发展不协调的问题，制定了《南昌市奶业发展三年规划（2003—2005）》，目的是以提高乳品质量和促进乳品消费为中心，以增加农民收入为基本目标，以增强乳制品市场竞争力，做大做强本市奶业为重点，面向国内外市场，依靠科技进步，进一步优化品种结构，优化奶源生产基地布局，全面提高奶业和奶业经济整体素质和效益。为了鼓励农民养牛，市政府下发了文件，同意在市农业产业化资金中安排奶牛及乳品生产贷款贴息资金，对外购奶牛的农户，采取按平均每头市价的16.5%（银行贷款年利率为5.5%，连续3年）进行补贴。为了加强对全市奶业的管理，保护人民的身体健康，维护牛奶生产经营者和消费者的合法权益，依据《中华人民共和国食品卫生法》和《中华人民共和国动物防疫法》等有关法律、法规，2003年6月市政府颁发了《南昌市奶业管理暂行办法》，从而使奶业生产和经营活动做到了有法可依，更有针对性地加强全市奶业健康发展的监管力度，推动全市牛奶质量安全水平的提高。2003年10月，市政府召开了“提高牛奶质量安全水平，搞好奶牛两病防疫检疫工作”的办公会议，针对南昌市当前的实际情况，就如何进一步抓好奶牛“两病”的检疫工作进行了周密的部署。

【学生饮用奶的实施情况】2003年，在市委、市政府的重视和支持下，学生饮用奶计划实施工作井然有序，为在全市推行“国家实施学生饮用奶计划”，召开了“南昌市实施学生饮用奶计划”新闻发布会。目前，全市有30多所中小学实施学生饮用奶计划，饮奶学生4万人左右。2003年10月，国家学生饮用奶办公室专家组已对南昌市两家学生饮用奶定点生产企业奶源基地进行了实地检查，为市学生奶奶源质量提升提出了意见和改进措施。为了使全市的学生饮用奶工作逐步规范、有序和健康发展，将在城区选定10～20所中小学校进行下一阶段试点，试点学校将完全按照“国家学生饮用奶计划”实施要求全部选用符合国家标准的超高温鲜牛奶，并采用符合学生饮用奶标准的包装。以招标方式选定国家学生饮用奶定点企业，并要求做到减少中间环节，降低供奶价格，把更多的实惠让给学生，真正遵循“安全、营养、方便、价廉”的原则，使全市的学生饮用奶工作得到稳步健康发展。

【南昌奶业协会挂牌成立】为了促进南昌奶业产业的健康发展。在市委、市政府的高度重视和支持下，南昌奶业协会于2003年8月挂牌正式成立。协会的宗旨是协助政府进行行业管理，在行业中发挥服务、代表、协调、自律的作用；在国内外市场中维护会员和行业的合法权益。

（南昌市奶业管理办公室　赵建成　陶春文）

山 东 省

【概况】2003年，全省奶牛存栏达到554千头，奶类产量1 484千吨、牛奶产量为1 244千吨，奶牛单产5 000多千克。奶牛主要分布在济南以东沿济清高速公路的地区，其中青岛、烟台、威海、潍坊、淄博、济南、东营7个市牛奶产量占全省的70%以上。

乳品加工：到2003年底，全省乳品加工企业已达到150多家，加工能力200多万吨，乳品加工业产值接近30亿元。年加工万吨以上的乳品生产企业超过20家，销售额超亿元的乳品企业已发展到10多家。济南佳宝乳业公司2003年加工鲜奶达到13万吨、产值达到5亿多元，“佳宝工业园”于2003年8月投产后，鲜奶日处理总量已扩大到600吨。瑞士雀巢公司1994年落户青岛莱西，总投资已增加到6 000多万美元，年销售额已达6.5亿元，日收购鲜奶280余吨，带动发展奶牛5.7万头，年增加农民收入约2.5亿元，上缴税收3 950万元。据统计，济南、青岛、淄博、烟台、潍坊、威海、东营、泰安、德州9个市年加工能力达到170多万吨。国内蒙牛、光明、汇源、金星、新希望、维维等大型加工企业先后在山东建厂。2003年全省进口乳制品达到1 685.2万美元，占全国的4.9%；出口乳制品达到1 179.7万美元，占全国的25.5%。

奶类消费：2003年山东城镇人均年消费鲜乳品达30.72千克，比2002年增加4.12千克，增长15.5%。目前的消费出现了梯度推进的三个增长极：一是大中城市继续保持了较高的消费增长，乳制品消费成为城市居民膳食调整的重点，济南、青岛、潍坊等大中城市的增长近年一直保持在20%以上；二是以县城为主的中小城镇出现奶类消费热潮，鲜奶及奶制品销售点增加，订奶户增多，选择喝奶、养成喝奶习惯的人越来越多；三是农村对奶类的消费开始起步。

【发展模式】“奶牛下乡、牛奶进城；加工在城、养殖在乡；加工养殖、共同推进；城乡结合、一体发展。”是目前山东省奶业发展的基本布局和主要模式。近年来，虽然加工厂逐步由大城市向中小城市转移，但县城以下小城镇加工厂点依然很少；相反，奶牛养殖则迅速向广大农村地区扩散，转而成为养殖的主体。在养殖加工的结合，产业化运作上出现了四种形式：一是乳业公司兴办直属奶牛场，形成“公司＋直属规模场”的模式。公司把奶牛场以工业车间的形式纳入产业化体系之中，只考核成本和产出，而不作为单独的经营单位，没有现金的流入流出。二是乳业公司参与建立奶源基地，形成“公司＋基地”的形式。一般的做法是：乳业公司、当地政府、奶牛养殖者、金融部门结合起来，由政府划出土地，乳业公司或奶牛饲养者建设奶牛养殖小区，农民进入搞养殖，乳业公司建挤奶站收奶。三是乳业公司与奶牛养殖户签订鲜奶收购合同，形成“公司＋农户”的模式，属于“定单”畜牧业的一种。四是乳业公司通过奶牛合作社把养殖者组织起来，形成“公司＋合作社＋农户”的模式。大型乳业集团大多都同时以几种形式发展奶源，实施奶业产业化经营。

【政府政策与支持】各级政府都把发展奶业作为重点，鼓励农民养奶牛，把发展奶业放到突出位置来抓，在政策和资金上给予了倾斜和扶持。省政府提出，抓好奶业发展一条线（济青高速路、烟威路的所在区域），重点是建立优质奶源基地，培植大型奶业加工企业，开发精深加工奶制品。在奶业发展过程中，民营经济、个体经济、广大农民的参与，提供了强大的资金支撑；许多农民按照政府引导和奶牛养殖需要，开展优质牧草和青贮作物种植，有效地保证了饲料供给。近年来，畜牧部门、科研推广单位、加工企业共同努力，逐步建立健全了奶业服务体系。以大型乳业集团直属奶牛场、专业奶牛繁殖场、胚胎移植中心为主体，形成奶牛良种繁育体系；以畜牧部门疫病防治队伍为主，奶牛场兽医为辅，形成了疫病防治体系；以乳业公司对牛奶收、贮、运为主，农民贩运为补充，形成了鲜奶收购运输体系；以畜牧技术推广部门为主，乳业公司、科研教学单位配合，形成了奶牛生产技术推广培训体系。这些体系与企业的质量控制、销售网络相结合，保证了奶产业持续发展。

（山东省奶业协会）

济 南 市

【概况】济南市奶业2003年发展迅速。根据市委、市政府对农业和农村经济发展的总体要求，坚持把奶业发展作为调整优化农业和农村经济结构的重点，紧紧围绕加快畜牧业发展、促进农民增收，依靠科技创新，转变增长方式，大力实施奶业产业化，培育壮大奶业龙头企业，发展奶牛集约化规模饲养，积极推行标准化生产，实现奶业的持续、快速、稳定发展。2003年底全市奶牛存栏发展到61千头，比2002年增加36.1%，奶类总产量达到141千吨，比2002年增加33.7%。乳品加工企业发展到8家，年设计加工能力总计达到100万吨，乳品加工业产值达到8.3亿元，城乡奶类消费逐步提高，人均消费量由1998年7千克增长到2003年23.5千克，新增改良站184处，饲养小区达到66个，存栏奶牛2.2万头，乳业从业人员由1998年的1 900人增加到11 517人，建立了具有先进检测实验仪器设备的畜产品安全检测中心一处，奶业已经成为济南农村经济的重要支柱产业和农民致富的重要途径之一。

【奶业龙头企业迅速膨胀】佳宝乳业、维维集团、大强乳业是奶业养加销一条龙的产业化运行机制进一步完善，促进了奶牛数量、质量和效益的同步提高。佳宝乳业是济南市目前最大的乳制品加工龙头企业，2002年加工鲜奶4.5万吨，销售收入3.1亿元，实现利税4 500万元。目前拥有8条乳品生产线，日加工处理鲜奶能力250吨。经国家计委批准，共投入2.3亿元，从国外引进15条生产线，在农高区建设占地26.7公顷的佳宝工业园，至2003年底已形成年加工15万吨能力，销售收入10亿元，利税1.5亿元的龙头企业。

【奶业合作经济呈现出良好的发展势头】济南奶业合作社1998年成立。由济南农工商集团有限公司发起，联合周围郊县（区）的集体奶牛场、养牛户自愿组成。现已发展社员1 500个，奶牛饲养量达22 000头。根据市委、市政府关于突出发展济南奶业的要求，至2003年底已在周围县区建设了奶牛集约化、标准化饲养小区达到66个，小区内全部实现设施标准化、品种优良化、饲料全价化、挤奶机械化、服务社会化、鲜奶无公害化生产，取得了良好的社会、经济效益。

【科技成果卓著】济南市在奶牛科技项目攻关，推广等已取得丰硕成果，截至目前以济南市畜牧兽医研究所为主的科研队伍已完成省部级各类项目2项，其中《奶牛群体改良（DHI）系统的研制与应用》项目获得省级科技项目二等奖，本项目完成后试验牛群达1 000多头，试验牛群的产奶量达7 000千克以上，全市成乳牛的平均单产达6 500千克，乳脂率提高至3.3%以上，乳蛋白3.0%以上，牛奶体细胞数量降到每毫升40万以下；并建成1～2处单产接近8 000千克的奶牛示范场（户），累计新增产值5 000万元，产生直接经济效益1 000万元左右。

优越的资源环境优势。以奶牛饲养为重点的畜牧业标准化生产示范基地建设初见成效。全市饲料产量达到35.4万吨，饲料工业产值达10.3亿元，据统计，2003年济南市牧草和饲料作物的种植面积达到6.7千公顷，为奶牛业的发展提供了重要的饲料资源条件。新一轮农业结构调整为奶业发展提供了空间。

【奶业发展的长期目标与产业化进程】

1. 发展目标 奶牛平均以30%的速度递增，2007年奶牛存栏达到10万头，奶牛年平均单产达6 000千克，奶类总产量达到30万吨。今后3年由政府投资1 000万元引进优质荷斯坦种公牛20头，高产母牛群100头，健全以济南市畜禽良种繁育中心为龙头的奶牛改良体系，围绕以“佳宝”“维维”“蒙牛”“伊利”等乳品加工龙头企业新建标准化饲养小区100个，形成存栏4.5万头的规模。

2. 产业化进程 实施龙头带动战略，加快培育和壮大“佳宝”“维维”“大强”“旺旺”等四大奶业加工龙头企业，使它们尽快发展成为规模大、档次高、水平优的乳品生产加工龙头企业，组成济南奶业龙头企业群体，乳品加工业产值20亿元。“佳宝”乳业作为山东乳品加工龙头，在投资1.5亿元的佳宝工业园建成投产基础上，通过二期工程的扩建使日加工能力达到1 500吨；奶业加销一条龙的产业化运行机制进一步完善，促进了奶牛数量、质量和效益的同步提高。建成具有济南地方特色的三大奶业经济带，并在经济带内形成一批产业化群体，带动全市奶业的发展。即以佳宝乳业公司、维维乳业公司、大强乳业公司为核心，重点发展城市郊区的规模化养牛，形成环济南国际机场和济青高速公路沿线奶业经济带；以旺旺乳业公司为核心，重点发展黄河北两县的集约化规模奶牛饲养，形成济北奶业经济带；以佳宝乳业公司为核心，重点发展长清、平阴奶牛规模饲养，形成京福高速沿线奶业经济带。以三大奶业经济带带动全市奶业发展，并逐步向周边地区辐射。

3. 加快科技创新 为适应国际市场对乳制品质量提出的更高要求，要通过引进新设备、新工艺、新技术，加快科技创新，开发新品种，提高产品质量。一要突破原奶质量关。今后要通过引进优良种质，加强奶牛育种，优化牛群结构；要大力推广优质牧草种植，推广饲用技术、奶牛配合饲料技术、重点疾病的防治和检测技术，挖掘和提高奶牛的生产力；通过“奶牛单产8吨工程”的实施，全面提高规模牛场的群体单产水平。二要突破乳品开发关。要加大高保质期消毒奶、花色奶、固体奶和含乳制品等的开发力度，向社会提供高质量、高附加值的高档乳制品。联合科研、营养、卫生、生产等多部门的专家进行协作攻关，不断地研制和推出新品。要不断引进外资和先进的加工设备，借助外力提高济南市乳品的质量水平和竞争力。要鼓励大专院校或科研院所主动参与奶业产业化经营，承担乳品加工企业的科研开发任务，同时鼓励有能力的乳品加工企业牵头创办科技型企业。三要突破产品监测关。乳品市场要与国际接轨，必须建立起全市统一的产品质量监测体系，并逐步完善产品质量标准体系。10月中旬，建筑面积1 700米^2、投资600万元的济南市畜产品质量卫生监督监测中心已经建成，近日即可投入使用。

（济南市畜牧办公室　袁传溪　胡后银　张大龙）

（山东省畜牧兽医总站　曲绪仙　张思聪）

青岛市

【概况】2003年，青岛市奶业发展速度进一步加快。全市奶牛存栏115.9千头，比2002年增加26.7千头，同比增长了29.93%。奶山羊存栏300千只左右，与2002年基本持平。全市奶类总产量410.1千吨，其中牛奶产量达到319.7千吨，比2002年增长了27.99%。人均占有奶量54.25千克，比2002年增加6.25千克，增长了14.21%。奶类产量占全市畜产品总量的比重达到26.88%，比2002年增长了2.86个百分点。奶业产值实现5.59亿元，占畜牧业总产值的比重达到9.67%，奶业越来越成为全市畜牧业的重要组成部分。

【乳品加工企业】受市场、效益等的冲击，产品质量低、效益差的金大洋等小型乳品加工企业被关闭、合并，同时光明、新希望、圣·乔治等知名乳品企业以合作、兼并等形式开始抢滩青岛，奶业龙头企业实力进一步发展壮大。目前，全市拥有乳品加工企业15家，比2002年减少了4家，但乳品加工能力明显增强，年总加工能力达到356.7千吨，比2002年提高了18.90%，其中年加工能力30千吨以上的企业7家。雀巢公司总投资已达到6.4亿元，不断扩大生产规模，年加工处理鲜奶能力达到150千吨，2003年加工鲜奶98.5千吨，生产奶制品68.4千吨，实现产值17.48亿元。圣·乔治、迎春乐、琴牌、开开家、北宅等乳品龙头企业纷纷扩大生产规模，奶业生产养加销产业化运行机制进一步完善，带动了全市奶业生产快速发展。

【奶牛品种改良】全市基本形成了以市畜牧研究所、市畜牧兽医站、市区奶牛服务中心、改良站为主体，全市200多处人工授精站为基础的良种奶牛改良体系，奶牛品种改良技术基本普及，2003年全市改良中低产奶牛40千头，产奶牛平均单产量达到4 210千克。初步建立起以胚胎移植技术为支撑的市畜牧研究所、鹏飞高科技生物技术公司等良种奶牛胚胎移植产业化基地6个，形成了年制作奶牛胚胎2万枚、繁育高产奶牛5 000头的规模。2003年实施胚胎移植5 000枚，加速了奶牛改良进程。

【奶源基地建设】建成了莱西、即墨、胶州、胶南4处奶牛养殖基地，推行“公司＋基地（合作社）＋农户”生产模式，社会化服务体系进一步健全，基地饲养规模不断壮大。4处奶牛养殖基地共存栏奶牛99 665头，占全市奶牛养殖总量的85.96%。其中莱西市奶牛生产基地存栏奶牛53千头，饲养100头以上的大户25家，成为山东省最大的奶牛养殖基地。

【饲料牧草生产】饲料生产和优质牧草种植初具规模，农作物秸秆青贮和优质牧草种植技术在农户得到普及。2003年，全市完成饲料青贮总量664.5千吨，累计种草保留总面积10 533公顷，其中苜蓿种植面积5 386公顷。金黄后、兴牧等牧草加工业开始兴建和运作，牧草产业化生产和商业化运作势头初显端倪。

（青岛市畜牧服务中心）

河 南 省

【概况】2003年是河南省奶业稳定健康发展的一年，各级政府、各级领导对奶业的发展非常重视，采取了强有力的措施，扶持奶业，促进了河南奶业的发展。2003年全省奶牛存栏达到165千头，比2002年增长13.8%，全省奶类总产量526千吨，较2002年增长34.9%。河南省初步形成了郑州、洛阳、开封、焦作、新乡、商丘、南阳等七大奶业生产强势产区。并涌现出了一批初具规模的奶牛养殖小区，奶牛专业村和千头奶牛场。2003年新建奶牛养殖小区105个，新建千头奶牛场6个，涌现出了类似平顶山湛河区任庄千头奶牛专业村8个，这些奶牛养殖基地，已经成为全省发展高效型奶业的示范基地，成为增加农民收入的重要途径。

【突出发展乳品加工业，打造河南奶业品牌】乳品加工是奶业发展的支柱产业，河南省加快了乳品工业的技术改造，先后引进了利乐包，利乐枕，康美包、芬包等牛奶加工包装生产线20多条，年增加加工能力600万吨，增加花色品种30多个；扩大了产品的销售辐射范围，走出了一条创品牌营销的新路子。2003年乳制品产量达到70万吨，比2002年同比增长30%。河南花花牛公司与河北三鹿集团成功合资组建了河南三鹿花花牛乳业公司，双方各占50%的股份，实现了强强联合，优势互补，洛阳巨尔公司利用新厂搬迁的机会，加大技术改造力度，投资1亿多元引进芬兰、美国、德国、瑞典等具有国际先进水平的生产线4条，执行GMP生产标准，年可生产UHT牛奶等各种奶品3万吨以上。河南商丘科迪集团新建年产4万吨乳品生产线一条，郑州山盟与光明乳业合资成立光明山盟乳业有限公司，成功引进了先进的加工生产线，提高了产品档次，增加了花色品种，走出了一条创品牌经营之路，有力地拉动和促进了河南奶业的快速发展。

【加快河南省黄河滩区绿色奶业示范带开发】结合河南省的资源优势，2001年省畜牧局提出了花大力气开发黄河滩区绿色奶业示范带；通过人工种草和利用黄河滩区优质青草，实现奶牛绿色养殖，通过滩区种草，滩外养牛，牛奶进城，企业加工，形成了优质绿色的奶业产业化链条。黄河滩区绿色奶业示范带主要分布于郑州、洛阳、开封、焦作、新乡、濮阳、济源等8个市，涉及25个县（市），共有黄河滩涂面积2 643平方公里。通过近两年的开发，黄河滩区绿色奶业示范带奶牛存栏和牛奶产量分别占全省的38%和42%；建成高产奶牛养殖小区65个，每个存栏奶牛500～600头；建成千头奶牛场10个。黄河滩区奶牛存栏达到10万头，初步建成了河南优质乳制品加工基地。

【奶业经济效益显著】奶牛养殖经济效益高于种植业，一是奶牛产量明显提高。2003年平均每头奶牛产量达3 817.00千克；二是饲养成本略有上升。平均每头奶牛生产成本4 953.84元，比上年上升9.0%；三是产值、收益同步上升。平均每头奶牛净产值2 625.20元，上升12.87%。据调查，农户饲养1头成年母奶牛，1年收入可达3 000～5 000元。由于奶牛饲养业有较大的发展潜力和较好的经济效益，各地已把发展奶牛作为首选产业。焦作市重视奶业发展，政府提供土地和标准厂房，吸引蒙牛集团投资办厂，带动全市奶业养殖业发展。该市从2002年开始重点扶持发展奶业，到2003年底奶牛存栏达1.5万头，比2000年增长4倍多，位居全省发展速度首位。

奶业发展还带动了种植、草业、饲料工业、服务业、机械制造业、兽医药业等相关产业的发展，使一部分农民从土地中走出来，从事奶业和与奶业相关的产业，大大地增加了就业机会，减轻了社会的压力。

【主要工作】

1. 重视优质奶源基地建设，抓好以奶牛养殖小区为重点的基础建设 2003年河南省奶业发展的指导思想是“稳定数量，提高质量，科技创新，开拓市场，增加效益”，把抓好优质奶源基地建设作为全年的工作重点，并以此为突破口，开展工作。

（1）抓好以奶牛养殖小区为重点的奶源基地建设。首先是合理布局，坚持高标准建设。省局组织专家绘制了奶牛养殖小区建设标准规划图，年初统一下达建设规划，年底统一验收，其次是在整个奶牛小区建设过程中巡回指导，避免走弯路；使奶牛养殖小区建设达到了高标准。截止到2003年底，全省已建成并投入使用的奶牛养殖小区（场）105个，已进驻小区集中饲养的奶牛10万余头，超过全省奶牛总数的60%，奶牛养殖小区的建设，使奶源基地建设上了一个新的台阶，奶源质量大幅度提高。

（2）引导乳品加工企业投资建设奶源基地，避免奶源争夺大战及价格大战。在目前奶业市场中，竞争最激烈的是乳制品的销售市场和原料奶市场，竞争的焦点是获得优质而充足的奶源，我们在工作中，一是引导乳品加工企业投资与农民共建奶源基地；二是为他们合作引线搭桥。为了避免奶源恶性竞争，省畜牧局召开奶源生产工作会议，提倡乳品加工行业自律，并签定了自律协议书，促进行业内公开竞争与合作共赢。而且紧密了生产、加工的内在联结，推进了产业化的进程。

（3）各级政府的优惠政策，使奶源基地建设有了可靠的保证。1998年以来，各级政府对奶业的发展相继出台一系列扶持政策，如郑州市政府每年从财政预算中拿出专项资金200万元购买高产奶牛冻精，下发到各县用于低产奶牛群改良，并对建设挤奶站每个补贴10万元。并在用地、用电、用水、奶站管理等方面给以扶持和指导，促进了奶源基地快速发展。

2. 一批龙头企业的发展，推动了奶业产业化经营 2003年是省乳品加工企业大发展的一年。三鹿花花牛公司三期加工项目投产，使其日处理鲜奶能力达到640

吨；河南科迪集团新乳品加工线投资，日处理鲜奶能力达到500吨；巨尔乳业公司新厂落成，日处理鲜奶能力达到320吨；加上焦作蒙牛公司、光明山盟公司的生产线建设，全省年日处理鲜奶能力增加2 000吨。拓宽了奶牛养殖发展空间，促进了奶业生产化经营与一体化发展。

3. 奶业专项计划的实施，确保了牛奶质量和安全，开拓了潜在乳品市场

(1) 无公害牛奶行动计划。此项计划于2002年10月开始筹划准备，到目前已有60个奶牛场和奶牛养殖小区被确定为无公害牛奶生产基地，有10个乳品加工企业被认定为无公害牛奶加工企业。洛阳生生乳业被评为中国“绿色食品”生产基地。此项计划的实施，确保广大消费者能喝上放心奶。

(2) 学生饮用奶计划。洛阳巨尔乳业、郑州花花牛等乳品加工企业被确定为国家学生饮用奶定点生产企业。学生饮用奶销售已从省内销售扩大到湖北、湖南、青海等省市的学校和学生。

4. 承办了中国奶协北方协作组第17次协作会议

2003年9月省奶协在郑州承办了这次会议，并举办了奶业新产品、新技术展览，参展厂家50多家。

2003年河南省奶业取得了许多成绩，但也存在一些不容忽视的问题。一是2003年下半年农业受灾、粮食涨价，造成饲草饲料价格上涨，奶牛养殖效益下降，影响奶牛发展的积极性；二是奶业的超常规发展，出现了重数量忽视质量的倾向。大量从外地购入奶牛，质量得不到保证，使全省牛群质量下降，产量降低。甚至一些地区出现购买假奶牛，发生坑农害民的事件；三是奶牛养殖小区数量的迅速增加，带来了卫生防疫不规范，管理不到位，达不到设计规模，造成效益低下，资源浪费等问题；四是产业化程度低，产、加、销脱节，乳品加工企业数量多形不成拳头，竞争力不强；五是生鲜牛奶购销质量管理体系不健全，造成原料奶购销环节质量管理秩序混乱等问题都需在以后的工作中加以改进。

（河南省奶业协会　宋洛文）

郑州市

【概况】2003年，郑州市奶业工作按照“生产集约化，环境生态化，技术现代化，管理科学化，效益最大化”的总要求，结合“巩固、发展、提高”的工作方针，以奶牛养殖小区建设为重点，以提高奶牛单产为核心，狠抓奶源基地建设、草场开发、新技术推广、疫病防治及市场开发等工作，使全市奶业保持了良好的发展势头。

奶牛存栏及奶产量大幅度提高。2003年底全市奶牛存栏达到28.6千头，比2002年的22.6千头，增长26.55%；奶产量达到121.6千吨，其中牛奶88千吨，分别比上年的83.7千吨和57.2千吨，增长45.28%和53.85%。

奶牛养殖小区快速发展。为积极适应奶业市场发展需要，全面提升奶业发展水平，郑州市把奶牛养殖小区建设作为全市奶业工作的重点工作来抓。全市奶牛养殖小区总数由2002年的44个，增加到今年的60个，进驻奶农850户，入区奶牛达到15 000头，占全市奶牛存栏的52.45%；已配备大型进口机械化挤奶设备40套，加上企业自配的7套设备，总数达到47套，已有40套投入使用，机械挤奶日产奶达到150吨，占全市奶产量的近一半，原料奶质量明显提高。奶牛养殖小区的建设，有效地解决了奶牛规模养殖不足的问题，实现了小群体大规模。其优点有四：一是有利于优化奶业资源配置，提高技术设备装备水平；二是有利于优质鲜奶的生产和监督管理，提高产品的质量；三是有利于推广普及先进饲养管理技术，提高生产力；四是有利于推进奶业产业化经营，提高经济效益，最终达到奶业快速健康发展和农民增收的双赢效果。

乳品加工企业不断壮大。全市有乳品加工企业14家，日处理鲜奶能力达到850吨，实际处理能力300多吨。特别是省属花花牛、市属山盟两个企业的发展势头强劲。2003年，河南三鹿花花牛乳业有限公司，企业总资产达到1.2亿元，企业日加工能力达到460吨，产品有六大系列40多个品种，企业年加工量近7万吨，产值达1.4亿元，利税1 000多万元。郑州山盟乳业有限公司自2001年4月投产以来，加工生产能力提高很快。2003年加工各类乳制品1.4万余吨，实现产值2 600万元，短保质期产品在郑州市场的占有率接近30%，企业的知名度在市内得到较大提高，并于12月份顺利实施了与上海光明的合作。乳品加工企业的发展壮大，形成了企业竞争奶源的局面，全市原料奶价格稳中有升，平均奶价达到1.8元/千克，每千克比上年提升0.1元。

【奶业服务支撑体系进一步完善】投资35万元，建成了全市奶牛系谱计算机管理系统，已有1万余头奶牛的系谱档案进入微机；全市引进奶牛优质冻精细管4万支，冷配改良奶牛2万余头，奶牛单产达到5吨以上；投资近20万元，建成奶牛养殖小区标准化综合服务站2个，设立了奶业兽医120（电话：8632120）；组织人员对全市奶牛布病和结核病进行了全面普查，对查出的病牛按照兽医法规进行了处理；全市组织大型培训班3次，培训奶农上千人次；在前期积极筹备的基础上，于11月25日召开了郑州市奶业协会成立大会及第一次会员代表大会，选举产生了协会组成人员及协会领导，每月一期的《郑州奶业通讯》开始出版，奶业服务支撑体系得到进一步加强和完善。

【世行奶业项目】世行贷款奶牛项目于2001年5月立项，2003年元月开始实施。郑州市的荥阳市和新密市为项目实施区，分别下达世行贷款规模90万美元和50万美元，并按项目实施方案要求，将项目下达至贾峪、广武、汜水、曲梁、大隗5个乡镇，总计安排项目农户280户。通过项目实施，完成投资2 319.4

万元，其中世行回补 1 164 万元，建成奶牛养殖小区 6 个，新建牛舍 11 700 米^2，青贮窖 15 300 米^3，购进奶牛 1 436 头。

（郑州市农业局　杨东宽　赵书峰
郑州市奶业管理办公室　王选顺）

湖北省

【概况】2003 年，全省奶牛存栏 5.71 万头，成乳牛存栏 3.71 万头，牛奶产量 11.07 万吨，分别比上年增长 5.5 %、3.6%、10.6%。由湖北省农垦事业管理局、湖北省学生饮用奶计划办公室联合省内主要乳制品加工企业和奶牛养殖户组成湖北省奶业协会于 2003 年 6 月正式成立。湖北省奶业协会的成立，为加强与奶农的联系，协调奶农与加工企业的关系，加强奶业技术引进与合作起着重要的桥梁纽带作用。

根据湖北省畜牧业产业规划，制定了奶产品产业带规划。规划区域包括黄石、武汉、荆州、宜昌等四个大中城市奶牛优势产业带；主攻方向为大中城市郊区奶业技术的集成与示范；建设一批集良种、饲料饲养机械化、环境工程智能化、奶产品加工与质量检测自动化等技术于一体的现代化奶牛养殖小区；关键技术为奶牛良种快速繁育技术、奶牛营养需要与饲料安全高效利用技术、乳品质量安全监测关键技术、疫病快速诊断与防疫技术等。奶业带预期目标：①高产优质奶牛核心群培育。研究与开发应用计算机辅助育种、基因辅助育种与胚胎工程等奶牛繁育新技术，培育年产奶量达 8 000 千克、乳脂率达 3.2% 以上的高产优质奶牛 1 000 头。②高产优质奶牛无公害生产技术研究与推广应用。从育种、繁殖、饲养、管理与环境保护等方面研究与推广应用奶牛生产新技术，使奶牛年产奶量提高 10% 以上，鲜奶中不含抗生素及其他有损消费者身体健康的兽药和饲料添加剂。③奶牛育种中心建设。建立奶牛种公牛站和胚胎工程中心各一个，奶牛生产综合性能测定（DHI 测定）站三个。④高产奶牛养殖小区建设。建设和完善饲养奶牛 2 000 头以上规模的高产奶牛养殖小区 10 处，其中武汉 2 处，夷陵区 1 处，荆州 1 处，黄石 1 处。⑤鲜奶收购与加工、销售体系建设。按照无公害奶生产技术体系，建设鲜奶收购、加工、销售网点；根据市场需求，研究开发牛奶加工新产品；研究适应国内外市场的牛奶及其产品营销策略。⑥培训奶农 2 万人次。

从 2003 年二季度开始，奶牛养殖业整体经济效益出现下降的趋势，饲养一头奶牛年获利由 2002 年的 2 500～3 000 元下降到 200～500 元。主要原因有：一是奶牛单产仍然是普遍较低全省奶牛成乳牛平均单产 2 983千克，与奶牛生产发达省市相比有较大的差距；二是鲜奶收购价格普遍下降，据宜昌市宜陵区统计，2003 年鲜奶收购价格平均为 2.008 元/千克，比 2002 年下降了 0.142 元/千克；三是饲料价格上涨，2003 年下半年玉米价格由 1 040 元/吨上升到 1 280 元/吨，上涨幅度为 23%，豆粕价格由 2 100 元/吨上升到 3 000 元/吨，上涨幅度为 42.9%，混合精料价格上涨 28.2%。

（湖北省奶业管理办公室　郭安国　陶克艳）

武汉市

【概况】为加快武汉“都市农业”的发展，认真解决好“农业、农村、农民”三农问题，强化龙头企业的带动作用，2003 年，本市狠抓奶源基地养殖小区的建设，做到政策、措施、资金“三个到位”，积极稳妥地推进武汉奶业发展。

1. 基本情况　2003 年，武汉市奶牛存栏由 2000 年的 11 541 头，增加到 21 072 头，增加 9 531 头，增长 82.6%；生鲜牛奶产量由 2000 年的 39.65 千吨增加到 80.54 千吨，增加 40.89 千吨，增长 103.1%；液态奶上市量由 2000 年的 47.59 千吨增加到 128.10 千吨，增加 80.51 千吨，增长 169.2%；奶业生产、加工基本上保持着 22%以上的增长幅度，奶业产总产值达到 8.53 亿元，人均占有奶量 10 千克，人均消费奶量 15.9 千克。

2. “政策、措施、资金”三到位　2003 年，武汉市委、市政府制发了《关于加快农村经济社会发展的若干意见》和《关于大力发展畜牧业的意见》等文件，并由市计委、市财政等部门投入奶业发展资金累计 944 万元，其中：奶牛养殖小区水、电、路补贴 500 万元；龙头企业设备更新改造和贷款贴息补贴计 350 万元；奶业协会服务体系建设拨款 50 万元；奶牛品种改良拨款 20 万元；学生饮用奶办公经费 5 万元，武汉乳制品市场抽样调查经费 5 万元；科研费 14 万元。

2003 年，武汉市农业局、武汉市质量技术监管局、武汉市卫生局、武汉市物价局、武汉市奶业管理办公室 5 家联合制发《关于发布“武汉市生鲜牛乳按质论价收购管理暂行规定”的通知》，通知规定：“根据国家有关标准，生鲜牛乳收购标准为：脂肪≥3.1%、非脂乳固体≥8.1%、细菌总数（>50 ≤100）万个/毫升、酸度≤0.162%、密度≥1.028 0、抗生素检测为阴性时，价格 2.20 元/千克。这在一定程度上，为武汉奶业正常有序发展提供了保证。

3. 加工企业　武汉市现有加工企业 6 家，干部职工人数 7 741 人，固定资产 2.73 亿元，年设计能力 285.2 千吨，所有者权益 1.44 亿元。2003 年实际生产量 128.1 千吨，销售收入 6.76 亿元，利税总额 4 748 万元。2003 年定奶户达到 124 万户，发奶站 296 个，商业零售网点 9 625 个，便民店 621 个，放心奶亭 9 个，运输车辆 269 辆。

4. 饲养规模与方式　武汉市委、市政府《关于大力发展畜牧业的意见》明确了奶牛养殖要集中连片，连村连户规模饲养，加快千头奶牛养殖小区建设，把分散的奶农集中进小区，全面实现奶牛养殖小区化、机械化、原料奶标准化。到 2007 年，全市将建成 1 千头以上的规模奶牛养殖小区25个，具体分布：东西湖区奶源基地规划10个；黄陂区基地5个；蔡甸区基地4个；汉南区基地5个；其他1个。每个小区配套100公顷牧草基地。目前已陆续建设养殖小区11个。小区建设模式为：一是奶农自由组合出资征地建牛舍，加工企业为之提供担保向银行贷款；二是由加工企业出资建牛舍；三是由地方职能部门或社会自然人出资建牛舍，由企业或地方职能部门提供机械化挤奶设备，奶农带牛进小区自己饲喂，小区提供场地，提供管理和技术指导，提供青贮饲料，配合饲料，疾病防治，繁育等服务，集中挤奶、统一收购。严格实行人畜分离制度，生活区与生产区严格分开，设置专门的清粪通道等，奶牛生产有记录、系谱有档案，变分散饲养为集中饲养，实现规范管理，提高生鲜奶的质量。

目前，本市奶牛饲养方式为国营、集体、个体并存，重点发展为个体。2003年个体饲养奶牛15 946头，国营（含合资企业）饲养奶牛4 703头、集体423头，分别为2003年全市存栏的75.7%、22.3%和2.0%。

（武汉市奶业管理办公室　黄继根）

湖　南　省

【概况】2003年，湖南全省奶业发展呈现出产量明显增加，奶品种类明显增多，奶农收入明显提高，投资明显趋热的喜人局面，主要有以下几个特点：

1. 奶牛存栏和鲜奶产量大幅度增加　2003年，全省存栏奶牛2.52万头，较2002年增加存栏0.41万头，增长19.4 %，其中经产奶牛存栏2.09万头，较2002年增长23.7 %；鲜奶总产量5.25万吨，较2002年增长了51.29%。

2. 紧密围绕奶业龙头企业建设奶源基地　为了确保奶业的健康稳定发展，本省始终立足市场需求，紧密围绕奶业龙头加工企业建设奶源基地，积极创建品牌，依靠品牌开拓市场的战略发展思路，促进龙头企业与奶源基地有机结合起来，形成奶业经济协调发展的共同体，不断提高鲜奶生产、奶品加工和市场占有能力。一是奶源基地建设突出适度规模生产。目前全省共发展奶牛专业乡镇27个，奶牛专业村98个，奶牛专业生产场39个，饲养专业户1 028户，户平均养牛在12～45头之间。二是不断提高乳品加工能力。本省亚华乳业投资2 000余万元新建的城步南山乳品加工厂已全面投入正常生产，年单班加工能力4.5万吨。长沙宾佳乐乳品加工公司与亚华种业股份有限公司合并，通过股份制改造，乳品年处理能力新增1.5万余吨，乳品加工能力提高了30%。全省乳业加工企业经过新厂投产，内部挖潜，在2002年的基础上新增乳品处理加工能力12%以上。三是乳品加工企业与奶源基地的合作进一步加强，使生产、加工紧密结合起来。四是饲养奶牛的科技含量有所提高。建立奶牛技术服务站，配备专门技术人员帮助奶牛饲养户联系种源，提供配种繁育、饲养管理、牧草栽培、疫病防治和栏舍规划建设等方面的技术指导，解决奶牛饲养户生产中的技术难题。五是推广人工种草，降低生产饲养成本。推广的品种有桂牧一号、矮象草、牛鞭草等高产牧草，满足了奶牛青绿饲料的需要，减少了奶牛精料的应用，降低了生产成本，提高了饲养奶牛的经济效益。

3. 乳品市场竞争激烈　随着上海光明、内蒙古蒙牛、新疆伊利等国内知名乳品加工企业进入湖南，湖南乳品市场的竞争日趋激烈。上海光明和长沙派派公司合资在长沙市望城县新辟奶源生产基地，组建光明派派公司共谋湖南乳品生产和销售市场；亚华宾佳乐和城步南山分公司充分利用自身的区位优势，大打绿色食品生产基地和“南山”品牌，实行上门收购鲜奶、现金兑现、派遣技术员登门服务等让利于奶牛饲养户措施，稳定了自己的奶源基地。同时开发“南山”系列牛奶制品新品种，使自己生产的乳制品达到17个品种。目前，城步南山乳业分公司已在15个省100多个城市设立了办事处和销售点，专业销售人员达2 000多人。营销网络的扩展，使南山牌乳制品系列产品市场份额的占有率迅速攀升。2003年底奶品销售突破10 000吨，小包装奶粉销量稳居全国同行业第12位。

4. 奶业发展有力地促进了农村经济发展　2003年，湖南奶业总产值达14.38亿元，占全省畜牧业总产值的2.5%，农业总产值的1%。奶业的发展还促进了包装、运输、销售饲料加工等相关产业的发展，为包括农村剩余劳力在内的人员提供了就业机会。很多奶牛饲养专业户年纯收入在万元以上，人均年纯收入在3 500元以上。奶业已成为发展区域经济和农民增收的新的经济增长点。

（湖南省畜牧水产局　罗运泉　高春石）

【邵阳市政府加大扶持奶业发展的力度】奶牛业是一个前期投入较大，效益回收期较长，科技含量高的产业，其快速发展特别是发展初期离不开政府的引导和政策上的支持。邵阳市出台的《关于加快我市面上奶业发展步伐的决定》，明确将奶业列为邵阳市农业经济四大支柱产业之一，为邵阳市的奶业发展营造了宽松的社会环境，有力地促进了邵阳市奶业的发展，邵阳市奶业发展已普及到6个县（市、区）。共建了16个奶牛养殖基地乡镇、67个基地村、1 700户奶牛养殖户，分别比2002年新增2个奶牛生产县、4个奶牛养殖乡镇、19个基地村和500户奶牛养殖户。全市奶牛共存栏13 088头，较2002年新增1 321头，鲜奶产量3.48万吨；较2002年增长17.5%。城步苗族自治县2003年出台了城政发7号《关于进一步加快全县奶业发展的决定》，调整了县奶业发展指挥部，制定优惠政策。县财政每年度安排300万元用于扶持奶业开发，县奶业发展指挥部与县信用联社联合下发《关于全县奶业发展小额信用贷款实施办法》，建立了奶业发展小额信贷机制，允许单位和个人承包开发草山资源，大力鼓励农民创办奶业发展经济实体，成立奶牛发展行业协会等，这些措施的实施，促进了城步县奶牛快速稳定发展，使城步县成为湖南奶业发展第一县。全县2003年共存栏奶牛11 800头，年产鲜奶3.2万吨，农民鲜奶纯收入6 500万元，全县奶业产值达8亿元，上交国家税收4 000多万元，占全县财政收入的50%。

（湖南省畜牧水产局　罗运泉　高春石）

广　东　省

【概况】 2003年，全省奶牛存栏量4.1万头，产奶量10.6万吨，与上年的44 000头和108 000吨相比，分别减少1 100头和2 495吨，减幅为2.5%和2.3%，为1996年以后首次出现负增长。广州、深圳近郊奶牛继续进行异地搬迁。广州的主要迁往清远、英德、从化和增城，深圳主要迁往博罗等地。搬迁后牛场有合并、扩大的趋势。有更多的牛场开始使用苜蓿干草，以前使用苜蓿干草的牛场也普遍加大了饲喂量。全省奶水牛饲养量基本维持原有水平，以前只有广东到广西等地购买奶水牛，2003年已出现相反的现象，广西的农民纷纷到广东购买奶水牛。由此可见，广东奶水牛要加快发展，急需解决水牛奶的销路问题。

2003年，全省多数乳品厂收奶仍按原来的标准，乳脂普遍要求3.25%以上，有些企业还要求无脂固形物在8.35%以上；一级奶要求细菌数低于20万/毫升，二级奶细菌数20万～50万/毫升，每吨价格比一级奶低100～400元不等。细菌数高于50万/毫升的牛奶，多数较大的乳品厂不收购或再压价收购。牛奶收购价基本维持在上年水平。牛奶：一级奶，夏奶2.8～3.1元/千克，个别牛场可达3.5元/千克；冬奶2.3～2.8元/千克，个别牛场可达3.1元/千克。一级奶全省全年平均价约2.7元/千克。水牛奶：乳品厂收购，夏奶3.8元/千克，冬奶3.2元/千克。农民自已销售的5～6元/千克。2003年，广东燕塘、香满楼开始从福建收购生鲜牛奶，每天或每两天用冷藏奶罐车运送一趟，每月各收购鲜奶约200吨。其牛奶收购价稍低于本地奶源，而奶质相近甚至更好，对本地奶农构成较大的压力。2003年，全省奶牛的饲养效益普遍低于2002年。

2003年，广东省共有乳制品厂80多家，其中从事液态奶生产加工的占近半。全省液态奶日处理加工能力累计已超1 000吨，实际生产量仅达500吨左右，占生产能力的约50%。佛山澳纯新安装超高温灭菌生产设备，正向国家申请生产供应学生饮用奶。珠海维维大亨新乳品厂项目仍在施工过程中，预计2004年下半年才能投产。2003年第一季度，广东乳品市场开局相当好。往年一般要到4月底才进入销售旺季，2003年在3月份就已出现旺销势头，到6月底，乳品产销量比上年同期增长15%～20%。春末夏初的非典疫情不但没影响牛奶的销售，反而因为专家认为牛奶可提高人的免疫力而继续热销，连此前少有人知的牛初乳也搭上了顺风车。但7月中旬，媒体对广州一奶牛场发现结核病奶牛的炒作却给了广东奶业当头一棒。具体情况是，广州一奶牛场在例行检疫中发现36头结核病阳性和80多头疑似病牛。由于之前该奶牛场上级公司在处理奶牛场员工安置问题时手法过于简单，造成部分职工强烈不满，将牛场的疫情透露给广州某报社。报社夸大事实对所谓的“结核奶”事件进行了连续五天的报道，且援引个别医学专家的言论，对巴氏消毒能杀灭结核杆菌的结论提出质疑，有些报纸甚至把此事件与近几年我国青少年结核病呈快速上升趋势挂上了钩，给不知事实真相的消费者造成极大恐慌，使广州等城市的乳品销售受到严重冲击。风波出现后，省和广州市农牧部门、奶业协会和有关企业采取有效对策，澄清事实真相，做好正面宣传，使消费者的顾虑慢慢消除。大约一个月后，全省乳品市场销售恢复正常，并以更快的速度增长。2003年，广州乳品产销量比上年增加30%以上，全省乳品产销量增长也超过20%。

广东省学生饮用奶推广比较顺利，是全国最好的省份之一，已经由广州、深圳、汕头发展到佛山、东莞、珠海、惠州和梅州等城市。2003年，全省已有2 200所学校和幼儿园的80多万学生和儿童饮用学生饮用奶。

（广东省奶业协会　林树斌）

广　州　市

【概况】 2003年，广州奶业持续繁荣兴旺，日平均鲜奶上市量、乳产品生产加工总量、人年均消费量和乳品加工能力等几大指标的增长率都在20%以上：国内外近百个牛奶品牌云集广州市场，为广州市民提供了丰富的选择；市内奶牛向外搬迁进展顺利，奶牛场已开始向集约化、现代化方向发展；市场奶品价格和原料奶的收购价格基本保持平稳；广州奶业仍以较快速度稳定向前发展，并保持良好的经济效益。2003年3月，由广州市奶协成功主办的第二届中国（广州）国际乳品加工业展览会暨（国际）奶业发展高峰论坛上所提出的“鲜奶标识”、“特浓奶”、“高钙奶”以及中国奶业泡沫与风险等敏感问题，引起了全国奶业行业的一场大争论。参加此次展览会的20多家奶业企业还共同签署了牛奶质量安全承诺书。

根据广州市政府农业发展三个圈层的规划要求，市区内的奶牛需作异地搬迁。为促进此项工作的落实，市政府还从财政专门划出200万元人民币给予支持。至2003年末，海珠区的3 000多头奶牛已搬迁完毕。奶牛的搬迁去向多为广州的增城、从化、花都和清远等地。全市的市内奶牛异地搬迁总量达到6 000头，搬迁工作进行顺利。

2003年，全市奶牛存栏13 484头，比上年减少了26.8%；牛奶总产量为43 481吨，比上年减少了2 902吨，下降了6.3%。

广州市共有液态牛奶生产加工企业12家，奶粉生产加工企业1家。2003年，全市液态奶日生产加工能力已达 1 100 吨，比上年 717 吨增加了 383 吨，增长率为 53.4%。其中广东燕塘乳业的日液态奶生产加工能力已从 150 吨提升至 300 吨。液态奶产品加工总量为 94 404.6 吨，比上年增长了 30.23%。美赞臣（广州）的年奶粉生产加工总量已超万吨，销售总收入将近 10 亿元人民币。广州金鼎乳品厂的奶粉生产、销售为 2 000 吨。上述两家广州的奶粉加工企业的年生产能力已达 3 万吨。2003 年 10 月 30 日，广州的乳品加工企业与澳大利亚乳业局、澳洲奶牛联合会和澳洲的部分乳品加工企业在广州国际大酒店进行了功能性乳品原料研讨和交流。

2003 年，广州奶品市场非常活跃，市民经过“非典”事件后，自我保健意识增强，购买鲜奶的积极性进一步提高，使得全市的鲜奶日上市量首次突破百万瓶大关，比上年增长了 24.5%，市民年饮用、消费牛奶已超 30 千克。2003 年的奶品销售价格起伏变化不大，基本平稳，未见产品滞销和明显的价格战。

2003 年，广州市的学生饮用奶计划并未受到“海城豆奶”事件的影响，仍积极稳妥推进。由政府财政补贴 0.30 元的学生奶供应至 2003 年 9 月新学年开学时已终止，售价按定点生产厂家的基本成本价 1.30 元/盒低价在校供应，但学生仍坚持自愿饮用原则。至年末，全市在校饮用学生奶的人数已超过 40 万人。目前的广州学生奶供应，仍由广州风行和广东燕塘此两家定点生产厂家负责提供。

（广州市奶业协会　王丁棉）

深　圳　市

【概况】2003 年，深圳市奶业呈现资源整合、营销竞争激烈的格局。主要情况如下：

当地品牌继续保持“三分天下有其一”的市场行销地位。其中深圳市晨光乳业有限公司在维护好社区家庭鲜奶供应网络的份额外，加大系列品种的研制开发，先后上市有芦荟奶、木瓜奶、果汁系列奶、发酵乳酸菌奶、补血奶等，这些品牌进入超市供应渠道，迎合了消费者的不同需求，补充了“晨光”在本地市场优势营销的份额。深圳鹏发时代牛奶公司加大了对各社区渗透营销的宣传力度，其中袋装鲜奶等拥有稳定的消费群体。以生产北京风味罐装发酵酸奶的“多牧多”牛奶明确以深圳新移民白领阶层为消费对象，目标营销效果显著。而“喜之康”系列乳制品将各大食品超市作为营销主渠道，保证了产品具有较大的销售基础。另外，“卡士”餐饮奶，重点针对酒楼餐饮和各类宾馆、夜总会、俱乐部，“益力美”、“深晖”主要针对成熟大型社区促销，都取得了较好的业绩。

外地品牌仍以“伊利”、“蒙牛”为主，两家企业年销售量超过亿元，主要有以下特点：①重视品牌的文化营销，善于扩大自己的优势。如强调来自草原、天然纯鲜、香浓、高钙等。②善于克服北方品牌来南方“水土不服”的缺点，融合南方促销地区风情民俗特点，组织庞大促销员队伍，在超市和社区导购宣传。③电视广告宣传密集度高。

在外地品牌中，燕塘牛奶在深圳强势推广自有系列品种时，也表现了岭南文化的产品宣传特色，获得了深圳粤籍原住民和相当新移民的市场份额。完达山、三鹿、长富等外地著名品牌在超市营销也有不俗业绩。南山奶粉、古城乳业、光明乳业的产品宣传表现了不同的公司营销理念。

在国外品牌中，由于经销代理商变化的原因，已经快速缩小了市场营销份额。雀巢、惠士的奶粉品种仅在婴幼儿和高龄人群中有购买消费对象。

截至 2003 年，深圳奶业营销状况为：液体奶制品中，共有 23 家企业，116 个系列品种。奶粉中有 19 家企业，43 个系列品种。深圳人均消费奶制品 27.3 千克。

深圳市奶牛种群以荷斯坦牛为主。深圳市晨光乳业有限公司属下八大奶牛场集中了全市奶牛头数 87%，年均产量 4～6 吨/头。奶原料收购价 3 100～3 600 元/吨，批量合格率 100%，全年没有发生过奶类恶性责任事件投诉。

在全国发生非典时期，深圳奶业积极配合宣传和防止非典疾病。除加强企业内部质量控制和保证奶量正常供应外，晨光乳业还先后向东湖医院等防病重点单位，无偿赠予牛初乳等产品价值 37 万元。

（深圳市奶业协会　徐德福）

广西壮族自治区

【概况】2003 年，广西壮族自治区水产畜牧局在自治区人民政府的正确领导下，紧紧围绕“加快实现富民兴桂新跨越”这个主旋律，以市场为导向，科技为依托，发挥政策的威力，通过龙头带动，利用资源优势，大力开发我区奶业，尤其是水牛奶业，使之成为本区农民增收的一个新亮点，取得了显著的成效。归纳起来主要有以下几个方面：

一、主要成绩

1. 奶业发展快　2003 年，广西有奶牛存栏 20 768 头，其中能繁母牛存栏 14 537 头，分别比 2002 年增长 29.80%和 32.15%。全年奶产量达 39 200 吨，比 2002 年的 31 000 吨增加 8 200 吨，增长 26.45%。

2. 水牛奶业成为特色产业　广西地处祖国南疆，发展水牛奶业资源相当丰富。一是气候条件。广西属于亚热带气候，年平均气温 16.3～23.0℃，降雨量 1 259～1 750 毫米；二是草场资源。广西现有草山草坡 646.7 万公顷，占全区土地面积的 36.8%，年产鲜草约 3 亿吨，居我国南方第三位；三是农作物秸秆资源。广西年产各类秸秆 2 454 万吨，其中甘蔗稍 700 万吨，木薯渣 4 万吨，是冬季水牛主要的优质青粗饲料；四是水牛资源。目前广西有水牛 438 万头，占全国的 19.02%，居第一位。全区有可挤奶的杂交奶水牛 8 000 多头，实际挤奶水牛 2 000 多头，年产奶量 2 000 多吨，成为广西的特色产业。

3. 水牛奶业开发力度大，成效好 2003 年，广西壮族自治区政府确定了 36 个县为水牛奶业开发基地县，其中灵山县、北流市、兴宾区、武宣县、武鸣县、岑溪市、临桂县、富川县、浦北县、防城区等 10 个市、县、区为奶业开发示范重点，共建立了 45 个奶水牛养殖示范区，10 个收奶站，可用于挤奶的杂交水牛约 5 000 头，头年均产奶量 1 200～1 500 千克。全年共杂交配种母牛 25.6 万头，其中人工授精配种 20.27 万头，占配种头数的 79.3%，平均受胎率 40%左右，本交配种 5.33 万头，占配种头数的 20.7%，受胎率 80%。2003 年共产杂交犊牛 44 782 头。

4. 水牛奶业成为农民增收的一个重要途径 据调查分析，饲养一头挤奶杂交水牛可增加收入 3 000 元左右产奶收入。2003 年，武宣县三里镇旧县村示范户何德兴饲养水牛 15 头，挤奶水牛 6 头，种植牧草 0.4 公顷，交售牛奶 9 594.8 千克，年利润 37 000 元，头均增加现金收入 2 467 元。

5. 奶业加工大有起色 2003 年，本区的乳品生产企业主要有广西皇氏生物乳业有限公司、广西水牛研究所乳品加工厂、灵山百强水牛奶业有限公司等 25 个，主要产品为巴氏消毒奶和酸奶，日实际加工能力 160 多吨，完全保证目前广西奶业的"消化"，产品利润从 5%～20%不等。

二、主要经验

1. 领导重视，出台政策，创造良好环境 2003 年，全区各级人民政府把奶业纳入重要议事日程，并列入自治区七个重大专项之一，研究制定有关扶持政策，落实发展规划和措施，使全区奶业得以持续、稳定和快速发展。如 2003 年 5 月，灵山县县委、县政府召开全县加快水牛奶业发展动员大会，印发了"关于加快水牛奶业发展的决定"等文件，全县上下掀起了一个"加快水牛奶业发展，促进农民奔小康"的热潮，水牛奶业发展上了一个新台阶。当年，全县杂交水牛存栏近 7 400 头，其中母牛 4 100 多头，挤奶母牛 426 头，年产奶量达 680 吨，农民养一头奶水牛可获纯利 3 000 元左右。

2. 企业带动，典型引路，全面建设水牛奶业新农村，积极推进产业化经营 几年来，全区各级政府和有关部门按照"广西水牛奶业发展的总体规划和计划"要求，积极引进和培育龙头加工企业，通过企业带动，先在武宣县抓养殖小区示范点，成功后迅速在全区推广，以"示范小区建设"为模式的奶水牛养殖专业村越来越多，经济效益和社会效益相当显著。2003 年，全区已有 36 个县、市、区共建设奶水牛饲养示范小区 70 多个，奶水牛存栏 8 000 多头，其中挤奶水牛 2 000 多头。

3. 开展科技攻关，不断提高奶水牛的生产水平 自 1957 年自治区引进良种水牛以来，在水牛科学研究以及水牛奶业综合开发等方面获得了 30 多项科研成果，尤其在水牛胚胎生物方面取得重大成果，1993 年成功产下我国首例试管水牛，2002 年建立了一套重复性好、技术成熟的水牛胚胎体外生产和胚胎移植技术体系，达到国际先进水平，生产出目前国际上最大的试管水牛群共 24 头，产下世界首例完全体外化冷冻胚胎移植试管水牛和世界第一例试管水牛双犊；制定了《摩拉水牛饲养管理技术规范》、《尼里/拉菲水牛饲养管理技术规范》、《水牛种牛场生产管理技术规范》、《水牛奶地方标准》等广西地方品种标准，推动了全区水牛奶业发展。几年来，共获科研成果奖 26 项，其中省部级奖 18 项。2003 年，水牛种畜场共存栏摩拉、尼里/拉菲良种水牛 500 多头，其中成年母牛 200 多头，平均一个泌乳期产奶量达 2 500 千克以上，每年可生产种牛 200 头以上。

4. 抓好奶源基地建设，推进全区奶业产业化经营 2003 年，本区在奶源基地建设方面重点抓好加快奶业发展的计划、布局、政策、科技与服务等关键环节的调研工作，狠抓各项工作的落实，促使全区奶业逐步纳入"生产规模化、经营集约化、服务社会化"的轨道。在规模养殖方面，全区饲养荷斯坦奶牛 50 头以上的小区已有 80 多个，共存栏奶牛 8 000 多头，占全区荷斯坦奶牛总数 70%以上；在奶业加工方面，全区日加工鲜奶 1 吨以上的企业有 25 家，比 1995 年多了 15 家；在社会化服务方面，全区已建成人工授精配种站（点）1 647 个、冻精液氮中转站 8 个，现有一线人工授精技术人员 2 549 名，形成了省、市、县、乡四级配种网络。全区已有 1 312 个乡镇建立了兽医站（畜牧水产站、农业服务中心），基本具备了满足畜牧行业对技术和信息方面的需要，形成了"公司＋小区＋农产、乳品加工企业＋基地＋农产、奶业协会组织收购、农户自产自销"等四种奶业流通形式，保证了全区牛奶生产的正常流通。

5. 加强基础设施建设，增强广西水牛奶业的发展后劲 一是抓好种源基地，以广西水牛研究所水牛种畜场和广西畜禽品种改良站为基础进行扩建，提高种牛、冻精生产和供应能力，每年向社会提供优良种牛 200 多头，生产细管冻精 70 万支。二是抓好配种网络。选择牛源充足、基础条件较好的 36 个市、县、区，以 5 公里为半径，重点建设 2 000 个基层配种站（点），形成一定规模的配种网络，年配种能力达到 100 万头。三是抓好技术培训。以广西畜牧兽医技术培训中心、广西大学、广西水牛研究所和广西畜禽品种改良站为主要培训师资力量，根据农村水牛奶业发展情况和存在问题有针对性地开展技术培训，重点是人工授精配种员的技术培训，每年举办技术培训班 20 多期，培训 1 000 多人次。四是抓好奶源流通。通过"积极引进加工企业，建设养殖小区，发展专业协会"等形式，将奶农的产销有机地统一起来，较好地解决了"奶农怕不懂技术养不好水奶牛以及产了奶没地方收购"的难题。

（广西壮族自治区畜牧总站 唐善生 梁英彩）

海 南 省

【概况】2003 年，是海南省无规定动物疫病区示范区建设重要的一个年头。一年来，在国家、省、地方各级政府部门的重视与支持下，通过本省乳品消费引导、市场培育及乳品行业内部的一系列专项整治活动，逐步规范奶业行业的操作行为，促进了本省奶业的稳步、健康发展。

2003 年全省奶牛存栏量达到了 550 头，比 2002 年的 480 头增长了 14.58%；全年鲜奶产量达 604 吨，比 2002 年的 365 吨增长了 65.48%。目前，全省适度规模的奶牛饲养场有 2 个；现有奶牛品种构成主要以荷斯坦牛为主，其数量约占总数的 70%。全省乳品加工企业有 2 个，日处理鲜奶能力约 60 吨，比 2002 年增加了 20 吨。鲜奶收购价格为 3.8～4.0 元/千克。

2003 年，海南省加强了行业专项治理整顿，逐步规范生产管理与市场运作行为。结合“安全生产月”活动，对全省各个奶牛饲养场、户进行了全面的大检查，重新核发生产经营证照检查的主要内容是抽查奶牛的结核、布氏等疫病。对新发现疫病牛，就地灭源，严格消毒环境，限期做好整改。对整改后仍未达标的，便收回期生产经营证照，取缔其生产资格。另外，本省在国家质检总局的统一部署下，成立了由公安、质检、工商、卫生、农业等多个部门人员组成的稽查小组，采取统一行动，对全省各市县凡有生产、经营乳品及含乳成分饮品的各生产厂家、商场、超市、批发店、商店，进行突击性的拉网大检查，把一些伪劣、无证照生产或来源不清的乳制品清理出市场，逐步净化了本省奶品生产、经营市场。

结合海南省无规定动物疫病区建设以及“绿色食品”产地认证、产品认证工作的开展，2003 年，本省艾森乳业还获得了由中国奶协颁发的绿色（乳品）产品认证资格，使海南有了自己的品牌乳产品。同时，在全省 18 个市县共建立起近 150 个“艾森牌”乳品销售网点，提高了本省自产乳品的市场占有率。另外，在国家学奶办、省政府的大力支持下，经过近 3～4 年的不断努力，本省实施国家“学生饮用奶”计划工作，已逐步打开了局面。2003 年，全省已有近 160 多所中、小学校，近 8 万在校学生饮用了“学生饮用奶”，普遍反映效果良好，对本省乳品消费市场起到了很大的推动作用。

今后，海南省要站在“无疫区”建设的高度，进一步解决思想，拓宽思路，大力引入人才、技术、品种、资金、设备，通过打基础、上规模，出品牌、增效益，才能寻找到其突破口，逐步把本省的奶业做精、做大、做强。

（海南省农业厅畜牧处　邢贻强　张一心）

重 庆 市

【概况】重庆市奶牛养殖经过百年的发展历程，形成了具有一定规模的耐高温耐高湿的重庆黑白花奶牛群体。随着中国经济的发展、人民生活水平的提高，2003 年，在市政府“大力发展奶牛业”方针的指导和政策的扶持下，重庆市把发展奶牛业作为实施“草食牲畜百万工程”中的重点来抓。按照“稳数量、抓质量、增效益、奶牛发展与乳品加工齐头并举”的思路发展重庆奶业，奶业生产稳中有升得到了良性发展。奶牛头数达 25 600 头，较 2002 年增长 2.4%；牛奶产量达 84 800 吨，较 2002 年增长 5.3%；乳制品产量达 97 700 吨，较 2002 年增长 16.4%。

1. 稳数量，抓质量，奶牛养殖业稳定发展　2003 年，重庆市奶牛养殖头数达到了 25 600 头，这个规模与重庆乳品加工对原料奶的需求基本平衡。按照“稳数量、抓质量、增效益”的发展思路，在稳定现有牛群规模的基础上，重庆市把发展的重点转移到提高奶牛数量、增加农民收入上。通过淘汰低产牛、向市外、境外引进优质母牛、提高饲养技术等措施，牛群质量整体提高，奶牛单产增加，牛奶质量得到改善，养牛效益也增加了。目前，重庆市牛奶平均收购价 1.9 元/千克，平均单产 4 500 千克，农民养牛年收益 3 000 元/头。

2. 推进产业化进程，提升奶牛养殖业　重庆市奶牛养殖主要集中在近郊七区，近郊奶牛数量占饲养总量的 82.2%，属城郊型奶牛业。饲养方式以农户散养为主，有养牛户 4 000 多户，每户养牛 3～5 头，养殖大户不足 10%。随着农村城市化建设的加快，管理部门确定了奶牛养殖以“加快奶牛基地建设、发展奶牛养殖小区、推进产业化进程，向集约化、规模化方向发展”的思路。在重庆中远郊地区建立了 11 个奶牛基地、4 个饲养规模 500 头的养殖小区。奶牛养殖基本上实现了“公司＋基地＋农户”和“公司＋小区”的产、加、销一体化的产业化经营。使奶牛的发展与乳品加工和市场紧密结合，做到不因奶源过剩而倒奶，不因奶源紧缺而抢奶，实现了良性循环。

3. 开拓市场，大力发展乳品加工业　2003 年，重庆建立了一座年产 10 万吨的乳品加工厂，目前，已拥有一定规模的乳品加工厂 8 个，日加工能力 700 吨。日加工能力在 100 吨以上的 4 个，50～100 吨的 3 个，20～50 吨的 1 个。随着消费市场的扩大，乳品企业面对国际国内的竞争，努力开拓市场，加强技术改造，立足本地市场，生产自己的特色产品，乳品加工能力和乳制品产量大幅度提高。2003 年生产各类乳制品 97 700 吨，较 2002 年增长 16.4%，乳制品化色品种达 50 多个。全年实现产值 4.5 亿、利税 3 700 万。

4. 引导消费，消费市场急剧扩大　近几年，随着人民生活水平的提高，对乳品的消费已从营养品转为生活必需品，消费人群从婴幼儿、老年人扩展到不同年段的人群。奶业管理部门和乳品企业抓住这一契机，加大了宣传力度和对消费市场的引导，乳品消费市场急剧扩大。重庆市人均消费乳制品由 2000 年的 2.1 千克，增加到 2003 年的 6 千克，预计到 2005 年，重庆市人均消费乳制品将达到10千克，奶业的发展空间广阔。

5. 今后发展的方向和措施 重庆市奶业今后将按照“国际化、信息化、市场化”的发展方针，坚持以市场为导向，以效益为中心，以科技为依托，以“绿色”为标准，实行可持续发展。发展的方向：实行区域化布局、规模化养殖、专业化生产、产业化经营，逐步实现生态奶业，生产健康、优质、“绿色”的牛奶。发展的措施：①加快良繁体系、疫病防治体系、质量监控体系建设。建立良种繁育体系、良种母牛核心群和优质后备牛群，同时建立良种牛系谱登记；建立疫情报告、控制、扑灭体系，对奶牛技术服务站增加设施投入和服务人员的管理和培训；建立完善现有质量监控体系，对现有增加技术投入，加强鲜奶监管，对鲜奶生产实施标准化管理。②改变奶牛饲养方式，推行饲养新技术。首先要控制和杜绝起点低的一家一户重复发展，引导和扶持奶农规模化养殖，以50～100头为规模化养殖目标。同时发展饲养规模在500～1 000头的养殖小区。逐步以饲养大户、养殖小区等形式代替一家一户的分散饲养，加快产业化进程，提高组织化程度；加大奶牛养殖培训的投入，利用各级职能部门和服务体系，狠抓奶牛饲养技术的培训和新技术推广。推行奶牛饲养、品种改良、繁殖保健、牛奶质量等一系列标准化管理。改变现有简单饲养管理为分阶段、科学、合理的饲养管理；增加优质牧草的饲养；改手工挤奶为机械挤奶，最终达到优质、高效饲养奶牛，生产健康、安全牛奶的目的。③大力发展乳品工业，充分发挥龙头企业的作用。加大力度进行技术革新改造和科技创新，通过资产重组、兼并收购、强强联合，实现资产、品牌、经营的优质化，形成可与国际国内大型乳品企业竞争的乳业集团；通过政府的引导和扶持，支持和鼓励龙头企业建立自己的奶源基地，龙头企业与基地农户实行产业化经营，带动奶牛养殖业的发展。④加强宣传引导，启动“纯鲜战略”。加强乳制品消费的宣传引导，实施以“不含抗生素鲜奶”为主题的“纯鲜战略”，牢固占据重庆本地市场份额，以地产新鲜巴氏消毒奶、发酵奶为主体，无菌奶和无菌奶饮料适宜补缺的产品结构。适度发展距离重庆较近的湖南、湖北、贵州、云南及四川周边农村市场。

（重庆市畜牧技术推广总站　凌　虹）

四 川 省

【概况】 2003年，四川省奶业继续保持了较快的发展势头，全省年来奶牛存栏13.8万头，比上年增长了64%；牛奶年产量达到47.5万吨，比上年增长了22%；奶业总产值达到4.9亿元，比上年增加22.5%。全省奶业发展的特点概括起来主要有以下几点。

1. 奶源基地建设布局趋于合理，规范化、规模大的奶牛小区逐步兴起 在大、中城市郊区，除了龙头加工企业出资兴建的高标准示范奶牛场外，全省奶牛饲养正逐步向川西南的眉山、雅安等丘陵区和盆周山地区集中，充分利用了这些地区草山草坡资源比较丰富的优势。奶牛的饲养也由农户小规模分数饲养，逐步向200头至300头规模的奶牛小区集中，实行分户所有、集中饲养。

2. 本地奶业龙头企业的发展出现了新格局 菊乐奶业经过近几年的踏实经营，在2003年度销售收入突破2亿元，成为四川奶业最大的龙头企业。并跻身国家级农业产业化龙头企业行列。

3. 胚胎移植等新技术应用于奶业 省内区出现了用胚胎移植等新技术培育良种奶牛的专业公司，这对于改善我省奶牛品质有一定的积极作用。

4. 市场竞争加剧 在四川省乳品消费市场上，乳业企业为争取更大市场份额，相互竞争十分激烈，体现在液态奶销售价格上，有的企业销售价格已低于其销售成本价格。2003年全省液态奶市场份额情况大体是：省内奶业企业与省外奶业企业各占一半的比例，省外企业在川液态奶销量最大的是伊利，其销售收入估计已达到2亿元。

（四川省农业厅农场管理局　李　谦）

成 都 市

【概况】 2003年，成都市政府继续加大对奶业的扶持力度，在实施奶牛贷款、用地优惠的同时，增加了新购奶牛补贴、成都近郊奶牛搬迁补贴、奶牛养殖场环保设施建设补贴等扶持政策，以及中远郊区重点奶源基地建设、收奶站建设等重点项目，加大牛奶消费的宣传引导，促进了全市奶业持续发展。

1. 奶牛数量、牛奶产量持续增长 2003年，全市奶牛存栏达2.82万头，比上年增长4.83%，其中产奶牛2.15万头，占奶牛存栏总数的76%。牛奶产量9.33万吨，增加0.91万吨，增长10.81%，产奶牛头平产奶量4 339千克，提高5.32%。

2. 奶源基地和规模养殖迅速发展 建成郫县、新都区、彭州市、双流县、崇州市等中远郊奶源基地，奶牛存栏分别达到6 580头、4 018头、2 650头、2 120头、1 418头。全市奶牛饲养场（户）2 666个，其中10～50头的609个，增加62个，50～100头的73个，增加9个，100头以上的19个，增加2个。以菊乐奶牛饲养示范园区、奶奇乐美国荷斯坦奶牛饲养园区、金牛奶牛公寓、市奶业协会奶牛科技示范场为代表的奶牛规范化饲养示范园区发展到15个，增加2个。菊乐、奶奇乐、邛崃旺林无公害奶业生产基地产品质量进一步提升。

3. 奶牛品改工作稳步推进 全市推广优质高产奶牛细管冻精配种1万头，奶牛胚胎移植示范86头，西杂母牛乳用性能开发1 200头。

4. 牛奶加工能力不断增强 2003年，全市日处理鲜奶能力达到520吨，比上年提高45吨。新华西、菊乐日处理鲜奶能力均达到200吨，奶奇乐达到70吨。

蒙牛金蒙牛乳业顺利入驻金堂县，继一期工程冰淇淋生产线投产后，二期工程将建日处理能力80吨的鲜奶加工生产线。

5. 乳品消费继续扩大 城镇居民人均年消费奶及奶制品30.4千克，比上年增加2.7千克，增长9.75%，农村居民人均年消费奶及奶制品2.5千克，比上年增加1千克，增长66.67%。

（成都市农牧局 余建明）

云南省

【概况】2003年，云南省奶牛存拦151.3千头，较2002年增长29.54%；能繁母牛84.4千头，增长16.57%；奶类总产235.8千吨，增长28.82%，其中牛奶总产217.49千吨，增长24.15%，牛奶在奶类中的比重逐年上升，由2000年的86.43%，升至2003年的92.23%；人均占有奶量5.34千克，增长21.36%。

1. 奶业被列为发展重点 云南省委、省人民政府2003年下发的《关于把畜牧产业发展成为国民经济重要产业的若干意见》中指出，按“增加总量、突出特色、择优发展”的方针大力调整结构，在发展重点中首次把奶业列为四大发展重点之一，排序仅次于猪禽居第二位。并提出了“大力发展奶业，重点巩固发展昆明、大理奶源基地，积极扩大曲靖、红河及旅游区新奶源基地，积极发展水牛奶和山羊奶。加快良种繁育，提高奶产量和奶制品加工水平，使鲜奶日处理能力到2007年达1 500吨，实现奶类年产量40万吨，年生产值6亿元，年加工值20亿元”的目标。这些精神的贯彻实施，将进一步促进云南奶业的快速健康发展。

2. 奶业发展步伐加快 2003年，云南省奶业发展较快，一是奶牛饲养量与产奶量增长快，奶牛存栏数、能繁母牛数、奶类总产分别较2002年增加34.5千头、12千头、45 .4千吨；二是乳品加工能力大幅提高，2003年日处理150吨的东亚乳业有限公司及海坝乳业（后更名为骏马集团大理乳业）的建成投产，云南邓川蝶泉、昆明海子乳业、个旧多喝乳业有限责任公司、大理来思尔乳业、大理银河乳业等企业增加生产线与扩产，使乳品生产能力骤增330吨/日，增长54.7%，全省乳品生产能力达860吨/日；三是首次从澳大利亚直引1 820头荷斯坦母牛落户在大理州的大理市、弥渡县、宾川县和丽江地区的玉龙县；四是乳制品花色品种增多，由雪兰、多喝、前进等乳品企业生产的餐饮奶纷纷进入宾馆饭店，还增添了百利包、利乐枕以及麦香奶、各种果肉、果味与多种包装形状的乳制品供应市场。

3. 召开云南奶业发展对策研讨会 云南省畜牧兽医学会奶业分会与云南省畜牧经济研究会联合于2003年10月21～23日在昆明召开了“云南省奶业发展对策研讨会”。全国9个省级有关单位、5个奶业生产重点地州市、10个县市、6个乳品加工企业、6个有关企业的专家、教授、企业家共186人出席了会议。

中国奶协理事长刘成果在会议中指出，我国奶业发展形势很好，其主要特点：一是快，奶牛饲养头数、奶产量、乳制品生产量、消费增长快；二是高，奶业整体素质、集中度、组织化程度、企业与基地联系紧密度及效益提高；三是竞争日趋激烈。但也存在一些问题，突出表现是小（规模小）、散（分散）、低（饲养、加工水平低，还表现为科学含量低、竞争力低、组织化程度还不高，竞争存在无序和恶性竞争，搞虚假宣传等）。需要企业用自律来健全，用法规来规范。在发展上也存在盲目性，如高价买奶牛，重复建设等。他还指出：云南要抓住机遇，把奶业做强做大。要重点发展两个圈，一个是洱海，另一个是滇池，抓住这两个圈进行布局。饲养环节一定要抓住三个度，即集中度、组织化程度、企业与基地联系的紧密度。特别是组织化程度，有一个奶点，就有一个奶协，做到统一配种、统一防疫、统一技术，但所有权是分开的。

云南省农业厅杨志民副厅长做了题为“谋求良策、把云南奶产业做大做强”的报告。首先，他分析了云南奶业的现状，提出了加快我省奶业发展的对策，一是认真制定发展目标，做好奶业发展规划，建设和提高以洱源为中心的大理奶业经济带和以昆明为中心的昆明奶业经济带，同时新建个（旧）、开（远）、蒙（自）奶区；以曲靖为中心的滇东北奶区和丽江、西双版纳等旅游奶区。还要积极发展水牛奶和山羊奶，扩建以圭山山脉为中心的石林奶山羊经济区和以中甸为中心的迪庆牦牛经济区；新建以瑞丽、梁河为中心的德宏水奶牛经济区和以大理、腾冲为重点的滇西片水奶牛经济区；二是切实加强对龙头企业的扶持力度；三是努力增加牛奶产量；四是加强对奶产业发展的对内对外合作；五是加强对奶产品的质量监测和管理，加快奶业无公害绿色食品建设步伐；六是要加大奶协的工作力度，使奶协成为产前、产中、产后全程的中间纽带。

研讨会共收到涉及乳品企业发展、优质奶源基地建设、地州县奶业发展战略与措施、云南乳业发展的弊端及对策、原料奶HACCP控制体系、云南奶业战略地位等方面的论文23篇，对本省奶业今后上新台阶有很好的启迪和引导作用。此次会议还起到了宣传展示云南奶业，明确发展目标，提高奶业生产水平，科学地指导生产，推动云南奶业上新台阶，把奶业做大做强和鼓劲的作用，对本省奶业的发展具有深远的影响。

4. 农田种草养奶牛成为共识 随着奶牛饲养量的增加，科学饲养技术的推广，改变了靠田边地角放牧，背着背萝找草、靠农作物秸秆养牛的传统模式，利用冬闲田、部分农田种植牧草已成为各级政府指导奶牛发展的主要措施之一，大理市、洱源、弥渡等县均将种草写入政府发展奶业的有关文件中。2003年，大理、昆明、红河等均大力推广农田种草，种草面积猛增达2万公顷，为2002年农田种草2 070公顷的9.7倍。

5. 加强奶与人类健康和饮奶科学知识的宣传 针

对云南尤其是中小城镇广大群众没有饮奶的习惯，云南省畜牧兽医学会奶业分会2003年利用传统节日“大理三月街”和“国际牛奶日”，分别与大理州科协，晋宁县妇联、奶协联合在大理、晋宁开展了“奶是人类营养最丰富的理想食品”，“饮奶能增强人类体质”的大规模的宣传活动，印发有关宣传资料及科普书4 300余册份，并指导消费者科学饮奶，起到了提高国民生活质量，引导消费，开拓市场的作用。

（云南省畜牧兽医学会奶业分会　陈德端
云南省农业信息中心　杨　洋）

【昆明雪兰牛奶有限责任公司和四川新希望集团合作】为了进一步改善昆明雪兰有限责任公司股权结构和运转机制，2003年3月26日“昆明雪兰牛奶有限责任公司股权转证及增资扩股项目合作”签约仪式在昆明举行。双方约定，新希望出资1 109.45万元，按1∶1.8的溢价收购雪兰全部职工股权（616.36万元），并在此基础上对雪兰公司增资3 509万元进行增资扩股。增资扩股后的雪兰公司股本金将增至8 100万元，其中新希望持有股权51%，雪兰国有法人股东持有股权49%。签约后，新雪兰公司将投资8 000万元建设“150＋150”吨的现代化加工厂，增资扩股后的雪兰公司运转两年内鲜奶年加工量达到4.8万吨，3年内鲜奶年加工量达到7万吨。新公司实行董事会领导下的总经理负责制。

（云南省农业信息中心　杨　洋）

【举办奶山羊科技培训班】在省农业厅畜牧兽医局、昆明市农业局、石林县政府的重视支持和资助下，云南省畜牧兽医学会奶业分会与昆明市农业局、石林县农业局联合于2003年9月3～6日在国家和省奶山羊基地县——石林县举办了全省性第一期科学养奶山羊培训班。4个地州市所属8个县市区共109位技干参加学习。专家教授们讲授了繁殖、营养、饲草饲料、圈舍改造、饲养管理、寄生虫病防治、产业开发思路，经营理念和工作方法等等，采取讲授与研讨、经验交流结合，现场考察参观了石林镇石板哨等村，为本省巩固提升奶山羊老区（石林、陆良），开拓新区（个旧、宜良、弥勒、师宗等）建立一支科技骨干队伍开了好头。

（云南省畜牧兽医学会奶业分会　陈德端）

【云南水牛奶制品面市】云南省首家专业从事水牛奶加工的德宏傣族景颇族自治州祥祥乳业有限公司2003年投产，水牛消毒奶在边境城市——潞西市正式面市。实现了本省水牛奶制品零的突破。公司采取公司联农户的方式建立奶源基地，除公司饲养有奶水牛180头外，还与农户所饲养的116头奶水牛签了协议，为其提供原料奶，日加工销售消毒奶2 000余袋。水牛奶的加工销售大大提高了农民进行水牛杂交改良与挤奶的积极性，将促进本省热区奶业的进一步发展。

（云南省畜牧兽医学会奶业分会　陈德端）

【强强联手，“邓川蝶泉”创新篇】2003年，云南邓川蝶泉公司乳制品生产量比2002年增加51.61%；销售收入增加46.68%，利税增长161.78，年收购鲜奶量增加37.47%，出口创汇增长14.19%，奶牛饲养户增加27.76%，乳牛存栏数增长39.28%。一年来，公司一方面规范奶站管理，提高服务质量，购置先进的乳成分快速检测设备，实行优质优价，既保证了鲜奶质量，又减少了奶农因定质不准带来的损失，提高了奶农养好牛交好奶的积极性；另一方面，抓好乳牛饲养户的培训工作，专门编印了《奶牛饲养管理技术问答》发给养牛户，并在乳牛养殖较为集中的地区组织奶牛养殖技术专家巡回培训，举办“科学养奶牛知识培训班”35期，对5 729人进行了培训；三是加大奶源基地的投入，先后投资近2 000万元，改造全县80多个收奶站，近30辆奶罐运输车，过到收奶及时冷藏、保温运输，保证了鲜奶的质量；四是加强服务体系建设，投资20多万元，建立奶牛信息化管理系统，使奶牛的育种、改良、防疫检疫、饲养管理等纳入微机管理，达到有效监控；五是加大项目投资，扩大生产能力，投资1.2亿元的“千吨奶”项目一期工程正在建设中，工程竣工后，蝶泉公司日处理鲜奶能力达到600吨以上，为大理州乃至云南省的奶业发展奠定了坚实的基础。

（云南省农业信息中心　杨　洋）

【大理市政府出台加快乳业发展的实施意见】为加大农业结构调整力度，加快乳业发展，解决奶源基地发展相对滞后，奶源不足日益凸现的问题，大理市人民政府以市政发〔2003〕23号文下发了《加快乳业发展的实施意见》，其目标是：用5年的时间，全市的奶牛存栏发展到3万头以上，奶牛优质率达80%，日产鲜奶超500吨，种植优质牧草面积0.13万公顷。任务是：2003年12月30日前全市建成养殖优质奶牛和种植优质牧草相配套、种养设施现代化，饲养有引进的国际优质奶牛不少50头，种植优质牧草面积不少于2.33公顷的规模化牧场不低于10个，引进国外优质奶牛不得少于1 000头。同时，每个乡（镇）兽医站至少有3个专业技术人员负责乡镇辖区面上养牛的技术服务与种草工作，给养牛户提供强有力的技术保障。扶持政策是：对验收合格的专业牧场，一次性对每头进口奶牛补助2 000元；对建设专业牧场总投资总额的70%给予3年财政贴息补助；对专业牧场政府无偿提供优质草种，并每667米^{2}补助100元，连续补助3年；在建设牧场中所涉及的厩舍和沼气池，按市有关规定给予补助，涉及水、电、路设施视其情况给予适当补助。在以上政策措施鼓励下，2003年大理市共从澳大利亚引进荷斯坦牛1 270头，兴建成50头以上草畜配套奶牛养殖场14个。

（大理市农业局　赵培君）

【洱源县建立奶牛计算机管理网络与风险补偿制度】洱源县人民政府《关于加快乳业基地建设发展的若干意见》（洱政发［2003］22号）中提出“强化奶牛动态管理”，2003年5月开始对奶牛进行了摸底登记，在此基础上逐步建立奶牛计算机管理网络。严格实行奶牛动态月报制度，为政府了解动态不断完善相关政策提供依据；推行“奶牛死亡风险补偿制度”，采取基数统筹，逐年递增、流动使用的办法，对0.5～8岁之间的所有乳牛进行死亡风险补偿，奶农每年交纳所养奶牛价格0.6%的风险费，若保险期内奶牛生病或意外死亡，经考证核实后按《洱源县乳牛死亡风险补偿实施办法》对能繁母牛给以不超过8 000元，后备奶牛每头不超过5 000元的补偿。

为保证洱政发［2003］22号的认真贯彻执行，洱源县畜牧局制定了一系列实施办法与方案，如“高产奶牛示范自然村示范户建设实施办法”、“洱源县外售乳牛和鲜牛奶收购管理办法”、“扶持乳业基地建设发展信贷办法”、“农田种草养畜建设项目实施方案”等等，使洱源县奶业的发展步入规范化、制度化，科学化的管理。

（洱源县畜牧站　杨　勇）

【云南第一个乡妇女奶业协会成立】云南省晋宁县化乐乡是奶牛饲养的重点乡，针对奶牛主要由妇女饲养管理，大多数又不懂饲养管理技术的现实，在县妇联、县奶牛工作站的指导与乡妇联和村妇委会的直接帮助下，2003年4月1日“化乐乡妇女奶业协会”正式成立，会员为月表奶牛合作社和月表村饲养奶户共42人，选举了有奶牛饲养管理经验的妇女为会长、副会长。乡奶协成立后在养牛现场开展了互教互学，请技术人员与养牛能手讲授养奶牛技术与经验体会，组织会员观看有关科学养奶牛的碟片。在县妇联的帮助下，还请专家与会员结成“一帮一”的科技对子，在防病治病、优质牧草种植、科学饲养方面加强了联系指导，提高了科学养奶牛的积极性。

（晋宁县农业局　毕正艳）

昆　明　市

【概况】2003年，昆明市存栏奶牛27 826头，比2002年增加3 571头，增长14.7%，鲜奶年总产量66 594吨，比2002年增加3 396吨，增长5.4%，全市人均占有鲜奶11.52千克。目前昆明牛奶市场品种主要有雪兰、前进、海子等20余个品牌，乳制品市场货源充足，基本满足了市民需求。学生饮用奶计划在2002年的基础上也得到了健康的发展。

1. 乳品企业　昆明雪兰牛奶有限责任公司成立于2000年1月1日，是以昆明农垦为主的八家企事业单位以优良资产组合而成的液态奶加工企业，是昆明市鲜奶市场的主导品牌。公司有8个饲养奶牛400～1 000头的奶牛合作社，统一机械挤奶，统一按质论价收购，满足了奶源需要，提高了鲜奶质量，提升了雪兰品牌形象，2002年被国家认定为“学生奶定点生产企业”和“国家级农业产业化重点龙头企业”。2003年，雪兰公司共加工牛奶20 785.7吨，总收入8 774万元，利润602.5万元，支付农户奶款共2 300万元。

昆明跑马山实业公司乳制品厂（前进乳业）是由昆明农垦下属的昆明市第二农场的奶粉厂扩建而来的。现生产奶粉和液态奶两大系列产品，销售省内外。公司扶持农村建成奶牛合作社12个，是昆明市扶持农村奶牛专业户最多的乳品企业，被评为“昆明市农业产业化龙头企业”。乳品厂2003年加工鲜奶18 054.6吨，总收入6 191万元，利润448.7万元，支付农户奶款共计2 600万元，在西南地区首家获得了婴幼儿配方奶粉生产许可证，并于2003年成为云南省首家GMP达标的食品生产企业。

昆明市海子乳业有限公司始建于1988年，是云南省目前较大的专业生产乳制品的民营企业，被评为“官渡区农业产业化重点龙头企业”及“昆明市农业产业化龙头企业”。公司现有优质奶源基地7个，带动农户688户，饲养奶牛4 500多头，统一机械化挤奶提高了牛奶质量。2003年支付农户奶款600多万元，加工销售鲜奶45 000吨，总收入1 200万元，利税125万元。公司拥有固定销售网点1 200多个，覆盖昆明地区及全省各地州县及四川成都、攀枝花、重庆、贵州等地。2003年公司又投资1 000多万元，新增两条利乐枕生产线，生产长效奶制品，为扩大销售区域，把公司做大做强打下坚实的基础。

昆明云花食品厂是国营春城农工商白沙河公司于1983年5月兴建的，主要经营奶粉、冰淇淋、雪糕等乳制品和果汁饮料的生产、加工和销售，日加工处理鲜奶能力为40吨。“云花牌”奶粉、“云花牌”系列食品不仅畅销云南全省，有的还向全国辐射销售，取得了较好的经济效益和社会效益。“云花牌”奶粉分别于1987年和1989年荣获云南省优质产品称号。2003年共加工鲜奶3 551吨，生产冰淇淋265.95吨，雪糕1 676.35吨，实现销售收入940万元，利税68万元。“云花牌”系列冰淇淋、雪糕成为云南省、昆明市的品牌产品，企业连续三年销售收入均在1 000万元左右。

昆明宜良乳制品总厂是昆明市石林针织有限责任公司通过集团化经营，于1994年投资700余万元全套引进上海市先进设备建成的，日处理鲜奶50余吨，年产“石林牌”各种奶粉1 500吨，产品主要出口东南亚国家，并销往国内的食品加工企业、冷饮行业、商业零售业等。公司选用成套乳制品加工设备，奶粉经高温消毒，真空浓缩、喷雾干燥而成，质量稳定。同时，公司有完善的检测设备，配备了专门的质量检测人员，进入公司的鲜乳和调出公司的成品（奶粉）均得到了有效的控制，检验结果符合GB5410－1999的规定。通过国家出入境检验，检疫局颁发了出口食品生产企业卫生注册证。

昆明市乳品企业“十五”发展规划：组建公司加基地的企业集团，提高龙头企业实力带动和形成相关产业链的发展，使农民增收，地方税收增加，扶持加快奶牛饲养发展，投入基地建设和技改资金2 000万元。奶牛饲养量达到20 000头，鲜奶年产量达到4万吨，奶牛饲养加工产值1.5亿元，税利1 000万元，年出口创汇500万美元。

2. 基地建设 2001 年 5 月，第一个奶牛合作社在晋宁县新街乡孙家坝办事处成立；8 月份第二个合作社在晋宁县化乐乡月表村建成投产。以后，雪兰公司逐步建成了拥有奶牛 400～1 000 头的合作社 8 个，公司优质奶源得到了充分保证。同时，前进乳业与海子乳业也结合自己的特点建设了一批奶牛合作社。2003 年，前进乳业已建成了规模不等的大小合作社 12 个，海子乳业建成了 7 个。各个企业建设的奶牛合作社，基本上覆盖了昆明市 5 个郊县区奶牛饲养较集中的地区，激励了当地奶牛饲养业的发展。昆明市奶牛合作社的建设基本上有三种形式：①奶牛由各饲养户分散在家饲养，由企业扶持当地大户投资在合适的地方修建挤奶厅，由企业安装鱼骨式挤奶机和直冷式奶缸，派技术人员掌控设备和质量，用分流式计量仪计产量，牛奶直接进奶缸降温保存，由公司派奶罐车按时拉走，牛奶按质论价，第二月上旬结清奶款。②由企业扶持当地大户征地后建牛棚和挤奶厅，吸引符合条件的养牛户租牛棚养牛，奶牛各家自己饲养，自己采购精料，合作社统一购入青料、糟渣料及制作青贮，根据各户的需求提供给养牛户。③由企业扶持大户征地后，根据各加入合作社养牛户的牛群大小再划分土地，由养牛户自建牛舍和自己的住房，人牛同住一院，方便就近照顾。

随着乳制品消费市场的发展，奶牛合作社的建设必然在现有基础上有进一步的发展，并成为昆明市农业的一个重要的支柱产业。

（昆明市奶业协会 张 僖 徐 松）

【昆明市学生饮用奶计划实施情况】 2000 年 8 月，七部委关于实施国家“学生饮用奶计划”的通知颁发后，云南省和昆明市政府立即布置昆明市农场管理局及其所属的昆明雪兰牛奶有限责任公司按照国家学生饮用奶计划“实施方案”、“管理办法”及“定点生产企业申报认定暂行办法”的要求，并由市政府办公厅牵头，相应部门的领导参加，组成了“昆明市学生饮用奶计划协调小组”，下设办公室，由昆明市农场管理局局长负责。2002 年 2 月，公司获得“中国学生饮用奶定点生产企业”证书和标牌。

昆明雪兰牛奶有限责任公司是全省最大的液态奶制品生产企业，六个国营奶牛场饲养着 3 500 头中国荷斯坦奶牛，日产鲜奶近 35 吨，加上从农村奶牛饲养户收购的牛奶，日加工销售奶制品约 70 吨，是昆明乳品市场的主导品牌。

为了达到管理办法对学生饮用奶加工设备的要求，2001 年底雪兰公司引进瑞典利乐公司超高温灭菌奶生产线和全自动无菌灌装设备，试生产成功。公司按照“国家学生饮用奶管理办法”的规定，根据学童生长需要，专门设计了“雪兰”牌学生饮用奶配方。配方中调整了牛奶中乳清蛋白和酪蛋白的比例，强化了牛磺酸、VA、VD 和 VC，以及 Zn、Fe 等矿物质，并调出了草莓、桔子、香草、巧克力等口味以适应学童爱好。

雪兰公司还成立了学生饮用奶物流部，建立了严格的规章制度，保证牛奶能按时、安全的送给学校专门分管人员，使学生在课间能及时饮用。学生订奶自愿，随时可订，要让每个愿意喝奶的学生都能得到安全、营养、价廉、可口的学生饮用奶。

雪兰公司自 2002 年 3 月开始在部分学校试点供应学生饮用奶后，逐步扩大推广范围，到 2003 年 9 月已配送 98 所学校，日饮奶 39 700 人，月均销售 177.76 吨。到 2003 年底已达 140 所学校 52 000 人饮奶，月均销售 186 吨。目前，昆明市学生饮用奶日供应量已达 6 万盒以上。

（昆明市奶业协会 赵 青 张 僖）

贵 州 省

【概况】 2003 年，贵州省奶牛养殖业仍然保持强劲发展态势，全省存栏奶牛 2.66 万头（国有企业 0.59 万头占 22，民营养殖场及奶农户 2.07 万头占 78%），比 2002 年的 1.42 万头增长 87.3%，全年共生产鲜奶 33 772 吨，比 2002 年 25 272 吨增长 33.6%，乳制品产销 3.21 万吨，比 2002 年 2.73 万吨增长 17.58%。

中—欧奶类项目的成功实施为本省奶业发展总结出了“公司＋基地＋农户”的成功模式。依据这一模式，在省委、省政府大额资金的扶持下，陆续开展多种形式的奶源项目建设。其中，农业结构调整奶业项目：2002 年，在省牧草种子繁殖场和毕节地区畜禽品种改良站实施，各投入资金 100 万元；2003 年由省饲草饲料工作站、兴义市畜牧水产事业局、威宁高原草地试验站及玉屏县畜牧局实施，各投资 90 万元；2004 年在安顺市畜牧局实施，投资 120 万元，在钟山区畜牧局和凯里市畜牧水产局实施，各投资 200 万元。优质奶源基地县项目：2004 年，在铜仁市、威宁县、水城县、兴义市、花溪区、息烽县、都匀市、龙里县 8 地先期实施，计划总投资 1 223.3 万元，其中财政投资 835.2 万元。此后几年内将陆续实施优质奶源基地县建设项目，使其总数达到 30 个，每个基地县饲养优质乳牛不低于 1 000 头。

随着奶源项目的逐步展开，本省各地奶牛养殖积极性持续高涨，全省奶牛存栏量剧增，问题也随之显现。其一，由于相应的技术培训工作未能跟上，项目管理、疾病防治、人工授精、饲养管理等方面的熟练人才缺乏，致使生产效益达不到预期水平；其二，新项目区奶源量少，只能进行粗浅的乳制品加工，难于立足市场；其三，受省外大、中型乳品加工企业名目繁多的廉价乳制品冲击，本省主要的几家乳制品企业销售市场均不同程度萎缩，前景堪忧。

（贵州省奶类办公室 廖正录）

西藏自治区

【概况】 2003 年，西藏自治区认真贯彻全国农业工作会议及全区农牧业工作会议精神，奶业生产以国家实施西部大开发战略为契机，积极推进畜牧业结构调整，加强奶源基地和饲草料基地建设，加快畜种改良步伐，增加良种奶牛数量，提高奶牛单产量，着力发展乳制品加工、销售等一体的中小型企业，加快推进乳业健康、可持续发展进程。全区各类牲畜存栏 2 429.51 万头（只、匹），其中：牦牛 471.13 万头，黄牛 105.8 万头，山羊 554.14 万只，绵羊 1 137.2 万只，良种奶牛 5.75 万头，其中能繁母牛 2.68 万头，牛奶产量 20.4 万吨，比 2001 年增长 21.62%，人均占有牛奶量 78.16 千克。

全区目前仅有一条万吨保鲜奶生产线及酸奶生产线，建在西藏高原之宝牦牛有限公司。公司投资 4 000 多万元，引进了国际和国内一流乳品生产设备，通过 ISO9001 国际质量管理体系认证及 ISO4001 国际环境管理体系认证，是西藏自治区农牧业产业化龙头企业，被国家农业部定为农业产业化国家级重点龙头企业。公司在拉萨市当雄、达孜，日喀则地区江孜县等地建有奶站，并配有低温奶罐车，定时收运鲜奶。其设计日处理鲜奶能力为 45 吨。2003 年实际加工能力为 1 453 吨，产值为 1 547 万元。在品种改良方面，主要引进了乳肉兼用的西门塔尔及产奶量较高的黑白花奶牛对本地黄牛进行杂交改良。市场销售的本地奶制品主要以酥油、奶渣、液态奶为主。拉萨市鲜奶收购价为 2～3 元/千克。

具体做法：

1. 加大奶业生产科技含量 从区外引进高产优质、遗传性能强的种公牛冷冻液，提高牛群综合性能，提高奶牛单产量。同时拉萨市城关区采用奶牛胚胎移植技术进行良种快速扩繁，已取得显著效果。

2. 加大奶源基地建设 2003 年，全区共投资 189 万元，建立 78 个黄牛改良示范村，扶持养牛户 3 800 户，改良成活犊牛达到 3 万头左右，涌现出了 2 个饲养规模较大、养殖效益较好的奶源基地县——拉萨市城关区和山南隆孜县，两县现有存栏杂交奶牛头，养殖奶牛已成为当地致富的首选门路。

3. 饲草料基地建设 2003 年，国家投资 1 875 万元，在日土、普兰、革吉 3 县围栏草场 0.9 万公顷，人工种草 0.06 万公顷。贷款 400 万元在林周县建立饲草料基地 667 公顷，在曲水县建立 82.67 公顷饲草料基地。

4. 坚持农牧结合、种养加并举的道路 全区广泛开展了粮食和秸秆转化养畜、奶牛生产等工作，建立适度规模的养殖业基地、培植发展家庭养殖专业户，试点推进奶牛合作养殖等新的经营方式，大力发展以奶制品加工为主的畜产品加工业，积极推进产业化经营。公司加农户、基地连农户、中介组织牵农户等新的产业化经营模式开始在本区农牧业生产经营领域中涌现，“订单农业”已经起步，乳制品加工等展现出良好的发展势头。

5. 加大奶牛产业开发 2003 年，在拉萨市扶持养牛专业户 700 户，饲养改良奶牛 3 500 头，并配套建设牛棚及人工饲草料地 1 167 公顷。为推动特色产业发展，在昌都地区建立牦牛开发基地，选育良种奶牦牛 5 000 头，引进良种奶牛 50 头。

（西藏自治区农牧厅　曹仲华）

陕　西　省

【概况】2003 年，陕西省各级政府和农业部门认真贯彻落实省委、省政府《关于加快畜牧产业化建设的决定》，大力发展奶业，把发展奶业作为实现农民增收、农业增效，加快农村经济发展的重要措施和突破口，并以奶业为龙头全面发展区域经济。全省奶业呈现明显快速发展态势。其主要表现在：

1. 奶畜养殖实现超常规发展 2003 年，全省存栏奶牛 32.9 万头、奶山羊 180.2 万只，比 2002 年分别增长了 36%和 10.6%；奶类产量 107.1 万吨，其中牛奶 74.2 万吨，奶类总产较 2002 年增长 28.9%；人均占有鲜奶达 29.0 千克，比 2002 年增长 28.3%。奶类产量居全国第 4 位，人均占有量居全国第 9 位。

2. 规模化养殖蓬勃发展 根据奶业发展形势，在全省范围内，确立了 30 个奶牛基地县、10 个奶山羊基地县，积极发展规模经营。2003 年共建成奶畜养殖小区 216 个，机械化挤奶站 124 个，其中奶牛养殖小区 139 个，存栏 1.98 万头；奶山羊养殖小区 38 个，存栏 0.94 万只。全省有 14.5 万个奶牛饲养户，户均养奶牛 2.14 头，其中存栏 50 头以上的规模化奶牛户 163 户；有 78.7 万个奶山羊饲养户，户均养奶山羊 2.24 只，其中存栏 50 只以上的规模化养殖户 982 个。

3. 上海光明奶牛育种公司和西安开展合作 上海光明奶牛育种公司入住本省和原西安市奶牛繁育中心合作成立股份制形式的“西安光明荷斯坦奶牛育种有限公司”，进一步加强了本省奶牛育种工作。全省已有部分大中型奶牛场参加 DHI 测定。2003 年，全省奶牛头均年产奶量达到 3 257 千克，年产 10 吨的高产奶牛有 200 多头，西安农垦、宝鸡奶业公司、陇县和氏等奶牛场的年头均产奶量达到 7 500～8 500 千克，农村饲养的奶牛日产达到 25 千克以上的也非常普遍。

4. 开展奶牛档案管理工作 省农业厅决定在全省 30 个奶牛基地实施牛群档案管理工作，并于 2003 年 8 月下发了《关于实施奶牛档案管理工作的通知》265 号文件，具体任务是：全省奶牛必须进行个体登记，一牛一卡。2003 年，关中 6 市区对所辖区域内 37 个县区共 256 872 头奶牛进行了登记和建档案工作。这些牛的基础数据已全部输入省高产奶牛快速扩繁办公室的档案，作为今后牛群管理的基础资料。通过对全省牛群档案分析得知：泌乳牛占奶牛群总数的 41.0%；各市区泌乳牛占奶牛群总数的比例不尽相同。

5. 乳品行业出现可喜局面 银桥乳业集团走出国门，在埠外（新加坡）上市，显示出该集团不凡的实力。外省大型奶业企业集团入住我省，合作开发陕西省丰富的奶资源，如光明、伊利等国内著名乳品企业和本省企业联手开发乳产品，带动和促进了乳品加工业的发展。

【中加奶牛项目后续项目—牛群健康项目】 牛群健康项目是中加奶牛综合育种项目延续的一个新项目。目标是：提高兽医人员服务水平、改善动物福利、增强食品安全。陕西为项目重点示范点，加方派一名兽医与陕西进行长期合作。项目示范点选在杨凌农业职业技术学院、西北农林科技大学兽医院和凤翔县的郭店镇三岔村。2003 年的主要内容是：

1. 技术培训 一是项目点培训：2003 年加方兽医专家每月来陕西项目点一次，每次进行为期一周的培训。点上的培训：首先是对省级兽医管理人员和疾病诊断中心共 20 多人（次）培训 2 期，培训内容有：加拿大兽医防疫体系，实验室采样、送样和样品保存规则；其次是对凤翔县县、乡级和奶牛集中的村级兽医和养牛户进行培训，2003 年共举办培训 8 期，参加培训的兽医和养牛户共 1 000 多人（次）。再次是对未来兽医的培训，对在杨凌农业职业技术学院、西北农林科技大学兽医学院和仪址农校在校本科和专科的兽医学生进行了 7 期培训，受训学生 1 000 多人（次）。二是示范点以外培训：除示范点外，加方专家还先后去耀县、富平、临潼以及省内一些大牛场进行巡回培训，共培训养牛户和牛场兽医、技术人员 800 多人（次）。内容以讲解疾病预防知识为主。

2. 编写技术资料 编写《奶牛疾病防制知识》手册，作为培训教材，同时制作了挤奶程序张贴画，发放到养牛小区和奶牛饲养集中的乡镇，指导农户正确挤奶，预防乳房炎发生。

（陕西省畜牧兽医总站　邱昌功）

甘 肃 省

【概况】 2003 年，甘肃省把发展奶业作为调整畜牧业生产结构、增加农民收入的重点产业，通过政策倾斜、资金扶持、项目带动等多种形式，奶业得到了快速发展。

1. 奶业生产现状 2003 年，全省奶类产量 22.56 万吨，比 2002 年增长 30.71%，其中牛奶产量 22.18 万吨，羊奶产量 0.38 万吨；奶牛数量达到 5.7 万头，其中成母牛 4 万头；存栏牦牛 103.74 万头，占全省养牛总量的近 1/3，占全国牦牛数量的 18%左右；有规模以上乳制品饮料企业 46 家，年生产乳制品饮料 10.54 万吨，其中乳制品 5.94 万吨，乳饮料 4.6 万吨，完成工业生产值 5.1 亿元，并涌现出如好为尔、庄园、雪顿、娃哈哈、黄河源等重点乳制品饮料企业，具有一定市场影响力，全省乳品加工企业日处理设计能力为 693 吨。

2. 胚胎工程项目 1999 年 6 月，由原甘肃省畜牧局与内蒙古自治区家畜改良站联系，从内蒙古自治区家畜改良站购进从加拿大进口牛胚胎 300 枚，并由内蒙古自治区家畜改良站为本省平凉、崇信、灵台等县移植 232 枚，平均受胎率为 40%。其余 68 枚由甘肃省家畜繁育中心为崇信、康乐、永昌、金昌、武威、宁县等地进行了移植，移植受胎率在 33%～40%之间。9 月，原甘肃省畜牧局与内蒙古自治区家畜改良站再次联系，购进加拿大胚胎 35 枚，品种分别为红安格斯 8 枚、皮埃蒙特 7 枚、夏洛莱 6 枚，西门塔尔 14 枚。由内蒙古自治区家畜改良站和甘肃省家畜繁育中心技术人员共同实施了移植工作，结果受胎 16 头。2002 年 10 月，经国家农业部和国家质量监督检验检疫局批准，从加拿大 IND Lifech Embryo Collection Centert 和 CLINQUE VETERINAIRE ST－Louis－EMBRYOBEC 分别进口荷斯坦牛胚胎 400 枚和 200 枚。同年 11 月，酒泉市大兴公司将进口的 600 枚胚胎全部移植到当地母牛体内，2003 年 9 月产犊 216 头。

目前，省内有省家畜繁育中心、兰州凯悦、兰州好为尔、永昌肉羊场、清水县畜牧局、酒泉市等单位已开展胚胎生产和移植工作。酒泉、武威、平凉、天水、临夏等市已开展胚胎移植示范工作。

3. 奶牛养殖小区 2003 年，全省共有奶牛养殖小区 135 个，平均一个小区入驻农户 15～30 户，规模在 300～1 500 头牛不等。

酒泉市肃州区西峰乡苜场沟千头奶牛养殖示范小区，是肃州区西峰乡政府抓住新城区玉门石油管理局生活基地建设开发征用土地、对农户进行搬迁补偿的机遇，利用苜场沟村以南闲置的石滩空地，投资共 700 万元，采取乡、村统一规划建设基础设施、农户筹资建设住宅及牛舍、区畜牧技术服务中心提供技术指导的方式，共同规划建设的一座集搬迁农户安置、奶牛养殖和小康住宅示范等为一体的多功能综合示范小区。

酒泉市肃州区泉湖乡营门村九组奶牛养殖示范小区是本区重点建设的一个人畜分离的高标准奶牛养殖示范小区。小区总投资 1 500 万元，计划利用 3 年时间建成一个吸纳奶牛养殖户 50 户以上，存栏奶牛 1 000 头以上，年产鲜奶 3 500 吨，实现纯收入 300 万元的规模养殖示范小区。

【肃州区泉湖乡营门村九组奶牛养殖示范小区】 泉湖乡营门村九组奶牛养殖示范小区位于酒泉城区东郊，是肃州区重点建设的一个人畜分离的高标准奶牛养殖示范小区。小区目前共投资 1 180 万元，有 30 户奶牛养殖专业户在示范小区内修建了高标准圈舍，养殖奶牛 618 头，户均达到 20 头；鲜奶产量达到 2 000 吨，实现收入 300 万元；带动全乡建成了 5 000 头奶牛养殖基地，占到全区奶牛存栏量的 22.7%，成为全区规模最大的奶牛基地乡。

几年来，小区始终坚持“规划科学化，建设标准化，养殖规模化，服务一体化”的原则，按照“统一规划，统一标准，统一建设”的要求，投资 560 万元，建成标准化奶牛舍 30 栋，新打机井 1 眼，修建水塔 1 座，疏通了小区内的供排水设施，配套建设高标准挤奶站 1 座和兽医门诊、冻配改良站等服务设施，架设高低压输电线路各一条；加大宣传培训力度，增强科技意识，引导农户应用科学规范化养殖奶牛。区畜牧中心还在示范小区内推广了奶牛高产配套技术、饲草加工调制技术、冻配改良、胚胎移植等多项技术；兴建了奶牛养殖技术服务站，实行统一防疫灭病，统一饲料供应，统一品种繁育，统一上门服务，并投资40万元新建了一座能同时容纳20头奶牛挤奶的高标准机械化挤奶站，集中挤奶，统一售奶结算。通过引导和政策扶持，养殖规模和效益得到了稳步提高。

【肃州区西峰乡苜场沟千头奶牛养殖示范小区】西峰乡苜场沟千头奶牛养殖示范小区，是本区西峰乡政府抓住酒泉市新城区扩建、玉门石油管理局生活基地建设开发征用土地、对农户进行搬迁补偿的机遇，利用苜场沟村以南闲置的石滩空地，采取乡、村统一规划建设基础设施、农户筹资建设住宅及牛舍、区畜牧技术服务中心提供技术指导的方式，共同规划建设的一座集搬迁农户安置、奶牛养殖和小康住宅示范等为一体的多功能综合示范小区。

从2001年开始，小区充分发挥西峰乡的城郊优势，跳出种植抓养殖，大力发展奶牛产业，请专家规划设计了一座占地6.67公顷的千头奶牛养殖小区，确立了区、乡、村三级政府投资建设小区、农户投资修圈养牛的经营机制，先后投入资金700万元用基础设施建设，修建了水塔及供水管道，完成了农网改造工程和养殖小区内外道路建设、绿化带、隔离带建设，实现了小区“三通”（水、电、路）、“四化”（道路硬化、绿化、美化、亮化）；出台了一系列扶持奖励政策，对群众调引奶牛协调贷款并补贴贷款利息，每调引一头高产奶牛，奖励200元，对群众修建圈舍还补助水泥等建筑材料；按照统一规划、统一标准、统一建设的原则，修建了42座高标准住宅及牛舍，群众还自发投资300多万元，从新疆、陕西等地调引优质高产奶牛400多头，使小区养殖规模迅速扩大，奶牛存栏达到530头，其中仅产奶牛就达到410头，日产奶达到5.4吨；采用“四统一分”（即：统一技术服务、统一防疫灭病、统一饲料供应、统一交售鲜奶、分户管理）的管理机制，确保了小区内从事奶牛养殖的农户得到了满意的服务；定期邀请技术人员对奶农进行科技培训，帮助奶农提高饲养管理水平，并统一优惠供应饲料和提供配种服务，免费提供防疫服务。

西峰乡苜场沟示范小区的建设，对玉门石油管理局生活基地建设区域内的搬迁农户进行了妥善安置，为搬迁农户发展生产、增收致富创出了一条新路子，推动了西峰乡奶牛产业的快速发展，“要想富，养奶牛”已经成为群众的自发选择。

（甘肃省农牧厅　万占全）

青海省

【概况】青海省奶业发展历史悠久，广大农牧民自古就有饲养奶牛的习惯。同时，奶业也是青海省畜牧业的一个重要组成部分。新中国成立以来，随着荷斯坦牛的引进和推广，奶牛养殖无论在奶牛饲养、品种改良，还是在乳品加工销售方面都有了较快的发展，为广大消费者提供了安全、营养的保健食品，满足了市场的供应。但由于奶牛养殖基础薄弱、起点低，其在畜牧业中又是一个发展相对滞后的产业。

（一）奶牛饲养及分布情况

2003年，全省共存栏牛405.95万头，其中良种奶牛及其改良牛存栏17.09万头，占全省牛存栏的4.21%。与2000年相比，良种奶牛及其改良中增加3.39万头，增长25%。从地域分布看，良种奶牛及其改良牛主要集中在以湟水河谷地为中心的东部农业区的1市7县中，包括海东地区的民和、乐都、平安、互助4县和西宁市郊及大通、湟中，湟源3县，这一地域共存栏良种奶牛及其改良牛12.32万头，占全省良种奶牛及其改良牛存栏的72.09%。2003年全省牛奶产量为22.14万吨，占奶类总产的94.17%，其中上述1市7县牛奶产量为7.89万吨，占全省牛奶产量的35.64%。

（二）奶牛发展中存在的主要问题

1. 高产奶牛数量少，良种奶牛及改良牛数量增长仍较缓慢　青海省从20世纪50年代就已开展了黄牛的改良工作，但因资金、农牧民观念、市场需求等因素影响，良种奶牛及改良牛增长缓慢，高产奶牛数量较少。目前，全省仅有纯种荷斯坦奶牛2.1万头，占良种奶牛及改良牛存栏的12.29%；存栏产奶性能较高的高代杂种牛3.67万头，占良种奶牛及改良牛存栏的21.47%；其余11.32万头全为生产性能相对较低的杂种牛，占良种奶牛及改良牛存栏的66.24%。

2. 严重缺少用于冻精生产的高产种公牛　青海省虽有较健全的奶牛改良体系，但全省奶牛改良的龙头单位——青海省种畜冷冻精液站，目前饲养的可供采精生产细管冻精的种公牛偏少，且由于使用期较长，生产的冻精在全省推广后已开始出现近交现象。为避免近交衰败，满足改良需求，现每年需从省外购置大量奶牛细管冻精，不利于奶牛业健康发展。

3. 奶牛饲养水平低，发展不平衡　青海省奶牛饲养以千家万户的小规模饲养为主，标准化饲养管理，牛群选种选配技术应用困难，使奶牛生产性能提高速度较慢，生产潜力得不到充分发挥。目前奶牛场及部分饲养户能应用配合饲料、冷冻精液配种等技术，但大多数农民仍以传统的饲养方式为主，先进技术应用较少。

4. 奶牛业投入不足　由于青海省财力有限，奶牛业投入长期不足，不能满足发展奶牛业高投入、高产出的要求。

5. 乳品加工企业少，市场占有率低　目前，全省乳品加工企业有20余家，但规模小而分散，常年进行乳品加工厂只有2家，且乳制品开发工作滞后，生产的乳制品品种少，市场占有率低，不能有效地带动奶牛业发展。

（三）今后奶业发展思路及打算

1. 发展思路 以"畜牧业增效、农牧民增收"为指导方针，根据市场经济的需求，坚持因地制宜、分类指导的原则，紧紧围绕提高奶牛个体生产性能和整体经济效益的目标，健全良种牛繁育体系和改良推广服务体系，建立良种奶牛产业带。采取近期打基础，中期抓开发，最终产业化的战略步骤，推动全省奶业生产向高产、优质、高效发展。

2. 产业布局 重点建立以西宁市为中心，沿109国道、305国道半径在10公里范围内，包括西宁市郊及所辖各县城镇郊区，海东的民和、乐都、平安、互助4县城镇郊区以及国道所经过的所有乡镇的川水地区在内的奶牛产业带。

3. 今后打算

（1）积极实施成批从国外引进良种奶牛项目 今后5年，每年从国外（新西兰、澳大利亚或欧洲国家）成批引进15～18月龄的荷斯坦母牛1 000～1 500头，根据奶牛产业带布局，每年选择西宁、海东的1～2个县集中投放，建设一批良种奶牛养殖村、养殖小区。这样，在5年内可新增高产奶牛1万头以上，形成年新增牛奶4万～5万吨的规模，年新增产值可达1亿元以上，不但能迅速提高奶牛质量，尽快形成和扩大生产能力，便于开展纯种扩繁和育种工作，也可有效地促进饲草料业、乳品精加工企业的发展，使乳品真正成为青海省优势产业。

（2）建立健全良种繁育体系 由于我省严重缺少高产种公牛，不但不利于纯种牛的纯种繁衍和培育，而且直接影响奶牛改良效果，使已取得的改良成果萎缩。因此，必须引进一批高产种公牛来替代现有的种牛，满足育种和改良需要，通过导入新鲜血液，提高奶牛个体产奶量和改良效果。

（3）通过打好养殖基础、建立好奶源基地方式，吸引有实力的乳制品加工单位入驻本省，利用其资金、技术、管理，市场优势，建立市场竞争力强的乳制品加工龙头企业，带动全省奶牛业发展，形成产业化发展模式。

宁夏回族自治区

【概况】宁夏回族自治区奶产业经历了近30年的发展，形成了以个体奶牛养殖户为主体，国有奶牛场、民营规模奶牛场及个体奶牛养殖户共同发展的格局。2003年，宁夏自治区存栏荷斯坦牛12.9万头（其中成母牛79 883头，占存栏总数的61.9%），鲜奶总产量38.6万吨（其中商品奶37.8万吨，商品率97.9%）。奶牛存栏总数和产奶量分别比2002年增长22.9%和12.5%。成母牛年均单产5 443千克，比2002年提高3.1%，达历史最高水平。人均鲜奶占有量66.52千克，较2002年增长11.1%。个体奶牛户达21 956户，存栏奶牛110 923头，产奶31.67万吨，存栏数和产奶量分别占全区总量的85.2%和82%。共贮存青贮饲料636 223吨，其中全株玉米青贮357 343吨，成母牛头均占有4 888千克，比2002年略有下降。年内配种数71 848头，受配率88.7%，冷配冻精总用量约15万支，头均2.1支，产成活犊牛数60 783头，繁殖成活率81%，与2002年相比均有不同程度的增加。共有乳品加工企业27家，日处理鲜奶能力1 091.6吨，全年生产各种奶粉16 091吨，比2002年增长12.1%。液态奶产量达10.12万吨，较2002年增长52%。奶产业已成为宁夏的优势特色支柱产业，2003年12月8日，"牛奶优势区域布局及发展规划"已被列为《宁夏优势特色农产品区域布局及发展规划》四大战略性优势特色主导农产品发展规划之一。

1. 奶牛规模养殖户大量涌现 2003年，宁夏奶牛存栏50头以上的规模养殖户达到69户，存栏奶牛19 187头，占全区奶牛存栏总数的14.74%；存栏100头以上的达到60户，存栏300头以上的达到22户，最多的达到1 200多头。

2. 奶牛群体品质显著提高 2003年以来，为了满足广大奶牛养殖户购买优质荷斯坦牛的急切需求和加快全区奶牛的血液更新，宁夏畜牧站、宁夏奶业协会与银川市兴庆区、金凤区密切配合，有计划地组织实施了从澳大利亚分批引进良种荷斯坦牛4 000头的工作。"奶牛品种改良项目"进展顺利，近两年已先后引进国内外优质冻精26.7万支，冷配改良奶牛12.3万头，进一步促进了本区奶牛群体品质的提高和结构的优化。各地引进推广了多项新技术，先后开展了奶牛登记建档、奶牛计算机管理、高产奶牛选育和核心母牛群筛选、奶牛线性鉴定和DHI测定等项工作，推广了配合饲料、秸秆青贮、微贮、酶贮等饲料加工调制和饲喂技术。这些工作的开展，有效地提高了全自治区奶牛生产水平，使全区成母牛年均单产达到5 443千克，创下了历史最高记录。

3. 奶牛养殖小区建设日趋完善 在养殖小区建设中，各级政府和有关部门从资金、技术等方面向奶牛养殖小区（园区）倾斜，投资采取政府、乳品加工企业和个人共同筹资，以个人投入为主，政府适当补助，乳品加工企业帮助配套挤奶设备，有力地促进了牛群饲养管理技术水平、奶源质量和经济效益的提高，加快了全区奶牛业发展的步伐。2003年，全区已建成各类奶牛养殖小区（园区）113个，存栏奶牛28 040头，占全区总数的21.54%。

4. 乳制品的消费量大幅度增长 近年来，随着人民群众生活水平的不断提高，以及在行业协会、各地乳品企业及畜牧技术人员的大力宣传引导下，人们健康保健意识逐渐增强，对奶乳制品的消费需求空前高涨，在乳制品的消费量和乳制品消费支出上都有大幅度提高。据乳品企业调查，每年自治区乳制品消费增幅保持在15%～20%。

5. 奶源基地持续稳定发展 目前，宁夏已形成了以吴忠和银川市两个相对集中的奶牛带。吴忠市利通区尤为突出，利通区政府以建设“中国西部乳都”为目标，在不断增加奶牛存栏数的同时，加强了规模化奶牛养殖园区建设，园区内品种改良、饲养管理、饲草料供应、疫病防治等技术和管理措施日趋配套完善。2003年，利通区奶牛存栏达5.1万头，年产鲜奶16.2万吨，分别占全区的39.2%和42%；奶牛饲养户13 011户，均比2002年有较大幅度增长。

6. 奶源争夺日趋激烈　近几年，宁夏奶产业的快速发展已引起区外蒙牛、伊利、完达山等知名乳品加工企业的高度重视，特别是作为近邻的蒙牛公司，从2002年下半年开始进入宁夏。在收奶点、养殖园区建设等方面采取了一些具体措施，并把宁夏列入其磴口县乳品加工厂的主要原料来源和生产基地。因此，在以吴忠市利通区、银川市兴庆区、金凤区、灵武市等几个奶牛养殖相对集中的地区的奶源争夺、牛奶收购价格大战日渐激烈。区内知名企业如夏进、维维北塔以及部分小型加工企业也加入其中。同时，各个企业竞相提高奶价、实行以质论价的收购措施，一方面增加了农户的养殖收入，提高了养殖积极性，推动了奶产业的发展，另一方面也对鲜奶品质提出了更高的要求，从而促进了农户的饲养管理水平的提高。

（宁夏奶业协会　罗晓瑜　温　万　脱征军　洪　龙）

新疆维吾尔自治区

【概况】2003年，全区为贯彻落实自治区党委、人民政府关于农业经济结构以畜牧业为中心进行战略性调整的方针，以国内市场变化为导向，以增加农牧民收入为中心，农业结构的调整紧紧围绕畜牧业展开，使自治区由农业向畜牧业强区转变，奶业出现良好的发展势头。

2003年，全自治区奶牛存栏达到172.43万头，牛奶产量113万吨，羊奶产量6.2万吨，奶牛存栏比上年增长20.1%，其中增长最快的是博州，增幅达到116.4%；牛奶总产增长19.12%，其中增长最多的是乌鲁木齐，增幅达到128.8%。2003年，自治区奶业发展达到了新中国成立以来的最高时期。

2003年是自治区乳品加工企业投资最多、资产重组最多的一年。德隆畜牧投资1.2亿元的兵地天元石河子分公司的奶粉生产线正式投产，该企业的生产线均为利乐和丹麦尼鲁公司的生产，技术含量达到了国际先进水平，处于全国领先地位；德隆畜牧的玛纳斯乳品厂、伊犁奶粉厂分别投产，年加工能力近1 000吨，实际日加工鲜奶200吨以上。金牛生物股份有限公司投资的盖瑞乳业当年投产产量达到60吨/日，同时与沙湾县供销社合资建设了沙湾金牛乳业有限公司，与新疆伊犁特公司合资建立了新疆伊犁特金牛乳有限公司，全年加工能力可达800吨/日，基本上完成了自治区奶业的产业布局。另外，2003年，新疆的奶业企业也是效益最好的一年。麦趣尔集团的综合（含糕点、冰淇淋、西饼、牛奶等）利润在5 000万元以上，西域春乳业的年利润达到了1 500万元，仅进入乳业一年的瑞源乳业年利润也达到了360万元。麦趣尔乳业、德隆畜牧也对开发关内乳品销售市场做了初步的尝试。

（新疆维吾尔自治区奶业办公室　高庆超）

乌鲁木齐市

【概况】乌鲁木齐市现有大小奶制品加工企业约16家，鲜奶日加工生产能力约为230吨左右。其中，具有较好生产设备和条件、日处理鲜奶能力达60吨以上的奶制品加工企业有兵地天元乳业和盖瑞乳业2家；日处理鲜奶能力10～30吨以上的有新绿洲乳业、乌市昌盛养殖乳品有限公司、华联乳业、恒保乳业4家；其余较小规模的有11家。2004年，盖瑞乳业将在乌鲁木齐县六十户、沙湾县新建2个日处理鲜奶能力分别为100吨和60吨的乳制品加工厂，建成达产后可新增生产能力160吨/日。目前，全市乳品加工企业实际日处理鲜奶85吨左右，占生产设计能力的36.9%。此外，德隆天山乳业、麦趣尔、西域春乳业是外地州进入本市的3个重要乳制品加工企业，日处理鲜奶能力达400吨，目前实际日处理鲜奶225吨，约有85%的奶制品已进入市场。这三家企业目前还在进行加工设施的改扩建工程，待二期工程建设完成后，可新增生产能力1 250吨。

根据《新疆维吾尔自治区奶业条例》和相关的标准，目前，乌鲁木齐市设施先进、完善，在市场竞争中具有较强技术优势的企业有：新疆金牛盖瑞乳业、兵地天元乳业、天润牛初乳生物制品有限公司等。金牛公司现有良种奶牛近6 000头，兵地天元65%的奶源来自农垦团场。目前这些企业的产品占本市乳制品市场份额的37%左右。设施条件具备，生产规模居中的企业有：新绿洲、乌市金飞公司、昌盛养殖乳品有限公司、军区后勤联勤部牛奶场、华联乳业等。设施简陋，生产条件还需改善的企业有4家，均为个体私营作坊式的奶制品加工企业，其生产环境和包装物管理均不符合要求，奶源从农户手中收购，日加工量不大，主要分散在本市奶牛养殖较为集中的地区和城乡接合部，加工袋装奶和酸奶并销售一部分散装奶，产品质量无保证，对本市的奶制品质量安全造成了一定的隐患。

《自治区奶业条例》颁布实施已近一年，本市按照自治区的要求，进一步加大了对《条例》的贯彻实施力度，在全市范围内实施了奶牛两病检疫防疫和《奶牛健康证》发放工作，为确保奶源健康创造了有利条件。但是，仍存在以下问题：①企业在收购过程中不能严格按照《条例》的规定，要求农户提供相应的奶牛健康证明，不仅奶源的健康无法保证，而且，对《奶牛健康证》的发放工作造成了一定影响。②对奶制品的质量安全还没有较强硬的监督检验手段，难以实现对奶制品从奶源基地到市场销售各环节实施有效的监督和管理，奶制品质量安全体系尚不健全。③对散装奶的销售没有硬性规定，难以实施有效的监督和管理，散装奶的卫生质量问题堪忧。④奶制品生产出现一种激烈、无序的竞争现象。重复建设多，且设施条件差距较大，而能在市场发挥主导作用、利润空间较大的奶制品不多，产品市场竞争力不强，加之外地乳品纷纷进入本地市场，市场管理不够规范，价格战日趋激烈，出现无序竞争局面，对奶业的健康发展造成较大影响。

今后，乌鲁木齐市将进一步加大奶业行政执法力度，规范管理，使本市的奶制品加工业能够按照市场经济的运行规律，健康、有序、稳步发展；不断提高执法管理水平、规范行政执法的基础上，继续加强奶业执法监督与检查，采取有效措施，加大《动物防疫法》、《自治区奶业条例》等法律法规的宣传力度，使广大生产经营者和消费者知法懂法，自觉维护消费者权益；加强各部门之间的协调和配合，并与周边农牧行政主管部门积极沟通、协作，对本市奶制品的质量安全管理形成齐抓共管之势，确保消费者吃上“安全奶”；打破地域界限，加快奶源基地建设；树立品牌意识，实施优质名牌战略，逐步提高产品质量，把奶业发展作为振兴畜牧业、增加农牧民收入的一个朝阳产业来抓，研究和制定鼓励发展高品质、高技术含量奶制品生产企业和奶牛养殖示范区的优惠政策，突出扶优扶强，把本市奶制品加工业逐步发展成为带动自治区畜产业发展的龙头；充分发挥乌鲁木齐市奶业协会在科技培训、新技术推广、产业信息交流以及行业内部自律等方面的桥梁和纽带作用。通过专业座谈会、信息与技术交流等形式，加强企业之间的联系与协作以及信息技术的沟通，并在企业内部建立和形成能够共同遵守的行业自律制约机制，规避无序和自残式竞争，有效控制和提高企业利润空间，为本市奶业的健康、稳步发展创造有利条件。积极开展科技培训、新技术、新产品展示等活动，提高奶业生产经营水平和从业人员的技术素质，逐步改变专业人才与奶业发展不相协调的局面。充分整合现有生产加工设施资源，加强企业间合作，做到优势互补，互惠互利，共谋发展。规范企业广告宣传，引导合法、有序竞争，宣传和建立良好的职业经营道德，为奶业的高速发展奠定坚实的基础。

（乌鲁木齐市农牧局副食水产处　丁维华）

地方领导论奶业

开拓服务领域　促进奶业发展

内蒙古自治区农牧业厅副厅长
内蒙古自治区奶业协会会长　赵存发

内蒙古自治区是我们国家重要的畜牧业基地，畜牧业是我们自治区的基础产业，也是优势产业。特别是乳业，在自治区党委和政府的正确领导下，认真落实党的一系列方针政策，经过广大科技人员和农牧民群众的共同努力，在龙头企业带动下，经过20多个春秋的不懈努力，自治区的奶业发展迈上了一个新台阶。而且，打造出伊利、蒙牛两大龙头企业，为自治区奶业的进一步发展打下了坚实的基础。

（一）发展奶业取得的成效

1. 奶牛头数、鲜奶产量逐年增加　党的十一届三中全会以来，由于认真落实了党的一系列方针政策，20世纪80年代初在发展奶牛业上明确了国营、集体、个人一齐上，以户养为主的方针，进一步实行了"以奶换料"、划给饲料地、调整奶价等项政策，并广泛推广了冷冻精液配种，科学饲养技术等项措施，对奶牛业的发展起了巨大的推动作用。1980年自治区奶牛头数只有127千头，产奶67千吨，2003年，奶牛存栏1 445千头，比上年增长46.8；牛奶产量3 080千吨，比上年增长86.4%，2003年自治区鲜奶加工能力超过200万吨，自治区乳制品产量达104千吨，液态奶产量达1 608.1千吨。

2. 奶源基地建设成绩斐然　2000年初，在协会的创意下，由畜牧、兽医、草原、科研等共同组成的专家组会同地方政府，在土默特左旗赤老乡两个自然村建立了奶牛养殖小区，取得良好的效果。目前，这一模式在自治区乃至全国得到广推。自治区共建成的百户千头奶牛示范小区共有8个，农户饲养成规模由几头发展到10头以上，8个小区饲养奶牛共计近2万头。年产鲜奶近10万吨。在伊利、蒙牛等龙头企业的有力带动下，奶源基地王向规模化方向发展。呼和浩特饲养奶牛千头以上的乡（镇）有38个，截至2002年底，自治区饲养万头奶牛以上的旗县有25个，年产万吨鲜奶的旗县18个。

3. 各级政府高度重视乳业发展　"九五"以来，自治区党委，政府把畜牧业作为第一支柱产业，制定了一系列加快发展农畜牧产品加工业的政策措施，加大了指导力度。2000年5月，自治区党、政府联合下发了《关于加快自治区奶业发展的意见》，提出要加快乳业发展，把乳业培育为自治区新的经济增长点。同时为了更好适应发展奶业新的形势，提出了把原奶牛协会和乳品工业协会合并成立内蒙古自治区奶业协会。为自治区今后奶业的发展奠定了基础。使这一产业，在产前、产中、产后，服务更趋合理，生产、加工、销售更加完善。减少中间环节，部门分割，强化了协会的职能，真正起到了协会的桥梁、纽带作用。自治区各地区、各部门也围绕乳业发展，相继出台了一系列优惠政策和发展措施，自治区各级政府，把发展奶业作为当地的一项富民工程、民心工程、政绩工程来对待，各级领导班子，把发展奶牛头数，提高牛奶产量，作为考核该地区、该部门工作实绩的一项主要内容，列入考核范围。

4. 龙头企业是拉动奶业快速发展的根本保证　内蒙古奶业的大发展，得益龙头企业的带动，可以说：没有伊利、蒙牛，就没有今天内蒙古蓬勃发展的奶业，是两大龙头企业使内蒙古的奶业有了突飞猛进的发展。2003年，蒙牛产值突破45亿元，伊利突破50亿元大关，成为中国乳品行业新的龙头老大。由于龙头企业的带动，乳业发展促进了农牧民收入的增加。2002年统计，内蒙古养奶牛户人均能收入达5 160元，是自治区农民人均纯收入1 973元的2.6倍；集中饲养户收入更高，达到17 430元，是自治区农民人均纯收入的8.8倍。目前，伊利、蒙牛两大公司鲜奶的加工能力达1 800吨，带动了18万农牧民脱贫致富，人均增收1 000元左右。

（二）奶业发展中存在的主要问题

1. 奶牛牛源不足，良繁体系不健全　全自治区奶牛的主要品种是中国荷斯坦奶牛和三河牛、西门塔尔牛、科尔沁牛等乳肉兼用牛，其中荷斯坦奶牛存栏约40万头，主要分布于呼和浩特市、包头市、乌海市和盟市所在地的郊区。荷斯坦牛产奶在5吨左右，单产在10吨的高产牛只有约千头左右；三河牛存栏约20万头，主要分布于呼伦贝尔盟，放牧条件下单产1吨左右，加补饲单产达3吨以上，西门塔尔牛，科尔沁牛存栏约40万头，主要分布于通辽市。个体单产，西门塔尔牛为3.5吨左右，科尔沁牛单产2吨左右。以往自治区奶牛主要靠自繁。20 世纪 80 年代以来，开始从国外进口奶牛，由于牛源紧张，基础母牛少，尤其是高产奶牛较少。虽然近年来奶牛受配率在 90%以上，受胎率在 82%以上，大面积开展胚胎移植，大批量从国外进口奶牛，但仍然满足不了群众对奶牛的需要。有些地区的农牧民四处奔走，往返徒劳买不到牛，更买不到好牛。有些农牧民由于不懂奶牛知识，上当受骗时有发生，花高价买回来淘汰牛、病牛，甚至是假奶牛。1995 年，一头奶牛只卖 3 000～5 000 元，现在增至 12 000～15 000 元，进口牛价更是高达 18 000～20 000 元，牛价增长了 3～4 倍。据呼和浩特市当地农民自己估算，买一头 20 000 元的进口奶牛，在正常情况下一年收入 3 000 元左右。需要 7 年时间才能收回成本。如果有意外情况如：不产犊，产公犊或产奶少，就无利可图，连成本都难以收回更不用说致富。如果一户农民买两头奶牛回家，一头挣钱，一头赔钱，也是只能持平。过高的牛价，给奶农背上了沉重的负担。也给不法投机商增加捞钱的机会。致使奶牛也走入了其他畜种曾经炒种的老路。阻碍了奶牛业的健康发展，挫伤了奶农的养牛积极性。更可怕的是：把奶牛这样买来卖去，不是奶牛增殖，而是奶牛搬家，并且造成疫病的大流行。此外，奶牛资源及其分布和品种不清楚，良种奶牛尚未建立系谱档案。良种繁育体系建设和服务体系体建设不完善。

2. 奶牛经营粗放，经济效益不显著 饲养奶牛是一项对科学技术要求很强的产业。目前全自治区饲养奶牛的效益不仅与国内外先进国家和地区比较差距很大，而且在自治区不同地区也有差别。即使是场与场，户与户，牛与牛之间也很悬殊。有的场、户平均单产在 6 吨以上，有的在 5 吨以上，有的不到 4 吨。这种差距的原因是多方面的，如某些场的牛品质较低，遗传基础较差，但是大部分的问题是：对放牧、喂养、给水、配种、育犊、挤奶、防疫等缺乏科学方法，致使牛群良种化程度低，生产性能不能充分发挥，使得经济效益不显著，甚至某些场造成经营性亏损。

此外，由于牛源紧缺，在繁殖上实行见母就留，繁殖有传染病的牛，特别是群众买牛心切，有的明知是病牛也买，加之检疫手段落后，检疫不严格，对病牛不烙印，不隔离，混群饲养，扩大了感染，严重危害奶牛业的发展。

3. 重复建厂争奶源，工业布局不合理 内蒙古乳品加工业已有 50 多年的历史，目前，自治区已形成"伊利"、"蒙牛"两家大企业为主，"牛妈妈"、"小丽花"等地方小企业为补充的乳品产业体系。自治区 56 家乳制品企业中有 3 家大型企业，13 家中型企业，40 家小型企业。小型企业的处理鲜奶能力在 50 吨以下，有的不足 10 吨，由于加工规模小，质量没有保证，效率低下，勉强运转。自治区原有的一些乳品加工厂普遍存在奶源缺乏的问题，大部厂家每年生产不足半年，设备利用率只有 50%，最高的也不超过 80%，造成这种现象的原因主要是这些厂本身没有建立奶源基地。

近年来，一些地方在原有大乳品厂的奶源区内重新建立加工厂，由于技术和经营管理差，产品销路不畅，同时又跟大厂争夺奶源。致使牛奶的质量无法保证，细菌数量偏高，杂质较多，这些问题如不及时妥善处理，将影响乳品工业和奶业的正常发展。

4. 专业化组织程度低，社会化服务体系不完善 目前，自治区奶牛仍然以农户分散养殖为主，占养殖总量的 80%以上，户均饲养规模为 3～7 头，生产方式落后，技术与管理水平低，抵御各种风险不强。现在，奶源基地和乳品加工企业之间，还没有真正建立起风险共担，利益共享的有机完整的产业化链条，企业的组织化程度和产业化程度低是我国乳品企业发展的一个薄弱环节。目前，奶牛饲养业采取的主要模式以一家一户的分散饲养，集中挤奶为主，多数地方做不到这一模式，还是过去的老办法。在奶源基地多数采用了"公司＋农户"方式，现在正逐渐发展成为"公司＋奶站＋农户"的方式，以农民投资为主，然而作为投资主体农民拿不出多少自有资金，信用等级低，在很大程度上限制了奶牛头数的发展。尽管有些地方采取了"政府贴息，银行贷款、农民买牛，以奶还贷"的方法发展奶牛业，但实施范围有限，不足以支撑整个乳品加工业。

（三）发展奶业采取的几项措施

1. 继续坚持全面发展的方针，进一步完善有关政策 继续贯彻落实中央和自治区有关发展畜牧业的方针、政策，奶业应继续坚持全面发展的方针。今后以户养为主发展奶业的方向，应逐步推广扩大养殖小区实施范围，使这一养牛模式不断完善。逐步实现专业化生产，社会化服务的奶业生产结构。应从调整农村经济结构，增加农民收入和全面建设小康社会的战略高度出发，把奶业做大做强。同时要以奶牛良种改良为基础。大力提高奶牛单产和饲养规模；要以产业经营为纽带，促进奶产品加工业健康发展。加强奶牛疫病控制，进一步完善鲜奶质量检测体系，大力提高奶产品质量安全水平。推广带动"学生饮用奶计划"的实施，全面推动奶业发展的集约化、优质化和现代化，夯实基础，增强竞争力。

2. 积极扶持群众养奶牛，大力发展奶牛户、奶牛村和养殖小区 奶业已成为我国当今农民牧民脱贫致富奔小康的有效途径。正确引导他们走上致富之路是各级政府、业务部门、银行、加工企业的基本任务。做好这项关于国计民生的大事，还有很长的路要走。从发展情况看，奶牛散养模式还将在一定时期内长期存在，但从长远看，随着经济的发展，小而散的饲养模式正面临日益严峻的挑战。新中国成立 50 多年来，自治区草场的沙化、退化，就是落后的饲养方式导致的恶果。近几年采取的一系列措施：退耕还牧、还林、围栏育草、实施圈养等取得了明显成效。标准化、规模化养殖模式是畜牧业发展的必然趋势。倡导和鼓励推行养殖小区标准化生产，是全面提高畜产品质量安全，增强市场竞争力，促进自治区奶业可持续发展的一项战略性举措。

在养殖小区建设过程中，应避免一哄而起，不顾条件、盲目建设，贪大求洋，走入误区。要科学论证，从实际出发进行建设，小区规模不宜过大，一般在500～1 000头牛的范围比较适合。每户饲养20～50头奶牛即可。自治区这几年奶业能有大的发展，主要的原因：一是龙头企业的拉动和龙头企业之间的竞争。二是生产工艺的改进和科技含量的提高。由于鲜奶生产工艺和包装材料技术提高，延长了牛奶的保质期。三是得益于千家万户饲养奶牛，提高了养牛的责任心，降低了饲养成本。

在养殖小区，要拓宽投资、融资渠道，最大限度地吸引民间资本。既鼓励企业和乡村集体直接或以招商的方式投资兴建小区，支持奶农以合作的方式集资入股兴建小区。要利用养殖小区这个载体将龙头企业、养殖小区、农牧民结合起来，形成产、销、加一体化，使分散无序的生产向产业化生产转变，从而提高产品的市场竞争力。

3. 抓好繁育改良，提高牛群质量 搞好繁育改良是提高奶牛生产性能和整个牛群质量的一项基础工作。因此，在良种问题上，要培育和引进优良种公牛，大力推行先进的繁殖技术，进一步完善奶牛良种繁育体系，加强奶牛繁育中心建设，搞好种公牛的后裔测定，培育优秀的种公牛。利用常规人工授精技术，大力推广冷配，加速品种改良，对高产奶牛核心群，充分利用奶牛超数排卵和胚胎移植技术加速高产奶牛群的迅速扩大，增加优质奶牛数量。

4. 加强协会工作，开展保险业务 当前，还必须十分重视和支持奶业协会的工作，并在人员编制和经费等方面给予切实的解决，使之能够具体指导奶牛的生产、育种、科研、产品加工、储运和销售一系列工作，协调奶牛产前、产中、产后的一系列问题。真正做到协会的桥梁、纽带的作用。

此外，还要积极开展奶牛保险业务。由于奶牛生产周期长，饲养技术要求高，风险大。尽快出台保险业务势在必行。一是要设立奶牛发展风险基金。由地方政府、龙头企业和养殖户共同投资，设立防范奶牛养殖风险专项基金，以增强奶农抗风险能力。二是设立奶牛保险险种。目前，各保险机构尚无针对农民养殖奶牛而设立的保险险种。

加快奶源基地建设
确保奶业快速稳步发展

河北省畜牧局局长　李忠文

（一）形势与机遇

“十五”以来，各级政府对奶业给予了强有力的支持，特别是在乳品加工、奶源基地建设方面取得了突破性的进展，显示出强劲的发展势头和得天独厚的发展优势，突出表现在以下五个方面：一是自然资源条件丰富。河北省气候温和、四季分明，是奶牛生长的最佳环境。全省有500万公顷草地，3 000万吨农作物秸秆，250万吨饼粕，1 100万吨可利用饲料粮，精粗饲料资源十分丰富，鲜奶生产成本低廉。二是奶业发展基础雄厚。近年来，河北省奶业发展迅猛，从良种繁育、疫病防治、饲草、饲料生产到奶制品加工，初步形成了奶业龙型经济的雏形。到2003年底，全省奶类产量达到2 076千吨，占全国奶类总产量的1/9，居全国第3位，跃居全国奶业大省的行列。三是区位优势明显。河北省环绕京津两大乳品高消费区，2002年全省乳制品外销量占全省奶类总产量的25%，乳品在京津市场占有率达到34%。2008年北京将举办奥运会，京津两市的养殖业正在加快向外埠转移，为河北省奶牛养殖业和乳品加工业的发展提供了良好的契机和广阔的空间。四是乳品加工规模领先。2003年全省乳制品产量达到161.1千吨，液态奶产量765.5千吨，乳制品产量连续4年居全国第二位，乳制品销量占国内市场近10%，形成了较为完善的乳品加工体系。五是政策扶持力度强劲。2002年河北省被农业部确定为全国七大奶业优势产区之一。省委、省政府明确要求，把畜牧业作为农业第一主导产业来抓，尽快做大做强，对奶业的发展尤其重视，书记、省长批示，主管省长亲自谋划，发改委、财政等部门密切配合，出台了1 000万吨奶业规划。奶业已成为畜牧业经济新的增长极，已列入各级政府的发展重点。据统计，2003年约有6 000万元财政资金投入奶业，拉动20亿民营资本，为加快河北省奶业发展注入了新的动力。

河北省奶业发展面临着难得的历史机遇。一是市场需求旺盛。乳品需求呈刚性增长态势，目前我国人均鲜奶消费量仅为世界人均消费水平的1/10，随着人民收入水平的提高，膳食结构改善和消费观念的转变，国内乳品市场已进入快速扩容期。二是市场供给不足。目前，我国无论是原料奶还是各类乳制品均供给不足。原料奶与加工能力相比缺口约300万吨，高端乳品生产能力明显不足，导致我国一直是乳制品的净进口国，2003年贸易逆差达到2.92亿美元。三是消费群体稳固。液态奶主要在周边地区及国内消费；固态奶粉主要在农村和中小城市消费，以国产奶粉为主；进口奶粉价格昂贵，主要在大城市高收入家庭消费，因此，通过积极调整产品结构、提高质量和管理水平，有利于河北省乳品企业巩固和扩大国内乳品市场份额。四是竞争实力增强。河北省乳业“明珠”三鹿乳业集团通过采取积极的扩张政策，扩大生产规模，抢占外埠奶源和市场、积极与世界乳业十强之一的新西兰“方塔拉”乳品集团合资、合作，确立了企业在全国乳品行业的龙头地位。2003年，集团销售收入达53亿元，位居全国第3位，利税4.8亿元，奶粉年销量6万吨，均位居全国第一位。

虽然河北省奶业进入了快速发展阶段，但当前仍存在诸多制约因素：一是高产良种奶牛紧缺，母牛繁殖率低，特别是纯种荷斯坦奶牛缺乏，牛源供需矛盾突出。二是饲养分散、规模小，单产水平低。三是优质奶源缺乏，劣质奶源相对过剩，鲜奶质量难以保证。四是大型加工龙头企业数量少、规模小、知名品牌少、市场竞争能力弱。五是配种改良、疫病防治、饲料供应等服务体系不健全，难以适应奶牛业快速发展的需要。

可以看出，河北省发展奶业的优势来自原料奶的成本和价格，潜力源自市场与消费的扩张，差距表现为“三低一小”，即单产水平低、加工水平低、产品质量低和市场份额小。只要我们紧紧抓住有利时机，充分利用有利条件，克服不利因素，采取有效的政策和措施，必将实现河北省奶业超常规跨越式发展。

（二）经验与做法

20 世纪 80 年代，河北省推广了“奶牛下乡鲜奶进城”的奶源基地建设模式，收到了良好效果。在此基础上，我们研究和探索出奶业发展和奶源基地建设“八同步”的建设方针，促进了河北省奶业的快速发展。

1. 奶源基地建设与饲草饲料基地建设同步 奶源基地建设是奶业发展的基础，没有稳固的奶源基地和优质鲜奶，乳品加工企业将成为“无米之炊”。充足的饲草饲料资源是提高奶牛单产水平，提高鲜奶质量的必备条件。河北省奶源基地建设的总体思路是围绕乳品加工企业，围绕大中城市，围绕无公害饲草基地，围绕交通要道。建立了环京津、环省会和环张承三大奶源基地，充分利用京深高速、京哈高速和京沪高速公路以及省级公路构架起奶源基地和乳品加工场的桥梁。“九五”以来，三大奶源基地共涉及 7 个市、37 个县，奶牛存栏 57.4 万头，牛奶产量 121.3 万吨，占全省牛奶总产量的 61.3 %。在建设奶牛基地的同时，我们坚持奶源基地建到哪里，饲草饲料基地就布到哪里。目前在三大奶源基地建成了 1 个国家级秸秆养牛示范区，34 个国家秸秆养畜示范县，1 712 个大型永久性青贮窖、购置了 4 286 台青贮机械，大力推广全株玉米青贮，青贮数量达到 535 万吨，占全省青贮总量的 41%。苜蓿种植面积 7 万公顷，占全省苜蓿种植总量的 82%，有力地支持了奶源基地建设。

2. 奶源基地建设与龙头加工企业同步 多年来，我们坚持一手抓奶源基地建设，一手抓龙头企业引进。目前，全国排名前五名的乳品加工企业均已落户河北省，我们在廊坊引进了伊利，丰润和滦南县引进了蒙牛，容城县引进了三元，高碑店市引进了娃哈哈，丰润县引进了均瑶，高阳县引进了完达山，顺平县引进了汇源，张北县引进了圣元等，总投资达 16 亿元。形成了奶源基地和龙头企业同步发展的局面。

3. 适度规模饲养与机械化挤奶同步 适度规模饲养是奶业发展的必然趋势，是科学化饲养的平台，也是环境保护的客观要求，分散饲养造成的管理粗放、生产性能低和防疫难度大等问题已成为制约河北省奶业管理水平提高的主要障碍。机械化挤奶是提高原料奶卫生标准，杜绝人为掺假的有效手段。多年的实践证明，存栏 500～1 000 头的养殖场和小区是最佳的饲养规模，我们采取政策引导、专家引路、新闻宣传等各种形式加以推广，制定了适度规模饲养标准和养殖规范，收到了良好效果。目前，全省存栏 500～1 000 头的规模养殖场和饲养小区共有 53 个，存栏奶牛 3.7 万头，牛奶产量 13.4 万吨，占全省总产奶量的 6.8 %。与此同时，我们一直坚持适度规模饲养与机械化挤奶同步。要求凡是规模饲养场和养殖小区必须配备机械化管道式挤奶厅，采取行政手段、财政补贴和价格杠杆等手段强行推进，大大提高了奶源基地的原料奶质量。目前，全省共有机械化管道式挤奶厅 526 个，挤奶数量 73 万吨，占全省牛奶总产量的 37%。为提高市场乳制品质量做出了贡献。

4. 原料奶质量控制与优质优价同步 多年来，河北省在原料奶收购上一直推行“以质论价，优质优价，等外不收”的方针。采取严格的原料奶检测措施和优质优价的价格调节杠杆，确保原料奶质量。首先我们制定了挤奶厅操作规程，对挤奶厅的布局、道路、挤奶设备、挤奶牛、挤奶人员等做了明确的规定，并每天对挤奶牛留样做抗生素和酒精试验，实行严格的责任赔偿制度。然后，乳品加工企业在收购原料奶之前对蛋白质、脂肪、酸度、细菌等全项指标做进一步检测，最终按蛋白质和脂肪含量确定原料奶等级和价格。真正把原料奶质量控制与优质优价紧密结合起来。

5. 品种改良与综合配套技术同步 品种改良是提高奶牛后代生产性能的主要措施，而综合配套技术则是奶牛生产性能充分发挥的重要保障。多年来，我们建立了以省种公牛站为主体，以市冻精站为依托，以县乡配种改良站为基础的三级配种改良网络。“九五”以来，先后从美国、加拿大引进优质种公牛 100 多头，奶牛冻精 12 000 支，高产奶牛胚胎 5 000 多枚，购置配种改良设备 3 000 多支，新增奶牛配种改良站点 1 100 多个，2003 年全省生产优质奶牛冻精 70 万支，配种改良奶牛 58 万头，奶牛胚胎移植 3 200 多枚，改善了奶牛品种质量，提高了单产水平。与此同时，我们极力推广奶牛综合饲养配套技术，为奶农提供配种、饲料、添加剂、兽药、防疫等全方位服务，积极推广奶牛繁殖技术，全株玉米青贮技术，犊牛饲养技术，奶牛饲养管理综合配套技术等等。使河北省奶牛饲养管理水平有了大幅度提高。

6. 乳品企业资产重组与技术革新同步 为增强全省乳品行业的总体竞争实力，解决品牌企业供不应求，中小型企业连续亏损的局面，90 年代初，河北省就有步骤地开展了乳品企业的资产重组工作，首先由三鹿集团出资对所有的奶粉生产企业进行整合和重组。通过品牌和资金优势，先后收购了 18 家乳品企业。与此同时，投资近 20 亿元对核心企业和联营企业进行了技术改造，初步实现了生产工艺和关键设备世界一流的格局。

7. 政策与投入同步 政策扶持是奶业发展的重要保证，资金投入是奶业健康发展的基础。在政策扶持上，我们积极争取土地、财政和税务部门，给奶业发展提供三大扶持政策。一是把奶牛规模饲养场和集约饲养园区视作农业用地；对扩建、引进大型加工企业和研发企业建设用地实行优惠政策。二是对省内重点奶业龙头企业免征国家电建资金和城市附加费。对引进、扩建奶产品加工企业、奶牛小区建设、良种牛购进等发展建设贷款实行贴息政策。三是积极支持奶业龙头企业建立风险基金，对农业产业化国家重点龙头企业从事奶牛养殖业及牛奶初加工所得，按国家现行税收政策给予减免企业所得税的照顾。在资金投入上，积极争取金融部门增加对奶业的投入，一是积极争取财政部门将奶业发展资金列入各级财政预算。二是积极争取各级财政支农资金、农业开发资金和扶贫开发资金向奶业重点项目倾斜。三是积极争取国家有关部门对奶业项目的资金支持。四是积极争取各有关银行把奶业作为支持的重点产业，要允许农户以奶牛、牛舍和相关设备等固定资产做抵押申请贷款。

8. 奶业发展与中介组织建设同步 近年来，省委、省政府把发展奶业作为主导产业、新兴产业、朝阳产业和实现农民增收、农业增效、县域经济增长和县级财力增强的“四增”产业来抓，出台《河北省奶业发展“十五”规划》，制定扶持政策，加大支持力度，奶牛业和乳品加工业快速发展，形成了以投资带加工，加工促养殖的良好局面，成为食品工业中发展最快、成长性最好的产业。奶业的迅猛发展，要求必须有适应市场经济要求、机制灵活、快捷高效、代表行业利益的中介组织，为奶业发展提供全方位的优质服务。而传统意义上的奶业协会，社会地位不明确，运行机制不灵活，服务功能不完善，组织结构不合理，运行程序不规范等，亟待改革、改组和改造。基于这一考虑，我们在充分酝酿的基础上，经省政府同意，将河北省奶业协会完全交给乳业龙头企业三鹿集团承办，实现了历史性的三大转变，即由原先政府部门办协会向龙头企业办协会转变，由原先的兼职秘书处向专职秘书处转变，由原先奶牛协会向集乳品加工、奶牛饲养和饲料生产为一体的奶业协会转变。

壮大龙头　强化服务　促进石家庄奶业健康发展

石家庄市人民政府副市长　马玉文

近年来，石家庄市提出了“要把畜牧业作为全市县域经济第一特色主导产业来抓，把石家庄市由畜牧大市建成畜牧强市”的总体目标，在奶业、蛋鸡、瘦肉型猪三大产业中，奶业因其发展优势和潜力，受到了各级的重视和支持，同时也极大地调动了广大奶农的生产积极性。通过加强示范引导，积极扶持龙头，发挥协会作用，完善服务体系，使全市奶业得到了长足发展，形成了龙头带基地、基地连农户的产业化格局，促进了农村经济的发展和农民收入的增加。2003 年，全市奶牛存栏达到 323 千头；鲜奶总产量达到 499 千吨；奶业总产值达到 50 亿元；全市奶业产业化经营率达到 93%。奶业已成为全市农村经济中产业化经营率最高、发展最快、效益最好的产业。农民饲养 1 头奶牛年可收入 3 000～4 000 元，而且在一些县（市）已经成为富县支柱产业。如新华区每年来自奶业的财政收入达 6 000 多万元，鹿泉市 5 000 多万元，行唐县 2 000 多万元；鹿泉市的铜冶镇 2003 年财政收入达到 5 000 万元，其中有 80%来自于奶业。在推进奶业产业化的发展上，我们的主要做法是：

（一）发展奶牛小区，建设优质奶源基地

2000 年，我们提出了“大力发展奶牛小区，尽快实现集约化饲养、机械化挤奶，全面提高奶源质量”的发展战略，并在全市范围内积极推行奶牛小区建设。经过几年的发展，石家庄市已形成了农户联办、能人牵头、大户带动、“托牛所”等四种主要模式。一是实行了“四统一分一集中”饲养管理模式。即：统一规划建设、统一配种改良、统一饲料供应、统一防疫灭病、分户饲养、集中挤奶。既实现了由分散饲养向规模化、集约化方向转变，保证了鲜奶的质量，同时又兼顾了以家庭饲养为主体的现实生产方式的延续，是一个龙头企业、小区投资者和广大奶农“三赢”的重大举措。二是制定了《石家庄市奶牛小区建设标准》。从 2002 年开始，我们积极引导建设标准化奶牛小区，要求达到“八有四分开”的标准，“八有”即：有一套机制灵活的管理体制；有一套规范化的饲养管理技术规程；有管道式的机械化挤奶机；有配种改良设备及技术人员；有消毒、防疫设施及完整的档案记录；有较好的质量检测设备；有完备的饲草饲料供应系统；有粪便堆放和处理场地。“四分开”即：养殖区与生活办公区分开；养殖区与饲料青贮区分开；净道和污道分开；健康牛和病牛分开。近两年新建的奶牛养殖小区都按照标准化的要求进行建设的。三是制定优惠政策。为进一步搞好标准化奶牛小区建设，市、县及龙头企业都制定了相关的优惠政策，如藁城市规定，养殖规模在 300～800 头的标准化奶牛小区，财政一次性补助 10 万～20 万元；鹿泉市对于建设奶牛小区，政府协调贷款，同时给予贷款贴息；三鹿集团则对小区建设免费提供一套机械化挤奶设备等。各项补贴政策的出台，有力地促进了奶牛养殖小区的建设和发展，工商企业和私营业主纷纷把投资方向转移到奶牛小区建设，出现了蓬勃发展的势头。四是建设示范小区。2002 年，我们在栾城、藁城、辛集、新乐、行唐等县市改造建成了 8 个标准化奶牛小区，为下一步奶牛小区规范化、标准化建设树立了样板。石家庄市奶牛小区的建设为奶业发展注入了新的活力，推进了全市奶业产业化、规范化、标准化建设。

（二）成立奶业协会，为奶业发展搞好服务

为进一步推进奶业发展，协调政府与企业、龙头与奶农、生产与市场的关系，石家庄市于 2000 年成立了奶业协会。几年来，市奶业协会在广泛宣传牛奶知识，加强技术培训和技术咨询，协调奶农和收奶站、龙头企业的关系等方面发挥了良好的作用。一是积极利用各种宣传媒体，正确引导消费，提高全民饮奶意识。每年利用6月1日国际牛奶日组织有关乳制品加工企业开展大规模的宣传活动。二是经常组织有关专家深入县区基层为奶协会员、奶农讲课，还现场为养牛户解难释疑，受到奶农和参训者的普遍欢迎和好评。三是协调企业与奶农的关系，协会的单位会员是加工企业，个人会员是奶农，协会本着公开、公平、公正的原则解决问题，使许多问题得到圆满解决。四是积极推行奶牛保险。市奶业协会与省保险公司合作，推出较优惠的奶牛保险条款，为加快推广普及，石家庄市决定对保险费实行补贴政策，由市、县两级财政各补助25%，奶农负担50%，2004年将在一些规模小区内试行。平山县政府2003年由财政拿出100万元为养殖户上奶牛保险，用保单作抵押，到信用联社贷款发展奶牛业。五是协会每年都发展新会员，不断壮大协会队伍。目前已拥有团体会员16个，个人会员9 573个。

（三）积极培育和壮大龙头企业，带动奶业发展

石家庄市奶业之所以取得长足发展，主要得益于三鹿集团等龙头加工企业的不断发展壮大，在扶持龙头企业发展方面，市委、市政府始终坚持重点培育，重点扶持的原则，一是积极帮助三鹿集团申报国家级农业产业化龙头企业，享受国家在税收、贷款等方面的各项优惠政策。二是制定激励政策，鼓励农业产业化龙头加工企业加快发展步伐。从2001年开始，每年年底对达到目标的龙头企业，给予一定的奖励。对销售收入亿元以上的，实现利税较上年增长5%以上的龙头企业，每年奖励企业25万元，其中5万元用于奖励企业经营者，20万元用于企业贴息奖励。三年来，三鹿集团共获得奖励资金260万元，其中三鹿股份、三鹿乐时、鹿泉三鹿分别获得75万元、75万元、54万元。三是对龙头企业直接投资。行唐县奶啤项目是填补国内乳制品空白的高档产品，但由于资金紧缺，一直无法正常投产，2002年市财政对行唐奶啤项目扶持资金1 000万元，使该项目于当年10月份正式投产。2003年该企业创产值4 000万元，财政收入700多万元。市财政还积极争取国债资金，扶持企业进行技术改造，先后为三鹿集团投入国债资金1.9亿元，改造并建设了三鹿集团四条生产线，为三鹿集团的发展壮大奠定了良好基础。

从目前情况看，石家庄市现已形成了一个以三鹿为主的乳品加工群体。除三鹿集团核心企业和其控股的鹿泉三鹿、行唐三鹿、栾城三鹿、三鹿乐时等11家企业外，石家庄市还有世达、九州乳业等一批乳品加工企业。龙头企业的发展和壮大对石家庄市奶业的发展起到了极大的带动作用，这些龙头企业已辐射带动奶牛养殖户1万多户。奶农发展奶牛的积极性空前高涨，石家庄市奶牛存栏仅最近三年就比过去翻了一番。

（四）强化社会化服务体系，为奶业健康发展保驾

一是加强奶牛良种繁育体系建设。自2001年以来，市级财政每年安排100万元，在全市范围内实施奶牛良种工程。在市畜牧局建起了市奶牛良种繁育服务中心，负责全市奶牛品种的改良和更新；县乡两级都建立了奶牛改良站，并为其配备了必需的仪器和设备；在每个养殖小区设立了奶牛改良点，负责小区及周边奶牛的配种改良工作，在全市形成了系统完善的良种繁育服务网络。全面推行“统一供精供氮”工作，对使用优质奶牛冻精，均给予1/3的补贴，仅2003年一年就补贴奶牛冻精15万支（粒）。为促进奶牛快速繁育，石家庄市在10个县（市）实施了奶牛胚胎移植试点，在省畜牧局大力支持的基础上，市县两级也给予了一定补助，已进行胚胎移植750例，并取得较好效果，起到了示范带动作用。2003年国泰公司在东方农业科技城开始建设石家庄奶牛胚胎移植中心，市财政给予100万元的资金扶持，建成后将为石家庄市每年扩繁优种奶牛近万头。

二是加强动物防疫体系建设。每年对全市奶牛进行两次重点疫病普查，严格按照国家无规定疫病区建设的标准和要求进行防疫，并净化重点疫病，严格控制了大的疫情的发生。2003年11月份以来，石家庄市畜牧、人事编制、劳动等部门，共同研究出台了《关于建立健全基层动物防疫体系的意见》，市财政投资1100万元进行配套，整合现有畜牧资源，在全市220个乡镇建设和完善185个高标准的动物防疫监督分站，作为县级动物防疫站的派出机构，实行垂直管理，所需经费列入财政预算，实行收支两条线，解决工作人员的生活待遇问题。

三是加强饲草饲料体系建设。发展奶业必须搞好饲草饲料的生产供应。近年来，在秸秆综合利用工作中，逐步由直接还田为主转变为以过腹还田为主，把秸秆青贮作为综合利用的重点和主攻方向，每年安排150万元资金，用于秸秆的青贮和压块等新品种的开发补助，主要是支持山区县购买中小型青贮机械，支持平原县和大规模奶牛小区购置大型联合青贮机械，使秸秆青贮成为农民群众的自觉行动。2003年，全市秸秆青贮过腹还田已占到秸秆总量的30%以上。

奶业的发展还促进了种植业结构的调整，优质牧草和饲用玉米的种植成为石家庄市种植业结构调整的热点。随着奶牛养殖热的升温和科学饲养技术的普及推广，全市人工种草养畜的积极性有了显著提高。从2003年开始，市政府决定积极推广优质苜蓿草种植，财政每年投入50万元，按照每公顷牧草补助购种资金150元的标准给予补助，目前养殖规模较大的县（市）都出现了成方连片的规模种植区域，全市牧草种植面积达到3 333.3公顷。

四是加强质量监管体系建设。加大奶牛投入品的监管力度，严厉打击假冒伪劣兽药、饲料的生产和经营活动。加强鲜奶及乳制品的质量监管，通过改进饲养方式和挤奶方式，提高鲜奶质量，发现问题及时和加工企业沟通并协商解决，既保护了龙头企业的声誉，又维护了消费者的利益，推动了牛奶消费的快速增长，促进了奶业的发展。2003年9月份，成立了石家庄市畜产品质量检测中心，市政府还划拨了400万元的启动资金，用于中心的基础设施建设和各项仪器的购置，预计2004年底将进入正常工作状态。

抓住资源优势 大力发展奶业经济

呼和浩特市副市长　高炜明

纵观几年来呼和浩特市经济发展，速度最为迅猛的产业，莫过于奶业。呼和浩特市奶业已经连续五年取得了年增50%以上的快速发展，茁壮成长起伊利、蒙牛等几个生机勃勃的中国奶业骄子。呼和浩特市奶业能够取得这样的辉煌业绩，主要得益于市委、市政府提出的“奶业兴市”、打造“中国乳都”的战略构想。

（一）呼市奶业发展具有的资源优势

奶业界的人都知道，世界上有一条公认的最佳奶牛养殖带，位于北纬40度线左右。这一带状地区，气候干爽，阳光充沛，特别适合奶牛的生繁，是奶业的最佳发展区域。荷兰、英国、法国、丹麦、美国、加拿大、日本等乳业强国的乳制品工业区，几乎都分布在这个区域内。而呼和浩特地处北纬39.58～41.36度之间，正好处在这个带上。这应当是呼和浩特发展奶业的地理和气候优势。同时，呼和浩特市发展奶业具有以下的资源优势。

1. 土地资源丰厚　土地资源可以说是我市奶业的最大资源。呼和浩特市现有土地面积17 224平方公里，其中农村土地面积15 170平方公里。现有耕地面积53.3万公顷，其中粮饲玉米播种面积13.3多万公顷。今后随着水利条件的逐步改善和中低产田的改造以及种植结构的调整，玉米播种面积还会大幅度增加。再加上退耕还草的步伐加快，饲草种植面积也会大幅度增加。加之地广人稀的比较优势在奶牛饲料地方面表现突出，是其他地方难以企及的。

2. 人工牧草种植方兴未艾　呼和浩特市现有天然草地75.46万公顷，为全市大规模发展奶牛养殖预留了空间。并且随着退耕还林、还草工程的逐步发展，坡地、梁地、沙地、盐碱地用来种草已成为必然。为了适应奶牛既要吃青贮玉米，又要吃优质牧草的需要，2001年起，呼和浩特市市委、市政府每年投入400万元，购进优质苜蓿籽种，建设优质苜蓿基地，目前，全市优质牧草保留面积达6.4万公顷。与此同时，涌现出内蒙古华蒙金河饲草有限公司和土左旗神州草业公司等草产业龙头，带动全市草业逐步向产业化方向迈进。随着草业的不断发展壮大，有力地促进了我市草原的永续利用和畜牧业，尤其是奶牛业的可持续发展以及生态环境的极大改善。

3. 奶业人力资源充足　由于呼和浩特市奶业发展历史较长，奶业人才济济。农户中三代人从事奶牛养殖的家庭不在少数。企业中特别是伊利，经过20年的艰苦创业，由小到大，培育出一大批熟悉奶牛养殖、牛奶加工、销售的人才。这些人才如今已成为伊利、蒙牛、奈伦等牛奶加工企业的中坚力量。作为自治区的首府，当地集聚了一大批专业化的大专院校和科研院所，为奶业的发展提供了坚实的人才和科研依托。

4. 政策环境资源优良　呼和浩特市是全国最早提出“奶业兴市”和打造“中国乳都”的城市，也是国内第一家为奶牛冷冻精液的使用而实行地方立法的城市。市委、市政府给自己确立的定位是：战略规划、健全法制、政策倾斜、组织保证。市委、市政府作了大量工作，制定规划，维护秩序，出台政策，既调动了农民发展奶牛业的积极性，同时也为企业营造了良好的发展环境，力求做到农民满意、企业满意、市民满意。五是呼和浩特市拥有全国两大著名奶业品牌，同时也是全国销售业绩名列前两名的奶业企业，即伊利和蒙牛。这两大企业被业界视为全国重量级的著名品牌企业。它们的发展力和市场渗透力比较强，而且在全国具有一定的龙头作用。

（二）奶业发展的对策与措施

1. 千方百计筹集奶业发展资金　各级政府把解决牛群优质化的资金作为奶业发展的突出重点，切实抓紧抓好。努力拓宽融资渠道，协调国内外信贷资金和有效筹集利用好社会民间资金。各旗县区政府每年都要从当年新增可用财力中安排一定量资金用于扶持奶业发展，市财政也要根据新增财力情况安排一部分资金用于支持奶业发展。对于奶牛专业村和奶牛养殖小区的水、电、路、技术服务站等基础设施建设，各级政府都给予了积极扶持。

金融部门加大资金支持力度，积极筹措资金，不断扩大奶业贷款规模，大力支持奶牛养殖户（场）发展奶牛生产。采取小额信贷、养殖户联户担保贷款、由龙头企业担保贷款、把参加风险互助的奶牛作抵押贷款等多种形式，帮助养殖户（场）解决牛群优质化贷款问题。龙头企业按照“农民养殖户、金融部门、龙头企业三者配套”的原则，积极融资，加大牛群优质化的资金担保贷款规模，理顺放款程序，加快牛群优质化的进度。

2. 加大对奶产业发展的扶持力度　计划、财政部门积极筹措资金，加大对饲草料基地、疫病防治、品种改良、种子工程等奶业基础设施建设和科技推广方面的投入力度。在重大项目的安排和资金投向上向奶业倾斜。农牧业、林业、水利、科技、扶贫、农业综合开发等部门从项目安排、资金投放、技术支撑等方面与奶业发展规划相衔接，注重在奶源基地、饲草料基地建设方面给予支持。工商、税务、国土、外经、公安、司法、卫生、质检、农电、劳动、人事、教育等部门都要制定相应的扶持奶产业发展的优惠政策；宣传部门加大宣传力度，大力宣传我市绿色奶源及产品优势，努力营造良好的社会氛围。

3. 加快奶源基地建设，发展规模养殖　奶源基地建设本着环境优美、清洁卫生、人畜分离、消毒防疫等设施完备的原则，按照大规模、小群体的发展方式，加快建设奶牛养殖小区、奶牛专业村、奶牛专业户和家庭牧场，逐步向基地化、规模化、集约化经营方向发展。从分户饲养向小区、牧场园区过渡，要重点支持奶牛养殖大户、养殖小区、规模养殖企业的发展，实现“精养、高产、优质、高效”的目标。

奶牛养殖小区的建设，顺应市场规律，要求严格规划，依法规范，稳妥推进，促进奶牛养殖小区建设持续稳步健康发展。要求各级政府及有关职能部门切实转变工作作风，加强调查研究，组织农牧、计划、土地、规划、环保等部门，严格按地区特点、优势与发展目标，指导养殖小区生产布局，对养殖小区用地、供电、供水、交通、防疫、物质供应、建筑物布局等方面进行统一规划，合理调整与设置。奶站建设要逐步实现标准化、机械化，并逐步达到绿色标准，以提高奶业的整体竞争能力。

4. 大力推进与奶业发展相适应的饲草产业化经营 研究表明，同样优良的“中国荷斯坦奶牛”，日粮中的粗饲料如果只是秸秆，只能满足5000千克单产水平的营养需要，加上玉米全株（带棒）青贮饲料，也只能停留在7000千克左右的水平。要将单产提高到8000千克以上，还必须饲喂苜蓿等优质青干草。而且饲喂苜蓿还有增加奶中的干物质含量和减少体细胞以及代谢病的作用。一般说，为每头成年母牛准备青贮饲料5～7吨/牛．年，苜蓿等优质干草1吨～2吨/牛·年，是必要的。近几年来，市委、市政府虽然加大了对草业的投资力度，但由于牧草产业化工作起步较晚，草产品种类不多，商品草量并不大。但是，我市托县等旗县区在草业基地建设方面迈开了步伐，已经形成了“公司＋基地＋农户”的产业化经营模式。

5. 加强体系建设 ①标准化体系。奶牛养殖要把提高产品质量放在突出位置，树立质量意识和品牌意识。按照国家相关生产标准来组织生产，建立标准化生产管理制度，通过对养殖设施环境、操作规程、产品质量等制定控制标准，实行“五个统一”，即统一设施环境、统一品种标准、统一饲养方式、统一营养水平、统一免疫程序。以改变长期以来形成的随意饲养、管理松散等弊端。②良种繁育和疫病防治体系。通过引进、扩繁、选育及人工授精、胚胎移植等，提高良种覆盖率，大力推广普及先进实用的现代科学饲养综合管理技术，实现良种与科学方法配套，全面提高生产经营水平。建立健全了市、县、乡、村四级防疫队伍和防疫网络。免疫要求密度必须保持100%。严格做好奶牛生产、奶牛交易市场及新调入奶牛的疫病临床监测工作，确保无重大传染病的暴发和流行。对奶牛实行动态管理，发放奶牛健康证。③社会化综合服务体系。以乡镇畜牧兽医综合服务站或奶牛养殖小区综合服务站为依托，建立配种改良谱系档案、疫病防治、饲料及其他生产资料供应、牛奶收购、奶牛保险、技术培训、信息交流等社会化服务体系，便利奶农从事专业化生产。④科技体系。重视科技成果的转化、推广与创新，切实加强与农业院校、科研机构及畜牧兽医技术推广部门的合作。大力推广普及先进实用的现代科学饲养综合管理技术和疫病防制技术，实现良种、良料、良舍、良法与科学方法配套，全面提高小区内生产经营水平。⑤质量监测体系。要完善奶牛养殖生产各环节的检疫检验，严格按照相关法律法规和市场要求，启动并实施好兽药、饲料等安全工作。⑥加强兽药、饲料及产品流通等配套市场建设，推广产销直挂、订单养殖及网上营销等方式，拓宽产品流通渠道。⑦安全保障体系。严格执行国家乳品生产的卫生和质量标准，严格防范食品安全事故的发生。在奶牛饲养管理、环境卫生、疫病防治、挤奶、冷链、运输等方面，建立了一整套确保原奶质量的管理制度和措施，保证为加工环节提供高质量原奶。建立奶业风险基金、奶业发展基金。切实做好奶农互助会的工作，加快奶牛风险互助进程，以保护和促进我市奶业的健康发展。

6. 走数质并举的奶业发展之路 奶业的中心产品是牛奶，奶业生产的一切工作，要围绕着多产优质牛奶来开展。只有将奶牛的单产提高到一个合理的水平，才能收到最大化的经济效益。解决的办法一是适量扩大奶牛的总存栏量；二是设法提高奶牛的单产水平。而后者与前者的投入产出比，显得效益与效率更高。呼和浩特市奶牛单产水平虽然高出全国的平均水平，但与乳业发达国家却无法相比。如何提高奶牛产奶量？如下的一些措施是全市今后的工作重点。①首先要改变观念，下决心打破落后的传统的养牛理念和方法，接受现代养牛新观念、新技术、新方法；②要想方设法改善饲养奶牛的环境条件；③讲究科学养牛，保障奶牛营养、能量的平衡合理供给；④加强技术培训，尽快提高劳动者的素质；加速技术推广，依靠科技进步，促进奶业发展；⑤聘请具有丰富养牛经验的奶牛专家，实行手把手的言传身教。依照上述几点措施和采取务实的态度，提高奶牛产奶水平，并不是一件难事，是完全可以做得到的。况且，从原有奶牛群上想办法使总产奶量提升，所花费的成本总比多买一些牛的成本要低，显得更为经济。通过提高奶牛的产奶量来达到经济效益的最大化是一个最为实际的切入口和手段。同时，也是全市奶业发展的一个新的经济增长点。

7. 奶源与市场均衡发展，防范奶源过剩与不足，建立化解奶业危机机制 奶源，对呼和浩特市奶业现阶段来说，还远远不能满足两大加工企业的加工要求。奶业发展，无非是两点，一是把消费市场做大，二是生产更多的优质牛奶，但也不能盲目扩张规模，扩大奶源，也要有一个适度的问题，以规避危机与风险的发生。奶源生产与产品市场的发展最好能处于均衡发展状态，奶源生产滞后，会造成奶源供应不足和缺米下锅的被动局面，对奶源生产的投入过大和扩张过快，会造成奶源过剩和倒奶的现象。

8. 积极发挥奶业协会的组织、协调和桥梁作用 奶业的大发展，急需一个组织提供各方面的服务，协调政府、企业和奶农三方关系。所以首先要尽快扩大、健全奶协，充实奶协的力量，完善其职能，充分发挥其服务协调等作用。其次要尽快建立起县乡两级奶协，在自愿互利的基础上成立奶农互助协会或合作社。逐步把奶业协会壮大成跨地区、跨部门的横向联合组织，并具备人才荟萃，信息、技术、知识密集的优势，积极发挥好如下作用：一是组织、桥梁作用。协会要抓住奶业发展的一些热点难点问题，如资源配置、经营体制、产业政策、产品结构以及牛奶价格，组织力量配合业务主管部门开展调查研究，及时把生产经营中出现的新情况、新问题，迅速、准确地向政府及其有关部门反映。同时，把党和政府的有关方针、政策、法规和工作要求及时地传递给奶业生产者；二是服务功能。要针对奶业生产中出现的一些疑难重大技术问题，组织有关专家开展技术咨询，及时研究解决这些问题；三是交流功能。组织多种形式的技术交流、贸易洽谈会，学习交流先进技术和管理经验，缩短呼和浩特市奶业与国内外先进水平的差距。

呼和浩特市奶业在全国奶业中占有相当重要的地位，有着巨大的发展空间。目前的总体养殖水平虽然偏低，但是只要不断地更新观念和采取求真务实的态度，对目前所存在的问题和薄弱环节，下定决心采取一些切实有效的对策与措施去加以调整和变革，呼市的奶业能有更辉煌的发展。

内蒙古包头发挥资源优势
建设国内第一流奶源加工基地

包头市人民政府副市长　王　智

包头市从 2002 年实施“奶业富民”工程以来，经过全市上下的共同努力，奶产业在短期内实现了超常规、跨越式发展，为促进农村牧区经济发展，增加农牧民收入做出重要贡献。

全市奶牛存栏已达 33 万头，年鲜奶产量近 80 万吨，人均占有鲜奶 230 千克，乳品加工企业日加工能力达到 1900 吨。累计投入奶业建设资金 40 亿元，建成万头规模养殖企业 2 个，千头规模养殖企业 6 个，百头以上养殖场 62 个，养殖小区 134 处，养殖场和养殖小区所养奶牛占到全市奶牛总数的 38%。全市 70 万农牧民人均从奶业中获得收益 1 080 元。

经过近三年的实践，我们积累了一些成功的做法和经验，概括起来有四个方面：一是摸索出了一条“依托龙头、建设基地，政府推动、市场运作，数质并举、做大做强”的加快奶源基地发展思路；二是在总体布局上形成了“户养牛、村建站、乡服务、县防疫、市保险”的发展模式；三是出台了《关于做大做强我市“奶业富民”工程的决定》、《包头市奶业发展奖惩办法》、《包头市基层兽医体制改革意见》、《包头市奶牛良种繁育条例》和《包头市奶业市场管理办法》、《包头市奶产业风险基金实施方案》等政策性扶持文件。四是健全了奶牛服务体系，考核聘用了 576 名畜牧兽医防疫员充实到 63 个乡、450 个村，实现了乡建兽医站，村建兽医室，形成了我市基层兽医防疫网络“线实、网全、人整齐”的好格局。五是市县两级政府每年出资 2000 万元扶持奶产业发展。

今后我市奶产业将紧紧围绕把包头建设成为经济强市和率先建成小康社会的总体要求，以增加农牧民收入为目的，进一步强化防疫、科学管理，尽快实现奶产业“一个稳定、两个转变和三个提高”（即稳定发展奶牛数量；由数量型向质量型转变，由粗放型向集约化转变；提高单产、提高品质、提高效益），在培育液态奶产品向纵深发展的同时，引进培育干酪、炼乳、奶油等高附加值的乳品深加工龙头企业，充分发挥资源优势，把包头建成世界品牌的绿色乳城。

为实现这一总体思路和发展目标，我们今后的具体作法是“壮大龙头，清净免疫，优质高产，深层发展”。

（一）壮大龙头

在继续依托伊利、蒙牛两大龙头企业的同时，还必须加快引进国内、国际具有实力的乳品加工企业，这样才能真正把包头市建成我国一流的绿色奶源基地和加工基地。为此，我们要继续加大对乳品加工龙头企业的扶持力度，在培育液态奶和花色奶产品向纵深发展的同时，瞄准国内、国际市场，调整乳制品结构。加快引进培育干酪、炼乳、奶油、工业奶粉、黄油等高附加值的乳品深加工企业，促进乳制品多样化，增强全市乳品加工企业参与国内、国际市场的竞争力。我们相信，经过多个龙头的舞动，奶产业这一龙身一定会翻腾、跃动出丰硕的经济效益来。

（二）清净免疫

要率先在我国把包头建成养牛疫病清净区，真正把我市建成名副其实的绿色奶城。要充分发挥好奶产业风险基金的作用，风险基金采取政府、企业和奶站及奶户四家每年筹集 4 000 万元用来降低奶牛意外死亡风险和原奶价格波动风险，保护奶户、奶站、企业利益，增强奶产业抵御市场风险能力，确保奶产业持续、稳定、健康发展。按照风险基金的赔偿办法，根据奶牛的不同产奶量每头奶牛赔付 4 000～10 000 元，加快“两病”奶牛的扑杀净化。目前我们正在全市开展布病、结核病普查，并且将首先在扑杀牛数较少的地区开始扑杀，一个旗县一个旗县的扑杀净化“两病”奶牛，在 2006 年使我市真正成为奶牛“两病”清净区。强化重点疫病长期监测制度，加大传染病的监控力度，确保布病和结核病免疫率达到 100%。严把奶牛入口关，彻底杜绝任何病牛进入包头市。

（三）优质高产

为了加快奶牛良种繁育进程，包头市于 2003 年出台了《包头市良种繁育管理条例》，市、旗县区两级财政每年拿出 300 万元用于优质精液的补贴。今后，要不断完善高产奶牛良繁体系，要加快低产奶牛淘汰步伐，低于 4.5 吨的低产奶牛要有计划的加快淘汰，迅速提升全市奶牛的质量。充分利用乳泉、创伟等现有大型养殖场和科研单位的良种和技术优势，全面推广胚胎移植等良繁技术，加快奶牛良种化进程。同时要加大科技培训的力度，提高奶牛科学饲养水平。按照奶牛科学饲养的要求，加大优良牧草品种的引进与推广，扶持发展饲草料种植业，特别是优质苜蓿的引种推广，建设优质饲草料种植基地，保障优质饲草料的充足供应，真正使包头市的奶牛达到优质高产。

（四）深层发展

做大做强“奶业富民”工程，从深层发展的角度考虑：一是必须要解决好龙头企业和奶农的关系问题。我国奶业发展的历史一再警示我们，为什么市场一有波动，首先是奶农首当其冲受到冲击，而后波击整个行业的起落。如果一个地区的生存和发展的希望，全都维系在目前普遍采用的“公司＋农户”模式的公司上，那么理智地来看这个公司，就感到有“难以承受之重”了！众所周知，原料奶的质量问题已经产生了不容忽视的影响，对于我们的终端产品在卫生安全和营养安全上起着主要作用。解决这个问题要依赖体制和机制的调整。核心问题是组成奶产业整体的养殖、加工和流通三大板块的利益需要进一步的合理化。如果奶农的利益始终游离在奶产品的市场经济效应之外，那么他们就不会与加工板块同心同德提高质量，也不会自发去实现较高程度的组织化。至于那些能够生产高质量原奶的奶农，则因为目前他们的劳动价值难以得到市场的充分体现，高质量的原奶并没有生产出来高质量的产品，目前奶农生产的积极性受到严重的挫折。解决好这个问题的最好方法就是让广大奶农、牧场通过奶牛和牛奶的纽带，也成为加工企业的股东，享有平等的发言权。一方面能够提高企业的竞争力和行业的抗风险力，另一方面由于利益的一体化，也能有效地降低行业的总体管理成本；更重要的是，对社会而言，所提供的产品安全性将会大大得到提高。

二是要解决好乳制品产品结构单一和延长奶产业链条问题。奶产品结构的多元化，乳制品生产企业的错位加工经营，是扩大包头市乳制品市场占有率，增强发展后劲的基础。奶产业发展的相关产业如牛粪转化为复合肥、小公牛育肥等问题也显得比较突出。就目前来讲，全市奶牛一年产牛粪近350万吨。就小公牛而言，按今年全市33万头奶牛计算，明年仅小公牛就有15万头，如何在发展奶产业的同时，加快牛粪综合利用和小公牛育肥屠宰一体化，并产生明显的效益是我们必须要解决好的问题。

三是要健全社会化服务体系，提高组织化程度。要针对新阶段奶产业发展的新形势和新情况，结合我市奶产业发展中存在的问题，加快完善奶产业社会化服务体系，尽快提高奶产业的组织程度。一要完善各级奶产业协会的组织体系和规章制度，有效发挥其行业自律和为成员提供社会化服务的职能。二要按照企业自愿、政府支持、市场运作的原则，鼓励龙头企业参与社会化服务体系建设。三要加快建立养牛合作社、奶业生产者协会以及成立股份合作制的联合体等形式，把分散的奶农组织起来，开展原料奶收购、连锁销售、人员培训、疫病防治、良种繁育等社会化服务，提高奶产业组织化程度。四要加强奶产业链的衔接和延伸，密切基地农户与龙头企业的关系，为产加双方的协调发展提供保障，增加奶产业发展后劲。

四是要加强宏观调控，完善管理。各级政府要正确发挥作用，落实措施，加强奶产业管理。一要提高对奶产业发展的宏观调控能力，要根据本地市场和资源优势，制定符合实际的发展规划，指导好当地奶产业的发展。二要制定和完善发展奶产业相关的政策措施，规范奶产业的发展。健全和强化相应的中介检测机构，维护奶农和消费者的正当权益。三要重视对新情况新问题的研究，及时采取应对措施，促进奶产业健康、有序、协调发展，充分发挥资源优势，尽快把包头市建成世界品牌的绿色乳城。

地方特色奶业

中国奶业之乡——唐山丰润区

河北唐山市丰润区人民政府

唐山市丰润区临京津，环渤海，交通便捷。总面积1 334平方公里，总人口90万，其中农业人口70万。全区总耕地7.87万公顷，粮食总产量50万吨，其中玉米产量30万吨，牧草种植面积3 333.3公顷，发展奶业基础较好。近年来，丰润区充分发挥自身的资源优势，以创建全国奶业之乡为目标，政府、企业、农户共同携手，通过强龙头、建基地、引科技、活机制，着力在奶业生产的精深度上下功夫，在广度上求发展，整体推进产业化进程，使奶业成为富民强区的朝阳产业。目前，全区奶牛存栏达10万头，鲜奶产量达31万吨，全区奶业纯收入达到5.44亿元，农业人口人均830元。在中国农业区域布局与产业化高层论坛上，丰润区被评定为"中国奶业之乡"。

（一）坚持科学的发展观，积极扶持龙头企业，打造乳品加工航母，拉动奶牛养殖业发展

丰润的奶牛养殖起步于20世纪80年代中期，基本处于自产自消的原始发展状态。但是，随着商品经济向市场经济的转移，特别是"九五"以来，借鉴外地先进经验，结合当地实际，我们清醒地看到：奶业要发展，必须有强龙拉动，而建立丰润的奶业龙头，仅仅依靠自己的力量不行，必须筑巢引凤，吸引外资。因此，确定了引名牌、借强势，壮大龙头扩规模增效益的工作思路，把吸引知名乳品企业到丰润投资建厂作为加快奶业发展的第一着力点，取得了事半功倍的效果。

首先于1997年10月与广东今日集团共同组建了乐百氏（丰润）食品有限公司，总投资1.3亿元，设计日加工鲜奶260吨。龙头企业的装备水平和加工能力为丰润奶业实现第一次飞跃创造了条件。2001年，乐百氏又投资8 000多万元，新上了AD钙奶生产线，日处理能力达到300吨以上。为加快企业发展，区政府将丰润持有的49%的股份全部转让给了乐百氏公司，乐百氏实行的"集中建站、统一收奶、优质优价、全程服务"的经营方式，在丰润及周边迅速产生了名牌轰动效应，一举扭转了奶贱伤农的不良局面。由于乐百氏公司对乳质提出了较高要求，客观上促进了丰润奶牛养殖由粗放散养向数量规模养殖转变，2002年总投资1.2亿元的上海均瑶在丰润建成投产，同时德州光明、芦台三鹿、汉沽中芬等企业也纷纷在丰润建立奶源基地。

2003年，为防止由于奶牛存栏量快速增长造成奶源相对过剩的再次出现，丰润区进一步优化奶业发展环境，吸引重量级乳品加工企业到丰润投资建厂。当年10月，蒙牛集团正式与丰润达成总投资3.5亿元、日加工鲜奶600吨的液态奶加工项目合资合作意向。在这次招商过程中，区委、区政府做出了五年减免税收、负责为蒙牛提供一切基础设施、为企业注入1 000万元流动资金的郑重承诺，实现了政府对奶牛养殖的直接补贴向扶持龙头企业间接补贴的转变，确保了项目建设顺利进行。目前，该项目基础设施基本完工，即将正式投产，主要产品为百利包和屋顶包液态奶，可实现年销售收入10亿元，利税5 200万元。

（二）适应奶业竞争的需要，建设统分结合为主要模式的小区，提高奶牛养殖规模和经营管理水平，形成具有丰润特色的奶源基地建设模式

为了更好地适应乐百氏、均瑶、蒙牛等乳品企业对鲜奶数量和质量的要求，加快全区奶牛由粗放散养向规模集约经营的转变，积极抓好以统分结合为主要模式的奶牛养殖小区建设，引导奶农将奶牛牵出村入小区集中饲养，提高了奶源基地建设质量。

一是在小区占地上，坚持以闲置场房场地改造、养殖废弃地合理利用为主，盘活存量资产，实现了与农业结构调整的协调一致。仅2000年以来，就合理解决小区占地66.7公顷，铺设通往小区的路段100多公里，同时提供了水、电、路、讯等配套服务，确保了奶牛小区如期施工建设。

二是在政策扶持上，区委、区政府2003年制订出台了《扶持鼓励发展奶牛规模养殖场、区和机械化挤奶厅的奖励办法》，对新建成存栏在200头、500头、1 000头以上规模奶牛养殖场区分别补贴5万元、15万元和30万元；对新建机械化挤奶厅并投入使用的补贴5万元，从而极大地调动了群众养殖奶牛的积极性。

三是在外资引进上，与河北省财政厅国富农业发展有限公司达成合作意向，于2002年在岔河镇建成了总投资300万元、存栏规模1 000头国富润兴奶业有限公司，在全区奶牛小区建设上树立了样板。

四是在建设模式上，以"统一规划设计、统一料药供应、统一防疫、统一配种，统一挤奶，分户喂养”统分结合的管理模式作为奶牛养殖小区经营基本框架，切实解决了一家一户养牛在资金、场地等方面想办办不了、办不好、办了不合算的实际问题。目前，正积极探索在条件成熟的情况下，以“托牛所”的模式，建立高标准奶牛养殖小区，鼓励奶农将自家奶牛牵入小区，交由小区饲养，以牛入股，年终分红，这样既节省人工，又可享受到可观的规模效益。

五是在鲜奶购销上，抓住鲜奶价格是制约小区能否正常运营瓶颈这一焦点，积极引导小区配套建设机械化挤奶大厅，取消中间奶贩收购环节，既防止利润盘剥，又解决了手工挤奶造成的细菌指数超标问题，做到奶质标准、奶价公开化。目前，区内机械化挤奶厅所挤鲜奶，价位一直保持在1.70元/千克左右，较散养户平均每千克高出0.4元，特别是今年夏季，未出现明显的季节性波动，维持了稳定价位，使入区奶农收到了较高收益。截止到目前，全区已建成千头以上村2个，百头以上场区60个，10头以上大户700个，建成及在建机械化挤奶厅64个，奶牛规模化养殖比率达45%。特别是沙流河奶牛养殖小区和军辉奶牛养殖小区在全国奶牛大会上被评为“全国奶牛养殖示范小区”。

（三）实施良种快繁、标准化生产、奶牛保护、粗饲料供应四大工程，加快奶牛养殖由数量增长型向质量提高型的跨越

一是实施良种快繁工程。为了更好地落实“农业部万枚奶牛胚胎移植富民工程”项目，从2002年开始，与省财政厅国富农业发展有限公司、加拿大IND公司共同投资7 200万元，建成了国富爱德生物工程有限公司，从北美引进优质奶牛胚胎，利用国内黄牛，进行胚胎移植，加快奶牛快繁，力争使公司成为丰润，乃至辐射全市、全省的良种奶牛繁育中心。目前公司受体黄牛存栏达3 000头，胚胎移植犊牛顺利生产近350头。公司与中国农业大学达成克隆胚胎产业化实验合作协议，并已开展奶牛克隆胚胎移植400多枚。

二是实施标准化工程。结合奶牛养殖小区建设，从2002年开始探索奶牛标准化生产的新思路，争取通过标准化生产创造出丰润的鲜奶品牌。2003年10月，丰润被国家标准委评定为“全国奶业标准化示范区”。由畜牧局与区质量技术监督局共同起草制订的《奶牛场生产技术规范》，于2004年6月份经省技术监督局发布为省级地方标准。7个规模奶牛养殖场区顺利通过了省级无公害畜产品产地认定。目前全区奶牛养殖标准化覆盖率达40%以上。

三是实施奶牛保护工程。完善了区、乡、村三位一体的动物防疫网络，实现防检队伍独立，设立专项防疫经费，对疫病开展了强制免疫，实现了免疫无缝隙覆盖，为奶牛养殖业发展提供了强有力的兽医保护。

四是实施饲料工程。针对奶牛养殖粗饲料需求量大，奶牛户不能实现自给的实际情况，积极引导区内国富润兴、京丰诚信、军辉等奶牛规模养殖场区与周边农户签订牧草种植、青贮玉米订购协议，逐步形成奶牛粗饲料商品化生产。京丰诚信奶业有限公司与沈阳靓马集团共同投资3 000万元，建成占地8.4公顷的绿丰牧业有限公司，主要进行秸秆青贮和紫花苜蓿颗粒加工，填补了丰润饲草产业项目的空白，并在全市率先引进白俄罗斯产大型青贮联合收割机一台，完成秸秆青贮5 000吨。全区牧草种植达到3 333公顷，秸秆青贮17万吨。

（四）切实转变政府职能，强化服务功能，为奶业发展保驾护航

一是针对多年来丰润奶牛一家一户分散养殖，品种杂化的实际情况，加强规范全区奶牛冷配行业管理，制订并落实奶牛配种行业“统一供精、统一供氮、统一培训考核”的三统一管理制度，大力推广优质细管冻精技术。严格按省市奶牛品改技术路线，坚持外缘血液引入与本地品种提纯复壮相结合；完善区镇村品种改良服务体系建设与冷配技术人员素质提高相结合；规范冷配行业管理与现有技术力量优化重组相结合，取缔了奶牛本交和使用劣质精粒配种，确保了奶牛品种改良措施的顺利落实。全区共引进细管冻精12万支，选配奶牛6.2万头，成年奶牛年均单产水平达6.3吨，奶牛优种率达95%以上。

二是针对鲜奶收购过程中存在的掺杂使假、压级压价、奶款不能及时到位等问题，借鉴外地先进经验，根据全区奶业发展实际，起草并下发了《生鲜牛奶生产管理暂行办法》，由畜牧、质量技术监督、卫生、工商等相关部门协同作战，就奶牛饲养管理与防检疫、鲜奶的质量标准、卫生监督管理、市场监管等进行系统规范，确保了鲜奶质量，并营造了公开、公平、竞争有序的鲜奶购销市场。

三是专门出台了奶业特派员制度，由畜牧部门选派技术骨干与奶牛养殖规模场区结成帮扶队子，坚持吃住在场，围绕场区规划设计、日常管理、程序化免疫、奶牛冷配等进行技术指导，解决技术难题，较好地服务了规模场区建设。同时，聘请对口院校厂企专家教授，与畜牧科技人员组成奶牛技术宣讲小分队，常年举办奶牛技术培训班达100场次以上，并在区电视台开办“金牛富万家”栏目，宣传丰润奶业的同时，把实用技术送到千家万户，奶牛养殖户科学喂养意识明显提升。

（五）建立合理利益分配机制，实行产业化经营，确保奶农增收、企业增效

在积极吸引乐百氏、均瑶、蒙牛等知名乳品企业落户的同时，逐步探索并形成了“公司+农户”、“公司+中介组织+农户”、“公司+经纪人+农户”等适合丰润特点的产业化利益联结机制，促进了丰润的奶业产业化建设的发展。

一是“公司+农户”模式。乐百氏落户丰润后，政府及相关部门积极协助企业建立了32个低温奶站，与周边的奶农签订鲜奶收购合同，依据合同质量标准组织收购鲜奶，按月返还奶资。正在建设中的蒙牛公司，通过在奶牛养殖重点村建设机械化挤奶厅，由奶农直接向企业交奶，不仅保证了鲜奶质量，而且促进了奶农增收。

二是“公司＋中介组织＋农户”模式。这种模式是自2001年以来出现的一种新的产业化经营模式。奶牛养殖小区作为一个经济实体，上联乳品企业，下扶奶农，从事鲜奶交售服务，在促进企业与奶农间利益衔接方面，起到了很好的中介作用。

三是“公司＋经纪人＋农户”模式。这种模式始于20世纪80年代中期，区内建有收奶站点140多个，是“公司＋农户”模式的重要补充。鲜奶经纪人的存在，在很大程度上解决了鲜奶销售问题，特别是在淡季，其作用较为明显。

四是依托奶业协会，促进企业与奶农间利益衔接。2003年12月26日，唐山市以丰润为核心，吸纳市、县（区）相关部门、乳品加工企业、奶牛规模养殖场户等为成员，成立了奶业协会。奶业协会发挥协调、服务、维权、自律四大主导作用，有效整合了企业与奶农间的利益关系，初步实现了两者之间的对等合作，提高了组织化水平，使产业化经营模式实现了由单纯的买卖关系向经济利益共同体的转变。

中国绿色乳城——内蒙古包头市

包头市人民政府市长助理
市奶业办主任　任　福

包头市地处内蒙古自治区西部河套平原的“金三角”地带，是甘肃、宁夏、内蒙古经济带的重要枢纽。包头市总面积2.8万平方公里，总人口238万，下辖10个旗县区。包头以优越的地理位置、富饶的自然资源、便利的交通条件，从建国初的五十年代起，就被国家列为重点开发地区，成为国家重要的冶金、机械、化工、毛纺、能源工业基地，被国务院第一批确定为十三个较大城市之一，是内蒙古自治区最大的工业城市。2004年，包头GDP达600亿元；财政收入70亿元；城镇居民收入11 000元；农牧民人均纯收入4136元，其中从奶业中的收入为1 080元，四项指标均居全自治区第一。现在的包头，以“草原钢城”、“稀土之乡”、“绿色乳城”闻名于世。

（一）包头市奶产业发展现状

为了加快全市农村牧区经济结构调整，千方百计增加农牧民收入，2002年市委九届二次全委（扩大）会议审时度势、高瞻远瞩，创造性地提出了发展奶业、富民强市的工作思路。两年来，在市委、市政府的正确领导下，通过全市上下的共同努力，奶业已成为包头市极具竞争力的支柱特色产业。这种“支柱”作用集中表现在四个方面：

1. 奶牛数量、鲜奶产量、农牧民收入取得重大突破　截至目前，全市奶牛存栏总数突破33万头，由2002年初的1.8万头增长了17倍。鲜奶日均产量由140吨增加到1 700吨，人均占有鲜奶量由22千克增加到现在的230千克。奶站数量达到547座，累计完成鲜奶加工产值33.8亿元；全市农牧民从奶牛养殖中获得的收益由2002年的250元达到现在的1 080元。建成设计规模为万头的养殖企业2个，千头规模养殖企业6个，养殖小区134处，养殖场、养殖小区所养奶牛占到全市奶牛总数的38%。累计投入奶业建设资金40亿元。

2. 奶产业推进了全市农牧业产业化经营的进程　从近两年的农牧业发展情况来看，发展奶牛业是最具产业化特色的产业，形成了龙头企业、奶站、农户的紧密利益联合体。奶牛业也使全市农牧结构、种植结构和畜群结构更趋合理，畜牧业产值在农业产值的比重占到42.3%，粮经饲结构进一步优化。

3. 农村大量的劳动力得以充分利用　目前养殖奶牛的农户达到4.8万户、18.5万人，从事饲草运输等相关行业的人大约为3万人，现在农牧区已由过去的闲半年变为全年忙，使大量富余劳动力得以充分利用。奶牛养殖的兴起，不仅解决了农村富余劳动力的就业问题，而且对于农村牧区的稳定，增加农牧民收入，提高贫困群众整体素质起到了非常积极的作用。

4. 推动了城乡统筹协调发展　通过养殖奶牛使农牧民收入得到迅速提高，城乡差距逐步缩小。截至目前，全市共利用民间资本1.2亿元发展养牛（不包括农牧民自筹资金），实现了城乡生产要素综合利用和产业资源的优势互补，同时带动了建筑、运输、饲草等产业的发展。奶产业的兴起，带动了农村牧区社会的又一次分工，一些有技术养殖奶牛的逐步发展为以养牛为主的养殖大户，而一些擅长种植的农民，逐步发展成种植大户。奶产业的兴起又为农村牧区村镇建设提供了极好的机遇，必将推动全市农村牧区小康建设进程。

（二）加快我市奶产业发展的战略时机已基本具备

从当前政策环境，资源条件和消费需求等方面看，加快我市奶产业发展的基本条件已经具备。

一是有良好的政策环境。2002年市委、市政府从建设经济强市的高度，确立了奶业在全市国民经济发展中的重要地位。市委、市政府制定优惠政策扶持奶业发展，先后出台了《关于做大做强我市“奶业富民”工程的决定》、《包头市奶业发展奖惩办法》、《包头市奶业市场管理办法》、《包头市奶业市场管理实施方案》、《包头市基层兽医体制改革意见》、《包头市奶牛良种繁育条例》、《包头市奶业养殖科技实施方案》、《包头市奶牛饲养管理规程》和《包头市奶产业风险互助基金的实施方案》九个政策性文件。从市到旗县区层层建立了专门机构，制定了支持保护的具体措施。每年从地方财政中拿出1 500万元用于扶持奶业发展。

二是有配套的保障体系。针对包头市奶产业快速发展的现状，我们及时强化完善奶牛服务体系建设。2003年我们率先在自治区进行了基层兽医体制改革，考核聘用了576名畜牧兽医防疫员充实到63个乡、450个村，在全市实现了乡建兽医站，村建兽医室。并由市、旗

（县、区）两级政府出资配备了所需的冷链等全部设施，市、县两级财政每年出资150多万元，用于补贴基层兽医防疫员，彻底改变了过去基层兽医线断、网破、人散的状况，形成了全市基层兽医防疫网络“线实、网全、人整齐”的好格局。同时，为了真正保障奶产业的健康有序发展，我们提出了建立包头市奶产业风险基金，市旗两级政府每年拿出1 500万元，企业、奶户、奶站筹集2500万元，用于奶牛意外死亡和鲜奶价格波动的补贴，五年后可滚动发展到1.2亿元，为奶牛养殖户吃上真正意义上的“定心丸”。

三是有强大的龙头带动。近几年，蒙牛、伊利两大乳品企业迅速做大做强，稳定占领全国市场。2002年这两大企业在包头建厂，目前龙头企业的加工能力为1600吨。同时，深圳光明集团，德国诺丁林乳业公司、上海南浦食品有限公司都将在我市建立奶产品深加工厂，从而使我市的奶产品进入国际市场，参与国际市场的竞争。龙头企业的带动作用为加快发展奶牛业奠定了坚实的基础。

四是丰厚的利益驱动。从2002年包头市大力发展奶牛业以来，使我市农牧民得到了很大的实惠。根据我们调查，全市农牧民养一头年产5吨的奶牛，纯收入可达3105元，奶农每销售一吨牛奶，可获得纯收入628元。奶农人均从奶牛养殖业中获得收入3596元。养殖效益的明显激发了我市农牧民养殖奶牛的积极性。

五是有丰富的农业资源。全市有10个区旗县（其中：国家级开发区1个，农牧业旗县区5个），59个乡（镇、苏木），652个村（嘎查），19.5万个农户，农牧民74万人。全市耕地面积30万公顷（其中水浇地13.3万公顷），常年农作物播种面积26.67万公顷，草场面积208.13万公顷，其中可利用草场占92.8%。包头市南临黄河（属于黄河自流灌溉区），北依大青山，日照长，积温较高，水利设施完备，地下水资源丰富，水草均无污染。年均产粮50万吨，粮食秸秆125万吨，青饲料产量近130万吨，

六是具有较好的养牛经验和技术。包头的广大农牧民擅长种养业，特别是蒙古族牧民自古就有养殖习惯，养牛尤为突出，加之有健全的畜牧兽医体系，发展养牛业具备了传统的经验和雄厚的技术力量。现今的包头市农牧业大旗土右旗政府所在地——萨拉齐，蒙古语意为“奶业基地”，更生动的说明了牛乳产品自古就是包头的特产。

七是独特的区位地理优势。奶牛性喜干燥、通风、光照。包头地处北纬40°左右，属于中温带大陆性气候，是我国最适宜的奶牛养殖地带。消费者普遍反映牛奶中有特殊的“乳香味”，是其他地区不可代替的绿色产品。包头市基础设施优良，地处内蒙古、甘肃、宁夏金三角地带，交通、通讯发达，城市功能日臻完善，辐射带动能力强。

（三）抓住机遇，促进包头市奶产业健康快速有序发展

奶产业是一个构成复杂、涉及面广的产业，发展奶产业是一个重大的战略决策，也是一项长期的任务。我们要充分利用我们的各种有利条件和资源优势，抓住机遇，从调整农村经济结构、增加农民收入和全面建设小康社会的战略高度出发，牢固树立和落实科学发展观，按照“五个统筹”的要求，促进全市奶产业健康快速有序发展。为此，要坚持“四个发展原则”、“一个稳定，两个转变，三个提高”的指导思想，加快提升奶产业整体水平。

发展原则：一是要快速发展。一定要充分利用当前的各种有利条件，不失时机地加快奶产业发展，全面推动奶产业发展的集约化、优质化和现代化。二是要协调发展。这是科学发展观的内在要求。奶产业的协调发展就是要在发展中求平衡，在平衡中求发展。既要重视发展的数量，又要重视发展的质量，正确处理好速度、效益和质量的关系。三是要可持续发展。这是充分发挥奶产业作用的基本条件。奶产业的持续发展就是要在发展中不断增强奶产业的发展后劲，持续不断地发挥其重要作用。四是要高效发展。这是促进奶产业发展的根本动力。奶产业发展上要以市场为导向，以效益为中心，发挥区域优势，依靠科技进步，提高整体生产水平。

发展思路：紧紧围绕把包头建设成为经济强市和率先建成小康社会的总体要求，以增加农牧民收入为目的，进一步强化防疫、科学管理，尽快实现奶产业“一个稳定、两个转变和三个提高”（即稳定发展奶牛数量；由数量型向质量型转变，由粗放型向集约化转变；提高单产、提高品质、提高效益），加快构筑中国一流的奶源基地和加工基地，把包头建成世界品牌的绿色乳城。

发展目标：2005年奶牛存栏达到40万头，奶牛单产达5吨以上；2006年奶牛头数达到50万头，奶牛单产达到6吨以上；2007年以后，按照选优汰劣的原则，使奶牛存栏基本稳定在60万头，奶牛单产达到7吨以上，使农牧民收入尽快提高，位居全国地级市前列。

奶业优势区域养殖基地

天津大力实施无公害牛奶行动计划

“九五”以来，天津市实施了近郊奶牛向远郊转移的发展战略，并将分散的奶牛相对集中，建设以奶牛养殖小区为主要模式的奶源基地。到目前已建成各类奶牛养殖小区148个，饲养奶牛10万余头，占全市奶牛总数的80%以上。奶牛养殖小区的建设集中使用了土地资源，推进了奶牛养殖现代化建设进程，提高了奶源质量。2001年，天津市作为国家“无公害农产品行动计划”试点城市之一，成立了蔬菜、肉类、牛奶、饲料和水产品五个办公室，“无公害牛奶行动计划”办公室就设在市奶业办公室，同时建立了无公害牛奶质量检测中心，制定了一系列操作规则，市财政又拨付专项资金913万元，于2002年9月开始实施该“计划”。

2003年，已先后有110个奶牛场、奶牛养殖小区被认定为天津市无公害牛奶生产基地，8个乳品加工厂被认定为天津市无公害牛奶加工企业，一批经严格检验的乳制品将在近期通过市场准入，与消费者见面。被认定为无公害牛奶生产基地的奶牛头数85 000头，牛奶日产量800吨，分别占全市奶牛头数的65%，占牛奶日产量的68%。无公害牛奶行动计划的实施，不仅使现代养牛技术得以有效的应用，提高了奶牛的生产水平，而且增强了对疫病的防范能力，大大提高了奶源的质量和卫生水平。

（一）主要工作内容

1. 抓好奶牛生存环境的治理　包括奶牛场的规划、选址、布局等。对新建牛场严格规划，对已建牛场逐一清理，不符合要求的限期整改。

2. 严格使用投入品　包括饲草饲料、兽药、添加剂、激素及其他投入品的控制，做到使用的投入品安全可靠。

3. 抓好以奶牛结核病、布鲁氏菌病的疫病防治工作　坚持对奶牛结核病和布鲁氏菌病每年春秋两次检疫，确保牛群健康。建立健康牛场和健康牛群，对健康牛实行发证挂牌制度。乳品厂凭健康证收奶，不收购没有健康证、非机械化挤奶、掺杂使假的乳品厂生产的牛奶。

4. 推行挤奶机械化、牛奶贮存冷链化和粪便处理无公害化。

5. 建立基地申报、认定、复查和产品市场准入制度。

6. 制定无公害牛奶标准，建立质量检测和监控体系。

7. 制定行业法规，严格规范牛奶质量管理秩序　清理整顿生鲜牛奶购销环节，确保奶源质量。

（二）基本做法

1. 成立机构、精心组织　2002年，成立了“天津市无公害牛奶行动计划办公室”，确定了检测机构，成立了专家组，各区（县）畜牧局为指定地方责任机构。并抽专人负责此项工作，精心组织，认真操作，使无公害牛奶行动计划的各项准备工作顺利完成。

2. 制定规则、规范管理　无公害牛奶行动计划是一项建立牛奶生产、加工、销售标准化体系的专项计划，也是生产安全牛奶需要长期抓好的工作。为此，无公害牛奶专家组出台了《天津市无公害牛奶管理暂行办法》、《天津市无公害牛奶生产基地认定条件》和《天津市无公害牛奶加工企业认定条件》等文件，制定了生产基地、乳品加工企业的评分标准和评定办法及申报程序，使这项工作既有了可操作性，确保了认定工作既有章可循，又坚持了标准，保证了质量。同时，为了建立合法合规的环境，使之由专项计划向市场过渡，还制定了《无公害牛奶生产基地建设管理规范》和《无公害乳制品》等地方性标准。

3. 先行试点、摸索经验　在建设奶源基地的同时，从规范建设奶牛养殖小区、提高原料奶质量和卫生水平入手，选择以占地4公顷，500头奶牛群规模，有一定基础的奶牛场和奶牛养殖小区为试点单位，以获国家学生饮用奶定点生产企业认定的乳品厂为试点乳品加工企业。为使试点工作获得成功，2002年9月召开了“天津市无公害牛奶行动计划试点工作会议”，会议有各区县农委、奶办、畜牧水产局的负责人和试点的奶牛场、奶牛养殖小区、乳品厂及有关部门的负责同志参加。2003年9月召开了总结推动大会，目前无公害牛奶行动计划开展顺利。

4. 坚持标准，严格把关　对规范建设的奶牛养殖小区实行认定制，首先由各小区自愿申报，然后由区、县把关，市无公害牛奶行动计划办公室审批，成立专家组现场按条件评分，第一次申报的经批准实行一年试用期，一年后经复查合格的正式认定，有效期三年，期间每年两次对其生产的原料奶质量和卫生安全指标进行检测。无公害牛奶加工企业收购的原料奶必须是经认定的基地生产，否则不予认定，企业生产的产品要报国家有关部门认证，并加施无公害牛奶产品标志。认证机构必须经市有关部门批准，报国家认监委备案，保证产地认定的公正性、合法性和有效性。

5. 宣传引导，加强监管 无公害牛奶行动计划的实施从一开始就置于社会舆论的监督之下，始终把握工作的正确方向，对申报和认定的基地在报纸上公示，通过电视进行系统报导，让广大消费者了解“计划”的内容和要求。建立责任机制，被认定的基地要向社会承诺，层层签定责任书，加工企业还要签定标志使用协议，由农委、技术监督、卫生等部门组成监督组，加强对该项工作的监管。

（三）几点启示

1. 奶源基地建设要把生产优质原料奶放在首位 无公害牛奶行动计划是奶源基地建设的阶段性工作任务，其目的就是按标准化的要求生产出无污染的牛奶。近年来，我国奶牛饲养业发展速度较快，奶源质量也有所提高，但总的来说还不尽如人意。由于生产条件、技术水平及人为因素的制约，生鲜牛奶的质量和卫生水平仍然是影响乳制品质量的主要原因。同时，奶牛养殖小区的建设也存在着许多不规范的地方。因此，必须在奶源基地建设中实施无公害牛奶行动计划，解决好小区投资经营者和进区奶牛养殖户的利益关系问题，大力推广现代奶牛养殖技术，提高牛群质量和产奶水平以及牛奶的质量和卫生水平，才能获得较好的经济效益。

2. 生产优质牛奶要政府监管、行业自律、社会监督 在市场经济环境下，产品质量、价格杠杆和产品营销是企业竞争的三大焦点，而产品质量是企业形象和信誉的象征，是食品行业的生命，这就要求奶业生产者和经营者要有起码的职业道德，在激烈的市场竞争中严格规范自己的行为，在牛奶的生产、加工、销售各个环节中遵守行业法规，杜绝在生鲜牛奶中掺杂使假、在乳制品中添加各种香料剂等做法。全行业要互相监督，共同创造一个良好的业内环境。

在实施无公害牛奶行动计划中各级政府和有关部门要加强宣传引导，健全法律法规，使其逐渐成为市场的准则。建立质量监控体系，增加信息透明度，发挥各监督机构的作用，动员全社会重视食品安全，营造一个政府引导、行业自律、社会监督的牛奶生产、加工、销售环境，确保牛奶饮用安全。

3. 制定长远规划，常抓不懈 无公害牛奶行动计划是一项长期工作，要制定长远规划，不断积累经验，为建立奶业标准化打下良好基础。无公害牛奶行动计划从工作形式来看是一项计划，从经济发展的角度来看又是一项长期的战略任务。因此，要把此项工作作为一项牛奶生产、加工、销售的常规性工作，抓好抓实，建立健全奶业的法规和标准化体系，使无公害牛奶行动计划成为全行业的统一行动。

（天津市奶业办公室　曲金铎）

呼和浩特依靠科技进步实行“奶业兴市”

依靠科技进步，实行“奶业兴市”是呼和浩特市委、市政府贯彻党中央调整农村和农业产业结构，增加农民收入的重大举措。为了及时掌握和了解全国和呼市奶牛业发展动态，发现发展中存在的问题，研究发展对策，由市科技局主持并完成了《呼和浩特市奶牛业发展与对策研究》课题，具体内容如下：

1. 以持续提高奶农科学文化素质为前提，进而提高奶牛饲养和育种等方面的科技水平 以市农牧局为主，市科协、市科技局为辅，调动全社会的力量，建立一支机构完善、功能齐全的奶牛培训队伍，成立“乳业学院”，建立奶牛技术中心和奶牛养殖户培训上岗制度，使所有的奶牛养殖户必须经过专业培训，制定明确的培训计划，在规定期限内完成全市奶农的培训，从而，全面提高奶农的科学文化素质，提高奶牛养殖、管理和经营水平，推进全市奶牛业的快速发展。

2. 提高奶牛生产效率，实现奶牛业数、质并进

（1）加快奶牛小区建设步伐，实施规范养殖管理　建设环保型科学合理的小规模（500头左右）奶牛小区或托牛所，出台《呼和浩特市奶牛小区建设标准》、《呼和浩特市高产奶牛饲养管理技术规程》以及建设小区或托牛所的相关优惠政策，鼓励企业和社会力量投资建小区或托牛所。小区或托牛所实行“四统一分一集中”的饲养方式，即统一管理、统一供料、统一防疫、统一改良配种，分散饲养，集中挤奶，严格按照技术规程进行饲养管理，协调企业免费为所有小区或托牛所挤奶站提供挤奶设施，配套奶牛综合服务站，推广规范化养殖管理技术，确保小区奶牛高质、高产、高效，为企业提供优质奶源。

（2）建立无规定疫病奶牛小区，为生产优质乳品创造条件

建立无规定疫病奶牛小区是生产绿色原料奶的先决条件，要按照国家无规定疫病区标准建设，重点防控结核病、副结核病以及布氏杆菌病等人畜共患疾病的发病率，加大监督检测力度，确保控制在国家标准以内。

（3）实行优质优价政策，通过价格杠杆作用提高原料奶质量　首先在无规定疫病奶牛小区实行原料奶收购优质优价政策，逐步向达标的标准奶牛小区推广，促进奶农进行科学养殖，提高原奶质量，通过生产高质量的牛奶来获取更大的收益，从而，引导奶农进入小区，一方面可提高奶农科学养牛的积极性，另一方面可扩大奶牛养殖规模，促进奶业产业化的发展。

（4）加快奶牛改良步伐，提高奶牛生产性能　近几

年，奶牛胚胎移植技术和奶牛人工授精技术在呼和浩特市得到了广泛应用，特别是奶牛冷冻精液配种达到了100%，使全市奶牛实现了良种化，今后，还需要加强奶牛建档立卡，明确奶牛遗传系谱，在此基础上进行冷配的科学选育，开展奶牛血型鉴定，加强优质奶牛冻精冷配和高产奶牛的胚胎移植的推广和普及，引进奶牛性别鉴定技术或开展同类课题的研究，尽快使这项技术能应用到奶业生产中，加快全市奶牛的改良步伐，提高奶牛个体质量和群体生产性能。

(5) 尽快开展奶牛生产性能测定工作（DHI体系建立） 上海、北京、天津等地在DHI体系的指导下，奶牛单产达到了8吨以上，是本市奶牛单产的近两倍，这种差别，使我们的饲养成本增加了一倍。要建成全国最大的奶源基地，为伊利、蒙牛的发展提供坚实的基础，就必须在实施数量扩张的同时，开展奶牛生产性能测定。该项工作是以服务为主导思想的非盈利性、技术性很强的工作，需要政府高度重视和经费支持以及相关企业的密切配合，建立专门的机构和专业服务队伍。

(6) 调整产业结构，大力发展草业 采取有效措施，借助国家实施退耕还草政策的有利时机，充分利用本市的地域优势，加大天然草场的围栏封育和优质人工草地建设，通过舍饲与放牧相结合，发展农牧交错带奶牛业，调整种植业结构，合理规划，把奶牛养殖带同时建成饲料和人工牧草生产带，通过抓试点或样板，推进草业的发展，打造呼和浩特草原奶牛业品牌。

(7) 推广奶牛科学饲养管理技术，全面提高奶农的科学 饲养水平奶牛生产性能的30%受遗传性能决定，70%决定于饲养管理等外在因素，因此，要通过草业的发展，提高青绿粗饲料的饲喂比例，改变奶农的养牛观念，提高饲养水平，实现奶牛业质的变化。同时，要逐步淘汰低产劣质奶牛，提高奶牛群体质量。

3. 建立健全乳品质量安全监督检测体系，提高奶业总体竞争力 中国加入WTO以后，国际乳业列强凭借其品牌、资本、技术、质量、管理等优势参与中国乳业市场的竞争，使产品质量成为市场竞争的先决条件。因此，建立健全乳品质量安全监督检测体系，加强乳制品质量安全检测，维护公平竞争，促进企业提高质量，是企业发展的根本。

在现有相关机构的基础上，组建呼和浩特市原奶乳制品质量安全监督检测中心，使之成为原料奶和乳制品质量检测的权威机构，装备必要的检测设备、仪器和高素质的技术人员，承担全市原料奶和乳制品质量安全监测工作。进一步强化政府服务职能，提高行政执法功能，保证原料奶和乳制品达到国家标准。

4. 发展强化乳及乳制品，提高产品竞争力 我国儿童因营养不良引起的发育迟缓，农村达到了39.1%，城市为8.9%。发展强化乳和乳制品是我国营养改善的重要途径之一。近年来，我国强化乳和乳制品发展很快，但在产品质量和功能产品的品种方面尚需加强。针对人类的一些基因缺乏症，应开展转基因药用乳和乳制品的研发。同时，乳品加工企业要加大研发力度，提高产品竞争力。

5. 建立适应现代奶业发展的社会化服务体系，保障奶业健康发展 在以分散养殖为主体的农户型奶牛业发展中，农技服务体系在良种繁育，疫病防治，饲草料生产和加工，生产资料供应，科技培训、试验、示范和推广等产前、产中、产后综合服务等方面发挥着重要作用。各级政府要高度重视，投入资金，因地制宜建设和加强基层国有农业技术推广机构，在市场经济体制下，通过改革得到稳定和发展。同时，企业要充分认识到奶源基地的重要性，切实加强对奶业第一车间的服务。此外，要进一步建立健全全市奶协服务网络，发挥好奶协在奶业发展中的协调服务功能。

(1) 加强政府监管职能，规范服务队伍的运行机制，保护奶农利益 政府应出台相关政策，在加大监管力度、规范奶业服务体系的基础上，采取措施，持续组织选拔一批或多批农村中有志于服务奶业、热爱此项工作、文化程度较高的青年人，送到大中专院校进行定向培养，毕业后充实到基层服务体系中，为奶业的发展发挥重要作用。

(2) 强化龙头企业的服务功能，完善奶业产业链 企业应从自身的发展出发，吸纳全社会的技术力量，建立适应本市奶牛业发展的专业化服务体系，尽快取代民间服务组织和个体服务人员的功能，规范行业服务职能，强化龙头企业的服务功能，成为奶业服务的主力军。要以奶站为服务单元，进一步巩固与奶农的关系，使奶农和基地真正成为企业的有机组成部分。

(3) 加强国有科技服务体系的改革创新，充分发挥其服务功能 要认真贯彻落实国务院、自治区政府制定的有关建设基层国有服务体系的政策，切实抓好农村服务体系的“三定”工作，理顺乡镇综合服务站的管理体制。政府应为科技人员创造条件、提供宽松政策，让科技人员走入市场经济中，鼓励其发挥自身优势，在服务中求生存求发展，使他们成为奶牛基地健康快速发展的中坚力量，成为企业科技服务的重要补充。乡镇农牧业服务机构，应实行条块结合，以条为主的管理体制，基层站的人、财、物及业务归旗县区农牧业部门管理，乡镇进行党务、组织管理，在2～3年内全面改善基层服务机构基础设备、技术手段。各级财政应拨出专款，有计划、分期分批改善农村基层服务机构的基础设施。

(4) 大力扶持奶业协会的发展，调动奶协的服务积极性 政府不仅要在经费方面给予支持，还应进一步把奶业协会向纵深发展。奶协应从基层抓起，把整个奶产业链全部纳入奶业协会的服务范畴，独立自主地开展工作，以提高奶业现代化水平为中心，抓好奶源基地建设和培育消费市场为重点，维护加工企业、奶农和其他会员的合法权益，加强对行业的管理和监督，协调企业做好奶源基地划分工作，尽可能减少不必要的竞争伤害，促进企业对基地的建设。在本市应尽快设立奶业发展风险基金，开展奶牛保险试点工作，降低奶农的养牛风险，保障奶业的健康发展。奶协还要借助自身有利条件，逐步建立全市奶牛及小公牛的网络交易市场，与全国奶牛流通市场建立联系，发挥经纪人的作用，逐步把我市奶牛市场由输入型转变为输出型，为全国提供优质奶牛。

（呼和浩特市科技局）

包头九原区大力推进“奶业富民”工程

内蒙古包头市九原区位于阴山南麓，黄河北岸，土默特平原与河套平原的结合部，全区辖 7 个镇、3 个乡、1 个苏木。辖区总面积 1 858 平方公里，耕地面积 38.6 万亩，总人口 30 万人（其中农业人口 15.1 万人）。2003 年，全区实现国内生产总值 48 亿元，财政收入 30 588 万元，农牧业增加值完成 6.49 亿元；农牧民人均纯收入达到 4 205 元，同比增长 19.5%，综合经济实力位于内蒙古自治区 101 个旗县区的前列。全区奶牛总数达 64 060 头，建成规模达千头以上的群鑫养殖场 1 个，鑫旺等百头以上的养殖场 4 个，规模化养殖小区 40 个，规模以上奶牛头数占到全区奶牛总数的 30%。年产鲜奶 19.7 万吨，实现销售收入 3.36 亿元，全区 15.7 万农牧民人均收入从奶业中增收 600 元，从与奶业相关的饲草业、运输业、建筑业等产业中增收达到 80 元，在 2003 年农牧民的纯收入的增长幅度中 78% 来自于奶牛业。

回顾两年来全区奶牛业发展，主要得益于四个方面：

（一）明确目标抓领导，积极加强奶牛业的组织保障

迅速做大做强奶牛业是本区农牧业经济工作乃至全区各项经济社会工作的中心任务之一。自 2002 年以来，本区根据奶牛业发展实际，研究制定了《包头市九原区委、区政府关于进一步加快奶牛业发展的决定》、《包头市九原区奶牛业发展奖惩办法》、《包头市九原区关于奶牛养殖科技服务的实施意见》等政策措施。区、乡两级都成立了奶牛协会和奶牛互助会，保持了全区上下齐心协力，共抓奶牛大业的强大合力和发展氛围，使本区奶牛业发展一直处于持续增长的势头。

（二）协调贷款抓资金，努力满足奶牛业发展资金需求

在解决外调奶牛的问题上，我们采取三·三制的出资方式，即农民自筹 1/3，银行贷款 1/3，蒙牛、伊利垫付 1/3。为此，本区将协调贷款和垫付资金作为一项重要任务，积极主动与银信部门和蒙牛、伊利公司进行密切接触和协调，加快了放贷和担保资金到位的速度，使两家信用联社进一步放宽了贷款条件，扩大了贷款比例，把信用社的贷款重点向奶牛业倾斜。蒙牛、伊利的垫付资金也提高了到位质量。两年来，银行共发放贷款 1.95 亿元，龙头企业提供担保资金 0.74 亿元，群众自筹资金 1.9 亿元。

（三）多轮驱动抓机制，建立多种形式的奶牛业发展模式

由于奶牛业发展投资较大，广大农牧民群众的自有资金有限，单靠群众自发散养，很难在短时间内实现奶牛业的迅速扩张。因此，在坚持以农牧民群众自身发展为主的前提下，本区按照工业招商引资的办法谋化奶牛业的发展，把活化机制，发展大户，培育牛企作为加快奶牛业发展的重要补充，采取了规划建设统一的标准化养殖小区，优先上水、上电、修路，无偿或低价提供土地，免费提供防疫技术服务，对投资超过百万的重点户给予奖励等一系列优惠政策，广招“牛商”，广引“牛资”，广办“牛企”，有效聚集了社会资金，推动了奶牛业的快速发展。全区已基本形成了以农牧民群众散养为主，大户规模养，小区加奶农、托牛所为补充的四种发展模式。

（四）强化服务抓科技，为奶牛业发展提供技术支撑

完善的社会化服务体系是发展奶牛业的重要环节。为切实保护好广大农牧民群众的养牛积极性，提高奶牛养殖的科技含量，增强养殖效益，本区以畜牧、科技部门的科技人员为骨干，乡镇兽医队伍为补充，组建了全区科技承包服务组织，实行蹲点到村，划片包干责任制，从四个方面有效提高了全区奶牛养殖的规范化和科技化水平：

一是强化疫病防治服务。本区始终坚持预防为主的方针，积极搞好奶牛疫病普查，建立免疫档案和免疫标识制度。对所有应免疫奶牛都实行了强制免疫，一年注射三次疫苗，免疫密度达到了 100%。同时，在每个自然村都设立了疫情情报员，随时掌握疫情动态。并对重点养殖户进行了疫病防治知识的宣传培训，形成了养殖户之间联防联控，互相监督，共同防御的格局。全区专门组建了奶牛急救中心，开设了奶牛急救热线，有力提高了兽医服务的快速反应能力，防止了各类疫病的传入。

二是加强良种扩繁服务。坚持以“种子工程”为龙头，进一步完善了全区所有冷配站的基础建设，大力加强了奶牛系谱卡片建设，强化基层兽医队伍的培训与管理，加强了区乡两级兽医人员及各养殖小区和养殖企业技术人员的科技培训，重点加大检疫、防疫、治病、配种、接产、饲养管理等技术的培训力度，推广繁育改良、胚胎移植、饲料配制、秸秆加工利用、传染病免疫，常见病防治等配套技术，实现了兽医队伍全员持证上岗。形成了村级服务组织和农民相互服务为补充的社会化服务网络。

三是整顿和规范奶源市场秩序。依法严厉打击掺杂使假、制假售假等不法行为，坚决取缔散收、无证收奶现象，为奶业发展创造平等竞争、有序发展的环境。严厉打击贩卖假牛、制售假药及无证行医等违法行为，切实维护奶农利益，保证了奶业发展秩序。

四是加强青贮工作。本区充分抓住每年9～10月青贮的最佳时期，采取积极有效措施，全力抓好青贮工作。根据农牧民群众不同的养殖规模，经济收入和各地的立地条件，采取地下贮，地上贮，平台贮等多种青贮方式，保证了青贮工作的经济实用性。全面推广“两贮三化”（青贮、微贮，糖化、氨化、碱化）等秸秆综合利用技术，严格按标准加工、填装，防止了青贮饲料发霉、腐烂、变质的现象，实现科学青贮。

进一步推进本区奶业发展的对策：

1. 采取有效措施、调整农业产业结构 一方面要调整种植业结构，为养牛业提供饲草料来源。另一方面要调整养牛业内部结构，优化资源配置，逐步形成稳定、高产、优质、高效的奶源基地。

2. 加快奶牛良种繁育体系建设，提高奶源基地生产水平 以高产、优质母牛为核心，充分利用国内外优良种源（胚胎、冷冻精液），建立高产、优质奶牛种源繁育基地，为全区奶源基地提供良种奶牛，满足奶业大发展的需求。大力推广行业标准和模式化饲养技术，改进饲料配方和环境控制技术，提高科技含量，提升奶业整体质量和效益。

3. 建立和完善服务体系，解除农牧民养牛后顾之忧 以利益对接为服务体系的核心，形成一种市场牵龙头，龙头拓市场、带基地，基地连农户的产业化发展模式，建立完善的综合配套服务体系。

（内蒙古包头市九原区人民政府副区长 刘福源）

内蒙古土右旗加速发展奶牛业

土右旗地处内蒙古首府呼和浩特市、工业城市包头市和“煤田”鄂尔多斯市金三角腹地，是一个典型的农业大旗，多年来农村经济一直以传统的种植业为主，区位优势和资源优势没有转变为经济优势，农业增效、农民增收较为缓慢。经过多年的思考与实践，旗委、政府认识到，要想使农民快速致富，必须大力调整农业结构、加快发展农区畜牧业的步伐，走一条种养结合、靠牧增收的路子。2002年，全旗建成运营奶站126座，示范小区5个，新购进基础母牛3万头，奶牛数量由2001年的3 510头猛增至3.36万头，增长近10倍。2003年，建成运营奶站233座，建成养殖示范小区10个，奶牛年末存栏突破8万头，实现户均一头牛，比2002年又翻了一翻多；全旗日产鲜奶426吨，月进奶款2 100多万元，仅奶业一项全旗农民人均增加现金收入444元。并且引进总投资17亿元的乳泉绿色奶源基地，一期工程建成了全国一流的“美加系”纯种荷斯坦奶牛繁育基地。全旗形成了户养奶牛、村建奶站、乡搞服务、旗抓免疫、小区示范、风险互助的奶牛业生产经营模式。

由于奶牛养殖业的迅速发展，农业结构得到优化。畜牧业占一产业的比重由原来的14%提高到43.4%，畜牧业人均收入占农民人均收入的比重由原来的10.3%提高到32%。由于奶牛养殖业的快速发展，农民的生活水平和生活质量明显提高。特别是养殖小区的集约化、规模化发展，高起点、高标准建成基础设施配套齐全、环境宜人的养殖新村，掀起了文明农村的建设帷幕，进一步改善了农村的生活居住、生产增收条件、奶牛业已成为我旗农村经济的支柱产业，是农民收入的重要来源。同时，奶牛养殖业的迅速发展，带动了建筑业、建材业、运输业、电信业、饲草业以及营销业和畜牧技术服务业，带动了农村水、电、路等基础设施建设，为农村全面实现小康社会奠定了扎实的基础。

土右旗奶牛业能够在短时间内实现超常规、跨越式发展，其主要经验和做法是：

1. 广泛宣传，深入发动 为尽快形成奶牛业发展的强大声势，营造良好舆论氛围，通过广播、电视、报纸、传单、标语及现场会等方式，在全旗范围内大张旗鼓地宣传奶牛养殖的目的、意义，做到家喻户晓、妇孺皆知。通过典型示范户的现身说法和效益对比，让广大农户亲眼看到、亲耳听到奶牛养殖的明显效益，极大地调动了他们的购牛、养牛积极性。

2. 加强领导，组织保证 为了切实加强对奶牛业发展的组织领导，旗委、旗政府专门成立了奶牛业发展领导小组和奶业发展建设办公室，统一制定全旗奶牛业发展规划和年度计划，研究解决奶牛业发展中存在的重大问题，同时，把发展奶业作为县级领导联系乡镇的一项主要内容，每位领导具体联系2～3户养牛专业户，积极给予扶持帮助，充分发挥其示范带动作用。为切实加大工作力度，旗委、旗政府将奶业发展作为一票否决的实绩考核目标，专门制定了详细的考核办法，每年单独进行考核，奖惩分明。实行部门对口帮扶乡镇制度，调动各方面的积极性支持、促进奶业快速发展。

3. 政策引导，资金扶持 专门研究制定出台了《鼓励奶牛业发展的优惠政策》和《奶牛养殖专项再贷款管理实施细则》等一系列政策和管理办法，积极协调市旗两级银信部门和龙头企业为奶牛业发展注入贷款资金，把信用社信贷资金、农户自筹资金和企业配套资金捆在一起使用，为奶牛业发展建立了资金的保障。3年累计发放奶牛养殖贷款3亿多元，伊利、蒙牛两大企业注入资金6 000多万元。为切实解决农民发展奶牛的后顾之忧，成立了包头市奶牛养殖互助会土右旗分会，对养殖户因奶牛非正常死亡等造成的损失给予补偿，通过合作互助，有效保护农民的利益。

4. 整合项目，基础保障 土右旗把奶牛业发展与农村村镇供水、奶站用电、水泥砂石路等基础设施建设、生态移民工程、扶贫重点项目有机结合起来，投入大量资金进行配套建设，不仅极大地改善了农村的生产生活条件，而且为奶牛业的发展提供了基础保障。

5. 健全体系，强化服务 根据全旗奶牛业发展的形势和要求，市旗乡三级共投入资金300多万元，在完善旗畜牧兽医综合服务中心配套设施的同时，每个乡镇建成一个畜牧兽医综合服务站，每个有奶站的村建设1个服务室，形成完善的旗、乡、村三级畜牧技术服务网络，为疫病防治、畜种改良、饲草料种植、贮存、加工以及饲喂管理提供全方位的技术服务，提高广大奶户的饲喂管理水平，确保了奶牛业健康发展和养殖效益的提高。

6. 完善制度，规范管理 实行奶牛业发展目标考核、重大责任事故追究、旗级领导包乡和科局对口帮扶乡镇四项制度，把奶牛业发展任务层层分解，明确责任，形成全旗上下齐抓共管的良好局面，确保了奶牛业发展顺利进行。切实加强奶业市场管理，专门成立了奶业市场秩序整顿管理办公室，制定出台了《关于加强奶站管理整顿原奶市场秩序的实施意见》，严厉打击乱收乱购牛奶的行为，确保牛奶收购市场规范有序，维护了龙头企业、信用社、奶站、奶户各方面的利益。

几年来奶牛业发展的实践证明，“奶业富民”工程是一条使广大农民群众快速鼓起腰包、早日跨入小康社会的康庄大道。按照“数量与质量并举、速度和效益同步”的要求，到“十五”期末，全旗奶牛存栏达到20万头，畜牧业收入占农民人均纯收入的比重达到50%。到2007年，全旗奶牛存栏35万头，力争突破40万头，农民人均纯收入达到7 000元以上，畜牧业收入占农民人均纯收入的比重达到60%以上，力争建成自治区奶牛养殖第一旗，成为全国重要的奶源基地，努力使土右旗早日迈进小康社会，建成人民富裕安康、经济繁荣昌盛、社会稳定文明的经济强旗。

（内蒙古包头市土右旗人民政府 伏瑞峰）

武汉东西湖区抓基地建设 提高奶农组织化程度

武汉市东西湖区是武汉市农业农村现代化示范区，是武汉市4大奶源基地之一。奶牛养殖业一直占据重要地位。为改变传统粗放、零散的奶牛饲养方式，促进奶牛规模化经营、规范化管理，提高奶农组织化程度和产业化水平，提高奶牛单产、奶源质量和科技含量，武汉市东西湖区第三奶牛养殖小区（以下简称“第三小区”）于2003年10月建成并投入使用。

（一）建设规模和冷链设施

第三小区设计饲养规模为1 000头奶牛，2003年由刘友斌、程贵保、邓志松、刘浩4奶户集资新建牛舍12栋，饲养奶牛600余头。每户各拥有100头规模的成母牛舍2栋，后备牛舍1栋。4奶户每户投资50万元装有德国进口“韦斯伐利亚”管道式挤奶机，并配套建有冷藏机房，挤出的鲜奶由管道直接进入机房的冷藏贮奶缸，全程封闭，清洁卫生，高效快捷。武汉光明乳品有限公司每天有奶罐车按时到小区运输鲜奶。4奶户全年交售鲜牛乳2 500吨，年均成母单产5 500千克，年总产值500万元，利润100多万元。

（二）基础设施建设

第三小区占地5.33公顷，分为办公区、生产区、生活区、草料堆放区和牛粪尿处理区几大区域，各区域之间以道路、绿化带及消毒池等分隔开。三条主干道和十三条次干道将小区划分整齐美观。小区内拥有200KVA供电系统，日供水量240吨的水井、管网，1 500米排污箱涵。小区四周及各栋房屋间种植着樟树、塔松、意杨、广玉兰等高大落叶、阔叶树种，夏季绿树成阴，冬季采光纳阳。整个小区由透明围墙环绕。小区入口建有消毒池、门房，由专人负责消毒池水的投药、换水等工作，筑起一道防疫屏障。小区的东北角建有堆粪场，牛粪由专门的粪道拖往这里统一堆放，再由这里运到化工厂加工成有机肥料。小区建有标准的配种、治疗、化验室。

（三）投入品控制 饲养管理规范化

目前，小区奶牛饲养管理逐步走上科学化、规范化的道路。饲料来源正规、稳定、安全，小区聘有上海光明高级技术人员作常年技术顾问，从饲料配方、饲养管理上接受其指导。兽药应用坚决不用国家明令禁止的有害药品，尽量少用抗生素类药物，对用过抗生素的奶牛，牛奶不出售，提倡使用无药物残留的中成药物。小区配有专门的技术管理人员，负责日常的生产管理，落实各项管理制度，并对每天所用的饲料、饲草、添加剂、兽药等应用情况作好详细、完备的记录。

（四）技术服务体系建设

小区4奶户均为东西湖区奶业协会会员。协会下设奶牛技术服务中心，中心配备技术人员7人，其中：高级兽医师2人，畜牧兽医师3人，技术人员2人。服务中心常年为奶户提供如下技术服务：①在疾病的防治上，贯彻“防重于治”的方针，把预防传染病和治疗常见病作为日常工作的重点，建立奶牛健康体系。②在繁殖育种上，努力把选种选配推广到日常实际操作中，选用优质种公牛精液，提高繁殖技术水平，培育优质高产牛群。③饲养管理上，引进现代化的科学理念，参照《奶牛饲养标准》和管理体系，结合区域内实际，推行切实可行的规范饲养措施，提高牛群产量。④积极开展培训工作，普及奶牛科学知识。⑤日常工作中注意资料积累和统计，积极开展建档管档，为奶业发展提供科学依据。

（武汉市东西湖区第三奶牛养殖小区 刘友斌等）

奶业科技

奶业科技综述

在科技部、农业部以及地方科技和农业部门的共同努力下，“十五”国家奶业重大科技专项经过两年的实施，在共性关键技术上取得了一系列重大突破性进展，初步构建起我国的奶牛群体遗传改良和胚胎移植产业化技术体系，现代高效集约化饲养技术得到全面推广应用，研究开发了10种新兽药、2种苜蓿新品种、3种功能性奶粉，2套新型乳品包装成套设备进入产业化，建立了乳中细菌总数、抗生素、农药残留的快速检测技术及大肠杆菌菌群的鉴别检测技术；示范区组织形成了有效的生产技术集成模式，“公司＋农户＋集成技术”的养殖模式在农区得到普遍推广。奶业专项迄今已取得通过省部级鉴定的科技成果22项，开发新技术、新产品、新材料74项，制定国家标准（技术规程）2项，行业标准6项，企业标准、技术规程68项，正在申请的专利18项，全面带动提升了我国奶业总体生产水平和科技含量。

（一）共性关键技术研究

1. 初步构建起我国奶牛群体遗传改良和胚胎移植产业化技术体系　建设了2～3个“奶牛胚胎工程中心”，形成年产2万枚以上优质高产奶牛胚胎的生产能力，占目前国内奶牛胚胎市场需求量的50%以上，至今共生产优质胚胎2.6万余枚，已移植1.6万余头受体，平均妊娠率为53.3%，技术水平和产业化程度达到国际先进水平。改进了奶牛胚胎性别鉴定PCR技术，完成奶牛性别鉴定胚胎移植400余例，成功率由95%提高到98%以上。建立的牛卵母细胞体外受精和成熟技术体系使体外受精的囊胚发育率稳定在47%左右。现已构建了应用XY精子分离、活体采卵、体外受精为核心的性控胚胎产业化生产技术体系。

构建了30～50头公牛、每头公牛50～100个女儿的试验群体，目前已采的近2万个个体的血样，用于开展了功能基因组分析和筛选候选基因；已筛选了14对微卫星位点，有望对奶牛第6号染色体的与产奶性能密切相关的QTL进行精细定位；已初步确定了7个筛选奶牛主要生产性能的候选基因。

2. 在奶牛现代集约饲养和营养调控领域取得一批成果和重大技术突破　研究了秸秆型、青贮型、中等水平和高精料型等4种实践中常见的日粮对奶牛生产性能的影响。研制了反刍动物专用双效微生物添加剂1种，建立了奶牛瘤胃定向调控效果的分子生物学快速评价技术和标准化方法体系1套。研制成功了高能高蛋白过瘤胃的高产奶牛特殊时期的功能性补充料、过瘤胃胆碱技术、生产高共轭亚油酸牛奶的营养调控技术。制定出了奶牛阶段精料补充料及浓缩料配方，产量达到2 000吨/月，开发出了奶牛专用预混料新品种5种。已经筛选出高效去除蓖麻饼中蓖麻毒素的酵母菌1株。“反刍动物新型饲料添加剂预混料与高效饲养技术研究与推广应用”技术成果于2003年获农业部农牧渔业丰收奖一等奖。通过营养调控技术生产功能性鲜奶技术已经成熟，达到应用推广水平。

3. 培育并推广一批饲草新品种，建立了高产示范基地　“陇东天蓝苜蓿”、“草原3号杂花苜蓿”两个苜蓿新品种通过全国牧草品种审定委员会评审，筛选出适宜不同地区的苜蓿品种6个，获得优异育种材料10个，有5个抗旱、耐寒、长穗、低纤维素等优良性状的苜蓿新品系正在选育试验中。已建立苜蓿基因组RAPD、SSR、ISSR等分子标记技术体系。开展苜蓿种植技术研究，苜蓿青干草产量达1 600.80千克/亩，种子产量1 083.3千克/公顷。建立3 333.33公顷优质苜蓿高效生产基地，推广苜蓿良种繁育示范基地600公顷，推广3 000公顷，年产苜蓿种子400吨，建成高产牧草示范基地6万余公顷，种植优质饲草24万余公顷。以植物乳杆菌和戊糖片球菌为主要原料，复配出青贮微生物添加剂产品1种，取得玉米专用微生物青贮添加剂专利1项（专利申请号：200410037947.6）。

4. 奶牛主要疫病防治关键技术研究与产业化开发　合成了用于奶牛结核病、牛传染性胸膜肺炎、牛布鲁氏杆菌病、乳房炎、腐蹄病诊断的特异引物，初步建立起以PCR为基础的快速诊断方法。研制出奶牛节瘤拟杆菌灭活疫苗和奶牛坏死杆菌高效疫苗，已经免疫奶牛1 300头；实验室制备出乳房炎多联疫苗正在进行免疫牛群的试验。筛选了用于乳房炎和子宫膜炎防治的4个理想组方，进行了药理学、安全性、生产工艺和临床治疗试验研究，其中2个已取得了新兽药证书。2种新兽药获得省级新兽药证书和生产批准文号，8种兽药进入中试阶段，正在申报专利3项。

5. 开发出一批乳品加工新技术、新产品和新设备，

进入产业化推广阶段 完成新型全自动充氮奶粉包装机和新型液体奶无菌灌装机两套成型设备的研发，新型全自动充氮奶粉包装机填补了国内的空白，可年产充氮包装粉3 600吨，价格是国际同类产品的50%；新型液态奶灌装机的技术指标达到国外同类产品先进水平，产品预期售价为120万人民币左右，相当于国外产品价格的1/3，产品累计推广数量超过200套，已经初步实现产业化。针对孕妇、高血脂和高血压人群开发出“孕宝”、“惠之乐”和“压乐奶粉”三种功能性奶粉，成功得到酪蛋白水解降血压肽粗制品，初步完成了应用膜技术去除乳中细菌工艺技术的研究。完成了40余个乳酸菌菌株的筛选、鉴定和保藏工作，初步构建了乳酸菌菌种库。

6. 建立了一系列乳品质量检测新技术手段，开发了新型检测试剂盒和仪器设备 确定了乳品质量检测的方法：“细菌总数快速检测”采用刃天青还原法，“大肠杆菌的快速检测”采用PCR方法，“农药的快速检测”分别采用液相色谱、胆碱酯酶和免疫检测方法，“青霉素的快速检测”采用免疫检测方法，“多种抗生素的快速检测”采用毛细管点色谱检测方法。研制成功了金黄色葡萄球菌、志贺氏痢疾杆菌快速检测试剂盒的研制和黄曲霉毒素M1、B1单克隆抗体快速检测试剂盒，最低检测限度可达0.01毫克/千克。建立了以分子信标和TaqMan－MGB方法为基础的沙门氏菌荧光PCR快速检测方法。生产出采用超声波方法快速检测分析乳成分的手提式乳品成分分析仪样机，可以分析乳糖和乳的温度；初步设计了由染色、计数两步组成的原料乳中体细胞分析系统。

（二）现代奶业生产技术集成与示范

北京：示范区16 000头成母牛2003年头年产达到8 500千克，其中305天产奶量9 500千克以上的核心群母牛头数将达到6 000头。参加DHI测定的奶牛总数为12 000头，选育后备种公牛53头。北京奶牛中心种公牛占生产优质公牛冻精225万剂，生产优质组合胚胎5 035枚，已移植4 824枚，受胎率为50.1%。示范区8 700头奶牛实现TMR饲养。示范区内牛奶体细胞数控制在30万以下，牛奶细菌数在10万以下。30个规模化牛场初步实现了网络化管理，3个牛场实现智能化管理。建立苜蓿生产基地10万亩，推广小黑麦和饲用玉米二茬轮作种植模式5万亩；生产配合精饲料5.5万吨。修订完成高产奶牛饲养管理规范，制定奶牛生产技术标准21大项837小项，推广新技术、新工艺13项。邀请国内外专家进行了72次奶牛技术知识培训，参加培训人次达到7 100人次。完成相关产品的HACCP体系的技术文件编制工作和认证辅导工作，完成了ESL奶加工技术中试研究，开发了低乳糖奶、高钙奶、早餐奶等新产品，完成了3种鲜干酪和重制干酪的小试研究工作，购置了重制干酪全套生产线。

上海：示范区存栏奶牛30 000头，平均单产达到8 800～8 900千克，其中核心牧场达到9 800千克；目前存栏公牛达80头，引进公牛30头，生产优秀奶牛胚胎2 000枚，DHI推广测试牛头数2.0万，引进优质胚胎150枚，举办了24次DHI推广培训班，受训人数达800人。研制推广奶牛抗热应激预混料（商品名为8112A），瘤胃保护性赖氨酸；通风喷淋系统的推广与应用能够降低牛舍温度3～5℃；建成了1万吨饲料添加剂预混料厂和2万吨混合精料加工厂；2003年底达到4 200头TMR饲养规模。采用信息化管理的奶牛头数增至3万头。建设了雨污分离系统。通过推广成功繁殖的综合配套技术使示范区的奶牛繁殖率达到80%。筛选了6个比较适宜在长江以南地区种植的紫花苜蓿品种，推广种植饲草累计946.67公顷。制定了严格的饲料质量保障制度，开展牛奶中残留青霉素类抗生素的快速检测和乳品加工厂安全卫生控制手段（HACCP体系）等方面的工作。进行长货架期液态奶加工技术、低乳糖奶、益智补铁强化奶等产品研究，开发新产品28个。

黑龙江：初步建立了东北农区奶业“公司＋基地＋农户”产业化生产模式，示范区良种奶牛存栏数达到8.65万头，成年牛平均产奶量达到6 520千克；乳脂率达到3.52%、乳蛋白为3.0%，奶牛繁殖率达到83%。培育年平均产奶量8 000千克以上的后备核心群母牛2 400头；鲜胚移植46头受体母牛，受胎率为58.7%。建立苜蓿生产基地11 500公顷，青贮玉米生产基地达到40 900公顷。生产精料补充料达到10万吨。

河北：登记年平均产奶量6 500千克以上，乳脂率3.4%以上的达标母牛3.1万余头。累计胚胎移植1 528头，其中鲜胚移植受胎率53.1%，冻胚移植妊娠率34.2%。人工授精受胎率达到76%。生产推广泌乳期精料配合饲料及浓缩料近5万吨，配合饲料入户率达到了86%。首次设计出北方农区奶牛小区规范化管理软件。已完成苜蓿生产基地建设1.5万公顷，青贮玉米生产基地1.48万公顷。筛选出适合华北农区种植的苜蓿品种2个、青贮玉米品种2个。奶牛发病率16.2%，死亡率5.8%。完成了高活性初乳片的配方和加工工艺的研究。采用离心方法可使原料乳中杂菌总数下降90%～98.5%，芽孢菌数量下降95%～99%。在华北农区建立起综合配套社会化服务体系、“公司＋基地＋农户”的奶牛养殖小区生产模式，示范基地的机械化挤奶设施率达到73%。

新疆：核心高产奶牛存栏10 100头，奶牛平均单产在7 000千克以上，繁殖率80%以上。生产高产良种奶牛胚胎14 000万枚，移植完成10 200枚；生产冻精46.2万剂；制作性别鉴定胚胎500枚，移植300头。筛选出适合本地的优良苜蓿、青贮玉米、饲草和复播玉米品种各1个，建立了33.33公顷苜蓿原种和30公顷青贮玉米的原种栽培示范基地、300公顷苜蓿和200公顷玉米的核心示范基地，推广“新苜1号”1.5万公顷、“华玉五号”1.2万公顷，制定出《优质草料收获及加工技术示范规程》。建成年加工能力达6万吨饲料厂。现场操作培训基层站技术人员25次110人次，完成奶牛结核病检测6 407头，布病检测6473头。开工建设年加工生产能力10万吨乳制品生产线，同时全面启动GMP生产、ISO14000和HACCP质量体系认证工作，建成了UHT乳品加工生产线，日加工处理鲜奶200吨，投资兴建了日处理鲜奶200吨的奶粉生产线。开发出具有西北特色的哈密瓜风味酸奶和枸杞保健奶等新品种。先后投资建成奶牛养殖小区35个，机械化挤奶率已达到80%以上。

江苏：对“奶牛辅助选育系统软件”、“药物残留检测方法”两项目申报了专利，制定了“中国荷斯坦奶牛良种登记规范”和“规模奶牛场建设规范”两项省级地方标准。建成了一个液态奶年加工能力达到20万吨的乳品加工示范基地和一个饲养规模1 500头的现代化优质奶牛养殖基地，扩建了一个年加工能力为4万吨的奶牛配合饲料加工厂；建设了6个有代表性的规范化奶牛养殖基地，奶牛饲养量6 500余头。奶牛线性外貌评定3 000头次，DHI测定3 000头/月，订购进口冷冻胚胎600枚，建成进口胚胎受体牛隔离场一个，移植IVF冻胚60枚，21天不返情率50%。奶牛场电脑辅助选种与管理系统已经在6个场应用。扩建年产4万吨的奶牛配合饲料生产厂，在3个场实现TMR饲喂。筛选出黑麦草、苏丹草、杂交狼尾草、紫花苜蓿等4个牧草品种，种植面积4千公顷。开发完成1套奶牛喷淋设备和控制设备，开发了2个抗热应激特种饲料。开发了具有降血压效果的新型乳制品3个。建立了14种有机磷、有机氯、拟除虫菊酯类农药残留的GC－ECD快速检测方法；分离到34株不同乳房炎病原菌菌株；开发出2个乳房炎防治的药物。

内蒙古农牧交错区：已培育和引进高产核心母牛500头，并已拥有种公牛25头。年内共计生产优质高产奶牛冻精20万剂，开展1 000头奶牛的DHI工作。共进行玉米青贮示范400吨，玉米秸秆微贮示范400吨，玉米秸秆微贮加尿素示范200吨，推广青微贮9 800多吨，建设安装一套年生产能力达到12万吨的现代化奶牛精饲料生产线，示范基地共引种苜蓿品种7个，引种饲用玉米品种多个，种植示范面积达91.93公顷。建成了占地面积66.67公顷、可容纳60个养牛户的示范牧场；示范区建设了40个养殖小区，新增奶牛25 052头。开办技术培训班35期，编写了8万多字的培训教材一本，参与培训的奶户达1 200人次。奶牛信息管理系统的硬件设备已全部到位。在示范区开展了共计1 000头奶牛的布病、结核病检疫工作，对部分奶牛示范地区的奶牛乳房炎、子宫内膜炎进行了流行病学调查，初步筛选出对引起乳房炎和子宫内膜炎的病原菌有抑杀作用的有益微生物10株。

内蒙古牧区：组建了3个品种核心群，登记基础母牛11 882头，对登记个体实施个体选配，利用人工授精技术冻配近10万头，开展胚胎移植458头。对奶牛进行模式化分群饲养，设计不同规模、不同地区的标准化牛舍建筑方案，制定不同类型的牛群的放牧制度。建植人工草地8 163.86公顷，治理退化草地266.67公顷，种植饲料田9 099.27公顷，生产奶牛配合饲料1.36万吨。并对示范区的奶用牛的重点疫病情况进行了全面普查，建立疫病防治制度；大力开展技术培训，先后举办各类技术培训班15次，培训人员达1 400多人。开发新产品3个，新增液态奶生产线20条，日处理鲜奶能力增加600吨；通过示范区奶源基地建设和集成应用各项技术，使示范区奶牛平均生产水平提高了15%，整体生产能力翻了2番。

山东：DHI测定成年母牛1 200余头，建立8 000千克以上高产奶牛核心群800多头、登记良种奶牛3 300余头，获得可用胚胎400多枚、移植胚胎362枚，已知的鲜胚妊娠率55%，冻胚妊娠率30%，出生移植牛200头。完成了专用青饲玉米新种植搜集工作，培育高粱苏丹草杂交种1个，建立苜蓿高产示范面积达到4 300公顷，饲用玉米高产示范面积达到4.2万公顷。制定了原料奶和液体奶HACCP全面品质管理体系。举办奶牛培训班8期，培训技术人员及奶农700余人次。研制成功了奶牛细菌性主要疾病（乳房炎、子宫炎、蹄炎和肺炎等）高效治疗药物，已申请国家发明专利（专利申请号031125662）。制定奶牛场排泄物无害化处理设施建设规划方案、奶牛场环境监控技术体系。

陕西：初步建立了早期胚胎的性别鉴定体系，已经生产细管冻精16万支，完成胚胎移植1 000枚，鲜胚移植的成功率平均达到56%以上，冻胚移植成功率达到40%以上。开发出饲料添加剂和饲料配方2个，生产奶牛优质饲料6万吨。筛选出优质苜蓿品种3个，高产青饲多汁牧草菊苣1个，青贮用饲料作物高丹草1个，配套苜蓿生产基地1 000公顷，青贮玉米1万公顷。具备制作鲜奶质量快速检测试剂盒的基本条件。选育出6株符合条件的酸乳发酵生产菌株，选出了5组益生菌抗热保护剂组合；研制出的液态食品运输车（奶槽车）系列已通过了中国质量认证中心强制性产品认证，并颁发了CCC强制性认证产品证书；建成日处理鲜奶500吨的乳酸菌系列产品生产线1条，开发出具有西部特色的知名奶产品2个，新开发产品11个，建立中试生产线1条，引进国外20条先进生产线，研究制定技术标准1项，技术规程8项。示范区良种奶牛达到了1.5万头以上，其中单产在8 000千克以上的核心高产奶牛4 000头，单产在10 000千克以上的高产核心群达到1 000头以上；建立奶牛示范小区30个，带动新建存栏1 000头良种奶牛养殖示范基地3个，现代化的机械挤奶站50个。

广东：研究制定了亚热带地区奶牛夏季抗热应激技术体系。完成了南方地区奶牛全混合日粮（TMR）的一号配方设计，对没有使用TMR的奶牛场也进行了全价营养的配方推荐，配制了适合南方饲料及气候特点的微量元素添加剂模式配方。制定了亚热带地区夏季奶牛补饲过瘤胃脂肪、赖氨酸和蛋氨酸的饲料配制方法。完成了以全株甘蔗为研究对象的新饲料、新工艺的研究与开发工作；对优良饲料新品种华农一号青饲玉米进行了研究，每公顷用种量仅为 9～11.25 千克，平均每公顷产量 180 吨。提出了在奶牛场注重使用药物诱导的定时发情、定时配种这一成熟技术，每一头份仅为 10 元左右。

安徽：新建了占地 6.67 公顷的现代奶牛养殖示范小区，饲养规模为 1 000 头，实行管道挤奶，进区农民 60 户。引进美系奶牛胚胎 400 枚，冻精 2 000 支，移植胚胎牛 30 头，移植受孕率达 63.3%，产犊成功率 57.7%。完成紫花苜蓿的引进栽培；在皖西学院动物科学与技术系开设了“奶牛大专班”，组建了“为农奶牛技术服务有限责任公司”。

宁夏：制定了 6 个示范奶牛场的选种选配方案，引进国内外优秀冻精 5 000 支，选配改良示范场母牛 1 650 头，进行了科学合理选择示范推广点 11 个，示范点奶牛存栏 4 895 头（成母牛 3 175 头）。调查证实了宁夏地区奶牛存在硒、碘、铜和维生素 A 不足。制定了对主要疫病的免疫接种程序；通过加强挤奶卫生、规范挤奶方法和结合应用非特异性免疫增强剂，使乳房炎发病率降低。开发具有民族和地域特色的新型系列枸杞乳制品。

福建：已建立 2 780 头现代化奶牛饲养示范区，305 天产奶量平均达 6 500 千克，乳脂率为 3.51%，乳蛋白率为 3.15%，并建立了 1 306 头，305 天产奶量平均达 7 000 千克以上的高产核心群。胚胎移植试验平均每头获得 5.63 枚胚胎，共移植冷冻胚胎 447 枚，经验胎的妊娠 121 头（32.53%）。制定了挤奶工艺、奶牛保健、牛群管理、育种、繁殖、饲养、防疫等六项技术规范（草案），并在 34 个现代化奶牛场试行。建立了优质饲草生产基地 2 000 公顷。

四川：示范区新建试验牧场 1 个，新建奶牛小区 79 个，投入使用的 50 个；示范区奶牛饲养规模 25 000 头，良种登记 6 000 头，改良低产牛 5 000 头；奶牛群体产奶量 4 235 千克；核心群规模 3 000 头，泌乳期产奶量 7 210 千克；建成年生产 5 000 枚胚胎的移植中心 1 个，新增胚胎移植奶牛 276 头，培育美国胚胎移植公牛 5 头。收集国内野生牧草种质资源 555 份，筛选出牧草新品种（系）6 个，牧草示范基地 3 333.3 公顷，全省示范推广种植优质牧草 18.33 万公顷；研制出畜用营养舔砖、兽药新产品—虫净灵各 1 个；开发液态奶新品种 5 个，功能型乳制品 3 个；已得实用新型专利 1 项。“宝兴鸭茅品种选育及配套技术研究”获 2003 年四川省科技进步二等奖。

（科技部农村与社会发展司农村处　魏勤芳）

“十五”奶业重大科技专项进展

大力发展奶业，对巩固和加强农业基础地位、加速农业结构的优化和调整，促进农业增产、农民增收，增强国民经济的整体实力和提高国民身体素质具有十分重要的意义。对于我国全面建设小康社会、促进社会可持续发展的现阶段目标和历史任务，也有深远的影响。因此，在当前和较长的一段时间内，奶业仍将是我国农业中重点发展的产业。大力发展奶业科技是关键，奶业科技对奶业发展中具有举足轻重的地位和作用。为了推动我国奶业科技进步，“十五”期间国家将奶业科技列入重大科技专项，从共性关键技术和技术集成示范两方面进行系统部署，致力于攻克一批我国奶业发展急需的关键技术，以期提升我国奶业发展的技术支撑能力，推动建立现代奶业生产模式。自 2002 年奶业专项实施以来，在各课题承担单位的共同努力和地方相关部门的配合下，专项各项工作基本按计划顺利进行，取得一系列重大技术性突破。

1. 奶牛性控胚胎技术体系的建立　针对我国奶牛良种覆盖率低，总体遗传素质和平均生产水平差的问题，奶业专项在共性关键技术研究领域安排了“奶牛快速扩繁关键技术研究与产业化开发”课题，旨在奶牛良种繁育体系关键技术和胚胎工程、分子遗传学等高新技术在良种繁育中的应用等领域开展攻关研究，并应用这些技术，在我国奶牛群中成批地培育和选育优良种牛，以期实现不断提高全国奶牛群整体遗传素质质量和良种覆盖率的目的。

该课题以中国农业大学、北京奶牛中心、新疆畜牧科学院等单位为主体，通过科技攻关，建立了我国奶牛胚胎移植产业化技术体系，形成年产 2 万枚以上优质高产奶牛胚胎的生产能力，胚胎移植技术水平和产业化程度达到国际先进水平。但由于以超数排卵为基础的胚胎移植技术体系在产业化生产中显现出成本高，且在获得的胚移后代中有 50%是不可利用的公牛的缺陷，由此直接影响到胚胎移植对良种扩繁的作用。为此，课题组将已经成熟的和即将成熟的胚胎工程技术，诸如活体采卵、卵母细胞体外培养和体外成熟、XY 精子分离、体外受精、受精卵体外成熟等技术组装集成，形成了“奶牛性控胚胎生产技术体系”。

该技术体系的路线是，采用流式细胞仪分离将 XY 精子分离，获得仅带有 X 染色体精子的精液，同时采用活体采卵技术，采集的高产供体奶牛卵母细胞，经过体外成熟培养后，将 X 精液与成熟卵母细胞体外受精，为了节约精液的消耗量，可在体外受精时采用单精注射技术，对受精卵再经过体外培养，使之发育成雌性胚胎，最后通过胚胎移植生产所需要性别的牛犊。

通过上述技术体系生产性控胚胎，即可有效控制后代性别，获得预期性别的后代，大大降低胚胎生产成本，提高胚胎移植产业化的效率，这项技术在奶牛生产中开发应用，将给奶业（特别是奶牛业）的发展带来巨大的推动作用，因此奶牛性控胚技术在国际上是当前重点发展的新胚胎工程技术。

2. 天然共轭亚油酸（CLA）牛奶生产技术　近 10 年的医学研究实例表明，共轭亚油酸（Conjugated linoleic acid，即 CLA）具有抗癌、降低动脉硬化、减少糖尿病发生等多种生物学功能。美国国家研究委员会

(NRC，1996）已把CLA列为惟一具有抗癌作用的动物源脂肪酸。牛奶是CLA的主要天然来源，但普通牛奶中CLA的含量极低，我国人均每天CLA的摄入量不足5毫克，达不到每天300毫克以上的有效剂量。因此，CLA牛奶的研究开发对人类健康的潜力和意义十分巨大，并已成为近几年国际研究的前沿。

专项课题承担单位中国农业科学院畜牧研究所应用现代生物技术，通过调控奶牛饲料营养和功能基因等CLA生物合成的关键环节，开发了集CLA定量检测、奶牛个体筛选和日粮营养技术等一体化的CLA牛奶生产整套技术。

课题组系统研究了不饱和脂肪酸在瘤胃内的氢化机理及组织代谢规律，营养平衡模式对CLA合成的影响和奶牛CLA合成酶功能基因表达差异。研究发现了CLA的合成及其进一步代谢的新理论。通过应用现代分子生物技术，调控奶牛饲料营养和参与牛奶CLA生物合成过程关键酶功能基因等环节，开发了CLA定量检测技术、奶牛个体功能基因筛选技术、日粮营养技术（瘤胃内氢化调控技术、营养平衡技术、CLA合成酶调控技术等）和规范化饲养的关键技术，经过整合组装并应用于CLA牛奶生产，经3个月的系列检测，证明牛奶中的天然CLA含量可以提高10倍以上，达到每100毫升牛奶含CLA60毫克以上，同时提高了牛奶中n－3族不饱和脂肪酸的含量，降低了饱和脂肪酸的比例，产品质量稳定，具有营养和保健的双重功效。

3. 优质饲草产业化生产与加工技术体系　以甘肃农业大学和中国农业科学院为主要承担单位的“优质饲草高效生产关键技术研究与产业化开发”课题，针对我国奶牛饲草生产和加工中存在的关键技术问题，结合农业结构调整和生态环境建设的需要，从苜蓿新品种培育、良种扩繁、苜蓿产业化生产、收获加工、青贮等方面开展联合技术攻关，为我国不同区域奶业生产提出了优质饲草高效生产的关键技术和配套技术体系。

培育“草原3号杂花苜蓿”和“天蓝苜蓿”优良苜蓿新品种，并通过全国牧草品种审定委员会审定。筛选出一批抗旱、耐寒、长穗、低纤维等优异育种材料和适合不同区域栽培的优良苜蓿品种。系统研究苜蓿种子田丰产技术并进行组装集成，在甘肃、内蒙古等地建立苜蓿良种繁育基地600公顷，推广3 000公顷，年产苜蓿种子400吨。在东北、西北、华北、黄淮海等地区进行苜蓿产量构成要素、养分需求、需水规律、水肥耦合等研究和示范，建立苜蓿高效生产示范基地6万公顷，种植优质饲草24万余公顷。研究苜蓿低损高效收获加工技术，取得微生物青贮添加剂应用新技术、天然乳酸菌接种剂——绿汁发酵液、优质苜蓿种子生产专用肥、苜蓿叶蛋白提取新技术等成果。为示范区的优质饲草生产提供高效的综合生产技术和技术支撑。

4. 新型乳品包装设备国产化开发　包装成本占乳制品成本的较大部分，由于我国全自动成套包装设备长期依赖进口，设备和包装材料成本居高不下。因此，自行研制包装速度快、计量精度高、工作状态稳定的新型全自动乳品包装设备，是降低乳制品加工成本的重要措施。由黑龙江省乳品工业技术开发中心和杭州中亚机械有限公司开发研制的、具有我国自主知识产权的全自动充氮奶粉包装机和全自动无菌灌装机两套设备，填补了国内该领域的空白，以其成本低而性能稳定的特点在国内市场站稳了脚跟，对进口设备和材料形成巨大的冲击。

全自动充氮奶粉包装机吸收国际先进粉状物充氮包装机技术，结合我国乳粉生产实际条件，重点解决了进口包装机所不具备的颗粒细小奶粉在全自动充氮包装过程中的“粘粉”问题。完全实现了设备国产化，市场售价不到进口同类设备的1/2。目前已经在完达山乳业投入使用，实现了国产奶粉在应用我国自主技术提高包装质量方面新的突破。

全自动无菌灌装机适用于无菌奶、果汁、花色奶、饮料等产品的无菌软包装，包装形式具有扁平袋和立式袋两种功能，生产能力为6 000袋/小时，灌装精度误差小于±1%。设备综合性能接近国际同类设备先进水平，属于国内领先，销售价格仅是进口设备的1/3。目前该系列设备已销往国内各大乳品企业，销量超过200多套，设备整体运行平稳可靠。

5. 新型乳制品加工技术与产品开发　针对我国乳制品种类单一，高档产品缺乏等问题，参加奶业重大专项的各大企业和乳品加工有关研究单位共同开展了新型乳制品的研制开发。目前我国乳品市场上乳制品种类趋于丰富、功能性产品层出不穷。

黑龙江省乳品工业技术开发中心和黑龙江乳业集团完成了驱铅奶粉、苯丙酮尿症患儿奶粉、亚油酸强化MCT奶粉等功能性奶粉的研制。龙丹、三鹿和完达山分别针对孕妇、高血脂和高血压人群开发出“孕宝”、“惠之乐”和“压乐”三种功能性奶粉。应用TG酶蛋白交联技术、干酪快熟技术、干酪发酵优良菌株筛选等技术，研制开发系列干酪产品，各乳品企业均具备了一定生产能力，目前已经向市场上尝试性推出相关干酪产品。初步构建了发酵乳制品的乳酸菌菌种资源库，累计将筛选出50种适合乳品生产使用的优良菌株。开发了利用酶水解技术生产婴儿代乳品、降血压肽等产品；建立了膜过滤技术生产长货架期（ESL）保鲜奶的生产工艺和生产线。

6. 原料奶及乳制品的质量监测技术体系建立　研究确定了原料奶快速检测系列技术：刃天青还原法快速监测细菌总数，PCR法快速检测大肠杆菌，液相色谱、胆碱酯酶和免疫检测方法快速检测农药，免疫检测方法快速检测青霉素，毛细管点色谱检测方法快速检测多种抗生素。调查研究明确了金黄色葡萄球菌和志贺氏痢疾杆菌是我国主要的污染致病菌，嗜冷菌污染大多来自榨乳过程各个环节。

应用还原法原理设计颜色辨别装置进行细菌计数，开发了成本低廉、快速准确的“乳细菌总数快速检测仪”，仪器采用计算机建模技术，具有可延伸为在线检测的优点，为企业赢得时间，降低检测成本。应用超声波方法快速检测分析乳成分，生产出手提式“乳品成分分析仪”，一次性快速有效地检测牛奶、羊奶中的蛋白质、脂肪、非脂乳固体、密度、加水率、冰点和乳糖。应用单克隆抗体技术与ELISA技术，开发了针对原料奶中黄曲霉毒素M1的快速检测试剂盒，检测可在20分钟内完成，灵敏度为0.01纳克/毫升。这一系列原料乳质量检测的国产化仪器和试剂盒新产品，为保障乳品加工原料奶的安全和质量提供了技术依托。

7. 南方炎热地区夏季奶牛抗热应激综合技术开发 专项针对我国南方炎热地区奶牛饲养中普遍面临的奶牛热应激问题，在上海、福建、广东、南京和四川5个示范区均安排了奶牛夏季抗热应激综合技术的研究，经过近两年的联合攻关，目前形成了以生态型牛舍设计、牛舍强制通风除湿、牛体水雾喷淋降温、抗热应激饲料添加剂应用和特殊饲料配方调整等技术集成的“南方炎热地区夏季奶牛抗热应激综合配套技术体系”。

通过研究分析找到奶牛热应激的关键在于夏季白天的“辐射热”，广东示范区针对防辐射热问题设计出了南方热带、亚热带地区防暑、降温生态型牛舍（有侧墙和底窗，在奶牛舍的纵墙上按比例开设了中窗和底窗，中窗细长，底窗扁阔），能有效地阻挡热辐射，使空气在牛舍内接近地面1～1.5米的高度形成对流，同时形成风巷，提高风机的整体协同作用。

根据不同类型的牧场和牛舍，研究设计符合各自环境条件特点的牛场通风喷淋系统。上海示范区推广应用通风和喷淋装置，并在奶牛待挤厅也安装通风喷淋装置；部分牧场使用了屋顶喷淋降温设施，通过水帘将热量带走，测量结果表明可降低牛舍温度3～5℃。福建示范区研制出一套适合于高温高湿地区散栏式奶牛场使用的喷淋降温系统，在气温35～40℃、相对湿度65%～85%的情况下，奶牛舍采用喷淋降温系统，可降低奶牛体温（直肠温度可降低0.5～1℃），有效缓解奶牛热应激。

各示范区均结合自身饲料结构和奶牛群体性能特点，研究开发了多种营养调控技术，通过调整日粮配比，添加过瘤胃脂肪、高能量瘤胃保护性赖氨酸，补充烟酸、酵母铬、氨基酸铬等添加剂，添加$NaHCO_3$和MgO缓冲剂，提高K、Na、Mg和维生素A的供应量等手段，减少奶牛热增耗和营养负平衡，提高机体抗应激能力。部分示范区承担单位开发出了一系列奶牛抗热应激缓解剂产品，开始投入使用。

通过抗热应激技术的综合集成应用，取得良好效果。以上海示范区为例，2003年上海市35℃以上的高温天气超过40天，光明乳业所属的20 294头奶牛保持了成母牛平均单产8 619千克的水平，单产最高的牧场达到9 736千克。

8. 规模奶牛场智能化管理系统进入示范使用阶段 现代化、规模化、智能化是我国奶牛业的发展方向。通过国家多项奶牛专项项目的攻关，以北京三元集团有限公司和光明乳业股份有限公司为代表的现代化牧场率先采用奶牛个体识别系统、先进挤奶工艺和全混合日粮（TMR）饲喂工艺，结合电脑管理软件的分析系统，实现奶牛场自动化管理，大大提高了奶牛场的生产效率和生产效益，奶牛的泌乳性能和潜力得到充分发挥，奶牛的使用寿命得到延长。

高效快捷的智能化挤奶系统从奶牛泌乳的生理学特点出发，配置奶杯自动脱落系统、奶产量显示、计步器信息反馈和自动清洗系统等先进设备，科学地动态掌控牛群产量变化和控制生奶质量，对奶牛实施“牛性化”及“可度量化”管理。通过引进和开发各种专业奶牛场管理软件，集奶牛系谱管理、育种繁殖、生产管理、饲料配方等功能于一体，极大提高奶牛饲养的生产效率与过程化管理水平，并可以实现网络化管理，电子报表、数字传输、资源共享等大大提高了工作效率。推广全混和日粮（TMR）技术，精粗饲料的均匀采食保证了奶牛的瘤胃健康，分群管理、科学配方既满足了奶牛的营养需要，又节约了不必要的饲料成本，机械饲喂为提高劳产率、降低人工费用和减少管理的随意性提供了保障。

目前，在北京和上海两大示范区建成了5个奶牛智能化管理示范牧场，示范奶牛头数达到6 000头，实现了奶牛个体身份识别、牛奶计量、发情监测、乳房健康报告以及奶牛称重、分群等智能化管理。奶牛场自动化管理，大大提高了奶牛场的生产效率和生产效益，奶牛的泌乳性能和潜力得到充分发挥，奶牛的使用寿命得到延长。这些科学的手段和现代化的管理工具是我国奶牛业发展的未来，它将为市场提供高品质的奶源作保证，为奶牛场生产力的提高奠定基础。

9. “公司+农户+基地+集成技术”的技术推广模式显著提高了奶业生产水平 专项所设16个示范区课题中，经过技术集成，大部分已经建设成特色突出、对地方奶业发展拉动作用明显的示范区。截至2003年底已经落实示范牛群近50万头，辐射示范牛群200万头，参加DHI测定的奶牛达到8万头以上；推广种植优质苜蓿、优质青贮玉米近20万公顷；示范区2003年新建养殖小区105个，累计超过500个，“公司+农户+集成技术”的养殖小区模式在农区得到普遍推广，一些示范区已经发展了养殖园区、适度规模家庭农场的新模式；配合饲料的年生产量近55万吨，采用TMR饲喂技术的奶牛3.8万头；各公司开发上市新型乳品68个；奶牛年平均单产提高15%左右，北京、上海的成母牛平均单产超过8 700千克。

10. 以技术集成和服务为主要手段，形成了具有特色的奶业生产模式 建起了政府引导、企业主导、市场化运作的奶业产业化生产模式，以规范化管理、专业化技术服务、新技术高度集成为手段，形成各具特色的新型奶业产业化生产模式。

农牧交错示范区根据区域奶牛养殖特点，发展以牧场园区模式为主的奶源基地，是奶源建设的一种新的尝试和创新。采取“统一规划、统一管理、统一服务、统一防疫”现代化牧场管理模式的牧场园区，可以将各种现代化生产技术进行集成和配套，把奶牛信息化管理、精饲料生产配售、专业化技术服务等有机结合，对提高示范区整体的科学饲养水平，提高产业化程度和奶户养殖效益具有指导和示范意义，是将过去分散的小农户饲养向养殖大户、个体牧场过度的孵化器和培训基地。

北方大城市郊区针对规模化奶业生产特点，探索了贯穿“奶牛育种、饲养技术、乳品加工”产业链的现代奶业产业化发展“MOET＋EDTN＋ESL”三元模式。以MOET技术为核心的奶牛育种与快速扩繁手段加速了奶牛的遗传改良；以EDTN（奶牛环境、奶牛群改良方案、全混合日粮、网络化技术）为关键技术体系的奶牛饲养管理新理念给传统奶牛业带来了新的提升；以生产ESL奶为代表的乳制品加工工艺及产品研发技术将追踪世界乳品加工技术前沿。

南方大城市郊区根据城市发展要求，应用集成现代高技术，坚持少养精养，以追求经济效益为目标，探索了“高投入、高产出、高效益”现代化奶业发展模式。在发达城市郊区严格控制奶牛头数，以高产成母牛为主要养殖对象，集成现代饲养管理技术体系，重点追求高产量和高效益，将投入产出比不高的后备牛和低产牛转移至项目辐射区，既保证了大城市人群对高品质鲜奶的消费需求，又避免过多养殖给城市带来的生态压力。

福建示范区探索推行“公司＋规模牧场”链条式产业发展新模式，由企业投入资金控制和建设直属规模牧场。奶牛养殖场全面执行企业制定的标准，从饲料草种植和奶牛的营养均衡、挤奶工艺和牛奶离开牛体的品质控制、牛群繁育及牛群育种三个方面进行全程监控，保障原料奶的安全和质量；规模化饲养可实现生态的和谐，走可持续发展道路，促进农业产业化；由于掌控了奶源，企业在“前线”拼抢市场的时候就没有“后院失火”的后顾之忧，并具备长足的发展后劲。

华北农区根据传统养殖特点，采用企业投资、合作共建、股份制经营等多种方式，发展适度规模养殖小区模式。在这种实行统分结合经营模式下，责权利清晰，既促进了奶农的积极性，又发挥了集体经营的优越性，也鼓励了乳品加工企业的积极性。适度规模小区奶牛养殖的科技含量大幅度提升，组织化程度和劳动生产率得到改善，原料奶质量有保障，经济效益显著提高，农区农户养殖生产水平有了质的飞跃。

（科技部奶业专项管理办公室）

“北方大城市郊区奶业现代化生产技术集成与产业化示范”课题进展

由北京三元集团有限责任公司主持的“十五”国家重大科技专项“北方大城市郊区奶业现代化生产技术集成与产业化示范”课题，以奶业发展关键技术研究、集成、推广为核心，把良种繁育、疾病防治、饲养管理、奶牛生产机械化、智能化，优质饲草饲料产业化以及乳品研发、乳品安全检测体系建设等关键技术作为重点，紧密结合大城市郊区奶业的发展特点，集成先进实用技术，体现优质、健康、高效奶业生产的科技含量，建设有利于可持续发展和城市环保要求的奶业产业化生产体系，从而为北方大城市乃至全国奶业发展起到示范作用。项目实施以来，取得了大量阶段性成果，对推动了示范区奶业发展起到了辐射和拉动作用。

1. 课题紧密结合北方大城市奶业特点，采用现代奶牛饲养新工艺，打造优质、高效、环保的首都奶业 通过课题的实施使示范区奶牛养殖集约化程度有所提高，示范区的奶牛场平均存栏规模达到1000头以上，普遍采用散栏饲养、机械饲喂、集中挤奶等先进的饲养管理工艺。牛场环境与防疫，牛奶质量安全有明显改善；奶牛生产的机械化程度，劳动生产率有较大幅度的提高，奶牛单产及效益稳步增长，北方城郊型奶牛业的发展模式得以显现。

以改善奶牛环境为核心的饲养模式及工艺改造效果显著，已建成以散栏饲养、TMR饲喂、集中挤奶工艺为代表的大型现代化牛场6座，同时加大对老牛场的改造，为奶牛创造干燥、干净、舒适的环境。犊牛哺乳期单独管理、后备牛分阶段散放饲养、根据泌乳阶段和体况评分合理分群，科学投入为示范区奶牛高产奠定了基础。以全混合日粮（TMR）为核心的奶牛日粮调控技术保证奶牛精粗饲料的均匀采食，有利于瘤胃健康；分群管理、科学配方既满足了奶牛的营养需要，又节约了不必要的饲料成本；机械饲喂为提高劳产率、降低人工费用和减少管理的随意性提供了保障。以DHI测定为代表的奶牛生产数字化管理体系使管理更加科学。能度量才能管理，示范区牛场全部参加奶牛生产性能测定，通过DHI报告进行牛群管理，牛奶体细胞、脂肪蛋白比、高峰日及峰值奶、产奶持续力等指标已作为管理的重要参数和班组考核指标。同时BMT测定、奶牛体况评分、后备牛体尺体重评价体系等数字化管理手段为科学决策提供依据，减少了以往管理的随意性和盲目性。依靠现代计算机技术、机械技术、信息技术改造传统奶牛，示范区32个奶牛场已经实现了网络化管理，4个牛场实现智能化管理手段。

2. 高产核心牛群选育与快速扩繁技术加速了奶牛遗传改良 示范区19 800头成母牛参加了DHI测定，完成课题总目标的110%，利用DHI测定数据，加强牛群选育，同时有效的指导奶牛生产，提高管理水平。2003年度示范区成母牛头年单产达到8 545千克，乳脂率达到3.6%，乳蛋白率达到3.0%，牛奶体细胞（SCC）低于30万以下，牛奶细菌数（TBC）低于10万以下。示范区的中以示范牛场、奶牛中心良种场奶牛平均单产突破10 000千克。

2003年引进和选育后备种公牛53头，其中已有20

余头参加了中国奶协组织的全国联合后裔测定，遗传优势明显。将对北京市乃至全国荷斯坦奶牛群的改良发挥重要作用。同时，2003 年生产销售优秀种公牛冻精 276 万剂，产销量居全国第一，预计 2004 年将有 40 万～50 万头优良后代出生。北京奶牛中心作为“农业部万枚高产奶牛胚胎移植富民工程”的实施单位，与本课题实施内容紧密配合，充分利用示范区良种奶牛遗传资源，与国内外优秀种公牛经科学选配，生产优秀组合胚胎，在北京市乃至全国进行移植应用，项目实施以来累计生产优质组合胚胎 16 376 枚。示范区优质的奶牛遗传资源与科学的选育技术，不但为提升示范区奶牛生产效率起到了积极作用，而且在全国范围内极大地加速了奶牛的遗传改良。

3. 围绕推广 TMR 饲养工艺，合理利用开发饲草饲料资源，促进京郊农牧种养配套，保障协调发展和农民增收 目前示范区 32 个奶牛场，3 万多头奶牛全部采用 TMR 饲养工艺。从奶牛的分群、配方的设计、日粮的制作、机械设备维护、配套设施等建立了一套科学实用的“奶牛全混合日粮（TMR）饲养技术标准”，并在示范区牛场实施。特别是解决了部分牛场传统舍饲条件下的 TMR 工艺应用方式，是现代奶牛饲养技术与示范区具体实际相结合的一次创新。TMR 饲养工艺的应用保证了奶牛的瘤胃健康，牛奶产量、质量稳步增长，饲料成本下降，劳动效率明显提高。

以 TMR 饲养技术为核心，示范区奶牛配合饲料、奶牛添加剂的使用得到普遍推广。泌乳高峰期、中后期、干奶期、后备牛阶段以及夏季降低奶牛热应激的专用系列预混料的开发应用，为示范区奶牛健康高产起到了明显的作用。引进利用犊牛代乳粉、矿物质营养舔块、青贮酶制剂、有机矿物质添加剂等有效地提高了饲料的利用率，增加了牛奶产量。

优质牧草是高产的基础，示范区奶牛年苜蓿干草饲喂量超过 3 万吨，推广青饲玉米与小黑麦两茬种植模式达到 6 667 公顷，优质青饲玉米新品种在示范区及京郊得到普遍应用，有效地拉动了京郊农业产业结构调整。

4. 完善奶牛卫生防疫体系，实现示范区牛群健康，保证食品安全 在示范区普遍推行奶牛场卫生保健技术规范，加强防疫基础设施建设，完善防疫体系。引进细菌鉴定和药敏测定仪、PCR 仪、倒置显微镜等先进仪器设备，建立高水平的疫病诊断中心，开展奶牛主要疫病的诊断和监测工作，提高奶牛场预防重大疫病发生的能力。示范区无国家规定的一、二类疫病发生。

在奶牛常见疾病方面，开展奶牛乳房炎综合防治技术的研究。培养分离出奶牛乳房炎主要致病菌，通过药敏试验，对不同的致病菌筛选出疗效显著的治疗药物，提高示范区奶牛场乳房炎的诊疗水平，临床性乳房炎的治愈率提高了 8%。奶牛蹄底溃疡发病机理的研究取得新的突破，研究证明奶牛血液和瘤胃液内毒素和组织胺含量增加、某些微量元素和含硫氨基酸缺乏或不足，是引起蹄底溃疡发病的主要因素。结合不同治疗手段的比较研究，在国内首次提出奶牛蹄底溃疡发病机理及综合防治措施。

5. 完善乳制品生产的安全管理体系，加快具有自主知识产权新产品的研发，提高企业竞争力 以液态奶、酸奶为主的乳制品生产 HACCP 体系已通过认证。在国内首次利用陶瓷膜、脉冲反洗、切向恒流的微滤工艺，合作设计与制造了陶瓷膜微滤除菌机组，细菌降低 99.99%以上，建立了 ESL 奶中试生产线，系统进行了 ESL 奶生产全程加工工艺和技术体系的研究，确立了最佳工艺条件和设备选型。产品低温保藏实验表明：其保质期可达到 1 个月以上。日加工能力 100 吨 ESL 奶生产线已完成设计、安装调试与试生产，产品包装设计与上市前的准备工作已准备就绪。并申请通过了两项国家发明专利。

完成了益生菌优良菌种的分离、筛选及生理保健功能的研究，为工业化生产做准备。分离纯化和鉴定了 30 多株益生菌及其他乳酸菌，采用 API 系统鉴定已分离的菌种，其中嗜酸乳杆菌 5 株、副干酪乳杆菌 2 株、植物乳杆菌 5 株、双歧杆菌 4 株及其他乳酸菌 18 株以上。确定了优良菌株筛选的基本方法，并完成优良性状的筛选工作。已开发出益生菌酸奶、益生菌酸奶饮料、益生菌奶粉等益生菌类产品，其中儿童酸奶已上市。并申请通过了 3 项国家发明专利。

低乳糖奶、高钙奶、早餐奶等新产品的研发、生产和上市。完成 UHT 低乳糖奶的褐变抑制技术的研究，并申请通过了 1 项国家发明专利，制定了相关指标的测定方法，如液相色谱法测定 HMF（羟甲基糠醛），色度仪法评价褐变程度。生产上市了“莱康”牌 UHT 低乳糖奶、锌铁强化奶、高钙奶、佳纤奶、强化乳酸饮等产品，产生了较显著的经济效益和社会效益。

军用奶、肿瘤病人肠内营养制剂的研制与开发。为适应部队特殊要求，采用部分脱脂、浓缩、UHT 杀菌工艺和乳糖酶解技术，生产出了针对性强、便于贮存、携带、分发，而且口感好、安全性高的常规军用奶和战备奶，并将于 2004 年年底通过产品鉴定。针对肿瘤病人营养状况和特殊代谢特点的需求，确定了一系列以乳为载体的肠内营养制剂配方和生产工艺，开展了该类产品的动物实验和临床实验的功能性验证。

建立了日产 10 吨重制干酪生产示范线及莫扎瑞拉（Mozzarlla）干酪加工中试生产线。重制干酪是中国人接受的干酪制品主要品类之一，重制干酪生产示范线的建立是推广奶酪消费的有效途径。日产 10 吨重制干酪生产线已正式投入生产，已开发上市涂抹干酪系列 3 个品种。

6. 课题的实施拉动了京郊奶业发展，起到了较好的辐射作用 奶业科技专项的实施加快了奶牛服务体系的建设和奶牛生产技术成果向京郊乃至全国推广转化的力度。课题实施以来先后在京郊大兴、顺义、延庆等奶业优势区域推广了奶牛良种选育、饲养管理技术、奶牛疾病防治等为核心内容的高产奶牛饲养技术，使项目辐射区奶牛生产效率明显提高，集约化程度显著加强，辐射区奶牛场平均饲养规模由项目初期的60余头提高到200多头，奶牛平均单产由5 800公斤提高到6 460千克。同时向河北、内蒙古、山东等北方奶牛重点养殖区域推广现代奶牛饲养技术，举办奶牛培训班72期，编印发放培训材料与技术规范5 000余份，使北方大城市奶业科技专项的阶段性成果在辐射区和北方地区得到广泛采用。

2003年与北京市奶业协会合作，在国内率先启动北京奶业状况调查，通过制定普查细则、培训、发动，深入农户小区，660人次参与调查，调查312个奶牛小区，3 500个奶牛养殖户，并且在市农委的直接领导下出版了《北京首次奶业产业普查资料汇编》，对掌握北京奶业发展状况，科学决策起到了重要作用。在项目带动下，北京市奶牛良种登记工作正在全面展开，包括示范区牛场在内的43个试点牛场，近5万头良种奶牛已经登记造册，此项工作，对完善京郊奶牛繁育体系，科学选育，提高京郊奶业的生产效率极有深远的意义。

7. 课题的实施取得了一系列重大成果和技术突破 其中北京奶牛中心主持的“应用胚胎生物技术建立高产奶牛繁育体系和生产体系”课题，经专家鉴定总体达到国内领先水平，某些方面达到国际先进水平，获2003年度北京市科学技术奖二等奖；北京奶牛中心种公牛站承担的“改进牛冷冻精液生产工艺的研究与应用”课题，通过加强种公牛的饲养管理，改进采精工艺，调整冷冻平衡时间等措施的研究与应用，显著提高了冷冻精液的生产质量和生产能力，经专家鉴定总体达国内领先，其中在冷冻工艺方面达到国际先进水平，获北京市科学技术奖三等奖。

三元绿荷奶牛养殖中心主持的“奶牛优质高产生产技术推广”与三元集团畜牧兽医总站承担的“奶牛乳房炎综合防治技术试验示范”，在实施过程中紧密配合、相互衔接，覆盖牛群60 000头，成母牛头年单产提高500千克，产生了显著的经济效益，顺利通过专家验收，获北京市农业技术推广三等奖。

示范区标准化体系建设成效显著，三元绿荷奶牛养殖中心和北京奶牛中心的企业标准化体系建设已顺利通过北京市质量技术监督局评审和验收。示范区中以示范牛场、沧达福等12个牛场被评为北京市农业标准化生产示范基地，有8家奶牛场被中国奶协确定为全国奶牛养殖示范场。

课题实施以来，与共性技术紧密配合，对苜蓿高产栽培技术、苜蓿干草和青贮调制技术以及优质牧草对奶牛的饲养效果等方面进行了深入的研究；用“牧草＋精料”模式取代传统“秸秆＋精料”模式，从而在改进高产奶牛饲料结构以及牧草产业化生产等方面已取得了阶段性突破。奶牛新型饲料开发取得新进展，已经开发出奶牛专用饲料产品两个，其中高产奶牛高能、高蛋白核心补充饲料“乳倍利”已申报国家专利。

到目前为止，乳制品加工方面通过与共性技术课题结合，在建立乳制品生产的HACCP体系；ESL奶、干酪生产示范线；液态奶、干酪新产品的开发；益生菌筛选、鉴定及功能性研究等方面取得了的重大突破与进展，并取得了五项专利。液态奶和酸奶生产的HACCP体系已通过权威机构认证；在国内首次设计开发了自主知识产权的ESL奶的加工技术，并设计制造了陶瓷膜微滤除菌机组；建立了一条目前国内最大的重制干酪生产示范线及国内第一条Mozzarella干酪中试生产线，在益生菌生理保健功能如益生菌吸附能力、抗幽门螺杆菌、降低胆固醇等的研究中取得较大进展，完成设计开发，新产品已经上市；新产品低乳糖奶已上市，军用奶、肿瘤病人肠内营养制剂的已成功中试，预计于2004年底鉴定及专利申请。

总之，“十五”国家重大科技专项“北方大城市郊区奶业现代化生产技术集成与产业化示范”课题实施以来，按进度圆满完成了合同书规定的计划内容，并且在诸多方面提前完成任务指标，取得大量阶段性成果，推动了示范区奶业发展，并对北京乃至全国奶业发展起到了积极的辐射和拉动作用。

（北京三元集团有限责任公司　范学珊　乔　绿）

国内外奶业科技对比分析

奶业在国际农业中一直是处于非常重要的位置，目前世界奶业总产值占农业总产值的平均比重约为20%。因此，全世界对奶业生产都给予了极大的重视和投入，并不断开展奶业科技研究和开发，1993－2003年，全球奶类产量以平均年递增1.4%的速度增长，从1993年的5.28亿吨增加到2003年的6.00亿吨；其中亚洲国家增长最快，从1993年的1.32亿吨迅速增加到2003年的1.85亿吨，平均年递增速度超过4%。

高产、高效、安全、优质是国际奶业科技发展的方向，以美国为代表的奶业发达国家就是依靠集成式的科技进步，走少养、精养、集约化的道路，在奶牛存栏数下降的前提下依然保持牛奶总产量的持续增长。1964年美国存栏奶牛1 460万头，平均每头年产奶3.6吨，至2003年存栏奶牛908万头，平均每头年产奶8.5吨，牛奶总产量保持在7 700多万吨，其中40%的产量来自于存栏200头母牛以上的规模化奶牛场。

国际奶业科技的进步是全方位的，从遗传育种、饲料饲养、牧草供应、乳品加工、卫生保健和质量安全监测等方面都取得长足快速的发展，尤其是生物技术和信息技术的介入更推动了奶业科技产生质的飞跃。我国奶业科技总体水平与世界先进水平尚存在较大的差距。

（一）奶牛良种繁育技术

1. 遗传育种技术　遗传育种技术是奶牛业发展的重要推动力量。半个多世纪以来，各国育种学家应用遗传学理论和方法，形成了一套科学有效的奶牛群体遗传改良技术体系，包括：严格规范的个体生产性能测定技术体系、牛群定期的良种登记和培育选育高产奶牛育种核心群、通过后裔测定和相应的一串评定技术选育优秀种公牛、广泛应用人工受精技术通过优秀种公牛实现奶牛群体整体的遗传改进。美国和加拿大通过启动该技术体系为基础的“牛群遗传改良计划”，经过近50年的努力，已经育成世界上最好的奶牛群。美国自1953年开始实施奶牛遗传改良计划，品种以大体型奶牛专用品种荷斯坦牛（黑白花）为主，占全国90%以上，屡创个体高产世界纪录，1997年最高产母牛第二泌奶期365天产奶达到30 833千克。

我国自新中国成立以来，育种工作者重点进行了奶牛品种改良和新品种培育工作，经过几代人的努力，到1986年培育出了“中国黑白花奶牛”新品种；并利用人工授精技术在全国进行大面积改良，增加了奶牛的总头数和总产奶量；多次有计划地引进大批良种公牛、冷冻精液和胚胎，加快牛群的遗传改良速度；坚持组织了29批的全国联合公牛后裔测定，初步探索了我国选育优秀种公牛的技术体系；试行了奶牛生产性能测定（DHI）体系，为建立良种奶牛繁育体系奠定了基础。通过长期系统地牛群遗传改进和良种推广工作，推动奶业生产技术改进和产业化程度的提高，带动奶业的全面发展。

但是目前我国奶牛品种遗传水平和选育技术仍然落后于发达国家，差距主要表现在：（1）牛群中良种覆盖率较低，在近500万头奶牛中，纯种奶牛不足1/3，奶牛良种严重不足；（2）平均生产性能低，我国纯种奶牛的平均生产水平还不足美国的一半，且很不平衡，大城市郊区奶牛生产水平较好一些，而大部分奶农饲养的牛群生产性能亟待提高；（3）建立奶牛良种繁育体系工作起步较晚，迄今尚未形成系统、规范的选育优秀公种牛的选育技术体系，因此种公牛主要依赖国外引进；（4）奶牛育种组织系统不健全，机制不完善，使得仅有的优良种质也未能在改良低产牛的工作中，充分发挥作用。

2. 胚胎生物工程技术 经过多年研究，国际在胚胎移植技术上取得了较大进展，使得优良品种母畜的繁殖速度提高十几倍甚至几十倍，并向产业化、商业化方向发展，全世界年产胚胎移植牛已超过35万头。目前还建立了成熟的体外胚胎生产技术体系，其核心技术包括：活体采卵与体外受精技术、胚胎克隆技术、干细胞技术和胚胎性别鉴定技术，据报道近几年活体采卵技术的采卵率达到69%，体外受精后卵母细胞分裂率为44.7%，桑囊率16.4%，移植妊娠率40%，利用PCR检测胚胎Y染色体特异性片段鉴定早期胚胎性别的准确率为95%～100%。体外胚胎生产技术体系在国外发达国家已经应用于奶牛育种中。胚胎克隆技术已经日臻成熟，牛的克隆胚胎已经重复克隆达到6个世代，并获得了第三代克隆牛。

我国胚胎生物工程技术的研究工作已有20多年的历史，主要胚胎生物工程技术水平已接近或达到国际平均水平：每头供体母牛的超数排卵后，平均可获5～6枚可用胚胎，新鲜胚胎的移植成功率为60%～70%，冷冻胚胎解冻后的可用率为95%～100%，冷冻胚胎移植成功率为55%～60%，冷冻胚胎切割后移植成功率为50%。胚胎性别鉴定准确率达至95%～100%，性别控制研究上已经成功将牛精液中的X和Y精子进行分离，Y精子的分离纯度为84%，X精子的分高纯度为74%。活体采卵技术的卵母细胞回收率达到49.2%，平均每头母牛获得卵细胞为9.9枚，其中可用卵母细胞为6.4枚，桑囊率26.1%，移植妊娠率11.8%。在胚胎细胞核移植方面，我国的研究工作比国外起步晚，目前已经有能力获得奶牛克隆后代。

3. MOET核心群育种体系 20世纪80年代，随着超数排卵和胚胎移植技术（MOET）的成熟，国外学者提出将胚胎移植技术与核心群育种结合的新奶牛育种体系，即MOET核心群育种体系。该体系可以大大缩短世代间隔，比传统育种体系效率要提高30%～49%，产奶量的遗传进展比后裔测定体系提高30%～89%，选择公牛的世代间隔（3.7）比后裔测定方法（6～6.5）减少40%，目前加拿大58%的公牛是应用MOET技术产生的胚胎移植公牛，用来测定的公牛数量比后裔测定减少19%。美国奶牛群中每年有3万～5万头新生母牛来自于胚胎移植，而美加两国80%以上的优秀种公牛都是胚胎移植后代。

我国在“八五”期间完成了“奶牛MOET育种体系的建立与实施”的国家科技攻关项目，探索了应用胚胎移植技术选育优秀种公牛的途径，并选育了一批优秀种公牛。

4. 分子育种技术 目前世界一些发达国家正在开展“分子育种”技术的研究，迄今已经发现了2500多个DNA分子遗传标记，覆盖了整个奶牛基因组，对奶牛产奶性状基因（QTL）的检测和定位已经取得很大进展，证实了第6和第14染色体上有QTL的存在，这些成果为在奶牛中实施分子遗传标记辅助选择（MAS）奠定了很好的基础。目前，美国、澳大利亚、加拿大等国开始应用DNA微卫星技术进行奶牛重要经济性状的选择并取得初步结果，建立了体细胞少、乳蛋白含量高的优良品系。

我国“十五”期间开始进行奶牛分子育种技术的研究，目前对奶牛第6号染色体上与产奶性能密切相关的QTL进行精细定位的研究，筛选了14对微卫星位点，为实现标记辅助选择（MAS）打下基础。总体来说，我国在提高牛群的遗传素质和生产水平的各项繁殖指标上与国外水平持平，但在最优化育种方案和良种繁育体系建立、现有的成熟科技成果的高效组装集成形成完整的技术体系和规范、高新技术（诸如奶牛主要经济性状的候选基因和微卫星标记研究、奶牛数量性状基因座QTL的检测与定位、标记辅助选择等）的创新研究开发等方面与国外相比还有一定差距。

（二）奶牛饲养与管理技术

1. 营养需要与饲养标准 奶牛营养需要与饲养标

准是一个国家奶牛营养研究水平的综合标志。美国的《奶牛营养需要》每5年更新一版，到2001年已经出版第7版，集成了奶牛营养各领域的最新研究成果，充分考虑了在各种生产和技术条件下实现奶牛营养最佳供给的方案，成为奶牛养殖业及相应饲料产业最重要的科技基础。营养研究的深入还不断为欧美发达国家奶牛配合饲料工业的发展注入活力，奶牛配合饲料产量一般占到全国配合饲料总产量的30%以上，为奶牛业高产、高效和优质生产提供了强大的物质保障。

我国奶牛营养需要研究近20年来进步很快，但远远不能满足奶业发展的需要。2003年根据我国奶牛生产的实际需要，我国奶牛营养工作者对1986年颁布实施的《奶牛饲养标准》（NY/T34－1986）进行了修订。修订后的《标准》在饲料营养价值评定方面保留和沿用了饲料"奶牛能量单位（NND）"、"粗蛋白质"、"可消化粗蛋白质"的同时，采用了饲料瘤胃降解蛋白质（RDP）和瘤胃微生物粗蛋白质（MCP）的评定指标，明确规定了小肠可消化粗蛋白质的定义及其评定方法。在营养需要量方面，规定了与饲料营养价值评定指标相一致的不同生产阶段下的产奶净能、奶牛能量单位（NND）、可消化粗蛋白质、小肠可消化粗蛋白质、钙、总磷、维生素需要量推荐值，为奶牛饲料厂、国营、集体、个体奶牛场科学配制奶牛饲料和日粮等提供了重要依据。但是在奶牛常用饲料的营养价值评定方面，尚未涉及氨基酸、微量元素、维生素等关键养分，也没有建立比较完整的奶牛专用饲料数据库，这为先进奶牛饲养标准的执行造成了比较严重的障碍。

2. 营养调控技术研究 90年代以来，美国等奶业发达国家把实现瘤胃最佳发酵和小肠养分最佳供给作为奶牛营养研究的目标，在奶牛小肠可吸收蛋白质与氨基酸需要量、理想氨基酸模型、瘤胃碳水化合物配比与发酵调控、阴阳离子平衡技术研究、小肠养分平衡调控、饲料评价体系等领域取得重大突破，开发出一系列新的营养调控技术与产品，如牛粪链球菌、乳酸菌等直接饲喂微生物、酵母培养物等微生物活性物制剂、过瘤胃能量补充料、过瘤胃蛋白与氨基酸补充料等。

我国在"九五"和"十五"期间，在营养调控技术研究和产品开发上取得了一定的进展，奶牛瘤胃脲酶抑制剂的研究和开发、阴阳离子平衡技术、瘤胃发酵优化调控等方面的研究接近国际先进水平，也开发了相应的产品在实际生产中得到广泛的应用。在牛奶功能产品生产的营养调控技术研究上还取得重大突破，通过营养调控手段实现了牛奶中共轭亚油酸（CLA）含量的显著提升，为普通牛奶的10倍。但是奶牛专用安全营养调控添加剂的研究开发刚刚起步，缺乏具有与国外同类产品竞争实力的奶牛营养调控产品。

3. 饲养管理技术 奶业发达国家还把开发应用规模化奶牛场饲养管理技术作为提高奶牛生产效率的主要手段之一，尤其是计算机技术、机械设备自动化技术的飞速进展，推动奶牛饲养管理水平出现质的飞跃，劳动生产率成倍提高，千头以上的奶牛场饲养管理人员不超过10个人，以色列正在开发规模化奶牛场计算机信息管理系统，对一个存栏1 500头的奶牛场，全场员工只需要12个，人均饲养奶牛100头之多，显示了信息管理技术的强大威力。计算机技术的应用还为规模化奶牛场根据每头奶牛的产奶量控制精料饲喂量，实现精确饲养提供了技术基础，使饲料利用效率和奶牛生产水平进一步得到提高。上述先进的营养调控与饲养管理技术成果广泛应用后极大地提高了这些国家的奶牛生产水平。以色列通过建立一整套适应炎热气候的高产奶牛饲养管理方式和自20世纪90年代起推广奶牛全混合日粮饲养技术体系，使全国奶牛的产奶量提高30%以上，成为目前世界上奶牛单产最高的国家。爱尔兰在全国35 000个奶牛场中广泛应用犊牛及产奶牛阶段饲喂、全混合日粮饲养、利用计算机根据产奶量控制精料饲喂量等新技术，使全国成母牛的平均单产达到7 000千克，仅全混合日粮饲养技术一项就使平均产奶量提高10%以上，饲料利用效率提高10%左右。

我国奶业发展优势区域也已经在向先进国家的技术水平看齐，北京、上海等地的规模化牛场实现了现代化技术的推广应用，奶牛自动化管理、精料饲喂量精确控制、全混合日粮饲喂技术、机械化饲养等技术已经深入实践，接近国际发达国家先进水平。但是我国绝大部分农区养牛户仍然是低水平粗放饲养，奶牛生产水平很低，饲养管理技术水平低也是制约我国奶牛业发展的重要因素之一，迄今针对广大农户的阶段饲养、高产牛饲养、饲养机械、计算机管理技术等尚未进行配套研究。饲养管理科技发展滞后，导致奶牛的生产效率很低，目前我国规模奶牛场人均饲养奶牛不超过20头，料奶比仅为1∶2左右；奶牛的营养代谢病发病率居高不下，成年奶牛淘汰率偏高；生产潜力发挥不足，许多具有较高遗传品质的奶牛由于饲养管理跟不上而失去了种用价值；原料奶营养物质的含量偏低而且不稳定。

（三）优质饲草产业化生产与加工技术

1. 饲草种质资源开发利用 我国饲草种质资源丰富，但开发利用不足。有饲用植物7 000余种，但栽培利用的不足300种；紫花苜蓿种质材料（包括引进材料）有1 000多份，但较少研究、利用，不同区域缺乏适宜的当家品种，近年来由于盲目种植而导致重大损失的事件时有发生；特别是对品种资源缺乏创新性研究，不能满足育种对优良种质材料的需求。自1986年以来，经全国牧草品种审定委员会审定登记的苜蓿品种有36个，饲用玉米品种10个，这些品种绝大部分都是通过传统的常规育种方法选育而成的。国际上，生物技术已广泛应用于植物育种研究。80年代以来，以目的基因克隆、表达载体的构建、基因遗传转化和细胞培养再生等技术为核心的生物技术应用于牧草育种中。目前，已报道的转基因植物已达140多种，涉及的目的基因包括抗病、抗虫、抗除草剂、抗逆、固氮、高产、优质、耐储藏及特异蛋白质等。美国利用核糖体失活蛋白基因等，获得的抗除草剂（Basta）转基因苜蓿，已通过了大田鉴定，最迟将会在2004年通过审定登记而在生产上推广应用，这将可能成为世界上第一个在生产中应用的转基因苜蓿品种。90年代，全美每年育成登记的苜蓿品种平均达30多个，而同期相比，我国每年平均仅有2个。

2. 牧草种子产业化开发 我国牧草种子产业刚刚起步，总体技术水平与美国等发达国家相比有很大差距。美国有专业牧草种子田27万公顷，年产牧草种子40多万吨，其中俄勒冈州有牧草种子田19万公顷，年产牧草种子30多万吨。目前我国具有牧草种子田30余万公顷，每年可生产2.0万～5.0万吨牧草种子，仅相当于美国俄勒冈州生产种子的1/15～1/6。我国牧草种子生产的管理水平落后，造成种子产量低、质量差，种子生产仍停留于“广种薄收、疏于管理”的传统经营方式上，缺乏科学合理的田间管理措施。而且对于牧草种子生产的田间管理技术研究不够深入，同商品化牧草种子生产国相比存在很大差距。我国通过审定登记的优良牧草品种已有220余个，但多数未能用于生产推广，在已生产推广的品种中又大多忽视了原种的生产，导致许多优良品种在粗放的生产管理条件下逐渐退化和消失。

3. 饲草田间生产技术 除了品种、种子技术之外，欧美国家饲草生产还得益于田间生产技术的发展。目前全世界苜蓿栽培面积约3 300万公顷，其中美国的种植面积最大，约1 099万公顷，阿根廷种植面积第二，约750万公顷。在美国苜蓿种植面积仅次于玉米和小麦，排列第三位，苜蓿干草每年的产值约81亿美元，苜蓿草产品出口年产值达4 940万美元。另外，美国苜蓿产量高，平均产草量可达12吨/公顷，灌溉条件下可达54吨/公顷。我国虽然苜蓿栽培历史悠久，但产业化发展只是近几年的事。由于栽培管理技术的限制，我国苜蓿产量近4.5～7.5吨/公顷，质量也较差，CP含量常不足15%，还未到一级草产品的标准。

4. 牧草加工技术 我国属于季风气候区，各地饲草收获加工的时期正好是雨季，给干草调制带来很大困难，常造成饲草的严重损失。苜蓿干草的田间作业损失率一般为15%～30%，有时可达50%以上。近几十年来，发达国家已经开发了优质干草、青贮饲料和其他饲料加工调制技术，饲草作物从种植、收获到饲喂全面实现机械化作业，特别是在苜蓿茎秆压扁收获、防腐剂、茎叶分离、人工脱水干燥，以及高密度干草捆加工等技术上取得长足进步，有力地促进了其草业的发展和出口贸易。

饲草青贮技术在欧美国家经过150多年的发展，已经从过去简单的青贮操作发展成为一项现代饲草加工技术。尤其近年来，通过采用萎蔫、半干和青贮添加剂或通过更先进的机械加工和贮藏设备等措施，改进青贮技术，改善加工工艺，从而使青贮调制真正成为饲草加工贮存的主要方法。西欧国家为冬季饲养而贮备的饲草中，有60%以上是以青贮的方式来贮存的。高质量的饲草青贮涉及牧草学、生物化学、微生物学、材料学、饲草加工工艺和机械制造等多学科知识的综合应用。饲草青贮技术在我国虽然有一定的应用，但远落后于发达国家。苜蓿产业化已在我国蓬勃兴起，但至今还没有出现苜蓿青贮产业。究其原因，主要是我国相关研究滞后，可应用的技术较少，制约了我国苜蓿青贮的发展。近30多年来青贮技术发展迅速，在低水分青贮技术、青贮添加剂以及二次发酵的防止等研究取得显著进展，使过去认为不适于青贮的豆科牧草等也能调制成优质青贮料。添加剂方面，除了传统的各种酸类添加剂外，还不断研制和开发新的乳酸菌制剂和细胞壁分解酶制剂等生物性添加剂，明显提高了青贮效果和青贮品质。在青贮设备方面，既向大型密闭式的青贮袋和真空式青贮窖发展，又向作业效率高，移动性能强的草捆青贮设备方面发展，青贮过程与取用也走向机械化和自动化。

（四）奶牛疫病防治技术体系

1. 奶牛专用疫苗与疫病防控技术 我国奶牛专用疫苗短缺和疫病防控技术体系不完善，临床诊断技术落后，专用治疗药物少，疗效较差，生产中滥用抗生素、化学药物的现象普遍存在，致使牛奶中药物残留超标。结核、布鲁氏菌病等人畜共患病的存在对公共卫生和人的健康也存在严重的威胁。目前，我国对结核、布鲁氏菌病、牛传染性胸膜肺炎等疾病的诊断技术还比较陈旧，没有建立适合我国国情、与国际接轨的疫病敏感快速的诊断方法。而发达国家将ELISA检测方法和分子生物学方法（DNA指纹法、PCR方法等）应用于结核、布鲁氏菌病、牛传染性胸膜肺炎等传染病的诊断，注重常规经典方法与新技术结合作为国家检疫的法定方法，并建立国际通用的标准，早期、快速、准确地掌握疫情，实现疫病快速监控预报。

2. 奶牛生产常见病检测与治疗技术 对乳房炎的诊断，国内外都普遍使用乳汁中体细胞直接计数法和间接乳中细胞数判定法（如CMT、LMT）。近年来，一些发达国家研发出奶牛场计算机管理的乳房炎诊断系统和用于鉴别诊断乳房炎病原菌的PCR方法，这无疑有利于选择抗菌药物，提高临床治疗效果。疫苗的研制是乳房炎防制技术的热点。中国农业科学院兰州畜牧与兽药研究所研制的奶牛乳房炎的多联疫苗用于群体免疫可降低乳房炎发病率40%～60%。但仍有制苗菌抗原性弱和免疫效果稳定性差的问题。

隐性子宫内膜炎诊断，目前国内外尚无理想的方法。中国农业科学院兰州畜牧与兽药研究所研制了奶牛子宫内膜活检器，进行指征细胞显微检测，具有较好的实用推广价值。在乳房炎和子宫内膜炎的治疗方面，国内外均以使用抗菌化药疗法为主，但疗效并不理想。由于抗菌化药的使用，导致致病菌产生耐药性和药物残留的问题。近年来，该院在中草药制剂用于防治该病已显露出良好的势头，从20世纪70年代开始研究中药和中西药合剂治疗奶牛乳房炎和子宫内膜炎，均取得了较好的疗效，具有广阔的开发前景。

对奶牛蹄病防治，国外主要采用疫苗预防，澳大利亚用疫苗成功地控制了绵羊腐蹄病的流行。中国农科院特产研究所自20世纪90年代开始对奶牛蹄病（腐蹄病和坏死杆菌病）的病原、特异诊断方法及免疫防治等进行了深入研究，已经初步研制出奶牛腐蹄病部分主要病原菌型的灭活疫苗和A、E型纤毛蛋白基因工程疫苗。并在我国初步研制出反刍动物坏死杆菌病疫苗，在实验室动物免疫试验效果良好。但腐蹄病在我国不同地区存在着细菌型的差异，因此要在全国范围内有效的预防和控制奶牛腐蹄病，需要研制出涵盖我国奶牛腐蹄病全部主要病原菌型的疫苗。

3. 奶牛疫病检疫技术标准 由于我国没有健全的与世界动物卫生组织（OIE）有关规定接轨的动物疫病检疫技术标准，部分发达国家利用SPS协议《卫生及植物卫生措施实施协议》，凭借自身科技优势构筑非关税壁垒即“技术性贸易壁垒”，限制了我国牛奶及奶制品的出口。

（五）奶品质量安全监测

1. 技术标准体系建立 ISO（国际标准化组织）1998年以来在乳和乳制品方面制定了30多项分析测试方法标准和管理标准。国际乳品联合会（IDF）成立于1903年，是乳品行业惟一的世界性组织，已经发行标准180个，其中分析方法标准166个，产品标准8个，乳品设备及综合性标准6个。在美国，为了控制化学物质、毒素和微生物等对食品的污染，全面在饲料生产行业推行HACCP（危害因素分析和关键控制点）管理，确保饲料原料生产和配合饲料产品的安全。此外，GMP规范自1963年由美国FDA提出并法规形式应用于食品、药品的生产、包装和贮藏后，很快被FAO/WHO的联合食品卫生法典委员会（CAC）采纳，作为国际规范推荐给各成员国，日本、加拿大、新加坡、德国、澳大利亚等国家都积极接受和推行。

我国参照国际食品安全保证体系模式建立一套适合我国现状的液态奶加工全程质量保证体系，即HACCP体系，包括：《乳品生产企业良好操作规范（GMP）和审查表》、《乳品生产企业卫生标准操作程序SSOP》、《乳品生产企业建立HACCP体系模型》及《UHT纯牛奶HACCP和QACP计划》参考范例、《我国奶牛场卫生管理规范》及《榨乳间卫生管理和操作规范》，以保证液态奶制品“从农场到餐桌”全过程的安全性。除此之外，我国现行的乳制品国家标准及标准检验方法涉及安全指标太少，现行的检测方法大多是15年以前采用的方法，难以满足奶业与食品安全发展，以及加入WTO后与国际标准接轨的要求。1978年发布的生牛奶卫生标准只涉及脂肪、酸度、六六六、滴滴涕、细菌总数等五个指标，对影响健康及食品安全的一些重要项目如抗生素、农药残留、毒素都未作出规定。1985年发布了一批关于乳制品的质量标准，这些标准中只列出了3种重金属残留指标，没有涉及毒素和抗生素，农药只涉及六六六和滴滴涕，对蛋白质、维生素和微量元素等营养指标没有规定。1996年发布的乳酸菌饮料卫生标准没有规定对抗生素的检验，其他检验项目也不够全面。

2. 先进检测技术 除了制度监管体系，国际上还积极开展各种先进有效的检验检测技术的研究。美国采用脑组织切片染色或组化染色法以及第三眼睑组化染色法检测羊痒病或疯牛病；目前美国国家动物疾病研究中心（NADC）的研究人员还研究成功了用毛细管电泳法检测朊病毒的方法，可以通过对活体血液的检测而确定病毒在动物体内存在的可能性，引起欧美国家的广泛关注。Diversified监测实验室已经根据二恶英的污染程度研究出四种检测方法：1）气相色谱分析，可以判定二恶英的有无和大致含量，检出限为1.0～30微克/千克，检测周期为1天；2）多相气相分析（多相PAC柱串联和程序升温），可以进一步判定是哪一种组合，检出限为1.0～30微克/千克；3）高分辨率气相和低分辨率的质谱串联（GC/MS），可以比较准确地确定是哪种组合以及含量，检出限为20～40微克/千克，检测周期为3～5天；4）当二恶英含量极低时，可采用高分辨率的气相和高分辨率的质谱串联，检出限为1.0～5.0微克纳克/千克，检出限为1个月。

我国的食品质量检测技术在近几年有所进步，目前国内设有专门从事奶制品质量监督检验的国家级检测机构，拥有一批专用检测仪器设备和技术队伍；已基本具备对原料奶及奶质量安全检验的室内检测技术；同时也具备了原料奶和奶制品质量安全快速检验方法研究和开发基础。但是实验室检测技术如对抗生素、毒素等指标的检测技术还有待于规范化；针对抗生素、毒素和致病菌的快速检测技术和设备研究十分落后，这直接妨碍了牛奶按质论价收购方式的实施。

（中国农业科学院畜牧研究所　王加启　黄庆生）

牧草饲料

我国草原保护与建设工作概况

2003年，我国草原保护与建设工作取得显著成效，全国累计种草保留面积达2 133万公顷，一般每公顷可产饲草4 500千克，年总产草量达9 000多万吨，可以提供6 000多万羊单位的饲草料；草原围栏2 600万公顷；禁牧休牧面积超过3 000万公顷，其中禁牧面积2 000万公顷，约有2 000万头牲畜从天然放牧转变为舍饲圈养，带动了草原畜牧业生产方式的转变。草原保护建设工作在以下几个方面得到明显加强。

成功召开全国草原工作会议。经国务院批准，4月份农业部在京召开了全国草原工作会议。会议以贯彻落实《草原法》和《国务院关于加强草原保护与建设的若干意见》为核心，总结近年来草原保护与建设工作的经验，明确提出了我国草原工作的战略重点要由经济目标为主，转变为“生态、经济目标并重，生态优先”。研究部署了今后草原保护与建设工作。

草原法制建设得到加强。2003年3月1日，新修订的《中华人民共和国草原法》正式施行。各级草原管理部门始终把贯彻落实《草原法》和国务院19号文件精神，作为草原保护与建设工作的中心任务，深入学习宣传，全面贯彻落实，在立法、普法和执法方面做了大量工作，配套法规不断完善，增强了《草原法》的可操作性，广大农牧民和有关人员的法制观念明显增强，依法行政水平明显提高。年查处破坏草原案件8 000多起，破坏草原的违法行为初步得到遏制。

草原家庭承包经营责任制进一步完善。各地认真贯彻落实党在牧区的基本政策和根本制度，进一步推进和完善草原家庭承包经营责任制，坚持以人为本，充分调动农牧民保护建设草原的积极性和创造性，坚决维护农牧民的合法权益。通过草原围栏建设，利用全球定位系统（GPS）等先进技术手段，明确四至界限，推动草原承包落实到户，全国已落实草原承包面积2亿多公顷，约占可利用草原面积的70%，有效调动了农牧民保护建设草原的积极性。

草原监督管理机构的法律地位得到确立。4月份，经中编办批准，成立了农业部草原监理中心，为正局级行政执法机构，编制40人，主要职责是草原执法监督、保护监测、防火防灾、项目建设指导和监督检查等。农业部草原监理中心的成立，是草原执法体系建设的重大突破，是贯彻落实《草原法》的重要举措，是草原监理工作新的里程碑。各地以《草原法》的颁布实施和农业部草原监理中心的成立为契机，也加强草原监理机构和队伍建设，全国已有县级以上草原监理机构525个，拥有草原监理人员6 300多人。初步形成了国家、省、地、县四级草原监理体系的基本框架，为依法保护草原奠定了基础。

草原防灾减灾能力稳步提高。为加强对草原火灾、鼠虫害、雪灾等各种灾害的防治工作，减少灾害造成的损失，各地把建立和完善灾害防治应急机制作为一项重要工作，坚持预防为主，防治结合，变灾后救助为灾前预防，防灾减灾工作不断加强。全国草原虫灾防治面积480万公顷，草原鼠害防治面积667万公顷，合计挽回经济损失超过10亿元。草原防火工作明显加强，全年草原火灾过火面积9万公顷，有效保障了人民生命财产安全。

草原保护建设工程项目成效显著。全年，中央投入国债资金17.5亿元，实施退牧还草工程、天然草原植被恢复与建设等工程项目。据测定，改良草地产草量比天然草原普遍提高了3～5倍，人工草地产草量比天然草原提高了6～10倍。通过项目建设，饲草料供给能力显著增强，草畜矛盾得到缓解，有效减轻了天然草原的放牧压力，促进了畜牧业生产经营方式的转变，增加了农牧民收入。项目建设有效带动了地方和农牧民投资建设草原的积极性。农牧民种草养畜热情高涨，积极筹措资金或投工投劳参与项目建设。

草业发展步伐加快，促进了奶牛业发展。各地以农业结构调整和草原建设项目实施为契机，以农牧民增收为目标，把发展草业作为全面推进可持续发展的关键措施和农业结构战略性调整的重要内容，完善政策，加大投入，促进了草业的快速发展，以苜蓿加工为主体的“草产品加工业”在全国范围内迅速崛起，初步形成了从牧草种植、收获、产品加工销售为一体的现代草产业产业化体系，为发展奶牛业奠定了基础。全年苜蓿种植面积230多万公顷，苜蓿干草产量达1 700多万吨。苜蓿种植主要分布在内蒙古、甘肃、新疆、黑龙江、山东、河北等奶牛主产区，不仅有效缓解了蛋白质饲料严重短缺问题，还有效促进了奶牛业的发展，增加了农民收入。如甘肃、陕西等省份，种植每公顷苜蓿纯收入高于小麦、玉米 2 000 多元。就总体来讲，各地种植苜蓿以本地自用为主。为了有效保存和供应草产品，缓解区域间缺草问题，苜蓿草产品加工业的迅速崛起。全国已发展草产品加工企业 100 多个，加工苜蓿草产品 150 万吨左右，为解决大中城市和南方广大地区发展奶牛解决优质饲草不足提供了保障。如上海由于引进苜蓿草产品，促进了奶牛单产 8 吨的良好生产水平。

由于受人为和自然等因素的影响，我国草原保护建设面临着一些问题和困难。主要表现在：一是草原退化严重。我国是世界上草原退化最为严重的国家之一，90％的可利用草原不同程度地退化，每年还以 200 万公顷的速度增加。草原生态“局部改善，总体恶化”的趋势依然没有得到有效遏制。二是草原建设投入不足。尽管近几年草原投入不断加大，但由于我国草原面积大，历史欠账多，投资依然明显不足，导致草原生态建设速度赶不上草原退化的速度。三是草原超载过牧严重。目前，我国北方草原平均超载 36.1 ％，草原得不到休养生息，生产力不断下降。靠天养畜，粗放经营，草原利用不合理的局面还没有根本改变。四是破坏草原现象时有发生。乱采滥挖、乱开滥垦等破坏草原的行为还没有根本遏制。五是优质草产品加工相对滞后。我国草产品加工业刚刚起步，与发达国家相比差距很大，远不适应畜牧业发展的需要。如美国年种植紫花苜蓿约 1 000 万公顷，年生产紫花苜蓿干草 1.5 亿吨左右，产值约为 110 亿美元，仅次于玉米和大豆，草产业已成为美国农业中的重要支柱产业。

2003 年，国家对草原保护建设方面的补助政策以退牧还草政策为主。全年共下达中央资金 12.5 亿元，主要用于项目区草原围栏建设资金补助和饲料粮补助。补助标准根据草原类型和区域范围来确定。内蒙古、甘肃、宁夏西部荒漠草原、内蒙古东部退化草原、新疆北部退化草原按全年禁牧每 667 米^2 年中央补助饲料粮 5.5 千克，季节性休牧按休牧 3 个月计算，每 667 米^2 年中央补助饲料粮 1.375 千克，草原围栏建设按每 667 米^{2}16.5 元计算，中央补助 70％，地方和个人承担 30％；青藏高原东部江河源草原按全年禁牧每 667 米^2 年中央补助饲料粮 2.75 千克，季节性休牧按休牧 3 个月计算，每 667 米^2 年中央补助饲料粮 0.69 千克，草原围栏建设按每 667 米^{2}20 元计算，中央补助 70％，地方和个人承担 30％。饲料粮补助资金实行挂账停息，中央按每千克 0.9 元对省级政府包干，饲料粮调运费用由地方政府负担，纳入地方财政预算。饲料粮连续补助 5 年。2003 年实际安排退牧还草工程围栏任务 666.7 万公顷，其中禁牧围栏 358 万公顷，休牧 268 万公顷，轮牧 40 万公顷。饲料粮补助总量为 2.7 亿千克。退牧还草扶持政策的实施，为草原生态保护建设工作提供了良好的政策环境。

（农业部畜牧业司　张智山）

优质牧草对奶牛的生理营养作用

（一）牧草是奶牛生理的必需饲料

1. 奶牛是大食量的草食畜种，具有非常发达的瘤胃和反刍功能　饱食后的反刍是奶牛的生理需要，奶牛的咀嚼活动即有助于唾液缓冲液分泌，能有效地控制奶牛瘤胃中的酸碱度，也是决定瘤胃环境是否正常的一个指示剂。牧草等粗纤维的理化特性对于刺激奶牛的咀嚼活动和维持稳定的乳脂率是十分重要的，奶牛对日粮中有效中性洗涤纤维水平的化学反应是乳脂率变化，对其物理反应是其咀嚼活动。牧草含有丰富的粗纤维素供奶牛尽情地享受反刍的营养和乐趣，满足奶牛的采食习性和消化生理。如果人为地加大奶牛日粮精饲料的成分或减少粗饲料，则不利于奶牛的反刍生理习性和对粗饲料的消化利用。因此，要保持奶牛日粮的纤维平衡，就必须添加日粮 30％左右的粗饲料，并保证奶牛有 40％的时间进行反刍。

2. 由奶牛生理特性和消化器官的功能决定了奶牛业是以粗饲料为主要日粮成分的动物养殖业　奶牛生来就是以草为生，它的食性、消化系统和生理习性都是以适应食草而进化。只是现代奶牛饲养业的崛起，人类为了获得更多的奶产品，才研究和配制奶牛日粮饲料。但是，国内外的科学家们采用多种办法，以不同的奶牛日粮精粗比研究了奶牛对日粮有机物、中性洗涤纤维和酸性洗涤纤维的降解作用，其结果：一是奶牛日粮精粗比为 1∶1 时，有机物、中性洗涤纤维和酸性洗涤纤维降解率最高，当精粗比增加到 7∶3 时，其降解率都不同程度地降低；二是当精饲料占日粮 20％～60％时奶牛对日粮干物质的消化率无显著影响，但精饲料的比例达到 80％时干物质消化率显著降低；三是当奶牛日粮中精粗料比为 68∶32 时，碳水化合物的利用效率效率最高。上述研究结果表明，奶牛日粮中精料的含量超过 50％时，对瘤胃内粗饲料的消化即有“负组合效应”，因而通常认为，奶牛日粮中精料的含量一般不高于 60％为佳，70％可能是极限。

（二）牧草是奶牛日粮的营养需要

1. 牧草含有丰富的蛋白质，是奶牛最经济的粗蛋白饲料　牧草是营养丰富、适口性好、经济安全和方便环保的优质粗饲料，特别是豆科牧草（紫花苜蓿、红豆草等）是集约化奶牛养殖最可靠、最经济的优质蛋白质来源。在苜蓿的干物质中，粗蛋白质含量高达 18％～24.8％，蛋白质含有 20 种以上的氨基酸，包括人和动物的全部必需氨基酸，以及一些稀有氨基酸（瓜氨酸、刀豆氨酸等），其中赖氨酸的含量为 1.06％～1.38％。苜蓿叶蛋白与联合国粮农组织推荐的成人氨基酸模式基本符合，因此大面积种植苜蓿可解决人、畜蛋白质紧缺的问题。

苜蓿还含有大量可供反刍家畜利用的非蛋白氮（游离氨基酸、肽、酚胺、嘌呤和生物碱等），约占苜蓿总氮量的33%。非蛋白氮对非反刍家畜利用价值不高，但能被奶牛瘤胃中的瘤胃微生物所很好利用，青贮后的苜蓿有大量蛋白质水解为氨基酸，其非蛋白氮含量可高达50%以上。苜蓿草叶蛋白中各类氨基酸含量接近动物性蛋白，赖氨酸、色氨酸等氨基酸模式合理，组成比例较为均衡，其营养价值和饲养效果均与鱼粉相当，并高于大豆饼，花生饼等，具有明显地增加奶牛体重和奶产量，改善奶产品的品质，降低饲料消耗率，提高饲料的转化率等良好的饲养效果，是一种可以再生的良好植物蛋白来源。苜蓿和尿素相结合可替代奶牛日粮中的大豆粕，用苜蓿干草饲喂奶牛，能显著增强瘤胃微生物合成蛋白质的能力，提高乳牛的奶产量和泌乳的持久性，降低牛奶的乳脂率。这是因为苜蓿草产品可平衡反刍家畜的各种氨基酸，并提供维生素和高品质纤维素，使瘤胃蛋白含量达到总蛋白质的58%～60%，从而大大提高苜蓿蛋白质利用效率的结果。上海光明集团生产实践表明，用苜蓿草产品饲养奶牛能增强奶牛的抗病能力和免疫力，可显著提高产奶量和繁殖能力。

2. 牧草含有丰富的维生素和矿物质，是奶牛最安全的绿色饲料 大多数牧草和牧草的初级加工产品，如鲜草、青干草、干草捆（块）、草颗粒、草粉等，除含有丰富的粗蛋白外，还富含多种维生素和矿物质。禾本科牧草调制的青干草，不仅气味芳香，草质细软，而且含有丰富的不饱和脂肪酸、维生素、胡萝卜素和矿物质；苜蓿草产品干物质总能为4.87～5.71千卡/克，且富含叶黄素、叶绿素、胡萝卜素、维生素E、维生素B及钙、磷、铁、镁等矿物质元素，其中钙含量高达1.50%～1.90%。因此苜蓿草产品具有不添加人工色素、无异味，高蛋白含量、低脂肪、低糖的特点，是饲养奶牛理想的粗饲料。

优质苜蓿青干草或草粉含粗蛋白质与赖氨酸、色氨酸、光氨酸等比玉米高3倍，比大麦高1.7倍。此外，还有叶黄素和微生素C、K、E、B和Ca、P等微量元素及其他微生物活性物质，营养成分齐全均衡，可满足奶牛日粮中营养的需求。由于各种牧草产品能满足奶牛对蛋白质、维生素、多酚、生物活性钙、胡萝卜素和纤维素等多种营养物质的需求，所以，在奶牛日粮中加入优质牧草，不仅可提高奶牛的产量，而且还可显著提高奶产品的品质和乳脂率，其所含的维生素E能有效地控制牛奶香味的氧化，保持鲜奶所具有的特殊香味。在奶产品市场中，消费者反映有的鲜奶气味不香、品质不佳，其原因之一就是奶牛日粮中缺少牧草粗饲料、维生素和矿物质。

3. 豆科牧草有促进农作物秸秆类粗饲料消化利用的作用 奶牛体内矿物元素缺乏会使瘤胃微生物生长效率降低，严重缺乏时饲料的消化率降低，微生物群体数量减少。秸秆类粗饲料中，矿物质元素较为缺乏，而奶牛瘤胃真菌生长对硫有特殊需求，且硫有利于瘤胃微生物蛋白的合成。磷的体外试验可使纤维素消化率提高123%，微生物蛋白增加53%，体内试验的纤维素消化率提高了10.9%。瘤胃磷、钙缺乏时微生物生长效率降低，秸秆采食量和消化率均降低。镁对所有瘤胃微生物都是必需的，对纤维分解菌尤其必要，供给足量的镁是农作物秸秆等低品质粗饲料达到最佳利用效果的先决条件。豆科牧草含有钙、硫、磷、镁、铁等多种矿物元素，加之奶牛的瘤胃微生物对必需矿物元素的富集能力，即可满足奶牛对矿物质元素的需求。

豆科牧草对农作物秸秆存在着协同利用效果，而这种正组合效应是由多种因素综合而形成的，我们在奶牛日粮合理利用这种正组合效应将会使秸秆的利用效率得到进一步提高。苜蓿干草可消化粗蛋白含量是一般农作物秸秆的2.3～3.5倍，综合营养价值与奶牛的混合精料接近。研究发现苜蓿在瘤胃中的降解恰好能够产生某些粗纤维分解菌生长所需要的异丁酸、戊酸以及小肽和氨基酸，通过刺激粗纤维分解菌的活性，从而增进奶牛对纤维性物质的消化率，并改善了瘤胃环境的生理参数（如枝链脂肪酸、瘤胃氨态氮等）。另外奶牛日粮中添加苜蓿或红豆草时瘤胃真菌的游动孢子数目增加，苜蓿易发酵的细胞壁成分可能促进纤维分解菌在低品质农作物秸秆上的集群，这些实验进一步证实了补饲苜蓿等豆科牧草产品可改善农作物秸秆的利用效率，并证明苜蓿草和麦草存在着正组合效应。所以，在奶牛日粮中添加豆科牧草，既可满足奶牛营养需要，提高奶产品品质，又可显著提高奶牛对粗饲料的利用率，降低饲养成本。

（北京克劳沃草业技术开发中心　刘自学　陈光耀）

我国目前引进的主要紫花苜蓿品种

（一）优质的紫花苜蓿将促进我国奶牛业的健康发展

近年来，随着农业结构战略性调整步伐的加快，中国畜牧业结构调控力度明显加大，牛羊肉生产特别是奶业的发展成为结构调整的亮点。2002年，全国存栏良种及改良奶牛达687万头，牛奶产量为1 299.8万吨，特别是1997—2002年的6年间，牛奶产量的年均增长速度达到14%以上。一大批优秀的奶业企业脱颖而出，如上海光明，内蒙古伊利、蒙牛，北京三元，河北三鹿等有实力的奶业集团，占领了全国大部分的市场份额。

虽然我国的奶业有了很大的提高，但奶牛的单产远远低于畜牧业发达国家的生产水平，2002年，全国奶牛的平均单产只有3 438千克，其中一个重要的原因是，我国近70%的奶牛饲养在小型奶牛场（30头以下）或由农户散养，这些奶牛主要靠秸秆配合精饲料饲喂，年平均产奶量不足3吨，而且奶质较差，只有少数大型的奶牛场才能够种植或购买营养价值较好的饲草或青贮料，奶牛的平均单产为7～8吨。而据报道，上海光明1999年推广苜蓿干草饲喂奶牛，2000年每头奶牛饲喂苜蓿量2.33千克，奶牛的单产达到了8 027千克，比

1998年增长了12%。2002年每头奶牛饲喂苜蓿量2.27千克，奶牛的单产达到了8 821千克，比2000年增长了9.9%，这说明奶牛的产奶量和原料奶质量，奶牛的健康和繁殖能力，在相当大程度上取决于日粮干物质进食量和粗饲料质量，特别是干草的品种和质量。国内外的试验表明，要使每头奶牛年产达到8～10吨产奶量水平，必须饲喂苜蓿等青干草加青贮玉米。

紫花苜蓿素有"牧草之王"的美称，是世界上栽培面积最广泛、最重要的豆科牧草之一，粗蛋白含量高，质量好，含有全部必需的氨基酸，并富含各种维生素和矿物质以及微量元素等。与农作物相比，优质紫花苜蓿能提供更多的可利用蛋白，例如，亩产1吨紫花苜蓿的土地要比亩产6吨玉米（玉米棒+玉米秸秆）的土地多产60多千克可消化粗蛋白，相当于140多千克豆粕。适口性好，特别是夏季饲喂苜蓿能增加干草采食量，保证日粮干物质和粗纤维进食，减缓奶牛因热应激产奶量和乳脂率下降幅度。而用劣质粗饲料喂奶牛，特别是喂泌乳性能高的奶牛，虽然粗饲料成本低，但由于粗饲料品质差，粗饲料采食量不足，奶牛的泌乳潜力得不到充分发挥，牛奶的理化质量达不到优质奶标准，使奶牛的发病率特别是代谢病、肢蹄病、不孕症的发病率提高，繁殖率下降，损失的奶牛产量、质量收入和增加的奶牛疾病、繁殖成本要远远高于节省的成本。因此，选择优质青干草是奶业增产、提高质量的法宝。

（二）中种草业营销的WL系列紫花苜蓿品种高产优质，是奶牛饲养者的理想选择

WL系列紫花苜蓿为世界两大著名的紫花苜蓿品牌之一，是中种草业公司从美国惟一一家专业从事苜蓿研究、生产、销售的苜蓿种子公司引进的独家经销品种，WL品牌紫花苜蓿品种是以高产、高质量、高抗病虫害以及广泛适应性为目标而培育的品种。它有7种优良品质特性，即：主茎纤细、叶片茎秆比率高、相对饲养价值（RFV）高、粗蛋白含量高、体外消化率高、抗、耐多种病虫害能力强、牧草产量高。

在培育出许多具有最高产量和质量潜力的苜蓿品种的同时，中种草业还创立了体外消化率——比相对饲养价值（RFV）更准确的质量评价指标——作为新品种选育的质量标准，是世界上惟一一家以此高精尖技术进行高品质育种的苜蓿种子公司。在世界各地的一次又一次的试验表明：WL品牌紫花苜蓿是苜蓿种植者的最佳选择，与其他的商业品种相比，能生产出更多的干草、牛肉和奶产品。WL紫花苜蓿自1999年在中国各地推广以来，已在华北、东北、西北，以及长江流域、云贵高原等地大面积种植，深受渴望提高奶牛单产的畜牧兽医工作者和广大养牛户的喜爱，累计推广面积达到了0.33万公顷。

（三）中种草业WL系列紫花苜蓿品种的介绍

WL232HQ紫花苜蓿

WL232HQ休眠级为2.2，抗寒性极强，特别适于冬季极其寒冷的东北、西北地区种植。直立型，生长势很强，能够在黏重、排水不良的土壤上生长。并可在刈割后迅速再生。增产潜力巨大，消化率高，抗病能力较强。用它单独饲喂奶牛可大幅度增加牛奶产量，能够使养牛者获得最大的利润。目前，已在我国黑龙江东部、辽宁、吉林、内蒙古等地区广泛种植，表现良好，再生速度快，每年可刈割2～3次。干草产量1000千克/667米^{2}以上。

品　　种	休眠级	抗寒性	持久性	再生速度
WL323MF	4.1	1.8	8.3	8.9
WL323HQ	3.0	2.5	6.0	7.3
Dart	3.1	3.0	4.3	
DK127	3.2	2.3	5.7	7.2
G2852	4.1	4.0	3.0	
Innovator	3.2	2.6	5.0	7.2
Magnum IV	4.0	3.1	6.0	7.0
Vernal	2.2	2.2	6.0	
5312	3.3	3.1	5.7	6.8

注：资料来源于Wisxconsin大学在West Salem和Madison的试验结果

WL323HQ紫花苜蓿

WL323HQ休眠级为3.0，是在WL323的基础上，经过进一步筛选培育出的高品质品种，与WL323相比，在保持了原有品种特性的基础上，其抗寒性得到了进一步的加强，其茎秆更为纤细，纤维含量更低，消化率和利用率更高，干草中蛋白含量更高，品质更好。因其将抗寒性强、秋季休眠晚、刈割后再生速度快、增产潜力大和高抗多种病虫害等诸多优点集于一身而受到客户的普遍欢迎。已在北京、天津、河北、山东、山西等省、直辖市大面积种植，在华北地区每年可刈割4～5次，干草产量1 500～2 000千克/667米^2，最高产量可达2 500千克/667米^2。

WL323紫花苜蓿

WL323休眠级为4，是专门为土壤质地黏重和排水不良地区而选育的高产品种，是该地区无可替代的优异品种，同时，该品种在高密度种植时表现极其突出，刈割后再生能力非常强，可以充分利用光、热、水资源，而获得较高的产量，是华北、西北和东北南部地区，尤其是华北地区，高密度种植时的首选。此外，该品种高抗多种病虫害，对这些地区苜蓿常见病害尤其对苜蓿疫霉病和根腐病具有极强的抗性，能适应最恶劣的土壤条件。适宜种植在西北、华北、东北的部分地区，现已在北京、天津、河北、山东、山西、河南等省、直辖市大面积种植，表现良好，在华北地区每年可刈割4～5次，干草产量1 500千克/667米^{2}以上。

WL323ML紫花苜蓿

WL323ML休眠级4.1，为典型的多叶型品种，叶色深绿色，每个叶片有3～7个小叶，其中，5个以上小叶的叶片占总叶片数量的80%左右，从而使其干草中叶片含量大幅度增加，进一步提高了牧草质量。WL323ML持久性好，刈割后再生迅速，这两项指标均远远高于其他同类型品种。秋季休眠晚，春季返青早，抗寒性强，抗病虫害能力很强，对各种环境条件的适应强，干草质量高，适于北方大部分地区种植，在我国华北、京津地区广泛栽培，是WL323系列品种中蛋白质含量最高，干草品质最好的品种，在华北地区每年可刈割4～5次，干草产量1 500千克/667米^{2}以上。

WL414紫花苜蓿

WL414休眠级为6，是专门为无霜期较长，冬季不太寒冷的华中北部地区培育的高休眠苜蓿，非常适宜于我国华中、西南地区种植，该品种在华中地区每年可刈割5～6次，干草产量2 000千克/667米^{2}以上，主要特点茎秆纤细，纤维含量低，消化率和利用率很高，对病虫害有极强的抗性，尤其对苜蓿疫霉病和根腐病的抗性极强。产量高，叶茎比高，适口性非常好。

WL525HQ紫花苜蓿

WL525HQ休眠级为8，是第一个采用近红外辐射育种技术培育出的冬季不休眠品种，主要特点是能够忍耐该地区夏季高温高湿的恶劣气候，即使在土壤黏重、排水不良情况下，仍能保持较强的生长势，同时，针对该地区病虫害严重的现象，该品种在培育时特别注重其抗病虫能力的提高，使其具有了极好的再生性、持久性和抗病虫害能力。“高产＋高质量”使其经济效益极为可观，适宜在华中南部、华南北部地区种植，可刈割7～8次，干草产量2500千克/667米^{2}以上。

（北京中种草业有限公司　程　霞）

我国饲草生产的现状

饲草生产现状及问题：1992年国务院要求在确保粮食稳定增长的前提下，将传统的粮食—经济作物二元结构逐步转向粮食作物—经济作物—饲料作物三元结构。从1992年开始，我国牧草种植步入发展阶段，至今十余年在种植的面积、种类等方面都有所扩展，但还未克服优良品种推广面积小、种植模式单一和牧草加工技术落后的瓶颈问题。

（1）紫花苜蓿。在我国三元种植结构中苜蓿起着举足轻重的作用。紫花苜蓿作为全世界最重要的豆科饲草，在我国虽有千年的种植历史，但育种工作却远远落后于北美、欧洲和澳大利亚。至1999年，我国登记的苜蓿品种只有35个，而且绝大多数为生态型品种。近几年，国外一些优良的苜蓿品种已陆续销售到中国，但新品种的种植面积很有限。阿尔岗金、费纳儿（Vernal）等一些20世纪50年代培育的品种由于种子价格低，仍然占进口苜蓿的多数。这些老的品种虽然表现出较强的耐寒性和其他抗性，但在生产性能和牧草品质上远低于新育成的品种。特别在水浇地上，这些老品种的产量一般比新品种低1/3左右，而且茎秆粗、叶量小，收获和加工的难度相对较大，加工成的干草品质差。我国虽已在苜蓿的种植和加工技术以及苜蓿加工设备的生产等方面取得了显著进步，但整体上还比较落后，相对小农户的技术推广工作还有待进行。

1994年美国产苜蓿干草和苜蓿混合干草8 400万吨，其中RFV每提高1%，苜蓿价格提高0.9美元（7.5元），高质量的苜蓿干草主要销售到奶牛奶。我国苜蓿的种植面积虽居世界第六位，但产量低，干草的质量也较差，而且奶农很难根据牧草的质量确定购买价格。

随豆粕价格的提高，蛋白质饲料已变得非常昂贵。苜蓿是养牛最廉价的蛋白来源，但粮补政策实施后，苜蓿种植基本停滞，各草种公司2004年销售的苜蓿种子只有往年的1/10左右，所以目前奶牛蛋白质饲料的情况是豆粕价格高涨和苜蓿产量下降。

（2）一年生禾本科牧草。除紫花苜蓿外，一年生黑麦草和饲用高粱（包括高丹草）近年的种植面积在迅速增加。饲用玉米虽然是养殖奶牛主要种植的饲草，国外育成的优质品种也很多，但因国家禁止进口，目前推广的主要是国内育成品种。

一年生黑麦草因为种植容易、成本低和饲用价值很高，推广速度很快。利用南方冬闲田种植黑麦草不会影响粮食的生产，还能多收5～7吨的优质饲草，可为奶牛提供廉价而质优的牧草。Westworld型的一年生黑麦草比其他黑麦草更适合用于稻田轮作，现在国内种植较广的特高就是典型的Westerworld型黑麦草。一年生黑麦草和饲用高粱或高丹草轮作，是近几年南方种植饲草非常成功的模式，可以解决奶牛全年的饲草问题，而且种植成本较低。饲用高粱和高丹草是近4年从国外引进的新饲草种，因为具有再生性好和较高的营养价值，在奶牛养殖发达的东北和内蒙古推广很快。饲用高粱和高丹草与饲用玉米的互补性非常好，前者可以在夏季多次刈割后青饲，解决奶牛的夏季饲草，而饲用玉米在秋季收割青贮后，可提供奶牛冬春季饲草。由于饲用高粱的耐旱、耐瘠薄和抗盐能力较饲用玉米强，在干旱和土壤盐碱含量比较重的地区，种植饲用高粱饲喂奶牛的效果更好。这类饲草在国内推广的主要问题是要让奶农掌握种植和加工技术。

（3）其他饲草。多年生禾本科牧草种植面积较广的有多年生黑麦草、苇状羊茅和鸭茅。苇状羊茅和鸭茅推广的主要品种为法恩（Fawn），波多马各（Potomac）等老品种。这些品种虽然比黑麦草的适应性好，但牧草品质很差，奶牛不愿采食。新的苇状羊茅如百丝（Barcel）和鸭茅如达那（Barinana）在消化率和适口性上比老品种有了很大的提高，叶片的柔软度几乎接近黑麦草，养殖奶牛的农户应该用新品种替代老品种。

农区目前种草的种类还比较单一，粮草轮作、套种也不是很普及。除一年生黑麦草外，国外常用来和粮食作物进行轮作的一些短期生长的饲料作物，如饲用芜箐和饲用油菜在国内还没有进行大面积推广。这些饲料作物只需2～3个月的生长期，可以利用种植粮食的间隙生长。饲用燕麦和饲用大麦草质优良，产草速度快，很适合农区种草养牛，但近几年只在青海地区推广了一些新品种。北欧和国内培育的饲用燕麦在西北地区表现非常好，一些晚熟的品种株高近2米，而且叶量丰富。澳大利亚培育的饲用燕麦在气候更温暖的北京以南地区的适应性更好，如锋利（Enterprise）在北京小麦收获后种植，2个月后就可收第一茬草。

缺乏优质饲草对牛奶生产的影响：

（1）缺乏优质饲草增加了奶牛对饲料粮的消耗。奶农，甚至包括许多学者都认为农区丰富的秸秆为奶牛养殖提供了廉价的粗饲料，但秸秆所提供的营养最多只能维持奶牛的生命需要，而不能满足奶牛的产奶营养需要，所以农户养牛精料普遍占日粮的50%左右，其中一半就是饲料粮。如果改用苜蓿干草、玉米青贮、黑麦草或其他高质量的饲草代替作物秸秆，精料用量只需占日粮的20%就会超过秸秆加50%精料的产奶量。节约30%的精料相当于奶生日减少消耗饲料粮2.5千克（奶牛的采食量按18千克/日计）。

据农业部畜牧兽医局2003年的调研结果，2003年饲料粮占粮食的比重达38%，预计2010年将达到45%。1978年我国饲料用粮为4 575万吨，2003年达到16 558万吨。25年来，我国饲料粮年均增长率为5.3%，远高于粮食年增1.4%的增长率。所以说粮食的短缺主要是因为畜牧业发展需要消耗大量粮食引发的，而并不是口粮的短缺。在奶牛的饲养中，饲料粮的大量消耗主要和饲草的质量太低有关。

（2）缺乏优质饲草增加了牛奶的生产成本。由于粮食生产耗费的能量高于生产牧草所耗费的能量，随着能量价格的上涨，粮食生产成本已明显高于饲草的生产成本，特别是多年生饲草的生产成本。甘肃省张掖市农业科学研究所对河西农区养殖业饲料种植模式进行的研究发现，在河西地区种植紫花苜蓿可以利用5年，每年每667米^{2}地的生产投入平均为103.6元，而种植玉米的生产投入需360元。紫花苜蓿的年均干草产量为1 435千克，玉米籽实产量为729千克，秸秆产量为787千克，相当于每667米^{2}地种紫花苜蓿产蛋白258～287千克，代谢能13 632兆焦，每667米^{2}地种玉米产蛋白98千克，代谢能15 379兆焦（紫花苜蓿的粗蛋白含量为18%～20%，干物质所含的代谢能为9.5兆焦/千克。玉米籽的蛋白含量为8%，代谢能为13.0兆焦/千克DM。玉米秸秆的粗蛋白含量为5%，代谢能为7.5兆焦/千克）。所以种植饲草的成本不光低于粮食，饲用价值也高于粮食。

玉米和豆粕是奶牛是常用的能量和蛋白饲料。据美国威斯康星大学的调查，如果玉米和豆粕（CP 44%）的价格分别为650元/吨和1 488元/吨，体重612千克、日产奶量32千克的奶牛，饲喂蛋白为22%、NDF为40%的优质饲草，每日补充玉米和蛋白的费用合4.9元；饲喂蛋白含量和NDF分别为14%和53%的低质饲草，每日补充玉米和蛋白的费用合10.1元。饲喂两种质量不同的饲草，每日的补饲费用相差5.2元。如果玉米和豆粕的价格翻番，即玉米1 300元/吨，豆粕2 976元/吨，饲喂两种质量饲草的补饲费用就会分别达到9.8元和20.2元，相差10.4元，充分说明了用优质饲草饲喂奶牛是最经济的饲养方法。

奶农面对饲料价格上涨的压力，如果还不尽快提高优质饲草的生产能力以降低牛奶的生产价格，获得的效益势必会越来越低。牛奶公司和农业科技部门今后必须根据不同地区的气候和农业生产特点，帮助奶农掌握适合当地的优质饲草的种植技术及种植模式，才能保障我国奶业健康稳步发展和增强我国牛奶价格的竞争性。

（百绿中国公司　房丽宁　陈　谷）

奶畜养殖

我国奶用公牛后测现状

（一）我国乳用公牛后测的现状

1. 概况 由农业部授权，中国奶牛协会自1983年开始试验性组织乳用公牛全国联合后裔测定工作，至今已组织了31批（从1994年开始每年进行两次测定），累计参加测定的公牛近500头，迄今已获结果的17批共219头遗传评定公牛。历年公牛联合后裔测定情况分列于下（表1、表2）：

表1 历年被测公牛女儿数及分布情况（以产奶量统计）

测定批次	年度	实测公牛数	共计	女儿数（头）平均	牛场
1	1983	3			
2	1984	6	565	94.2	18.7
3	1985	26	1 108	42.6	16.5
4	1986	15	314	20.9	12.3
5	1987	12	546	45.5	20.3
6	1988	13	357	27.5	10.6
7	1990	7	322	46.0	14.4
8	1991	12	461	38.4	
9	1992	9	231	25.7	
10	1993	11	数据未公布		
11	1994	6	128	20.2	13.3
12	1994	13	98	7.5	4.1
13	1995	17	265	15.6	10.8
14	1995	19	297	15.6	8.1
15	1996	5	51	10.2	6.2
16	1996	13	67	5.2	3.3
17	1997	32	379	11.8	14.2
共计及平均		219	5 189	25.3	

注：1993年因公牛女儿记录数过少，测定结果被迫未予公布。

表2 1～7批后测选留种公牛情况

批次	选留公牛	留种率	估计育种值（ETA）			
			泌乳量	R（%）	乳脂率	R（%）
1	1	0.33				
2	2	0.33	225.5	74.5	0.015	62.5
3	16	0.62	80.3	60.5	0.011	46.6
4	5	0.33	156.8	55.1	0.001	50.9
5	7	0.59	92.6	63.6	−0.028	57.0
6	3	0.23	182.6	49.5	0.001	43.9
7	3	0.42	202.6	54.6	0.025	53.1

注：ETA—估计传递力（公牛育种值）；R—重复力。

中国奶牛协会从第8批开始还利用公牛女儿线性外貌鉴定材料，对公牛外貌改良能力进行了评定，并绘制了柱形图。

2. 后测公牛使用效果 1998年中国奶业协会对已获后测结果的前7批种公牛的使用效果在全国进行抽样调查分析。此次共抽取了14头优秀公牛的1 698头女儿的产奶量及乳脂率生产性能记录，来源于8个省、市的38个牛场。与此同时，收集了上述公牛女儿所在牛场其他公牛的同期同龄女儿1 278头的性能记录。资料分布、育种值比较及销售情况（表3）：

表3 估计传递力（ETA）值比较及精液销售情况

公牛号	销售年数	分布省市	年均销量（支）	公牛所在地
228	6	23	10 000.0	江西
1 524	9	20	11 666.7	上海
1 923	10	28	12 000.0	江西
广美2	10	16	7 456.4	广州
278	10	28	7 500.0	江西
395 336	7	21	6 800.9	江苏
1 515	9	21	3 581.6	江苏
8 353	10	20	10 094.3	黑龙江
1 844	10	21	3 475.0	江苏
12403	8	15	7 500.0	上海
8 466	10	27	10 352.6	黑龙江
831	12	27	3 947.4	江苏

经过对数据进行整理和不同的数学方法分析，得出如下结果：

(1) 从表型值分析，经联合后测评定出的优秀公牛，其女儿的产奶量和乳脂率的最小二乘均值，与其他公牛的同期对照女儿比较，无论是逐头公牛间，还是将14头优秀公牛合并一起比较，都是极显著的高于其他公牛的女儿水平。说明通过后裔测定评定出的优秀公牛是可靠的。

(2) 估计公牛育种值间比较：用每头优秀公牛的ETA值与对照组公牛的ETA值比较，产奶量性状的ETA值只有831号公牛低于对照组，有92.86%的优秀公牛高于对照组；乳脂率性状的ETA值只有1 515、1 923、831和2 810号4头公牛低于对照组，有71.42%的优秀公牛高于对照组。联合后测优秀公牛产奶量和乳脂率的平均ETA值均高于对照组公牛。

(3) 优秀公牛的效益调查：抽样调查12头优秀公牛近10年的精液销售情况，可以看出，共推广销售精液总量为860 992剂，平均每头公牛销售精液71 749剂。按每3剂精液配孕1头母牛且繁殖成活率为80%计算，每头优秀公牛可获成活女儿9 566头。根据本次调查结果优秀公牛女儿比对照组公牛女儿平均每头每年（按一个泌乳期305天计算）增加产奶量219.68千克计算，平均每头优秀公牛可增产值420.29万元（9 566头×219.68千克×2元）。据此测算已推广的优秀公牛37头，仅增产奶量一项共增产值1.555亿元，如果再加上牛奶质量的提高（乳脂率平均提高0.06%）和优秀公牛精液售价的增值，其经济效益和社会效益是相当可观的。

由此可见，公牛后裔测定是当前选择种公牛乳用性能的最好方法，是提高牛群乳用遗传性能的关键，也是提高牛场经济效益的重要途径，并证明了中国奶牛协会组织进行全国联合公牛后裔测定工作是必要的，是可信的，在提高牛群质量上起到较大的作用，是具有较大的社会效益和经济效益的。

（二）我国公牛后裔测定的问题与对策

1. 参加后测的青年公牛数太少 自1983年起，由中国奶业协会组织全国公牛后裔测定，目前已经进行了31次，每次实际参加后测的公牛一般为10～20头，最少为3头，最多为47头。虽然参加后测的公牛是经过计划选配再经过系谱选择所挑选出的公牛（目前尚不能保证做到这一点），但系谱选择的准确性是很有限的，当选送的公牛很少时，就很难保证各地选送的公牛是本地最优秀的公牛，进而不能保证经过后裔测定选出的公牛是全国最优秀的，其遗传改良的效果是有限的。近年来参测公牛有上升趋势，力争几年内达到年参测200头。

2. 后测公牛与母牛的交配缺乏随机性 后测公牛与母牛的随机交配要在两个环节上加以保证，一是由于多种原因，并不是每个参加后测的省市都能承担所有公牛的后测任务，因而存在公牛精液分配问题。为了满足随机交配的原则，在向各省市分配精液时应尽量做到随机分配，不能有人为的挑选，但这一点目前在过去的几次后测中并没有做到；二是在进行配种时，在保证不过度近交的前提下，实行随机交配，而不能根据公牛和母牛的生产性能进行选配。这一点目前是否做到了也值得怀疑。

3. 公牛女儿在参加后测的牛场中的分布太不均衡 公牛女儿分布的均衡性也要从两个方面加以考虑，一方面向各省市分配精液时，要保证各省市之间有足够的联系性，但从过去几次全国后裔测定的结果看，这一点重视的不够。另一方面是在省市内每头公牛的女儿在各参加后测的牛场的分布应尽量均衡，也就是每一牛场都应有每头公牛的女儿。参加后测公牛在各省市的分布已经有了一定的不均衡性，如果再加上公牛女儿在省市内的各牛场中分布不均衡，则整个资料就极不均衡了，这一点在过去的后测中就注意得更不够了。以1987年的后测结果为例，9个省市共的107个牛场参加后测，其中51个牛场只有一头公牛的女儿，31个牛场只有2头公牛的女儿，整个资料是极不均衡的。各牛场之间的联系性极弱，因而某些公牛的估计育种值相互间的可比性很差。

4. 没有保证足够的公牛女儿数 作为一个可以信赖的估计育种值，其重复力至少要达到70%。要达到这个指标，在公牛女儿分布基本均衡的前提下，女儿数至少达到50头。但从过去几次的测定结果看，大部分公牛的女儿数都在50头以下，因而估计育种值的重复力大多较低。

5. 缺乏准确的标准化的生产性能测定和完善的记录体系 迄今完成的17批后测公牛，均是使用自报的女儿牛生产性能，缺乏必要的公正性和可靠性。近年来我国已经开始组建专门化的奶牛生产性能（DHI）监测组织，进展甚快。但与奶业发达国家相比，仍有较大的差距。奶牛群体遗传改良是一项系统工程，需要各级政府业务部门的指导、各地奶协的组织协调、各养殖企业和AI站积极配合。

6. 大部分参加后测的公牛在后测期间仍在作为种公牛使用 而经过后测被证明是优秀的公牛又并未在全国范围内充分推广利用，这样就失去了后裔测定的意义。以上这些存在的主要问题有些是目前应该可以避免的，例如被测公牛与母牛交配的非随机性问题，公牛女儿分布的不均衡性问题、女儿数过少的问题等，只要严格掌握原则，给予足够的重视，都是可以克服的。而有些问题，如增加后测公牛数、建立专门化的性能监测组织等，则涉及多方面的因素，短期内难以解决，但也应积极努力创造条件，争取早日解决。政府应尽快建立公牛站业务的准入制度和种公牛的经营认证制度。以确保我国奶牛群体遗传改良工作健康、快速发展。

（中国奶业协会育种专业委员会　张　沅）

北京三元绿荷建立奶牛生产记录体系

几年来，我国奶业发展迅速，奶牛总存栏、总产奶量以及人均牛奶消费都有较大幅度的提高。但由于我国奶业起步晚，基础薄弱，技术落后，专业人才匮乏等原因，致使总体生产效率较低，突出体现在：牛群素质差，良种奶牛不足；管理粗放，饲养技术匮乏；粗饲料质量制约奶牛业发展；原料奶质量制约乳制品质量等等，以上已成为阻碍我国奶业发展的瓶颈。而规范、提升奶业管理水平，改革传统粗放管理的关键是建立推行"数字化"管理，数字化管理的基础是原始生产技术资料的收集、整理及统计分析，从而为科学决策、规范管理提供准确有效的依据。

几年来三元集团奶牛业，不断总结发展经验，全方位引进借鉴国外技术、工艺，不断完善奶牛生产记录与管理体系，搭建数字化管理平台，为科学决策起到了十分重要的指导作用。

（一）奶牛生产记录体系的基本框架

1. 建立体系的原则 即反映奶牛生产情况，为管理服务的原则；符合奶牛生产需要与实际可能相结合的原则；指标的含义、范围、计算方法要明确统一；总体上考虑指标之间的联系，确保相互衔接、配套；指标体系尽可能保持相对稳定，以便历年统计资料的可比性。

2. 体系构建框架 根据奶牛场生产技术管理的要求和实际情况，分析归纳数据的类别及流向，充分考虑对生产实际的反馈指导作用，建立并确定奶牛生产记录体系，该体系包括五个模块：即生产管理；日粮营养；奶牛育种；奶牛繁殖；卫生健康。构建的框架图如下（图1）：

3. 体系中每个模块包括的具体内容

（1）奶牛生产管理。记录包括：

①牛奶产量记录：牛奶总产量、商品量、犊牛喂奶、坏奶与损耗，其中商品奶分为市内销售、自加工、场销及市外销售。应分析产量构成，商品率、坏损率；结合饲养日计算成母牛和泌乳牛的头日产、成泌比。

②牛群异动记录：期初乳牛存栏、期间乳牛增加（即出生、调入、购入和转入）和乳牛减少（即转出、调出、出售、淘汰、死亡和死胎）、期末存栏。在记录牛只异动的同时，登记牛只的饲养日；牛群分为四群即成母牛、青年牛（19月龄～产犊前）、育成牛（7～18月龄）和犊牛（0～6月龄）来统计，其中犊牛分为母犊和公犊。应按淘汰、死亡的原因种类进行分析，计算各群平均饲养头数、死淘率、死胎率等。

③牛奶质量记录：牛奶质量指销往乳品加工企业的商品奶的质量，标志牛奶质量的指标有：牛奶商品量、牛奶基础价、牛奶综合价格、乳蛋白率、乳脂率、体系胞数及奖罚金额、细菌数及奖罚金额。计算平均值时，应按相对应的商品奶加权。

④体况评分记录：体况评分它是针对成母牛各阶段体况的评价，分干奶后期、围产后期、泌乳盛期、泌乳中期、泌乳后期、干奶前期六个阶段进行评价。评分实行5分制，应由至少2人的固定技术人员评定。

（2）奶牛日粮营养记录与报表。记录包括：乳牛日粮组成与营养水平两部分，统计时应按成母牛（泌乳牛、干奶牛）、青年牛、育成牛和犊牛分类。形成的报表为：奶牛日粮组成报表和奶牛日粮营养水平报表。

①日粮组成记录：包括粗饲料（青贮、干草）、精料（麸皮、玉米、豆粕、菜粕等能量和蛋白饲料）、矿物质（微量元素、维生素、添加剂等）、块根（胡萝卜、甜菜等）、糟渣类（啤酒糟、苹果渣等）等。应进行构成分析。

②营养水平记录包括：指日粮中各组分的营养水平，包括干物质、奶牛能量单位、产奶净能、蛋白量及比率、粗纤维、ADF、NDF、钙、磷。应分析钙磷比、精粗比，能量与蛋白的平衡。

（3）奶牛育种。记录分为：奶牛谱系和DHI测定两部分；形成奶牛谱系和DHI测定报告，应及时进行DHI报告分析，为奶牛改良和生产管理提供有效的数字依据。

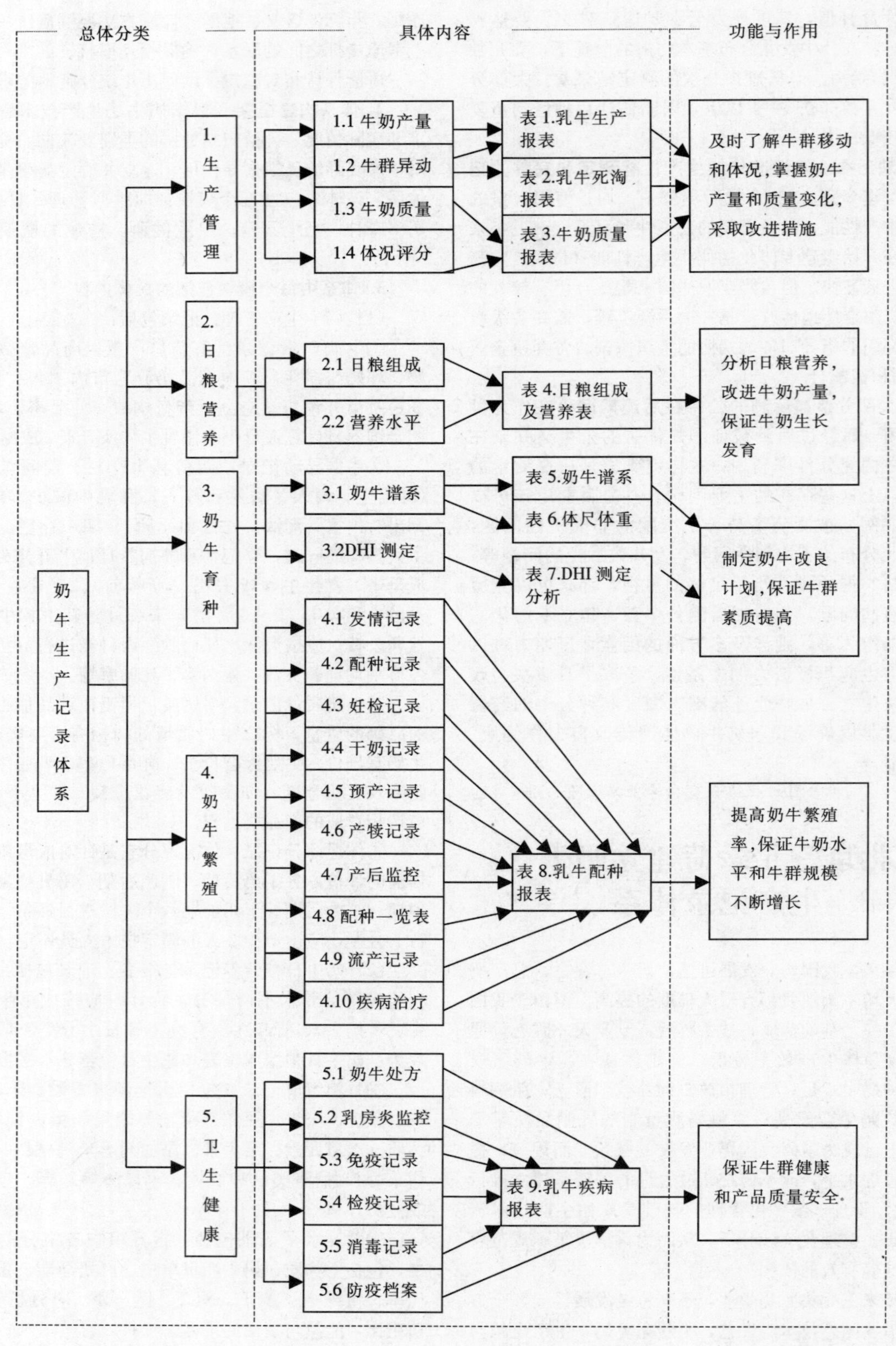

图 1 奶牛生产记录体系框架图

①奶牛谱系记录：主要包括奶牛初生基本情况、血统、各阶段生长发育、体形鉴定、线性鉴定、生产性能、繁殖状况、防疫记录等，各项内容指标汇集形成谱系表，要求填写及时、准确、完整。

奶牛出生基本情况记录：主要包括牛场名称及编号、牛号、良种登记号及登记日、品种及来源、出生日期、出生重、毛色、近交系数等基本情况以及牛的图谱。所有牛只（不论选留与否）均应给予固定的标记和编号。牛只出生后应在 24 小时内登录编号，按站立及左右二侧毛片花纹描绘（或拍照）犊牛花片，以便识别。

血统记录：包括父、母三代的牛号及产奶性能的记录。系谱中父母应为良种登记牛，三代血统清楚。

3 牛只体尺体重情况：按出生、6、12、15 月龄、和一、三、五胎共七个阶段分别填写测定日期、体重、体高、腹围、尻宽、胸围、管围和体斜长八项内容。注意：体高、尻宽和体斜长用杖尺，其他用软尺。形成各阶段乳牛体尺体重及后备牛体尺体重评定图表。

体形鉴定记录：包括体型鉴定的日期、产犊日期和胎次、四大特征的整体评定结果（一般外貌与乳用特征、体躯、泌乳系统、肢蹄），总分为 100 分。

线性鉴定记录：包括鉴定日期、16 个线性性状和 5 个质量性状、鉴定员等内容。16 个线性性状分别为外貌 4 个（体高、胸高、体深、棱角性）、尻部 2 个（尻角和尻宽）、后肢 3 个（后肢侧视、后视、蹄角度）、泌乳系统 7 个（前乳房附着、后乳房高度、后乳房宽度、悬韧带、乳房深度、乳头位置、乳头长度）；5 个质量性状为一般外貌、乳用特征、体躯容积、乳房结构、体型总分。

生产性能及终生记录：包括每胎次全期泌乳总天数和总产奶量，所有胎次累计产奶量；各胎次 305 天产奶量（由 10 个泌乳月及其后 5 天的产奶量累加而成）、加权平均乳脂率、乳蛋白率及体系胞数；当牛只离群应登记其终生记录：终生总产奶量、平均乳脂率、平均乳蛋白率、离场日期和离场原因。

奶牛繁殖记录：指牛只终生繁殖基本记录的汇集，包括：胎次、配妊情况（始配日期、始配日期、配妊日期、公牛号）、流产情况（日期和妊娠天数）、产犊情况（产犊日期、性别、毛色、出生重、编号、产犊状况、产犊间隔）和停奶日期。

奶牛检疫记录：应按每次检疫的日期、项目及结果，认真如实填写。

②DHI 测定记录：牛场的所用成母牛应参加 DHI 测定，每月测定一次。各牛场按要求将奶样送至北京市奶牛中心进行检测，反馈的报告指标有：牛号、头日产、奶损失、乳脂率、乳蛋白率、体细胞数、产奶持续率、高峰奶、峰值日等。主要是通过对奶牛群开展生产性能测定，利用 DHI 报告为奶牛改良和生产管理提供有效的数字依据。

（4）奶牛繁殖。繁殖记录包括：

①发情记录：包括牛号、发情日期、发情持续时间、性欲表现、卵巢子宫状况、阴道分泌物状况、鉴定人等。

②配种日志：是配种员的配种工作记录，它包括牛只组别、牛号、上次发情日期及次数、本次发情日期及次数、发情征候（性欲、黏液等）、子宫卵巢情况、卵泡发育情况、与配公牛号、输精时间、排卵检查、治疗结果、妊检日期及结果。

③妊娠检查记录：妊娠检查的结果及日期填写在配种日志中的妊检栏中。

④干奶记录：包括组别、牛号、配种日期、妊娠检查日期及结果、妊检人、停奶日期、预产日期。预产日期可通过此表确定。

⑤预产记录：根据干奶的情况，整理出预产的牛只，填写预产通知单通报产房，以便做好预产准备。

⑥产犊记录：包括组别、牛号、产犊日期、犊牛情况（性别、编号、体重）、分娩情况、胎衣脱落情况、接产员签字。

⑦产后监控记录：监控的内容包括产后观察、胎衣监控与检查（6 小时）、恶露监视（7 日内）、第一次产科检查（15 日）、第二次产科检查（30 日）、第三次产科检查（40 日）、第四次产科检查（60 日）、始配情况，每次应登记检查日期、结果、处理办法、经手人签字。

⑧并将当时的繁殖状态填列。在本表中包括牛只所有的重要繁殖数据，包括组别、牛号、胎次、血统、选用公牛、上次产犊日、最后配种日、本次配种日期及妊检确认后始配天数、配准天数和预产日期。

⑨流产记录：包括组别、牛号、胎次、流产日期、血统、与配公牛、流产类型、生殖病史、流产原因分析、鉴定人签字。

繁殖疾病治疗记录：该表用于牛只患繁殖疾病时的治疗记录，繁殖疾病包括子宫内膜炎、阴道积液、子宫肌瘤、卵巢疾病、胎衣不下等。诊治时应登记治疗日期、牛号、产犊日期、病因、药名、剂量、用药方法。

（5）卫生健康。记录分为：

①乳牛处方：包括牛号、组别、群别、年龄、发病日期、初诊病名、判定病名、归转病名、兽医、主要症状记录（主要记载时间、体温、脉搏、呼吸、病状、治疗、处理方法、粪、尿、血液等化验结果）、病因分析以及处方内容。

②隐形乳房炎检测：包括组别、牛号、胎次、产犊日、检测日、结果（分为左前、左后、右前和右后）以及备注。

③免疫记录：主要指炭疽病等疫病情况，每年定期进行免疫，每次必须填写免疫日期、疫苗批号及操作人。

④检疫记录：主要指结核和布病检疫，每年分别检疫两次。结核检疫必须填写检疫日期、批号、操作人、原皮厚、反应后皮厚（72 小时后）、复检员皮厚、复检反应后皮厚及综合判定结果；布病检疫要填写检疫日

期、采血人及结果。

⑤牛场消毒记录：包括消毒日期、消毒区域、消毒药名称、用量、稀释浓度、消毒人员等。

⑥牛只防疫档案：牛场名称、档案号、牛号、日龄、免疫时间、疫苗品种、厂家及批号、耳标号、防疫号、备注等。形成的报表为乳牛发病报表。

（二）奶牛生产关键技术指标的统计分析及其对生产的指导作用

1. 利用完善的育种资料及DHI体系，指导科学选配，提高奶牛遗传进展 谱系是个体牛只血统记录、体型外貌评分以及一生生产性能与繁殖性能的综合体。谱系中血统记录最基本的作用是在选配时防止近交和进行后裔测定。清晰的血统记录、健全的生产性能与体形外貌评分等奶牛育种资料，再结合生产性能测定体系（DHI）即奶牛群改良方案，并通过综合分析群体牛谱系记录，对生产性能和体形遗传值进行估算，成为制定奶牛选种选配的依据；根据谱系中体型外貌评分以及生产性能完整记录，做好个体牛只评定，为建立优质高产核心群奠定了基础。几年来三元绿荷不断完善谱系记录，增加了与奶牛乳房炎发病率存在强相关的体细胞计数、乳蛋白率等指标的利用与分析，利用谱系记录了解母牛的优势与劣势，根据奶牛的整体育种规划，结合公牛记录做好、做实奶牛的选种选配工作，提高奶牛遗传进展。

2. 利用牛奶产量和奶牛体况等分析报表，合理分群、科学饲养，既满足奶牛营养需要，又降低生产成本 牛群按年龄可分为后备牛和成母牛。后备牛按不同年龄段生长发育特点，划分为犊牛（0～6月龄）、育成牛（7～18月龄）、青年牛（19～产犊前）。后备牛日粮应按照生长发育的特点与需要进行调配，配置不同类型日粮。成母牛按是否泌乳划分为泌乳牛和干奶牛，综合其产奶量、泌乳阶段、体况等情况进行分群，一般分高、中、低三群或按泌乳早期、泌乳中期、泌乳末期划分。根据各阶段产奶需要、维持和生长需要（头胎牛）、妊娠需要、体况变化情况调配相应的日粮。干奶牛则主要根据妊娠需要与维持需要配置日粮，干奶前期和干奶后期由于其需要及特点不同，日粮也应采取不同方案。近年来三元绿荷奶牛养殖中心从始至终遵循分群管理的关键点，调配日粮，使日粮营养浓度与奶牛需要更接近，满足了各阶段奶牛的营养需要。

3. 利用后备牛体尺体重分析记录，评价后备牛生长发育，注重后备牛饲养管理战略 利用后备牛体尺体重记录及其曲线图来评价饲喂效果，采取改进措施，调整日粮方案。后备牛体尺体重曲线图中有两个区域，只有当体高和体重的测量值分别落在各自的区域范围内时才是最合理的。发现偏高或偏低都应及时采取有效措施调整日粮方案，确保后备牛正常生长发育。

4. 根据成母牛体况评分记录及其分析，调整泌乳牛及干奶牛日粮，实施现代TMR饲养工艺，提高牛奶产量 体况评分是对奶牛体况进行数字化评定的一种方式，评分实行5分制。主要分干奶后期、围产后期、泌乳盛期、泌乳中期、泌乳后期、干奶前期六个阶段。各阶段的体况标准值分别为：3.5～3.75、3.5～3、2～2.5、2.5～3、3～3.5。如果围产后期与泌乳盛期体况分值差1分以上，说明产后牛失重严重，应增加日粮中能量浓度。如果干奶前期牛只体况分低于3分，应适当延长牛只采食泌乳牛料的时间，同时提前干奶，使牛只分娩时体况正常。通过大量的数据积累，建立了不同阶段奶牛的适宜体况曲线，并且依次定期评价各牛场饲养效果。

5. 根据DHI报告，结合隐性乳房炎检测（CMT）的综合分析，改进管理，保证奶牛乳房健康，提高牛奶质量 每月都进行CMT隐性乳房炎检测，夏季是乳房炎的高发季节，每月进行2～3次CMT隐性乳房炎检测。牛场管理人员综合DHI报告和CMT隐性乳房炎检测结果，分析原因，及时调整挤奶方式，改善乳牛周围环境，严格操作规程，降低乳房炎发病率，提高牛奶产量和质量。目前三元绿荷牛奶体细胞平均25万以下，微生物平均10万以下。

6. 利用奶牛繁殖记录体系，分析造成奶牛繁殖率下降的原因，并采取对策及时改进 近几年来，在奶牛单产提高的同时，奶牛的繁殖率却略有下降。面对存在的问题，通过对繁殖记录与报表以及实际情况进行认真分析，找出目前奶牛繁殖存在问题的原因并采取相应的措施。

从繁殖指标来看漏情率高、始配天数与配准天数延长、受胎率低、空怀天数增加，这主要与应配牛只体况差、患有卵巢静止等繁殖疾病有很大的关系。而高产牛因高产导致产后失重更严重，为此，特别是在夏季，必须饲喂如美加力、万利补高能量的脂肪性饲料，以降低产后失重，提高奶牛体况。

牛只繁殖疾病多发，如子宫内膜炎发病率、子宫肌瘤、阴道积液发生率等较高。发生的原因主要是助产不当、操作消毒不严、产道撕裂、治疗不及时等，签于此必须健全消毒记录、严格消毒程序、完善操作规程，加强牛只产后监控工作的力度。

胎衣不下比率升高，与牛只子宫阵缩无力、干奶后期日粮中阴阳离子不平衡有关。可增强牛群体质，增加日粮中阴离子浓度。由于领导重视、监督力度不够，对配种员考核办法不得利，以及配种员自身的素质，影响了繁殖工作的展开。建议制定合理的配种员考核办法，规范技术标准，进而推动企业的繁殖工作的提高。

以上仅对部分关键指标的分析，只是体系中的一部分，在进行其他分析时，一定要考虑各指标之间的相互联系。只有当分析与丰富的饲养管理经验以及科学方法相结合时，才能更有效地发挥记录体系的作用。

（三）借助计算机技术，普及电子报表，加速统计分析与管理决策的便捷

目前，三元绿荷奶牛养殖中心组建了70个端点网线连接的局域网及41个端点由电话线连接的广域网，并为各牛场生产配备专用的计算机，为记录体系的全面应用，创造了条件。目前各牛场都能按中心的要求通过中心广域网传送相关报表，中心审核无误后，进行汇总分析，再将汇总及分析结果通过网络反馈给牛场。节约时间，保证质量，提高工作效率。同时由于数据是存入数据库中，加强了数据的完整性，提高了数据的安全性。实现资源共享，加速统计分析与管理决策的便捷。

（四）建立奶牛生产记录体系，加大数字化管理力度，全面改革提升传统奶业

三元绿荷奶业通过全面实施生产记录体系，规范了管理，充分体现了"有度量才能管理"的理念，促贯穿奶牛生产全过程的奶牛生产技术管理标准通过北京市质量技术监督局验收，获"标准体系确认合格证书"，并且已被列入全国100家标准化试点单位之一，也是全国惟一一家入围的奶牛养殖企业。

通过推广使用生产记录体系，加强饲养管理，科学调配日粮，严格控制乳房炎关键环节，注重优质高产核心牛群的建设。两年来，奶牛头年单产由2001年的7 600千克，达到2003年的8 500千克；牛奶中体细胞数由2001年的每毫升60万降至27万以下；总细菌数由每毫升100多万降至10万以下，牛奶产量及质量明显提高，头牛年利润增加1 850元。

通过建立奶牛生产记录体系，搭建数字化管理平台，促进了三元绿荷奶业发展，这也将成为我国奶业尤其是集约化奶牛饲养水平稳步提高的基础性工作，必将引起大家的重视。

（北京三元绿荷奶牛养殖中心　卫美凤　张振新）

现代化挤奶设备对原料奶质量的影响

当前，各种诱人的奶制品走上我们的餐桌，已成为我们生活中不可缺少的一部分。作为一种食品，奶制品质量是至关重要的，而原料奶质量状况是影响成品营养，口感，风味和保存的重要因素之一。在众多影响原料奶质量因素中，挤奶设备已被公认是重要的影响因素之一。

（一）双真空挤奶系统是符合奶牛生理特点的最理想的挤奶设备之一

至今大家仍有一个误区，认为牛奶是完全靠挤奶机挤出来的。其实不然，其70%归结于牛只本身分泌的催产素，挤奶机的作用仅占了30%。挤奶机只是增加乳头外压，结合催产素的分泌过程，在一定时间内将乳腺组织中的牛奶快速彻底排出。在挤奶前，乳头的予药浴和擦洗均给牛只刺激按摩而产生催产素。挤奶杯组应在擦洗乳头后的45秒内套上，否则过了催产素分泌高峰后再套杯，会造成牛奶挤不尽而导致乳腺炎，同时也因延长挤奶时间而增加牛奶中微生物含量。

由于奶牛前后乳区的乳汁分布不均等，后乳区比前乳区多10%～15%，故挤奶设备需配备前后乳区脉动比率不同的脉动器。一般前乳区的脉动比例为53：47（工作节拍：休息节拍），后乳区为60：40。只有将前后乳区的脉动比率区分开来，才能同步挤完4个乳区的牛奶，避免前乳区的空挤和后乳区挤不尽的现象。

为了将汇集在集乳座内牛奶快速抽走，需要的真空压力较高。而如果将此较高的真空压反复作用于乳头，则会导致奶牛乳头的损伤。为了避免这种损伤的产生，就需要两个不同的真空来完成这一过程，所谓的双真空就是将附加在乳头上的挤奶压（低真空）与运送牛奶的送奶压（高真空）区分开来的挤奶方式。Orion双真空挤奶机最大的特征就是保证了稳压挤奶（图1）。

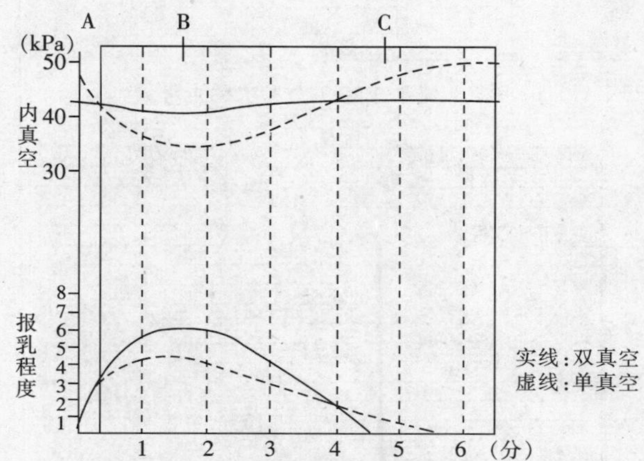

图1　双真空挤奶机与单真空挤奶机的压力比较

同时，通过阀芯的升降来调节双层稳压结构集乳座的真空度，更保证了集奶座内稳定的压力（表1）。

表1　集奶座内真空度比较表

	双真空系统（千帕）	单真空系统（千帕）
挤奶初期A	43	50
流量高峰时B	40～43	35～40
挤奶末期C	43	50

这种始终稳定的挤奶压，对牛只乳头无任何损伤，预防了乳腺炎的发生。同时在挤奶结束前，切断集奶座内真空，使脱杯对乳头的拉扯力减小，也起到了保护乳头的作用。而且，双真空挤奶系统中较低的挤奶压对奶牛乳头无任何不适或疼痛，踢杯现象几乎没有。这些均有利于提高原料奶的质量。故双真空挤奶系统对减少乳腺炎的发病率，对降低牛奶中的体细胞起了非常大的作用。

（二）在线检测牛奶导电率是减少乳腺炎损失的有效方法

乳腺炎是牛只健康和原料奶质量的一个隐形杀手。目前大多数牧场均采用每月一次或两次的CMT（伽里弗尼亚乳腺炎测试法），或参加DHI每月1次测试SCC（体细胞）来得知隐形乳腺炎。现在，通过挤奶设备中的流量计每天3次产量和导电率的在线准确测定来判断隐形乳腺炎的方法正被越来越多的用户认可并依赖。

正常乳腺整个胎次的导电率非常平稳（图2）。但一旦乳腺被感染，牛奶导电率上升、产量下降（图3）。

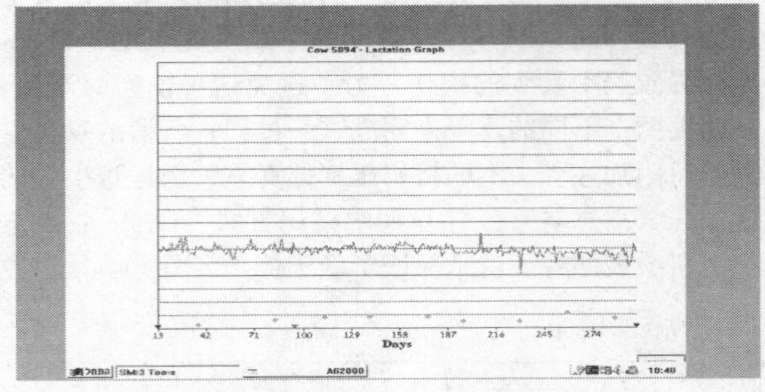

图2 健康牛在1个胎次的电导率

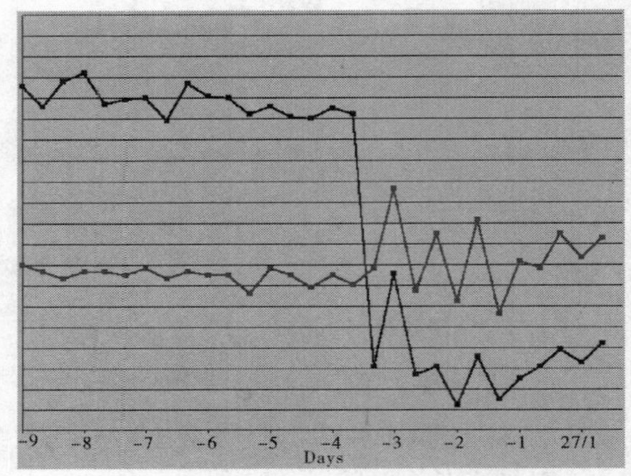

图3 临床乳腺炎牛产奶量剧减，电导率增加

S. A. E. Afikim阿菲金挤奶设备在挤奶同时在线提供牛奶的产量，流速，导电率，挤奶时间，掉杯次数等信息，为牧场管理者提供了大量准确有用的数据。该系统的基本原理就是在每次挤奶时，当每200毫升奶量经过流量计的电极时被测定其导电率，记录其最高数值并保存在数据库中。系统将自动汇总前10天该牛的平均导电率，与本次挤奶时的导电率比较，若当潮的导电率大大高于其平均数时（软件根据产量和导电率偏差系数，表2），该牛被怀疑乳腺受感染，挤奶设备将发出嘟嘟的警告：此牛需关注检查。

同时，该系统还自动生成健康报告，将早期乳腺炎牛只罗列其中，兽医就能在第一时间去关注。为了验证所列出怀疑牛只是否真的乳腺被感染了，我们对这些牛只进行了单个无菌取样，冷冻，并送往化验室进行细菌诊断，85%的样品中被检验出不同的细菌，证实了乳腺被大肠杆菌，葡萄球菌及链球菌等感染。故该系统对隐形乳腺炎的早期诊断的准确性非常高。现代化高科技的挤奶设备不但能挤奶，同时还可以让牧场管理者第一时间知晓牛只健康状况。

表2 早期乳腺炎监测的产量和导电率偏差系数

	泌乳天数		
	0～100天	101～200天	>201天
△P%	−20	−25	−30
△EC%	+8	+13	+18

△P%：当潮产量与前10天平均产量偏差率

△EC%：当潮导电率与前10天平均导电率偏差率

（三）挤奶辅助设施为提高原料奶质量发挥积极作用

每年5～9月原料奶中的体细胞数和细菌数均比其他月份要高20%以上，这对我们提出了更大的挑战。为此，我们在抓好基础管理外，还应关注挤奶辅助设施的改进和更新。

在牛只挤奶前，待挤厅内乳房喷洗系统统一对牛只乳房进行30～50秒的冲洗，而后启动待挤厅下面的风扇，在5分钟时间将其吹干。这不仅减缓了奶牛热应激，而且对提高原料奶的质量无疑是非常有效的。

另外，在挤奶过程中，挤奶杯组是直接与牛只乳头接触时间最长、频率最高的部件（一般1副挤奶杯组1潮挤奶16～25头，平均每次接触5～8分钟），挤奶杯组是引起牛只互相交叉感染乳腺炎的一个要素。理论上在完成每头牛的挤奶后，需要将每付挤奶杯组清洗干净后开始下一头牛的套杯，但这靠手工很难实现。

S. A. E. Afikim阿菲金设计的带有反冲洗系统的挤奶设备可以完成该项功能。当完成一批奶牛挤奶后，在牛只撤离的同时，按下气动提升门，设备自动进入杯组清洗系统。该清洗过程持续时间共为15秒，其中前7秒为水洗过程（每付杯组的用水量为2升），后8秒为吹干过程，此反冲洗系统既不耽误挤奶时间又有效杜绝了各种细菌的交叉感染，对保障牛只健康和提高牛奶质量起了很大作用，对乳腺炎的预防作用则更为显著。

综上所述，挤奶设备的特性很大程度上影响了牛只健康和原料奶质量，现代化挤奶设备也正逐步摆脱传统挤奶机的（光挤奶）单项功能，朝着多元化方向发展。

（上海光明荷斯坦牧业有限公司 陆 静）

天津市奶牛生产性能测定体系

天津的奶牛业无论是遗传基础还是生产组织管理，在中国均处于领先地位。尤其是生产性能测定服务组织的建设，具有鲜明的特色和理想的功效，为天津奶牛业的发展提供了基础和保证。

（一）DHI及其内容和作用

1. DHI是英文“Dairy Herd Improvement”（奶牛群改良）**的缩写，国际上通常用以代表奶牛生产性能测定体系，是改善牛群素质、提高奶牛泌乳能力和增加社会经济效益的根本措施** 牛场经营者根据DHI报告中反映的各种量化信息，对自己牛群实际状况作出客观科学的判断，并以此作为改进饲养管理的科学依据，以提高牛场的管理和生产水平。国外奶牛生产先进的国家早在19世纪末就开始进行此项工作，DHI已成为奶牛群改良科学化、规范化的标志。天津在“中日奶业技术合作项目”的扶植下，从1992年在中国率先开始前期准备工作（主要指赴日人员的技术培训、软件的开发、仪器安装调试等），于1993年6月在天津工农奶牛一场开始实施中国第一次DHI测定工作。十几年来逐步扩大工作范围，目前在天津所有国有奶牛场100%均开展了DHI工作，奶产量和质量有明显提高，体细胞数大幅下降，经济效益十分明显。

2. 天津的DHI主要为牛场提供牛群饲养管理和经营方面的服务 一是测定牛群的产奶性能，包括每头牛的产奶量、乳脂率、乳蛋白率等，它是奶牛育种工作的基础，通过DHI测试的数据，作为评估公牛遗传素质的依据；二是收集牛群饲养管理与经营方面的资料，如系谱资料、产犊日期、干奶日期、淘汰日期和牛群的年龄结构等，并将这些资料信息进行系统加工处理，所得结果再返回牛场，可以了解牛群的饲养管理水平和生奶质量水平，作为改进管理工作的依据。DHI的用途具体表现为追踪牛只表现、观察牛群表现、牛只淘汰、配种、牛群之间相互比较、饲料配方平衡、开发新目标、乳房炎管理、选种、牛只买卖、兽医参考等方面。

由于DHI所收集和提供的是奶牛业（群）最基础性的东西，具有广泛的应用价值，所以其服务对象除了牛场外，还有政府机构、奶牛业在工业领域里的合作伙伴，以及那些需要利用其提供的数据进行遗传评估、指导有关推广项目实施的研究机构、奶牛组织和奶牛顾问，因此DHI的工作客观上为奶牛协会和育种中心的工作提供了基础和依据，对政府机构和奶牛业领域的伙伴以及其他需要这些信息的人提供了帮助。因此从某种意义上讲天津奶牛业的迅速发展，DHI功不可灭；在与其他奶业服务组织的合作中，DHI也日益表现出了主导的作用。

（二）DHI记录处理的职责

主要是为DHI成员和客户持续、准确和及时地提供奶成分分析结果及生产记录的信息；采用自行开发数据处理软件有效地分析个体牛奶的乳脂、乳蛋白和体细胞计数资料；管理专业数据的输入和数据编辑，确保个体牛生产和系谱资料的完整性；提供有关数据的解释服务，对DHI成员和其他用户的反应做出礼貌的、恰如其分的回答。

（三）DHI资料收集的形式与方法

DHI从其成员牛场中收集的资料分成两大类：一类是奶牛群的基础资料信息，如系谱；奶牛群的生产情况，如产犊、干奶、淘汰情况等；另一类是产奶资料，即产奶量与奶样测定所得。这些资料的收集主要方法是：由牛场提供每月1天，连续24小时早中晚3次由牛场自行称量每一头牛的产奶量并逐头（按早中晚4∶3∶3）取样，送DHI中心检测。与此同时，通过国际互联网向DHI提报前述的第一类资料信息，以这种方式向DHI提供资料的牛场，在享受DHI提供基础服务的同时按规定承担一定的费用。

DHI收集的奶样，主要测定乳脂率、乳蛋白率、乳糖率和体细胞计数（SCC）。根据测定的产奶量数据，可以计算出每头牛的总产奶量。根据产奶量、乳脂量、乳蛋白量今后还进一步可以计算出每一头牛的育种值。

无论哪一种资料信息，都被DHI存贮计算机内，由计算机进行分类、整理、传递并被长久地保留下来。

（四）DHI的服务内容和形式

DHI对于所注册的成员提供基础服务，这种服务包括每月提供1份牛群总结报表，还有年末牛群的年度总结报告。

牛群总结报告采用多角度、数据化的方式，给牛场提供了一个关于牛群及其管理经营的全面评价与分析。具体包括：个体牛的产奶性能、305天产量分布、体细胞分布、体细胞走势、近三个月泌乳曲线、群体的产奶性能及与其理想目标的比较，牛群的总体评价与改进意见等各项内容。该报告不单为牛场所用，各方面的专家和技术人员也将根据这个报告亲临牛场指导牛场主改进工作。

除以上基础服务外，体细胞数可为牛场提供每头泌乳牛的乳房健康估价，几乎每个牛群都要进行体细胞测定。体细胞是检查奶中的白细胞和脱落的上皮细胞，高体细胞数预示着大量白细胞的存在和较大可能的乳房感染。因此，体细胞计数都是按胎次和泌乳期观察，在正常情况下奶牛理想的体系胞数为第一胎小于15万；第二胎小于25万；第三胎小于30万，按照国际标准体细胞数50万为乳房炎的基准，超过50万即使没有乳房炎的症状，也将其判定为患有隐性乳房炎，需要及时给予治疗。

母牛生产力报告服务：由DHI向牛场提供一份报告，该报告把全群成母牛按305天产奶量（按牛场不同要求如：牛号大小、鉴定日体细胞计数大小等各种方式）进行排列，同时还包括牛群平均胎次、泌乳天数、鉴定日各项指标及90天、305天产量等的各项内容。

应用DHI报告如何发现问题与解决问题：

1. 胎次 一个牛群胎次的正常合理的分布比例应为：1胎比例30%；2胎比例20%；大于2胎次比例为50%。一个牛群理想平均胎次应为2.8胎左右，一胎牛比例过高即平均胎次小于2.8则高产牛就会减少；若一胎牛胎比例过低即平均胎次大于2.8则预示着后备牛不足。

2. 体细胞数 该项目能够掌握个体牛的乳房健康状况。一般体细胞数超过50万即表现为临床乳房炎，这是人们比较容易发现并且可以及时治疗的；关键是当体细胞数在20万～40万时该牛则极有可能患有隐性乳房炎，存在潜在的奶损失，而且隐性乳房炎的传播速度相当快，必须引起牛场管理人员的高度警惕，及早治愈以避免造成更大的损失。

3. 线性分 对个体牛而言通过测定个体牛的体细胞数可以判断该个体牛乳房是否被感染了，而牛群平均线性分是判断整个牛群乳房被感染程度的一个指标。一个健康的牛群平均线性分应小于2.5分。

当两个牛群进行比较时，应通过牛群平均线性分进行比较，对于整个牛群来说平均体细胞数高未必平均线性分高。如甲、乙两牛群，平均体细胞分别为20万/毫升、45万/毫升，平均线性分分别为3.4、2.6分。单从平均体细胞数看好像甲牛群比乙牛群好，其实实际并非如此，乙牛群平均线性分仅为2.6分，说明乙牛群绝大多数牛处于健康状态，只是由于有个别几头牛在泌乳后期出现了极端高的体细胞数，才影响乙牛群的平均体细胞数的提高；而甲牛群虽然平均体细胞数仅为20万，但其平均线性分为3.4分，说明牛群中有近一半的牛感染了乳房炎。因此判断乳房炎可以简单地说成“个体看体细胞数，群体看（平均）线性分”。

4. 奶损失 体细胞数高必然带来奶量的损失。假设现在有一头牛1天产量为20千克，其体细胞数为30万，那么该牛这一天的奶损失即为20×3.5%/（1－3.5%）＝0.73千克，则305天损失为221千克；倘若您的牛群是400头泌乳牛则这一天的损失就是0.73×400＝292千克。

5. 泌乳天数

（1）对个体而言是从产犊日到鉴定日为止的产奶天数，对整个牛群而言从该项目可以发现一些问题。一般来说1个好的牛群一般平均泌乳天数应在165～175天左右为理想区间，说明不断有新牛出生，若超过175天则应考虑牛群繁殖方面有问题；

（2）牛群平均泌乳天数对鉴定日平均乳量也有影响，根据标准泌乳曲线当超过高峰日后随着泌乳天数的增长，则产奶量也相应降低。假设一般高峰过后每天牛只奶量下降0.07千克，平均泌乳天数200天的牛群比平均170天的牛群每日每头牛少产（200－170）×0.07＝2.1千克，则每年每头牛少产760千克；

（3）对于每个个体牛泌乳天数结合鉴定日体细胞数可以找到问题点，找出出现问题的共同特征，再着手解决问题：①在泌乳初期若出现体细胞高的现象，有多方面原因，如干奶车间或产房卫生是否合格、干奶药物是否有失效的现象，可采取相应措施如注射抗生素或采用物理治疗，每天手挤由3次变为5次；②当泌乳天数超过280天时则不考虑治疗，直到干奶后再治疗。通常临床急性乳房炎是由大肠杆菌粪便传染的，发病快治疗相对容易；关键是50万左右属于慢性传染性的隐性乳房炎，因其没有临床表现不易被人们所发现，这些牛如不进行有效地治疗，则会将整个牛群都传染上乳房炎，因此要想遏制住乳房炎的传播，在进行积极治疗的同时必须注意分群管理，有乳房炎的牛一律要在健康牛挤完奶之后再挤奶，避免交叉传染。只要进行积极有效的管理，5年之后我们的牛群将不再会被乳房炎所困扰。

6. 脂肪蛋白比 正常范围在1.1～1.4之间，从该值可以反映牛瘤胃是否健康。若小于1并且泌乳天数小于40天则为过渡期的瘤胃酸中毒；当该值小于1时即为典型的瘤胃酸中毒可发生在任何牛、任何胎次、任何泌乳区间，此时若这种牛占全群的8%～10%说明该牛场有瘤胃酸中毒现象，应检查粗精饲料比例是否合理，一般来说精饲料不能超过40%；若大于1.4则反应日粮蛋白不足或不可分解蛋白不足。

7. 高峰奶量与高峰日 一般高峰奶量出现在产后40～60天左右。若牛群平均高峰日大于70天则暗示着该牛群有潜在的奶量损失，问题出在哪呢？可能是酸中毒折磨的牛没有出现高峰奶、围产期前后21天饲料是否合适、精料喂的是否过量、泌乳初期日粮是否丰富等各方面查找原因。

8. 持续力 为两次鉴定日产奶量的持续能力，正常高峰日过后持续力不应大于100，若超过100说明该牛其前期奶量没用上去，存在潜在的奶损失。一般持续力标准如下（表1）：

表1 不同情况日产奶量的持续能力

胎 次	泌 乳 天 数		
	0～65天	65～200天	大于200天
一胎	106%	96%	92%
大于一胎	106%	92%	86%

9. 90天、305天产奶产奶量 从分娩开始90天的实际产奶量。一般情况下当泌乳天数超过90天时就可以预测出305天的产量，通过此项可以提前淘汰一些产量低的牛只，避免许多不必要的投入。当泌乳天数超过305天时，此项为305天的实际产奶量。

（五）关于DHI的讨论

1. 天津的DHI，通过有效地组织和工作，广泛、系统和详尽地收集掌握奶牛群和几乎所有个体牛的基础资料，为牛场和致力于发展奶牛业的各方面提供了极大的帮助，使天津以国有农场为主的奶牛业得到了有效地组织和协调，奠定了天津奶牛业生产、育种赖以发展进步的基础。

2. 国外奶业发达的DHI，政府介入的一个重要方面是资金的资助。政府资助部分通常可以占其总活动经费的1/3。另外2/3靠注册成员的交纳和服务所得。例：1993－1994年度，加拿大安大略省DHI的活动经费为1 170万加元，约合人民币6 000万～7 000万元，平均每头约50多加元。

3. DHI是世界奶牛业发展的一个方向，美国、加拿大、日本、韩国及欧洲一些也有类似组织，奶业发达国家的DHI测定工作已经有100多年的历史。

（天津市奶牛发展中心 窦 红 姚金良 赵庆彬 郝建国 田雨泽）

奶畜疫病控制

加强动物疫病控制 保障食品安全

纵观世界各国的兽医工作及世界动物卫生组织(OIE)、世界贸易组织(WTO)实施动植物卫生措施协议(SPS协议)对兽医工作的要求，国家兽医工作主要任务有3个方面：预防、控制和消灭动物疫病，保障畜牧业发展；预防、控制和消灭人畜共患疫病，加强畜产品卫生质量监控，保护人的健康与安全；监管动物饲养条件，保障动物福利和环境卫生。最终目标是保护国家畜牧业生产安全，保障人的健康和食品安全与持续发展。而制定科学的国家动物疫病防治对策，对实现这一目标具有十分重要的意义。

(一) 我国的动物疫病防治工作

1. 概况 我国动物疫病防治工作经过数千年的发展，在管理上积累了丰富的经验，在疾病防治上，特别是疾病防治技术上取得过辉煌的成就，提出的防重于治的思想，仍具有现实指导意义，建立的很多疾病防治技术目前仍在使用。新中国成立后，我国消灭了牛瘟和牛肺疫两种历史上危害严重的传染病，有效地控制了其他畜禽重大疫病的发生，每年可为国家挽回数百亿元的经济损失，有力地保障了我国畜牧业的快速发展，也为保护人的健康和安全做出了重大贡献。其主要经验有：在党和政府的统一领导下，坚持"预防为主"的方针，实行"行政、技术、群众"相结合，开展群防群治和区域联防，制止疫情扩散蔓延；依靠科技，积极采用防治新技术，发挥疫苗优势，提高防疫效果；建立与生产方式相适应的动物防疫体系，适时制定相应的政策措施。

改革开放以来，我国畜牧业迅速发展，特别是入世以后，畜牧业生产方式发生了新的变化：国内畜产品市场流通量大、面广；国外动物及其产品进口数量大、品种多；畜产品的卫生质量安全成为国内外关注的焦点；农业结构调整提高了畜牧业生产的规模化、集约化和区域化水平；现代化规模饲养与普遍散养的传统饲养方式相混杂。

2. 存在的问题 改革开放以后，我国畜牧业所发生的变化使得疫病流行和暴发的风险增大，危害程度加重，给我国的动物疫病防治工作带来了新的挑战。一是我国动物保护管理体制不顺，管理职能条块分割，职责不清，生产和监督不分，管理效率不高，成为制约当前动物疫病防治工作的瓶颈；二是各级动物保护机构基础设施仍很薄弱，防治能力差，突发重大疫病应急反应机制不健全；三是畜产品卫生安全监管能力不足，畜产品卫生质量有待提高；四是基层防疫机构不稳定，队伍素质低，动物疫病防治的基础薄弱；五是法律法规不健全，保障水平低，同时动物保护法律法规透明度不高，与国际通行的规则不接轨，不适应加入WTO后的需要。

(二) 我国动物疫病防治战略

从战略的高度，制定科学的国家动物疫病防治对策，是有效控制动物疫病，提高动物和动物产品卫生水平的关键。

1. 总体思路 总结多年来我国动物疫病防治的经验，针对我国动物疫病防治的主要问题，当前我国动物疫病防治工作的思路应是：依照动物防疫工作内在规律的要求及国际惯例和WTO、OIE的原则，建立完善动物防疫体系，明确新形势下的国家防疫政策和策略，制定科学的防疫措施，建立高效的防疫机制和管理体制，提供完善的法律、物资、技术和资金保障，有效控制和消灭危害重大的动物疫病，提高动物卫生水平，保障畜牧业和人的健康与安全。

2. 具体措施 从根本上解决我国疫病防治问题，应做好4个方面的工作：①建立完善的法律法规体系，明确国家动物疫病防治政策。加快修改完善《动物防疫法》，在此基础上构筑我国动物防疫的法律法规体系和技术标准体系，制定重大动物疫病的消灭计划和防治技术方案，使动物疫病防治工作走上法制化轨道。②建立完善包括疫情测报、疫病防治、应急反应、国外疫病防治、技术支撑、防疫物资保障等在内的动物防疫体系。③建立科学、有效的国家动物疫病防疫制度。通过制定疫情监测、疫情公布、免疫耳标、饲养环节的兽医卫生管理、检疫监督、疫情追溯、市场准入、区域化管理、应急反应、赔偿等制度，提高疫病防治水平；通过加强口岸检疫和边境防疫工作，防止国外疫病传入。④加快兽医体制改革。兽医体制改革应遵循以下原则：一是官方兽医必须与执业兽医分离；二是官方兽医必须统一；三是官方兽医应是一个相对独立且垂直管理的机构。在此原则下，构建一个责权明晰、工作高效的兽医管理体制及技术过硬、服务及时周到的执业兽医队伍。

首先，要按照国际惯例设立国家一级的兽医局，统一管理国内动物检疫、进出境动物检疫、疫病防治及对从养殖、加工到餐桌全过程动物卫生和食品安全监督管理，做到职责分明，更好地发挥防疫和检疫监督对畜牧业生产和进出口贸易的调控作用。

其次，实行从中央到县垂直管理的兽医官制度，将国家对疫病防治、畜产品安全和执业兽医等的监督职能与对动物疾病的诊疗等市场行为分开，克服条块分割、全局利益和局部利益矛盾及地方保护主义等多种弊病，更好地发挥国家对动物疫病防治的宏观调控作用。

第三，通过积极改革，完善基层防疫组织，建立在国家疫病防治政策指导下的市场化疫病防治机制。

针对目前我国动物疫病频繁发生，危害严重，畜产品卫生质量相对较低的状况，首先要解决3个方面的问题：根据动物疫病防治和社会发展的需要，制定全国动物疫病防治长远规划和目标，实施重大动物疫病及严重威胁人畜安全的人畜共患病的防治计划，动员全社会的力量，用10～15年的时间，逐步消灭主要动物疫病；加快兽医体制改革，统一全国的兽医工作，建立以兽医官制度和从中央到地方垂直管理为核心的兽医管理体制，从体制上保证动物疫病防治和畜产品卫生安全监管工作的有效进行；建立和完善兽医法律法规体系，为动物疫病防治和畜产品卫生安全监管提供法律保障和良好的社会环境，建立起动物疫病防治和畜产品卫生安全监管的长效机制。

（农业部畜牧兽医局　王长江
中国农业大学动物医学院　汪　明）

我国奶牛疾病防治

奶牛稳产、高产，健康是保证。多年来，由于坚持不懈地选种选配及采取集约化生产，我国奶牛的质量和生产水平不断提高。随着奶牛产奶量的提高，奶牛对饲养管理条件的要求也随之严格。各种不良外界环境条件及不合理的饲养管理技术，都会直接影响奶牛的健康，甚至是疾病发生的原因。从某种意义来说，培育奶牛高产的过程。也是奶牛疾病防治的过程。本文仅就奶牛主要疾病的发生与防治简述如下。

一、奶牛疾病防治过程的历史回顾

回顾我国奶牛疾病防治工作的历程，总结归纳可分为疫病净化、疫病研究和卫生保健实施三个阶段。

（一）疫病净化阶段（1950—1980年）

新中国成立初期，奶牛大多为个体分散饲养，牛群混杂，蔓延品种繁多，管理简陋，个体产奶量极低；兽医防疫机构不全及兽医防治技术水平的落后，致使疫病蔓延，牛群健康状况极差，其中以结核病、布氏杆菌病和牛肺疫在牛群中的流行更为严重。据不完全统计，奶牛结核病阳性率占80%，布氏杆菌病阳性率占80%，牛肺疫发病约73%，死亡率为50%～60%。

1957年，农业部公布了结核病检疫办法，对布氏杆病制定了以注苗免疫为主的综合防制措施，开展了牛肺疫菌苗的研究，加强了对结核病、布氏杆菌病和牛肺疫的控制和消灭工作，基本上消灭和控制了这些疫病的发生。

（二）奶牛疾病防治研究阶段（1980—1990年）

1. 疾病防治技术的普及

（1）兴办兽医技术培训班　20世纪80年代初，随着人民生活水平的提高，人们对乳及乳制品的需求量增加，曾一度出现了“吃奶难”。为了解决这一问题，在“国营、集体、个体一齐上”的奶牛发展方针指导下，各地都建立了许多奶牛场，各种类型的奶牛疾病防治培训班也相继开办，不仅普及了兽医防治技术，还提高了兽医技术水平。

（2）创办奶牛科技刊物　1980年北京首先办了《奶牛科技（简报）》以后，《上海奶牛》、《中国奶牛》等相继创办，为传播、交流奶牛疾病防治技术起了极其重要作用。

2. 奶牛科研机构的建立　1980年，北京率先成立了“北京奶牛研究所”。此后，上海、南京、天津、重庆等大中城市也纷纷成立了奶牛研究所，内设牛病研究室，为奶牛疾病防治研究工作的开展提供了组织保证，从此，牛病研究步入了正规轨道。

3. 奶牛疾病的研究

（1）传染病的研究　80年代初，全国各地从国外大批引进奶牛（公牛、母牛）及胚胎，加上奶牛、乳及乳制品等在国内市场交流广泛，一些新的传染病在牛群中开始传播，其间对牛白血病、牛流行热、牛传染性鼻气管炎、牛病毒性腹泻黏膜病及犊牛腹泻进行了研究。1989年，遵照农业部颁发的《家畜家禽防疫条例实施细则》的要求，除了上述几种疫病外，还对副结核和牛肺疫等9种疫病进行普查，进一步掌握了奶牛疫病流行状况，加速了奶牛疫病的净化过程。

（2）普通病的研究　奶牛普通病的发生不仅与饲养管理水平有关，而且，受其生产性能高低的影响。70年代以前，我国奶牛产奶量平均4 029千克/（头·年）（北京），处于低产水平，奶牛病的种类和数量较少。70年代后期特别是进入80年代后，产奶量平均单产达6 600千克，有的牛高达7 000～8 000千克。奶牛疾病增加，其中以乳房炎、蹄病和营养代谢病最为明显，并成为危害奶牛健康的主要疾病。针对生产实际问题，开展了乳房炎、蹄病、瘤胃酸中毒、酮病、酒精阳性乳等防治研究，摸清了发病原因，提出了有效地防治措施，解决了生产问题。

（三）奶牛卫生保健实施阶段（1990年至今）

在奶牛疾病研究过程中，人们逐渐掌握了奶牛发病的原因与防治方法，同时也认识到，个体治疗已远远不能适应当今规模化、集约化和母牛高产的形势。因此，为了保证奶牛健康，减少隐性、临床型疾病的发生，加强了奶牛疾病的早期监测，提早预报，及时控制，采取了传染病综合防治、蹄卫生保健、乳房卫生保健及营养代谢病监控等防治措施。1995 年中国奶协疾病防治组召开了全国《奶牛乳腺炎防治规范》实施总结会；1998 年农业部农垦局颁发了农垦系统《奶牛场技术管理规范（草案）》，先后于北京、上海等奶牛场使用，收到了明显效果。

二、奶牛传染病防治

1. 结核病 结核病是由结核杆菌引起的人畜共患的一种慢性传染病。常侵害肺、消化道、淋巴结和乳腺组织，引起被侵害组织形成肉芽肿，以及机体的渐进性消瘦。

根据农业部 1957 年公布的结核菌素检疫办法，开始了对结核牛的防治与净化工作。采用结核菌素皮内试验诊断和综合防治相结合的措施：

（1）坚持防疫消毒，定期检疫：①开放性结核病牛予以屠杀；无症状阳性牛从牛群中隔离。被病牛污染的用具、牛床应彻底消毒。②阳性结核牛场，应在第一次检疫后 30～45 天进行第二次检疫，后每隔 1～1.5 个月复检 1 次，凡在 6 个月内连续 3 次检疫不再有阳性病牛出现，可认为是健康牛群。

（2）结核牛群培育健康牛：①无症状结核阳性牛、隔离、集中饲养，定为结核场，进行严格隔离。②建立中间站，犊牛出生后立即与母牛分开，可喂初乳 3～5 天，调入中途站。奶经巴氏消毒，20～30 日龄作第一次结核检疫，100～200 日龄时分别进行 1 次，3 次检疫皆为阴性者可进入健康群。

2. 布氏杆菌病 它是由布氏杆菌引起的人畜共患的一种传染病。主要侵害生殖道，引起子宫、胎膜、关节及副睾炎症。母牛发生胎衣停滞、流产和繁殖障碍。

根据布氏杆菌病流行状况，成立了布氏杆菌病研究调查组，开始了系统的调查和防治工作，采取以菌苗免疫为生的综合防治措施。具体做法是：①定期地对牛群进行血清试管凝集试验，及时扑杀阳性病牛；②加强饲养管理和兽医防疫消毒制度；减少感染机会；对临床流产牛隔离饲养，取胎儿真胃内容物进行细菌培养，阳性者，一律将流产母牛屠杀；③犊牛隔离饲养，用消毒乳人工哺养；④在布氏杆菌病流行区进行免疫接种，常用的菌苗有牛种布氏杆菌菌苗。

3. 牛肺病 它是由丝状霉形体感染而引起的牛的地方性热性传染病，也称牛传染性胸膜肺炎。其临床特征是体温升高、呼吸困难、贫血、消瘦和皮下水肿。

从 1950 年开始，哈尔滨兽医研究所研制成功了以下几种菌苗：①牛肺疫培养物弱毒菌苗（1953），此苗系将牛肺疫强毒培养物传代培养出弱毒。②牛肺疫兔化弱毒菌苗（1958），以牛肺疫菌通过兔体长期传代培育而成。③牛肺疫兔化—绵羊适应菌苗，将牛肺疫兔化菌种转移到绵羊体传代而成。

对本病采取屠杀病牛，全部牛只一律采用疫苗免疫，到 1970 年全国消灭了牛肺疫。

4. 牛流行热 它是由牛流行热病毒引起的牛急性、热性传染病。其临床特征是体温升高，出血性胃肠炎、气喘，偶有瘫痪。病牛精神沉郁，目光无神，对外反应迟钝，食欲减退或废绝，体温升高至 41～42℃，持续 2～3 日，心跳加快，呼吸增数，粪干、黑或排稀粪，内含血液。奶产量明显降低，卧地不起。

1977 年，经北京农业大学等单位从南郊农场病牛病料中分离出病毒后，才肯定了该病。

治疗方法：

（1）对体温升高，食欲废绝牛：①5%葡萄糖生理盐水，10%磺胺嘧啶液，静脉注射。②30%安乃近肌肉注射。

（2）对呼吸困难、气喘牛：①输氧。②地塞咪松静注。③25%安茶硷，6%盐酸麻黄素肌注。④胸部穿刺法。

（3）对瘫痪牛：可用 10%水杨酸钠，20%葡萄糖酸钙，0.2%硝酸士的宁，康母郎注射。

防治：①贯彻三早，即：早发现、早隔离、早治疗。防止病情蔓延。②加强消毒，做好灭蚊蝇工作。③加强对病牛的治疗，促进康复。④流行热疫苗预防注射。

5. 牛传染性鼻气管炎 它是由牛疱疹病毒Ⅰ型、坏死性鼻炎病毒引起的一种高度传染性疾病。其临床特征是鼻气管炎、结膜炎、脑膜炎、疱疹性外阴道炎和流产。

1988 年 7 月，京郊某牛场从日本进口的牛群中，犊牛表现神经症状，呼吸困难，排血便等，死亡率占 70%，同时，该场妊娠牛发生流产，流产率达 22%。

1991—1995 年，通过临床诊断，病毒中和试验等，确诊为 IBR。

防治：①扑杀。当病牛和血清阳性反应数量较少，为防止蔓延，可采取屠宰。②犊牛生后 5 个月开始接种匈牙利 Bartha-Nu/67 弱毒疫苗，第一次注射后 28 天，复注 1 次，免疫期为 6 个月，育成牛、未妊娠牛都可注射，每半年 1 次。经过 3～5 年，免疫收到明显效果。

6. 白血病 又称牛造白血细胞组织增生症，是一种淋巴网状系统全身性恶性肿瘤。也称淋巴肉瘤、恶性淋巴瘤等。其病原为牛白血病病毒。1980 年初，我国奶牛发生此病，对其进行了广泛研究。流行可通过胎内传播、接触感染、精液和乳汁传播。

症状：①地方流行型。主见于成年牛。表现有体表淋巴结肿大，腹泻、心力衰竭、瘫痪、呼吸困难。②散发性。成年牛出现皮肤肿块。③犊牛或青年牛体重减轻、淋巴肿大、后躯麻痹。④胸腺型。胸腺块状肿大和局部淋巴结肿大。

诊断：①临床检查见肿瘤的出现及实质器官的淋巴细胞增生与浸润。②血清学诊断，其中有免疫扩散法、微量免疫扩散法、间接免疫荧光法、酶联吸附法。③血细胞检查，观察白细胞总数、淋巴细胞的比例及其绝对值的变化。

防治：本病无特征症状，诊断困难，当肿块出现，已为病之晚期，治疗困难，故应以预防为主。①对高感染场，及时淘汰临床病牛；保护犊牛，防止其感染；阳性牛后代不作种用；粪便堆积发酵。②对阴性牛场，定期对牛群普查，血检阳性或可疑牛，及时从牛群中挑出；进口或引进牛，应作白血病检疫，阳性牛，一律不准进场；加强防疫消毒和灭蚊、灭虻工作。

三、奶牛普通病防治

1. 乳房炎　据统计，临床型乳房炎占15%～23%，其造成炎乳废弃、乳区化脓、坏疽使乳牛永久性失去泌乳能力，淘汰率占9%～10%。

20世纪80年代初，北京、上海、浙江等地，开展了奶牛乳房炎的综合防治研究。诊断方法有BMT法、LMT法、ZMT法和电导仪等。并总结出乳房卫生保健措施。

（1）挤乳卫生管理。乳房先用200×10－6～300×10－6有机氯溶液清洗，再用50℃温水彻底洗净，乳挤净后1分钟，用3%～4%次氯酸钠液或0.5%～1%碘附浸泡乳头；

（2）隐性乳房炎监测。其监测采用加州乳房试验（C. M. T法）；泌乳牛于每年1、3、6、7、8、9、11月进行，干乳前10天进行隐性乳房监测，对阳性反应为“＋＋”的牛只及时治疗，干乳前3天内再监测一次，阴性反应牛才可停乳。

（3）控制乳房感染与传播。停乳时，每个乳区注射1次抗菌药物：妊娠牛在预产前1周，开始药浴乳头，每天2次；临床型乳房炎病牛隔离，治疗，痊愈后再回群。

（4）对久治不愈或慢性顽固性乳房炎病牛，应及时淘汰；对胎衣不下、子宫内膜炎、产后败血症等疾病及时治疗，防止转移性乳房炎的发生。

2. 酒精阳性乳　酒精阳性乳的发生与酸度无关；其粗蛋白、粗脂肪及氨基酸含量与正常乳无差异，仍可利用。因氨基酸含量变异大，故稳定性差；其pH与Na含量比隐性乳房炎的低，说明它并非为炎性乳。高温、高湿、雨水和冷刺激为其发生的应激因素；加热使其凝固性消失；综上可见，发生酒精阳性乳是一复杂的临床表现，是机体的一种应激反应。防治方法是减少应激因素，饲料中应注意精粗比及蛋白质、Ca、P、Mg、Na的喂量与比例，治疗可选用调节机体全身代谢，解毒保肝和改善乳房机能的药物。

3. 蹄病　蹄病包括蹄病和蹄变形两种。据对北京成年母牛3年（1984、1989、1990年）统计，蹄病占总发病率的9.9%、6%和8.4%。曾对9头公牛859头女儿调查，蹄变形占31.2%。蹄保健措施如下：

（1）保持牛舍、运动场地面平整、干净、干燥，及时清除粪便、污水。

（2）经常保持牛蹄清洁，冬季用干刷，夏季用清水每天冲洗，洗净后用4%硫酸铜液对牛实施喷洒浴蹄，夏秋季每5～7天喷洒1～2次，冬季可适当延长。

（3）坚持定期修蹄每年全群修蹄2次，于春秋季进行，修蹄时，应严格执行修蹄技术操作规程。

（4）对患肢蹄病的牛只，应及时治疗，促使痊愈。

（5）供应平衡饲料，满足奶牛对各种营养成分的需要量，禁用有肢蹄病遗传缺陷的公牛配种。

4. 营养代谢性疾病

（1）瘤胃酸中毒　这是由于大量饲喂碳水化合物，致使瘤胃pH下降和乳酸蓄积所引起的一种全身代谢紊乱疾病。其临床特征是瘤胃消化机能紊乱，瘫痪和休克。

诊断：发病骤然，死亡突然，急性，常随分娩出现，病牛精神沉郁，腹泻，卧地不起；血液学检查见碱贮下降，乳酸含量增加，血糖降低；尿pH下降5～6；瘤胃pH4～6，纤毛虫减少或消失，剖检见广泛性胃肠出血，肝脂肪灶性坏死，心肌水肿，肾间质水肿等。

治疗：①扩充血溶量，补水、补碱、裤糖。②甘露醇或山梨醇，静注。③防止继发性感染，可用抗生素。④投服碱性药物如石灰水、苏打水。⑤瘤胃切开或洗胃。

（2）酮病临床型酮病牛发病率占2%～15%，病牛泌乳量下降，发情延迟；隐性酮病更为普遍，1989年，对8 000千克日产量牛场的71头产后母牛监测，血酮含量超过10毫升/100毫升以上的占23%，无任何临床表现，呈隐性病牛。

酮病监测：主要是监测血、乳、尿中酮体浓度。经测定血酮与乳酮；血酮与尿酮间具有显著相关性，故可用尿酮、乳酮试验预测血酮浓度。

（3）营养代谢病监控①加强干奶牛饲养，防止母牛过肥，限制或降低高能浓厚饲料的进食量，增加干草喂量，按干物质计，精粗比以30：70为宜。②每年应对干奶牛高产牛进行2～4次血样（30～50头）。检查项目包括血细胞数、血细胞压积值（P. C. V）血红蛋白、血糖、血尿氮、血磷、血钙、血镁、总蛋白、白蛋白、碱贮、血酮体、谷草转氨酶、血淤离脂肪酸等。根据测定结果，为早期预防提供依据。③定期监测酮体。产前1周，隔2～3日测尿pH、尿酮体1次，产后1天，测尿pH，尿或乳酮含量，隔2～3日1次，直到产后30～35天。凡监测尿pH值呈酸性，酮体呈阳性反应者，立即采用葡萄糖、碳酸氢钠及其他相应措施治疗。④加强临产牛监护，临产前1周，对年老、体弱、高产和食欲不振牛，加强看护，经临检查无异常者可采用糖钙疗法（25%葡萄糖液20%葡萄糖酸钙液各500毫升，一次静注，每天1次，连注2～4天）。⑤高产牛在泌乳高峰时，饲料中添加碳酸氢钠15%（按总干物质计），与精料混合饲喂。

四、结语与展望

自1950年至今，在奶牛疫病防治方面取得巨大成功，具体表现在以下方面：

(1) 在传染病控制上，消灭了牛肺疫，控制或消灭了牛结核病和布氏杆菌病；

(2) 在普通病防治上，总结出了乳房炎、蹄病和营养代谢病是当前危害奶牛生产的主要疾病，并研制出防止其发生的卫生保健技术。

今后，在奶牛疾病防治方面将继续采取：①加强兽医防疫体系的建设，巩固现已取得的健康牛群的成果。加强防疫和检疫，防止结核病、布氏杆菌病的发生和蔓延。对那些尚未完全控制的一些传染病如传染性鼻气管炎、牛病毒性腹泻等，继续采取有效措施，并在发病场内尽早予以控制；②完善兽医服务体系，提高兽医技术水平；③继续推广应用奶牛卫生保健规范；④运用高新技术研究和控制奶牛疾病。21世纪是高、新技术的时代，这就要求我们从奶牛生产实际出发，不断学习、掌握和运用与疾病防治有关的高新技术，促使兽医技术水平显著提高，保证奶牛群体健康。

(北京奶牛中心　肖定汉)

青岛莱西市做好规模化奶牛场的防疫工作

为了推动奶牛业的规模化、标准化、规范化生产，坚持“预防为主”的方针，控制和减少奶牛疫病的发生，保证奶牛业的健康发展，针对当前莱西市奶牛养殖业的实际情况，结合国家无规定动物疫病区项目建设，现就本市规模化奶牛场的防疫与消毒工作介绍如下：

(一) 奶牛疫病预防

1. 防疫设施和环境条件

(1) 新建奶牛养殖场应选择在地势平坦、向阳背风、排水良好，具有清洁、无污染的充足水源，地下水位在2米以下，且未发生过任何传染病的地方。周围应设绿化隔离带。建筑牛舍时，地面、墙壁应选用便于清洗消毒的材料，以利于彻底消毒，并应具备良好的粪尿排出系统。奶牛养殖场内，净道与污道应分开，避免交叉，排污应遵循减量化、无害化和资源化的原则。牛场应与其他畜牧场、居民区及交通要道保持一定距离（一般要在1 000米以上）。

(2) 奶牛场进出口大门必须设车辆消毒池，主大门的侧门应设行人消毒池，有条件的应设人员消毒室和喷雾消毒设施。消毒室中安装紫外线灯，设洗手盆。

(3) 常年保持牛舍及其周围环境的清洁卫生、整齐，创造出园林式的生态环境。运动场无石头，硬块及积水，每天要清扫牛舍、牛圈、牛床、牛槽；牛粪便应及时清除出场，并进行堆积发酵处理。禁止在牛舍及其周围堆放垃圾和其他废弃物，病畜尸体及污水污物应进行无害化处理，胎衣应深埋。

(4) 夏季要做好防暑降温及消灭蚊蝇工作，每周灭蚊蝇一次。

(5) 冬季要做好防寒保温工作，如架设防风墙，牛床与运动场内铺设褥草。

(6) 奶牛场应设有专用的隔离圈舍和粪便处理场所并配套相应设施。

2. 免疫接种

(1) 严格执行国家和山东省、青岛市颁布制定的有关动物防疫法律法规和有关规定，并结合当地实际情况，及时进行动物疫病的预防接种工作。免疫实行动物免疫标识管理制度，凡国家规定对动物疫病实行强制免疫的，对按规定免疫过的奶牛必须加挂免疫耳标，并建立免疫档案。

(2) 炭疽免疫程序　每年10月份进行炭疽芽孢苗免疫注射，免疫对象为出生1周以上的牛，次年的3～4月份为补注期。炭疽疫苗有3种，使用时任选一种。

无毒炭疽芽孢苗：一岁以上的牛皮下注射1毫升。

一岁以下的牛皮下注射0.5毫升。

Ⅱ号炭疽芽孢苗：大小牛一律皮下注射1毫升。

炭疽芽孢氢氧化铝佐剂苗或浓缩芽孢苗：为上两种芽孢苗的10倍浓缩制品，使用时以1份浓缩苗加9份20%氢氧化铝胶稀释后，按无毒炭疽芽胞苗或Ⅱ号炭疽芽胞苗的用法、用量使用。以上各苗均在接种后14天产生免疫力，免疫期为1年。

(3) 猝死症免疫程序　使用疫苗为牛羊厌氧氢氧化铝菌苗。

奶牛：皮下或肌肉注射，每头5毫升。

本品用时摇匀，切勿冻结。病弱奶牛不能使用。

(4) 泰勒焦虫的免疫程序　使用牛环形泰勒焦虫疫苗，在每年的1～3月份对出生后12月龄以上的奶牛，进行一次免疫，每头肌肉注射1毫升，免疫期为一年。

3. 疫病检疫

(1) 结核病检疫　对在群奶牛，每年春秋各进行一次结核病检疫，检疫采用结核菌素皮内变态试验。对检出的阳性牛只，应在三天内扑杀。凡判定为疑似反应的牛只，于第一次检疫后30天进行复检，其结果仍为可疑反应时，经30～40天后复检，如仍为疑似反应者，应判为阳性，并一律淘汰。

(2) 布病检疫　每年应对奶牛进行两次布病检疫。方法如下：先用虎红平板凝集试验初筛，本试验阳性者进行试管凝集试验，试管凝集试验阳性者判为阳性，试管凝集试验出现可疑反应者，经3～4个月后复检，如仍为可疑反应者，应判为阳性。凡阳性反应牛只一律淘汰。

(3) 其他监测　除对以上二病监测外，每年还应根据《中华人民共和国动物防疫法》及其配套法规要求，结合当地实际情况，制定其他疫病监测方案。另外对泌乳奶牛在干乳前 15 天，应用乳房炎诊断液（BMT、SMT）进行隐性乳房炎监测，在干乳时用有效的抗菌制剂如干乳康，及时进行防治。

（4）由国内异地引进奶牛，要按规定对结核病、布病、传染性鼻气管炎、白血病进行检疫。从国外引进的奶牛除按进口检疫程序检疫外，每次对白血病、传染性鼻气管炎、黏膜病、副结核病、蓝舌病复查一次。

（5）跨省调入奶牛，调运前须到调入地动物防疫监督机构办理审批手续。不准到疫区购买牛只和饲料，新引进的牛只，必须持有输出地县级以上动物防疫监督机构出具的有效检疫证明，到达调入地后，须在当地动物防疫监督机构监督下，进行隔离观察饲养 14 天，确定健康后方可混群饲养。

4. 卫生消毒

（1）环境消毒　牛舍周围环境及运动场每周用 2%氢氧化钠或撒生石灰消毒一次；场周围、场内污水池、下水道等每月用漂白粉消毒一次。

在大门口和牛舍入口设消毒池，使用 2%氢氧化钠溶液消毒，原则上每天更换一次。

（2）人员消毒　在紧急防疫期间，应禁止外来人员进入生产区参观，其他时间须进入生产区时必须经过严格消毒，并严格遵守牛场卫生防疫制度。饲养人员应定期体检，如患人畜共患病时，不得进入生产区，应及时在场外就医治疗。喷雾消毒和洗手用 0.2%～0.3%过氧乙酸药液或其他有效药药液，每天更换一次。

（3）用具消毒　定期对饲喂用具、料槽、饲料床等进行消毒，可用 0.1%新洁尔灭或 0.2%～0.5%过氧乙酸，日常用具，如兽医用具、助产用具、配种用具、挤奶设备和奶罐等在使用前后均应进行彻底清洗和消毒。

（4）带牛环境消毒　定期用 0.1%新洁尔灭、0.3%过氧乙酸、0.1%次氯酸钠等进行带牛环境消毒。消毒时应避免消毒剂污染到牛奶。

（5）牛体消毒　挤奶、助产、配种、注射及其他任何对奶牛接触操作前，应先将有关部位进行消毒。

（6）生产区设施清洁与消毒　每年春秋两季用 0.1%～0.3%过氧乙酸或 1.5%～2%烧碱对牛舍、牛圈进行一次全面大消毒，牛床和采食槽每月消毒 1～2 次。

（7）牛粪便处理　牛粪采取堆积发酵处理，牛粪便堆积处，每周用 2%～4%烧碱消毒一次。

（8）饲料存放处要定期进行清扫、洗刷和药物消毒。

5. 疫病的控制和扑灭　牛群发生疫情时，应严格按《中华人民共和国动物防疫法》的规定及时采取有效措施，按照早、快、严、小的灭疫原则迅速控制和扑灭动物疫病，严防疫情蔓延传播。

（二）防治药物

1. 预防奶牛疾病所用的疫苗应当符合《中华人民共和国兽用生物制品质量标准》的规定。

2. 允许使用消毒防腐剂对饲养环境、厩舍和器具进行消毒，但不许使用酚类消毒剂。

3. 用于奶牛疾病预防和治疗的中药材、中成药应当符合《中华人民共和国兽药典》二部和《中华人民共和国兽药规范》二部之规定。

4. 用于奶牛疾病预防和治疗的抗菌药、抗寄生虫药和生殖激素类等西药（含饲料药物添加剂）应当符合《中华人民共和国兽药典》一部和《中华人民共和国兽药规范》一部之规定。应当是符合国家标准、行业标准和省市地方标准要求的合格产品，并应按 NY5046—2001 的规定使用。

5. 禁止在奶牛饲料中添加和使用肉骨粉等动物源性饲料。

6. 定期对牛只进行驱虫。驱虫一般安排在每年的春秋两季进行，驱虫药物通常使用丙硫苯咪唑片，按每千克体重内服 20 毫克为宜。

（三）奶牛健康卡发放与防检疫档案

1. 对按规定免疫接种并经检疫合格的健康奶牛，由动物防疫监督机构发给奶牛健康卡，奶牛户持卡售奶，鲜奶收购企业和个人凭健康卡收奶　凡无健康卡的牛只所产牛奶，收购部门一律不予收购。

2. 记录　要求每个奶牛养殖场都应有相关的资料记录，并建立健全防、检疫档案。其内容包括：奶牛来源、检疫情况、发病率、死亡率及发病死亡原因，无害化处理情况，实验室检查及其用药及免疫接种情况，免疫标识及保健卡发放情况。

（青岛莱西市奶牛良种繁育推广中心　单玉和）

湖南邵阳市加强奶牛防疫管理工作

近几年来，湖南邵阳市依靠亚华南山乳品厂，依托南山品牌，大力发展奶牛生产，做大做强奶业，对农民增收和财政增长起到了积极作用。目前，全市存栏奶牛 2 万头，位居全省第一，并呈强劲发展势头。奶业每年为农民增加收入 2 亿多元，为财政增加收入近 1 亿元，已被市委、市政府列为“四大支柱”产业之首。为了保障奶业健康稳定发展，本市采取免疫、检疫、驱虫消毒、隔离等综合性防疫措施，狠抓了奶牛防疫管理，取得了奶牛疫病死亡率为零和鲜牛奶合格率达到 100%的好成绩。其主要体会是：

1. 加强奶牛防疫工作的领导　奶牛防疫工作是奶牛发展的重中之重，是实现农民增收、财政增长的主要保证。“三分养，七分防”的观念在各级党政领导的心目中根深蒂固。为了加强这一工作，全市各级党委政府均成立了奶牛防疫工作领导小组，由党政一把手任正副组长，畜牧、卫生、财政、工商、保险等部门的主要负责人为成员，聘请省内知名专家、教授做常年技术顾问。同时把奶牛防疫工作列入各级政府的重要议事日程，纳入双文明建设目标管理，进行一票否决。

2. 增加投入，健全完善奶牛防疫四级网络体系

为了加强奶牛疫病防治和技术指导工作，市、县两级建立动物防疫监督管理站，负责奶牛疫病免疫，检疫、监测的组织管理工作，乡镇级成立动物防疫站，配备3～5名专业技术人员，具体实施奶牛的免疫、检疫和疫病诊治工作，村里配备1名取得资格的专职防疫员，从事奶牛重点疫病的免疫工作。市、县、乡三级防检人员工资进入财政统发，村级防疫员工资每年由财政补贴1 500～2 000元。诊断实验室仪器设备、药品试剂、免疫用疫苗、疫病监测等所需经费全部由财政承担。

3. 大张旗鼓地宣传和普及奶牛防疫知识 充分利用电视、广播、黑板报、标语、宣传车、培训班等形式，大力宣传和普及奶牛防疫知识，使之家喻户晓，人人皆知。重点通过层层举办培训班，把奶牛防疫技术传授给基层干部、基层防检人员、养殖户。累计共举办培训班36期，印发实用防疫技术资料2万多册，培训各类人员2 000多人次。

4. 加强奶牛场（户）防疫条件审核 栏舍选址要远离交通要道、村落500米以上，栋与栋之间保持适当距离，建有栏舍3倍以上运动场，场内平坦，无积水和明显低洼区。选择好风向，充分考虑夏季通风降温。每栋栏舍设置消毒池、消毒室和粪尿处理池。在栏舍的显眼位置，写好"防疫重地，谢绝参观"的警示标语，非生产人员严禁入内。进出车辆按规定消毒，进出人员坚持消毒、换衣、换鞋。县级动物防疫监督管理站要严格按照农业部15号令对奶牛场（户）的防疫条件进行审核，符合要求的，发给《动物防疫合格证》，允许其投产、开业，不符合要求的，责令整改直到达到标准。

5. 强化奶牛重点病的防治工作

（1）对奶牛危害严重的重点疫病进行强制免疫，其免疫密度达到100%。按规定程序免疫过的奶牛佩挂免疫耳标、发放免疫证，建好免疫台账。

（2）从异地引进奶牛（主要指跨省），必须报省动物防疫监督机构批准，并经输出地动物防疫监督机构按GB16567标准检疫合格。引进后，应当在当地县动物防疫监督机构监督下，隔离观察30天，经检疫合格，确认健康，方可与原有奶牛混群饲养。同时，对2月龄以上奶牛每年进行一次布氏杆菌病和结核病（以下简称"两病"）检疫，检疫率达到100%，对检疫合格的奶牛发放《奶牛"两病"监测合格证》。

（3）做好净化工作。发现疫情及时上报，立即对疫点、疫区进行封锁，按照"早、快、严、小"的原则做好疫情的净化工作。对死牛、扑杀的病死牛及同群牛进行烧毁深埋处理。选择有效消毒药品和消毒方式对发病牛污染的环境、器具等物品进行全面彻底消毒。"两病"检疫若出现阳性牛，需间隔15天复检，两次均为阳性牛方可判断为阳性，对阳性牛立即扑杀并做销毁处理。健康奶牛每两个月监测一次，连续三次为阴性的，其养殖场（户）为清净场（户）。

（4）实行奶牛健康证管理。对持有有效免疫证明和《奶牛"两病"监测合格证》的奶牛场（户）发给《奶牛健康证》，一场（户）一证，有效期为一年，各鲜奶收购站凭有效期内的《奶牛健康证》收购鲜奶。

6. 做好奶牛常见疾病的防治 根据蜱种、活动季节规律，实施有组织有计划的灭蜱活动，用1%～2%敌百虫药液喷洒牛体上的蜱，每月进行3次，同时每月注射一次贝尼尔预防，防止焦虫病的发生。定期对乳房炎、四肢蹄病等进行检查，发现异常，改善饲养管理，进行针对性治疗。

7. 搞好消毒、驱虫、灭鼠工作 用具、栏舍、场地必须先进行清洗，然后再用化学消毒剂进行消毒，消毒全面、彻底，不留死角，每个星期消毒一次。用具如注射器械，工作服等可用煮沸30分钟消毒。栏舍、场地一般用消毒液喷洒，常用消毒液有10%～20%石灰乳剂，2%烧碱、5%来苏儿液等。粪便、垫草采用生物热消毒，堆集发酵，烧毁处理（牛炭疽、气肿疽病死畜尸和污染物必须烧毁处理）等方法。消毒池的消毒液每星期换一次，消毒室采用紫外线消毒。对发病率较高的原虫进行有计划的定其驱虫。体内驱虫每年两次、春、秋两季各一次，体外驱虫每半个月一次。定期使用高效低毒鼠药消灭舍内老鼠。

8. 做好驱蚊、降温工作 夏天通常采取使用纱窗的办法来防范蚊子的侵害，使用漂白粉对栏内栏外进行消毒，也有助于夏季驱蚊。夏季采用吊风扇、洒水等方式对奶牛进行降温，防止中暑现象的发生。

（湖南省邵阳市家畜疫病防检站 吴求生）

新疆昌吉州村级动物防疫工作现状

2003年，昌吉回族自治州党委和人民政府做出了《关于开展"动物防疫体系建设年"活动的决定》部署，要求用三年时间在全州范围内建立起一个设备齐全、功能完善、手段先进、指挥灵活、反应快捷的动物防疫体系；健全一整套能有效监测、控制、监督、预防和快速扑灭重大动物疫病的组织机构和工作机制，使动物疫病的防治、检疫、监督、监测手段和水平达到国家规定的标准。

一年来，自治州各级党委、政府和畜牧主管部门坚持把"动物防疫体系建设年"活动摆在了一个十分重要的位置，并做了大量的具体工作：一是通过媒体的宣传，不断提高广大农牧民群众和基层干部对动物疫病防治工作重要性的认识；二是通过民主推荐，严格审查，在基层乡村选拔了一批思想道德素质高、遵纪守法、热爱畜牧兽医工作、具有一定文化水平的农牧民、回乡知识青年和复员军人担任村级动物防疫员，建立了全疆第一支村级动物防疫技术队伍；三是由州县各动物防疫站对村级动物防疫员集中统一进行了技能培训，使他们初步掌握了动物免疫注射、佩带免疫标识、出具动物免疫证明、建立免疫档案、疫情调查、疫情报告等基本知识，初步形成了一支集防、监、管于一身，责、权、利相统一，适合昌吉农区实际的动物防疫队伍。具体情况如下：

（一）村级动物防疫员队伍现状

2003年，依照昌吉州畜牧局制定的《村级动物防疫员管理办法》，通过报名、推荐、审查、统一技能培训、考核、发证等程序，全州共培训村级动物防疫员975人；经过择优聘用，目前已有752名村级动物防疫员实行持证上岗工作，上岗率77.13%；上岗人覆盖全州1 056个村民委员会的71.21%。由于各级党政部门的正确领导和大力支持，各乡镇动物防疫检疫站采取不同的方式，加强了对村级动物防疫员的管理和技术培训，并根据他们个人的特长和要求，提供了各自不同的服务项目，更加激发了他们的服务热情。同时，各县市根据本区域的实际，采取因地制宜的个性化保障措施，千方百计地在稳定、发展的基础上，不断壮大村级防疫员骨干队伍。例如：

奇台县共培训村级动物防疫员418名，目前已上岗287名，他们以行政村为单位，建立了村级防疫所88个，并由行政村的村长担任村级防疫所所长，直接负责组织村级动物防疫员的学习、工作安排和待遇报酬以及年终考核。乡（镇）动物防疫检疫站负责业务培训和阶段性工作部署，使村级动物防疫员的工作做到事事有人管，件件有着落。2003年全县共有30多名村级动物防疫员参加绵（山）羊人工授精工作，做到了以事业留人、以事业养人。

木垒县共培训村级动物防疫员90名，目前上岗工作60名，上岗率66%。他们不但从事动物防疫工作，而且还负责片区内动物常见病的诊疗和公畜的去势等社会性服务工作。通过对村级动物防疫员实行年度考核认证，解除了他们的后顾之忧。

阜康市利用“科技之冬”的技术培训，共有108名村级动物防疫员参加了市科技局和畜牧局联合举办的“农牧民养殖技术培训班”，丰富了专业知识，提高了养殖技术水平。

玛纳斯县、呼图壁县、昌吉市以承担执行国家“十五”奶业专项课题任务为契机，进一步加强了动物防疫免疫工作，实行每年免疫和计划强制免疫的防制措施，保证村级动物防疫员全年满负荷工作，既提高了他们实践工作技能，又增加了个人收入，保证了村级动物防疫员的稳定性。同时，呼图壁县、昌吉市还为村级动物防疫员配备了冰柜、防疫包等设施。

吉木萨尔县、米泉市则由县（市）财政为每个村级动物防疫员拨款1 000元作为定额补助，解决了村级动物防疫员收入偏低的问题，使他们更加安心本职工作，有力地促进了动物防疫体系建设的可持续发展。

（二）村级动物防疫员启用后对昌吉州畜牧业工作的作用

昌吉州开展的村级动物防疫员队伍建设工作，是在目前市场经济条件下有效防治动物疫病的新形式之一，也是加快畜牧业经济建设、保障畜产品安全的一项重要内容。2003年，全州牲畜存栏415万头（只），而基层县乡两级畜牧兽医专业技术人员仅725人，人均承担牲畜5 700头（只），要依靠现有的这支技术力量很难做到对全州的存栏牲畜进行100%防疫、100%产地检疫以及牲畜品种改良等工作任务。而村级动物防疫员的作用具体表现在：一是能有效缓解乡镇畜牧兽医专业技术人员严重不足的问题，按时开展动物免疫接种、填写免疫卡片、实施免疫标识制度、建立免疫档案等项工作，大大提高了动物防疫的密度。二是促进和加快牲畜品种改良的进程，尤其是对绵（山）羊的鲜配和冷配技术的推广，不仅解决了羊群集中难的问题，而且及时掌握羊群发情并适时输精，从根本上解决了基层农牧区因专业技术人员不能及时到位而延误适时配种时间或漏配等问题。三是进一步强化了产地检疫的管理工作，村级动物防疫员能随时掌握和监督产地动物的流通动态，并及时报检，对防止重大危害性疫病的发生起到了至关重要的作用。

（三）村级动物防疫员队伍建设中存在的问题

昌吉州村级动物防疫员队伍建设工作，虽然在防制动物重大疫病和保障畜牧业健康发展等方面发挥了积极作用，取得了初步成效，但仍存在不少问题：一是村级动物防疫人员的文化水平参差不齐，部分人员在接受专业培训时感觉难度较大，因而在实际工作中就必然存在专业技能上的差异；二是由于短期的专业培训仅注重了动物防疫基础知识的教育，但在实际工作中因动物疫病的复杂性，对一些疑难问题往往束手无策；三是部分县（市）未能全面领会并切实贯彻落实州党委和人民政府《关于开展“动物防疫体系建设年”活动的决定》精神实质，因而未能解决好村级动物防疫员的劳动报酬问题，致使部分村级动物防疫员不安心工作；四是个别县市把村级动物防疫员视为临时工，未将他们的工作纳入动物防疫体系中，致使管理和保障措施不到位；五是部分地方对村级动物防疫员的管理缺乏应有的政策和工作机制，致使村级动物防疫员队伍管理不顺，防疫员待遇偏低，工作热情不高。

（四）今后工作的建议

1. 贯彻落实州党委、州人民政府《关于开展“动物防疫体系建设年”活动的决定》和州畜牧局制定的《村级动物防疫员管理办法》，把村级动物防疫员队伍建设列为“动物防疫体系建设年”活动的重要内容，不断总结经验，寻找差距，采取强有力的措施，加强村级动物防疫员管理。

2. 健全村级动物防疫员的利益配套机制，真正使他们做到防、监、管于一身，保证他们责、权、利相统一。

3. 创造条件，加大投入，从根本上解决村级动物防疫员的器材装备不足、防疫手段落后的问题。

4. 村级动物防疫员的专业技术培训。按阶段性的工作特点，集中一段时间进行政治、法制、职业道德和专业理论教育，并结合现场实习进行指导，不断提高他们的理论水平和实际工作技能。

（新疆昌吉州动物防疫站　马建忠）

乳制品加工与包装

我国乳制品加工概况

2003年是我国乳制品制造业持续快速发展的一年，生产、消费取得了巨大成就。全国奶类总产量达1 848.6万吨，其中牛奶产量达1 746.3万吨，分别比上年的1 400.4万吨和1 299.8万吨增长32.0%和34.4%。奶类总产量前五位的省、自治区是：内蒙古312.2万吨，占全国总产量的16.9%；黑龙江303.9万吨，占全国总产量的16.4%；河北207.6万吨，占全国总产量的11.2%；山东148.4万吨，占全国总产量的8.0%；新疆120.8万吨，占全国总产量的6.5%。

2003年，全国有规模（全部国有和年产品销售收入500万元及以上非国有企业）以上企业584家，其中：国有企业61家，集体企业35家，有限责任公司186家，股份有限公司51家，私营企业178家，港、澳、台投资企业12家，外商投资企业41家。全国规模以上乳制品企业的乳制品制造业总产值521.8亿元，比上年增长34.51%。乳制品制造业总产值前五位的省、自治区、直辖市有：内蒙古102.6亿元，占全国的19.7%；黑龙江82.5亿元，占全国的15.8%；河北76.5亿元，占全国的14.7%；山东42.9亿元，占全国的8.2%；上海市39.5亿元，占全国的7.6%。全国规模以上企业固体乳制品产量140.6万吨，比上年增长33.28%，其中乳粉产量约85万吨。固体乳制品产量前五位的省、自治区是：黑龙江37.7万吨，占全国的26.9；山东22.2万吨，占全国的15.9%；河北16.1万吨，占全国的11.5%；陕西12.3万吨，占全国的8.8%；内蒙古10.4万吨，占全国的7.4%。全国规模以上企业液体乳制品产量582.9万吨，比上年增长59.95%。液体乳制品产量前五位的省、自治区、直辖市有：内蒙古160.8万吨，占全国的27.6%；河北76.6万吨，占全国的13.1%；上海市39.3万吨，占全国的6.7%；黑龙江35.6万吨，占全国的6.1%；山东31.0万吨，占全国的5.3%。全国规模以上企业利税总额53.2亿元，其中利润30.6亿元。利税总额完成前五位的省、自治区、直辖市有：内蒙古11.73亿元，占全国的22.0%；黑龙江9.97亿元，占全国的18.7%；河北6.88亿元，占全国的12.9%；上海市6.53亿元，占全国的12.3%；广东4.24亿元，占全国的8.0%。利润总额前五位的省、自治区、直辖市是：内蒙古7.47亿元，占全国的24.7%；黑龙江4.84亿元，占全国的15.8%；河北4.46亿元，占全国的14.6%；上海市4.34亿元，占全国的14.2%；广东2.66亿元，占全国的8.7%。

2003年乳制品进口税率较上年有所降低，具体是：液体乳为15%，脱脂乳粉为11.3%，全脂乳粉为12.5%，乳清粉为6%，奶油为15%，干酪为12%。由于2003年国际市场上乳制品价格上扬，乳制品进口增长幅度较去年有所回落，趋于正常水平。全年共进口各种乳制品31.5万吨，同比增长19.41%，货值金额3.47亿美元，同比增长29.00%。进口乳制品中：乳粉13.37万吨，同比增长20.7%；乳清粉16.12万吨，同比增长16.9%；奶油1.12万吨，同比增长117.8%；干酪4 614吨，同比增长82.2%。适当数量的乳制品进口对满足市场需求、推动我国乳业发展起到了积极作用。2003年乳制品出口较上年有所下降。全年共出口乳制品4.9万吨，金额4 620万美元，分别比上年增长－4.2%和－15.7%。出口的乳制品中液体乳为2.7万吨，乳粉7 678吨，炼乳1.3万吨。由此可以看出，中国是一个乳制品的纯进口国，国内的乳制品生产基本上是国内消费，出口仅是很少的一部分。

由于市场的拉动，我国乳业近几年来一直处于高速发展的状态。1999年全国规模以上企业乳制品总产值为147.9亿元，到2003年达到521.8亿元，四年绝对增加373.9亿元，增长2.5倍。乳业已成为食品工业中增长最快的热点行业。快速发展的乳业成为社会各界关注的热点，也是一个多“事”的行业，在红红火火快速发展的背后存在着一些潜在的、不容忽视的问题，必须引起政府和行业的高度重视。如：有些人在分析中国乳业的发展前景时，只看到“世界人均奶类占有量为100千克，中国人均占有只有十几千克，仅相当于世界的1/10”等情况，却忽视了消费市场的培育是一个长期渐进的过程，制定不切合实际的发展规划，盲目投资乳业。一些新近进入乳业的资本急功近利的心态比较重，忽视奶源基地的建设与投入，奶源大战在不少的地方上演着。另一方面，有的企业急于上马，忽视了市场的培育，与奶农签订收购计划不能兑现，拒收奶农所生产的牛奶。乳制品是高度同质化的产品，加工能力的急剧扩张，带来了市场的过度竞争。价格大战是市场竞争的主要手段，各式各样的促销活动在全国各地上演着。在液体乳市场上这种竞争尤甚，买三赠一、买二赠一，有的甚至买一赠一的情况也有，企业的销售利润在下降。除了价格竞争之外，层出不穷的“概念炒作”，自爆“内幕”式的揭短，是这种过度竞争的又一具体表现，使广大消费者感到困惑不解，影响了行业的健康发展。如：杀菌乳与灭菌乳哪个更有营养的争论，称“超高温灭菌乳的营养成分被大量破坏”，“目前在发达国家已禁止采用超高温工艺加工牛奶”；用乳粉还原生产液体乳的问题；“早产奶”的问题；“乳粉是营养成分受到大量破坏的产品”；五花八门的产品标签；有的媒体甚至刊登了毫无科学依据的所谓“牛奶营养价值排行榜”，肆意贬低乳制品营养价值等。

2003 年大型乳制品企业的规模、市场占有率有了进一步的提高。2003 年销售收入前十位的企业（见附表）销售收入 285.58 亿元，占全国规模以上企业销售总额的 57.3%；利润总额 16.05 亿元，占全国规模以上企业利润总额的 52.4%；乳粉产量 27.38 万吨，占全国规模以上企业乳粉总产量的 32.2%；液体乳产量 330.37 万吨，占全国规模以上企业液体乳总产量的 56.7%。

2003 年度中国乳制品行业销售收入前十位企业　　单位：吨、万元

企业名称	乳粉产量	液体乳产量	销售收入	利税总额	其中利润
1. 内蒙古伊利集团	42 721	586 734	600 493	67 636	31 889
2. 石家庄三鹿集团	62 012	440 319	530 456	46 412	29 812
3. 内蒙古蒙牛集团	5 410	710 030	505 204	46 439	29 537
4. 光明乳业集团	9 620	720 789	496 764	62 672	39 092
5. 黑龙江完达山乳业集团	48 303	125 694	181 705	13 089	3 508
6. 北京三元食品公司	8 453	234 734	130 703	5 258	2 667
7. 山西古城乳业集团	31 103	74 941	115 328	8 735	5 018
8. 黑龙江乳业集团	32 620	142 164	112 576	12 563	4 742
9. 西安银桥集团	33 615	41 418	92 301	14 715	8 107
10. 济南佳宝乳业集团		226 970	90 522	11 049	6 217

注：以上排序是中国乳制品工业协会根据各企业所报《2003 年经济指标完成情况年报表》数据，按销售收入排序。

为进一步完善食品质量安全市场准入制度，切实从源头加强食品质量安全的监督管理，规范食品企业生产加工过程，国家质检总局在对米、面、油、调味品（酱油、醋）等五种产品实施市场准入制度管理后，又对乳制品实施质量安全市场准入制。2003 年 7 月 4 日，国家质检总局正式发布文件，将乳制品、肉制品、饮料、调味品（糖、味精）、方便面、饼干、罐头、冷冻饮品、速冻面米食品、膨化食品等十类食品实施市场准入制度，并发布了《乳制品生产许可证审查细则》。规定了发证产品范围及申证单元；实施生产许可证管理的乳制品包括：巴氏杀菌乳、灭菌乳、酸牛乳、乳粉、炼乳、奶油、干酪；乳制品申证单元为 3 个：液体乳（包括巴氏杀菌乳、灭菌乳、酸牛乳）；乳粉（包括全脂乳粉、脱脂乳粉、全脂加糖乳粉、调味乳粉）；其他乳制品（包括炼乳、奶油、硬质干酪）。乳制品生产许可证有效期为 3 年，产品类别编号为 0501。必备的生产资源：包括生产场所；必备的生产设备；产品相关标准；原辅材料的有关要求；必备的出厂检验设备；检验项目；抽样方法；其他要求等。各地质量技术监督部门将对所有乳制品生产企业必备条件进行现场审查，符合条件的企业将获得《生产许可证》，产品可进入市场销售，未获得《生产许可证》的产品将不能进入市场。

为了加强和规范乳制品企业的生产技术管理工作，提高我国乳制品企业管理水平，中国乳制品工业协会组织制定了《乳制品企业生产技术管理规则》。这是我国乳制品行业第一部技术规章，共有八章四十二条。《规则》规定了乳制品定义与分类、奶源管理及生鲜乳收购、乳制品加工厂建设、乳制品加工设备、乳制品质量管理、乳制品厂卫生管理等内容。《规则》详细列举出乳制品制造业所使用的各种标准。本规则将乳制品分为七个大类：液体乳类；乳粉类；炼乳类；乳脂类；干酪类；乳冰淇淋类；其他乳制品类。为了发挥乳制品企业的生产能力，减少重复建厂情况的发生，《规则》规定乳制品加工企业建设应保持合理的半径，一般应在 50 千米以上。

（中国乳制品工业协会理事长　宋昆冈）

2003 年投产的大型乳制品加工项目

2003 年 1 月 8 日，青岛圣元——圣乔治乳品厂一期工程正式投产。该项目总投资 3 000 万元，生产规模为年产乳粉 3.2 万吨，六台生产线全部采用先进的 PLC 自动控制系统，包装机全部由国外引进，可生产出 9 种包装形式的乳粉，全部生产过程基本上实现无菌化工作。

2003 年 6 月 5 日，黑龙江杜尔伯特伊利奶粉二期工程正式投产。杜蒙伊利奶粉二期工程总投资 2.59 亿元，

日处理鲜奶能力460吨，年产奶粉1.5万吨，是目前亚洲单机生产能力最大、现代化水平最高的婴幼儿乳粉生产厂，严格按照药厂的GMP标准进行设计。

河南洛阳巨尔乳业有限公司投资2.3亿元的日处理鲜奶600吨的UHT无菌奶加工项目于2003年3月在洛阳市高新技术开发区工业园动工。其中一期工程投资1.5亿元，日加工鲜奶能力300吨，于2003年底投产，全部项目将于2005年全部投产，届时规模将达到日处理鲜奶600吨。

2003年8月18日，济南佳宝乳业有限公司投资兴建的佳宝工业园一期一段工程顺利投产。佳宝工业园占地66.7公顷，总投资5亿元，设计规模为日处理鲜奶1 200吨,年产液体乳40万吨。投产的一期一段工程全部引进国外设备，日处理鲜奶能力600吨，产品全部为灭菌乳。

2003年9月17日，山东得益乳品工业园一期工程投产。得益乳品工业园占地22公顷，设计能力为日处理鲜奶500吨，一期工程占地8.7公顷，总投资1.3亿元，日处理鲜奶能力为300吨，设备全部由国外进口。一期工程投产，使得益公司的乳制品生产能力由现在的150吨提高到450吨。

2003年9月28日，河南科迪集团乳品厂正式竣工投产。该项目占地13.3公顷，建筑面积2万米^2，设备全部由国外引进，总投资2亿元，年生产能力为10万吨灭菌乳。

2003年9月20日，沈阳乳业有限公司乳品新厂建成投产。乳品新厂总投资1.2亿元，占地59 200米^2，建筑面积18 000米^2，有生产线20条，年生产液体乳11.5万吨。新厂的建成投产，使沈阳乳业有限公司的液体乳年生产能力达到30万吨。

2003年9月6日，山西大同夏进乳业有限公司加工厂正式投产。该项目投资5 000万元，建筑面积11 850米^2，5条灭菌乳、酸乳生产线，能力为年生产液体乳10万吨。

2003年10月，福建长富乳业集团乳制品加工三期工程正式投产。该项目总投资1.86亿元，生产能力为日加工液体乳200吨。三期工程完成后，长富集团的液体乳日加工能力达600吨。

（中国乳制品工业协会理事长　宋昆冈）

我国牛初乳开发利用的现状

初乳是雌性哺乳动物分娩前后数天内分泌的乳汁。我国养牛界和乳品加工界一般把母牛分娩前15天内分泌的乳汁称为胎乳，分娩后7天内分泌的乳汁称为初乳。初乳色黄，有苦味和异臭味，其蛋白质、脂肪、无机盐及维生素等含量均显著高于常乳，由于含丰富的乳白蛋白和乳球蛋白，耐热性能差，加热至60℃以上即开始形成凝块，因此不能用于一般的乳制品加工，被列入生理异常乳的范畴。20世纪50年代以来，由于科学技术的发展，逐渐阐明牛初乳中不仅含有丰富的营养物质，而且含有十分珍贵的免疫因子和促生长因子，它们具有一系列生物活性功能，从而确立了牛初乳作为功能性保健食品的地位。60年代以后，随着乳品加工业的进步，已经拥有保藏和加工牛初乳的设备和工艺，牛初乳功能性饲料和功能性食品也相继问世。

（一）我国牛初乳开发利用概况

自90年代始，我国陆续有人从事牛初乳加工技术的研究和产品开发。1989年，颜贻谦最初报道了牛初乳提取物“乳珍”的研究成果。其后，我国学者研究牛初乳的论文不断见于学术刊物，内容涵盖牛初乳的物理特性、化学组成、加工技术、保健功能、产品开发，以及牛初乳中功能性成分的检测、分离、提取，牛初乳相关标准的制定等。1993－1998年郭本恒等对牛初乳的理化性质、加工特性进行了系统研究，为我国牛初乳的加工利用提供了理论依据。2000年，我国第一部关于牛初乳的专著《初乳功能性食品》(曹劲松编著）问世，在牛初乳开发利用和研究中发挥了重要指导作用。2001年，陆东林、张丹凤主编的《奶牛初乳及其保健功能研究》一书出版，该书收集了新疆乌鲁木齐奶业研究所和新疆医科大学等单位的科技人员所撰写的一系列论文，内容涉及牛初乳资源、成分、生产工艺、保健功能、食疗作用、产品开发等，具有一定的参考价值。

我国自行生产的牛初乳制品——“乳珍”于1989年由中科院上海生理研究所正式推出。1990年杭州四季青生物工程材料研究所研究的初乳制品“乳尔康”经杭州市食品监督检验所批准试销。其后，黑龙江、南京等地相继有初乳制品问世，商品多冠以“初乳素”或“乳珍”的名称，以胶囊为主，也有粉剂、片剂、丸剂。与此同时，新西兰、澳大利亚以及美国的牛初乳原料粉和初乳制品也纷纷登陆我国市场。我国的牛初乳大多采用冷冻干燥工艺加工成初乳粉。2002年，新疆天润乳业生物制品股份有限公司从丹麦尼鲁公司引进低温喷雾干燥生产线，采用巴氏杀菌——超滤浓缩——低温喷粉工艺，实现了牛初乳加工的连续化、规模化生产，并较好的解决了冷冻干燥工艺生产的牛初乳粉口感差、腥味重等难题。

据不完全统计，截至2003年底，我国市场上销售的牛初乳制品共有70多个品牌，其中胶囊、粉剂和片剂产品40种，液态产品（主要是含初乳的乳酸菌饮料）10种，进口或用进口粉包装的产品20种。有9种国产的胶囊产品或粉状产品取得了“卫食健字号”批文，1种进口产品获得“卫食健进字号”批文。在众多的牛初乳产品中，约有2/3是通过购买原料粉经简单再加工后上市或通过在规模化企业贴牌（OEM）生产。

目前，我国牛初乳生产企业大多规模较小，比较著名的地方品牌有黑龙江完达山、江苏乃捷尔、新疆天润、上海乐泰、珠海玉森等，进口产品则有新西兰培芝、澳大利亚定邦、美国康兆等。2001年深圳海王生物工程有限公司在中央电视台连续进行牛初乳广告宣传，使“海王牛初乳”成为国内第1个全国性的品牌，对推动牛初乳市场的发展起到积极作用。据介绍，目前海王牛初乳的年销售额已超过2亿元，而培芝品牌产品在上海保健食品市场的终端铺货率达21%，其中牛初乳片占90%以上。

（二）牛初乳研究开发现状

1. 对牛初乳产量和影响因素的研究 王建梅等（2001）对中国荷斯坦牛4 596个胎次的资料进行分析，得出奶牛分娩后3天内、5天内、7天内初乳产量依次为34.7千克、67.3千克、102.9千克，分别占本胎次305天产奶量的0.66%、1.28%、1.97%。王祥等（2001）实测52头荷斯坦牛分娩后初乳产量，得出9次挤奶（3天）初乳平均产量为48.5千克，15次挤奶（5天）初乳平均产量为88千克，分别占上胎次305天产奶量的0.76%和1.39%，占上年365天产奶量的0.70%和1.27%。统计33例第1胎母牛分娩后第1次挤奶量（挤净）即"头乳"的产量，平均7.3千克（1.0～16.9千克）。影响初乳产量的因素有总产奶量、胎次、干奶期、产间距、季节、饲养水平、母牛健康状况等。目前，我国大部分奶牛场均采用分3次挤净初乳的方式，即在母牛分娩后第1次挤出1/3初乳，第2次挤出量不超过2/3，第3次才将初乳挤净。这种方式一定程度上减少了高质量初乳的采集和利用。苏建华等（2001）实验证明，采用传统的分三次挤净初乳的方式，可能造成母牛乳房水肿，加剧乳房肿痛，压迫和抑制乳腺细胞的生理功能，影响母牛的食欲和休息；同时，易促成微生物在乳房的大量繁殖，致使有害细菌侵袭乳腺细胞，发生临床型乳腺炎等疾病。而母牛分娩后一次挤净初乳，虽增加了营养消耗，加大了代谢负担，但可刺激泌乳和增进食欲，使产奶高峰提前到来，有利于提高泌乳期总产奶量。因此，只要根据母牛产后生理状况，采取一定的保护措施，如注意围产后期和泌乳高峰期的饲料营养浓度及精粗饲料比、能氮比等，一次挤净初乳是完全可行的。

2. 对牛初乳中免疫球蛋白（Ig）、补体含量及检测方法的研究 陆晔等（2000）用离子交换及分子筛的方法提纯牛IgA，并制备抗血清。以此为基础，用琼脂单向免疫扩散法测定牛初乳制品中的IgA的含量。刘朋龙等（2001）用琼脂双向免疫扩散法测定荷斯坦牛分娩后2小时以内、24小时、48小时、72小时、96小时、120小时初乳中的IgG含量，分别为73.3、21.3、3.4、1.6、1.5、1.1毫克/毫升。张和平等（2001）用单向免疫扩散法测定母牛分娩后0小时（第1次挤乳）、12小时、24小时、36小时、48小时、60小时、72小时初乳中的IgG含量，分别为67.23、33.3、10.15、4.66、3.10、2.75、1.95毫克/毫升。曾林等（2000）用单扩散法测定了母牛分娩后1～6天的初乳中IgA、IgG、IgM以及补体C_3、C_4的含量，其中3种Ig的含量前3天呈逐渐上升趋势，以后则逐渐下降；C_3和C_4的含量呈逐日下降的趋势。刘朋龙等（2002）对琼脂单、双扩散法测定牛初乳中IgG含量进行了对比分析，认为两种方法都具有简便、快速、定量的优点，测定结果无显著差异；单扩散法精密度较高，双扩散法更简便，试剂用量少，检测成本低，生产企业可根据需要和条件选择应用。

3. 对牛初乳中类胰岛素生长因子—I含量的测定 云振宇等（2004）采用双抗体夹心放射免疫法（^{125}I标记）测定了荷斯坦牛初乳及过渡乳中类胰岛素生长因子—I（IGF—I）的含量，结果表明：母牛分娩后第1天初乳中IGF—I总量达25 141.28微克/升，随泌乳天数的推移，IGF—I含量急剧下降，第5天降至343.53微克/升；分娩后前5天，初乳中的IGF—I以游离形态为主，游离态IGF—I比例由71.1%下降到50.64%；之后的过渡乳中IGF—I以结合形态为主，第6天、第7天结合态IGF—I比例由51.41%上升到60.1%，第14天上升至63.63%，接近常乳水平。

4. 对牛初乳加工技术的研究 郭本恒等（1993）研究了初乳的热稳定性，指出在初乳混合样中添加蔗糖、脱脂粉，或同时添加二者，能明显改善其热稳定性，以蔗糖效果最好。孙绍康等（1993）介绍了用冷冻升华干燥法加工牛初乳的工艺。陆东林等（1997）介绍了加工牛初乳粉的工艺流程、操作要点。胡军（1997）介绍了在牛初乳加工中引入酶解工艺的经验。张丹凤等（2001）探讨了采用奶牛分娩后120小时以内的初乳作为加工原料的可行性，分析研究了辐照杀菌和低温热杀菌的利弊及冷冻升华干燥和低温喷雾干燥条件下IgG的损失率。指出对初乳及其制品辐照剂量在8kGy左右即可满足杀菌要求；在进行低温热杀菌时，初乳酸度是影响IgG活性的重要因素。冷冻干燥（－40～－60℃）初乳中IgG损失率为3%～4%，低温喷雾干燥（170℃/75℃，出风口温度＜60℃）IgG损失率为7%～10%。

5. 对牛初乳相关标准的研究 陆东林等（2000）认为，制定标准、加强监测、规范市场是我国牛初乳产业发展的当务之急。2003年又进一步对制定《生鲜牛初乳收购标准》和《牛初乳粉标准》进行研究和讨论，对两个《标准》制定的依据，主要理化指标的设定，以及牛初乳及其制品中免疫球蛋白G（IgG）的检测方法提出了具体建议。2003年11月12日新疆维吾尔自治区质量技术监督局正式批准发布了《生鲜牛初乳收购标准》和《牛初乳粉标准》，并决定于2004年1月1日实施。《标准》对生鲜牛初乳和牛初乳粉的定义、技术要求、检验方法、检测规则及包装、贮藏、运输等作了明确的规定。上述两项地方标准的出台，对规范牛初乳市场，保护消费者权益，促进生产企业公平竞争，引导牛初乳产业健康、持续发展具有积极意义。

6. 牛初乳中功能性成分的分离和提取 张和平等（1999）收集经大肠杆菌、沙门氏菌混合疫苗免疫处理的母牛产后7天之内初乳，经去脂、去酪蛋白后所得乳清，用中空纤维超滤器（分子截留量为100 Ku膜）进行浓缩分离，IgG收率在90%以上。江南大学食品学院和无锡市日用化工研究所采用酶法去除初乳中的酪蛋白，利用不同分子截流量的超滤膜对初乳乳清中的蛋白质进行分级分离，制备获得纯度为30%的乳铁蛋白粗制品，然后再选用一种大流量离子交换剂，对粗制品进行色谱分离、纯化、获得了纯度为85%以上的乳铁蛋白精制品。张和平等（2004）将牛初乳脱脂、去酪蛋白，除去IGF结合蛋白，浓缩，再经凝胶过滤、分离，得到纯度为58.84%的IGF－I提取物。据分析，奶牛分娩后2天以内的初乳，1吨中含IGF－I 10克，按50%收率计算，可提取IGF－I 5克，具有显著的社会效益和经济效益。

7. 牛初乳产品的开发 纯初乳粉多以胶囊形式上市，为了避免初乳粉中的Ig在消化系统中失活，可将其制成肠溶胶囊或微胶囊。新疆天润公司的肠溶胶囊产品已在2002年推向市场。早在1995年，邓兆群等根据婴幼儿、老年人及体弱者的特点，以牛初乳粉为主要原料，配入一定比例的豆粉、低聚糖及其他辅料，配制成牛初乳复合营养品，并申请了专利。现在，这类产品已十分普遍，尤其是在婴幼儿配方奶粉中添加牛初乳粉已成为时尚，其中黑龙江完达山牌含乳珍的奶粉已成为国内颇具影响的名牌产品。北京市牛奶公司于1995年推出含初乳的巴氏杀菌奶——来福乳。武汉惠尔康扬子江乳业有限公司研制的初乳活性奶，设定产品pH6.5～6.9，杀菌条件72℃、15秒，活性保持介质浓度：蔗糖15%，柠檬酸钠200毫摩尔/升，磷酸氢二钠100毫摩尔/升，具有较高的IgG含量。曹劲松等（2002）研究了牛初乳IgG与牛乳的嗜热链球菌和保加利亚乳杆菌双菌混合发酵过程的相互影响，结果表明，普通的酸奶发酵条件（42℃，4～6小时）不会导致IgG免疫活性的丧失，因此按照确定的工艺条件，完全可以生产出具有IgG活性的酸奶。将初乳粉制成奶片颇受消费者欢迎。新疆乌鲁木齐奶业研究所在2001年就研制成初乳钙片，深受少年儿童青睐。最近两年，牛初乳片（深圳晨光乳品公司）、干吃牛初乳（陕西关山乳业公司）、牛初乳活性蛋白片（烟台美博生物科技公司）等纷纷亮相，我国牛初乳的产品开发正进入方兴未艾的阶段。

此外，还对牛初乳理化特性和化学组成及对牛初乳保健作用进行了研究。

（三）牛初乳开发利用中的问题

1. 消费者认识滞后，市场有待开发 牛初乳产品作为一类新型的乳制品和保健食品，在我国只有10多年的历史。由于初乳特殊的理化性质和加工特性，过去一直将其列入生理异常乳的范畴，乳品加工企业不予收购，同时也不准把母牛分娩后7天内的初乳掺入常乳中交售。广大消费者对初乳的认识仅限于“浓度高”、“营养好”，而对初乳中所含的免疫因子和促生长因子等生物活性成分及其保健作用，就知之甚少。即使在知识界，目前对牛初乳持怀疑甚至否定态度的，也不乏其人。对牛初乳研究的进展情况，许多奶业界的人士都不甚了解，因此牛初乳制品的消费市场仍然处于待开发阶段。

2. 缺乏统一的产品质量标准和检测方法 纯牛初乳制品质量的评价指标主要是蛋白质，特别是IgG含量。迄今为止除新疆出台了《牛初乳粉标准》外，尚没有其他初乳制品的地方标准或行业标准。IgG的检测方法虽然很多，但大多比较复杂，国家质量技术监督部门对此并无统一规定。多数从事初乳制品生产的企业没有建立较完善的产品检测制度和体系，甚至全部依赖外检，缺乏产品质量的自我监控能力，因此市场上的初乳制品良莠不齐。

3. 基础研究工作薄弱 对原料初乳理化性质和加工特性的研究尚处于初级阶段，研究结果存在项目和数据偏少、不够深入细致等情况。对母牛初乳分泌及变化的规律，影响初乳产量和质量的因素等问题尚未开展较系统的研究。对初乳及其制品中生物活性物质含量的分析测定仅限于IgG，而对功能性成分作用及其机制的研究则仍停留在描述阶段，动物实验数据不多，人群试验更为稀缺。

4. 产品价位偏高 牛初乳产量低，加工方法特殊，技术要求严，生产成本高，因此初乳制品的价值理所当然的高于普通乳制品。但目前市场上的牛初乳制品普遍定位在每盒（瓶）100～200元，如果按纯初乳粉折算，价格高达5 000元/千克以上，如此高的价位不仅一般老百姓无法承受，而且也违背价值规律。商家多强调初乳制品消费尚处于宣传引导阶段，需要投放巨额广告费用，因此销售成本很高。殊不知高价位的门槛使广大消费者望而却步，长此以往，初乳制品市场的开拓将走进恶性循环的怪圈。

（新疆天润乳业生物制品股份有限公司　陆东林）

中国液体乳制品的包装现状

1. 历史上的中国液体乳包装市场 中国液体乳产业历史相对较短，是在过去10年中逐渐发展起来的，但是发展速度是一年胜于一年。另一方面，消费者对健康的日益关注推动了乳业的发展——牛奶能使孩子长得更高更壮。

早期由于冷链的不完善，需要货架期长的包装，例如无菌砖和近来的无菌枕等。随着主要城市的零售市场快速发展，保鲜奶已经成为一种普通的产品。包装形式包括巴氏塑袋、奶杯以及屋顶包。

2. 目前的保鲜奶（屋顶包）市场 由于保鲜奶的生产、包装、运输和贮藏的复杂性，在现阶段增长受到影响。主要表现在以下几个方面：

原奶的微生物数量同国际水平比较相对较高，则要求加工的温度必须提高，而且货架周期受到限制。

乳业及其配套包装供应企业，对屋顶包纸盒等新包装形式的制造和灌装还处于学习摸索阶段。

野蛮装卸，长途和条件恶劣的运输仍然比较常见。

冷链不完善，而且冷藏温度在某些环节还不够低。

零售商和消费者对如何保证鲜奶的新鲜还不太

了解。

3. 保鲜牛奶是大势所趋 保鲜牛奶面临的问题，特别是冷链控制和运输条件的改善都是暂时的，它们都会得到解决。我们周边的亚洲市场使用屋顶包作为保鲜奶的主要包装形式的历史已经相当长。中国应当会走同样的发展道路（图 1）。

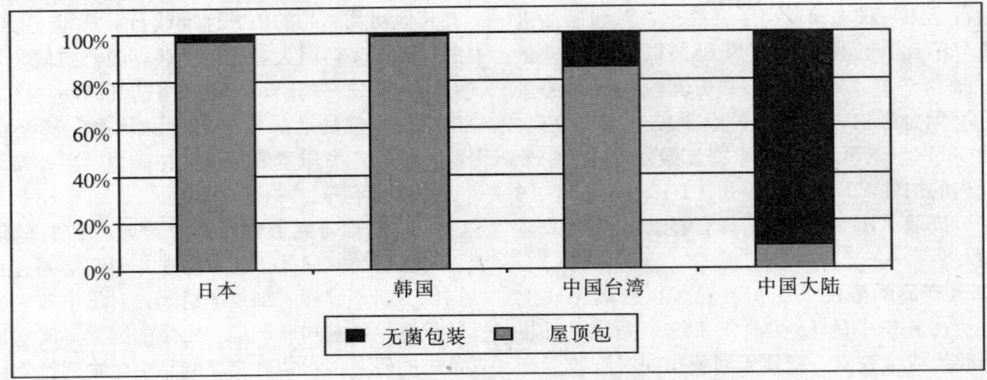

图 1 亚洲市场保鲜奶的主要包装形式

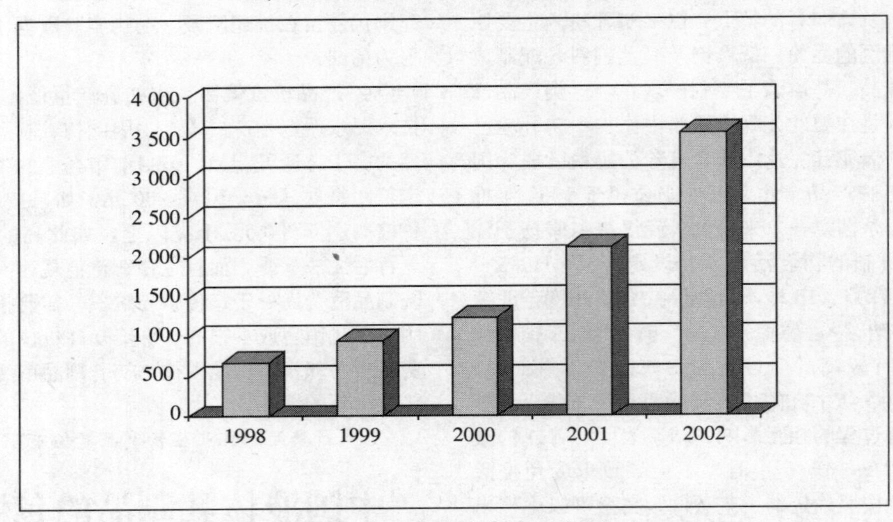

图 2 中国液体乳产量（千吨）

4. 乳制品在中国的市场前景 政府的消费目标是：目前每人每年 8 千克；2010 年 18 千克；2028 年 28 千克；2040 年 41 千克。

目前液体乳占整个饮料市场的 12%，并且这个份额正在不断扩大。

5. 保鲜奶增长的原动力

（1）营养。牛奶和其制品长期以来被认为是富含高质量的蛋白质、钙、维生素以及锌、镁等其他微量元素的食品。牛奶已经成为现代中国人的一种大众化饮品，不仅其营养价值得到推崇，同时它也成为一种可以激发整个民族活力的营养品。

牛奶的营养保全最佳的是巴氏杀菌形态。无菌包装是一种良好的包装形式，但是一般来说无菌包装牛奶的生产到饮用时间间隔要大于屋顶包装。

牛奶对紫外线非常敏感，在透光包装中牛奶的维生素丧失和口感改变很快。奶饮料中添加各种营养成分，是具有附加值的产品。

牛奶并不是简单的卡路里，维生素和矿物质的混合体。它不仅含有几乎所有的基本营养成分，而且维持人体正常物理功能。即含有那些不是基本营养成分，但却增强人体免疫力，抵抗疾病侵袭的物质。

（2）口感。牛奶的口感对温度和紫外线很敏感。牛奶加工受热时间越短，贮藏温度越低，贮藏时间越短，受紫外线照射越少，其口感就越好。

在大多数崇尚鲜奶的市场，保鲜奶都享有较高的售价，在这些市场，保鲜风味奶的市场在逐渐扩大。

6. 扩大保鲜奶的市场份额——乳品企业的行动

生产过程的卫生控制非常重要，而纯度高的原奶需要的杀菌温度相对较低，对营养和口感的保全也就更加充分。牛奶在灌装后的正确贮藏，运输过程的条件改善，减少运输距离和时间可以帮助确保鲜奶的质量。

7. 扩大屋顶包保鲜奶的市场份额

（1）灌装。卫生，灌装机设备调整和良好的维护是保证灌装质量的重要条件。

不同纸盒生产商提供的纸盒在上机前，需要在机器上作适当微调，使纸盒和灌装机更加贴合；避免顶封温度过高可以帮助改善涨包问题；保证低温恒定也非常重要；保鲜牛奶的最佳贮藏温度是 4℃。

（2）搬运。粗野的搬运会导致屋顶包的破损，必须在整个灌装、装卸和堆放过程中避免突然坠落或其他粗野不合理的操作。

（3）运输。路况在改善，但是运输过程仍然具有挑战性。纸盒包装箱应当受到良好保护和支持，避免翻落损伤里面的装满牛奶的纸盒。除了这些举措外，采用加厚的液体面PE淋膜厚度，选用挺度更高的原纸，增加尼龙阻氧隔离淋膜等都可以提高运输过程耐久性。这些方法都不错，但是会提高纸盒的价格。保持4℃很重要。

零售商对品质的影响很大，货架温度是具有决定性的，垂直排放纸盒既能防止渗漏，而且有助于向消费者展示纸盒表面的印刷宣传图案。

保持纸盒之间互相接触和固定，可以最大限度地减少涨包的影响，而且可以提高纸盒的握度舒适程度。

（4）教育消费者。消费者对牛奶的营养和新鲜的好处有较好的一般认知程度，但是还有提高的空间，另外需要增加对保鲜牛奶包装的贮藏和饮用知识的积累。

屋顶包侧立面的广告展示是向消费者传播信息的最佳方式，除了介绍品牌以外，还可以增加营养成分、饮用方法、贮藏方法的经验介绍。

8. 惠好公司 Weyerhaeuser 致力于帮助乳品企业提升保鲜奶的市场地位和销售 惠好公司1900年成立在美国西雅图附近，是世界上第二大的林产品公司，2003年销售额200亿美元。目前在18个国家有生产和办事机构。共有56 000名雇员和330个生产工厂，分销机构在北美、南美和大洋洲拥有和管理1 700万公顷的森林，每年种植超过1.2亿棵树苗。惠好生产液体包装（屋顶包）纸板有超过30年的历史，采用100％北美漂白针叶木浆年产26万吨纸板，其中超过50％销售到日本市场，同时也占有日本屋顶包用纸市场的50％份额。

惠好在中国有31年的历史，从1983年开始就在中国设立办事机构，目前中国总部设在上海。该公司从1998年开始就向中国出口液体保装纸板，中国有相当多的乳品企业的屋顶包已经在使用惠好的纸板。

惠好有充分的专业经验和完整的产品类型来帮助乳业客户选择最适合的纸板规格；提供相应灌装机调整和维护的技术支持。

（美国惠好公司上海代表处　张　泳）

液态奶制品包装新趋势

随着人们生活水平的不断提高，液态奶制品已逐渐走进千家万户，成为人们生活中不可或缺的一部分。据有关数据及许多实例表明，经常饮用鲜奶、酸奶等液态奶制品对提高人体素质、补充钙质及微量元素、促进身高增长有着十分重要的作用。

与此同时，随着饮用液态奶需求的不断增长，各种液态奶包装也应运而生，目前占据市场主流的主要有三种包装形式：

一是瑞典利乐公司推出的利乐包装。利乐包是在特定的无菌包装机上，采用以纸/铝/塑几种基材复合而成的多层结构的复合产品，具有优异的包装特性，保质期可长达8个月，是目前液态奶包装市场上最主要的包装形式之一。但其价格较昂贵，从而限制了其消费群体，目前，该种包装的液态奶制品在大、中城市销量占主导地位。

二是塑料杯无菌包装。是利用HIPS、EVA、PE、EVAL或PVDC、PP等材料共挤复合，经制杯、灌装、封盖而成的一种包装形式，对盖材热封条件及效果要求较高。同利乐包相比，保质期相对较短，成本略低，该种包装目前一般局限于酸奶或乳酸饮料类包装。

三是黑白鲜奶膜包装。是利用三层或多层共挤方式，采用LDPE、LLDPE、EVOH、MLLDPE等树脂，配合黑、白母料共挤吹制而成的高性能复合膜。该包装具有优异的热封性能以及避光阻氧性，同时具有价格低廉、运输方便、储存空间小、实用性强等优点，是目前最接近百姓生活的一种包装方式，其包装成本的是利乐包的1/5。黑白鲜奶膜作为液态奶包装，对其产品质量要求较严，主要体现在以下几个方面：

第一是薄膜的卫生性。在薄膜吹制及印刷、分切、储存、运输等过程中，必须防止薄膜污染，车间环境必须符合食品、药品包装要求。为防止薄膜污染，一般在印刷收料处及分切放卷处安装一组紫外线灯管，以便在生产过程中对薄膜进行瞬间消毒，以保证其安全可靠性。

第二是薄膜的结构设计。黑白鲜奶膜的结构可根据包装内容物及其保质期的不同，而选择相应结构的包装膜。保质期在1周以内的可采用3层结构，如LDPE/LLDPE/MLLDPE；在15～30天的，则一般采用5层或更多层数的挤出结构如LDPE/AD/EVOH/AD/MLLDPE等。

第三是薄膜的热封性。自动包装最担心的就是漏封、虚封而导致破袋问题，所以，必须赋予黑白鲜奶膜一个较宽的热封范围，以便在包装速度变化时，热封效果不受较大影响，为充分保证热封条件的稳定性及可热封性，还常采用MLLDPE作为热封层，而且必须对MLLDPE的树脂牌号等进行选择。

第四是薄膜的印刷性。黑白鲜奶膜主要是PE，而PE膜极性较差，需依赖电晕处理而达到较高润湿张力，一般润湿张力控制在40达因左右为佳。

第五是印刷油墨的选择。作为液态奶包装，则必须能够耐受巴氏杀菌或双氧水处理及水煮处理需求，还必须能够耐受表面不规则摩擦的要求，以便在包装处理、销售及储存运输过程中油墨不会脱墨。所以选择一种性能较优异的油墨是非常必要的。目前的黑白鲜奶膜印刷一般均采用双组分聚氨酯型表印油墨，同时在印刷油墨之后进行光油处理，成本相对较高而且工艺较繁琐，而浙江新东方的超力福314（二液）型表印油墨不需单独进行上光油处理，只需在印刷油墨中加入定量的硬化剂，在印刷之后进行24小时熟化处理即可达到既耐水煮、耐双氧水处理，又能经受摩擦的效果，为印刷大大提供了方便。

未来的液态奶制品包装还会更加丰富，但就目前国内市场而言，这三种包装仍将占据液态奶市场主流，同时，随着多层共挤薄膜的不断开发，包装的简易化、平民化以及环保化，黑白膜液态奶包装将会有更大发展。

（张　辉）

短货架期保鲜乳供应链控制

（一）都市乳业供应链

现就通过讨论如何设计“创造价值的物流活动（而不是低成本后勤支持）”帮助区域乳品企业认识通过重新规划物流策略来提高竞争优势的重要性。保鲜或短货架产品的库存管理及运输是成本消耗最大的物流活动，他们将占据总物流成本的 1/3～2/3。优秀的地方企业一般更关注空间和时间增值的两大基本原理通过运输/信息流/库存来实现快速市场反应。

在开发设计特定的区域乳品企业物流策略时，我们面对两大管理目标：即物流系统设计对企业收入影响和设计成本。

简而言之，这就是为何每个地方乳品公司实施短货架期保鲜牛奶产品分销策略时充分因地制宜的原因。随着都市消费能力的进一步提高，保鲜乳品购买动机趋向于多口味，多品种，少量化，新鲜化。构建一体化的高效低温物流体系将成为城市乳品公司的竞争优势之一。以营业额高达 450 多亿人民币的统一企业为例，其物流部门（低温物流，常温物流，南联贸易）在推广公司乳品饮料和便利店配销上扮演举足轻重的角色。低温物流完善所遵循的两条基本法则是“高效”和“成本”。日本同样以低温物流而闻名，在产业政策及物流团体聚合的促动下，全日最大的低温物流公司—日冷拥有 62 个低温物流中心，年营业额达到 40 多亿美元，大量参与本土乳品公司的日常产品配送。仅在千叶的一个中心就为附近 60 余家分店每天 3 次配送新鲜牛奶，冷藏果汁等生鲜食品。根据产品不同，物流中心以不同温度区隔，操作人员卫生管理，计算机控制的高位货架堆垛机，水平移动的高位货架，含有履带技术的上升托盘，含有 GPS 导航系统的冷藏集装箱卡车，全年 365 天 24 小时运作。从上述例子可以看到物流设计规划其实始终贯穿企业的经营策略里，并为之创造价值和竞争优势。而非把它停留在传统概念上销售支持为主要目的运转，结果是销售表面增长掩盖住实际供应链的疲于奔命而造成不可控成本大幅提高。

由此看来，关系到企业自身利益而定的物流策略规划就显得十分珍贵了，实质是以服务客户为核心目标，具体贯彻落实运输策略，库存策略，设施选址策略来展开的。

（二）物流策略规划

要考虑企业自身及市场的情况，通常区域公司会面对外部扩张冲动及区域防御抵抗的两大课题。通常为了提高效率，在调整之前我们要评估现有网络，下列五方面是核心需要考虑的内容：

1. 市场产品和服务需求的变动　会严重影响物流运转体系进而增加许多不可控费用。例如南方某企业在推广全国品牌，通过央视广告拉动的网络需求，在面临市场压力情况下大量采取原地倾销的手段来制止货物回流，原因在于对市场需求误判的情况下，单向的物流网络设计造成货物销售流动不畅时无应急计划可施，结果是品牌受损，经销网络失去信心。又如华东某城市乳业客户在面临北方强势品牌价格促销攻击的情况下，加固自身订户网络并充分加大新鲜服务差异化，在开放通路中有效出击并控制网络销售增加，结果牢牢控制了当地市场的高效一网而把高耗一网扔给了竞争对手。

2. 客户服务的水平　区域市场通常的乳产品分销面临三类客户，即订户，经销商，零售商家。许多地方企业往往力求全面控制但结果是全面服务质量崩溃，而进攻者往往是聚集兵力力量在某点施展，可见有轻重缓急的量体设计自己网络及配套产品方为上策，笔者曾经参观考察过某全国大品牌北京分销处，尽管是个单一代理商，但品牌经理人和代理商的团队把软权利对市场服务体系的控制做到无微不至，结果迅速占领了北京市场成为强势品牌。

3. 产品特色　产品特色是物流策略中必须提前考虑的。许多城市乳品企业无法正识自身及区域的特点，盲目跟随行业热潮投入非差异化产品，结果是以己之短扬其人之长。大范围改变企业自身的产品特征对现有物流体系是巨大冲击，过去几年所谓成功的全国乳品企业均是在某一项产品上全面建立竞争优势的，而那些在产品特征上全面开花的地方乳品公司却鲜有胜绩，20 世纪 90 年代末基于华东相对完善零售市场的光明新鲜屋，扎根于深厚小店经销网络的伊利妙酸乳，以及今天满足大卖场特征蒙牛箱式枕包无不证明这点。妙士类新鲜屋乳饮料和以河北、山东为基地的城镇化特色浓郁的袋奶屹立不倒更是有利佐证。

4. 物流成本　相对那些产品毛利高的品牌企业而言，还未考虑通过优化体系来节约，可是大多数的乳品企业尤其是规模中等的区域公司在产品特色不明显、销售毛利不断下降的不可逆转趋势下，必须重新规划自己的实物供给分拨中的成本。例如西南某些市场的活动分销网络充分调动员工及加盟商的积极性，在特定时间、特定网络进行快速实物配送，从而实现网络成本最低效率、最高的目标，尽管自身品牌号召力弱但实际市场控制效果比较好。

5. 定价策略　定价策略是最后关键影响要素，目前企业间比较通用的竞争定价是无视自身特征的盲目举动也为物流优化设置障碍，由于缺乏品牌个性加大同质竞争从而减少物流体系中的增值服务，结局是烂设销售网点全面拖累物流网络效率直至崩溃。而那些优秀企业通过合理定价策略加上弹性促销支持来简化物流程序，强化物流控制手段（串货控制，OEM 代工，终端建设，信息流网络等）却实现了良好规划的目标。

（三）客户服务目标

为核心的物流策略是不可动摇的基本点，它由三大关键元素构成，没有完美的三元素结构即使后续的外围运输策略，库存策略，设施选址策略实施再好，也难以实现全面竞争优势。这三者就是充满区域特色的物流产品，物流服务，物流信息。可见区域乳品企业在设计整体策略就是应该充分调动物流部门参谋决策积极性。

满足客户服务的物流产品：两年前，笔者在参与开发新鲜杯项目时就与某大乳品企业的物流部门充分论证新产品在老通路里如何全面利用原资源的可能性，在一年多的前期开发阶段曾数次改变产品外形设计，耗数月挖掘消费者信息，并理解物流通路中的潜在实践问题。当一年多前新鲜杯牛奶产品在SARS期间推出时，表现逆市而行，销量和利润同步增长并且成功的创造出一个全新的细分差异化市场。

物流服务：物流的本质是服务，市场竞争的现状是客户稀缺经济，那么物流策略就是通过高效低耗的服务来争夺稀缺的资源。取区域市场策略的乳品企业就是要不断创造快速变化的游戏节奏（新概念产品开发，地方特色产品，时效服务，冷藏产品导向等），利用自身生产灵活物流便捷来控制竞争节奏。

信息系统：物流界通常共识是物流好坏标准要看企业的信息技术运用能力。例如某些区域乳品公司定奶上门网络没有信息系统支持或仅仅是简单信息采集，无法做到基于信息的决策支持，结果是在一些外来品牌的集中促销攻势下慌了方寸，过度反应，加速网络瓦解。而有些都市经营保鲜类产品的乳品企业积极开拓思路，在零售运输分销路线安排工作中充分利用信息技术，提高里程效率节约能耗，创造出比同类竞争对手节约能耗30%的佳绩。当然信息系统运用的好坏取决企业整体教育水平和管理团队对其重要性的认识，谁抢占了这里的制高点，谁就为将来竞争埋下胜利的种子。值得一提的是在区域乳品公司的物流策略重点中货物跟踪及定单处理速度尤为看重。

上述三点都是“客户服务目标”的核心要素，并构成了以客户服务为中心的物流策略的真实内涵。

至于区域市场运输策略，分销点选址策略，库存控制策略则更现重要，其作为操作系统内的效率管理和决策评估就是个更大的执行课题了。

成立于1994年的上海国际纸业有限公司位于上海浦东，是美国国际纸业公司在中国投资的全资子公司，公司多年来累计总投资额近3亿多人民币，引进美国和德国的先进印刷以及封合生产线，生产供应各种新颖的牛奶和果汁等饮料的屋顶型纸盒包装。总部位于美国的IP距今已有100多年的历史。它是世界最大的造纸公司且年销售额达到260亿美元，在全球50个国家设有工厂。2003年度全球财富排名榜上名列第160位。国际纸业不仅是包装供应商，更协助客户分析市场，谋划推广计划，为客户提供最佳的生产解决方案。公司拥有一批训练有素的专业人员，为用户提供市场咨询。

（上海国际纸业有限公司业务发展经理　陈易一）

包装材料在乳品工业中的运用

具有优良保鲜功能的屋顶型纸盒已经赢得了世界上广大消费者的喜爱。现在，全世界每年使用和消费屋顶包包装已经超过3 600亿个。在美国、日本、韩国、新加坡、中国香港等发达国家和地区，人们对牛奶及果汁饮品中天然营养成分与新鲜程度及口感非常重视，屋顶包成为牛奶果汁市场中消费者首选的包装形式。屋顶包包装不仅用于包装鲜奶，果汁，更多的产品如酸奶，茶，甚至麦片都开始采用这种包装。

世界纸制品的最大生产商国际纸业有限公司，每年在造纸技术研究领域投入巨资，用于包装饮料的纸张结构相当复杂，分别具有阻隔香味挥发，防止营养流失，隔绝光线，以及阻止营养素流失等多项保护产品的功能。经过长时间的市场调研和技术考察，并伴随着中国市场经济的不断成熟而发展完善，国际纸业在1994年率先在中国市场引入了屋顶包产品。这种不起眼的包装小产品，却在国际纸业手中越做越大，上海光明、北京三元、广州燕塘等国内乳品行业重要企业先后与国际纸业合作，共同开拓屋顶包装市场。由于屋顶型纸盒包装的牛奶饮品具有新鲜、营养、口味好等优势，逐步被广大消费者所认可。近年来，在国内冷链系统不断完善的基础上，屋顶型保鲜包装系统在中国市场的销售量有了很大幅度的提升。

屋顶型纸盒包装其独到的设计与特有的材质及结构，可防止氧气，水分的进出，对外来光线有良好的阻隔性，可保持盒内牛奶的鲜度，有效保存牛奶中丰富的维他命A和维他命B。纸盒的生产过程经过严密的品质管理，符合食品卫生标准。屋顶包纸盒不含铝箔，对环境无污染，其生化分解特性，能被土壤真菌分解，掩埋半年后纸盒重量可减少91.8%，大部分转化为对土壤地力有帮助的腐殖质成分。纸盒如果回收，可生产再生纸制品。

屋顶型纸盒包装印刷精美，适合灌装营养成分高及口味新鲜的鲜奶，花色奶，酸奶及乳酸菌饮料等产品。现在，屋顶型纸盒包装达到了近百种，不仅改变了传统的乳品包装方式，而且改善了人们的生活习惯。不断的创新让屋顶型纸盒包装始终有新鲜的面孔，将塑料盖植入屋顶型纸盒顶部就像开了一扇“天窗”，开封之后依旧可以密闭。这种巧鲜盖屋顶型包在美国等先进国家已流行。根据2002年上半年上海，北京，广州三城市乳品消费者行为调查，消费者普遍认同屋顶包包装是一种高质量的产品，产品适宜于城市中高端消费群，满足了消费者对品质和新鲜度的要求。

根据其他国家的经验，当人均收入达到某个程度时，屋顶型纸盒包装将渐渐进入该市场。随着中国国民收入不断上升，消费者饮奶习惯不断提高，对饮品新鲜程度日益关注，国内冷链系统日趋完善，具有优良保鲜功能的屋顶包装牛奶必将被越来越多消费者接受，成为消费者首选的乳品包装。

（上海国际纸业有限公司）

乳品消费

我国城乡居民乳制品消费现状

(一) 我国乳制品消费的总体状况

1. 人均乳制品消费量较低 2003年中国奶类人均占有量13.44千克，牛奶人均占有量12.6千克，排除产量及进出口量波动因素，以2001—2003年各项指标平均值计算，人均奶类消费量为11.15千克。而2003年发达国家人均奶类消费量为100千克，发展中国家人均奶类消费量为50千克，在亚洲除中国以外的国家人均奶类消费量也超过40千克。可见，中国人均奶类消费量远远低于世界平均水平。

2003年，全国城镇居民家庭人均乳制品支出124.70元，仅占全国城镇居民家庭平均每人全年食品消费支出的5.16%。其中，人均鲜乳品消费量18.62千克，人均奶粉消费量0.56千克，人均酸奶消费量2.53千克。然而，同期相比美国、加拿大人均液态奶消费量90千克左右，欧盟15国为95千克左右，日本为36千克左右。由此可见，即使生活水平较高的城镇居民奶类消费也仍然远低于世界平均水平，那么收入水平低、又无奶类消费习惯的传统农区居民奶类消费量与世界平均水平相比则更是少的可怜。

2. 乳制品消费增长速度较快 虽然中国人均乳制品消费水平远低于世界平均水平，但是近年来的乳制品消费增长速度较快（表1、图1）。2003年，全国奶类人均占有量13.44千克，比1999年的6.51千克增长了106.45%，平均增长速度为19.87%，远远高于同期城镇居民人均可支配收入增长速度（9.68%）以及农村居民的人均纯收入增长速度（4.68%），表现出了较高的收入弹性。

表1 近5年奶类总产量和人均占有量

项目	1999年	2000年	2001年	2002年	2003年
奶类总产量（万吨）	806.7	918.9	1 122.6	1 400.4	1 710.0
进口总量（万吨）	16.3	21.9	19.6	26.4	31.5
出口总量（万吨）	4.0	4.8	4.3	5.1	4.9
人口总数（万人）	125 786	126 743	127 627	128 453	129 227
人均占有量（千克/人）	6.51	7.38	8.92	11.07	13.44

资料来源：《中国奶业年鉴2003》、《中国奶业统计资料2004》。

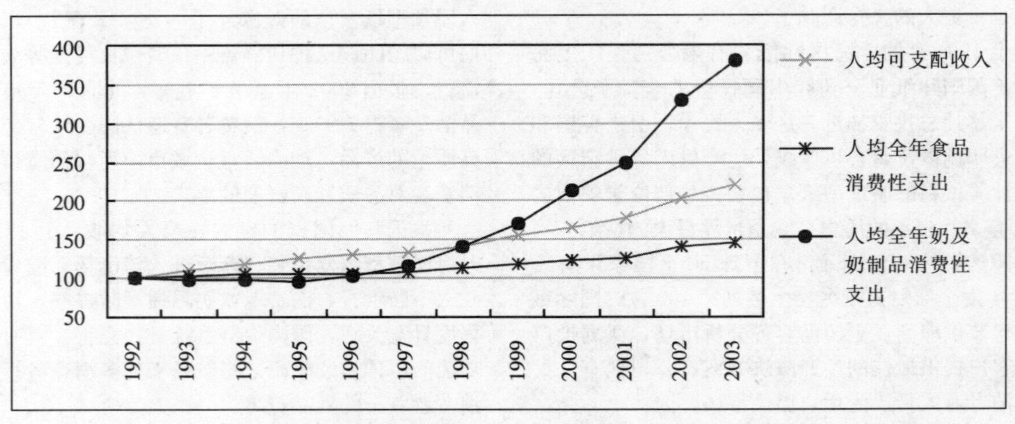

图1 城镇居民人均食品和奶类消费支出及收入变化

2003年城镇居民家庭人均乳制品消费支出为124.71元，比上年的104.76元增长19.04%，与1992年的17.55元相比增幅达6倍之多，即使扣除价格指数的影响，增幅也有3倍。从实物量来看，2003年城镇居民鲜乳品消费量18.62千克/人，酸奶消费量2.53千克/人，奶粉消费量0.56千克/人，总计乳制品消费量为25.07千克/人（酸奶按1：1折合成鲜乳品，奶粉按1：7折合成鲜乳品，下同），而2002年城镇居民鲜乳消费量15.68千克/人，酸奶消费量1.82千克/人，奶粉消费量0.56千克/人，总计乳制品消费量为21.42千克/人。2003奶类实物消费量与上年相比增长17.04%，与1992年相比则增长接近2倍(181.69%)。

此外，乳制品消费支出占食品消费支出的比重也在逐年增加（表2）。从表中可以看出，1994年城镇居民乳制品消费支出占食品消费支出的比重为1.84%，2000年上升为3.50%，2003年则上升为5.16%，10年来共上升了3.32个百分点。

3. 液态奶消费增长最快，奶粉消费基本稳定

2003年奶粉消费与去年基本保持平衡，城镇居民鲜乳品和酸奶消费均比去年有较大幅度增长，鲜乳品消费量增长18.75%，酸奶消费量增长39.01%（表3）。其中，2003年消费鲜乳品18.62千克，占乳品消费总量的74.27%，比上年增加了0.83个百分点；消费奶粉0.56千克，折算后占乳品消费总量的15.64%（按1：7的比例折算），比上年减少2.4个百分点；消费酸奶2.53千克，占消费总量的10.09%，比上年增加1.57个百分点。

表2　全国城镇居民家庭人均乳制品消费支出占食品消费支出的比重

项目＼年份	1994	1995	1996	1997	1998	1999	2000	2001	2002	2003
乳制品消费支出（元）	26.14	31.43	36.59	41.41	48.05	56.15	68.57	80.06	104.76	124.70
食品消费支出（元）	1 422.49	1 766.02	1 904.71	1 942.59	1 926.89	1 932.10	1 958.31	2 014.02	2 271.84	2 416.92
乳制品消费占食品消费的比重（%）	1.84	1.78	1.92	2.13	2.49	2.91	3.50	3.97	4.61	5.16

资料来源：《中国奶业年鉴2003》、《中国奶业统计资料2004》。

表3　2003年全国城镇居民人均乳品消费量　　单位：千克、%、百分点

	鲜乳品		奶粉		酸奶		合计	
	消费量	比重	消费量	比重	消费量	比重	消费量	比重
2002年	15.68	73.44	0.55	18.04	1.82	8.52	21.35	100
2003年	18.62	74.27	0.56	15.64	2.53	10.09	25.07	100
增长（%）	18.75	0.83	1.81	−2.4	39.01	1.57	17.04	0

资料来源：《中国奶业年鉴2003》、《中国奶业统计资料2004》。

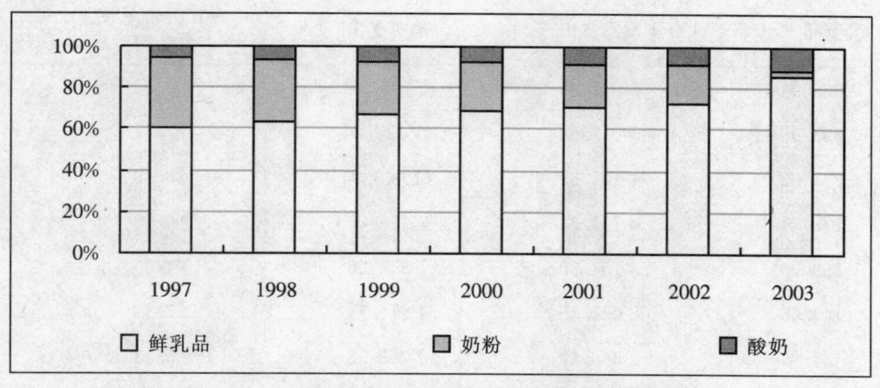

图2　1997—2003年全国城镇居民乳品消费结构变化

此外，近年来的乳品消费结构中，鲜乳品和酸奶比重略有上升，而奶粉的比重则一直在下降（图2）。从图2中可以看出，1997年鲜乳品消费在乳品消费中的比重大约为60%，奶粉在乳品消费中的比重大约为34%，酸奶在乳品消费中的比重大约为5%左右；然而2003年鲜乳品在乳品消费中的比重则上升为74%左右，

酸奶的消费比重则上升为10%左右，奶粉的消费比重则下降到15%左右。

鲜奶和酸奶的消费量虽然差异很大，但是近年来两者的消费增长势头基本吻合（图3），而奶粉消费则基本稳定在人均0.50千克的水平，由此可以判断中国城镇居民的奶类消费已经逐渐从奢侈品向必需品过渡。与之相比，农村居民的鲜奶消费量和乳制品消费量则呈现出相同趋势的增长，也就是说，目前对于农村市场而言，鲜奶和乳制品都是处于奢侈品阶段，随着农村经济的快速发展，农村奶类消费也将会由奢侈品向必需品过渡。

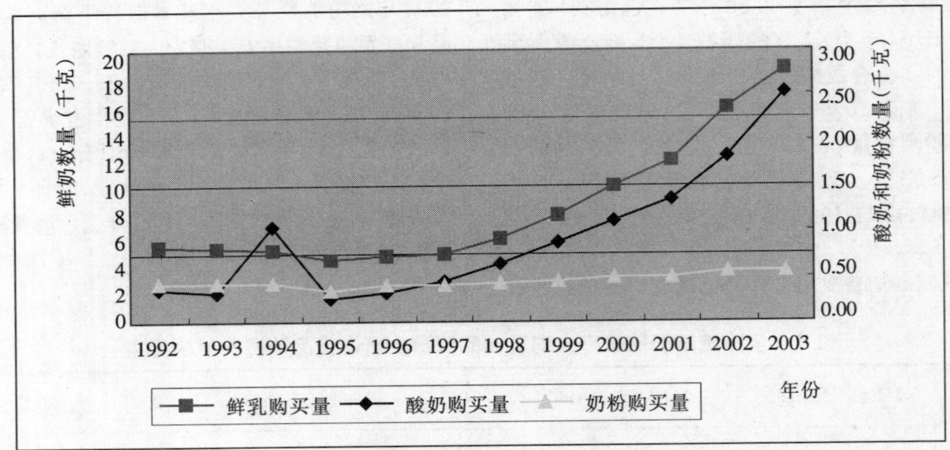

图3 分品种城镇居民家庭人均奶类消费量

4. 城镇消费增长很快，农村消费格局复杂 从区域来看，近年来的奶类消费快速增长主要得益于城镇居民消费的快速增长，而农村居民的消费格局则呈现出复杂的局面。

2003年，城镇居民家庭人均乳制品消费支出为124.70元，比上年同期增长19.03%。其中年人均乳制品消费支出前10位地区如表4所示。从表4可以看出，无论乳制品支出的绝对量还是占食品支出或消费的相对量而言，最高的地区都是西藏，而不是北京、上海等经济发达城市。并且，从表中还可以看出，虽然西藏地区的消费支出居全国首位，但是其食品消费支出仅次于上海、浙江位居第三。因而，可以判断乳制品消费支出最多的地区，大部分都是收入水平较高的地区，即使西藏地区也是由于生活习惯和高额的收入补贴支撑其乳制品消费第一的局面。

从表5可以看出，2003年城镇居民人均乳制品消费支出增长最快的10个省区包括西藏、湖南、甘肃、河南、重庆、黑龙江、新疆、内蒙古、海南、山西。其中，增长最快的地区仍然是西藏，2003年乳制品消费支出比上年增长47.65%，新疆和内蒙古则排在第7位和第8位，分别比上年增长30.23%和29.76%，山西省排在第10位，比上年增长29.12%。从10个省区的构成来看，除了传统牧区以外，其余地区则全部为中部或西部地区。这表明乳品消费增长的快速态势开始由沿海发达地区向中西部区域转移，新的乳品消费潜力变成现实消费的区域正在形成。

表4 2003年城镇居民人均乳制品消费支出前10位地区 单位：元/人

地区	乳制品支出	食品支出	消费支出	乳制品支出占食品支出%	乳制品支出占消费支出%
西藏	333.64	3 542.89	8 045.34	9.42	4.15
北京	255.99	3 522.69	11 123.84	7.27	2.30
上海	241.82	4 102.65	11 040.34	5.89	2.19
重庆	178.21	3 702.34	7 118.06	6.59	2.50
福建	153.00	3 104.80	7 356.26	4.93	2.08
山东	149.65	2 051.30	4 914.55	7.30	3.05
江苏	141.95	2 566.89	6 708.58	5.53	2.12
浙江	139.17	3 558.41	9 712.89	3.91	1.43
天津	139.08	2 963.85	7 867.53	4.69	1.77
四川	130.10	2 240.65	5 759.21	5.81	2.26

表 5 城镇居民人均年乳制品消费支出增长最快的 10 个地区

单位：元/人

地 区	乳制品支出			食 品 支 出		
	2002 年	2003 年	增长%	2002 年	2003 年	增长%
西藏	225.96	333.64	47.65	2 837.28	3 542.89	24.87
湖南	62.40	87.65	40.46	1 985.88	2 179.40	9.74
甘肃	83.04	115.57	39.17	1 792.56	1 908.10	6.45
河南	66.36	91.96	38.58	1 517.04	1 662.30	9.58
重庆	134.64	178.21	32.36	2 418.96	2 702.34	11.71
黑龙江	76.80	101.37	31.99	1 584.60	1 783.95	12.58
新疆	84.00	110.10	31.07	1 912.80	1 987.42	3.90
内蒙古	83.88	109.24	30.23	1 532.28	1 705.56	11.31
海南	53.16	68.98	29.76	2 435.88	2 463.03	1.11
山西	99.48	128.45	29.12	1 531.32	1 712.13	11.81

从主要消费地区的分布来看，经济发达地区和主要产奶省区的城镇居民人均消费量普遍较高。人均乳品消费量最高的是北京，其次是山西、甘肃、山东、青海，其他人均年乳品消费量 30 千克以上的省份还有上海、河北、重庆、新疆、辽宁等省份。

（二）我国乳制品消费的影响因素分析和总体判断

1. 影响城镇居民奶类消费的主要因素 从城镇居民奶类消费来看，中国大部分城镇地区居民的奶类消费已经进入现代化程度较高的消费格局。奶类消费受到收入水平、现代化程度、消费习惯及替代品供应的和价格的影响。利用 2003 全国城镇居民奶类消费支出以及人均可支配收入的数据进行相关分析，城镇居民人均乳及乳制品消费量与其人均可支配收入两者之间的相关系数为 0.76，说明城市乳制品消费支出与收入水平之间的相关性较高，即城市居民奶类消费受收入水平的影响较大。然而，2003 年城镇居民人均乳及乳制品消费支出最多的省份是西藏，其次才是北京、上海、福建、山东等省份，由此可以看出城市居民奶类消费还受消费习惯的影响。

2. 影响农村居民奶类消费的主要因素 从总体上来看，农村居民奶类消费水平很低，农民人均奶类消费不及城镇居民消费水平的 1/10，而且人均奶类消费与人均纯收入之间几乎不存在相关关系，显现了农村奶类消费的复杂格局。但是，当利用聚类分析对各地农村的乳及乳制品消费类型进行划分，就显现了中国农村居民奶类消费的独特格局。据此，我国农村居民的奶类消费可以分为三大类：一大类是由上海、浙江、北京、福建、天津、广东、江苏等经济发达地区组成，这些地区农户收入水平高，农村城镇化水平也高，从而奶类消费水平较高，即服从于现代社会奶类消费格局和影响因素的地区；第二大类由传统牧区、半牧区组成，即农民的奶类消费总体上和收入或非农化等“现代”因素无关。其中最典型是青海、新疆、宁夏、内蒙古，它们都是传统产奶的牧区，尽管农户收入水平较低，但这些地区农民有自给自足的奶类生产传统和奶类消费习惯，奶类消费水平相对较高。第三大类就是由剩余的中部省区组成，其中的河北、辽宁、山东则又靠近经济发达地区消费格局，其余的地区则消费水平较低。

3. 中国奶类消费的总体判断 根据国务院发展研究中心对中国奶业的研究报告，从 1996 年以来，奶业的发展速度超过了其他食品行业，推动奶业发展的最大动力是城市需求。报告显示，从 1990 年至 2001 年，城市每增长一个百分点支出，其用于牛奶的消费是 15%，而同时用于其他食品的消费是下降的。但是，从近几年来看，与“井喷”式的全国性奶业投资热相比，全国性的奶类消费终端市场并未热起来，新增奶类消费量部分仍以城镇居民消费为主，农村市场仍然徘徊不前。这意味着，我国奶业蕴藏着一个极大的现实威胁：奶类消费有可能在很小规模和很低质量的层次上形成“饱和”。

分别观察城乡居民奶类消费行为可知，对于农村居民，年人均奶类消费仅及城镇居民消费水平的 10%，且增长趋势缓慢，鲜乳和乳制品消费量相差无几。因此，可以看出对于农民来说鲜奶仍然处于奢侈品的阶段，农村市场主要以消费奶粉为主，并且其消费行为对价格较为敏感，导致“劣币驱逐良币”，为假冒伪劣奶粉销往农村市场提供了巨大“商机”。这归根结底在于农村居民的收入水平仍然不高。而对于奶类消费不再受制于收入的许多城镇居民，奶制品的品质是否可靠，可能将成为抑制消费欲望的重要原因。因而，加强行业标准建设，将成为促进奶业走出低水平过剩的关键。

（中国人民大学 梁希震 董筱丹 程漱兰）

2003 年度乳制品国家免检产品名单

序 号	产 品	单 位	地 址	品 牌	
284	乳粉	陕西关山乳业有限责任公司	陕西	关山	全脂乳粉、调制乳粉
285	乳粉	上海惠氏营养品有限公司	上海	惠氏	婴幼儿配方乳粉
286	乳粉	黑龙江飞鹤乳业有限公司	黑龙江	飞鹤、星花	全脂乳粉、调制乳粉、脱脂乳粉
287	乳粉	黑龙江摇篮乳业股份有限公司	黑龙江	摇篮、正元	
288	乳粉	黑龙江乳业集团总公司	黑龙江	龙丹	
289	乳粉	石家庄三鹿集团股份有限公司	河北	三鹿	全脂乳粉、调
290	乳粉	内蒙古伊利实业集团股份有限公司	内蒙古	伊利	制乳粉
291	乳粉	西安银桥股份有限公司	陕西	秦俑	全脂乳粉、调制乳粉、脱脂乳粉
292	乳粉	宝鸡惠民乳晶（集团）有限公司	陕西	钓鱼台	调制乳粉
293	乳粉	陕西和氏乳品有限公司	陕西	和氏	全脂乳粉、调制乳粉、脱脂乳粉
228	灭菌奶	山东得益乳业有限公司	山东	得益	
229	灭菌奶	西安市东方乳品厂	陕西	朵鲜	
230	灭菌奶	天津海河乳业有限公司	天津	海河	
231	灭菌奶	兰州好为尔生物科技股份有限公司	甘肃	好为尔	
232	灭菌奶	济南佳宝乳业有限公司	山东	佳宝	
233	灭菌奶	均瑶集团乳业股份有公司	湖北	均瑶	
234	灭菌奶	宁夏新华百货夏进乳业有限公司	宁夏	夏进	
235	灭菌奶	黑龙江完达山哈尔滨乳品有公司	黑龙江	完达山	
236	灭菌奶	石家庄三鹿集团股份有限公司	河北	三鹿	
237	灭菌奶	西安银桥股份有限公司	陕西	银桥	

注：免检产品申请条件：①乳粉年产量 25 万吨以上；②灭菌乳年产量 9 万吨以上。

资料来源：国家质量检验检疫总局（摘自《中国乳制品工业通讯》，2004 年第 1 期）

2003 年度发放婴幼儿配方乳粉生产许可证企业名单

产品名称：婴幼儿配方乳粉

所属省份	序号	企业名称	发证日期	备注
北京市（3 家）	1	北京三元食品股份有限公司乳品四厂	2003.02.28	已发证
	2	北京味全食品有限公司	2003.02.28	已发证
	3	葆婴有限公司	2003.02.28	已发证
上海市（5 家）	4	英特儿营养乳品有限公司	2003.02.28	已发证
	5	上海惠氏营养品有限公司	2003.02.28	已发证
	6	上海花冠营养乳品有限公司	2003.02.28	已发证
	7	上海熊猫乳品有限公司	2004.04.21	已发证
	8	上海晨冠乳业有限公司	2004.09.23	已发证
天津市（2 家）	9	天津海河乳业有限公司	2003.09.20	已发证
	10	天津市多加多乳业有限公司	2003.11.12	已发证

（续）

所属省份	序号	企业名称	发证日期	备注
陕西省（4家）	11	西安银桥股份有限公司	2003.02.28	已发证
	12	宝鸡惠民乳品（集团）有限公司	2003.02.28	已发证
	13	陕西和氏乳品有限公司	2003.02.28	已发证
	14	陕西关山乳业有限责任公司	2004.01.12	已发证
云南省	15	昆明跑马山实业总公司乳制品厂	2003.09.20	已发证
江西省	16	江西英雄乳业股份有限公司	2003.02.28	已发证
广东省（7家）	17	施恩（广州）婴幼儿营养品有限公司	2003.02.28	已发证
	18	广东雅士利乳业有限公司	2003.02.28	已发证
	19	美赞臣（广州）有限公司	2003.09.20	已发证
	20	广州金鼎乳制品厂	2004.01.12	已发证
	21	汕头市一家人食品有限公司	2004.09.23	已发证
	22	汕头市智多星食品有限公司	2004.09.23	已发证
	23	汕头市未来食品有限公司	2004.09.23	已发证
河北省（2家）	24	石家庄三鹿集团股份有限公司	2003.02.28	已发证
	25	唐山营佳乳品有限公司	2003.11.12	已发证
山东省（2家）	26	青岛圣元乳业有限公司	2003.02.28	已发证
	27	烟台澳美多营养品有限公司	2004.10.19	已发证
福建省（2家）	28	福建省雅俊食品工业有限公司	2003.02.28	已发证
	29	福州明一乳业有限公司	2003.09.20	已发证
内蒙古（8家）	30	内蒙古伊利实业集团股份有限公司	2003.06.05	已发证
	31	内蒙古伊利托菲尔婴儿乳品有限公司	2003.06.05	已发证
	32	内蒙古青山乳业有限责任公司	2003.06.05	已发证
	33	额尔古纳梅鹿乳业有限责任公司	2003.06.05	已发证
	34	呼伦贝尔三花乳业有限责任公司	2003.06.05	已发证
	35	内蒙古蒙牛乳业股份有限公司	2003.06.05	已发证
	36	陈巴尔虎旗哈达图乳品厂	2004.04.21	已发证
	37	呼伦贝尔市海拉尔区北雪乳品厂	2004.09.23	已发证
湖南省（2家）	38	湖南亚华种业股份有限公司南山绿色食品开发分公司	2003.06.05	已发证
	39	澳优乳品（湖南）有限公司	2004.09.23	已发证
安徽省	40	上海乳品七厂	2003.06.05	已发证
山西省（2家）	41	山西古城乳业集团有限公司	2003.06.05	已发证
	42	山西古城依美口乳品有限公司	2003.06.05	已发证
浙江省（2家）	43	浙江贝因美科工贸股份有限公司	2003.06.05	已发证
	44	杭州燕牌乳业有限公司	2004.04.21	已发证
重庆市	45	重庆市天友乳业有限公司乳品一厂	2004.04.21	已发证
黑龙江省（32家）	46	双城雀巢有限公司	2003.06.05	已发证
	47	哈尔滨森永乳品有限公司	2003.06.05	已发证
	48	哈尔滨金星乳业集团公司	2003.06.05	已发证
	49	黑龙江省绿洲乳业集团有限公司	2003.06.05	已发证

（续）

所属省份	序号	企业名称	发证日期	备注
	50	黑龙江乳业集团林甸乳品厂	2003.06.05	已发证
	51	黑龙江省和平牧场乳品厂	2003.06.05	已发证
	52	黑龙江冰都乳业有限责任公司	2003.06.05	已发证
	53	铁力市盛中乳品厂海伦分公司	2003.09.20	已发证
	54	纽迪希亚（黑龙江）营养制品有限公司	2003.09.20	已发证
	55	绥化东兴乳业食品有限责任公司	2003.09.20	已发证
	56	黑龙江省农垦龙王食品有限责任公司	2003.09.20	已发证
	57	绥棱县龙元乳品厂	2003.09.20	已发证
	58	密山市希诺乳业制品有限公司	2003.09.20	已发证
	59	黑龙江安达龙福乳业有限公司	2003.09.20	已发证
	60	五大连池鹤王乳业有限公司	2003.09.20	已发证
	61	黑龙江光明松鹤乳品有限责任公司	2003.09.20	已发证
	62	黑龙江省富裕明星食品有限公司	2003.09.20	已发证
	63	黑龙江龙丹乳业科技股份有限公司	2003.02.28	已发证
	64	黑龙江省完达山乳业股份有限公司	2003.02.28	已发证
	65	黑龙江摇篮乳业股份有限公司	2003.02.28	已发证
	66	哈尔滨太子乳品工业有限公司	2003.02.28	已发证
	67	黑龙江飞鹤乳业有限公司	2003.02.28	已发证
	68	黑龙江心甜乳业有限公司	2003.02.28	已发证
	69	嫩江县辰鹰乳业有限责任公司	2003.02.28	已发证
	70	黑龙江省北安垦区兴安岭乳业有限责任公司	2003.02.28	已发证
	71	黑龙江红星集团股份有限公司	2003.02.28	已发证
	72	大庆市绿叶乳品有限公司	2003.06.05	已发证
	73	尚志市圣龙乳品有限公司	2003.02.28	已发证
	74	齐齐哈尔市原野乳品厂	2003.02.28	已发证
	75	黑龙江省格球山乳品有限责任公司	2004.01.12	已发证
	76	黑龙江农垦雁窝岛集团乳业有限公司	2004.04.21	已发证
	77	大庆乳品厂有限责任公司	2004.09.23	已发证
	78	齐齐哈尔汇昌乳业有限公司	2004.09.23	已发证

（黑龙江省乳品工业技术开发中心　李茂胜供稿）

质量认证体系

我国奶业质量认证的现状

随着时代的发展和社会的进步，我们大家对“认证”二字已经都很熟悉了。无论是哪类认证，其宗旨都是维护消费权益、提高管理水平，使客户和供方都获益。认证不是可有可无，它是人类社会经济活动处于高度发展阶段的必然产物，是组织参与经济活动的基本条件和承认准则。

从认证的推广方式一般分为强制性认证和自愿性认证。强制性认证是国家法律规定的必须实施的认证（如“CCC”认证、“QS”认证等），一般组织较易理解。而自愿性认证（如 ISO 9000、HACCP 等），从文字上看似乎是可有可无，其实不然。所谓自愿性认证，也是在经济活动中受到普遍承认和遵守的一种规则，是组织参与经济活动的有效标志，国际贸易中已广泛采用。可以说通过认证，是组织证明自己产品质量、工作质量的一种护照，是维护客户权益的最佳保障。随着社会的进步和经济的发展，自愿性认证也会转化为强制性认证。

“认证”一词的英文原意是一种出具证明文件的行动。ISO/IEC 导则 2：1986 中对“认证”的定义是：“由可以充分信任的第三方证实某一经鉴定的产品或服务符合特定标准或规范性文件的活动。”举例来说，对第一方（供方或卖方）生产的产品，第二方（需方或买方）无法判定其品质是否合格，而由第三方来判定。第三方既要对第一方负责，又要对第二方负责，不偏不倚，出具的证明要能获得双方的信任，这样的活动就叫做“认证”。这就是说，第三方的认证活动必须公开、公正、公平，才能有效。这就要求第三方必须有绝对的权力和威信，必须独立于第一方和第二方之外，必须与第一方和第二方没有经济上的利害关系，或者有同等的利害关系，或者有维护双方权益的义务和责任，才能获得双方的充分信任。那么，这个第三方的角色应该由谁来担当呢？显然，非国家或政府莫属。由国家或政府的机关直接担任这个角色，或者由国家或政府认可的组织去担任这个角色，这样的机关或组织就叫做“认证机构”。帮助企业建立、实施某项管理体系的机构，称为“培训咨询机构”。

认证不仅能够增进社会诚信、促进企业进步，更是能够推动科学研究与技术发展，继而促进行业的法制建设。国际标准化组织（ISO）正在积极制定食品安全管理体系的国际标准 ISO22000，我国也在根据 ISO22000 的进展加紧制定自己的食品安全管理体系认证准则，这将成为乳品企业食品安全管理体系建立并达标的基本依据。中国认证机构国家认可委员会（CNAB）已确定将乳品的 HACCP 认证作为食品安全管理体系认证认可的重点领域，正在积极开展研究并主动寻求与中国奶业协会的合作。

（一）简述目前主要的几种认证形式

1. ISO 9000 质量管理体系 其标准中有关质量体系保证的标准有三个：ISO 9000（质量管理体系的基础理论与专业用语标准），ISO 9001（质量管理体系的建设要求标准），ISO 9004（质量管理体系的改进与提高指南标准）。ISO 9000 质量管理体系也是各行（专）业质量管理体系认证的基础。

2. ISO 14000 环境管理体系 包括 ISO 14001（GB/T24001—1996）环境管理体系——规范及使用指南规范、ISO 14004（GB/T24004—1996）环境管理体系——原理、体系和支撑技术通用指南、ISO 14010（GB/T24010—1996）环境审核指南——通用原则、ISO 14012（GB/T24012—1996）环境管理审核指南——环境管理审核员的资格要求。

3. OHSMS 18000 职业健康安全管理体系 其目的是为了提升企业形象、增强凝聚力、减少企业经营职业安全卫生风险、达到企业永续经营、内部管理改善，避免职业安全卫生问题所造成的直接/间接损失、顺应国际贸易的新潮流，突破贸易壁垒。

4. 食品安全管理体系 是以 HACCP 为基础的全程安全控制管理方法，HACCP 是英文 Hazard Analysis and Critical Control Point（即危害分析及关键控制点）的首字母缩写，是一个为国际采用的、保证食品免受生物性、化学性及物理性危害的预防体系。它产生于 20 世纪 60 年代的美国宇航食品生产企业。它主要是通过科学和系统的方法，分析和查找食品生产过程的危害，确定具体的预防措施和关键控制点，并实施有效的监控，从而确保产品的安全卫生质量。迄今为止，HACCP 已被许多国际组织如 FAO/WHO、CAC 等认可为世界范围内保证食品安全卫生的准则。食品安全管理体系从管理角度来说是全程安全控制系统，是保证食品安全的管理体系，其最突出的优点是：①使食品生产由最终产品的检验（即检验是否有不合格产品）转化为控制全程环节中潜在危害（即预防不合格品），从而消除、降低消费风险或使危害减小到可接受程度；②应用最少的资源，做最有效的事情。食品安全管理体系与我们奶业密切相关，是我们大家应关注的重点。

5. 有机食品认证 有机食品最主要的特点是在其生产与加工过程中不施用任何人工合成的农药、肥料、除草剂、生长激素、防腐剂、添加剂等化学物质。需要注意的是，该特点的含义有两层：首先，有机农业的生产方式解决了常规农业生产中最严重的环境污染和生态破坏的问题，是可持续的农作方式；其次才是产品没有污染或污染物尽可能低，对人类健康有益。此外，归纳起来，有机食品还有以下不同于一般食品的特征：生产加工过程中更多地考虑了生态环境保护和资源持续利用的内容；有机食品生产、有机农业的发展与区域经济、解决粮食安全、提高妇女地位等充分结合；生产、加工等需要一系列基本的规范、标准。有机奶认证也与我们奶业紧密相关。

（二）我国乳制品加工企业认证状况

乳品安全是我国当前食品安全的热门话题，确保乳品安全业已成为时代赋予全行业，特别是生产企业的历史重任，义不容辞，责无旁贷。融入 HACCP 的食品安全管理体系是一个主题更为鲜明、要求更为具体的局部的质量管理体系，也是食（乳）品企业质量管理体系持续改进的重要表现；积极倡导企业建设食品安全管理体系并获得认证，这是乳品行业选择的一条符合时代潮流的促进企业进步、推动行业发展的途径。

据初步调查统计，目前我国乳制品企业已通过 ISO 9000 质量管理体系认证的约占 71%，已通过食品安全管理体系（HACCP）认证的约占 8.5%。相当多的企业基本上实施了 ISO 9000 质量管理体系。其中，绝大多数龙头企业和一些地方品牌企业也都通过了食品安全管理体系认证，相当一部分中小企业还未进行 HACCP 培训工作，说明食品安全管理体系（HACCP）在我国奶业领域尚处起步阶段。

通俗讲，食品安全管理体系（HACCP）是特殊的 ISO 9000，它是一种专业性极强的食品安全管理体系，在我们奶业管理过程涉及到牧场、加工、市场分销三大产业链。这就客观上要求从事食（乳）品安全管理体系认证的机构要具有充足的奶业审核能力和专业技术资源，有大量的专业基础工作要做、要理顺。应该指出，认证领域工作中的确有流于形式的迹象，一些认证机构单一追求利润，不注重认证质量，企业或组织从中并未获得有效技术支持和提高，甚至使认证工作陷入纯粹的表面过场，这也使一些企业决策者和管理者有疑虑，影响食品安全管理体系（HACCP）认证工作的有效开展。正是基于这点，中国奶业协会经农业部和国家认监委批准，正在积极筹备奶业认证机构，代表行业率先把握食品安全管理认证工作，真正提升被认证企业的乳品安全保障能力，使企业和消费者双方都切实获益。

（三）中国奶业协会成立认证机构的意义

无论从国内和国际奶业发展现状来看，客观上都急需在我国奶业系统中，推行和建立食品安全管理体系（HACCP），确保奶业的健康与可持续发展。为了贯彻《国务院办公厅关于实施食品药品放心工程的通知》精神、抓紧落实国务院八部委局的《食品药品放心工程实施方案》，作为协调全国奶业发展的中国奶业协会，在国家认监委领导下建立我国奶业认证中心，协助认监委开展全国奶业认证工作。中国奶业协会建立奶业认证机构，具有自身独有的优势和实力，也最具行业的专业性和公正性，认证效果好，防止认证流于形式，也会使企业真正获益。同时，能够代表我国奶业进行有效的国际交流和合作，更好地发挥行业窗口作用。所以，建立中国奶业协会的奶业认证机构具有非常重要的现实意义。

在有关部门的亲切关怀下，协会自 2003 年 11 月起，已开始了认证机构的前期筹备工作，该机构名称经管理部门核准为“中奶协（北京）认证中心”（DACC），办公场所设在中国奶业协会办公楼内。另外，组织编写了中奶协（北京）认证中心《程序文件》和《质量管理手册》以及《食品安全管理体系 专业审核作业指导书》。与此同时，根据认监委有关部门要求，已组织专家起草了奶业食品安全管理认证体系的相关技术规范文献（包括牧场认证），提呈国家认监委有关部门审定，以便在实施认证工作中用以指导和规范奶业食品安全管理体系认证的专业技术要求。同时，也为国家认监委在奶业的认证监督管理上提供有效、科学的实施依据、技术规范和技术标准。

此外，为了确保我国乳品领域食品安全管理体系认证认可评审工作的科学性和有效性，应中国认证机构国家认可委员会（CNAB）要求，经中国奶业协会研究，已为 CNAB 推荐 7 名奶业技术专家，将直接参与 CNAB 领导下的乳与乳制品安全管理体系的专业技术认可评审工作，更好地发挥中国奶业协会的行业管理作用和技术优势。

（四）进行培训和认证时，企业或组织应注意的几个问题

首先，企业要明确和树立自身实施培训和认证的真正目的。眼光要长远，关注市场及贸易发展趋势，尤其是国际贸易规则。发展现状表明，要达到企业的永续经营，就必须顺应国际贸易的新规则、新潮流。

其次，未实施某项管理体系的企业，要慎重选用培训和认证机构，尤其是食品安全管理体系（HACCP）认证。培训和认证机构的资质如何，奶业咨询、审核经历如何，效果如何，审核队伍是否具有奶业技术背景；其证书要考虑国际互认性和有效性，是否具有“CNAB”徽标（中国认证机构国家认可委员会）。搞认证就要努力做到一次到位，防止日后重复建设工作，使企业避免人力、物力、财力的浪费。这点，已获证书的企业应注意自查。

再之，企业要防止受一些公关人员的胡乱吹嘘，搞培训和认证“一条龙”服务，避免受认证领域不正当风气的影响。培训和认证机构是完全相互独立的，认证活动必须公开、公正、公平，选择哪家培训机构和认证机构是企业的自主权。这方面也是国家认监委（CNCA）查处的重要环节，企业要警惕。

此外，不搞认证上的“速战”、“闪电战”。客观上讲，一个管理体系的建立和有效实施，需要一定时间的消化和磨合，这是对企业有益的。不能流于形式，否则就是害自己、害行业、害消费者。

另外，企业既想搞 ISO 9000 认证，又想兼顾食品安全管理体系（HACCP）认证时，在选择认证机构时，基于不同的认证机构自身审核技术特点，可以选择联合认证，以确保 ISO 9000 和食品安全管理体系（HACCP）的效果。

（中国奶业协会　魏克佳　张书义）

我国农产品质量安全认证

（一）农产品质量安全认证在我国的兴起与发展

我国绿色食品认证是 20 世纪 90 年代初，农业部为顺应“高产、优质、高效”农业发展的要求和国民消费水平不断提高的需求而开展的一项农产品认证工作，采取的是“政府推动，市场运作”的方式，即政府统一制定管理规范、技术标准，建立专门的机构，实行质量认证与证明商标使用许可相结合的自愿性认证制度。有机食品是 20 世纪 90 年代中期，为能够因地制宜地发挥部分地区生态环境良好、人力资源充足的劳动密集型农业的优势和针对国外部分特别消费群体的消费需求，而开展起来的“洋认证”，采用的是纯市场运作方式，即由社会中介性质的各家认证机构，借鉴国外一些认证机构的标准和规范，进行经营性认证，具有典型的民间行为特征。无公害农产品认证是为适应当前我国农产品质量安全工作需要和完成“无公害食品行动计划”目标，由各级农业行政主管部门组织开展的一项重要的农产品质量安全工作。2001 年部分省、市农业部门开始试验性的开展无公害农产品认证相关工作，2002 年国家政府部门开始制定统一的法规和标准，2003 年，农业部农产品质量安全中心成立，并经国家认监委核准，负责全国无公害农产品认证工作。这项工作是采用行政性运作模式、实行产地认定与产品认证相结合的公益性认证制度。

目前，无公害农产品、绿色食品和有机食品（三品）各有特色，相互补充，在我国形成了“三位一体，整体推进”的农产品认证发展格局。

（二）我国“三品”认证的主要特点及发展状况

无公害农产品、绿色食品和有机食品构成了我国农产品认证的基本框架，以无公害农产品为广泛基础，以绿色食品和有机食品为精品代表，三者相辅相成，相互包容。正确理解三者的概念、内涵和相互关系，对促进农产品质量安全工作，推动生产，引导消费，保护农业生态环境有着积极的作用。

1. 基本概念　农产品质量安全认证是由认证机构及其检查人员，依据相关法律法规和技术标准，按照科学、公正的评定程序，对农产品质量及其质量管理体系进行合格评定的活动。

无公害农产品是产地环境、生产过程和产品质量符合国家有关标准和规范的要求，经农业部农产品质量安全中心认证合格，获得认证证书并使用无公害农产品标志的未经加工或者初加工品的食用农产品。

绿色食品是遵循可持续发展原则，按照绿色食品标准生产，经中国绿色食品发展中心认证，许可使用绿色食品商标标志的，无污染的安全优质食品。

有机食品是根据有机农业原则和有机农产品生产、加工标准生产出来的，经过有资质的有机农产品认证机构颁发证书的一切农产品。国外一般以“有机产品”（Organic Products）称谓，其中包括有机农产品、有机禽产品、有机水产品、有机纺织品等。

2. 主要特点　由于无公害农产品、绿色食品和有机食品产生的背景、追求的目标和发展的过程不同，形成了各自典型的特征。

（1）目标定位。无公害农产品：规范农业生产，保障基本安全，满足大众消费；绿色食品：提高生产水平，满足更高需求、增强市场竞争力；有机食品：保持良好生态环境，人与自然和谐共生。

（2）产品质量水平。无公害农产品：中国普通农产品质量水平，依据标准等同于国内普通食品标准；绿色食品：达到发达国家普通食品质量水平，其标准参照国外先进标准制定，通常高于国内同类标准的水平；有机食品：达到生产国或销售国普通农产品质量水平。强调生产过程对自然生态友好，不以检测指标高低衡量。

（3）生产方式。无公害农产品：科学应用现代常规农业技术，从选择环境质量良好的农田入手，通过在生产过程中执行国家有关农业标准和规范，合理使用农业投入品，建立农业标准化生产、管理体系；绿色食品：将优良的传统农业技术与现代常规农业技术结合。从选择、改善农业生态环境入手，通过在生产、加工过程中执行特定的生产操作规程，减少化学投入品的使用，并实施“从土地到餐桌”全程质量监控；有机食品：采用有机农业生产方式，即在认证机构监督下，建立一种完全不用或基本不用人工合成的化肥、农药、生产调节剂和饲料添加剂的农业生产技术和质量管理体系。

（4）认证方法。无公害农产品和绿色食品：依据标准，强调从土地到餐桌的全过程质量控制。检查检测并重，注重产品质量；有机食品：实行检查员制度。国外通常只进行检查；国内一般以检查为主，检测为辅，注重生产方式。

（5）运行方式。无公害农产品：行政性运作，公益性认证；认证标志、程序、产品目录等由政府统一发布；产地认定与产品认证相结合。

绿色食品：政府推动、市场运作；质量认证与商标转让相结合。

有机食品：社会化的经营性认证行为；因地制宜、市场运作。

(6) 法规制度。无公害农产品：农业部与国家质检总局联合令第12号《无公害农产品管理办法》；农业部与国家认监委联合公告第231号《无公害农产品标志管理办法》；农业部与国家认监委联合公告第264号《无公害农产品认证程序》和《无公害农产品产地认定程序》。

绿色食品：农业部“绿色食品标志管理办法”；国家“商标法”、“产品质量法”等有关证明商标注册、管理条文。

有机食品：欧盟2092/91条例，美国联邦“有机产品生产法”，日本农林产品品质规范（JAS法）等有关国家或地区的有机农产品法规。我国的《有机产品认证管理办法》正在制定之中。

(7) 采用标准。无公害农产品：国家标准（GB）和农业行业标准（NY5000），其中产品标准、环境标准和生产资料使用准则为强制性标准，生产操作规程为推荐性标准。

绿色食品：农业行业标准（NY/T），为推荐性标准。

有机食品：国际有机农业运动联盟（IFOAM）的基本标准为代表的民间组织标准与各国政府推荐性标准并存。我国的“有机产品标准”正在制定之中。

3. 相互关系

(1) 无公害农产品、绿色食品、有机食品都是经质量认证的安全的农产品。

(2) 无公害农产品是绿色食品和有机食品发展的基础，绿色食品和有机食品是在无公害农产品基础上的进一步提高。

(3) 无公害农产品、绿色食品、有机食品都注重生产过程的管理，无公害农产品和绿色食品侧重对影响产品质量因素的控制，有机食品侧重对影响环境质量和生物自然属性的因素的控制。

4. 发展状况

(1) 认证体系主体框架基本建立。无公害农产品：农业部成立农产品质量安全中心，下设三个行业分中心，各省明确承办机构64个；农产品质量安全中心培训检查员328名，委托环境检测机构115个，委托产品检测机构83个，聘请评审专家80名。

绿色食品：中国绿色食品发展中心直接委托省、地级承办机构42个，省级委托地市级管理机构180个，县级管理机构840个，培训检查员2 369人，委托环境检测机构59个，产品检测机构20家，聘请标准专家40人、评审专家50人、咨询专家439人。

有机食品：中绿华夏有机食品认证中心设立分支机构38个，培训检查员78人，聘请技术专家32人。

(2) 认证产品迅速增加。无公害农产品：截至2003年底，全国统一的无公害农产品认证2 071个，产地认定7 758个，地方产品认证7 119个，顺利完成了四省的统一转换，另有6个省的转换工作正在进行，基本形成了全国一盘棋。

绿色食品：截至2003年底，全国绿色食品企业总数达到2 047家，有效使用绿色食品标志产品总数达到4 030个，产品实物总量3 260万吨，其中加工产品占70%，初级农产品占30%。

有机食品：截至2003年底，认证有机食品企业102家，产品231个，实物总量13.5万吨，以初级农产品为主。

(三) 农产品质量安全认证对我国农业发展的重要意义

开展农产品认证工作，对从源头上确保农产品质量安全，转变农业生产方式，提高农业生产管理水平，规范市场行为，指导消费和促进对外贸易具有重要意义。

1. 农产品质量安全认证是加强农产品质量安全监管的重要措施

(1) 从被动管理向积极预防提升。

(2) 从产品检测向全程管理过渡；从终端监管向源头追溯转变。

2. 农产品质量安全认证是促进农产品消费的重要条件

(1) 实现生产和消费的连接与互动。

(2) 实现产地与市场的挂钩与管理。

3. 农产品质量安全认证是推动农业产业化发展的有效途径

(1) 农产品质量安全认证促进了标准化生产，为农业产业化经营提供了技术支撑。

(2) 农业产业化为农产品认证提供了组织保证。

(3) 组织化与标准化相互促进，提升了农业产业化水平。

4. 农产品质量安全认证是实施农业品牌战略的重要措施

(1) 打造品牌的基础是建立可靠的质量安全保障制度。

(2) 农产品质量安全认证将质量可靠的农产品以可识别的品牌形象推向市场。

(3) 质量可靠的品牌必将越来越多的成为广大消费者认可的知名品牌。

5. 农产品质量安全认证是扩大农产品出口的有力手段

(1) 农产品生产全程质量认证符合国际先进的质量安全管理理念。

(2) 农产品质量安全认证制度建立有利于克服国际农产品贸易领域的技术壁垒。

(3) 推行农产品质量安全认证制度有利于引导和促进企业积极采用先进标准。

(四) 结合农业生产实际，正确处理好“三品”的发展关系

1. 顺应形势把握重点 鉴于我国农产品质量安全

水平状况以及实现“无公害食品行动计划”既定目标的要求，发展无公害农产品是目前农产品认证工作的主攻方向和最为紧迫的任务，也是需要着力解决的主要矛盾。今后，随着农产品质量安全形势的根本好转，农产品质量安全有了保障，生产者和消费者可能更多地追求优质、营养和环保，绿色食品可能成为继无公害农产品之后的主要认证产品。有机食品由于我国耕地资源问题，只会是少数产品。因此，当前农产品质量安全认证工作应以无公害农产品认证为主体，以绿色食品认证为先导，以有机食品认证为补充。

2. 因地制宜突出特色 我国幅员辽阔，农业资源丰富，经济发展水平差距较大，农业生产技术水平和组织化程度有很大差异。对部分适宜和已经具备发展绿色食品或有机食品的地区和企业，不能忽略自身的特殊性，应根据本地区条件和市场的需求状况，积极选择有所侧重，突出特色，扩大影响。一般来说，立足国内市场的大宗农产品及组织化程度不高的生产单位，适宜开发无公害农产品；面向国内国外两个市场的农产品及组织化程度较高的生产单位，适宜开发绿色食品；针对国外市场，并有一定的有机食品市场需求的劳动密集型农产品，适宜开发有机食品。总之，在选择认证产品的种类时，应在弄清“三品”特点的基础上，根据本地资源条件和生产水平，结合市场需求状况，准确定位，予以选定。

3. 抓住机遇打造品牌 在开发无公害农产品、绿色食品和有机食品时，一定要有品牌意识，应注意赋予产品有利于产权保护的名称和商标，建立有利于不断提升品牌的标准化生产技术和质量管理体系。各地区及企业应积极把握当前国家高度重视农产品质量安全，狠抓农产品质量安全认证工作的时机，将质量认证与创立和提升产品品牌、企业品牌、地方品牌相结合，发挥市场机制的作用，实现农产品优质优价，使农业发展进入用品牌吸引消费、以消费引导生产、靠市场需求拉动产品供给的良性发展轨道，从根本上解决农业“三增”问题。

（农业部农产品质量安全中心 罗 斌）

绿色食品乳制品认证体系

绿色食品是遵循可持续发展原则，按照特定生产方式生产，经专门机构认定，许可使用绿色食品商标标志的无污染的安全、优质、营养类食品。具体来说指在生产、加工过程中按照绿色食品标准，禁用或限制使用化学合成的农药、肥料、添加剂等生产资料及其他有害于人体健康和生态环境的物质，并实施“从土地到餐桌”全程质量控制。

绿色食品具有以下几个方面的优势：一是质量标准优势，绿色食品整体质量水平能够达到国际发达国家先进水平。二是质量保障制度优势，绿色食品实行“两端监测、过程控制、质量认证、标识管理”的质量安全制度，增强了产品质量安全的可信度。三是环保优势，绿色食品实行对产地环境的监测和保护，易于打破涉及资源和环境保护领域的“绿色壁垒”。四是企业和产品优势，绿色食品龙头强势企业多，现在国家级农业产业化重点企业，有30.7%的企业为绿色食品生产企业。

作为绿色食品重点发展的行业之一的乳制品行业，现在已经取得了巨大的成绩，截至2003年底，绿色食品液体乳及乳制品总产量达182.6万吨，占全国同类产品总产量的63.5%，是占比重最高的一类产品。全国大型乳制品企业如伊利、蒙牛、完达山、三鹿、光明、等企业都有产品使用绿色食品标志。

按照绿色食品“从土地到餐桌”全程质量控制技术路线，绿色食品乳制品生产要求从环境、奶牛、饲料及饲料添加剂、养殖场地选择及环境、疾病预防与治疗、原料奶收购、加工等过程符合绿色食品生产技术规范。绿色食品乳制品认证体系也是从这几个方面着手。

1. 环境 根据《绿色食品 产地环境现状调查技术规范》（NY/T391－2000）的要求，饲料原料种植基地环境、养殖环境、加工环境应符合绿色食品标准。主要包括种植基地大气、土壤、灌溉水、畜禽饮用水、加工用水应符合NY/T391－2001规定的内容。

养殖场所的设计及卫生、消毒、防疫等措施除满足国家的相关规定外，还应符合《绿色食品 兽药使用准则》（NY/T472－2001）及《绿色食品 动物卫生准则中》（NY/T473－2001）中相关内容。需强调的是允许使用消毒防腐剂对饲养环境、厩舍和器具进行消毒，不能使用酚类消毒剂（如来苏水），也不准对动物直接施用。

2. 饲养奶牛品种及生育记录 原料奶生产所使用的奶牛应当健康，具有固定的谱系和生育记录，没有国家规定禁止患有的疾病，符合《绿色食品 动物卫生准则中》（NY/T473－2001）中相关内容。

3. 饲料和饲料添加剂使用 绿色食品奶牛饲养所使用饲料和饲料添加剂使用必须遵守《绿色食品 饲料和饲料添加剂使用准则》（NY/T 471－2001），主要有以下几条：

（1）优先使用绿色食品生产资料的饲料及饲料添加剂类产品。

（2）至少90%的饲料来源于已认定的绿色食品产品及其副产品或来自环境监测基地范围内的产品，其他饲料原料可以是达到绿色食品标准的产品。

（3）不应使用转基因方法生产的饲料原料如转基因豆粕、棉粕等。

（4）不应使用以哺乳类动物为原料的动物性饲料产品（不包括乳及乳制品）饲喂反刍动物，如以哺乳类动物为原料的肉骨粉、骨粉、动物油脂等。

（5）不应使用工业合成油脂。

（6）不应使用畜禽粪便。

（7）所使用商品饲料和饲料添加剂预混合饲料应来自有生产许可证的企业，并且具有企业、行业或国家标准，产品批准文号，三年供货协议、发票复印件及标签原件（复印件）进口饲料和饲料添加剂产品登记证及配套的质量检验手段。

（8）不应使用任何药物性饲料添加剂。

（9）所使用饲料添加剂应是《允许使用的饲料添加剂品种目录》中所列的饲料添加剂和允许进口的饲料添加剂品种，但附表1中饲料添加剂除外。

（10）营养性饲料添加剂的使用量必须符合NY/T14、NY/T33、NY/T34、NY/T 65所规定的营养需要量及营养安全幅度。

此外，对饲料和饲料添加剂还应注意：

（11）环境监测范围的饲料原料，必须有种植规程、收购合同、种植基地数量、基地管理措施及种植农户清单。购买的绿色食品饲料原料，必须有购货合同、发票复印件等证明材料。

（12）应有详细的饲料加工规程、饲料供应办法。

4. 奶牛疾病预防和治疗 必须符合《绿色食品 兽药使用准则》（NY/T 472—2001），主要有以下几点：

（1）允许施用疫苗预防动物性疾病。但活疫苗应无外源病原污染，灭活疫苗的佐剂未被动物完全吸收之前，该动物产品不能作为绿色食品。

（2）禁止在饲料中添加兽药。

（3）禁止使用激素类药品。

（4）禁止使用有致畸、致癌、致突变作用的兽药。

（5）禁止使用基因工程兽药。

（6）禁止使用安眠镇静药、中枢兴奋药、镇痛药、解热镇痛药、麻醉药、肌肉松弛药、化学保定药、巴比妥类药等用于调节神经系统机能的兽药。

（7）允许使用钙、磷、硒、钾等补充药，酸碱平衡药、体液补充药、电解质补充药、营养药、血容量补充药、抗贫血药、维生素类药、吸附药、泻药、润滑剂、酸化剂、局部止血药、收敛药和助消化药。

（8）许使用附表2中抗寄生虫药和抗菌药，但使用时应注意：①严格遵守规定的作用与用途、使用对象、使用途径、使用剂量、疗程和注意事项。②停药期必须严格遵守附表2的规定。

（9）所用兽药应来自具有生产许可证的生产企业，并具有产品批准文号；或者具有进口兽药登记许可证。

（10）建立并保持患病动物的治疗记录。

（11）应有养殖规程、疾病预防和治疗措施、养殖基地管理措施、基地农户清单、鲜奶收购合同及执行标准等材料。

5. 原料奶收购、运输、加工过程应有详细的过程及办法

（1）原料奶收购标准应符合国家有关规定，并应按照《绿色食品 兽药使用准则》附表2中规定的内容。

（2）原料奶运输应有专门车辆，而且经常定期打扫、消毒。

（3）原料奶应有专门贮存场所，加工应有专门的生产线。如果存在平行生产情况，应当具有详细的区别管理体系。加工过程中使用的食品添加剂应符合《绿色食品 食品添加剂使用准则》（NY/T392—2000）所规定的内容。

6. 成品贮存和质量保证

（1）成品奶应单独存放，与非绿色食品分开，并且有鲜明标识。

（2）应当有抽检制度，保证出厂产品质量合格。

（3）生产出产品质量应符合《绿色食品 乳制品标准》（NY/T657—2002）。

附表1 生产A级绿色食品不应使用的饲料添加剂

种　类	品　种	备　注
调味剂、香料	各种人工合成的调味剂和香料	
着色剂	各种人工合成的着色剂	
抗氧化剂	乙氧基喹啉、二丁基羟基甲苯（BHT）、丁基羟基茴香醚（BHA）	
黏结剂、抗氧化剂和稳定剂	羟甲基纤维素钠、聚氧乙烯、20—山梨醇酐单油酸酯、聚丙烯酸树脂Ⅱ	
防腐剂	苯甲酸、苯甲酸钠	
非蛋白氮类	尿素、硫酸铵、磷酸氢二铵、磷酸二氢铵、缩二脲、异丁叉二脲、磷酸脲、羟甲基脲	反刍动物除外

注：参考NY/T 471—2001 绿色食品 饲料及饲料添加剂使用准则。

附表2 生产A级绿色食品（牛、羊）允许使用的抗寄生虫和抗菌化学药品和抗生素

类别	药　名	剂型	途径		剂量（毫克/千克）	停药期
抗寄生虫药	阿苯哒唑 Albendazole	片剂	口服	牛	10～15	27天、产奶不用
				羊	10	10天、产奶不用

（续）

类别	药　名	剂型	途径		剂量（毫克/千克）	停药期
抗寄生虫药	芬苯哒唑 Fenbendazole	片剂或粉剂	口服	牛	5～7.5	28 天、奶 4 天
				羊	5～7.5	21 天，产奶禁用
	伊维菌素 Ivermectin	注射液	皮下	牛	0.2	35 天、产奶禁用
				羊	0.2	42 天、产奶禁用
		浇泼液	外用	牛	0.5	2 天、产奶禁用
	左旋咪唑 Levamisole	片剂	口服	牛	7.5	3 天、产奶禁用
				羊	7.5	3 天、产奶禁用
		注射液	肌肉或皮下	牛	7.5	20 天、产奶禁用
				羊	7.5	28 天、产奶禁用
	奥芬达唑 Oxfendazole	片剂	口服	牛	5	28 天、产奶禁用
				羊	5～7.5	42 天、产奶禁用
	噻苯咪唑 Thiabendazole	粉剂	口服	牛	50～100	3 天、奶 4 天
				羊	50～70	30 天、奶 4 天
抗菌药	氨苄西林 Ampicillin	钠盐	肌肉静脉	牛	5～10	12 天、奶 2 天
		注射液		羊		12 天、产奶不用
	苄星青霉素 Benzathine Benzylpenicillin	注射剂	肌肉	牛	2～3 万单位/千克	30 天、奶 3 天
				羊	3～4 万单位/千克	14 天、产奶禁用
	普鲁卡因青霉素（钠或钾） Benzylpenicillin procaine	注射剂	肌肉	牛	1～2 万单位/千克	10 天、奶废弃期 3 天
				羊	1～2 万单位/千克	9 天
抗菌药	硫酸小檗碱 Berberine Sulfate	片剂	口服	牛	3～5 克	0 天
		注射液	肌肉	牛	0.5～1 克	0 天
				羊	0.05～0.1 克	
	氯唑西林 Cloxacillin	注射剂	乳管	泌乳期牛	200 毫克/乳室	10 天、奶废弃期 3 天
				干乳期牛	200～500 毫克/乳室	30 天
	红霉素 Etythromycin	乳酸糖注射剂	静脉	牛羊	3～5	21 天、产奶期禁用

参考《绿色食品 兽药使用准则》（NY/T 472—2001）。

此表仅摘录牛、羊允许使用的抗寄生虫和抗菌化学药品和抗生素，其他内容略。

（华夏绿色食品认证中心　李显军）

中小型乳制品企业 ISO 9000 质量管理体系实践

ISO 9000 族标准是 ISO 国际标准化组织 TC/176 技术委员会制定的所有国际标准，其核心标准是 ISO 9000《质量管理体系　基础和术语》、ISO 9001《质量管理体系要求》、ISO 9004《质量管理体系　业绩改进指南》和 ISO 19011《质量和环境管理体系审核指南》。该标准族可帮助组织实施并有效运行质量管理体系，是质量管理体系通用的要求或指南。它不受具体的行业或经济部门的限制，可广泛适用于各种类型和规模的组织，在国内和国际贸易中促进相互理解和信任。

针对目前的乳品行业现状，将该标准应用于中小型乳品企业，以其有效实施来规范行业内部行为，建立内部诚信机制，从而减少或杜绝不合格乳品的出现。

体系认证对乳品企业的三大益处：其一，规范企业质量管理，提高工作效率。贯彻实施 ISO 9000 质量管理体系，可以在一定程度上帮助刚刚起步的企业迅速走向规范化和标准化。使各项质量工作职责分明，提高工作效率。其二，降低产品成本，提高经济效益。其三，提高企业的声誉、扩大企业知名度。ISO 9000质量体系是一种国际质量标准体系。许多西方发达国家要求进口产品的生产企业必须通过ISO 9000认证，否则就不得销往该国内。另外，世界上越来越多的国家都部分或等同采纳了ISO 9001国际质量体系标准，中国也是较早等同采用ISO 9000国际质量标准的国家之一。这样不管企业的产品是面向国内还是出口国外，企业实施ISO 9000并通过认证对企业产品占领市场并提高知名度都大有裨益。

（一）影响中小型乳品企业实践质量管理体系的因素

虽然国内大多数企业都已经开始重视质量问题，而且相继采用了ISO 9000质量管理体系。不得不承认的事实是，国内企业尤其是食品企业对质量管理体系的实践普遍存在执行不到位、效果不明显、突显形式化的现象。

体系实施的成效主要受社会大环境、行业小环境以及企业内部微环境三个方面的影响。

1. 社会影响 体系的有效执行离不开国家相关法律法规体系和标准体系。但是，国内乳品科学与技术以及生产管理方面的法规和标准实在是少得可怜。目前，乳制品行业的主要法规标准有《乳制品企业良好生产规范》（2003版）、《乳制品企业生产技术管理规则》（2003版），再就是原料乳标准《生鲜牛乳收购标准》（1986版）和为数不多的产品标准及卫生标准（目前只有GB 5408.1－1999巴氏杀菌乳、GB5408.2－1999灭菌乳、GB2746－1999酸牛乳、GB11673含乳饮料卫生标准四个标准）。以上标准在充分性和适用性上都难尽人意。尤其是产品标准界定略显模糊，随着随着产品种类的增多，标准不能满足行业发展的需要。可以说，目前急需国家相关部门出台乳品相关标准来规范和引导乳品行业朝着健康的道路发展。我国经济管理体制已从计划经济转向市场经济，市场经济应该是法制经济。保障乳品质量安全必须有法可依，有章可循，有标准可执行。政府有关部门应该加强对乳制品质量安全法律法规和标准体系的建设。结合乳品卫生监督工作的实际情况，按照WTO的有关协定和相关国际标准，对现行有关乳品质量安全的规章和规范，进行系统地清理和修订，建立适应市场经济规则的乳品安全规章、规范和标准，完善乳品卫生法律法规体系。

2. 行业影响 体系的有效执行与行业性质息息相关。如何结合行业特点灵活运用好质量管理体系这把有力武器，也是一个值得关注的问题。在这个问题上，一定要坚持一个原则，就是质量。体系是保证质量的手段。

乳品行业特点一：原料来源单一性、总量相对稳定性、原料不可存储性。奶源作为乳品加工行业链条的输入，同时也是另一个产业链条的输出，即畜牧养殖业。奶源会源源不断的来自而且只能来自于畜牧养殖业。在特定的时间段内，奶源不会增多，也不会减少。它是以一种极为平稳的状态从一个链条输往下一个链条。这就要求链条之间的衔接要紧密，而且要保持一定的稳定性，否则，就会出现“倒奶现象”。目前原料乳的水平并没有达到国标的要求，按照体系的要求这些原料应该拒收，但是现实中似乎很难做到。这就要考虑到国情和民情，灵活运用质量管理体系来规范企业对不合格原料奶的处理。

现在企业通过先进的工艺设计和严格的过程控制来保证产品质量。其实，质量管理体系的精髓之一就是过程方法。通过对过程的控制来保证最终产品的质量。

乳品行业特点之二：出厂检验周期与产品生产日期存在矛盾。行业内乳品协会针对此问题也出台了一些措施，比如要求会员企业实行提前标注一天号的规定，也就是今天生产的产品标注第二天的号。这种做法略显不足。液态奶加工企业都清楚，常温奶的检验周期是2～3天，而代理商对陈号奶是拒绝进货的，无奈之下，企业只好将生产日期提前到3天甚至更长。在行业未做出规定的情况下，体系执行时只能参照食品企业的普通做法，生产日期标准必须与实际相符。这样企业就会陷入两难境地。

乳品行业特点三：产品销售单位小，顾客投诉率多。尤其是常温奶，大约有万分之五的坏包率。这是企业所难以逾越的技术难题，而对顾客来讲又是100%不能容忍的。ISO 9000的宗旨是顾客满意。倾听顾客的声音，完美投诉解决方案是不容忽视的。按照体系的要求，企业要对每一宗顾客投诉信息及处理过程形成记录。这无疑给企业带来了经济损失，同时也给消费者造成了不必要的麻烦，有的消费者甚至因为问题没有得到解决而对液态奶产品失去信任。因此，加大行业信息的宣传，让消费者了解液态奶行业的现状，降低消费者投诉率刻不容缓。

以上乳品行业最明显的3个例子能让更多的人思考在乳品行业内如何合理有效的推行质量管理体系。

3. 企业影响 企业是推行质量管理体系的具体组织，是直接执行者和第一受益者。执行效果与执行力度更多的决定于企业内部环境，尤其是企业文化和经营理念。

山东凯银乳业有限公司是一家中型乳品企业，其产品质量和市场占有率的稳定提高，得益于公司认真贯彻和执行了ISO 9001：2000质量管理体系。公司在成立之初，就将“依靠科技创新，生产一流产品，拥有绿色乳品，走近健康人生”作为公司的质量方针。体现了公司“以健康为主题，以质量为生命”的创业思维和经营文化。公司于2002年5月7日投产，2002年6月开始实施ISO 9001：2000质量管理体系，并于2002年10月通过中国方圆委的审核认证，获取了ISO 9001：2000国际质量认证证书。通过近两年的实践，质量管理的作用已日益显明。

通过贯标与认证，企业充分认识到产品质量的提高不仅仅是一个关键点或几个关键点的问题，抓住质量管理这个中心环节，即可带动企业经营管理的全部链条，由产品质量扩大到产量、成本、交货期等多方面。不是仅仅局限于生产过程，而是强调“以市场、顾客、消费者为中心”，动员企业的所有部门和人员，在设计、试制、生产、销售、服务的全过程中实行系统的质量管理。因此，通过建立和运行以质量为中心的综合管理体系，组织企业所有部门、全体人员积极参与，从而科学地、经济地开展研制、生产、售后服务等经营活动，为用户提供满意的产品和服务。

作为中小型乳品企业，如何充分利用现有资源，将ISO9001：2000质量管理体系有效执行下去，凯银公司的做法如下：

首先，要做好员工质量意识培训。态度决定一切，要搞好质量工作首先要解决观念问题。该公司每年抽出10天时间对全体员工进行质量意识培训，然后进行考核，对于考核不合格员工使其重新学习，连续两次考核不合格者下岗。通过这种方式使质量管理深入到每个员工的心中。同时公司也积极培养内审员，通过他们带动周围员工的学习。质量意识培训做不好，是企业内部体系走向表面化的主要原因。

其次，企业领导的重视，一把手抓质量。只有组织的最高管理层才具有决策、指挥和控制组织的职责和权力。领导的心态只是停留在为了拿到一张证书，那么，企业肯定会陷入两套体系的困境中。可以说，高层领导的重视程度将直接决定质量管理体系的执行程度。凯银公司将质量管理部门作为总经理直属部门，让他们有权利、有压力，放开手脚大胆推行。

其三，运用科学的方法。系统论、控制论、信息理论的不断发展为质量管理提供了先进科学的方法论和技术保障。该公司运用科学有效的方法不断完善和改进自己的质量管理体系，使其有效和高效地运行。

目前中小型乳品企业普遍存在的问题是统计分析和计量标准化力量薄弱。完整的统计分析体系和监测体系尚未建立，如原料奶的检测仍处于落后水平。这就需要借助外脑，引进先进的科学技术和方法。

目前，一些人对质量是检验出来的还是生产出来的？究竟谁该来为质量负责存在错误看法。如果企业在这些问题上理不出头绪来，质量控制便无从下手。凯银公司领导的看法是：质量绝对不是检验出来的，而应该是设计和生产出来的。弄清楚这一点，才能找到质量控制的关键。

其四，注重对提高人的素质培养。企业一定要加强人员素质的训练，使企业的每个人都具有能满足岗位需要的技能，并清楚自己的岗位职责和工作程序。在4MIE（人、机、料、法、环）中，对质量影响最大的是人。我国乳品企业在培训方面显得十分薄弱，技能培训和岗位培训较少，这样，造成了一些职工不但缺乏岗位技能知识，而且也不太熟悉自己的岗位职责和工作程序，造成人为责任事故和低层次问题不断发生，这对保证产品质量非常不利。我国的许多企业虽都通过了质量体系的认证，但在管理过程中，经常发生一些不按质量体系要求工作而造成问题的现象。这里有相当大的比例不是职工不想把本岗位工作做好，而是企业未对职工进行培训，职工对自己的岗位职责和工作程序不清楚而造成的。凯银公司始终坚持以人为本，加强了企业的培训工作，包括乳品科学、岗位职责、操作技能、统计技术、计量标准化、设备管理等方面的培训。这是该公司质量体系有效运行和产品质量的根本保障，也是保证质量体系有效运行最基础的工作。

在体系运行的两年时间里，该公司通过严格要求并不断创新，持续改进，使产品质量水平稳步上升，市场占有率和顾客满意度也不断提高。

（二）以ISO 9000质量管理体系整合其他管理体系

许多企业往往不仅采用质量管理体系，而是多种管理体系并存。为了防止多套体系重复建设和并行开展给企业管理造成混乱、增加管理成本和工作难度，建议以质量管理体系整合其他体系，将其他体系融入质量管理体系之中，形成有机的整体。这样，企业将省出大量的时间和精力，体系之间相互补充促进，也将大大提高执行效果。

中小型乳品企业在这一点上，可以在推行ISO 9000族质量管理体系的基础上，推行HACCP食品质量安全认证体系，将HACCP融入到质量管理体系之中。这样不仅推行HACCP的难度较小，而且完善了质量管理体系，使其减少或消除不合格品，提高产品质量，保证产品质量安全的功能优势充分发挥出来。

在中小型乳品企业实践质量管理体系，应充分考虑到各种因素的影响，在结合实际的基础上，灵活运用，不断创新，为规范企业内部行为、提升产品质量做出贡献。

（山东凯银乳业有限责任公司　许兰祥　李建龙　贾慧英　张洪战）

奶业行业人物

专　家

王　健

教授。男，1957年5月出生，重庆市人。1988年北京农业大学兽医学院内科硕士研究生毕业，1988年7月至2001年9月在四川畜牧兽医学院兽医系任助教、讲师、副教授、教授，曾任该系系主任、医学院副院长、院长等职。现任重庆市农业局副局长。

主要贡献：王健同志是一位专家型领导。不管是在教学岗位还是在行政管理中，对奶业都是十分关心的，特别是担任重庆市农业局副局长分管畜牧兽医工作以来，多次深入乳品企业、养殖小区及农户家中调研解决问题，做了大量协调服务工作；积极组织编制重庆奶业规划，大力争取政府对奶业发展的资金支持和政策扶持，牵头开展了《重庆奶业发展战略研究》软科学研究课题，还撰写发表了《入世以来我国乳业的十大动态》；牵头并具体负责重庆学生饮用奶计划的实施推广工作；对奶牛疾病防治有较高的造诣。

王永康

农业技术推广研究员。男，1941年12月出生，浙江上虞人，毕业于上海农学院畜牧兽医系，曾赴美国实习奶牛生产和进修奶牛繁殖改良。历任上海市奶牛公司副科长、第一牧场场长，上海农场局副局长、牛奶公司经理、局科协主席，上海市畜牧局副局长，上海市畜牧兽医站站长、推广研究员。现任上海奶业协会专家委员会主任。

主要贡献：王永康同志为上海市奶牛业做了大量工作，在农垦系统奶牛的发展方面，由他分管的上海国营农场现有18个奶牛场，15 000余头奶牛，其中单产水平均在8 000千克以上。他注重人才培养，将所有中专班和大专班学员分配在国营农场和牛奶公司，成为主要技术骨干。

在推广先进实用技术方面，他应用澳大利亚政府贷款在1989年筹建了上海第一个完整的散放奶牛场，即目前的申星奶牛场，从工艺方案、牛舍布局和旧部规格以及先进设备的引进均直接参与。目前该牛奶已作为上海奶牛场参观的典型单位之一。

在奶牛的科研方面，他主持了包括氨化秸秆、蹄病防治、奶牛寄生虫病药物开发和奶牛结核病血清学快速检测等研究项目，并由市科委和市农科委立项均通过科学鉴定，开发的奶牛预混料获得2001年上海科技新产品。

他还撰写多本奶牛科普著作、译作以及译文、论文50余篇，为上海市奶牛业的发展做出了突出的贡献。

王运亨

农业技术推广研究员。男，1939年11月出生，江西永新县人，1962年毕业于江西农学院畜牧兽医系。曾任北京西郊奶牛公司副经理、总畜牧师；政协北京市九届委员会委员、提案委员会委员。现任国家学生饮用奶计划专家委员会委员。享受政府特殊津贴。

主要贡献：王运亨同志1978年主持“奶牛非手术胚胎移植试验研究”，获北京市科技成果三等奖，其论文首次发表在《畜牧兽医学报》上；1982—1986年任中国奶牛协会繁殖组副组长期间，主持召开了三届全国奶牛胚胎移植技术研讨会；1986年参加“北京奶牛业持续高产全面丰收项目”，获农业部丰收一等奖；1986—1990年主持北京市西郊农场奶牛生产、技术管理工作，通过推行奶牛场规范化技术管理，使该农场的奶牛生产水平进入北京市先进农场行列，在16个农场中排名第三，所属四个牛场在北京市金牛杯赛中分获一、二、三等奖，个人获市农委、市总工会授予“五金杯”劳动竞赛先进工作者称号；1992年主持“奶牛细管冷冻精液人工授精配套技术推广应用项目”，获北京市农业技术推广一等奖，同年获北京市优秀农业科技成果推广工作者称号；1993年主持“北京黑白花奶牛良种选育配套新技术的应用与推广项目”子课题“奶牛繁殖管理及配套技术推广应用”，获北京市星火一等奖；2000年在北京市政协九届三次会议上提出“建议北京

注：本专栏人物按类别编排，每类别人物以姓氏笔画为序。

市在农业结构调整中重视饲料作物种植，大力推广紫花苜蓿种植”提案，获优秀提案奖。同时，为推广苜蓿饲喂奶牛，进行了苜蓿取代羊草饲喂奶牛对比试验研究，取得了投入产出比 1∶5 的效果，该项目的论文“试论苜蓿型奶牛业”发表于《中国奶牛》2000 年第 6 期；2001 年在北京市政协九届四次会议上又提出“建议北京市在奶牛饲养中推广饲喂苜蓿”提案，被市农委领导列入北京市农业技术试验示范项目，同年 5 月在“首届中国苜蓿发展大会”上首次提出“苜蓿型奶牛业”的概念，论文“试论苜蓿型奶牛业”在大会上宣读，并收入该会论文集；2001 年主持北京市农业技术试验示范项目“苜蓿型奶牛高效饲养综合技术试验示范”，2002 年在中央人民广播电台《致富早班车》栏目播讲“奶牛实用养殖技术”，并在《中国乳业》连载。几十年来，王运亨同志通过自己的努力，为北京市乃至中国奶业的发展做出了贡献。

王树贵

高级畜牧师。男，1942 年 2 月出生，天津静海人，1991 年毕业于天津财贸管理干部学院。历任天津静海县委副书记、书记，天津市奶类发展项目办公室副主任、主任，天津市奶业办公室主任，天津市中芬乳品研究培训中心主任，并曾兼任中国奶业协会常务理事，天津市奶牛协会常务副理事长，天津市乳业协会副理事长，菲仕兰（天津）乳制品有限公司董事长，天津市中芬乳品股份公司董事长等。

主要贡献：王树贵同志长期担任国家奶类发展项目组织实施和奶业重大技术推广项目的实施工作，主持制定了《天津市“九五”期间和 2010 年奶业发展计划和措施的意见》，组织建立和完善了天津奶牛业的技术服务体系，在天津奶业领域有深厚的造诣和影响力，多次受到国家农业部等部委、市政府及国际组织的表彰和嘉奖。

1983 年以来，王树贵同志主要负责实施了世界粮食计划署、欧洲经济共同体、芬兰、日本、欧洲联盟等五个重大国际合作项目，作为中方天津项目区负责人，制定了一系列切实可行的项目实施规划，组织有关技术力量，积极推广奶业新技术。一是与奶办其他专家共同实施了为期 10 年的日本政府援助的以奶牛育种改良为内容的技术合作项目，组织了奶牛细管冷冻精液生产及胚胎移植生产性能测定、奶牛血型鉴定、奶牛非传染性繁殖障碍、奶牛饲养管理等技术的消化吸收及推广应用，其中奶牛血型鉴定技术填补了国内空白。二是组织建立了奶牛技术服务体系，以及奶牛育种、奶牛保健培训、乳品研究和乳品质量监测等四个市级奶业技术中心，在各郊区县建立了具有收奶、配种、疫病防治、饲料供应、奶牛贷款等五种功能的综合服务站，形成了完整的奶业技术及服务体系，引导农民走上科学致富之路。三是组织实施并推广了牛奶质量控制技术项目，与欧盟专家共同研究制定出适合中国的牛奶质量控制技术实施办法，经农业部批准后在沈阳、长沙等城市实施，并制定了原奶质量检验标准和计价办法、生鲜牛奶收购办法、生鲜牛奶生产卫生管理规定等法规标准，在本市推广应用，取得显著成果。四是利用中国—芬兰合作项目，发挥该项目集培训、科研、生产于一体的优势，加快奶业经营的步伐，形成了奶牛饲养为基地、乳品加工企业为龙头、市场需求为导向的良性循环，实现了经济效益、社会效益、生态效益的同步提高。五是组织实施“无公害牛奶行动计划”，起草了《天津市无公害牛奶管理暂行办法》、《天津市无公害牛奶生产基地认定试行标准》、《天津市无公害牛奶加工企业认定试行标准》已经市政府批准执行，倡导绿色消费，提高了牛奶的标准化生产水平，增强了天津市乳制品行业在加入 WTO 后的市场竞争力和发展的后劲，为天津奶业的发展做出了突出贡献。

石万海

高级畜牧师。男，1963 年 7 月出生，北京人。1986 年毕业于北京农学院畜牧专业，获学士学位，分配到原北京市奶牛研究所现北京奶牛中心工作至今。先后任北京奶牛中心育种部（室）副主任，主任。现任北京奶牛中心主任助理，兼冻精销售部、育种部主任，《北京奶业》主编，中国奶业协会育种专业委员会办公室主任，全国 DHI 工作委员会秘书，中国奶协北方协作组副秘书长等职。

主要贡献：石万海同志一直从事奶牛育种工作，熟练掌握奶牛常规育种各项技术，对奶牛育种理论、方法有充分的认识，是奶牛育种有关规程的制定参与者和实践者，充分掌握奶牛选种选配技术，是国内鉴定奶牛头数最多的奶牛体型鉴定员和奶牛体型鉴定技术方法标准及操作程序的制定者和使用者。1998 年主持中国奶协育种专业委员会公牛联合后裔测定工作，具体组织了中国奶协 19～31 次全国青年公牛联合后裔测定工作。任育种部主任期间建立了一整套的本部门奶牛育种工作程序，参加多次培训班培训工作。参加《北京地区荷斯坦奶牛选育新技术的研究》课题，获“北京市科学技术进步奖”二等奖；《中国荷斯坦奶牛 MOET 育种体系的建立与实施》项目研究，获农业部“科学技术进步奖”一等奖；《应用集成技术在培育高产奶牛群的研究与推广》项目工作，获“北京市农业技术推广奖”三等奖；国家重点科技攻关计划项目《应用胚胎生物技术建立高产奶牛繁育体系和生产体系》，获“北京市科学技术进步奖”二等奖；农业部农垦局发布《农垦系统奶牛场技术管理规范》“育种部分”编写人；2002 年北京市质量技术监督局发布《奶牛饲养管理技术规范》第 1 部分：“育种”主要编写人，为奶牛育种技术推广做出了贡献。

邢贻强

男，1954 年 12 月出生，海南乐东人，毕业于广州中山大学。曾任海南省三亚市农业局副局长，定安县委副书记、常务副县长，琼中县委副书记、县长等职，现任海南省农业厅畜牧兽医处处长。

主要贡献：邢贻强同志到海南省农业厅担任畜牧行业主要领导以来，对海南奶业的生产与发展做了大量具体工作。他组织制定海南奶业生产发展规划，组织企业对外招商引资与申报项目跟踪，督导奶业项目的建设落实，联络与协调省各有关部门推进国家"学生饮用奶"计划工作的实施，组织乳品生产企业申报产品产地、质量认证及进行经常性检查指导工作，为海南省奶业的发展做出了较大贡献。

曲金铎

高级畜牧师。男，1952 年 6 月出生，黑龙江省富裕人，1977 年毕业于东北农学院畜牧专业，1977—1994 年在黑龙江省富裕县畜牧局、草原工作站、牧业现代化办公室工作，1994 年 8 月至今在天津市奶业办公室工作。曾任富裕县草原工作站站长、畜牧局副局长、牧业现代化办公室主任，现任中国奶业协会理事、天津市奶牛协会副秘书长、天津市乳品协会副理事长、天津市学生饮用奶办公室副主任、天津市无公害牛奶行动计划办公室副主任等职。

主要贡献：曲金铎同志在黑龙江省富裕县工作期间，曾主持中国北方平原与畜牧发展项目富裕项目区工作，为富裕县奶牛业的发展做出了贡献。在天津工作期间，主持农村奶牛养殖小区的建设、无公害牛奶行动计划和学生饮用奶计划工作，使天津奶牛养殖小区发展到 148 个，进区奶牛数量 10 万余头，占全区奶牛总数的 80%，建立无公害牛奶生产基地 111 个，占全市牛奶生产基地总数的 68%。

曲金铎同志曾参加《中国北方草原与畜牧发展项目》、《中国奶类发展项目》、《中国奶业发展道路》的编写并担任编委和主编，主持并参加《天津市生鲜牛奶收购办法》、《天津市生鲜牛奶生产卫生管理规定》、《天津市无公害牛奶生产基地建设管理规范》等地方法规和地方标准的编制工作，为天津市奶业发展做出了突出贡献。

刘　文

高级畜牧师。男，1963 年 7 月出生，陕西乾县人，1985 年西北农业大学畜牧兽医系毕业。现任陕西省家畜改良站副站长。

主要贡献：刘文同志 20 年来一直从事荷斯坦牛的选育、后裔测定、优秀种公牛冷冻精液推广销售、奶农培训等工作。1985 年起负责种公牛的选择、培育以及后裔测定工作，选育后经过评定符合国家标准和进行后裔测定后的优秀种公牛共 71 头，为全省奶牛遗传、品质的提高提供了种质保障。

在国内率先研制成功用机械生产 0.5 毫升细管冻精，经农业部南京牛冷冻精液检测中心抽检后，颁发合格证和优质产品推荐证。1994 年至 1998 年负责中加奶牛综合育种项目陕西精液加工中心的建设，1997 年经加拿大和农业部验收合格。生产的 0.25 毫升细管，经农业部北京牛冷冻精液质量检测中心抽检合格，并荣获第二、三届中国杨陵农业科技博览会后稷金像奖。1996 年获农业部质检中心评选的全国牛冻精生产和质检先进工作者称号。

1986 年开始在全省推广细管冻精人工授精技术，共举办人工授精技术员培训班 60 多场次，培训人工授精员 700 多人次。主编出版了培训教材《牛繁殖与改良新技术》，获陕西省农业厅颁发的"陕西省牛冷冻精液技术与推广应用"二等奖和第四届中国扬陵农业科技博览会"牛冷冻精液推广"后稷金像奖。

1994 年中加奶牛综合育种项目实施以来，参加了《奶牛高产综合配套技术推广》项目，参与编写出版了《奶牛业的成功之路》、《奶牛养殖实用技术》两本书，被陕西省农业厅聘请为十万奶农培训专家，参与十万奶农培训任务。负责完成了农业部 2002、2003 年度实施的《万枚高产奶牛胚胎移植富民工程》项目陕西项目点的任务，借秦川牛之腹生产高产奶牛，扩大全省高产奶牛数量，帮助农民致富。20 年来，由于冷冻精液的推广，使全省利用优秀种公牛冷冻精液进行人工授精的荷斯坦牛达到 95%以上，极大的加快了陕西省荷斯坦牛的遗传进展。加之推广高产奶牛养殖实用技术，使全省荷斯坦牛的年平均单产从 80 年代的 2000 多千克提高到 2003 年的 4000 千克。

刘安典

农业技术推广研究员。男，1941 年 3 月出生，陕西扶风人，1964 年毕业于西北农学院畜牧兽医系。曾任西北农业大学畜牧兽医系讲师、副系主任，陕西省畜牧兽医总站站长，中国畜牧兽医学会理事，陕西省畜牧兽医学会副理事长兼秘书长，中国畜牧兽医学会病理学分会西北区副理事长。现任中国畜牧兽医学会动物毒物学分会副理事长，《动物毒物学》杂志副主编，《动物医学进展》和《中国动物检疫》杂志编委。享受国务院特殊津贴。

主要贡献：刘安典同志 40 年来一直从事兽医教学和推广管理工作，1985 年获农业部重点高等院校优秀教师和西北农业大学优秀教师奖励，1993 年获农业部先进工作者奖励。1991—1996 年参加中加奶牛综合育种项目工作，组织了该项目在陕西的实施，对陕西奶牛业的发展起到了重要推动作用。2003 年被省农业厅聘为“陕西省十万奶农培训计划”中的奶农技术培训专家、被陕西省人民广播电台农村广播节目聘为咨询专家，在农村举办农业技术人员和养殖户培训班 40 多次、技术咨询 3000 多人次。

刘安典同志曾主持“陕西省消灭牛肺疫综合防治技术应用研究”、“奶牛衣原体病病原与防治研究”、“陕西省牛猝死症病原及防治研究”、“山羊关节炎脑炎净化技术研究”等项目，取得陕西省科技进步二等奖、三等奖各两项，省农技推广二等奖两项。他在工作期间主编并出版有关的书籍有《动物性食品卫生检验技术》、《陕西省畜禽疫病志》、《动物毒物学》，参加编写并出版《奶牛业的成功之路》、《牛羊病诊治彩色图谱》、《兽医病理学》，为陕西省奶业发展做出了一定贡献。

刘建设

高级畜牧师。男，1951 年 2 月出生，河南夏邑人，1979 年毕业于新疆八一农学院畜牧兽医系，毕业后分配在新疆畜牧科学院畜牧科学研究所担任奶牛繁殖与育种工作，1986 年任助理研究员，1991 年任副研究员（1996 年转任高级畜牧师），1988—1991 年任新疆呼图壁县人民政府科技副县长，1992—1993 年任新疆畜牧科学院南山种羊场副书记。1993 年 3 月至 1995 年任新疆畜牧厅呼图壁种牛场第一副场长，1996—1998 年任乌鲁木齐种牛场场长，1999—2001 年任新疆畜牧厅产业办公室主任，2002 年至今任新疆奶业办公室主任、新疆奶业协会副理事长兼秘书长。

主要贡献：刘建设同志长期从事奶业科研、科技推广、经营管理和行业管理工作。在新疆呼图壁县工作期间，大力推广奶牛胚胎移植技术，曾获得国家科技进步二等奖和新疆维吾尔自治区科技进步一等奖，为该县奶业的发展和农牧民增收做出了积极的贡献；在任新疆奶业办公室主任期间，刘建设同志通过自己的努力，为自治区奶业近几年的大发展发挥了重要作用。

孙宏进

高级畜牧师。男，1964 年 10 月出生，江苏兴化人。毕业于江苏省泰州畜牧兽医学校及南京农业大学（函授）。1984 年参加工作，历任江苏省畜牧兽医总站科长、站长助理，江苏省家禽研究所副所长，兼任江苏省奶业协会副理事长。

主要贡献：孙宏进同志长期从事畜牧生产技术工作及奶牛生产配套技术推广、奶业行业管理、“学生饮用奶计划”的实施工作。2001 年以来，在省畜牧兽医总站负责江苏省奶业主导产业建设和“学生饮用奶计划”的实施等工作；负责省奶业发展规划的起草、修改、论证和审定工作，对江苏奶业的产业现状与前景进行了全面客观的分析，提出了产业发展思路与目标、产业区域布局、主攻方向与发展重点、配套措施与扶持政策等；联合南京农业大学、南京奶业（集团）有限公司共同建设江苏省奶牛育种中心，同时争取国家投入 400 万元、省农业三项工程项目经费 300 万元。目前全面完成了中心总体布局和建筑的设计、工程项目的招标；负责省学生饮用奶计划实施协调小组办公室的日常管理工作，组织建立了江苏省学生饮用奶专家库和专家责任追究制度。不定期组织开展学生饮用奶质量安全和供应秩序专项检查，特别在“非典”期间，强化监督管理，及时发现和解决存在的问题，规范学生饮用奶供应秩序，确保学生饮用奶安全。组织开展学生饮用奶定点生产企业质量管理培训，取得良好效果。

担任江苏省奶协副会长期间，定期召开理事会议，分析形势，交流经验。2003 年适逢省奶业协会成立 20 周年，参与组织举办了相关庆祝活动，回顾和总结了 20 年来协会的工作，对江苏奶业发展进行探讨和展望，并通过《新华日报》专版，全面宣传了江苏奶业，扩大了奶协在社会上的影响，增强了协会的凝聚力。

李忠文

男，1950 年 8 月出生，河北新河人。历任河北新河县政府副县长，任县县委副书记、县长，临城县县委书记，宁晋县委书记等职。现任河北省畜牧局局长、党组书记。

主要贡献：李忠文同志出任河北省畜牧局局长以来，认真分析奶业发展走势，及时调整发展思路，研究应对措施，紧紧把握畜牧业发展主动权，为畜牧业的发展起到了的关键作用。一是在畜牧业发展上，首次提出“两化三系”的工作方针，即产业化和标准化，良繁体系、疫病防治体系和饲草饲料体系；二是畜禽保护上，出台了河北省人民政府办公厅冀政办（2003）35 号文件，在全国率先将乡镇动物防疫机构纳入全额事业拨款单位，实现了动物防疫体系建设历史性突破；三是在组织建设上，成立了河北省畜牧局考核办公室，首次将考核结果列入各级政府考核畜牧行政主管部门的主要依据。

在奶业发展上实现了三大突破。一是在奶业发展规划和标准制定上实现了新突破。制定了河北省奶牛小区建设标准、河北省奶业优势产区发展规划、河北省奶业发展十五规划、河北省千万吨奶工程实施规划等。二是在奶业中介组织建设和体制转型上实现了新突破。完成了河北省奶业协会转型工作。将河北省奶业协会由原先政府部门办转为龙头企业办，由原先的兼职秘书处向专职秘书处转变，由原先的奶牛协会向集乳品加工、奶牛饲养和饲料生产为一体的奶业协会转变。三是在奶业项目管理上实现了新突破。连续两年组织实施“农业部万校高产奶牛胚胎移植富民工程”河北项目区的移植工作，出台了“河北省畜牧局关于加强奶牛胚胎移植工作的意见”，确保了胚胎引进质量、同期发情率和移植成功率，保护了养殖户的切身利益。

李忠文同志还多次在《河北日报》、《河北农民报》、《河北畜牧兽医》和《北方牧业》等报刊杂志上发表有关畜牧业、特别是奶业发展的文章，对河北省奶业健康稳步发展起到了极为重要的作用。

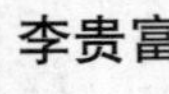

李贵富

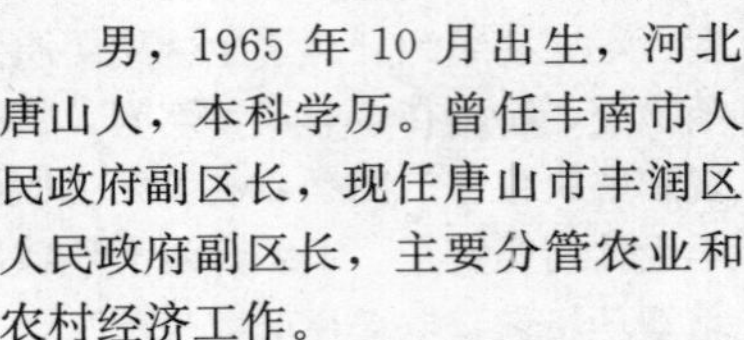

男，1965 年 10 月出生，河北唐山人，本科学历。曾任丰南市人民政府副区长，现任唐山市丰润区人民政府副区长，主要分管农业和农村经济工作。

主要贡献：李贵富同志到丰润任职后，以丰润区的特色主导产业——奶业为重点，以龙头企业建设为突破口，突出抓了经营产业化、品种优良化、生产标准化、利益联结组织化建设，取得了明显成效。全区奶牛存栏达到 10 万头，鲜奶年产量达到 35 万吨，日产鲜奶 850 吨，奶牛存栏和鲜奶产量位居河北省各县区第一位，丰润区被农业部确定为全国奶业重点发展区域。

李贵富同志对丰润奶业迅速、健康发展做出了突出贡献：一是龙头企业建设，通过李贵富同志的积极努力，成功地引进了蒙牛乳业（唐山）有限责任公司项目，日处理鲜奶能力 720 吨，年可创产值 10 亿元，该项目的建成投产，使丰润区奶业进入了一个更高层次的发展阶段。加之乐百氏、均瑶等乳品加工企业，全区日处理鲜奶能力达到 1500 吨。二是启动实施了奶业标准化生产。主持奶牛规模养殖和机械化挤奶大厅建设工作，全区在建和建成的机械化挤奶大厅达到 64 个，建成百头以上奶牛规模养殖场区 60 个，规模化养殖比率达到 45%。重视动物防疫工作，奶牛防疫工作实现了制度化，注重奶牛科学化饲养工作，以规模场区为依托，发展牧草和饲用玉米种植 3000 多公顷，完成玉米秸秆青贮 17 万吨。公司组织实施奶业标准化生产工作，丰润区组织编写的《奶牛场生产技术规范》被河北省质量技术监督局确定为省级地方标准，已在全省发布实施，丰润区被国家标准化管理委员会确定为国家级奶业标准化示范区，目前全区奶业标准化生产覆盖率达到 40%。三是通过品种改良工作，使奶牛养殖效益明显提高。区政府与省国富农业投资公司、加拿大 IND 公司合资 7200 万元建设了国内规模大、建设水平高的良种奶牛繁育中心，被科技部确定为国家“十五”科技攻关项目奶牛良种繁育示范基地，公司产销两旺，受体牛存栏达到 3000 头，到目前已产加拿大优质牛犊 350 多头。此外，该公司与中国农业大学分别进行了克隆奶牛胚胎产业化中试和转基因克隆奶牛胚胎移植试验两个方面的合作，已经取得阶段性成果。四是加强奶业市场秩序规范管理，努力营造健康的奶业市场秩序。主持制定了全国县（区）级首家《生鲜牛奶生产管理暂行办法》。

由于李贵富同志工作表现突出，先后获得全国渔政系统先进工作者、唐山市劳动模范、第四届唐山市十大杰出青年、唐山市优秀共产党员、唐山市文明市民标兵和中国农产品加工业杰出人物等荣誉称号。

李洪波

男，1956 年 10 月出生，海南儋州人，吉林大学硕士研究生毕业，曾任副镇长、镇委书记、县委组织部部长、县委常委、县委副书记、市委书记等职。现任海南省农业厅副厅长。

主要贡献：李洪波同志到海南省农业厅分管畜牧业生产以来，在奶业发展上，为如何振兴海南奶业，扩大对外奶业招商引资力度，尤其是协调有关部门稳步推进国家“学生饮用奶”计划工作在本省的组织实施，组织本省乳品生产企业进行产品产地认证等方面做了大量指导性与奠基性工作，对海南省奶业的发展做出了突出贡献。

肖定汉

研究员。男，1940 年 12 月出生，陕西南郑县人。1963 年北京农业大学兽医系毕业，现任北京畜牧兽医学会副秘书长，中国畜牧兽医学会理事，家畜内科学分会副理事长兼秘书长等职。

主要贡献：肖定汉同志长期从事奶牛疾病防治和奶牛营养代谢病的研究工作。首次在国内报道了“奶牛瘤胃酸中毒”和“酒精阳性乳发生及防治”的系列研究成果，对奶牛酮病的发生、监测和防治作了系统研究，为合理饲养奶牛和疾病防治提供了理论和实践依据。他所提出的“产前、产后补糖、补钙”及“控制干奶期精饲料的喂量，防止母牛肥胖”的理论，在节省精饲料消耗，防止奶牛疾病的发生，都收到了明显的经济效益和社会效益。“牛传染性鼻气管炎监控技术的应用与推广技术”在奶牛场实施，有效地控制了母牛流产，使犊牛成活率提高，奶产量增加，效益显著。

多年来，在国内数省市举办奶牛疾病防治及奶牛保健技术讲座数次，培训人员达数万人次；数次到市内外奶牛场诊治牛病，解决牛场实际问题。已发表论文 60 余篇，其中 4 篇被国外期刊收录。主编《奶牛病学》，参编《农业大百科全书（兽医卷）》等著作 18 部，约 300 万字。研究成果先后获部、市、局级科技进步奖 14 项，其中部级科技进步 3 等奖 2 项；市星火 1 等奖 1 项；市农业技术推广 1 等奖 1 项；市科技进步 2 等奖 1 项，3 等奖 3 项。被授予 20 世纪 80 年代编创成绩突出的农林科普作家，国家有突出贡献专家，享受政府津贴，北京市劳动模范及全国优秀科技工作者称号。

吴志勇

高级畜牧师。男，1965年10月出生，江西临川人，1985年毕业于江西农业大学，毕业后，在江西省畜牧技术推广站工作，曾任水禽场副场长、畜牧室主任等职。现任江西省种公牛站副站长，兼任全国西门塔尔牛育种委员会理事、中国畜牧业协会羊业分会理事、江西省动物保健品协会理事。

主要贡献：吴志勇同志自参加工作以来，先后参加了“九五”省科技攻关项目“优质杂交商品肉牛选育及配套技术研究”、省级“星火计划”项目“小尾寒羊在江西适应性研究与推广”、省农业科技计划项目“肉羊生物工程技术研究”等8个课题（项目）的实施，其中，“优质杂交商品肉牛选育及配套技术研究”于2000年通过省级鉴定，并获2001年度省科技进步三等奖和省农科教人员突出贡献三等奖；“小尾寒羊在江西适应性研究”于2001年4月通过省级鉴定，并获2001年度省农科教人员突出贡献二等奖，2002年省科技进步三等奖，参与“948”项目奶用种公牛的引进、生产及改良推广工作。

吴志勇同志组织编写了跨世纪农民培训教材《畜禽养殖新技术》、《肉羊生产技术》等40万字的技术培训资料五册，组织举办各类培训班多期，培训人员2000人次；组织编制了《江西省种公牛改扩建项目可行性研究报告》等近十个课题（项目）申报书和可行性研究报告，其中有6个课题（项目）得到上级机关的批准立项；先后撰写了《依托资源优势，发展优质肉羊生产》、《菜粕的脱毒及在畜禽日粮中应用》、《优质肉牛预混料饲喂试验》、《优质杂交商品肉牛犊牛培育配套技术体系》等30篇论文。

张振新

男，1964年9月出生，北京人。从事奶业工作二十多年来，曾先后担任牛场配种员、兽医、牛场场长、牛奶公司经理、农场副场长，现任北京三元绿荷奶牛养殖中心副总经理。

主要贡献：张振新同志1982—1987年在担任牛场配种员期间，曾参与北京市奶牛规范化管理的制定实施，开创性的建立了奶牛的繁殖记录体系，各项繁殖指标位居北京市前列。1989年，在任牛场场长期间，锐意改革，在提高劳动生产率，完善牛场岗位责任制，建立分配激励机制等方面取得了卓有成效的工作成绩。

在担任长阳农场副场长、长阳牛奶公司经理期间，亲自设计实施长阳阳庄子牛场的工艺改革；长阳三厂更新改造等项目，对合理调整种养结构，充分发挥农牧生产效率，完善牛场管理，实行统一核算等方面作了大量工作，为日后三元集团奶牛业集中统一管理创造了很好的模式。

2001年，三元集团对下属30多家奶牛场实行集中统一管理，成立三元绿荷奶牛养殖中心，张振新同志担任三元绿荷副总经理。几年来，他始终坚持深入基层牛场调查研究，大胆吸收引进推广国内外奶牛饲养新工艺，依靠科技提高奶业生产的效率。目前在他和同事们的共同努力下，三元绿荷全群奶牛实现全混合日粮饲养工艺；一流的挤奶设备和系统的奶牛乳房保健保证了牛奶的质量。他亲自主持的三元绿荷企业标准化体系的建立已经顺利通过北京市质量技术监督局验收，并已列入了全国惟一的奶牛标准化生产试点企业，该标准已成为三元绿荷乃至全国集约化高产奶牛饲养技术指南。他着力完善并大力推行以EDTN为核心的奶牛饲养管理体系，不断创造大群体奶牛高产。自中心统一管理四年来，奶牛单产由2001年的7650千克，提高到2004年的8800千克，牛奶体细胞数由当初的70万～80万/毫升，下降到25万/毫升，牛场劳动生产率提高三倍。

他十分重视技术培训，几年来，三元绿荷共举办各类奶牛技术培训50多次，通过培训更新传统观念，树立科学养牛新理念；他积极参与制定推行奶牛生产技术规范化、标准化管理，参与国家奶类科技专项，积极参与三元集团中以合作项目，引进推广以色列奶牛饲养新工艺，倡导并着力打造三元绿荷奶牛服务体系建设，向北京郊区乃至全国推广现代奶牛饲养新理念，为北京市奶业的发展做出了积极的贡献。

张晓霞

畜牧师。女，1957年1月25日出生，甘肃省武威市人。1988年毕业于中国农民大学畜禽饲养管理专业，1998年毕业于北京市农工商联合总公司职工大学企业管理专业，曾任北京市奶牛研究所种公牛站副站长、北京奶牛中心种公牛站站长、党支部书记。现任北京市奶牛中心副主任、农业部牛冷冻精液质量监督检验测试中心（北京）副主任兼技术负责人，中国西门塔尔育种委员会理事，中国畜牧兽医学会动物繁殖学分会理事，中国奶业协会繁殖专业委员会委员。

主要贡献：张晓霞同志多年来一直从事牛冷冻精液生产和研究工作，撰写和发表了论文“牛精液颗粒冷冻的适宜温度试验”；参加“奶牛细管冷冻精液人工授精配套技术”推广项目获北京市农业技术推广一等奖；2001—2003年主持完成了北京奶牛中心种公牛站“改进牛冷冻精液生产工艺的研究与应用”，获集团公司科技进步一等奖，北京市科技进步三等奖，论文在中国畜牧兽医学会动物繁殖学分会第十二届学术研讨会上获优秀论文奖。在她的领导下，种公牛站2000年被评为“北京市群众性经济技术创新工程优秀班组”；2001年获“首都五一劳动奖章”；党支部获集团公司“优秀党支部”。张晓霞同志2000年获“北京市劳动模范”，北京市第九次党代会代表。1999、2000年连续被北京市评为“爱国立功竞赛标兵”；1986年在全国牛冷冻精液评比会上，操作技术获一等奖；1996年获联合国技术信息促进系统中国分部颁发的“发明创新科技之星奖”。1996年被农业部聘任为部级质量监督与计量认证评审员，1997年获北京市自学成才奖，1998年被授予全国职工自学成才者荣誉称号并获全国职工自学成才奖；1998年全国总工会授予全国先进女职工称号；在集团公司纪念北京农垦50周年争优创先活动中，被评为“十佳质检标兵”，2001年被集团公司评为“十佳优秀党务工作者”。

张晓霞同志在种公牛站的领导岗位上，大力推广高新技术应用于牛冻精生产与种公牛管理，并取得了明显的管理成效。2003年，北京奶牛中心通过了ISO9001质量保证体系的认证工作，种公牛站全方位实施了技术创新工程，引进了世界最先进的牛冷冻精液生产线，提高了生产及管理水平。种公牛站牛冻精生产量连续四年上新台阶，2003年达到276万剂，创历史最高水平，为北京奶牛中心以及养牛业带来了良好的经济效益和社会效益。

陈　新

高级经济师。男，1947年7月出生，江苏启东人，1982年获哈尔滨师范大学生物系理学学士学位。曾在黑龙江生产建设兵团33团、牡丹江农场管理局、上海农场局系统从事奶牛畜牧业的管理工作，先后担任农场副场长、农场局分管奶牛畜牧业的处长、上海市奶业办的常务副主任。上海市食用农副产品安全监督领导小组办公室奶制品组组长等职务。现任上海奶业行业协会秘书长。

主要贡献：陈新同志在1986—1995年期间，先后三次主持、参与对上海奶业的调查研究，并撰写调查报告，及时向市政府提出政策性建议。其中建立奶业风险基金（即牛奶价格调节基金）、调整牛奶收购价、种公牛冻精补贴等政策为市政府所采纳。经过长达七年的努力，牵头制定了“上海市生鲜牛乳质量管理暂行办法”和实施办法的操作规则，于2000年5月付诸实施，会同市物价部门在国内率先推出了与国际接轨的原料奶“按质论价”的指标体系和实施细则；1998年奶业工作会议上与市农委分管领导提出了“一个稳定（奶牛头数稳定）三个提高（提高单产、质量、效益）和两个加快，两个推进（即加快规模化，集约化）”的正确方针，并参与制定了一系列的配套扶持政策；作为主要倡导者和组织者，先后在农场局和全市范围实施了“奶牛单产八吨工程”，并牵头组织制定了“奶牛生产技术规范及技术要点”，经过多年实践，农场局范围的奶牛单产已超过了8.5吨，全市奶牛平均年单产已接近8吨的水平。多年来，作为市奶业办主持日常工作的常务副主任，坚持不断从奶业发达国家引进了奶牛优秀种质，组织推广DHI生产性能测定体系，对提高上海奶牛群体素质做了大量有效的工作；先后成功地组织与承办了“中国奶业与入世研讨会暨展示会”、“第二届亚太地区学生奶会议”、“城市型奶业发展战略”、“预防奶牛热应激饲养技术研究会”等大型会议，先后主办、承办了四届奶业技术设备及乳品展（包括国际展），受到了业内人士的好评；参与并组织实施对上海市奶业协会的重组改制工作，富有创意地提出并倡导协会的文化理念、核心理念、带领协会工作人员探索在社会主义市场经济条件下办好行业协会的新路子；参与并倡导对上海乳品检测中心的改制，在全国率先走出一条多元化的组合、市场化运作的第三方检测机构。

十多年来，陈新同志在奶业经济、奶业管理、奶源质量控制、协会文化建设以及奶文化塑造等方面撰写和发表数十篇论文、文章，其中不少论文被部、市、局评为优秀论文。

陈家贵

高级畜牧师。男，1962年9月出生，广西博白县人，1986年毕业于广西大学动物科技学院，毕业后，曾在广西畜牧总站任助理畜牧师；在广西百朋种畜场任畜牧师、场长；在广西草业开发中心任高级畜牧师、中心主任；在广西畜牧总站任站长等职。现任广西畜牧总站站长。

主要贡献：陈家贵同志担任广西畜牧总站任副站长、站长以来，积极配合广西水产畜牧局制定广西奶业发展计划，紧紧围绕“加快实现富民兴桂新跨越”这个主旋律，以市场为导向、科技为依托，使全区奶业生产快速发展。预计2004年12月，全区奶牛存栏31 158头，比2003年增长50.03%，其中能繁母牛存栏20 707头，增长42.44%。全年奶产量达43 310吨，比2003年增加4 110吨，增长10.49%；抓好奶牛小区规模养殖工作，建立示范点，以点带面，现全区饲养奶牛50头以上的户或场或小区有100多个，推进了全区奶业产业化经营；积极宣传广西奶业发展，先后撰写了“广西奶业发展现状与对策”、“广西水牛奶业发展及存在的问题”等文章，多次在广西水牛奶业技术培训班上做专题发言，提出对策；组织和参与奶业协会活动，为广西奶业企业宣传服务。

陈葆琼

高级畜牧师。男，1937年出生，福建闽侯人，1963年毕业于福建农学院。曾任北京市牛奶公司办公室主任、北京市乳品研究所副所长、北京市奶牛研究所副所长、北京奶牛中心工会主席、顾问、北京市乳品质量监督检验站站长以及中国畜产品加工学会常务理事、中国奶协北方协作组秘书长等职。现任中国奶业协会乳品工业委员会副主任。

主要贡献：陈葆琼同志一直从事奶牛、牛奶的生产、管理、科研工作，亲身经历了1972年我国北方地区黑白花奶牛育种科研协作组、1982年中国奶牛协会、1990年中国乳业协会、2002年中国奶业协会的创立。在负责北京市乳品质量监督检验站工作期间，积极筹集资金，不断加强对产品质量的监管力度，为提高北京市乳与乳制品质量安全，做了大量卓有成效的工作。1985年主持研究制定《北京市收购牛奶按质论价标准》、《北京市收购牛奶管理办法》并组织实施，取得明显社会、经济效益，获北京市科技进步奖。在北京举办“第十一届亚洲运动会”、“联合国第四届世界妇女大会”期间负责乳与乳制品质量安全工作，获大会中国组委会嘉奖。

参与北方地区黑白花奶牛育种科技协作组的组织实施工作。以推广奶牛冷冻精液技术应用为突破，开展奶牛联合育种科研以及组织全国性、地域性奶牛经济技术协作等活动。由南北方协作组共同主持的“中国黑白花奶牛培育”成果，获国家科技进步一等奖，本人在该项工作中获中国奶协嘉奖。

1990年参与创建中国乳业协会。定期组织会议，总结交流全行业生产加工、经营管理、市场开发、新品研究中的经验和问题，开展对我国乳业热点、难点问题的调研、分析。1996年10月，与国家体改委、上海光明乳业共同在上海召开“中国乳业发展战略研讨会”；1998年5月与中国食品工业协会、中国营养学会、中国乳制品工业协会等九个单位共同在北京举办“98中国牛奶科学论坛”，对促进我国奶业科技进步产生深远影响。

参与编著出版《西德养牛业》、《乳品加工技术》、《北京市奶牛场管理及技术规范》、《农业部农垦系统“奶牛场技术管理规范”（草案）》、《奶牛高产高效饲养管理新工艺》、《饮奶与健康》等书籍。

陈德端

编审。女，1938年2月出生，四川人，毕业于四川农学院畜牧专业。先后在昆明农林学院、云南省畜牧兽医学院任教，在东川市、会泽县畜牧兽医站、会泽县人民政府、云南省畜牧兽医科学研究所工作。1983年被评为高级畜牧师，1994年被聘为编审（教授级）。现任云南省畜牧兽医学会秘书长，兼任云南省畜牧兽医学会奶业分会秘书长等职。

主要贡献：陈德端同志一直在云南畜牧兽医战线从事教学、技术行政管理、情报资料、杂志主编与科研工作。曾主持、参与《会泽县黄牛资源调查及杂交改良效果观察研究》、《云南畜牧业区划》等工作，分别获云南省人民政府科技进步二、三等奖六项，农业部科技进步二等奖一项。主编《云南畜牧兽医》被评为云南省优秀科技期刊。

陈德端在担任奶业分会秘书长以来，组织并参与编写出版了《奶与人类健康》、《科学养奶牛》两书，编印了《奶与人类健康和饮奶科学知识选编》，设计编制了“奶与人类健康”八块展版；2001年首次在云南省进行“国际牛奶日”宣传活动，为改变人们传统的膳食习惯，使奶进入千家万户做了大量的工作，学会被省科协授予“六月科普大行动先进集体”；组织召开了两次“云南奶业发展战略研讨会”、一次“云南奶业发展对策研讨会”，通过并向省政府递交了“加速云南奶业发展的建议书”，会后出版了两本论文集；提出并组织举办了首次全省性“科学养奶牛培训班”二期，“科学养奶山羊培训班”一期；组织科技、管理、企业家45人分三批赴澳大利亚、新西兰及台湾省考察奶业；积极组织召开了“乳品质量安全新闻发布会”，宣读了有各乳品企业总经理签名的“乳品质量安全宣言”，并向省委、省政府提交了“关于加强乳品质量监督管理确保人民健康安全”的建议书，云南16家报纸及云南电视台、昆明电视台对此次新闻发布会做了报道。在她的努力下，逐渐使奶业分会成为乳品加工企业之家，越来越具有影响力和凝聚力，在团结乳品加工企业共同为云南奶业的健康发展上起了很好的作用。

金世琳

工程师。男，1919年10月22日出生，蒙古族，内蒙古通辽市人。毕业于日本帝国大学工程部，后回国，在北平北大农学院任教。曾参加内蒙古自治运动革命工作。新中国成立后，先后在内蒙古自治区人民政府工商部、工业部（厅）、轻化工厅任工程师，内蒙古轻工科学设计院任副院长、副总工程师，轻化工科学研究所及轻工科学研究所任副所长、副总工程师、所长、总工程师，轻工、乳品科学研究所任所长、总工程师，至1993年离休后为名誉所长。内蒙古第一届政协委员、内蒙古第二、三届人大代表、全国第三届人大代表、内蒙古第五、六届人大常委、全国第七届政协委员。

主要贡献：金世琳先生是新中国乳品工业发展的奠基人之一，自新中国建国后即开始从事乳品科研及乳品工业建设，在乳品科技领域作出一定的、系统的、创造性成就，曾参加过原轻工部承担的，由国务院组织领导的，我国第一个12年科技发展长远规划中“食品、乳品部分”的长远发展规划编制工作。从“一五”到“十五”，他主持参加国家、自治区乳品科研、工业开发和乳品加工厂的建设等重大项目，获得了数十项科研成果，其中“婴儿配方奶粉”生产技术在全国无偿推广应用。科研成果先后荣获国家、轻工部和自治区的科技进步及“乌兰夫基金奖”的1～3等奖。

主要科研成果有：《婴儿配方奶粉（母乳化奶粉）生产》、《山羊奶加工工艺的研究》、《奶油粉中间工业试验》、《减轻甜炼乳钙盐沉淀缺陷的研究》、《微生物凝乳酶扩大试验及应用试验及应用研究》、《高效双岐杆制剂中间试验及保健食品的开发》、《乳清白兰地的研究》等；筹建和设计乳品工业方面的建设开发项目工程有：内蒙古海拉尔牛乳化工厂、牙克石乳品厂、呼和浩特乳品厂、包头奶酪厂等；开发的新产品主要有：速溶奶粉、奶油粉、奶茶粉、乳清白兰地和双歧杆制剂在乳品工业中的应用开发等十几种。

主要主编和参编的著作有《乳品工业手册》、《酸性奶油的制造》、《乳品生化学》、《乳品新产品的制造》、《牛乳加工中副产品的利用》、《乳品工艺学讲座》、《乳与乳制品生产》、《农副产品加工技术·奶食品制造》、《英汉食品工业词汇》（乳品部分）、《乳品工艺》、《药膳之原典·饮善正要》（日文）等十几种中、日、英文专用工具书和大学教材。1982 年被内蒙古自治区劳动模范、1983 年全国少数民族地区科技先进工作者，1991 年首批享受国务院颁发的政府特殊津贴。

近期完成了《内蒙古自治区乳制品产业发展研究》课题。课题研究的预期效果将为自治区乳制品产业发展的宏观决策提供有力的科学依据，提出内蒙古自治区要结合我国西部开发战略，在防沙、治沙、植树、种草等生态建设的基础上，发展科学化、现代化的奶牛饲养业和乳制品产业，使内蒙古自治区成为一个乳制品产业强区。

孟继森

农业技术推广研究员。男，1940 年 11 月 23 日出生，河北香河人，毕业于河北张家口农业专科学校，大专学历。曾先后担任天津市工农联盟农牧场奶牛场技术员、奶牛场场长、总场副场长；天津市奶牛研究所所长；天津市农垦集团总公司畜牧处处长；天津市奶牛发展中心书记兼主任、总畜牧师，天津市奶业集团副总经理。现任天津市政府专家顾问、天津市奶牛协会副理事长、中国北方奶牛协作组常务副组长、天津市畜牧兽医学会常务理事。

主要贡献：孟继森同志参加工作 40 年来，长期从事奶牛生产技术管理和行政领导工作。在 20 世纪 70 年代，成为天津市成功使用机械化挤奶的第一人；1979 年，他领导的奶牛场牛群单产首次突破 6000 千克大关（天津市）；90 年代，他成为工作在一线的天津市首席奶牛专家。先后参加“中国黑白花奶牛培育”项目，获国家级技术进步一等奖；“大群奶牛高产配套技术”项目，获部级二等奖；“奶牛肢蹄病因及其防治研究”项目，获部级二等奖。

孟继森同志热衷于科普推广工作，20 多次举办技术培训班，为农民传授养牛技术知识，发表科普文章 30 多篇，主要著作有：《奶牛饲养技术问答》、《奶牛机器挤奶技术》、《牛病数值诊断与防治》、《农村奶牛养殖七日通》等。

在天津市政府技术顾问团工作期间，他多次提出有一定参考价值的建议，多次参加市科委、农委组织的专家论证会、项目鉴定会及高级职称评审工作，是天津市享受国务院特殊津贴专家，为天津市奶牛事业的发展做出了自己应有的贡献。

赵存发

研究员。男，1952 年 12 月 26 日出生，陕西神木县人，毕业于内蒙古农牧学院畜牧专业，曾任内蒙古伊盟家畜改良站、畜研所技术员，伊盟盟委、农委机关党委科长、主任、副书记，伊盟畜牧处副处长、处长、党组书记，内蒙古家畜改良站站长、高级畜牧师，内蒙古畜牧科学院院长、研究员。现任内蒙古畜牧业厅、农牧业厅副厅长、党组书记。

主要贡献：赵存发同志长期从事畜牧科技、畜牧业经济管理工作，积累了丰富的实践经验。先后公开发表研究论文和完成研究报告 6 篇，主持参加包括奶牛育种等科研项目 9 项，取得科研成果 6 项，其中获自治区科技进步一等奖 1 项，全国农牧业丰收一等奖 1 项，自治区丰收二等奖 1 项。

他在自治区家畜改良工作站主持工作期间主持国家“948”项目《良种荷斯坦奶牛的引进》、国家科委“九五”重大科技攻关《应用胚胎生物工程技术建立肉牛良繁体系和生产体系的研究》项目、自治区农牧业丰收项目《奶牛阶段饲养技术》和自治区牲畜“种子工程”项目，在自治区畜牧业厅和自治区农牧业厅主管全区畜牧业中把奶业生产作为自治区畜牧业发展几项工程的第一工程来抓，主持实施国家农业部“部长工程”项目《万枚奶牛胚胎移植》和国家重大科技项目《奶业重大科技关键技术研究与产业化技术集成示范》和国家农业科技成果转化项目《应用胚胎移植高新技术快速繁育高产奶牛规模化生产示范》，重点支持伊利、蒙牛等自治区乳品加工龙头企业的奶源基地的建设，使自治区奶牛业得到快速发展，从 2000 年不到 100 万头，发展到现在的 135 万头。

在他的组织领导下，“内蒙古西部奶牛胚胎移植中心”正在顺利建设之中。同时，通过各类高新技术的组装配套，积极推广高产奶牛模式化饲养技术等适用技术，并针对自治区畜牧业经济中存在的关键技术问题，开展科研技术的推广和开发工作，促进了自治区畜牧业可持续发展。

娄佑武

高级畜牧兽医师。男，1964 年 4 月出生，江西南昌人，1984 年毕业于江西农业大学畜牧专业。毕业后，分配到江西省畜牧技术推广站工作，曾先后任水禽良种场副场长、生产试验场场长、畜牧室主任等职。现任江西省畜牧技术推广站副站长，兼任中国西门塔尔牛育种委员会理事、中国畜牧兽医学会期刊分会理事、江西省畜牧兽医学会副理事长。

主要贡献：娄佑武同志长期从事畜牧技术推广工作，曾先后主持完成省科技重点项目《优质杂交商品肉牛选育及配套技术研究》，2001年获江西省农科教突出贡献三等奖，2002年获江西省科技进步三等奖；《小尾寒羊在江西适应性研究》2001年获江西省农科教突出贡献二等奖，2003年获江西省科技进步三等奖；《肉牛饲料调制技术研究》1998年获省农牧渔业技术改进奖三等奖。

现主持科研项目有：国家科技成果推广项目《优质三元杂交肉牛及配套生产技术推广》、省科技重点研究项目《西杂母牛综合开发利用及产业化技术研究》等。

近年来，共发表论文20余篇，1998年作为副主编出版发行《实用养牛120问》书一本，2000年发行了《优质肉牛选育及配套技术研究》专刊一册。

贾福德

高级畜牧师。男，1949年10月出生，黑龙江哈尔滨人。1975年毕业于内蒙古扎兰屯农牧学校畜牧专业。1983—2003年曾6次在美国、加拿大、日本和澳大利亚进修与考察，进修重点内容涉及胚胎移植、低温生物冷冻、胚胎显微操作和体外授精等技术。现任天津市奶牛发展中心副主任、中国畜牧兽医学会动物繁殖分学理事、中国奶业协会繁殖专业委员会委员、天津市畜牧兽医学会理事。

主要贡献：贾福德同志近20年来一直从事家畜繁殖领域中牛胚胎移植技术的研究与推广应用工作。曾主持或作为主要参加人承担过国家、部、省市和局级科研项目共13项。其中包括：利用胚胎分割技术，将奶牛胚胎分割为二分胚移植给黄牛，在黑龙江省首次成功地产下一对同卵双胎奶牛犊。此项技术达到当年国内领先水平，并作为胚胎工程的动态和进展被国内书刊杂志多次引用；为简化胚胎冷冻解冻程序，适于在生产条件下操作，在我国首次研究与应用胚胎“直接移植”法冷冻技术，于1994年在天津市获得首批胚移牛犊；1998—1999年对加拿大进口的奶牛冻胚在天津地区进行移植，获得移植受胎率达79.2%的高效结果，创造我国冷冻胚胎移植成功率的最高记录；利用生殖免疫技术制作性别化冷冻精液对奶牛后代性别的影响进行研究证明，可使产母犊率提高10.7个百分点，这是我国利用生殖免疫技术控制家畜后代性别的首次尝试；2002年9月，应用奶牛“试管”胚胎移植黄牛技术，在天津市获得首批试管奶牛犊，移植妊娠率达45.5%创国内领先水平。截至2003年3月，共产试管牛犊15头。借黄牛之腹直接生产纯种奶牛，为快速增殖良种奶牛提供有效的技术途径。

现在主持和参加的项目有天津市农委农业技术重点推广项目“良种奶牛快速繁育技术推广”、天津市科委科技发展专项“优质原料奶生产关键技术集成与示范推广”、天津市政府引智办专项“奶牛繁殖障碍防治技术示范推广”等。

取得的成果主要有：“牛胚胎移植技术的研究”1989年获黑龙江省科技进步三等奖；“牛胚胎移植的研究与应用”1996年获天津市政府科技进步三等奖；“奶牛高产高效新技术研究”2002年获天津市政府科技进步二等奖。参加编著有《现代奶牛业新技术》、《农村奶牛养殖七日通》，在国家、省级刊物上发表论文共46篇。

高炜明

男，蒙古族，1954年9月出生，内蒙古土左旗人。1968年参加工作，上山下乡3年，1971—1978年在土左旗毕克齐学区工作，1978—1982年在察木齐四校任校长、毕克齐民族学校任校长，1982年在土左旗政府办公室从事秘书工作。1982—1991年历任土左旗蒙校副校长、书记，土左旗民族中学书记，1991—1995年历任土左旗宾馆经理、土左旗委常委等职，1995—1998年任土左旗旗委副书记，1998—2000年任呼和浩特市郊区区长、区委副书记，2000年6月至2004年4月任赛罕区区委书记，2004年4月至今任呼和浩特市政府副市长，分管农口工作。

高炜明同志在任呼和浩特市郊区正副区长、赛罕区区委书记和呼和浩特市副市长期间，非常注重当地奶业经济的发展，使赛罕区奶牛年平均单产达到6吨以上，该区的奶牛养殖水平在呼市乃至内蒙古全区都名列前茅，推动呼市出台了《呼和浩特市政府关于设立奶牛风险金实施意见》、《呼和浩特市政府关于进一步加强动物防疫体系建设的实施意见》和《呼和浩特市原奶管理办法》等一系列的措施性文件，并针对奶业的整体发展提出了数量与质量并重、原奶供应与加工能力均衡、利益与风险可控等一系列科学发展理念。

呼和浩特市奶业在2004年底奶牛存栏达到了50万头，比上年增加14.3万头，同比增长40%，鲜奶产量达到150万吨，比上年增加49.2万吨，同比增长48.8%。新建奶牛小区31个，总数达到77个，农民人均收入达到4 000元，比上年增加831元，增幅为26.2%，其中来自畜牧业的收入达到1 700元，直接来自奶业的收入达到1 500元，比上年增长50元。

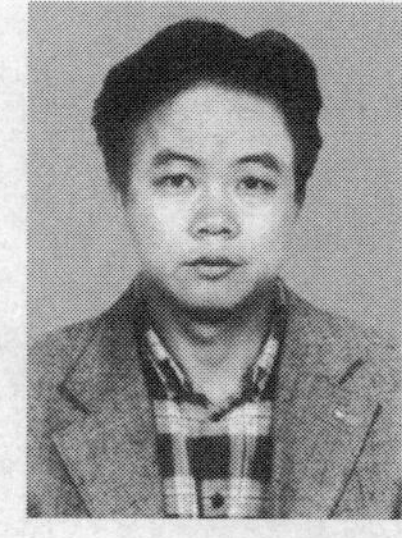

唐善生

高级畜牧师。男，1964年10月出生，广西玉林人，1986年毕业于广西大学动物科技学院，毕业后，分别在广西畜牧研究所、畜禽品种改良站、畜牧局办公室、畜牧总站、畜牧兽医技术培训中心等单位工作，现任广西畜牧总站高级畜牧师。

主要贡献：唐善生同志自2004年2月到广西畜牧

总站工作以后，主要负责奶业管理办公室工作。在奶业管理方面，主要是深刻领会与贯彻广西水产畜牧局有关加快奶业发展的计划或决定及有关精神，重点抓好有关政策的宣传与落实、奶业生产管理、科学技术的推广与应用、奶制品的流通与服务等环节；在水牛奶业开发方面，重点抓好各项有关工作的协调与服务项目的组织实施与管理，使全区水牛奶业开发进展顺利，杂交水牛不断增加，产奶量持续上升，奶水牛成为广西特色的一个奶产业；在奶源基地建设方面，重点抓好加快奶业发展计划、布局、政策科技与服务等关键环节的调研工作，并撰写有关材料（如“关于加快我区荷斯坦奶牛发展的意见”、“关于我区荷斯坦奶牛发展有关情况的汇报”等），上报有关领导作为决策依据，促使全区奶业逐步纳入“生产规模化、经营集约化、服务社会化”的轨道；在有关材料的编写以及奶业统计方面，主要撰写了“广西水牛奶业产业化开发项目（繁育体系建设）2004年度实施方案”、“关于广西水牛奶业产业化开发项目（繁育体系建设）领导小组办公室会议情况的报告”、“关于广西水牛奶业产业化开发情况的汇报”等，同时，抓好全区奶业统计工作；在奶业宣传方面，针对社会对奶业认识不足、安徽省阜阳出现假奶粉事件等问题，通过站里与奶业协会组织10多家新闻单位在南宁召开了一个有关南宁市的乳业质量、食品安全方面的新闻发布会，起到了提高广大市民对广西奶业认识的作用。

韩光烈

高级工程师。汉族，1926年7月出生，辽宁新民县人。1951年毕业于东北农学院畜牧兽医系畜产品加工专业。曾任中国乳制品工业协会副秘书长，现任该协会顾问，《中国乳品工业》杂志编委。

主要贡献：韩光烈同志既熟悉国内乳业情况的优势，又对国外乳业经验有所了解，为振兴中国乳业，尽快缩小中外乳业技术差距，使中国人有朝一日能喝上自产的乳制品，进行了不断的探索。针对我国牛奶产量少的现状，提出研发小牛代乳粉的课题，得到了企业的认可和支持，制成了第一代小牛代乳粉；我国消毒奶品种单一，保质期短，为了延长保质期，增加奶品种，他建议企业引进一条二次灭菌奶生产线，一举成功并迅速推广；为实现速溶乳粉生产现代化，引进世界20世纪80年代水平的样板厂顺利投产；甜炼乳是我国传统出口品种，通过组织质量攻关，提高了出口合格率；我国奶油产量不大，品种单一，为了扩大内需，组织研究部门参照国外经验，利用动植物油研发色香味形态近似天然奶油的配方餐桌奶油成功，适应鲜奶收购以脂论价的需要，国内自行设计制造了牛奶脂肪快速测定仪；婴儿配方奶粉生产需要进口大量脱脂盐乳清粉，为了节约外汇，降低生产成本，组织企业进口含盐乳清粉，自行脱盐，解决了配料问题；我国乳制品制造技术书刊很少，为满足广大职工学校的需要，组织行业专家教授编辑了我国第一部《乳品手册》；以中华人民共和国轻工业部观察员的身份，首次参加了在新西兰召开的国际乳品联合会第69届年会。

此外，从20世纪50年代开始至今，多次参与制定乳制品部颁标准，并根据国家统一部署进行了全面修订，由国家技术监督局颁布实施。

学　　者

王加启

博士、研究员。男，1967年6月出生，安徽宿县人，现任中国农科院畜牧研究所副所长，反刍动物营养研究室主任。现为中国农科院跨世纪学科带头人，中国奶业协会常务理事，中国奶业协会饲料与饲养专业委员会主任委员，农业部畜牧兽医科技质量咨询专家组组长，农业部畜牧兽医局科技领导小组专家、科技部高新技术研究发展中心专家。

主要贡献：王加启同志一直从事奶牛等反刍家畜营养研究，主持建立了反刍动物营养研究室，现已经成为基础研究、高技术开发和人才培养中心。该实验室1997年被中央国家机关团工委和农业部机关党委联合命名为“青年文明号”实验室。2003年被畜牧所评为优秀文明研究室。

王加启在“九五”期间共主持3项国家科技攻关专题、2项国家自然科学基金和5项国际合作项目。他主持的国家化学品专项“瘤胃微生物脲酶抑制剂的合成与应用”项目，针对我国反刍动物以粗饲料为基础日粮时，蛋白质严重缺乏和营养不平衡的状况，从分子水平研究了脲酶结构、理化性质和脲酶抑制剂的作用机理，完成了脲酶抑制剂合成和动物试验的中试工作，脲酶抑制剂使氨浓度降低55%以上，利用效率提高15%～17%，已经获数万头奶牛应用效果的数据，平均投入产出比为1∶5至1∶8。该成果1998年获得我国第一个反刍动物新饲料添加剂证书，拥有自主知识产权，打破了进口产品垄断我国饲料添加剂行业的局面，推广效益上亿元，为反刍动物饲料添加剂工业的发展做出了贡献。该成果1998年获农业部科技进步一等奖，1999年获国家科技进步二等奖，王加启为第一完成人；脲酶抑制剂1999年被评为国家级重点新产品，2000年被评为中国专利十五周年成就展最佳奖。

在“十五”期间主持着国家奶业重大科技专项课题“奶牛现代集约饲养关键技术研究与产业化开发”、“南方大城市郊区现代化奶业生产技术与产业化示范”、国家科技攻关计划课题“畜禽规模化优质高效养殖关键技术研究与产业化示范”以及社会公益研究专项“农牧交错带贫困地区肉羊舍饲、农牧民增收与生态恢复模式研究”和国际科技合作重点项目“牛奶高效生产与质量安全控制重大关键技术”等；研制和开发出适合我国不同养殖地区的系列反刍动物专用饲料添加剂预混料，建立了我国反刍动物安全环保型饲料添加剂预混料产业化技术与高效饲养体系，提高了反刍动物养殖产业化的整体技术水平，在增加农民收入和减轻草原生态压力方面产生了巨大影响，有力地推动了我国反刍动物饲料的产业化进程，该项成果在2003年评为全国农牧渔业丰收奖一等奖。

王加启学术严谨并有创新，已独立或与同事合作培养研究生、高级访问学者60余名，出版著作6部，发表论文41篇，培训基层技术骨干2 000余名。被授予农业部中青年有突出贡献专家、“十佳青年”、中国农科院优秀党员等称号，作为第一完成人，获部科技进步一等奖、国家科技进步二等奖，国家科委化学品专项表彰奖，茅以升北京市青年科技奖，国家外国专家局、农业部、国家计委、国家科委联合颁发的“全国农业引智奖”和中国农科院青年优秀科技论文一等奖。王加启还获得农业部“如心”奖（推广奖），并将1万元奖金捐献给希望工程，为国家畜牧科技发展规划做出了力所能及的贡献。

田文儒

教授、博士生导师。男，1959年8月12日出生，黑龙江省兰西县人，1982年毕业于东北农学院，后留校任教，曾留学英国伦敦大学皇家兽医学院，获科学硕士学位；1990年获伦敦大学博士学位。同年回国后，于1994年进入东北农业大学博士后流动站工作。2001年调入山东莱阳农学院动物科技学院兽医系工作。现任中国畜牧兽医学会兽医产科学分会副理事长，中国奶业协会卫生保健专业委员会主任，美国繁殖研究学会会员，英国皇家兽医学会会员。

主要贡献：田文儒同志自1990年回国以后，先后主持完成了世界银行贷款项目、国家教委优秀人才基金、国家教委回国人员启动基金项目，省科委青年基金项目，博士后基金课题，省攻关、市公关课题、省自然科学基金、省杰出青年基金及两项国家自然科学基金等十余项。获国际先进水平科研成果四项；获省科技进步二等奖一项、省科技进步三等奖四项；2001年获黑龙江省留学回国人员“报国奖”；1999年获黑龙江省杰出青年基金；1996年获首届哈尔滨市青年科技奖、中国畜牧兽医学会荣誉奖并享受国务院政府特殊津贴；1988年和1989年连续两年获英国各大学校长联合设立的外国研究学生奖（ORSA）；1992年被授予黑龙江省第三次新长征突击手称号。

自1991年以来，他发表学术论文70余篇，其中在国外著名杂志上发表/国际会议宣读15篇。此外，田文儒教授还主编和参编出版了著作4部，副主编3部，参编2部；已经培养出硕士生15名、博士生6名，其中两名研究生已经晋升为副教授。

田文儒教授现在主持国家自然科学基金项目，研究方向为动物生殖生理，动物繁殖障碍性疾病和动物繁殖技术。

冯克明

副研究员。男，1954年出生，新疆伊犁州人，1977年毕业于新疆农业大学畜牧系畜牧专业。毕业后，曾任畜牧科学院草原研究所研究室副主任、主任，所长助理；畜牧科学院科研管理处副处长等职。现任畜牧科学院畜牧研究所副所长，兼任新疆草原学会理事、常务理事；新疆畜牧学会理事、常务理事；中国畜牧学会肉牛分会常务理事、中国畜牧业协会羊业分会副理事长、自治区奶协常务理事。

主要贡献：冯克明同志自参加工作以来，主要从事草地改良、牛羊繁殖、草畜配套等方面的科研与生产工作，在牛冷冻精液制作及人工授精技术上积累了大量的生产技术资料和数据，具备较强的科研能力和解决实际问题的能力。先后主持和承担完成多项国家、自治区的科技攻关、重大专项及技术推广项目，并获得国家科技进步三等奖一项，国家部委一等奖、二等奖各一项，自治区科技进步二等奖一项，自治区科技兴农三等奖一项。主持完成的“现代工厂化肉羊生产综合技术示范研究”刚刚获得区级成果鉴定。

近年先后承担的主要课题有：农业部科技项目“新疆畜牧业综合试验示范区建设”；中澳合作项目“山区人工、半人工草地建植技术”；农业部“八五”重点科技攻关项目；国家农发办科技项目“新疆巩留农牧结合肉牛良种易地快速育肥技术推广”；农业部“948”引进项目“引进安格斯牛胚胎建立肉牛纯繁基地”；自治区农发办科技项目“巴里坤暖棚高效养畜技术”；自治区农办科技推广项目“引进优质肉牛种畜及胚胎加速黄牛改良技术”；“十五”国家重大科技攻关项目“畜禽规模化优质高效养殖关鍵技术研究与产业化示范”等，为新疆畜牧业的发展做出了突出贡献。

师骏华

研究员。男，1933年2月出生，陕西榆林人，1958年毕业于山西农学院畜牧系，1960年在东北农学院进修畜产品加工，主攻乳品专业。曾任山西农学院助教，太原农牧场技术员、队长、副场长、总畜牧师，山西省畜产品加工协会副理事长。现任山西省奶牛协会副理事长、中国奶业协会北方协作组饲养专业组组长、山西恒康乳业科技股份有限公司、山西屯留县人民政府、山西太原市扶贫基金会顾问。

主要贡献：师骏华同志从事奶业教学、生产、经营管理、科研和科普技术推广40多年，在乳与乳制品加工、新产品开发、乳品厂设计、奶牛育种与牛群改良、饲草加工、饲料配合、科学养牛、奶牛繁殖与疫病防控等方面做出了突出贡献。1961年培育出乳酸菌种并生产出酸牛奶逐步推广到全省。1979年设计指导并成功安装调试奶粉生产线一条，成功组建了1980年牛奶软包装生产线和1984年异型冰激凌生产线。1972年参加中国北方黑白花奶牛育种协作组，1973年协助有关部门组织了山西奶牛育种协作组，对省内各奶牛场进行了牛群普查，开展整群建档、选种选配、优秀公牛冻精研制、引用、推广，到1982年协作单位奶牛年单产提高了1959千克，跨入全国先进水平，被列为全国奶牛科技先进省前十名之一。为进一步使奶牛群体高产优质高效，他参与组织奶牛高产综合配套技术研究，进行联合育种，科学培育后备牛，遵照奶牛的生理特点进行饲养管理，总结提高奶牛繁殖率经验，研究奶牛腐蹄病病因和预防措施，预防乳腺炎，提高青贮蛋白质含量，苜蓿青贮的制作和要领，尿素替代蛋白饲料，提高秸秆营养和利用率，饲喂针对性的预混料和脂肪酸钙对奶牛生产性能影响等多项研究。至1992年，参加项目的16个奶牛场年均单产达6460千克，其中2个场2061头奶牛达8000千克以上。1993年进入协会工作后，积极为各级政府参谋、为奶业企业生产设计指导、为奶农和基地开展技术培训，应广播电视台邀请推广奶业技术，为全国各地奶农电话咨询养牛知识。

师骏华主持参与多项科研攻关项目，有10项分别获国家、部、省科技进步奖。编写著作2部：《奶牛高产饲养》和《奶牛高效饲养与疫病监控》，发表论文50余篇，编写《山西奶业信息》90多期。代表作有《牛奶与人体健康》、《食用酸牛奶的好处及影响酸牛奶品质的因素》、《科学技术是提高奶牛生产力的根本途径》、《种植高产优质饲草发展奶牛事业》、《DHI是提高奶牛生产水平的有力工具》等。该同志1979年被太原市政府授予劳动模范称号，1982年和2002年分别被评为全国奶牛育种先进个人和全国奶业先进工作者，1987—1999年多次被评为省职工教育和先进科技工作者、离退休干部先进个人，1993年享受政府特殊津贴。

刘建新

教授、博士生导师。男，1958年生，浙江富阳人。1982年浙江农业大学本科毕业，1985、1988年分别在日本北海道大学获硕士、博士学位。1988年回国后至今一直在浙江大学（原浙江农业大学）从事反刍动物营养的研究和教学工作，历任浙江农业大学动物科学学院副院长、院长等。现任浙江大学动物科学学院副院长，奶业科学研究所所长，农业部动物营养与饲料重点开放实验室主任。兼任中国畜牧兽医学会动物营养学分会副理事长、浙江省畜牧兽医学会理事长、中国奶业协会饲料与饲养专业委员副主任，浙江省奶牛业协会专家组组长、杭州市奶牛业协会顾问等。

主要贡献：刘建新同志一直从事饲料资源有效利用和奶业优质高效发展等领域的科研工作，完成和正在承担的国家和省部级项目有20多项。在饲料资源开发利用方面，主持承担了“反刍动物饲料组合效应及其营养代谢机理研究”、“青粗饲料高效利用与商品化开发关键技术研究”和“浙江省饲料资源开发利用研究”等项目；在奶业相关研究上，适应当前我国奶业发展的新形势，本人主持组建了浙江大学奶业科学研究所，形成了奶牛快繁（胚胎移植）、营养代谢与调控、疾病预防与监控、乳制品加工等体系化的研究队伍，承担了“奶牛蛋白质营养需要参数及营养调控技术研究”、“金华市奶牛种质改良及乳质提升关键技术集成与示范”等项目。先后获得国内外各类学术奖励和表彰14次，包括国家科技进步二等奖和农业部科技进步一等奖各1项，浙江省科技进步三等奖3项。在国内外学术刊物上发表论文100多篇，出版专著5部。2002年入选教育部跨世纪优秀人才培养计划，2003年获得国家杰出人才基金。

近年来，刘建新同志所领导的课题组在保护营养素过瘤胃、瘤胃发酵优化调控、乳腺养分合成与调控、奶牛健康与营养代谢病监控等方面取得了明显进展，其中氯化胆碱过瘤胃技术已申报国家发明专利。浙江大学奶业科学研究所已经成为我国反刍动物营养与饲料领域的先进团队之一，所从事的研究工作可为反刍动物高效、优质与安全生产提供保证，为发展环境保全型畜牧业生产体系以及畜产品的安全生产做出了积极贡献。

刘振邦

研究员、教授、博士生导师。男，1936年8月26日出生，吉林榆树人。1960年毕业于辽宁大学经济系农业经济专业，1981—1984年在法国国立巴黎农学院进行博士后进修。现任中外农村经济技术研究所所长、中国国际工程咨询公司首席农业科学家、一些省地县经济顾问。

主要贡献：刘振邦同志自1960年9月至今，一直在中国社会科学院世界经济与政治研究所研究世界农业，并多次到全国各地讲学、为乳业授课，鼓励大力发展我国奶牛饲养业和乳品加工业，并亲自在广东梅州、福建南平、江西宜春、四川眉山、江苏武进、海南农垦、湛江农垦、哈牧集团、张北华田、内蒙古呼市和赤峰市、山东高密等设点实践。

刘振邦同志在中国首先提出热带奶牛概念，认为长江以南亚热带和热带地区应当发展热带奶牛，并帮助湛江农垦局引进了热带奶牛品种；在河南商丘、辽宁铁岭、内蒙古通辽发现大量西门塔尔杂交四代后，提出用奶牛进一步杂交，帮助农民少花钱而获得更高的产量；提出奶牛之间进行杂交，帮助一些地区引进一些娟姗奶牛等新品种；提出中国应大力发展奶肉兼用牛。

出版的专著有“当代世界农业”、“世界农业”、“主要资本主义国家的农业现代化”、“法国农业现代化”、“主要资本主义国家农业合作社的章程与法律汇编”等20多部。发表文章200多篇，代表作《改变传统农业观念，走以畜牧业为主的发展道路》（1979年7月31日《人民日报》），批判了以粮为纲的错误路线，提出现代农业必须以畜牧业尤其是以奶牛饲养业为主。该文曾受到中央领导的关注。1989年3月23日在人民日报发表的《粮食基础说质疑》，进一步提出中国必须逐步走向以奶牛业为主的发展道路。

齐长明

教授，博士生导师。男，1953年2月出生，河北乐亭人。1982年毕业于北京农业大学兽医系，获农学学士学位；1985年毕业于北京农业大学研究生院，获硕士学位后，留校任教。1988—1994年在北京长阳农场工作，任奶牛场技术副场长，高级兽医师；1995年任北京市农业技术学校畜牧兽医专业主任；1996年赴荷兰学习奶牛生产及疾病防治技术；1999年获中国农业大学兽医外科博士学位。现任中国农业大学动物医学院教授、博士生导师，兽医外科学学科带头人，中国畜牧兽医学会兽医外科分会副理事长，奶牛疾病工作委员会主任委员，《中国兽医杂志》、《中国动物保健》编委，北京三元绿荷、秦丰雄特等奶牛养殖单位顾问。

主要贡献：齐长明同志从事奶牛疾病防治研究、教学工作20余年，对奶牛蹄病、真胃疾病和产科疾病具有丰富的理论知识和实践经验，尤其对严重影响奶牛健康的蹄叶炎、蹄底溃疡、真胃移位等疾病进行了全面而系统的研究。在国内率先开展奶牛指（趾）间皮肤增殖、疣性皮炎及真胃移位等疾病的手术治疗。近年来对奶牛剖腹产、真胃移位等手术方法进行了研究和改进。成功地进行了多例克隆奶牛、克隆黄牛的剖腹产手术。十几年来，实施奶牛剖腹产76例，真胃移位整复固定术327例。在各种全国奶牛疾病防治培训班讲授奶牛疾病防治知识，培训了大批奶牛场兽医。

齐长明同志深入研究了奶牛蹄叶炎的病因，阐明了组织胺、内毒素在蹄叶炎发病中的作用，为该病的防治提供了科学依据。对奶牛蹄底溃疡病的病因、病理学特征及实验室检测等进行了多方面的系统研究，制定了防治方案，对治疗药物进行了筛选，取得了很好的治疗效果。

齐长明同志曾主持和参加了多项国家科研攻关项目，培养硕士、博士研究生18名，是全国统编教材《兽医外科学》副主编，参编《兽医外科手术学》，发表奶牛疾病研究和防治方面的论文53篇。主译《牛病彩色图谱》，参译《奶牛疾病学》，与陈家璞教授合著了《大家畜肢蹄病》一书，为我国奶牛业的健康发展做出了积极贡献。

孙国强

副教授。男，1961年8月出生，山东莱州人，1982年7月毕业于山东农学院，毕业分配到莱阳农学院任教至今。

主要贡献：孙国强同志20多年来一直从事奶牛和肉牛的教学、科研和技术推广工作。主持和参加完成了课题多项，其中“高等真菌优化麦秸做牛饲料的研究”获山东省科技进步三等奖，“调控瘤胃微生物蛋白质代谢的添加剂的研究”经鉴定达到国际先进水平，该成果应用于奶牛生产中能显著提高产奶量和经济效益；“利用大豆秸秆栽培平菇及菌糠喂牛技术研究”经鉴定达到国内领先水平，为秸秆的高效多层次利用提供了可靠的依据。目前正在主持进行国家奶业科技重大专项子专题“奶牛饲养管理技术规范及生产性能预测”。

在教学、科研和技术推广工作中，通过对澳大利亚和新西兰的考察，在国内首次提出了奶牛异地饲养的观点（即在有乳品加工企业的地方饲养产奶牛，在无乳品加工企业的农区饲养犊牛和育成牛，以充分利用粗饲料资源、土地资源及农村劳动力资源），并以“澳大利亚奶牛业对我国奶牛业发展的启示”为题发表于2003年第四期的《中国奶牛》。作为山东省奶牛饲养技术培训咨询中心的主要成员，负责胶东片的奶牛饲养技术培训，培训技术员和饲养员8 000多人次，设计规范化奶牛场十多处。

发表论文30余篇，主要代表作有“蛋白质保护与NPN缓释技术结合对奶牛产奶效果的研究 ”、“精料中添加金属蛋氨酸络合物对奶牛产奶量影响的研究”、“农村奶牛业中亟待解决的问题”、“澳大利亚奶牛业对我国奶牛业发展的启示”及“西杂牛产奶性能分析及提高产奶量的措施”等；出版著作14部，其中主编8部，分别是《养牛手册》、《奶牛饲养与保健》、《奶牛饲养手册》、《规模化安全养奶牛综合新技术》、《肉牛饲养与保健》、《工厂化奶牛饲养新技术》、《简明养牛手册》和《肉牛生产学》等，其中《养牛手册》多次印刷，发行量达数万册。

杨利国

教授。男，1962年8月29日出生，湖南新邵人。1982—1993年先后毕业于畜牧、动物繁殖、动物生理生化专业，获农学学士、硕士和理学博士学位，1991年和1996年分别在德国和英国进行合作研究和博士后研究工作。1985 年开始在南京农业大学动物科技学院工作，1995 年晋升为教授，并主持申报南京农业大学动物繁殖学博士点，1996 年开始招收博士研究生。曾任南京农业大学动物繁育研究所所长、家畜繁殖研究室主任，动物遗传育种与繁殖博士学科点负责人、兼校学术委员会委员和校学位评定委员会委员等职。2003 年到华中农业大学动物科技学院工作，兼任国际动物繁殖学会常务理事、中国奶业协会繁殖专业委员会主任、中国动物繁殖研究会副理事长、中国畜牧兽医学会养羊学分会副理事长、中国农业生物技术学会动物专业委员会委员等职。

主要贡献：杨利国同志主要从事动物生殖内分泌、生殖免疫、繁殖疾病控制、细胞与胚胎发育和分子生物学等方面的研究，先后主持完成分别由国家科委、国家自然科学基金委、教育部、农业部、英国皇家学会、江苏省科委、江苏省资源开发局、上海市农委、武汉市科技局等单位资助的研究课题 40 余项，取得研究成果 20 余项，其中“牛不孕症治疗乳剂及生产工艺”、“牛不孕症综合防治技术”、“母牛孪生机理”、“肉牛孪生生物技术”等成果分别获国家发明专利、教育部科技进步二等奖、农业部科技进步三等奖，在国内外期刊杂志公开发表研究论文 197 篇，出版专著 10 部，曾获英国皇家学会“英国女皇研究基金奖”、“20 世纪杰出人才”（英国）、“江苏省优秀青年学术骨干”、“新长征突击手”等荣誉称号，1997 年被列入江苏省“333 工程”人才培养计划。

主持完成的“动物繁殖学”课程获省级“优秀课程二等奖”。主编著作有《动物繁殖学》、《动物繁殖生物技术》、《酶免疫测定技术》、《英汉生殖生物学词汇》等，另参编《动物繁殖学》、《基因免疫技术》、《肉羊繁育新技术》等，已培养博士后、博士、硕士研究生 50 余名。

李跃民

教授。男，1958 年 3 月出生，河南新郑人。1982 年新疆石河子农学院兽医系毕业后留校任教，1989 年新西兰梅西大学兽医学硕士毕业，1996 年调入西南农业大学任教，1997 年被聘为教授，1999 年至今担任动物科技学院院长。现为西南农业大学硕士生导师，国务院政府特殊津贴专家，重庆市牧草与草食家畜重点实验室主任，中国畜牧兽医学会兽医产科学分会副理事长，重庆市畜牧兽医学会奶业专业委员会主任。

主要贡献：李跃民同志一直从事奶牛产后繁殖生理、动物胚胎工程技术、家畜生殖生理、生殖内分泌和兽医产科学教学与研究工作。目前主持国家科技部重点攻关专项子课题、重庆市计委、科委重点科技攻关项目各 1 项，在世界首次获得水牛孤雌生殖胚胎与体外受精胚胎、体细胞克隆胚胎相互嵌合发育形成的囊胚，在重庆市首先获得海福特良种肉牛体外受精试管犊牛后代和波尔山羊鲜胚移植后代；创造发明“奶牛场繁殖、生产和疾病管理装置”，并在西北地区十余家奶牛场试用效果良好；完成奶牛产后早期恢复繁殖机能研究、促发奶牛产后早期恢复繁殖机能途径研究、奶牛产后生殖机能障碍防治途径研究（省级科技进步一等奖）、奶牛产后生殖生理研究（省级科技进步二等奖）、1500 头高产奶牛群配套技术应用提高奶牛业综合效益的研究（省科技进步三等奖）等项目。

撰写了有关奶牛繁殖生产方面的研究论文如：奶牛产后恢复生殖机能 Markov 过程分析、奶牛产后子宫内膜复旧与腺体的形态计量研究、奶牛子宫内液蛋白多肽电泳分析、奶牛不孕症治疗效果的观察 、产后母牛阴道微生物区系研究、荷斯坦奶牛不同繁殖状态卵泡群和黄体发育的动态研究、乌鲁木齐地区奶牛产间距变化因素分析、氯前列烯醇溶黄规律及提高奶牛繁殖力的研究、舍饲黑白花奶牛产后繁殖机能恢复状况调查等，并刊登在《畜牧兽医学报》、《中国兽医科技》、《中国奶牛》等杂志上。

2002 年被重庆市评为首批学术技术带头人，2003 年还主研了《重庆市奶业发展战略研究》，为重庆市奶业发展做出了贡献。

何剑斌

副教授。男，仡佬族，1969 年 12 月出生，贵州省道真县人。1999 年获东北农业大学动物医学院临床兽医学专业博士学位。2001 年 6 月晋升为副教授。现任沈阳农业大学畜牧兽医学院动物医学系系主任（兼临床教研室主任）、兽医党支部书记、动物医院院长，并任中国畜牧兽医学会兽医产科学分会理事和辽宁省乳业协会理事（兼专家组成员）。

主要贡献：何剑斌同志一直从事奶牛养殖、生理及疾病防治等方面的科研和技术推广工作。发表了有关奶牛饲养管理和疾病防治等方面的科研论文 24 篇，其中有 16 篇以第一作者的身份发表在国家级或全国核心学术期刊上；合作编著有关奶牛的著作 3 部；共参加或主持国家、省、部、市级有关奶牛饲养与疾病防治的科研课题 6 项；现在主持的研究课题有：“控制奶牛产犊性别的研究”、“奶牛代谢病监测技术的研究”和“牧草种植和养殖小区的建设”等；其“围产期奶牛脂肪肝防治的研究”项目（主要完成人）获黑龙江省教委科技进步二等奖，国家自然科学基金课题“奶牛子宫复旧机理的研究”项目（主要完成人）获黑龙江省政府二等奖。

何剑斌同志还在辽宁省范围内大力推广奶牛饲养新技术，取得明显的经济效益和社会效益。此外，还积极参加省、市团委、科委等单位组织的科教兴农、科技三下乡、科技扶贫、"三个代表"三下乡服务团等活动，多次应邀到西丰县、昌图县、铁岭市清河区、沈阳市苏加屯区、北宁市、阜新市、抚顺市、本溪市等地参加或主持有关"奶牛场或奶牛小区建设"的规划、设计和论证工作，以及由当地畜牧局、科委以及畜牧技术推广站和省农垦局等单位主持的有关奶牛饲养技术和疾病防治的技术讲座、技术咨询等活动。作为辽宁省乳业协会奶源专家组成员，经常深入奶牛场和养牛户进行技术讲座、技术咨询和疾病防治，深得辽宁省奶牛业界的好评。

张　勤

教授。男，1956 年 9 月 4 日出生，北京人，1982 年毕业于安徽农学院牧医系，获学士学位，1984 年在北京农业大学获动物遗传育种专业硕士学位，1990 年在德国 Hohenheim 大学获动物遗传育种专业博士学位。曾在北京农业大学畜牧系动物遗传教研组、德国 Hohenheim 大学动物育种研究所、北京农业大学畜牧博士后流动站、中国农业大学动物科学技术学院动物遗传育种系、美国 Montana 州立大学及 Virginia 理工及州立大学、中国农业大学动物科学技术学院动物遗传育种系等单位工作。现任中国农业大学教授，动物科技学院动物遗传育种与繁殖系主任。兼任畜禽遗传育种农业部重点开放实验室主任、中国畜牧兽医学会理事、动物数量遗传学分会副理事长兼秘书长、中国遗传学会动物遗传委员会委员、中国奶业协会育种专业委员会副主任等职。

主要贡献：张勤同志在 1984 年首次将最佳线性无偏预测（BLUP）法用于我国奶牛遗传评估，从而揭开了 BLUP 方法在我国奶牛育种中推广应用的序幕，在以后的 20 年中，一直不遗余力地进行 BLUP 方法的理论研究和在我国的推广应用。作为第二主持人参加国家"八五"攻关课题"应用 MOET 技术选育高产黑白花奶牛的研究"，研究成果"中国荷斯坦奶牛 MOET 育种体系的建立与实施"获 1999 年农业部科技进步一等奖和 2000 年国家科技进步二等奖。1996 年以来，开始从事对奶牛产奶性能基因的检测定位和标记辅助选择的研究工作，成功地定位了 6 个与产奶性能相关的 QTL（数量性状基因座），有关研究论文在《Genetics》、《Genetics，Selection，Evolution》等国际著名学术期刊上发表，产生了较大影响，并于 2001 年获第 4 届全国畜牧兽医青年科技优秀论文一等奖。近年来主持了多项与奶业相关的科研项目，包括国家 863 项目"优质奶牛新品种培育与产业化"（2001－2005）和"数字农业精细养殖技术平台构建与应用"（2003－2005）、国家杰出青年基金项目"奶牛产奶性状及抗乳房炎 QTL 的精细定位"（2001－2004）、高校骨干教师资助计划项目"奶牛标记辅助选择最佳实施方案研究"（2000－2002）。自 1992 年起参加中国奶业协会育种专业委员会工作，参与了我国荷斯坦奶牛性能测定（DHI）、遗传评估、品种登记等方案的制定。

张玉发

研究员、博士生导师。男，1945 年 1 月 5 日出生，北京平谷县人。1968 年毕业于河北农业大学，获农学学士。1984—1985 年，以访问学者赴美国进修。曾任中国农业科学院畜牧研究所牧草与饲料作物研究室主任。现任中国农业科学院畜牧研究所控股的北京东方草业科技有限责任公司总经理，兼任中国草学会常务理事及北京畜牧兽医学会理事。

主要贡献：张玉发同志自参加工作以来，主要参与和主持了国家"九五"攻关专题"苜蓿草生产及产品加工产业化技术研究与开发"；中国与美国牧草品种评价合作项目；国家"八五"攻关专题——"中亚热带中山人工草地优化生产模式研究"；天津奶业开发项目——滨海盐碱地人工草地建制技术研究；永定河故道（北京南部地区）种草防沙项目研究；在美国尤他州立大学进修期间进行了小麦族牧草遗传资源研究；在俄勒冈州立大学进行了牧草种子生产技术研究。先后编写和翻译专业著作 5 部，发表论文 50 余篇。

在奶业方面，参加"天津奶业开发研究"，主持千亩草圃试验项目，为在天津滨海地区建植草地发展奶牛、奶羊生产做出了贡献，该项目曾获天津市科技进步二等奖；结合实施国家草业项目，借鉴美国的经验，积极提倡在我国推行苜蓿型奶牛日粮；提出我国奶牛优质青粗饲料生产体系主导产品一是玉米青贮，二是苜蓿干草。为我国苜蓿科学研究和产业化发展做出了较大贡献。

张兰威

教授、博士生导师。男，1961 年 11 月出生，黑龙江哈尔滨人，毕业于东北农业大学，1988 年参加工作，曾任东北农学院畜牧产品加工教研室、实验室任助教、副主任、主任，东北农业大学食品学院副院长、副教授、教授，龙丹乳业集团副总兼研究所所长，1992 年由农业部选派赴芬兰国学习乳品科学与工程技术获乳品领域教师资格证书，2002—2003 年在美国 University of Vermont 作高级访问学者。现任东北农业大学食品学院院长，教育部乳品重点实验室常务副主任，黑龙江省食品科学与工程学科后备带头人，黑龙江省科顾委专家组专家，黑龙江省食品学会副理事长，黑龙江省营养学会常务理事，黑龙江省农业工程学会常务理事，《食品工业科技》编委。

主要贡献：张兰威同志多年来从事乳品科学与技

术、传统发酵食品产业化研究，完成或正在承担国家、黑龙江省等科研项目15项，取得了较大的成就。其中包括：①优质酸奶菌株选育及直投式酸奶发酵剂工业化生产技术。本项成果针对中国人口味，选育了系列产酸适中，风味柔和的系列发酵剂菌种，根据菌的特性采用了综合性技术得到高活性的活菌制品，开发出了系列直投式乳酸菌发酵剂工业化生产技术。该项技术成果填补了国内空白，并于2000年转让给北大绿科股份有限公司，投入商业生产。②特殊乳酸菌含益生菌选育及系列发酵食品，即利用生物技术选育出了符合国内传统发酵蔬菜、风干肠、生物活性酸奶生产需要和特殊生理功能的菌种和菌株，建立乳酸菌发酵剂菌种库；采用菌种之间的共生机理及条件；菌数增殖、浓缩实现系列发酵食品直投式乳酸菌发酵剂国产化。

张兰威在东北农业大学主讲本科生专业课《乳品科学与技术》，研究生课《食品发酵原理与技术》、《乳品科学与技术进展》，培养了大批本科生，硕士研究生、博士生；主编全国本科生乳品统编教材、著作6部，副主编《中国乳业大百科》；发表论文60余篇；取得国家发明专利1项，专利受理4项（2002年）；获省优秀教学成果二等奖1项，获省科技进步三等奖1项，哈尔滨市科技进步三等奖1项，省教委科技进步二等奖2项，省教委科技进步三等奖1项，1999年获黑龙江省优秀科技工作者，为黑龙江省奶业的发展做出了积极的贡献。

张列兵

高级工程师。男，1965年出生，新疆奎屯人。1993年毕业于东北农业大学食品科学系并获得博士学位。曾于1997—1998年在美国加州工业大学乳品中心做访问学者近两年。历任北京三元食品股份公司研发中心主任、总工程师和副总经理，新希望乳业总经理及新希望农业股份公司（0876）副总经理等职。现任北京巴斯德科技有限公司总经理。兼任国际乳品联合会（IDF）中国专家组成员及常务委员，北京市青联委员，中国乳品工业编委，中国乳品工业协会专家组成员及北京市畜牧兽医专业、食品科学专业高评委成员及北京市高评委成员。

主要贡献：张列兵同志自参加工作以来，主持了国家“十五”科技攻关项目“乳制品加工技术研究与新产品开发”，北京市科委重大科研项目“乳铁蛋白基因工程菌的研究”，北京市经委重大项目“乳铁蛋白基因工程菌的中试研究”，农业部“九五”重点项目“中式干酪研究”，北京市青年科技骨干培养基金项目“传统乳制品宫廷奶酪的研究”，美国乳品管理局资助项目“不同标准化方法生产cheddar干酪对其理化性质影响的研究”等研究项目，累计获得政府、企业研发基金不低于3 000万元。曾获北京优秀青年工程师一等奖，北京市劳动模范，北京市优秀青年专家及中国食品工业协会授予的“优秀科技管理工作者”等称号。

近年来发表论文二十余篇，国内外会议报告二十余次。共同主编专业书籍三部。

张国农

副教授、硕士研究生导师。男，1948年10月出生，江苏泰州人，1982年无锡轻工业学院食品工程系毕业后留校任教。1986—1988年赴新西兰进修两年。在校任教期间，先后任食品工程教研室教师、副主任、副教授、工艺实验室主任、硕士研究生导师。兼任《中国乳品工业》杂志编委，中国畜产品加工研究会常务理事、乳品加工专业委员会副主任，中国奶业协会理事，江苏省奶业协会常务理事等职。

主要贡献：张国农同志是国内知名乳品专家。主讲食品科学与工程专业本科生、研究生课程5门，其中《食品工艺学》为教育部“精品课程”。指导硕士研究生多名，并协助指导博士研究生1名，还有9名外国留学生。与有关企业成立乳品联合研究所，帮助许多乳品企业在现场解决技术方面的难题。帮助江苏、安徽等省的中、小乳品企业设计和改造液态乳生产线10多条。特别是2002年主持完成尼泊尔赫陶达乳业有限公司的甜炼乳项目，从产品研制、工程设计到安装调试，得到了尼泊尔方面的高度评价。

在国内学术期刊发表论文20余篇，出版专著和译著4本。参加国家“八五”科技攻关项目和国家“九五”技术创新项目各1项，两项成果均通过国家级鉴定与验收；主持酪蛋白酸钠工业技术的工程实施；参加年产10 000吨超高麦芽糖浆生产线的工程设计及安装、调试，通过省级鉴定；参加混合乳干酪研制、酪蛋白酸钠研制、新型速效保健酸奶发酵剂研制与应用等项目，通过省、部级鉴定；2002年《甲壳低聚糖的酶法生产技术》获江苏省科技进步三等奖。

罗　欣

教授。男，1961年8月出生，山东平阴人，1984年毕业于南京农业大学。毕业后，分配到山东农业大学动物科技学院和食品科学与工程学院任教，现任山东农业大学食品科学与工程学院副院长。

主要贡献：罗欣同志自1984年以来，一直从事畜产品、乳品加工的教学和研究工作，参与了有关乳品发展的科技规划以及行业发展规划的起草和制定工作；参与了多家乳品加工企业的项目论证、工程设计和产品研发工作；支持国家“十五”奶类重大专项的乳品加工专题的项目论证和实施工作，并作为多家乳品加工企业的顾问，为乳业的发展做出了自己的贡献。

岳喜庆

副教授。男，1966 年 2 月出生，山东梁山人。1995 年东北农业大学食品科学系硕士研究生毕业。曾在黑龙江省大庆市大同区食品厂担任车间主任，大同区环保局任水质监测组长。现任沈阳农业大学食品学院食品科学系系主任。

主要贡献：岳喜庆同志多年来始终从事奶业教学、科研和对社会咨询服务工作，为社会培养了大批奶业研究、科研和技术人才，为乳品企业、科研院所输送本科、专科和硕士毕业生 600 余人，这些人已成为各自单位的业务骨干；积极参加辽宁省奶业协会工作，为社会培训各类有用人才 2000 多人次。曾经为辽宁省卫生防疫站、辽宁省农垦局、乳品企业和研究单位、地方的下岗职工等进行“乳品卫生”、“乳品加工工艺”、“乳制品生产与管理”、“乳制品检验”、“乳制品新品种研制”等专题报告讲座，为辽宁省乳制品的发展打下良好的基础；对乳制品的种类、营养、功能特性、地方乳品企业的存在特点等进行了详细的分析，并在课堂、电台、电视台和各大报纸进行广泛的宣传，使人们充分认识到乳的功能及大力发展乳制品的重要性，引导人们参观乳业、认识乳业、善待乳业；重视科研与基础研究，积极鼓励企业发展自身产品，曾先后参加和主持了国家自然基金、辽宁省科技攻关项目、辽宁省教育厅、财政厅和沈阳市的各类乳制品课题 10 多项，其中，“牛初乳功能食品”、“酪蛋白磷酸肽”、“乳牛免疫球蛋白的提取及应用”、“日本活性乳酸菌筛选与应用”等课题已投放市场并得到应用；参与和支持辽宁省森氏乳业、沈阳辉山乳业、丹东升泰乳业等辽宁省著名企业的发展和建设，帮助其进行产品完善、HACCP 审核等，为辽宁省奶业的发展做出了自己的贡献。

昝林森

研究员、博士生导师。男，1963 年 10 月出生，陕西扶风人，1986 年本科毕业于西北农业大学畜牧专业，曾赴美国、澳大利亚、新西兰、比利时、荷兰等国研修和考察。现在西北农林科技大学动物科技学院任教，兼任中国良种黄牛育种委员会副秘书长、国家杨凌农业综合试验工程技术研究中心良种牛繁育工程技术分中心主任、杨凌示范区良种奶牛繁育中心主任、陕西省良种奶牛繁育中心技术总监、陕西宝鸡陇州奶牛育种中心（项目）首席专家、《中国农学通报》副主编、《黄牛杂志》常务副主编及《经济动物学报》常务编委等。

主要贡献：昝林森同志参加工作以来，主要致力于现代动物生长发育调控和牛羊良种选育及产业化开发等方面的研究和教学工作，为大学生和研究生开设了 6 门专业或专业基础课程，主要参加或主持了 18 项省部级以上课题的研究工作。获国家级科技进步一、二等奖各 1 项，省部级教学成果特等奖及科技进步一、二等奖 4 项；省部级科技进步三等奖 3 项；出版著作或教材 12 部，其中主编或副主编 8 部；发表论文 100 余篇，其中核心期刊上 80 余篇，5 篇论文参加了国际学术会议。主编、副主编了全国农业院校专科和本科的《牛生产学》编统教材及《现代乳牛学》等著作。

“九五”以来，昝林森主要负责陕西省科技攻关计划项目“秦川牛选育改良及产业化配套技术体系研究”等项目，系统开展了秦川牛肉用选育及杂交改良工作及其相关配套技术的研究，开发的“秦雄牌”秦川牛以优良的产肉性能荣获中国国际农业博览会优质名牌产品奖（1999）。主持完成的“CNT 促长剂研制及提高畜禽生产性能研究”以及“秦川牛优质高效产业化配套技术体系研究”等成果已通过省级技术成果鉴定，技术水平分别居国内领先和国际先进。近年来，昝林森主要主持承担了国家“十五”科技攻关计划奶业重大专项“西北农区（陕西）奶业现代化生产技术集成与产业化示范”及西部专项“杨凌示范区畜牧业孵化器及科技示范园建设”、陕西省重点科技攻关计划项目“草食畜牧业良种选育及产业化开发工程”、西安市科技攻关计划项目“人工诱导母牛一胎双犊方法的研究”和宝鸡市科技计划项目“陇州奶牛繁育中心建设”等项目，通过产学研结合的方式，组织国内外相关院校和企事业单位联合攻关，在奶牛良种快速化扩繁、标准化饲养、科学化管理、机械化挤奶、程序化防疫等方面全方位开展了技术集成与示范，取得了一系列阶段性成果，尤其在奶牛早期胚胎鉴定、营养调控、标准化饲养管理、区域性网络化疫病防治体系建立等方面取得了明显的成效。曾获教育部霍英东教育基金和杨凌农业科技新星基金资助，并先后荣获“全国黄牛选育改良先进工作者”、“中国农学会青年科技奖”及“陕西省十大杰出青年”等奖励，为陕西乃至西北奶业的发展做出了贡献。

冀一伦

教授。男，1919 年 2 月出生，山西平遥人，1944 年毕业于铭贤学院专科畜牧兽医系，1949 年 3 月获美国伊阿华大学畜牧系学士学位，1950 年 10 月获犹他大学研究生院动物营养学硕士学位。曾任山西农业大学养牛学、饲养学、动物营养学副教授、教授；全国养牛研究会第一任会长、中国畜牧兽医学会荣誉理事、中国奶牛协会理事、《动物营养学报》荣誉编委、《中国动物科学》（英文杂志）编委、《良种黄牛杂志》副主编，山西奶牛协会原理事长，山西畜牧兽医学会名誉会长，山西省科委技术咨询顾问。

主要贡献：冀一伦同志参加工作以来，主要参与了“中国黑白花奶牛品种培育”工作，1988 年获国家科技进步一等奖；1974—2001 年指导山西山阴县黄牛改奶牛工作，推广先进技术 10 项，培训技术员；在任山西奶牛协会理事长期间，组织 20 个奶牛场作各场产奶量、繁殖头数月报表，定期召开技术员会议，交流经验，互相观摩，推广加拿大奶牛外形鉴定标准，Semex 公司公牛冷冻精液，利用几百张幻灯片给省内外奶协人员讲奶牛饲养管理，乳房炎预防，奶牛外形，奶牛生产性能。出版《实用养牛科学》一书，协助制定“高产奶牛饲养管理规范”（国标）。合著《养牛学》（全国教材）、《养牛手册》，合译《乳牛学》、《家畜改良遗传学》等书共 12 本。参加国际会议 9 次，发表论文 68 篇，其中 10 篇在英美等国杂志刊登。

另外，他还参加了“中国黑白花奶牛核心群选育”课题的研究，1992 年获农业部三等奖；“奶牛评比”，1987 年获美国佛蒙特州（Vermont）一等奖；1990 年获“山西省发展奶牛业”评比一等奖。

企业家

王经济

男，1958 年 5 月出生，陕西西安人。现任西安银桥股份有限公司党委副书记兼常务副总经理。

主要贡献： 王经济同志作为一名乳品企业的基层管理干部，积极协助配合总经理的工作，使企业得到了较快的发展。目前银桥公司已发展成为中国西北地区产销量最大的乳制品专业生产企业、农业产业化国家重点龙头企业、中国学生饮用奶定点生产企业，并跨入了中国乳品十强企业的行列。自 1999 年以来，公司每年仅支付奶农收购生鲜奶费一项就高达 1 亿元，创造了良好的经济效益和巨大的社会效益。王经济同志先后荣获临潼区优秀共产党员、西安市劳动模范、第四届西安市明星青年乡镇企业家和第三届陕西省乡镇企业家等荣誉称号。

在王经济主持工作期间，他对收购、生产、包装、入库检验等各环节的工作制定了详细的操作规程和措施，例如在车间实行层层负责、严格把关、责权明确、奖罚分明等制度，大大调动了职工的积极性和主动性；另外，在他的带领下，公司实行了全员质量管理，建立健全了一整套行之有效的质量管理措施，成立了由总经理牵头的质量保证委员会和以主管副总经理为首的质量管理委员会；1996 年，公司在全国十大乳品企业中率先通过了 ISO 9000 国际质量体系和产品质量认证，从而使企业的质量管理走上了与国际接轨的道路，捷足先登地拿到了一把企业及产品走出国门、走向国际市场的金钥匙；2002 年公司生产的“秦俑牌”系列奶粉，以其过硬的质量、优质的服务和良好的信誉被国家质检总局授予了“中国名牌产品”称号，实现了陕西省中国名牌零的突破。2003 年“秦俑牌”奶粉和“银桥牌”液态奶双双荣获了“国家免检产品”称号。

在王经济同志的倡议和亲自指导下，从 1998 年开始，公司对所有干部员工进行了为期一个月的全封闭式的军事化训练。通过军训，磨炼了职工们的意志，增强了凝聚力，而且在员工中树立了“银桥靠我发展，我靠银桥生存”的主人翁观念，给企业带来了新的气象，职工着装统一整齐，说话文明礼貌，行动步调一致，从而树立了良好的企业形象。

目前，在党委和董事会的正确领导下，在王经济同志的指挥下，公司在西安临潼经济开发区先后投资 3 亿元建成了以液态奶为主的综合乳品生产基地，引进了 30 余条国际一流的液态奶生产线，从而使企业在多元化、规模化的道路上迈出了更大的步伐，为做强做大银桥乳业、实现银桥跨越式发展做出了巨大的贡献。

包宗业

1947 年出生，浙江人。高中毕业后到北京市永乐店农场成为一名工人。1983—1992 年先后担任北京市牛奶公司副经理、经理和国营农场管理局局长助理等职务；1992—1997 年担任北京市农工商联合总公司副总经理；1997—2002 年担任北京市农工商联合总公司总经理；2002 年起担任北京三元集团有限责任公司董事长兼任北京三元食品股份有限公司董事长。

从农场普通工人，到北京市牛奶公司的管理者，再到三元集团的老总，包宗业同志对所从事的牛奶事业有着深入的理解。多年来，在各级政府的大力支持下，特别是改革开放以来，北京市国营农场管理局（三元集团前身）系统的乳品加工企业有了相当的规模，以牛奶公司为主的鲜奶加工占据了北京 80% 的市场份额。进入 20 世纪 90 年代，随着市场的发展和国内外乳品公司纷纷抢滩首都市场，北京的乳品加工企业面临着竞争的危机。在这种情况下，时任三元集团公司副总经理的包宗业经过深入的思考，明确提出：企业要面对市场，提升竞争力，必须要打破原有农场和牛奶公司生产的地域界限，整合资源，组建奶业集团，实行专业化经营，打造统一品牌。为此，在重组系统内奶业公司时，对原有的多个产品品牌统一合并，形成一个名为“三元”的地方品牌，代表农工商的产业特点和寓意。1996 年底，利用股份制形式将系统内的几家乳品企业重组为奶业公司。1997 年，奶业公司连同集团持有的北京麦当劳公司 50% 中方股权组建北京三元食品有限公司，加盟“北京控股”在香港成功上市，并用募集的 2. 4 亿元资金，引进国外先进的技术装备，一举建成了国内当时最具现代化水平的液态奶、固态奶、发酵奶和科技研发中心四大基地，使公司日乳品加工能力由重组前的不足 400 吨提高到 1000 吨，经济实力和企业竞争力有了显著增强。2003 年 9 月，三元食品股份公司从“北京控股”分拆，在国内A股上市成功。

面对日益激烈的乳品市场竞争，包宗业审时度势地提出：作为“都市型奶业”的三元食品必须扬长避短，做足“质、鲜、近”三篇文章。三元集团充分利用自身完整的产业链条，从奶牛的育种、饲养抓起，严把质量关，从源头上保证牛奶的质量。在乳品加工上，采用现代化的挤奶技术和先进的生产工艺，保证原料奶在全封闭冷链条件下生产、储存、运输和加工。为按国际标准打造健康放心奶，三元公司在国内乳品行业率先推出无抗奶，其生产的成品质量也高于国家标准。三元的奶源基地和加工厂分布在京郊，贴近市场，靠近市民。在保留原有送奶到户的配送体系的基础上，又引进现代物流模式，运用网络调动系统，建立了600多人、300余台冷藏车的专业配送送队伍，实现了“当天鲜奶当天到”。

正是凭借着这种对企业的责任感和超前的思路，对资本的高超运作和对产业的整合，包宗业把企业带到了一个更高的境界。今天的三元，正在联手众多外资品牌向牛奶及其制品的深度广度进军，不断研发更安全、优质的功能性奶制品，满足市场日益多样化的个性需要。做北京市的健康使者，是包宗业和他的同仁们矢志不渝的至高追求。

安国锋

总经理。男，1967年12月出生，黑龙江讷河人。1990年东北农学院毕业，同年分配到农业部工作。1997年任中国种畜进出口公司业务经理，1999年任中牧集团华牧中心部门经理。现任北京鑫茂嘉旭进出口有限公司总经理。

主要贡献：安国锋同志多年来一直在农业部门及相关企业工作，对国家农业和畜牧业发展政策理解较深。自进入种畜进出口行业以来，多次出国考察当地畜牧生产和乳业发展情况，挑选优质种牛，为我国奶牛业的发展进口了大量的遗传资源，在业内享有较高的声望。

2000年，安国锋创办北京鑫茂嘉旭进出口有限公司，专职从事种畜进出口工作。公司广纳贤才，旗下有诸多畜牧、外贸、法律等各方面的专业人才和管理人才。2002年下半年，为降低进口成本，公司率先采取海运方式大批量进口奶牛，从而大大提高了进口效率，开拓了国内外市场，引进了国外优质奶牛、精液等遗传资源及相关技术。同时，注重对进口牛的技术咨询和指导，引入发达国家先进的养殖、管理技术，以全方位地提高中国畜牧业的整体水平，实现长期可持续发展。为此，公司先后多次组织澳大利亚、新西兰、加拿大等畜牧业发达国家的专家和技术人员来华为客户提供技术指导和服务，使进口良种奶牛的生产潜力能够在合理饲养和科学管理之下充分发挥出来。

在繁忙的公司业务之外，安国锋同志还积极参与行业内活动，如赞助中国奶业协会举办的奶牛发展大会和全国技术培训，担任有关行业协会理事等职务，积极为中国优质奶牛进口及有关技术引进的事业进行宣传，为行业规则制定献言献策，为奶牛进口行业的健康发展做出了较大的贡献。

杨志成

总经理。男，侗族，1957年出生，湖南省怀化人，工商管理硕士毕业。现任深圳市晨光乳业有限公司总经理。

主要贡献：杨志成同志在担任深圳市晨光乳业有限公司总经理前，曾创办和管理过多家企业，工作业绩显著。

2003年，深圳光明集团公司将原晨光饮料、晨光贸易、牛奶公司、饮料公司和杨凌晨光等五家不同业务的经营实体组合为深圳市晨光乳业有限公司，杨志成同志出任公司总经理兼党委副书记。在深圳奶业营销的激烈竞争中，为了维护并扩大自己企业的市场份额，把企业做大做强，杨志成同志充分发挥了自己的经营管理才能，团结全公司1 700多员工，沉着应对市场变化，注意调查研究分析市场信息，善于扬长避短，摸准深圳市民喜爱食“鲜”的饮食特点，积极开发以鲜奶为主要原料的奶制产品，稳定老客户，吸引新客户，经过顽强的市场打拼，终于全面超额完成了各项生产经营指标，当年实现税前利润3 260万元，确立了晨光乳业为南中国第一品牌的市场地位。

杨志成同志善于运用现代经济理论处理生产经营中的问题，思维活跃，能够敏锐地发现企业管理“盲点”，具有较强的市场调控和统揽全局的能力，办事民主、善于听取不同意见，把依法办事、令行禁止作为基本工作原则，在员工中有较高威信。

黄松乔

高级畜牧师。男，1963年1月出生，四川井研人，四川畜牧兽医学院毕业，获农学学士学位。曾任四川省阳平种牛场种牛队、牧草队队长兼党支部书记，种牛公司支部书记，种牛场副场长、党委委员。现任云南邓川蝶泉乳品有限责任公司总经理兼党委书记，西南农大荣昌分校客座教授，中国畜产品加工协会理事，中国奶业协会理事，中国西部乳业发展协会常务理事等职。

主要贡献：黄松乔同志在担任总经理期间，完成了公司转制，确保了平稳过渡和交接，保证了生产经营和市场的稳定，扭转了生产经营的不良局面，取得了较好的经营业绩。1997年主持完成了“奶粉厂流化床技改项目”，大大提高了奶粉颗粒的均匀度，增加了冲调性和速溶性；1999年，组织筹建“四川阳平乳品饮料股份有限公司”液态奶生产线建设工程，并于2000年3

月正式竣工投产；主持完成了液态奶技改项目工程和奶源基地建设，组织建设千吨奶工程新厂一期项目。

黄松乔还主持了四川省科技厅重点科研项目“公司加农户”农村种草养奶牛综合配套技术示范与推广研究，获得四川省农牧厅“科技进步一等奖”，四川省政府“科技进步三等奖”；主持国家科技部“八五”重点攻关课题“中国西门塔尔牛选育”的“西门塔尔牛纯繁选育技术研究”专题，获四川省农业厅“科技进步一等奖”，总课题2003年获“国家科技进步二等奖”、“北京市科技进步一等奖”、“中国农科院科技进步一等奖”。1995年被农业部和中国西门塔尔育种委员会授予“全国育种先进个人”称号。目前正主持国家科技部“十五”重点攻关项目“四川农区奶业现代化生产技术集成与产业化开发研究”。

蔡树维

高级经济师。男，1952年8月出生，河北石家庄人，北京社会函授大学大专毕业。曾任石家庄三鹿集团股份有限公司供销科业务员、供销科长、总经理助理、副总经理，现任三鹿集团副董事长、常务副总经理。

主要贡献：蔡树维同志从事奶业工作28年来，在奶源基地建设、乳品加工、经营管理，尤其是在市场营销方面积累了丰富的经验。在公司的企业管理、低成本扩张、CI策划及企业的发展战略规划等方面也做了大量的工作。

2002年，蔡树维同志对既有的营销模式和组织架构进行了大胆调整，变原来的市场分级管理制为二级扁平化管理，重点转向“市场人员管理市场”，最大限度地发挥各市场人员的能动性和创造性。

2003年，蔡树维同志指挥了“三鹿液态奶中原市场战役”，一周内产品遍布河南14个地级市场，铺货率高达89%，3个月内三鹿利乐砖市场占有率达40%；明确提出“终端形象决胜”的观点，不断加强三鹿产品的终端陈列，改善货架位、产品摆放状况，在展示和提升产品品牌形象的同时，自然促进了销售；还组织编写了《市场营销作业指导书》。

由于他的突出表现，使他赢得了诸多荣誉：全国轻工系统劳动模范、全国乳品行业企业优秀经营者、省长特别奖、市政府十佳销售状元、石家庄市第十、十一届人大代表等。

知名奶业企业

光明乳业注重产品质量 加强企业品牌建设

光明乳业股份有限公司·王佳芬

牛奶，作为自然界中最接近天然、营养最全面的健康食品，如今已是走入平常百姓家。以生产、销售乳和乳制品为主的光明乳业，通过自身的努力，以满足消费者需求、创造消费者需求为己任，努力为广大消费者提供优质的光明牌乳制品。

光明乳业股份有限公司是由国有企业上海牛奶集团公司脱胎而来的、由国资、外资、民营资本组成的产权多元化的股份制上市公司。主要从事乳和乳制品的开发、生产和销售，奶牛和公牛的饲养、培育，物流配送，营养保健食品的开发、生产和销售。公司拥有世界一流的乳业研发中心、乳品加工设备以及先进的乳品加工工艺，形成了消毒奶、保鲜奶、酸奶、超高温灭菌奶、奶粉、果汁饮料等系列产品，是全国最大规模的乳制品生产、销售企业之一，在行业中一直保持领先地位。

2003年，上海光明乳业股份有限公司正式改名为光明乳业股份有限公司，标志着光明更加大踏步地走向全国。公司在全国15个省、直辖市发展了15个合资企业，11个代加工工厂，5个独资企业。上海地区以外的乳制品销售收入已占公司乳制品销售总收入的72%，光明成为真正意义上的全国性公司。

“盈利支持增长，而非增长支持盈利”是光明乳业管理上的一个重大决策。新兴股权多元化体制的确立给企业注入了强劲的活力，也强化了创造价值的观念，保障企业在日益激烈的市场竞争中无往而不胜。

经过数十年的努力，光明成为了全国最大规模的乳制品生产、销售企业之一，连续多年实现经济的健康飞速增长。2003年，公司继续保持了良好的盈利能力和成长性，实现销售收入59.81亿，同比增长了19%，实现净利润2.82亿元，同比增长25%，光明已连续八年实现销售、利润同步两位数的健康增长。2004年，光明乳业名列“中国企业500强”之一，入选“上证50指数样本股”，在《财富中国》发布的《2004年中国证券市场领导力报告》中，被评为“2004年全国最具领导力的20家上市公司”，并获得由上海市质量技术监督局、发展与改革委员会、经济委员会等联合评审的“上海市质量金奖”。

利润数值的持续攀升，不断获得的荣誉，证明了投资者满意度在增长，证明了光明经济价值在提升，证明了社会认同感逐步实现。光明乳业已经从“生产企业规模化盈利”发展到“市场销售规模化盈利”的基础上，开始向“资本和知识管理的盈利”模式发展。

其成功的经验是：

1. 从牧场到餐桌——全程管理保质量

高科技构筑核心竞争优势，是光明乳业一贯的理念。公司以“建设高科技光明”为目标，瞄准国际乳业最新发展动态和市场需要，用科学管理确保产品的质量。

光明拥有世界一流的奶牛育种中心和奶牛饲料厂，为培育优质牛群、科学饲养提供保证，奶牛事业部精心培养的技术管理人员为分布在全国各地的20多个奶源基地提供支持。为保证运输奶车的卫生，光明20多家工厂为运输车辆和生产设备均建立了CIP清洗程序，实现了与国际接轨。原料奶进场前都要进行10多项指标的检测，先进的牛奶快速测定仪能在1分钟内检测出各项理化指标，光明旗下所有工厂均有国际上最先进的乳制品加工生产线，牛奶从进入生产线到成品下线全部在管道中进行，产品质量得到有效控制。光明拥有业内目前最大最完善的新鲜冷藏物流，每年还要投入上千万资金用于改善运输车辆、建造社区冷库，送奶上门通路覆盖整个上海市乃至全国部分重点城市。

为确保“从牧场到餐桌”的全程质量管理不掉“链子”，光明乳业制定了体现以顾客为中心的“好牛好奶、滴滴精彩、天天新鲜、人人信赖”16字质量方针。公司专设质量副总裁，无论是质量链条的任何环节出现质量偏差，均拥有“一票否决权”；成立了由各条线主要负责人和专家等8人组成的质量管理委员会，共同研讨制定公司的质量发展规划，通过内部审核和管理评审等程序来保证体系的有效运行，为持续改进提供机会。仅2003年一年，光明就实施了掘金行动、破礁行动、禁堵卫士、安装PH计实现发酵在线控制、DHI牛群改良等6项主要质量改进项目。2004年初，光明的40位主要领导和企业法人代表又共同签署了“质量宣言”，内容涵盖质量方针、目标、体系、管理、营养与健康、产品信息传递、质量指示、产品技术要求、宣言的执行9大方面，将其分解落实到每一个部门、每一条生产线、每一个员工、使质量在每一个光明员工的心中生根，以切实兑现质量承诺。

2. 品牌建设——打造企业形象

品牌是企业的旗帜。企业的发展离不开品牌的建立，品牌的发展同时基建于企业的发展上。作为中国乳业知名企业的光明乳业股份有限公司，多年来，努力建立一个让消费者信赖的知名企业品牌。基于企业目标和使命的基础上，公司把“光明”品牌运用在保鲜奶、酸奶、超高温牛奶、奶粉和奶酪等产品的发展中，让品牌核心价值在各个产品大类中得到发展和共享，并将光明品牌的价值定位为：高质量的、新鲜的、健康的、关爱的、可以信赖的产品。

在“光明”大品牌下，公司还拥有一系列的根基品牌——心爽、小小光明、心的、麦风、优幼等。通过区域性、促销性、战术性的活动进一步在大品牌和根基品牌下发展鲜奶、酸奶、奶酪、奶粉、乳饮、冰激凌等产品。同时，运用品牌来区分产品的定位，给消费者提供不同层次的产品，满足消费者的不同需求。与此同时，光明更关注对品牌的维护和管理，积极投入公益事业和企业宣传，通过优质的产品、良好的售后服务、高素质的销售队伍让光明的产品和品牌相符合，进一步扩大光明产品的品牌知名度和信赖度，让光明的主品牌和子品牌共同打造一个稳定的企业形象。

今后，光明乳业将继续抓住机遇，把握迅速变化的消费需求，引领变化的趋势，为最终实现“跻身世界乳业十强”的远景目标，为中国奶业的发展做出更大的贡献。

伊利奉献精良品质　创造健康生活

内蒙古伊利实业集团股份有限公司　潘　刚

内蒙古伊利实业集团股份有限公司是以乳品加工为主的大型乳品集团，产品有液态奶、奶粉、冰激凌等九大系列，近1 000多个品种。伊利集团生产的超高温灭菌奶连续六年，雪糕、冰激凌连续九年产销量居国内同行业首位。2003年，伊利集团资产总额达到40.26亿元，实现主营业务收入62.99亿元，利润总额3.19亿元，给国家上交各种税金4.9亿元，主营业务收入在中国乳品行业中排名第一位。2004年公司继续保持了强劲的发展势头，上半年实现主营业务收入43.44亿元，比上年同期增长48.46%，完成利润总额2.48亿元，比上年同期增长52.15%。

伊利集团在抓经济效益的同时，特别重视产品的质量和产品的安全，获得了很多荣誉。“伊利”商标是国家工商行政管理局认定的为“中国驰名商标”。伊利雪糕、冰激凌在国家乳品检测中心市场抽检中，连续多年产品的合格率为100%。公司荣获中国质量管理协会授予的“全国用户满意企业”称号，被中国食品工业协会评为“质量效益型企业”。2000年9月伊利集团又被国家质量技术监督局评为“全国质量管理先进企业”，最近被国家质检总局认定为“30家放心奶粉生产企业”。伊利产品多次获得“消费者最放心乳制品”“消费者信得过产品”等美誉。2002年2月，伊利集团被正式批准成为“国家学生饮用奶”定点生产企业。

（一）强化员工质量意识

伊利集团基于长期发展规划及员工的个人发展需要，专门制定了《伊利集团培训管理制度》，建立了一整套完善的员工培训体系，通过从外部聘请教师、内部总结案例、实地考察、实践操作等多种办法和途径，给大家创造更多的学习机会，提高员工的职业技术素质和理论水平，提高员工的实际工作的能力。三年来，公司累计投入培训费用9 000多万元，员工培训时数平均超过36个小时。

在做好培训工作的同时，积极与外界开展各项技术交流活动。除了与南开大学、中国农业大学等多所国内高等院建立了良好合作关系外，还派出技术骨干和负责人到国外进行考察和学习，仅2003年就派出10批近60人次赴德国、法国、新西兰、日本、韩国、丹麦、澳大利亚等国家参加国际学术会议、访问国外著名乳品研究单位和考察学习世界先进的技术和质量管理。

公司还利用各种机会，通过张贴标语、开展主题演讲、发表文章、展板宣传、实物展示等各种方式，对质量管理进行宣传。在宣传上不仅展示存在的质量问题和隐患，还发动大家探寻造成问题和隐患的原因及解决办法，使公司形成了质量就是生命，人人抓质量的浓厚的质量管理氛围。

（二）加强奶源基地建设

优质的产品首先要从源头抓起，原料奶是乳制品最重要的原料。从1993年伊利集团成立以来，公司就非常重视奶源基地的培育和建设。为了加快奶牛养殖业发展，适应企业快速发展的需要，创建了“分散饲养、集中挤奶、优质优价、全面服务”的“公司＋农户”的奶源基地建设模式，先后投资6亿多元对奶源基地及配套设施进行建设，建成标准化奶站1 300多个，奶牛饲养专业小区300多个；为了解决奶农专业知识缺乏及奶牛品种改良等问题，伊利集团聘请专家，为奶农传授科学的奶牛饲养技术，与国内外的研究机构、科研院所进行合作，培育高产高质的良种奶牛，积极帮助奶农做好奶牛的防疫工作；为了解决奶农购牛资金短缺的问题，向奶农发放购牛贷款累计38.32亿元。目前，伊利集团在全国已经形成了呼包、京津唐、东北等几个主要的奶源基地，为企业的长足发展提供了优质的奶源的保障，为广大农牧民脱贫致富做出了贡献。

1999年5月中国乳品工业协会在伊利集团召开“全国奶源基地建设现场会”，将“公司＋农户”的奶源基地建设模式认定为符合中国奶源基地建设的模式，并被称为“伊利模式”，在全国范围内推广。随着乳品行业的发展和新产品的研制，对奶源的质量要求也越来越高，“公司＋农户”的奶源基地模式也不能适应企业长足发展的要求。为此，2002年伊利集团在否定自我的基础上提出：建设以现代化牧场园区为主体的新的奶牛饲养模式，由大群体小规模向小群体大规模转变，走科学化、规范化、集约化的新的奶牛养殖道路。

（三）推进科技进步

先进的生产设备和生产工艺是生产出优质产品的保障。从20世纪90年代末期开始，公司积极开展国际合作，累计投入资金超过10多亿元，引进当今世界上最先进的生产设备和生产工艺。在呼和浩特市金川生产基地建成了国内最大的无菌奶生产车间，在黑龙江省杜尔伯特县建成全国奶粉单机产量最大的奶粉生产工厂，所有生产线采用自动控制，从硬件上为产品的质量提供了保障。几年来，与伊利集团合作的国际知名企业有瑞典的利乐公司、丹麦海耶公司、丹麦尼鲁公司、德国的GEA公司等。

在引进先进的生产设备和生产工艺的同时，也在引进他们的先进管理，并且随时关注世界乳品生产设备和技术的发展，不断地对我们原有的生产设备进行改造和升级，及时更新自己的技术装备水平。

随着硬件装备水平的提升，公司也非常注重软件的开发。伊利集团拥有一批专业技术队伍，目前公司专业技术人员占员工总数的17%，硕士学历有30人，博士学历有8人。公司逐年加大对技术工作的投入力度，技术开发经费从1999年的4 000万元增长到2002年的1.4亿元，保证了各项技术工作、科研项目的顺利开展。2004年，伊利集团技术中心被批准为国家级技术中心，技术中心在新产品、新技术、新工艺的开发，将科技成果转化为生产技术和商品的中间试验，对引进的国内、外新技术进行消化吸收和创新等方面做出了很大的成绩，完成多个科研项目，其中国家立项数3项，企业自主立项数158项（2002年），与国内科研院所联合立项数5项，与国外科研机构立项数7项。

（四）严格的质量管理

为保证产品的质量，伊利集团强化产品生产过程的质量管理和控制，确定了“依托奶源优势、坚持绿色天然、安全健康”的发展思路，始终坚持产品的“安全、卫生、优质、天然”。在同行业内率先通过了ISO9002国际质量保障体系认证，运用国际标准对生产过程进行严格管控，主要产品均取得了“绿色食品”标志使用权。2001年开始在新建设工厂中严格按照GMP的标准进行规划和设计。2002年9月伊利集团液态奶事业部首先通过了HACCP质量管理体系认证，这是世界公认的有效保证食品安全卫生的质量管理系统，随后冷饮事业部、奶粉事业部、原奶事业部也于2003年1月全部通过第三方审核。2003年11月，伊利集团通过了ISO14001环境管理体系认证，从更大的范围和角度控制产品质量。同时根据各体系的要求，制定和完善各类质量管理制度，配置各种产品质量监测、检测设备。通过这些保障体系的运行和管理制度的实施，使公司在生产过程中的质量控制工作达到了国际标准。公司还投资1 300万元建设完善统一的物流配送网络，对各类产品的运输要求和条件都进行了详细、严格的规定，在各关键点上有专人对产品质量进行跟踪。

（五）弘扬企业文化

企业文化是企业的灵魂，不仅决定了企业能否生产出高品质的产品，而且决定了企业能否获得持续、健康的发展。经过多年的发展，伊利集团形成了“以人为本、制度为保障、团队为前提、平等信任”为核心理念的企业文化，建立了一支高效的员工队伍。并通过实践、宣传和建设，将公司的企业文化渗透到每一位员工心中，根植于公司的每一件工作中。

伊利集团在“以人为本”企业文化的精神的指导下，制定了《员工特别福利制度》、《员工特别激励制度》以及其他相关的员工关怀制度，对员工的带薪休假、住房、保险、体检等各个方面予以补助和激励，甚至每个员工过生日，公司都要送上一份贺金和蛋糕，以示祝贺。2004年，为了感谢广大员工对伊利集团做出的贡献，公司又出台了中层以上员工购车予以补助的相关管理办法，解决员工的后顾之忧，提高了员工对公司的信心。

几年来，随着人民生活水平的提高，在国家相关部门及内蒙古、呼和浩特市两级党委、政府的大力支持下，在中国奶业协会和乳制品工业协会的指导下，伊利集团取得了长足的发展。立足行业发展趋势和自身能力，公司对未来十年的发展规划出了符合实际情况的战略目标：到2012年实现销售收入30亿美元，进入世界乳业20强，成为中国市场价值最高的上市公司。在实现这一目标的过程中，伊利集团仍将一如既往地坚持自己的质量管理理念和质量工作方针，为广大消费者提供安全、营养的产品，创造健康的生活。

蒙牛乳业致力维护食品安全 树立企业诚信

内蒙古蒙牛乳业集团　牛根生

2003年是“中国诚信年”，维护食品安全已经迫在眉睫。几年来，蒙牛乳业通过自身的实践，深刻体会到，诚信是企业生存的根基，食品安全是立业之本。当前面临的食品安全问题可概括为三个“整体性”和三个“无序性”。

（一）三个“整体性”

1. 产业链的整体性　对于食品企业来说，只做好工厂这个环节的安全是远远不够的，必须是厂前、厂中、厂后的综合安全。即使放进商店里，还要提防不法分子的蓄意破坏……安全防范必须深入到每一个细节；只要一个环节出现疏漏，就有可能前功尽弃，全线崩溃。

2. 企业与消费者的整体性　对于一家品牌企业来说，先有消费者的安全，然后才有企业的安全，两者如同一枚硬币的正反面、一块磁铁的南北极，没有你就没有我。

3. 全行业的整体依存性　一个阜阳劣质奶粉事件，给中国乳业造成多少损失。联系到以前发生过的朔州假酒事件，南京冠生园事件，无一不是以个别事件开始，以全行业遭受重大创伤而告终！所以，在食品安全面前，所有企业一荣俱荣，一损俱损，只有同舟共济，没有独善其身！

（二）三个“无序性”

1. 打假的无序性 在今天的市场环境中，只要是全国名牌，一定逃不脱被仿冒的命运。究其原因，与地方保护主义有着千丝万缕的联系。一些地方在处理假冒名牌的事件时，前紧后松，抓得勤、罚得少、放得快，过不多久就会死灰复燃、卷土重来。比如在东部某个省，我们查到7个企业假冒我们的产品。当地管理部门的人与我们一起去的时候，把车间封了，库房封了，产品封了，该封的都封了。但我们走了以后，时隔不到7天，他们又放虎归山。

目前打假的手段也有问题。发现假冒产品，就在电视上暴光。但暴光的结果，究竟是惩罚了假冒者呢，还是惩罚了被假冒的名牌厂家？从实践上来看，往往对假冒分子没有带来多少惩戒，反倒对被假冒的名牌厂家带来无可估量的损失。因为电视上一暴光，消费者难辨真假，就采取最简单的策略：甭管真的假的，统统不买。

实际上，关注食品安全，首先应该关注食品行业的安全。否则，食品安全就没有牢固的根基，是不全面的。

2. 危机预警的无序性 不法分子的几封恐吓信、几个匿名电话，就能引发地方政府封堵名牌产品的红头文件。这听起来不可思议，却是我们亲历的现实。行政资源居然可以这样轻易地被坏人滥用，优秀品牌居然可以这样被送上断头台，这给我们一个警醒，如果不提前确立危机预警的相关规则，那么，一旦危机爆发，就会出现“一个领导一个调，一个地方一个样”的纷乱局面，这样随意行政，正常的市场经济秩序就会成为空中楼阁！如何建立科学的危机防范机制和应对流程，这是需要我们推动政府迫切解决的重大课题。

3. 小媒体的无序性 近年来，乳品行业出现了“三多”：不正当竞争增多，假冒名牌产品的事件增多，不法分子的敲诈勒索增多。而为不正当竞争推波助澜的，就有一些小媒体。这些小媒体受利益驱使，容易滥用手中的“话语权”，说你好你就好、不好也好，说你不好你就不好、好也不好。强调媒体责任，对媒体负责人实行“问责制”，势在必行。

从以上可知，能不能解决好这三个“整体性”与三个“无序性”，关系到中国乳业的未来。

其次，许多人强调诚信经营，强调观念先行。“一切改变都从观念改变开始”，“改变观念就可以改变一切”。这些话是好的，这些工作也是必不可少的，但只要有1%的害群之马，法制利剑就不能松懈。自律要成为一种自动自发的需求，背后必须有一种强有力的“他律”机制作奠基。目前最迫切的需求是：口号少一些，皮鞭多一些；坐而论道的训诫少一些，真刀真枪的治理多一些！

我们知道，真善美的观念其实每个人都有，但把观念变成行动有时需要刺刀来殿后。哪个偷盗者不知道“偷盗可耻”，哪个吸毒者不知道“吸毒有害”，哪个制假者不知道“售假违法”！给他们开出“诚信”疗方，虽然不能说完全无效，但实在就像给癫痫病开出“要清醒，要镇静”的说教方子一样，貌似绝对正确，其实绝对有限。在自觉性和冰冷的制度之间，经验告诉我们，冰冷的制度更可靠！

迫害品牌企业的，是假冒伪劣产品；危害广大人民健康的，也是假冒伪劣产品。假冒伪劣害民、害企、害行业。打击假冒伪劣，维护食品安全，必须发动全民参与，打一场汪洋大海的人民战争！

具体说，需要实实在在编织三张大网：一张是情报网，有假必报；一张是司法网，惩假必严；一张是舆论网，纵假必究。

第一张网，情报网。哪里有假，哪里制假，它的员工最清楚，附近的老百姓也最清楚。只要我们下定决心，毫不手软，像缉拿逃犯一样地缉拿制假售假分子，发动人民群众参与，“有假必报”，“有报必奖”，那么，假冒伪劣就必然成为过街老鼠，人人喊打，无处藏身。

第二张网，司法网。处理假冒伪劣，要全国一盘棋，要在机制上避免地方保护主义者搞“捉放曹”。发现制假窝点，该没收的没收，该销毁的销毁，该处罚的处罚。必须增加造假成本，让造假者倾家荡产，痛心疾首，发誓不干第二次！否则，轻描淡写，捉了又放，黑心一万罚款三千，得手八次失手两回，那么，这场较量会变得永无止境，越打越烈。法律是一把刺刀，在刺刀发挥作用的地方，胡作非为的人就少；在刺刀打盹儿的地方，坏人就会蠢蠢欲动，潘多拉的盒子就会悄悄打开。毛泽东说：“枪杆子里面出政权。”我们今天可以说：“刺刀尖下出安全。”没有悬在不法分子头顶的法制利剑，就没有消费者的真正安全！

第三张网，舆论网。这张网既要教育广大消费者慧眼识假，又要对各级地方政府的打假活动形成监督，褒扬惩假者，揭露纵假者，充当“第三只眼睛”，形成“第三方力量”。

情报网、司法网、舆论网，这三张网相互交织，构成无处不在的人民战争。这既是政府的事，也是行业的事，甚至单个企业在自我品牌的保护上也能够有所作为。我们殷切希望中国食品企业团结起来，在有关协会的领导下，与政府合作，与媒体合作，与消费者合作，推动这场人民战争，及时为食品行业切除肿瘤、消除隐患。只有这样，“揪出一个产品，萧条一个行业”的多米诺符咒才能破解，坑害百姓、殃及产业的朔州假酒事件、南京冠生园事件、阜阳奶粉事件才不会重演！

如果说，净化市场离不开加强法制，刺刀尖下出安全，皮鞭梢上有诚信。那么，对于想在市场上长久立足的企业来说，诚信则是自动自发的需求。我们这个社会永远分主流与支流，讲诚信是我们社会的主流。

最后，我们认为，诚信既是一种世界观，也是一种方法论。既然是方法论，就要有一点艺术，讲一点策略，否则，有可能产生两个危机，一是你的诚信消费者感觉不到，成为“黑暗里递送的秋波”；二是真话可能被误解为谎言，一次谎言会毁掉1 000次真话。

首先，讲一点策略。诚信是一种战略资源，不诚信只能赢一次，诚信才能一辈子赢。市场经济是竞争经济、法制经济，也是诚信经济。辩证地看，只有讲诚信的企业，才会赢得更高的知名度、信任度、忠诚度，才能真正实现“利益最大化”；而一切不讲诚信的企业，最终都会身败名裂，被消费者彻底抛弃。历史已经反反复复地证明：那些把“屠刀”舞向消费者的人，最后一“刀”总会“砍”到自己的头上。所以，与其说诚信是一种美德，不如说诚信是一种智慧。只有会算账、算大账、算长远账的人，才会把诚信当作一种战略资源来经营。

其次，说一点艺术。先看一个事实。今年7月份，一篇题为《2004年中国乳业集体遭遇诚信危机》的文章在网上流传。文章说：据《中国居民奶品消费调查报告》显示，在质量信任度方面，有44%的消费者已经不相信奶品生产商对奶品质量的承诺。

有近半数的消费者不信任乳制品企业的承诺，这说明什么？除了“一个老鼠害一锅汤”的多米诺骨牌效应，中国乳业整体应该反思什么？为什么我们的诚信变成了“黑暗里递送的秋波”？是谁的“一次谎言”，毁掉了大家的1 000次真话？

且不说中国人均牛奶消费量仅是世界平均水平的十分这一，单拿肉、蛋、奶这三类动物性食物的消费结构来说：发达国家肉、蛋、奶的消费比例是0.4∶0.06∶1，三者中乳制品消费比例最高，是肉的2倍，是蛋的17倍；而我国的比例是6.7∶2.8∶1，三者中乳制品消费比例最低，是肉的1/7，是蛋的1/3。这是两个完全颠倒的比例。肉、蛋、奶属于同一消费层级，可以相互替代，为什么我国消费者第一选择的不是牛奶？这里边有生活水平问题，但主要的是习惯问题，观念问题。所以，中国乳业的最大问题是市场教育问题，是引导大家饮奶的问题，是教育消费者用牛奶增进健康的问题。

当今社会最大的学问是按市场经济规律办事，而按市场经济规律办事的最高法则是“对别人有利的才是对自己有利的”。这个“别人”，既包括消费者与合作伙伴，也包括同行。团结，只有团结，中国乳业才能从不成熟走向成熟，从不完善走向完善，从初级阶段走向高级阶段！

今后，蒙牛乳业愿与广大乳业同仁携起手，求大同，存小异，把中国乳业做大做强，向市场提供健康、美味、多样的乳制品，为提高中华民族的身体素质而努力奋斗！

石家庄三鹿保证婴幼儿食品安全 促进奶业健康发展

石家庄三鹿集团股份有限公司　田文华

民以食为天，食以安为先，特别是婴幼儿食品安全关乎民族未来。“阜阳劣质奶粉”事件让我们对此认识更为深刻。“保证食品质量安全，为消费者健康安全负责”是食品生产企业的根本职责。而保证食品安全，提高食品生产企业的技术水平、经营水平则是基本前提条件。为此，就必须加大对食品生产企业的科技投人和管理力度，以不断的科技创新引领行业的可持续发展，确保食品质量安全。就婴幼儿乳品加工企业而言，科学的配方是生产安全、营养婴幼儿奶粉的关键，优质的原料是生产优质产品的基础，先进的技术装备是生产安全产品的保障，严密的质量体系、严格的控制手段是生产安全产品的重要保证，四者共同构筑了婴幼儿食品质量安全的基石，缺一不可。

（一）提高婴幼儿食品企业的市场准入门槛

据国家有关部门统计，目前，全国有儿童食品生产企业6 800家，其中具有许可证的婴幼儿奶粉厂家大约60家。从阜阳劣质奶粉事件的查处情况看，奶粉市场一些小企业的产品质量和科技含量不高。由于技术、装备、观礼、原料等因素，出现质量问题是必然的。究其原因，一是技术水平、生产工艺落后，技术装备水平低，达不到生产婴幼儿配方奶粉的要求，不具备生产婴幼儿奶粉的条件；二是惟利是图，质量意识、责任意识差，不按国家标准和行业标准组织生产，粗制滥造，偷工减料，掺杂使假，盲目追求低成本，非法牟取暴利；三是管理混乱，缺乏必要的检验检测手段和生产过程监控；四是营养标示不清，产品标签不符合要求，消费者的购买知情权受到侵害。

目前，有关部门对新建婴幼儿食品生产企业的登记注册条件比较宽泛，所设门槛较低，致使事后监管难度大、成本高。行业门槛低是当前市场上乳品质量安全得不到有效保证的一个重要方面。

建议对婴幼儿食品这样关乎生命安全健康的产品，有关部门应尽快提高生产许可证颁发条件。对婴幼儿乳品加工企业实行严格审核，对于质量不合格、不具备生产条件、技术装备无保证的企业，坚决取消其生产资格。在婴幼儿食品生产企业营业执照领取上制定出严格的标准，从生产条件上保证企业能生产出符合婴幼儿食品质量安全要求的产品。

（二）加大市场监管力度

一个时期以来，一些执法部门对一些已涉及犯罪的造假、售假行为，一般采取没收非法所得、处以罚款等“以罚代管”的方式结案。在阜阳劣质奶粉事件中，严重的事实持续了1年多还得不到有效解决。打假虽然是好事，由于没有一个基本的程序与办法，结果往往是适得其反。造成的原因，一是缺乏系统的食品安全法律体系。在打假监督方面，以现有的法律法规和职能部门执法行为为主要内容的监管体制，对制假售假尚不能形成强有力的遏制，亟待改进。二是执法部门对种种不正当竞争有权监督检查，而对市场秩序很难说由谁负责。三是许多竞争性行业包括婴幼儿乳品行业，缺乏行业自律规则及其约束力。例如，违反我国卫生部、国家工商行政管理局颁发的《母乳化用品销售管理办法》第七条“生产者、销售者不得向医疗卫生保健机构、孕妇、婴儿家庭实施赠送产品、样品、减价销售产品”、第十三条“医疗卫生保健机构抵制母乳代用品生产者和销售者在本部门、本单位所做的各种形式的推销宣传，不得在机构内张贴母乳代用广告或发放有关资料；不得展示、推销和代售产品”之规定的企业很多，导致了企业间无序竞争的加剧，但无人问津。四是由于部门利益及地方保护等原因，致使各管理部门之间协调不够、职责交叉，错位、缺位、越位现象严重，造成市场竞争无序和奶业市场的混乱。

对此，建议对婴幼儿乳品市场进一步规范，加大打击力度，整顿乳品市场秩序，对不符合安全标准的，坚决不允许进入市场销售；对已经荣获国家名牌、免检的，可直接进入市场销售，以此有效遏制制售假冒伪劣婴幼儿食品的行为，让广大消费者的消费安全得到有效保障。一是政府有关职能部门加大维护市场秩序的监管力度，制止恶意的概念炒作和市场低价倾销等无序行为，同时强化各相关行政执法部门的协调配合，明确职责，以减少国家资源的浪费，减轻企业负担；二是行业协会制订有关行业自律规则；三是新闻媒体机构进一步加强正确的舆论宣传引导与监督，形成多管齐下、齐抓共管，共同建立与维护正常市场秩序的良好氛围。

从立法方面，加强现有法律法规的执法力度，依法加强监督权利，实施对食品安全的有效保护；加强对造假分子及其协从人员的刑事查处力度，制订国家在此方面的法律和司法解释。

（三）加强科学预测，促进奶业健康发展

对奶业增长趋势过度乐观的判断，使乳品加工厂的重复建设现象严重，加工能力的增长速度过快，超过消费水平的增长，加工能力远远大于鲜奶产量。乳品加工业的发展速度与市场、奶源的发展速度不相匹配，从而引发了市场环境的无序和业内的过度竞争。因此，在奶源竞争中出现一种不利于乳业健康发展的倾向，即一些企业只注重对现有奶源的争夺，而不去大力发展、培育奶源；个别企业甚至在市场状况好时，降低收奶标准，高价争抢奶源；在市场发生变化时拒收或低价收购奶农鲜奶，造成奶农倒奶或奶农歉收。奶源的争夺战愈演愈烈，潜在的市场竞争达到惨烈甚至亏本销售的程度。市场终端的激烈竞争，使一些企业进入了全线出击的状态，结果是在不少奶源基地出现哄抬价格、迁就质量的混乱局面。与此同时，假冒伪劣乳品充斥市场，致使名牌企业苦不堪言。

奶业发展必须建立在科学、正确的发展战略与规划之上。奶牛养殖与加工环节之间、奶业发展与消费需求增长之间、国产乳品与进口乳品之间都存在一个协调和比例关系问题，需要很好的把握，并遵循自然规律和经济规律。为此，建议政府主管部门在加强调查研究的基础上，制定有关行业发展规划、产业政策、投资指南等方面的意见，在确保奶源、加工、市场协调发展的基础上，走因地制宜、多种模式发展的道路；在抓住机遇，转变观念，加快行业发展的基础上，进一步加快我国奶源基地的建设步伐，确保奶业发展的后续能力；重视市场需求的变化，准确把握奶业发展变化的规律和特点，一切从实际出发，避免过热发展；既要重视发展的量又要重视发展的质，既要注重增长速度，又要注重增长效益；在注重奶牛存栏、奶类产能以及乳品加工总量的同时，切实把单产、效益、产品质量放在重要位置，实现速度数量型向质量效益型转变。

此外，建议政府部门加强科学预测，合理确定乳业的发展速度；新上企业要有自己固定的奶源基地，奶源的发展要进行培养，不是靠掠夺，要实行配额养牛、合同收奶、经济调节的管理模式，以降低风险；支持当地的龙头企业做大、做强，从而提高产品质量，增强竞争力；新上的项目要进行合理规划，不仅在产品类别上坚持差异化、防止雷同化，使产业结构合理化，而且，在加工项目与奶源基地建设上也应做到统一规划、统一实施、统一运作。此外，建议通过政策导向、投资扶持、信贷优惠和社会融资等多种形式进一步加大对龙头企业的扶持力度，并对现有龙头企业的产权制度改革、技术改造、产业升级等方面给予优惠政策。

发展中的北京三元食品股份有限公司

北京三元食品股份有限公司　包宗业

北京三元食品股份有限公司由北京三元食品有限公司整体改制而来，系在原股东北京控股有限公司和北京农工商联合总公司的基础上，又吸收了北京燕京啤酒股份有限公司等4家新股东所组成的股份有限公司，公司于2003年9月在上海证券交易所成功发行15 000万普通股，公司目前总股本63 500万元，总资产15亿元人民币。主要业务有乳制品加工、麦当劳快餐及房地产开发等。控股和参股的企业主要有呼伦贝尔三元乳业有限责任公司、北京麦当劳食品有限公司、广东麦当劳食品有限公司、北京三元嘉铭房地产开发公司及北京三元华冠食品有限公司（原北京卡夫）等。公司现有员工3 000余人，日处理鲜奶1 000余吨。

原北京三元食品有限公司是1997年5月在香港联交所成功上市的一家中外合资企业，具有40余年的乳制品加工历史。1998年投资2.5亿元，执行资金战略、名牌战略、科技战略和人才战略，到目前已建成了与国际接轨、在国内处于领先地位的液态奶、发酵奶、固态奶、科研培训中心四大基地和遍布全市及国内部分地区的营销网络。

北京三元食品股份有限公司其产品涵盖了袋装鲜奶系列、屋型包装鲜奶系列、超高温灭菌奶系列、酸奶系列、奶粉系列、北京干酪及各种乳饮料、冷食、宫廷乳制品等百余品种，拥有“三元”、“燕山”、“绿鸟”等驰名商标，销售网点遍布北京各城区、郊县及深圳、福州、太原等50多个省市。北京三元食品股份有限公司经过近几年的发展，已经成为北京地区大型乳制品加工、销售企业，成为首都奶业发展的龙头企业，其鲜奶销售占北京地区的80%以上，并跻身全国乳业前四名。2000年北京三元食品股份有限公司被评为“全国农业产业化经营重点龙头企业”，三元品牌也被评为北京市著名品牌。2001年5月北京三元食品股份有限公司又荣获全国总工会颁发的五一劳动奖章。

（一）历练八年，三元食品成为北京市著名乳品企业，并跻身全国乳业前四名

北京三元食品股份有限公司于1997年成立之初，加盟北京控股有限公司，在香港上市，募集资金2.5亿元，使企业遇到了千载难逢的机遇。

三元食品高层领导运筹帷幄，提出“卧薪尝胆、苦干三年”，全面执行“资金战略、名牌战略、科技战略、人才战略”，将“以人为本，情系千家万户”作为企业的经营理念，进入了1998工程改造年、1999市场营销年、2000管理改革年的第一个三年规划。

1. 建成了布局合理、设备工艺现代化的四大乳品加工基地及科研中心 1998年，三元食品运用募集的2.5亿元人民币开始了液态奶、发酵奶、固态奶和科研开发中心四大工程的技术改造和硬件建设，从国外买进先进设备，建立起三大生产基地：即位于双桥的乳品一厂为液态奶生产基地，位于右安门的乳品三厂为发酵奶生产基地、位于南口的乳品四厂为固态奶生产基地。先进的设备为三元大规模生产提供了必要保障，整个生产流程基本实现自动化，从牛奶的收购到牛奶的标准化、均质和杀菌，直至灌装完全由全自动中央控制系统来完成，操作工人无需接触原材料和包装，坐在电脑屏幕前操作键盘即可完成如上过程的控制，并且有全过程的记录，保证过程控制的可追溯性，大大降低了人为因素对产品品质的影响，使三元产品达到了优质、安全、富有营养、利于消化和吸收，充分满足了广大消费者的需求。科研开发中心是四大工程之一，其先进的仪器和设备令科技人员如鱼得水，新成果、新产品层出不穷，超高温奶系列、酸性乳饮料系列、四联杯酸奶系列、屋型酸奶系列和保鲜奶等产品先后上市，彻底改变了过去以袋奶为主的局面，多元化、现代化的产品结构极大的丰富了三元的产品种类。几年来，三元科技人员以满足不同消费群体为目标，已经开发研制出各类乳制品达200多个规格品种。为了应对更为激烈的市场竞争，三元食品提出了科研开发要生产一代、储备一代、研制一代、构思一代的技术路线，先后引进了多名高科技人才，其中博士3名，硕士20余名，投资2 500万元建设了科研培训和中试基地，配备了先进的分析检测仪器设备，加速了科技转化为生产力的进程，为开拓市场提供了更加强有力的产品保障。

2. 精心构建三元销售网络 “三元”品牌在短时间内便成为家喻户晓的品牌，除北京市场外，三元牛奶已打入全国50多个城市。

1998年工程改造的同时，三元食品就在着手营销体系的重新建立。98工程改造年结束后，公司形成了专业化生产的格局，为规模化经营创造了条件。1999年，三元食品进入市场营销年，工作的重点转移到市场运作上。首先进行了产销分离，成立了销售公司，承担三元产品的销售任务，本着“立足北京，辐射周边，走向全国”的原则，把北京市场划分为四个区域，成立四个分公司，精耕细作，一改过去各厂内部的无序竞争为内部竞赛，销售额得到了大幅攀升，从1997年的3.7亿元上升至2000年的8亿元，再到2003年的13亿元。为使三元品牌成为全国知名品牌，成立了外埠公司，现产品已远销全国50多个大中城市，三元食品迈开了走向全国的步伐。

3. 建立成本考核与利润考核中心 经过两年的硬件建设和市场建设，三元食品已具备了较强的竞争能力。2000年的三元食品进入了管理改革年，开始从加强内部管理改革，降低成本等方面建立现代企业机制。首先把对乳品厂的利润考核变为成本考核，要求乳品厂在降低成本，保证质量，保证服务上下功夫，创建新的业绩。营销公司经过一年的市场洗礼和内部运作，公司对营销公司实行利润考核，营销公司承担三元公司的绝大部分利润指标的完成。降低成本，稳定产品质量，提高市场意识和服务质量成为所有三元人的任务。

也就是在2000年，已经具备一定实力的三元食品显露了低成本扩张的端倪，先后收购了海拉尔乳品厂和广东麦当劳的中方权益，建立了三元呼伦贝尔乳业有限公司和广东三元麦当劳食品有限公司。三元食品在2000年通过了ISO9000国际质量认证，使三元产品的质量管理体系有了保证，提升了三元品牌的信誉度。

（二）超常规、跨跃式发展的第二个三年规划

2001年是新世纪的第一年，三元食品提出了第二个三年规划，将2001—2003年确定为超常规、跨跃式发展的三年，三元的发展目标是使三元这一北京人珍爱的民族品牌走向全国，走向世界。

1. 公司改制，成立股份有限公司，并于2003年9月在国内A股上市，谋求三元食品更大的发展空间 2001年2月18日，北京三元食品股份有限公司正式成立，其股东由原来的两家增至六家，积极准备在国内A股上市，以谋求更大发展。经过两年半的磨砺，三元食品于2003年9月成功发行15 000万A股，并在上海证券交易所成功上市。

2. 资本扩张为超常规发展奠定坚实基础 资金的积累使三元具有足够的实力，从区域性品牌向全国性品牌乃至世界品牌的扩张成为其发展的一个重点，继2000年的初步扩张之后，2001年又成立了满洲里三元乳业有限责任公司，不久又收购了北京卡夫食品有限公司的85%的股权。在这个资本说话的年代，三元向外界传达了自己非凡的实力，传达了三元要从北京区域性品牌转变成全国性品牌乃至世界性品牌的决心。三元频繁收购的目的并不仅仅是为了扩张，三元从中获得的并不只是资产，更多的是对自己产业的完善与补充。

（三）三元“以人为本”的经营理念

在短短几年的时间里，三元人更新了观念，树立了市场意识和竞争意识，培养了积极进取，奋斗不息，勇于创新的三元企业精神。浓重的人情味和严格的制度化管理相得益彰，充分发挥了人性化管理，使每个人都可以得到平等的竞争机会，真正体现“能者上、平者让、庸者下”，营造出一种独具三元特色的文化氛围，使企业形成了强大的凝聚力和向心力，成为一个坚不可摧的团队。

（四）以提高国民体质为己任，积极回报社会

三元食品以提高国民体质为己任，积极向广大消费者宣传介绍乳品知识，曾成功承办‘99国际牛奶日的宣传活动，先后启动“百万乳品知识小册子进万家”和“大篷车”等活动，进行乳品知识的宣传和普及，并经常进入社区向居民开展咨询活动，在北京市民中有着良好的口碑。

三元食品在发展的同时带动了首都农业和呼盟等地的发展，富裕了农牧民，为当地经济发展做出了贡献。

“三元牛奶，纯奶纯情”，三元食品积极参加社会各项公益活动，向灾区人民捐款捐物，并向2001年在北京召开的大学生运动会会议报道的记者免费提供超高温牛奶1 000箱。

北京三元食品股份有限公司成立四年来，不断创新，始终走在市场的前面。三元公司注重提高全体员工的素质，树立市场意识、竞争意识和危机意识，积极建立现代企业制度，营造积极向上的企业文化。在超常规发展的三年中，三元食品将坚持以市场为导向，用销售拉动公司全面工作；以消费需求为依据，加大科技开发与投入；以改革为动力，建立现代企业制度；以资源为优势，确保超常规发展各项目标的实现。北京三元食品股份有限公司不仅取得了良好的经济效益，同时也赢得了社会的好评，不愧为北京市龙头企业的称号。

西安银桥乳业发挥龙头企业作用加快奶畜产业化发展

西安银桥生物科技有限责任公司　刘华国

西安银桥股份有限公司作为中国西北地区产销量最大的乳制品专业生产企业和中国乳品十强企业，始建于1979年。建厂二十多年来，始终坚持“公司＋农户”的产业化经营模式，依靠奶畜产业化工程和“万亩绿色牧草工程”带领群众脱贫致富，取得了较快的发展，创造了良好的经济效益和社会效益。公司现拥有固定资产3.2亿元、员工2 200多名，是一个下辖十家子公司和一个高科技新产品研究开发中心的企业联合体。公司主导产品“秦俑牌”系列奶粉和“银桥牌”系列液态奶，以其过硬的质量、优质的服务和良好的信誉而深受广大消费者的喜爱和信赖，连续多年在国检中合格，先后被评为部、省、市优质产品奖，并荣获陕西名牌、绿色食品、著名商标等称号。公司被国家有关部委认定为“中国学生饮用奶定点生产企业”和“农业产业化国家重点龙头企业”；2002年，秦俑奶粉荣获了“中国名牌产品”称号，实现了陕西省中国名牌零的突破；2003年12月，“银桥牌”液态奶和“秦俑牌”奶粉又双双荣获了“国家免检产品”称号。

在成立之初，公司就根据当地的实际情况，把奶牛饲养这个“第一车间”设在了农户家，实行了“厂方贷款，农户养牛；厂户挂钩，以奶还贷”的做法，建立了农业产业化的“第一链”，开始了企业与农户的联手发展。为了解除养牛户的后顾之忧，实现“厂兴民富，同奔小康”的奋斗目标，公司先后成立了奶牛公司和奶牛繁殖育种协会、配种站以及防疫站等，为奶农提供综合服务。近年来，公司充分发挥奶牛协会职能，先后多次请加拿大、澳大利亚专家和国内专家对奶农进行培训授课，参加听课群众累计达5万多人，印发科技资料10万多份，编印培训教材上万套；组织人员，给外貌良好有发展潜的健康奶牛编号、挂牌，进行个体鉴定，建立系谱档案；在奶区大力推广玉米秆青贮饲料工程，使奶牛增加了采食量和产奶量，真正形成了从饲料生产、疾病防治、奶牛饲养、鲜奶收购、鲜奶加工到生产销售的一体化经营。奶畜产业化工程的实施，从根本上解决了困扰企业生存和发展的“造血功能”问题，奶农则把企业的兴旺和发展看成自已致富的“小金库”，利益的一致和认识的统一，使企业与农户的关系日益紧密。目前，公司的奶牛饲养区域已扩大到周边15个区县，奶牛存栏达5万多头，建成了西北地区最大的绿色优质奶源基地，并使数十万奶农依靠饲养奶牛走上了富裕之路。在奶区真正形成了以市场牵龙头、龙头带基地、基地连农户，产供销一条龙、农工贸一体化的产业化格局。1999年进行股份制改造时，又吸纳广大养牛户为股东，从而变万头奶牛为千万元资本，用股份制进一步密切了企业与农户的关系，使企业与农户真正成为“风险共担，利益共享”的共同体。2000年以来，企业抓住西部大开发的机遇，除兴建了十几个大型的现代化科技示范养牛场外，还在当地政府的大力支持下，带领当地群众成功实施了万亩绿色牧草工程，如今，近万亩高蛋白含量的紫花苜蓿等国外优质草种已成功种植，目前长势良好。这些优质草种蛋白含量很高，不仅是饲养奶牛的很好饲料，还可以作为一种经济作物出口外销，种植区域可以作为生态农业绿色旅游观光区。这一工程的顺利实施并在渭北地区大面积推广，使西部的草业成为了一种新的经济产业，更多的农民在建设生态农业的过程中受益致富。

2001年，陕西省委、省政府出台了《关于加快畜牧产业化建设的决定》，提出了把畜牧业作为陕西的特色经济和强省富民的支柱产业，并把奶业作为突破口，使之尽快做大做强的发展思路。另外，省政府还做出了关于加快关中“一线两带”建设的决定，在关中星火产业带上，着力打造中国陕西·关中奶牛产业带，这些都为以农业产业化为方向的银桥乳业的大发展提供了良好的条件和机遇。为此，公司不断加快畜牧产业化工程和万亩绿色牧草工程的进度，先后在泾阳、乾县等地扩充奶源，还在临潼周边地区建立了十几个现代化的科技示范养牛场，在农户分散饲养区域建立了60多个奶牛养殖小区和120多个机械化集中挤奶站，彻底结束了“分散饲养，分散挤奶”的传统饲养模式，实现了“分散饲养，集中挤奶，优质优价，全面服务”的现代饲养管理模式，提高了原料奶的质量，从而确保了产品的优质稳定。

近年来，公司根据市场需求，依靠科技创新，不断调整和优化产品结构。在临潼经济开发区投资1.2亿元建成的以液态奶为主的综合乳品生产基地已顺利投产。目前，公司利用1.8亿元国债扶持资金兴建的液态奶二期扩建工程已竣工投产，该工程从美国、德国、法国、瑞典和丹麦等国引进了20多条具有世界先进水平的液态奶生产线，实行全自动控制，流程与国际接轨，日处理鲜奶将达到500～600吨，年产液态奶可达20万吨，年产值突破20亿元；同时带动饲料、运输、包装印刷、餐饮等相关产业的大幅度增长，也将成为银桥实现二次腾飞新的经济增长点。

随着社会经济的不断发展和人民生活水平的提高，牛奶已越来越成为老百姓喜爱的饮品，乳业也已成为我国经济不可或缺的组成部分。乳制品加工业从1998年开始，已经保持了6年的高速增长势头。“十五”期间，公司将在稳固秦俑奶粉的同时，按照“安全、营养、方便、价廉”的原则，大力开发生产高品质的系列液态奶，以及益生菌发酵乳、超高温灭菌乳、巴氏消毒乳等多种产品，扩大市场占有率，不断增强市场竞争力和抵御市场风险的能力，为做强做大银桥乳业和奶畜产业，为实现全面建设小康社会和建设西部经济强省的宏伟目标做出龙头企业更大的贡献。

晨光乳业致力打造华南第一品牌

深圳市晨光乳业有限公司　杨志成

深圳市晨光乳业有限公司的前身是深圳市晨光饮料公司，于1979年筹建，经过20多年的发展壮大，固定资产已逾4亿元，净资产达2.1亿元，员工人数1 700多人。公司拥有8个奶牛场1.4万头丹麦、新西兰引进的良种奶牛，近10万米^{2}的高科技环保厂房，一流的乳业研发中心和乳品加工设备，年加工能力达12万吨的包括瓶装、屋型纸盒装、利乐纸包装、塑料杯装的自动化生产线。作为“快乐健康生活倡导者”的晨光乳业，主要从事乳品的开发、生产和销售，奶牛和公牛的饲料、培育，物流配送及营养保健食品的开发、生产和销售。目前，晨光乳业产品已占有深圳鲜奶市场95%的份额，并远销越南、马来西亚等东南亚国家。

晨光乳业于1999年12月通过ISO9001质量体系认证，2000年10月晨光纯牛奶、酸奶、甜奶系列产品获得绿色食品证书，2001年1月获得ISO14000国际环境质量体系认证，2002年2月被国务院有关部门认定为中国学生奶定点生产企业。晨光产品以乳制品为主，果汁饮料为辅，乳制品四大系列共62个品种，饮料类9个品种。产品主要分布在华南市场，其中鲜奶产品占香港鲜奶市场的70%，是全国最大的鲜奶出口企业。晨光乳业成功的经验主要有两点：

1. 品质是企业永恒的主题　晨光作为全国最大的鲜奶出口企业和华南乳业著名品牌，其市场定位是根据晨光自身的性质、特点以及技术资源配置，把产品和服务准确定位于每一个顾客群体。始终坚持市场差异化战略，塑造出晨光与众不同的产品和服务以及鲜明的个性形象。在具体运作过程中，晨光将顾客划分成为若干个顾客群，每个顾客群构成一个市场，同时通过研究分析不同消费者的生理、心理及购买动机后认为，惠顾动机的行为表现就是“顾客忠诚”，它对晨光保持一定的顾客群有极其重要的作用。另外，对品牌忠诚度进行分析，采取相应的对策，即变换销售方式、改善产品口味、口感及服务，以达到重新吸引他们的目的。

晨光把了解顾客的需求、期望和行为作为整个市场营销活动的出发点，不断完善服务和开发新产品来满足顾客，坚持以顾客和市场为中心开展人员促销、广告、产品开发、定价、分销渠道、专卖店建设等营销活动，为顾客创造最大的价值和最优的服务，从而保证所有的业务需要及企业长远发展方向与维护顾客利益，确保顾客满意相一致。

为了对顾客负责，晨光乳业自成立二十几年以来，一直坚持“品质——企业永恒的主题”这一经营理念。在实际的生产过程中，严把品质关。公司有专门的质检部门，他们从原料进厂到产品出厂，实行全过程控制。每一种新产品都要到深圳市技术监督局和卫生局进行检验，检验合格才正式生产。每年所有产品都要定期送检，确保产品的质量。由于香港市场70%的鲜奶都来自晨光，所以在企业成立当初，晨光产品就执行了欧盟的标准。1995年，“晨光乳业”被国务院发展研究中心授予“全国最大的鲜奶加工出口企业”，充分展示了“健康品质”的风采。

在激烈的市场竞争中，晨光始终坚持“一流的服务，高效的运作”。先后在深圳市内建有140多个牛奶专卖店，作为在社区的营销服务窗口。晨光乳业率先实施“送奶上门”、“先喝奶，后付钱”的全方位服务方式，每天凌晨用冷藏车或送奶车把成品奶送到全市100多个送奶分点，并采用随叫随到的服务方式，实现了服务到家的承诺。

2. 以人为本，奉献社会的企业文化是企业发展的动力　晨光乳业在追求自身发展的同时，积极为社会的进步和发展做出努力。如在广州举办“晨光助你上大学”活动，资助多位贫困学生走进大学校园；举办了“深圳市首届晨光杯未来之星少儿模特大赛”；慰问深圳元平特殊学校的教师和聋哑学生；2003年“非典”期间，向深圳各大医院捐赠“牛初乳”和“补血奶”等系列保健产品；积极参与体育事业的发展，先后成为健力宝足球队、科健足球队的合作伙伴，为振兴中国足球奉献自己绵薄之力。

晨光规范化经营，尊重人的基本生存权、自由权、安全及隐私权，尊重个人自由和国家法律及政策一致，为照章纳税提供真实的信息，积极保护环境，遵守《消费者保护法》，提供稳定的就业和职位，保障职工的健康与安全。

公司制定章程和经营管理细则，规范各部门、各车间的责权利，保证工作有序进行和各部门间良好的配合；采用多种方式、渠道，如在各车间、部门设立意见箱等，使得员工、顾客的意见、建议得到倾听和采纳；定期召开职工代表大会、知识分子座谈会、妇女工作座谈会、老干部座谈会、退休员工座谈会、党员大会、团员代表工作会议等，充分听取员工的意见和建议；设立顾客、代理商投诉热线，保证任何建议、投诉得到倾听并会承诺处理。公布公司班、组长以上所有管理人员的通信电话，随时、随地接受员工、顾客的意见。

总之，“以人为本，奉献社会”是晨光企业文化集中体现，正是这种文化精神，使晨光逐步形成一个“精诚团结，互助合作”的集体，也正是这种精神，激励着一代代晨光人发奋图强，成为企业大发展的力量源泉。

今后，晨光将依托现有品牌、生产、管理、销售网络的合成优势，建立起适应国家产业发展要求的工业、科研、旅游基地，并逐步发展成为具有提取、分离能力的工程食品制造和具备高新技术条件的，能创造出功能性食品及高附加值食品的现代化企业。总投资16.2亿人民币的晨光生态科技工业园，预示着晨光乳业光明美好的发展前景。“打造华南第一品牌，跻身中国乳业十强”、“成为新世纪中国高科技食品企业”，是晨光人共同奋斗的目标。

北京奶牛中心建设标准化体系 全面提升企业管理水平

北京奶牛中心　张胜利

北京奶牛中心隶属于北京三元集团有限责任公司。主要工作内容是面向国内提供优质奶牛良种和技术服务工作，是国内最大的奶牛良种繁育和供应基地。为了全面提升中心的管理水平，增强主产品（冷冻精液、胚胎、奶牛、鲜奶）的市场竞争力，增加经济效益，根据三元集团有限责任公司的部署，北京奶牛中心结合ISO9001质量管理体系认证，从2003年开始实施了标准化体系建设工作，通过一段时间的运行，取得了显著的成果。

标准化组织机构的成立与方案的制定

为了保证顺利实施标准化体系建设，北京奶牛中心于2003年3月成立了以中心主任为组长的标准化体系建设领导小组，下设标准化体系建设办公室，并指定一名中心副主任专门负责此项工作。标准化组织机构成立后，研究并确定了奶牛中心标准化体系建设实施方案，规定了标准化体系建设工作进度安排。

标准化人员的培训与标准的起草

1. 标准起草人员的培训　标准起草过程中，北京奶牛中心几个主要单位和部门的标准化起草人员参加了三元集团有限责任公司组织的标准化培训并多次聘请专家授课，通过学习，对标准化体系建设工作有了一定的了解，明确了标准化体系建设的目的、意义及工作程序；基本掌握了农业企业标准的结构，各类标准的编写方法，为奶牛中心企业标准的编写奠定了基础。

2. 标准的起草　奶牛中心企业标准化体系建设的核心是技术标准体系建设，该标准规定了奶牛中心主要产品（牛冷冻精液、胚胎、奶牛等）的技术指标与检验方法，原料采购的技术要求，生产过程的环境与技术控制，产品的包装，标识运输与贮存技术要求等。管理标准体系规定了奶牛中心实施管理活动中所涉及的部门及职权、责任，明确了每一个过程的各项工作由谁干，干什么，干到什么程度等。标准编写人员又根据技术标准和管理标准的有关要求，结合奶牛中心目前岗位设置情况，完成了各标准的编写，以法规的形式规范了每个岗位的工作要求，是奶牛中心全面实施标准化体系建设的关键环节。整个编写过程历时100天，共编写出技术标准26个，管理标准72个，工作标准90个，覆盖了奶牛中心生产经营、行政管理等方面的各个环节和工作岗位。

为了保证北京奶牛中心企业标准的完整性、先进性和可操作性，标准编写人员在编写过程中还重点作了以下三方面工作：

（1）认真学习与企业标准化体系建设有关的农业企业标准体系的系列标准，特别是DB11/T 203-2003中的内容，保证了奶牛中心的标准体系建设的完整性。

（2）对奶牛中心各部门和产品生产的运行情况进行了详细的调查与分析，并了解国内外奶牛良种工程方面的动态，同时结合了ISO9001质量体系认证文件，保证所编写的各项标准能够在中心管理工作中得以有效实施。

（3）在技术标准的起草过程中，编写人员查阅了大量养殖业方面的技术标准，参考了国内外重要的研究成果，并充分利用了奶牛中心自有科研成果，不仅使奶牛育种、饲养、冻精生产等方面的标准较国家和地方标准有明显的提高，而且起草出了我国第一个奶牛胚胎生产方面的企业技术标准。使奶牛中心主产品（良种）的科技含量得到进一步提高。

标准化体系建设的宣传贯彻与实施

该工作，重点是对中心全员各岗位人员进行培训，提高员工对标准化体系建设工作的认识和遵守企业各项标准、法规的自觉性，保证按标准操作。通过培训员工对中心实施企业标准化有了明确地认识和进一步了解，特别是加强了对本职工作的要求和标准的认识，深知本职岗位在企业生产中的地位和重要程度，增强了做好本职岗位工作的自觉性，提高了业务水平。

经过一个月的宣传贯彻和培训学习，于8月4日正式发布各系列标准，8月10日正式实施，自此奶牛中心标准体系建设全面实施，目前标准化体系建设运行正常，已基本达到标准化体系建设的各项要求。

实施标准化体系建设的运行效果

1. 全体员工的思想素质和业务水平有了显著的提高 实施标准化体系建设和ISO9001质量管理体系认证工作要求企业全员必须具有较高的思想文化水平及业务素质。为此，奶牛中心组织了多次培训，内容包括标准化体系建设有关文件、岗位职责、奶牛生产管理和外语等，中心内部呈现出一派新的学习热潮。通过各种培训，大大地提高了中心职工全员的思想文化素质和专业技术水平，管理人员增强了在市场经济条件下，全面适应现代化管理的能力；专业技术人员全面掌握了现代化奶牛育种、繁殖、饲养和生产管理方面的专业知识。这些都为奶牛中心管理水平的提高奠定技术和人才基础。

2. 奶牛中心的整体管理水平上了一个台阶，已初步达到高水平现代化企业管理水平的要求 通过标准化建设的有效实施，奶牛中心在生产技术管理、行政管理和人员管理等方面，均能按照各体系标准的要求运行，实现了依标管理，从而提高了奶牛中心的整体管理水平。奶牛中心主产品（牛冷冻精液和胚胎）的生产技术、生产设备和质量检测手段均达到了国际先进水平，其中牛冷冻精液生产线居国际领先地位。完全可以满足标准化体系建设的各项要求。目前标准化体系建设正结合实施ISO9001质量体系认证对中心各项工作起有效的管理作用。

3. 奶牛中心主产品（牛冷冻精液、胚胎、生鲜牛奶等）质量进一步提高，市场竞争能力进一步增强。

4. 奶牛中心所有产品的生产量保持历史最高水平，企业全面向产业化迈进 目前，种公牛站共生产牛冷冻精液330万剂，年底有望突破380万剂，其中销售量将突破300万剂。胚胎工程部已生产优质组合胚胎5 500枚；良种场2004年的生鲜奶生产有望突破580万吨，成母牛平均单产保持在1 000千克以上。全面实现了主产品的产业化生产与经营。

实施标准化体系建设采取的主要措施

1. 领导重视 中心各级领导非常重视奶牛中心标准化体系建设工作，保证了中心标准化体系建设的顺利进行。

2. 机构健全 形成了中心自上而下的标准化机构网络。

3. 提高全员标准化意识 通过宣传和培训全面提高奶牛中心全体员工的标准化意识，使他们能够自觉按各项标准要求，保质保量完成本职工作。

4. 先进的技术和仪器设备 有效地提高了产品的质量。

5. 标准化人员的刻苦敬业精神和严谨扎实的工作作风，是标准化按期正常实施的保证。

大庆银螺乳业大力发展优质高产奶牛基地

大庆银螺乳业集团　刘树清

银螺乳业有限公司是农业部农业产业化大型龙头企业。公司成立于2000年5月，通过四年的高速发展，公司构筑了饲草饲料生产基地、高产奶牛养殖基地、鲜奶生产加工基地，固定资产总值10.8亿元，使公司在国内乳品行业有了很高的知名度。

（一）人才与科技是企业的生命线

1. 银螺乳业公司在发展的过程中始终坚持以人为本、以科技为生命的理念，自从公司成立先后聘请国内外著名专家到公司进行技术指导和人才培养，目前，已拥有一支80多人的专业科技队伍，同时力争在3年内再培养40～50名高级畜牧管理人员，为中国的良种繁育和胚胎移植工程的快速普及、快速发展奠定牢固的人力资源基础。

2. 银螺在建立人力资源的同时，始终坚持以科技为生命的企业理念。公司先后花巨资从加拿大购买大批年产10吨奶以上的优良种母牛，以及高产优质奶牛胚胎8 500枚，从美国购买优质精液26 000剂，为国家品种引进和改良工作贡献了企业自己的力量。公司利用自身优势——拥有全国最大的北美核心高产奶牛群，建立了自己的牛胚胎生产基地，牛冷冻精液生产基地。利用胚胎生物技术，自繁扩群使公司养殖基地来自北美的高产奶牛做供体牛，达到1 100多头，每年可自行生产优质高产奶牛胚胎的能力达到了15 000枚。通过胚胎生物技术的应用，集团成立了种公牛站，现在拥有清楚系谱记录的种公牛500头，现在每年生产高产奶牛冷冻精液的能力达到200万剂。同时，从美国购买了牛胚胎性别鉴定仪一台，从加拿大买了冷冻精液性别鉴定仪一台，实现了对牛胚胎性别和冷冻精液性别的鉴定。通过以上努力，公司不但解决了以前购买进口胚胎和精液的高额费用，而且使公司的产品可以面向广大中小企业和农户。以前进口胚胎需要300美元/枚，精液16.7美元/剂，现在使用自己生产的胚胎、精液，对外销售价分别为：12吨以上的胚胎150美元/枚，精液5美元/枚。通过生物高科技的应用，公司不但解决了企业自身发展对产品的需求，还降低了生产成本，提高了生产效率，使国内的农户购买优质胚胎和精液时，价格更优惠，质量更优异。同时，公司向广大农户保证，如果出现遗传物质不纯，将以十倍、百倍的胚胎和冷冻精液的价格赔偿农户。

（二）现代化花园式、绿色牛奶基地

1. 银螺乳业从成立之初就将自己的奶牛基地定位为“现代化花园式”奶牛场，现奶牛存栏14 800头，按照现代养殖技术的要求，公司新建宽敞、通风、采光良好的现代化牛舍86栋近11万米^2，对所有运动场都采取了硬化，牛舍区之间水泥硬化路面 11 公里，排污管线、隔离带、绿化带相应建成。为达到现代化花园式牛场的建设目地，累计栽种成活的各种观赏林木 38 572 棵，栽种到盐碱地的马莲草 23 万棵，草坪面积达到 8 万米^2。引进了全日价混合饲养管理，购买了意大利司达特公司生产的 TMR 饲料搅拌喂料车 5 台，极大地提高了饲养管理水平和生产效率。

2. 银螺乳业在建设现代化花园式奶牛基地的同时，不忘“绿色牛奶”的概念，要让广大群众喝上“放心奶”，就必须加强管理，创建“绿色牛奶”基地。

在“绿色牛奶”基地建设中，公司利用地域优势和企业自身优势，即地处世界养牛带和玉米带，拥有 2 万公顷优质天然草场和 0.67 万公顷饲料生产基地。同时，围绕强化质量管理，按照国家动植物防疫法之规定，建立了严格的防疫制度，主要是定期对所有牛只进行免疫注射，免疫检查，对牛场实行场厂负责制封闭式管理。购买先进的挤奶机，全部实现机械化挤奶，杜绝了外来细菌、病菌进入牛奶，确保了原料奶的质量，为生产“绿色牛奶”提供了可靠的保证。

银螺乳业在近年的发展中得到了各级领导的关怀和支持，尤其在全国奶协各位领导和专家的关心下得到了快速发展。今后，公司将继续加大科技投入，提高产品附加值，努力发展优质高产奶牛基地，继续为中国奶业贡献自己的力量。

新兴奶业企业

光明荷斯坦提高运行质量 促进奶牛业发展

光明荷斯坦牧业有限公司　陆耀华

我国奶牛业在经历了2002年和2003年历史最好时期后，2004年进入了调整阶段。光明荷斯坦牧业有限公司在奶价没有明显上扬趋势，而饲料价格上涨并居高不下，奶牛价格整体下滑和持续高温天气严重影响奶牛业生产的情况下，运作公司的牧场。不仅如此，同时还感受到了优质原料奶门槛提高所带来的挑战。尽管2004年荷斯坦承受盈利压力巨大，但坚持为奶农服务和为客户创造价值的决心不变，服务项目和质量也有提升。

2004年光明荷斯坦加大了以下几项工作的力度，并取得了一定的成果。

（一）强化质量意识，提升质量管理体系

本着成为“中国奶牛业完整方案的最佳提供者”的目标，公司加强了奶牛冻精、饲料质量管理体系的建设。2004年8月，荷斯坦下属的上海奶牛育种中心有限公司和西安光明荷斯坦奶牛育种有限公司同时通过了ISO9001质量管理体系认证。同年9月“荷斯坦”饲料产品也通过了ISO9001质量认证体系。

从此，全国最大的奶牛育种公司和全国最大的奶牛饲料单位在管理水平方面又有了质和量的双重飞越。荷斯坦牌冻精产品、饲料产品由此又上了一道安全锁，加了一道质量关。

冰点检测在上海的推出，50万细菌工程的全国推广，正是决心通过提高管理，提高质量，来提高效益的最好例子。

（二）强化“荷斯坦”技术宣传，加快全国服务网络建设

2004年光明荷斯坦在山东、河北、福建、广东等全国范围组织奶牛饲养管理技术培训40余次，近万人次参加听讲。参加全国性展览10次。《奶牛之友》正、副刊直接发行到各规模奶牛场和奶牛养殖小区，大力推动了各地奶牛饲养水平的提高。

为了更好地服务于全国奶牛业同行，公司建立了完整的全国奶牛分布数据库和规模牧场数据库，定期把有关奶牛养殖的咨询和服务内容告知大家。同时，还积极发展自己的服务网络，力争使全国主要奶牛养殖区域都能获得公司的服务，并和奶牛业同行进行面对面交流。

荷斯坦论坛首次跨出上海到西安举行，这是继5次上海奶牛育种中心全国交流会后的第五届荷斯坦论坛（总第十届），论坛也首次召开了半天的管理研讨会，广大奶牛场的积极参与坚定了公司将荷斯坦论坛搞成受大家欢迎的奶牛场技术和管理年会。公司的培训学校也得到了广大奶农的欢迎。

（三）加大投入力度，提升服务能力

继建设200头规模的新公牛站、收购控股西安良种繁殖中心后，虽然进口种公牛受美国加拿大疯牛病的影响而无法实施，还是通过收购进口胚胎所产公牛和培育等方法，使公司的公牛头数达到全国第一。公司的设备部开始了挤奶器、TMR发料机的服务，开拓了一批市场，环保设备建立了样板场，有望得到更大程度的推广。

浓缩饲料服务区域的扩大，从原来的上海到南京的沪宁沿线、从黑龙江富裕县扩展到了西安、河北、山东等地。体现了为奶农提供全面解决方案的继续到位。

（四）节流增效，细化各项管理工作，示范作用进一步加强

对于每个公司而言，资源都是有限的，关键是如何对有限的资源进行合理分配，使其发挥最佳效能。在饲料涨价等的不利条件下，节流增效的示范尤为重要。

2004年公司建立了季度审核制度，定期审查各部门的业务成本，主要包括劳动力成本、管理成本等各项费用，对于可留可不留的项目进行大力削减。一方面公司严格审批制度和预算制度，切实贯彻执行逐级审批制度，对超额开支项目进行控制；例如：对公司电脑、打印等耗材进行细化管理，并将此项费用归入各部门自行管理，使全体员工养成了珍惜公司资源、节约办公费用的好习惯，增强了职工的参与意识和主人翁精神。另一方面对于年度重点项目和为长远目标而进行的投资给予了大力支持，在这些项目的开支上并不“惜本”，如对养好奶牛的成本投入，养好牛、给牛创造舒适生产环境的投入等。

（五）调动科研力量，进行高产奶牛各项攻关研究

奶牛群的实时信息化管理一直是奶牛场梦想的事情，公司着力3年的荷斯坦信息资源系统（HERP）得以在公司牧场推广，有望在2005年向同行牧场推广。

繁殖率对于各个奶牛场都是一个非常重要的指标，奶牛单产越高就越容易出现繁殖率下降的问题。多年以来，公司一直投入大量的人力、物力进行提高高产奶牛繁殖率的研究，已经取得了相当可观的成绩。一方面通过培训提高人工授精员的专业技术水平，将繁殖指标与其薪资直接挂钩，另一方面对繁殖疾病的治疗进行规范，繁殖率不仅仅是人工授精员的责任，它应该是奶牛场全体员工的共同目标，它更应该是管理者管理工作的核心之一。就如何提高高产奶牛的繁殖率问题，HERP将起到更大的作用。

在营养方面，主要从提高奶牛干物质采食量和单位营养元素摄入量着手，开发了高产奶牛各生理阶段所需的奶牛预混合饲料、浓缩料等饲料产品，积极推进TMR全混合日粮饲养方式，通过全面合理的营养增强奶牛体质、提高对各种应激的抵抗力，来保证其高产和繁殖的营养需要。

在饲养管理方面，从改善奶牛生存环境、注重夏季抗热应激的环境控制、积极预防各种疾病等方面入手，大力推行规范化操作和规范化管理工作，提高设施自动化水平，通过细化奶牛各生长阶段的饲养管理工作，真正做到了科学养牛为奶牛创造舒适的生产环境，从而达到养健康牛产健康奶的目的。

2003年的炎热给饲养者一个措手不及的打击，很多人至今仍心存余悸。为此，2004年公司牧场管理部特别针对“抗热应激”这一课题进行了讨论，并制订了一系列的防暑降温措施。例如：在牛舍内安装喷淋装置、牛舍外搭建遮荫布、对个别需要特殊护理的牛只实施特殊关怀——单独喷淋降温等，并且进行实时跟踪，及时修订，使防暑降温工作细致到了每头牛、每个挤奶潮次，真正做到了有备无患、有的放矢。一份汗水一分收获，今年的防暑降温工作取得了非常喜人的成果。据公司报表显示：仅2004年7月公司下属22个牧场，不正产牛只比上年同期下降31.1%，死亡牛只比上年下降了42.5%。

中国的乳品工业预计在今后十年或更长的时间还将呈持续增长的势态。因此，在较长的一段时间内，公司还会坚持奶牛饲养头数和单产同时发展之路。但为了使奶牛场能够获得更好的盈利，必须走以提高单产为主的质量型重管理之路，各项工作必须转向精耕细作。

北京三元绿荷加强标准化体系建设　提升企业管理水平

北京三元绿荷奶牛养殖中心　周卫东

北京三元绿荷奶牛养殖中心隶属于北京三元集团有限责任公司，组建于2001年7月。中心占地1 333.3公顷，资产6.2亿元，现有员工2 250人，规模奶牛场28个。2003年奶牛存栏近3万头，年产鲜奶13.5万吨。为不断提高企业经营管理水平，2003年中心全面启动企业标准化体系建设工程，取得了较好的效果。

1. 制定企业的标准　加强标准化体系建设，首先要制定配套的企业标准。

（1）组建机构，制定实施方案。为使企业管理进一步制度化、规范化，2003年初，按照集团公司的统一部署，在集团公司企管部的具体指导下，中心全面启动标准化体系建设工作。

2003年1月，中心成立了由总经理担任组长，一名专职副总经理担任执行组长的标准化领导小组。负责标准化工作的领导。抽调专业技术人员、行政管理人员和党群工作人员等多方面人员，组建了标准化办公室，负责企业标准的起草、修订工作。同时，在中心各部室和各分公司确定了标准化工作负责人和具体兼职工作人员，建立起上下三级的标准化工作机构。

标准化办公室首先制定了标准化工作的实施方案。召开了标准化工作动员大会，进行了全面部署、启动。

（2）做好标准起草准备工作

①进行标准起草人员的专业知识培训　为保证起草企业标准的质量，集团公司组织进行了标准化相关工作人员三次培训。组织人员到有关单位观摩取经，请标准化工作人员进行了专题讲座，使有关人员对标准化的概念、内容、起草程序、编写要求等有了比较系统的理解，为起草工作奠定了基础。

②开展岗位调查和资料收集　首先对中心机关、分公司和牛场的现有各岗位进行了详细的调查和认定；对各单位原来制订的管理规定、岗位职责进行了全面的收集，分门别类地进行了整理和归纳。经过调查确定岗位121个，收集到各种管理规章制度256项。为企业标准的编写工作，做好了必要的准备。

③学习行业的相关标准　奶牛行业相关的各种国家标准、行业标准、地方标准是制定企业标准的依据，标准编写人员应认真学习掌握。主要有：GB1.1标准化工作导则：标准编写的基本规定；GB/T1.1－2000标准化工作导则第1部分：标准的结构和编写规则；GB/l5497－1995企业标准体系：技术标准体系的构成和要求；GB/l5498－1995企业标准体系：管理标准工作标准体系的构成和要求；NY/T388－1999禽场环境质量标准；GB7959－1987粪便无害化卫生标准；GB 8978－1996污水综合排放标准；GB/T 18407.3－2001农产品安全质量无公害畜禽肉产地环境要求；NY/T388－1999环境质量标准；GB 6914－86生鲜牛奶收购标准Z；GB 5409－85牛乳检验方法。

（3）组织标准起草。从2003年3月到7月中旬，用近四个月的时间，依据各种国家标准、行业标准和地方标准，结合中心的实际情况，制定出企业标准初稿。制定的标准包括3部分：工作标准、管理标准和技术标准。全部标准总计204项。工作标准包括：中心工作标准45项；分公司工作标准26项；牛场工作标准50项，共计121项。管理标准包括：党群系统管理标准16项；安全管理标准4项；办公室管理标准11项；劳动人事管理标准15项；其他管理标准19项，共计65项。技术标准包括：生产技术标准7项；其他技术标准11项，共计18项。

由于中心所属牛场生产条件参差不齐，管理方法不统一，企业规模较大，部门和岗位相对较多，我们采取分工合作，责任到人的工作制度。对于难度较大和质量要求较高的技术标准的制定，由主管副总经理和中心总畜牧师负责，标准化办公室组织各分公司生产经理和部分重点牛场场长参与起草工作。在2002年制定的生产技术规范的基础上，参照国标，经过4次修改完成。

标准化办公室承担管理标准和工作标准的起草编定工作。初稿完成后与各分公司、牛场负责人进行了充分的磋商，反复修改。对各项管理标准所涉及的科室逐一征求意见，讨论修改。组织各科室对本部门的工作标准进行修订。并请有关专家对全部标准进行审核、把关。整个过程，反复修改700余处，增强了标准的科学性和实用性。

（4）进行标准评审。2003年8月底，标准化办公室向中心领导小组做了标准化体系建设工作情况汇报，正式提交了三大标准讨论稿。中心标准化建设领导小组对所编定的标准进行了充分讨论、论证，审议通过，决定在全中心全面贯彻落实。

2. 标准的宣贯和执行 在全部完成标准编定工作后，中心经理办公会把标准的宣贯工作列人第四季度和2004年经济工作的核心工作之一，放在各项工作之首位。把宣贯工作当作提高企业管理水平的契机，要求全力抓好、抓实、抓出成效。通过贯标进一步完成企业管理的升级。

（1）标准宣贯和动员。2003年9月，中心召开了三级企业管理人员标准化宣贯动员大会，全面推行技术标准。管理标准和工作标准。在宣传工作上，统一制作了宣传板报橱窗式样。在办公室做到主要管理标准上墙，工作标准上桌。牛场做到主要岗位工作标准上墙。同时组织了不同层次，不同形式的标准化知识培训。使员工对自己的工作职责。技术要求清楚明了。使管理人员对自己的职责、权限有了更明确的认识，工作起来有章可循。员工在上岗前要进行岗前培训，使之尽快适应本职工作。11月至12月上旬，生产部与劳动人事部对基层牛场的员工进行了持证上岗培训和考试，参加考试的有800余人。

（2）标准的执行情况和取得效果。标准实施以来；中心领导和标准化办公室对标准执行情况进行了多次检查，纠正不合格情况15项。所有基层单位的经营管理均以企业标准作为衡量尺度，以企业标准为行动指南，使得企业管理更加规范，企业的经营管理水平有了明显提高。

通过标准化体系的建设，加快了引进国外先进生产工艺和技术，改进饲养管理的进程和步伐，提高了劳动生产效率和企业管理水平。在推行实施标准以后，中心加强技术培训力度，培养员工的标准化意识，规范了企业基础管理和技术管理。实现了统一使用以色列先进的饲料配方软件配制奶牛日粮；实现了国际先进的“TMR全混合日粮”饲养工艺；全面推广奶牛散放分群的管理模式；统一了挤奶和消毒的操作规程；改善奶牛饲养环境。通过执行技术标准，中心生产经营管理水平得到大幅度提升。由于先进技术的引进和推广，提高了劳动生产效率，中心奶牛人均饲养头数，由2000年的10头牛提高到目前的16头；奶牛单产创历史新高，2003年中心奶牛单产达到8 500千克，有6个牛场牛奶单产突破9 000千克。其中，中以示范牛场的奶牛单产达到10 160千克，处于同行业国际先进水平；牛奶质量有了显著提高，牛奶中体细胞数由2000年的每毫升60万～70万下降到2003年的每毫升27万左右；牛奶中细菌数由2000年的每毫升30万～50万下降到2003年的每毫升10万～15万左右，达到了国内先进水平；奶牛发病率明显降低，牛奶体细胞数的下降标志着奶牛乳房健康状况的好转，乳房炎发病率由2003年上半年的6%下降为2%。繁殖疾病、消化疾病、肢蹄病都有一定程度的下降。成母牛比上年同期减少死淘率3%，减少淘汰牛500头。

实施网络信息化管理，提高管理效率，降低管理成本。中心建立了企业内部局域网，中心、分公司、牛场都统一通过网络传递数据信息，各种报表、资料、文件等通过网络的互传，极大地提高了工作效率，降低了办公成本，基本上实现了无纸化办公。中心建立了自己的网站，发布企业信息，为展示企业形象起到了积极作用。

在实施企业标准后，中心实行了统一生产技术管理、统一采购、统一销售、统一核算、统一报账和统一考核的规章制度。集团整体优势逐步呈现出来，管理层次跃上一个新台阶。

标准化基地建设取得明显成效。中心所属的中以示范牛场、金银岛牧场、金星牛场由于实施标准化管理成效显著，获得“北京市农业标准化生产示范基地”称号。公司所制定的标准化体系通过了北京市质量技术监督局、集团总公司等有关专业部门的验收，获得北京市质量技术监督局颁发的“标准体系确认合格证书”，并被国家标准化管理委员会确定为全国百家企业标准化试点单位之一，是全国惟一的奶牛行业标准化体系建设的试点企业。标准化体系建设将不断规范提升三元绿荷奶牛生产水平，为全国奶业发展创造新经验。

乳泉奶业推行集约化养殖提升原奶质量水平

内蒙古乳泉奶业有限公司　郭予丰

内蒙古乳泉奶业有限公司经过对国内外乳制品加工和奶业的广泛调研，紧紧抓住我国乳制品需求稳步上升与农业经济结构战略性调整的重大机遇，按照加入WTO后参加与国际农业竞争的客观要求，通过技术与组织创新等手段，以市场为导向、经济效益为核心，针对内蒙古奶源紧张、良种匮乏等问题，充分发挥包头的自然资源、市场资源、人力资源以及政策与资本等资源的比较优势，合理布局、科学分工，重点加强美加系良种奶牛的繁育工程建设，培育稳定的奶源，提高牛奶的质量卫生安全水平，决定在我国较适合饲养奶牛的内蒙古包头市土右旗投资建设具有高技术含量与强竞争力的良种奶牛繁育及绿色奶源基地，以高产良种奶牛及优质鲜奶支持乳品加工业和奶牛养殖业的发展，并逐步转变草原畜牧业经营方式、加紧奶源基地的建设、大力发展优质饲草饲料生产、建立奶畜饲料生产基地为西部广大奶牛养殖户树立典范，并带动农村经济发展，以此为切入点，进军中国奶业。

公司通过推行集约化奶牛养殖模式，良种奶牛繁育与绿色奶源基地建设同步实施，力争为中国奶牛业的现代化设定标准，成为全国奶牛养殖业现代化的综合性高科技企业。并以先进的技术（MOET 等）和成功的经验向西部地区辐射，为加快中国奶牛现代化致富奔小康的步伐，做出积极贡献。

（一）乳泉现状

乳泉奶业 2002 年成立至今，已建成集约化养殖单元五个，饲养国内外良种荷斯坦奶牛近 3000 头，到目前完成投资 3 亿多元，其中固定投资 2 亿元。2004 年被自治区推进农牧业产业化联席会议认定为自治区首批农牧业产业化经营重点龙头企业，并且取得《种畜禽生产经营许可证》。

（二）集约化养殖模式的优势

乳泉奶业拥有国内一流的美加系、澳新系纯种荷斯坦奶牛群，作为得天独厚资源条件。所采用的集约化奶牛养殖模式不同于传统的养殖模式，是一种新型的高度集约化、高度现代化的养殖模式，其优点是传统养殖所无法比拟的。

1. 有利于提高劳动生产效率 由于集约化养殖业是在高度机械化（如喂料、清粪、挤奶机械化）和自动化（如供水自动化）的条件下进行生产，大大地减轻了劳动人员的繁重体力劳动。

2. 有利于提高原奶质量，增强原奶竞争力 集约化养殖实行标准化管理规程，从选种、饲料、兽药、机械等投入品供应，到奶牛饲养、防疫、挤奶、贮存、运输各环节严格按照操作规程进行。这样，可以有效地提高原奶质量，提高奶牛养殖业的整体素质。

3. 有利于奶源全年均衡供应市场 由于集约化养殖的牛舍环境基本不受外界环境条件和季节的影响，有利于原奶周年不断地生产，从而稳定地供应市场。

4. 有利于保护生态环境 采取集约化生产，应用各种有效措施，进行多层次、多环节综合治理，变废为宝，化害为利，保护生态环境。

5. 有利于应用高新技术进行奶牛品种的改良 集约化奶牛养殖模式便于利用胚胎移植、胚胎分割、性别控制等高新技术手段实施奶牛品种的改良，大大加快我国良种奶牛的扩繁速度。

6. 有利于规范化饲养模式的推广 近年来国内奶牛业普遍采用的饲养模式为分散饲养或小区饲养，小区饲养是分散饲养到集约化饲养模式的过渡阶段，小区饲养模式，由于其饲养密度高、养殖户多、人员流动频繁、环境污染严重、管理水平差，很难制定规范的防疫措施。集约化饲养模式采用全封闭式管理，有严格的疫病防治措施，科学的管理规程，是未来奶牛养殖业的发展方向。

（三）乳泉奶业的发展思路

乳泉奶业经过两年的运营，已基本制定出一套完整的发展规划，从软硬件方面同步进行，在硬件设施基本完善的基础上，2004 年公司定为管理年，着手从软件方面进行发展，基于此公司与相关单位进行广泛接触，寻求合作，以挖掘美加系、澳新系奶牛更大的生产潜力（包括奶产、胚胎）。

1. 与科研院所合作 公司与内蒙古农业大学留日博士签订技术服务合同，聘请几位专家驻场进行技术指导。专家们将公司办成教学基地，借助公司的资源条件进行科研项目。

2. 与乳品加工企业合作 公司多次与自治区内外一些知名乳品加工企业进行洽谈，以公司优质的奶源为基础，充分提高原奶的附加值。

3. 与胚胎移植公司合作 与内蒙古、山东一些专门从事胚胎移植的公司进行合作是为了充分发挥乳泉公司 500 头纯种美加系荷斯坦奶牛资源，双方进行强强联合，优势互补，逐步推广性别控制、性别鉴定技术，为我国的良种奶牛繁育工作做出积极贡献。

（四）乳泉的发展前景

目前中国乳业市场良好的发展前景，吸引国内知名企业、国外的资本大鳄纷纷抢滩中国乳业市场。大量资本迅速涌入，大批加工厂相继开工或投产，乳业生产能力迅速扩张。虽然近两年来，奶牛存栏数以 15%以上的高速度增长，然而，我国城镇居民奶类消费增长幅度却在 20%以上。可见，作为乳品工业发展的瓶颈——奶源基地建设显然远远赶不上加工能力的增长。为解决这一突出矛盾，国家、地方相继出台一系列优惠扶持政策支持奶源基地的建设。但是在现有的养殖现状下如何实现牛奶产量和质量的双增长，成为行业界和消费市场共同关注的问题。农业部近日制定了《关于推进畜禽现代化养殖方式的指导意见》，而内蒙古乳泉奶业有限公司已提前进入集约化养殖的轨道。因此，乳泉奶业的发展具有广阔的发展前景。

随着时代的发展，人们的饮食需求发生了历史性的变化，由过去的有奶喝，变成了现在的有高质量奶喝的局面。特别是 2004 年上半年发生的阜阳“毒奶粉”和广州“毒酒”事件，更加激发了广大消费者对食品质量安全的认识，国家也对食品质量安全提到重要议事日程。

乳泉奶业在这一历史机遇下，以市场为先导，从为消费者健康负责的角度出发，建设现代化、高标准的奶牛养殖场，引进国内外最先进的饲养、生产设备，引进国外优良奶牛种群，依靠高素质的管理人才队伍，开创了我国未来奶源发展的方向——集约化养殖。乳泉奶业的集约化养殖模式对于提高奶源产量，提高劳动生产率，提高经济效益，为市场均衡提供高质量奶源，提高我国奶牛种群质量和数量具有重大意义，特别是对奶源质量的控制取得了较大突破，达到微生物指标每毫升5万～10万单位，这在传统饲养模式下是罕见的。

北京鑫茂嘉旭为中国奶业引进良种奶牛

北京鑫茂嘉旭进出口有限公司　赵　强

北京鑫茂嘉旭进出口有限公司成立于2000年6月，是目前国内最大的经营种畜及相关畜牧业产品的进出口公司之一，也是较早进入种畜进出口行业的企业。公司主要经营奶牛、肉牛、山羊、绵羊、马和其他牲畜及农业产品。

公司经营理念："诚信、专业、高效"是鑫茂嘉旭进出口有限公司的经营理念。为客户提供专业和高效的服务是公司持续不懈的努力目标。公司坚持以市场和客户为中心，尽心尽力为客户提供满意服务，树立了过硬的服务品牌。

公司业绩：近年来，鑫茂嘉旭公司发展迅速，业务量呈几何级数增长。2003年度，公司与国内外客户共签定22个贸易合同，进口种牛2万多头、种羊1 800只、牛精液39 200剂。交易额达4亿多元人民币。2004年，预计公司将进口约3万头活畜，成为畜牧业对外贸易的一个重要窗口。

公司建设：公司成立几年以来投入大量资金，加强企业建设，随着业务量不断加大，各部门的职能也在逐步健全完善。公司发展是全方位的，既有利润率的增长，也有健全的规章和管理制度为公司发展提供有力保障。公司还不断吸纳和培养更多高素质人才，通过激励、培训等手段不断提升现有员工的综合素质，从而与企业的快速发展保持同步。

公司优势：

(1) 丰富的进出口操作经验。公司拥有雄厚的畜牧兽医、国际贸易、国际商法、管理等相关技术力量，在活畜进口方面可提供与国外客户签单，开具进口信用证，申请种畜进口许可证，隔离场管理，协助办理免税单，报关，报检，国内检疫，国内运输，付汇等全程服务，在银行系统拥有优良的资信。更重要的是，在与国内外客户的长期交往中，鑫茂嘉旭进出口有限公司一直秉持诚信为本、互利互惠的原则，因此近年来业务量增长迅速。

(2) 完善的良种选育及配套技术。搞好繁育改良是提高奶牛生产性能和整体牛群质量的一项基础工作，公司致力于帮助客户推行先进的繁育技术，完善奶牛良种繁育体系，加强奶牛改良和防疫。

公司在家畜改良方面与有关外国企业建立全面合作，向国内客户提供优质奶牛、胚胎精液、育种技术、地区品种培养规划、建立奶牛信息资料库等全方位的服务。并邀请国内外养殖专家赴国内各地为当地客户提供技术咨询和现场指导。

(3) 完善的隔离场设施。公司凭借自身的信誉和在业内的实力，筹资在大连、青岛、福建、河北、黑龙江等地新建、改建了7个隔离场，每个隔离场一次可容3 000头种牛。公司拥有包括饲养员、畜牧人员和管理人员在内的专业高效隔离场管理队伍。筹建这些隔离场投入资金达5 000余万元，在活畜进出口市场上可谓首屈一指。

(4) 成熟的商业网络体系及优质的售后服务。目前，公司国内客户遍布东北、新疆、内蒙古、山东、天津、广东等地，国外客户遍及澳大利亚、新西兰、加拿大、美国、芬兰、丹麦等国家和地区。

公司为这些客户提供优质的售前及售后服务。售前服务包括：组织国外管理和技术考察、环境和财务评估、帮助客户设计可行的进口时间表、寻找适合的出口商、帮助客户了解文化差异、办理选牛人员出国手续等；售后服务包括：在国内隔离期间的科学管理和饲养、解决售后出现的任何质量问题、安排国内外专家的技术研讨会、按客户需要推荐相关技术专家、帮助客户设计长期管理体系等。公司致力于为客户量身定做整体解决方案。

公司战略：公司将继续保持并扩大在国内活畜进出口领域的优势地位，同时与养殖业各环节的国内外企业合作，共同为客户提供全方位、高质量的配套服务。通过为客户提供优良的服务和技术培训，巩固核心客户，开发新市场和新客户，同时不断提高公司知名度和美誉度。

(1) 保持作为国内优质活畜进出口商的优势地位。在今后的一段时间里，公司将进一步发挥技术优势，提高服务质量，不断增强实力，保持国内优质活畜进出口商的优势地位。一方面，公司将进一步加强与国外供应商的合作，通过各种合作方式实现在奶牛贸易中的共赢，并保证优质奶牛的来源。另一方面，公司要通过完善服务体系为国内客户提供更高水平的服务以扩大国内市场份额。

(2) 巩固核心客户，通过市场推广和宣传，扩大公司美誉度，树立良好企业形象。通过巩固核心客户，确立活畜进口的国际地位。公司珍惜现有客户资源，通过及时解决客户问题、帮助客户确定发展方向，以巩固核心客户；公司还将通过积极参加行业内知名展会，公司领导担任奶业协会和隔离场协会等行业协会领导职务，在国内主要专业杂志上进行广告宣传，走访潜在客户，网站宣传等多种方式进一步宣传公司的优势，并通过卓有成效的市场活动了解市场变化情况，寻找新的市场机会，在提供优质服务的同时树立良好企业形象，不断扩大鑫茂公司的知名度和美誉度，以吸引更多的新客户。

鑫茂公司还将进一步加强市场开拓，着重发掘和维护更多国内外重要客户资源，力争建立稳固的客户关系网，同时进一步健全业务流程，以保证公司业务的长期可持续发展。

(3) 确立核心技术，带动专业咨询服务体系发展，构建奶业发展平台。公司将加强行业研究工作，与更多的专家、行业协会、客户、进行有效的信息交流。公司一直以来积极与国内外客户进行多方面的技术交流，确立项目合作意向书，引进农畜牧业、草场管理系统、食品安全等领域的先进科学技术。还参加了奶业行业协会在全国范围内的技术知识培训团，赴全国各地提供优质奶牛进口知识的培训。通过以上活动提供专业高效的咨询服务构建奶业发展平台。

(4) 加强良种繁育和防疫体系建设服务。不断提高服务品质是我们的追求，公司积极与养殖业其他环节的知名企业合作，通过加强售后服务和组织相关技术培训，共同为客户提供全方位、高质量的配套服务。如在家畜改良方面，鑫茂公司将与有关外国企业建立全面合作，向国内客户提供优质奶牛、胚胎精液、育种技术、地区品种培养规划、建立奶牛信息资料库等全方位的服务，为各地区发展适合当地的优良品种以实现长期可持续发展做出贡献。在农场管理方面，鑫茂公司也会考虑与有关公司合作，为客户提供从购牛、建设农场、提供饲料、发展饲草、培训管理和技术人员等在内的一揽子服务。

虽然鑫茂公司的发展仅有短短4年历史，但凭借先进务实的经营策略，丰富的进出口操作和良种选育经验，完善的隔离场设施及其管理，优质的售后服务及成熟的商业网络体系，鑫茂公司在活畜贸易领域赢得了良好的声誉，业务发展迅速，在活畜进出口领域占有举足轻重的作用，并且逐步培养起企业自身的核心竞争力和对市场的高度适应力，成为具有长远发展前景的活力型企业。

天津奶牛发展中心创建现代化奶牛种质企业

天津市奶牛发展中心

天津市奶牛发展中心组建于1997年7月，是天津市惟一的奶牛良种公牛培育、冷冻精液生产基地和现代奶牛业综合技术推广中心，中心由天津市奶牛育种站、奶牛研究所等单位组成，现有职工66人，其中专业技术干部48人，具有中、高级职称畜牧兽医科技人员35名。中心组建以来，始终坚持以现代育种、胚胎工程、精液低温冷冻、血型鉴定、高产奶牛饲养管理和饲料营养价值评定等技术为重点开展多技术领域的综合性科学研究及产品开发和技术培训，面向全国推广良种奶牛冷冻精液、品种改良及奶业生产管理高新技术。

“中心”坚持以人为本，科技领先，创建一流，服务奶业的发展理念，近年来不断发展与壮大。中日技术合作“天津奶业发展项目”，由日本国际协力事业团和中国农业部合作，于1990年起在天津实施。该项目历经10年的运行，是迄今为止在国内对外合作项目取得明显效果的最佳典型之一。截至2001年底，日方提供用于项目的仪器设备等价值共4.4亿日元（折合人民币约3 000万元），先后接受中方技术人员40人次赴日进修培训。通过项目的实施，使天津市奶牛发展中心成为国内拥有现代高新技术和先进仪器设备集成组装的奶牛技术中心，其整体形成的先进配套技术及成功应用，对推动天津市奶业向现代化迈进发挥重要的作用。

1998—2002年由天津市奶牛发展中心主持、市科委下达的天津市科技发展计划“奶牛高产高效新技术研究”项目，历时5年成功地完成了“奶牛胚胎工程”、“奶牛群综合改良技术（DHI）及信息管理系统”、“高产奶牛全价日粮结构”和“奶牛卫生与疾病控制”四大技术体系的研究内容，取得“直接移植法冷冻胚胎移植妊娠率达58.8%”、“奶牛产奶性能信息系统软件开发与奶牛场建立计算机数据网络交换”、“制定过瘤胃营养物质，添加缓冲剂，瘤胃微生物营养方案”和“奶牛结核特异反应诊断”等多项技术成果。2002年5月，该研究成果通过专家验收和技术鉴定，其中奶牛群综合改良技术（DHI）和胚胎移植技术均达到国内领先水平，同年12月该研究获天津市科学技术进步二等奖。采用该研究技术成果，天津市奶牛发展中心在国内率先开展奶牛生产性能测定工作，并建立天津市第一个奶牛DHI测定中心。截至2003年12月，参加天津DHI体系测定的奶牛场达18家，每月测试奶牛头数达8 000头，参加DHI测定牛场牛群素质和生产性能大幅度提高，与测定前相比较，测定牛群平均产奶量提高500千克。于2002年8月，国家科技部指定天津市奶牛发展中心为“奶牛群综合改良技术”依托单位。目前中心承担着国家科技部下达的奶业重大专项“奶牛良种快速繁育关键技术研究与产业化开发”；天津市科委科技发展专项“优质原料奶生产关键技术集成与示范推广”等科研推广项目。

天津市奶牛发展中心始终注重种公牛的选育工作，坚持现代遗传理论与先进技术相结合，引进与自主培育相结合，按国际标准严格选育优秀种公牛。正是由于充分利用DHI技术成果和数据资料对种公牛进行评定与后裔测定，为培育优秀种公牛提供了最准确、可靠的坚实基础。通过国外最新引进、胚胎移植以及国内高产核心群种子母牛选育，截至2004年6月底，天津市奶牛发展中心饲养荷斯坦优秀种公牛83头。2002年4月天津奶牛发展中心从加拿大进口了一批具有高遗传素质的荷斯坦种公牛，均为世界著名种公牛的后裔，他们的父亲在美国和加拿大种公牛育种值排前三名，其中044和059号公牛的母亲2001年在加拿大评为最优秀高产奶牛，二胎305天产奶量达23 839千克，排名第一。利用具有独到之处的细管冷冻精液生产工艺，年生产优质冷冻精液100万支，销售到全国22个省、自治区、直辖市，对推进天津市奶牛良种产业化进程，以及加快全国奶牛遗传改良起到重要作用。此外，血型分析和亲子判定技术是目前国内独有的高新技术，填补国内空白，血型鉴定室已被命名为中国奶牛协会血型分析中心，并承担全国后测青年公牛的血型鉴定工作。中心组建6年来，技术成果推广累积创效益2.6亿元。

近年来，天津市奶牛发展中心在科技研究推广、技术合作、人才培养等方面取得很大发展，综合实力增强，多项高新技术成果得到广泛应用，受到上级部门重视，2003年12月，农业部正式批准天津市奶牛育种站扩建项目，并拨专项资金支持项目建设，新站发展规模将达到150头种公牛，这使天津市奶牛发展中心的良种公牛繁育和良种奶牛推广迈上一个新台阶，2005年初建成投产使用，将对我国奶牛群改良起到不可估量的影响。天津市奶牛发展中心将一如既往，坚持依靠科技进步，发挥良种优势，创造名优产品为发展方向，向现代化企业迈进，为天津奶业发展再做贡献。

北京中种草业强化品牌管理

北京中种草业有限公司　杨晓波

北京中种草业有限公司是中国种子集团公司控股的高新技术企业，主要从事与草业相关的草种生产、科研、销售以及园林景观工程的设计与施工等，公司依托行业内的人才、技术、品种资源优势，运用现代企业管理方法，凭借成熟的国内外经济技术网络，通过内部纵向、横向业务的拓展与整合，为国内外客户提供与草业相关的多层次、全方位、高水平的个性化服务。

1. 全方位加强质量管理，提升品牌价值　中种草业在2003年同时开展了ISO9001质量管理体系和ISO14001环境管理体系的认证工作，严格按照两个体系相关规定的要求，对种子进出口检验、库房管理、货物运输、售后服务及园林绿化工程草坪基地管理等提出了更高的要求，全面加大了公司对质量/环境体系管理的力度，提升了中种草业的品牌价值，进一步树立了中种草业在中国草业行业中重质量、讲诚信的形象。

种子检验双保险，确保进口种子质量。根据质量/环境管理体系的要求，中种草业配置全套自检设备，结合国际种子检验协会（ISTA）会员实验室——中国农业大学牧草种子实验室的检验报告，对种子检验严格把关。

加强储运管理，保证库存种子质量。中种草业库房对种子码放的高度、品种、批次等提出了规范要求，杜绝种子码放混乱，减少发货错误，保证每袋种子的可追溯性。完善种子放行制度和顾客货到签收制度。

增加草坪基地的防火设施，强化草皮卷生产过程的技术检测。

2. 加大科研推广力度　目前，中种草业已在草种贸易上和美国、加拿大、荷兰、丹麦、瑞典等50多家国际知名草业及相关行业公司进行了成功的合作。科研人员广泛收集、筛选来自国内外的各类草种，利用专业手段混合、组配不同科、属、种的草种，经过不断的田间试验，选择出适应广大半干旱地区的抗旱性草种组合，形成了完整、全面的草种评价体系，每年向用户推荐大量适应不同地区的优良草坪和牧草品种。中种草业除在北京有大面积的试验基地外，在全国不同的气候区域均设有试验推广点，仅今年就新增了6个试验小区，保证了试验结果的代表性和有效性。几年来，中种草业已从国外引进多种抗病虫害、高产优质、适宜不同区域种植的紫花苜蓿种子。

3. 实施相关多元化发展战略　中种草业控股的北京中种园林景观工程有限公司（中种园林）已成为中种草业新的利润增长点，自成立至今，中种园林的工程额每年以一倍的速度迅猛增长，业务涉及到全国大部分省市，先后承接并完成了东方大学城高尔夫球场、北京西长安街延长线绿地改造、比利时驻华使馆、新疆克拉玛依翼龙公园、黑龙江八一农垦大学校园绿化改造、大连乾豪格林小镇环境景观工程、江西赣定高速公路生态防护绿化工程等50多项绿化工程。

为配合国家退耕还草政策和草场围栏项目的实施，中种草业根据相关多元化发展战略、股东利益最大化原则，经过深入考察，与新疆维吾尔自治区有关单位在其原有围栏厂基础上，合资成立乌鲁木齐燕儿窝中种网围栏有限公司，每年已向西部地区草场建设提供1 000万米的网围栏产品。

面对中国草业的新形势，中种草业将进一步塑造“诚信为本、质量第一、服务周到”的品牌形象，力争为中国草业的持续、健康发展作出更大的贡献。

新希望蝶泉乳业夯实基础　强化管理

云南邓川蝶泉乳品有限公司　黄松乔

企业基本情况：新希望云南邓川蝶泉乳业有限公司，其前身为云南邓川奶粉厂，始建于1959年，是一个集乳制品加工、销售、进出口贸易为一体的国有大型企业，2000年改制为国有控股的有限责任公司，2002年底由四川新希望农业股份有限公司收购为控股子公司，为大理州、洱源县实施乳畜产业发展战略的骨干企业，也是国家级农业产业化重点龙头企业。40多年来，公司在各级党委、政府及有关部门和社会友好人士的共同关心、支持、帮助下，艰苦创业、团结奋斗、开拓进取、奋力拼搏，坚持以经济建设为中心，坚持改革开放，一切从实际出发，充分发挥当地得天独厚的乳畜资源优势，致力于原料基地建设，致力于不断引进世界先进科学技术和设备，致力于新产品的不断开发创新和国内外市场的开拓，抓住机遇，紧紧跟上时代前进的潮流，依靠技术进步，不断进行技术改造和扩大再生产，提高生产力，提高企业综合经济实力，始终注重企业经济效益和社会效益的同步增长，把当地的资源优势真正转换为经济优势，为县域经济的发展做出了积极的贡献。

公司日处理鲜奶能力已达600吨，生产销售“蝶泉”牌奶粉、液奶、麦乳精、白脱油等80多种产品。企业通过了ISO9001：2000国际质量体系认证、国家质检总局原产地标志认证、QS市场准入认证和绿色食品认证，主产品“蝶泉”牌全脂甜奶粉质量达到国际乳品联合会（I·D·F）标准，获亚太国际贸易博览会金奖，被评为云南省首批名牌产品，“蝶泉”商标被评为云南省著名商标。公司现有职工680人，其中科技人员120人；拥有总资产2.9亿元，年销售收入2亿元以上，出口创汇450万美元。目前，公司已成为云南乃至西南地区最大的乳制品企业。

1. 发挥资源优势，夯实奶源基础 公司地处云南大理苍山脚下，洱海之滨；这里环境优越，气候温和，水草丰茂，土壤肥沃，有可利用天然草场面积176.67千公顷，宜林宜牧草山坡地43.33千公顷，草质优良，草场茂盛，是一个得天独厚的天然牧区。当地群众饲养乳牛已有500多年的历史，素有“乳牛之乡”的美誉。地方良种邓川乳牛，所产牛奶奶质浓厚，乳脂率高，并以其独特的乳香味闻名于世。1978年被农业部列为全国商品牛生产基地县，1991年被云南省列为全省乳牛高产综合示范区，现乳牛存栏4万多头，位居全国县级乳牛存栏前茅。

40多年来，公司始终把奶源基地作为第一车间来抓，加大对奶源基地的建设和投入。特别是新希望入主邓川蝶泉后，大力加强奶源基础设施建设，促进了奶源基地快速发展。一是建立“奶牛发展基金”，由公司每年出资180余万元，用于扶持基地县农户发展奶牛；二是规范奶站管理，建立基本制度，实行以质论价，优质优价，提高服务质量和服务意识，变单一的买卖关系为利益共同体的关系，增强了奶农对公司的信任，坚定了奶农饲养乳牛的信心和决心；三是保持合理奶价，并实行鲜奶最低保护价，把公司与奶农的利益紧紧联系在一起；四是加大对奶农技术培训和技术指导工作力度，提高奶农饲养奶牛的科学技术水平；五是加大对奶源基地的投入，投资2 000多万元，对公司现有80多个奶站进行改造，兴建冷贮式收奶站和配套保温奶罐运输车，购置最先进的乳成分快速检测设备，使鲜奶收购条件得到了根本改观，鲜奶质量有了较大幅度的提高，奶农交奶更加快捷，企业形象有了很大的提升；六是为进一步发挥大理州得天独厚的乳畜资源优势，加快乳业发展。公司于2003年7月分别与大理州人民政府签订了《加快建设大理优质奶源基地战略合作协议书》，与大理市、洱源县、鹤庆县等市县人民政府签订了《加快乳业基地建设发展协议书》，进一步明确了政府与企业的权利和义务，确保了公司发展对奶源的需求；七是建立奶牛风险补偿制度，减少农户养奶牛风险；八是鼓励农户适度规模饲养，积极推进机器挤奶；九是建立奶牛集中饲养模式，推进规模化，节约化养殖，提高饲养管理水平；十是对基地县建立奶牛信息化管理体系，使奶牛的系谱档案，选种选育，疫病防治，饲养管理等纳入计算机管理；十一是在分户饲养的区域，集中建立机器挤奶站。

2. 突出营销重点，加大营销力度 通过建立和完善营销管理体系，加强营销队伍建设，健全营销网络，理顺销售通路及市场区域整合，使物流与产品配送，销售与货款回收，市场开发与客户调整，营业推广与促销配合等有机结合，注重与客户的沟通及服务，进一步强化完善激励机制，使销售工作真正做到规范化管理，系统化运作，网络化经营。首先是加大国外市场开拓力度，利用出口贸易优势，对缅甸、越南等东盟国家加大出口，并不断增加出口品种。2004年上半年较上年同期出口增长29.47%，二是加大省外市场开拓，已由以云南市场为主，逐步向贵阳、广西及湖南等新市场拓展和延伸，销售有了明显的增长，与上年同期相比增长了12.87%。三是加强特殊消费市场的开拓，通过开发餐饮奶等附加值高的产品，开发宾馆、酒店等特殊消费市场。

3. 强化企业管理，提高执行力 新希望入主邓川蝶泉后，积极推进新希望的经营理念和管理机制，按照管理“程序化、规范化、科学化、精细化”的要求，合理设置内部管理机构，并先后出台了适应形势发展要求、结合公司实际的各种管理制度和管理措施，积极推进目标责任管理和预算管理，加大执行力度，大力强化内部各项管理工作，完善企业管理机制，规范企业管理。

一是加强物资采购管理，制定并实施“物资采购管理制度”、“物资采购招投标管理制度”、“采购物资库存定额标准”、“采购物资质量验收制度”、“采购物资退换及赔偿制度”等；二是加强成本控制，推进目标成本责任管理，细化车间成本控制，并加大考核力度；三是加强质量控制，通过建立和严格实施ISO9001质量体系和QS质量安全体系，从奶源质量控制、生产过程控制、产品出厂等环节严格把关，确保产品质量出厂合格率达100%；四是加大产品开发和产品结构调整力度，及时淘汰销量小、无边际贡献的产品；五是积极推进薪酬制度和干部人事制度改革，推行“产质工资制”、“绩效工资制”和“联销联效工资制”等多种分配制度，加大激励机制，充分调动员工的工作积极性、主动性和创造性。

4. 加大技改投资，促进企业发展 为适应奶源快速发展的需要，公司于2003年内对原有液奶车间投资1 500万元，实施技改，极大地提高了液奶车间的产能，增加了产品品种，为公司液奶走出云南奠定了坚实的基础。同时，投资1.2亿元兴建的“千吨奶”一期工程“500吨/日灭菌奶”项目，已于2004年7月18日竣工投产。“千吨奶”工程整个项目完成后，蝶泉乳业将成为国内单体液态乳品加工能力最大的企业之一和我国西南地区最大的乳品加工基地，公司年产销乳制品将达到30万吨，届时，预计公司可实现利润4 000万元，上缴税金2 600万元，支付农村奶款4.5亿元，奶农户均年收入在现有5 000多元的基础上达到18 000元，增长2.6倍。使公司真正成为带动地方经济发展的强势龙头企业，为当地农业产业化优化升级、调整农村经济结构、农业增效、农民增收和为云南乳业的发展做出更大的贡献。

5. 发挥企业龙头效应，实现企业有效经营 通过

40多年来的努力，全县乳牛存栏已从建厂初期的4 000多头发展到现在存栏近4万头。公司日收购鲜牛奶最高已达250余吨，乳畜养殖和乳制品生产已成为全县经济发展的支柱产业。目前，公司已发展成为我国西南地区最大的乳品生产厂家，企业在取得较好的经济效益的同时也取得了较好的社会效益，为大理白族自治州的经济持续、快速发展，财政增收、农民脱贫致富奔小康做出了积极的贡献。

2003年，企业取得了较好的经济效益和社会效益，主要经济指标较引入新希望农业股份有限公司前有较大幅度增长：收购鲜奶6.54万吨，同比增长37.4%；完成乳制品产量23 508吨，同比增长57.61%；实现销售收入1.56亿元，同比增长46.68%；实现利税2 300万元，同比增长161.78%；出口创汇339万美元，同比增长14.19%。2004年上半年共完成：乳制品产品产量14 000吨，同比增长10.52%；实现销售收入1.024 3亿元，同比增长17.88%；实现利税总额1 200万元，同比增长7.35%；收购鲜奶41 145吨，同比增长9.05%；支付奶款5 587万元，同比增长13.79%；出口创汇246万美元，同比增长29.47%。企业的综合实力显著增强，同时也促进了相关产业和县域经济的发展，实现了政府、企业和奶农的三赢的良好局面。

今后，公司将继续坚持"以市场为导向、以科技为支撑、以质量为根本、以效益为中心"的经营指导思想，团结拼搏、真抓实干，进一步加大目标管理、预算管理和财务管理工作力度，切实强化内部管理，向管理要效益，努力拓展市场空间，增大市场占有份额，提高企业经济效益，增强干部员工的责任感和危机感，切实加大员工培训工作力度，不断提高员工岗位技能和基本素质，全面提高企业综合实力，以新希望"与客户共享成功、与员工共求发展、与社会共同进步"的企业宗旨为指导，坚持"诚信为本、质量至上、精诚合作、服务一流"的经营思想，立足云南，走向全国。

济南佳宝乳业铸造诚信品牌提高质量水平

济南佳宝乳业有限公司　孙作刚

佳宝乳业始创于1931年，至今已有74年专业生产、制造液态牛奶的历史。1998年佳宝公司正式成立之后，佳宝乳业抓住奶业迅猛发展的有利时机，以诚信铸品牌，靠质量打天下，不但成为山东奶业的龙头企业，而且连续几年位居中国液态奶生产十强，成为固定资产8亿元，年产值10亿元的国家大型液态奶生产加工企业和农业产业化龙头企业。近三年来，佳宝各项经济指标平均增长率都在100%以上，投资5亿元、占地66.7公顷的国家农副产品深加工示范项目工程——佳宝工业园的建成投产，成为山东现代奶业加工的标志性工程。而且，两处大型自有牧场均被列为国家十五重点科技项目高产奶牛标准示范园区，标志着山东省奶业进入了现代化发展的新时期。

产品质量是企业赖以生存的根本保证，产品质量也是企业诚信的一个具体体现，对于直接影响到人们身体健康的牛奶制品来讲，产品安全性和质量保证显得更为重要。

（一）乳品质量看奶源，原料把关是关键

1. 率先建立奶业合作社，集中发展小区喂养　1998年，佳宝乳业在总结欧美发达国家经验基础上，在全国率先建立起第一家奶业合作社，利用企业优势对入社的奶户提供防疫治病、科学喂养、推广良种、机械挤奶等服务，第一次把分散的奶农组织起来，整体带动济南周边地区的奶业发展。

在此基础上，公司选择有一定饲喂基础，奶牛存养相对集中、有一定数量饲喂大户和饲草、饲料来源比较充足的地区，联合乡镇和农民，三方合作，迅速在济南市及周边建立起了160多处奶牛集中饲养小区，引进奶牛80 000多头。每个小区，全部由公司投资建挤奶厅、购置进口挤奶机、贮奶设备、运输车辆、质量检测设备，实行统一牛舍、集中饲养、机器挤奶、优质优价等措施。公司派专人驻区提供防疫、治病、配种、饲养管理及技术指导等全方位服务，并负责鲜奶的收购和运输，为奶牛饲养提供了有利的发展条件，把奶牛业纳入了专业化、规模化、科技化、集约化发展轨道，使佳宝乳业的奶源基地更加稳固。

2. 启动奶牛改良工程，建设标准化牧场　佳宝乳业在山东省首先启动奶牛改良项目，引进国际先进的检测设备，DHI体细胞检测仪可以检测出牛体中体细胞数目，B150牛奶成分分析仪可以在7秒中内测出牛奶中主要成分的含量（脂肪、蛋白、乳糖、总干物质），两台联机，可以随时了解牧场每一头奶牛的健康状况与产奶的质量，从而很好地保证了原料奶的稳定质量，实现了奶牛年单产8吨的好成绩。奶牛繁育的"胚胎移植工程"是一项具有世界先进的科学技术，它利用世界上优质奶牛的基因，对现有奶牛繁育状况进行改良，从整体水平上提高了奶牛的产奶量与产奶的质量。

佳宝牧场和奶牛饲养小区，在奶牛饲喂中由过去单一饲料，逐步发展到青贮玉米秸秆、羊草、苜蓿、俄罗斯菜、胡萝卜、甜菜、豆瓣等多种复合饲料，并建立起相应的种植基地，改变了农民传统的耕种模式。农业种植从主要的粮食作物向饲料种植，如苜蓿草、俄罗斯菜、胡萝卜等多元化方向发展。目前，佳宝乳业已建立苜蓿高产种植技术示范面积1万公顷，饲用玉米高产示范面积5万公顷，还带动济南市区、长清、茌平、章丘等地农民种植优质牧草2 666.7公顷。

佳宝牧场根据奶牛在泌乳阶段的营养需要，使用意大利进口的TMR专用饲料搅拌车，把铡切适当长度的粗饲料、精饲料等按照一定的比例充分混合进行科学合理的全混合日粮饲喂。并且注意到粗饲料的铡切长度、水分含量、搅拌时间和均匀度、投喂量和干物质采食量、分群饲养等诸多因素。全混合日粮饲喂一是增加了

"适口性"，促进奶牛的采食量，二是确保各种营养成分的合理配比，这是确保佳宝优质奶源的关键所在。佳宝自有牧场被济南市命名为花园式牧场，绿地面积在60%以上，现代化的高产奶牛别墅实现了采食、挤奶、通风、饮水、采光、喷淋自动化。成母牛年平均单产突破了8吨，承担了国家十五重大科技专项华北农区奶业现代化生产技术集成示范项目和高产奶牛核心示范群项目，成为国家标准化示范牧场、生态化的牧场，率先建设使用沼气池解决了粪便、污水的无害化处理等难题，而且还可以解决供电、供暖等问题。牧场不但可以为奶农提供各种成熟的奶牛饲喂技术，而且还利用其先进的DHI技术、胚胎移植技术为小区奶户提供服务。

（二）完善的质保体系是提升乳品质量的可靠保证

佳宝乳业于1999年在乳制品行业中率先通过ISO9002国际质量体系认证，从产品质量控制到内部管理都达到了国际标准。2003年，公司又顺利通过了ISO9001：2000版的认证，实现了管理体系的升级，提升了产品的质量标准，把简单的"质量保证"上升为完善的"质量管理"，并强调了用户的满意度。公司定期组织开展诸如"产品质量月"、"安全生产月"等劳动竞赛，通过这种长期的质保竞赛活动，加强对加工厂、奶牛饲养小区、收奶站、牧场、成品库、原料库等涉及产品质量的各个部门的检查管理。

在现场管理上，公司在2001年就引入了日本的"5S"现场管理，通过对工作现场的整理、整顿、清扫、清洁，来提升员工素养，塑造产品品质。在此基础上，公司还根据形势发展及市场需求，加入"安全"和"服务"两大要素，提升为"7S"管理，把现场管理、员工素质、产品质量、品牌形象有机结合，全面提升企业的管理水平。在生产车间和机修、电工等辅助部门推行的QC品管小组和TPM设备效益最大化活动，有效保证了产品质量的提高。2004年，佳宝乳业通过了HACCP国际通用体系的认证，通过对生产、加工、制造、准备和食用等过程中微生物、化学和物理污染的监视和控制，大大降低了危害发生的概率，把食品安全融入到了生产设计的过程之中。

（三）科学的管理是改善产品质量的有效手段

为了加强产品质量检验，公司成立了三级质检结构，即通过品控中心，对整个公司的产品质量及工艺流程进行严格监控，各生产厂成立质管科，各车间设专门质管员，对厂房、车间的奶源进厂及生产过程进行全过程检验，并随机抽样，严格操作规程、严格工艺流程、严格执行标准、严格规章制度。形成"品控中心—质管科—质管员"这三级质检结构，层层监控。

对生产人员的管理，实行自控、自查、自检、自罚体系，提高生产一线人员的主观能动性和责任心，使他们能够坚守岗位，现场全程监控，一旦出现质量问题，对责任人及所在班组实行由下而上的处罚，以督促生产人员，最大限度的发挥潜能，创新思路，改进工艺流程，改善产品质量。

（四）将质量观念融入企业文化，以诚信态度追求尽善尽美

"发现问题是水平，是责任心；解决问题是能力，是事业心；追求尽善尽美是最高境界"，这就是佳宝乳业对产品质量控制工作的解释。公司把质量意识纳入企业文化，用文化陶冶员工，形成员工的思想观念，以"诚信百年，质量为先，科技创新，争创一流"作为自己的质量方针，连同"质量是企业的生命，而生命只有一次"等理念，一起作为公司企业文化一部分，通过悬挂标语、企业文化牌、组织劳动竞赛、岗位比武、质保竞赛等活动方式，每天对员工进行"企业在我心中、质量在我手中"的教育，通过这种潜移默化的熏陶，把质量意识纳入企业文化、质量观念培植到企业理念中去。

佳宝工业园二期一段工程于近日将建成投产，使公司具备了日处理鲜奶1 200吨的能力。佳宝工业园与牧场、生活区紧密相连，成为一个集饲料加工、奶牛饲养、乳品生产、科研开发、销售服务、生活休息于一体的大型智能化综合生态工业园区，微机化操作，无纸化办公，信息化管理，网络化电子监控，为佳宝产品安全提供了可靠的硬件保证。近几年，佳宝乳业获得了"山东名牌"、"山东省著名商标"、"山东免检产品"、"中国轻工业质量效益型先进单位"、"中国食品工业协会推荐产品"、中国保护消费者基金会"消费者信得过产品"、中国城市主导产品调查委员会"市民首选品牌"、"全国安全优质承诺食品"、"国家免检"、"绿色食品"等一系列荣誉。最近，在国家质量总局对全国十个城市40家企业的40种产品的抽查中，佳宝乳品荣登榜首，这更坚定了公司"以诚信铸品牌，靠质量打天下"的理念，并继续把佳宝乳业做大做强，争取为山东省乃至全国奶业的发展做出更大的贡献。

山东得益注重诚信经营
建设企业文化

山东得益乳业有限公司　王培亮

食品安全是树立企业诚信的基石，而诚信经营是企业健康持续发展的关键。乳业是一个从牧业到加工到销售长链条产业，涉及多个行业，单单从企业自身的角度去追求质量安全和企业诚信是不完整的，或者说是一种闭门造车的狭隘的经营思想，面对奶农、消费者、员工、供应商等链条中不同的角色，企业只有培养员工的诚信意识和质量责任，凝练一个高素质的团队，员工才能实现个人价值，企业才能诚信经营；公司只有不断的提供给客户优质的产品和服务，才能够培育客户的忠诚度，才能够不断的吸引新的客户，同时给公司带来增加收益的机会；公司只有不断地为社会创造财富，关心社会的发展，关心环境保护，政府和社会才能够给企业以更多的回馈，为企业创造更良好的发展环境。公司只有设身处地的为奶农着想，带动奶农致富，农户才能死心塌地跟着企业走，牧业技术才能得以推广，奶源品质才能得到提高；只有这样企业对未来的美好的预期才可能实现。所以公司发展成长的使命远景要求企业一定要诚信经营，要与所需的各种资源建立起一种稳定的“利益共同体”，才可能实现企业的长远发展。建立“利益共同体”，关键要从五个方面入手。

1. 企业和奶农 对于乳品企业而言，奶牛养殖是企业的“第一车间”，是确保质量安全的第一关。这可以说是行业的共识。而现在的问题是：一方面行业的高速发展需要大量优质奶源，奶源成为制约企业发展的瓶颈，另一方面倒奶、杀牛的事件时有发生。这主要是行业发展的不规范造成的，企业与奶农之间诚信缺失，就会导致奶源建设的不健康的发展，难以生产出优质的奶源。这不仅给企业经营增加困难，而且容易挫伤了奶农的积极性，对行业的打击是致命的。因此，建立一种相互信任的利益共同体，将是维护产业链发展的基础。

解决这一问题，首先要引导奶农转变观念。对农业产业化链条中的农民环节，企业、政府、奶业协会应该多方联手，下大力气做好教育培养、理念转变工作。产业化链条第一车间在农村，农民的素质不提高，原料车间的产品不会合格，没有合格的原材料，再好的设备也不能加工出高质量的产品。这些教育引导工作没有政府和行业协会的支持，仅靠企业是做不好的。其次，创造一个良好的养殖环境。目前国内奶牛的饲养管理很多还停留在散养的传统模式上，效益低，质量安全隐患无法消除。奶户就像墙头草，随着利益高低在企业间来回摇摆，在奶源需求旺季他们炙手可热，在奶源相对过剩的淡季，散户又成为企业甩掉的包袱，奶农的利益很难得到有效的保障。在这种环境下，企业和奶农之间成为一种相互利用的关系，无法建立起相互之间相互信任，相互依存的利益共同体。得益通过几年的探索，较为成功的解决了这一问题：大力发展“公司＋牧场”的集约化养殖模式，由企业提供挤奶设备、技术服务，乡镇政府提供土地、养牛户购买奶牛共同建立，实行“统一规划、统一管理，统一技术服务、统一疾病防治、统一饲料供应，分户饲养，集中挤奶”的集约化养殖管理模式，使农民的养殖观念实现了从传统养殖到科学养殖的跨跃。第三，建立一个相互信赖的利益保障体系。实行订单农业，与奶农建立契约关系，以质论价，解决养牛户的后顾之忧，提高了农民养牛的积极性。强化对奶农培训，不断提高奶农素质，推动奶牛饲养管理水平提高。同时，加强对养殖技术的研究和推广，为农户提供可靠的技术支撑，扭转农户散养管理不科学、奶牛单产低、原料奶质量不达标，导致奶农收益低的不良局面。使农民收入更稳定，使奶户更有保障，杜绝掺杂使假现象，从根本上、从源头保证乳品的质量与安全。

2. 企业和消费者 企业80%的利润来自于老客户，如何维护老客户，提升客户的忠诚度，把新客户变为老客户，成为企业新的增长点，客户的忠诚度取决于对品牌和质量的信任，企业通过满足客户的需求来实现企业利润。毫无疑问，建立企业与消费者之间的利益共同体，是支撑企业生存发展的关键一环。

首先是满足消费者质量安全的需求。牛奶作为快速消费的营养食品，已经逐步得到更多的消费者的认可。但行业进入门槛低，小规模的乳品厂如雨后春笋般的迅速蔓延生长，由于技术实力的缺乏，为行业带来了很大的质量安全隐患，“毒奶粉”事件给我们敲响了警钟。多年未变的行业标准已经不能适应行业的发展和消费者需求，希望政府、行业协会对质量技术标准进行规范，提升整个行业的质量水平，保护消费者的同时，也为乳品企业的健康发展净化环境。作为企业得益更应把质量安全放在首位，以身作则，从奶源、生产、储运到销售每一个环节严把质量关，以过硬的产品质量赢得消费者。其次是满足消费者服务的需求。规范服务行为，提高服务质量是所有企业经营的重中之重。随着商业不断发展，消费渠道也不断的拓宽，牛奶消费再也不是仅仅局限在社区网点上了，超市、酒店、零点、学校、邮政网络成为牛奶消费重要环节。因此，应该从拓宽网络建设入手，建立快速便捷多渠道销售通路，针对不同渠道和消费者的需求制定相应的服务模式，让消费者总能以自己喜欢的方式满足需求，用便捷、优质、满意的服务留住客户。第三是合理解决消费者的抱怨和投诉。牛奶作为天天消费的食品已经融入人们的生活，由于消费者的误解、保存、饮用不当等因素造成消费者的抱怨是在所难免的，关键是要建立一个完善的危机处理机制，来妥善处理善意或者恶意的抱怨和投诉。首先，建立一个快速信息反馈渠道，让消费者的投诉能够及时的反馈。其次，构建分级处理流程，不同类型的投诉能够得到迅速的处理；第三，进行回访。一次好的危机公关，可以说是企业与消费者拉近距离，体现企业诚信经营，提高品牌美誉度的一次展示的机会。

3. 企业和员工 企业员工是企业各项工作的执行者，是企业文化的体现者。员工是企业诚信经营的主体。企业和员工是不可分割的整体，员工的素质素养是决定企业的诚信经营的内在因素。

文化凝聚员工。企业发展到一定程度，制度建设滞后与企业发展的现实之间的矛盾已经日益凸现，企业文化在规范员工行为中扮演越来越重要的角色，文化正不断深入企业管理过程中，正是得益“诚信创新”的核心文化，塑造了诚信经营的员工团队。

员工素质造就产品品质。随着乳品行业的快速发展，各地乳品工业园建设、乳品项目规模扩建正如火如荼的开展，从设备采购到检测工艺无不向着国际化方向发展，硬件设施水平行业趋向同质化。决定产品品质差异化的主因已不只是硬件先进性，员工素质的差异化逐渐成为主角。加强员工素质培训，提升员工的质量意识和社会责任，将成为未来建立品牌竞争优势的关键点。

4. 企业与企业 把同行视为“盟友”，而不是“敌人”，共同把这个蛋糕做大。同行间竞争的最高层次是联合，如果我们能够本着诚信经营进行战略合作，形成行业利益共同体，才能共同推动中国奶业的发展，我们才能有更大的受益。

5. 企业和政府 乳业发展离不开政府的支持，特别在当前国家宏观经济调控的大环境下，建议行业协会积极地向政府呼吁，在政策方面给予奶业发展的更大的支持。而企业在创造社会财富的同时，也应承担起相应的社会责任，应该充分发挥龙头带动作用，引领农民致富，推动农业增效和农村经济的发展，为国家、政府分忧，必将得到政府的支持，社会的认可，才能为自己的发展创造一个更加优良的社会环境，企业的生存和发展也才有意义。

企业与奶农、企业与消费者、企业与员工、企业与企业，企业与政府五个方面相互连接，形成一个完整的"利益共同体"，才能确保质量安全，夯实诚信经营的根基，推动奶业健康快速的发展。

广东燕塘乳业实行"从牧场到餐桌"全程质量管理

广东燕塘乳业有限公司　方培生

多年来，燕塘乳业在激烈的市场竞争中，坚持"质量第一，顾客至上"的经营理念，企业得到了高速发展。"燕塘牛奶"获得了广泛赞誉。产品先后多次获得"广东省名牌产品"称号，企业也荣获"省农业产业化龙头企业"称号。通过几代燕塘人的辛勤付出，我们已建立从奶牛饲养—生产加工—销售配送一条龙的食品安全管理体系，实现了从"牧场到餐桌"全程质量控制。

1. 加强牧场管理，提高原奶质量，带动三农发展 乳品质量的好坏，首先决定于原奶的质量。我们把牧场作为乳品生产的第一车间来管理，设立"奶牛饲养管理技术指导中心"，由资深专业技术人员负责对奶牛饲养、繁育、疾病防治、管理规范化等方面给予技术指导支持，使"公司＋农户"转变为"公司＋牧场"的模式。目前，燕塘乳业拥有牧场15个，奶牛近2万头，全部实现了牧场大型化、挤奶机械化模式的管理。

(1) 奶牛场设在从化、增城、花都、河源、清远等地的山区中，青山绿水环绕，已有多个奶牛场通过绿色食品检测。在全国100个模范牧场（养牛小区）评选中，广东共有5家入选，而燕塘乳业就占了3个。

(2) 奶牛场大型化，采用圈养方式，有利于强化奶牛的管理。

(3) 牛群优良。早在20世纪80年代开始，广东就从欧美等地引进良种黑白花奶牛和公牛，致力于改善牛群质量，提高奶牛自身抗病能力和产奶率。近几年来，又引进美国娟姗牛进行杂交，培育新的良种奶牛。这种娟姗牛抗病能力很强，奶的乳脂、蛋白质和干物质的含量比较高。

(4) 每个奶牛场均有一批专业畜牧兽医技术人员，建立完善的防疫制度，每年至少进行两次牛群"两病"检疫。

(5) 设备先进，采用机械化挤奶，牛奶不接触空气，不受污染，牛奶挤出后马上冷却至4℃左右保存，用专用冷藏车运送至乳品厂加工。

早在20世纪80年代中期，燕塘已经开始向香港供应牛奶，由于香港对乳制品的要求与欧洲同步，这使得燕塘一开始就以欧盟的标准收购生奶，不含抗生素，细菌数小于20万cfu/毫升。而国家GB－6914－86《生鲜牛乳收购标准》规定一级奶细菌数小于50万cfu/毫升。现在燕塘奶牛场的牛奶细菌数多在10万cfu/毫升以下，远远超过国标规定。

我们也发挥经济杠杆在奶牛场管理中的作用，实行以质定价，优质高价，不合格予以拒收。相比之下，燕塘的奶源价格比起其他一些地方尤其是北方的收购价格偏高，其中较大的因素是因为牧场投入大，质量成本高造成的。这种质量成本主要体现在牧场为保证原奶的高质量而相应在牧场中采取的各种区域隔离、消毒设施、饲养、机械化挤奶等方面。

乳品加工厂的发展，对"三农"（农业、农村、农户）的发展起到了相当大的带动作用：在农民方面，燕塘乳业目前拥有15个圈养式奶源基地，加工厂处理能力为300吨/日，以此标准计算，每年需要收购原奶近11万吨。这些牛奶将由24 000头成年母牛来提供。以全部为机械化挤奶的牧场计算，可为社会提供约3 000个就业机会，从牧场而言，就业人员基本为牧场附近的农户农民。牧场的发展，扶植了一批养牛户走上专业化道路，生活奔向小康，而养牛专业户的发展也同时使这些地区部分农民得以脱贫致富。

在农村及农业方面，牧场的发展首先带动了农村种植业的发展。以牧场饲养的包括母奶牛及公牛、小牛在内近50 000头奶牛为例，需要大量的农副产品和优质草料保证。每年对玉米、大豆粕等精料的需求超过5万吨；对蕃茨、木薯、啤酒渣、甜菜渣等根块高汁饲料的需求为5.2万吨；对玉米苗、蔗尾、鲜杂草等青粗饲料的需求达21万吨，优质干草如苜蓿草、羊草的需求约1.2万吨。因此，种植业方面可创造近2万个就业机会。其次，牧场奶牛产生的大量的有机肥又可用于饲养鱼、果蔬等农作物的种植，有效促进了当地渔业和果蔬业的良好发展；再次，奶牛业的发展所产生的各类运输也将促进相关的物流业。通过牧场的建立，使当地的整个农业产业链得以良性发展。

正因为我们的饲养规模大，管理规范，经营形式多样，饲养水平高，牛奶质量好，居于全国先进水平。在2003年国家启动学生饮用奶奶源升级计划（通称的"白雪计划"）中全国首批8个试点企业中华南地区惟一一家就选在了燕塘，广东省食品药品协会也将燕塘乳业定为食品药品放心工程示范基地。在2004年，燕塘乳业还通过了全国工业产品生产许可证，即市场准入（QS）。

2. 加大科技投入，提高检测水平，保证产品质量稳定 产品质量的好坏取决于检测水平的高低，而燕塘乳业对质量的内控指标往往高于国家标准。在质量控制方面，我们有着较强的超前意识，在长期的严格的质量控制过程中，燕塘乳业建立起了完整的质量检测体系，有效保证产品的质量。

在2003年燕塘乳业经广东省科技厅批准后成立了广东第一家“乳业科技创新中心”后，企业的产品质量控制上了一个新台阶。其中检测中心数年来先后投入了1 000多万元从国内外引进了包括牛奶综合测定仪、体细胞检测仪、抗生素检测仪、凯式定氮仪、无菌包检测仪、分光光度计在内的一系列先进的检测仪器设备，提高了企业的整体检测能力。所检测的项目不仅有牛奶的营养成分、微生物、杂质度等常规项目，还包括了体细胞、抗生素、耐热芽孢菌等超常规项目。

检测手段的多样化和检测能力的提高，不仅在牧场的饲料、原料奶方面的质量监控上得到有效控制，而且对生产的全过程也实行了动态监控，使整个生产活动过程都处于受控状态之中。如蛋白质、脂肪、非脂乳固体、抗生素、细菌数等营养和卫生安全的指标都得到了有效控制。每一批次、每一品种的产品检测中心从原料奶、半成品、成品进行准确而快速的检测，及时提供检验数据，监督生产部门进行标准化投料配方到最终出厂，从而使产品出厂合格率达到100%。

可以说，一如既往、数十年来高要求的产品质量造就了高品质的企业品牌，多年来，我们受卫生、技术监督部门抽检的合格率都保持100%。

3. 引设备，扩规模，提高生产技术水平 从1998—2003年，我们共分三期对企业生产线进行大规模技术改造，共投入1.8亿元人民币，分别从德国、美国、荷兰等国家引进了世界最先进的杀菌、灌装设备，组建了十几条生产线，新增GMP厂房1万多平方米，生产能力也从日处理100吨达到300吨。大规模的技术改造使燕塘乳业在生产方面已完全达到了世界先进水平，形成了多品种、多包装、多规格的发展态势。目前燕塘乳业所生产产品类型包括瓶装奶、袋装奶、杯装奶、屋型包装奶、无菌装奶等5个类别，品种多达70余种，是华南地区设备最先进，品种、规格最齐全的液态奶生产企业。

燕塘乳业秉承“以质量求生存、以品种求发展”的宗旨，不断学习国内外的先进技术，引进开发新品种。我们的研发人员深入到各营销渠道，研究消费者的口味和爱好，以市场为导向，开发有消费需求和消费市场的产品。这几年来，每年都向市场推出十多个新产品，已开发出高钙奶、早餐奶、果汁奶、果粒酸奶等备受消费者欢迎的产品。

为了更有效地借鉴当今世界上先进的工艺技术，提高企业的整体技术水平，燕塘乳业在几年前启动了“借脑工程”，走科研与生产相结合的道路，与中山大学、华南理工大学、华南农业大学等多所高等院校、科研机构建立良好合作伙伴关系，聘请了国内知名的食品专家、高级工程师、高级畜牧师担任顾问，以此不断提高乳业公司的技术水平。

4. 加强销售冷链建设和售后服务工作

(1) 销售冷链覆盖整个广东省及邻近省份的一些地方。

(2) 运输配送能力强，我们有60多台冷藏保温车日夜奔走在全省各地。

(3) 每年投入冰箱几百台，累计投入数以万计的冰箱到市场，保证1 000余个经销商冷藏设备充足，充分体现了“在生产中求质量；在运输配送中保质量；在销售消费中显质量”。

(4) 成立了“客户服务中心”，对销售冷链进行检查维护；向广大经销商和消费者宣传正确的饮奶知识；及时听取经销商和消费者的意见，反馈回公司，进行质量改进。

对质量的不懈追求，使得燕塘乳业的产品质量在同行业中一直处于领先地位，也提高了产品在市场上的信誉度、美誉度。

5. 通过认证，加强质量管理 一个设备先进的企业，没有先进的管理，不可能成为一个优秀企业。在投入巨资进行技改的同时，我们也开始建立一套先进的企业管理模式。从2002年中，燕塘乳业开始在瓶装奶车间进行新“5S”管理，即包括整理、整顿、清扫、清洁、素养等5项内容的生产管理，其主旨在于提高质量保证体系，将质量关从生产车间的每一个细小的环节抓起，通过上课、培训以及对其他企业的成功经验的借鉴等多种方法，细化每一项要求，规范每一个操作，使质量控制落到实处。

同时，我们通过质量管理体系认证（ISO9001：2000标准）和HACCP体系认证（国际食品安全管理体系），使产品的生产过程最终符合SSOP（卫生标准操作规范）和GMP（良好生产规范）要求，保证了产品质量。建立一支高素质的员工队伍，从总经理到普通员工都把质量看成是企业的生命，牢牢树立“质量第一，顾客至上”的经营理念。

50年的风风雨雨，燕塘乳业通过自身不懈的努力，逐渐成为广东市场上一个家喻户晓的乳品品牌。燕塘乳业将继续努力，做好食品安全工作，使消费者得以吃到更为可口营养卫生安全的牛奶。

发展中的吉林广泽奶业

吉林省乳业集团广泽有限公司

“广泽牛奶，新鲜到家”，伴随着这句广告语的逐渐家喻户晓，广泽乳业——这个快速崛起于吉林大地的新兴乳品公司，以产品质量为核心能力，以品牌制胜为发展之道，入市三年，便迅速发展成为吉林省乳品行业第一品牌，更以日销量突破150吨位列全国乳品企业三十强，成为国家级农业产业化龙头企业。广泽乳业的快速发展，已带动全省逾两万农户通过养牛发家致富，以良好的经济效益和社会效益，成为吉林省畜牧业发展的典范。

（一）审时度势　快速进入

经过几年的快速发展，乳品行业已成为前景光明的朝阳产业。但农牧业资源丰富的吉林省，乳品行业仍欠发达。广泽乳业的领导者敏锐地意识到这是快速介入的良机。2001年，果断投资5 000万元，注册成立吉林省广泽乳业有限公司，同年7月，收购吉林省恒牛科技食品公司。经过一番技术和市场的尝试，于2002年初，在长春经济技术开发区购买了占地2万米^{2}的现代化食品生产基地，引进国内先进的乳品生产设备，开始年产4万吨乳品加工项目的上马建设。2002年底，项目建成投产。

"快速进入，先抓两头，重点建厂"，在董事长12字方针指导下，广泽乳业以"快"为原则，一方面以"恒牛"品牌运做市场，积累经验，锻炼队伍；一方面以长春为中心，以通榆县、前郭尔罗斯蒙古族自治县为两翼，狠抓奶源基地建设，同时广招人才。

（二）策略在先　品牌制胜

2003年初的吉林省乳品市场，几大国内知名品牌各有一席之地，但尚未有一家形成垄断地位。如何在这样激烈竞争的市场格局中脱颖而出？广泽人经过缜密的调研与思考，确定了"做吉林省第一品牌，创国内知名品牌"的战略目标，并为实现这一目标制定了"品牌制胜"的发展策略，以强势入市创品牌知名度．以产品质量创品牌美誉度，以优质服务创品牌忠诚度。

方针既定，总裁亲自挂帅，确定了"广泽"品牌推出的具体方案。在2003年初，省、市两大电视媒体9个频道，以每天300余次的频次，连续播出广泽乳业的品牌广告，同城四大主流平面媒体连篇累牍．对广泽乳业先进的生产设备，丰富的产品品种进行报道，伴随着强大的宣传攻势，广泽产品迅速铺满全省各地的零售终端，在不到3个月的时间内，"广泽"的品牌知名度得以初步建立，"广泽牛奶，新鲜到家"这一品牌内涵也逐渐广为人知。

同时，广泽人也深深知道，做百年老店，创知名品牌，更重要的是产品质量。在设备引进之初就精益求精，保证硬件达到国内先进水平。在项目投产之际，便马上开始ISO9001质量体系认证，并于2003年4月率先在全省同行企业中得以通过。借鉴国际先进的质量管理经验，广泽乳业对原料奶收购、产品加工、储存直至销售的全过程建立了严密的质量控制体系，全员贯彻"产品就是人品，质量就是生命"的质量观念，并把"提供满足消费者需求的产品质量"作为企业的核心竞争能力来建设，使广泽产品上市之初便广受好评，在消费者中获得良好口碑。

"诚信经营，优质服务"是广泽乳业始终秉承的经营理念。作为地方性乳品企业，以提供优质服务作为品牌的突出特色，是广泽乳业区隔外来品牌的主要手段。为此，广泽乳业设立了24小时客服中心服务电话，专门成立了一支精干的售后服务队伍，为消费者及客户提供最优质的专业化服务。"让健康进入每一个家庭"的服务理念使每一个广泽人始终牢记：我们销售的不仅是牛奶，更是健康和服务。每天超过70万名消费者对广泽的忠诚和信赖，也使广泽对提供优质服务坚定不移。

成功的策略，不折不扣的执行，加之社会各界的支持与帮助，使广泽乳业得以迅速的发展和壮大。2003年底，日销量突破100吨，在吉林省乳品企业总份额中已超过70%，成功地实现了"做吉林省第一品牌"的阶段性战略目标。2004年10月，日销量突破150吨，跨入国内大型乳品企业的行列。目前公司已开发生产鲜牛奶、酸牛奶、乳饮料等三大系列40余种产品，并有屋顶包、八联杯、百利包、利乐枕等多种包装形式，产品质地纯正、口感鲜美，深受广大消费者好评。

（三）基地建设　初见成效

优质的产品来自优质的奶源，广泽乳业在成立之初，就把奶源基地建设作为重要工作常抓不懈。2001年5月，收购通榆红牛奶业公司，整合当地奶源；2002年，与前郭县签订合作建设奶源基地的框架协议，扶持当地奶牛业的发展；尤其是进入2003年，一直密切关注和支持企业发展的省市政府领导，下大力气帮助和支持广泽乳业进行奶源基地建设，鼓励和倡导各界力量兴建奶牛牧业小区，发展奶牛养殖业。至2004年，在长春市政府的大力支持下，公司在长春周边已拥有自建小区3个，联建小区10个，在吉林省建成奶站46个，日可供原料奶150吨。公司还引进了国际先进的丹麦120乳品检测设备，组建了专业化的奶源技术服务队伍，常年为各小区及农户提供技术服务。在广泽乳业快速发展的带动下，吉林省的奶源供应，无论质还是量，都有较大幅度提高。同时全省有2万多家农户，依托广泽的发展，靠养牛走上奔小康的致富之路。

（四）重视人才　文化经营

广泽人深知：任何企业的发展都与人才密不可分，而企业文化的建设和管理更是一个企业的灵魂所在。独具特色的企业文化是增强企业凝聚力和向心力的最有效的武器。创业之初，高瞻远瞩的广泽高层即提出"广纳百川，泽惠四海"的企业理念和"让健康进入每一个家庭"的企业使命。三年来的实践证明：这一具有强烈社会责任感的定位让每一个广泽员工都以在广泽工作为骄傲和自豪。广泽文化10条核心原则的提出、广泽商学院的成立、完善的考核晋升体系无不体现出广泽人的睿智、勤奋和上进。

（五）跨越发展　做大做强

历时三年多的快速发展，广泽乳业已积累了丰富的经验，虽然2004年的乳品市场，竞争显得异常激烈，但广泽乳业已具备了在竞争中取胜的整体实力。公司申报的年产20万吨乳品加工项目，已被批准成为国家东北老工业基地改造项目之一，更为广泽的发展插上腾飞的翅膀。广泽乳业将继续以产品质量为核心能力，以品牌制胜为发展之道，抓住机遇，实现跨越式发展。以良好的经济效益和社会效益，为吉林省经济的发展作出贡献。

上海远安实施科技创新

上海远安流体设备有限公司

远安参与市场竞争虽然不足四年时间，但已经是目前国内少数几家能生产高精度流体设备的企业之一，众多知名企业因为“品质”牢牢记住他的名字，这之中既包括上海光明、联合利华、广州达能、汇源集团等远安的客户，也包括远安在国际上的竞争对手。

远安总部分设两大工厂——上海远安和浙江远安，下设四大事业部——卫生钢管事业部、卫生阀门事业部、卫生管件事业部和卫生泵事业部，专业生产上述四大类产品，广泛应用于乳制品、啤酒、食品、制药、饮料、化妆品及化工等领域。

远安对产品品质的要求没有止境，生产全部采用CNC等国际一流的数控加工中心设备，这些仪器设备的精密度非常高；技术则与德国合作，秉承严谨、实用的作风，原材料供应商选择上海五钢和台湾华新丽华，所有产品均按照ISO、IDF、DIN、和3A工业标准制造，检测严格、完善，质量完全符合GMP要求。2003年初，远安踏足国际市场，自控气动蝶阀、隔膜阀等产品出口美国销售，填补了我国卫生流体设备产品出口的空白，证实远安品质已经被国际认可。

与出色的产品配合行销市场的，是同样出色的售后服务和同样有竞争力的销售价格。因为成本控制良好，远安一介入市场就采用了挑战者的策略，保证产品在价格和售后服务方面具备充分竞争优势后才发起进攻，市场是最客观的裁判，你尊重它，它就会给你最公正的答复。远安迅速打开局面，客户遍及全国，并且其中很多是对供应商要求十分严格的知名企业。远安不仅得到客户的广泛认可，也引起国际同行的密切关注，因为年轻的远安，已渐渐成长为最具竞争力的竞争对手。

年轻的远安认真做事、诚信做人，矢志于把自己打造成基业长青的百年企业；年轻的远安有朝气、有思路、有实力、有行动能力；年轻的远安实施科技创新和管理创新的战略，切实贯彻“更精、更好、远安造”的理念，并随时准备在更深领域和更高层面上寻求新的跨越！

外资企业在中国

雀巢奶制品业务在中国的发展

雀巢（中国）有限公司

雀巢集团：总部位于瑞士的雀巢集团，是世界上最大的食品公司。雀巢集团的起源可以追溯到1866年。1867年，亨利·雀巢（Henri Nestlé）先生在瑞士的日内瓦湖畔正式创立了雀巢公司。雀巢先生是德国人，在德语里，Nestlé的意思是“小小鸟巢”，直到现在，雀巢的所有产品仍在使用这个名称作为产品标志。雀巢既是公司创始人的名字，又代表着安全、温馨、母爱、自然和营养。

2003年，雀巢集团的总销售额约为880亿瑞士法郎（5 420亿元人民币），净利润为62亿瑞士法郎（380亿元人民币），在86个国家经营着511家工厂，全球的员工人数约25.3万，来自各国的股东超过25万。雀巢是速溶咖啡、巧克力和糖果、奶粉和炼乳、婴儿营养品、矿泉水、鸡精和调味品、冷冻预制食品，以及宠物食品领域中全世界最大的生产商。

2003年，雀巢在大中华区的年度销售额达94亿元人民币，每年交纳各项税款约9亿元人民币，为约10 500人提供了就业机会。雀巢大中华区的总部设在北京。

雀巢——百年奶品营养专家：牛奶是人类最完美的天然食品之一，是能量、蛋白质、矿物质和维生素的良好来源，也是钙物质的最好来源。牛奶是构成人类健康饮食的基本部分，对于儿童的健康成长尤其重要。然而，牛奶也是一种娇气而容易变质的原材料，如果得不到正确处理就无法保障奶制品的品质和营养。

雀巢是奶品行业的先锋，从1867年公司创始人发明牛奶谷物产品以来，雀巢在奶制品业务方面已经有130多年的全球经验，对奶粉、婴儿营养品、甜炼乳、淡奶、巴氏灭菌奶、酸奶、冰激凌等产品的发展做出了卓越的贡献。130多年以来，奶品业务一直是雀巢的主要业务之一，如今奶品业务约占雀巢全世界总销售额的25%，是公司在全世界的第一大产品。雀巢在45个国家运营着91个奶品工厂，每年从30万奶户手里收购1 200万吨鲜奶。

雀巢承诺为奶牛养殖业增添额外的可持续的价值。雀巢在双方互利的基础上发展与奶农的长期合作关系，长期承诺收购牛奶，实行透明的牛奶价格和质量政策。为农民提供宝贵的技术援助，从源头开始抓质量和产量。同时，雀巢及时、定期付给奶农收购款，使他们在原有农耕收入之外还有长期而稳定的日常收入，极大地提高了农业人口的生活水平，满足了农民安居乐业、旱涝保收的根本愿望。

高效管理整个牛奶供应链是雀巢核心能力的重要因素，也是雀巢在世界和中国持续获得成功的重要原因。雀巢相信，质量保障必须贯穿整个供应链的每一个步骤，即奶户、鲜奶后勤保障、加工、市场分销、直至消费者的每个环节。只有高效管理整个供应链才能刺激优质、大量和低成本的鲜奶产出；才能在最好的条件下收集鲜奶，保持鲜奶的基本特点，比如口味、成分和营养物质等；才能运用最佳实践加工出优质的产品；才能有效地分销，保证消费者获得营养美味、优质安全而且物有所值的产品。

雀巢相信，我们在任何国家的活动只有同时有利于东道主国家，才能有利于公司的长远利益。双城雀巢就是一个各方都受益的成功例子。当雀巢1990年在黑龙江省双城地区建厂时，当地的生活条件还非常艰苦。在雀巢经过3年的奶区建设而在1990年投产前，当地农村人口除农耕外没有真正意义的其他收入。14年后，双城雀巢现已成为中国最大的奶制品工厂之一，鲜奶年收购量持续增长，2003年超过30万吨。约22 000名小农户，其家人以及当地社区中许多人的生活因此得到了根本改善。雀巢为农民提供了稳定的日常收入，每天向奶户支付的鲜奶收购款达到150万元，平均每个固定奶户每天得到80元人民币，这还不包括他们的其他农业收入。该地区农民的生活条件、基础设施和居住条件持续提高。仅在双城，雀巢就为900多名固定员工提供了富有吸引力的工作和培训。2003年雀巢为当地经济做出的贡献价值超过11亿元人民币，包括付给奶户的鲜奶收购款、付给当地政府的税金、购买原材料及能源和服务的费用，以及付给双城员工的工资。今天，大约10万人从双城工厂成功的发展中直接或间接获益。

雀巢发展长期可持续性奶品业务的经验总结：

（1）在相互信任与尊重的基础上，朝着长期健康发展的目标坚守承诺。

（2）企业必须有技术诀窍、专业经验和良好的商业原则。

（3）只有成品相对于本地和进口产品有竞争力，企业才能有经济效益、才能实现长期可持续发展。

利乐中国与客户共同成长

利乐（中国）有限公司

利乐公司于1951年成立于瑞典，创新地推出了一种耗材最少、卫生水平最高的牛乳包装——利乐四面体纸包装，成为当时最先为液态牛奶提供包装的公司之一。通过在竞争中不断地进步和创新，来自瑞典的利乐发展成为向牛奶、果汁、饮料和许多其他产品提供整套包装系统的大型供应商，1991年，利乐的生产延伸至液态食品加工设备、厂房工程及干酪生产设备。今天，利乐能够向遍布全球各地的客户提供综合加工设备、包装和分销生产线，以及为液态食品生产厂提供整体解决方案。

利乐在全球共有58家销售公司，获许可经营的65家包装材料厂以及15家包装机器装配厂。公司拥有21 100名员工，2003年度的净销售收入约为73.35亿欧元。利乐的产品在超过165个市场上销售。2003年，公司共生产了1 049亿件包装，为全球消费者提供了588亿升的液态食品产品。

（一）利乐包装确保安全的食品在任何地方皆举手可得

世界各地的人们每天要消费50亿升的水、牛奶、果汁和其他液态食品。多年来，利乐始终贯彻致力于确保安全的食品在任何地方皆举手可得的使命，开发了能保存产品原味和营养价值的包装，使大量液态食品能完好地分销到消费者手中。利乐的产品种类繁多，为巴氏消毒和无菌包装产品提供的包装系统不少于11种，基本分为纸包装和塑料包装两类。在常温纸盒包装业务领域，利乐公司处于世界领导地位。所提供产品包括利乐砖、利乐冠、利乐枕、利乐威和利乐钻等。而其中的利乐无菌枕装系统更是针对新兴市场设计的低成本解决方案。同时，利乐的无菌加工设备和分销设备也广受欢迎。今天，利乐包装的产品不胜枚举，如冰激凌、干酪、无水食品、水果、蔬菜和宠物食品等。

（二）利乐中国立足长远，扎根本土

从中国改革开放到加入世界贸易组织，利乐一直紧贴国内液态食品市场的需要，积极引进最新食品及饮料包装技术。自1972年以来，利乐在中国市场累计投资已超过2亿美元（约人民币17亿元），并为当地创造了大量的就业机会，仅2003年度就为国家和地方创造税收达人民币6亿多元。目前，利乐在上海、北京和香港等地设立了10个办事处，在昆山开设了独资经营的厂房，在北京和佛山分别组成3家合资企业，共拥有1 100多位员工，分销网络遍布全国各地。近年来，随着中国乳品业的飞速发展，利乐产品也得到了中国市场的广泛认可。利乐中国在北京投资6.2亿人民币的第二家工厂（合资企业）即将开工。届时利乐在中国的总产量将是现在的3倍，加上其最近在昆山、佛山、上海浦东等地的各项投资，增加的产能将足以应对中国市场未来5年可能增长的市场需求。

在不断加大投资力度的同时，利乐也将世界上最先进的包装技术和理念引入中国市场。2002年10月，利乐在佛山建立了设计中心，开发新颖的包装设计和概念。2003年初，利乐上海加工设备系统中心成立，它主要为从事液体食品生产的客户提供前期的加工设备。利乐包装（昆山）有限公司占地6 100米^{2}的大型仓库内，其先进的仓储管理可以配合利乐迅速扩张的生产能力。当年，利乐昆山厂又新增2条世界最先进的生产线。2004年7月即将开工的北京新厂房将引入世界上最先进的生产线设备及相关的技术手段，如：多颜色套筒式印刷技术；印刷图像电脑自动监测系统及生产全过程质量自动跟踪、检测系统；换卷静态接纸等。

利乐公司一直都着眼于在中国的长期发展，致力于“通过多元化的产品满足中国市场多元化的需求”，不断将先进的技术设备和完善的配套服务引进中国，积极推进生产服务的本地化进程，在中国液体食品包装领域发挥着重要的作用。

（三）核心经营理念：与中国客户共同成长

利乐一直秉承“与中国客户一起成长”的理念，非常注重对客户和市场的培育，并同客户建立了长期的战略伙伴合作关系。为此利乐不仅仅输出产品，还在技术、设备和营销方面与客户共同展开深入的分析和研究，支持客户的管理、研发、技术、加工、营销工作，最终为客户提供最理想的食品加工和包装解决方案。当然，对于本地的中小客户，利乐更是全力支持，以使他们更快地成长起来。

以客户管理为中心，利乐公司的设备技术专家、包装设计人员、市场服务人员甚至财务经理都与客户保持着紧密联系，共同深入生产和市场一线。在设备引进、产品开发、技术培训、市场信息、营销体系构建、新品上市的全过程中积极投入，并以跨国公司的丰富经验和员工过硬的专业素质，高度的责任感来帮助本地客户发展壮大，达到共同成长，实现共赢的目标。

（四）积极推动乳业成长，以培育市场为己任

利乐始终与中国乳业一起成长。中国乳品市场的快速发展不仅造就了一批大企业，而且促进了养牛的产业化经营，增加了农民的收入。利乐不仅为中国市场引进先进的液态食品加工和包装技术，推动了液态食品行业的成长，而且创造了大量的税收和就业培训机会。如，利乐10多年来一直组织“绿叶计划”，聘请中国农业大学食品学院的专家教授授课，帮助培训乳品生产管理和市场营销人员。利乐公司还为部分学员提供一定数额的研修资助金。如今，“绿叶计划”的受益者们在各自的工作岗位发挥着重要作用，成为中国乳制品行业发展的中坚力量。利乐每年的“乳业之星”活动，组织中国乳业界的骨干赴外培训，学习国外先进的乳业生产经验。同时，利乐多年来全力支持和配合农业部开展“学生饮用奶”和“白雪计划”，旨在提升中国下一代的身体健康素质和培养良好的饮奶习惯，提升奶源的质量。

引用中国乳品工业协会理事长宋昆冈先生的话："十年前，中国乳品消费，除了在大中城市有液体乳消费外，其余以乳粉为主。利乐所引进的无菌灌装技术将乳品消费从乳粉转变为液体乳。无菌灌装技术使我国乳品工业产品结构调整的步伐加快，同时缓解了我国奶源南北分布不平衡的矛盾，使北方优质奶源能供应到液体乳消费量集中的南方地区。"

（五）屡获政府肯定

利乐在中国的发展一直获得中国政府的高度认可和支持。利乐在华的独资、合资企业多次获得中央和地方政府的肯定和赞赏。

北京合资企业：2003 年获得北京市总工会颁发"经济技术创新先进企事业"；2002 年获得北京市对外经济贸易委员会颁发"先进技术企业"称号；2001 年获得 ISO9001：质量管理体系认证。昆山独资企业：2003 年获得江苏省对外贸易经济合作厅颁发"江苏省外商投资先进技术企业"称号；2002 年获得昆山市政府颁发"十佳外资企业"称号；2002 年获得"昆山市绿色企业"称号。佛山合资企业：2002 年获得广东省"高新技术企业认定证书"；2001 年获得"全国外商投资双优企业"。

（六）超高温灭菌技术为乳品企业打开全国市场

瞬间超高温灭菌处理（UHT）是指在封闭系统中将产品加热至高温（如牛奶加热至 135～150℃），并只持续几秒，然后迅速冷却至室温。该过程配合先进的无菌包装技术，能有效保存乳品或饮料的营养和味道。同时，由于从包材成形至产品充填过程均是在同一部机器密封无菌的区域内进行，确保了安全卫生且节约空间。

无菌加工技术和包装使产品在常温状态下具有较长的保质期，有助于以较低的成本将高质量的液体食品运输至较远的地方。不仅使食品的生产过程更趋合理，还缩短了存储期，为消费者提供了更多便利与选择。中国乳品市场的特殊之处正是要把大量产于华北，例如内蒙古等地的新鲜优质奶源，运到更广阔的华南市场。利乐提供了适合长途运输、便于贮藏并长期保鲜的技术解决方案。

利乐的包装深受客户和消费者的信赖，是因为它保障了食品的安全、营养和新鲜，而且给商家的储运和消费者的使用都带来了极大的方便。优质的产品加上全方位的服务，让客户感觉物超所值，为客户产品安全和赢利能力提供了有力保障。

（七）大力推动学生奶项目，提供高标准安全保障

在联合国粮农组织（FAO）的积极倡导下，全球已有 50 多个国家积极响应并实施了学生饮用奶的专项计划。在中国，学生饮用奶计划于 2000 年 11 月 15 日正式启动。利乐公司深信这是增强儿童体质，促进乳业进步，拉动产业发展的既利民又利国的好项目，早在 1992 年中国领导人访问瑞典时，利乐公司总裁格·劳辛博士对此就提出了许多建议，从此利乐公司全力投入和支持中国学生饮用奶计划，并为其提供了技术保障。

（八）倡导环保：包装带来的节约应超过其自身成本

利乐公司创始人鲁宾-劳辛博士在公司成立伊始就把"包装带来的节约应超过其自身成本"作为公司业务运作的座右铭，努力使原材料和能源的消耗量达到最低水平。利乐的加工和包装系统体现了对资源的节约利用。开发出的加工系统对产品进行温和处理，使包装生产和分销过程中原料和能源的消耗量降到最低程度。利乐包装可以达到以下主要包装目的，即：确保产品质量、将浪费减至最低、降低分销成本。

同时，利乐长期以来推广和执行完善的环保管理体系——生命周期管理法。从产品设计，原材料采购，生产运作到废弃物处理，利乐公司都把环保问题放在首位，并把环保业绩当作企业业绩的重要组成部分。

在中国，利乐与国家环保总局定期联合举办"利乐杯"全国中小学生环保英语演讲比赛，两名优胜者在联合国环境规划署召开的"国际儿童环保会议"上，代表中国儿童发出对环保的呼吁。利乐公司还积极支持北京民间环保组织"地球村"，开展各类社区公益环保教育推广活动。在贵州省，利乐中国捐资兴建了利乐环保希望小学。

（九）注重实践企业社会责任

利乐也一直非常注重对社会的回馈，并因此深受有关政府部门和非政府协会组织及行业人士的肯定。多年来，利乐公司及员工一直大力支持中国扶贫基金会的母婴项目，并多次获得扶贫基金会的嘉奖。2003 年 10 月 20 日，利乐中国鼎力赞助了"关怀骨质疏松，奉献慈善爱心——国际骨质疏松日利乐上海健康行"大型慈善公益活动。利乐中国总裁李赫逊先生代表公司向市慈善基金会捐赠了 20 万包可以常温保鲜的牛奶，受到了国际骨质疏松基金会的表彰。在 2004 年 6 月 3 日世界牛奶日，利乐公司赞助中国乳制品工业协会举办的"喝牛奶，送健康"慈善捐助活动，推广普及牛奶知识，鼓励广大消费者健康饮奶。中国人口福利基金会作为受赠单位将牛奶送往全国的各个贫困地区。

正如利乐的使命宣言中所强调："我们为客户服务并与其携手并进，为食品加工和包装领域提供最佳方案。不论何时何处，我们把承诺实现于不断的创新，满足消费者的需求以及与供应商合作，追求最好的方案。我们信奉负责任的行业领导者在创造利润的同时能兼顾对环境的保护，并做一个优秀的企业公民。"

芬兰维利奥保证原料奶质量的措施

芬兰维利奥有限公司　刘金杰　王世宾

芬兰地处欧亚大陆的西北角，总面积仅 33.8 万平方公里，人口 520 万，乳及乳制品是这个国家传统的家庭食品，比如牛奶、酸奶或其他发酵乳制品、奶粉、奶油、稀奶油、奶酪、冰激凌等。芬兰是世界上人均乳制品年消费量最高的国家之一，折合成牛奶约 360 千克左右。

独特的地理条件使芬兰奶牛饲养业成了传统的生活手段。夏季充沛的雨水、适宜的温度及日照时间为牧草的生长提供了理想的条件。但是芬兰的夏季比较短暂，只有为数不多的几种常规谷物能够进入收获期。

拥有百年历史的维利奥公司是芬兰最大的乳制品公司，成立于1905 年。维利奥公司生产和销售各种各样的乳制品，每年牛奶处理量为 200 万吨，占芬兰牛奶总量的 80%。2003 年，公司销售额近 16 亿欧元，其中40%来自国际市场。

1. 奶牛场主拥有乳品合作社和维利奥公司 奶牛场主是乳品合作社的成员，而乳品合作社持有维利奥公司的所有股份。作为乳品合作社的会员，奶牛场主必须通过购买股份来实现投资。股份的持有数量取决于从牛奶获得的年收入。因此，奶牛场主既拥有乳品合作社也拥有维利奥公司。奶牛场主们提供的原料奶质量，与维利奥公司的成功和收益息息相关。

维利奥公司的宗旨是成为奶牛场主的最可信赖的合作伙伴，由此确保他们以牛奶生产作为将来的生活来源。在芬兰这样一个寒冷国家，抵御严寒的牛舍以及必要的饲草储备构成了奶牛场主的主要投资费用。

奶牛场主的收入主要由原料奶价格和政府补贴构成，它必须高到足以维持奶牛场主的日常生活，生活水准至少应当与其他农业部门持平。一年 365 天的每一天，奶牛场主都必须精心照料奶牛。芬兰的奶牛场主可以每年享有 22 天的假期。在此期间，奶牛场的工人可由当地镇政府安排工作。奶牛场主向镇政府支付补偿金，金额应视该工人管理的奶牛头数和每天在奶牛场工作的小时数而定。

2. 奶牛饲养业的发展趋势 芬兰的奶牛场为个人或家庭所有，规模都不是很大，通常他们不雇佣其他工人而由家庭成员自己经营。20 世纪 70 年代以来，奶牛场的结构发生了根本的变化：奶牛场的数目不断减少，而每个奶牛场奶牛的饲养头数不断增加，芬兰所有新建的牛舍都可容纳 50～100 头奶牛。另外，奶牛的单产量也有了显著提高，达 7 吨以上（乳固体平均 13.4%）。

一年中，奶牛放养期为 3～4 个月，其余时期为舍内饲养。饲料主要为青贮饲料（即以有机酸基化学品保存的嫩草，惯用的商标为 AIV），并添加小谷粒（燕麦和大麦）、蛋白质（菜籽和大豆）、矿物质、微量元素和维生素。牧草由奶牛场生产。添加饲料部分则由奶牛场生产或向专业的饲料公司购买。饲料使用前，必须对其中的营养指标进行必要的分析，比如蛋白质含量，矿物质含量等，并进行营养评分，如果评分低于标准规定，则该饲料不得使用。

过去，芬兰每年的 9 月至次年的 1 月为产奶淡季，4～6 月为产奶旺季，所以当时牛奶的产量因季节变动而差异很大。后来乳品加工部门通过随季节变动调整鲜奶收购价格，及有偿鼓励在 9 月至次年 1 月让初产小母牛受胎的奶牛场等措施，来缩小鲜奶产量的季节差异。这样产犊期部分地从春天移到了初秋（8 月份），相应地降低了春天高产期的产奶量，提高了秋天的牛奶产量。现在，芬兰牛奶产量在一年当中都比较平稳，没有明显的产奶淡旺季。

原料奶所有的涉及数量及质量的问题，都将影响到乳制品的质量及利用率，进而会损害维利奥公司的经营收益，并反过来导致原料奶收购价格的降低。原料奶的质量与乳制品行业的赢利二者之间的关系，通过对奶牛场主的培训得到了全面的阐述。

3. 芬兰的原料奶一直被评为欧洲质量最好的牛奶，这与当地纯净无污染的自然环境以及对奶牛的精心饲养息息相关 在原料奶分级标准上，除了细菌总数外，体细胞数也是一个重要的指标（表 1）。

表 1 原料奶分级标准

级别 \ 指标	细菌总数（个/毫升）	体细胞数（个/毫升）
特级	<5 万	<25 万
一级	5 万～10 万	25 万～40 万
二级	>10 万	>40 万

目前，芬兰原料奶中，特级原料奶的比例在 92%以上，一级原料奶的比例在 7.4%以上，二级原料奶在 0.6%以下。

4. 影响原料奶价格因素 奶牛场的牛奶价格取决于乳脂肪含量、蛋白质含量、体细胞数以及细菌总数。此外，牛奶价格还受到季节差异及质量合同条款的制约。比如一级原料奶为基本价格，特级原料奶就会适当增加奶价，而二级原料奶在当月就会适当降低奶价，若第二个月仍为二级原料奶，则奶价降幅会更多，依次类推。

5. 质量保证体系 芬兰消费者对乳制品安全性方面的要求很高。消费者在购买乳制品时，十分关注奶牛饲料的来源、奶牛的健康、牛奶生产对环境的影响等。

优质的原料奶对生产优质的最终产品至关重要。原料奶中微生物指标及其他成分指标必须具有高标准的要求。芬兰消费者喜欢味美可口、绝对安全及有益于环保条件下生产出的乳制品。具体来说，芬兰对用于乳品加工用的原料奶主要要求如下：

(1) 牛奶必须是天然的（无任何掺假）。

(2) 温度低于6℃，牛奶不能上冻。

(3) 味道佳，感官评定合格。

(4) 总菌数低于100 000个/毫升（取2个月的几何平均数，至少2个样品/月）。

(5) 体细胞数低于400 000个/毫升（取3个月的几何平均数，至少1个样品/月）。

(6) 无抗菌素或其他药物及杀菌剂的残留物。

(7) 低丁酸细菌数（细菌）。

(8) 动物疾病的详细规定（如沙门氏菌）。

维利奥公司的规章制度是以质量合同的形式由销售和加工部门传达到乳品合作社，再由乳品合作社灌输到各奶牛场。原料奶生产规定都汇集在“奶牛场质量手册”中。质量保证合同签订之后，奶牛场主就必须遵循手册中的规定，这是质量管理体系的第一阶段。

根据质量手册的要求，奶牛场主必须具备如下官方证明材料：饲料及饲料添加剂的购买、奶牛的医疗保健、牛奶的抗生素检测结果（奶牛生病治愈后所产的牛奶，须在奶牛场实验室通过T101实验检测，以确保其中无抗生素残留）、奶牛和牛犊的购买及挤奶设备的测试和服务。与奶牛场主签订质量保证合同后，乳品合作社会组织为期一天的培训，以确保奶牛场主们能够正确理解手册中的内容。签订合同后，如果该奶牛场主全年提供的原料奶都符合特级品质标准，就可以得到一定的额外奖励。

在达到质量合同的要求后，奶牛场主就可以将质量管理体系扩展到第二阶段。这需要5～10天的额外培训。在这一阶段，奶牛场主与地方兽医一起按照计划执行奶牛的保健工作。达到第二阶段质量体系要求的奶牛场主还会得到一块特制的牌匾。

6. 咨询顾问向奶牛场主提供帮助 维利奥和乳品合作社通过咨询服务协助奶牛场主达到所有的质量和产量要求。在维利奥有5位咨询专家精通动物健康、挤奶设备、冷却槽、挤奶、牛奶卫生、饲料（尤其指青贮饲料）和喂养问题。合作社中有40位顾问（平均1位/400个农场）帮助奶牛场主解决各种质量问题，如牛奶品质、牛奶冷却、清洁和消毒、青贮饲料的质量、喂养也包括奶牛的保健（如乳房炎及其他传染病的防治）。咨询服务的目的是为了提前预防牛奶质量问题的发生。

乳品合作社还资助奶牛产奶数据记录和服务以及挤奶设备的检测。合作社每年两次免费或低价发放挤奶设备的一些磨损件，还通过低息贷款帮助奶牛场主购买牛奶冷却设备。若合作社拥有牛奶冷却设备，奶牛场主则只需支付很少的租金费用。为确保青贮饲料的质量，合作社承担一半的费用资助青贮饲料的分析化验。原料奶中抗菌物质的化验是免费的。

维利奥与最主要的饲料供应公司和其他的农业公司签有总协议，因此在产品的产地和质量，如某些重金属及其他有害化学物质的最高含量以及不含致病菌等方面可以得到最大程度的保证。

韦斯伐里亚分离机
为中国提供先进技术

韦斯伐里亚分离机有限公司　李仕德

韦斯伐里亚分离机公司有超过100年制造离心分离机的经验，在离心分离技术领域占有领先地位。公司的分离机优良的产品质量及服务水平，已获得DIN ISO9001质量证书。自1994年起，韦斯伐里亚分离机公司成为德国GEA集团的一员，为集团机械分离部的核心公司。

韦斯伐里亚分离机公司于1893年在德国韦斯伐里亚洲鄂尼德市成立，成立初期只生产手摇式离心机，随着工业化发展步伐，公司产品亦由小型的分离机发展为各式各样的高效盘片分离机及卧式分离机，供各行各业使用。其分离技术已广泛应用在不同的领域，如饮料工业、乳品工业、油脂加工、油脂回收、化工医药、生物工程、工业发酵及环保工程等。

直属分支机构遍布全球：全球有超过50家直属分支机构及在超过60个国家设有代理机构。无论在欧洲、美洲、亚洲、非洲或澳大利亚均可以得到韦斯伐里亚分离机公司的优质服务。

乳品分离技术：韦斯伐里亚在乳品技术上，特别是乳品离心技术上占据领先地位。今天的韦斯伐里亚分离机公司已可以提供乳品及乳副产品生产用的碟片分离机、卧式分离机及整套生产线；离心分离在乳品加工中占极重要地位，公司可以为用户提供特别剪裁的方案，切合不同企业的需要。

韦斯伐里亚分离机公司更开发了例如用于乳清再脱脂的DPL工艺及磷酸钙分离（DCP）等特殊工艺。

应用范围包括：乳及乳清的脱脂；乳及乳清的净化；乳及乳清的细菌分离；奶油的浓缩。

韦斯伐里亚分离机食品技术公司研发出的MSE 500系列离心机将乳品业产量推到新高位；另外，公司亦可提供不同产量应用于脱脂、净乳和除菌的高效能离心机，配有自清式型号和可作CIP清洗的设计，如用于牛奶和乳清的脱脂，产量可从每小时3 000升到每小时60 000升，如用于净乳，产量更可达每小时90 000升；除产量这因素外，公司亦兼顾到其他因素，包括最好的分离效果、最好的可靠性和最少的耗能量。

韦斯伐里亚的离心机设计准则：以客户为上，针对不同的要求和凭过去超过100年的经验，设计出最好的离心机。

除制造最先进的离心机，韦斯伐里亚分离机食品技术公司亦开发出乳品业其他的关键技术，例如于1941年生产第一台连续性生产黄奶油的搅乳机至目前最先进的型号，其产量由每小时1 000千克至每小时10 000千克，生产出的黄奶油都是最好质量的。

韦斯伐里亚公司亦已发展出一套以黄奶油或稀奶油加工出无水黄油的工艺，透过优化“相转换”，能减少运作成本和提高得率，并能提供生产出最高每小时15吨的无水黄油生产线，经过特别设计，出产最优质的产品。

软干酪、鲜干酪和乳脂干酪是从脱脂奶或标准化奶加工制成，针对这些产品，韦斯伐里亚研发出独有的喷嘴式离心机，亦由于此，使公司在这领域里享负盛名，目前全球超过90%这类型产品都是由韦斯伐里亚公司提供的离心机和生产线生产出来。

特别在过去的20年，乳清的加工处理或应用都变得愈来愈重要，为此，韦斯伐里亚亦因应需求而发展出用于乳清预处理的澄清机；透过离心机的高效能脱脂能力和把干酪碎屑回收并纵环至干酪，这样的设计能带给用户莫大好处。

使用韦斯伐里亚的两段卧螺系统能减少乳糖清洗时的接触时间和增加乳糖回收，最终能增加得率和减少耗水量。

韦斯伐里亚三台卧螺设计的厂房则是生产干酪素的艺术品级别，无法争辩的优点包括在最少耗水量情况下达到最高得率、最好的产品质量和长CIP清洗间隔时间等。

饮料技术：分离技术可以广泛地应用于饮料行业，在近数十年，分离机成为啤酒、果酒、蔬果汁及其他饮料加工不可缺少的设备，在关键的加工工序使用连续式离心机，可以确保生产符合经济原则及高质量的最终产品，可应用于如：啤酒、葡萄酒、汽酒、橙汁、香精、茶等。

对于产品回收，例如使用“FRUPEX”工艺回收原汁，能获得回收率及高产品质量，用于产品加工例如：葡萄酒及啤酒生产；高效的净化和浓缩，除产品质量得到提升外，更能节省总的生产成本。

此外，该公司在油脂加工，化工、医药、生物工程，油脂回收，工业发酵，环保技术等方面也为人们提供了最优质的服务。

用户的满意是公司的目标；靠近用户、主动策划、高素质员工均为长远合作的基础。

荷兰皇家百绿集团在中国的发展

荷兰皇家百绿集团　陈　谷

荷兰皇家百绿集团成立于1904年，距今已经有100年的历史，是一个专业化从事草种（牧草、草坪草）的育种生产和全球性营销的跨国公司。从行业划分来说，属于种子行业。在全世界20强种子公司排行榜中名列第8名。也是在这20大种子公司中惟一一家专业从事草种且以此获得主要经济收入的公司。因此，单以草种行业来讲，无论是从生产经营规模，专业化程度或者全球的分布来讲，“百绿”是当之无愧的世界最大的草种公司。百绿集团总部设在荷兰，在美国、荷兰、英国、法国、澳大利亚、新西兰、中国等十几个国家拥有24个分公司，其产品遍及全球五大洲一百多个国家。

（一）情注中国、真诚服务

为把世界优秀的草坪与牧草品种及先进技术介绍到中国，让中国这个世界第二大草地资源国成为名符其实的草业大国，1997年百绿集团设立了驻华代表处，代表处成立以来，百绿集团在中国的10个生态区域，40多个生态亚区设立了72个试验站点，对200多个品种的适应性进行了研究，积累了数万组数据和相关资料，筛选出了近百个适宜在中国不同生态区域和生产条件推广应用的牧草和草坪草品种。为了更好地让这些优良品种在中国畜牧养殖、国土绿化、水土保持和生态建设事业中发挥作用，百绿集团已于1999年在中国设立了她的独资企业一百绿（天津）国际草业有限公司（百绿集团全球24家分公司之一）。其在华事业由此得到了稳步的发展。

（二）为中国草地农业、畜牧业献策出力

中国在20世纪90年代就提出“要将传统的粮食和经济作物为主的二元结构，逐步转变为粮食一经济作物一饲料作物的三元结构。这一战略构想为草业农业和畜牧业的发展提供了巨大的空间，而牧草在其中起到了关键的作用。草的生产可不与粮争地，可以利用粮食生产过程中在时间和空间上形成的空闲耕地进行草的生产，草可以转化为畜产品，畜产品则是高质量的粮，同时，以优质的草生产畜产品可以不耗粮（免粮畜牧业）或少耗粮（节粮畜牧业），从而改善了我国农业的产业结构，增加农民的收入。

百绿培育出的近400个牧草品种一直为澳大利亚、新西兰、荷兰、美国、法国等畜牧发达国家的牧草品种委员会所推荐，许多品种已经成为当地牧场主的首选品种。在进入中国后，百绿集团积极与中国的大专院校、科研院所合作，建立了为期3年的70多个连续监测试验站，收集了大量的试验数据，多个牧草品种已被农业部全国牧草品种审定委员会审定登记，准予正式推广应用，其目的在于筛选出最适合中国气候特点的牧草品种以减少中国用户的风险损失。百绿公司已指定专人负责此项工作，继续跟踪新产品在中国不同生态气候区域中的表现特点。经过多年试验，百绿集团育成的紫花苜蓿、白三叶、鸭茅、多年生黑麦草、猫尾草等多个品种已被中国国家“948”项目确定为引进推广品种。其中部分品种已成为教育部科技进步一等奖项目品种及中央电视台《致富经》栏目推荐品种。

百绿集团在进入中国后，为广大用户提供了大批的优质牧草，使许多农民朋友走上了致富之路。百绿集团还积极参加了中国的政府采购项目，如参加了西部各省及中部多省市的政府招标项目，还作为项目指定草种供应商参加了澳大利亚援华项目。经过实践证明，百绿的品种适应性强，经济效益显著，值得推广。

（三）情系中国生态环境，发展城市绿化

随着中国城市化进程的不断深入，环保意识的逐渐增强，绿化祖国、美化生活便成为当今中国的主要话题。近年来中央逐步实施退耕还林、还草工程，今年又出台了退牧还草工程，更进一步推动了中国绿色环境建设的进程。百绿集团除推出一系列的优质牧草外，还在全国各地的引种试验中筛选出最佳的“品种＋地域”匹配的生态草和草坪草，并积极参与了中国的绿色环境建设和城市绿化和运动场草坪的建设。在 2003 年 2 月，为响应北京绿色奥运的口号和推动北京建设绿色国际大都市的进程，由百绿集团倡导并牵线召开了“中美城市绿色环境建设高层访谈会”，此举得到中央政府和北京市政府的大力支持。

百绿集团在生态草及草坪草的育种及后期维护技术方面居于世界领先地位。使世界高尔夫球场的象征——古老的英国的圣·安得鲁斯（St. Andrews）高尔夫球场和美国的晶石滩（Pebble Beach）高尔夫球场的绿地青春永驻的秘诀就在于百绿草种。2000 年欧洲杯（荷兰、比利时）足球赛的十几个正式比赛场地也均采用百绿的草坪草种建植。中国女足向皇冠冲击的“玫瑰碗”球场也是百绿的草铺建。1998 年法国世界杯足球赛的 10 个正式比赛场地中就有 6 个是百绿的草铺就的。‘99 年昆明世博会中国馆的草坪用的是百绿品种。另外还有成都、杭州等众多城市广场绿地均选用了百绿草种。

尽管百绿集团在中国的业务取得了较大的成绩，但其业务量只是整个集团业务总量的极少部分，而投入到中国的实验经费和技术服务费用却相当大，目的只有一个——尊重科学、负责用户，这是百绿在世界成功的哲理，在中国也不例外。百绿集团之所以在世界草业界取得骄人的成绩，这都是在近 100 年来的品牌打造中通过全球“百绿”人的不懈努力，逐步积累和沉淀的结果。

中国草业以其巨大的市场潜力和 30%以上的发展速度，为世界草业界所瞩目。众多国外商家纷纷以各自的方式登陆中国，百绿集团作为其中的一员，本着立足世界服务中国的原则，将一如既往为中国广大用户提供优质服务，为中国草业的发展献策出力。

美国爱德士公司推行牛奶抗生素残余的检测技术

美国爱德士公司亚洲分公司　陆兵兵

美国爱德士公司（IDEXX Laboratories Inc.）总部设在缅因州，是研发及生产牛奶抗生素残余快速检测试剂盒的知名企业。自 1991 年于美国纳斯达克（NASDAQ）上市后，爱德士现已发展成为一家年销售量近 5 亿美元，拥有 2400 名员工及超过 30 家分公司的跨国生物科技公司。美国爱德士公司以科技为导向，开展技术创新，提供应用于动物及水质的检测试剂，并以其卓越的产品和技术服务领先于世界市场。

1. 牛奶中抗生素残余的由来　牛奶是从乳牛体内挤取而来，一头健康的乳牛，平均每年可产奶 305 天。在这期间，乳牛跟其他动物一样，都可能受到不同疾病的侵袭。当乳牛生病时，兽医师会根据病情，施以适当的药物（包括抗生素）进行治疗，其目的是尽快让乳牛痊愈。假如乳牛在服药治疗期间被挤出的牛奶含药量（抗生素残余）太高，这些牛奶就是受到“污染”。除了会受一般疾病侵袭外，乳牛每天都需产奶，在挤奶过程中，感染“乳房炎（Mastitis）”的机会特别高，而医治“乳房炎”最常用的处方药物，便是抗生素，如盘尼西林（Penicillin）或科乐砂西林（Cloxacillin）等青霉素类（Beta-Lactam），或是四环素（Tetracyline）。这就是牛奶中抗生素残余的来历。

2. 牛奶中抗生素残余的危害　牛奶中的抗菌药物残留，即使是低浓度残留，仍可引起一系列不良反应，尤其是一些毒副作用较大品种，或质量低劣药品。

一些药物即使低剂量使用，但在某类动物性食品中可达较高浓度（如氟喹诺酮类药物等抗生素在乳汁中）。

奶中极微量药物残留即可诱发过敏反应。人类摄入动物食品中残留抗菌药物引发不良反应同样包括毒性反应、过敏反应和二重感染。

消费者不知情。牛奶等动物性食品消费者一般无法知悉食物中抗菌药物残留情况，不能有意识地保护高危人群（如孕妇避开可能影响胎儿发育的四环素等抗生素；再如青霉素过敏患者避开青霉素类药物），发生不良反应也很难明确原因并进行相应处理。

危害面大。牛奶等动物性食品消费人群数量通常较大，残留药物可能威胁该产品全部消费者，一些产量大的食品甚至引发较大范围的公共卫生事件。

影响时间长。相对于临床应用抗菌药物多为短期给药，动物性食品中残留药物可造成食用者长期摄入抗菌药物，尤其是某些抗菌药物有致突变和致畸作用，对其危害不应低估。

3. 检测抗生素残余的两种方法　一是传统细菌培养法。因为抗生素的药性能控制细菌的繁殖，只要使用适当的细菌作试剂，来测试牛奶样本，在 65℃下培养 2～3 小时后，含“过量”抗生素的牛奶样本便会控制细菌繁殖，从而让我们判读样本奶是阳性或是阴性。二是快速测试法。先进的科技让科学家研发出能“辨认”特定的抗生素的生物试剂，而这生物试剂能够快捷且准确地“辨认”牛奶样本是否含有“过量”抗生素。假设我们将含有四环素的牛奶样本加进四环素的试剂盒内，因生物试剂的特异辨识力，在找到四环素后便发生化学作用，再经与试剂盒内其他配套的相互反应，产生颜色变化，方便判读牛奶样本是阳性或是阴性。

目前，在国际奶业普遍使用的快速测试方法，只需将牛奶样本加热至约 45℃下操作 10 分钟，便能判读出检测结果。但由于高效益的生物试剂对储存条件极为敏感，所以生产商为保证试剂盒生物试剂的品质，均以个别独立包装来保护试剂盒，以避免生物试剂的功效受影响。

4. 减少抗生素残余污染的六点建议 一是遵守兽药（抗生素）的使用方法（尤其注意药效及用药时间的控制）；二是除非有兽医师的建议，不应过量用药（抗生药）；三是将在接受治疗中乳牛的牛奶，与其他牛奶分别处理；四是建立良好的乳牛群健康管理计划；五是建立良好的书面记录，以分辨接受治疗的乳牛；六是教育所有在奶牛场工作的人员，包括参与挤奶、治疗及运输等工作的人员，加强保护原奶“安全”的意识。

5. 抗生素残余的标准 根据美国 FDA 的规定，以有关盘尼西林（Penicillin）的标准为例，它的规定为“5 ppb”（每 10 亿单元内不能超过 5 个）。根据这标准，只要 1 头乳牛在服用盘尼西林期间所挤出的牛奶，每 1 千克可能会污染 200 吨的牛奶。

6. 美国爱德士牛奶抗生素残余快速检测试剂盒（IDEXX SNAP）在牛奶检测方面，爱德士公司按照美国 FDA 的规定，研制出符合要求的抗生素残余快速检测试剂盒。直到现在，该试剂盒连续多年成为全美国奶业使用最多的抗生素残余快速检测试剂盒。由于 SNAP 内的生物试剂敏感性及高，所以采取不透气、不透光及不透水的密封式包装袋，将每一个试剂盒独立包装，以保证试剂盒的品质（稳定性、可靠性及重复性）。

由于试剂盒的品质可靠稳定、容易使用且准确性高，在不到 3 年内，SNAP 在中国台湾省已成为使用量最多的快速检测方法。台湾省三大乳品厂，光泉、统一及味全均选用 SNAP 试剂盒，以保护原奶的质量。

世界知名乳酸饮品制造商——益力多

广州益力多有限公司

益力多菌的发现者代田稔博士毕业于日本京都帝国大学医学部，随后在微生物教研室组织肠内菌的研究工作，致力于乳酸菌的研究，而益力多正是这一研究成果的结晶。益力多的优势在于它并未含有任何药物成分，却通过神奇的益力多菌发挥出强大的强身健体功效。

1930 年，代田博士在研究有益消化的乳酸菌时，成功地将乳酸菌从人体的肠道中分离出来，并成功地进行了强化培养，这种乳酸菌能抵抗胃液和胆汁等有强力杀菌作用的消化液而到达肠内。这就是后来被称为益力多菌的乳酸杆菌代田株。代田博士利用该菌于 1935 年在日本福冈市开始了益力多的制造和销售。

代田稔不只是医师、研究者，也是一名做出大量成绩的实业家。1964 年，益力多的第一家海外子公司在台湾成立。迄今益力多服务于人类的健康事业已经走过了 70 多年的历史。目前益力多在日本本土拥有 19 间工厂，而在海外以 14 间工厂为中心，销售遍及世界 25 个国家和地区，日销售量达到 2 500 万支。

此外，益力多日本总公司在东京建立了由 300 位博士、专家组成的中央研究所，经过 70 多年的发展壮大，已发展为拥有乳制品、健康饮品、药品、化妆品四大系列、数十种产品的跨国集团公司。

“益力多之父”代田博士提出的理念一直被我们沿用至今：

不同于患病后的治疗，我们更注重防止疾病的“预防医学”；

人体对营养的摄取是在肠内进行的。“健肠长寿”即增强肠道功能从而达到健康长寿的目的；

我们尽量争取让世界上更多的人能轻松愉快地喝到具有保护肠道作用之乳酸杆菌代田株生产的益力多。“用 1 张明信片，1 根香烟的价钱换取健康”。

广州益力多乳品有限公司成立于 2001 年，由日本株式会社益力多本社、香港益力多乳品有限公司及广州建智投资顾问有限公司三方共同出资投办，投资总额达 2.475 亿人民币，这也是益力多在日本海外的第 13 家工厂。

从 1985 年开始，香港益力多乳品有限公司生产的益力多牌活性乳酸菌乳饮品就开始在广东省内进行销售，产品深受消费者喜爱。目前广州公司产品也是益力多牌活性乳酸菌乳饮品，2002 年 6 月 10 日开始在广州上市销售。该饮品所使用的乳酸杆菌是从人体肠道中分离出来后经过强化培养的特殊活性乳酸菌，它的耐酸性特强，能够抵抗胃液和胆汁等有强力杀菌作用的消化液而活着到达肠内，从而真正起到健肠作用。

广州益力多工厂设在永和经济开发区，占地面积有 2 万多米^2。厂内员工 50 多名。工厂建筑美观大方，布局科学合理。工厂内的生产线采用国外进口的先进设备，基本都实现了自动化，目前的生产能力约为 1 天 60 万支，增加设备（第三期工程）后可达到 1 天 117 万支。益力多所要求的是最优质的产品，不仅使用高品质的进口脱脂奶粉作为原料，在生产过程中还需要进行多达 120 项目的质量检查。2003 年工厂顺利取得了 ISO9001 质量管理体系及 ISO14001 环境管理体系的认证，2004 年获取 HACCP 认证。

国际纸业在中国的业务发展

上海国际纸业有限公司

成立于 1994 年 12 月的上海国际纸业有限公司是美国国际纸业公司在中国投资的全资子公司，总投资额近 3 000 万美元，位于上海浦东新区金桥进出口加工区。公司引进美国和德国的先进印刷以及封合生产线，生产供应各种新颖的牛奶和果汁等饮料的屋顶型纸盒包装。目前在中国市场上极受欢迎。

总部位于美国 Stanford 的国际纸业公司距今已有 100 多年的历史。它是世界最大的造纸公司，也是世界最大的私人林地拥有者。国际纸业公司是生产纸产品，包装产品，林木产品及所有相关产品的著名跨国公司。营运总部在田纳西州的孟菲斯。国际纸业年销售额达到

360亿美元，在全球50个国家设有了工厂，客户遍及130多个国家和地区，员工人数达13万名，是美国第50大公司，2001年度全球财富排名榜上名列第161位。国际纸业也是道琼斯工业平均指数30家公司之一，其股票在世界各地六大交易所上市。

随着全球经济一体化的不断推进，亚洲作为世界经济不可分割的一部分，在国际纸业发展战略中有着重要的地位，根植亚洲市场，是国际纸业的重头戏。饮品包装部在1975年进入日本市场，1984年进入韩国和中国台湾市场，1994年在中国香港成立了亚太总部，积极发展亚洲区的业务。全面的质量管理，良好的服务在亚洲市场上享有极高的声誉。同年，国际纸业抢滩中国市场，选址上海浦东金桥，1995年下半年筹建工厂，1999年底正式投产，2000年3月27日举行开幕典礼，2002年5月完成扩建项目，第二条生产线投入生产。准确的市场定位，过硬的硬件建设，优质的产品质量，完善的全程服务，使得上海国际纸业有限公司的业务一直处于上升趋势，一跃成为屋顶型包装行业的领头羊。目前公司还在北京和广州开设了联络处，客户遍及全国各地，为乳品及食品饮料行业提供最优质的包装和最满意的整体解决方案。

国际纸业每年在造纸技术研究领域投入巨资，用于包装饮料的纸张结构相当复杂，最多可达11层材料，分别具有阻隔香味挥发，防止营养流失，隔绝光线，以及阻止营养素流失等多项保护产品的功能。以包装牛奶产品为例，屋顶型纸盒包装其独到的设计与特有的材质及结构，可防止氧气，水分的进出，对外来光线有良好的阻隔性，可保持盒内牛奶的鲜度，有效保存牛奶中丰富的维他命A和维他命B。纸盒的生产过程经过严密的品质管理，符合食品卫生标准。现在屋顶型纸盒包装不仅限于包装鲜奶，果汁，更多的产品如酸奶，茶，汤甚至洗涤剂都开始采用这种包装。屋顶型纸盒在许多发达国家和地区已经得到广泛的使用，在中国的发展也非常迅速，伴随着社会冷链系统的不断完善，屋顶型纸盒包装的发展是不可限量的。

为了方便用户，上海国际纸业有限公司生产的屋顶型纸盒与国际纸业所属长青包装设备公司之屋顶型灌装机实行配套供应，实现高灵活性，低维护成本，及更高速的生产能力。设备可灌装177～1150毫升的标准尺寸纸盒，调节灌装时无需停机，提供无间断的生产效能。长青公司不断提升研发，以耐用度，保鲜程度，冷链加工工艺，以及提供倒嘴和封盖配件等设计考虑因素，从而扩宽产品的应用层面。同时，上海国际纸业有限公司派专职工程师负责售后服务，一旦客户的生产出现问题，24小时内工程师即可赶到现场帮助解决。

国际纸业不仅仅是包装供货商，更协助客户分析市场，谋划推广计划，为客户提供最佳的生产解决方案。公司拥有一批训练有素的专业人员，为用户提供市场咨询。早在1994年，还在玻璃瓶，塑料袋一统牛奶天下时，国际纸业就为客户分析屋顶型纸盒包装在我国的发展趋势：从其他国家的经验所得出的结论是，当人均收入达到某个程度时，屋顶型纸盒包装将渐渐进入该地市场；美国，日本，韩国，中国台湾省和香港特别行政区，新加坡等均已达到这个阶段，中国部分城市诸如上海，北京，广州也是如此。随着中国人均收入不断攀升，生活水平日益提高，定位较高的屋顶型纸盒产品的市场也必将同步扩大。许多富有远见卓识的客户认同了国际纸业的分析。于是，在经过了奋勇开拓的5年之后，屋顶型纸盒包装的市场给乳品公司带来了丰厚的回报，屋顶包牛奶销量在上海市场占到总销量的一半，在其他区域市场也有了飞速的发展，乳品企业真切体会到技术进步对于抓住机遇意味着什么。

目前，国际纸业在中国销售额总计已达近3亿美元。公司希望成为员工，客户，社区，股东心中全世界最好，最受尊重的公司之一。公司以培养员工，客户至上，杰出运营这三大方向作为经营理念。上海国际纸业有限公司愿意以最优质的包装，最先进的设备技术，全方位的增值服务，整体的解决方案，与客户共同缔造双赢的合作方案。

美国美赞臣——婴幼儿及儿童食品行业先锋

美赞臣（广州）有限公司

美赞臣公司于1905年在美国新泽西州成立，创始人是爱德华·美赞臣，至今已经有近一百年历史，是世界上生产营养品、药品的大型跨国企业之一，堪称世界营养权威。美赞臣在全球各大洲都有生产基地，营养产品行销一百多个国家和地区。美赞臣与世界大型跨国企业一样拥有自己的医学研究中心，每年投入大量的费用研究医学和营养课题，并通过细致的市场调查以了解消费者及医学界专家的实际需求，确保美赞臣的产品满足儿童成长的需要。美赞臣安婴儿A+产品是第一个获美国FDA（美国食品和药品管理局）批准在美国上市的添加DHA和ARA的婴儿配方奶粉，其添加量及添加比例更符合世界卫生组织及联合国粮食组织的推荐标准。

“成为中国最好的营养品公司”是美赞臣的口号，在2004年奶粉行业经过震荡之后，美赞臣坚持这样的策略显得更有充足的理由，也是它继续领跑高端婴幼儿营养品的保证。“放眼中国”已经成为美赞臣下一步的宏图伟略。

立足广州，放眼全国

1993年7月，美赞臣（广州）有限公司也就是美赞臣在中国的总部成立，选址落定在广州开发区，总占地规模达6万米^2，拥有一批优秀的管理人员，并配备当今世界最先进的奶粉分装生产线及严格的质量控制体系。经过十年的辛勤耕耘，美赞臣已经在中国建立了完善的销售网络和信息反馈通路，于1996年成为中国同行业第一批通过ISO9002认证的企业，并于2002年成为同行业第一批获得中国质检总局颁发的产品质量免检证书的企业。至2004年，美赞臣已经连续3届被广州市外经贸委确认为“外商投资先进技术企业”。2004年，根据市场销售数据显示，美赞臣系列婴幼儿奶粉在中国高端婴幼儿及儿童奶粉销售量中排行第一，并保持凌厉的销售势头。美赞臣一直秉承“立足广州，放眼中国”的发展之道。近期，美赞臣根据其高瞻远瞩的发展规划将美赞臣（广州）有限公司申请更名为美赞臣（中国）有限公司，大手笔引入新型号和新技术机器设备，充实生产需要。

在渠道推广上，美赞臣公司一直强调母乳是婴儿最好的食品，并贯彻国际国内的母乳喂养政策。同时积极配合国内专业机构及人员，为不同阶段的母亲提供专业的婴儿健康喂养综合知识。

美赞臣将在销售网络方面继续坚持尊重人才、真诚平等的人性化的管理原则，继续培养具备高素质的经营团队和吸纳国内外优秀和杰出的人才加入到美赞臣中国公司的队伍中，形成一支有朝气、高效率，多元化及开创性思路的员工团队。

如今，在美赞臣公司员工的共同努力下，企业形象及产品已深入到广州、深圳、上海、成都、北京等城市，形成一个宽阔的销售与服务网络，把健康理念及全面营养送至千家万户。在未来，美赞臣更会大力拓展中国二线城市，增加销售分公司和迅速扩大销售网点，为更多的中国妈妈和宝宝提供最全面营养、最国际化的教育理念。

继续领跑高端婴幼儿营养品

随着中国人民生活水平的日益提高，年轻父母对婴幼儿产品的要求不断提高。美赞臣一直以高市场份额占据着中国婴幼儿奶粉的高端市场，为追求卓越的中国父母提供优质产品及周全、细致服务。

婴幼儿食品向来是对科研要求相当严格的领域，美赞臣不仅有自己的医学研究中心，每年还花大量资金用于医学和营养课题的研究，确保美赞臣的产品能在世界婴幼儿奶粉产品中保持领先的技术配方。美赞臣率先在市场上推出3A组合的配方奶粉，3A组合是ARA＋DHA＋SA，使配方奶粉达到了更优化、更接近母乳的水平。而其中的ARA和DHA水平是惟一达到世界卫生组织和联合国粮农组织的推荐标准，同时也是惟一经临床研究（birch－study）证明可提升婴儿智力发育指数达7分。这些事实都证明了美赞臣始终坚持高品质的产品战略是最终赢得竞争的关键。

目前美赞臣公司的原材料大部分采用进口原材料，所有进口原材料均通过中国出入境检验检疫局的严格检测合格后方投入生产，生产流程全部在封闭的全自动流水线设备上完成。同时，美赞臣更投入上千万建立了高规格的质量控制实验室，按照医药企业使用的GMP生产标准对生产线及成品质量严格把关，确保美赞臣生产的每一批产品均符合全球美赞臣的质量标准。

在未来的日子，美赞臣将会继续投入大量的经费至其国际性科技研究中心研究医学和营养课题，确保产品满足婴幼儿及儿童成长的需要。

1993年美赞臣在广州设厂之初，已经运用先进的国际营销手段进军中国市场，率先进入婴幼儿及儿童营养品市场品牌营销时代，以强有力的竞争对手的身份出现在市场。在市场培育方面，为缺乏育婴常识的年轻母亲提供育婴知识普及活动，开设咨询热线，建立中国首个智力升级计划益智中心及妈妈乐儿会等组织，为美赞臣与中国妈妈密切联系建立了一座座沟通的桥梁，见证中国宝宝的健康成长过程。在早教理念方面，美赞臣研究出“黄金三角”理论，理论包括益智配方、益智游戏和父母参与三个主要支点，为婴幼儿教育提供了科学的理论根据和教育方式。

本着取之社会，用之社会的精神，自进入中国市场后美赞臣就不断支持中国的公益事业，从向先天体内缺乏一种消化所有奶类食品包括母乳中含有的氨基酸一苯丙氨酸的消化酶特殊小孩提供PKU奶粉，到为前线抗战非典的医务人员捐赠大批营养品，美赞臣都不遗余力。并且在“阜阳劣质奶粉”事件之后，为受害儿童捐赠营养食品，使公司良好的企业形象深入民心。

美赞臣的智力升级计划

美赞臣一直关注中国医疗及教育事业，以“润物细无声，关怀点滴情”的悉心关怀为广大的社会团体提供强而有力的支持。其中，“智力升级计划”赢得了医疗系统、妇幼团体及无数年轻妈妈的心。为使儿童智力发育潜能得到最大限度发挥，美赞臣不断联合知名的儿童营养学家、儿童心理学家、教育专家钻研智力发展的科学方法，于2003年推出智力升级新概念：益智配方（为孩子提供最好的物质营养）＋益智游戏（根据宝宝发育的不同阶段，设计出有助于开发宝宝智能的玩具，使宝宝智力迅速升级）＋妈妈参与（妈妈与宝宝共同参与游戏）。

全国首个“美赞臣A＋智力升级计划益智中心”已经在广东省人民医院儿科成功建立。该益智中心项目由美赞臣赞助，并得到了中国营养学会妇幼分会的推荐，在广东省人民医院的支持下建立试行运作，日后将在全国25个城市逐步推广，最终形成益智中心网络。通过益智中心辅助以医务科内会、妈妈班宣传和关于母婴保健讲座活动，真正把“美赞臣A＋智力升级计划”的概念传播给目标消费者和医护人员，从而进一步提升美赞臣婴幼儿营养权威的形象。

2004年的智力升级推广计划已是第三阶段，主题是针对婴幼儿左右脑均衡发展，活动联手儿童教育专家，为每个参与活动的宝宝量身订做智力发展计划。诚然美赞臣（中国）有限公司已经稳健迈开扩张脚步，并秉承“人生健康路，照顾每一步”的宗旨，为消费者提供最好的产品和最佳的服务。

奶业资本运营与品牌战略

我国乳品行业重组的动因和特征

(一) 乳品行业重组的意义

行业重组必须具备两个基本条件：一是产业发展达到一定的规模和水平；二是企业财产所有者到位，产权明晰，企业改革进入以制度创新为标志的新阶段。行业重组是在我国企业改革从放权让利、政策调整为主的阶段转向企业制度创新阶段之后提出的，是我国的广大企业为了适应市场环境变化的要求，更有效地实现企业制度创新，提高企业的资本运营效率，增强企业的市场竞争力，促进产业的优化升级而采取的一种市场行为。因此，行业重组对于我国企业和产业的发展都具有重要意义。

行业重组有利于盘活现有企业资产，特别是国有资产的存量部分，充实企业的资本金，提高现有企业资产的运营效率。

行业重组有助于改变现有企业的“小、散、低、慢”的状况，发挥规模经济的作用，合理调整企业的组织结构。

行业重组有利于促进劣势企业的资产向优势企业集中，从而发挥优势企业的长处，增强优势企业的市场竞争力。

行业重组有利于合理配置生产要素，促进企业优势的集中。通过行业重组，把各企业分散的要素集中起来，可以使潜在的优势变为现实的优势，不仅充分利用了资源，而且可以在整体上提高整个产业和产业内企业的经济效益。

通过行业重组，可以促进企业加快体制转换，加强管理体制建设，优化产品结构，增强对市场的适应性，提高企业的竞争实力。应当特别指出的是，行业重组对于从战略上调整国有经济布局，提高国民经济的整体素质，优化产业结构，具有至关重要的意义。

改革开放 20 年来，我国的乳业发展呈快速增长之势，其总产量已从 1980 年的 114 万吨，发展到 2003 年的 1 625 万吨，年均增长速度为 12.25%。这种高速发展，奠定了乳业行业的经济基础，壮大了乳业行业的总体规模，增强了乳业行业的经营实力和竞争能力。据不完全统计，我国现有乳品企业约为 1 500 多家，市场销售收入也约 400 多亿元，这是乳业发展的结果，这些企业家数和市场规模为乳业行业的重组打下了坚实的产业基础。

(二) 乳品行业重组的动因

1. 乳品行业具备了一般行业重组的原始动机，即企业追求利润的动机和应对竞争压力的动机。

(1) 追求利润动机　在市场经济条件下，企业的经济活动的过程必然表现为追求利润的过程。乳业企业通过重组可以提高规模经济效益，增加产品产量，获得更多的利润。

(2) 企业成长动机　乳业外的且有资本优势的企业要进入乳业，仅仅依靠现有的力量往往会遇到困难，而通过企业并购，借助于其他企业的原有基础，则有可能取得事半功倍的效果。饲料行业进入了“微利时代”，受此大环境的影响，新希望的饲料效益也有下滑。虽然新希望的饲料销售量在 2000 年和 2001 年分别为 27.85 和 36.92 万吨，均高于 1999 年的 21.33 万吨，但 2000 年和 2001 年的饲料销售净收入分别为 28 336 万元和31 079万元，都低于 1999 年的 31 530 万元水平，饲料利润也远低于 1999 年的 4 680 万元的水平，相比之下，利润分别减少 766 万元和 398 万元。可见新希望的饲料业也结束高速增长阶段，进入了产业发展的平稳期（表 1）。

表 1　近三年新希望饲料经营状况

年份	饲料销量（万吨）	销量增加值（与 1999 年相比）	饲料销售净收入（万元）	饲料销售净收入增加值（与 1999 年相比）	饲料利润（万元）	饲料利润增加值（与 1999 年相比）
2001	36.92	增加 15.59	31 079	减少 451 万元	3 914	减少 766 万元
2000	27.85	增加 6.52	28 336	减少 25 183 万元	3 282	减少 398 万元
1999	21.33	—	31 530	—	4 680	—

数据来源于新希望 2001 年和 2000 年年度报告。

从管理学的角度来说，一个企业如果要实现可持续发展，就需要在确保实现主营业务良好的现金流和稳定的经营业绩的同时，还要保证在企业发展战略框架下，通过产业创新培养企业发展的产业梯队，以避免因原有主业的衰退而导致企业整体走向衰败。因此，新希望（000876）在原有主业——饲料业步入产业发展的平稳期后，根据公司整体发展战略，在产业升级的要求下，急需寻找新的利润增长点。于是，进军乳业成为这一背景下的理性选择。

（3）优势互补动机　通过资产重组，乳业企业能够取得许多自身不具备的生产技术、设备、厂房、人才、管理、市场等，从而弥补自身的不足，更好地发挥优势。2002 年 6 月，光明乳业斥资 1.3 亿元升级 1996 年收购的黑龙江光明松鹤有限公司。目前，这个远离上海总部的中央工厂已向光明提供近 1/3 的奶源。

（4）追求规模经济动机　依靠企业自身的积累来实现规模经济是非常困难的，而通过企业并购实现企业横向或纵向的规模扩张，则是一条成本低、见效快的捷径。2002 年 9 月 14 日，光明乳业完成了上市融资之后的第一笔并购，以 1 500 万元现金取得长沙市场第二大乳品企业派派食品有限公司 60%的股权。

2. 乳业行业重组动机的行业特性

（1）环境迫使　我国加入 WTO 后，原先的行政壁垒和行政措施开始减弱或取消，外资大规模进入的步伐在加快。随着跨国乳业企业在国内市场的扩张，我国乳业企业面临着巨大的竞争压力。目前以独资、合资等不同形式进入的外资乳品企业已达 45 家，国际大乳业公司前 20 名中已有 12 家在中国办厂，其中包括雀巢、森永、帕玛拉特等大型跨国公司，市场竞争日显激烈。与这些跨国乳业企业相比，我国的乳业企业在资本实力、销售收入上根本不是一个数量级，我国鲜奶加工企业中，日处理能力在 100 吨以上的企业约占总数的 5%，20 吨以下的企业则占了 55%左右的比重。即使国内几个大的乳业集团，如内蒙古伊利、上海光明等，与国外同行相比仍属小规模。据了解，大部分欧美国家如新西兰、澳大利亚等国的乳品加工企业平均日处理规模均在 2 200 吨左右，大的可达 4 000～5 000 吨。2001 年，我国乳品加工前 10 大企业的总销售额，不及世界第一大乳品加工企业雀巢公司同年销售额的 10%。即使是国内最大的乳业企业伊利股份（600887），与国乳业集团相比也显得非常弱小，在技术研发、管理经验等方面存在巨大差距。为应对跨国乳业企业的挑战，国内乳业企业必须立足国情，把握新的游戏规则，在做好产品经营的同时，充分利用资本运营手段，在尽可能短的时间内通过要素重组、收购兼并等措施，或做强做大，或做奇做精，主动拓展新形势下的生存空间。

（2）行业要求　目前，我国乳业生产和消费有其鲜明的特点，即奶源生产的不均衡性及消费的城市化特性日益明显。中国的奶源多分布于黑龙江、内蒙古、新疆、河北等北方传统牧区，而消费却多集中在北京和长江三角洲、珠江三角洲等东南沿海地区。乳业的这种特性也就决定了乳业企业必须向外扩展以弥补自身资源的不足。例如有奶源优势的企业要扩张，就必须争夺沿海以及其他发达城市；大都市企业要做大，也必须到奶源带去掌控奶源，降低原料供应风险和成本。这种目标的实现都是通过重组并购来实现的。

（3）政策推动　近几年，随着学生饮用奶计划的实施，对乳业企业的资金、规模、品牌、质量等提出了更高的要求。同时国家支持并形成若干个对全国具有带动作用的大型乳品加工企业集团。“奶业行动计划”提出，要加快奶类企业产业化、规模化、现代化和集团化步伐，鼓励和支持优势企业，通过资产重组、兼并收购、强强联合，实现资产、品牌、经营的整合，进而形成可以与国外大型企业集团竞争的民族奶业集团。这些政策的实施淘汰了一批规模小、竞争力弱的企业，而具有相对竞争优势的乳业在大浪淘沙的过程中成长壮大起来。

（三）我国乳品行业重组的特征

1. 重组层次不断提升，规模不断扩大　20 世纪 90 年代中期以来，我国乳品行业重组走过了两个阶段：

（1）第一阶段，1997—2001 年　这一阶段国内外的乳业龙头企业作为重组的主体，着重重组行业内单个乳业企业，如光明收购了天津的梦得、湖南的派牌等，三元收购了卡夫等。

（2）第二阶段，2002—2004 年　这一阶段乳品行业外部的有资本优势的企业（也包括国外的企业）为重组的主体，着重重组行业内的乳品企业。

2. 国内行业外的资本大量涌入　乳业作为高成长性的行业，一直受到资本市场的青睐。近年来，行业外资本投资乳业的热情始终不减。有代表性的重组有，新希望先后通过增量控股、股权收购、共同出资等方式，在四川、重庆、长春、河北、青岛、杭州、安徽等地组建了 10 多家乳业公司。2003 年 3 月 19 日，金信信托投资股份有限公司以每股 10 元的价格收购伊利股份 2 800 万股国有股（占总股本的 14.33%），成为公司第一大股东。

3. 国外资本进入　目前以独资、合资等不同形式进入的外资乳品企业已达 45 家，国际大乳业公司前 20 名中已有 12 家在中国办厂，其中包括雀巢、森永、帕玛拉特等大型跨国公司，市场竞争日显激烈。乳品行业外资分两类，一类是投资基金，如摩根斯坦利投资蒙牛就是典型的一例。2002 年 12 月 19 日，摩根士丹利、英联投资、鼎晖投资有限公司 3 家国际知名投资公司一次性向蒙牛乳业股份有限公司投资 2 600 多万美元，参股比例超过了 32%，成为“乳业黑马”。另一类是战略资本，像雀巢、惠氏、达能这些实业资本，10 年前就以独资合资的方式进入中国乳业。

4. 并购中已形成四大军团竞争格局　国内的乳品市场现已形成伊利股份、蒙牛、北京三元和新希望等四家竞争的格局。同时，国外资本也在悄然进入中国市场。

（四）我国乳品企业的发展趋势

随着我国乳业的竞争升级，乳品企业在未来的发展其总体会呈现出以下演变趋势：

1. 以股份制、股份合作制和集团化为特征的企业

经营方式和组织形式将继续深入推进，建立现代企业制度成为乳业企业今后的发展方向 乳业企业面对压力和冲击，将积极推进改革，形成多元化的投资主体，建立出资者、经营者、企业职工相互监督、相互制衡的机制，促使资源在更大范围内优化配置，发挥集聚效应，活化资金，提高资金使用效率，实现技术、管理、总体经济势力、综合竞争能力的升级。

2. 随着乳业企业经济效益的提高，多形式、多渠道筹资成为发展的内在需求 在企业高经济效益的吸引下，利用不断发展完善的资本市场，拓展了乳业企业原有的筹资范围和渠道。乳品企业可以逐步通过贷款、发行股票、发行企业债券等形式，使其发展资金从银行借款的单一筹资方式逐步向多方位、多层次发展，从而优化乳业企业的资本结构。

3. 乳业企业将由生产经营型向生产经营和资本经营并举型过渡，向集约化、规模化方向发展 通过一些有实力大企业在全国范围的兼并、收购，进一步扩大企业规模，小企业的破产、被收购，企业数量有所减少，集中度会不断提高。2001 年，光明乳业、伊利股份等市场占有率前六名企业的销售收入合计 111.3 亿元，占全国乳制品行业产值的 41%，比 2000 年末的 73.5 亿元增长 49%。

（五）乳业企业的重组的战略选择

乳业企业如何开展资产重组、怎样开展重组工作就注意以下几个问题：

1. 选择重组的目标 企业要设计自己的资本经营战略，首先必须考虑选择什么样的资本经营目标。当前，资本经营目标有以下三个：

（1）企业改制和企业发展及企业产业结构调整服务的目标 有时我们搞资本经营就是为了企业改制和企业的发展及企业产业结构调整。企业往往在发展战略中都涉及到自己的改革和结构调整的问题，所以有人也把这个目标叫做为企业的发展战略服务的目标，因为发展战略涉及利用资本经营为企业的改制和结构调整服务的问题。现在比如新希望等一些企业进入乳业，搞资本经营就是这个目标。

（2）生产经营服务的目标 资本经营是生产经营的三种机制：一是生产经营的发展机制，即生产经营的扩张要靠资本经营。二是生产经营的技术提升机制，即生产经营中的技术的发展要靠资本经营。三是生产经营的防风险机制，即生产经营对风险的防范要靠资本经营。所以资本经营的一个重要功能是为了生产经营服务。

（3）为企业的利润增长直接服务 也就是企业有时搞资本经营的目的就是要先赚钱，直接获得利润。买卖企业也好，甚至进入资本市场炒股也好，就是为了直接使利润增长。

2. 选择资本经营方式 也就是指到底选哪一种方式来搞资本经营。资本经营方式现在有两种：资产重组和资本交易。如果是为了实现改制和结构调整的目标，那么往往选择资本重组这种方式。如果企业要为自己的生产经营服务，实际上选择的资本经营也是资本重组方式。但如果为了直接获取利润，那么往往是选择有利于利润增长的资本交易这种方式。

3. 塑造资本经营的平台 如果没有资本经营的平台就得难搞资本经营，所以搞资本经营就要塑造资本经营的平台。企业要塑造资本平台，一般要做好下面三件事：

（1）进入并控股金融机构或形成战略伙伴关系；

（2）成为上市公司或控股上市公司；

（3）进入并控股有关基金。包括风险投资基金、产业投资基金等等。

以上这些实际上是给企业进入资本经营和退出资本经营做好了进口和出口。

收购后的产业整合时，必须面对这样的问题：①是否对市场达到相当程度的把握；②能否最优化控制资本的流向；③能否吸纳到市场上优秀的人才；④能否在最短的时间里整合企业。

（湘财证券有限责任公司 许 彪）

北京三元依靠科技实施名牌战略

北京三元食品股份有限公司作为农业部等八部委第一批认定的“农业产业化经营重点龙头企业”，近几年来按照国家有关农业产业化的要求，以改革为动力，以科技为重点，以市场为导向，实行产业经营与资本经营相结合，企业改制、改组与改造相结合，通过联合、控股、参股等各种途径，构建起了适应市场经济要求的现代企业机制，探索出了一条按照集团化运作模式，实现专业化生产、规模化经营、超常规发展的新路子。使原本设备老化、技术落后、体制不顺的国有企业，在短短几年时间内，就发展成为拥有资产总值达 15 亿元、年加工鲜奶 30 万吨、年销售额 12 亿元、年利税额 7 000 万元，在全国名列前茅的乳制品加工销售企业。主要成功经验有以下几方面：

1. 以改革为动力，建立适应市场竞争的体制和机制 ①在体制方面。1997 年借助“北京控股”在香港上市，通过重组将原北京市牛奶公司改制为中外合资的北京三元食品有限公司；2001 年通过股份制改造，将三元食品有限公司整体改制为股份公司；2003 年，公司股票在国内 A 股上市并成功发行。公司已由原来投资主体单一的纯粹的国有企业，改制为投资多元的上市公司。②在机制上。公司根据市场竞争形势，不断调整内部组织结构和经营管理模式，以适应市场竞争的需要。取消了各加工厂的法人地位，实行了销售统一、品牌统一、收支两条线等管理模式，并进行了以营销公司为龙头的利润中心和以生产系统为主的成本中心的两个中心的建设。在用人机制上逐步改革老国有企业的论资排辈、内部循环等弊端，通过引进、培养、淘汰等措施逐步提高员工队伍的素质。经过几年的不断改革，公司已基本上做到机构能增能减、人员能进能出、管理人员能上能下、收入能高能低的市场化的运营、用工、分配机制。

2. 依靠科技，实施名牌战略 公司建立之初，就本着“五年保先进、十年不落后”的原则，投资2.5亿元，对原加工企业进行加工生产力重新布局，通过设备更新和技术改造，建成了厂房、设备、技术、工艺堪称国内领先、国际一流的液态奶、发酵奶、固态奶等三个生产基地和一个科研、开发、培训基地。在硬件条件达到国际标准的前提下，公司加强管理，通过了ISO9001国际质量体系认证；5S现场管理方法已经在公司全面推行；HACCP管理体系，也在全公司范围内展开；职业安全健康管理体系18 000的试点单位也已顺利通过认证，下一步将在全公司范围内推开。

公司加大对科技人才的引进和研发中心的建设。公司现在的研发中心共有包括基础学科研究在内的五个研究室，拥有4名乳品博士、20多位乳品硕士和50多名专业研究人员。公司的研发中心已经被认定为北京市级企业技术中心，目前正在报批国家级企业技术中心。研发中心具有很强的研发能力和新产品开发能力。2001年10月，以公司为主体的投标联合体在国家“十五”科技攻关课题“乳制品加工技术与新产品开发”竞标中，击败了国内其他的知名乳品企业集团和科研院所，一举夺标。公司每年的新产品贡献率都超过20%。2002年，公司被有关部门确认为外商投资先进技术企业。申报北京市专利工作试点企业已获批准。

公司在坚持“一流的技术、优质的产品”的基础上，持续推进品牌战略。通过对乳品知识、三元产品和服务的改进和宣传，不断提升三元品牌的知名度和美誉度，使三元品牌从一个区域品牌走向全国。2003年9月，三元液态奶获得“中国名牌产品”荣誉称号。

3. 发挥龙头带动作用，推动农业产业化和带领农民致富 公司的前身作为北京市农口的国有企业，与农业、农村、农民有着较深的历史渊源，公司历来把带动农村经济、带领农民致富、推动农业产业化作为公司发展之根本。近几年来，公司围绕市场，以“公司+基地（小区）+农户”的模式，参与农村养殖小区的建设；投入资金建立收奶站（亭）；建立奶牛服务站，给养牛户提供配种、饲养、防疫、收奶等一系列技术、管理服务，在农户养牛的品种改良、饲养水平的提高、奶源质量的保证方面都做出了应有的贡献。公司通过与养牛户签订“牛奶供需合同”与农户建立实现“双赢”的利益共同体，每年公司仅为北京及其周边地区的养牛户支付奶款就达4.2亿元，已使11 000多户农民依靠养牛走上了致富之路。

4. 实施资本运营，做大做强“北京三元” 2000年以来，三元公司开始实施“全国化”乃至“全球化”的发展战略，迈出了资本扩张和资源整合的第一步。到目前为止，三元公司对外投资及控股企业已达11家。呼伦贝尔三元公司现在年加工鲜奶已达6万吨，为西部开发及带动当地牧区经济做出了贡献。2002年5月8日，上海三元全佳乳业有限公司成立，标志着三元在全国市场的战略布局已经全面启动。

（北京三元食品股份有限公司 郭维健）

奶业进出口贸易

我国进口种牛情况

改革开放以来，在国家对种畜进口零关税的政策支持下，种畜业一直保持着良好的发展。特别是2001年农业部发布《关于加快畜牧业发展的意见》后，种牛的进口贸易更是发展迅猛。以下分别对种牛进口的具体情况进行分析。

1. 进口量、进口额分析 在国家政策支持和奶业迅速发展的情况下，我国的种牛进口无论在进口量上还是在进口额上都保持快速增长（图1）。

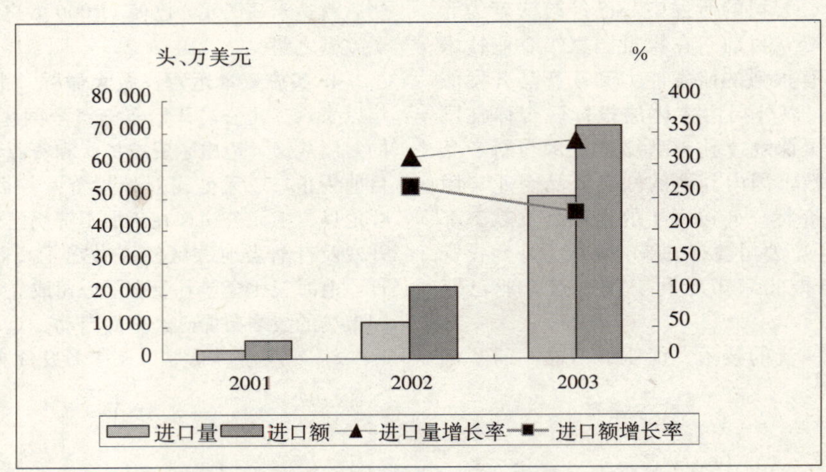

图1 2001—2003年我国种牛进口情况

2003年在2002年进口量递增311.9%、进口额递增267.0%的基础上再度出现年递增337.4%、226.4%，达到50 007头、7 182.9万美元。

2. 进口来源国分析 澳大利亚、新西兰、美国、加拿大是种牛进口的来源国，其进口比例如下（图2）：

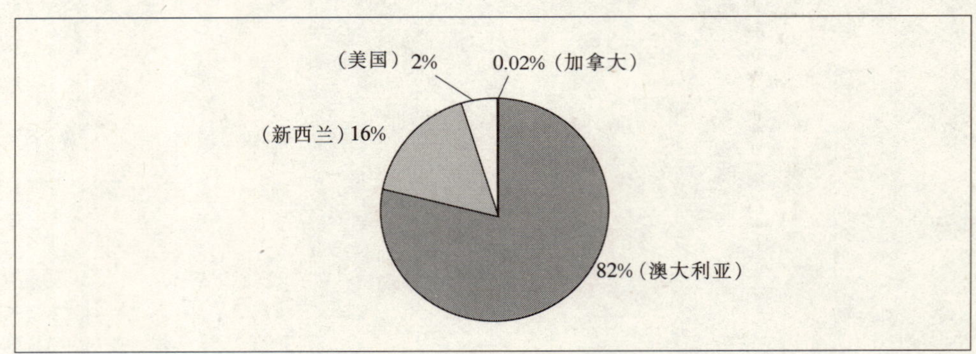

图2 进口来源国进口量比例图

澳大利亚仍为我国种牛最大的进口来源国，2003年在其进口量、进口额分别为41 179头、5 680.3万美元，占我国总进口的82.3%、79.1%，同比2002年增长343.9%、338.1%。

新西兰由2002年我国的零进口来源国一跃成为我国种牛进口的第二大来源国，2003年在其进口量、进口额为 7 795 头、898.9 万美元，占我国总进口的 15.6%、12.5%。

美国仍为我国种牛第三大的进口来源国，2003 年在其进口量、进口额为 1 022 头、592.7 万美元，占我国总进口的 2.0%、8.3%，同比 2002 年增长 299.2%、313.4%。

加拿大对我国仍有少量的出口，但进口量却大幅度下降。2003 年在其进口量、进口额为 11 头、11.0 万美元，占我国总进口的 0.02%、0.15%，同比 2002 年降低 99.42%、98.6%。

3. 我国进货地分析 北京仍为最大进口地区，2003 年其进口量、进口额为 15 356 头、2 102.8 万美元，占我国总进口的 30.7%、29.3%，同比 2002 年增长 193.8%、108.7%。

内蒙古第二大进口地区，2003 年其进口量、进口额为 12 580 头、1 631.8 万美元，占我国总进口的 25.2%、22.7%，同比 2002 年增长 553.2%、563.3%。

黑龙江由 2002 年的进口第七位一跃成为第三大进口地区。2003 年其进口量、进口额为 8 724 头、1248.3 万美元，占我国总进口的 17.4%、17.4%，同比 2002 年增长 6 000.7%、1707.8%。

新疆、宁夏、江苏分列四、五、六位，进口量、进口额分别为：4 520 头、664.2 万美元；3 152 头、437.7 万美元；2 500 头、336.5 万美元，并且这三省进口量、进口额同比也有不同程度的增长。

辽宁、云南、河北、河南、山东、山西、广东、上海几个省、直辖市也有少量的进口。但趋势有所不同：其中辽宁、云南、河北的进口量、进口额都有所增加；山东进口量、进口额都有较大程度的下降；河南进口量有所下降，但进口额却小幅上升；山西、广东、上海 2002 年进口为零，2003 出现少量进口。

（中国奶业年鉴编辑部　蔡向阳）

我国乳制品进出口情况

2003 年我国乳制品进口快速增长，出口下降，乳制品贸易逆差进一步扩大（图 1）。2003 年我国乳制品进出口总额为 3.93 亿美元，比上年增长 21.4%。其中，进口大幅度增加，进口量达到 31.5 万吨，比上年增长 19.4%，进口额 3.47 亿美元，增长 29.2%，进口额增幅快于进口量。乳制品出口量减少到 4.9 万吨，下降 4.2%，出口额 0.46 亿美元，下降 16.4%，出口额降幅快于出口量。乳制品净进口 26.6 万吨，增长 25.1%，贸易逆差扩大到 3 亿美元，增长 41%。

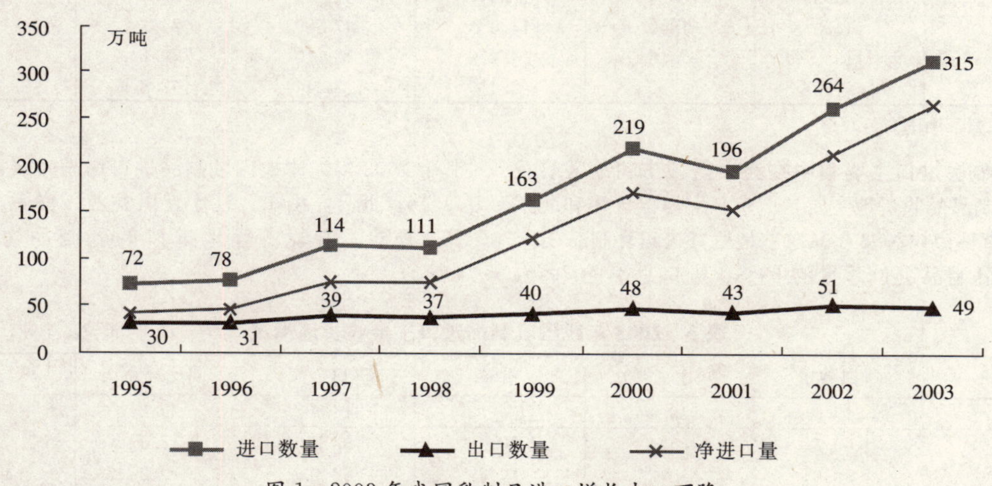

图 1　2003 年我国乳制品进口增长出口下降

（一）2003 年我国乳制品进口量大幅度增加

1. 关税水平不断降低导致乳制品进口量大幅度增加 按照入世有关协议，2003 年我国乳制品关税在 2002 年调减的基础上进一步降低。其中，鲜奶（海关税号 0401）进口关税降低 2%，固态奶（海关税号 0402）降低 1.3%～6.7%，酸奶（海关税号 0403）降低 6%～8%，乳清制品（海关税号 0404）降低 0～6%，奶油（海关税号 0405）降低 6.7%，干酪（海关税号 0406）降低 7%～7.6%。

关税水平的不断降低，使 2003 年乳制品进口量大幅度增加。从进口数量上来看，我国进口的乳制品主要为固态奶和乳清制品。2003 年我国进口固态奶 13.5 万吨，增长 20.6%，价值 2.2 亿美元，增长 34.6%，占我国乳制品进口总量的 42.7%，进口总额的 62.7%；进口乳清制品 16.1 万吨，增长 16.9%，价值 1 亿美元，增长 10.2%，占我国乳制品进口总量的 51.2%，进口总额的 28.7%（表 1）。由于进口价格上涨，进口额增幅大于进口量增幅。

奶油和干酪的进口量虽然不大，但进口增幅也十分显著，2003 年分别进口 1.1 万吨和 0.46 万吨，增长 118%和 82%。但是，受运输成本的制约以及市场结构的调整，包括鲜奶和酸奶在内的液态奶进口量明显减少，分别进口 0.3 万吨和 0.03 万吨，下降 38%和 81%。

表 1　2003 年我国乳制品分品种进口情况　　单位：千吨，千美元

商品名称	进口数量	同比（%）	进口金额	同比（%）
乳制品	315.0	19.4	346 502	29.2
（0402）浓缩、加糖乳及奶油	134.7	20.6	217 359	34.6
（0404）乳清制品	161.2	16.9	99 553	10.2
（0405）黄油及其从乳提取的脂和油	11.2	117.8	16 834	149.9
（0406）乳酪及凝乳	4.6	82.2	9 753	70.1
（0401）未浓缩未加糖乳及奶油	3.0	−37.5	2 400	−10.0
（0403）酪乳、结块、发酵或酸化乳和奶油	0.3	−80.6	603	−47.7

数据来源：中国海关总署

2. 从新西兰、美国、法国等国家和地区进口增加较快，从澳大利亚和加拿大进口减少　新西兰仍是我国最大的乳制品进口原产国，从新西兰进口量显著增加。2003 年我国从新西兰进口乳制品 10.6 万吨，增长 36.3%，占我国乳制品进口总量的 34%。进口额 1.7 亿美元，增长 53.9%，占我国乳制品进口总额的 50%。从美国和法国的进口量快速增加，分别为 6.4 万吨和 5.4 万吨，占我国乳制品进口量的 20%和 17%。进口额分别为 0.31 亿美元和 0.45 亿美元，占乳制品进口总额的 9%和 13%。从澳大利亚和加拿大的乳制品进口量减少幅度较大，分别进口 4.4 万吨和 0.8 万吨，降幅为 19%和 32%（表 2）。

表 2　2003 年我国乳制品进口主要来源国情况　　单位：千吨，千美元

国家	进口数量	同比（%）	份额	进口金额	同比（%）	份额
总计	315.0	19.4		346 502	29.2	
新西兰	106.2	36.3	33.7%	173 877	53.9	50.2%
美国	63.8	21.2	20.3%	30 546	17.7	8.8%
法国	53.5	29.4	17.0%	44 736	20.8	12.9%
澳大利亚	44.0	−18.9	14.0%	47 559	−24.3	13.7%
芬兰	13.2	75.8	4.2%	13 710	79.2	4.0%
加拿大	7.6	−32.0	2.4%	3 244	−42.6	0.9%

数据来源：中国海关总署

3. 乳制品进口主要集中在大中型城市和地区　我国进口乳制品的收货地主要是广东、上海、天津和北京 4 大省、直辖市，2003 年从这些地区共进口乳制品 21.6 万吨，占乳制品进口总量的 69%，进口总额的 70%，其中 2003 年天津地区乳制品进口增长较快，增幅达到 111%。此外，山东、辽宁、黑龙江、安徽、江苏、浙江、福建、内蒙古等地进口的乳制品数量也较多（表 3）。

表 3　2003 年我国乳制品进口主要收货地情况　　单位：千吨，千美元

省份	进口数量	同比（%）	份额	进口金额	同比（%）	份额
合计	315.0	19.4		346 502	29.2	
广东	60.1	−5.4	19%	82 116	12.8	24%
上海	58.9	10.2	19%	62 825	10.2	18%
天津	51.6	111.1	16%	56 468	137.6	16%
北京	45.8	15.4	15%	42 070	29.5	12%
山东	14.0	17.0	4%	16 852	30.3	5%
辽宁	13.6	−7.9	4%	11 864	−12.6	3%
黑龙江	11.4	87.3	4%	14 786	99.6	4%
安徽	10.4	244.5	3%	3 997	239.3	1%
江苏	10.1	−6.0	3%	13 725	1.6	4%
浙江	8.7	9.3	3%	10 095	9.2	3%
福建	8.2	16.1	3%	5 701	53.1	2%
内蒙古	8.2	44.4	3%	12 446	68.9	4%

（二）2003 年我国乳制品出口减少

2003 年我国乳制品出口量比上年有所减少。分品种来看，我国主要出口鲜奶（海关税号 0401）、奶粉及炼乳（海关税号 0402），2003 年出口鲜奶 2.7 万吨，下降 2.1%，出口额 0.18 亿美元，下降 11.6%，出口奶粉及炼乳 2.1 万吨，下降 4.6%，出口额 0.26 亿美元，下降 19.3%，二者约占乳制品出口总量的 98%，出口总额的 96%。除酸奶外，其他品种的乳制品出口量都下降（表 4）。

表 4 2003 年我国乳制品分品种出口情况　　单位：千吨，千美元

商品名称	出口数量	同比（%）	出口金额	同比（%）
乳制品	48.9	−4.2	46 202	−16.4
（0401）未浓缩未加糖乳及奶油	27.2	−2.1	18 350	−11.6
（0402）浓缩、加糖乳及奶油	20.6	−4.6	25 801	−19.3
（0406）乳酪及凝乳	0.5	−9.8	1 495	−6.8
（0403）酪乳、结块、发酵或酸化乳和奶油	0.2	63.1	379	243.1
（0404）乳清制品	0.2	−33.7	168	−24.7
（0405）黄油及其从乳提取的脂和油	0.0	−99.3	8	−98.6

我国乳制品主要出口到我国香港地区，2003 年共计 3.9 万吨，增长 2.5%，占乳制品出口总量的 80%。出口额 0.33 亿美元，下降 0.7%，占乳制品出口总额的 70%。其次，我国还对缅甸、新加坡、伊拉克、日本等国家和我国澳门地区出口乳制品，2003 年对上述几个国家和地区的乳制品出口约占我国乳制品出口总量的 16%，出口总额的 25%（表 5）。

表 5 2003 年我国乳制品出口的主要国家和地区　　单位：千吨，千美元

国家和地区	出口数量	同比（%）	份额	出口金额	同比（%）	份额
总计	48.9	−4.2		46 202	−16.4	
中国香港	38.9	2.5	80%	32 523	−0.7	70%
缅甸	2.5	4.9	5%	4 155	6.2	9%
新加坡	2.2	−25.8	4%	1 595	−18.6	3%
伊拉克	1.5	−73.8	3%	3 711	−73.3	8%
中国澳门	0.9	33.4	2%	737	22.4	2%
日本	0.8	2.9	2%	1 278	14.0	3%

数据来源：中国海关总署

我国乳制品的出口发货地比较集中，主要是广东和山东。2003 年，广东和山东乳制品出口均有所减少，分别为 1.8 万吨和 1.4 万吨，比上年下降 9.5%和 9%，占乳制品出口总量的 66%，出口总额的 54%。天津、内蒙古、黑龙江、云南、江苏、浙江等地出口则有不同程度的增长（表 6）。

表 6 2003 年我国乳制品出口主要发货地情况　　单位：千吨，千美元

省　份	出口数量	同比（%）	份额	出口金额	同比（%）	份额
总计	48.9	−4.2		46 201.7	−16.4	
广东	18.3	−9.5	38%	13 180.1	−15.2	29%
山东	14.1	−9.0	29%	11 796.6	−26.6	26%
天津	4.9	14.5	10%	2 787.1	10.7	6%
内蒙古	4.0	123.0	8%	2 603.1	39.3	6%
黑龙江	3.3	3.8	7%	8 470.5	23.1	18%
云南	2.4	8.7	5%	3 989.8	9.0	9%
江苏	0.8	−74.4	2%	2 326.1	−71.0	5%
浙江	0.6	202.1	1%	417.2	238.2	1%

（农业部信息中心　汤艳丽）

奶业大事记

2003年

1月

2日 中共中央总书记胡锦涛在内蒙古自治区党委书记储波、政府主席乌云其木格等的陪同下，视察了内蒙古蒙牛乳业（集团）股份有限公司通辽分公司。在询问了企业的生产情况以后，总书记特别指出，“加入WTO后，企业发展眼光一定要站在全球的角度，一定要国际化”，“牛奶本身就是温饱之后小康来临时的健康食品，不仅小孩要喝，老人要喝，最重要的是中小学生都要喝上奶，提升整个中华民族的身体素质”。

3日 上海光明乳业集团控股江西金牛集团英雄成立江西光明英雄乳业股份有限公司，新公司在原有的奶粉、屋型纸盒、塑料袋消毒奶灌装线生产的同时，增加百利包灭菌奶生产线，日处理鲜奶200吨。

13日 《中国食品报》报道 教育部、农业部发出关于加强“学生饮用奶计划”管理的意见，要求实施“学生饮用奶计划”的学校严把学生奶进校关，要选取经国家有关部门认定的定点企业并按照规定标准生产的、在包装上印有“中国学生饮用奶”标志的产品。

14日 甘肃省畜产品工程技术研究中心在甘肃农业大学挂牌成立。该中心主要研究肉类、奶类等畜产品安全控制、贮藏保鲜等技术。

16日 上海光明乳业股份有限公司收购广州达能公司100%的股份，并在广州经济开发区投资建设年生产能力达16万吨的广州光明乳品有限公司。

湖南亚华种业股份有限公司投资7 000万元的亚华宾佳乐乳品工业园，以及奶牛胚胎移植中心在长沙市望城县奠基。

首届中韩国际乳业信息交流会在北京召开，《中国乳业》杂志社主办这次会议，中韩代表80余人与会，中国奶业协会理事长刘成果到会并致辞。

17日 中国国家学生奶代表团访问印度，并参加印度国家奶业研讨会，国家学生饮用奶计划办公室副主任丁力介绍了中国学生奶计划实施情况。

30日 《中国食品报》报道 陕西省农业厅制定了《牛奶生产管理办法》。

2月

20日 《中国食品报》报道 黑龙江龙丹科技乳业股份有限公司在市场营销和经营管理中应用信息技术，降低了生产成本和营销费用，2002年被评为国家经贸委产业信息化示范典型。

21日 农业部副部长张宝文在北京会见瑞典利拉伐集团首席执行官Nick. Shreiber，就中国与瑞典在学生奶方面开展合作问题交换了意见。

25日 第二次全国“学生饮用奶计划”工作会议在北京召开，会议提出了未来几年的工作目标：到2010年，“学生饮用奶计划”要推广到全国更多的城市和有条件的县镇，日供学生奶1 000万份以上，覆盖面占全国城市在校中小学生的30%左右。

27日 伊利集团与泰国泰龙王服务有限公司在陕西西安举行签署合作协议仪式，共同投资创办伊利西安泰普克饮品有限公司，生产高品质的液态奶产品。

3月

3日 由中国奶业协会主办，广东省奶业协会、广州市奶业协会协办的第二届中国（广州）国际乳品工业展览会暨第二届（国际）乳业发展高峰论坛和国际乳业资本与品牌合作对话在广州市举行。

《中国食品报》报道 上海光明乳业股份有限公司信息中心租赁大型IT设备，每天可以处理15 000条定单，推进了企业信息化建设。

4日 《中国食品报》报道 中国乳制品工业协会理事长会议在北京召开。会议认为：2002年，我国乳业取得了巨大的进步，大量资金投入乳品行业，乳品生产和消费快速增长。国家计委批准国债贴息贷款项目14个，总投资21.9亿元，加工能力173.5万吨。国家科技部组织实施的乳业科技专项总投资4.05亿元。建成投产的液态奶项目20个，总加工能力4 300吨/日，总投资19.5亿元；奶粉项目3个，规模达2.5万吨/年，总投资近亿元。会议提出：2003年要从奶牛饲养到挤奶、收奶、加工销售等环节抓好产品安全问题，使产品安全指标进一步提高。

7日 新华社讯 出席全国人大、政协“两会”的部分代表建议：应对鲜奶制品实行统一标识。

8日 应新西兰乳品原料公司国内总部的邀请，国内著名奶业企业高层管理者一行 13 人，赴新西兰北帕默斯顿的 Fonterra 奶品研究中心，学习奶与奶制品实施 HACCP 培训课程。18 日结束学习回国。

15 日 《中国食品报》报道　国家农业综合开发项目陕西富华乳业被列为全国羊奶粉生产基地，该企业引进丹麦生产工艺，日处理鲜奶 75 吨，两条自动化生产线年产奶粉能力 6 000 吨。

28 日 四川省第十次乳品年会暨乳业论坛会在成都召开。

4 月

1 日 北京三元食品股份有限公司在澳大利亚西澳 CAPEL 市的第一家合资企业——澳洲三元凯莱乳业股份有限公司正式营业。这是我国乳品企业第一次把品牌和基地延伸到海外。

内蒙古伊利集团公司全面启动现代化的牧场园区前期示范工程建设项目，预计 7 月 31 日前建设完毕并投入运营。园区内计划第一年养殖奶牛 3 000 头，第二年发展到 5 000～6 000 头；第一年日收奶量为 36 吨，年收奶量为 1.3 万吨。

《中国食品报》报道　福建长富集团股份有限公司在内蒙古呼伦贝尔将投资 4.2 亿元兴建奶牛场和乳品加工厂。

8 日 青海省西宁市学生饮用奶计划工作领导小组办公室制定出《关于试点学校特困生饮用学生奶的暂行办法》，决定为该市 500 名特困生免费提供学生饮用奶。

16 日 《中国食品报》报道　由上海梅林正广和（集团）有限公司、上海梅林正广和股份有限公司、上海光明乳业股份有限公司三方共同投资组建了“光明食品有限公司”，实现了品牌统一，优势互补。

17 日 《中国食品报》报道　总投资 2 611 万的兰州好为尔生物科技股份有限公司日产 100 吨高温灭菌奶项目，在甘肃酒泉正式上马。

23 日 北京三元食品股份有限公司向奋战在抗击“非典”第一线的北京医务工作者捐赠纯牛奶 30 000 箱、奶粉 30 多吨，价值数百万元。

25 日 安徽益益乳业投资 2 亿元人民币，在安徽省淮南市经济技术开发区兴建的“益益乳业科技园”工程正式开工。

5 月

6 日 中国乳制品工业协会发布实施《乳制品企业生产技术管理规则》的通知，本规则自 2003 年 6 月 1 日起实施。

《中国食品报》报道　北亚集团投资的国内单厂设计能力最大的“北亚 50 万吨液体乳”项目，在黑龙江省大庆市高新技术产业开发区破土动工。

14 日 广州风行牛奶有限公司在厂区内举行了风行牛奶与英雄共筑抗“非典”长城的牛奶捐赠仪式。该公司向战斗在抗击非典一线的 15 家医疗单位和 5 家新闻单位共 2 420 多人免费提供优质牛奶。

20 日 根据中国奶业协会的通知，在各地开展国际牛奶日纪念活动。每年 5 月的第三个周二被定为“国际牛奶日”。

21 日 完达山乳业与新浪网合作建成“完达山育儿网”，以加盟会员单位的形式为各幼儿机构提供一个展示自我、扩大影响的网络媒体空间，并通过建立放心哺育会员注册系统，利用新浪网每日 9 500 万至 1.2 亿人次的访问量，首年运营实现发展家庭会员 1 万户。

22 日 上海光明乳业股份有限公司向上海市抗击“非典”的白衣战士捐赠价值 200 万元的新品牛奶。

26 日 由新疆金牛（集团）生物股份有限公司与世界第二大遗传公司——加拿大亚达遗传公司，合资兴建的新疆盖瑞乳业有限公司在新疆乌鲁木齐经济技术开发区投产。

6 月

5 日 北京三元食品股份有限公司出资 100 万元，与中国医学基金会共同建立“三元健康关爱基金”，首批资金将用于抚恤抗击“非典”殉职的医护人员，资助其子女的助学金，奖励先进集体。

11 日 由中国食品工业协会、北京奶业协会、中国国际贸易促进会北京分会等单位联合主办的“2003 年北京国际乳品工业展览会”在北京中国国际展览中心举行。

17 日 国家质量监督检验检疫总局一季度对婴幼儿配方奶粉产品进行了质量监督抽查，抽查涉及北京等 9 个省、自治区、直辖市的 37 家生产企业和经销企业的 38 种产品，合格率为 65.8%。

19 日 黑龙江完达山哈尔滨乳品有限公司与广西南宁市政府、广西金光实业总公司、广西壮族自治区水产畜牧局签约，共同投资 1.5 亿元，成立了广西完达山南宁乳品有限公司。

22 日 黑龙江飞鹤乳业有限公司科技园区在黑龙江克东县破土动工。投资 2.5 亿元，占地 100 公顷。

26 日 上海光明荷斯坦牧业有限公司与西安市奶业研究所在西安签订了合资经营西安荷斯坦奶牛育种有限公司的合同。

28 日 由中国奶业协会主办的“鲜奶标识与奶业健康研讨会”在北京召开。刘成果理事长做了会议总结，并形成会议纪要。与会专家呼吁：要尽快制定、出台和实施“鲜奶标识管理办法”，规范奶业市场，引起了社会各界的广泛关注。

29 日 宁夏乳制品协会正式成立。

7 月

1 日 《中国食品报》报道　国务院总理温家宝对国家学生饮用奶计划推广提出：要总结经验。保证奶品质量包括豆奶，坚持群众自愿，运用市场机制，不强求一律，是四条原则。

教育部部长陈至立要求教育部尽快与农业部有关部

门协商，共同制定下一步学生奶工作新的运作模式。

2日 《中国食品报》报道　新疆第一例成活的双胞胎体细胞克隆牛“金牛盖瑞二号”和“金牛盖瑞三号”在新疆金牛生物股份有限公司第一牛场诞生。

9日 《中国食品报》报道　为贯彻落实国务院领导最近对学生奶工作的批示精神，提升学生奶品质，国家“学生饮用奶计划”部际协调小组办公室于今天正式启动了“学生奶奶源升级计划”，农业部副部长张宝文及专家参加了启动仪式。

22日 《中国食品报》报道　由石家庄三鹿集团股份有限公司投入29.5万元完成的“乳粉中L—肉碱检测方法的研究”通过了专家鉴定。该方法能准确地检测乳粉中游离L—肉碱和结合L—肉碱含量，为企业对原材料的把关提供了依据。

29日 《中国食品报》报道　国家质检总局对酸牛奶产品质量进行了国家监督抽查，共抽查了北京、天津、河北、吉林、辽宁、黑龙江、内蒙古等8个省、自治区、直辖市的44家企业生产的44种产品，合格37种，产品抽样合格率为84.1%。

8月

1日 我国开始实施食品安全准入制度。贴有“QS”和“质量安全”标志的食品（包括乳制品）上市。

7日 《中国食品报》报道　西安市商业贸易委员会在陕西国际展览中心举办“中国西部乳品产业博览会”。还同期举办了“2003中国西部国际乳品产业发展高层论坛”。

12日 《中国食品报》报道　国家质检总局对北京、上海、陕西、湖南、黑龙江、河北、浙江、内蒙古等省、自治区、直辖市强化奶粉的生产经销企业组织了国家监督抽查，共抽查25家企业的25种产品，抽样合格率为88%。

19日 《中国食品报》报道　四川新希望农业股份公司将投资2亿元人民币，在云南兴建一批与乳制品相关的项目，这批项目包括在云南大理白族自治州兴建“蝶泉千吨奶工程”、与大理州政府签订奶源基地建设协议和与瑞典利乐公司签署合作协议。

21日 中国乳制品工业协会在福建厦门市召开第九次年会，同期举办第三次乳品精品展示会，来自全国乳制品行业的企业家、专家、教授，以及美国、澳大利亚、新西兰、日本等国家的代表出席了会议。宋昆冈理事长做了题为“中国乳业应走向成熟”的报告。

内蒙古蒙牛有限公司在河南焦作投资4亿元建设12条冰激凌生产线和10条液态奶生产线，占地13公顷。

9月

6日 《中国食品报》报道　伊利集团股份有限公司在内蒙古杜尔伯特县投资2.59亿元，建设日处理鲜奶800吨的奶粉生产项目正式投产。该项目是亚洲目前生产能力最大的奶粉生产线。

广西最大的乳业加工生产线——广西皇氏生物工程乳业有限公司年产10万吨乳品工程，在南宁市高新区工业园内奠基。该工程总投资7 000多万元。工程竣工后，将新增8条国内外先进的生产线，形成日产300吨液态奶的生产规模。

12日 伊利集团呼和浩特牧场园区示范工程竣工。这是伊利继“公司＋农户”之后，在奶源基地建设方面开创的又一种全新模式——采取招商引资的方法，在全国范围内招纳经济状况良好、掌握丰富的养殖经验和技术、有一定基础的奶牛养殖大户进驻园区。牧场园区将实行封闭式管理，每一个牧场园区内第一年奶牛总头数为3 000头。

15日 从天津奶业管理办公室获悉，首批贴有“天津无公害牛奶”标志的牛奶将于11月全面上市。

17日 黑龙江省奶业协会在哈尔滨成立，选举张秀芝为理事长，王存国为秘书长。

《中国食品报》报道　山东淄博得益乳业有限公司乳品工业园一期工程竣工投产，该工程占地22公顷，设计规模为日处理鲜奶500吨。

19日 新华社讯　在广西水牛研究所了解到，我国科学家正利用世界最先进的生物技术，开始批量进行水牛试管繁殖。从2000年起3年间，广西水牛研究所共对39头母水牛进行胚胎移植，其中有26头妊娠，妊娠率达66.7%，现已成功产下24头试管水牛，生长发育正常。

在比利时布鲁塞尔召开的国际乳业联合会（IDF）理事会上，IDF正式接受了中国IDF国家委员会关于申办2006年世界乳业大会暨IDF年会的请求，经过一系列的程序、表决，最后决定在中国上海举办。

21日 新西兰外交贸易部亚洲开发援助司司长约翰·埃盖到达贵州省考察新西兰援助贵州牛奶卫生项目进展情况，并就贵州与新西兰在草地畜牧业方面进一步加强合作等内容交换意见。

23日 国际酸奶技术研讨会暨展览会在山东烟台市举行。会议是由中国畜产品加工研究会主办、烟台艾尔乳品技术有限公司承办的。

24日 《中国食品报》报道　在中宣部新闻局的指导下，由国家学生饮用奶计划部际协调小组办公室组织的“学生饮用奶计划”好新闻评选活动圆满结束。本次共评出获奖作品85篇，其中一等奖15篇、二等奖30篇、三等奖40篇。

29日 《中国食品报》报道　为从源头上确保牛奶的质量，青海省畜牧厅强调从10月1日起，全省交售鲜奶的奶牛，必须持有奶牛健康合格证，无证奶牛的鲜奶将禁止上市销售。

根据2001年联合国粮农组织在IT网征求60多个国家意见，定于每年9月最后一个周三为世界学生奶日，我国今年首次在各地开展世界学生奶日纪念活动。

河南省科迪集团10万吨乳品生产厂竣工投产。这是目前河南乳品行业技术水平最高、生产规模最大的一个乳品企业。新投产的乳品厂占地15公顷，全部引进国际一流的生产设备和工艺技术，总投资2亿元，年产值6亿元。

10月

1日 《新疆维吾尔自治区奶业条例》颁布实施，该条例是我国地方人大通过，并颁发的第一个省区级奶业管理法规。

“十一”黄金周河南巨尔乳业公司冠名洛阳至桂林的列车——“巨尔乳业号”。据悉，食品企业冠名旅游专列在河南尚属首次。

应台湾财团法人农村发展基金会的邀请，以刘成果理事长为团长的中国奶业协会考察团一行8人，于2003年9月4日～23日赴台进行了为期10天的考察，就台湾奶业发展的历史和现状、乳制品消费情况、鲜奶标识运作情况、奶业协会的组织和工作情况四个问题有针对性的进行深入了解，通过考察与台湾奶业界的业者、专家学者、乳业协会等建立了联系、沟通了渠道，为海峡两岸奶业界进一步交流与合作奠定了基础。

8日 《中国食品报》报道　中国奶业协会四届二次理事会暨2003年会在北京召开，刘成果理事长作了工作报告，增补北京三元食品股份有限公司总经理郭维健为副理事长，农业部草原监理中心副主任刘连贵和包头市人民政府副市长王智为常务理事。

首届中国国际奶业展览会暨发展高层论坛同期举办。中国奶业协会理事长刘成果，有关行政主管部门负责人，著名专家、企业家就中国奶业发展的趋势和热点、焦点等问题在会上作专题报告。大会期间，还举办了中法奶业交流日活动。参加展览会的展商来自澳大利亚、英国、加拿大、法国、德国、荷兰、以色列、意大利、日本、韩国、瑞典、瑞士等多个国家和国内上海光明、内蒙古伊利、内蒙古蒙牛、北京三元、石家庄三鹿、黑龙江完达山、山东泉林包装等的100多家企业。

21日 由江苏省农林厅、南京市农林局、南京江宁区人民政府联合主办的首届中国·南京山田国际牛奶文化节活动在南京举行，有关部委领导、国内外著名乳业专家及国内大中型乳品企业负责人参加。

22日 中国奶业年鉴首次全国特邀编辑座谈会在云南昆明召开，各省市特邀编辑近50人参加会议。中国奶业协会理事长、主编刘成果，中国农业出版社副总编陈江凡到会讲话，中国奶业协会常务副理事长兼秘书长、副主编魏克佳主持会议。

云南奶业发展对策研讨会在昆明召开，来自奶业行业企业家、专家、学者60多名代表在一起探讨云南奶业发展大计。云南省农业厅副厅长杨志民作主题发言，中国奶业协会理事长刘成果、秘书长魏克佳应邀出席会议。云南省内的蝶泉乳业、雪兰乳业、跑马山实业的代表在会上发了言。

《中国食品报》报道　内蒙古蒙牛乳业集团生产的蒙牛牛奶此前已被指定为“中国航天员专用牛奶”，是中国航天员日常训练中惟一指定饮用的乳品。

25日 宁夏新华百货夏进乳业股份有限公司重大投资项目——乳业科研中心暨乳品加工建设基地在银川市兴庆科技园区举行了奠基仪式。

28日 《中国食品报》报道　国家农业部、卫生部、国家工商总局、国家质检总局、国家食品药品监督管理局联合支持的“首届中国食品安全年会”在北京召开，会议主题为“食品安全与社会进步”。中粮集团与伊利集团、石家庄三鹿集团、山西恒康乳业公司等194家企业获“2003年度全国食品安全示范单位”荣誉称号。

29日 内蒙古伊利集团与安达红星集团签约合作成立伊利安达乳品有限公司。伊利投资3010万元，控股55%，红星保鲜奶车间作价2462万元入股，占45%股份，合作加工伊利、红星两个品牌产品，同时使用红星、伊利两块商标。

《中国食品报》报道　海南艾森乳业生产的艾森纯牛奶、艾森原味酸奶、艾森酸乳乐产品再次被授予“博鳌亚洲论坛2003年年会指定产品”称号。这是自2001年博鳌亚洲论坛首届年会召开至今，艾森乳业连续三届获得年会指定产品的殊荣。

《中国食品报》报道　三鹿集团投资2 980万元，总建筑面积6 000平方米的国家级乳品科研中心大楼竣工。该乳品科研中心大楼融科研开发、试验、中试、检验、品尝、培训等为一体，设奶粉、液态奶、发酵乳、生物工程、冷食、谷物食品等试验室，并设有中试车间。该中心大楼配备多套国内外先进科研设备和仪器总价值600多万元。

《中国食品报》报道　由上海农工商集团、上海牛奶集团有限公司、光明乳业股份有限公司共同投资2 857万元建设的上海奶牛育种中心有限公司成立。

30日 《河北日报》报道　总投资4亿元的蒙牛乳业（集团）丰润有限责任公司在河北唐山市丰润区正式奠基。这是蒙牛乳业在内蒙古自治区外建设的第四家子公司。

从伊利集团获悉，伊利冰激凌经过上海出入境检验检疫局食品检测中心的检验，顺利抵达香港，并且首批15 000件60万支冰激凌已全部售出。

《证券时报》报道　西安银桥乳业集团通过借壳上市方式，反向收购新加坡主板上市公司TSM资源，率先跨出国门，一举成为在新加坡挂牌交易的首家中国乳制品商，也是新加坡上市的中资企业中，惟一一家来自中国西北地区的公司。

最近，国内保健食品业交大昂立联手北京三元进军功能性乳业市场，斥资2 000万元在上海成立了上海三元昂立营养食品有限公司，生产活性乳酸菌饮料。

11月

4日 《中国食品报》报道　为了使学生奶定点企业尽快建立HACCP管理体系，国家学生饮用奶计划办公室与新西兰乳品原料有限公司联合在北京举办HACCP培训班，以保证学生奶产品质量的安全。

10日 《中国食品报》报道 哈尔滨工大集团投资7 900万元收购黑龙江乳业集团，正式进军乳业。

12日 《中国食品报》报道 三鹿集团与江苏江南大学签订协议，在三鹿集团设立博士后工作站，双方将利用各自的优势联合培养企业博士后。

14日 黑龙江北亚乳业有限公司同美国蓝多湖乳业集团在黑龙江省大庆市签署协议，合资建设年产1万吨奶酪项目。该项目计划总投资近2亿元，第一期生产能力为3 000吨。北亚乳业占51%的股份，蓝多湖占49%的股份。

18日 广东燕塘乳业有限公司、湛江湖光农场及湛江肯富集团公司共同投资5 000万元的广东燕塘粤西乳业有限责任公司正式成立。

23日 《经济参考报》报道 由联合国粮农组织主办、乌拉圭教育部组织、利乐公司赞助的第二届美洲地区学生奶国际大会在乌拉圭首都蒙得维地亚举行。来自世界各国的200多名官员、专家及企业代表就发展学生奶做了发言和讨论。中国代表团出席大会并就中国的学生奶计划做了发言。

24日 《经济参考报》报道 新希望乳业事业部与中国—加拿大奶牛育种综合项目签订了“关于奶牛技术转让和推广项目”的合作意向书。

27日 《中国食品报》报道 南京市政府正式批准南京奶业集团整体改制，从国有企业转为民营企业。

28日 《河北日报》报道 蒙牛乳业集团投资3亿元在河北滦南县建设的液态奶项目开工，该项目设计年加工能力20万吨。

内蒙古蒙牛乳业（集团）股份有限公司董事长牛根生获邀参加今年在泰国曼谷举行的APEC会议，蒙牛是2003年度APEC所邀请的食品行业惟一参会企业，也是中国第一个参会的民营企业。

石家庄三鹿集团乳业公司投资建设奶牛粪便无公害处理项目。该项目建在三鹿集团奶源基地——鹿泉铜冶生态奶牛园区内，总投资160万元，占地1.5公顷，日处理奶牛粪便80～100吨，生产有机肥40～50吨。

华蒙金河集团和中牧集团在呼和浩特市托克托县合资共建的良种奶牛繁育基地项目开工建设。该项目总投资近1亿元，拟建成集种植、养殖和饲草料加工于一体的现代化良种奶牛繁育基地。

日前，由石家庄三鹿集团股份有限公司工程技术研究中心研制的“乳粉中DHA、EPA、AA（多不饱和脂肪酸）检测方法”通过了河北省科技厅组织的专家鉴定。该方法能准确地一次性同时检测乳粉中DHA、EPA、AA的含量。

12月

1日 以中国奶业协会副理事长兼秘书长魏克佳为团长的中国代表团一行四人访问加拿大，参加圭尔夫大学举办的学生奶食品安全质量HACCP认证标准培训班。同时访问了中加项目办公室、SEMEX育种联合体、加拿大乳业网络等机构。此间，代表团还拜访了世界荷斯坦联盟协会主席弗莱曼先生，为中国奶业协会顺利加入世界荷斯坦联盟（WHFF）奠定了重要基础。

18日 中国奶业协会在福建南平市召开了全国省、自治区、直辖市奶协负责人联席会议，会议交流各地奶协的工作、研究了中国奶牛发展大会奶牛养殖示范小区和牧场评选办法，会议期间，代表们参观了长富集团规模化奶牛场，大家对长富集团在提高牛奶质量和实行科学饲养等方面取得的成绩予以高度评价。

《中国食品报》报道 内蒙古伊利集团获得ISO14000环境管理体系的资格认证证书。

23日 兰州好为尔生物科技股份有限公司建设年产4.5万吨免疫乳及高档乳品加工生产线项目被国家发展和改革委员会审批立项。

25日 农业部和国家质量监督检验检疫总局联合发出紧急通知，要求暂行禁止来自美国的牛及其相关产品入境（牛奶、奶制品、皮张和照相用明胶不包括在禁止入境产品之列）。

28日 蒙牛集团总裁牛根生被评为中央电视台CCTV杯2003中国经济年度人物。

30日 根据中国奶业协会的意见，搜狐网、中国奶业年鉴编辑部联合邀请农业部有关领导和奶业界知名专家做客搜狐，针对奶业界和媒体争论的焦点和热点问题与奶业界人士、广大消费者和网民进行网上交流，以科学引导消费，促进奶业产业和乳品消费健康发展。

《新疆经济报》报道 地处新疆昌吉市的新疆新欧奶业发展有限公司首次推出了新研发的产品——干（奶）酪产品。新欧奶业此次推出的干（奶）酪及副产品开发项目，总投资1 800万元，建成后规模将达到年产2 000吨生产能力，可实现销售产值4 000万元。

由南京农业大学和淮安快鹿牛奶公司联合创建的南京市第一家乳品研究所——南京农业大学快鹿牛奶公司乳品研究所正式揭牌。

中国方圆标志认证委员会授予三鹿集团ISO9001：2000质量管理体系与ISO14001：1996环境管理体系认证证书。

均瑶集团董事长王均瑶被评为2003年中国十大并购人物。

法规与标准

法　规

新疆维吾尔自治区奶业条例

（2003 年 8 月 1 日新疆维吾尔自治区第十届人民代表大会常务委员会第四次会议通过）

第一章　总　　则

第一条　为加快奶业发展，规范奶业生产经营活动，维护生产者和消费者合法权益，满足人民生活需要，根据有关法律和法规，结合自治区实际制定本条例。

第二条　本条例所称奶业，是指在自治区行政区域内奶源基地建设、奶牛养殖、饲草种植和牛奶的生产、收购、加工及销售。

在自治区行政区域内从事奶业生产、经营及监督管理活动，应当遵守本条例。

第三条　奶业发展应当坚持以市场为导向，以增加农牧民收入为重点，以提高人民身体素质为目的，依靠科技进步，提高奶牛品质，加快乳品加工业的发展；采取多元投资渠道，建立公司、基地（农户）、市场相联结的发展模式，实现奶业生产、加工、销售一体化经营。

第四条　各级人民政府应当根据当地资源条件，合理编制奶业发展规划，并将其纳入国民经济和社会发展计划。鼓励国内外组织和个人从事奶业的科研、生产、加工、营销活动，引导城乡居民增加乳制品的消费，促进奶业健康发展。

第五条　各级人民政府应当依照国家和自治区有关规定，制定扶持奶业发展的政策，对奶业用地与农业用地同等对待，并在税费等方面给予优惠，优先安排奶业发展资金和信贷投入。对在奶业发展中做出突出贡献的单位和个人给予奖励。

注：本栏目中的计量单位为标准发布时的计量单位。

第六条　县级以上人民政府畜牧部门是本行政区域内的奶业行业主管部门，负责本辖区内奶业生产、经营的监督管理和协调奶业发展工作。

卫生、质量技术监督、工商等行政管理部门，在各自的职责范围内，负责奶业生产经营相关环节的监督管理工作。

第二章　奶源基地建设

第七条　各级人民政府应当采取措施，支持企业和个人投资建立奶源基地；鼓励牛奶加工业为养牛户提供贷款担保和养牛户联保，加快建立安全有效的信用担保体系，鼓励牛奶加工企业与农业生产经营组织农户、科研单位运用资金、土地、技术等生产要素建立各种形式的奶源基地联合体，实现奶业产业化经营。

第八条　奶源基地建设应当合理布局，优化资源配置，坚持规模经营和分散经营并存，鼓励发展规模养殖，逐步形成奶牛养殖专业小区、专业村、专业乡（镇），推广机械挤奶，普及奶牛科学饲养技术，实行规范化饲养，实现规模化经营。

第九条　奶牛养殖场、专业户饲养奶牛应当具备下列条件：

（一）有独立的奶牛饲养场区（舍）；

（二）有相应的生产操作规程和管理制度；

（三）牛舍、个体和挤奶用具清洁卫生，符合动物防疫条件和卫生标准。

实行规模养殖的，还应具有配套的生产，防疫设备、设施和相应的专业技术人员。

第十条　县级以上人民政府畜牧行政管理部门应当加强奶牛品种繁育体系建设，引导奶牛养殖场（户）引进优良品种，通过良种繁育、杂交改良以及人工授精、胚胎移植等措施，加快良种奶牛的扩群繁殖速度，增加高产奶牛数量，提高产奶牛比例。

第十一条　县级以上人民政府畜牧行政管理部门应当指导奶牛养殖场、专业户，建立奶牛档案，对良种奶牛进行谱系登记和生产性能鉴定，实施科学选种，优化牛群配置，提高奶牛的整体质量。

第十二条　奶牛养殖场（户）应当依照国家和自治

区有关规定做好奶牛免疫和养殖场所的消毒工作，接受动物防疫监督机构的疫情检测和监督，发现疫情应当及时上报，并采取相应措施，防止疫情传播。

第十三条 动物防疫监督机构应当定期对奶牛养殖场（户）饲养的奶牛进行布氏菌病、结核病和其他疫病的检查，经检查符合健康要求的，应当出具奶牛健康证明。

第十四条 各级人民政府应当通过农业综合开发、退耕（牧）还草等项目的实施，引进国内外优良牧草品种，建立优质饲草料生产基地，加快饲料业发展，建立高效、安全的奶牛饲料体系。

第三章 牛奶生产、收购

第十五条 奶牛养殖场（户）和牛奶加工企业应当遵循稳定发展、公平竞争、合同定购、以质论价的原则，建立利益共享、风险共担、互惠互利的合作机制。

第十六条 县级以上人民政府畜牧行政管理部门应当会同有关部门对当地生产的牛奶推行无公害食品、绿色食品和有机食品的认证工作，建立完善的牛奶生产标准体系、检测体系和牛奶生产安全卫生质量跟踪管理制度，保证牛奶质量。

第十七条 禁止出售、收购下列原料奶：

（一）未取得健康证明的奶牛产的奶；

（二）奶牛产前15日内的胎奶；

（三）使用抗菌素类药物的奶牛在用药期间或者停药后5日内产的奶；

（四）患乳腺炎、结核病、布氏杆菌病及其他传染病的奶牛产的奶；

（五）按规定不得出售的其他原料奶。

第十八条 奶牛养殖场（户）对用于加工的原料奶，应当挤出后4小时内及时降温至0～4℃保存，不具备降温条件的，必须及时将原料奶交售到原料奶收购站。

储存、运输原料奶，应当使用不锈钢等不易造成牛奶污染的容器。

第十九条 奶牛养殖场（户）销售原料奶应当与收购单位签订购销合同，明确原料奶的质量、数量、价格和违约责任、争议解决方式等内容。对原料奶质量有异议的，可以委托法定检验机构检测。

第二十条 收购原料奶应当具备下列条件：

（一）有冷却、冷藏、保鲜设施；

（二）有对原料奶进行脂肪、比重、酸度检测的设备和人员；

（三）有相应的卫生安全质量管理措施。

收购的原料奶应当符合国家规定的生鲜牛奶收购标准。

第二十一条 禁止恶意串通或者采取其他不正当手段压级压价收购原料奶。

第四章 牛奶加工、销售

第二十二条 各级人民政府应当鼓励和支持牛奶加工企业进行兼并、重组，推动企业联合，优化资源配置，实现牛奶加工企业规模化经营。

第二十三条 鼓励牛奶加工企业与大专院校、科研单位联合组建奶业技术研究开发机构，提高技术创新和研制新产品能力，引进先进的生产工艺，开发优质乳制品，开发适应不同消费群体的需求。

第二十四条 牛奶加工企业应当具备下列条件：

（一）牛奶加工厂房（车间）的选址、设计应当符合国家规定；

（二）有与生产产品和工艺相适应的加工、卫生、包装和检测设备；

（三）有相应的专业技术人员和经培训合格的质量检验人员；

（四）依法取得有关证照。

第二十五条 牛奶加工企业应当按照国际质量管理认证体系的要求，制定相应的管理措施，对产品生产实施全过程控制，提高产品质量。

第二十六条 加工牛奶应当按照国家标准或者行业标准进行。没有国家标准或者行业标准的，应当制定企业产品质量标准。企业产品质量标准应当按规定报自治区质量技术监督部门备案。

第二十七条 牛奶加工企业实行产品出厂检验制度。牛奶的感官指标、理化指标、卫生指标和牛奶中使用的添加剂、稳定剂以及酸奶、乳饮料中使用的菌种，应当符合国家食品卫生标准和相应的乳制品标准。

第二十八条 牛奶的包装必须符合与生产产品和工艺相适应的国家卫生标准，使用无毒无害包装材料，包装标识必须符合国家食品标签通用标准。使用奶粉、黄油、乳清粉等原料加工的液态奶，应当在包装上注明。

第二十九条 销售牛奶应当实行明码标价。销售巴氏杀菌奶，应当配备必要的冷藏设备或者采取必要的冷藏措施。

不得上市不符合卫生标准的牛奶和无证加工的包装奶。

第五章 服务与监督

第三十条 县级以上人民政府畜牧行政管理部门应当建立信息网络，定期向社会发布牛奶生产经营信息，引导奶牛养殖场（户）和牛奶加工企业按市场需求组织生产经营。鼓励企业、事业单位和个人为奶业的生产提供资金、技术、市场等社会化服务。

第三十一条 奶牛养殖场（户）和牛奶加工企业可以按照有关规定成立奶业协会。奶业协会应当发挥协调作用，为成员提供生产、营销、信息、技术、培训等服务，依法维护牛奶生产经营者的权益，加强行业自律，防止无序竞争。

第三十二条 县级以上人民政府畜牧、卫生、质量技术监督行政管理部门应当按照各自职责，依法对生产、收购、加工、销售等各个环节的牛奶质量定期进行抽检，抽检结果应当向社会公布。但不同层级的相同部门在同一检验期内对同一产品不得重复抽检。

第三十三条 牛奶生产、收购、加工、销售人员必须每年进行健康检查，取得健康证明后，方可从事生产经营活动。

第三十四条 任何单位和个人对违反本条例的行为有权向县级以上人民政府畜牧行政管理部门及有关部门举报。

第三十五条 县级以上人民政府畜牧行政管理部门可以设置监督信箱，公布监督电话；受理生产经营者和消费者的举报或投诉，并依法予以处理。对属于有关行政管理部门调查处理的事项，应当及时提请有关部门处理。

第六章 法律责任

第三十六条 违反本条例第十七条规定出售原料奶的，由县级以上畜牧行政主管部门责令停止销售，情节严重的，可处以500元以上1 000元以下罚款。

第三十七条 违反本条例第二十条规定的，不具备收购原料奶条件的，由县级以上人民政府畜牧行政管理部门责令其限期改正；逾期不改正的，可处以500元以上2 000元以下罚款。

第三十八条 违反本条例第二十四条规定，不具备牛奶加工条件的，由县级以上人民政府畜牧行政管理部门责令其限期改正；逾期不改正的，交有关行政管理部门依法查处。

第三十九条 违反本条例涉及食品卫生、质量技术监督、工商行政管理法律、法规的，由有关管理部门按照有关法律、法规的规定予以处罚。

生产、加工、销售不合格牛奶危害人体健康的，应当承担相应的法律责任。

第四十条 行政执法人员滥用职权、徇私舞弊、玩忽职守的，由其所在单位或者上级主管机关给予行政处分；构成犯罪的，依法追究刑事责任。

第七章 附 则

第四十一条 本条例所称牛奶，是指未经加工的生鲜牛奶（以上统称原料奶）和以生鲜牛奶为主要原料加工制作的消毒奶（巴氏杀菌奶）、灭菌奶、酸奶、强化营养奶、乳饮料等乳制品。

第四十二条 本条例所称专业户是指以销售原料奶收入为主要生活来源的奶牛养殖户。

第四十三条 对学生饮用奶生产、加工、销售的监督管理，除按本条例执行外，国家和自治区另有规定的，从其规定。

第四十四条 本条例自2003年10月1日起施行。

标准

乳制品企业良好生产规范

GB 12693－2003
代替 GB 12693－1990

前 言

本标准全文强制。

本标准代替GB 12693—1990《乳品厂卫生规范》。

本标准与GB 12693—1990相比主要修改内容如下：

——标准名称改为《乳制品企业良好生产规范》；

——按照良好生产规范的要求，格式进行了变动，内容进行了相应调整；

——增加了“设备”、“机构与人员”、“生产过程管理”、“品质管理”等内容；

——原“卫生管理”部分内容与《食品厂通用卫生规范》重复，本标准减少了“卫生管理”部分内容的篇幅，减少部分按照《食品厂通用卫生规范》执行。

本标准自实施之日起，GB 12693—1990同时废止。

本标准由中华人民共和国卫生部提出并归口。

本标准负责起草单位：中国疾病预防控制中心营养与食品安全所。

本标准参加起草单位：黑龙江省卫生防疫站、河北省卫生防疫站、哈尔滨市卫生防疫站、黑龙江龙丹乳业科技股份有限公司等。

本标准主要起草人：史根生、包大跃、金鸿道、康乐、高铁夫、郝东海、王跃进、张旭东。

乳制品企业良好生产规范

1 范围

本标准规定了乳制品企业在原料采购、加工、包装及储运等过程中，关于人员、建筑、设施、设备的设置以及卫生、生产及品质等管理应达到的条件和要求。

本标准适用于乳粉、消毒乳、灭菌乳、发酵乳、炼乳、干酪、再制乳、奶油、花色乳等乳制品生产企业。

2 规范性引用文件

下列文件中的条款通过本标准的引用而成为本标准的条款。凡是注日期的引用文件，其随后所有的修改单（不包括勘误的内容）或修订版均不适用于本标准，然而，鼓励根据本标准达成协议的各方研究是否可使用这些文件的最新版本。凡是不注日期的引用文件，其最新版本适用于本标准。

GB 2760 食品添加剂使用卫生标准

GB 5749 生活饮用水卫生标准

GB 7718 食品标签通用标准

GB 8978 污水综合排放标准

GB 13271 锅炉大气污染物排放标准

GB 13432 特殊营养食品标签

GB 14881 食品企业通用卫生规范

GB/T 18204.1 公共场所空气微生物检验方法菌落总数测定

3 术语与定义

下列术语与定义适用于本标准。

3.1 乳制品

以牛乳、羊乳等为主要原料加工制成的各种制品。

3.2 清洁作业区

半成品贮存、充填及内包装车间等清洁度要求高的作业区域。

3.3 准清洁作业区

鲜乳处理车间等生产场所中清洁度要求次于清洁作业区的作业区域。

3.4 一般作业区

收乳间、原料仓库、材料仓库、外包装车间及成品仓库等清洁度要求低于准清洁作业区的作业区域。

3.5 非食品处理处

检验室、办公室、洗手消毒室、厕所等非直接处理食品的区域。

3.6 危害分析关键控制点（HACCP）

生产（加工）安全食品的一种控制手段：对原料、关键生产工序及影响产品安全的人为因素进行分析；确定加工过程中的关键环节，建立、完善监控程序和监控标准，采取规范的纠正措施。

4 厂区环境

4.1 工厂应建在交通方便、有充足水源的地区。厂区不得设于受污染河流的下游；厂区周围不得有粉尘、有害气体、放射性物质和其他扩散性污染源；不得有昆虫大量孳生的潜在场所等易遭受污染的情形。

4.2 厂区内任何设施、设备等应易于维护、清洁，不得成为周围环境的污染源；不得有有毒有害气体、不良气味、粉尘及其他污染物泄漏等有碍卫生的情形发生。

4.3 厂区及临近区域的空地、道路应铺设混凝土、沥青或其他硬质材料或绿化，防止尘土飞扬、积水。

4.4 厂区应合理布局，各功能区划分明显并有隔离措施；易产生污染的设施应处于全年最小频率风向的上风侧；焚化炉、锅炉、废水处理站、污物处理场均应与生产车间、仓库、供水设施有一定的距离并采取防护措施。

4.5 厂区内禁止饲养动物。

4.6 厂区四周应有适当防范外来污染源、有害动物侵入的设施，如设置围墙，其距离地面至少 30 cm 以下部分应采用坚固的密闭性材料建造。

5 厂房及设施

5.1 设计

5.1.1 凡新建、扩建、改建的工程项目（乳制品厂、车间等）有关食品卫生部分均应按本规范和 GB 14881 的规定进行设计和施工。

5.1.2 要将选址情况及其他有关材料（总平面布置图、平面图、剖面图、立面图，原材料、半成品、成品的质量和卫生标准，生产工艺流程等）报本地区卫生行政部门审查、备案。

5.2 车间设置与布局

5.2.1 车间设置应包括生产车间和辅助车间，生产车间包括收乳间、原料预处理车间、加工制作车间、半成品贮存及成品包装车间等。辅助车间应包括检验室、原料仓库、材料仓库、成品仓库、更衣室及洗手消毒室、厕所和其他为生产服务所设置的必须场所。

5.2.2 车间设置应按生产工艺流程需要及卫生要求，有序而整齐地布局。

5.2.3 更衣室及洗手消毒室应与加工车间相连接，并设置在员工进入加工车间的入口处。

5.3 车间隔离

车间隔离应根据生产工艺流程、生产操作需要和生产操作区域清洁度的要求进行隔离，以防止相互污染。

5.4 屋顶

5.4.1 加工、包装、储存等场所的室内屋顶应易于清扫，防止灰尘积聚，避免结露、长霉或脱落等情形发生。清洁作业区、准清洁作业区及其他食品暴露场所（收乳间除外）屋顶若为易于藏污纳垢的结构，应加设平滑易清扫的天花板；若为钢筋混凝土结构，其室内屋顶应平坦无缝隙，顶角应有适当的弧度。屋顶应配有排水道。

5.4.2 平顶式屋顶或天花板应使用无毒、无异味的白色或浅色防水材料建造，若喷涂油漆应使用防霉、不易脱落且易于清洗的漆料。

5.4.3 蒸汽、水、电等配管不得设置于食品暴露的正上方，否则应安装防止灰尘及凝结水掉落的设施。

5.5 墙壁与门窗

5.5.1 生产车间墙壁应采用无毒、无异味、平滑、不透水、易清洗的浅色防腐材料构造。其墙角及柱角（墙壁与墙壁间、墙壁及柱与地面间、墙壁及柱与天花板间）应具有一定的弧度，曲率半径应在 3 cm 以上，以便于清洗消毒。

5.5.2 生产车间和贮存场所的门、窗应装配严密，并宜设有易于拆下清洗不生锈的纱窗、纱网；窗户不宜设窗台，若有窗台则应高于地面 1 m 以上，且台面应向内侧倾斜 45°。

5.5.3 清洁作业区、准清洁作业区的对外出入口应装设能自动关闭的门和（或）空气幕。在生产车间和贮存场所宜设捕虫灯，防止或排除有害昆虫。

5.6 地面与排水

5.6.1 地面应用无毒、无异味、不透水的材料建造，且须平坦防滑，无裂缝及易于清洗消毒。

5.6.2 作业中有排水或废水流至地面、作业环境经常潮湿或水洗方式清洗作业等区域的地面宜能耐酸耐碱，并应有一定的排水坡度（不小于1.5%）及排水系统。

5.6.3 排水系统应有坡度、保持通畅、便于清洗，排水沟的侧面和底面接合处应有一定弧度，曲率半径应不小于3 cm。

5.6.4 排水系统入口应安装带水封的地漏，以防止固体废弃物流入及浊气逸出。

5.6.5 排水系统内及下方不得有其他管路。

5.6.6 排水出口应有防止有害动物侵入的装置。

5.6.7 室内排水的流向应由高清洁区流向一般清洁区，并有防止废水逆流的设计。

5.6.8 废水应排至废水处理系统或经其他适当方式处理。

5.7 供水设施

5.7.1 应能保证工厂各部所用水的水质、压力、水量等符合生产需要。

5.7.2 储水池（塔、槽）、与水直接接触的供水管道、器具等应采用无毒、无异味、防腐的材料构造。

5.7.3 供水设施出入口应增设安全卫生设施，防止有害动物及其他有害物质进入导致食品污染。

5.7.4 自备水源选址应距污染源（化粪池、垃圾存放场所）30 m以上，且应设置卫生防护带并有专人负责。

5.7.5 使用自备水源，应根据当地水质特点增设水质净化设施（如沉淀、过滤、除铁、除锰、除氟、消毒等），保证水质符合GB 5749的规定。

5.7.6 不与食品接触的非饮用水（如冷却水，污水或废水等）的管道系统与食品制造用水的管道系统之间应以颜色明显区分，并以完全分离的管路输送，不得有逆流或相互交接现象。

5.8 照明设施

5.8.1 厂房内应有充足的自然采光或人工照明，车间采光系数不应低于标准Ⅳ级，质量监控场所工作面的混合照度不应低于540 lx，加工场所工作面不应低于220lx，其他场所不应低于110lx。光源应不至于改变食品的颜色。

5.8.2 照明设施不应安装在食品暴露的正上方，否则应使用安全型照明设施，以防止破裂时污染食品。

5.9 通风设施

5.9.1 清洁作业区应安装空气调节设施，以防止室内温度过高、蒸汽凝结并保持室内空气新鲜；一般生产车间应安装通风设施，及时排除潮湿和污浊的空气。厂房内的空气调节、进排气或使用风扇时，其空气流向应由高清洁区流向低清洁区，防止食品、生产设备及内包装材料遭受污染。

5.9.2 在有臭味及气体（蒸汽及有毒有害气体）或粉尘产生而有可能污染食品之处，应当有适当的排除、收集或控制装置。

5.9.3 排气口应装有易清洗、耐腐蚀的网罩，防止有害动物侵入；进气口必须距地面2 m以上，远离污染源和排气口，并设有空气过滤设备。通风排气装置应易于拆卸清洗、维修或更换。

5.10 洗手设施

5.10.1 应在适当而方便的地点（如车间对外总出入口、厕所、加工场所内）设置足够数目的洗手及干手设备。清洁作业区及准清洁作业区对外总出入口处应设置独立的洗手消毒室。

5.10.2 洗手消毒室内应设足够数目的洗手及干手设备，并应设置鞋靴消毒池或同等功能的清洁鞋底设施或其他有效的保洁措施（设置鞋靴消毒池时，若使用氯化物消毒剂，其余氯浓度应保持在200 mg/kg以上），需保持干燥的清洁作业场所应设置换鞋设施。

5.10.3 洗手设施的排水应具有防止逆流、有害动物侵入及臭味产生的装置。在洗手设施附近应备有液体清洁消毒剂及简明易懂的洗手方法标示。

5.10.4 洗手台应采用不锈钢或陶瓷等不透水材料构造，其设计和构造应不易藏污纳垢且易于清洗消毒。

5.10.5 水龙头宜采用脚踏式、肘动式或感应式等非手动式开关。其附近应有足够数目的感应式干手设施。

5.11 更衣室

5.11.1 更衣室应设在车间入口处，并独立隔间。更衣室应男女分设，并与洗手消毒室相邻。更衣室内应有适当的照明且通风良好。

5.11.2 更衣室应有足够大小的空间，以便员工更衣之用。应按员工人数设足更衣柜、鞋柜及可照全身的更衣镜。

5.12 厕所

5.12.1 为车间员工提供的厕所宜与车间主体相连接，且应设洗手消毒室，使厕所与车间相隔离，其外门不得朝向清洁作业区、准清洁作业区。

5.12.2 厕所的外门应能自动关闭（至少应采用常闭式弹簧自由门），且不得正对食品加工区、存放区。但如有缓冲设施及排风设施（有效控制空气流向）能有效防止污染者不在此限。

5.12.3 厕所地面、墙壁、便槽等应采用不透水、易清洗、不积垢且其表面可进行清洗消毒的材料构造。厕所应采用冲水式，其数量应足以供员工使用。

5.12.4 厕所洗手设施的设置应符合5.10的规定，且应设在其出口附近。

5.12.5 厕所应设有效排气（臭）装置，并有适当照明，门窗应设置不锈钢或其他严密坚固、易于清洁的纱门及纱窗。

5.12.6 厕所排污管道应与车间排水管道分设，且应有可靠的防臭气水封。

5.13 仓库

5.13.1 应依据原辅料、材料、半成品、成品等性质的不同分设储存场所，必要时应设有冷（冻）藏库。

5.13.2 原材料仓库及成品仓库应独立分开设置，同一仓库储存性质不同物品时，应适当隔离（如分类分架存放）。

5.13.3 仓库构造应能使储存保管中的原料、半成品、成品的品质劣化程度减低，并有防止污染的构造，且应以无毒、坚固的材料建成，其大小应足以使作业顺畅进行并易于维持整洁，并应有防止有害动物侵入的装置（如库门口应设防鼠板或防鼠沟）。

5.13.4 仓库应设置数量足够的栈板（物品存放架），并使储藏物品距离墙壁、地面均在 20 cm 以上，以利空气流通及物品的搬运。

5.13.5 冷（冻）藏库，应装设可正确指示库内温度的温度计、温度测定器或温度自动记录仪，并应装设自动控制器或可警示温度异常变动的自动报警器。

6 设备

6.1 设计

6.1.1 所有机械设备的设计和构造应有利于保证食品卫生，易于清洗消毒，并容易检查。应有使用时可避免润滑油、金属碎屑、污水或其他可能引起污染的物质混入食品的构造。

6.1.2 食品接触面应平滑、无凹陷或裂缝，以减少食品碎屑、污垢及有机物的聚积，使微生物的生长减至最低程度。

6.1.3 设计应简单，且为易排水、易于保持干燥的构造。

6.1.4 储存、运输及加工系统（包括重力、气动、密闭及自动系统）的设计与制造应易于使其维持良好的卫生状况。

6.1.5 在食品加工或处理区，不与食品接触的设备与用具，其构造也应能易于保持清洁状态。

6.1.6 工厂内的所有物料贮存设备，如贮奶缸、配料缸等均应装有顶盖，生产和原料包装材料贮存区以外应有指定的存放设备备件的备品架，并易于保持清洁干燥，以便各种工具使用后能及时放回指定位置。

6.1.7 清洗消毒设备和乳管路宜采用就地清洗（CIP）系统。

6.2 材质

6.2.1 所有用于食品处理区及可能接触食品的设备与用具，应由无毒、无臭味或异味、非吸收性、耐腐蚀且可承受重复清洗和消毒的材料制造，同时应避免使用会发生接触腐蚀的不当材料。

6.2.2 产品接触面不可使用木质材料。

6.3 生产设备

6.3.1 排列应有序，使生产作业顺畅进行并避免引起交叉污染，而各个设备的能力应能相互配合。

6.3.2 用于测定、控制或记录的测量器和记录仪，应能充分发挥其功能且必须准确，并定期校正。

6.3.3 用于食品、清洁食品接触面或设备的压缩空气或其他气体应经过滤净化处理，以防止造成间接污染。

6.3.4 收乳及储乳设备应包括计量设备、乳桶和奶槽车等贮乳设备及洗涤杀菌设备、过滤器或净乳机、冷却设备、有绝热层的储乳罐、原料乳检验设备、制冷设备等。

6.3.5 预处理设备应包括混合调配设备（原料调配罐、标准化调配罐）、均质机、过滤器或净乳机、热交换器（杀菌器）等。

6.3.6 鲜乳及再制乳加工设备应包括预处理设备、乳液储存设备、洗瓶机及装瓶机（限于玻璃瓶）或自动纸器包装机或塑料薄膜包装机、日期打（喷）印机、清洗设备、成品冷藏库等。

6.3.7 发酵乳加工设备应包括预处理设备、菌种培养设备、搅拌器（混合机）、发酵液储存罐、发酵液稀释罐、洗瓶机（限于玻璃瓶）、检瓶机（限于玻璃瓶）、灌装机、日期打（喷）印机、培养室、冷藏库等。

6.3.8 炼乳加工设备应包括预处理设备、浓缩设备、空罐清洗消毒设备、包装机、高压灭菌机、冷却设备、结晶设备（甜炼乳）等。

6.3.9 乳粉加工设备应包括预处理设备、浓缩设备、喷雾干燥系统、粉体冷却设备（流化床）、筛粉机、乳粉储槽或粉仓-贮粉设备、添加物混合设备、空罐杀菌机、乳粉包装机等。

6.3.10 奶油加工设备应包括原料乳储罐、奶油分离机、杀菌机、稀奶油储罐、酪乳储罐、奶油泵、奶油包装机以及根据实际生产增加相应设备，如稀奶油成熟罐、连续奶油加工机等。

6.3.11 干酪生产设备应包括预处理设备、干酪槽或凝乳槽、干酪盐水槽、压滤槽车、干酪加热成型机、发酵室、熔化锅、切割机、包装机等。

6.3.12 CIP 设备应包括清洗液储罐、喷洗头、清洗液输送泵及管路管件、程序控制装置等。

6.3.13 其他乳制品的加工应有必要的专业生产设备。

6.4 品质管理设备

6.4.1 应依原材料、半成品及产品检验的需要配置适当的检验仪器、设备。

6.4.2 必要的基本设备包括分析天平（精确度万分之一）、乳制品专用 pH 计、乳比重计、脂肪测定用离心分离机（或脂肪测定仪）、微生物检验设备、蛋白质测定设备、实验台及实验架、试剂柜、通风橱、供水及洗涤设备，电热、恒温及干燥设备、杂质板过滤机、放大镜、显微镜、紫外线灯（254nm）等。

6.4.3 专业检验设备宜包括灰化炉（炼乳、奶粉）、粘度计（炼乳）、残存氧测定器（乳粉）、手持折光仪、分光光度计等。

6.4.4 工厂应有足够的供风设备，以保证干燥、输送、冷却和吹扫等工序的正常用风。关键工序和接触乳制品表面的压缩空气应采取措施滤除油分、水分、灰尘、微生物、昆虫和其他杂物。

6.4.5 工厂应有足够的检验设备供例行的质量检验和

原料、半成品及成品的卫生质量检验所需。必要时可委托具权威性的研究和检验机构代为检验本身无法检测的项目。

7 机构与人员

7.1 机构与职责

7.1.1 生产管理、品质管理、卫生管理及其他各部门或组织均应设置负责人。生产负责人专门负责原料处理、加工及成品包装等与生产有关的管理工作。品质管理负责人专门负责原材料、包装材料、加工过程中及成品质量控制标准的制定、抽样检验及品质追踪等与品质管理有关的工作。卫生管理负责人负责各项卫生管理制度的制修订，厂内外环境及厂房设施卫生、生产及清洗等作业卫生、人员卫生，组织卫生培训与从业人员健康检查等。

7.1.2 应建立一级（直属企业最高领导）品质管理机构，对工厂监管负全面管理职责。

7.1.3 品质管理部门应有充分权限以执行品质管理职责，其负责人应有停止生产或出货的权力。

7.1.4 品质管理部门应设置食品检验人员负责食品一般质量与卫生质量的检验分析工作。

7.1.5 应成立卫生管理组织，由卫生管理负责人及生产、品质管理等部门负责人组成，负责规划、审议、监督、考核全厂卫生事宜。

7.1.6 卫生管理组织应配备经专业培训的专职或兼职的食品卫生管理人员；宣传贯彻食品卫生法规及有关规章制度，负责督查执行的情况并做好有关记录。

7.1.7 卫生管理组织及各部门负责人应忠于职守、以身作则并监督和教育员工严格按既定的作业程序与规定作业。

7.1.8 生产负责人与品质管理负责人不得相互兼任。

7.2 人员与资格

7.2.1 生产管理、品质管理、卫生管理负责人应具备大专以上相关专业学历或中专相关专业学历并具备4年以上直接或相关管理经验。

7.2.2 生产负责人应具有相应的加工技术、经验与卫生知识。

7.2.3 负责品质管理的人员应具有发现、鉴别各生产环节、制品中不良状况发生的能力，并能胜任工作。

7.2.4 食品检验人员应为大专以上相关专业学历，或者中专学校毕业从事食品检验工作两年以上或经省级以上（包括省级）行政主管部门认可的权威技术部门专业培训后取得相关专业检验资格者。

7.2.5 工厂应有足够的品质管理及检验人员，能做到每批产品检验。

7.2.6 专职卫生管理人员应具备卫生或相关专业大专以上学历或同等学历；兼职卫生管理人员应具备卫生或相关专业中专以上学历或同等学历。

7.3 教育与培训

7.3.1 工厂应制定培训计划，组织各部门负责人和从业人员参加各种职前、在职培训和有关食品GMP及HACCP的学习，以增加员工的相关知识与技能。

7.3.2 卫生培训和教育按8.7.1和8.7.2的规定执行。

8 卫生管理

8.1 卫生制度

8.1.1 工厂应制定卫生管理制度及考核标准，作为卫生管理与考评的依据，其内容应包括本章各条的规定。

8.1.2 卫生管理应落实到人实行岗位责任制。

8.1.3 应制定卫生检查计划，规定检查时间、检查项目及考核标准。每次检查要求有完整的检查记录及考评结果记录并存档。

8.1.4 对未能履行卫生职责的人员，应依据卫生管理岗位责任制进行处理。

8.2 环境卫生管理

8.2.1 厂区内及邻近厂区的道路、庭院，应保持清洁。厂区内道路、地面应保持良好状态，无破损，不积水，不起尘埃。

8.2.2 厂区内草木要定期修剪，保持环境整洁；禁止堆放杂物及不必要的器材，以防止有害动物孳生。

8.2.3 排水系统应保持通畅，不得有污泥蓄积，废弃物应做妥善处理。

8.2.4 应避免有害（有毒）气体、废水、废弃物、噪声等的产生，防止污染周围环境。

8.2.5 应在远离乳制品加工间的适当地点设置废弃物临时存放设施，并依废弃物特性分类存放，易腐败的废弃物至少应每天清除1次，清除后的容器应及时清洗消毒。

8.2.6 废弃物放置场所不得有不良气味或有害（有毒）气体溢出，应防止有害动物的孳生，防止污染食品、食品接触面、水源及地面。

8.2.7 乳制品生产场所不得储存或放置有毒物质；不得堆放非即将使用的原料、内包装材料或其他无关物品。

8.2.8 乳制品生产车间应当保持空气的清洁，防止污染食品，按GB/T 18204.1中的自然沉降法测定，各生产作业区空气中的菌落总数应控制在表1规定之内：

表1

作 业 区		每平皿菌落数/（cfu/皿）
清洁作业区	≤	30
准清洁作业区	≤	50

8.3 厂房设施卫生管理

8.3.1 应建立厂房设施维修保养制度，并按规定对厂房设施进行维护与保养或检修，使其保持良好的卫生状况。

8.3.2 厂房内各项设施应随时保持清洁和及时维修或更新，厂房屋顶、天花板及墙壁有破损时，应立即修补，地面不得有破损或积水。

8.3.3 收乳间、原料预处理车间、加工车间、厕所等

(包括地面、水沟、墙壁等)，每天开工前及下班后应及时清洗，必要时予以消毒。

8.3.4 灯具及配管等外表，应定期清扫或清洗。工作人员应随时整理自己工作环境，保持整洁。

8.3.5 冷（冻）藏库内应经常清理，保持清洁，避免地面积水，并定期进行消毒处理。应定时测量记录冷（冻）藏库内的温度或设自动记录装置。

8.3.6 厂房内若发现有害动物存在时，应追查和杜绝其来源，但其扑灭方法应以不污染食品、食品接触面及包装材料为原则（如尽量避免使用杀虫剂等）。

8.3.7 原料处理、加工、包装、储存食品等场所内，应在适当地点设有不透水、易清洗消毒（一次性使用者除外)、可密盖（封）的存放废弃物的容器，并定时（至少每天1次）搬离厂房。反复使用的容器在丢弃内容物后，应立即清洗消毒。处理废弃物的设备应于停止运转时立即清洗消毒。

8.3.8 加工作业场所不得堆置非即将使用的原料、内包装材料或其他不必要物品，严禁存放有毒、有害物品。

8.4 机械设备卫生管理

8.4.1 用于加工、包装、储运等的设备及工器具、生产用管道，应定期清洗消毒。消毒方式宜采用CIP方法。清洗消毒作业时应注意防止污染食品，食品接触面及内包装材料。

8.4.2 所有食品接触面，包括用具及设备与食品接触的表面，应尽可能时常予以消毒，消毒后要彻底清洗（热力消毒除外)，以免残留的消毒剂污染食品。

8.4.3 生产结束后，对使用过的设备及用具等应进行彻底地清洗消毒，必要时在开始生产前再清洗1次。

8.4.4 已清洗和消毒过的可移动设备和用具，应放在能防止其食品接触面再受污染的适当场所，并保持适用状态。

8.4.5 与食品接触的设备及用具的清洗用水，应符合GB 5749的规定。

8.4.6 用于加工乳制品的机械设备及场所不得作其他与乳制品加工无关的用途。

8.5 辅助设施卫生管理

8.5.1 供水站

8.5.1.1 应由中专以上并经培训考核合格的专业人员进行专职管理。

8.5.1.2 应制定详细的操作规程及管理制度，要有严格系统的水质检验、系统维修与保养记录，主管人员应定期检查考核，至少每季度1次。

8.5.1.3 所有设备应经常维修保养，保持良好卫生状况，使用的工具必须符合卫生要求，消毒剂等必须妥善贮藏，严格登记使用，账物相符；其他与水质处理无关的杂物不得放置在站内。

8.5.1.4 应对贮水槽（塔、池）定期（至少每季度1次）清洗、消毒；并随时检查水质，确保生产用水的水质应符合GB 5749的规定。

8.5.1.5 闲杂人员不得入内；平时各种检修口、门窗必须盖好、关好。

8.5.2 锅炉房

8.5.2.1 锅炉操作人员上岗前必须经过培训，考核合格后上岗。

8.5.2.2 必须严格按劳动部门的要求对锅炉进行安全操作与维修、保养。用于炉内水处理的药品应无毒并严格控制使用量，定期排污（有排污记录)，以防止蒸汽品质劣化。

8.5.2.3 必须对锅炉排烟进行监控，其排放应符合GB 13271的规定。对排烟管道等定期进行清理，防止对厂区环境造成的污染。

8.5.2.4 锅炉用水若采用化学方法除氧、除硬，则应注意脱氧剂、清垢剂对蒸汽品质的影响，以防最终导致食品污染。

8.6 清洗和消毒管理

8.6.1 应制定有效的清洗和消毒方法及制度，以保证全厂所有车间和场所清洁卫生，防止食品污染。

8.6.2 在清洁作业区、准清洁作业区，应定期进行空气消毒。

8.6.3 清洗消毒的方法必须安全、卫生，防止人体和食品受到污染。使用的消毒剂、洗消剂必须经卫生行政部门批准。

8.6.4 用于清扫、清洗和消毒的设备、用具应放置在专用场所妥善保管。

8.7 人员卫生管理

8.7.1 应对新参加工作及临时参加工作的人员进行卫生知识培训，取得培训合格证书后方可上岗工作。在职员工应定期（至少每年一次）进行个人卫生及乳制品加工卫生等方面的培训。

8.7.2 应定期对全厂员工进行《中华人民共和国食品卫生法》、本规范及其他相关卫生法规的宣传教育。要有教育计划和考核标准。做到卫生教育培训制度化和规范化。

8.7.3 乳制品加工人员必须保持良好的个人卫生，应勤理发、勤剪指甲、勤洗澡、勤换衣。

8.7.4 进入生产车间前，必须穿戴好整洁的工作服、工作帽、工作鞋靴。工作服应盖住外衣，头发不得露出帽外，必要时需戴口罩。

8.7.5 不得穿工作服、鞋进入厕所或离开生产加工场所。

8.7.6 操作时手部应保持清洁。上岗前应洗手消毒，操作期间要勤洗手。

8.7.7 有下述情况之一时，必须洗手消毒，工厂应有监督措施：上厕所以后；处理被污染的原料、物品之后；从事与生产无关的其他活动之后。

8.7.8 与乳制品直接接触的人员，不得涂指甲油，不得佩戴手表及饰物。

8.7.9 有皮肤切口或伤口的工人，不得继续从事直接接触乳制品的工作。

8.7.10 工作中不得吸烟、吃食物或做其他有碍乳制品卫生的活动。

8.7.11 个人衣物应储存在更衣室个人专用的更衣柜内，个人用其他物品不得带入生产车间。

8.7.12 无关人员不得进入生产场所。参观、来访者，应符合现场操作人员卫生要求。

8.8 健康管理

健康管理按 GB 14881 有关规定执行。

8.9 除虫、灭害管理

除虫、灭害管理按 GB 14881 有关规定执行。

8.10 有毒有害物管理

有毒有害物的管理按 GB 14881 有关规定执行。

8.11 污水、污物管理

8.11.1 污水排放应符合 GB 8978 的要求，不符合标准者应采取净化措施，达标后排放。

8.11.2 污物管理按 GB 14881 有关规定执行。

8.12 卫生设施管理

卫生设施管理按 GB 14881 有关规定执行。

8.13 工作服管理

工作服管理按 GB 14881 有关规定执行。

9 生产过程管理

9.1 生产操作规程的制定与执行

9.1.1 工厂应制定《生产操作规程》（以下简称《规程》，由生产部门负责，同时需征得品质管理部门及相关部门或组织的认可。

9.1.2 《规程》中应详细制定（规定）标准生产操作程序、生产过程管理点控制方法与标准（至少应包括生产工艺流程、控制点或控制对象、控制项目、控制标准或控制目标、控制措施及注意事项）及机械设备操作与维护标准。

9.2 原材料处理

9.2.1 投入生产的原料乳及相关的原、辅材料应符合《质量管理手册》的规定和相应标准的要求。来自厂内外的半成品当作原料使用时，其原料、生产环境、生产过程及品质控制等仍应符合有关良好操作规范的要求。

9.2.2 原料使用前应加以目视检查，必要时进行挑选，去除不符合要求的部分及外来杂物。

9.2.3 合格与不合格原料应分别存放，并有明确醒目的标识。

9.2.4 原料及配料的保管应避免污染及损坏，并将品质的劣化减至最低程度，需冷冻的应保持在－18℃以下，冷藏的宜在 7℃以下。

9.2.5 外包装有破损的原料应单独存放，标明原因并在检验通过后方可使用。

9.2.6 可重复使用（如返工料）或继续使用的物料应保存在清洁、可封闭的容器中，并在容器外标有明确的标识。

9.2.7 冷冻原料解冻时应在能防止劣化的条件下进行。

9.3 生产作业管理

9.3.1 生产作业应符合安全卫生原则，并应在尽可能减低微生物的生长及食品污染的控制条件下进行。达到此要求的途径之一是采取严格控制物理因子（如时间、温度、水活性、pH 值、压力、流速等，其具体控制标准由品质管理部门制定）及操作过程（如冷冻、脱水、热处理、酸化及冷藏等）等控制措施，以确保不致因机械故障、时间延滞、温度变化及其他因素使乳制品腐败或遭受污染。

9.3.2 易腐败变质的乳制品，应在符合《规程》或有关标准规定的条件下存放。

9.3.2.1 冷藏乳制品中心温度应保持在 7℃以下，冻结点以上。

9.3.2.2 冷冻乳制品应保持适当的冻结状态，成品中心温度应保持在－18℃以下。

9.3.2.3 酸性或酸化乳制品若在密闭容器中室温保存，应经适当加热，以杀灭中温微生物。

9.3.3 用于杀灭或防止有害微生物的方法，如杀菌、照射、低温消毒、冷冻、冷藏、控制 pH 或水活性等，应适当并足以保证乳制品在加工及储运过程中的质量。

9.3.4 应采取有效措施，以防止食品加工中或储存中被原料或废料等污染。

9.3.5 用于输送、装载或储存原料、半成品、成品的设备、容器及用具，其操作、使用与维护，应避免对加工或储存中的食品造成污染。与原料或污染物接触过的设备、容器及用具，除非经彻底清洗和消毒，否则不可用于处理食品成品。所有盛放加工中食品的容器不可直接放在地面或已被污染的潮湿表面上，以防溅水污染或由容器底外面污染所引起的间接污染。

9.3.6 加工中与食品直接接触的冰块，其用水应符合 GB 5749 的规定，并在卫生条件下制成。

9.3.7 应采取有效措施（如筛网、捕集器、磁铁、电子金属检查器等）防止金属或其他外来杂物混入乳制品中。

9.3.8 需做杀菌处理的食品，应严格控制杀菌温度（尤其是设备进出口部位的温度）和时间并快速冷却，迅速移至下一工段，同时定期清洗该设备，防止耐热性细菌的生长与污染，使其污染降至最低程度，已杀菌食品在装填前若需冷却，其冷却水应符合 GB 5749 的规定。

9.3.9 依赖控制水活性来防止有害微生物生长的乳制品（如奶粉），应加工处理至安全水分含量之内（水活性控制标准）并保持之。其有效控制措施如下：调整其水活性；控制成品中可溶性固形物与水的比例；使用防水包装或其他方法，防止成品吸收水分，使水活性不致超过控制标准。

9.3.10 依赖控制 pH 值防止有害微生物生长的乳制品，应调节并维持在 pH4.6 以下。

9.3.11 内包装材料应是在正常储运、销售中能适当保护食品，不至于有害物质移入食品，并符合卫生标准。

使用过的不得再用，但玻璃瓶及不锈钢容器等不在此限，使用前应彻底清洗消毒、再洗净和检查。

9.3.12 生产过程中应避免大面积冲洗工作，必要时也尽可能放低喷头近距离冲洗，以减少水滴四溅，保持周围环境干燥。

9.3.13 不应在生产过程中进行电焊、切割、打磨等工作，以免产生异味、碎屑污染。

9.4 设备的保养和维修

应加强设备的日常维护和保养，保持设备清洁、卫生；严格执行正确的操作程序；出现故障及时排除，防止影响产品卫生质量的情形发生。每次生产前应检查设备是否处于正常状态，能否进行正常运转；所有生产设备应进行定期的检修并做好记录。

10 品质管理

10.1 品质管理手册的制定与执行

10.1.1 工厂应制定《品质管理手册》（以下简称《手册》），由品质管理部门负责，经生产部门认可后严格遵照执行，以确保生产的乳制品符合《手册》规定标准。实际作业如与《手册》的规定不符，应加以记录并做适当的处理。

《手册》应包括本标准10.2、10.3、10.4的规定及下列内容：

a）原材料、半成品及成品的采样方法；

b）采样场所注意事项；

c）检验计划实施过程中的有关事项；

d）检验结果的判定；

e）品质管理部门根据判定结果，对生产部门、仓管部门通报的有关事项；

f）样品的储存；

g）检验设备点检有关事项；

h）保存实验检验方法、样品的有关事项；

i）有必要重新化验时取样的有关事项。

10.1.2 检验所用的方法若采用修改过的简便方法，则应定期与标准方法核对。

10.1.3 计量管理

10.1.3.1 计量设备应设专人管理。有条件的单位可设立计量室，负责计量设备的管理，包括日常校准、保养维修、登记等工作。

10.1.3.2 生产中所用计量器（如温度计、压力计、称量器等）应定期校正，并作记录。与乳制品的安全卫生有密切关系的加热杀菌设备所装的温度计与压力计应至少每年委托国家认可的计量单位校正1次。

10.1.4 品质管理记录应以适当的统计方法处理，以提供正确的判断依据。

10.1.5 工厂应对GMP有关管理措施建立有效的内部监督检查制度，严格执行并做记录。

10.2 原材料的品质管理

10.2.1 《手册》中应详细制定原材料的品质规格、检验项目、验收标准及检验方法，制定过磅、取样、检验、判定、审核、处理、领用等作业程序，并切实执行。

10.2.2 每批原料及包装材料需经查验合格后方可进厂使用，进货时应要求供应商提供检验合格证或化验单。

10.2.3 经判定拒收的原材料应予以标示（不合格或禁用）并分别存放。

10.2.4 经判定合格的原材料，应遵照“先进先出”的原则。

10.2.5 原材料进厂应根据生产日期、车别或供应商的编号等编订批号，该批号一直沿用至生产记录表，以便于追查。

10.2.6 包装容器经抽样程序被破坏的原材料，应立即做适当的处理，以防变质。

10.2.7 对储存时间较长，品质有可能发生变化的原材料，应定期抽样确认品质。

10.2.8 因品质保存需要，须有特别储存条件者，对其储存条件应能控制并做记录。

10.2.9 对原料乳应做如下的卫生检查。

10.2.9.1 新鲜度检查：酸度检查（乳酸表示法）、活菌数检查（如美蓝细菌检查）、酒精试验等。

10.2.9.2 特殊成分的检查：抗生素检查、防腐剂检查及掺假鉴别检验等。

10.2.10 原料可能含有农药、重金属或霉菌毒素时，应确认其含量符合国家标准后方可使用。判定其含量是否符合标准，应依据供应商提供的检验合格证或化验单及抽样检查的结果。

10.2.11 食品添加剂应设专库或专柜存放，由专人负责管理，注意正确的领料方法及有效期限等，并用专册登记使用的种类、进货量及使用量等。其使用应符合GB 2760的规定。

10.3 加工中的品质管理

10.3.1 工厂宜采用HACCP方法管理，并依据危害性分析与危险性评价结果，找出关键控制点，并制定控制标准与控制措施以及一旦偏离控制标准时应采取的纠正措施。《手册》中应详细制定控制点的检验项目、检验标准、抽样及检验方法等并严格执行。

10.3.2 严格执行生产操作规程，其配方及工艺条件非经核准不得随意更改。

10.3.3 为掌握每一步生产过程的质量及方便以后追查，工厂应于生产过程中的控制点抽检半成品，督查记录情况，制作品质记录表及生产表等管理报表。

10.3.4 最终半成品应逐批分析品质，确认其质量合格后方可充填包装制成成品。

10.3.5 每天对包装后的第一个成品及其他抽样成品做微生物（菌落总数、大肠菌群）检查，必要时做霉菌、酵母检查，确认清洗消毒作业是否正确、彻底。

10.4 成品的品质管理

10.4.1 《手册》中应详细制定成品的品质规格、检验项目、检验标准、抽样及检验方法。品质规格的下限不得低于国家标准，检验方法原则上应以国家标准方法为准，如用非国家标准方法时应定期与标准方法核对。

10.4.2 成品应逐批抽取代表性样品，实施下列查验分析项目：理化检验、微生物检验、感官检查、外包装检查等。

10.4.3 分析结果应填写“成品质量检验记录表”，结合“生产记录”来判定成品是否合格，同时作为核准出库的依据。

10.4.4 成品入库后应注意成品仓库储存条件的管理与记录。

10.4.5 成品出库时应注意：检查生产日期及保质期、对外观品质再做检查、禁止运输中无法维持成品品质的车辆出货等。

10.4.6 成品应做稳定性分析

10.4.6.1 保温检查：非日配乳类制品，应抽取代表性样品于37℃保温7 d（炼乳14 d）后做感官检查、理化检验，必要时做微生物检验。

10.4.6.2 保存检验：每批成品应留样保存，并将抽取的代表性样品储存于该类产品的正常保存条件下至保质期满后两个月为止，以供必要的品质测定及产生质量纠纷时之用。

10.5 贮存与运输的管理

10.5.1 储运方式及环境应避免日光直射、雨淋、激烈的温度、湿度变动和撞击等，以防止乳制品的成分、含量、品质及纯度受到不良的影响。

10.5.2 仓库应经常整理，储存物品不得直接放置在地面上。如需低温储运者，应有低温储运设备。

10.5.3 仓库中的物品应定期检查，如有异常应及时处理，并应有温度记录（必要时有湿度记录）。包装破损或经长时间储存品质有较大劣化的可能者，应重新检验，确保其品质处于良好状态。

10.5.4 有造成污染原料、半成品或成品的可能的物品禁止与原料、半成品或成品一起储运。

10.5.5 仓库出货顺序，应按先进先出的原则。

10.5.6 运输工具应符合无污染、无虫害、无异味等卫生要求。进货用的容器、车辆等运输工具应检查，防雨、防晒覆盖物不得随便丢在库内、外，以免造成原料或厂区的污染。各种运输车辆一律严禁进入成品库内。

10.5.7 经检验合格包装的成品位贮存于成品库，其容量应与生产能力相适应。库内严禁堆放不合格产品。合格成品应按品种、批次分类存放，并有明显标志。成品库不得贮存有毒、有害物品或其他易腐、易燃品以及可能引起串味的物品。

10.5.8 物品的仓储应有存量记录，成品出厂应作出货记录，内容应包括批号、出货时间、地点、对象、数量等，以便发现问题时，可迅速收回。

10.6 成品售后管理

10.6.1 应建立成品售后管理制度。对顾客提出的书面或口头意见、投诉，品质管理部门（必要时，协调其他有关部门）应立即追查原因，妥善处理。

10.6.2 成品收回

工厂应建立能迅速收回出厂成品的成品收回机制，内容包括收回判定、收回产品的鉴定、收回产品的处理、防止不合格再度发生的措施等。

10.6.3 顾客意见处理与成品收回记录

顾客意见（包括书面或口头意见、投诉）及收回的成品，应做记录，内容包括收回产品名称、批号及生产日期、数量和收回日期、收回理由、处理日期和最终处理方法等。

10.7 记录管理

10.7.1 记录

10.7.1.1 卫生管理负责人除记录定期检查结果外，还应填报卫生管理日志，内容包括当日执行的清洗消毒工作及人员卫生状况，并详细记录异常处理及防止再度发生的措施。

10.7.1.2 品质管理部门在原料、加工及成品中所实施的品质管理结果应详细记录，并和所定的目标值比较、核对，记录异常处理和防止再度发生的措施。

10.7.1.3 生产部门应填报生产记录及生产管理记录，详细记录异常处理结果及防止再度发生的措施。

10.7.1.4 各项记录均应由执行人员和有关督导人员复核签名或签章，记录内容如有修改，不能将原文涂掉以至无法辨认原文，且修改后应由修改人在修改文字附近签章。

10.7.2 记录核对

所有生产和品质管理记录应分别由生产和品质管理部门审核，以确定所有处理均符合规定，如发现异常现象，应立即处理。

10.7.3 记录保存

工厂对本规范所规定的有关记录，至少应保存至该批产品保质期后1个月。

11 标识

产品标识应符合GB 7718、GB 13432及国家其他有关法规的规定。

绿色食品　乳制品

NY/T 657－2002
代替 NY/T 279～284－1995

前　言

本标准代替NY/T 279—1995《绿色食品　消毒牛乳》、NY/T 280—1995《绿色食品　全脂加糖酸牛乳》、NY/T 281—1995《绿色食品　全脂无糖炼乳》、NY/T 282—1995《绿色食品　全脂加糖炼乳》、NY/T 283—1995《绿色食品　全脂乳粉》、NY/T 284—1995《绿色食品　全脂加糖乳粉》。

本标准由中国绿色食品发展中心提出并归口。

本标准起草单位：农业部食品质量监督检验测试中

心（上海）。

本标准主要起草人：郭本恒、钱莉、张春林、刘霄玲、郑隽、谢可杰。

本标准所代替标准的历次版本发布情况为：

——NY/T 279—1995、NY/T 280—1995、NY/T 281—1995、NY/T 282—1995、NY/T 283—1995、NY/T 284—1995。

绿色食品　乳制品

1　范围

本标准规定了绿色食品乳制品（液态乳、酸牛乳、炼乳、乳粉、奶油、干酪）的术语和定义、产品分类、技术要求、试验方法、检验规则和标签、标志、包装、运输、贮存。

本标准适用于申报和获得绿色食品标志的乳制品。

2　规范性引用文件

下列文件中的条款通过本标准的引用而成为本标准的条款。凡是注日期的引用文件，其随后所有的修改单（不包括勘误的内容）或修订版均不适用于本标准。然而，鼓励根据本标准达成协议的各方研究是否可使用这些文件的最新版本。凡是不注日期的引用文件，其最新版本适用于本标准。

GB/T 191　包装储运图示标志

GB 317　白砂糖

GB 2746　酸牛乳

GB 4789　食品卫生微生物学检验

GB/T 5009.11　食品中总砷的测定方法

GB/T 5009.12　食品中铅的测定方法

GB/T 5009.16　食品中锡的测定方法

GB/T 5009.19　食品中六六六、滴滴涕残留量的测定方法

GB/T 5009.20　食品中有机磷农药残留量的测定方法

GB/T 5009.24　食品中黄曲霉毒素 M_1 和 B_1 的测定方法

GB/T 5009.29　食品中山梨酸、苯甲酸的测定方法

GB 5408.1　巴氏杀菌乳

GB 5408.2　灭菌乳

GB 5410　全脂乳粉、脱脂乳粉、全脂加糖乳粉和调味乳粉

GB/T 5413.32　乳粉　硝酸盐、亚硝酸盐的测定

GB 5415　奶油

GB 5417　全脂无糖炼乳和全脂加糖炼乳

GB 7718　食品标签通用标准

GB 12693　乳品厂卫生规范

GB/T 14876　食品中甲胺磷和乙酰甲胺磷农药残留量的测定方法

GB 14880　食品营养强化剂使用卫生标准

GB/T 14929.4　食品中氯氰菊酯、氰戊菊酯和溴氰菊酯残留量测定方法

HF 1070　定量包装商品净含量计量检验规则

NY/T 391　绿色食品　产地环境技术条件

NY/T 392　绿色食品　食品添加剂使用准则

NY 478　软质干酪

NY/T 5045　无公害食品　生鲜牛乳

NY/T 5049　无公害食品　奶牛饲料管理准则

3　术语和定义

下列术语和定义适用于本标准。

3.1　绿色食品

遵循可持续发展原则，按照特定生产方式生产，经专门机构认定，许可使用绿色食品标志，无污染的安全、优质、营养类食品。

[NY/T 391—2000，定义 3.1]

3.2　绿色食品乳制品

获得绿色食品标志的乳制品。

4　产品分类

绿色食品乳制品按种类不同分为液态乳、酸牛乳、炼乳、乳粉、奶油、干酪六大类。

4.1　绿色食品液态乳按加工工艺的不同分为绿色食品巴氏杀菌乳和绿色食品灭菌乳。

4.2　绿色食品酸牛乳按加工工艺的不同分为绿色食品纯酸牛乳、绿色食品调味酸牛乳和绿色食品果料酸牛乳。

4.3　绿色食品炼乳按加工工艺的不同分为绿色食品全脂无糖炼乳和绿色食品全脂加糖炼乳。

4.4　绿色食品乳粉按加工工艺的不同分为绿色食品全脂乳粉、绿色食品全脂加糖乳粉、绿色食品脱脂乳粉和各种绿色食品配制乳粉。

5　技术要求

5.1　加工和原料的要求

5.1.1　加工环境的要求

绿色食品乳制品加工环境的要求，应符合 GB 12693 的要求。

5.1.2　加工原料的要求

5.1.2.1　用于生产绿色食品原料乳的牧场喂养管理应符合 NY/T 5049 的要求。

5.1.2.2　用于生产绿色食品乳制品的原料乳应符合 NY/T 5045 的要求。

5.1.2.3　白砂糖应符合 GB 317 优级品规定。

5.1.3　食品添加剂和食品营养强化剂

应符合 NY/T 392 和 GB 14880 的要求。

5.2　原料产地环境

应符合 NY/T 391 的要求。

5.3 感官要求

5.3.1 绿色食品液态乳的感官要求

应符合 GB 5408.1—1999 中 4.2 和 GB 5408.2—1999 中 4.2 的规定。

5.3.2 绿色食品酸牛乳的感官要求

应符合 GB 2746—1999 中 4.2 的规定。

5.3.3 绿色食品炼乳的感官要求

应符合 GB 5417—1999 中 4.2 的规定。

5.3.4 绿色食品乳粉的感官要求

应符合 GB 5410—1999 中 4.2 的规定。

5.3.5 绿色食品奶油的感官要求

应符合 GB 5415—1999 中 4.2 的规定。

5.3.6 绿色食品干酪的感官要求

应符合 NY 478—2002 中 4.2 的规定。

5.4 净含量

单件定量包装商品的净含量负偏差不得超过表 1 的规定；同批产品的平均净含量不得低于标签上标明的净含量。

表 1 净含量要求

净含量	负偏差允许值	
	相对偏差/（%）	绝对偏差/［mL（g）］
100 mL（g）～200 mL（g）	4.5	—
200 mL（g）～300 mL（g）	—	9
300 mL（g）～500 mL（g）	3	—
500 mL（g）～1 L（kg）	—	15
1 L（kg）～10 L（kg）	1.5	—

5.5 理化要求

5.5.1 绿色食品液态乳的理化要求

应符合 GB 5408.1—1999 中 4.3.2 和 GB 5408.2—1999 中 4.3.2 的规定。

5.5.2 绿色食品酸牛乳的感官要求

应符合 GB 2746—1999 中 4.3.2 的规定。

5.5.3 绿色食品炼乳的感官要求

应符合 GB 5417—1999 中 4.3.2 的规定。

5.5.4 绿色食品乳粉的感官要求

应符合 GB 5410—1999 中 4.3.2 的规定。

5.5.5 绿色食品奶油的感官要求

应符合 GB 5415—1999 中 4.3.2 的规定。

5.5.6 绿色食品干酪的感官要求

应符合 NY 478—2002 中 4.4 的规定。

5.6 卫生要求

应符合表 2 的规定。

表 2 卫生要求

项目		液态乳	酸牛乳	炼乳		乳粉	奶油	干酪
				全脂加糖炼乳	全脂无糖炼乳			
铅/（mg/kg）	≤	0.05	0.05	0.15		0.45	0.05	0.45
砷/（mg/kg）	≤	0.10	0.10	0.20		0.90	—	0.90
锡/（mg/kg）	≤	—	—	10.0		—	—	—
硝酸盐（以 $NaNO_3$ 计）/（mg/kg）	≤	6.0	11.0	15.0		50.0	15.0	50.0
亚硝酸盐（以 $NaNO_2$ 计）/（mg/kg）	≤	0.2	0.2	0.5		1.8	0.5	1.8
黄曲霉毒素 M_1/（μg/kg）	≤	0.2	0.2	0.5		1.8	—	1.8
苯甲酸/（g/kg）	≤	—	0.03	—		—	—	—
六六六/（mg/kg）	<	0.01						
滴滴涕/（mg/kg）	<	0.02						
甲拌磷/（mg/kg）	<	0.01						
对硫磷/（mg/kg）	<	0.01						
甲胺磷/（mg/kg）	<	0.01						
乐果/（mg/kg）	<	0.01						
溴氰菊酯/（mg/kg）	<	0.001						
氰戊菊酯/（mg/kg）	<	0.003						
氯氰菊酯/（mg/kg）	<	0.002						
抗生素（指青霉素、链霉素、庆大霉素、卡那霉素）		阴性	—	阴性		阴性	阴性	—

5.7 微生物学要求

应符合表3的规定。

表3 微生物学要求

项目		液态乳		酸牛乳	炼乳		乳粉	奶油	干酪
		巴氏杀菌乳	灭菌乳		全脂加糖炼乳	全脂无糖炼乳			
菌落总数/（cfu/g）	≤	15 000	—	—	15 000	—	15 000	50 000	—
大肠菌群/（MPN/100 g）	≤	30	—	30	30	—	30	30	30
酵母和霉菌/（cfu/g）	≤	—	—	—	—	—	50	—	—
致病菌（指肠道致病菌和致病性球菌）		不得检出	—	不得检出	不得检出	—	不得检出	不得检出	不得检出
微生物		—	商业无菌	—	—	商业无菌	—	—	—

6 试验方法

6.1 感官检验

按相应的国家标准执行。

6.2 净含量检验

按JJF 1070测定。

6.3 理化检验

按相应的国家标准执行。

6.4 卫生检验

6.4.1 铅：按GB/T 5009.12检验。

6.4.2 砷：按GB/T 5009.11检验。

6.4.3 锡：按GB/T 5009.16检验。

6.4.4 硝酸盐和亚硝酸盐：按GB/T 5413.32检验。

6.4.5 黄曲霉毒素 M_1：按GB/T 5009.24检验。

6.4.6 苯甲酸：按GB/T 5009.29检验。

6.4.7 六六六和滴滴涕：按GB/T 5009.19检验。

6.4.8 甲拌磷、对硫磷和乐果：按GB/T 5009.20检验。

6.4.9 甲胺磷：按GB 14876检验。

6.4.10 溴氰菊酯、氰戊菊酯和氯氰菊酯：按GB/T 5009.19和GB/T 14929.4检验。

6.4.11 抗生素：按GB 4789.27检验。

6.5 微生物学检验

6.5.1 菌落总数：按GB 4789.2和GB 4789.18检验。

6.5.2 大肠菌群：按GB 4789.3和GB 4789.18检验。

6.5.3 酵母和霉菌：按GB 4789.15和GB 4789.18检验。

6.5.4 致病菌：按GB 4789.4、GB 4789.5、GB 4789.10、GB 4789.11和GB 4789.18检验。

6.5.5 商业无菌：按GB 4789.26检验。

7 检验规则

7.1 组批规则

以同一班次，同一生产线生产的同品种、同规格且包装完好的产品为一组批。

7.2 抽样方法

在成品库中每组批产品中随机抽取足够样品供型式检验。

7.3 型式检验

型式检验是对产品进行全面考核，即对本标准规定的全部要求进行检验。有下列情况之一者应进行型式检验：

a）申请绿色食品标志的产品；

b）前后两次出厂检验结果差异较大；

c）因人为或自然条件使生产环境发生较大变化；

d）国家质量监督机构行政主管部门提出型式检验要求。

7.4 判定规则

7.4.1 全部指标检验合格，则该批产品判为合格产品。

7.4.2 感官、理化、卫生项目不合格者可进行复验，以一次为限，复验结果有一项不合格者，判定为不合格。

7.4.3 微生物学要求不得复验。

8 标签、标志

8.1 标签：包装标签应符合GB 7718规定。

8.2 标志：包装上应标注绿色食品标志，其标注办法按绿色食品标志有关规定执行。

9 包装、运输和贮存

9.1 包装

9.1.1 包装标志：包装上应标注储运图示标志，具体标注方法应符合GB/T 191的规定。

9.1.2 包装材料：包装材料应符合国家食品包装卫生要求，还应符合环境保护的要求；包装材料应坚固、清洁、干燥、无任何昆虫传播、真菌污染及不良气味。

9.1.3 包装要求：包装容器封口严密，不得破损、泄漏。

9.2 运输

9.2.1 运输工具应清洁、干燥、有防雨设施。严禁与有毒、有害、有腐蚀性、有异味的物品混运。

9.2.2 运输工具应根据产品的贮存条件，必要时应用冷藏车。

9.3 贮存

9.3.1 应根据产品的特性，参照相应的国家标准贮存。

9.3.2 在避光、常温、干燥和有防潮设施处贮存。贮存库房应清洁、干燥、通风良好，无虫害及鼠害。严禁与有毒、有害、有腐蚀性、易发霉、发潮、有异味的物品混存。

鲜乳卫生标准

GB 19301－2003
代替 GBn 33－1977

前　言

本标准全文强制。

本标准代替GBn 33—1977《新鲜生牛乳卫生标准》。

本标准与GBn 33—1977相比主要修改如下：

——将原标准的适用范围由生牛乳扩大到生牛乳及生羊乳；

——对原标准的结构进行了修改，增加了生产加工过程的卫生要求、贮存及运输；

——增加了蛋白质、非脂乳固体、杂质度、黄曲霉毒素 M_1、兽药残留要求、六六六残留、滴滴涕残留、铅、砷、致病菌指标。

——取消了汞、菌落总数分级。

本标准自实施之日起，GBn 33—1977同时废止。

本标准由中华人民共和国卫生部提出并归口。

本标准起草单位：武汉市卫生防疫站、黑龙江省卫生防疫站、武汉市牛奶公司。

本标准主要起草人：李志国、宋治宝、范葆荣、杨和平、赵克华、李江平。

原标准于1977年发布，本次为第一次修订。

鲜乳卫生标准

1　范围

本标准规定了鲜乳的指标要求、生产加工过程的卫生要求、贮存、运输和检验方法。

本标准适用于从符合国家有关要求牛（羊）的乳房中挤出的分泌物，无食品添加剂且未从其中提取任何成分。

2　规范性引用文件

下列文件中的条款通过本标准的引用而成为本标准的条款。凡是注日期的引用文件，其随后所有的修改单（不包括勘误的内容）或修订版均不适用于本标准，然而，鼓励根据本标准达成协议的各方研究是否可使用这些文件的最新版本。凡是不注日期的引用文件，其最新版本适用于本标准。

GB/T 4789.18　食品卫生微生物学检验　乳与乳制品检验

GB/T 5009.5　食品中蛋白质的测定

GB/T 5009.11　食品中总砷及无机砷的测定

GB/T 5009.12　食品中铅的测定

GB/T 5009.19　食品中六六六、滴滴涕残留量的测定

GB/T 5009.24　食品中黄曲霉毒素 M_1 与 B_1 的测定

GB/T 5009.46　乳与乳制品卫生标准的分析方法

GB 6914　生鲜牛乳收购标准

GB 12693　乳制品企业良好卫生规范

3　指标要求

3.1　感官指标

感官指标应符合表1的规定。

表1　感官指标

项　目	指　标
色泽	呈乳白色或微黄色
滋味、气味	具有乳固有的香味、无异味
组织状态	呈均匀一致胶态液体，无凝块、无沉淀、无肉眼可见异物

3.2　理化指标

理化指标应符合表2的规定。

表2　理化指标

项　目		指　标
相对密度/（20℃/4℃）	≥	1.028
蛋白质/（g/100 g）	≥	2.95
脂肪/（g/100 g）	≥	3.1
非脂乳固体/（g/100 g）	≥	8.1
酸度/（°T）		
牛乳	≤	18
羊乳	≤	16
杂质度/（mg/kg）	≤	4.0
铅（Pb）/（mg/kg）	≤	0.05
无机砷/（mg/kg）	≤	0.05
黄曲霉毒素 M_1/（μg/kg）	≤	0.5
六六六/（mg/kg）	≤	0.02
滴滴涕/（mg/kg）	≤	0.02

3.3 兽药残留

兽药残留量应当符合国家有关标准规定。

3.4 微生物指标

微生物指标应符合表3的规定。

表3 微生物指标

项　目		指　标
菌落总数/（cfu/g）	≤	5×10^5
致病菌（金黄色葡萄球菌、沙门氏菌、志贺氏菌）		不得检出

4 食品生产加工过程的卫生要求

4.1 挤奶场所：应整洁、干净；挤奶前要对乳房用温水清洗；装乳的器皿应清洗消毒并有防蝇防尘设施。

4.2 鲜乳的收购：应符合GB 12693的规定。

5 贮存

生鲜乳应贮存于密闭、洁净、经消毒的容器中。储藏温度为2℃～6℃。

6 运输

运输产品时必须使用密闭的、洁净的经消毒的保温奶槽车或奶桶。

7 检验方法

7.1 感官

按GB/T 5009.46规定的方法检验。

7.2 理化

7.2.1 相对密度：按GB 6914规定的方法测定。

7.2.2 蛋白质：按GB/T 5009.5规定的方法测定。

7.2.3 脂肪：按GB/T 5009.46规定的方法测定。

7.2.4 非脂乳固体：按GB/T 5009.46规定的方法测定。

7.2.5 酸度：按GB/T 5009.46规定的方法测定。

7.2.6 杂质度：按GB/T 5009.46规定的方法测定。

7.2.7 黄曲霉毒素M_1：按GB/T 5009.24规定的方法测定。

7.2.8 无机砷：按GB/T 5009.11规定的方法测定。

7.2.9 铅：按GB/T 5009.12规定的方法测定。

7.2.10 六六六、滴滴涕：按GB/T 5009.19规定的方法测定。

7.3 微生物检验

GB/T 4789.18规定的方法检验。

酸乳卫生标准

GB 19302－2003

前　言

本标准全文强制。

本标准对应于国际食品法典委员会（CAC）的标准Codex Stan A-11a—1975《酸奶和加糖酸奶》，本标准与Codex Stan A-11a—1975的一致性程度为非等效。

本标准由中华人民共和国卫生部提出并归口。

本标准起草单位：北京市卫生防疫站、山东省食品卫生监督检验所、广东省食品卫生监督检验所。

本标准主要起草人：丁秀英、郑兰波、沈晓华、孙效晖、胡志、范葆荣、袁宝君。

酸乳卫生标准

1 范围

本标准规定了酸乳的定义、指标要求、食品添加剂、生产加工过程的卫生要求、标识、包装、贮存及运输和检验方法。

本标准适用于以牛（羊）乳或复原乳为主原料，经杀菌、发酵、搅拌或不搅拌，添加或不添加其他成分制成的纯酸乳和风味酸乳。

2 规范性引用文件

下列文件中的条款通过本标准的引用而成为本标准的条款。凡是注日期的引用文件，其随后所有的修改单（不包括勘误的内容）或修订版均不适用于本标准，然而，鼓励根据本标准达成协议的各方研究是否可使用这些文件的最新版本。凡是不注日期的引用文件，其最新版本适用于本标准。

GB 2760　食品添加剂使用卫生标准

GB/T 4789.18　食品卫生微生物学检验　乳与乳制品检验

GB/T 4789.35　食品卫生微生物学检验　乳酸菌饮料中乳酸菌检验

GB/T 5009.5　食品中蛋白质的测定

GB/T 5009.11　食品中总砷及无机砷的测定

GB/T 5009.12　食品中铅的测定

GB/T 5009.24　食品中黄曲霉毒素M_1与B_1的测定

GB/T 5009.46　乳与乳制品卫生标准的分析方法

GB12693　乳制品企业良好生产规范

GB14880　食品营养强化剂使用卫生标准

3 术语和定义

下列术语和定义适用于本标准。

3.1 纯酸乳

以乳或复原乳为原料，经脱脂、部分脱脂或不脱脂制成的产品。

3.2 风味酸乳

用80%以上乳或复原乳为主料，经脱脂、部分脱脂或不脱脂，添加食糖、天然果料、调味剂等辅料制成的产品。

4 指标要求

4.1 原料要求

4.1.1 原、辅料：应符合相应标准和有关规定。

4.1.2 发酵菌种：保加利亚乳杆菌、嗜热链球菌及其他由国务院卫生行政部门批准使用的菌种。

4.2 感官指标

感官指标应符合表1的规定。

表1 感官指标

项 目	指 标	
	纯酸乳	风味酸乳
色泽	色泽均匀一致，呈乳白色或微黄色	呈均匀一致的乳白色，或风味酸乳特有的色泽
滋味和气味	具有纯乳发酵特有的滋味、气味	除有发酵乳味外，并含有添加成分特有的滋味和气味
组织状态	组织细腻、均匀，允许有少量乳清析出；果料酸乳有果块或果粒	

4.3 理化指标

理化指标应符合表2要求。

表2 理化指标

项 目			指 标	
			纯酸乳	风味酸乳
脂肪/（g/100 g）	全脂	≥	3.0	2.5
	部分脱脂		>0.5～<3.0	>0.5～<2.5
	脱脂	≤	0.5	0.5
非脂乳固体/（g/100 g）		≥	8.1	6.5
总固形物/（g/100 g）		≥	—	17.0
蛋白质/（g/100 g）		≥	2.9	2.3
酸度/（°T）		≥	70.0	
铅（Pb）/（mg/kg）		≤	0.05	
无机砷/（mg/kg）		≤	0.05	
黄曲霉毒素 M_1/（μg/kg）		≤	0.5	

4.4 微生物指标

4.4.1 微生物指标应符合表3的规定。

表3 微生物指标

项 目		指 标
大肠菌群/（MPN/100 g）	≤	90
酵母/（cfu/g）	≤	100
霉菌/（cfu/g）	≤	30
致病菌（沙门氏菌、金黄色葡萄球菌、志贺氏菌）		不得检出

4.4.2 乳酸菌数

乳酸菌数应符合表4的要求。

表4 乳酸菌数

项 目		指 标
乳酸菌数/（cfu/g）	≥	1×10^6

5 食品添加剂

5.1 食品添加剂质量符合相应的标准和有关规定。

5.2 食品添加剂的品种和使用量应符合GB 2760和GB 14880的规定。

6 生产加工过程的卫生要求

酸乳生产加工过程的卫生要求应符合GB 12693的

规定。

7 包装

产品的包装容器材料应符合相应的卫生标准和有关规定。

8 标识

8.1 标识 应符合有关规定，并标明蛋白质、脂肪、非脂乳固体的含量、发酵菌种名称及其拉丁文名。风味型酸乳标出乳含量。

8.2 产品名称可以标为“×××酸乳（奶）”。

9 贮存及运输

9.1 贮存

产品应在2℃～6℃的温度贮存。不得与有毒、有害、有异味、易挥发、易腐蚀的物品同处贮存。

9.2 运输

产品运输时应采用冷藏工具（温度控制2℃～6℃），应避免日晒、雨淋。不得与有毒、有害、有异味或影响产品质量的物品混装运输。

10 检验方法

10.1 感官指标

10.1.1 色泽和组织状态：取适量试样置于50mL烧杯中，在自然光下观察色泽和组织状态。

10.1.2 滋味和气味：取适量试样置于50 mL烧杯中，先闻气味，然后用温开水漱口，再品尝样品的滋味。

10.2 理化指标

10.2.1 脂肪：按GB/T 5009.46规定的方法测定。

10.2.2 非脂乳固体：按GB/T 5009.46规定的方法测定。

10.2.3 总固形物：按GB/T 5009.46规定的方法测定。

10.2.4 蛋白质：按GB/T5009.5规定的方法测定。

10.2.5 酸度：按GB/T 5009.46规定的方法测定。

10.2.6 无机砷：按GB/T 5009.11规定的方法测定。

10.2.7 铅：按GB/T 5009.12规定的方法测定。

10.2.8 黄曲霉毒素M_1：按GB/T 5009.24规定的方法测定。

10.3 微生物指标

微生物按GB/T 4789.18规定的方法检验。

10.4 乳酸菌指标

乳酸菌按GB/T 4789.35规定的方法检验。

乳酸菌饮料卫生标准

GB 16321—2003
代替 GB 16321—1996

前 言

本标准全文强制。

本标准代替GB 16321—1996《乳酸菌饮料卫生标准》。

本标准与GB 16321—1996相比主要修改如下：

——按照GB/T1.1—2000对标准文本格式进行了修改；

——对原标准结构、定义进行了修改，增加了原料、食品添加剂、生产加工过程的卫生要求、包装、标识、贮存及运输要求；

——取消了总糖、总固体和酸度指标；

——参照GB 4810《食品中砷限量卫生标准》增加了总砷指标；参照GB 14935《食品中铅限量卫生标准》修改了铅指标。

本标准自实施之日起，GB 16321—1996同时废止。

本标准由中华人民共和国卫生部提出并归口。

本标准起草单位：天津市卫生局公共卫生监督所、辽宁省卫生监督所、杭州娃哈哈集团有限公司、上海市食品卫生监督检验所、广东省食品卫生监督检验所、南京市食品卫生监督检验所。

本标准主要起草人：崔春明、王旭太、余挺、姜培珍、胡志坤、曾寿瀛、殷忠。

本标准所代替标准的历次版本发布情况为：

本标准于1996年首次发布。

乳酸菌饮料卫生标准

1 范围

本标准规定了乳酸菌饮料的指标要求、食品添加剂、生产过程的卫生要求、包装、标识、贮存及运输要求和检验方法。

本标准管用于以鲜奶、奶粉或辅以植物蛋白粉等为原料，经乳酸菌发酵加工制成的具有产品相应风味的未杀菌或杀菌饮料。

2 规范性引用文件

下列文件中的条款通过本标准的引用而成为本标准的条款。凡是注日期的引用文件，其随后所有的修改单（不包括勘误的内容）或修订版均不适用于本标准，然而，鼓励根据本标准达成协议的各方研究是否可使用这些文件的最新版本。凡是不注日期的引用文件，其最新版本适用于本标准。

GB 2760 食品添加剂使用卫生标准

GB/T 4789.21 食品卫生微生物学检验 冷冻饮品、饮料检验

GB/T 5009.5 食品中蛋白质的测定

GB/T 5009.11 食品中总砷及无机砷的测定

GB/T 5009.12 食品中铅的测定

GB/T 5009.13 食品中铜的测定

GB/T 5009.186 乳酸菌饮料中脲酶的定性测定

GB12695 饮料企业良好生产规范

3 术语和定义

下列术语和定义适用于本标准。

3.1 未杀菌型乳酸菌饮料

产品经乳酸菌发酵、调配后不经杀菌制成的产品。

3.2 杀菌型乳酸菌饮料

产品经乳酸菌发酵、调配后再经杀菌制成的产品。

4 指标要求

4.1 原料要求

原料应符合相应的标准和有关规定。

4.2 感官指标

4.2.1 色泽

呈均匀一致的乳白色，稍带微黄色或相应的果类色泽。

4.2.2 滋味和气味

口感细腻、甜度适中、酸而不涩，具有该乳酸菌饮料应有的滋味和气味，无异味。

4.2.3 组织状态

呈乳浊状，均匀一致不分层，允许有少量沉淀，无气泡、无异物。

4.3 理化指标

理化指标应符合表1的规定。

表1 理化指标

项目		指标
蛋白质/（g/100 g）	≥	0.70
总砷（以As计）/（mg/L）	≤	0.2
铅（Pb）/（mg/L）	≤	0.05
铜（Cu）/（mg/L）	≤	5.0
脲酶试验		阴性

4.4 微生物指标

微生物指标应符合表2的规定。

表2 微生物指标

项目		指标	
		未杀菌乳酸菌饮料	杀菌乳酸菌饮料
乳酸菌/（cfu/mL）			
出厂	≥	1×10^6	—
销售		有活菌检出	—
菌落总数/（cfu/mL）	≤	—	100
霉菌数/（cfu/mL）	≤	30	30
酵母数/（cfu/mL）	≤	50	50
大肠菌群/（MPN/100mL）	≤	3	
致病菌（沙门氏菌、志贺氏菌、金黄色葡萄球菌）		不得检出	

5 食品添加剂

5.1 食品添加剂质量符合相应的标准和有关规定。

5.2 食品添加剂的品种和使用量应符合GB 2760的规定。

6 食品生产加工过程的卫生要求

应符合GB 12695的规定。

7 包装

包装容器和材料应符合相应的卫生标准和有关规定。

8 标识

定型包装的标识要求应符合有关规定。

9 贮存及运输

9.1 贮存

产品应贮存在干燥、通风良好的场所。不得与有毒、有害、有异味、易挥发、易腐蚀的物品同处贮存。

9.2 运输

运输产品时应避免日晒、雨淋。不得与有毒、有害、有异味或影响产品质量的物品混装运输。

10 检验方法

10.1 感官指标

将塑瓶（杯）盖开启，首先嗅其气味，尝其滋味是否正常，继而徐徐倾倒在洁净烧杯（或无色玻璃杯内），仔细观察其色泽及组织状态等是否正常。结果应符合4.2的规定。

10.2 理化指标

10.2.1 蛋白质：按GB/T 5009.5规定的方法测定。

10.2.2 总砷：按GB/T 5009.11规定的方法测定。

10.2.3 铅：按GB/T 5009.12规定的方法测定。

10.2.4 铜：按GB/T 5009.13规定的方法测定。

10.2.5 脲酶试验：按GB/T 5009.186规定的方法测定。

10.3 微生物指标

按 GB/T 4789.21 规定的方法检验。

干酪卫生标准

GB 5420－2003
代替 GB 5420－1985

前 言

本标准全文强制。

本标准对应于国际食品法典委员会（CAC）的标准 Codex Stan A-6—1999《干酪》。本标准与 Codex Stan A-6—1999 的一致性程度为非等效。

产品分类和水分、脂肪等指标与 CAC 标准一致。

本标准代替 GB 5420—1985《硬质干酪》。

本标准与 GB 5420—1985 相比主要修改如下：

——增加了原料、食品添加剂和生产加工过程的卫生要求，包装、运输和贮存的要求；

——增加了铅限量为≤0.5 mg/kg；

——增加了无机砷限量为≤0.5 mg/kg；

——增加了黄曲霉毒素限量≤0.5/μg/kg；

——致病菌规定了菌种名称。

本标准自实施之日起，GB 5420—1985 同时废止。

本标准由中华人民共和国卫生部提出并归口。

本标准起草单位：黑龙江省卫生监督所、北京市疾病控制中心、全国乳品标准化中心、黑龙江乳业集团实验厂、黑龙江省完达山食品厂。

本标准主要起草人：范葆荣、丁秀英、贾仲琦、刘世岩、张宝锋。

本标准于 1981 年首次发布，本次为第一次修订。

干酪卫生标准

1 范围

本标准规定了干酪的分类、指标要求、食品添加剂、生产加工过程的卫生要求、包装、标识、贮存、运输和检验方法。

本标准适用于以乳为原料，经杀菌、凝乳（发酵或不发酵）等工艺制成的干酪产品。

2 规范性引用文件

下列文件中的条款通过本标准的引用而成为本标准的条款。凡是注日期的引用文件，其随后所有的修改单（不包括勘误的内容）或修订版均不适用于本标准，然而，鼓励根据本标准达成协议的各方研究是否可使用这些文件的最新版本。凡是不注日期的引用文件，其最新版本适用于本标准。

GB 2760 食品添加剂使用卫生标准

GB/T 4789.18 食品卫生微生物学检验 乳与乳制品检验

GB/T 5009.3 食品中水分的测定

GB/T 5009.11 食品中总砷及无机砷的测定

GB/T 5009.12 食品中铅的测定

GB/T 5009.24 食品中黄曲霉毒素 M_1 与 B_1 的测定

GB/T 5009.46 乳与乳制品卫生标准的分析方法

GB 9676 乳及乳制品中黄曲霉毒素 M_1 限量

GB 12693 乳制品企业良好生产规范

3 分类

3.1 产品按非脂成分中的水分含量分为软质、半硬质、硬质、特硬质干酪。

3.2 产品按脂肪含量分为高脂、全脂、中脂、部分脱脂和脱脂干酪。

4 指标要求

4.1 原料要求

4.1.1 原料乳及乳粉：应符合相应卫生标准和有关规定。

4.1.2 凝乳酶、发酵剂：应符合相应的标准有关规定。

4.2 感官要求

感官要求应符合表 1 的规定。

表 1 感官要求

项 目	要 求
色泽	具有该类产品正常的色泽
组织状态	组织细腻，质地均匀，具有该类产品应有的硬度
滋味及气味	具有该类产品特有的滋味和气味

4.3 理化指标

4.3.1 非脂成分中水分含量

非脂成分中的水分含量应符合表 2 的规定。

表 2 非脂成分中水分含量

产品类型	非脂成分中的水分含量[a]（g/100 g）
软质干酪	>67
半硬质干酪	54～69
硬质干酪	49～54

（续）

产品类型		非脂成分中的水分含量[a]（g/100 g）
特硬质干酪	<	51

a 非脂成分中的水分含量（g/100g）$=\frac{\text{干酪中的水分质量（g）}}{\text{干酪总质量（g）}-\text{干酪中的脂肪质量（g）}}\times 100$

4.3.2 脂肪

脂肪应符合表3的规定。

表3 脂肪含量

产品类型		干物质中脂肪含量/（g/100 g）
高脂干酪	≥	60.0
全脂干酪		45.0～59.9
中脂干酪		25.0～44.9
部分脱脂干酪		10.0～24.9
脱脂干酪	<	10

4.3.3 污染物

污染物限量指标应符合表4的规定。

表4 污染物限量指标

项　目		指　标
铅（Pb）/（mg/kg）	≤	0.5
无机砷/（mg/kg）	≤	0.5
黄曲霉毒素 M_1（折算为鲜奶计）/（μg/kg）	≤	0.5

4.4 微生物指标

微生物指标应符合表5的规定。

表5 微生物指标

项　目		指　标
大肠菌群/（MPN/100 g）	≤	90
霉菌[a]（cfu/g）	≤	50
酵母/（cfu/g）	≤	50
致病菌（沙门氏菌、金黄色葡萄球菌）		不得检出

[a]不包括霉菌发酵产品。

5 食品添加剂

5.1 食品添加剂质量符合相应的标准和有关规定。

5.2 食品添加剂的品种和使用量应符合 GB 2760 的规定。

6 生产加工过程的卫生要求

生产加工过程的卫生要求应符合 GB 12693 的规定。

7 包装

包装容器与材料应符合相应的卫生标准和有关规定。

8 标识

8.1 标识要求应符合有关规定。应标明非脂成分水分含量和脂肪含量。

8.2 产品名称应当标为“××干酪”，并标明产品种类。

9 贮存及运输

9.1 贮存

产品应贮存在温度 8℃～12℃，相对湿度为 85%～87%的场所。不得与有毒、有害、有异味、易挥发、易腐蚀的物品同处贮存。

9.2 运输

运输产品时应避免日晒、雨淋。不得与有毒、有害、有异味或影响产品质量的物品混装运输。运输温度应为 20℃～8℃。

10 检验方法

10.1 感官指标

10.1.1 色泽和组织状态：将样品切开后，在自然光下观察色泽和组织状态。

10.1.2 滋味和气味：先闻样品的气味，再品尝样品的滋味。

10.2 理化指标

10.2.1 水分：按 GB/T 5009.3 规定的方法测定。

10.2.2 脂肪：按 GB/T 5009.46 规定的方法测定。

10.2.3 铅：按 GB/T 5009.12 规定的方法测定。

10.2.4 无机砷：按 GB/T 5009.11 规定的方法测定。

10.2.5 黄曲霉毒素 M_1：按 GB/T 5009.24 规定的方法测定。

10.3 微生物指标

按 GB/T 4789.18 规定的方法检验。

含乳饮料卫生标准

GB 11673－2003
代替 GB 11673－1989

前　言

本标准全文强制。

本标准代替 GB 11673—1989《含乳饮料卫生标准》。

本标准与 GB 11673—1989 相比主要修改如下：

——按照 GB/T 1.1—2000 对标准文本格式进行了修改；

——对原标准结构、适用范围进行了修改，增加了原料、食品添加剂、生产加工过程的卫生要求、包装、标识、贮存及运输要求；

——参照 GB 4810《食品中砷限量卫生标准》增加了总砷指标；参照 GB 14935《食品中铅限量卫生标准》修改了铅指标；

——原标准中糖精钠和增稠剂指标要求改为："按 GB 2760 执行"；

——将"脂肪"指标使用范围修改为"仅适用于以鲜奶为原料制成的含乳饮料"。

本标准自实施之日起，GB 11673—1989 同时废止。

本标准由中华人民共和国卫生部提出并归口。

本标准起草单位：上海市食品卫生监督检验所、杭州娃哈哈集团有限公司、北京卫生防疫站、天津市卫生局公共卫生监督所、辽宁省卫生监督所。

本标准主要起草人：须欣、王美玲、余挺、崔春明、王旭太、梁进、张正。

本标准所代替标准的历次版本发布情况为：GB 11673—1989。

含乳饮料卫生标准

1 范围

本标准规定了含乳饮料的指标要求、食品添加剂、生产加工过程的卫生要求、包装、标识、贮存及运输要求和检验方法。

本标准适用于以鲜乳或乳粉为原料，加入适量辅料配制而成的具有相应风味的含乳饮料。

2 规范性引用文件

下列文件中的条款通过本标准的引用而成为本标准的条款。凡是注日期的引用文件，其随后所有的修改单（不包括勘误的内容）或修订版均不适用于本标准，然而，鼓励根据本标准达成协议的各方研究是否可使用这些文件的最新版本。凡是不注日期的引用文件，其最新版本适用于本标准。

GB 2760　食品添加剂使用卫生标准

GB/T 4789.21　食品卫生微生物学检验　冷冻饮品、饮料检验

GB/T 5009.5　食品中蛋白质的测定

GB/T 5009.6　食品中脂肪的测定

GB/T 5009.11　食品中总砷及无机砷的测定

GB/T 5009.12　食品中铅的测定

GB/T 5009.13　食品中铜的测定

GB 12695　饮料厂卫生规范

表 1　理化指标

项　目		指　标
蛋白质/（g/100 mL）	≥	1.0
脂肪[a]/（g/100 mL）	≥	1.0
总砷（以 As 计）/（mg/L）	≤	0.2
铅（Pb）/（mg/L）	≤	0.05
铜（Cu）/（mg/L）	≤	5.0
[a] 仅适用于以鲜奶为原料。		

3 指标要求

3.1 原料要求

应符合相应的标准和有关规定。

3.2 感官指标

应具有加入物相应的色泽、气味和滋味，无异味，质地均匀，无肉眼可见的外来杂质。

3.3 理化指标

理化指标应符合表 1 的规定

3.4 微生物指标

微生物指标应符合表 2 的规定。

4 食品添加剂

4.1 食品添加剂质量应符合相应的标准和有关规定。

4.2 食品添加剂的品种和使用量应符合 GB 2760 的规定。

5 食品生产加工过程的卫生要求

应符合 GB 12695 的规定。

6 包装

包装容器和材料应符合相应的卫生标准和有关规定。

7 标识

定型包装的标识要求应符合有关规定。

8 贮存及运输

8.1 贮存

成品应贮存在干燥、通风良好的场所。不得与有毒、有害、有异味、易挥发、易腐蚀的物品同处贮存。

8.2 运输

运输产品时应避免日晒、雨淋。不得与有毒、有害、有异味或影响产品质量的物品混装运输。

9 检验方法

9.1 理化指标

9.1.1 蛋白质

按 **GB/T** 5009.5 规定的方法测定。

9.1.2 脂肪

按 **GB/T** 5009.6 规定的方法测定。

9.1.3 铅

按 **GB/T** 5009.12 规定的方法测定。

9.1.4 总砷

按 **GB/T** 5009.11 规定的方法测定。

9.1.5 铜

按 **GB/T** 5009.13 规定的方法测定。

9.2 微生物指标

按 **GB/T** 4789.21 规定的方法检验。

表 2 微生物指标

项目		指标
菌落总数/（cfu/mL）	≤	10 000
大肠菌群/（MPN/100mL）	≤	40
霉菌/（cfu/mL）	≤	10
酵母/（cfu/mL）	≤	10
致病菌（沙门氏菌、志贺氏菌、金黄色葡萄球菌）		不得检出

冷冻饮品卫生标准

GB 2759.1－2003

代替 GB 2759.1－1996

前言

本标准全文强制。

本标准代替 GB 2759.1—1996《冷冻饮品卫生标准》。

本标准与 GB 2759.1—1996 相比主要修改如下：

——按照 GB/T 1.1—2000 对标准文本格式进行了修改；

——对原标准结构进行了修改，增加了原辅料、食品添加剂、生产加工过程的卫生要求包装、标识、贮存及运输的要求；

——本标准微生物指标中将“含乳蛋白 10%以上的冷冻饮品”和“含乳蛋白 10%以下的冷冻饮品”合并为“含乳蛋白冷冻饮品”。

本标准自实施之日起，GB 2759.1—1996 同时废止。

本标准由中华人民共和国卫生部提出并归口。

本标准起草单位：北京市疾病控制中心、辽宁省卫生监督所、天津市卫生局公共卫生监督所、杭州娃哈哈集团有限公司、卫生部卫生监督中心、黑龙江省食品检验所、上海市食品检验所、广东省食品检验所。

本标准主要起草人：徐继康、王旭太、崔春明、余挺、谷京宇、何倩琼、王鹏。

本标准所代替标准的历次版本发布情况为：

本标准于 1977 年首次发布，于 1981 年第一次修订，1996 年第二次修订。

冷冻饮品卫生标准

1 范围

本标准规定了冷冻饮品的指标要求、食品添加剂、生产加工过程的卫生要求、包装、标识、贮存及运输要求和检验方法。

本标准适用于冰淇淋、雪糕、冰棍、食用冰块等。

2 规范性引用文件

下列文件中的条款通过本标准的引用而成为本标准的条款。凡是注日期的引用文件，其随后所有的修改单（不包括勘误的内容）或修订版均不适用于本标准，然而，鼓励根据本标准达成协议的各方研究是否可使用这些文件的最新版本。凡是不注日期的引用文件，其最新版本适用于本标准。

GB 2760 食品添加剂使用卫生标准

GB/T 4789.21 食品卫生微生物学检验 冷冻饮品、饮料检验

GB/T 5009.11 食品中总砷及无机砷的测定

GB/T 5009.12　食品中铅的测定
GB/T 5009.13　食品中铜的测定
GB 12695　饮料企业良好卫生规范

3　术语和定义

下列术语和定义适用于本标准。

3.1　冷冻饮品

以饮用水、甜味剂、乳品、果品、豆品、食用油等为主要原料，加入适量的香精、着色剂、稳定剂、乳化剂等食品添加剂，经配料、灭菌、凝冻而制成的冷冻固态饮品。

4　指标要求

4.1　原料要求

应符合相应的标准和有关规定。

4.2　感官要求

应具有与品名相符的色泽和香味，无任何不良气味、滋味及肉眼可见杂质。

4.3　理化指标

理化指标应符合表1规定。

表1　理化指标

项　目		指　标
总砷（以As计）/（mg/L）	≤	0.2
铅（Pb）/（mg/L）	≤	0.3
铜（Cu）/（mg/L）	≤	5.0

4.4　微生物指标

微生物指标应符合表2规定。

表2　微生物指标

项　目		指　标		
		菌落总数/（cfu/mL）	大肠菌群/（MPN/100mL）	致病菌[a]
含乳蛋白冷冻饮品	≤	25 000	450	不得检出
含豆类冷冻饮品	≤	20 000	450	不得检出
含淀粉或果类冷冻饮品	≤	3 000	100	不得检出
食用冰块	≤	100	5	不得检出

[a] 致病菌指沙门氏菌、志贺氏菌和金黄色葡萄球菌。

5　食品添加剂

5.1　食品添加剂质量符合相应的标准和有关规定。

5.2　食品添加剂的品种和使用量应符合GB 2760的规定

6　生产加工过程的卫生要求

应符合GB 12695的规定。

7　包装

包装容器和材料应符合相应的卫生标准和有关规定。

8　标识

定型包装的标识要求应符合有关规定。

9　贮存及运输

9.1　贮存

产品应贮存在干燥、通风良好的场所。不得与有毒、有害、有异味、易挥发、易腐蚀的物品同处贮存。

9.2　运输

运输产品时应避免日晒、雨淋。不得与有毒、有害、有异味或影响产品质量的物品混装运输。

10　检验方法

10.1　理化检验

10.1.1　总砷

按GB/T 5009.11规定的方法测定。

10.1.2　铅

按GB/T 5009.12规定的方法测定。

10.1.3　铜

按GB/T 5009.13规定的方法测定。

10.2　微生物指标

按GB/T 4789.21规定的方法检验。

乳及乳制品中黄曲霉毒素 M_1 限量

GB 9676—2003
代替 GB 9676—1988

前　言

本标准全文强制。

本标准修改采用国际食品法典委员会（CAC）标准Codex Stan 232—2001《乳中黄曲霉毒素 M_1 限量标准》。

本标准代替GB 9676—1988《牛乳及其制品中黄曲

霉毒素 M_1 限量卫生标准》。

本标准与 GB 9676—1988 相比主要修改如下：

——将原标准的适用范围修改为：本标准适用于乳（包括牛、羊、马等反刍动物的乳）及其制品。

——参照 CAC 标准，将标准名称修改为：《乳及乳制品中黄曲霉毒素 M_1 的限量》。

本标准自实施之日起，GB 9676—1988 同时废止。

本标准由中华人民共和国卫生部提出并归口。

本标准起草单位：广西壮族自治区卫生防疫站、卫生部食品卫生监督检验所、中国预防医学科学院。

本标准主要起草人：罗雪云、赵丹宇、计融、闫军。

本标准于 1988 年首次发布，本次为第一次修订。

乳及乳制品中黄曲霉毒素 M_1 限量

1 范围

本标准规定了乳及乳制品中黄曲霉毒素 M_1 的限量指标。

本标准适用于乳（包括牛、羊、马等反刍哺乳动物的乳）及其制品。

2 规范性引用文件

下列文件中的条款通过本标准的引用而成为本标准的条款。凡是注日期的引用文件，其随后所有的修改单（不包括勘误的内容）或修订版均不适用于本标准，然而，鼓励根据本标准达成协议的各方研究是否可使用这些文件的最新版本。凡是不注日期的引用文件，其最新版本适用于本标准。

GB/T 5009.24 食品中黄曲霉毒素 M_1 与 B_1 的测定。

3 指标要求

乳及乳制品中黄曲霉毒素 M_1 的限量指标应符合表 1 的规定。

表 1 乳及乳制品中黄曲霉毒素 M_1 的限量指标

品种	限量（MLs）/（μg/kg）
鲜乳	0.5
乳制品	按鲜乳量折算

4 检验方法

按 GB/T 5009.24 规定的方法测定。

生鲜牛初乳收购标准

DB65/T2042—2003

1 范围

本标准规定了生鲜牛初乳的定义、技术要求、检验方法、检测规则、包装、贮藏和运输。

本标准适用于生鲜牛初乳收购。

2 规范性引用文件

下列文件中的条款通过本标准的引用而成为本标准的条款。凡是注日期的引用文件，其随后所有的修改单（不包括勘误的内容）或修订版均不适用于本标准，然而，鼓励根据本标准达成协议的各方研究是否可使用这些文件的最新版本。凡是不注日期的引用文件，其最新版本适用于本标准。

GB 4789.2 食品卫生微生物学检验 菌落总数测定

GB 4789.18 食品卫生微生物学检验 乳与乳制品检验

GB/T5009.11 食品中总砷的测定方法

GB/T5009.12 食品中铅的测定方法

GB/T5009.13 食品中铜的测定方法

GB/T5009.17 食品中总汞的测定方法

GB/T5009.19 食品中六六六、滴滴涕残留量的测定方法

GB/T5009.20 食品中有机磷农药留量的测定方法

GB/T5009.24 食品中黄曲霉素 M_1 和 B_1 的测定方法

GB/T5009.36 粮食卫生标准的分析方法

GB/T5409—1985 牛乳检验方法

GB/T5413.1 婴幼儿配方食品和乳粉 蛋白质的测定

GB/T5413.30 乳与乳粉 杂质度的测定

GB/T5413.32 乳粉 硝酸盐、亚硝酸盐的测定

GB10767 婴幼儿配方粉及婴幼儿补充谷粉通用技术条件

GB/T14876 食品中甲胺磷和乙酰甲胺磷农药残留量的测定方法

GB/T14962 食品中铬的测定方法

3 术语和定义

生鲜牛初乳：指从正常饲养的、无传染病和乳房炎的健康母牛产犊后第一次挤奶开始 72 小时内挤出的乳汁或混合乳汁。

4 技术要求

4.1 感官指标

应符合表 1 规定。

表 1 感官指标

项 目	要 求
色 泽	呈乳黄色或浅黄色，不得有红色、绿色或其他异常颜色
组织状态	呈均匀黏稠的胶态液体，无沉淀、无凝块、无肉眼可见杂质或其他异物
滋味、气味	微苦，具有牛初乳固有的腥膻味，无其他异味

4.2 理化指标 应符合表2规定。

表2 理化指标

项 目		要 求		
		一级	二级	三级
蛋白质,%	≥	6.5	5.5	5.0
免疫球蛋白G,mg/ml	≥	10.0		
脂肪,%	≥	4.5		
非脂乳固体,%	≥	9.5		
酸度,°T		30~75		
相对密度,d_4^{20}		1.036~1.060		
杂质度,mg/L	≤	4		

4.3 卫生指标 应符合表3规定。

表3 卫生指标

项 目		要 求
汞(以Hg计),mg/kg	≤	0.01
砷(以As计),mg/kg	≤	0.2
铅(以Pb计),mg/kg	≤	0.05
铜(以Cu计),mg/kg	≤	1.0
铬(以Cr^{6+}计);mg/kg	≤	0.3
硝酸盐(以$NaNO_3$计),mg/kg	≤	8.0
亚硝酸盐(以$NaNO_2$计),mg/kg	≤	0.2
黄曲霉毒素M_1,μg/kg	≤	0.2
抗生素		不得检出
六六六,mg/kg	≤	0.05
滴滴涕,mg/kg	≤	0.02
马拉硫磷,mg/kg	≤	0.1
倍硫磷,mg/kg	≤	0.01
甲胺磷,mg/kg	≤	0.2

4.4 微生物指标 应符合表4规定。

表4 微生物指标

项 目		要 求
菌落总数,cfu/ml	≤	500 000

4.5 掺假项目

不得在生鲜牛初乳中掺入碱性物质、淀粉、食盐、蔗糖等非牛初乳物质。

5 检验方法

5.1 感官检验

5.1.1 色泽和组织状态:取适量试样于50毫升烧杯中,在自然光下观察色泽和组织状态。

5.1.2 滋味和气味:取适量试样于50毫升烧杯中,先闻气味,然后用温开水漱口,再品尝样品的滋味。

5.2 理化检验

5.2.1 密度:按GB/T 5409检验。

5.2.2 脂肪:按GB/T 5409检验。

5.2.3 蛋白质:按GB/T5413.1检验。

5.2.4 非脂乳固体:按GB/T5409检验。

5.2.5 酸度:按GB/T 5409检验。

5.2.6 杂质度:按GB/T5413.30检验。

5.2.7 免疫球蛋白G:按附录A检验。

5.3 卫生检验

5.3.1 汞:按GB/T5009.17检验。

5.3.2 砷:按GB/T5009.11检验。

5.3.3 铅:按GB/T5009.12检验。

5.3.4 铜:按GB/T5009.13检验。

5.3.5 铬:按GB/T14962检验。

5.3.6 硝酸盐、亚硝酸盐：按GB/T5413.32检验。
5.3.7 黄曲霉毒素 M_1：按GB/T5009.24
5.3.8 抗生素：按GB/T5409检验。
5.3.9 六六六、滴滴涕：按GB/T5009.19检验。
5.3.10 马拉硫磷：按GB/T5009.36检验。
5.3.11 倍硫磷：按GB/T 5009.20检验。
5.3.12 甲胺磷：按GB/T14876检验。

5.4 微生物检验

菌落总数：按GB4789.2和GB4789.18检验。

5.5 掺假检验

5.5.1 碱性物质：按GB/T 5409－1985中2.8检验。
5.5.2 淀粉：按GB/T 5409－1985中2.11检验。
5.5.3 食盐：按GB/T 5409－1985中2.6.1.2检验。
5.5.4 蔗糖：按GB/T 5409－1985中2.10检验。

6 检验规则

6.1 组批规则

以同一天装载在同一贮存或运输容器中的产品为一组批。

6.2 抽样

在贮存容器内搅拌均匀后，或在运输容器内搅拌均匀后从顶部、中部、底部等量随机抽取，混合成500毫升样品供交收检验，或1 000毫升样品供型式检验。

6.3 交收检验

交收检验的项目包括感官、蛋白质、脂肪、酸度、密度、非牛初乳成分，为交收双方的结算依据。

6.4 型式检验

型式检验是对产品进行全面考核，即检验第4章中全部项目。

有下列情况之一时应进行型式检验：DB65/T2042－2003

a. 新建牧场首次投产运行时；
b. 牧场长期停产后恢复生产时；
c. 交收检验与上次检验有较大差异时；
d. 国家质量监督机构提出进行型式检验的要求时。

6.5 判定规则

6.5.1 在交收检验项目中，感官、蛋白质、脂肪、密度、酸度、非牛初乳成分有一项不合格，应进行复检，若复检仍不合格，则判该批产品为不合格产品。

6.5.2 在型式检验中，感官、卫生指标、理化指标、非牛初乳成分之一如有一项或多项指标检验不合格者，可对备样进行复检，复检仍不合格，则判该批产品为不合格产品。微生物指标检验有一项不合格者，不得复检，直接判该批产品为不合格。

7 包装、贮藏和运输

7.1 生鲜牛初乳的盛装应采用以表面光滑的不锈钢制成的桶，或由食品级塑料制成的存乳容器。

7.2 牛初乳挤出至贮存应不超过30分钟，乳温先迅速降至10℃以下，再采用速冻方法贮存（－18℃）。

7.3 生鲜牛初乳应用冷藏车运输，温度保持在4℃以下。

7.4 所有的存乳和储存容器使用后应及时清洗和消毒。

牛初乳粉标准

DB65/T 2043—2003

1 范围

本标准规定了牛初乳粉的技术要求、实验方法、检验规则、包装、储存和运输。

本标准适用于以牛初乳为原料，经低温干燥工艺制成的粉状产品。

2 规范性引用文件

下列文件中的条款通过本标准的引用而成为本标准的条款。凡是注日期的引用文件，其随后所有的修改单(不包括勘误的内容)或修订版均不适用于本标准，然而，鼓励根据本标准达成协议的各方研究是否可使用这些文件的最新版本。凡是不注日期的引用文件，其最新版本适用于本标准。

GB4789.2 食品卫生微生物检验 菌落总数测定

GB4789.18 食品卫生微生物学检验 乳与乳制品检验

GB/T5009.11 食品中总砷的测定方法

GB/T5009.12 食品中铅的测定方法

GB/T5009.13 食品中铜的测定方法

GB/T5009.17 食品中总汞的测定方法

GB/T5009.19 食品中六六六、滴滴涕残留量的测定方法

GB/T5009.20 食品中有机磷农药残留量的测定方法

GB/T5009.24 食品中黄霉素 M_1 和 B_1 的测定方法

GB/T5009.36 粮食卫生标准的分析方法

GB/T5009 牛乳检验方法

GB/T5413.1 婴幼儿配方食品和乳粉 蛋白质的测定

GB/T5413.3 婴幼儿配方食品和乳粉 脂肪的测定

GB/T5413.7 婴幼儿配方食品和乳粉 灰分的测定

GB/T5413.8 婴幼儿配方食品和乳粉 水分的测定

GB/T5413.28 婴幼儿配方食品和乳粉 滴定酸度的测定

GB/T5413.29 婴幼儿配方食品和乳粉 溶解度的测定

GB/T5413.32 婴幼儿配方食品和乳粉 硝酸盐、

亚硝酸盐的测定

GB7718—1994　食品标签通用标准

GB/T14876　食品中甲胺磷和乙酰甲磷农药残留量的测定方法

GB/T14962　食品中铬的测定方法

GB/T2082　生鲜牛初乳收购标准

国家技术监督局令第 43（1995）号定量包装商品计量监督规定。

3　技术要求

3.1　原料要求

生鲜牛初乳符合 DB65/T2082 规定。

3.2　感官要求

感官要求应符合表 1 的规定。

表 1　感官要求

项　目	要　求
色　泽	呈均匀一致的浅黄色或乳黄色
滋味、气味	微苦，具有初乳特有的腥味
组织形态	干燥粉末，无结块
冲调性	润湿下沉快，冲调后无团块，无沉淀

3.3　理化指标

理化指标应符合表 2 的规定。

表 2　理化指标

项　目		指标（每 100 克）
免疫球蛋白 IgG，mg	≥	8 000
蛋白质，g	≥	40.0
脂肪，g	≤	1.6
灰分，g	≤	8.0
水分，g	≤	5.0
复原乳酸度，°T		30～75
溶解度，%	≥	99

3.4　卫生指标

卫生指标应符合表 3 的规定。

表 3　卫生指标

项　目		指　标
砷，mg/kg	≤	0.5
铅，mg/kg	≤	0.5
铜，mg/kg	≤	10.0
汞，mg/kg	≤	0.08
铬，mg/kg	≤	2.4
硝酸盐（以 $NaNO_2$ 计），mg/kg	≤	100
亚硝酸盐（以 $NaNO_2$ 计），mg/kg	≤	2
黄曲霉毒素 M_1，μg/kg	≤	5.0
抗生素		阴性
六六六，mg/kg	≤	0.4
滴滴涕，mg/kg	≤	0.16
马拉硫磷，mg/kg	≤	0.08
倍硫磷，mg/kg	≤	0.01
甲胺磷，mg/kg	≤	1.6

3.5　微生物指标

表 4　微生物指标

项　目		指　标
酵母，个/g	≤	25
霉菌，个/g	≤	25
霉菌总数，cfu/g	≤	30 000
大肠菌群，MPN/100g	≤	40
致病菌（指肠道致病菌和致病性球菌）		不得检出

4 试验方法

4.1 感官检验

4.1.1 色泽和组织形态：取10g样品，散放于白色平盘中，在自然光下观察色泽和组织形态。

4.1.2 滋味、气味：先闻气味，然后用温开水漱口，品尝样品的口味。

4.1.3 冲调性：取30g样品于500ml烧杯中，以250ml、40℃水冲调，用搅拌棒搅拌均匀后，观察分散溶解状况。

4.2 理化检验

4.2.1 免疫球蛋白G：取1g样品于9ml生理盐水中混匀后按DB65/T2082检验。

4.2.2 蛋白质：按GB/T5413.1检验。

4.2.3 脂肪：按GB/T5413.3检验。

4.2.4 灰分：按GB/T5413.7检验。

4.2.5 水分：按GB/T5413.8检验。

4.2.6 复原乳酸度：按GB/T5413.28检验。

4.2.7 溶解度：按GB/T5413.29检验。

4.3 卫生检验

4.3.1 砷：按GB/T5009.11检验。

4.3.2 铅：按GB/T 5009.12检验。

4.3.3 铜：按GB/T 5009.13检验。

4.3.4 汞：按GB/T 5009.17检验。

4.3.5 铬：按GB/T14962检验。

4.3.6 硝酸盐、亚硝酸盐：按GB/T 5413.32检验。

4.3.7 黄曲霉毒素 M_1：按GB/T 5009.24检验。

4.3.8 抗生素：按GB/T5409检验。

4.3.9 六六六、滴滴涕：按GB/T 5009.19检验。

4.3.10 马拉硫磷：按GB/T 5009.36检验。

4.3.11 倍硫磷：按GB/T 5009.20检验。

4.3.12 甲胺磷：按GB/T14876检验。

4.4 微生物检验

4.4.1 酵母和霉菌：按GB 4789.18检验。

4.4.2 细菌总数：按GB 4789.2检验。

4.4.3 大肠菌群最近似值：按GB 4789.18检验。

4.4.4 致病菌：按GB 4789.18检验。

5 检验规则

5.1 出厂检验和型式检验

5.1.1 每批产品出厂前均应进行下列项目的检验：感官检验、水分、脂肪、蛋白质、免疫球蛋白IgG、溶解度、细菌总数和大肠菌群最近似值。

5.1.2 型式检验项目为本标准中第3章中所规定的全部技术要求，一般每季度进行一次，有下列情况之一时，亦应进行型式检验：

a. 主要原料、配方及工艺有变动时；

b. 质量监督机构提出要求时。

5.2 取样

型式检验时，根据单个销售包装产品重量，从同一批产品中随机抽取10个或更多个销售包装样品，使样品总量不少于1 000克，其中1个销售包装单位进行微生物指标检验，3个销售包装单位进行其他卫生指标和理化指标检验，6个销售包装单位留作备用。

5.3 判定

对型式检验，在其全部检验项目均符合标准要求时，判该批产品为合格品；有一项（或多项）不符合标准要求，可自同批产品再次随机取样，进行项目（或多项目）的复检，在复检项目均符合标准要求时，判该批产品为合格品；如仍有一项不符合标准要求时，则判该批产品为不合格品。微生物指标检验不符合标准要求时，不得复检，直接判该批产品为不合格。

6 标签、包装、贮存、运输

6.1 产品标签符合GB 7718的规定。

6.2 包装

本产品可采用符合食品卫生要求的多种材料包装，如复合塑料袋、铝箔袋等。净含量应符合《定量包装商品计量监督规定》。

6.3 贮存

6.3.1 产品应贮存在干燥、通风良好的仓库内。产品堆放时必须有垫板，与地面距离为10cm以上，与墙壁距离20cm以上。不得同有毒、有害、有异味、易挥发、易腐蚀等物品同库贮存。

6.3.2 产品的保质期由生产厂根据包装材质自行确定。

6.4 运输

产品运输时应避免雨淋、日晒，搬运时应小心轻放，不得同有毒、有害、有异味等可对产品产生不良影响的物品混装运输。

乳制品企业生产技术管理规则

第一章 总 则

第一条 为了规范我国乳制品生产，促进乳制品工业健康发展，提高乳制品质量，制定本规则。

第二条 本规则规定了乳制品定义与分类、奶源管理及生鲜乳收购、乳制品加工厂建设、乳制品加工设备、乳制品质量管理、乳制品厂卫生管理等内容。

第二章 乳制品定义及分类

第三条 乳制品是指以生鲜牛（羊）乳及其制品为主要原料，经加工而制成的各种产品。

第四条 乳制品分七个大类：

（一）液体乳类（Liquit Milk）。主要包括：杀菌乳GB 5408.1；灭菌乳GB5408.2；酸牛乳GB2746；配方乳等。

（二）乳粉类（Milk Powders）。主要包括：全脂乳粉、脱脂乳粉、全脂加糖乳粉和调味乳粉 GB5410；婴幼儿乳粉 GB10765、GB10766、GB10767；其它配方乳粉。

（三）炼乳类（Condensed Milk）。主要包括：全脂无糖炼乳（淡炼乳）、全脂加糖炼乳 GB5417；调味炼乳；配方炼乳等。

（四）乳脂肪类（Milk Fats）。主要包括：稀奶油 GB5414；奶油 GB5415；无水奶油等。

（五）干酪类（Cheese）GB5420。主要包括：原干酪；再制干酪等。

（六）乳冰淇淋类（Ice Cream）。主要包括：乳冰淇淋；乳冰等。

（七）其它乳制品类。主要包括：干酪素 GB5424；乳糖 GB5422；乳清粉；浓缩乳清蛋白等。

第三章　奶源管理及生鲜乳收购

第五条　乳制品加工企业应有固定的奶源，并同原料乳供应单位签订生鲜乳收购合同或协议。

第六条　乳制品加工企业应对奶源基地的奶畜登记造册，掌握畜群的数量、健康、饲养、繁殖、流动等情况。

第七条　奶畜饲养单位和个人对奶畜的饲养与管理应执行《无公害食品　奶牛饲养兽药使用准则》NY5046、《无公害食品　奶牛饲养兽医防疫准则》NY5047、《无公害食品　奶牛饲养饲料使用准则》NY5048、《无公害食品　奶牛饲养管理准则》NY5049。

第八条　大力提倡和推广机械榨乳、以质论价收购生鲜乳。榨乳站、收乳站应有与受乳量相匹配的冷却降温、清洗消毒、储存、质量检验等设备。各种设施、容器每天要清洗、消毒，保持内外清洁卫生。

第九条　收乳站、榨乳站周围无污染源，门窗有防蚊、蝇设施，地面硬化处理，排水畅通。

第十条　榨乳员及榨乳注意事项：

（一）榨乳员应有健康证并经培训后上岗，掌握生鲜乳的理化、卫生等方面的知识。

（二）榨乳开始前应对奶畜进行清洁，对奶畜乳房用清洁水进行冲洗和消毒，开始榨出的第一、二、三把乳汁应丢弃。

第十一条　榨出的、收购的生鲜乳应及时做降温处理，使其温度保持在摄氏 0～6 度，并尽快运往加工厂加工，生鲜乳储存时间最长不超过 24 小时。

第十二条　生鲜牛乳的盛装应采用表面光滑的不锈钢制成的桶和储罐或由食品级塑料制成的容器，采用管道输送、保温槽车运往加工厂。

第十三条　生鲜乳收购执行《生鲜牛乳收购标准》GB6914 或《无公害食品　生鲜牛乳》NY5045；必须保持生鲜乳的纯度，不得掺入任何外来物质；产前 15 天的胎乳、产犊后 7 天以内的初乳、使用抗菌素药物期间和停药后 5 天以内的乳汁、乳房炎乳等非正常乳要单榨单盛，不得与正常乳混合。

第四章　乳制品加工厂建设

第十四条　乳制品加工厂建设应保持合理的半径，一般应在 50km 以上。

第十五条　乳制品加工企业的建设执行《乳制品厂设计规范》QB6006、《乳品厂卫生规范》GB12693、《食品企业通用卫生规范》GB14881、《乳品设备安全卫生标准》GB12073。

第十六条　乳制品加工厂厂区环境应符合以下要求：

（一）乳制品加工厂应建在交通方便、有充足水源的地区。工厂不得设于受污染河流的下游；厂区周围没有粉尘、有害气体、放射性物质和其它扩散型污染源；不得有昆虫大量孳生的潜在场所等易遭受污染的情况。

（二）厂区内任何设施、设备等应易于维护、清洁，不得成为周围环境的污染源；不得有有毒有害气体、不良气味、粉尘及其它污染物泄漏等有妨碍卫生的情形发生。

（三）厂区空地应绿化，防止尘土飞扬或积水。

（四）厂区应合理布局，各功能区域应划分明显；易产生污染的设施应处于主导风向的下风向；焚化炉、锅炉、废水处理、污物处理均应与生产车间、仓库、供水设施有一定的距离并采取防护措施。

（五）厂区禁止饲养动物。

（六）厂区应有适当防范外来污染源、有害动物侵入的设施，如围墙、围栏，其距离地面至少 50 厘米以下部分应采用坚固的密闭性的材料建造。

（七）储水池（塔、槽）与水直接接触的供水管道、器具等应采用无毒、无味、防腐的材料；供水设施出入口应有安全卫生设施，防止有害动物和有害物质进入导致污染；自备水源选址应距污染源（化粪池、垃圾存放场所）30 米以上，且应设置卫生防护带并有专人负责。

第十七条　乳制品加工车间应符合以下要求：

（一）车间设置应包括生产部分和辅助生产部分。生产部分包括：受乳间、原料预处理间、加工制造间、半成品贮存、成品包装间等。辅助生产部分应包括：原料仓库、材料仓库、成品库、浴室、更衣室及洗手消毒区、厕所及其它为生产服务的必须场所。

（二）车间应按生产工艺流程需要及卫生要求合理布局。更衣室及洗手消毒室应与生产车间相连接，并设置在员工进入加工车间的入口处；车间应按生产工艺流程单元、操作需要和作业区清洁度的要求进行隔离，防止相互污染。

（三）车间屋顶应易于清扫，防止灰尘积聚，避免结露、长霉或脱落，屋顶应使用无毒、无异味的白色或浅色防水材料建造，喷涂油漆应使用防霉、不易脱落、易清洗的漆料；蒸汽、水、电等管线不得设置于食品暴露的上方，防止尘埃和凝结水滴落。

（四）车间的墙壁应采用无毒、无异味、平滑、不透水、易清洗的浅色防腐材料建造，墙角及柱角应处理为弧形，以便于清洗消毒；门窗安装应严密，并装配有易于拆卸、清洗、不生锈的纱窗或纱网，窗户一般不做窗台，如设窗台须做成大于30度以上斜面，坡向室内；在清洁区与准清洁区的对外出入口应装设能自动关闭的门或空气帘幕。

（五）车间地面与排水：

1. 地面应用无毒、无异味、不透水的材料建造，平坦防滑、无裂缝、易清洗消毒。

2. 作业中有排水、废水或有以水洗方式作业区域的地面应耐酸碱、防渗漏、防滑，有一定的排水坡度(1%～1.5%)，并装置带水封的地漏或明沟，明沟不宜用盖板。

3. 排水出口应有防止有害动物侵入的装置。

4. 废水应排至废水处理系统或经其它方式处理。

第十八条 车间的设施：

(一) 供水设施：车间内的水质、水压、水量应能符合生产需要；自备水源水质应符合《生活饮用水卫生标准》GB5749的规定。

(二) 照明设施：厂房内应有充足的自然采光和人工照明，光源应不至于改变食品的颜色；照明设施不应安装在食品暴露的上方，否则应使用防爆型照明设施，防止破裂时污染食品。

(三) 通风设施：清洁作业区应安装空气调节器，以保证室内有相对稳定的温度，防止蒸汽凝结和保持空气新鲜；一般生产区应安装通风设施，及时排出潮湿和污浊的空气；在有臭气或粉尘产生且有可能污染食品之处应安装相应排出、收集或控制的装置；排气口应装有易清洗、耐腐蚀的网罩，防止有害动物侵入；进风口应距地面2米以上，远离排风口和污染源，并有空气过滤设备。

(四) 洗手设施：在车间对外总出入口、厕所、加工场所内设置足够数量的洗手及干手、消毒设施：在清洁作业其入口应设置鞋靴消毒池；洗手台应使用陶瓷或不锈钢材料的器具，水龙头应采用脚踏式、肘动式或感应式等非手动式开关。

(五) 淋浴及更衣室：更衣室应设在车间入口，并独立间隔。更衣室应男女分设，并与淋浴、洗手消毒室相邻；更衣室应按员工人数设置足够数量的更衣柜、鞋柜、更衣镜。

(六) 厕所：为车间员工提供的厕所宜与车间主体相连接，并设置洗手消毒设施，厕所应与车间相隔离；厕所外门不得开向清洁作业区和准清洁作业区，能自动关闭；厕所应采用冲水式，地面、便池易清洗、不积垢：厕所应安装有效的排气装置，适当照明；厕所排污管道应与车间排水管道分设，且有可靠的防臭水封。

(七) 仓库：应以原辅料、材料、半成品、成品等性质的不同分设储藏场所，需要冷（冻）藏的要设有冷（冻）仓库：原材料仓库和成品仓库应分别设置，同一仓库储存不同性质物品时，应适当隔离，分类分架存放；仓库的性能、结构应能使储藏保存中的物品品质不发生恶化或减低至最低程度：仓库应有防止有害动物侵入的装置；仓库应设置足够的物品存放架，储藏物品应距离墙壁、地面在20cm以上，以利于空气流通和物品的搬运：冷（冻）仓库应安装可正确指示库内温度的温度计、温度测定仪或温度自动记录仪，并安装自动控制器或自动报警器。

第五章 乳制品加工设备

第十九条 受乳及储乳设备包括：计量设备、受乳槽、洗涤杀菌设备、过滤器、冷却设备、储乳罐、生鲜乳检验设备等。

第二十条 预处理设备包括：过滤器、均质机、原料调配罐、净乳分离机、热交换器、杀菌机、就地清洗系统（CIP）等。

第二十一条 杀菌乳、灭菌乳加工设备包括：杀菌机、灭菌机、洗瓶及装瓶机（仅限于玻璃瓶）或自动纸器包装机或塑瓶、塑料薄膜包装机、日期打（喷）印机、成品冷藏库（杀菌乳）、就地清洗系统（CIP）、洗箱设备等。

第二十二条 酸牛乳加工设备包括：菌种培养设备、溶糖设备、混料设备、发酵罐（发酵室）、洗瓶机（限于玻璃瓶、瓷瓶）、灌装机、就地清洗系统（CIP）、日期打（喷）印机、冷藏库等。

第二十三条 炼乳加工设备包括：溶糖设备、浓缩设备、空罐清洗消毒设备、灌装机、灭菌机（淡炼乳）、冷却设备、结晶设备（甜炼乳）、就地清洗系统（CIP）、日期打（喷）印机等。

第二十四条 乳粉加工设备包括：奶油分离机（脱脂乳粉）、浓缩设备、喷雾干燥系统、乳粉冷却设备、筛粉机、储粉设备、添加物混合设备、包装机、就地清洗系统（CIP）等。

第二十五条 奶油加工设备包括：奶油分离机、稀奶油储罐、酪乳储罐、稀奶油成熟罐、连续（间歇）奶油制造机、奶油包装机、就地清洗系统（CIP）等。

第二十六条 干酪加工设备包括：凝乳槽、乳清过滤设备、干酪压榨成型设备、盐水槽、成熟室、切割机、包装机、熔化锅（再制干酪）、成型机、就地清洗系统（CIP）等。

第六章 乳制品质量管理

第二十七条 乳制品生产企业应依据原材料、半成品、成品检验的需要配备检验仪器、设备。包括：

(一) 基本设备：分析天平、PH计、乳比重计、脂肪测定设备、蛋白质测定设备、微生物培养箱、无菌操作室、干热（湿热）灭菌器、杂质度过滤机、不溶度指数搅拌器、实验台及实验架、试剂柜、通风橱、水浴锅、供水及洗涤设备、电炉、恒温及干燥箱、显微镜及放大镜、紫外线灯、保温室等。

(二) 专业检验设备：灰化炉（乳粉、炼乳）、粘度计（炼乳）浊度仪、残存氧测定器（乳粉）、折光仪、分光光度计等。

第二十八条 乳制品企业对进厂的每批生鲜乳须经检验合格后方可使用。检验的内容包括：感官、理化、微生物等。

第二十九条 乳制品厂应采用HACCP方法管理，制定控制点的检验项目、检验标准、抽样及检验方法，对生产过程及半成品进行检验，确认其质量合格后方可进入下道工序。

第三十条 乳制品厂应详细制定成品的品质规格、检验项目、检验标准、抽样及检验方法。品质规格的下限不得低于国家标准或行业标准，检验方法原则上应以国家标准为准，如用非国家标准方法时应定期与国家标准方法核对。检验内容如下：

（一）成品应逐批抽取代表性样品，实施理化检验、微生物检验、感官检验、外包装检验。检验结果填写"成品检验记录表"。对于非常规检验项目和本企业无法检验的项目可委托具权威性的研究和检验机构代为检验。

（二）保温检验：对灭菌乳、炼乳等非日配型的产品应抽取代表性的样品做保温实验（灭菌乳摄氏32±1度保温7天，炼乳摄氏37±1度保温10天）后做感官检验、理化检验，必要时做微生物检验。

（三）保存检验：对长保质期产品每批成品应留样保存，将抽取的代表性样品储存于该类产品的正常保存条件下至保质期满后两个月为止，以供必要的品质测定及质量纠纷时之用。

第三十一条 乳制品企业应有与生产能力相适应的成品仓库，经检验合格的包装成品应储存在成品仓库内，不得在露天存放。成品仓库中不得储存有毒、有害或其它易腐、易燃及可能引起异味的物品。

第三十二条 产品出厂应有产品检验合格证书，并做出货记录，内容包括：生产日期、批号、出货时间、地点、对象、数量等，以便发现问题时能及时收回。成品库中存放不合格产品应有明显标识。

第三十三条 工厂应有足够的品质管理及检验人员，能做到每批产品检验；产品质量管理负责人应具备大专以上相关学历或中专相关学历并具备4年以上质量管理经验；质量检验人员应具备中专以上学历，并获得食品质量检验员资格证书。

第三十四条 产品包装标识应符合《食品通用标签标准》GB7718、《特殊营养食品标签》GB13432及相应产品标准的规定。

第七章 乳制品厂卫生管理

第三十五条 环境卫生管理

（一）厂区内的道路应保持良好状态，无破损、不积水、不起扬尘。

（二）厂区内草木要定期修剪，保持环境整洁，禁止堆放杂物，防止有害动物孳生。

（三）排水系统应保持畅通，不得有污泥积蓄。

（四）废弃物临时存放地应远离生产车间，并按废弃物特性分类存放；盛装废弃物的容器应有遮盖，防止不良气味溢出或被风吹起，防止有害动物孳生；易腐败的废弃物应每天清除1次，清除后的容器应及时清洗消毒。

（五）厂区内应有防止、杀灭有害动物及昆虫等设施。

第三十六条 厂房设施卫生管理

（一）厂房内各种设施应经常性保持良好地清洁卫生状态，厂房屋顶、天花板、墙壁应保持良好无破损，地面不得有积水和破损。

（二）受乳间、原料预处理间、加工间等每天下班后应及时冲洗，必要时予以消毒。

（三）灯具及管线外表等应定期清扫或洗涤。

（四）冷（冻）仓库内应经常清理，保持清洁，避免地面积水，并定期消毒。

（五）加工作业场所不得堆积非即时使用的原料、内包装物或其它物品，严禁存放有毒有害物品。

第三十七条 设备卫生管理

（一）用于加工、包装、储运的设备及工具和生产用管道应及时清洗消毒。

（二）用具及设备与食品接触的表面应尽可能地时常予以消毒，消毒后要彻底清洗，以免残留物污染食品。

（三）收工后对使用过的设备及用具等应进行彻底地清洗消毒，必要时在开工前再清洗一次。

（四）与食品接触的设备及用具的清洗用水应符合《生活饮水卫生标准》GB5749的规定。

（五）用于加工乳制品的设备及场所不得做其它与食品加工无关的用途。

第三十八条 辅助设施卫生管理

（一）供水站设备应经常保持良好状态，使用的工具符合卫生要求；消毒剂要妥善储存，严格登记使用，账物相符；对贮水槽（塔、池）定期清洗、消毒（至少每半年一次）；确保生产用水符合《生活饮用水卫生标准》的规定；闲杂人员不得进入供水站。

（二）锅炉房操作人员须经培训合格后方能上岗；对锅炉的操作、维修、保养应按劳动部门的要求进行；锅炉排放物应符合GB13271《锅炉大气污染物排放标准》的规定，对排烟管道应定期清理，防止对厂区造成污染；锅炉用水若采用化学方法除氧、软化，应注意脱氧剂、清垢剂对蒸汽品质的影响，以防食品污染。

第三十九条 人员卫生管理

（一）乳制品加工人员应有身体健康证，并定期进行个人卫生、食品加工卫生等方面的培训。

（二）乳制品加工人员必须保持良好地个人卫生，勤理发、勤剪指甲、勤洗澡、勤换衣。

（三）进入车间前必须穿戴好整洁的工作服、工作帽、工作靴鞋。工作服应能盖住外衣，头发不得露出帽外，必要时应戴口罩。

（四）不得穿工作服、工作鞋进入厕所或离开生产加工场所。

（五）上岗前要洗手。有下列情况之一时必须洗手：上厕所之后、处理被污染的原料物品之后、从事与生产无关的其它活动之后。

（六）与乳制品直接接触的人员不得涂指甲油，不得佩带手表及饰物；有皮肤切口或伤口的工人不得继续从事直接接触乳制品的工作。

（七）工作中不得吸烟、吃食物或做其它有碍食品卫生的活动。

（八）个人衣物应储存在更衣室个人专用的更衣柜内，个人的其它物品不得带入生产车间。

（九）与生产无关的人员不得进入生产场所，参观、来访者应符合现场工作人员卫生要求。

第四十条 工作人员健康管理、除虫灭害管理、工作服管理、卫生设施管理、污物管理应符合《食品企业通用卫生规范》GB14881 要求。

第八章 附 则

第四十一条 本规则由中国乳制品工业协会制定并负责解释。

第四十二条 本规则自 2003 年 6 月 1 日起实施。

奶业统计资料

Ⅰ. 社会经济综合指标

表 1-1　全国国内生产总值

单位：亿元

年　份	国民总收入	国内生产总值	第一产业	第二产业	第三产业	人均国内生产总值（元/人）
1952	679.0	679.0	342.9	141.8	194.3	119
1953	824.0	824.0	378.0	192.5	253.5	142
1954	859.0	859.0	392.0	211.7	255.3	144
1955	910.0	910.0	421.0	222.2	266.8	150
1956	1 028.0	1 028.0	443.9	280.7	303.4	165
1957	1 068.0	1 068.0	430.0	317.0	321.0	168
1958	1 307.0	1 307.0	445.9	483.5	377.6	200
1959	1 439.0	1 439.0	383.8	615.5	439.7	216
1960	1 457.0	1 457.0	340.7	648.2	468.1	218
1961	1 220.0	1 220.0	441.1	388.9	390.0	185
1962	1 149.3	1 149.3	453.1	359.3	336.9	173
1963	1 233.3	1 233.3	497.5	407.6	328.2	181
1964	1 454.0	1 454.0	559.0	513.5	381.5	208
1965	1 716.1	1 716.1	651.1	602.2	462.8	240
1966	1 868.0	1 868.0	702.2	709.5	456.3	254
1967	1 773.9	1 773.9	714.2	602.8	456.9	235
1968	1 723.1	1 723.1	726.3	537.3	459.5	222
1969	1 937.9	1 937.9	736.2	689.1	512.6	243
1970	2 252.7	2 252.7	793.3	912.2	547.2	275
1971	2 426.4	2 426.4	826.3	1 022.8	577.3	288
1972	2 518.1	2 518.1	827.4	1 084.2	606.5	292
1973	2 720.9	2 720.9	907.5	1 173.0	640.4	309
1974	2 789.9	2 789.9	945.2	1 192.0	652.7	310
1975	2 997.3	2 997.3	971.1	1 370.5	655.7	327
1976	2 943.7	2 943.7	967.0	1 337.2	639.5	316
1977	3 201.9	3 201.9	942.1	1 509.1	750.7	339
1978	3 624.1	3 624.1	1 018.4	1 745.2	860.5	379
1979	4 038.2	4 038.2	1 258.9	1 913.5	865.8	417
1980	4 517.8	4 517.8	1 359.4	2 192.0	966.4	460
1981	4 860.3	4 862.4	1 545.6	2 255.5	1 061.3	489
1982	5 301.8	5 294.7	1 761.6	2 383.0	1 150.1	526
1983	5 957.4	5 934.5	1 960.8	2 646.2	1 327.5	582
1984	7 206.7	7 171.0	2 295.5	3 105.7	1 769.8	695
1985	8 989.1	8 964.4	2 541.6	3 866.6	2 556.2	855
1986	10 201.4	10 202.2	2 763.9	4 492.7	2 945.6	956
1987	11 954.5	11 962.5	3 204.3	5 251.6	3 506.6	1 103
1988	14 922.3	14 928.3	3 831.0	6 587.2	4 510.1	1 355
1989	16 917.8	16 909.2	4 228.0	7 278.0	5 403.2	1 512
1990	18 598.4	18 547.9	5 017.0	7 717.4	5 813.5	1 634
1991	21 662.5	21 617.8	5 288.6	9 102.2	7 227.0	1 879
1992	26 651.9	26 638.1	5 800.0	11 699.5	9 138.6	2 287
1993	34 560.5	34 634.4	6 882.1	16 428.5	11 323.8	2 939
1994	46 670.0	46 759.4	9 457.2	22 372.2	14 930.0	3 923
1995	57 494.9	58 478.1	11 993.0	28 537.9	17 947.2	4 854
1996	66 850.5	67 884.6	13 844.2	33 612.9	20 427.5	5 576
1997	73 142.7	74 462.6	14 211.2	37 222.7	23 028.7	6 054
1998	76 967.2	78 345.2	14 552.4	38 619.3	25 173.5	6 308
1999	80 579.4	82 067.5	14 472.0	40 557.8	27 037.7	6 551
2000	88 254.0	89 468.1	14 628.2	44 935.3	29 904.6	7 086
2001	95 727.9	97 314.8	15 411.8	48 750.0	33 153.0	7 651
2002	103 553.6	104 790.6	16 117.3	53 540.7	35 132.6	8 184
2003	116 603.2	117 251.9	17 092.1	61 274.1	38 885.7	9 101

注：1980 年及以后国民总收入（原称国民生产总值）与国内生产总值的差额为国外净要素收入。

表 1-2 各地区国内生产总值

单位：亿元

地 区	1995	2000	2001	2002	2003
全国总计	**58 478.10**	**89 442.20**	**95 933.30**	**104 790.60**	**117 251.90**
北 京	1 394.89	478.76	2 845.65	3 212.71	3 663.10
天 津	917.65	1 639.36	1 840.10	2 051.16	2 447.66
河 北	2 849.52	5 088.96	5 577.78	6 122.53	7 098.56
山 西	1 092.50	1 643.81	1 779.97	2 017.54	2 456.59
内蒙古	832.77	1 401.01	1 545.79	1 734.31	2 150.41
辽 宁	2 793.37	4 669.06	5 033.08	5 458.22	6 002.54
吉 林	1 129.20	1 821.19	2 023.48	2 246.12	2 522.62
黑龙江	2 014.50	3 253.00	3 561.00	3 882.16	4 430.00
上 海	2 462.57	4 551.15	4 950.84	5 408.76	6 250.81
江 苏	3 649.69	8 582.73	9 511.91	10 631.75	12 460.83
浙 江	3 524.79	6 036.34	6 748.15	7 796.00	9 395.00
安 徽	2 003.58	3 038.24	3 290.13	3 569.10	3 972.38
福 建	2 145.92	3 920.07	4 253.68	4 682.01	5 232.17
江 西	1 245.11	2 003.07	2 175.68	2 450.48	2 830.46
山 东	5 002.34	8 542.44	9 438.31	10 552.06	12 435.93
河 南	3 002.74	5 137.66	5 640.11	6 168.73	7 048.59
湖 北	2 391.42	4 276.32	4 662.28	4 975.63	5 401.71
湖 南	2 195.70	3 691.88	3 983.00	4 340.94	4 638.73
广 东	5 733.97	9 662.23	10 647.71	11 769.73	13 625.87
广 西	1 497.56	2 050.14	2 231.19	2 455.36	2 735.13
海 南	364.17	518.48	545.96	604.13	670.93
重 庆		1 589.34	1 749.77	1 971.30	2 250.56
四 川	2 504.95	4 010.25	4 421.76	4 875.12	5 456.32
贵 州	630.07	993.53	1 084.90	1 185.04	1 356.11
云 南	1 206.68	1 955.09	2 074.71	2 232.32	2 465.29
西 藏	55.98	117.46	138.73	161.42	184.50
陕 西	1 000.03	1 660.92	1 844.27	2 035.96	2 398.58
甘 肃	553.35	983.36	1 072.51	1 161.43	1 304.60
青 海	165.31	263.59	300.95	341.11	390.21
宁 夏	169.75	265.57	298.38	329.28	385.34
新 疆	825.12	1 364.36	1 485.48	1 598.28	1 877.61

表 1-3 全国农林牧渔业总产值

单位：亿元

年 份	农林牧渔业总产值	农业产值	林业产值	牧业产值	渔业产值
1952	461.0	396.0	7.3	51.7	6.1
1953	510.0				
1954	535.0				
1955	575.0				
1956	610.0				
1957	537.0	443.9	17.5	65.4	10.2
1958	566.0				
1959	497.0				
1960	457.0				
1961	559.0				
1962	584.0	494.7	13.0	63.8	12.6
1963	642.0				
1964	720.0				
1965	833.0	684.3	22.3	111.5	14.8
1966	910.0				
1967	924.0				
1968	928.0				
1969	948.0				
1970	1 021.0	838.4	28.6	136.6	17.4
1971	1 068.0				
1972	1 075.0				
1973	1 173.0				
1974	1 215.0				
1975	1 260.0	1 020.5	39.2	178.4	21.9
1976	1 258.0				
1977	1 253.0				
1978	1 397.0	1 117.6	48.1	209.3	22.1
1979	1 697.6	1 325.3	60.7	285.6	26.0
1980	1 922.6	1 454.1	81.4	354.2	32.9
1981	2 180.6	1 635.9	98.9	402.2	43.7
1982	2 483.3	1 865.3	110.0	456.7	51.2
1983	2 750.0	2 074.5	127.2	485.1	63.2
1984	3 214.1	2 380.2	161.6	587.3	85.1
1985	3 619.5	2 506.4	188.7	798.3	126.1
1986	4 013.0	2 771.8	201.2	875.7	164.4
1987	4 675.7	3 160.5	222.0	1 068.4	224.9
1988	5 865.3	3 666.9	275.3	1 600.6	322.5
1989	6 534.7	4 100.6	284.9	1 800.4	348.9
1990	7 662.1	4 954.3	330.3	1 967.0	410.6
1991	8 157.0	5 146.4	367.9	2 159.2	483.5
1992	9 084.7	5 588.0	422.6	2 460.5	613.5
1993	10 995.5	6 605.1	494.0	3 014.4	882.0
1994	15 750.5	9 169.2	611.1	4 672.0	1 298.2
1995	20 340.9	11 884.6	709.9	6 045.0	1 701.3
1996	22 353.7	13 539.8	778.0	6 015.5	2 020.4
1997	23 788.4	13 852.5	817.8	6 835.4	2 282.7
1998	24 541.9	14 241.9	851.3	7 025.8	2 422.9
1999	24 519.1	14 106.2	886.3	6 997.6	2 529.0
2000	24 915.8	13 873.6	936.5	7 393.1	2 712.6
2001	26 179.6	14 462.8	938.8	7 963.1	2 815.0
2002	27 390.8	14 931.5	1 033.5	8 454.6	2 971.1
2003	29 691.8	14 870.1	1 239.9	9 538.8	3 137.6

表1－4 各地区农业总产值

单位：亿元

地 区	1995	2000	2001	2002	2003
全国总计	**11 884.6**	**13 873.6**	**14 462.8**	**14 931.5**	**14 870.1**
北 京	86.8	91.1	89.7	90.1	88.8
天 津	85.3	83.4	86.7	86.1	88.2
河 北	753.5	846.7	899.4	918.6	958.3
山 西	203.4	218.3	191.3	227.1	249.5
内蒙古	231.2	308.4	307.6	332.1	336.0
辽 宁	391.9	463.5	503.1	540.1	497.3
吉 林	301.4	320.3	405.9	419.7	438.3
黑龙江	462.2	414.4	450.6	487.5	502.9
上 海	77.7	89.8	95.5	97.2	98.2
江 苏	986.2	1 096.0	1 142.7	1 165.5	981.2
浙 江	481.9	520.4	529.5	532.2	529.4
安 徽	637.9	675.3	688.0	712.4	617.9
福 建	340.5	421.0	433.2	444.2	466.8
江 西	331.6	387.3	405.9	421.5	383.7
山 东	931.9	1 300.4	1 401.3	1 420.9	1 599.3
河 南	865.8	1 264.3	1 331.6	1 360.3	1 137.7
湖 北	612.1	615.7	658.3	671.2	733.4
湖 南	579.7	633.8	665.7	666.6	671.7
广 东	777.7	807.9	817.9	841.8	851.7
广 西	384.2	418.8	439.9	465.5	500.8
海 南	86.1	145.0	141.3	151.5	152.7
重 庆		244.7	250.4	264.1	270.1
四 川	886.9	785.4	769.9	807.4	804.7
贵 州	224.2	279.6	279.9	278.9	275.5
云 南	299.5	416.4	431.3	445.3	433.9
西 藏	17.8	26.4	27.6	29.1	25.3
陕 西	257.9	327.8	337.4	353.2	334.4
甘 肃	200.2	239.0	254.0	257.3	275.8
青 海	26.6	24.9	28.9	28.6	29.7
宁 夏	38.1	47.0	49.4	52.9	54.1
新 疆	324.5	360.5	348.8	362.8	482.8

表1-5 各地区牧业总产值

单位：亿元

地区	1995	2000	2001	2002	2003
全国总计	**6 045.0**	**7 393.1**	**7 963.1**	**8 454.6**	**9 538.8**
北京	68.8	90.6	105.2	117.2	125.5
天津	36.6	51.8	60.8	69.2	72.2
河北	344.2	613.7	685.9	707.1	820.6
山西	81.8	89.7	96.3	97.8	111.9
内蒙古	127.2	205.5	216.2	220.6	267.1
辽宁	266.8	304.2	332.3	361.3	422.0
吉林	173.3	268.7	236.4	238.8	298.4
黑龙江	180.8	175.7	224.6	252.1	294.2
上海	81.5	87.4	88.4	83.5	81.1
江苏	475.7	430.5	448.5	456.0	458.9
浙江	165.0	177.3	195.9	205.1	233.0
安徽	246.2	349.4	371.6	391.7	433.5
福建	171.2	208.2	215.5	222.7	237.3
江西	209.5	221.8	226.1	233.9	254.0
山东	612.9	599.2	654.7	698.4	831.3
河南	391.1	641.6	693.8	750.7	835.9
湖北	268.1	338.8	352.6	354.8	383.7
湖南	369.7	455.9	480.3	508.7	575.1
广东	349.1	389.7	423.2	449.7	482.8
广西	270.8	275.3	292.3	306.5	342.8
海南	36.5	50.3	58.2	65.0	64.8
重庆		142.0	154.4	166.2	177.6
四川	558.5	541.5	605.0	692.9	832.3
贵州	102.5	110.7	118.5	128.8	139.5
云南	127.2	201.5	210.6	223.5	242.5
西藏	17.4	23.5	23.9	25.6	27.1
陕西	104.7	106.4	114.1	125.1	145.6
甘肃	81.8	71.7	80.9	87.3	93.9
青海	27.6	30.5	32.5	34.1	40.7
宁夏	16.3	25.7	30.3	32.0	36.4
新疆	82.3	114.5	134.0	148.0	162.0

表 1-6　各地区食品加工业总产值

单位：亿元

地　区	1995	2000	2001	2002	2003
全国总计	**3 045.10**	**3 722.70**	**4 097.88**	**4 776.96**	**6 152.32**
北　京	80.11	54.46	55.47	60.43	86.93
天　津	59.03	66.70	84.83	87.66	107.92
河　北	88.60	128.75	141.85	168.18	279.63
山　西	22.13	20.87	18.18	22.56	34.62
内蒙古	46.09	46.37	55.56	75.62	107.22
辽　宁	133.90	171.17	174.28	198.26	255.44
吉　林	62.55	63.74	74.36	86.29	165.41
黑龙江	138.35	103.75	97.21	121.06	158.79
上　海	71.40	77.01	86.02	88.26	113.39
江　苏	251.00	364.18	400.36	461.60	492.17
浙　江	134.13	177.45	190.27	212.33	260.22
安　徽	182.67	95.46	92.81	98.80	134.44
福　建	116.53	120.74	129.70	155.25	197.18
江　西	62.48	64.72	64.21	64.83	59.54
山　东	389.14	811.91	962.33	1 184.47	1 586.50
河　南	166.29	283.73	318.64	374.54	458.22
湖　北	139.19	192.54	186.13	181.57	194.84
湖　南	93.85	82.43	96.40	118.48	137.18
广　东	308.58	313.67	352.66	402.82	503.65
广　西	136.77	153.95	154.12	202.12	242.35
海　南	13.09	23.17	23.06	27.78	32.25
重　庆		18.42	21.07	26.04	36.72
四　川	178.13	119.35	134.12	163.80	228.39
贵　州	14.56	13.66	16.17	19.08	22.12
云　南	58.60	56.85	58.28	55.47	66.64
西　藏	0.29	0.49	0.54	0.45	0.19
陕　西	29.24	37.63	38.94	39.61	61.13
甘　肃	19.01	16.83	22.25	26.33	39.14
青　海	7.60	3.44	3.05	4.04	5.98
宁　夏	5.17	2.88	2.74	3.14	7.84
新　疆	36.61	36.38	42.25	46.08	49.27

表 1-7 各地区食品制造业总产值

单位：亿元

地 区	1995	2000	2001	2002	2003
全国总计	**995.07**	**1 442.52**	**1 627.70**	**1 967.31**	**2 290.07**
北 京	30.52	71.61	64.08	70.38	75.34
天 津	42.00	47.05	53.61	57.20	59.00
河 北	39.54	99.74	130.98	157.31	148.45
山 西	9.69	8.94	11.28	17.76	23.42
内蒙古	9.60	24.29	39.62	64.57	113.89
辽 宁	27.68	40.38	44.00	50.60	48.20
吉 林	18.87	40.07	45.14	64.78	16.08
黑龙江	29.40	51.68	64.18	85.54	101.19
上 海	63.66	108.53	128.12	153.18	169.74
江 苏	91.78	103.58	113.88	123.78	152.06
浙 江	68.07	73.96	77.06	89.35	113.27
安 徽	22.24	21.44	24.40	37.95	34.92
福 建	52.08	53.04	54.09	66.94	99.21
江 西	10.82	9.64	10.55	12.66	23.18
山 东	103.02	179.14	206.12	275.25	311.48
河 南	71.72	109.63	125.82	142.70	186.71
湖 北	26.87	39.57	38.32	44.51	63.94
湖 南	11.28	18.19	22.16	30.16	47.30
广 东	136.81	212.63	236.58	250.65	297.51
广 西	41.88	21.50	20.38	16.94	17.19
海 南	11.40	15.21	15.45	15.00	17.42
重 庆		9.88	10.74	14.91	17.31
四 川	33.15	24.74	25.76	37.40	55.49
贵 州	1.23	3.60	5.22	8.71	11.62
云 南	7.51	3.75	4.76	5.39	8.24
西 藏	0.04	0.04	0.04	0.04	0.25
陕 西	13.42	20.54	23.54	29.13	27.93
甘 肃	8.18	10.45	10.57	12.86	11.03
青 海	1.13	0.37	0.42	0.48	0.84
宁 夏	3.89	7.41	9.02	10.97	9.42
新 疆	7.61	11.91	11.79	20.21	28.46

表 1-8 各地区饮料制造业总产值

单位：亿元

地 区	1995	2000	2001	2002	2003
全国总计	**1 155.68**	**1 752.37**	**1 824.34**	**1 996.26**	**2 233.22**
北 京	32.83	71.03	64.70	77.08	80.47
天 津	22.84	42.33	45.83	48.83	50.08
河 北	45.35	89.54	90.49	90.78	110.51
山 西	13.53	17.80	18.19	19.17	21.88
内蒙古	16.03	23.10	22.38	23.49	23.59
辽 宁	40.33	46.24	46.89	54.39	56.52
吉 林	24.50	32.96	36.45	36.43	45.28
黑龙江	34.44	48.34	36.48	55.27	67.14
上 海	38.17	63.58	71.58	73.46	80.56
江 苏	83.95	130.46	144.20	162.67	171.21
浙 江	64.99	136.99	149.01	170.48	200.29
安 徽	62.17	78.14	71.70	68.90	68.70
福 建	40.82	45.75	50.92	56.45	69.18
江 西	18.62	18.73	16.94	17.59	22.17
山 东	161.53	193.61	196.30	213.17	249.64
河 南	69.43	84.83	82.33	82.95	86.35
湖 北	36.23	78.36	84.15	89.37	91.13
湖 南	20.78	27.63	30.81	32.06	40.49
广 东	128.57	197.79	201.95	213.00	240.88
广 西	22.66	18.26	19.87	20.99	22.18
海 南	13.12	14.53	14.98	15.69	19.00
重 庆		16.57	19.19	20.71	23.03
四 川	101.56	175.82	199.25	225.06	252.07
贵 州	16.41	24.92	27.64	35.08	41.50
云 南	9.50	9.94	11.22	11.31	14.94
西 藏	0.10	1.36	1.58	1.67	1.85
陕 西	12.83	25.83	28.93	33.83	36.28
甘 肃	10.36	17.12	18.57	19.94	18.91
青 海	1.86	3.26	2.89	3.41	2.86
宁 夏	1.33	2.89	3.92	4.90	6.62
新 疆	10.84	14.62	15.02	18.12	17.92

表 1-9 全国社会消费品零售总额

单位：亿元

年 份	社会消费品零售总额	市	县	县以下
1952	262.7			
1957	441.6			
1962	543.7			
1965	590.1			
1970	728.8			
1975	1 046.4			
1978	1 558.6	505.2	380.4	673.0
1980	2 140.0	733.6	399.4	1 007.0
1985	4 305.0	1 874.5	737.2	1 693.3
1986	4 374.0	2 018.0	902.0	1 454.0
1987	5 115.0	2 427.0	1 030.0	1 658.0
1988	6 534.6	3 260.8	1 264.3	2 009.5
1989	7 074.2	3 666.8	1 329.5	2 077.9
1990	8 300.1	3 888.6	1 337.4	3 074.1
1991	9 415.6	4 529.8	1 491.2	3 394.6
1992	10 993.7	5 470.3	1 698.8	3 833.6
1993	12 462.1	7 224.9	2 039.5	3 197.7
1994	16 264.7	9 661.2	2 407.2	4 196.3
1995	20 620.0	12 376.7	2 919.6	5 323.7
1996	24 774.1	14 951.2	3 280.0	6 542.9
1997	27 298.9	16 650.4	3 500.1	7 148.4
1998	29 152.5	17 825.2	3 681.9	7 645.4
1999	31 134.7	19 091.6	3 892.5	8 150.6
2000	34 152.6	21 110.3	4 217.2	8 825.1
2001	37 595.2	23 543.4	4 583.2	9 468.6
2002	40 910.5	25 897.6	4 880.4	10 132.5
2003	45 842.0	29 777.3	5 247.8	10 816.9

表 1-10 各地区社会消费品零售总额

单位：亿元

地 区	1995	2000	2001	2002	2003
全国总计	**20 620.0**	**34 152.6**	**37 595.2**	**40 910.5**	**45 842.0**
北 京	827.0	1 443.3	1 593.5	1 744.8	1 916.7
天 津	275.6	736.6	832.7	941.4	922.3
河 北	852.1	1 613.9	1 778.3	1 968.3	2 177.9
山 西	375.9	629.1	679.9	755.4	729.3
内蒙古	295.1	484.0	537.3	606.0	726.8
辽 宁	1 122.0	1 847.6	2 034.9	2 258.4	2 330.8
吉 林	481.5	810.9	909.1	1 008.1	1 110.3
黑龙江	682.7	1 094.0	1 198.9	1 320.0	1 376.5
上 海	970.0	1 722.3	1 861.3	2 035.2	2 220.6
江 苏	1 650.0	2 604.1	2 869.0	3 215.8	3 566.5
浙 江	1 395.7	2 298.8	2 555.5	2 877.5	3 157.1
安 徽	586.5	1 054.3	1 142.8	1 228.7	1 331.2
福 建	670.4	1 372.8	1 499.5	1 663.3	1 740.4
江 西	410.9	704.9	763.3	832.7	923.2
山 东	1 442.7	2 545.9	2 834.9	3 181.9	3 936.5
河 南	906.7	1 786.7	1 979.8	2 189.8	2 426.4
湖 北	931.8	1 789.4	1 975.2	2 198.4	2 358.7
湖 南	837.4	1 364.7	1 511.1	1 678.9	1 816.3
广 东	2 304.1	4 071.9	4 515.3	5 013.6	5 606.0
广 西	532.5	859.2	935.9	1 025.5	857.7
海 南	109.2	172.5	187.5	204.4	191.6
重 庆		643.4	699.3	763.1	835.5
四 川	1 300.5	1 523.7	1 680.4	1 850.1	2 091.1
贵 州	197.6	343.7	378.0	416.2	458.8
云 南	369.6	583.2	655.4	711.3	782.5
西 藏	24.5	42.9	49.0	53.2	58.3
陕 西	369.5	607.6	665.1	728.2	853.2
甘 肃	229.9	362.7	395.4	433.5	474.6
青 海	57.8	82.1	90.4	101.0	102.7
宁 夏	57.2	90.2	98.9	108.8	120.8
新 疆	253.6	374.5	406.3	442.9	421.2

表 1-11　全国城乡人口数

单位：万人

年　份	年底总人数	城　镇		乡　村	
		人口数	占总人数的%	人口数	占总人数的%
1952	57 482	7 163	12.46	50 319	87.54
1957	64 653	9 949	15.39	54 704	84.61
1962	67 295	11 659	17.33	55 636	82.67
1965	72 538	13 045	17.98	59 493	82.02
1970	82 992	14 424	17.38	68 568	82.62
1975	92 420	16 030	17.34	76 390	82.66
1978	96 259	17 245	17.92	79 014	82.08
1980	98 705	19 140	19.39	79 565	80.61
1985	105 851	25 094	23.71	80 757	76.29
1986	107 507	26 366	24.52	81 141	75.48
1987	109 300	27 674	25.32	81 626	74.68
1988	111 026	28 661	25.81	82 365	74.19
1989	112 704	29 540	26.21	83 164	73.79
1990	114 333	30 195	26.41	84 138	73.59
1991	115 823	31 203	26.94	84 620	73.06
1992	117 171	32 175	27.46	84 996	72.54
1993	118 517	33 173	27.99	85 344	72.01
1994	119 850	34 169	28.51	85 681	71.49
1995	121 121	35 174	29.04	85 947	70.96
1996	122 389	37 304	30.48	85 085	69.52
1997	123 626	39 449	31.91	84 177	68.09
1998	124 761	41 608	33.35	83 153	66.65
1999	125 786	43 748	34.78	82 038	65.22
2000	126 743	45 906	36.22	80 837	63.78
2001	127 627	48 064	37.66	79 563	62.34
2002	128 453	50 212	39.09	78 241	60.91
2003	129 227	52 376	40.53	76 851	59.47

注：1982—1989 年数据是根据 1982 年、1990 年两次人口普查数据调查的，1990 年以后数据根据 2000 年人口普查数据进行了调整。

表 1－12 各地区农业、非农业人口数量

单位：万人

地 区	1995		2000		2001		2002		2003	
	农 业	非农业	农 业	非农业	农 业	非农业	农 业	非农业	农 业	非农业
全国总计	**90 224.84**	**28 242.86**	**91 423.01**	**32 249.24**	**91 228.63**	**33 201.79**	**90 301.16**	**34 934.39**	**93 750.62**	**35 476.38**
北 京	378.94	698.04	350.68	762.84	345.45	782.44	332.58	810.25	360.60	1 095.80
天 津	388.37	510.20	382.97	535.74	381.88	541.87	380.34	546.65	391.40	619.90
河 北	5 321.17	1 099.30	5 363.45	1 307.48	5 339.07	1 363.42	5 303.29	1 438.43	5 383.04	1 386.40
山 西	2 289.70	735.96	2 334.34	861.84	2 330.65	889.63	2 321.87	923.58	2 335.50	978.79
内蒙古	1 509.50	727.71	1 489.21	811.73	1 488.37	830.86	1 486.56	848.36	1 358.08	1 021.53
辽 宁	2 238.49	1 795.51	2 233.11	1 902.24	2 229.01	1 918.03	2 211.69	1 943.74	2 325.64	1 884.36
吉 林	1 473.07	1 077.80	1 484.25	1 143.01	1 482.41	1 154.69	1 471.57	1 177.82	1 439.40	1 264.30
黑龙江	1 976.68	1 600.16	2 006.17	1 691.93	2 005.33	1 710.07	2 004.95	1 727.10	1 895.60	1 919.40
上 海	379.67	921.70	335.47	986.16	328.06	999.07	315.42	1 018.81	355.88	1 355.12
江 苏	5 159.94	1 708.48	4 797.12	2 272.15	4 709.16	2 387.874	4 642.88	2 484.45	5 209.68	2 196.14
浙 江	3 567.14	802.49	3 506.19	995.02	3 473.63	1 046.21	3 438.76	1 097.22	3 712.12	967.43
安 徽	4 955.97	1 043.60	5 048.02	1 230.34	5 068.04	1 257.19	5 079.51	1 289.44	5 142.68	1 267.32
福 建	2 574.25	590.38	2 623.69	680.94	2 620.30	700.67	2 217.24	1 115.11	2 675.75	812.25
江 西	3 116.10	822.49	3 223.45	941.02	3 229.32	982.66	3 237.21	1 025.76	3 244.94	1 009.29
山 东	6 530.72	2 170.44	6 565.83	2 409.63	6 507.03	2 516.98	6 435.19	2 634.13	7 044.35	2 080.65
河 南	7 631.21	1 477.64	7 793.00	1 733.50	7 787.03	1 816.14	7 815.15	1 867.61	7 936.13	1 730.87
湖 北	4 224.68	1 502.44	4 275.43	1 660.56	4 272.13	1 684.55	4 266.13	1 712.09	3 957.99	2 043.71
湖 南	5 221.37	1 135.37	5 205.85	1 309.62	5 197.35	1 342.48	5 184.16	1 380.04	5 425.86	1 236.94
广 东	4 753.36	2 035.37	5 160.26	2 338.29	5 174.02	2 391.31	4 881.98	2 767.31	6 174.84	1 779.38
广 西	3 756.85	745.26	3 898.08	825.53	3 912.35	845.60	3 927.36	864.00	4 088.67	768.33
海 南	537.36	165.07	564.07	196.87	567.19	202.31	570.43	208.46	511.44	299.08
重 庆			2 430.20	660.89	2 408.39	689.52	2 392.38	721.45	2 436.47	693.53
四 川	9 271.72	1 891.22	6 842.45	1 565.02	6 814.49	1 622.13	6 796.88	1 677.58	6 872.11	1 828.29
贵 州	2 957.32	462.22	3 144.98	531.65	3 156.33	553.87	3 175.17	572.50	3 201.50	668.16
云 南	3 345.21	528.28	3 445.57	631.05	3 457.78	648.89	3 475.30	665.69	3 510.78	864.82
西 藏	203.06	32.49	215.94	35.29	217.44	36.26	218.45	36.99	221.15	49.02
陕 西	2 726.79	705.14	2 756.43	815.73	2 753.82	835.69	2 748.09	862.56	2 770.60	918.90
甘 肃	1 962.59	425.80	2 046.67	486.98	2 048.89	501.79	2 028.07	539.77	2 055.73	547.61
青 海	327.77	128.48	344.32	136.09	345.61	137.88	346.48	140.62	347.28	186.52
宁 夏	374.43	137.96	395.09	159.23	402.02	163.93	403.66	168.88	407.61	172.69
新 疆	1 071.40	565.86	1 160.68	630.86	1 176.06	647.82	1 192.42	668.00	957.80	976.15

Ⅱ·奶类产量与奶畜存栏

表 2-1　全国奶类产量

单位：千吨

年　份	奶　类	其中：牛奶	山羊奶	年　份	奶　类	其中：牛奶	山羊奶
1949	217	200	17	1976	979	885	94
1950				1977	966	877	89
1951				1978	971	883	88
1952				1979	1 302	1 065	237
1953				1980	1 367	1 141	226
1954				1981	1 549	1 291	258
1955				1982	1 959	1 618	341
1956				1983	2 219	1 845	374
1957				1984	2 596	2 186	410
1958				1985	2 894	2 499	395
1959	299	270	29	1986	3 329	2 899	430
1960				1987	3 788	3 301	481
1961				1988	4 189	3 660	529
1962				1989	4 358	3 813	545
1963				1990	4 751	4 157	
1964				1991	5 243	4 646	
1965				1992	5 639	5 031	
1966				1993	5 637	4 986	
1967				1994	6 089	5 288	
1968				1995	6 728	5 764	
1969	561	510	51	1996	7 359	6 294	
1970				1997	6 811	6 011	
1971				1998	7 454	6 629	
1972	571	571		1999	8 067	7 176	
1973	888	806	82	2000	9 189	8 274	
1974	986	886	100	2001	11 226	10 255	
1975	993	888	104	2002	14 004	12 998	
				2003	18 486	17 463	

表 2-2　全国奶类产量增减情况

单位：千吨

项　目	1990	1995	2001	2002	2003	2003 年比 2002 年增加	
						绝对数	%
奶　类	4 751	6 728	11 226	14 004	18 486	4 482	32.01
牛　奶	4 157	5 764	10 255	12 998	17 463	4 465	34.35

表 2-3　各地区奶类产量

单位：千吨

地　区	1990	1995	2000	2001	2002	2003
全国总计	**4 751**	**6 728**	**9 189**	**11 226**	**14 004**	**18 486**
北　京	218	206	304	429	551	637
天　津	77	111	165	241	336	432
河　北	143	389	962	1 193	1 489	2 076
山　西	179	293	359	404	472	556
内蒙古	396	512	830	1 090	1 689	3 122
辽　宁	153	183	219	266	308	464
吉　林	121	113	150	164	189	233
黑龙江	1 027	1 666	1 565	1 924	2 398	3 039
上　海	227	218	259	260	280	271
江　苏	89	104	257	360	455	500
浙　江	113	92	112	176	222	247
安　徽	26	25	41	55	74	90
福　建	49	63	99	114	142	195
江　西	22	32	58	59	79	109
山　东	296	668	705	904	1 168	1 484
河　南	74	97	202	300	390	526
湖　北	52	38	59	88	101	111
湖　南	11	8	11	18	30	53
广　东	56	57	95	104	111	108
广　西	9	9	17	21	31	38
海　南					0	1
重　庆			56	68	81	91
四　川	268	281	289	333	393	458
贵　州	10	14	17	20	25	34
云　南	76	101	147	171	190	234
西　藏	158	177	204	231	243	251
陕　西	212	326	639	695	831	1 071
甘　肃	81	99	137	156	173	226
青　海	210	206	213	228	235	235
宁　夏	41	140	236	276	308	387
新　疆	356	497	782	878	1 011	1 208

表 2-4 各地区牛奶产量

单位：千吨

地 区	1990	1995	2000	2001	2002	2003
全国总计	**4 157**	**5 764**	**8 274**	**10 255**	**12 998**	**17 463**
北 京	217	206	303	429	551	633
天 津	76	107	165	241	336	432
河 北	112	325	842	1 074	1 369	1 979
山 西	160	260	335	379	447	532
内蒙古	370	486	798	1 062	1 652	3 080
辽 宁	144	171	189	242	281	427
吉 林	117	102	143	161	180	227
黑龙江	1 017	1 646	1 543	1 890	2 358	3 005
上 海	227	218	259	260	280	271
江 苏	87	100	255	354	453	498
浙 江	113	92	112	176	222	247
安 徽	25	25	41	55	74	90
福 建	48	61	96	111	138	192
江 西	22	32	56	59	79	109
山 东	70	179	457	618	903	1 244
河 南	27	55	161	270	360	496
湖 北	52	38	56	88	101	111
湖 南	11	8	11	19	30	53
广 东	55	55	92	102	108	106
广 西	9	9	17	21	31	38
海 南				0	0	1
重 庆			56	68	81	91
四 川	264	277	285	330	389	454
贵 州	10	14	17	20	25	34
云 南	73	95	130	156	175	217
西 藏	126	141	162	181	190	196
陕 西	95	174	392	435	540	742
甘 肃	79	96	133	152	168	222
青 海	201	200	206	217	220	221
宁 夏	41	140	236	276	307	386
新 疆	308	452	725	811	949	1 130

表 2-5 36个大中城市牛奶产量

单位：千吨

城市	2002	2003	2003年比2002年增加	
			绝对数	%
北京	550.81	633.00	82.19	14.92
天津	335.93	432.26	96.33	28.68
石家庄	300.53	405.00	104.47	34.76
太原	65.21	75.00	9.79	15.01
呼和浩特	645.00			
沈阳	129.51	171.87	42.36	32.71
大连	60.76	58.70	−2.06	−3.39
长春	36.38			
哈尔滨	600.00	727.00	127	21.17
上海	279.84	270.51	−9.33	−3.33
南京	99.43	107.72	8.29	8.34
杭州	61.12	63.68	2.56	4.19
宁波	14.10	18.72	4.62	32.77
合肥	14.60	15.40	0.8	5.48
福州	41.27			
厦门				
南昌	44.30	47.31	3.01	6.79
济南		141.00		
青岛	249.77	319.67	69.9	27.99
郑州	57.19	88.04	30.85	53.94
武汉	65.97	80.54	14.57	22.09
长沙	8.89	15.12	6.23	70.08
广州	51.68			
深圳		41.44	41.44	
南宁	11.94			
海口	0.54			
重庆	80.95	91.00	10.05	12.42
成都	83.98	103.00	19.02	22.65
贵阳	15.51			
昆明	63.20	66.59	3.39	5.36
拉萨	21.47	18.72	−2.75	−12.81
西安	202.83			
兰州	37.13	17.85	−19.28	−51.93
西宁	54.00			
银川	87.54	179.04	91.5	104.52
乌鲁木齐	29.80			

表 2－6　各地区地级及地级以上城市奶类产量（一）

单位：千吨

城　　市		2000	2001	2002	2003
城市合计		**7 186.83**	**9 274.91**	**11 898.70**	**16 077.49**
北　京		**303.63**	**429.08**	**550.93**	**636.74**
天　津		**165.10**	**240.60**	**335.90**	**432.30**
河　北		**962.09**	**1 182.70**	**1 472.80**	**2 066.26**
	石家庄	295.30	349.61	390.83	498.64
	唐　山	340.27	416.17	513.68	703.17
	秦皇岛	35.94	36.34	38.28	44.94
	邯　郸	34.14	36.87	44.03	51.08
	邢　台	53.14	71.26	84.64	107.59
	保　定	62.59	96.34	140.13	228.21
	张家口	69.69	90.00	144.46	261.99
	承　德	38.58	44.91	39.26	56.93
	沧　州	11.41	20.20	32.97	52.46
	廊　坊	15.49	21.00	28.80	41.04
	衡　水	5.55		15.72	20.21
山　西		**353.45**	**398.82**	**460.13**	**552.34**
	太　原	46.02	51.77	65.24	76.53
	大　同	23.39	24.78	30.38	47.04
	阳　泉	2.57	3.12	5.16	6.66
	长　治	4.36	5.76	12.44	15.95
	晋　城	1.29	2.21	2.72	3.93
	朔　州	176.30	204.97	220.67	246.74
	晋　中	31.29	36.70	45.53	55.19
	运　城	4.08	7.67	8.49	13.52
	忻　州	36.55	33.70	39.71	45.45
	临　汾	27.63	28.14	29.78	30.68
	吕　梁				10.67
内蒙古		**354.51**	**856.64**	**1 357.45**	**2 880.58**
	呼和浩特	234.33	400.14	645.30	1 007.63
	包　头	30.86	52.42	186.45	433.18
	乌　海	1.13	1.37	1.92	4.20
	赤　峰	35.71	33.09	48.48	70.57
	通　辽	52.47	61.17	93.88	208.36
	鄂尔多斯		23.14	45.56	165.85
	呼伦贝尔		285.31		473.00
	巴彦淖尔				188.09
	乌兰察布				329.72
辽　宁		**219.58**	**266.42**	**331.23**	**464.09**
	沈　阳	56.86	65.53	84.46	129.75
	大　连	66.42	72.68	77.67	90.61
	鞍　山	6.24	8.35	10.09	14.20
	抚　顺	16.00	17.90	21.97	25.23
	本　溪	4.07	6.87	7.73	10.26
	丹　东	6.13	8.78	12.58	14.88

表 2-6 各地区地级及地级以上城市奶类产量（二）

单位：千吨

城　市		2000	2001	2002	2003
	锦　州	17.36	21.70	26.42	33.46
	营　口	4.75	6.85	9.36	9.53
	阜　新	10.82	8.53	14.67	30.12
	辽　阳	3.08	6.74	9.09	18.17
	盘　锦	6.89	7.80	6.57	13.21
	铁　岭	11.00	22.27	33.52	44.02
	朝　阳	5.85	6.98	10.09	22.94
	葫芦岛	4.09	5.44	7.01	7.70
吉　林		**147.58**	**210.56**	**232.97**	**303.01**
	长　春	40.42	52.71	53.40	75.58
	吉　林	24.47	33.82	45.56	60.27
	四　平	45.16	66.34	70.43	83.56
	辽　源	4.23	6.30	6.67	5.01
	通　化	1.87	2.73	5.92	9.09
	白　山	0.95	1.64	1.99	1.52
	松　原	17.39	24.14	16.40	14.09
	白　城	13.11	22.89	32.60	53.90
黑龙江		**1 549.27**	**1 827.52**	**2 267.49**	**2 730.98**
	哈尔滨	439.52	521.29	622.93	727.03
	齐齐哈尔	256.78	328.40	464.57	569.14
	鸡　西	102.51	117.98	119.99	134.39
	鹤　岗	59.03	77.81	97.28	109.66
	双鸭山	14.08	24.13	38.17	44.48
	大　庆	170.07	243.34	401.20	567.09
	伊　春	12.68	11.35	17.48	20.11
	佳木斯	17.42	15.60	23.27	27.93
	七台河	3.55	4.17	4.71	4.95
	牡丹江	15.46	11.79	14.43	16.54
	黑　河	106.40	94.52	41.37	42.01
	绥　化	351.78	377.15	422.09	467.68
上　海		**259.46**	**260.44**	**279.84**	**270.51**
江　苏		**256.92**	**397.83**	**516.26**	**532.50**
	南　京	64.76	89.63	85.39	91.29
	无　锡	45.69	80.77	99.74	112.08
	徐　州	59.04	83.04	137.96	121.37
	常　州	4.37	5.51	10.25	14.93
	苏　州	43.74	80.45	105.10	100.27
	南　通	5.61	5.88	9.07	10.36
	连云港	6.60	8.43	7.78	9.30
	淮　安	9.83	11.87	11.71	15.89
	盐　城	4.16	5.78	10.19	13.17
	扬　州	3.24	9.41	10.77	10.69

表2-6 各地区地级及地级以上城市奶类产量（三）

单位：千吨

城市		2000	2001	2002	2003
	镇江	6.37	10.09	14.64	14.43
	泰州	3.53	6.52	10.46	13.26
	宿迁	0.00	0.45	3.20	5.47
浙江		**111.71**	**148.13**	**204.56**	**228.29**
	杭州	40.12	45.37	61.11	56.32
	宁波	8.31	11.15	17.40	22.13
	温州	10.89	14.02	17.90	23.84
	嘉兴	1.58	2.22	2.82	3.79
	湖州	0.70	1.01	2.13	7.42
	绍兴	0.68	0.90	1.06	1.22
	金华	42.15	60.51	85.38	95.35
	衢州	1.23	1.65	2.11	2.51
	舟山	0.77	1.42	1.73	2.73
	台州	47.65	9.45	12.42	12.35
	丽水	0.64	0.44	0.51	0.62
安徽		**41.20**	**54.90**	**73.77**	**90.18**
	合肥	11.82	15.03	14.62	19.02
	芜湖	1.68	1.91	0.77	2.23
	蚌埠	3.33	40.3	7.09	6.92
	淮南	12.73	18.23	25.87	28.81
	马鞍山	0.85	1.10	1.48	1.71
	淮北	2.28	3.03	5.13	5.44
	铜陵	0.02	0.19	0.18	0.23
	安庆	0.02	0.19	0.38	0.41
	黄山	0.05	0.05	0.06	0.49
	滁州	2.35	2.93	4.26	6.66
	阜阳	0.61	0.73	0.97	1.02
	宿州	0.50	1.21	2.76	3.76
	巢湖	0.11	0.15	0.51	0.78
	六安	1.98	2.48	3.43	3.57
	亳州	2.48	3.18	5.58	8.17
	池州	0.00	0.00	0.00	0.17
	宣城	0.20	0.47	0.68	0.79
福建		**98.58**	**113.90**	**141.62**	**195.05**
	福州	38.54	40.58	41.27	44.21
	厦门	1.58	1.90	1.95	1.65
	莆田	15.28	15.99	16.30	19.81
	三明	2.54	3.63	3.36	5.16
	泉州	6.54	6.95	6.56	6.89
	漳州	6.65	6.20	5.78	5.83
	南平	23.93	35.29	62.37	106.91
	龙岩	0.89	1.06	1.61	2.12
	宁德	2.63	2.31	2.41	2.48

表 2-6　各地区地级及地级以上城市奶类产量（四）

单位：千吨

城　市	2000	2001	2002	2003
江　西	**56.15**	**59.29**	**78.73**	**108.86**
南　昌	47.57	50.71	58.32	62.27
景德镇	0.11	0.06	0.05	0.10
萍　乡	0.18	0.39	0.52	2.86
九　江	1.13	1.38	1.56	1.58
新　余	0.15	0.20	0.35	0.88
鹰　潭	0.32	0.45	0.50	0.58
赣　州	1.24	1.43	11.63	35.31
吉　安	0.57	0.83	0.96	1.42
宜　春	0.24	0.37	0.42	0.52
抚　州	4.57	3.43	3.87	2.95
上　饶	0.07	0.06	0.57	0.40
山　东	**704.44**	**904.31**	**1 167.60**	**1 483.44**
济　南	70.86	76.40	101.18	141.47
青　岛	230.06	271.12	339.93	410.09
淄　博	25.02	35.20	52.64	73.43
枣　庄	8.32	9.15	10.73	11.89
东　营	8.95	10.68	20.12	40.12
烟　台	90.47	127.91	163.60	183.27
潍　坊	99.00	144.73	173.57	185.40
济　宁	26.40	30.03	31.36	46.55
泰　安	12.44	17.99	32.70	49.18
威　海	79.32	87.32	110.67	141.29
日　照	1.95	2.17	2.86	4.73
莱　芜	0.83	0.94	0.94	1.72
临　沂	22.78	26.05	42.00	54.91
德　州	2.73	21.01	24.96	32.18
聊　城	8.10	8.69	8.83	17.42
滨　州	14.97	25.61	43.23	78.90
菏　泽	2.26	9.31	8.27	10.90
河　南	**201.78**	**287.55**	**436.25**	**622.01**
郑　州	49.69	62.08	83.66	121.60
开　封	20.74	27.05	37.53	51.01
洛　阳	23.69	36.57	71.35	117.04
平顶山	2.65	4.61	5.72	7.31
安　阳	6.21	8.51	13.31	19.20
鹤　壁	1.04	3.96	4.40	4.94
新　乡	9.15	23.27	30.30	42.01
焦　作	3.98	5.33	13.38	22.02
濮　阳	2.74	7.35	10.13	11.84
许　昌	3.82	5.61	7.36	9.44
漯　河	3.67	8.63	14.32	22.65

表 2-6 各地区地级及地级以上城市奶类产量（五）

单位：千吨

城 市		2000	2001	2002	2003
	三门峡	5.24	6.61	8.22	10.38
	南 阳	46.99	60.24	92.93	118.88
	商 丘	16.13	19.92	29.13	41.66
	信 阳	0.80	0.91	1.10	1.71
	周 口	3.89	2.83	7.48	12.85
	驻马店	1.37	4.08	5.95	7.47
湖 北		**59.27**	**87.84**	**100.51**	**109.64**
	武 汉	45.58	69.92	74.13	81.44
	黄 石	0.58	0.86	0.37	0.31
	十 堰	0.65	0.85	0.90	0.88
	宜 昌	2.99	7.12	14.04	14.20
	襄 樊	1.10	1.36	1.43	1.40
	鄂 州	0.03	0.05	0.09	0.12
	荆 门	3.25	1.26	1.42	1.10
	孝 感	0.02	0.02	0.02	0.00
	荆 州	0.00	0.03	0.16	0.00
	黄 冈	3.05	3.04	3.44	3.72
	咸 宁	1.91	3.19	4.41	6.36
	随 州	0.10	0.14	0.11	0.13
湖 南		**9.87**	**17.88**	**33.82**	**51.60**
	长 沙	2.81	5.68	9.11	15.12
	株 洲	0.15	0.46	0.57	0.72
	湘 潭	1.26	1.86	2.18	2.32
	衡 阳	0.23	0.34	0.91	1.57
	邵 阳	4.61	8.23	15.40	21.86
	岳 阳	0.22	0.11	0.29	0.45
	常 德	0.26	0.53	3.95	7.21
	张家界	0.00	0.05	0.05	0.16
	益 阳	0.03	0.09	0.13	0.12
	郴 州	0.07	0.17	0.30	0.59
	永 州	0.06	0.16	0.41	0.56
	怀 化	0.16	0.18	0.41	0.60
	娄 底	0.00	0.02	0.10	0.34
广 东		**93.78**	**100.70**	**120.60**	**107.93**
	广 州	41.49	47.43	46.38	43.48
	韶 关	0.44	0.56	0.36	0.06
	深 圳	24.90	22.18	22.80	24.10
	珠 海	4.58	5.58	5.06	8.31
	汕 头	6.65	6.54	6.22	5.91
	佛 山	5.62	4.44	4.93	6.82
	江 门	0.07	0.08	0.04	0.00
	湛 江	1.13	1.79	1.91	1.92
	茂 名	0.57	0.78	0.79	0.81
	肇 庆	0.09	1.62	2.21	5.22
	惠 州	1.44	1.97	2.67	1.28
	梅 州	1.43	2.81	1.43	4.12

表 2-6 各地区地级及地级以上城市奶类产量（六）

单位：千吨

城 市		2000	2001	2002	2003
	汕 尾	0.00	0.00	0.00	0.00
	河 源	0.66	0.61	0.73	0.81
	阳 江	0.00	0.00	0.00	0.00
	清 远	0.21	0.44	0.62	2.12
	东 莞	0.78	0.26	0.42	0.03
	中 山	0.02	0.03	0.03	0.02
	潮 州	0.25	0.24	0.00	0.00
	揭 阳	3.42	3.28	23.96	2.87
	云 浮	0.05	0.07	0.04	0.05
广 西		**16.11**	**19.48**	**29.77**	**38.23**
	南 宁	6.24	7.26	11.94	15.85
	柳 州	4.57	5.64	7.57	8.03
	桂 林	2.51	2.42	2.22	3.01
	梧 州	0.48	0.53	0.82	0.81
	北 海	0.44	0.46	0.81	0.79
	防城港	0.04	0.16	0.95	2.99
	钦 州	0.16	0.30	0.63	0.98
	贵 港	1.02	1.35	1.42	1.85
	玉 林	0.66	1.37	2.07	2.06
	百 色				0.40
	贺 州				0.39
	河 池				0.05
	来 宾				0.67
	崇 左				0.36
海 南		**0.26**	**0.26**	**0.26**	**0.57**
	海 口	0.26	0.26	0.26	0.57
	三 亚	0.00	0.00	0.00	0.00
重 庆		**56.00**	**67.79**	**80.90**	**90.61**
四 川		**108.62**	**145.19**	**196.00**	**253.78**
	成 都	49.78	62.78	84.18	93.34
	自 贡	5.10	6.36	8.07	9.03
	攀枝花	1.36	1.73	1.99	2.22
	泸 州	2.67	3.16	3.67	6.26
	德 阳	4.69	5.82	7.39	9.15
	绵 阳	8.06	12.53	14.00	16.47
	广 元	1.30	1.73	2.04	2.38
	遂 宁	0.49	0.67	0.85	1.06
	内 江	2.24	3.49	3.71	4.51
	乐 山	0.81	1.64	3.10	4.08
	南 充	5.89	8.29	14.38	20.77
	眉 山	10.86	17.81	28.44	50.79
	宜 宾	1.55	3.02	3.27	3.79
	广 安	0.69	0.92	1.25	1.97
	达 州	4.45	5.30	7.11	8.25
	雅 安	7.11	7.63	9.67	16.19
	巴 中	0.25	0.28	0.31	0.38
	资 阳	1.33	2.04	2.58	3.14

表 2-6　各地区地级及地级以上城市奶类产量（七）

单位：千吨

城　市		2000	2001	2002	2003
贵　州		**18.69**	**21.29**	**25.98**	**33.42**
	贵　阳	13.97	15.93	19.85	26.21
	六盘水	0.05	0.32	0.58	0.49
	遵　义	4.20	4.52	5.00	6.11
	安　顺	0.47	0.52	0.55	0.61
云　南		**62.91**	**80.95**	**83.25**	**88.84**
	昆　明	55.54	71.09	70.30	73.43
	曲　靖	5.39	6.31	7.64	8.87
	玉　溪	0.86	0.70	0.74	0.78
	保　山	1.13	1.21	1.35	1.51
	昭　通		1.64	1.65	1.88
	丽　江				1.49
	思　茅				0.28
	临　沧				0.60
西　藏					
	拉　萨				
陕　西		**634.05**	**690.00**	**825.48**	**1 057.13**
	西　安	245.91	255.44	288.01	336.30
	铜　川	0.35	2.12	4.89	6.73
	宝　鸡	120.34	145.66	187.21	254.08
	咸　阳	156.48	164.44	204.50	296.20
	渭　南	87.80	97.00	111.63	121.76
	延　安	2.27	2.11	2.62	3.76
	汉　中	4.83	5.45	6.17	7.71
	榆　林	16.07	16.57	19.22	28.91
	安　康	0.00	0.33	0.39	0.40
	商　洛		0.89	0.85	1.27
甘　肃		**35.91**	**55.04**	**99.59**	**148.37**
	兰　州	28.64	33.60	39.20	55.43
	嘉峪关	0.71	1.06	1.06	2.63
	金　昌	2.66	6.74	6.32	8.02
	白　银	1.78	1.77	2.46	4.66
	天　水	2.13	3.00	2.97	3.76
	武　威		8.87	9.54	38.98
	张　掖	3.28	5.49		16.21
	平　凉				3.20
	酒　泉	1.38	4.33		11.65
	庆　阳				2.95
	定　西				0.88
青　海		**44.12**	**46.96**	**58.59**	**63.32**
	西　宁	44.12	46.96	58.59	63.32
宁　夏		**236.08**	**275.77**	**304.68**	**383.57**
	银　川	57.61	74.26	117.65	141.02
	石嘴山	5.87	7.16	8.03	10.82
	吴　忠	172.60	194.35	178.69	230.18
	固　原			0.30	1.55
新　疆		**25.72**	**27.09**	**31.75**	**53.38**
	乌鲁木齐	24.07	25.49	30.15	50.32
	克拉玛依	1.65	1.60	1.60	3.06

表2-7 各地区县级城市奶类产量（一）

单位：吨

城市	2000	2001	2002	2003
河北				
辛集	7 116	7 952	11 834	16 000
藁城	48 414	56 823	60 048	70 211
晋州	8 791	8 910	10 700	14 500
新乐	22 500	22 900	29 600	36 800
鹿泉	19 139	23 873	30 454	44 736
遵化	38 106	36 930	44 221	54 038
丰南	23 779	31 125		
迁安	2 988	7 822	12 666	19 120
武安	1 000	1 000	1 200	1 500
南宫	1 950	1 500	1 500	1 500
沙河	950	1 470	3 000	5 100
涿州	2 396	2 265	5 329	8 835
定州	8 400	12 500	24 527	39 600
安国	1 463	5 002	7 216	7 907
高碑店	1 099	1 106	1 221	2 193
泊头	425	581	1 000	1 600
任丘	393	395	1 376	3 715
黄骅	310	421	834	903
河间	0	21	315	801
霸州	750	1 141	1 184	1 630
三河	2 317	2 855	3 058	3 175
冀州	600	714	1 270	1 741
深州	123	168	567	1 000
山西				
古交	97	56	60	65
潞城	101	120	318	747
高平	81	393	486	1 353
介休	1 966	2 203	2 677	3 486
永济	110	422	705	1 875
河津	420	709	839	1 168
原平	1 012	1 329	1 565	2 073
侯马	264	298	302	310
霍州	405	458	631	905
孝义	1 139	1 704	2 179	2 576
离石	523	483	525	
汾阳	2 401	2 736	3 725	4 562
内蒙古				
霍林郭勒	72	83	289	2 184
海拉尔	32 372	43 074		
满洲里	3 500	3 600	3 360	3 500
扎兰屯	21 651	35 432	43 546	71 291

表 2-7 各地区县级城市奶类产量（二）

单位：吨

城市	2000	2001	2002	2003
牙克石	27 316	33 219	39 000	51 814
根河	450	458	2 106	2 530
额尔古纳	29 310	33 676	40 351	53 672
乌兰浩特	9 390	9 749	18 896	56 307
阿尔山	2	0	50	256
二连浩特	340	240	200	340
锡林浩特	20 834	22 698	21 516	23 774
集宁	5 657	4 280	6 420	
丰镇	2 086	2 475	4 722	39 902
东胜	827	583	1 195	
临河	2 149	11 112	23 264	
辽宁				
新民	734	2 278	3 949	6 977
瓦房店	4 253	4 400	3 707	7 747
普兰店	8 384	8 556	10 755	12 427
庄河	455	620	1 450	1 619
海城	1 248	1 653	4 221	4 093
东港	380	1 898	3 791	3 795
凤城	151	243	329	712
凌海	3 465	5 698	7 158	11 156
北宁	326	267	352	350
盖州	1 980	1 672	2 570	1 149
大石桥	424	1 000	1 160	1 658
灯塔	1 020	1 385	1 571	9 654
铁法	287	278	694	3 819
开原	626	754	1 885	2 398
北票	886	836	1 073	1 360
凌源	491	564	888	1 000
兴城	992	904	1 066	1 205
吉林				
九台	591	766	847	1 855
榆树	2 759	1 332	1 424	2 669
德惠	4 208	5 785	6 359	11 433
蛟河	222	249	484	419
桦甸	100	270	594	8 489
舒兰	459	438	2 388	406
磐石	117	381	426	550
公主岭	3 229	3 380	3 990	4 952
双辽	1 347	5 087	6 653	9 503
梅河口	300	629	1 710	1 606
集安	39	83	63	0
临江	455	580	585	450
洮南	2 048	2 704	4 590	15 033
大安	1 937	6 773	8 870	10 380

表 2-7 各地区县级城市奶类产量（三）

单位：吨

城　市	2000	2001	2002	2003
延　吉	495	827	946	1 442
图　们	425	450	547	658
敦　化	730	1 673	4 456	6 300
珲　春	134	164	466	640
龙　井	247	253	230	977
和　龙	126	202	241	319
黑龙江				
阿　城	6 710	8 260	9 818	31 371
双　城	273 539	337 980	375 822	444 437
尚　志	2 822	3 116	3 187	5 925
五　常	7 442	7 826	7 076	17 188
讷　河	5 144	5 632	7 989	8 564
虎　林	11 493	13 295	13 825	16 200
密　山	13 058	13 265	31 453	25 165
铁　力	5 430	5 830	8 708	10 842
同　江	131	120	94	200
富　锦	127	204	165	100
绥芬河	149	163	141	222
海　林	1 587	2 243	2 843	3 748
宁　安	599	616	899	1 144
穆　棱	1 018	1 103	1 725	2 254
北　安	11 068	13 874	18 725	30 141
五大连池	5 332	4 920	7 984	11 700
安　达	180 594	163 539	168 550	182 504
肇　东	112 923	136 598	180 204	208 292
海　伦	23 358	36 799	32 990	34 248
江　苏				
江　阴	6 075	15 263	23 768	30 029
宜　兴	975	938	989	900
新　沂	2 800	2 868	4 342	5 018
邳　州	480	1 500	30 000	3 500
溧　阳	0	0	120	0
金　坛	540	582	800	739
武　进	1 078	2 523		
常　熟	9 000	18 000	20 000	20 000
张家港	14 550	17 800	21 144	24 884
昆　山	1 300	8 520	10 000	10 210
吴　江	0	200	0	0
太　仓	1 045	5 000	14 000	9 600
启　东	200	135	135	150
如　皋	200	300	550	610
通　州	205	452	1 818	3 082

表 2－7 各地区县级城市奶类产量（四）

单位：吨

城市		2000	2001	2002	2003
	海门	102	72	45	45
	东台	1 420	2 305	2 777	5 512
	大丰	224	280	941	632
	仪征	408	890	1 443	1 267
	高邮	486	1 250	1 817	1 619
	江都	447	915	5 164	5 040
	丹阳	740	887	1 272	908
	扬中	0	10	304	141
	句容	2 418	5 688	9 000	9 250
	兴化	500	392	570	1 500
	靖江	150	450	678	450
	泰兴	150	900	2 520	3 056
	姜堰	809	1 750	3 104	3 374
浙江					
	萧山	1 707	2 298		
	建德	73	231	557	668
	富阳	160	366	1 249	7 879
	余杭	3 217	3 326		
	临安	3 211	4 062	5 052	5 273
	余姚	40	80	93	100
	慈溪	0	3	0	338
	奉化	753	512	538	605
	瑞安	1 682	2 033	3 155	5 029
	乐清	1 589	2 029	4 831	5 411
	海宁	0	150	365	560
	平湖	300	690	1 812	2 118
	桐乡	0	0	0	95
	诸暨	12	224	387	185
	上虞	40	140	132	120
	嵊州	32	9	14	7
	兰溪	66	2 391	2 459	2 734
	义乌	229	274	953	595
	东阳	75	299	309	234
	永康	10	54	70	48
	江山	48	54	121	136
	温岭	803	1 478	2 941	2 292
	临海	540	539	810	899
	龙泉	25	38	89	98
安徽					
	桐城	0	14	16	18
	天长	90	90	100	110
	明光	30	32	35	45

表2-7 各地区县级城市奶类产量（五）

单位：吨

城　　市	2000	2001	2002	2003
界首	64	93	99	197
宁国	0	0	0	0
福建				
福清	775	851	660	3 634
长乐	7 770	8 016	8 542	9 510
永安	416	458	440	452
石狮	469	481	495	506
晋江	2 387	2 481	2 362	2 507
南安	2 038	2 217	2 085	2 203
龙海	1 135	1 299	1 337	1 484
邵武	790	906	1 421	6 434
武夷山	75	78	98	98
建瓯	1 451	6 441	15 083	26 927
建阳	107	299	179	6 937
漳平	95	98	92	89
福安	1 113	902	1 059	887
福鼎	4	8	8	8
江西				
乐平	0	0	0	0
瑞昌	0	0	0	0
贵溪	86	0	50	33
瑞金	0	0	120	180
南康	98	146	150	150
井冈山	0	0	0	0
丰城	0	70	0	0
樟树	116	57	197	333
高安	0	34	83	41
山东				
德兴	0	0	0	0
章丘	11 222	13 469	20 523	44 702
胶州	40 520	46 598	52 190	55 843
即墨	46 173	56 574	70 075	89 457
平度	7 354	9 462	12 964	17 493
胶南	52 432	60 777	66 892	79 870
莱西	58 000	76 000	115 000	140 000
滕州	811	1 177	1 255	1 307
龙口	32 270	32 917	37 206	38 233
莱阳	12 120	36 327	52 594	60 579
莱州	15 785	20 142	25 010	27 461
蓬莱	4 879	5 294	5 721	5 422
招远	4 539	4 800	4 922	5 520
栖霞	1 585	1 593	1 993	2 263
海阳	3 397	6 966	9 496	11 829
青州	7 081	9 191	9 210	9 426
诸城	25 001	50 056	52 902	40 336
寿光	3 116	3 686	7 868	11 796

表 2－7　各地区县级城市奶类产量（六）

单位：吨

城　市		2000	2001	2002	2003
	安　丘	2 581	2 560	1 040	3 026
	高　密	1 535	2 053	2 030	1 112
	昌　邑	311	1 695	3 800	3 208
	曲　阜	4 798	8 884	7 735	8 461
	兖　州	6 385	4 973	5 669	6 423
	邹　城	2 195	2 472	4 485	6 652
	新　泰	3 190	3 674	4 072	4 447
	肥　城	350	460	608	3 143
	文　登	59 717	60 844	72 259	80 414
	荣　成	4 008	7 809	17 145	28 990
	乳　山	10 032	9 489	11 160	15 958
	乐　陵	0	0	0	410
	禹　城	2	2	2	1 505
	临　清	766	0	1 050	1 500
河　南					
	巩　义	694	1 776	2 868	3 193
	新　密	26 631	27 702	31 045	42 593
	荥　阳	257	1 758	5 123	5 197
	新　郑	444	2 229	3 770	7 439
	登　封	432	485	438	1 300
	偃　师	10 439	16 130	24 854	43 744
	舞　钢	150	56	120	121
	汝　州	183	560	800	824
	林　州	210	220	480	600
	卫　辉	1 709	1 995	3 362	2 556
	辉　县	517	831	1 857	1 953
	济　源	1 070	1 275	2 035	2 847
	沁　阳	307	283	618	820
	孟　州	306	520	1 560	2 282
	禹　州	331	450	575	730
	长　葛	565	833	1 296	1 892
	义　马	32	120	172	201
	灵　宝	416	680	1 208	2 182
	邓　州	816	823	1 043	2 777
	永　城	1 300	780	2 000	2 480
	项　城	0	0	306	2 400
湖　北					
	大　冶	15	16	16	25
	丹江口	0	0	20	17
	宜　都	0	0	2	15
	当　阳	0	300	1 251	1 220
	枝　江	0	0	0	0

表 2-7 各地区县级城市奶类产量（七）

单位：吨

城市	2000	2001	2002	2003
老河口	1 100	1 120	1 200	1 100
枣阳	0	0	0	0
宜城	0	0	0	0
钟祥	0	0	0	21
应城	0	0	0	0
安陆	0	0	0	0
汉川	0	0	0	0
石首	2	0	0	0
洪湖	0	0	0	0
松滋	0	0	0	0
麻城	12	15	35	15
武穴	0	0	0	0
赤壁	0	8	32	90
广水	103	142	106	126
恩施	36	36	150	324
利川	6	6	10	18
仙桃	0	0	0	174
潜江	0	0	0	0
天门	112	256	125	219
湖南				
浏阳	1 100	1 856	1 956	2 137
醴陵	45	45	120	120
湘乡	85	50	130	130
韶山	6	8	12	10
耒阳	0	12	150	300
常宁	0	0	0	254
武冈	0	0	120	562
汨罗	0	0	136	210
临湘	0	0	0	0
津市	0	0	420	500
沅江	0	0	0	0
资兴	18	20	23	26
洪江	55	69	94	104
冷水江	0	10	15	220
涟源	0	0	0	20
吉首	685	780	850	920
广东				
增城	55	659	1 700	4 707
从化	2	13	897	1 790
乐昌	40	4	0	2
南雄	11	15	21	23
潮阳	229	221		

表 2－7 各地区县级城市奶类产量（八）

单位：吨

城市		2000	2001	2002	2003
	澄海	77	157		
	顺德	2 818	1 428		
	南海	2 685	2 947		
	三水	16	0		
	高明	0	0		
	台山	0	0		
	新会	40	40		
	开平	0	0	0	0
	鹤山	25	38	36	0
	恩平	0	0	0	0
	廉江	21	10	0	0
	雷州	38	538	0	50
	吴川	111	203	200	0
	高州	0	0	0	0
	化州	0	0	0	0
	信宜	570	778	790	800
	高要	0	0	0	0
	四会	0	15	10	0
	惠阳	1 346	1 533		
	兴宁	822	1 245	1 338	1 334
	陆丰	0	0	0	0
	阳春	164	0	0	0
	英德	72	150	260	475
	连州	0	0	40	40
	普宁	1 056	987	912	969
	罗定	12	23	20	37
广西					
	岑溪	22	12	32	44
	东兴	0	0	0	54
	桂平	32	34	45	110
	北流	300	330	927	588
	凭祥	0	0	0	0
	合山	0	0	30	0
	贺州	181	274		
	百色	47	62		
	河池	260	0		
	宜州	0	0	0	0
海南					
	通什	0	0	0	0
	琼海	0	1	3	1
	儋州	0	0	30	0
	琼山	12	10		0

表 2-7　各地区县级城市奶类产量（九）

单位：吨

城　市		2000	2001	2002	2003
	文　昌	0	0	0	0
	万　宁	0	0	0	0
	东　方	0	0	0	0
重　庆					
	江　津	458	485	670	692
	合　川	610	612	682	1 177
	永　川	1 021	1 153	1 500	1 593
	南　川	300	410	828	789
四　川					
	都江堰	480	334	1 393	2 404
	彭　州	1 659	1 740	2 158	2 755
	邛　崃	54	274	666	1 301
	崇　州	49	332	515	1 551
	广　汉	602	756	1 300	1 584
	什　邡	212	218	247	261
	绵　竹	1 837	2 113	2 573	3 351
	江　油	995	1 071	1 716	2 164
	峨眉山	49	65	200	558
	阆　中	101	193	323	449
	华　蓥	136	130	205	250
	万　源	7	7	8	10
	简　阳	431	555	585	816
	西　昌	2 992	3 810	4 950	6 378
贵　州					
	清　镇	352	861	884	1 049
	赤　水	0	4	20	12
	仁　怀	4	4	50	45
	铜　仁	8	73	88	235
	兴　义	81	190	500	700
	毕　节	28	54	160	163
	凯　里	265	701	790	1 040
	都　匀	502	637	800	2 230
	福　泉	0	0	0	0
云　南					
	安　宁	1 750	2 268	3 060	3 105
	宣　威	39	40	108	159
	昭　通	849	1 237	1 421	
	楚　雄	748	1 120	1 404	2 105
	个　旧	4 245	4 920	5 311	7 878
	开　远	223	345	599	492
	思　茅	66	67	72	
	景　洪	0	0	0	74

表 2-7 各地区县级城市奶类产量（十）

单位：吨

城 市		2000	2001	2002	2003
	大 理	11 925	13 172	14 992	19 117
	瑞 丽	27	23	22	28
	潞 西	458	478	468	674
西 藏					
	日喀则		4 216	5 028	5 135
陕 西					
	兴 平	6 209	5 813	7 558	8 918
	韩 城	125	127	129	134
	华 阴	384	409	599	540
	商 州	883	556		
甘 肃					
	玉 门	2 450	2 800	3 150	857
	敦 煌	786	845	975	975
	平 凉	220	510		
	西 峰	1 696	1 657		
	临 夏	1 676	2 904	3 024	3 510
	合 作	5 792	5 328	5 264	5 232
青 海					
	格尔木	749	725	1 234	812
	德令哈	472	518	492	475
宁 夏					
	青铜峡	15 125	17 216	18 611	24 408
	灵 武	26 164	33 643	34 190	36 973
新 疆					
	吐鲁番	4 818	2 573	5 813	5 937
	哈 密	4 086	4 460	4 560	4 862
	昌 吉	29 957	32 159	45 638	71 443
	阜 康	4 598	4 581	4 901	7 312
	米 泉	5 699	9 230	11 527	16 111
	博 乐	8 829	9 644	9 684	15 548
	库尔勒	6 331	5 593	6 736	12 130
	阿克苏	2 834	2 592	3 106	3 420
	阿图什	7 803	8 031	8 920	9 280
	喀 什	2 236	2 980	3 691	4 000
	和 田	2 022	720	864	900
	奎 屯	3 564	42	24 257	52
	伊 宁	21 710	23 520	85	27 640
	塔 城	12 321	12 037	12 833	14 362
	乌 苏	21 087	5 526	6 916	8 645
	阿勒泰	25 133	24 655	24 606	26 515
	石河子				9 443

表 2-8 农垦系统牛奶产量

单位：吨

地 区	1990	1995	2000	2001	2002	2003
全国总计	**953 453**	**1 029 098**	**1 165 044**	**1 343 570**	**1 592 067**	**1 767 666**
北 京	169 253	155 434	126 884	129 040	140 016	138 103
天 津	45 470	52 426	53 999	69 035	74 281	79 455
河 北	24 956	38 772	68 104	97 390	125 446	149 520
山 西	21 694	23 934	19 086	18 369	19 865	23 914
内蒙古	71 180	75 954	88 831	104 206	130 148	164 123
辽 宁	53 223	47 668	58 314	62 292	68 052	74 000
吉 林	2 172	3 215	2 815	2 897	3 691	4 141
黑龙江	219 179	235 478	280 414	348 492	462 714	558 787
上 海	86 627	95 836	107 629	109 129	115 223	109 637
江 苏	2 901	3 682	2 589	4 200	5 496	6 493
浙 江	20 802	17 619	17 848	19 124	17 375	17 739
安 徽	7 576	10 361	11 845	14 118	20 217	20 392
福 建	1 226	2 369	3 441	3 539	6 518	4 584
江 西	7 053	6 687	9 251	8 778	6 970	5 234
山 东	1 094	1 187	5 179	4 564	5 832	5 591
河 南	846	328	45	206	512	818
湖 北	15 793	10 982	19 522	41 462	48 154	50 802
湖 南	5 605	2 575	2 299	2 395	3 424	3 199
广 东	3 423	5 062	3 158	3 381	3 636	16 305
广 西	1 038	873	940	1 014	1 069	1 265
海 南	7				27	
重 庆			949	965	1 012	940
四 川	35 934	23 263	21 461	16 742	15 274	9 572
贵 州	7 687	11 214	14 925	19 162	22 804	
云 南						
陕 西	19 569	22 725	25 268	29 867	22 042	22 315
甘 肃	458	624	452	739	839	888
青 海	5 593	7 567	6 401	6 871	5 985	4 297
宁 夏	8 852	12 216	17 118	20 456	26 714	32 264
新疆（兵团）	43 455	62 300	89 851	97 480	111 297	133 428
新疆（农）	1 198	3 438	8 466	9 117	13 833	14 202
新疆（畜）	43 857	65 703	64 674	68 127	82 046	85 540
广 州	2 791	9 021	12 223	8 670	11 070	8 915
南 京	1 424	2 705	3 676	3 742	3 700	3 921
昆 明	13 338	9 324	9 641	10 001	9 685	9 782
哈尔滨	8 179	8 556	7 746	8 000	7 100	7 500
其 他						

表 2-9 各地区牦牛奶、水牛奶、山羊奶产量

单位：千吨

地区	牦牛奶		水牛奶		山羊奶	
	2002	2003	2002	2003	2002	2003
全国总计						
北京						
天津						
河北						
山西					24.45	23.93
内蒙古						
辽宁						
吉林						
黑龙江						
上海						
江苏						
浙江						
安徽						
福建			7.61			
江西						
山东						
河南						
湖北						
湖南						
广东						
广西			2.99	4.26	0.02	0.03
海南						
重庆						
四川						
贵州						
云南	5.17	5.26	0.03	0.05	11.09	123.10
西藏	142.98	167.34			42.60	55.11
陕西					290.49	328.90
甘肃	72.00					
青海	150.31	150.00				
宁夏						
新疆						

注：数据由各地畜牧部门、奶业协会等有关机构提供，有部分省市未报告，因此，没有全国总数。

表2-10 全国奶畜年末存栏数（一）

单位：千头、千只

年 份	乳 牛	水 牛	黄 牛	牦 牛	山 羊	其中：奶山羊
1949		10 184	33 752		16 130	
1950		10 915	37 188		18 210	
1951		11 469	40 619		20 980	
1952		11 640	44 960		24 900	
1953		12 160	47 923		29 200	
1954		12 447	51 176		33 150	
1955		12 470	53 481		34 010	
1956		12 609	53 992		38 550	
1957	159.8	13 127	50 325		45 150	
1958		12 902	46 167		45 330	
1959		12 913	48 181		49 760	
1960		12 082	45 361		51 170	
1961		11 417	43 588		63 120	
1962		11 471	44 246		70 530	
1963		12 014	47 257		67 730	
1964		12 597	50 184		62 240	
1965		13 378	53 573		60 770	
1966						
1967						
1968						
1969						
1970		16 431	57 151		61 410	
1971		16 647	57 339		62 780	
1972		16 642	57 224		61 340	
1973	368	17 159	57 149		64 100	
1974	366	17 369	56 805		66 170	
1975	406	17 669	55 471		68 040	
1976	425	17 443	53 825		65 460	
1977	447	17 229	52 723		67 830	
1978	475	17 723	52 526		73 540	
1979	557	18 377	52 412		80 570	
1980	641	18 520	52 515		80 684	
1981	698	18 770	53 833		78 264	
1982	817	19 144	56 112		75 222	
1983	951	19 149	57 984		68 035	2 438
1984	1 336	19 506	61 286		63 207	2 443

表 2－10　全国奶畜年末存栏数（二）

单位：千头、千只

年　份	乳　牛	水　牛	黄　牛	牦　牛	山　羊	其中：奶山羊
1985	1 627	19 934	65 259		61 674	2 334
1986	1 846	20 437	69 384		67 220	2 330
1987	2 164	20 898	71 589		77 687	3 001
1988	2 222	21 067	74 659		90 956	3 218
1989	2 526	21 395	76 831		98 134	5 941
1990	2 691	21 690	78 503		97 205	
1991	2 946	22 005	79 641		95 355	
1992	2 942	22 200	82 501		97 610	
1993	3 451	22 549	87 167		105 696	
1994	3 843	22 913	92 396		123 083	
1995	4 172	23 584	99 297		149 593	
1996	4 470	21 677	80 770		123 158	
1997	4 425	22 545	88 441		134 801	
1998	4 265	22 665	93 322		141 683	
1999		22 587	94 366		148 163	
2000	4 887	22 758	96 565		157 159	
2001	5 662	22 684	95 297		161 294	
2002	6 873	22 724	96 445		172 759	
2003	8 932	22 282	99 550		183 207	

表 2－11　全国奶畜年末存栏数增减情况

单位：千头、千只

项　目	1990	1995	2001	2002	2003	2003 年比 2002 年增加	
						绝对数	%
牛	102 884	132 060	128 242	130 848	134 672	3 824	2.92
其中奶牛	2 691	4 172	5 662	6 873	8 932	2 059	29.96
水牛	21 690	23 584	22 684	22 724	22 282	−442	−1.95
牦牛							
羊	210 021	276 856	298 265	316 552	340 537	23 985	7.58
其中山羊	97 205	107 940	161 294	172 759	183 207	10 448	6.05
绵羊	112 816	127 263	136 972	143 793	157 330	13 537	9.41

表2-12 各地区乳牛年末存栏数

单位：千头

地 区	1990	1995	2000	2001	2002	2003
全国总计	**2 691**	**4 172**	**4 887**	**5 662**	**6 873**	**8 932**
北 京	65	57	95	128	151	181
天 津	23	27	46	71	98	133
河 北	95	643	612	766	944	1 304
山 西	82	106	127	141	176	214
内蒙古	394	710	719	747	984	1 445
辽 宁	60	64	80	106	120	146
吉 林	50	51	80	80	90	117
黑龙江	540	854	698	778	933	1 176
上 海	71	62	58	60	60	61
江 苏	35	29	68	109	128	142
浙 江	40	30	40	56	67	77
安 徽	14	14	20	28	28	41
福 建	21	21	36	45	58	69
江 西	13	22	30	25	26	36
山 东	29	84	211	293	390	554
河 南	29	21	67	123	145	165
湖 北	25	22	64	55	54	57
湖 南	7	16	7	15	21	25
广 东	29	26	37	43	44	41
广 西	5	5	10	12	16	24
海 南						
重 庆			16	23	27	26
四 川	45	37	43	56	84	152
贵 州	17	15	8	10	14	27
云 南	54	76	104	106	130	151
西 藏	233			19	35	40
陕 西	42	81	157	195	243	329
甘 肃	112	220	71	100	131	193
青 海	65	84	115	120	140	154
宁 夏	19	60	81	76	102	130
新 疆	476	734	1 189	1 278	1 436	1 724

注：2000年以前，此统计指标的名称为“良种及改良种奶牛”。

表 2-13　36 个大中城市乳牛年末存栏数

单位：千头

地区	乳牛		其中：成乳牛	
	2002	2003	2002	2003
北京	151.00	179.68	89.85	114.80
天津	97.93	133.03	60.69	82.49
石家庄	121.94	169.00	77.07	104.00
太原	19.04	25.00	11.60	15.05
呼和浩特	220.88	358.34	149.20	221.52
沈阳	42.16	51.04	28.26	38.50
大连	17.22	14.40	10.85	9.36
长春	15.30	25.52	10.52	17.47
哈尔滨	206.00	256.31		154.68
上海	60.28	60.78	34.65	35.30
南京	30.08	35.20		21.12
杭州	16.29	17.69	9.87	10.71
宁波	5.00	5.82	4.20	3.89
合肥	4.46	4.55	3.00	2.73
福州	9.33	9.33	6.87	6.87
厦门				
南昌	15.64	16.03	9.20	9.54
济南		60.30		38.00
青岛	89.20	115.94	51.77	75.92
郑州	22.60	28.60	17.70	17.20
武汉	17.80	21.07	11.51	13.70
长沙	6.15	7.28	3.68	5.40
广州	19.02	13.31	11.42	8.40
深圳		14.88		8.40
南宁	4.64		2.76	
海口	0.51	0.55	0.16	0.36
重庆	24.96	25.60	19.09	19.81
成都	26.91	28.20	20.38	18.70
贵阳	5.51	5.80	2.23	3.49
昆明	24.26	27.83	17.93	18.19
拉萨	162.10	153.91	42.98	61.56
西安	59.94			
兰州	13.44	55.38	10.14	12.10
西宁	240.00		120.00	
银川	26.83	56.25	17.05	32.09
乌鲁木齐	3.70			

表2－14　农垦系统乳牛年末存栏数

单位：千头

地　区	1990	1995	2000	2001	2002	2003
全国总计	**510.2**	**522.1**	**513.2**	**562.2**	**639.6**	**748.5**
北　京	46.9	41.6	29.7	29.5	29.6	34.7
天　津	13.2	13.3	16.0	17.0	19.1	20.0
河　北	13.2	13.9	24.8	31.7	40.7	51.1
山　西	7.0	6.1	5.2	5.3	6.8	7.6
内蒙古	112.4	120.8	81.7	83.2	93.6	109.0
辽　宁	19.7	14.6	16.1	18.9	21.0	23.3
吉　林	1.1	2.5	1.8	2.1	2.6	3.4
黑龙江	111.8	128.3	114.7	138.9	177.2	219.7
上　海	23.9	26.5	22.8	22.8	22.3	23.0
江　苏	1.1	1.3	1.1	1.6	2.3	2.1
浙　江	6.1	5.2	4.5	5.0	4.4	4.7
安　徽	2.9	3.0	3.2	4.4	6.0	6.2
福　建	1.1	0.9	1.0	1.2	2.2	3.8
江　西	3.2	3.1	2.5	2.1	1.6	1.5
山　东	0.5	0.5	2.5	1.3	1.5	1.7
河　南	0.4	0.2	0.2	0.3	0.3	0.4
湖　北	5.9	4.2	5.8	9.3	10.5	12.9
湖　南	2.3	0.9	1.3	1.6	1.2	1.0
广　东	1.7	2.0	1.2	1.3	1.4	5.7
广　西	0.3	0.3	0.3	0.3	0.3	1.0
海　南						
重　庆			0.3	0.3	0.2	0.2
四　川	11.3	5.0	4.7	7.9	8.3	7.0
贵　州	3.7	3.9	4.9	4.8	5.0	6.4
云　南						
陕　西	6.3	6.5	6.4	6.5	5.9	2.0
甘　肃	0.5	0.2	0.3	0.4	0.8	0.9
青　海	1.8	1.7	1.6	1.8	2.2	3.5
宁　夏	2.6	4.0	5.5	6.9	9.2	10.2
新疆（兵团）	35.8	32.9	40.2	47.2	58.5	66.3
新疆（农）	4.9	5.9	9.3	10.2	15.1	15.3
新疆（畜）	60.0	61.4	91.1	87.6	78.5	92.2
广　州	1.3	4.3	5.7	4.1	4.7	3.7
南　京	0.6	0.8	1.0	0.9	1.1	1.2
昆　明	4.2	3.4	3.5	3.5	3.5	4.7
哈尔滨	2.5	2.9	2.3	2.3	2.0	2.1
其　他						

表 2－15　各地区牦牛、奶水牛年末存栏数

单位：千头

地　区	牦　牛		奶水牛	
	2002	2003	2002	2003
全国总计				
北　京				
天　津				
河　北				
山　西				
内蒙古				
辽　宁				
吉　林				
黑龙江				
上　海				
江　苏				
浙　江				
安　徽				
福　建			6.52	
江　西				
山　东				
河　南				
湖　北				
湖　南		0.10		
广　东				
广　西			2.00	
海　南				
重　庆				
四　川				
贵　州				
云　南	49.28	5.52	2.42	3.14
西　藏	2 336.50	1 168.56		
陕　西				
甘　肃	1 030.30			
青　海	3 518.40	3 630.00		
宁　夏				
新　疆				

注：数据由各地畜牧部门、奶业协会等有关机构提供，有部分省市未报告，因此，无全国总数。

表 2－16　各地区水牛年末存栏数

单位：千头

地　区	1990	1995	2000	2001	2002	2003
全国总计	**21 690**	**23 584**	**22 758**	**22 684**	**22 724**	**22 282**
北　京						
天　津						
河　北						
山　西						
内蒙古						
辽　宁						
吉　林						
黑龙江						
上　海	10	7	2	1	2	2
江　苏	332	349	236	206	176	192
浙　江	227	162	114	114	109	100
安　徽	1 325	1 295	1 098	1 139	1 065	922
福　建	464	434	370	358	359	355
江　西	1 190	1 360	1 299	1 291	1 249	1 228
山　东	13	28	11	10	10	10
河　南	335	426	476	446	449	436
湖　北	1 634	1 914	1 900	1 851	1 888	1 820
湖　南	1 627	1 693	1 869	1 936	1 965	2 111
广　东	2 753	2 595	2 278	2 349	2 187	2 086
广　西	3 713	4 417	4 378	4 314	4 270	4 171
海　南	743	902	872	914	912	892
重　庆			541	559	527	526
四　川	2 655	2 917	1 947	1 977	2 255	2 343
贵　州	1 932	2 222	2 271	2 329	2 331	2 378
云　南	2 720	2 848	3 080	2 872	2 951	2 692
西　藏						
陕　西	17	17	19	18	18	18
甘　肃						
青　海						
宁　夏						
新　疆						

表 2-17 各地区黄牛年末存栏数

单位：千头

地 区	1990	1995	2000	2001	2002	2003
全国总计	**78 503**	**99 297**	**96 565**	**95 297**	**96 445**	**99 550**
北 京	80	80	94	106	123	117
天 津	80	195	168	199	275	296
河 北	1 984	5 150	6 367	6 250	6 144	6 276
山 西	1 711	2 411	2 124	2 008	2 086	2 172
内蒙古	3 459	3 182	2 797	2 264	2 290	2 653
辽 宁	1 449	2 952	2 460	2 405	2 453	2 860
吉 林	1 833	3 792	4 239	4 466	4 510	4 883
黑龙江	1 828	3 903	3 916	4 004	4 323	5 068
上 海				2		
江 苏	348	611	288	276	324	330
浙 江	413	310	236	223	221	212
安 徽	3 673	5 693	4 412	4 117	3 873	3 727
福 建	810	821	709	694	675	676
江 西	2 034	2 462	2 365	2 293	2 292	2 321
山 东	5 076	12 281	9 864	9 765	9 789	9 838
河 南	8 561	12 090	12 860	12 811	12 706	13 359
湖 北	1 856	2 106	2 168	2 039	2 037	2 059
湖 南	2 358	2 595	3 172	3 129	3 193	3 426
广 东	1 983	2 095	1 892	1 953	1 833	1 788
广 西	3 321	3 549	3 365	3 340	3 298	3 223
海 南	479	563	577	588	582	578
重 庆			1 083	1 134	1 115	1 142
四 川	7 380	8 057	8 026	8 172	8 368	8 530
贵 州	3 952	4 256	4 303	4 375	4 580	4 812
云 南	4 901	4 936	5 322	4 957	5 137	4 782
西 藏	4 823	954	1 017	1 041	1 061	1 083
陕 西	2 357	2 682	2 401	2 345	2 415	2 509
甘 肃	3 267	3 483	3 363	3 394	3 495	3 547
青 海	5 321	4 925	3 795	3 893	3 967	3 902
宁 夏	260	460	524	469	573	575
新 疆	2 906	2 701	2 661	2 587	2 706	2 806

表 2-18 各地区牛年末存栏数

单位：千头

地 区	1990	1995	2000	2001	2002	2003
全国总计	**102 884**	**132 060**	**128 663**	**128 242**	**130 848**	**134 672**
北 京	145	141	189	234	274	298
天 津	103	222	215	270	373	429
河 北	2 079	5 793	6 979	7 016	7 032	7 371
山 西	1 793	2 517	2 250	2 149	2 175	2 183
内蒙古	3 853	3 893	3 516	3 011	3 273	4 097
辽 宁	1 509	3 016	2 540	2 511	2 648	3 019
吉 林	1 883	3 843	4 319	4 546	4 600	5 000
黑龙江	2 368	5 115	4 614	4 782	4 919	5 264
上 海	81	69	61	63	62	63
江 苏	715	991	591	591	636	664
浙 江	680	503	390	393	396	389
安 徽	5 012	7 013	5 530	5 284	5 825	4 926
福 建	1 295	1 276	1 114	1 097	1 093	1 099
江 西	3 237	3 844	3 694	3 609	3 567	3 586
山 东	5 118	12 393	10 086	10 069	10 189	10 402
河 南	8 925	12 536	13 402	13 380	13 306	13 960
湖 北	3 515	4 095	4 284	4 069	3 993	4 015
湖 南	3 992	4 305	5 048	5 079	5 340	5 562
广 东	4 765	4 715	4 206	4 345	4 130	3 983
广 西	7 039	7 971	7 753	7 666	7 665	7 606
海 南	1 223	1 465	1 449	1 502	1 495	1 470
重 庆			1 641	1 706	1 645	1 699
四 川	10 080	11 159	10 028	10 222	10 674	10 780
贵 州	5 901	6 493	6 581	6 714	6 926	7 217
云 南	7 675	7 861	8 548	7 934	7 504	7 626
西 藏	5 056	5 385	5 262	5 527	5 771	5 914
陕 西	2 416	2 781	2 577	2 558	2 676	2 856
甘 肃	3 379	3 703	3 434	3 494	3 790	3 904
青 海	5 386	5 009	3 910	4 013	4 107	4 056
宁 夏	279	519	605	545	624	705
新 疆	3 382	3 435	3 850	3 864	4 141	4 531

表 2-19　各地区奶山羊年末存栏数

单位：千头

地　区	2002	2003
全国总计		
北　京		
天　津		
河　北		
山　西	244.91	172.66
内蒙古		
辽　宁		
吉　林		
黑龙江		
上　海		
江　苏		
浙　江		
安　徽		
福　建		
江　西		
山　东	1 000.00	1 000.00
河　南		
湖　北		
湖　南		
广　东		
广　西	3.11	2.83
海　南		
重　庆		
四　川		
贵　州		
云　南	146.70	141.93
西　藏	2 799.18	1 844.90
陕　西	1 628.79	1 802.10
甘　肃		
青　海		
宁　夏		
新　疆		

注：数据由各地畜牧部门、奶业协会等有关机构提供，有部分省市未报告，因此，无全国总数。

表 2 - 20　各地区山羊年末存栏数

单位：千只

地　区	1990	1995	2000	2001	2002	2003
全国总计	**97 205**	**149 593**	**157 159**	**161 294**	**172 759**	**183 207**
北　京	521	416	513	562	598	579
天　津	364	272	159	182	344	393
河　北	5 626	8 034	9 993	9 995	8 974	9 111
山　西	3 039	4 080	4 749	4 951	4 550	4 154
内蒙古	9 490	11 931	13 043	13 566	15 458	16 172
辽　宁	734	1 465	1 873	2 126	2 049	4 711
吉　林	150	391	541	560	580	600
黑龙江	342	927	1 238	1 473	2 287	4 030
上　海	289	379	460	449	404	535
江　苏	7 974	12 112	9 944	10 567	11 095	11 848
浙　江	774	1 044	1 134	1 324	1 368	1 385
安　徽	3 823	6 132	7 925	7 187	9 458	10 470
福　建	600	1 005	962	1 014	1 064	1 238
江　西	140	457	751	602	739	883
山　东	15 527	35 030	21 602	22 397	23 890	24 439
河　南	11 295	20 938	27 301	28 375	30 365	29 219
湖　北	1 607	2 600	2 236	2 250	3 006	3 263
湖　南	660	2 141	3 749	3 877	4 829	5 883
广　东	142	273	293	359	312	278
广　西	806	1 413	2 418	2 376	2 324	2 466
海　南	371	712	925	970	948	939
重　庆			1 605	1 685	2 128	2 449
四　川	5 986	8 444	9 022	9 038	9 756	10 308
贵　州	1 373	1 954	3 214	3 299	3 396	3 698
云　南	5 686	5 978	7 708	7 316	6 893	7 162
西　藏	5 662	6 035	5 894	6 176	6 426	6 444
陕　西	4 482	5 219	4 999	5 336	5 944	6 813
甘　肃	2 309	2 600	3 012	3 011	3 072	3 039
青　海	2 036	2 001	2 726	2 796	2 956	3 157
宁　夏	903	894	1 304	1 464	1 281	970
新　疆	4 494	4 714	5 867	6 011	6 264	6 572

表 2－21　各地区绵羊年末存栏数

单位：千只

地　区	1990	1995	2000	2001	2002	2003
全国总计	**112 816**	**127 263**	**133 160**	**136 972**	**143 793**	**157 330**
北　京	263	399	689	890	1 155	1 250
天　津	306	477	493	639	593	672
河　北	5 119	7 623	10 907	11 855	12 037	12 986
山　西	4 057	5 070	5 836	6 019	6 130	6 004
内蒙古	20 749	21 280	22 473	21 593	24 059	28 329
辽　宁	1 938	2 267	1 988	2 368	2 411	6 058
吉　林	2 186	2 978	2 988	3 033	3 143	3 320
黑龙江	2 491	4 019	3 836	4 205	5 204	6 265
上　海	83	98	95	96	66	85
江　苏	534	627	286	315	375	203
浙　江	1 077	1 143	1 201	1 126	1 218	1 244
安　徽	157	79	24	22	28	29
福　建						
江　西	1	1	60	262		154
山　东	5 237	10 174	6 246	6 647	6 504	6 898
河　南	1 500	2 044	2 312	2 825	3 415	3 939
湖　北	24	32	13	15	14	8
湖　南	5	6	3	2	1	1
广　东						
广　西						
海　南						
重　庆			2	2	2	2
四　川	3 473	3 662	4 194	3 832	3 534	3 394
贵　州	404	258	204	201	211	221
云　南	1 538	1 209	1 221	1 067	949	934
西　藏	11 107	11 666	10 748	11 113	11 398	11 346
陕　西	1 644	1 415	1 355	1 309	1 657	1 959
甘　肃	8 789	8 665	8 620	8 718	9 018	9 324
青　海	14 047	14 662	13 695	13 972	14 372	14 460
宁　夏	2 273	2 033	2 638	3 208	3 479	3 774
新　疆	23 814	25 376	31 035	31 638	32 818	34 472

表 2-22　各地区羊年末存栏数

单位：千只

地　区	1990	1995	2000	2001	2002	2003
全国总计	**25 214**	**276 856**	**290 319**	**298 265**	**316 552**	**340 537**
北　京	226	815	1 201	1 451	1 752	1 830
天　津	84	749	652	821	937	1 065
河　北	1 099	15 657	20 900	21 850	21 011	22 097
山　西	383	9 150	10 584	10 969	10 680	10 158
内蒙古	339	33 210	35 516	35 159	39 517	44 502
辽　宁	779	3 732	3 861	4 494	4 460	10 769
吉　林	434	3 370	3 530	3 593	3 723	3 920
黑龙江	658	4 947	5 074	5 678	7 491	10 295
上　海	230	477	554	545	470	620
江　苏	1 051	12 739	10 230	10 881	11 470	12 051
浙　江	751	2 186	2 335	2 450	2 586	2 629
安　徽	750	6 211	7 949	7 209	9 487	10 499
福　建	559	1 005	962	1 014	1 064	1 238
江　西	898	458	811	864	739	1 037
山　东	1 486	45 204	27 847	29 045	30 395	31 337
河　南	1 165	22 983	29 614	31 201	33 780	33 158
湖　北	1 081	2 632	2 248	2 265	3 019	3 271
湖　南	2 046	2 148	3 752	3 879	4 830	5 884
广　东	1 420	273	293	359	312	278
广　西	1 322	1 413	2 418	2 376	2 324	2 466
海　南	233	712	925	970	948	939
重　庆			1 606	1 687	2 130	2 451
四　川	4 493	12 106	13 216	12 870	13 290	13 702
贵　州	913	2 212	3 418	3 500	3 607	3 919
云　南	1 732	7 187	8 929	8 383	7 841	8 096
西　藏	29	17 701	16 643	17 289	17 824	17 790
陕　西	461	6 634	6 353	6 645	7 601	8 772
甘　肃	384	11 265	11 633	11 729	12 091	12 363
青　海	53	16 663	16 420	16 768	17 329	17 617
宁　夏	47	2 927	3 943	4 672	4 760	4 744
新　疆	108	30 090	36 902	37 649	39 082	41 043

Ⅲ. 奶类生产水平指标

表 3-1 各地区奶类总产量及位次

单位：千吨

地区	1995		2000		2001		2002		2003	
	指标值	位次	指标值	位次	指标值	位次	指标值	位次	指标值	位次
全国总计	**6 728**		**9 189**		**11 226**		**14 004**		**18 486**	
北京	206	10	304	8	429	7	551	7	637	7
天津	111	16	165	17	241	15	336	12	432	13
河北	389	5	962	2	1 193	2	1 489	3	2 076	3
山西	293	7	359	7	404	8	472	8	556	8
内蒙古	512	3	830	3	1 090	3	1 689	2	3 122	1
辽宁	183	12	219	13	266	13	308	13	464	11
吉林	113	15	150	18	164	20	189	20	233	20
黑龙江	1 666	1	1 565	1	1 924	1	2 398	1	3 039	2
上海	218	9	259	10	260	14	280	15	271	15
江苏	104	17	257	11	360	9	455	9	500	10
浙江	92	21	112	21	176	18	222	18	247	17
安徽	25	26	41	27	55	27	74	27	90	27
福建	63	22	99	22	114	22	142	22	195	22
江西	32	25	58	25	59	26	79	26	109	24
山东	668	2	705	5	904	4	1 168	4	1 484	4
河南	97	20	202	16	300	11	390	11	526	9
湖北	38	24	59	24	88	24	101	24	111	23
湖南	8	29	11	30	18	30	30	29	53	28
广东	57	23	95	23	104	23	111	23	108	25
广西	9	28	17	28	21	28	31	28	38	29
海南							0	31	1	31
重庆			56	26	68	25	81	25	91	26
四川	281	8	289	9	333	10	393	10	458	12
贵州	14	27	17	29	20	29	25	30	34	30
云南	101	18	147	19	171	19	190	19	234	19
西藏	177	13	204	15	231	16	243	16	251	16
陕西	326	6	639	6	695	6	831	6	1 071	6
甘肃	99	19	137	20	156	21	173	21	226	21
青海	206	11	213	14	228	17	235	17	235	18
宁夏	140	14	236	12	276	12	308	14	387	14
新疆	497	4	782	4	878	5	1 011	5	1 208	5

表3-2 各地区奶类人均占有量及位次

单位：千克/人

地 区	1995		2000		2001		2002		2003	
	指标值	位 次	指标值	位 次	指标值	位 次	指标值	位 次	指标值	位 次
全国平均	**5.6**		**7.3**		**9.0**		**10.9**		**14.3**	
北 京	17.3	7	23.0	7	31.0	7	39.3	7	44.2	7
天 津	11.8	9	16.8	9	24.0	8	33.4	8	42.8	8
河 北	6.1	13	14.4	11	17.7	10	22.2	10	30.7	9
山 西	9.6	10	11.0	12	12.3	12	14.4	12	16.8	11
内蒙古	22.5	6	35.0	6	45.9	5	71.0	2	131.2	1
辽 宁	4.5	14	5.2	16	3.3	14	7.3	14	11.0	14
吉 林	4.4	15	5.6	14	6.1	16	7.0	15	8.6	16
黑龙江	45.2	2	41.8	4	51.3	2	62.9	3	79.7	3
上 海	15.7	8	16.5	10	15.8	11	17.3	11	16.2	13
江 苏	1.5	21	3.5	17	4.9	17	6.2	17	6.8	17
浙 江	2.1	19	2.4	21	3.8	20	4.8	18	5.3	21
安 徽	0.4	26	0.7	27	0.9	27	1.2	27	1.4	26
福 建	2.0	20	2.9	20	3.3	21	4.1	21	5.6	18
江 西	0.8	24	1.4	24	1.4	25	1.9	24	2.6	24
山 东	7.7	12	7.8	13	10.0	13	12.9	13	16.3	12
河 南	1.1	22	2.2	22	3.2	22	4.1	22	5.5	19
湖 北	0.7	25	1.0	26	1.5	24	1.7	25	1.8	25
湖 南	0.1	30	0.2	30	0.3	30	0.5	30	0.8	29
广 东	0.8	23	1.2	25	1.3	26	1.4	26	1.4	27
广 西	0.2	28	0.4	29	0.4	29	0.6	29	0.8	30
海 南					0.0	31	0.0	31	0.1	31
重 庆			1.8	23	2.2	23	2.6	23	2.9	23
四 川	2.5	18	3.4	19	3.9	19	4.5	19	5.3	22
贵 州	0.4	27	0.5	28	0.5	28	0.7	28	0.9	28
云 南	2.5	17	3.5	18	4.0	18	4.4	20	5.4	20
西 藏	74.4	1	78.8	1	87.8	1	91.7	1	93.6	2
陕 西	9.3	11	17.7	8	19.1	9	22.7	9	29.1	10
甘 肃	4.1	16	5.4	15	6.1	15	6.7	16	8.7	15
青 海	43.1	3	41.4	5	43.9	6	44.7	6	44.3	6
宁 夏	27.5	5	42.7	2	49.1	3	54.2	4	67.2	4
新 疆	30.2	4	42.3	3	46.2	4	53.5	5	63.0	5

表 3-3 各地区牛奶总产量及位次

单位：千吨

地区	1995		2000		2001		2002		2003	
	指标值	位次	指标值	位次	指标值	位次	指标值	位次	指标值	位次
全国总计	**5 764**		**8 274**		**10 255**		**12 998**		**17 463**	
北京	206	8	303	8	429	7	551	6	633	7
天津	107	15	165	15	241	15	336	12	432	12
河北	325	4	842	2	1 074	2	1 369	3	1 979	3
山西	260	6	335	7	379	8	447	9	532	8
内蒙古	486	2	798	3	1 062	3	1 652	2	3 080	1
辽宁	171	12	189	14	242	14	281	14	427	13
吉林	102	16	143	18	161	19	180	19	227	17
黑龙江	1 646	1	1 543	1	1 890	1	2 358	1	3 005	2
上海	218	7	259	10	260	13	280	15	271	15
江苏	100	17	255	11	354	9	453	8	498	9
浙江	92	20	112	21	176	18	222	16	247	16
安徽	25	26	41	27	55	27	74	27	90	27
福建	61	21	96	22	111	22	138	22	192	22
江西	32	25	56	24	59	26	79	26	109	24
山东	179	10	457	5	618	5	903	5	1 244	4
河南	55	22	161	17	270	12	360	11	496	10
湖北	38	24	56	25	88	24	101	24	111	23
湖南	8	29	11	30	19	30	30	29	53	28
广东	55	23	92	23	102	23	108	23	106	25
广西	9	28	17	28	21	28	31	28	38	29
海南							0	31	1	31
重庆			56	26	68	25	81	25	91	26
四川	277	5	285	9	330	10	389	10	454	11
贵州	14	27	17	29	20	29	25	30	34	30
云南	95	19	130	20	156	20	175	20	217	20
西藏	141	13	162	16	181	17	190	18	196	21
陕西	174	11	392	6	435	6	540	7	742	6
甘肃	96	18	133	19	152	21	168	21	222	18
青海	200	9	206	13	217	16	220	17	221	19
宁夏	140	14	236	12	276	11	307	13	386	14
新疆	452	3	725	4	811	4	949	4	1 130	5

表 3-4 各地区牛奶人均占有量及位次

单位：千克/人

地区	1995		2000		2001		2002		2003	
	指标值	位次	指标值	位次	指标值	位次	指标值	位次	指标值	位次
全国平均	**4.8**		**6.6**		**8.0**		**10.2**		**13.6**	
北京	17.3	7	23.0	7	31.0	7	39.3	7	44.0	6
天津	11.4	9	16.8	8	24.0	8	33.4	8	42.8	7
河北	5.1	11	12.6	10	16.8	10	20.4	9	29.3	9
山西	8.5	10	10.3	12	11.6	12	13.6	12	16.1	12
内蒙古	21.4	6	33.7	6	44.7	4	69.5	2	129.5	1
辽宁	4.2	13	4.5	16	5.8	16	6.7	14	10.1	14
吉林	3.9	15	5.3	13	5.9	14	6.7	15	8.4	16
黑龙江	44.6	2	41.3	3	49.6	2	61.8	3	78.8	2
上海	15.7	8	16.5	9	16.1	9	17.3	10	16.2	11
江苏	1.4	21	3.5	17	4.8	17	6.1	17	6.7	17
浙江	2.1	18	2.4	21	3.8	19	4.8	18	5.3	19
安徽	0.4	26	0.7	27	0.9	27	1.2	27	1.4	26
福建	1.9	20	2.8	20	3.2	21	4.0	21	5.5	18
江西	0.8	23	1.3	24	1.4	25	1.9	24	2.6	24
山东	2.1	19	5.1	15	6.8	13	10.0	13	13.7	13
河南	0.6	25	1.7	23	2.8	22	3.8	22	5.1	21
湖北	0.7	24	0.9	26	1.5	24	1.7	25	1.8	25
湖南	0.1	30	0.2	30	0.3	30	0.5	30	0.8	29
广东	0.8	22	1.2	25	1.3	26	1.4	26	1.3	27
广西	0.2	28	0.4	29	0.4	29	0.6	29	0.8	30
海南					0.0	31	0.0	31	0.1	31
重庆			1.8	22	2.2	23	2.6	23	2.9	23
四川	2.5	16	3.4	18	3.8	18	4.5	19	5.2	20
贵州	0.4	27	0.5	28	0.5	28	0.7	28	0.9	28
云南	2.4	17	3.1	19	3.6	20	4.1	20	5.0	22
西藏	59.2	1	62.5	1	68.8	1	71.7	1	73.1	3
陕西	5.0	12	10.9	11	11.9	11	14.7	11	20.2	10
甘肃	4.0	14	5.2	14	41.5	15	6.5	16	8.5	15
青海	41.9	3	40.1	4	5.9	6	41.9	6	41.7	8
宁夏	27.5	4	42.7	2	49.0	3	54.2	4	67.0	4
新疆	27.5	5	39.2	5	43.4	5	50.2	5	58.9	5

表 3-5 各地区乳牛年末存栏数及位次

单位：千头

地区	1995		2000		2001		2002		2003	
	指标值	位次	指标值	位次	指标值	位次	指标值	位次	指标值	位次
全国总计	**4 172**		**4 887**		**5 662**		**6 873**		**8 932**	
北京	57	14	95	10	128	8	151	8	181	9
天津	27	19	46	19	71	17	98	16	133	16
河北	643	4	612	4	766	3	944	3	1 304	3
山西	106	6	127	7	141	7	176	7	214	7
内蒙古	710	3	719	2	747	4	984	2	1 445	2
辽宁	64	11	80	12	106	12	120	14	146	14
吉林	51	15	80	13	80	15	90	17	117	18
黑龙江	854	1	698	3	778	2	933	4	1 176	4
上海	62	12	58	18	60	18	60	20	61	21
江苏	29	18	68	15	109	11	128	13	142	15
浙江	30	17	40	21	56	19	67	19	77	19
安徽	14	27	20	25	28	24	28	25	41	23
福建	21	23	36	23	45	22	58	21	69	20
江西	22	21	30	24	25	25	26	27	36	26
山东	84	7	211	5	293	5	390	5	554	5
河南	21	24	67	16	123	9	145	9	165	10
湖北	22	22	64	17	55	21	54	22	57	22
湖南	16	25	7	29	15	28	21	28	25	29
广东	26	20	37	22	43	23	44	23	41	24
广西	5	28	10	27	12	29	16	29	24	30
海南										
重庆			16	26	23	26	27	26	26	28
四川	37	16	43	20	56	20	84	18	152	12
贵州	15	26	8	28	10	30	14	30	27	27
云南	76	10	104	9	106	13	130	12	151	13
西藏					19	27	35	24	40	25
陕西	81	9	157	6	195	6	243	6	329	6
甘肃	220	5	71	14	100	14	131	11	193	8
青海	84	8	115	8	120	10	140	10	154	11
宁夏	60	13	81	11	76	16	102	15	130	17
新疆	734	2	1 189	1	1 278	1	1 436	1	1 724	1

表 3-6 各地区每万人占有乳牛数量及位次

单位：头/万人

地区	1995		2000		2001		2002		2003	
	指标值	位次	指标值	位次	指标值	位次	指标值	位次	指标值	位次
全国平均	**34**		**39**		**44**		**54**		**69**	
北 京	46	8	69	7	93	7	108	8	124	9
天 津	29	11	46	8	71	9	97	9	132	8
河 北	100	6	91	6	114	6	141	6	193	6
山 西	34	10	39	10	43	11	54	11	65	12
内蒙古	311	2	303	2	314	2	414	2	607	2
辽 宁	16	15	19	16	25	16	29	17	35	16
吉 林	20	13	29	12	30	15	33	15	43	14
黑龙江	231	3	189	4	204	4	245	4	308	3
上 海	44	9	35	11	37	13	37	14	35	15
江 苏	4	21	9	19	15	18	17	18	19	19
浙 江	7	17	9	20	12	21	14	21	16	22
安 徽	2	26	3	26	4	27	4	27	6	27
福 建	6	18	10	18	13	19	17	19	20	18
江 西	5	19	7	21	6	25	6	25	9	24
山 东	10	16	23	15	32	14	43	13	61	13
河 南	2	27	7	22	13	20	15	20	17	21
湖 北	4	22	11	17	9	22	9	23	10	23
湖 南	3	25	1	30	2	30	3	30	4	30
广 东	4	23	4	25	6	26	6	26	5	28
广 西	1	29	2	28	3	29	3	29	5	29
海 南										
重 庆			5	23	7	23	9	24	8	25
四 川	3	24	5	24	6	24	10	22	18	20
贵 州	4	20	2	27	3	28	4	28	7	26
云 南	19	14	24	14	25	17	30	16	35	17
西 藏					72	8	132	7	147	7
陕 西	23	12	44	9	53	10	66	10	89	10
甘 肃	90	7	28	13	39	12	51	12	74	11
青 海	175	4	222	3	229	3	266	3	288	4
宁 夏	117	5	144	5	135	5	180	5	223	5
新 疆	442	1	618	1	681	1	760	1	892	1

表 3-7　各地区农民人均出售牛羊奶量

单位：千克/人

地区	1995	2000	2001	2002	2003
全国平均	**8.49**	**2.67**	**3.65**	**4.87**	**7.30**
北　京			1.81	8.05	16.90
天　津	57.67		9.06	14.91	21.30
河　北	5.46	2.96	5.82	7.59	9.70
山　西	1.95	3.31	5.83	6.67	11.30
内蒙古	10.16	9.74	18.66	30.09	57.10
辽　宁		1.93	0.03	0.04	…
吉　林	4.37	0.16	0.15	1.3	1.80
黑龙江	55.71	7.11	14.37	21.61	37.10
上　海					…
江　苏		1.04	1.00	3.62	4.40
浙　江	9.05	3.41	4.26	2.93	3.60
安　徽					…
福　建	0.74	0.48	0.61	0.64	0.70
江　西		0.10	0.09	1.43	2.30
山　东	0.77	3.89	5.15	5.41	8.10
河　南	5.54				0.10
湖　北	0.77				…
湖　南					…
广　东	1.13	0.02	0.05	0.05	…
广　西					…
海　南					…
重　庆		0.01			…
四　川			0.01	0.05	0.80
贵　州					…
云　南	21.99	3.34	4.45	8.17	10.60
西　藏	3.14	0.28	0.19	0.14	0.50
陕　西	26.35	7.83	8.79	9.34	11.90
甘　肃	0.21	0.42	1.17	1.13	1.20
青　海	9.84	3.85	4.74	6.07	6.70
宁　夏	251.26	87.71	76.36	78.64	96.60
新　疆	26.78	4.00	7.71	10.78	14.50

表 3-8 主要城市人均奶类占有量（一）

单位：千克/人

城市		1995	1998	1999	2000	2001	2002	2003
北 京		**19**	**19**	**19**	**28**	**38.23**	**48.48**	**55.80**
天 津		**12**	**13**	**14**	**18**	**26.32**	**36.55**	**46.86**
河 北		**6**	**10**	**12**	**14**	**18.80**	**21.85**	**30.56**
	石家庄	17	26	29	33	39.02	43.23	54.96
	唐 山	17	31	41	49	59.44	73.10	99.81
	秦皇岛	9	12	13	14	13.55	14.15	16.53
	邯 郸	2	3	3	4	4.37	5.18	5.98
	邢 台	3	5	6	8	10.77	12.75	16.16
	保 定	2	3	4	6	9.07	13.09	21.26
	张家口	8	11	12	16	20.05	32.06	58.16
	承 德	4	5	8	11	12.63	10.97	15.88
	沧 州	1	1	1	2	3.00	4.87	7.73
	廊 坊	2	4	4	4	5.50	7.50	10.64
	衡 水	2	1	1	1		3.83	4.90
山 西		**13**	**16**	**17**	**12**	**13.84**	**15.85**	**16.94**
	太 原	13	15	15	15	16.42	20.25	23.56
	大 同	8	8	8	8	8.61	10.38	15.98
	阳 泉	2	2	2	2	2.50	4.12	5.31
	长 治	2	1	1	1	1.82	3.91	5.00
	晋 城		0	1	1	1.05	1.29	1.86
	朔 州	88	108	113	128	146.36	156.45	174.36
	晋 中				10	12.10	14.96	18.12
	运 城	2			1	1.58	1.75	2.77
	忻 州	79			13	11.47	13.58	15.47
	临 汾	4			7	6.95	7.28	7.48
	吕 梁							3.08
内蒙古		**20**	**22**	**21**	**29**	**53.41**	**84.00**	**137.55**
	呼和浩特	42	62	73	112	188.90	302.32	471.58
	包 头	11	12	13	15	25.43	89.63	183.67
	乌 海	2	2	3	3	3.38	4.66	10.13
	赤 峰	9	9	8	8	7.49	10.91	15.83
	通 辽	5		14	17	20.03	30.59	67.71
	鄂尔多斯						33.90	122.67
	海拉尔						125.49	176.04
	巴彦淖尔							107.40
	乌兰察布							121.85
辽 宁		**5**	**5**	**5**	**5**	**6.42**	**7.97**	**11.16**
	沈 阳	9	8	7	8	9.51	12.26	18.83
	大 连	9	10	11	12	13.10	13.92	16.21
	鞍 山	1	2	2	2	2.43	2.93	4.12
	抚 顺	7	10	8	7	7.91	9.72	11.18
	本 溪	2	1	1	3	4.39	4.94	6.55
	丹 东	2	2	2	3	3.64	5.22	6.17

表 3-8 主要城市人均奶类占有量（二）

单位：千克/人

城市	1995	1998	1999	2000	2001	2002	2003
锦州	5	6	5	6	7.06	8.60	10.89
营口	1	1	2	2	3.01	4.10	4.17
阜新	5	5	3	6	4.43	7.60	15.61
辽阳	1	1	2	2	3.71	4.99	9.97
盘锦	4	5	4	6	6.34	5.31	10.64
铁岭	3	3	3	4	7.45	11.20	14.70
朝阳	2	2	2	2	2.08	3.01	6.83
葫芦岛					2.02	2.59	2.84
吉林	**5**	**5**	**6**	**6**	**8.71**	**9.58**	**12.44**
长春	6	7	7	6	7.47	7.49	10.57
吉林	4	5	6	6	7.84	10.57	13.97
四平	8	10	13	14	20.51	21.60	25.60
辽源	2	2	3	3	5.07	5.37	4.03
通化	2		1	1	1.21	2.62	4.02
白山		1	0	1	1.24	1.50	1.15
松原	3	4	4	6	8.76	5.91	5.06
白城	5	6	8	7	11.46	16.28	26.88
黑龙江	**49**	**34**	**34**	**43**	**49.90**	**61.63**	**74.34**
哈尔滨	28	36	39	47	55.39	65.69	76.42
齐齐哈尔	58	40	41	46	58.64	82.80	103.28
鸡西	55	48	42	52	60.07	61.21	68.82
鹤岗	29	45	48	53	69.93	87.72	99.03
双鸭山	12	10	9	9	16.07	25.29	29.48
大庆	84	69	68	69	96.53	157.57	221.34
伊春	10	8	7	10	8.59	13.25	15.33
佳木斯	12	7	6	7	6.48	9.55	11.44
七台河	3	5	4	4	4.81	5.46	5.69
牡丹江	5	5	5	6	4.35	5.32	6.11
黑河	54	61	59	63	54.67	23.81	24.19
绥化	17			65	68.84	76.67	84.77
上海	**19**	**19**	**20**	**20**	**19.62**	**20.97**	**20.33**
江苏	**1**	**2**	**2**	**4**	**5.61**	**7.24**	**7.45**
南京	6	6	8	12	16.21	15.16	16.08
无锡	5	4	6	11	18.53	22.74	25.44
徐州	3	4	4	7	9.21	15.25	13.39
常州	1	1	1	1	1.61	2.99	4.33
苏州	2	4	5	8	13.86	18.00	17.07
南通	1		1	1	0.75	1.16	1.33
连云港	1	1	2	1	1.83	1.68	2.00
淮安			2	2	2.31	2.26	3.06
盐城			0	1	0.73	1.28	1.65
扬州			1	1	2.08	2.38	2.36
镇江	1		0	2	3.79	5.48	5.40
泰州			0	1	1.30	2.08	2.63
宿迁			0	0	0.09	0.62	1.06

表 3-8 主要城市人均奶类占有量（三）

单位：千克/人

城　市	1995	1998	1999	2000	2001	2002	2003
浙　江	**2**	**2**	**2**	**2**	**3.28**	**4.51**	**5.02**
杭　州	7	5	6	6	7.21	9.60	8.80
宁　波	1	1	1	2	2.05	3.19	4.04
温　州	2	1	1	1	1.90	2.42	3.22
嘉　兴	1	1	0	0	0.67	0.85	1.14
湖　州			0	0	0.39	0.83	2.89
绍　兴			0	0	0.21	0.24	0.28
金　华	4	5	6	9	13.51	19.01	21.21
衢　州	1		0	1	0.68	0.86	1.03
舟　山	1	1	1	1	1.45	1.77	2.80
台　州	1	1	1	1	1.72	2.26	2.24
丽　水	1			0	0.17	0.21	0.25
安　徽	**1**	**1**	**1**	**1**	**0.87**	**1.16**	**1.42**
合　肥	2	2	2	3	3.40	3.26	4.21
芜　湖	1	1	1	1	0.87	0.35	1.00
蚌　埠	1	1	1	1	1.18	2.07	2.01
淮　南	5	5	6	6	8.76	12.31	13.65
马鞍山		1	1	1	0.92	1.21	1.39
淮　北			1	1	1.52	2.55	2.69
铜　陵			0	0	0.27	0.26	0.33
安　庆			0	0	0.03	0.06	0.07
黄　山			0	0	0.03	0.04	0.33
滁　州			0	1	0.68	0.99	1.54
阜　阳			0	0	0.08	0.11	0.11
宿　州			0	0	0.21	0.50	0.67
巢　湖			0	0	0.03	0.11	0.17
六　安			0	0	0.37	0.51	0.53
亳　州				0	0.60	1.04	1.52
池　州				0	0.00		0.11
宣　城				0	0.17	0.25	0.29
福　建	**2**	**2**	**3**	**3**	**3.43**	**4.25**	**5.84**
福　州	6	6	6	7	6.83	6.91	7.35
厦　门		1	1	1	1.41	1.42	1.18
莆　田	6	4	5	5	5.32	5.41	6.57
三　明		1	1	1	1.36	1.26	1.93
泉　州	1	1	1	1	1.06	1.00	1.04
漳　州	1	1	1	1	1.37	1.28	1.28
南　平	1	1	4	8	11.59	20.49	35.11
龙　岩			0	0	0.37	0.56	0.74
宁　德	1			1	0.71	0.74	0.76
江　西	**1**	**3**	**2**	**1**	**1.41**	**1.86**	**2.55**
南　昌	6	10	10	11	11.52	12.99	13.84
景德镇			0	0	0.04	0.03	0.06
萍　乡	0		0	0	0.22	0.30	1.61

表 3-8 主要城市人均奶类占有量（四）

单位：千克/人

城市		1995	1998	1999	2000	2001	2002	2003
	九江			0	0	0.31	0.34	0.35
	新余			0	0	0.19	0.32	0.81
	鹰潭			0	0	0.42	0.46	0.53
	赣州			0	0	0.18	1.42	4.28
	吉安	1			0	0.18	0.21	0.31
	宜春				0	0.07	0.08	0.10
	抚州				1	0.94	1.05	0.79
	上饶				0	0.01	0.09	0.06
山东		**9**	**7**	**8**	**8**	**10.03**	**12.87**	**16.32**
	济南	7	11	11	13	13.43	17.60	24.44
	青岛	20	24	27	33	38.16	47.50	57.10
	淄博	4	7	5	6	8.58	12.78	17.80
	枣庄	8	1	2	2	2.54	2.96	3.27
	东营	3	6	6	5	6.15	11.47	22.78
	烟台	18	9	12	14	19.80	25.30	28.36
	潍坊	11	10	10	12	17.11	20.48	21.87
	济宁	2	1	2	3	3.79	3.94	5.83
	泰安	7	1	2	2	3.31	5.98	8.99
	威海	34	35	39	32	35.32	44.69	57.06
	日照	4	1	1	1	0.79	1.03	1.70
	莱芜	3		0	1	0.76	0.76	1.39
	临沂	6	2	2	2	2.59	4.16	5.44
	德州		1	1	1	3.89	4.59	5.91
	聊城	1	1	1	1	1.56	1.57	3.10
	滨州	6			4	7.05	11.85	21.59
	菏泽	1			0	1.09	0.96	1.25
河南		**2**	**2**	**2**	**2**	**3.01**	**4.54**	**6.44**
	郑州	7	7	7	8	9.72	12.89	18.56
	开封	3	3	4	4	5.75	7.92	10.73
	洛阳	2	2	3	4	5.82	11.27	18.40
	平顶山			1	1	0.96	1.18	1.50
	安阳	1		1	1	1.63	2.53	3.63
	鹤壁		1	1	1	2.74	3.03	3.39
	新乡		1	1	2	4.27	5.50	7.59
	焦作	1	1	0	1	1.60	3.98	6.51
	濮阳			0	1	2.06	2.82	3.28
	许昌			0	1	1.27	1.65	2.12
	漯河			0	1	3.38	5.56	8.77
	三门峡	1	1	3	2	3.04	3.74	4.72
	南阳	2	3	4	5	5.78	8.87	11.31
	商丘	1	1	2	2	2.45	3.55	5.04
	信阳	1		0	0	0.12	0.14	0.22
	周口	1				0.27	0.70	1.20
	驻马店	1				0.50	0.72	0.91

表 3-8 主要城市人均奶类占有量（五）

单位：千克/人

城市	1995	1998	1999	2000	2001	2002	2003
湖北	**1**	**1**	**1**	**1**	**1.71**	**1.95**	**2.12**
武汉	4	4	4	6	9.22	9.65	10.51
黄石			0	0	0.34	0.15	0.12
十堰			0	0	0.25	0.27	0.26
宜昌			1	1	1.79	3.53	3.58
襄樊			0	0	0.24	0.25	0.24
鄂州			0	0	0.05	0.08	0.12
荆门	3		1	1	0.42	0.47	0.37
孝感			0	0	0.00		0.00
荆州			0	0	0.00	0.03	0.00
黄冈			0	0	0.42	0.47	0.51
咸宁	3		1	1	1.15	1.59	2.29
随州				0	0.06	0.04	0.05
湖南			**0**	**0**	**0.28**	**0.53**	**0.81**
长沙	1		0	0	0.97	1.53	2.53
株洲			0	0	0.12	0.15	0.19
湘潭			0	0	0.66	0.78	0.82
衡阳			0	0	0.05	0.13	0.22
邵阳			1	1	1.13	2.11	2.99
岳阳			0	0	0.02	0.06	0.08
常德			0	0	0.09	0.66	1.20
张家界			0	0	0.03	0.03	0.10
益阳			0	0	0.02	0.03	0.03
郴州			0	0	0.04	0.07	0.13
永州			0	0	0.03	0.07	0.10
怀化			0	0	0.04	0.08	0.12
娄底			0	0	0.01	0.02	0.08
广东	**1**	**1**	**1**	**1**	**1.33**	**1.58**	**1.40**
广州	4	5	5	6	6.66	6.44	6.01
韶关			0	0	0.18	0.11	0.02
深圳	20	17	19	20	16.79	16.35	16.60
珠海	1	1	4	6	7.35	6.43	10.34
汕头		2	1	1	1.42	1.30	1.23
佛山	1	1	1	2	1.32	1.45	2.00
江门			0	0	0.02	0.01	
湛江			0	0	0.25	0.27	0.27
茂名			0	0	0.12	0.12	0.12
肇庆			0	0	0.42	0.57	1.33
惠州			0	1	0.70	0.94	0.45
梅州			0	0	0.58	0.29	0.84
汕尾			0	0	0.00		
河源			0	0	0.19	0.22	0.24
阳江			0	0	0.00		
清远			0	0	0.11	0.16	0.55
东莞			0	1	0.17	0.27	0.02

表 3-8　主要城市人均奶类占有量（六）

单位：千克/人

城　市	1995	1998	1999	2000	2001	2002	2003
中　山			0	0	0.02	0.02	0.01
潮　州			0	0	0.10		0.00
揭　阳	1	1	1	1	0.57	4.10	0.49
云　浮			0	0	0.03	0.02	0.02
广　西			**0**	**1**	**0.68**	**0.69**	**0.79**
南　宁	2	2	2	2	2.46	4.01	2.48
柳　州	1	1	2	3	3.03	4.03	2.29
桂　林	1		0	1	0.50	0.46	0.62
梧　州			0	0	0.18	0.28	0.28
北　海			0	0	0.32	0.56	0.54
防城港			0	0	0.20	1.21	3.80
钦　州			0	0	0.09	0.19	0.29
贵　港	1		0	0	0.30	0.31	0.40
玉　林			0	0	0.23	0.35	0.35
百　色						0.07	0.11
贺　州						0.13	0.19
河　池						0.01	0.01
来　宾						0.23	0.28
崇　左						0.10	0.16
海　南			**0**	**0**	**0.24**	**0.23**	**0.30**
海　口			0	0	0.43	0.41	0.41
三　亚			0	0	0.00		
重　庆	**3**	**2**	**2**	**2**	**2.19**	**2.60**	**2.90**
四　川	**1**	**1**	**1**	**1**	**1.85**	**2.48**	**3.20**
成　都	4	4	4	5	6.16	8.19	9.01
自　贡	1	1	1	2	2.02	2.56	2.87
攀枝花	1	1	1	1	1.66	1.90	2.11
泸　州			0	1	0.68	0.79	1.34
德　阳	1	1	1	1	1.53	1.94	2.41
绵　阳	1	1	1	2	2.41	2.68	3.14
广　元			0	0	0.57	0.67	0.78
遂　宁			0	0	0.18	0.23	0.28
内　江			0	1	0.83	0.88	1.07
乐　山	1		0	0	0.47	0.89	1.18
南　充			1	1	1.17	2.01	2.90
眉　山				3	5.24	8.36	14.92
宜　宾	2		0	0	0.59	0.64	0.74
广　安			0	0	0.21	0.28	0.44
达　州			1	1	0.84	1.12	1.30
雅　安	13			5	5.05	6.34	10.59

表3-8　主要城市人均奶类占有量（七）

单位：千克/人

城　市	1995	1998	1999	2000	2001	2002	2003
巴　中				0	0.08	0.09	0.11
资　阳				0	0.42	0.53	0.64
贵　州	**1**	**1**	**1**	**1**	**1.36**	**1.64**	**2.10**
贵　阳	6	4	4	4	4.74	5.83	7.65
六盘水			0	0	0.11	0.20	0.17
遵　义	5	1	1	1	0.65	0.71	0.86
安　顺				0	0.21	0.22	0.25
云　南	**5**	**4**	**5**	**4**	**4.09**	**3.94**	**3.44**
昆　明	10	12	11	12	14.58	14.21	14.75
曲　靖	1	1	1	1	1.15	1.37	1.59
玉　溪	1		0	0	0.35	0.36	0.38
保　山					0.51	0.57	0.63
昭　通						0.33	0.37
丽　江						1.42	1.34
思　茅							0.11
临　沧							0.28
陕　西	**14**	**18**	**18**	**19**	**19.29**	**22.95**	**29.14**
西　安	21	26	31	36	36.76	40.99	47.39
铜　川		1	0	0	2.54	5.84	8.02
宝　鸡	17	26	28	33	39.96	51.26	69.39
咸　阳	15	28	29	33	34.45	42.46	61.35
渭　南	11	16	16	17	18.27	20.96	22.83
延　安	1	1	1	1	1.06	1.31	1.85
汉　中	4	1	1	1	1.47	1.67	2.08
榆　林	18		5	5	5.05	5.83	8.32
安　康				0	0.11	0.13	0.14
商　洛						0.36	0.54
甘　肃	**4**	**4**	**4**	**4**	**5.17**	**5.64**	**7.19**
兰　州	8	9	9	10	11.33	13.03	18.31
嘉峪关		4	5	5	6.58	6.63	16.25
金　昌	2	4	5	6	14.81	13.79	17.48
白　银		1	1	1	1.02	1.42	2.68
天　水			1	1	0.88	0.87	1.09
武　威						5.08	20.80
张　掖						11.50	12.78
平　凉						1.44	1.44
酒　泉						13.69	12.40
庆　阳						2.78	1.15
定　西							0.30
青　海	**18**	**18**	**17**	**22**	**23.46**	**28.94**	**31.08**
西　宁	19	18	17	22	23.46	28.94	31.08
宁　夏	**58**	**53**	**58**	**66**	**72.82**	**53.21**	**66.70**
银　川	53	55	54	58	71.47	88.49	106.04
石嘴山	5	8	10	9	10.28	11.47	15.15
吴　忠	212	69	79	91	94.73	99.05	125.41
固　原						0.16	0.83
新　疆	**23**	**13**	**12**	**14**	**13.72**	**15.51**	**25.61**
乌鲁木齐	15	14	14	15	15.08	17.16	28.17
克拉玛依	6	5	5	6	5.62	5.52	10.27

表 3-9 全国主要养殖基地县乳牛存栏数（一）

单位：头

县（区）	全群		成乳牛		序号
	2002	2003	2002	2003	
北　京					
延庆县	20 184	35 364	13 456	21 697	30
三元绿荷奶牛养殖中心	28 273	30 105	15 645	16 200	35
大兴区	23 521	25 559	17 167	19 651	44
密云区	16 096	20 288	11 648	14 514	57
顺义区	15 254	18 537	9 290	13 940	66
通州区	5 229	12 391	2 427	7 001	93
怀柔区	10 006	11 028	5 056	5 830	103
房山区	8 733	10 340	4 631	6 489	107
天　津					
武清区	33 092	48 200	22 502	30 579	18
宁河县	15 299	21 000	7 345	9 540	54
农垦系统	19 048	19 892	11 122	11 986	61
北辰区	13 281	16 195	8 765	11 377	77
静海县	9 399	14 512	5 634	8 998	84
河　北					
唐山市丰润区	64 100	85 291	46 500	54 900	7
唐山市滦南县	47 300	80 300	30 100	50 700	10
石家庄市行唐县	37 000	42 600	15 600	16 000	24
石家庄市藁城市		41 100		24 660	27
唐山市丰南区	30 300	35 500	17 200	21 000	29
石家庄市正定县		35 100		21 060	31
唐山市遵化市	14 000	25 500	8 100	14 200	45
石家庄市新乐市		23 500		14 100	49
石家庄市栾城县	5 600	21 000	4 000	15 700	55
石家庄市元氏县		20 000		12 000	60
石家庄市鹿泉市	11 025	18 675	7 540	10 405	64
唐山市开平区	9 600	12 600	6 300	8 700	91
石家庄市长安区		10 800		6 480	105
山　西					
朔州市山阴县	51 000	58 387	42 175	39 071	14
朔州市应县	12 337	16 620	6 169	8 040	73
忻州市忻府区	12 932	14 872	6 337	10 078	83
大同市南郊区	6 649	11 040	4 735	6 226	102
朔州市朔城区	9 217	10 120	6 368	7 216	111
内蒙古					
呼和浩特市土默特左旗	62 041	108 307	40 321	64 092	2
呼和浩特市赛罕区	63 248	104 549	42 008	67 957	3
包头市土右旗	33 600	80 333	18 458	40 591	9
包头市九原区	26 624	64 060	14 620	32 957	12
呼和浩特市和林县	40 327	63 294	27 500	44 099	13
呼和浩特市托克托县	28 000	42 683	19 919	20 896	23
呼和浩特市玉泉区	17 148	20 029	10 549	11 506	58
包头市市区	7 626	16 949	4 758	11 211	70
包头市固阳县	5 747	16 739	2 231	8 572	71
包头市五大农场	11 781	16 282	7 473	11 091	76
包头市达茂旗	3 978	15 767	3 093	5 228	78
辽　宁					
辽阳市新城子区	7 872	11 152	5 829	8 341	101
铁岭市铁岭县	7 000	10 000	5 000	7 000	114

注：此表依据 2003 年乳牛年末数排序。

表 3-9 全国主要养殖基地县乳牛存栏数（二）

单位：头

县（区）	全群		成乳牛		序号
	2002	2003	2002	2003	
黑龙江					
哈尔滨市双城市	140 980	162 288	92 416	98 713	1
绥化市安达市	89 055	94 710	47 697	49 727	4
绥化市肇东市	75 078	93 867	49 107	61 531	5
大庆市杜蒙县	70 100	89 581	41 360	54 140	6
齐齐哈尔市富裕县	66 366	84 008	41 216	51 180	8
齐齐哈尔市郊区	63 445	74 825	42 252	49 501	11
大庆市林甸县	30 213	45 024	19 521	27 976	21
大庆市市区	33 001	43 867	20 051	26 948	22
哈尔滨市郊	35 108	41 619	25 369	32 726	25
哈尔滨市呼兰县	18 000	30 180	13 623	19 602	34
齐齐哈尔市甘南县	15 012	25 000	9 197	14 772	47
哈尔滨市道里区	20 002	24 132	13 244	19 448	48
绥化市海伦市	12 330	17 180	6 835	10 500	69
大庆市肇州县	12 103	16 422	7 516	11 727	74
黑河市北安市	10 168	15 149	7 255	8 258	81
齐齐哈尔市泰来县	10 449	12 748	7 810	7 643	90
哈尔滨市阿城市	4 918	11 732	3 431	8 116	97
大庆市肇源县	6 046	10 181	4 233	6 186	110
齐齐哈尔市龙江县	8 408	10 028	5 080	5 820	112
齐齐哈尔市克东县	4 751	10 001	1 558	5 063	113
上　海					
农工商	22 265	23 045	12 857	13 519	51
江　苏					
徐州市铜山县	20 100	26 000	12 060	15 600	43
南京市江宁区	14 100	16 700	8 460	10 020	72
无锡市锡山区	10 000	10 300	6 000	6 180	108
浙　江					
金华市婺城区	12 500	14 300	8 700	8 600	85
金华市金东区	11 900	13 200	6 500	7 900	87
福　建					
南平市延平区		19 251		9 464	63
南平市建瓯市		11 365		2 565	99
江　西					
南昌市新建县	10 931	11 164	6 416	6 574	100
山　东					
青岛市莱西市	41 000	53 000	25 000	34 150	16
济南市章丘市	16 200	20 700	12 000	15 000	56
烟台市莱阳市	15 000	20 000	12 000	15 000	59
威海市文登市	18 362	19 299	9 820	13 500	62
青岛市即墨市	14 216	18 165	8 835	13 016	67
青岛市胶南市	10 786	15 000	5 828	11 000	82
青岛市胶州市	13 400	13 500	5 080	5 100	86
济南市历城区	10 200	13 200	8 000	10 000	88
湖　北					
武汉市东西湖区	9 519	11 921	6 188	7 749	94
湖　南					
邵阳市城步苗族自治县	10 200	11 800	7 140	8 260	96

表 3-9　全国主要养殖基地县乳牛存栏数（三）

单位：头

县（区）	全群		成乳牛		序号
	2002	2003	2002	2003	
四　川					
眉山市洪雅县	19 800	28 300	10 200	13 800	38
云　南					
大理州洱源县	28 000	38 958	23 000	26 000	28
大理州大理市	7 255	10 421	5 078	7 295	106
陕　西					
咸阳市泾阳县	3 500	41 300	25 500	30 090	26
西安市临潼区	23 577	29 380	18 582	22 200	37
宝鸡市陇县	19 868	27 220	12 777	17 826	40
咸阳市乾县	20 647	23 125	7 912	14 039	50
宝鸡市千阳县	13 834	18 564	9 430	10 681	65
咸阳市武功县	5 883	16 300	3 411	8 500	75
宝鸡市凤翔县	8 473	15 237	5 047	8 390	80
宝鸡市宝鸡县	10 058	13 004	7 712	8 867	89
宝鸡市岐山县	8 779	11 803	4 721	6 018	95
西安市高陵县	8 422	11 464	7 121	10 356	98
西安市阎良区	10 334	10 297	6 448	6 652	109
甘　肃					
酒泉市肃州区	15 900	26 400	5 300	9 300	41
青　海					
西宁市湟中县		28 168		14 088	39
宁　夏					
吴忠市利通区	40 286	51 000	24 171	32 079	17
银川市兴庆区		17 438		10 681	68
银川市灵武市	13 050	10 800	8 350	8 780	104
新　疆					
伊犁州新源县	54 900	56 000	21 960	22 400	15
伊犁州伊宁县	45 160	47 100	18 040	18 840	19
伊犁州尼勒克县	45 500	46 000	18 200	18 400	20
伊犁州伊宁市	31 300	32 300	12 520	16 150	32
昌吉州呼图壁县	29 000	31 000	13 050	13 950	33
昌吉州昌吉市	28 200	30 100	12 690	13 545	36
伊犁州沙湾县	24 700	26 000	9 800	10 400	42
阿克苏地区温宿县	22 000	25 000	8 800	10 000	46
伊犁州乌苏市	20 600	22 800	8 240	9 120	52
阿克苏地区库车县	20 100	22 300	8 040	8 920	53
巴州焉耆县	12 600	15 600	5 670	7 020	79
巴州库尔勒市	8 500	12 500	3 825	5 625	92

表 3－10　全国主要养殖基地县牛奶产量（一）

单位：吨、千克/年·头

县（区）	牛奶产量		单　产		序　号
	2002	2003	2002	2003	
北　京					
三元绿荷奶牛养殖中心	133 981	131 769	8 541	8 432	16
大兴区	100 062	118 045	6 534	7 081	19
密云区	62 876	83 847	7 410	6 534	24
顺义区	68 644	81 258	6 716	6 716	26
延庆县	42 007	80 454	6 096	5 001	27
房山区	23 213	34 182	6 826	5 950	72
怀柔区	32 549	32 446	4 344	6 059	75
通州区	16 411	27 141	6 753	5 037	87
昌平区	20 617	20 744	5 840	5 913	111
天　津					
武清区	113 608	164 056	6 099		9
农垦	74 883	79 114	6 925		28
北辰区	53 750	59 867	6 280		35
宁河县	38 725	46 684	6 109		43
静海县	29 546	44 539	6 234		46
河　北					
唐山市丰润区	133 777	251 900	3 008	3 225	2
唐山市滦南县	90 846	162 000	3 100	3 195	11
石家庄市行唐县	82 000	97 000	5 256	6 063	21
石家庄市藁城市	55 244	70 211	6 093		31
石家庄市栾城县	21 000	60 000	5 250	3 822	33
唐山市丰南区	39 830	49 900	2 363	2 506	38
石家庄市正定县	35 161	46 300	4 925		44
唐山市遵化市	40 683	42 600	2 200	2 310	51
唐山市开平区	27 870	42 600	4 526	4 698	52
石家庄市新乐市	27 232	36 800			66
石家庄市鹿泉市	30 450	35 205	4 038	3 384	69
石家庄市元氏县	13 800	23 400			99
山　西					
朔州市山阴县	177 002	186 160	4 200	4 770	4
太原市小店区	26 415	36 000	6 470	6 250	68
忻州市忻府区	26 909	31 245	4 250	3 100	76
大同市南郊区	15 327	25 221	3 240	4 050	91
朔州市应县	19 332	24 548	3 130	3 050	96
朔州市朔城区	20 185	20 466	3 170	2 840	112
太原市清徐县	19 803	20 000	5 841	6 711	116
内蒙古					
包头市九原区	66 362	151 044	4 539	4 580	14
包头市土右旗	47 362	118 850	2 566	2 928	17
包头市市区	16 227	52 269	3 411	4 662	37
包头市五大农场	37 737	43 326	5 050	3 906	50
包头市固阳县	4 604	21 403	2 064	2 497	107
包头市达茂旗	7 380	14 291	2 386	2 734	118
辽　宁					
沈阳市新城子区	26 814	38 966	4 600	4 671	60
沈阳市于洪区	32 172	38 175	5 943	5 000	62
沈阳市东陵区	28 000	36 040	4 403	5 000	67
铁岭市铁岭县	21 000	28 000	4 200	4 000	84

注：此表依据 2003 年牛奶产量排序。

表 3-10　全国主要养殖基地县牛奶产量（二）

单位：吨、千克/年·头

县（区）	牛奶产量		单　产		序　号
	2002	2003	2002	2003	
黑龙江					
哈尔滨市双城市	405 822	444 208	4 900	5 000	1
绥化市肇东市	165 384	207 853		5 780	3
齐齐哈尔市富裕县	150 392	180 006		5 600	5
绥化市安达市	168 550	178 387		5 400	6
大庆市杜蒙县	175 000	177 000		5 000	7
齐齐哈尔市郊区	143 653	170 736		5 200	8
哈尔滨市郊	12 844	158 213		6 000	12
大庆市区	103 810	157 050		5 800	13
大庆市林甸县	82 000	118 458		5 000	18
哈尔滨市道里区	60 789	96 267	5 100	5 500	22
哈尔滨市呼兰县	51 865	82 328	4 200	4 700	25
大庆市肇州县	26 872	48 501		5 500	42
绥化市海伦市	25 474	41 220		5 500	57
齐齐哈尔市甘南县	20 379	34 382		4 200	71
黑河市北安市	20 314	29 729			80
哈尔滨市阿城市	9 818	28 997	4 200	4 300	81
大庆市肇源县	20 686	28 692		5 500	83
齐齐哈尔市泰来县	20 542	27 516		5 000	86
鸡西市密山市	8 379	25 107		5 500	93
齐齐哈尔市龙江县	20 555	23 270		4 300	100
哈尔滨市五常市	4 969	21 570	4 300	4 500	104
齐齐哈尔市依安县	16 292	21 536		4 000	105
哈尔滨市南岗区	18 000	21 457	5 100	5 200	106
齐齐哈尔市克东县	10 063	20 250		5 100	113
江　苏					
徐州市铜山县	60 612	75 890	3 015	2 919	29
南京市江宁区	36 210	45 022	2 568	2 696	45
无锡市锡山区	39 363	43 386	3 936	4 212	49
无锡市江阴市	23 768	30 029	3 127	3 533	77
苏州市相城区	23 280	25 210	2 874	4 423	92
苏州市张家港市	21 144	24 884	4 499	4 785	95
南京市栖霞区	27 066	22 378	3 007	2 729	103
苏州市常熟市	20 000	20 000	4 166	3 704	117
浙　江					
金华市婺城区	36 109	42 234	4 150	4 900	54
金华市金东区	36 000	41 751	5 538	5 300	55
杭州市江干区	27 860	28 995	6 900	6 800	82
福　建					
南平市延平区		49 755			39
南平市建瓯市		26 927			88
江　西					
南昌市新建县	31 170	33 219	5 046	5 115	73
山　东					
青岛市莱西市	114 800	140 000	4 592	4 100	15
威海市文登市	49 591	68 310	5 050	5 060	32
烟台市莱阳市	53 000	60 000	4 400	4 500	34

表3-10　全国主要养殖基地县牛奶产量（三）

单位：吨、千克/年·头

县（区）	牛奶产量		单　产		序　号
	2002	2003	2002	2003	
青岛市即墨市	39 805	58 762	4 505	4 515	36
青岛市胶南市	30 201	43 500	5 182	3 955	48
济南市章丘市		41 250	3 800	3 900	56
青岛市胶州市	37 520	41 193	7 386	8 077	58
济南市历城区		38 800	3 700	3 800	61
河　南					
郑州市中牟县	8 570	20 885	30 000	4 900	109
湖　北					
武汉市东西湖区	35 235	44 459	5 694	5 738	47
湖　南					
邵阳市城步苗族自治县	22 000	37 170	4 500	4 600	65
四　川					
眉山市洪雅县	24 000	40 200			59
云　南					
大理州洱源县	55 000	71 800	2 390	2 762	30
昆明市官渡区	19 611	20 818	3 448	4 162	110
陕　西					
咸阳市泾阳县	65 350	97 112	2 560	3 200	20
西安市临潼区	79 845	92 353	4 970	4 200	23
宝鸡市陇县	37 698	49 584	2 950	2 782	40
西安市高陵县	27 070	42 417	3 942	4 092	53
西字市阎良区	34 220	38 099	5 307	5 727	63
咸阳市武功县	13 180	38 000	3 864	4 470	64
宝鸡市宝鸡县	24 751	34 397	3 209	3 874	70
咸阳市乾县	23 736	32 549	3 000	2 318	74
宝鸡市凤翔县	17 664	27 991	3 500	3 336	85
宝鸡市千阳县	17 086	25 632	2 026	2 400	90
西安市霸桥区	14 190	23 710	4 577	5 317	98
宝鸡市扶风县	15 095	20 183	3 500	2 733	114
宝鸡市岐山县	10 860	20 117	2 289	3 343	115
青　海					
西宁市湟中县	24 828	30 024			78
宁　夏					
吴忠市利通区	138 000	162 180	5 500	5 790	10
银川市兴庆区		48 764		4 565	41
银川市灵武市	39 000	30 000	4 900	5 000	79
新　疆					
伊犁州尼勒克县	23 000	26 000	1 264	1 413	89
伊犁州伊宁市	21 000	25 000	1 677	1 548	94
伊犁州新源县	22 000	24 000	1 002	1 071	97
昌吉州呼图壁县	18 000	23 000	1 379	1 649	101
伊犁州伊宁县	20 000	23 000	1 109	1 221	102
昌吉州昌吉市	16 000	21 000	1 261	1 550	108

表 3－11　各地区奶牛饲养规模情况（一）

单位：户、头、吨

地　区	年存栏数 1～5 头			年存栏数 6～20 头		
	场（户）数	年存栏数	牛奶产量	场（户）数	年存栏数	牛奶产量
全国总计	**1 510 930**	**4 099 695**	**6 732 823**	**224 373**	**2 282 131**	**4 795 472**
北　京	2 535	6 979	17 736	1 383	18 524	62 636
天　津	1 094	3 437	12 741	1 496	17 134	77 356
河　北	207 810	560 292	1 087 323	27 719	314 781	648 017
山　西	46 037	101 204	255 902	7 052	61 674	155 120
内蒙古	304 732	902 054	1 810 108	45 568	407 632	820 770
辽　宁	10 755	31 605	71 435	4 687	48 830	137 503
吉　林	29 294	59 429	115 940	3 768	37 901	72 391
黑龙江	168 425	373 404	858 337	39 205	411 371	1 064 399
上　海						
江　苏	9 720	42 879	139 912	3 172	34 392	119 652
浙　江	4 038	8 981	23 800	1 390	13 770	38 600
安　徽	2 039	6 373	7 091	521	7 227	14 697
福　建	6 195	15 891	39 094	645	6 437	19 130
江　西	3 125	7 824	22 378	511	4 873	20 748
山　东	74 574	179 939	449 375	13 659	152 054	446 062
河　南	19 910	60 873	147 773	4 430	47 847	158 511
湖　北	22 860	89 531	40 760	1 179	13 832	14 207
湖　南	2 327	7 471	18 388	479	5 275	13 101
广　东	1 932	6 696	20 556	394	3 846	5 853
广　西	2 210	8 991	4 959	341	3 863	7 550
海　南	2	9	1			
重　庆	4 210	15 885	51 411	891	7 965	21 385
四　川	33 552	77 941	87 245	2 571	26 666	76 687
贵　州	1 367	3 985	9 235	336	2 806	7 374
云　南	64 056	121 094	150 151	1 058	12 083	26 576
西　藏	12 770	38 340	40 257	2 400	19 160	20 118
陕　西	102 872	241 526	504 982	4 229	43 833	107 474
甘　肃	40 990	122 970	41 493	2 725	35 420	80 758
青　海	9 934	15 619	26 822	11 426	68 558	171 320
宁　夏	20 776	62 293	163 907	3 272	31 736	105 785
新　疆	300 789	926 180	513 709	37 866	422 641	281 693

表3－11 各地区奶牛饲养规模情况（二）

单位：户、头、吨

地 区	年存栏数21～100头			年存栏数101～200头		
	场（户）数	年存栏数	牛奶产量	场（户）数	年存栏数	牛奶产量
全国总计	**35 036**	**1 308 064**	**2 915 135**	**2 292**	**321 465**	**874 049**
北 京	684	25 712	83 325	188	27 316	95 675
天 津	880	37 471	143 633	18	2 707	8 271
河 北	5 127	203 268	411 255	242	32 884	75 826
山 西	760	32 756	69 285	69	9 819	26 394
内蒙古	3 531	111 196	344 707	143	15 528	56 376
辽 宁	1 042	39 827	122 928	65	9 965	33 259
吉 林	326	11 973	22 749	28	4 157	8 214
黑龙江	5 892	218 873	624 298	397	59 135	152 568
上 海	46	3 145	13 698	88	12 559	50 877
江 苏	995	37 105	118 622	79	10 760	36 154
浙 江	287	11 417	33 680	77	10 785	30 737
安 徽	151	5 914	11 978	28	4 703	12 827
福 建	95	3 657	12 777	12	1 682	5 077
江 西	70	3 025	12 048	9	1 380	4 960
山 东	2 161	80 930	248 908	189	26 109	86 556
河 南	727	29 097	95 559	63	8 644	27 147
湖 北	262	17 950	24 253	34	4 724	13 274
湖 南	121	6 053	15 133	16	2 191	5 478
广 东	203	8 700	18 941	24	3 129	6 200
广 西	57	2 202	5 097	4	698	2 352
海 南				1	191	243
重 庆	45	1 748	4 479	2	202	413
四 川	548	19 147	66 076	48	6 528	25 216
贵 州	23	1 051	2 402	2	358	1 223
云 南	255	8 132	13 655	11	1 355	2 308
西 藏						
陕 西	654	26 415	66 822	48	6 461	13 796
甘 肃	220	17 710	49 588	45	8 100	22 113
青 海	2 424	50 924	20 243	48	4 899	3 013
宁 夏	584	19 236	64 230	57	8 380	26 562
新 疆	6 866	273 430	194 766	257	36 116	40 940

表 3-11 各地区奶牛饲养规模情况（三）

单位：户、头、吨

地区	年存栏数 201～500 头			年存栏数 501～1 000 头			年存栏数 1 000 头以上		
	场（户）数	年存栏数	牛奶产量	场（户）数	年存栏数	牛奶产量	场（户）数	年存栏数	牛奶产量
全国总计	**895**	**287 831**	**834 728**	**344**	**248 540**	**767 015**	**136**	**239 893**	**775 194**
北京	91	31 231	105 464	42	34 853	137 143	28	36 385	130 921
天津	33	9 447	29 853	33	23 104	69 643	12	16 800	63 892
河北	120	38 901	99 867	21	14 950	32 560	4	6 624	18 119
山西	8	2 487	6 866	10	6 280	18 843			
内蒙古	11	3 157	18 942	3	2 100	12 600	2	2 933	16 719
辽宁	18	5 558	19 535	9	6 485	27 838	3	3 902	14 400
吉林	5	1 275	2 450	3	2 350	5 060			
黑龙江	145	43 500	117 690	49	29 870	80 649	13	40 347	106 761
上海	54	15 879	68 980	26	17 869	84 537	8	11 331	51 938
江苏	38	11 011	42 434	22	16 858	65 898	5	11 195	36 199
浙江	26	8 122	25 991	12	8 750	30 870	9	15 142	63 596
安徽	9	4 057	7 534	5	4 297	12 811	5	8 429	23 200
福建	21	8 202	21 810	21	14 723	34 920	17	22 349	58 456
江西	4	1 308	3 397				2	15 090	42 400
山东	91	26 091	92 397	18	12 357	37 068	3	5 820	19 430
河南	30	10 031	36 439	4	2 493	7 510	4	5 615	23 062
湖北	11	3 683	10 627	2	1 380	4 018	1	1 100	3 575
湖南	9	2 537	6 343	2	1 348	3 370	2	3 976	10 449
广东	9	2 595	4 718	7	5 720	15 141	5	12 214	34 096
广西	7	2 581	5 970	6	4 113	10 852	1	1 052	2 398
海南	1	300	360						
重庆	0	0	0	1	800	1 690			
四川	18	5 562	13 947				1	1 256	3 400
贵州	1	409	490				1	3 491	14 996
云南	10	3 001	7 029	7	4 378	13 244	1	1 257	4 525
西藏									
陕西	27	7 290	16 856	4	2 701	6 491	1	1 074	3 513
甘肃	10	4 700	13 818	3	2 800	8 820	1	1 500	5 250
青海									
宁夏	13	3 937	12 178	4	2 930	9 271	1	1 088	3 918
新疆	75	30 979	42 743	30	25 031	36 169	6	9 923	19 980

Ⅳ. 牛奶生产成本收益

表 4－1　全国部分地区牛奶平均生产成本收益

按统一工价汇总

项目		单位	国营集体牛场		农村专业户	
			2002	2003	2002	2003
调查县数		个	56.00	54.00	64.00	70.00
调查户数		户	81.00	76.00	156.00	189.00
调查数量		头	42 451.00	42 819.00	3 453.00	4 425.00
平均饲养天数		天	365.00	365.00	365.00	365.00
每头	主产品产量	千克	6 031.60	6 090.80	5 225.70	5 243.50
	产值合计	元	13 967.77	14 188.92	9 975.25	10 194.67
	主产品产值	元	13 564.55	13 713.52	9 354.77	9 345.01
	副产品产值	元	403.22	475.40	620.48	849.66
	其他收入	元	12.88	2.03		5.94
	生产成本	元	9 948.26	10 685.47	7 089.61	7 067.50
	物质费用	元	9 239.86	9 986.59	6 249.21	6 391.02
	用工作价	元	708.40	698.88	840.40	676.48
	用工数量	个	64.40	62.40	76.40	60.40
	劳动日工价	元	11.00	11.20	11.00	11.20
	期间费用	元	1 827.18	1 409.75	221.52	236.23
	税金	元	3.01	0.83		1.97
	含税成本	元	11 778.45	12 096.05	7 311.13	7 305.70
	净产值	元	4 727.91	4 202.33	3 726.04	3 803.65
	减税纯收益	元	2 202.20	2 094.90	2 664.12	2 894.91
	成本纯收益率	%	18.70	17.32	36.44	39.63
	耗粮数量	千克	2 126.50	2 254.60	2 082.30	2 005.20
每50千克主产品	平均出售价格	元	112.45	112.58	89.51	89.11
	物质费用	元	74.39	79.24	56.08	55.86
	生产成本	元	80.09	84.78	63.62	61.78
	含税成本	元	94.82	95.97	65.60	63.86
	净产值	元	38.06	33.34	33.43	33.25
	减税纯收益	元	17.74	16.63	23.91	25.31
	耗粮数量	千克	17.60	18.50	19.90	19.10
每一劳动日	主产品产量	千克	93.70	97.60	68.40	86.80
	净产值	元	73.41	67.35	48.77	62.97
每核算单位成本外支出		元	82.07	52.82	1.79	1.27

表 4-2 部分地区国营集体牛场牛奶生产成本收益（一）

（2003）

按统一工价汇总

项目名称		单位	平均	北京	天津	河北	辽宁	吉林
调查县数		个	54.00	6.00	4.00	2.00	1.00	2.00
调查户数		户	76.00	11.00	4.00	2.00	1.00	2.00
调查数量		头	42 819.00	5 635.00	2 430.00	247.00	1 600.00	759.00
平均饲养天数		天	365.00	354.00	365.00	365.00	365.00	365.00
每头	主产品产量	千克	6 090.80	8 420.80	7 517.00	6 264.50	6 100.00	6 540.30
	产值合计	元	14 188.92	17 119.62	15 413.31	11 520.35	12 380.00	11 694.87
	主产品产值	元	13 713.52	17 052.42	14 714.20	11 309.05	12 200.00	11 415.89
	副产品产值	元	475.40	67.20	699.11	211.30	180.00	278.98
	其他收入	元	2.03					
	生产成本	元	10 685.47	11 724.82	9 546.92	8 518.58	10 118.30	12 309.65
	物质费用	元	9 986.59	11 461.62	8 824.52	7 694.26	9 278.30	10 833.49
	用工作价	元	698.88	263.20	722.40	824.32	840.00	1 476.16
	用工数量	个	62.40	23.50	64.50	73.60	75.00	131.80
	劳动日工价	元	11.20	11.20	11.20	11.20	11.20	11.20
	期间费用	元	1 409.75	2 346.15	2 288.50	1 082.68	1 703.00	237.15
	税金	元	0.83					
	含税成本	元	12 096.05	14 070.97	11 835.42	9 601.26	11 821.30	12 546.80
	净产值	元	4 202.33	5 658.00	6 588.79	3 826.09	3 101.70	861.38
	减税纯收益	元	2 094.90	3 048.65	3 577.89	1 919.09	558.70	−851.93
	成本纯收益率	%	17.32	21.67	30.23	19.99	4.73	−6.79
	耗粮数量	千克	2 254.60	2 154.30	2 049.50	1 808.70	2 217.00	3 077.60
每50千克主产品	平均出售价格	元	112.58	101.25	97.87	90.26	100.00	87.27
	物质费用	元	79.24	67.79	56.03	60.28	74.95	80.84
	生产成本	元	84.78	69.34	60.62	66.74	81.73	91.86
	含税成本	元	95.97	83.22	75.15	75.22	95.49	93.63
	净产值	元	33.34	33.46	41.84	29.98	25.05	6.43
	减税纯收益	元	16.63	18.03	22.72	15.04	4.51	−6.36
	耗粮数量	千克	18.50	12.80	13.60	14.40	18.20	23.50
每一劳动日	主产品产量	千克	97.60	358.30	116.50	85.10	81.30	49.60
	净产值	元	67.35	240.77	102.15	51.98	41.36	6.54
每核算单位成本外支出		元	52.82					

表 4－2　部分地区国营集体牛场牛奶生产成本收益（二）

（2003）　　按统一工价汇总

项目名称		单位	上海	江苏	浙江	安徽	福建	山东
调查县数		个	5.00	3.00	3.00	3.00	1.00	1.00
调查户数		户	15.00	3.00	3.00	4.00	2.00	1.00
调查数量		头	3 245.00	2 300.00	2 464.00	3 363.00	1 675.00	1 184.00
平均饲养天数		天	365.00	365.00	365.00	365.00	365.00	365.00
每头	主产品产量	千克	7 493.50	6 762.80	6 748.40	5 978.50	5 765.00	6 749.70
	产值合计	元	17 297.51	16 813.72	16 082.81	12 432.65	13 690.00	14 538.10
	主产品产值	元	16 672.04	16 517.39	15 719.81	12 305.14	13 260.00	12 824.48
	副产品产值	元	625.47	296.33	363.00	127.51	430.00	1 713.62
	其他收入	元	38.55		8.06			
	生产成本	元	13 628.13	12 098.16	12 386.25	8 914.84	11 179.35	11 761.23
	物质费用	元	13 014.37	10 693.68	11 623.53	8 201.40	10 563.35	11 588.75
	用工作价	元	613.76	1 404.48	762.72	713.44	616.00	172.48
	用工数量	个	54.80	125.40	68.10	63.70	55.00	15.40
	劳动日工价	元	11.20	11.20	11.20	11.20	11.20	11.20
	期间费用	元	1 194.71	1 552.26	1 380.18	786.82	383.15	1 389.99
	税金	元						
	含税成本	元	14 822.84	13 650.42	13 766.43	9 701.66	11 562.50	13 151.22
	净产值	元	4 283.14	6 120.04	4 459.28	4 231.25	3 126.65	2 949.35
	减税纯收益	元	2 513.22	3 163.30	2 324.44	2 730.99	2 127.50	1 386.88
	成本纯收益率	%	16.96	23.17	16.88	28.15	18.40	10.55
	耗粮数量	千克	2 722.10	1 816.00	3 329.40	1 546.80	1 938.00	3 428.70
每50千克主产品	平均出售价格	元	111.24	122.12	116.47	102.91	115.00	95.00
	物质费用	元	83.70	77.67	84.18	67.89	88.74	75.73
	生产成本	元	87.64	87.87	89.70	73.79	93.91	76.85
	含税成本	元	95.33	99.14	99.70	80.30	97.13	85.94
	净产值	元	27.54	44.45	32.29	35.02	26.26	19.27
	减税纯收益	元	16.17	22.98	16.83	22.61	17.87	9.06
	耗粮数量	千克	18.20	13.40	24.70	12.90	16.80	25.40
每一劳动日	主产品产量	千克	136.70	53.90	99.10	93.90	104.80	438.30
	净产值	元	78.16	48.80	65.48	66.42	56.85	191.52
每核算单位成本外支出		元		311.27				348.53

表 4-2 部分地区国营集体牛场牛奶生产成本收益（三）

（2003 年）

按统一工价汇总

项目名称		单位	河南	湖北	广东	广西	海南	贵州
调查县数		个	4.00	2.00	1.00	1.00	1.00	1.00
调查户数		户	5.00	2.00	1.00	1.00	3.00	1.00
调查数量		头	1 310.00	7 000.00	330.00	190.00	79.00	3 400.00
平均饲养天数		天	365.00	365.00	365.00	365.00	365.00	365.00
每头	主产品产量	千克	3 532.10	6 940.00	4 000.00	3 226.00	4 051.90	5 500.00
	产值合计	元	7 077.02	14 866.00	12 100.00	13 020.02	18 632.26	28 800.00
	主产品产值	元	6 773.07	14 766.00	12 000.00	12 904.23	18 355.12	27 500.00
	副产品产值	元	303.95	100.00	100.00	115.79	277.14	1 300.00
	其他收入	元						
	生产成本	元	5 476.40	13 583.00	11 429.20	10 339.60	9 292.66	15 468.00
	物质费用	元	4 958.96	12 855.00	11 026.00	9 555.60	8 547.86	14 460.00
	用工作价	元	517.44	728.00	403.20	784.00	744.80	1 008.00
	用工数量	个	46.20	65.00	36.00	70.00	66.50	90.00
	劳动日工价	元	11.20	11.20	11.20	11.20	11.20	11.20
	期间费用	元	334.48	1 076.00	872.00	4 862.07	4 128.15	1 850.00
	税金	元						
	含税成本	元	5 810.88	14 659.00	12 301.20	15 201.67	13 420.81	17 318.00
	净产值	元	2 118.06	2 011.00	1 074.00	3 464.42	10 084.40	14 340.00
	减税纯收益	元	1 266.14	207.00	−201.20	−2 181.65	5 211.45	11 482.00
	成本纯收益率	%	21.79	1.41	−1.64	−14.35	38.83	66.30
	耗粮数量	千克	1 064.10	2 430.00	2 530.00	1 600.40	1 734.00	3 096.00
每 50 千克主产品	平均出售价格	元	95.88	106.38	150.00	200.00	226.50	250.00
	物质费用	元	67.18	91.99	136.69	146.78	103.91	125.52
	生产成本	元	74.19	97.20	141.68	158.83	112.96	134.27
	含税成本	元	78.73	104.90	152.49	233.51	163.15	150.33
	净产值	元	28.70	14.39	13.31	53.22	122.59	124.48
	减税纯收益	元	17.15	1.48	−2.49	−33.51	63.35	99.67
	耗粮数量	千克	15.10	17.50	31.60	24.80	21.40	28.10
每一劳动日	主产品产量	千克	76.50	106.80	111.10	46.10	60.90	61.10
	净产值	元	45.85	30.94	29.83	49.49	151.65	159.33
每核算单位成本外支出		元		90.00				465.00

表 4-2 部分地区国营集体牛场牛奶生产成本收益（四）

（2003 年）

按统一工价汇总

项目名称		单位	重庆	陕西	甘肃	青海	宁夏	新疆
调查县数		个	1.00	5.00	3.00	1.00	1.00	2.00
调查户数		户	1.00	5.00	4.00	1.00	1.00	3.00
调查数量		头	175.00	2 011.00	1 320.00	594.00	160.00	1 348.00
平均饲养天数		天	365.00	365.00	365.00	365.00	365.00	365.00
每头	主产品产量	千克	5 226.30	7 838.90	5 949.40	6 125.00	5 800.00	7 557.60
	产值合计	元	11 284.73	13 662.49	11 810.27	10 134.07	9 900.00	16 075.43
	主产品产值	元	11 284.73	13 652.78	9 936.40	9 187.50	9 860.00	15 200.82
	副产品产值	元		9.71	1 873.87	946.57	40.00	874.61
	其他收入	元						
	生产成本	元	10 335.27	10 613.09	7 651.36	8 274.11	6 840.66	14 286.48
	物质费用	元	9 106.63	10 236.77	7 378.08	7 620.03	6 504.66	13 664.88
	用工作价	元	1 228.64	376.32	273.28	654.08	336.00	621.60
	用工数量	个	109.70	33.60	24.40	58.40	30.00	55.50
	劳动日工价	元	11.20	11.20	11.20	11.20	11.20	11.20
	期间费用	元	730.35	723.61	1 869.03	947.10	66.67	619.92
	税金	元				3.00		16.17
	含税成本	元	11 065.62	11 336.70	9 520.39	9 224.21	6 907.33	14 922.57
	净产值	元	2 178.10	3 425.72	4 432.19	2 514.04	3 395.34	2 410.55
	减税纯收益	元	219.11	2 325.79	2 289.88	909.86	2 992.67	1 152.86
	成本纯收益率	%	1.98	20.52	24.05	9.86	43.33	7.73
	耗粮数量	千克	2 058.60	2 997.30	2 155.60	1 948.00	1 625.00	2 528.80
每50千克主产品	平均出售价格	元	107.96	87.08	83.51	75.00	85.00	100.57
	物质费用	元	87.12	65.25	52.17	56.39	55.85	85.49
	生产成本	元	98.88	67.64	54.10	61.23	58.73	89.38
	含税成本	元	105.86	72.26	67.32	68.27	59.31	93.36
	净产值	元	20.84	21.83	31.34	18.61	29.15	15.08
	减税纯收益	元	2.10	14.82	16.19	6.73	25.69	7.21
	耗粮数量	千克	19.70	19.10	18.10	15.90	14.00	16.70
每一劳动日	主产品产量	千克	47.60	233.30	243.80	104.90	193.30	136.20
	净产值	元	19.86	101.96	181.65	43.05	113.18	43.43
每核算单位成本外支出		元						

表 4-3　部分地区农村专业户牛奶生产成本收益（一）

（2003 年）

按统一工价汇总

项目名称		单位	平均	北京	天津	河北	山西	内蒙古	辽宁
调查县数		个	70.00	2.00	4.00	12.00	1.00	7.00	1.00
调查户数		户	189.00	4.00	8.00	27.00	9.00	31.00	2.00
调查数量		头	4 425.00	682.00	1 216.00	349.00	77.00	516.00	60.00
平均饲养天数		天	365.00	365.00	365.00	365.00	365.00	365.00	365.00
每头	主产品产量	千克	5 243.50	6 408.90	6 453.90	5 331.90	5 362.00	5 490.50	5 705.00
	产值合计	元	10 194.67	11 543.15	12 105.18	10 605.54	8 784.72	11 946.51	8 941.60
	主产品产值	元	9 345.01	11 324.78	11 709.14	7 382.71	8 364.72	10 503.01	8 671.60
	副产品产值	元	849.66	218.37	396.04	3 222.83	420.00	1 443.50	270.00
	其他收入	元	5.94						
	生产成本	元	7 067.50	8 466.23	8 448.93	5 761.64	7 399.00	8 537.54	5 341.50
	物质费用	元	6 391.02	8 040.63	7 981.89	5 222.92	6 615.00	7 696.42	4 910.30
	用工作价	元	676.48	425.60	467.04	538.72	784.00	841.12	431.20
	用工数量	个	60.40	38.00	41.70	48.10	70.00	75.10	38.50
	劳动日工价	元	11.20	11.20	11.20	11.20	11.20	11.20	11.20
	期间费用	元	236.23	38.70	1 056.96	249.05	50.00	427.51	40.00
	税金	元	1.97						
	含税成本	元	7 305.70	8 504.93	9 505.89	6 010.69	7 449.00	8 965.05	5 381.50
	净产值	元	3 803.65	3 502.52	4 123.29	5 382.62	2 169.72	4 250.09	4 031.30
	减税纯收益	元	2 894.91	3 038.22	2 599.29	4 594.85	1 335.72	2 981.46	3 560.10
	成本纯收益率	%	39.63	35.72	27.34	76.44	17.93	33.26	66.15
	耗粮数量	千克	2 005.20	2 367.70	2 251.80	2 547.20	1 630.00	1 813.90	1 422.40
每50千克主产品	平均出售价格	元	89.11	88.35	90.71	69.23	78.00	95.65	76.00
	物质费用	元	55.86	61.54	59.81	34.09	58.73	61.62	41.74
	生产成本	元	61.78	64.80	63.31	37.61	65.70	68.36	45.40
	含税成本	元	63.86	65.10	71.23	39.24	66.14	71.78	45.74
	净产值	元	33.25	26.81	30.90	35.14	19.27	34.03	34.26
	减税纯收益	元	25.31	23.25	19.48	29.99	11.86	23.87	30.26
	耗粮数量	千克	19.10	18.50	17.40	23.90	15.20	16.50	12.50
每一劳动日	主产品产量	千克	86.80	168.70	154.80	110.90	76.60	73.10	148.20
	净产值	元	62.97	92.17	98.88	111.90	31.00	56.59	104.71
每核算单位成本外支出		元	1.27						

表 4-3 部分地区农村专业户牛奶生产成本收益（二）

（2003 年）

按统一工价汇总

项目名称		单位	黑龙江	安徽	福建	山东	河南	湖南	广西
调查县数		个	12.00	1.00	1.00	3.00	7.00	2.00	1.00
调查户数		户	32.00	1.00	3.00	7.00	11.00	2.00	4.00
调查数量		头	511.00	27.00	177.00	40.00	71.00	65.00	34.00
平均饲养天数		天	365.00	365.00	365.00	365.00	365.00	365.00	365.00
每头	主产品产量	千克	5 264.40	4 950.00	5 475.20	6 024.90	4 746.20	3 900.00	4 423.80
	产值合计	元	9 583.36	9 365.00	14 082.27	12 528.22	9 724.50	9 696.92	11 011.76
	主产品产值	元	8 406.25	8 415.00	11 278.91	11 698.91	9 448.85	8 907.69	10 889.52
	副产品产值	元	1 177.11	950.00	2 803.36	829.31	275.65	789.23	122.24
	其他收入	元							
	生产成本	元	6 466.20	9 044.68	8 398.68	7 811.26	6 148.62	6 965.33	9 084.75
	物质费用	元	5 532.12	8 637.00	7 700.92	7 050.78	5 304.14	6 386.29	8 609.87
	用工作价	元	934.08	407.68	697.76	760.48	844.48	579.04	474.88
	用工数量	个	83.40	36.40	62.30	67.90	75.40	51.70	42.40
	劳动日工价	元	11.20	11.20	11.20	11.20	11.20	11.20	11.20
	期间费用	元	62.99	170.72	189.85	232.32	122.85	102.59	466.59
	税金	元							
	含税成本	元	6 529.19	9 215.40	8 588.53	8 043.58	6 271.47	7 067.92	9 551.34
	净产值	元	4 051.24	728.00	6 381.35	5 477.44	4 420.36	3 310.63	2 401.89
	减税纯收益	元	3 054.17	149.60	5 493.74	4 484.64	3 453.03	2 629.00	1 460.42
	成本纯收益率	%	46.78	1.62	63.97	55.75	55.06	37.20	15.29
	耗粮数量	千克	2 451.80	1 825.00	1 610.60	2 313.70	1 586.60	1 763.10	1 553.40
每 50 千克主产品	平均出售价格	元	79.84	85.00	103.00	97.09	99.54	114.20	123.08
	物质费用	元	46.09	78.39	56.33	54.64	54.29	75.21	96.23
	生产成本	元	53.87	82.09	61.43	60.53	62.94	82.03	101.54
	含税成本	元	54.40	83.64	62.82	62.34	64.19	83.24	106.76
	净产值	元	33.75	6.61	46.67	42.45	45.25	38.99	26.85
	减税纯收益	元	25.44	1.36	40.18	34.75	35.35	30.96	16.32
	耗粮数量	千克	23.30	18.40	14.70	19.20	16.70	22.60	17.60
每一劳动日	主产品产量	千克	63.10	136.00	87.90	88.70	62.90	75.40	104.30
	净产值	元	48.58	20.00	102.43	80.67	58.63	64.04	56.65
每核算单位成本外支出		元	16.65			7.44			

表 4-3 部分地区农村专业户牛奶生产成本收益（三）

（2003 年）

按统一工价汇总

项目名称		单位	四川	云南	重庆	陕西	宁夏	新疆
调查县数		个	5.00	3.00	2.00	1.00	2.00	3.00
调查户数		户	6.00	17.00	3.00	9.00	3.00	10.00
调查数量		头	76.00	193.00	13.00	20.00	56.00	242.00
平均饲养天数		天	365.00	365.00	365.00	365.00	365.00	365.00
每头	主产品产量	千克	5 526.00	3 770.10	4 462.10	4 860.50	5 059.60	6 411.00
	产值合计	元	11 271.83	6 508.52	10 005.17	6 683.60	8 706.27	10 604.62
	主产品产值	元	10 812.24	5 859.05	9 901.32	5 832.60	8 510.93	9 637.99
	副产品产值	元	459.59	649.47	103.85	851.00	195.34	966.63
	其他收入	元	39.47					73.44
	生产成本	元	8 641.73	3 913.90	6 583.95	5 320.88	6 959.42	4 996.14
	物质费用	元	7 909.25	3 437.90	5 387.79	3 999.28	6 714.14	4 292.78
	用工作价	元	732.48	476.00	1 196.16	1 321.60	245.28	703.36
	用工数量	个	65.40	42.50	106.80	118.00	21.90	62.80
	劳动日工价	元	11.20	11.20	11.20	11.20	11.20	11.20
	期间费用	元	314.11	297.04	183.54	155.00	187.10	141.53
	税金	元						37.40
	含税成本	元	8 955.84	4 210.94	6 767.49	5 475.88	7 146.52	5 175.07
	净产值	元	3 362.58	3 070.62	4 617.38	2 684.32	1 992.13	6 311.84
	减税纯收益	元	2 355.46	2 297.58	3 237.68	1 207.72	1 559.75	5 502.99
	成本纯收益率	%	26.30	54.56	47.84	22.06	21.83	106.34
	耗粮数量	千克	2 409.90	1 000.00	1 457.20	2 080.00	3 267.80	2 745.90
每 50 千克主产品	平均出售价格	元	97.83	77.70	110.95	60.00	84.11	75.17
	物质费用	元	68.65	41.04	59.75	35.90	64.86	30.43
	生产成本	元	75.00	46.72	73.01	47.77	67.23	35.41
	含税成本	元	77.73	50.27	75.05	49.16	69.04	36.68
	净产值	元	29.18	36.66	51.20	24.10	19.25	44.74
	减税纯收益	元	20.46	27.43	35.90	10.84	15.07	39.06
	耗粮数量	千克	21.80	13.30	16.30	21.40	32.30	21.40
每一劳动日	主产品产量	千克	84.50	88.70	41.80	41.20	231.00	102.10
	净产值	元	51.42	72.25	43.23	22.75	90.96	100.51
每核算单位成本外支出		元						

表 4－4 全国部分大中城市牛奶平均生产成本收益

按统一工价汇总

项目		单位	国营集体牛场		郊区专业户	
			2002	2003	2002	2003
调查县数		个	40.00	42.00	27.00	32.00
调查户数		户	60.00	61.00	68.00	90.00
调查数量		头	34 332.00	37 174.00	1 743.00	2 792.00
平均饲养天数		天	365.00	364.00	365.00	365.00
每头	主产品产量	千克	6 273.30	6 350.40	5 528.20	5 288.40
	产值合计	元	14 439.41	14 667.22	10 836.20	10 375.20
	主产品产值	元	14 038.06	14 160.81	10 119.13	9 656.74
	副产品产值	元	401.35	506.41	717.07	718.46
	其他收入	元	5.85	2.16		3.46
	生产成本	元	10 546.84	10 927.27	6 961.24	7 254.58
	物质费用	元	9 849.44	10 217.19	6 181.34	6 560.18
	用工作价	元	697.40	710.08	779.90	694.40
	用工数量	个	63.40	63.40	70.90	62.00
	劳动日工价	元	11.00	11.20	11.00	11.20
	期间费用	元	1 878.36	1 357.55	256.88	267.02
	税金	元		1.22		
	含税成本	元	12 425.20	12 286.04	7 218.12	7 521.60
	净产值	元	4 589.97	4 450.03	4 654.86	3 815.02
	减税纯收益	元	2 020.06	2 383.34	3 618.08	2 857.06
	成本纯收益率	%	16.26	19.40	50.12	37.98
	耗粮数量	千克	2 302.10	2 313.80	2 328.30	2 051.60
每50千克主产品	平均出售价格	元	111.89	111.50	91.52	91.30
	物质费用	元	76.32	77.67	52.21	57.73
	生产成本	元	81.73	83.07	58.79	63.84
	含税成本	元	96.28	93.40	60.96	66.19
	净产值	元	35.57	33.83	39.31	33.57
	减税纯收益	元	15.66	18.12	30.56	25.14
	耗粮数量	千克	18.30	18.20	21.10	19.40
每一劳动日	主产品产量	千克	98.90	100.20	78.00	85.30
	净产值	元	72.40	70.19	65.65	61.53
每核算单位成本外支出		元	91.28	69.75	3.09	2.08

表 4－5 部分大中城市国营集体牛场牛奶生产成本收益（一）

（2003 年）

按统一工价汇总

项目名称		单位	平均	北京	天津	石家庄	长春	大连
调查县数		个	42.00	6.00	4.00	1.00	2.00	1.00
调查户数		户	61.00	11.00	4.00	1.00	2.00	1.00
调查数量		头	37 174.00	5 635.00	2 430.00	147.00	759.00	1 600.00
平均饲养天数		天	364.00	354.00	365.00	365.00	365.00	365.00
每头	主产品产量	千克	6 350.40	8 420.80	7 517.00	7 044.50	6 540.30	6 100.00
	产值合计	元	14 667.22	17 119.62	15 413.31	14 209.00	11 694.87	12 380.00
	主产品产值	元	14 160.81	17 052.42	14 714.20	14 089.00	11 415.89	12 200.00
	副产品产值	元	506.41	67.20	699.11	120.00	278.98	180.00
	其他收入	元	2.16					
	生产成本	元	10 927.27	11 724.82	9 546.92	9 714.60	12 309.65	10 118.30
	物质费用	元	10 217.19	11 461.62	8 824.52	8 885.80	10 833.49	9 278.30
	用工作价	元	710.08	263.20	722.40	828.80	1 476.16	840.00
	用工数量	个	63.40	23.50	64.50	74.00	131.80	75.00
	劳动日工价	元	11.20	11.20	11.20	11.20	11.20	11.20
	期间费用	元	1 357.55	2 346.15	2 288.50	1 532.00	237.15	1 703.00
	税金	元	1.22					
	含税成本	元	12 286.04	14 070.97	11 835.42	11 246.60	12 546.80	11 821.30
	净产值	元	4 450.03	5 658.00	6 588.79	5 323.20	861.38	3 101.70
	减税纯收益	元	2 383.34	3 048.65	3 577.89	2 962.40	－851.93	558.70
	成本纯收益率	%	19.40	21.67	30.23	26.34	－6.79	4.73
	耗粮数量	千克	2 313.80	2 154.30	2 049.50	1 450.00	3 077.60	2 217.00
每50千克主产品	平均出售价格	元	111.50	101.25	97.87	100.00	87.27	100.00
	物质费用	元	77.67	67.79	56.03	62.54	80.84	74.95
	生产成本	元	83.07	69.34	60.62	68.37	91.86	81.73
	含税成本	元	93.40	83.22	75.15	79.15	93.63	95.49
	净产值	元	33.83	33.46	41.84	37.46	6.43	25.05
	减税纯收益	元	18.12	18.03	22.72	20.85	－6.36	4.51
	耗粮数量	千克	18.20	12.80	13.60	10.30	23.50	18.20
每一劳动日	主产品产量	千克	100.20	358.30	116.50	95.20	49.60	81.30
	净产值	元	70.19	240.77	102.15	71.94	6.54	41.36
每核算单位成本外支出		元	69.75					

表 4－5 部分大中城市国营集体牛场牛奶生产成本收益（二）

（2003 年）

按统一工价汇总

项目名称		单位	上海	南京	杭州	合肥	济南	宁波
调查县数		个	5.00	3.00	2.00	1.00	1.00	1.00
调查户数		户	15.00	3.00	2.00	2.00	1.00	1.00
调查数量		头	3 245.00	2 300.00	1 763.00	1 803.00	1 184.00	701.00
平均饲养天数		天	365.00	365.00	365.00	365.00	365.00	365.00
每头	主产品产量	千克	7 493.50	6 762.80	6 413.70	6 666.70	6 749.70	6 218.00
	产值合计	元	17 297.51	16 813.72	15 313.85	13 088.57	14 538.10	14 886.00
	主产品产值	元	16 672.04	16 517.39	15 107.58	12 926.27	12 824.48	14 440.00
	副产品产值	元	625.47	296.33	206.27	162.30	1 713.62	446.00
	其他收入	元	38.55		6.79			
	生产成本	元	13 628.13	12 098.16	11 364.25	9 216.02	10 403.56	11 444.42
	物质费用	元	13 014.37	10 693.68	10 524.25	8 400.66	10 231.08	11 025.54
	用工作价	元	613.76	1 404.48	840.00	815.36	172.48	418.88
	用工数量	个	54.80	125.40	75.00	72.80	15.40	37.40
	劳动日工价	元	11.20	11.20	11.20	11.20	11.20	11.20
	期间费用	元	1 194.71	1 552.26	1 142.50	704.57	1 389.99	1 142.24
	税金	元						
	含税成本	元	14 822.84	13 650.42	12 506.75	9 920.59	11 793.55	12 586.66
	净产值	元	4 283.14	6 120.04	4 789.60	4 687.91	4 307.02	3 860.46
	减税纯收益	元	2 513.22	3 163.30	2 813.89	3 167.98	2 744.55	2 299.34
	成本纯收益率	%	16.96	23.17	22.50	31.93	23.27	18.27
	耗粮数量	千克	2 722.10	1 816.00	2 965.50	1 323.90	3 428.70	2 510.00
每50千克主产品	平均出售价格	元	111.24	122.12	117.78	96.95	95.00	116.11
	物质费用	元	83.70	77.67	80.94	62.23	66.86	86.00
	生产成本	元	87.64	87.87	87.40	68.27	67.98	89.27
	含税成本	元	95.33	99.14	96.19	73.48	77.07	98.18
	净产值	元	27.54	44.45	36.84	34.72	28.14	30.11
	减税纯收益	元	16.17	22.98	21.64	23.47	17.93	17.93
	耗粮数量	千克	18.20	13.40	23.10	9.90	25.40	20.20
每一劳动日	主产品产量	千克	136.70	53.90	85.50	91.60	438.30	166.30
	净产值	元	78.16	48.80	63.86	64.39	279.68	103.22
每核算单位成本外支出		元		311.27			348.53	

表 4-5 部分大中城市国营集体牛场牛奶生产成本收益（三）

（2003 年）

按统一工价汇总

项目名称		单位	郑州	武汉	广州	海口	贵阳
调查县数		个	1.00	2.00	1.00	1.00	1.00
调查户数		户	1.00	2.00	1.00	3.00	1.00
调查数量		头	220.00	7 000.00	330.00	79.00	3 400.00
平均饲养天数		天	365.00	365.00	365.00	365.00	365.00
每头	主产品产量	千克	3 877.60	6 940.00	4 000.00	4 051.90	5 500.00
	产值合计	元	7 299.89	14 866.00	12 100.00	18 632.26	28 800.00
	主产品产值	元	6 979.68	14 766.00	12 000.00	18 355.12	27 500.00
	副产品产值	元	320.21	100.00	100.00	277.14	1 300.00
	其他收入	元					
	生产成本	元	6 511.37	13 583.00	11 429.20	9 292.66	15 468.00
	物质费用	元	5 965.93	12 855.00	11 026.00	8 547.86	14 460.00
	用工作价	元	545.44	728.00	403.20	744.80	1 008.00
	用工数量	个	48.70	65.00	36.00	66.50	90.00
	劳动日工价	元	11.20	11.20	11.20	11.20	11.20
	期间费用	元	474.43	1 076.00	872.00	4 128.15	1 850.00
	税金	元					
	含税成本	元	6 985.80	14 659.00	12 301.20	13 420.81	17 318.00
	净产值	元	1 333.96	2 011.00	1 074.00	10 084.40	14 340.00
	减税纯收益	元	314.09	207.00	−201.20	5 211.45	11 482.00
	成本纯收益率	%	4.50	1.41	−1.64	38.83	66.30
	耗粮数量	千克	1 621.20	2 430.00	2 530.00	1 734.00	3 096.00
每50千克主产品	平均出售价格	元	90.00	106.38	150.00	226.50	250.00
	物质费用	元	73.55	91.99	136.69	103.91	125.52
	生产成本	元	80.28	97.20	141.68	112.96	134.27
	含税成本	元	86.13	104.90	152.49	163.15	150.33
	净产值	元	16.45	14.39	13.31	122.59	124.48
	减税纯收益	元	3.87	1.48	−2.49	63.35	99.67
	耗粮数量	千克	20.90	17.50	31.60	21.40	28.10
每一劳动日	主产品产量	千克	79.60	106.80	111.10	60.90	61.10
	净产值	元	27.39	30.94	29.83	151.65	159.33
每核算单位成本外支出		元		90.00	250.00		465.00

表 4－5 部分大中城市国营集体牛场牛奶生产成本收益（四）

（2003 年）

按统一工价汇总

项目名称		单位	重庆	西安	兰州	西宁	乌鲁木齐
调查县数		个	1.00	5.00	1.00	1.00	1.00
调查户数		户	1.00	5.00	2.00	1.00	1.00
调查数量		头	175.00	2 011.00	660.00	594.00	1 138.00
平均饲养天数		天	365.00	365.00	365.00	365.00	365.00
每头	主产品产量	千克	5 226.30	7 821.50	5 949.40	6 125.00	7 939.20
	产值合计	元	11 284.73	13 541.53	11 810.27	10 134.07	16 788.37
	主产品产值	元	11 284.73	13 529.99	9 936.40	9 187.50	15 878.40
	副产品产值	元		11.54	1 873.87	946.57	909.97
	其他收入	元					
	生产成本	元	10 335.27	10 757.96	7 651.35	8 274.11	14 603.14
	物质费用	元	9 106.63	10 387.24	7 378.07	7 620.03	14 040.90
	用工作价	元	1 228.64	370.72	273.28	654.08	562.24
	用工数量	个	109.70	33.10	24.40	58.40	50.20
	劳动日工价	元	11.20	11.20	11.20	11.20	11.20
	期间费用	元	730.35	723.29	1 869.03	947.10	605.14
	税金	元		7.54		3.00	15.00
	含税成本	元	11 065.62	11 488.79	9 520.38	9 224.21	15 223.28
	净产值	元	2 178.10	3 154.29	4 432.20	2 514.04	2 747.47
	减税纯收益	元	219.11	2 052.74	2 289.89	909.86	1 565.09
	成本纯收益率	%	1.98	17.87	24.05	9.86	10.28
	耗粮数量	千克	2 058.60	3 043.80	2 155.60	1 948.00	2 258.80
每 50 千克主产品	平均出售价格	元	107.96	86.49	83.51	75.00	100.00
	物质费用	元	87.12	66.34	52.17	56.39	83.63
	生产成本	元	98.88	68.71	54.10	61.23	86.98
	含税成本	元	105.86	73.38	67.32	68.27	90.68
	净产值	元	20.84	20.15	31.34	18.61	16.37
	减税纯收益	元	2.10	13.11	16.19	6.73	9.32
	耗粮数量	千克	19.70	19.50	18.10	15.90	14.20
每一劳动日	主产品产量	千克	47.60	236.30	243.80	104.90	158.20
	净产值	元	19.86	95.30	181.65	43.05	54.73
每核算单位成本外支出		元					

表4-6 部分大中城市郊区专业户牛奶生产成本收益（一）

（2003年）

按统一工价汇总

项目名称		单位	平均	北京	天津	太原	呼和浩特	沈阳
调查县数		个	32.00	2.00	4.00	1.00	3.00	1.00
调查户数		户	90.00	4.00	8.00	9.00	9.00	2.00
调查数量		头	2 792.00	682.00	1 216.00	77.00	107.00	60.00
平均饲养天数		天	365.00	365.00	365.00	365.00	365.00	365.00
每头	主产品产量	千克	5 288.40	6 408.90	6 453.90	5 362.00	6 003.30	5 705.00
	产值合计	元	10 375.20	11 543.15	12 105.18	8 784.72	12 684.40	8 941.60
	主产品产值	元	9 656.74	11 324.78	11 709.14	8 364.72	10 385.63	8 671.60
	副产品产值	元	718.46	218.37	396.04	420.00	2 298.77	270.00
	其他收入	元	3.46					
	生产成本	元	7 254.58	8 466.23	8 448.93	7 399.00	8 233.98	5 341.50
	物质费用	元	6 560.18	8 040.63	7 981.89	6 615.00	7 605.66	4 910.30
	用工作价	元	694.40	425.60	467.04	784.00	628.32	431.20
	用工数量	个	62.00	38.00	41.70	70.00	56.10	38.50
	劳动日工价	元	11.20	11.20	11.20	11.20	11.20	11.20
	期间费用	元	267.02	38.70	1 056.96	50.00	522.45	40.00
	税金	元						
	含税成本	元	7 521.60	8 504.93	9 505.89	7 449.00	8 756.43	5 381.50
	净产值	元	3 815.02	3 502.52	4 123.29	2 169.72	5 078.74	4 031.30
	减税纯收益	元	2 857.06	3 038.22	2 599.29	1 335.72	3 927.97	3 560.10
	成本纯收益率	%	37.98	35.72	27.34	17.93	44.86	66.15
	耗粮数量	千克	2 051.60	2 367.70	2 251.80	1 630.00	2 274.40	1 422.40
每50千克主产品	平均出售价格	元	91.30	88.35	90.71	78.00	86.50	76.00
	物质费用	元	57.73	61.54	59.81	58.73	51.87	41.74
	生产成本	元	63.84	64.80	63.31	65.70	56.15	45.40
	含税成本	元	66.19	65.10	71.23	66.14	59.71	45.74
	净产值	元	33.57	26.81	30.90	19.27	34.63	34.26
	减税纯收益	元	25.14	23.25	19.48	11.86	26.79	30.26
	耗粮数量	千克	19.40	18.50	17.40	15.20	18.90	12.50
每一劳动日	主产品产量	千克	85.30	168.70	154.80	76.60	107.00	148.20
	净产值	元	61.53	92.17	98.88	31.00	90.53	104.71
每核算单位成本外支出		元	2.08					

表 4－6　部分大中城市郊区专业户牛奶生产成本收益（二）

（2003 年）

按统一工价汇总

项 目 名 称		单位	哈尔滨	福 州	济 南	青 岛	郑 州	长 沙
调查县数		个	4.00	1.00	2.00	1.00	1.00	1.00
调查户数		户	9.00	3.00	4.00	3.00	1.00	1.00
调查数量		头	56.00	177.00	31.00	9.00	8.00	15.00
平均饲养天数		天	365.00	365.00	365.00	365.00	365.00	365.00
每头	主产品产量	千克	5 333.70	5 475.20	6 168.80	4 999.70	5 168.90	4 900.00
	产值合计	元	9 656.02	14 082.27	13 161.36	10 886.80	9 430.70	10 220.00
	主产品产值	元	8 715.90	11 278.91	12 487.84	9 545.80	9 123.30	9 800.00
	副产品产值	元	940.12	2 803.36	673.52	1 341.00	307.40	420.00
	其他收入	元						
	生产成本	元	6 468.35	8 398.68	8 500.88	6 693.28	6 760.77	8 089.67
	物质费用	元	5 451.39	7 700.92	7 641.84	5 931.68	6 023.81	7 428.87
	用工作价	元	1 016.96	697.76	859.04	761.60	736.96	660.80
	用工数量	个	90.80	62.30	76.70	68.00	65.80	59.00
	劳动日工价	元	11.20	11.20	11.20	11.20	11.20	11.20
	期间费用	元	50.57	189.85	181.10	478.67	149.10	91.50
	税金	元						
	含税成本	元	6 518.92	8 588.53	8 681.98	7 171.95	6 909.87	8 181.17
	净产值	元	4 204.63	6 381.35	5 519.52	4 955.12	3 406.89	2 791.13
	减税纯收益	元	3 137.10	5 493.74	4 479.38	3 714.85	2 520.83	2 038.83
	成本纯收益率	%	48.12	63.97	51.59	51.80	36.48	24.92
	耗粮数量	千克	2 802.90	1 610.60	2 469.20	1 783.70	1 625.00	2 800.00
每 50 千克主产品	平均出售价格	元	81.71	103.00	101.22	95.46	88.25	100.00
	物质费用	元	46.13	56.33	58.77	52.01	56.37	72.69
	生产成本	元	54.74	61.43	65.38	58.69	63.27	79.16
	含税成本	元	55.16	62.82	66.77	62.89	64.66	80.05
	净产值	元	35.58	46.67	42.45	43.45	31.88	27.31
	减税纯收益	元	26.55	40.18	34.45	32.57	23.59	19.95
	耗粮数量	千克	26.30	14.70	20.00	17.80	15.70	28.60
每一劳动日	主产品产量	千克	58.70	87.90	80.40	73.50	78.60	83.10
	净产值	元	46.31	102.43	71.96	72.87	51.78	47.31
每核算单位成本外支出		元	13.80		8.01	13.51		

表 4－6　部分大中城市郊区专业户牛奶生产成本收益（三）

（2003 年）

按统一工价汇总

项目名称		单位	南宁	成都	昆明	重庆	西安	银川
调查县数		个	1.00	3.00	3.00	2.00	1.00	1.00
调查户数		户	4.00	3.00	17.00	3.00	9.00	1.00
调查数量		头	34.00	51.00	193.00	13.00	20.00	43.00
平均饲养天数		天	365.00	365.00	365.00	365.00	365.00	365.00
每头	主产品产量	千克	4 423.80	5 290.30	3 770.10	4 462.10	4 860.50	5 115.80
	产值合计	元	11 011.76	11 734.00	6 508.52	10 005.17	6 683.60	8 939.25
	主产品产值	元	10 889.52	11 577.56	5 859.05	9 901.32	5 832.60	8 696.95
	副产品产值	元	122.24	156.44	649.47	103.85	851.00	242.30
	其他收入	元		58.82				
	生产成本	元	9 084.75	8 375.49	3 913.90	6 583.95	5 320.88	7 247.77
	物质费用	元	8 609.87	7 695.65	3 437.90	5 387.79	3 999.28	7 060.73
	用工作价	元	474.88	679.84	476.00	1 196.16	1 321.60	187.04
	用工数量	个	42.40	60.70	42.50	106.80	118.00	16.70
	劳动日工价	元	11.20	11.20	11.20	11.20	11.20	11.20
	期间费用	元	466.59	344.55	297.04	183.54	155.00	243.67
	税金	元						
	含税成本	元	9 551.34	8 720.04	4 210.94	6 767.49	5 475.88	7 491.44
	净产值	元	2 401.89	4 038.35	3 070.62	4 617.38	2 684.32	1 878.52
	减税纯收益	元	1 460.42	3 072.78	2 297.58	3 237.68	1 207.72	1 447.81
	成本纯收益率	%	15.29	35.24	54.56	47.84	22.06	19.33
	耗粮数量	千克	1 553.40	2 151.00	1 000.00	1 457.20	2 080.00	3 598.00
每50千克主产品	平均出售价格	元	123.08	109.42	77.70	110.95	60.00	85.00
	物质费用	元	96.23	71.76	41.04	59.75	35.90	67.14
	生产成本	元	101.54	78.10	46.72	73.01	47.77	68.92
	含税成本	元	106.76	81.31	50.27	75.05	49.16	71.23
	净产值	元	26.85	37.66	36.66	51.20	24.10	17.86
	减税纯收益	元	16.32	28.67	27.43	35.90	10.84	13.77
	耗粮数量	千克	17.60	20.30	13.30	16.30	21.40	35.20
每一劳动日	主产品产量	千克	104.30	87.20	88.70	41.80	41.20	306.30
	净产值	元	56.65	66.53	72.25	43.23	22.75	112.49
每核算单位成本外支出		元						

Ⅴ. 乳品企业经济指标

表 5－1　全国乳品企业基本情况

	单位	1999	2000	2001	2002	2003
企业数	个	378	377	434	499	584
其中：亏损企业数	个	124	98	110	121	158
职工人数	千人	84.86	89.63	110.41	121.59	161.52
总产值				291.68	373.63	521.82
销售总额	亿元	148.68	193.46	271.89	347.48	498.11
利税总额	亿元	11.60	18.82	31.97	40.90	53.21
其中：利润额	亿元	3.62	8.38	17.12	23.73	30.63
资产总额	亿元	160.43	185.91	245.11	330.46	450.96
负债总额	亿元	97.25	108.57	140.94	171.72	245.46

注：统计口径是全国国有及年销售收入500万元以上的非国有企业，下同。

表 5－2　全国不同规模乳品企业基本情况

	单位	1999	2000	2001	2002	2003
全行业						
企业个数	个	378	377	434	499	584
亏损企业数	个	124	98	110	121	158
从业人员	千人	84.86	89.63	110.41	121.59	161.52
销售总额	亿元	148.68	193.46	271.89	347.48	498.11
资产总额	亿元	160.43	185.91	245.11	330.46	450.96
利税总额	亿元	11.60	18.82	31.97	40.90	53.21
大型企业						
企业个数	个	28	33	33	36	9
亏损企业数	个	12	9	9	12	1
从业人员	千人	18.30	22.79	27.46	29.21	43.66
销售总额	亿元	51.80	72.63	97.55	121.42	188.06
资产总额	亿元	54.00	67.06	91.02	122.48	143.31
利税总额	亿元	3.65	6.39	12.05	14.14	20.64
中型企业						
企业个数	个	43	39	46	46	88
亏损企业数	个	8	6	10	8	20
从业人员	千人	15.73	17.45	30.02	29.09	60.37
销售总额	亿元	33.05	41.21	73.99	91.41	183.38
资产总额	亿元	26.38	38.13	66.22	84.78	166.62
利税总额	亿元	2.88	4.28	9.28	13.88	20.06
小型企业						
企业个数	个	307	305	355	417	487
亏损企业数	个	104	83	91	101	137
从业人员	千人	50.83	49.40	52.93	63.30	57.49
销售总额	亿元	63.83	79.63	100.35	134.64	126.67
资产总额	亿元	80.05	80.72	87.86	123.20	141.02
利税总额	亿元	5.06	8.16	10.39	12.88	12.50

表 5-3　全国不同经济类型乳品企业基本情况

	单位	1999	2000	2001	2002	2003
全行业						
企业个数	个	378	377	434	499	584
亏损企业数	个	124	98	110	121	158
从业人员	千人	84.86	89.63	110.41	121.59	161.52
销售总额	亿元	148.68	193.46	271.89	347.48	498.11
资产总额	亿元	160.43	185.91	245.11	330.46	450.96
利税总额	亿元	11.60	18.82	31.97	40.90	53.21
国有企业						
企业个数	个	182	142	112	84	61
亏损企业数	个	63	45	39	30	33
从业人员	千人	38.20	36.10	28.97	19.41	14
销售总额	亿元	45.18	45.21	42.73	33.59	18.38
资产总额	亿元	56.36	59.04	49.06	42.79	23.74
利税总额	亿元	3.40	3.52	3.09	2.63	0.51
集体企业						
企业个数	个	53	52	45	37	38
亏损企业数	个	13	10	6	3	4
从业人员	千人	9.06	10.25	7.80	4.10	4.35
销售总额	亿元	13.62	18.30	15.99	9.57	12.63
资产总额	亿元	19.15	20.09	15.62	9.03	11.48
利税总额	亿元	0.99	1.28	1.27	0.74	0.96
股份制企业						
企业个数	个	77	97	155	203	253
亏损企业数	个	19	10	30	37	54
从业人员	千人	18.20	22.85	48.45	63.80	86.22
销售总额	亿元	29.34	44.22	113.36	184.03	266.89
资产总额	亿元	22.47	31.96	85.75	156.93	220.30
利税总额	亿元	3.20	5.26	13.04	19.65	26.32
私营企业						
企业个数	个	21	41	71	117	178
亏损企业数	个	7	15	17	28	42
从业人员	千人	4.77	5.39	9.22	15.52	25.72
销售总额	亿元	7.02	9.18	17.41	25.39	54.27
资产总额	亿元	4.89	8.77	14.77	27.08	61.63
利税总额	亿元	0.45	0.06	1.54	2.17	2.98
三资企业						
企业个数	个	45	45	51	58	53
亏损企业数	个	22	18	18	23	25
从业人员	千人	14.65	15.05	15.98	18.76	30.52
销售总额	亿元	53.51	76.55	82.40	94.90	145.48
资产总额	亿元	57.57	66.05	79.91	94.63	132.80
利税总额	亿元	3.57	8.71	13.03	15.72	22.39

表5－4　各地区乳品企业数

单位：个

	1999		2000		2001		2002		2003	
	总数	亏损企业数	总数	亏损企业数	总数	亏损企业数	总数	亏损企业数	总数	亏损企业数
全国总计	**378**	**124**	**377**	**98**	**434**	**110**	**499**	**121**	**584**	**158**
北　京	17	7	17	5	15	2	21	11	17	8
天　津	13	4	10	2	20	5	15	3	8	2
河　北	26	6	29	7	36	8	46	6	49	10
山　西	9	1	9	0	12	2	16	2	16	2
内蒙古	17	4	22	5	29	8	30	3	38	8
辽　宁	10	3	9	3	11	1	12	3	18	4
吉　林	6	0	6	1	8	1	6	2	6	1
黑龙江	60	19	50	12	47	14	54	14	64	18
上　海	15	5	12	7	12	5	15	5	18	8
江　苏	20	8	24	4	26	6	31	4	35	6
浙　江	23	8	19	3	23	3	37	12	38	10
安　徽	9	2	6	1	8	4	9	2	8	5
福　建	6	3	10	1	8	1	10	3	12	4
江　西	7	2	7	2	6	3	7	3	11	3
山　东	18	5	19	5	31	5	37	6	49	9
河　南	11	2	11	1	9	2	14	3	19	5
湖　北	8	5	10	5	7	4	7	4	9	3
湖　南	4	2	3	1	6	1	7	1	13	3
广　东	16	4	19	8	20	8	15	4	18	10
广　西	4	0	4	2	5	2	5	3	6	2
海　南							1	1	2	1
重　庆	1	0	1	0	4	1	4	1	5	2
四　川	8	4	9	5	8	3	14	2	14	2
贵　州	1	0	1	0	2	0	2	0	3	1
云　南	2	0	1	0	3	0	5	0	7	2
西　藏	1	0	1	0	2	0	1	0	2	0
陕　西	29	10	29	5	32	5	36	7	39	11
甘　肃	14	4	15	2	19	5	19	5	25	6
青　海	4	3	4	2	4	2	3	2	3	2
宁　夏	10	7	13	8	12	6	11	5	16	6
新　疆	9	6	7	1	9	3	9	4	16	4

表 5-5 各地区乳品企业产值

（按 1990 年不变价计算） 单位：千元

地　区	1999	2000	2001	2002	2003
全国总计	**10 456 042**	**13 904 899**	**22 284 580**	**29 819 875**	**43 602 170**
北　京	374 326	614 820	699 048	1 075 294	1 329 922
天　津	196 189	263 125	540 043	531 520	481 190
河　北	1 159 256	1 456 420	3 077 762	4 496 875	7 209 533
山　西	171 397	182 361	236 125	326 745	1 104 175
内蒙古	267 154	525 428	3 057 947	4 831 903	9 079 508
辽　宁	163 804	244 367	404 039	504 930	661 692
吉　林	26 006	69 437	68 646	67 835	135 827
黑龙江	1 959 739	2 395 651	3 027 521	4 670 742	5 773 121
上　海	1 041 894	1 466 635	2 054 514	2 627 997	2 888 732
江　苏	1 225 783	1 498 413	1 808 201	1 797 575	1 323 731
浙　江	564 951	737 791	878 849	1 057 219	1 257 529
安　徽	68 315	44 186	78 862	101 497	103 004
福　建	64 668	167 789	213 685	419 834	576 223
江　西	114 037	176 942	277 678	282 897	319 084
山　东	1 138 419	1 366 619	2 149 672	2 058 672	3 489 977
河　南	90 570	89 886	139 380	240 034	376 034
湖　北	103 510	222 862	131 230	167 577	729 041
湖　南	68 224	118 593	287 772	477 681	777 775
广　东	806 822	1 064 109	1 591 372	1 681 752	2 200 767
广　西	37 836	38 181	40 279	79 201	133 504
海　南				14 916	33 688
重　庆	69 494	93 599	168 016	246 487	328 955
四　川	48 515	72 424	115 454	349 403	386 726
贵　州	5 264	6 260	44 729	62 722	87929
云　南	64 865	40 199	73 413	147 208	250 214
西　藏	630	630	742	300	19 813
陕　西	336 277	473 296	551 411	649 619	1 091 482
甘　肃	104 275	185 088	191 848	232 542	339 785
青　海	18 092	9 554	7 617	11 298	13 994
宁　夏	116 664	201 830	254 563	475 657	696 292
新　疆	49 066	78 404	114 162	131 943	402 923

表 5-6 各地区乳品企业产值

单位：千元

地 区	1999	2000	2001	2002	2003
全国总计	**14 787 643**	**19 544 736**	**29 168 410**	**37 363 135**	**52 182 177**
北 京	781 232	1 184 762	1 215 167	1 586 342	1 670 979
天 津	307 768	365 506	649 516	652 740	594 140
河 北	1 545 139	1 903 214	3 632 910	4 910 751	7 649 978
山 西	224 021	227 373	314 936	402 777	1 180 447
内蒙古	400 276	757 516	3 424 262	5 465 145	10 255 745
辽 宁	208 028	305 922	480 354	569 032	721 253
吉 林	33 233	75 327	77 017	73 923	146 124
黑龙江	2 694 084	3 586 346	4 568 740	6 449 822	8 254 738
上 海	1 844 449	2 576 553	3 437 669	4 025 117	3 948 511
江 苏	1 504 188	1 827 028	2 215 332	2 087 348	1 681 821
浙 江	683 571	820 928	939 527	1 130 212	1 360 993
安 徽	135 306	110 393	156 673	222 752	237 358
福 建	73 095	203 480	260 695	428 350	586 139
江 西	201 968	259 870	327 551	350 307	412 134
山 东	1 324 471	1 609 138	1 532 675	2 588 848	4 286 203
河 南	112 539	124 553	190 128	315 117	455 139
湖 北	123 246	266 134	167 565	235 637	738 811
湖 南	145 299	206 832	448 810	650 936	1 070 579
广 东	1 161 602	1 409 754	1 922 168	1 941 555	2 273 575
广 西	62 890	60 863	61 313	93 385	152 523
海 南				15 501	35 365
重 庆	106 464	134 161	214 757	290 753	377 696
四 川	87 135	99 662	133 908	402 228	418 010
贵 州	9 438	10 031	55 213	96 643	114 949
云 南	126 862	73 968	126 832	250 623	357 440
西 藏	663	630	665	300	19 813
陕 西	521 010	724 629	841 404	1 031 590	1 537 422
甘 肃	130 375	220 091	250 349	285 304	342 830
青 海	29 541	13 480	11 459	15 556	18 512
宁 夏	136 473	270 712	342 886	609 688	696 414
新 疆	73 277	115 880	167 929	184 853	586 536

表 5－7 各地区乳品企业负债总计

单位：千元

地 区	1999	2000	2001	2002	2003
全国总计	**9 724 669**	**10 857 256**	**14 094 325**	**17 172 075**	**24 546 064**
北 京	593 489	768 384	852 804	1 198 511	1 062 370
天 津	171 507	249 332	587 718	442 943	241 503
河 北	585 955	488 771	805 996	1 155 579	1 421 741
山 西	151 747	169 460	206 874	330 672	758 896
内蒙古	264 453	399 359	1 117 321	1 830 000	3 429 323
辽 宁	132 247	203 424	315 726	521 389	895 133
吉 林	49 432	82 853	92 603	102 896	140 232
黑龙江	1 855 603	1 860 396	2 572 712	3 257 133	4 377 118
上 海	994 028	1 308 643	1 341 598	1 547 109	1 840 194
江 苏	799 956	895 401	948 181	755 444	913 064
浙 江	453 774	447 829	597 191	697 692	866 732
安 徽	210 623	156 436	193 061	213 707	149 482
福 建	95 209	144 081	223 802	448 476	846 753
江 西	133 943	128 655	157 888	180 185	186 382
山 东	828 338	838 222	850 489	775 943	1 661 493
河 南	123 657	129 665	82 037	170 806	241 393
湖 北	113 580	181 095	127 960	165 270	364 365
湖 南	113 969	116 265	268 028	366 671	540 627
广 东	871 150	946 077	1 073 678	942 456	1 064 818
广 西	42 624	56 351	51 043	63 986	80 430
海 南				10 581	18 711
重 庆	38 687	61 114	102 668	213 532	355 947
四 川	92 702	117 956	112 765	268 368	207 104
贵 州	7 609	8 579	65 471	84 696	99 586
云 南	45 327	20 204	52 806	169 150	361 224
西 藏			462		6 173
陕 西	480 308	469 226	615 630	507 334	901 674
甘 肃	164 460	151 258	219 319	204 999	275 413
青 海	73 071	98 483	76 939	26 615	25 550
宁 夏	149 184	235 060	273 746	349 161	420 649
新 疆	88 028	124 677	107 809	170 771	791 984

表5-8 各地区乳品企业资产额

单位：千元

地 区	1999	2000	2001	2002	2003
全国总计	**16 043 343**	**18 590 528**	**24 511 124**	**33 045 693**	**45 095 675**
北 京	1 508 024	1 602 810	1 489 545	1 926 894	2 303 061
天 津	355 665	437 886	760 209	789 202	433 941
河 北	972 301	957 357	1 719 828	2 933 733	3 058 318
山 西	250 995	275 196	387 598	545 531	1 208 171
内蒙古	373 959	626 334	2 435 956	4 350 679	7 564 603
辽 宁	210 507	312 407	455 001	943 666	1 247 669
吉 林	70 426	138 642	163 821	153 951	232 541
黑龙江	2 597 125	3 085 789	4 052 650	5 191 094	6 657 297
上 海	1 958 551	2 171 276	2 514 740	3 970 754	4 342 304
江 苏	1 518 187	1 830 123	1 967 963	1 863 552	1 515 413
浙 江	666 534	675 543	936 160	1 175 856	1 368 014
安 徽	310 643	252 324	286 809	365 060	261 977
福 建	157 249	297 585	378 458	839 017	1 331 794
江 西	166 568	195 980	278 233	316 815	356 747
山 东	1 385 218	1 499 008	1 748 494	1 131 080	2 560 374
河 南	167 791	205 845	136 369	323 815	464 215
湖 北	170 964	326 189	229 031	263 393	640 486
湖 南	186 735	203 628	441 687	701 760	1 484 650
广 东	1 161 538	1 351 389	1 607 959	1 791 749	2 235 776
广 西	76 588	95 649	89 656	116 432	154 550
海 南				23 662	30 376
重 庆	66 415	73 819	123 527	348 927	503 072
四 川	127 007	158 911	164 041	519 980	489 030
贵 州	14 082	15 724	116 663	145 526	161 327
云 南	95 887	68 736	108 485	296 073	520 492
西 藏	1 857	13 955	14 935	500	126 979
陕 西	716 286	881 207	923 635	905 480	1 376 903
甘 肃	320 588	219 136	328 481	330 088	484 405
青 海	104 771	101 215	69 691	46 553	36 633
宁 夏	215 127	342 249	376 684	457 070	734 399
新 疆	115 735	174 616	204 815	277 801	1 210 158

表 5－9 各地区乳品企业产品销售成本

单位：千元

地 区	1999	2000	2001	2002	2003
全国总计	**11 543 526**	**14 418 168**	**20 295 236**	**25 186 065**	**37 237 549**
北 京	645 485	829 896	901 180	1 165 813	1 262 426
天 津	262 854	264 767	546 390	519 170	370 595
河 北	1 311 516	1 548 334	2 903 447	3 760 467	6 528 094
山 西	140 071	137 334	192 241	289 194	832 409
内蒙古	296 031	597 399	2 389 128	3 731 406	7 532 843
辽 宁	168 472	242 571	354 696	467 840	513 235
吉 林	232 963	54 708	53 661	41 260	103 271
黑龙江	2 007 944	2 208 900	2 819 952	4 012 898	5 139 340
上 海	1 676 595	2 294 300	2 304 371	2 525 677	2 637 797
江 苏	1 152 931	1 368 871	1 499 882	1 573 033	1 302 682
浙 江	521 014	629 659	691 419	851 076	1 078 885
安 徽	118 037	117 231	119 841	178 365	194 964
福 建	47 295	133 496	163 100	246 350	386 975
江 西	153 233	180 227	218 921	241 113	287 142
山 东	964 750	1 149 176	1 792 993	1 542 228	3 163 219
河 南	76 863	111 330	139 537	226 204	339 058
湖 北	91 030	172 762	137 778	166 408	459 948
湖 南	87 095	118 422	271 880	347 920	590 629
广 东	788 504	973 390	1 241 679	1 073 600	1 180 205
广 西	54 331	48 488	52 286	64 986	84 372
海 南				9 225	24 005
重 庆	74 157	92 437	140 876	190 291	246 696
四 川	55 458	61 482	88 633	296 804	353 508
贵 州	16 886	17 621	38 046	70 331	91 430
云 南	108 683	54 546	72 141	212 544	298 783
西 藏	394	350	246		7 901
陕 西	402 115	524 584	587 641	718 485	1 044 441
甘 肃	99 405	156 129	181 365	189 415	275 508
青 海	19 472	17 400	10 185	12 149	8 604
宁 夏	126 976	235 846	253 491	325 115	478 916
新 疆	52 633	76 512	128 230	136 698	419 668

表 5－10　各地区乳品企业产品销售收入

单位：千元

地　区	1999	2000	2001	2002	2003
全国总计	**14 868 128**	**19 346 436**	**27 188 971**	**34 747 696**	**49 810 831**
北　京	808 144	1 099 420	1 172 143	1 532 105	1 642 909
天　津	303 758	339 625	660 052	631 785	439 066
河　北	1 575 122	1 855 155	3 510 070	4 665 065	7 714 841
山　西	186 502	191 294	258 900	378 389	1 106 886
内蒙古	372 083	734 678	3 254 568	5 270 689	9 753 132
辽　宁	206 166	312 444	462 016	597 642	677 971
吉　林	25 646	66 267	67 740	55 129	142 964
黑龙江	2 695 551	3 226 289	3 945 304	5 850 405	7 813 371
上　海	2 322 877	3 326 853	3 383 022	3 959 513	3 900 278
江　苏	1 503 213	1 876 656	2 252 447	2 083 399	1 736 790
浙　江	659 540	790 912	850 844	1 055 712	1 325 420
安　徽	139 853	155 356	158 518	237 142	248 635
福　建	74 531	188 039	241 574	397 192	582 112
江　西	184 659	226 691	284 687	310 538	371 526
山　东	1 175 744	1 488 073	2 228 082	2 065 370	3 908 102
河　南	93 570	132 501	169 612	288 599	426 630
湖　北	102 753	205 844	172 848	214 092	597 586
湖　南	128 366	170 265	390 954	582 988	1 007 875
广　东	1 093 672	1 346 955	1 748 057	1 743 936	2 031 799
广　西	69 013	62 365	62 689	78 799	115 460
海　南				16 217	35 211
重　庆	103 717	133 426	207 398	285 994	371 047
四　川	71 151	78 056	125 216	387 262	452 522
贵　州	19 814	21 048	63 384	94 963	123 118
云　南	132 144	73 637	93 314	270 206	357 756
西　藏	663	630	906	216	18 965
陕　西	472 668	664 221	727 797	913 311	1 426 740
甘　肃	117 879	178 604	204 636	218 262	327 559
青　海	22 692	20 763	13 253	14 614	8 134
宁　夏	142 650	273 846	316 376	383 742	606 868
新　疆	63 987	106 523	162 564	164 460	539 558

表 5-11 各地区乳品企业利润额

单位：千元

地 区	1999	2000	2001	2002	2003
全国总计	**361 565**	**837 820**	**1 712 093**	**2 372 989**	**3 063 202**
北 京	6 724	64 247	88 398	85 541	22 610
天 津	−45 914	12 124	−66 521	4 715	−33 633
河 北	99 200	126 554	264 539	377 442	445 698
山 西	9 883	9 899	19 826	25 747	37 553
内蒙古	16 744	39 246	205 795	309 697	747 026
辽 宁	7 165	26 056	41 924	37 523	54 911
吉 林	563	2 902	4 279	1 231	6 840
黑龙江	−41 987	−26 737	78 498	418 662	483 744
上 海	107 765	132 783	360 955	397 557	433 840
江 苏	122 778	260 915	290 975	127 495	46 579
浙 江	6 669	21 679	36 143	59 683	58 592
安 徽	−3 175	1 515	5 219	2 479	517
福 建	5 191	18 402	33 432	48 092	32 539
江 西	5 798	10 745	11 978	15 853	19 253
山 东	11 465	62 434	95 992	115 045	177 362
河 南	1 327	1 604	7 546	7 152	15 330
湖 北	−11 535	−11 694	−6 386	−1 109	763
湖 南	9 016	11 788	30 245	66 524	74 711
广 东	68 925	42 587	136 975	168 339	265 661
广 西	3 324	4 199	1 094	−3 152	11 992
海 南				−10 261	−1 960
重 庆	5 612	11 294	17 660	25 726	6 105
四 川	−2 306	−5 866	395	10 288	10 128
贵 州	385	523	3 055	2 450	5 386
云 南	3 638	8 996	7 218	8 100	15 931
西 藏	117	291	352	62	648
陕 西	−11 100	15 707	23 573	37 633	56 891
甘 肃	−260	−178	2 319	6 684	9 952
青 海	−7 015	−3 833	−587	−259	−250
宁 夏	−4 581	−8 409	8 133	20 755	27 090
新 疆	−2 851	8 047	9 069	7 295	31 393

表 5-12 各地区乳品企业应交增值税

单位：千元

地 区	1999	2000	2001	2002	2003
全国总计	**746 621**	**988 117**	**1 386 116**	**1 604 846**	**2 074 504**
北 京	41 308	71 828	53 994	61 391	67 110
天 津	13 416	15 465	26 312	20 511	21 029
河 北	72 134	79 699	147 233	176 928	221 718
山 西	17 699	19 132	18 483	22 014	25 884
内蒙古	30 544	44 610	175 322	248 176	401 872
辽 宁	5 957	8 099	14 404	13 253	18 456
吉 林	642	803	2 038	918	5 428
黑龙江	190 143	237 064	316 205	402 233	482 035
上 海	110 183	156 788	188 487	190 547	218 393
江 苏	52 628	81 349	108 189	70 648	54 221
浙 江	42 054	30 163	42 093	39 973	45 898
安 徽	1 551	4 641	5 157	4 355	5 807
福 建	771	2 739	2 807	8 065	5 556
江 西	8 351	14 013	13 486	12 684	14 410
山 东	30 695	48 997	62 952	77 835	111 399
河 南	3 198	3 575	3 700	8 657	13 659
湖 北	3 382	7 746	3 438	5 962	18 188
湖 南	8 733	9 743	23 503	30 143	66 887
广 东	50 851	74 148	94 754	120 939	155 097
广 西	2 283	1 189	914	3 377	4 651
海 南				2 853	2 243
重 庆	7 162	8 384	10 409	12 939	17 311
四 川	5 636	3 060	2 633	11 148	13 687
贵 州	533	445	1 709	1 866	1 689
云 南	9 640	7 220	7 772	8 186	10 052
西 藏					
陕 西	18 487	28 912	29 288	24 657	33 168
甘 肃	4 904	6 614	5 072	4 167	6 116
青 海	1 250	1 786	1 006	924	993
宁 夏	8 692	14 179	16 516	13 486	18 890
新 疆	3 794	5 726	8 240	6 011	12 657

表 5－13　各地区乳品企业从业人员

单位：人

地　区	1999	2000	2001	2002	2003
全国总计	**84 862**	**89 632**	**110 410**	**121 589**	**161 515**
北　京	5 415	4 818	4 177	5 762	5 577
天　津	1 774	1 545	2 298	1 741	1 839
河　北	6 588	6 859	8 794	14 161	13 916
山　西	1 811	1 810	2 156	2 269	3 966
内蒙古	3 111	5 355	14 911	14 855	21 798
辽　宁	2 891	2 137	2 500	2 186	3 503
吉　林	744	653	808	764	964
黑龙江	12 190	12 820	14 249	15 562	21 581
上　海	4 879	5 056	5 582	7 613	13 512
江　苏	6 278	6 465	6 238	6 865	7 397
浙　江	4 615	4 708	5 134	6 384	7 449
安　徽	2 846	2 440	2 834	2 888	2 671
福　建	656	1 004	834	1 182	1 454
江　西	1 329	1 396	1 798	1 718	2 856
山　东	8 056	7 942	8 606	5 264	10 660
河　南	1 471	1 701	1 705	2 382	2 993
湖　北	1 129	1 613	1 679	2 057	2 785
湖　南	868	944	2 437	2 775	3 188
广　东	4 346	4 802	6 122	4 530	5 770
广　西	763	774	576	1 166	1 178
海　南				180	386
重　庆	761	764	1 370	1 505	2 122
四　川	1 339	1 271	971	2 502	2 679
贵　州	284	285	2 268	2 240	2 338
云　南	741	378	662	1 575	2 781
西　藏	21	98	113	15	266
陕　西	5 393	6 714	6 369	6 427	7 813
甘　肃	1 457	1 503	1 679	1 720	2 384
青　海	601	572	495	197	201
宁　夏	1 137	1 814	1 653	1 626	3 392
新　疆	1 368	1 391	1 392	1 478	2 096

表 5-14　全国前四十名乳品企业主要经济指标（一）

（2003 年）

单位：千元

序号	产品销售收入	产品销售成本	产品销售费用	产品销售税金及附加	管理费用	财务费用
1	5 304 568	4 546 928	367 782	14 663	94 935	6 888
2	3 893 435	3 159 578	523 109	2 680	63 230	11 987
3	3 378 875	2 338 490	724 045	15 875	365 000	12 000
4	2 459 727	1 024 389	305 279		32 095	－224
5	1 920 466	1 449 403	317 449		77 501	－1 703
6	1 427 750	980 980	332 650	7 580	98 900	17 560
7	954 796	753 419	119 736	149	87 339	14 873
8	769 657	354 155	271 335		30 610	－501
9	732 082	235 953	243 312		37 796	－6 721
10	643 273	357 725	172 482	4 515	37 500	2 656
11	634 003	524 557	55 857	2 428	29 467	2 199
12	586 520	466 540	23 020	270	46 040	11 510
13	570 503	401 217	139 021	1 091	9 696	7 236
14	539 108	373 084	54 511	869	4 753	287
15	522 438	401 007	92 629	3 210	43 795	14 615
16	520 307	416 829	63 138	1 002	7 819	739
17	499 401	350 481	55 994		43 945	－166
18	484 093	410 201	46 204	1 600	10 059	3 392
19	455 662	305 611	110 802		17 962	2 292
20	448 505	335 524	36 173	1 056	5 434	2 907
21	412 520	297 230	53 660	60	13 120	3 398
22	377 235	218 769	68 134	629	23 695	27 338
23	359 480	239 560	86 050	1 600	8 160	5 070
24	340 135	233 473	79 420	581	8 206	5 942
25	302 880	251 390	34 990	860	10 580	1 710
26	299 636	217 454	52 911	556	8 637	3 173
27	295 860	265 328	7 684		3 136	5 760
28	273 310	217 446	24 434	585	3 977	1 497
29	258 476	189 186	1 969	390	6 185	－27
30	247 680	209 109	7 944	366	4 221	18 030
31	240 300	216 905	30 890		1 554	2 573
32	238 910	209 150	14 426	682	8 379	2 410
33	234 845	184 695	27 403	777	9 108	－2 274
34	228 750	197 360	19 974	3	2 969	453
35	225 955	141 465	68 950	2 128	16 919	3 522
36	224 350	163 053	20 417	313	17 865	14 790
37	220 950	169 840	32 600	440	6 780	1 040
38	214 940	174 676	30 022	666	3 631	36
39	204 882	121 254	22 681	13 317	12 629	1 990
40	201 489	166 724	14 278		3 551	241

注：按销售收入排序。

表 5-14 全国前四十名乳品企业主要经济指标（二）

（2003 年）

单位：千元

序号 \ 指标	利息支出	利润总额	应交增值税	工业总产值（当年价格）	工业总产值（不变价格）	全部从业人员平均人数（人）
1	6 888	298 123	147 342	5 301 586	5 068 335	6 182
2	11 987	268 396	99 879	4 107 565	3 244 976	6 127
3	12 000	300 000	241 000	3 378 875	3 339 808	8 100
4	−264	507 576	212 091	2 563 563	1 379 643	927
5	−1 703	208 220	76 098	1 917 280	1 398 061	3 038
6	17 560	30	80 760	1 461 380	1 144 750	5 513
7	13 028	30 227	31 182	906 510	756 001	3 175
8	−1 631	121 060	80 806	806 412	730 945	6 023
9	−6 915	247 126	84 136	888 410	1 039 440	296
10	7 856	62 775	33 939	586 089	401 162	950
11	2 183	29 314	12 919	514 408	375 826	2 426
12		29 140	13 240	700 080	511 478	486
13	7 236	10 974	712	570 503	570 503	546
14	263	105 184	8 687	522 000	522 000	1 156
15	14 554	−45 580	37 406	593 090	399 880	3 073
16	730	30 636	14 810	306 802	306 802	990
17	−571	49 088	25 672	598 228	521 478	497
18	3 392	12 390	20 020	507 054	447 851	1 062
19	2 167	19 040	5 474	495 990	249 618	980
20	2 876	51 904	10 556	497 638	497 638	346
21	3 100	46 780	14 430	452 357	452 357	1 726
22	26 740	35 555	2 404	370 063	369 565	498
23	5 070	7 700	12 430	330 130	237 580	1 821
24	5 942	28 113	7 079	421 340	458 456	1 974
25	1 710	24 200	9 640	305 942	286 184	1 721
26		17 033	5 508	298 804	296 161	2 128
27	5 462	14 790	5 630	381 740	381 740	658
28	1 529	25 172	5 714	279 806	279 806	423
29	−27	61 049	9 670	258 506	182 404	178
30	18 030	8 300	4 573	254 845	254 845	385
31	207	−5 834	8 340	234 681	171 458	185
32	2 410	3 830	8 820	242 593	203 778	1 185
33	11 613	17 421	7 022	244 661	171 137	618
34	453	3 629	33	258 286	239 080	720
35	3 522	−6 860	14 374	225 429	205 662	1 175
36	8 510	18 088	2 810	232 646	155 268	280
37	1 140	10 250	4 105	220 950	108 520	746
38	98	8 000	6 669	229 729	229 729	310
39	1 862	10 164	25 488	268 017	204 818	1 250
40	303	15 131	3 324	266 767	266 767	371

表 5－14　全国前四十名乳品企业主要经济指标（三）

（2003 年）　　　　单位：千元

序号＼指标	应收账款净额	产成品	流动资产平均余额	固定资产净值平均余额	资产总计	负责合计
1	51 549	44 372	464 118	816 256	1 575 223	640 679
2	81 995	62 805	705 713	800 129	2 193 760	1 027 978
3	223 342	160 000	1 860 000	648 000	3 600 323	1 635 823
4	206 584		695 128	406 527	1 164 815	268 277
5	350 941	34 720	1 436 917	356 139	2 802 988	1 076 599
6	112 830	69 430	518 830	404 930	1 253 850	938 070
7	138 011	29 799	423 191	531 414	1 315 088	368 185
8	69 519	21 207	270 395	146 880	440 108	150 241
9	28 370	70 309	453 994	223 841	810 752	297 818
10		5 000	290 814	102 398	471 069	285 464
11	7 448	16 539	83 116	103 980	598 026	423 692
12	9 370		60 840	34 130	105 370	56 560
13	23 912		172 819	127 512	396 605	237 140
14		10 324	47 113	50 851	301 759	116 301
15	89 622	31 029	252 299	270 377	551 681	618 241
16	23 703	8 909	65 414	31 813	116 620	62 672
17	52 592		131 772	135 019	298 647	170 017
18	84 834	8 223	125 853	238 129	380 597	149 659
19	2 680	7 542	130 168	53 259	348 399	258 253
20		13 020	91 289	119 159	285 521	105 223
21	25 160	32 070	179 105	206 270	698 360	541 630
22	10 163	23 510	241 578	370 021	964 833	664 991
23	45 150	590	206 840	83 370	471 090	326 230
24	25 570	21 027	121 984	130 845	385 818	186 869
25	27 230	150	111 290	51 560	253 940	198 370
26	43 535	18 909	260 862	62 437	370 611	291 431
27	18 645	48 657	156 832	51 486	232 897	206 655
28	15 848	9 330	31 116	19 665	125 584	55 905
29	71 823	70	58 688	27 987	121 465	22 393
30	51 827	2 664	63 335	8 058	90 180	38 083
31	1 659		81 113	42 300	136 580	130 137
32	22 100	9 230	124 900	49 338	194 500	122 718
33	9 313	2 466	111 514	86 860	310 016	171 852
34	936	4 654	9 784	35 768	116 737	55 914
35	8 915	3 083	152 718	66 550	319 761	197 557
36	19 819	10 201	192 500	247 000	525 000	351 000
37	1 462		32 010	53 200	95 430	77 566
38	35 206	3 321	60 234	22 566	99 327	49 269
39	12 411	4 952	101 348	31 582	757 450	143 077
40	658	6 770	34 352	90 680	138 028	61 360

表 5-15 各地区乳品企业产品销售税金及附加

单位：千元

地 区	1999	2000	2001	2002	2003
全国总计	**51 804**	**56 286**	**98 537**	**112 618**	**182 864**
北 京	611	868	1 601	1 208	2 082
天 津	258	278	593	565	577
河 北	6 157	7 110	13 162	15 276	20 743
山 西	4 289	2 296	975	2 130	6 445
内蒙古	2 888	4 770	11 426	18 906	23 833
辽 宁	567	873	1 394	1 170	548
吉 林	273	328	739	2 478	1 504
黑龙江	6 665	7 494	21 850	20 694	30 974
上 海	878	734	759	3 097	1 304
江 苏	4 556	4 191	4 159	6 756	8 043
浙 江	4 851	5 898	4 065	5 287	5 821
安 徽	211	275	457	487	540
福 建	435	2 393	1 957	2 003	1 997
江 西	876	1 368	1 393	1 289	2 187
山 东	6 636	3 993	16 644	12 383	22 505
河 南	380	806	789	1 574	2 431
湖 北	306	1 250	628	1 130	2 375
湖 南	339	530	2 963	3 351	19 046
广 东	3 062	1 993	4 243	2 370	3 224
广 西	248	293	133	318	873
海 南				7	231
重 庆	1 026	1 215	1 541	1 993	2 679
四 川	311	354	711	1 992	4 061
贵 州	40	55	271	291	153
云 南	832	567	629	776	926
西 藏	15	15	9	3	80
陕 西	2 904	3 510	2 983	3 295	13 703
甘 肃	1 317	1 714	779	583	778
青 海	136	173	145	72	24
宁 夏	531	649	1 182	993	1 982
新 疆	206	293	357	141	1 195

表 5－16　各地区乳品企业产品销售费用

单位：千元

地　区	1999	2000	2001	2002	2003
全国总计	**1 572 510**	**2 269 343**	**3 337 951**	**4 875 130**	**6 710 428**
北　京	86 118	129 277	125 677	196 354	261 131
天　津	56 430	31 262	131 958	57 684	61 232
河　北	103 667	129 749	251 288	344 200	565 510
山　西	14 344	15 003	21 774	32 640	185 929
内蒙古	28 040	60 291	490 808	1 016 248	1 428 781
辽　宁	6 547	16 903	25 431	45 827	66 921
吉　林	345	1 794	2 437	1 724	20 680
黑龙江	305 495	416 828	541 742	785 032	1 142 594
上　海	396 390	615 599	602 153	847 010	778 981
江　苏	105 598	159 813	209 271	240 460	249 231
浙　江	69 538	78 403	74 320	95 854	140 989
安　徽	8 430	12 840	19 200	31 215	34 669
福　建	6 399	18 074	27 243	51 169	91 448
江　西	11 431	19 343	31 183	29 347	29 547
山　东	93 514	149 210	197 187	253 551	305 789
河　南	6 724	8 996	9 803	22 774	30 672
湖　北	15 827	37 278	35 022	44 442	94 350
湖　南	21 993	29 409	60 151	113 487	230 258
广　东	156 443	206 309	297 946	368 816	451 652
广　西	2 454	2 351	3 020	9 238	12 924
海　南				5 577	9 767
重　庆	12 124	17 649	30 265	45 652	80 924
四　川	5 314	12 030	17 328	48 708	51 269
贵　州	526	565	6 506	10 061	12 436
云　南	5 816	3 954	6 303	23 525	23 956
西　藏	116	120	283	151	659
陕　西	29 858	58 300	77 676	100 366	183 443
甘　肃	6 647	9 038	8 975	14 507	21 940
青　海	1 896	1 267	638	464	513
宁　夏	8 733	18 156	22 678	27 443	90 776
新　疆	5 753	9 532	9 685	11 604	51 457

表 5 - 17　全国乳制品质量监督检查情况

单位：个、%

项　目	1990	1995	1996	1997	1998	1999	2000	2001	2002	2003
产品质量										
监督检验企业数	578	1 166	1 037	1 475	1 510	2 323	2 369	2 469	2 381	2 099
有不合格产品企业所占比例	26	22	27	30	27.95	22.47	20.47	22.88	21.76	21.68
批次合格率	84	75	74	72	75.23	79.68	83.54	81.35	82.03	81.97
商品质量										
检验商业企业数	593	4 338	3 409	5 671	3 011	4 716	3 100	3 859	3 592	3 296
批次合格率	77	88	79	84	85.33	84.55	78.60	82.26	85.48	77.47

注：1990 年的数字仅为奶粉质量监督检查情况。

Ⅵ. 乳及乳制品产量

表 6－1　全国乳制品产量

单位：千吨

年度	乳制品	年度	乳制品	年度	乳制品	年度	乳制品
1957	12.7	1973	34.5	1984	130.2	1995	525.7
1963	13.3	1974	35.3	1985	163.7	1996	504.1
1964	17.6	1975	36.6	1986	225.8	1997	564.8
1965	21.2	1976	36.7	1987	272.2	1998	548.6
1966	23.5	1977	39.2	1988	295.3	1999	691.0
1967	23.1	1978	46.5	1989	266.8	2000	829.2
1968	23.1	1979	53.6	1990	313.7	2001	742.9
1969	26.2	1980	63.2	1991	376.6	2002	932.3
1970	29.6	1981	79.1	1992	412.9	2003	1 404.5
1971	30.3	1982	99.7	1993	417.3		
1972	34.0	1983	112.2	1994	424.6		

表 6－2　全国乳及乳制品产量增减情况

单位：千吨

项　　目	2002	2003	2003 年比 2002 年增长	
			绝对数	%
奶类	1 4004	18 486	4 482	32.0
其中牛奶	12 998	17 463	4 465	34.3
液态奶	3 551.4	5 828.7	2 277.3	64.1
乳制品	932.3	1 404.5	472.2	50.6

注：1. 本表栏的乳制品是指奶粉等干乳制品。

2. 国家统计局对 2001 年公布的数字进行了调整，本专栏以调整后的数据为准。

表 6－3 各地区乳制品产量

单位：千吨

地 区	1999	2000	2001	2002	2003
全国总计	**690.8**	**829.2**	**742.9**	**932.3**	**1 404.5**
北 京	14.3	20.6	37.4	13.9	13.4
天 津	7.9	6.7	2.9	4.7	2.3
河 北	96.5	99.9	119.2	142.8	161.1
山 西	13.7	12.7	13.0	28.0	29.2
内蒙古	54.2	66.5	47.5	99.2	104.0
辽 宁	4.2	16.0	3.9	11.3	7.6
吉 林	1.0	1.0	1.5	0.7	0.9
黑龙江	154.9	184.8	204.4	192.5	376.6
上 海	13.7	14.0	17.1	19.8	21.6
江 苏	29.0	74.6	33.2	58.6	46.6
浙 江	61.1	47.4	27.5	28.3	34.2
安 徽	12.4	15.0	13.8	11.3	15.5
福 建	9.0	1.6	1.2	0.0	5.6
江 西	19.2	6.0	4.5	6.6	13.8
山 东	52.9	83.0	111.3	142.7	221.6
河 南	10.0	8.1	0.4	1.7	4.4
湖 北	11.8	10.0	1.7	3.7	7.0
湖 南	4.4	5.6	7.2	12.4	31.1
广 东	6.9	12.9	12.4	14.1	26.7
广 西	2.7	2.5	2.0	0.2	
海 南	2.0	2.3			
重 庆	17.5	1.6	1.5	1.3	0.9
四 川	16.4	18.8	8.5	18.6	48.1
贵 州	0.8	1.1	0.4	0.5	0.5
云 南	6.6	5.4	5.6	5.7	27.3
西 藏		0.4	0.2		
陕 西	29.0	45.8	43.9	74.4	123.0
甘 肃	19.2	22.6	6.6	24.6	59.4
青 海	1.4	1.2	0.1	0.3	0.4
宁 夏	13.9	29.1	11.1	11.1	13.2
新 疆	4.2	12.2	2.9	3.2	8.5

注：1. 本表的乳制品指奶粉等干乳制品。

2. 统计口径为全部国有及年产品销售额500万元以上非国有企业。

表 6-4 农垦系统乳制品产量

单位：吨

地 区	1990	1995	2000	2001	2002	2003
全国总计	**93 347**	**106 315**	**104 203**	**106 279**	**121 191**	**115 744**
北 京	8 676	9 904	5 316	6 028	5 719	4 565
天 津	4 973	8 115	3 287	3 009	2 277	2 201
河 北	4 295	7 345	14 858	17 577	22 404	20 927
山 西	3 667	2 926	2 208	4 644	902	
内蒙古	2 773	4 448	6 304	6 630	11 377	12 335
辽 宁	4 098	3 882	5 562	2 686	5 692	6 618
吉 林	1 009	408	597	918	3 331	
黑龙江	28 855	29 756	39 381	46 421	52 087	45 691
上 海	8 137	6 477	3 430	4 600	3 511	3 042
江 苏	793	220				
浙 江	1 979	1 958	175	160	468	122
安 徽	858	1 303	1 106	1 080	1 586	1 472
福 建	647	124	13			
江 西	1 389	1 419	779	699	607	290
山 东	117	366	223	497	512	967
河 南	159	154				
湖 北	2 041	4 857	100	98	20	99
湖 南	970	1 086	842	962	21	
广 东	117	30				
广 西	396	400	505	356		3 300
海 南						
重 庆			1 548	1 513	1 288	937
四 川	1 667	3 526	247	129	148	96
贵 州	446	752	553	518	441	409
云 南						
陕 西	2 533	1 175	394	142	106	182
甘 肃			8 410		312	
青 海		14	1 150	274	2	59
宁 夏	873	1 031	95			
新疆（兵团）	6 566	4 258	1 828	3 264	4 422	8 466
新疆（农）						200
新疆（畜）	1 131	991	1 089	948	868	1 049
广 州		3 599	2 102	1 528	1 661	1 335
南 京	76					
昆 明	1 397	2 193	2 101	1 598	1 429	1 382
哈尔滨	2 709	3 558				
其 他						

表6-5　各地区液态奶产量

单位：千吨

地　区	2000	2001	2002	2003
全国总计	**1 341.0**	**2 460.6**	**3 551.4**	**5 828.7**
北　京	181.6	231.0	245.8	269.6
天　津	56.4	77.0	90.3	105.6
河　北	58.2	181.7	348.7	765.5
山　西	1.7	6.0	43.8	230.7
内蒙古	141.6	375.1	736.7	1 608.1
辽　宁	30.0	79.8	88.4	176.6
吉　林		0.8	2.0	49.1
黑龙江	3.0	127.5	269.3	356.4
上　海	353.1	358.1	409.7	392.5
江　苏	95.8	156.1	206.2	238.0
浙　江	69.3	146.7	174.1	232.0
安　徽	3.3	16.8	17.3	18.8
福　建	19.7	35.4	60.8	97.1
江　西	27.2	46.1	58.8	70.4
山　东	56.2	152.3	220.7	309.8
河　南	29.7	57.1	75.8	166.1
湖　北		68.8	96.7	130.6
湖　南	19.3	19.5	22.2	41.6
广　东	107.1	131.8	130.4	142.4
广　西	14.4	21.7	23.8	22.5
海　南	0.2	1.4	1.8	2.4
重　庆	25.9	40.1	57.0	74.5
四　川	2.2	20.9	26.2	46.3
贵　州		16.5	17.3	19.5
云　南	0.4	5.9	13.1	57.2
西　藏				
陕　西	21.1	17.6	21.4	17.4
甘　肃	17.0	20.1	21.3	16.2
青　海				2.4
宁　夏		33.3	44.8	103.8
新　疆	6.4	15.7	27.1	65.9

Ⅶ. 乳及乳制品价格

表 7-1 各地区乳品企业收奶价格

单位：元/千克

企业名称	2003年6月	企业名称	2003年6月
北京市南郊牛奶公司德茂乳品厂	1.82	瑞安市百好乳业有限公司	1.65
北京市延庆华庆乳品厂	1.94	金华市好源乳业有限公司	1.49
天津海河乳业有限公司	1.85	浙江熊猫乳品有限公司	1.81
天津津河乳业有限公司	1.90	福建长富乳业集团股份有限公司	2.28
石家庄三鹿集团股份有限公司	1.85	江西阳光乳业集团有限公司	2.20
邢台大曹庄三鹿乳业有限公司	1.56	江西牛牛乳业有限责任公司	2.20
唐山明乐乳业有限责任公司	1.50	济南佳宝乳业有限公司	2.05
秦皇岛市秦牛乳业有限公司	1.60	山东亚奥特乳业有限公司	1.95
唐山市银河乳业有限公司	1.62	文登市金洋乳品有限公司	1.62
山西恒康乳业科技股份有限公司	1.56	烟台磊磊乳品有限公司	1.53
山西应县乳制品公司	1.80	河南三鹿花花牛乳业有限公司	1.92
内蒙古蒙牛乳业（集团）股份有限公司	1.74	洛阳巨尔乳业有限公司	1.60
内蒙古扎兰屯伊利乳业有限责任公司	1.36	漯河三剑客奶业有限责任公司	1.60
内蒙古牛妈妈乳业有限公司	1.94	湖南亚华乳业有限公司	3.02
内蒙古额尔古纳梅鹿乳业有限责任公司	1.06	湖南南山食品有限公司	1.95
呼伦贝尔三元乳业有限责任公司	1.31	郴州市牛牛乳业有限公司	2.90
呼伦贝尔市青松乳业有限公司	1.55	湖南阳光乳业股份有限公司	2.15
黑龙江乳业集团有限责任公司	1.70	广东燕塘乳业有限公司	2.73
黑龙江省完达山乳业股份有限公司	1.57	深圳市光明华侨畜牧场晨光饮料公司	4.03
黑龙江红星集团股份有限公司	1.79	广州金鼎乳制品厂	2.75
黑龙江飞鹤乳业有限公司	1.50	湛江市湖光奶业有限公司	2.58
黑龙江光明松鹤乳品有限责任公司	1.65	广西柳州市奶业有限责任公司	2.60
黑龙江省富裕明星食品有限公司	1.55	四川菊乐食品有限公司	1.95
哈尔滨市万家宝鲜牛奶有限公司	2.00	贵阳三联乳业有限公司	3.03
嫩江县辰鹰乳业有限责任公司	1.49	云南多喝乳业有限责任公司	1.76
大连渤海乳品厂	1.90	陕西富华乳业有限公司	1.11
丹东派波乳业有限公司	1.80	陕西正和乳业有限公司	1.50
南京奶业（集团）有限公司	2.20	宁夏新华百货夏进乳业集团股份有限公司	1.64
徐州维维食品饮料股份有限公司	1.61	银川市金河乳业有限公司	1.70
无锡市天资乳品饮料厂	2.18	宁夏东方乳业有限公司	1.67
杭州娃哈哈集团有限公司	1.88	中德合资阿姆斯饮品公司	1.69
宁波市牛奶有限公司	2.26	新疆伊犁沙渴乳生物制品有限公司	1.50

表 7-2 全国乳及乳制品零售价格指数

上年＝100

年 份	全 国	城 市	农 村
1995	126.3	125.3	128.6
1996	110.3	111.8	107.3
1997	104.8	105.7	101.8
1998	100.0	100.4	98.7
1999	99.1	99.5	98.0
2000	100.0	100.2	99.4
2001	99.1	99.0	99.7
2002	99.4	99.5	99.2
2003	99.7	99.4	100.7

表 7-3 全国居民乳及乳制品消费价格指数

上年＝100

年 份	全 国	城 市	农 村
1995	126.0	125.9	126.4
1996	110.8	112.7	107.4
1997	104.1	104.8	102.3
1998	100.3	100.9	98.8
1999	99.3	99.7	98.2
2000	100.0	100.2	99.3
2001	99.1	99.0	99.7
2002	99.0	99.2	97.3
2003	99.2	99.2	99.0

Ⅷ. 进出口贸易

表 8－1　全国牧草种子进口数量

单位：吨

	1995	1996	1997	1998	1999	2000	2001	2002	2003
紫花苜蓿种子	0.42		277.48	123.82	34.01	1 866.55	4 610.71	6 635.07	5 318.51
三叶草种子	6.05	74.20	118.64	144.53	424.53	720.39	732.70	953.34	1 396.41
羊茅子	70.72	204.76	716.12	1 274.15	2 146.13	3 026.61	3 046.93	3 724.22	5 661.46
草地早熟禾种子	171.74	154.25	568.49	1 068.93	1 620.81	2 318.50	2 138.67	1 401.43	2 428.76
黑麦草种子	94.94	171.85	455.10	652.89	1 202.49	2 831.47	1 754.24	2 086.42	3 955.11
梯牧草种子	2.99	0.96	24.63	6.25	73.48	66.05	42.83	32.75	28.05
其他	84.60	169.21	214.41	94.26	938.39	1 933.16	1 818.79		

表 8－2　全国牧草种子进口价值

单位：千美元

	1995	1996	1997	1998	1999	2000	2001	2002	2003
紫花苜蓿种子	3.28		382.17	708.20	143.20	4 526.24	7 425.45	8 910.79	9 987.63
三叶草种子	12.88	207.24	320.42	370.86	959.03	1 362.15	1 392.11	1 621.25	2 829.39
羊茅子	142.13	562.02	1 650.19	2 366.65	3 443.94	4 694.85	4 921.75	5 157.15	6 210.60
草地早熟禾种子	599.72	506.63	1 650.04	2 935.52	4 427.86	6 625.43	6 106.75	3 349.76	6 378.90
黑麦草种子	237.91	352.10	760.40	1 273.06	1 680.84	2 850.28	1 655.49	1 945.54	3 999.56
梯牧草种子	10.21	8.65	99.92	18.22	242.33	125.25	180.97	98.92	88.77
其他	244.55	398.00	735.35	443.15	3 028.91	5 139.70	4 032.26		

表 8－3　全国牧草种子进口增减情况

单位：吨、千美元

	2002		2003		2003 年比 2002 年增加％	
	数　量	金　额	数　量	金　额	数　量	金　额
紫花苜蓿种子	6 635.07	8 910.79	5 318.51	9 987.63	－19.84	12.08
三叶草种子	953.34	1 621.25	1 396.41	2 829.39	46.48	74.52
羊茅子	3 724.22	5 157.15	5 661.46	6 210.60	52.02	20.43
草地早熟禾种子	1 401.43	3 349.76	2 428.76	6 378.90	73.31	90.43
黑麦草种子	2 086.42	1 945.54	3 955.11	3 999.56	89.56	105.58
梯牧草种子	32.75	98.92	28.05	88.77	－14.36	－10.26

表 8-4 分国别紫花苜蓿种子进口量值

（商品税号：12092100）　　单位：吨、千美元

国家或地区	2002		2003		2003年比2002年增加%	
	数量	金额	数量	金额	数量	金额
国家（地区）总计	**6 635.07**	**8 910.79**	**5 318.51**	**9 987.63**	**−19.84**	**12.08**
加拿大	5 542.65	6 733.26	4 123.61	7 392.51	−25.60	9.79
澳大利亚	283.51	606.26	479.44	899.86	69.11	48.43
美国	707.98	1 389.04	425.76	1 211.12	−39.86	−12.81
巴基斯坦			140.00	144.43		
法国	79.93	147.73	79.70	177.97	−0.29	20.48
德国	21.00	34.51	70.01	161.73	233.36	368.60

表 8-5 分地区紫花苜蓿种子进口量值

（商品税号：12092100）　　单位：吨、千美元

地区	2002		2003		2003年比2002年增加%	
	数量	金额	数量	金额	数量	金额
全国总计	**6 635.07**	**8 910.79**	**5 318.51**	**9 987.63**	**−19.84**	**12.08**
北京	5 885.53	7 615.87	4 276.64	8 037.24	−27.34	5.53
甘肃	1.00	19.98	344.48	550.74	34 416.53	2 656.99
新疆	80.01	99.22	300.00	495.00	274.98	398.89
四川	83.74	170.78	230.71	448.19	175.51	162.43
湖北	80.00	158.00	100.00	252.00	25.00	59.49
山东	80.00	169.80	56.68	182.62	−29.15	7.55
宁夏	60.00	76.80	10.00	21.83	−83.33	−71.57
内蒙古	156.81	200.49	0.01	0.02	−100.00	−99.99
辽宁	15.00	75.00				
河北	63.01	72.46				
浙江	60.00	122.98				
山西	49.99	62.73				
云南	20.00	66.69				

表 8－6　分国别三叶草种子进口量值

（商品税号：12092200）　　单位：吨、千美元

国家或地区	2002		2003		2003年比2002年增加%	
	数　量	金　额	数　量	金　额	数　量	金　额
国家（地区）总计	**953.34**	**1 621.25**	**1 396.41**	**2 829.39**	**46.48**	**74.52**
澳大利亚	685.43	1 266.46	1 014.36	2 069.19	47.99	63.38
加拿大	141.03	119.82	191.00	204.09	35.44	70.33
丹　麦	125.35	232.92	121.85	352.78	－2.79	51.46
新西兰			65.70	174.29		
美　国	1.50	1.71	3.51	29.06	133.51	1 603.17
荷　兰	0.04	0.35				

表 8－7　分地区三叶草种子进口量值

（商品税号：12092200）　　单位：吨、千美元

地　区	2002		2003		2003年比2002年增加%	
	数　量	金　额	数　量	金　额	数　量	金　额
全国总计	**953.34**	**1 621.25**	**1 396.41**	**2 829.39**	**46.48**	**74.52**
北　京	814.49	1 364.41	1 230.71	2 454.93	51.10	79.93
湖　北	21.50	38.27	46.00	113.54	113.95	196.67
浙　江	1.35	2.77	41.70	102.55		
山　东			31.50	75.65		
四　川	20.00	39.40	21.50	44.08	7.50	11.87
新　疆	0.01	0.02	18.00	18.99		
黑龙江			7.00	19.61		
广　东			0.01	0.07		
云　南	53.00	93.68				
上　海	40.00	76.40				
辽　宁	3.00	6.30				

表 8－8　分国别羊茅子进口量值

（商品税号：12092300）　　单位：吨、千美元

国家或地区	2002		2003		2003年比2002年增加%	
	数　量	金　额	数　量	金　额	数　量	金　额
国家（地区）总计	**3 724.22**	**5 157.15**	**5 661.46**	**6 210.60**	**52.02**	**20.43**
美　国	2 723.24	3 945.12	4 980.04	5 525.29	82.87	40.05
丹　麦	715.10	872.55	391.70	398.60	－45.22	－54.32
加拿大	105.00	106.70	249.03	219.05	137.16	105.29
澳大利亚			23.98	37.76		
德　国	60.00	75.60	16.00	25.28	－73.33	－66.56
韩　国	2.09	8.69	0.72	4.63	－65.42	－46.71
荷　兰	118.78	148.49				

表 8-9 分地区羊茅子进口量值

（商品税号：12092300）

单位：吨、千美元

地区	2002		2003		2003年比2002年增加%	
	数 量	金 额	数 量	金 额	数 量	金 额
全国总计	**3 724.22**	**5 157.15**	**5 661.46**	**6 210.60**	**52.02**	**20.43**
北 京	2 871.38	3 907.23	4 092.22	4 462.70	42.52	14.22
上 海	300.83	403.33	369.82	426.07	22.93	5.64
山 东	75.12	123.44	277.01	298.96	268.78	142.19
湖 北	100.71	147.87	266.34	276.19	164.47	86.78
浙 江	147.11	237.47	222.92	267.66	51.54	12.72
四 川	135.40	202.39	138.05	151.96	1.96	−24.92
甘 肃	3.00	15.08	120.00	117.42	3 906.74	678.56
云 南	29.45	48.58	75.89	91.04	157.69	87.41
江 苏	36.99	41.29	64.00	73.60	73.02	78.26
黑龙江			35.20	44.95		
广 东			0.01	0.04		
辽 宁	24.15	30.06				
山 西	0.09	0.43				

表 8-10 分国别草地早熟禾种子进口量值

（商品税号：12092400）

单位：吨、千美元

国家或地区	2002		2003		2003年比2002年增加%	
	数 量	金 额	数 量	金 额	数 量	金 额
国家（地区）总计	**1 401.43**	**3 349.76**	**2 428.76**	**6 378.90**	**73.31**	**90.43**
美 国	1 128.43	2 705.02	1 927.64	5 415.33	70.83	100.20
丹 麦	272.00	632.51	386.23	798.48	41.99	26.24
俄罗斯			53.19	53.19		
瑞 典			40.60	88.29		
澳大利亚			20.10	21.20		
加拿大	1.00	12.24	1.00	2.41	0.00	−80.31

表 8－11　分地区草地早熟禾种子进口量值

（商品税号：12092400）　　　　单位：吨、千美元

地　区	2002		2003		2003 年比 2002 年增加%	
	数　量	金　额	数　量	金　额	数　量	金　额
全国总计	**1 401.43**	**3 349.76**	**2 428.76**	**6 378.90**	**73.31**	**90.43**
北　京	1 196.21	2 814.89	1 947.19	5 293.36	62.78	88.05
山　东	104.45	230.85	160.73	426.56	53.89	84.78
黑龙江			75.21	186.74		
河　北			56.11	52.89		
广　东			53.19	53.19		
湖　北			51.05	133.45		
吉　林			41.00	130.42		
甘　肃	1.00	5.99	33.00	59.40	3 206.61	891.16
云　南	28.79	98.70	10.25	39.06	−64.39	−60.43
浙　江			1.02	3.83		
辽　宁	45.00	114.74				
上　海	23.99	79.29				
江　苏	2.00	5.29				

表 8－12　分国别黑麦草种子进口量值

（商品税号：12092500）　　　　单位：吨、千美元

国家或地区	2002		2003		2003 年比 2002 年增加%	
	数　量	金　额	数　量	金　额	数　量	金　额
国家（地区）总计	**2 086.42**	**1 945.54**	**3 955.11**	**3 999.56**	**89.56**	**105.58**
美　　国	1 488.95	1 391.34	3 164.40	3 033.36	112.53	118.02
丹　　麦	403.55	365.93	359.48	422.83	−10.92	15.55
新 西 兰			163.95	194.49		
澳大利亚	105.00	107.31	100.05	124.07	−4.71	15.61
荷　　兰	87.77	77.74	99.65	147.49	13.54	89.72
加 拿 大			67.28	75.47		
韩　　国	0.85	2.90	0.28	1.82	−66.51	−37.16
德　　国	0.30	0.32	0.02	0.04	−93.40	−87.66

表 8－13　分地区黑麦草种子进口量值

（商品税号：12092500）　　单位：吨、千美元

地　区	2002		2003		2003 年比 2002 年增加％	
	数　量	金　额	数　量	金　额	数　量	金　额
全国总计	**2 086.42**	**1 945.54**	**3 955.11**	**3 999.56**	**89.56**	**105.58**
北　京	1 544.78	1 391.73	2 864.83	2 919.90	85.45	109.80
四　川	237.17	176.35	570.80	459.56	140.67	160.59
山　东	31.55	31.43	151.39	206.22	379.89	556.09
浙　江	37.96	43.66	101.89	145.75	168.43	233.82
湖　北			101.66	100.32		
甘　肃	1.00	4.00	56.48	73.43	5 559.42	1 737.95
吉　林			41.00	35.40		
江　苏	22.00	13.34	39.95	27.17	81.63	103.73
云　南	80.52	80.25	20.00	22.80	−75.16	−71.59
黑龙江			7.10	8.98		
宁　夏	0.10	0.09	0.02	0.04	−80.00	−57.14
上　海	94.53	155.53				
辽　宁	20.62	24.13				
广　东	16.00	24.80				
陕　西	0.20	0.22				

表 8－14　分国别梯牧草种子进口量值

（商品税号：12092600）　　单位：吨、千美元

国家或地区	2002		2003		2003 年比 2002 年增加％	
	数　量	金　额	数　量	金　额	数　量	金　额
国家（地区）总计	**32.75**	**98.92**	**28.05**	**88.77**	**−14.36**	**−10.26**
美　国	2.02	20.69	22.91	69.77	1 035.08	237.08
澳大利亚	13.19	48.12	5.00	17.98	−62.13	−62.63
韩　国	0.50	4.17	0.15	1.02	−71.00	−75.57
荷　兰	17.04	25.94				

表 8-15　分地区梯牧草种子进口量值

（商品税号：12092600）　　单位：吨、千美元

地　区	2002		2003		2003 年比 2002 年增加%	
	数　量	金　额	数　量	金　额	数　量	金　额
全国总计	**32.75**	**98.92**	**28.05**	**88.77**	**−14.36**	**−10.26**
北　京	19.24	47.26	22.82	66.88	18.65	41.51
内蒙古	12.99	46.76	5.00	17.98	−61.55	−61.55
云　南	0.02	0.73	0.23	3.89	927.27	435.35
四　川			0.001	0.02		
天　津	0.50	4.17				

表 8-16　全国牛及其冻精和动物胚胎进口数量

	1995	1996	1997	1998	1999	2000	2001	2002	2003
动物胚胎　（千克）			37	24	215	246	338	630	4 046
牛冷冻精液（千克）	76	35	17	95	16	64	167	366	337
牛　　　　（头）	102	589	1 596	1 654	106	581	2 775	11 432	50 007
其中　种牛（头）	80	477	335	1 654	101	581	2 775	11 429	50 007
其他牛（头）	22	112	1 261		5			3	

表 8-17　全国牛及其冻精和动物胚胎进口价值

单位：千美元

	1995	1996	1997	1998	1999	2000	2001	2002	2003
动物胚胎			167.66	180.40	713.93	1 393.39	758.27	2 903.57	2 576.97
牛冷冻精液	127.10	181.06	0.05	117.54	39.46	100.84	171.60	701.33	693.26
牛	495.88	2 936.16	2 605.90	1 957.31	598.81	2 224.65	5 992.36	22 003.55	71 829.16
其中　种牛	493.76	2 923.21	1 612.32	1 957.31	594.61	2 224.65	5 992.36	21 994.55	71 829.16
其他牛	2.12	12.95	993.58		4.20			9.00	

表 8-18　全国牛及其冻精和动物胚胎进口增减情况

单位：千克、头、千美元

	2002		2003		2003 年比 2002 年增加%	
	数　量	金　额	数　量	金　额	数　量	金　额
动物胚胎	630	2 903.57	4 046	2 576.97	542.22	−11.25
牛冷冻精液	366	701.33	337	693.26	−7.92	−1.15
牛	11 432	22 003.55	50 007	71 829.16	337.43	226.44
其中　种牛	11 429	21 994.55	50 007	71 829.16	337.54	226.58
其他牛	3	9.00				

表 8-19 分国别动物胚胎进口量值

（商品税号：0511920） 单位：千克、千美元

国家或地区	2002		2003		2003年比2002年增加%	
	数 量	金 额	数 量	金 额	数 量	金 额
国家（地区）总计	**630.00**	**2 903.57**	**4 046.00**	**2 576.97**	**542.22**	**-11.25**
新西兰	4.00	302.50	2 992.00	424.86	74 700.00	40.45
美 国	10.00	276.28	556.00	889.19	5 460.00	221.84
澳大利亚	34.00	499.00	225.00	296.93	561.76	-40.49
俄罗斯			151.00	259.50		
德 国	50.00	50.00	60.00	300.00	20.00	500.00
加拿大	429.00	1 602.31	58.00	400.35	-86.48	-75.01
意大利			4.00	6.15		
丹 麦	75.00	8.05				
匈牙利	21.00	156.47				
冰 岛	6.00	8.51				
日 本	1.00	0.45				

表 8-20 分地区动物胚胎进口量值

（商品税号：05119920） 单位：千克、千美元

地 区	2002		2003		2003年比2002年增加%	
	数 量	金 额	数 量	金 额	数 量	金 额
全国总计	**630.00**	**2 903.57**	**4 046.00**	**2 576.97**	**542.22**	**-11.25**
辽 宁			2 990.00	2.44		
黑龙江	100.00	2.88	465.00	24.00		
北 京	411.00	2 293.71	256.00	973.65	-37.71	-57.55
甘 肃	50.00	138.71	100.00	90.10		
河 北			86.00	535.00		
山 东	22.00	222.90	56.00	400.00	154.55	79.45
青 海			46.00	9.00		
江 苏			30.00	202.14		
上 海	1.00	0.45	15.00	150.00		
吉 林	2.00	0.35	2.00	0.35		0.58
湖 南	40.00	49.83				
海 南	2.00	12.64				
河 南	1.00	35.10				
四 川	1.00	84.00				
广 东		63.00				

表 8－21　分国别牛冷冻精液进口量值

（商品税号：05111000）　　单位：千克、千美元

国家或地区	2002		2003		2003 年比 2002 年增加%	
	数 量	金 额	数 量	金 额	数 量	金 额
国家（地区）总计	**366.00**	**701.33**	**337.00**	**693.26**	**－7.92**	**－1.15**
加拿大	308.00	588.30	295.00	199.90	－4.22	－66.02
美 国	58.00	113.03	42.00	493.36	－27.59	336.48

表 8－22　分地区牛冷冻精液进口量值

（商品税号：05111000）　　单位：千克、千美元

地 区	2002		2003		2003 年比 2002 年增加%	
	数 量	金 额	数 量	金 额	数 量	金 额
全国总计	**366.00**	**701.33**	**337.00**	**693.26**	**－7.92**	**－1.15**
上 海			295.00	199.90		
北 京	25.00	178.33	22.00	185.01	29.41	682.79
新 疆		33.60	18.00	196.00		
河 北			2.00	112.36		
黑龙江	300.00	400.00				
山 东	40.00	7.81				
广 东	1.00	34.59				

表 8－23　分国别牛进口量值

（商品税号：0102.）　　单位：头、千美元

国家或地区	2002		2003		2003 年比 2002 年增加%	
	数 量	金 额	数 量	金 额	数 量	金 额
国家(地区)总计	**11 432.00**	**22 003.55**	**50 007.00**	**71 829.16**	**337.43**	**226.44**
澳大利亚	9 280.00	12 973.80	41 179.00	56 802.92	343.74	337.83
新 西 兰			7 795.00	8 989.44		
美 国	256.00	1 433.75	1 022.00	5 926.80	299.22	313.38
加 拿 大	1 896.00	7 596.00	11.00	110.00	－99.42	－98.55

表 8-24 分地区牛进口量值

（商品税号：0102.） 单位：头、千美元

地 区	2002		2003		2003 年比 2002 年增加%	
	数 量	金 额	数 量	金 额	数 量	金 额
全国总计	**11 432.00**	**22 003.55**	**50 007.00**	**71 829.16**	**337.43**	**226.44**
北 京	5 227.00	10 077.07	15 356.00	21 028.26	198.78	108.67
内蒙古	1 926.00	2 423.42	12 580.00	16 317.66	553.17	573.33
黑龙江	143.00	690.49	8 724.00	12 482.77	6 000.70	1 707.81
新 疆	277.00	1 161.90	4 520.00	6 641.55	1 531.77	471.61
宁 夏			3 152.00	4 376.84		
江 苏	953.00	1 376.07	2 500.00	3 365.00	162.33	144.54
山 东	1 400.00	1 872.00	1 576.00	2 110.00	12.57	12.71
辽 宁	260.00	630.00	636.00	1 720.71	144.62	173.13
河 南	812.00	2 153.54	420.00	2 316.95		
云 南	30.00	158.00	264.00	602.16	780.00	281.12
河 北	13.00	83.20	200.00	312.00		
山 西			39.00	290.00		
广 东			29.00	155.25		
上 海			11.00	110.00		
湖 北	50.00	376.41				
陕 西	199.00	311.30				
天 津	76.00	433.65				
重 庆	43.00	147.22				
江 西	13.00	39.70				
青 海	10.00	69.58				

表 8-25　分国别改良种用牛进口量值

（商品税号：01021000）　　　　单位：头、千美元

国家或地区	2002		2003		2003 年比 2002 年增加%	
	数　量	金　额	数　量	金　额	数　量	金　额
国家（地区）总计	**11 429.00**	**21 994.55**	**50 007.00**	**71 829.16**	**337.54**	**226.58**
澳大利亚	9 277.00	12 964.80	41 179.00	56 802.92	343.88	338.13
新 西 兰			7 795.00	8 989.44		
美　　国	256.00	1 433.75	1 022.00	5 926.80	299.22	313.38
加 拿 大	1 896.00	7 596.00	11.00	110.00	−99.42	−98.55

表 8-26　分地区改良种用牛进口量值

（商品税号：01021000）　　　　单位：头、千美元

地　区	2002		2003		2003 年比 2002 年增加%	
	数　量	金　额	数　量	金　额	数　量	金　额
全国总计	**11 429.00**	**21 994.55**	**50 007.00**	**71 829.16**	**337.54**	**226.58**
北　京	5 227.00	10 077.07	15 356.00	21 028.26	193.78	108.67
内蒙古	1 926.00	2 423.42	12 580.00	16 317.66	553.17	573.33
黑龙江	143.00	690.49	8 724.00	12 482.77	6 000.70	1 707.81
新　疆	277.00	1 161.90	4 520.00	6 641.55	1 531.77	471.61
宁　夏			3 152.00	4 376.84		
江　苏	953.00	1 376.07	2 500.00	3 365.00	162.33	144.54
山　东	1 400.00	1 872.00	1 576.00	2 110.00	12.57	12.71
辽　宁	260.00	630.00	636.00	1 720.71	144.62	173.13
河　南	812.00	2 153.54	420.00	2 316.95		
云　南	30.00	158.00	264.00	602.16	780.00	281.12
河　北	13.00	83.20	200.00	312.00		
山　西			39.00	290.00		
广　东			29.00	155.25		
上　海			11.00	110.00		
陕　西	199.00	311.30				
天　津	76.00	433.65				
湖　北	50.00	376.41				
重　庆	43.00	147.22				
江　西	10.00	30.70				
青　海	10.00	69.58				

表 8－27　全国主要乳制品进口数量

单位：吨

	1995	1996	1997	1998	1999	2000	2001	2002	2003
鲜奶	7 440.08	7 274.27	10 083.43	8 883.72	14 941.87	14 910.33	9 599.44	4 836.06	3 023.79
奶粉	24 726.18	19 306.64	27 908.92	31 052.63	56 616.23	72 768.96	58 506.21	110 798.51	133 689.13
炼乳	1 124.64	914.59	285.23	232.37	1 783.60	646.53	1 346.94	887.72	961.52
酸奶	1 250.68	421.75	231.93	600.18	2 394.73	2 553.78	2 856.34	1 662.90	322.07
乳清制品	34 605.76	48 488.17	74 466.41	69 317.84	83 228.10	122 902.94	119 780.45	137 954.10	161 205.26
奶油	1 180.69	780.48	353.71	484.89	3 275.12	3 088.29	1 452.45	5 154.84	11 228.17
干酪	1 858.99	345.19	235.47	459.60	1 181.81	1 967.87	2 029.50	2 532.52	4 613.75
液态奶	8 690.77	7 696.02	10 315.36	9 483.89	17 336.60	17 464.11	12 455.78	6 498.95	3 345.86
干乳制品	63 496.26	69 835.06	103 249.73	101 547.32	146 084.86	201 374.59	183 115.55	257 327.69	311 697.83

注：鲜奶海关税号：0401：奶粉海关税号：04021000、04022100、04022900；炼乳海关税号：04029100、04029900　配奶海关税号：0403：乳清制品海关税号：0404：奶油海关税号：0405；干酪海关税号：0406；液态奶海关税号：0401、0403；干乳制品海关税号：0402、0404、0405、0406（下同）

表 8－28　全国主要乳制品进口价值

单位：千美元

	1995	1996	1997	1998	1999	2000	2001	2002	2003
鲜奶	5 448.85	3 636.35	3 919.64	3 262.74	8 525.27	8 870.69	4 874.52	2 667.29	2 400.18
奶粉	28 085.57	18 589.40	19 154.85	39 005.41	80 103.25	115 319.59	114 399.40	160 659.98	215 872.73
炼乳	920.47	693.86	207.22	156.04	2 293.54	360.37	1 062.76	872.16	1 485.88
酸奶	919.95	472.53	301.55	467.96	1 166.77	1 518.81	1 703.49	1 154.53	603.24
乳清制品	19 361.26	27 595.62	38 287.42	39 693.49	58 086.22	79 964.33	88 067.19	90 359.96	99 552.81
奶油	1 256.31	1 634.43	1 012.04	912.05	5 632.63	4 749.49	2 022.85	6 736.92	16 833.69
干酪	2 052.36	835.44	617.30	1 144.24	3 072.49	3 916.63	3 974.94	5 732.62	9 753.47
液态奶	6 368.80	4 108.88	4 221.18	3 730.69	9 692.04	10 389.50	6 578.02	3 821.82	3 003.43
干乳制品	51 675.97	49 348.74	59 278.82	80 911.22	149 188.14	204 310.41	209 527.14	264 361.64	343 498.57

表 8－29　全国主要乳制品进口增减情况

单位：吨、千美元

	2002		2003		2003 年比 2002 年增加％	
	数　量	金　额	数　量	金　额	数　量	金　额
鲜奶	4 836.06	2 667.29	3 023.79	2 400.18	－37.47	－10.01
奶粉	110 798.51	160 659.98	133 689.13	215 872.73	20.66	34.37
炼乳	887.72	872.16	961.52	1 485.88	8.31	70.37
酸奶	1 662.90	1 154.53	322.07	603.24	－80.63	－47.75
乳清制品	137 954.10	90 359.96	161 205.26	99 552.81	16.85	10.17
奶油	5 154.84	6 736.92	11 228.17	16 833.69	117.82	149.87
干酪	2 532.52	5 732.62	4 613.75	9 753.47	82.18	70.14
液体奶	6 498.95	3 821.82	3 345.86	3 003.43	－48.52	－21.41
干乳制品	257 327.69	264 361.64	311 697.83	343 498.57	21.13	29.94

表 8－30 全国主要乳制品出口数量

单位：吨

	1995	1996	1997	1998	1999	2000	2001	2002	2003
鲜奶	25 321.67	25 197.08	26 128.64	24 495.48	25 194.67	29 416.89	26 432.97	27 786.39	27 205.12
奶粉	4 518.99	4 395.82	7 843.34	8 407.74	10 007.54	10 161.14	5 042.79	10 299.38	7 677.93
炼乳	107.80	754.32	3 354.49	2 544.37	4 152.33	7 253.47	10 303.46	11 339.48	12 955.24
酸奶	232.22	646.50	485.88	202.40	333.50	162.23	73.62	150.97	246.30
乳清制品	83.02	209.42	347.86	796.08	392.59	334.27	337.59	343.51	227.89
奶油	123.53	169.68	0.45	217.87	46.71	222.56	0.08	505.08	3.63
干酪	66.27	20.35	827.23	825.33	308.13	407.47	513.65	605.92	546.84
液态奶	25 553.89	25 843.59	26 614.52	24 697.88	25 528.17	29 579.12	26 506.59	27 937.35	27 451.42
干乳制品	4 899.61	5 549.59	12 373.37	12 791.39	14 907.30	18 378.90	16 197.57	23 093.36	21 411.53

表 8－31 全国主要乳制品出口价值

单位：千美元

	1995	1996	1997	1998	1999	2000	2001	2002	2003
鲜奶	17 099.22	19 031.21	19 150.52	18 200.65	18 157.95	20 120.10	19 066.69	20 760.38	18 349.98
奶粉	8 987.27	7 481.94	14 929.23	13 659.04	19 498.02	20 880.43	10 360.72	23 733.05	17 066.61
炼乳	155.51	1 268.61	4 879.72	3 668.87	4 404.42	7 045.74	8 587.18	8 226.11	8 734.10
酸奶	381.31	946.73	733.28	314.09	425.18	200.24	61.82	110.55	379.26
乳清制品	193.32	334.98	588.49	1 265.36	377.13	300.27	233.89	223.34	168.29
奶油	187.46	341.85	1.60	370.71	90.53	352.61	0.02	585.97	8.06
干酪	274.70	33.90	731.26	2 011.68	1 048.94	1 174.73	1 306.67	1 604.42	1 495.37
液态奶	17 480.53	19 977.94	19 883.79	18 514.74	18 583.13	20 320.34	19 128.51	20 870.93	18 729.24
干乳制品	9 798.24	9 461.28	21 130.30	20 975.66	25 419.05	29 753.78	20 488.49	34 372.89	27 472.42

表 8－32 全国主要乳制品出口增减情况

单位：吨、千美元

	2002		2003		2003 年比 2002 年增加％	
	数 量	金 额	数 量	金 额	数 量	金 额
鲜奶	27 786.39	20 760.38	27 205.12	18 349.98	－2.09	－11.61
奶粉	10 299.38	23 733.05	7 677.93	17 066.61	－25.45	－28.09
炼乳	11 339.48	8 226.11	12 955.24	8 734.10	14.25	6.18
酸奶	150.97	110.55	246.30	379.26	63.15	243.08
乳清制品	343.51	223.34	227.89	168.29	－33.66	－24.65
奶油	505.08	585.97	3.63	8.06	－99.28	－98.62
干酪	605.92	1 604.42	546.84	1 495.37	－9.75	－6.80
液体奶	27 937.35	20 870.93	27 451.42	18 729.24	－1.74	－10.26
干乳制品	23 093.36	34 372.89	21 411.53	27 472.42	－7.28	－20.08

表 8-33　分国别液态奶进口数量

单位：吨

国家或地区	1995	2000	2001	2002	2003
国家（地区）总计	**8 690.77**	**17 464.11**	**12 455.78**	**6 498.95**	**3 345.86**
澳大利亚	3 189.92	10 792.11	7 574.42	3 570.32	2 021.79
新西兰	523.45	1 541.60	873.46	779.18	938.42
西班牙	1.52	7.30	3.24	230.75	140.50
法国	31.28	200.09	326.21	388.76	137.40
德国	27.65	191.71	96.39	32.57	32.87
中国香港	890.03	2 371.32	2 577.13	1 265.20	28.11
新加坡	40.21	63.31	15.74	43.30	19.40
日本	161.13	39.76	35.00	15.96	10.69
美国	973.32	14.32	150.82	12.35	5.76
马来西亚	203.04	1 329.07	154.37	72.74	2.42
荷兰	1 945.24	443.75	2.38	13.67	2.36
韩国	21.07	31.90	1.76		1.80
比利时	0.88		0.48		1.63
丹麦	18.36	1.33			0.86
瑞士	7.63	2.00	2.52	2.70	0.83
中国台湾	62.92	7.16	3.46	4.22	0.49
中国		151.89	262.48	8.49	0.48
意大利	3.95	8.11	3.94		0.06
印度					0.01
中国澳门	0.36				
缅甸			1.00		
加拿大	64.26		75.15	48.23	
奥地利	0.10			10.50	
英国	353.57	54.31	30.03	0.02	
捷克			150.00		
印度尼西亚	102.90		59.56		
波兰			50.00		
泰国	13.05	4.01	6.22		
阿曼			0.06		
爱尔兰		68.00			
葡萄牙		50.00			
芬兰		50.00			
俄罗斯	54.95	40.90			
南非		0.16			

表 8-34　分国别液态奶进口价值

单位：千美元

国家或地区	1995	2000	2001	2002	2003
国家（地区）总计	**6 368.80**	**10 389.50**	**6 578.02**	**3 821.82**	**3 003.43**
新西兰	209.18	1 562.71	706.43	715.70	1 334.54
澳大利亚	1 255.03	5 540.53	3 253.33	1 580.59	1 119.37
法国	70.34	173.89	207.06	399.00	229.97
西班牙	6.22	9.55	4.59	249.02	174.02
德国	99.94	311.40	58.83	22.06	35.36
日本	143.71	142.71	55.81	32.34	31.64
中国香港	611.99	1 041.50	1 123.68	561.08	31.61
美国	1 118.84	35.31	271.75	29.21	15.75
新加坡	21.44	28.09	9.63	25.83	14.73
马来西亚	110.45	586.30	67.12	37.99	3.61
比利时	0.90		0.35		2.78
丹麦	9.97	0.82			2.60
瑞士	9.80	3.85	2.59	5.72	2.58
韩国	19.08	24.32	0.22		2.04
荷兰	1 340.43	449.13	4.28	6.23	1.47
中国台湾	106.76	10.35	1.92	33.78	0.71
意大利	2.12	8.03	1.72		0.36
中国		68.65	116.54	4.45	0.29
印度					0.02
中国澳门	0.23				
缅甸			0.54		
加拿大	35.88		194.52	109.65	
奥地利	0.58			9.16	
英国	985.91	74.17	34.38	0.01	
捷克			320.25		
波兰			100.00		
印度尼西亚	156.03		38.18		
泰国	15.51	3.64	4.59		
阿曼			0.01		
爱尔兰		110.73			
葡萄牙		85.51			
芬兰		81.44			
俄罗斯	38.47	36.81			
南非		0.07			

表 8－35　分国别液态奶进口量值

单位：吨、千美元

国家或地区	2002		2003		2003 年比 2002 年增加%	
	数　量	金　额	数　量	金　额	数　量	金　额
国家（地区）总计	**6 498.95**	**3 821.82**	**3 345.86**	**3 003.43**	**－48.52**	**－21.41**
澳大利亚	3 570.32	1 580.59	2 021.79	1 119.37	－43.37	－29.18
新西兰	779.18	715.70	938.42	1 334.54	20.44	86.47
西班牙	230.75	249.02	140.50	174.02	－39.11	－30.12
法　国	388.76	399.00	137.40	229.97	－64.66	－42.36
德　国	32.57	22.06	32.87	35.36	0.91	60.26
中国香港	1 265.20	561.08	28.11	31.61	－97.78	－94.37
新加坡	43.30	25.83	19.40	14.73	－55.20	－42.99
日　本	15.96	32.34	10.69	31.64	－33.04	－2.17
美　国	12.35	29.21	5.76	15.75	－53.40	－46.09
马来西亚	72.74	37.99	2.42	3.61	－96.67	－90.51
荷　兰	13.67	6.23	2.36	1.47	－82.73	－76.39
韩　国			1.80	2.04		
比利时			1.63	2.78		
丹　麦			0.86	2.60		
瑞　士	2.70	5.72	0.83	2.58	－69.27	－54.95
中国台湾	4.22	33.78	0.49	0.71	－88.29	－97.91
中　国	8.49	4.45	0.48	0.29	－94.35	－93.56
意大利		0.00	0.06	0.36		
印　度		0.00	0.01	0.02		
加拿大	48.23	109.65				
奥地利	10.50	9.16				
英　国	0.02	0.01				

表 8－36　分地区液态奶进口数量

单位：吨

地　区	1995	2000	2001	2002	2003
全国总计	**8 690.77**	**17 464.11**	**12 455.78**	**6 498.95**	**3 345.86**
福　建	165.72	3 034.53	3 290.92	1 536.09	1 062.11
上　海	667.50	1 685.38	1 062.89	1 093.39	979.44
北　京	174.43	229.76	270.78	223.56	591.23
广　东	5 473.66	10 838.49	7 126.05	3 128.03	522.15
四　川		216.18	273.41	199.50	62.14
天　津	15.26	47.81	210.93	44.57	61.43
山　东	151.27	1 221.05	89.36	37.61	33.88
辽　宁	4.28	8.84	19.00	18.04	20.69
江　苏	41.71		15.70	8.36	9.90
广　西	828.41				2.88
黑龙江	54.95	54.40	0.00	105.33	0.01
云　南			2.44		
海　南	83.27	106.00	94.30	68.00	
浙　江	23.81	2.81		36.47	
河　北				0.01	
河　南		0.85			
湖　南	6.50	18.00			
安　徽		0.01			
西　藏	1 000.00				

表 8-37 分地区液态奶进口价值

单位：千美元

地 区	1995	2000	2001	2002	2003
全国总计	**6 368.80**	**10 389.50**	**6 578.02**	**3 821.82**	**3 003.43**
上 海	591.08	1 490.15	932.74	876.38	913.37
北 京	306.43	244.63	296.45	175.98	852.25
广 东	3 492.20	5 246.25	3 325.61	1 791.28	521.29
福 建	81.81	886.45	954.37	445.46	481.93
天 津	10.37	79.26	440.88	91.33	75.07
山 东	80.08	1 989.96	162.29	49.12	62.45
四 川		99.47	130.91	93.53	39.92
辽 宁	16.57	10.04	49.25	29.16	28.17
江 苏	93.61		46.55	25.30	27.13
广 西	811.27				1.72
黑龙江	38.47	58.41		41.52	0.14
云 南			1.41		
海 南	63.04	238.98	237.55	149.44	
浙 江	15.24	14.77		53.25	
河 北				0.05	
河 南		0.57			
湖 南	18.64	30.54			
安 徽		0.02			
西 藏	750.00				

表 8-38 分地区液态奶进口量值

单位：吨、千美元

地 区	2002		2003		2003 年比 2002 年增加%	
	数 量	金 额	数 量	金 额	数 量	金 额
全国总计	**6 498.95**	**3 821.82**	**3 345.86**	**3 003.43**	**−48.52**	**−21.41**
福 建	1 536.09	445.46	1 062.11	481.93	−30.86	8.19
上 海	1 093.39	876.38	979.44	913.37	−10.42	4.22
北 京	223.56	175.98	591.23	852.25	164.46	384.28
广 东	3 128.03	1 791.28	522.15	521.29	−83.31	−70.90
四 川	199.50	93.53	62.14	39.92	−68.85	−57.32
天 津	44.57	91.33	61.43	75.07	37.84	−17.81
山 东	37.61	49.12	33.88	62.45	−9.93	27.13
辽 宁	18.04	29.16	20.69	28.17	14.70	−3.41
江 苏	8.36	25.30	9.90	27.13	18.49	7.22
广 西			2.88	1.72		
黑龙江	105.33	41.52	0.01	0.14	−100.00	−99.67
海 南	68.00	149.44				
浙 江	36.47	53.25				
河 北	0.01	0.05				

表 8－39　分国别液态奶出口数量

单位：吨

国家或地区	1995	2000	2001	2002	2003
国家（地区）总计	**25 553.89**	**29 579.12**	**26 506.59**	**27 937.35**	**27 451.42**
中国香港	21 136.80	27 405.19	25 278.32	26 656.32	25 890.10
中国澳门	166.61	240.98	293.76	674.10	888.98
新加坡		1 820.95	875.10	416.75	336.34
美国			0.64	3.60	176.67
日本	20.90			0.06	91.58
大洋洲其他国家(地区)					55.12
缅甸	3.50	12.19	30.15	25.58	7.70
朝鲜	21.00	2.00			4.60
越南				0.05	0.34
新西兰		5.76			
荷兰		0.12			
印度		50.32			
瑞士			0.06		
中国台湾	4 153.69			12.10	
意大利		1.80			
蒙古				94.25	
柬埔寨		39.73	22.60	54.46	
加纳				0.10	
印度尼西亚			4.86		
希腊			0.86		
巴拿马			0.18		
尼泊尔			0.06		
萨摩亚		0.08			
俄罗斯	11.00				
坦桑尼亚	25.01				
老挝	15.39				

表 8－40　分国别液态奶出口价值

单位：千美元

国家或地区	1995	2000	2001	2002	2003
国家（地区）总计	**17 480.53**	**20 320.34**	**19 128.51**	**20 870.93**	**18 729.24**
中国香港	14 084.05	19 031.52	18 315.66	19 972.21	17 460.67
中国澳门	110.55	236.24	285.77	575.03	696.31
日　本	27.40			0.04	253.98
新加坡		972.21	487.99	233.39	193.26
美　国			0.43	2.35	91.11
大洋洲其他国家(地区)					26.54
缅　甸	0.94	5.54	17.38	15.27	5.06
朝　鲜	21.47	2.20			2.13
越　南				0.02	0.20
新西兰		4.40			
荷　兰		0.12			
印　度		36.08			
瑞　士			0.10		
中国台湾	3 124.51			3.10	
意大利		0.97			
蒙　古				35.75	
柬埔寨		31.01	14.12	33.66	
加　纳				0.12	
巴拿马			4.10		
印度尼西亚			2.29		
希　腊			0.65		
尼泊尔			0.01		
萨摩亚		0.07			
俄罗斯	41.37				
坦桑尼亚	61.00				
老　挝	9.24				

表 8-41 分国别液态奶出口量值

单位：吨、千美元

国家或地区	2002		2003		2003年比2002年增加%	
	数 量	金 额	数 量	金 额	数 量	金 额
国家（地区）总计	**27 937.35**	**20 870.93**	**27 451.42**	**18 729.24**	**−1.74**	**−10.26**
中国香港	26 656.32	19 972.21	25 890.10	17 460.67	−2.87	−12.58
中国澳门	674.10	575.03	888.98	696.31	31.88	21.09
新加坡	416.75	233.39	336.34	193.26	−19.30	−17.20
美 国	3.60	2.35	176.67	91.11	4 807.53	3 776.89
日 本	0.06	0.04	91.58	253.98	166 409.09	686 327.03
大洋洲其他国家(地区)			55.12	26.54		
缅 甸	25.58	15.27	7.70	5.06	−69.89	−66.87
朝 鲜			4.60	2.13		
越 南	0.05	0.02	0.34	0.20	600.00	1 088.24
中国台湾	12.10	3.10			−100.00	−100.00
蒙 古	94.25	35.75				
柬埔寨	54.46	33.66				
加 纳	0.10	0.12				

表 8-42 分地区液态奶出口数量

单位：吨

地 区	1995	2000	2001	2002	2003
全国总计	**25 553.89**	**29 579.12**	**26 506.59**	**27 937.35**	**27 451.42**
广 东	25 437.12	22 497.36	20 185.45	19 651.85	17 647.50
山 东	9.00	2 979.64	4 327.74	5 401.77	4 654.84
内蒙古			39.99	1 669.54	4 011.43
天 津		4 038.73	1 898.04	1 036.21	1 129.88
陕 西					4.40
云 南	15.39	12.19	19.35	16.60	3.30
辽 宁	20.00	2.00			0.07
上 海	24.37		0.01		
福 建		1.80	1.46	3.60	
四 川			10.80		
黑龙江	2.00	1.90	1.14	94.25	
江 苏	20.00				
湖 南			22.60	54.56	
河 南		45.49		7.00	
浙 江	1.00			1.98	
河 北	25.01				

表 8-43 分地区液态奶出口价值

单位：千美元

地 区	1995	2000	2001	2002	2003
全国总计	**17 480.53**	**20 320.34**	**19 128.51**	**20 870.93**	**18 729.24**
广 东	17 301.05	16 338.67	14 542.47	13 945.64	11 525.65
山 东	38.85	1 678.80	3 403.90	4 611.44	3 948.07
内蒙古			30.19	1 609.21	2 603.14
天 津		2 251.34	1 110.64	617.49	644.43
辽 宁	20.40	2.20			2.91
陕 西					2.66
云 南	9.24	5.54	10.85	10.08	2.40
上 海	19.82		0.03		
福 建		0.97	1.05	2.35	
四 川			6.52		
黑龙江	2.52	7.42	8.74	35.75	
江 苏	26.58				
湖 南			14.12	33.78	
河 南		35.40		4.23	
浙 江	1.07			0.96	
河 北	61.00				

表 8-44 分地区液态奶出口量值

单位：吨、千美元

地 区	2002		2003		2003 年比 2002 年增加%	
	数 量	金 额	数 量	金 额	数 量	金 额
全国总计	**27 937.35**	**20 870.93**	**27 451.42**	**18 729.24**	**−1.74**	**−10.26**
广 东	19 651.85	13 945.64	17 647.50	11 525.65	−10.20	−17.35
山 东	5 401.77	4 611.44	4 654.84	3 948.07	−13.83	−14.39
内蒙古	1 669.54	1 609.21	4 011.43	2 603.14	140.27	61.77
天 津	1 036.21	617.49	1 129.88	644.43	9.04	4.36
陕 西			4.40	2.66		
云 南	16.60	10.08	3.30	2.40	−80.12	−76.18
辽 宁			0.07	2.91		
福 建	3.60	2.35				
黑龙江	94.25	35.75				
湖 南	54.56	33.78				
河 南	7.00	4.23				
浙 江	1.98	0.96				

表 8-45　分国别干乳制品进口数量

单位：吨

国家或地区	1995	2000	2001	2002	2003
国家（地区）总计	**63 496.26**	**201 374.59**	**183 115.55**	**257 327.69**	**311 697.83**
新西兰	5 550.11	54 678.15	46 002.88	77 180.51	105 293.26
美国	23 101.88	37 176.22	43 030.59	52 629.10	63 817.96
法国	2 549.73	39 067.00	30 387.92	40 942.50	53 349.04
澳大利亚	3 604.66	17 886.93	25 183.98	50 643.70	41 945.24
芬兰	4 265.00	6 015.28	10 593.00	7 480.40	13 151.85
加拿大	3 499.51	13 643.48	12 385.13	11 075.76	7 569.49
爱尔兰	457.29	4 317.60	1 586.36	5 032.71	6 775.39
德国	888.32	3 625.53	1 860.90	1 569.26	4 614.70
比利时	80.81	614.44	407.28	3 137.32	4 292.64
荷兰	10 201.93	13 405.27	7 264.43	5 256.80	3 577.27
捷克		415.00	1 270.68	350.00	1 755.40
瑞士	109.81	147.71	66.24	275.07	1 679.87
波兰	400.00	2 391.88	1 015.00	391.40	986.60
乌克兰	15.00		100.00		525.00
瑞典	0.05	808.44	100.27	225.10	450.00
丹麦	300.28	283.04	34.82	647.56	402.86
匈牙利		4.70			300.00
阿根廷					250.80
韩国	269.61	122.35	37.36	29.12	241.62
西班牙		376.44	200.00		233.63
乌拉圭		250.00			100.00
墨西哥		100.00	1.99		100.00
日本	405.64	59.43	93.14	44.01	94.83
奥地利	16.26	5.00			61.73
英国	917.27	3 030.17	300.17	24.36	50.24
马来西亚	2 377.04	227.30	155.15	131.88	37.01
新加坡	981.92	69.79	237.55	55.44	23.97
中国香港	1 677.07	113.07	164.87	146.73	12.26
巴西					2.31
意大利	22.22	2.52	0.55	1.83	1.97
中国台湾	209.40	36.91	32.19	10.82	0.86
印度			1.75		0.02
印度尼西亚	245.07	136.32	1.62		0.01
缅甸	20.00				
菲律宾	1.92			0.02	
越南	6.00	25.65	19.22		
中国澳门	6.22	0.19	0.03	0.33	
南非	0.04				
立陶宛		775.00	450.00	25.00	
中国	1.73	43.17	105.87	10.41	
巴基斯坦				9.60	
国（地）别不详的	0.38			0.41	
泰国	0.81	7.30	0.57	0.31	
黎巴嫩				0.23	
斯洛伐克			24.00		
哥伦比亚			0.05		
俄罗斯	1 235.60	1 313.31			
白俄罗斯		200.00			
挪威	0.12	0.03			
哈萨克斯坦	50.04				
吉尔吉斯	27.52				
厄瓜多尔	0.03				

表 8－46 分国别干乳制品进口价值

单位：千美元

国家或地区	1995	2000	2001	2002	2003
国家（地区）总计	**51 675.97**	**204 310.41**	**209 527.14**	**264 361.64**	**343 498.57**
新西兰	6 081.32	84 120.42	87 251.88	112 231.63	172 541.99
澳大利亚	3 810.58	21 796.54	37 512.08	61 249.87	46 439.94
法国	2 210.89	33 853.11	28 532.88	36 637.40	44 506.15
美国	14 176.39	20 068.34	25 729.00	25 932.88	30 530.37
芬兰	3 403.98	5 270.71	9 823.52	7 648.82	13 710.10
爱尔兰	1 198.91	6 048.11	1 587.70	4 290.92	8 915.09
比利时	118.30	843.28	485.83	2 145.37	6 288.33
德国	553.50	2 929.07	1 389.33	1 664.75	5 423.25
加拿大	1 293.31	5 805.38	5 468.65	5 544.82	3 244.14
瑞士	228.91	275.27	103.08	421.61	2 808.27
荷兰	8 283.70	10 445.24	5 669.91	4 388.48	2 440.86
捷克		225.08	1 861.12	252.59	2 413.51
乌克兰	6.59		154.40		705.00
丹麦	897.41	504.80	103.13	832.79	578.13
波兰	85.79	1 293.87	1 075.96	230.05	577.06
匈牙利		3.13			434.25
瑞典	0.34	911.73	95.70	211.39	412.79
西班牙		582.50	380.00		371.09
阿根廷					289.42
日本	402.11	421.19	251.87	170.82	191.21
马来西亚	3 232.14	102.43	77.32	177.38	145.19
乌拉圭		341.00			135.00
韩国	181.55	119.43	30.51	21.80	102.78
奥地利	39.33	10.00			99.16
墨西哥		88.00	12.62		81.14
新加坡	635.13	177.94	212.06	78.43	49.66
英国	1 213.81	4 761.63	477.27	50.69	37.43
意大利	82.02	2.62	1.96	7.34	18.06
中国香港	1 961.63	196.26	241.67	93.93	4.85
中国台湾	425.56	78.63	43.94	48.49	3.24
巴西					1.03
印度			3.50		0.06
印度尼西亚	185.53	224.41	4.76		0.04
缅甸	10.66				
菲律宾	6.59	6.00		0.13	
越南	3.13	12.62	10.04		
中国澳门	9.65	1.20	0.67	1.48	
南非	0.07				
立陶宛		1 143.75	837.00	11.00	
中国	3.99	19.08	46.52	6.78	
巴基斯坦				5.27	
泰国	0.93	5.07	0.40	2.15	
国（地）别不详的	1.32			2.14	
黎巴嫩				0.45	
斯洛伐克			50.64		
哥伦比亚			0.25		
俄罗斯	877.18	1 306.52			
白俄罗斯		322.00			
挪威	0.98	0.10			
哈萨克斯坦	34.03				
吉尔吉斯	18.71				
厄瓜多尔	0.03				

表 8－47 分国别干乳制品进口量值

单位：吨、千美元

国家或地区	2002		2003		2003 年比 2002 年增加％	
	数 量	金 额	数 量	金 额	数 量	金 额
国家（地区）总计	**257 327.69**	**26 4361.64**	**311 697.83**	**343 498.57**	**21.13**	**29.94**
新西兰	77 180.51	112 231.63	105 293.26	172 541.99	36.42	53.74
美国	52 629.10	25 932.88	63 817.96	30 530.37	21.26	17.73
法国	40 942.50	36 637.40	53 349.04	44 506.15	30.30	21.48
澳大利亚	50 643.70	61 249.87	41 945.24	46 439.94	－17.18	－24.18
芬兰	7 480.40	7 648.82	13 151.85	13 710.10	75.82	79.24
加拿大	11 075.76	5 544.82	7 569.49	3 244.14	－31.66	－41.49
爱尔兰	5 032.71	4 290.92	6 775.39	8 915.09	34.63	107.77
德国	1 569.26	1 664.75	4 614.70	5 423.25	194.07	225.77
比利时	3 137.32	2 145.37	4 292.64	6 288.33	36.83	193.11
荷兰	5 256.80	4 388.48	3 577.27	2 440.86	－31.95	－44.38
捷克	350.00	252.59	1 755.40	2 413.51	404.54	855.52
瑞士	275.07	421.61	1 679.87	2 808.27	510.70	566.08
波兰	391.40	230.05	986.60	577.06	152.07	150.84
乌克兰			525.00	705.00		
瑞典	225.10	211.39	450.00	412.79	99.91	95.27
丹麦	647.56	832.79	402.86	578.13	－37.79	－30.58
匈牙利			300.00	434.25		
阿根廷			250.80	289.42		
韩国	29.12	21.80	241.62	102.78	729.72	371.42
西班牙			233.63	371.09		
乌拉圭			100.00	135.00		
墨西哥			100.00	81.14		
日本	44.01	170.82	94.83	191.21	115.48	11.94
奥地利			61.73	99.16		
英国	24.36	50.69	50.24	37.43	106.24	－26.15
马来西亚	131.88	177.38	37.01	145.19	－71.94	－18.15
新加坡	55.44	78.43	23.97	49.66	－56.76	－36.69
中国香港	146.73	93.93	12.26	4.85	－91.64	－94.84
巴西			2.31	1.03		
意大利	1.83	7.34	1.97	18.06	7.78	146.08
中国台湾	10.82	48.49	0.86	3.24	－92.03	－93.32
印度			0.02	0.06		
印度尼西亚			0.01	0.04		
菲律宾	0.02	0.13				
中国澳门	0.33	1.48				
立陶宛	25.00	11.00				
中国	10.41	6.78				
巴基斯坦	9.60	5.27				
国（地）别不详的	0.41	2.14				
泰国	0.31	2.15				
黎巴嫩	0.23	0.45				

表 8－48　分地区干乳制品进口数量

单位：吨

地　区	1995	2000	2001	2002	2003
全国总计	**63 496.26**	**201 374.59**	**183 115.55**	**257 327.69**	**311 697.83**
广　东	33 777.99	54 167.30	39 271.67	60 453.84	59 612.99
上　海	2 101.66	39 679.94	42 792.43	52 373.23	57 933.59
天　津	38.26	9 445.74	10 967.98	24 385.11	51 514.70
北　京	1 642.51	35 616.94	32 788.02	39 458.91	45 214.91
山　东	2 468.00	7 343.75	10 354.73	11 962.41	14 010.07
辽　宁	5 280.41	10 181.12	11 070.87	14 710.31	13 540.86
黑龙江	519.24	4 813.84	4 027.98	5 996.93	11 430.53
安　徽	52.53	200.64	678.57	3 019.49	10 402.62
江　苏	1 406.55	7 813.55	9 039.56	10 767.06	10 116.68
浙　江	2 075.29	14 894.48	10 965.25	7 939.10	8 718.52
内蒙古	113.67	230.77	480.56	5 671.78	8 189.13
福　建	2 235.77	8 172.00	4 274.57	5 565.80	7 182.17
湖　南	1 363.11	1 053.46	2 856.29	4 196.45	4 268.81
四　川	3 821.23	1 781.79	1 896.25	3 536.51	3 717.72
云　南	26.00	0.03	0.07	100.00	1 804.73
河　北	1.03	806.56	658.85	4 331.07	1 257.58
重　庆			300.00	1 648.86	1 011.00
广　西	4 182.77	1 827.68	40.00	25.61	346.70
河　南	2.68	171.08	225.36	458.00	336.05
湖　北	281.86	648.43		254.10	324.00
吉　林	73.42	2.74	143.14	97.20	230.24
陕　西	1.43	395.48	0.05	239.85	201.60
海　南	56.46	2.45	6.23	14.64	138.75
宁　夏					126.00
江　西	1 557.21	602.00	277.11	111.84	40.00
新　疆	77.56			9.60	27.90
西　藏		1 522.74			
山　西	0.94	0.11			
贵　州	338.70				

表 8-49 分地区干乳制品进口价值

单位：千美元

地 区	1995	2000	2001	2002	2003
全国总计	**51 675.97**	**204 310.41**	**209 527.14**	**264 361.64**	**343 498.57**
广 东	29 815.23	51 229.55	45 592.26	70 974.43	81 594.75
上 海	2 571.85	47 530.52	56 080.20	56 121.17	61 911.82
天 津	39.81	9 243.40	11 303.65	23 672.04	56 393.11
北 京	1 936.21	29 463.83	30 317.60	32 299.56	41 218.09
山 东	1 715.07	8 816.20	10 205.26	12 887.90	16 789.95
黑龙江	455.72	5 729.40	6 167.83	7 365.14	14 786.36
江 苏	906.84	10 533.73	11 297.50	13 485.78	13 698.02
内蒙古	86.40	348.76	568.24	7 371.05	12 446.09
辽 宁	3 878.07	8 412.38	9 297.57	13 551.75	11 835.44
浙 江	1 138.73	21 103.26	19 581.35	9 189.10	10 095.27
湖 南	790.40	973.57	4 302.31	4 957.29	5 663.30
福 建	1 794.83	5 230.50	2 555.62	3 278.56	5 219.10
安 徽	31.57	98.58	320.17	1 178.21	3 997.28
四 川	1 930.51	811.87	894.18	2 374.52	3 335.20
河 北	7.64	658.35	541.36	4 083.62	1 196.21
海 南	70.78	4.94	9.96	10.52	728.58
云 南	13.79	0.27	0.47	58.50	723.23
广 西	3 253.02	908.52	15.04	45.90	555.13
重 庆			163.32	755.46	446.31
陕 西	2.72	198.62	0.05	279.25	262.08
宁 夏					233.10
湖 北	121.18	331.07		104.24	129.99
河 南	2.93	65.73	99.71	186.65	120.52
吉 林	46.61	8.92	62.69	47.57	91.75
江 西	901.60	316.79	150.80	78.19	18.46
新 疆	52.74			5.27	9.45
西 藏		2 291.03			
山 西	1.90	0.50			
贵 州	109.86				

表 8－50　分地区干乳制品进口量值

单位：吨、千美元

地区	2002		2003		2003 年比 2002 年增加％	
	数量	金额	数量	金额	数量	金额
全国总计	**257 327.69**	**264 361.64**	**311 697.83**	**343 498.57**	**21.13**	**29.94**
广东	60 453.84	70 974.43	59 612.99	81 594.75	－1.39	14.96
上海	52 373.23	56 121.17	57 933.59	61 911.82	10.62	10.32
天津	24 385.11	23 672.04	51 514.70	56 393.11	111.25	138.23
北京	39 458.91	32 299.56	45 214.91	41 218.09	14.59	27.61
山东	11 962.41	12 887.90	14 010.07	16 789.95	17.12	30.28
辽宁	14 710.31	13 551.75	13 540.86	11 835.44	－7.95	－12.66
黑龙江	5 996.93	7 365.14	11 430.53	14 786.36	90.61	100.76
安徽	3 019.49	1 178.21	10 402.62	3 997.28	244.52	239.27
江苏	10 767.06	13 485.78	10 116.68	13 698.02	－6.04	1.57
浙江	7 939.10	9 189.10	8 718.52	10 095.27	9.82	9.86
内蒙古	5 671.78	7 371.05	8 189.13	12 446.09	44.38	68.85
福建	5 565.80	3 278.56	7 182.17	5 219.10	29.04	59.19
湖南	4 196.45	4 957.29	4 268.81	5 663.30	1.72	14.24
四川	3 536.51	2 374.52	3 717.72	3 335.20	5.12	40.46
云南	100.00	58.50	1 804.73	723.23	1 704.73	1 136.29
河北	4 331.07	4 083.62	1 257.58	1 196.21	－70.96	－70.71
重庆	1 648.86	755.46	1 011.00	446.31	－38.68	－40.92
广西	25.61	45.90	346.70	555.13	1 253.67	1 109.47
河南	458.00	186.65	336.05	120.52	－26.63	－35.43
湖北	254.10	104.24	324.00	129.99	27.51	24.71
吉林	97.20	47.57	230.24	91.75	136.87	92.87
陕西	239.85	279.25	201.60	262.08	－15.95	－6.15
海南	14.64	10.52	138.75	728.58	848.08	6 826.29
宁夏			126.00	233.10		
江西	111.84	78.19	40.00	18.46	－64.24	－76.40
新疆	9.60	5.27	27.90	9.45	190.63	79.45

表 8－51　分国别干乳制品出口数量

单位：吨

国家或地区	1995	2000	2001	2002	2003
国家（地区）总计	**4 899.61**	**18 378.90**	**16 197.57**	**23 093.36**	**21 411.53**
中国香港	136.19	7 884.10	9 580.26	11 302.05	13 035.20
缅　甸	2 853.36	2 656.38	2 509.03	2 395.29	2 531.47
新加坡	71.34	68.86	1 693.11	2 521.85	1 844.89
伊拉克		4 990.48	256.32	5 632.64	1 474.88
日　本	66.81	687.89	555.14	804.73	736.83
大洋洲其他国家（地区）					312.66
萨摩亚					303.01
美　国		0.12		2.38	272.62
中国台湾	15.92			16.13	224.53
科威特					196.69
阿尔巴尼亚			47.97	16.05	118.36
韩　国	0.50	4.41	33.01	18.04	59.00
沙特阿拉伯					53.70
伯利兹					50.62
中国澳门	2.11	164.61	178.63	28.07	47.57
安哥拉					42.46
菲律宾		1 020.67	74.81	15.00	25.86
特立尼达和多巴哥					18.01
朝　鲜	188.12	69.18	96.83	210.76	15.56
希　腊	17.50				14.86
印度尼西亚				9.93	12.10
尼泊尔			0.31		7.60
加拿大	0.30	0.11		0.14	6.21
意大利		7.80	0.86	3.00	2.40
南　非	3.00				1.78
瑞　士					1.37
越　南	760.74	10.90		17.00	0.94
澳大利亚			41.30	24.52	0.29
爱尔兰					0.04
毛里塔尼亚				48.00	0.03
其　他	783.74	813.40	1 129.98	27.78	

表 8－52　分国别干乳制品出口价值

单位：千美元

国家或地区	1995	2000	2001	2002	2003
国家（地区）总计	**9 798.24**	**29 753.78**	**20 488.49**	**34 372.89**	**27 472.42**
中国香港	271.47	8 846.77	10 363.37	12 777.88	15 062.65
缅　　甸	5 311.73	4 773.57	4 470.40	3 898.02	4 150.09
伊拉克		11 310.86	572.22	13 903.45	3 710.93
新加坡	151.43	55.14	2 041.03	1 726.44	1 401.46
日　　本	158.56	1 041.71	780.51	1 120.84	1 023.92
科威特					659.31
中国台湾	112.89			32.32	472.43
萨摩亚					185.71
大洋洲其他国家（地区）					172.84
美　　国		0.85		4.74	170.98
阿尔巴尼亚			55.92	16.85	99.25
沙特阿拉伯					70.53
韩　　国	14.41	6.10	18.98	18.97	68.03
中国澳门	10.56	115.85	116.77	27.40	41.16
伯利兹					37.59
安哥拉					31.11
朝　　鲜	301.38	145.00	170.58	375.54	24.70
菲律宾		2 038.99	149.36	19.50	24.48
印度尼西亚				16.78	24.15
特立尼达和多巴哥					12.63
希　　腊	37.70				12.33
加拿大	18.04	1.11		1.01	4.08
瑞　　士					3.48
意大利		8.93	0.54	3.41	2.53
越　　南	1 496.49	22.55		13.77	2.32
尼泊尔			0.02		1.84
南　　非	11.86				1.20
爱尔兰					0.45
澳大利亚			79.68	28.50	0.20
毛里塔尼亚				333.22	0.07
蒙　　古		630.49	443.03	48.00	
巴拿马				4.37	
柬埔寨		39.85	23.15	1.82	
阿尔及利亚				0.06	
其　　他	1 650.82	715.49	1 165.53		

表 8－53　分国别干乳制品出口量值

单位：吨、千美元

国家或地区	2002		2003		2003年比2002年增加％	
	数　量	金　额	数　量	金　额	数　量	金　额
国家（地区）总计	**23 093.36**	**34 372.89**	**21 411.53**	**27 472.42**	**－7.28**	**－20.08**
中国香港	11 302.05	12 777.88	13 035.20	15 062.65	15.33	17.88
缅　甸	2 395.29	3 898.02	2 531.47	4 150.09	5.69	6.47
新加坡	2 521.85	1 726.44	1 844.89	1 401.46	－26.84	－18.82
伊拉克	5 632.64	13 903.45	1 474.88	3 710.93	－73.82	－73.31
日　本	804.73	1 120.84	736.83	1 023.92	－8.44	－8.65
大洋洲其他国家(地区)			312.66	172.84		
萨摩亚			303.01	185.71		
美　国	2.38	4.74	272.62	170.98		
中国台湾	16.13	32.32	224.53	472.43		
科威特			196.69	659.31		
阿尔巴尼亚	16.05	16.85	118.36	99.25	637.38	488.89
韩　国	18.04	18.97	59.00	68.03	227.07	258.65
沙特阿拉伯			53.70	70.53		
伯利兹			50.62	37.59		
中国澳门	28.07	27.40	47.57	41.16	69.47	50.22
安哥拉			42.46	31.11		
菲律宾	15.00	19.50	25.86	24.48	72.40	25.51
特立尼达和多巴哥			18.01	12.63		
朝　鲜	210.76	375.54	15.56	24.70	－92.62	－93.42
希　腊			14.86	12.33		
印度尼西亚	9.93	16.78	12.10	24.15	21.86	43.92
尼泊尔			7.60	1.84		
加拿大	0.14	1.01	6.21	4.08		
意大利	3.00	3.41	2.40	2.53	－20.00	－25.78
南　非			1.78	1.20		
瑞　士			1.37	3.48		
越　南	17.00	13.77	0.94	2.32	－94.47	－83.12
澳大利亚	24.52	28.50	0.29	0.20	－98.83	－99.29
爱尔兰			0.04	0.45		
毛里塔尼亚	48.00	333.22	0.03	0.07	－99.94	－99.98
蒙　古	21.77	48.00				
巴拿马	4.00	4.37				
柬埔寨	2.00	1.82				
阿尔及利亚	0.01	0.06				

表 8-54　分地区干乳制品出口数量

单位：吨

地　区	1995	2000	2001	2002	2003
全国总计	**4 899.61**	**18 378.90**	**16 197.57**	**23 093.36**	**21 411.53**
山　东	219.28	8 004.87	7 055.00	10 071.04	9 420.81
天　津	0.10	4.11	2 117.37	3 230.10	3754.42
黑龙江	386.00	2 854.32	2 697.86	3 076.51	3 291.67
云　南	3 587.92	2 554.38	2 359.99	2 212.59	2 420.00
江　苏	164.84	3 006.16	306.29	3 188.30	814.76
广　东	85.13	1 471.95	1 015.45	602.69	686.51
浙　江	8.50	71.69	34.30	192.58	587.72
辽　宁	130.66	24.82	23.40	76.11	171.00
陕　西	16.40			47.38	128.73
新　疆	22.52	100.50	148.80	182.70	73.70
湖　南	70.00	113.09	109.65	35.29	35.49
福　建	54.27		84.25	8.30	11.62
西　藏					7.60
北　京	5.43	105.18	99.86	3.01	3.60
吉　林	9.00	2.20	3.05	3.50	1.96
青　海					1.91
上　海	15.24	35.74	15.07	33.80	0.04
内蒙古	75.88	13.08	60.00	129.46	
海　南	0.04				
河　北	28.00				
四　川		0.05	12.24		
河　南	12.60		40.00		
湖　北	7.60	2.00			
重　庆			0.08		
山　西	0.20	14.78	14.93		

表 8－55　分地区干乳制品出口价值

单位：千美元

地　区	1995	2000	2001	2002	2003
全国总计	**9 798.24**	**29 753.78**	**20 488.49**	**34 372.89**	**27 472.42**
黑龙江	937.04	5 491.31	5 465.75	6 844.00	8 470.50
山　东	405.18	10 309.37	5 903.22	11 462.97	7 848.57
云　南	6 781.15	4 644.63	4 270.99	3 649.33	3 987.35
江　苏	376.20	6 629.88	633.60	8 022.07	2 326.15
天　津	0.13	10.27	1 294.59	1 900.40	2 142.63
广　东	109.73	1 977.22	1 671.31	1 591.45	1 654.48
浙　江	150.28	65.85	31.10	122.40	417.24
陕　西	35.59			92.68	247.62
辽　宁	289.81	43.39	45.84	101.35	221.30
新　疆	41.50	130.65	198.76	248.69	95.81
湖　南	81.69	82.20	78.84	27.57	28.32
青　海					11.40
北　京	33.04	231.68	427.71	6.51	7.99
福　建	236.14		192.57	5.15	7.81
吉　林	19.50	3.46	5.33	1.80	2.96
西　藏					1.84
上　海	34.03	76.81	121.05	36.99	0.45
内蒙古	178.90	22.31	43.83	259.54	
海　南	0.08				
河　北	61.27				
四　川		0.06	8.20		
河　南	11.80		60.23		
湖　北	14.74	1.60			
重　庆			0.02		
山　西	0.45	33.10	35.56		

表 8-56　分地区干乳制品出口量值

单位：吨、千美元

地　区	2002		2003		2003 年比 2002 年增加%	
	数　量	金　额	数　量	金　额	数　量	金　额
全国总计	**23 093.36**	**34 372.89**	**21 411.53**	**27 472.42**	**−7.28**	**−20.08**
山　东	10 071.04	11 462.97	9 420.81	7 848.57	−6.46	−31.53
天　津	3 230.10	1 900.40	3 754.42	2 142.63	16.23	12.75
黑龙江	3 076.51	6 844.00	3 291.67	8 470.50	6.99	23.77
云　南	2 212.59	3 649.33	2 420.00	3 987.35	9.37	9.26
江　苏	3 188.30	8 022.07	814.76	2 326.15	−74.45	−71.00
广　东	602.69	1 591.45	686.51	1 654.48	13.91	3.96
浙　江	192.58	122.40	587.72	417.24	205.18	240.89
辽　宁	76.11	101.35	171.00	221.30	155.22	156.85
陕　西	47.38	92.68	128.73	247.62	171.72	167.16
新　疆	182.70	248.69	73.70	95.81	−59.66	−61.47
湖　南	35.29	27.57	35.49	28.32	0.55	2.70
福　建	8.30	5.15	11.62	7.81	39.98	51.67
西　藏			7.60	1.84		
北　京	3.01	6.51	3.60	7.99	20.00	23.91
吉　林	3.50	1.80	1.96	2.96	−44.00	64.61
青　海			1.91	11.40		
上　海	33.80	36.99	0.04	0.45		
内蒙古	129.46	259.54				

表 8－57 分国别鲜奶进口数量

单位：吨

国家或地区	1995	2000	2001	2002	2003
国家（地区）总计	**7 440.08**	**14 910.33**	**9 599.44**	**4 836.06**	**3 023.79**
澳大利亚	2 654.04	10 723.22	7 480.25	3 522.22	1 981.78
新西兰	453.18	1 495.64	795.24	755.87	843.60
法国	12.11	184.98	311.11	377.97	118.48
德国	24.06	175.01	96.39	31.22	30.93
中国香港	614.54	87.62	11.03		22.83
新加坡	39.78	63.30	15.74	43.28	17.91
荷兰	1 924.55	363.53	1.38	1.47	2.36
马来西亚	60.40	1 328.66	154.37	72.74	1.92
韩国	20.04	3.09	1.76		1.68
比利时	0.82		0.48		1.63
中国		151.89	262.48	8.49	0.48
美国	920.14	12.56	150.34	1.95	0.20
中国澳门	0.36				
奥地利	0.10			10.50	
日本	70.29	39.42	19.30	6.00	
中国台湾	28.68	5.24		3.74	
瑞士	6.50		1.08	0.50	
加拿大	64.24		0.15	0.09	
英国	353.50	54.31	30.03	0.02	
捷克			150.00		
印度尼西亚	102.90		59.56		
波兰			50.00		
泰国	13.05	4.00	4.78		
意大利	3.88	7.60	3.94		
阿曼			0.06		
爱尔兰		68.00			
葡萄牙		50.00			
芬兰		50.00			
俄罗斯	54.95	40.90			
丹麦	18.00	1.20			
南非		0.16			

表 8-58 分国别鲜奶进口价值

单位：千美元

国家或地区	1995	2000	2001	2002	2003
国家（地区）总计	**5 448.85**	**8 870.69**	**4 874.52**	**2 667.29**	**2 400.18**
新西兰	168.95	1 465.59	536.83	648.91	1 119.38
澳大利亚	959.74	5 392.44	3 101.53	1 482.19	989.40
法国	26.15	142.02	199.99	387.73	214.75
中国香港	421.64	42.49	5.03		29.89
德国	91.16	300.26	58.53	19.05	27.39
新加坡	21.19	28.06	9.63	25.70	11.41
比利时	0.66		0.35		2.78
韩国	12.20	14.45	0.22		2.02
荷兰	1 305.07	258.03	0.60	1.28	1.47
马来西亚	27.32	583.62	67.12	37.99	1.20
中国		68.65	116.54	4.45	0.29
美国	1 057.77	27.92	270.14	14.93	0.22
中国澳门	0.23				
中国台湾	35.35	8.70		32.91	
奥地利	0.58			9.16	
日本	75.89	142.02	9.26	2.40	
瑞士	4.06		0.49	0.44	
加拿大	35.66		0.02	0.15	
英国	984.82	74.17	34.38	0.01	
捷克			320.25		
波兰			100.00		
印度尼西亚	156.03		38.18		
泰国	15.51	3.59	3.72		
意大利	1.48	3.33	1.72		
阿曼			0.01		
爱尔兰		110.73			
葡萄牙		85.51			
芬兰		81.44			
俄罗斯	38.47	36.81			
丹麦	8.93	0.77			
南非		0.07			

表 8－59　分国别鲜奶进口量值

单位：吨、千美元

国家或地区	2002		2003		2003 年比 2002 年增加%	
	数　量	金　额	数　量	金　额	数　量	金　额
国家（地区）总计	**4 836.06**	**2 667.29**	**3 023.79**	**2 400.18**	**－37.47**	**－10.01**
澳大利亚	3 522.22	1 482.19	1 981.78	989.40	－43.74	－33.25
新西兰	755.87	648.91	843.60	1 119.38	11.61	72.50
法　国	377.97	387.73	118.48	214.75	－68.65	－44.61
德　国	31.22	19.05	30.93	27.39	－0.94	43.75
中国香港			22.83	29.89		
新加坡	43.28	25.70	17.91	11.41	－58.62	－55.60
荷　兰	1.47	1.28	2.36	1.47	60.54	14.84
马来西亚	72.74	37.99	1.92	1.20	－97.36	－96.84
韩　国			1.68	2.02		
比利时			1.63	2.78		
中　国	8.49	4.45	0.48	0.29	－94.35	－93.56
美　国	1.95	14.93	0.20	0.22	－89.82	－98.50
奥地利	10.50	9.16				
日　本	6.00	2.40				
中国台湾	3.74	32.91				
瑞　士	0.50	0.44				
加拿大	0.09	0.15				
英　国	0.02	0.01				

表 8－60　分地区鲜奶进口数量

单位：吨

地　区	1995	2000	2001	2002	2003
全国总计	**7 440.08**	**14 910.33**	**9 599.44**	**4 836.06**	**3 023.79**
福　建	160.01	3 033.47	3 290.92	1 536.09	1 062.11
上　海	641.75	1 653.71	1 034.13	850.32	806.73
北　京	148.16	205.88	252.44	195.21	555.29
广　东	4 310.68	8 513.05	4 516.52	1 848.10	454.19
四　川		216.18	273.36	199.50	62.14
天　津	15.26	11.90	157.00	39.50	60.00
辽　宁	4.28	8.70	19.00	18.00	20.46
广　西	828.41				2.88
山　东	150.96	1 192.24	55.76	35.93	
黑龙江	54.95	54.40		105.33	
浙　江	23.79	2.80		8.09	
海　南	80.63		0.30		
湖　南	6.50	18.00			
西　藏	1 000.00				
江　苏	14.71				

表 8－61　分地区鲜奶进口价值

单位：千美元

地　区	1995	2000	2001	2002	2003
全国总计	**5 448.85**	**8 870.69**	**4 874.52**	**2 667.29**	**2 400.18**
北　京	243.82	185.44	264.62	140.70	743.82
上　海	507.85	1 419.62	872.92	557.01	627.72
福　建	78.05	885.40	954.37	445.46	481.93
广　东	2 810.32	4 160.43	2 174.07	1 218.72	408.03
天　津	10.37	27.02	319.52	81.82	69.21
四　川		99.47	130.86	93.53	39.92
辽　宁	16.57	9.64	49.25	29.09	27.84
广　西	811.27				1.72
山　东	79.09	1 979.99	108.61	42.89	
黑龙江	38.47	58.41		41.52	
浙　江	15.21	14.74		16.55	
海　南	60.38		0.30		
湖　南	18.64	30.54			
西　藏	750.00				
江　苏	8.81				

表 8－62　分地区鲜奶进口量值

单位：吨、千美元

地　区	2002		2003		2003 年比 2002 年增加％	
	数　量	金　额	数　量	金　额	数　量	金　额
全国总计	**4 836.06**	**2 667.29**	**3 023.79**	**2 400.18**	**－37.47**	**－10.01**
福　建	1 536.09	445.46	1 062.11	481.93	－30.86	8.19
上　海	850.32	557.01	806.73	627.72	－5.13	12.70
北　京	195.21	140.70	555.29	743.82	184.46	428.67
广　东	1 848.10	1 218.72	454.19	408.03	－75.42	－66.52
四　川	199.50	93.53	62.14	39.92	－68.85	－57.32
天　津	39.50	81.82	60.00	69.21	51.90	－15.41
辽　宁	18.00	29.09	20.46	27.84	13.64	－4.32
广　西			2.88	1.72		
山　东	35.93	42.89				
黑龙江	105.33	41.52				
浙　江	8.09	16.55				

表 8－63　分国别鲜奶出口数量

单位：吨

国家或地区	1995	2000	2001	2002	2003
国家（地区）总计	**25 321.67**	**29 416.89**	**26 432.97**	**27 786.39**	**27 205.12**
中国香港	20 953.37	27 306.46	25 261.08	26 616.99	25 793.32
中国澳门	166.61	239.04	291.78	657.69	836.51
新加坡		1 820.95	875.10	416.75	336.27
美国			0.04		176.66
大洋洲其他国家(地区)					55.12
朝鲜	21.00				3.60
缅甸				0.60	3.30
越南				0.05	0.34
荷兰		0.12			
蒙古				94.25	
日本				0.06	
中国台湾	4 153.69				
瑞士			0.06		
印度尼西亚			4.86		
尼泊尔			0.06		
印度		50.32			
俄罗斯	2.00				
坦桑尼亚	25.01				

表 8－64　分国别鲜奶出口价值

单位：千美元

国家或地区	1995	2000	2001	2002	2003
国家（地区）总计	**17 099.22**	**20 120.10**	**19 066.69**	**20 760.38**	**18 349.98**
中国香港	13 779.17	18 878.59	18 293.39	19 939.20	17 395.13
中国澳门	110.55	233.10	282.87	551.58	642.59
新加坡		972.21	487.99	233.39	190.35
美国			0.03		91.10
大洋洲其他国家(地区)					26.54
缅甸				0.41	2.40
朝鲜	21.47				1.68
越南				0.02	0.20
荷兰		0.12			
蒙古				35.75	
日本				0.04	
中国台湾	3 124.51				
瑞士			0.10		
印度尼西亚			2.29		
尼泊尔			0.01		
印度		36.08			
俄罗斯	2.52				
坦桑尼亚	61.00				

表 8-65 分国别鲜奶出口量值

单位：吨、千美元

国家或地区	2002		2003		2003 年比 2002 年增加%	
	数 量	金 额	数 量	金 额	数 量	金 额
国家（地区）总计	**27 786.39**	**20 760.38**	**27 205.12**	**18 349.98**	**−2.09**	**−11.61**
中国香港	26 616.99	19 939.20	25 793.32	17 395.13	−3.09	−12.76
中国澳门	657.69	551.58	836.51	642.59	27.19	16.50
新加坡	416.75	233.39	336.27	190.35	−19.31	−18.44
美 国			176.66	91.10		
大洋洲其他国家(地区)			55.12	26.54		
朝 鲜			3.60	1.68		
缅 甸	0.60	0.41	3.30	2.40	450.00	486.80
越 南	0.05	0.02	0.34	0.20	600.00	1 088.24
蒙 古	94.25	35.75				
日 本	0.06	0.04				

表 8-66 分地区鲜奶出口数量

单位：吨

地 区	1995	2000	2001	2002	2003
全国总计	**25 321.67**	**2 9416.89**	**26 432.97**	**27 786.39**	**27 205.12**
广 东	25 273.67	22 396.69	20 166.27	19 584.02	17 515.16
山 东		2 979.57	4 327.74	5 401.77	4 545.36
内蒙古			39.77	1 669.54	4 011.43
天 津		4 038.73	1 898.04	1 036.21	1 129.88
云 南				0.60	3.30
辽 宁	20.00				
上 海			0.01		
黑龙江	2.00	1.90	1.14	94.25	
浙 江	1.00				
河 北	25.01				

表 8-67 分地区鲜奶出口价值

单位：千美元

地区	1995	2000	2001	2002	2003
全国总计	**17 099.22**	**20 120.10**	**19 066.69**	**20 760.38**	**18 349.98**
广东	17 014.23	16 182.61	14 513.37	13 886.07	11 420.79
山东		1 678.73	3 403.90	4 611.44	3 679.22
内蒙古			30.01	1 609.21	2 603.14
天津		2 251.34	1 110.64	617.49	644.43
云南				0.41	2.40
辽宁	20.40				
上海			0.03		
黑龙江	2.52	7.42	8.74	35.75	
浙江	1.07				
河北	61.00				

表 8-68 分地区鲜奶出口量值

单位：吨、千美元

地区	2002		2003		2003 年比 2002 年增加％	
	数量	金额	数量	金额	数量	金额
全国总计	**27 786.39**	**20 760.38**	**27 205.12**	**18 349.98**	**－2.09**	**－11.61**
广东	19 584.02	13 886.07	17 515.16	11 420.79	－10.56	－17.75
山东	5 401.77	4 611.44	4 545.36	3 679.22	－15.85	－20.22
内蒙古	1 669.54	1 609.21	4 011.43	2 603.14	140.27	61.77
天津	1 036.21	617.49	1 129.88	644.43	9.04	4.36
云南	0.60	0.41	3.30	2.40	450.00	486.80
黑龙江	94.25	35.75				

表 8-69　分国别奶粉进口数量

单位：吨

国家或地区	1995	2000	2001	2002	2003
国家（地区）总计	**24 726.18**	**72 768.96**	**58 506.21**	**110 798.51**	**133 689.13**
新西兰	3 339.80	49 546.53	40 143.38	70 086.93	93 206.32
澳大利亚	1 117.40	7 648.81	12 314.10	34 046.45	19 338.41
法国	1 619.55	2 539.68	745.15	1 738.70	3 308.35
芬兰			50.00	1 175.00	3 245.20
美国	3 687.80	954.48	2 408.86	1 342.17	2 634.66
爱尔兰	457.29	3 027.60	130.74	594.00	2 480.93
德国	18.21	895.17	150.00	450.00	2 407.33
比利时	79.59	600.38	2.38	0.38	2 175.58
瑞士	53.65	14.52		250.10	1 675.00
捷克			745.68	75.00	1 549.85
乌克兰			100.00		525.00
匈牙利					300.00
西班牙		364.44	200.00		193.22
阿根廷					150.00
加拿大	4.04	275.48	21.56	605.73	150.00
韩国	7.54	19.35	16.96	25.18	100.13
乌拉圭		250.00			100.00
荷兰	7 849.79	853.78	84.26	57.37	73.57
波兰	400.00	6.93	350.00		73.00
马来西亚	2 099.16	3.23	3.39	31.75	1.20
中国台湾	170.91	16.76	23.76	10.40	0.86
日本	34.80	15.21	32.22	15.92	0.53
意大利	18.61			0.05	0.01
印度			1.75		
缅甸	20.00				
中国香港	835.71	92.71	152.64		
新加坡	758.54	14.45	40.68	0.80	
菲律宾		0.001			
丹麦	287.61	68.73	12.57	276.47	
英国	604.90	3 005.25	300.00	15.50	
国（地）别不详的				0.41	
中国澳门	6.22			0.11	
中国		0.23	0.16	0.10	
立陶宛		775.00	450.00		
斯洛伐克			24.00		
墨西哥			1.99		
俄罗斯	1 087.60	1 313.31			
瑞典		258.20			
白俄罗斯		200.00			
奥地利	16.25	5.00			
泰国		3.75			
越南	6.00				
印度尼西亚	67.60				
哈萨克斯坦	50.04				
吉尔吉斯	27.52				
南非	0.04				

表 8－70 分国别奶粉进口价值

单位：千美元

国家或地区	1995	2000	2001	2002	2003
国家（地区）总计	**28 085.57**	**115 319.59**	**114 399.40**	**160 659.98**	**215 872.73**
新西兰	4 736.61	77 319.14	76 938.66	101 352.29	152 199.52
澳大利亚	1 599.76	13 321.10	25 286.80	49 099.07	30 334.28
法国	1 416.38	4 191.02	1 257.46	2 505.05	5 206.48
芬兰			99.50	1 607.37	4 903.70
美国	3 949.82	2 036.93	5 034.17	2 623.12	4 282.58
爱尔兰	1 198.91	4 964.30	396.19	777.10	3 938.53
德国	114.74	1 454.79	337.31	577.00	3 860.31
比利时	112.92	834.56	10.97	0.48	3 659.77
瑞士	186.82	65.12		341.35	2 775.96
捷克			1 555.07	97.75	2 326.78
乌克兰			154.40		705.00
匈牙利					434.25
西班牙		576.31	380.00		288.61
加拿大	3.18	103.03	54.70	851.86	261.00
阿根廷					227.42
荷兰	6 614.56	1 504.12	216.66	145.93	187.06
乌拉圭		341.00			135.00
波兰	85.79	6.34	670.25		97.18
韩国	18.40	43.33	21.09	19.87	40.87
中国台湾	339.37	60.96	40.35	46.52	3.22
日本	79.35	72.66	193.17	90.50	2.61
马来西亚	2 927.21	5.27	5.46	34.61	2.59
意大利	65.23			0.44	0.03
印度			3.50		0.01
缅甸	10.66				
中国香港	1 282.62	180.43	223.54		
新加坡	496.13	27.76	91.35	2.22	
菲律宾		0.01			
丹麦	817.12	263.68	52.21	464.24	
英国	1 064.61	4 740.52	475.95	20.54	
国（地）别不详的				2.14	
中国澳门	9.65			0.49	
中国		0.32	0.39	0.04	
立陶宛		1 143.75	837.00		
斯洛伐克			50.64		
墨西哥			12.62		
俄罗斯	788.88	1 306.52			
瑞典		420.89			
白俄罗斯		322.00			
奥地利	39.26	10.00			
泰国		3.75			
越南	3.13				
印度尼西亚	71.67				
哈萨克斯坦	34.03				
吉尔吉斯	18.71				
南非	0.07				

表 8－71 分国别奶粉进口量值

单位：吨、千美元

国家或地区	2002		2003		2003 年比 2002 年增加%	
	数 量	金 额	数 量	金 额	数 量	金 额
国家（地区）总计	**110 798.51**	**160 659.98**	**133 689.13**	**215 872.73**	**20.66**	**34.37**
新西兰	70 086.93	101 352.29	93 206.32	15 2199.52	32.99	50.17
澳大利亚	34 046.45	49 099.07	19 338.41	30 334.28	－43.20	－38.22
法 国	1 738.70	2 505.05	3 308.35	5 206.48	90.28	107.84
芬 兰	1 175.00	1 607.37	3 245.20	4 903.70	176.19	205.08
美 国	1 342.17	2 623.12	2 634.66	4 282.58	96.30	63.26
爱尔兰	594.00	777.10	2 480.93	3 938.53	317.66	406.82
德 国	450.00	577.00	2 407.33	3 860.31	434.96	569.03
比利时	0.38	0.48	2 175.58	3 659.77		
瑞 士	250.10	341.35	1 675.00	2 775.96	569.74	713.24
捷 克	75.00	97.75	1 549.85	2 326.78		
乌克兰			525.00	705.00		
匈牙利			300.00	434.25		
西班牙			193.22	288.61		
阿根廷			150.00	227.42		
加拿大	605.73	851.86	150.00	261.00	－75.24	－69.36
韩 国	25.18	19.87	100.13	40.87	297.65	105.63
乌拉圭			100.00	135.00		
荷 兰	57.37	145.93	73.57	187.06	28.24	28.18
波 兰			73.00	97.18		
马来西亚	31.75	34.61	1.20	2.59	－96.22	－92.53
中国台湾	10.40	46.52	0.86	3.22	－91.78	－93.08
日 本	15.92	90.50	0.53	2.61	－96.67	－97.12
意大利	0.05	0.44	0.01	0.03	－83.67	－92.20
印 度			0.002	0.01		
新加坡	0.80	2.22				
丹 麦	276.47	464.24				
英 国	15.50	20.54				
国（地）别不详的	0.41	2.14				
中国澳门	0.11	0.49				
中 国	0.10	0.04				

表 8-72　分地区奶粉进口数量

单位：吨

地　区	1995	2000	2001	2002	2003
全国总计	**24 726.18**	**72 768.96**	**58 506.21**	**110 798.51**	**133 689.13**
广　东	19 636.84	25 334.20	18 494.25	37 737.92	37 156.72
上　海	452.35	18 574.73	19 014.24	26 237.76	24 438.19
天　津	2.42	1 473.30	1 214.18	6 094.49	20 307.33
北　京	76.59	5 162.33	4 108.56	8 345.67	11 058.92
内蒙古	113.67	210.36	103.50	5 440.33	8 129.13
江　苏	472.62	4 950.95	3 208.48	7 879.35	7 292.18
山　东	201.40	3 211.59	2 705.65	6 437.17	6 497.49
黑龙江	519.24	2 626.81	1 069.00	1 992.30	4 966.58
浙　江	16.31	10 349.38	6 134.51	4 460.74	4 849.01
湖　南	34.44	360.68	2 114.13	2 800.93	3 388.48
四　川	9.05	51.30	0.40	833.99	1 972.07
辽　宁	76.19	84.68	94.49	1 542.46	1 719.86
福　建	195.54	278.23	238.13	355.44	1 064.98
广　西	2 376.83	51.64		25.60	346.70
陕　西		31.48	0.05	199.85	201.60
宁　夏					126.00
河　北			0.81	398.00	115.00
海　南	36.65	1.89	4.93	3.94	55.89
安　徽	0.03	0.01		0.60	3.02
吉　林	0.02	2.74	0.75		
云　南	26.00				
新　疆	77.56				
江　西	31.33			11.84	
湖　北	29.72	12.60		0.10	
重　庆				0.02	
河　南	2.68	0.08	0.16		
贵　州	338.70				

表 8－73　分地区奶粉进口价值

单位：千美元

地　区	1995	2000	2001	2002	2003
全国总计	**28 085.57**	**115 319.59**	**114 399.40**	**160 659.98**	**215 872.73**
广　东	23 126.71	36 467.76	33 576.74	56 260.17	63 870.75
上　海	889.47	31 949.31	38 043.28	37 710.73	39 446.19
天　津	0.82	2 202.87	2 326.70	8 043.81	30 184.07
北　京	215.81	8 502.81	8 615.92	12 086.18	18 043.55
内蒙古	86.40	328.31	211.09	7 156.15	12 424.49
江　苏	281.33	8 290.56	6 448.90	11 284.62	11 453.47
山　东	113.11	4 871.13	5 546.24	9 459.40	10 434.47
黑龙江	455.72	3 374.12	2 442.16	2 902.42	8 000.51
浙　江	50.55	17 715.41	12 492.45	6 766.34	7 748.63
湖　南	41.72	653.18	3 968.93	4 214.80	5 307.23
四　川	22.99	76.06	0.32	1 160.87	2 664.10
辽　宁	116.33	137.22	217.42	2 215.83	2 591.06
福　建	306.35	594.64	495.85	470.31	1 822.62
广　西	2 053.38	75.02		45.69	555.13
海　南	60.86	4.55	9.40	6.56	547.63
陕　西		48.97	0.05	264.85	262.08
宁　夏					233.10
河　北			0.25	591.92	213.20
安　徽	0.07	0.07		1.80	10.45
吉　林	0.24	8.92	3.51		
云　南	13.79				
新　疆	52.74				
江　西	11.28			17.03	
湖　北	73.14	18.59		0.30	
重　庆				0.22	
河　南	2.93	0.11	0.19		
贵　州	109.86				

表 8－74　分地区奶粉进口量值

单位：吨、千美元

地　区	2002		2003		2003 年比 2002 年增加%	
	数　量	金　额	数　量	金　额	数　量	金　额
全国总计	**110 798.51**	**160 659.98**	**133 689.13**	**215 872.73**	**20.66**	**34.37**
广　东	37 737.92	56 260.17	37 156.72	63 870.75	－1.54	13.53
上　海	26 237.76	37 710.73	24 438.19	39 446.19	－6.86	4.60
天　津	6 094.49	8 043.81	20 307.33	30 184.07	233.21	275.25
北　京	8 345.67	12 086.18	11 058.92	18 043.55	32.51	49.29
内蒙古	5 440.33	7 156.15	8 129.13	12 424.49	49.42	73.62
江　苏	7 879.35	11 284.62	7 292.18	11 453.47	－7.45	1.50
山　东	6 437.17	9 459.40	6 497.49	10 434.47	0.94	10.31
黑龙江	1 992.30	2 902.42	4 966.58	8 000.51	149.29	175.65
浙　江	4 460.74	6 766.34	4 849.01	7 748.63	8.70	14.52
湖　南	2 800.93	4 214.80	3 388.48	5 307.23	20.98	25.92
四　川	833.99	1 160.87	1 972.07	2 664.10	136.46	129.49
辽　宁	1 542.46	2 215.83	1 719.86	2 591.06	11.50	16.93
福　建	355.44	470.31	1 064.98	1 882.62	199.62	300.29
广　西	25.60	45.69	346.70	555.13		
陕　西	199.85	264.85	201.60	262.08	0.88	－1.04
宁　夏		0.00	126.00	233.10		
河　北	398.00	591.92	115.00	213.20	－71.11	－63.98
海　南	3.94	6.56	55.89	547.63	1 318.55	8 253.05
安　徽	0.60	1.80	3.02	10.45	403.33	480.78
江　西	11.84	17.03				
湖　北	0.10	0.30				
重　庆	0.02	0.22				

表8-75 分国别奶粉出口数量

单位：吨

国家或地区	1995	2000	2001	2002	2003
国家（地区）总计	**4 518.99**	**10 161.14**	**5 042.79**	**10 299.38**	**7 677.93**
中国香港	92.02	853.64	876.30	1 844.43	2 958.42
缅甸	2 853.36	2 656.38	2 509.03	2 394.69	2 531.47
伊拉克		4 990.48	256.32	5 632.64	1 474.88
科威特					196.69
日本	0.81	0.01		99.04	187.02
中国台湾	15.72			16.13	127.94
新加坡	60.83		153.10		60.70
韩国		1.01	5.01	18.04	58.98
沙特阿拉伯					53.70
朝鲜	114.26	68.17	96.83	203.26	11.96
尼泊尔					7.60
菲律宾		1 020.67	74.45	15.00	7.16
瑞士					1.37
爱尔兰					0.04
德国	0.09	0.18	0.30		
荷兰	0.14				
西班牙	0.95	0.15	0.03		
美国				2.38	
澳大利亚			41.30		
马来西亚			15.12		
毛里塔尼亚				48.00	
蒙古		305.00	260.00	21.77	
巴拿马				4.00	
中国澳门	2.11		0.80		
英国	0.10				
阿联酋		120.00	520.00		
贝宁			233.80		
俄罗斯	329.36		0.42		
泰国		112.00			
阿鲁巴岛		14.43			
越南	760.74	10.90			
巴基斯坦	20.00	8.13			
乌兹别克斯坦	184.58				
尼日利亚	36.31				
坦桑尼亚	25.00				
希腊	17.50				
罗马尼亚	2.60				
哈萨克斯坦	2.52				

表 8-76　分国别奶粉出口价值

单位：千美元

国家或地区	1995	2000	2001	2002	2003
国家（地区）总计	**8 987.27**	**20 880.43**	**10 360.72**	**23 733.05**	**17 066.61**
中国香港	207.19	1 483.35	2 469.61	4 983.84	7 356.12
缅　　甸	5 311.73	4 773.57	4 470.40	3 897.61	4 150.09
伊 拉 克		11 310.86	572.22	13 903.45	3 710.93
科 威 特					659.31
新 加 坡	121.26		863.62		408.37
中国台湾	112.07			32.32	365.47
日　　本	0.81	0.02		123.62	242.51
沙特阿拉伯					70.53
韩　　国		0.91	2.95	18.97	67.94
朝　　鲜	213.63	144.33	170.58	363.41	16.70
菲 律 宾		2 038.99	148.90	19.50	12.88
瑞　　士					3.48
尼 泊 尔					1.84
爱 尔 兰					0.45
德　　国	0.23	0.39	0.24		
荷　　兰	0.32				
西 班 牙	1.64	0.12	0.11		
美　　国				4.74	
澳大利亚			79.68		
马来西亚			19.98		
毛里塔尼亚				333.22	
蒙　　古		630.49	443.03	48.00	
巴 拿 马				4.37	
中国澳门	10.56		0.51		
英　　国	0.13				
阿 联 酋		212.63	938.70		
贝　　宁			178.99		
俄 罗 斯	967.91		1.21		
泰　　国		229.09			
越　　南	1 496.49	22.55			
巴基斯坦	35.00	21.88			
阿鲁巴岛		11.25			
乌兹别克斯坦	339.92				
尼日利亚	56.36				
坦桑尼亚	56.00				
希　　腊	37.70				
罗马尼亚	11.82				
哈萨克斯坦	6.50				

表 8－77　分国别奶粉出口量值

单位：吨、千美元

国家或地区	2002		2003		2003 年比 2002 年增加%	
	数 量	金 额	数 量	金 额	数 量	金 额
国家（地区）总计	**10 299.38**	**23 733.05**	**7 677.93**	**17 066.61**	**－25.45**	**－28.09**
中国香港	1 844.43	4 983.84	2 958.42	7 356.12	60.40	47.60
缅　甸	2 394.69	3 897.61	2 531.47	4 150.09	5.71	6.48
伊拉克	5 632.64	13 903.45	1 474.88	3 710.93	－73.82	－73.31
科威特			196.69	659.31		
日　本	99.04	123.62	187.02	242.51	88.83	96.18
中国台湾	16.13	32.32	127.94	365.47		
新加坡			60.70	408.37		
韩　国	18.04	18.97	58.98	67.94	226.94	258.17
沙特阿拉伯			53.70	70.53		
朝　鲜	203.26	363.41	11.96	16.70	－94.12	－95.40
尼泊尔			7.60	1.84		
菲律宾	15.00	19.50	7.16	12.88	－52.27	－33.95
瑞　士			1.37	3.48		
爱尔兰			0.04	0.45		
美　国	2.38	4.74				
毛里塔尼亚	48.00	333.22				
蒙　古	21.77	48.00				
巴拿马	4.00	4.37				

表 8－78　分地区奶粉出口数量

单位：吨

地　区	1995	2000	2001	2002	2003
全国总计	**4 518.99**	**10 161.14**	**5 042.79**	**10 299.38**	**7 677.93**
黑龙江	278.68	1 886.30	1 648.99	1 870.84	2 742.87
云　南	3 587.70	2 553.75	2 359.99	2 211.99	2 420.00
山　东	219.28	2 023.35	21.34	2 635.50	1 381.31
江　苏	98.09	2 988.88	256.32	3 127.60	694.69
辽　宁	84.61	20.41	23.35	76.11	171.00
陕　西	16.40			47.38	128.73
新　疆	22.52	100.50	148.80	182.70	73.70
广　东	42.25	442.59	211.87		55.04
西　藏					7.60
吉　林	9.00	2.20	3.05	1.00	1.96
湖　南					1.00
上　海	5.91	4.02	8.07	16.80	0.04
北　京	4.91	105.18	99.86		
天　津	0.10	4.11	63.49		
内蒙古	75.88	13.08	60.00	129.46	
浙　江	1.00				
福　建	39.87		82.52		
河　北	25.00				
四　川			0.24		
湖　北	7.60	2.00			
河　南			40.00		
山　西	0.20	14.78	14.93		

表 8－79 分地区奶粉出口价值

单位：千美元

地 区	1995	2000	2001	2002	2003
全国总计	**8 987.27**	**20 880.43**	**10 360.72**	**23 733.05**	**17 066.61**
黑龙江	782.22	3 978.01	4 115.46	5 272.22	7 695.29
云 南	6 780.28	4 643.20	4 270.99	3 648.92	3 987.35
山 东	405.18	4 740.74	22.20	6 108.93	2 452.69
江 苏	179.26	6 616.71	572.22	7 977.00	2 229.90
陕 西	35.59			92.68	247.62
辽 宁	204.35	37.53	45.48	101.35	221.30
广 东	33.28	419.58	170.88		127.47
新 疆	41.50	130.65	198.76	248.69	95.81
湖 南					3.93
吉 林	19.50	3.46	5.33	0.50	2.96
西 藏					1.84
上 海	10.87	11.61	101.26	23.22	0.45
北 京	18.58	231.68	427.71		
天 津	0.13	10.27	98.80		
内蒙古	178.90	22.31	43.83	259.54	
浙 江	1.80				
福 建	224.62		191.37		
河 北	56.00				
四 川			0.65		
湖 北	14.74	1.60			
河 南			60.23		
山 西	0.45	33.10	35.56		

表 8－80 分地区奶粉出口量值

单位：吨、千美元

地 区	2002		2003		2003 年比 2002 年增加％	
	数 量	金 额	数 量	金 额	数 量	金 额
全国总计	**10 299.38**	**23 733.05**	**7 677.93**	**17 066.61**	**－25.45**	**－28.09**
黑龙江	1 870.84	5 272.22	2 742.87	7 695.29	46.61	45.96
云 南	2 211.99	3 648.92	2 420.00	3 987.35	9.40	9.27
山 东	2 635.50	6 108.93	1 381.31	2 452.69	－47.59	－59.85
江 苏	3 127.60	7 977.00	694.69	2 229.90	－77.79	－72.05
辽 宁	76.11	101.35	171.00	221.30	155.22	156.85
陕 西	47.38	92.68	128.73	247.62	171.72	167.16
新 疆	182.70	248.69	73.70	95.81	－59.66	－61.47
广 东			55.04	127.47		
西 藏			7.60	1.84		
吉 林	1.00	0.50	1.96	2.96	96.00	492.60
湖 南			1.00	3.93		
上 海	16.80	23.22	0.04	0.45		
内蒙古	129.46	259.54				

表 8－81 分国别炼乳进口数量

单位：吨

国家或地区	1995	2000	2001	2002	2003
国家（地区）总计	**1 124.64**	**646.53**	**1 346.94**	**887.72**	**961.52**
新西兰	269.63	318.47	640.92	214.59	543.60
美 国	233.35	3.16	5.35	18.74	162.54
比利时		1.64		1.63	144.00
澳大利亚	58.79	171.05	208.64	471.80	79.43
丹 麦		3.00	7.96	17.24	16.42
德 国	0.16	0.34		24.42	7.96
韩 国	1.20			3.20	2.88
巴 西					2.31
日 本	1.69	0.08		0.90	0.98
法 国	0.06	5.02	13.27	16.62	0.74
马来西亚	71.88	44.85	148.69	59.63	0.24
新加坡	19.77	1.18	145.40	30.01	0.19
瑞 士			30.22	0.98	0.13
荷 兰	160.84	12.00	19.82	2.03	0.05
意大利					0.03
印度尼西亚	154.73		0.02		0.01
印 度					
中国香港	140.05	12.38	1.01	6.00	
越 南		25.65	19.22		
中国台湾	10.02	1.60	0.02		
中 国	0.80	42.56	105.71	10.31	
巴基斯坦				9.60	
加拿大			0.63		
哥伦比亚			0.05		
英 国	0.87		0.02		
泰 国	0.81	3.55			

表 8－82 分国别炼乳进口价值

单位：千美元

国家或地区	1995	2000	2001	2002	2003
国家（地区）总计	**920.47**	**360.37**	**1 062.76**	**872.16**	**1 485.88**
新西兰	144.23	155.27	554.55	234.92	818.39
美国	128.68	1.50	25.34	8.54	263.02
比利时		2.46		1.90	233.21
澳大利亚	31.74	121.81	240.41	499.09	121.95
丹麦		1.40	13.30	27.50	28.51
日本	6.06	0.24		4.39	6.97
德国	1.88	0.02	0.07	12.01	6.86
韩国	1.33			1.69	2.63
法国	0.18	9.34	17.93	22.84	1.83
巴西					1.03
瑞士			13.57	0.44	1.02
马来西亚	183.53	19.94	65.70	30.31	0.19
意大利					0.11
新加坡	8.38	0.52	63.82	13.44	0.09
印度尼西亚	96.52		0.04	0.00	0.04
荷兰	104.01	5.33	8.67	1.15	0.04
印度					0.01
中国香港	185.77	6.26	0.47	1.94	
越南		12.62	10.04		
中国台湾	24.70	3.78	0.01		
中国	1.24	18.57	46.14	6.73	
巴基斯坦				5.27	
加拿大			2.37		
哥伦比亚			0.25		
英国	1.31		0.07		
泰国	0.93	1.32			

表 8－83 分国别炼乳进口量值

单位：吨、千美元

国家或地区	2002		2003		2003 年比 2002 年增加%	
	数量	金额	数量	金额	数量	金额
国家（地区）总计	**887.72**	**872.16**	**961.52**	**1 485.88**	**8.31**	**70.37**
新西兰	214.59	234.92	543.60	818.39	153.32	248.37
美国	18.74	8.54	162.54	263.02	767.27	2 979.11
比利时	1.63	1.90	144.00	233.21	8 723.41	12 187.09
澳大利亚	471.80	499.09	79.43	121.95	−83.16	−75.56
丹麦	17.24	27.50	16.42	28.51	−4.74	3.64
德国	24.42	12.01	7.96	6.86	−67.39	−42.90
韩国	3.20	1.69	2.88	2.63	−9.94	55.50
巴西			2.31	1.03		
日本	0.90	4.39	0.98	6.97	8.77	58.73
法国	16.62	22.84	0.74	1.83	−95.57	−91.99
马来西亚	59.63	30.31	0.24	0.19	−99.60	−99.37
新加坡	30.01	13.44	0.19	0.09	−99.37	−99.36
瑞士	0.98	0.44	0.13	1.02	−86.89	130.09
荷兰	2.03	1.15	0.05	0.04	−97.54	−96.88
意大利			0.03	0.11		
印度尼西亚			0.01	0.04		
印度			0.003	0.01		
中国香港	6.00	1.94				
中国	10.31	6.73				
巴基斯坦	9.60	5.27				

表 8-84　分地区炼乳进口数量

单位：吨

地　区	1995	2000	2001	2002	2003
全国总计	**1 124.64**	**646.53**	**1 346.94**	**887.72**	**961.52**
天　津	13.58				310.41
上　海	13.99	91.49	73.18	144.51	264.78
辽　宁	3.70			10.71	135.60
安　徽		1.02	0.19	0.14	90.00
北　京	53.58	3.54	1.74	19.57	85.02
广　东	1 013.30	548.35	1 132.71	337.63	36.31
江　苏	19.20		54.24	50.40	33.60
海　南	4.17	0.45	1.30	10.70	2.86
吉　林				3.20	2.70
山　东	0.30				0.19
河　南					0.05
浙　江	1.25	0.05	2.00		
黑龙江			67.20		
湖　南				299.52	
新　疆				9.60	
福　建	0.19	1.63		1.75	
云　南			0.03		
四　川	0.06		14.36		
陕　西	1.33				

表 8-85　分地区炼乳进口价值

单位：千美元

地　区	1995	2000	2001	2002	2003
全国总计	**920.47**	**360.37**	**1 062.76**	**872.16**	**1 485.88**
天　津	8.66				509.46
上　海	26.01	83.05	88.72	189.24	411.27
辽　宁	2.43			7.75	230.26
安　徽		2.55	0.32	0.27	145.55
北　京	59.69	1.78	5.21	6.38	74.16
广　东	809.43	269.79	774.21	306.94	57.32
江　苏	7.92		64.01	63.02	52.91
吉　林				1.69	1.96
山　东	0.20		0.07		1.55
海　南	3.08	0.21	0.56	3.96	1.40
河　南					0.04
浙　江	1.26	0.55	17.59		
黑龙江			105.68		
湖　南				285.22	
新　疆				5.27	
福　建	0.58	2.45		2.44	
云　南			0.04		
四　川	0.17		6.37		
陕　西	1.06				

表 8－86 分地区炼乳进口量值

单位：吨、千美元

地　区	2002		2003		2003 年比 2002 年增加％	
	数　量	金　额	数　量	金　额	数　量	金　额
全国总计	**887.72**	**872.16**	**961.52**	**1 485.88**	**8.31**	**70.37**
天　津			310.41	509.46		
上　海	144.51	189.24	264.78	411.27	83.23	117.33
辽　宁	10.71	7.75	135.60	230.26		
安　徽	0.14	0.27	90.00	145.55		
北　京	19.57	6.38	85.02	74.16		
广　东	337.63	306.94	36.31	57.32	－89.24	－81.32
江　苏	50.40	63.02	33.60	52.91	－33.33	－16.04
海　南	10.70	3.96	2.86	1.40	－73.26	－64.67
吉　林	3.20	1.69	2.70	1.96	－15.63	15.84
山　东			0.19	1.55		
河　南			0.05	0.04		
湖　南	299.52	285.22				
新　疆	9.60	5.27				
福　建	1.75	2.44				

表 8－87 分国别酸奶进口数量

单位：吨

国家或地区	1995	2000	2001	2002	2003
国家（地区）总计	**1 250.68**	**2 553.78**	**2 856.34**	**1 662.90**	**322.07**
西班牙	1.52	7.30	3.24	230.75	140.50
新西兰	70.27	45.96	78.22	23.32	94.81
澳大利亚	535.88	68.89	94.17	48.10	40.01
法　国	19.17	15.11	15.10	10.79	18.92
日　本	90.84	0.34	15.70	9.96	10.69
美　国	53.17	1.76	0.48	10.41	5.56
中国香港	275.50	2 283.71	2 566.10	1 265.20	5.28
德　国	3.59	16.70		1.35	1.94
新加坡	0.44	0.01		0.02	1.49
丹　麦	0.36	0.13			0.86
瑞　士	1.13	2.00	1.44	2.20	0.83
马来西亚	142.65	0.41			0.50
中国台湾	34.24	1.92	3.46	0.48	0.49
韩　国	1.04	28.81			0.12
意大利	0.07	0.51			0.06
印　度					0.01
缅　甸			1.00		
加拿大	0.02		75.00	48.14	
荷　兰	20.69	80.22	1.00	12.20	
泰　国		0.01	1.44		
英　国	0.07				
比利时	0.06				

表 8-88　分国别酸奶进口价值

单位：千美元

国家或地区	1995	2000	2001	2002	2003
国家（地区）总计	**919.95**	**1 518.81**	**1 703.49**	**1 154.53**	**603.24**
新西兰	40.22	97.12	169.60	66.79	215.16
西班牙	6.22	9.55	4.59	249.02	174.02
澳大利亚	295.29	148.09	151.80	98.40	129.97
日本	67.82	0.69	46.55	29.94	31.64
美国	61.08	7.39	1.62	14.28	15.52
法国	44.18	31.87	7.07	11.28	15.22
德国	8.78	11.14		3.01	7.97
新加坡	0.26	0.03		0.14	3.32
丹麦	1.05	0.05			2.60
瑞士	5.74	3.85	2.10	5.29	2.58
马来西亚	83.13	2.68			2.41
中国香港	190.35	999.00	1 118.64	561.08	1.72
中国台湾	71.41	1.65	1.92	0.87	0.71
意大利	0.64	4.70			0.36
韩国	6.88	9.86			0.03
印度					0.02
缅甸			0.54		
加拿大	0.22		194.50	109.50	
荷兰	35.36	191.10	3.68	4.95	
泰国		0.05	0.87		
英国	1.09				
比利时	0.24				

表 8-89 分国别酸奶进口量值

单位：吨、千美元

国家或地区	2002		2003		2003 年比 2002 年增加%	
	数 量	金 额	数 量	金 额	数 量	金 额
国家（地区）总计	**1 662.90**	**1 154.53**	**322.07**	**603.24**	**−80.63**	**−47.75**
西班牙	230.75	249.02	140.50	174.02	−39.11	−30.12
新西兰	23.32	66.79	94.81	215.16	306.66	222.15
澳大利亚	48.10	98.40	40.01	129.97	−16.81	32.08
法 国	10.79	11.28	18.92	15.22	75.41	34.97
日 本	9.96	29.94	10.69	31.64	7.30	5.67
美 国	10.41	14.28	5.56	15.52	−46.60	8.74
中国香港	1 265.20	561.08	5.28	1.72	−99.58	−99.69
德 国	1.35	3.01	1.94	7.97	43.57	164.73
新加坡	0.02	0.14	1.49	3.32	7 365.00	2 341.18
丹 麦			0.86	2.60		
瑞 士	2.20	5.29	0.83	2.58	−62.28	−51.24
马来西亚			0.50	2.41		
中国台湾	0.48	0.87	0.49	0.71	2.92	−18.76
韩 国			0.12	0.03		
意大利			0.06	0.36		
印 度			0.01	0.02		
加拿大	48.14	109.50				
荷 兰	12.20	4.95				

表 8-90 分地区酸奶进口数量

单位：吨

地 区	1995	2000	2001	2002	2003
全国总计	**1 250.68**	**2 553.78**	**2 856.34**	**1 662.90**	**322.07**
上 海	25.75	31.67	28.76	243.07	172.70
广 东	1 162.97	2 325.44	2 609.53	1 279.93	67.97
北 京	26.27	23.88	18.34	28.36	35.95
山 东	0.31	28.82	33.60	1.69	33.88
江 苏	27.00		15.70	8.36	9.90
天 津		35.91	53.93	5.07	1.43
辽 宁		0.14		0.04	0.23
黑龙江					0.01
海 南	2.64	106.00	94.00	68.00	
浙 江	0.02	0.01		28.39	
河 北				0.01	
河 南		0.85			
云 南			2.44		
福 建	5.72	1.06			
四 川			0.05		
安 徽		0.01			

表 8-91 分地区酸奶进口价值

单位：千美元

地 区	1995	2000	2001	2002	2003
全国总计	**919.95**	**1 518.81**	**1 703.49**	**1 154.53**	**603.24**
上 海	83.23	70.52	59.82	319.38	285.65
广 东	681.88	1 085.83	1 151.54	572.56	113.27
北 京	62.61	59.19	31.83	35.29	108.42
山 东	0.99	9.97	53.68	6.23	62.45
江 苏	84.80		46.55	25.30	27.13
天 津		52.25	121.36	9.52	5.86
辽 宁		0.40		0.07	0.33
黑龙江					0.14
海 南	2.66	238.98	237.25	149.44	
浙 江	0.03	0.03		36.70	
河 北				0.05	
河 南		0.57			
云 南			1.41		
福 建	3.75	1.06			
四 川			0.05		
安 徽		0.02			

表 8-92 分地区酸奶进口量值

单位：吨、千美元

地 区	2002		2003		2003 年比 2002 年增加%	
	数 量	金 额	数 量	金 额	数 量	金 额
全国总计	**1 662.90**	**1 154.53**	**322.07**	**603.24**	**−80.63**	**−47.75**
上 海	243.07	319.38	172.70	285.65	−28.95	−10.56
广 东	1 279.93	572.56	67.97	113.27	−94.69	−80.22
北 京	28.36	35.29	35.95	108.42	26.77	207.27
山 东	1.69	6.23	33.88	62.45		
江 苏	8.36	25.30	9.90	27.13	18.49	7.22
天 津	5.07	9.52	1.43	5.86	−71.72	−38.42
辽 宁	0.04	0.07	0.23	0.33	532.43	386.76
黑龙江			0.01	0.14		
海 南	68.00	149.44				
浙 江	28.39	36.70				
河 北	0.01	0.05				

表 8－93　分国别酸奶出口数量

单位：吨

国家或地区	1995	2000	2001	2002	2003
国家（地区）总计	**232.22**	**162.23**	**73.62**	**150.97**	**246.30**
中国香港	183.43	98.73	17.24	39.33	96.78
日　　本	20.90				91.58
中国澳门		1.94	1.98	16.40	52.47
缅　　甸	3.50	12.19	30.15	24.98	4.40
朝　　鲜		2.00			1.00
新 加 坡					0.07
美　　国			0.60	3.60	0.01
新 西 兰		5.76			
中国台湾				12.10	
意 大 利		1.80			
柬 埔 寨		39.73	22.60	54.46	
加　　纳				0.10	
希　　腊			0.86		
巴 拿 马			0.18		
萨 摩 亚		0.08			
老　　挝	15.39				
俄 罗 斯	9.00				

表 8－94　分国别酸奶出口价值

单位：千美元

国家或地区	1995	2000	2001	2002	2003
国家（地区）总计	**381.31**	**200.24**	**61.82**	**110.55**	**379.26**
日　　本	27.40				253.98
中国香港	304.88	152.92	22.27	33.01	65.54
中国澳门		3.14	2.90	23.45	53.72
新 加 坡					2.91
缅　　甸	0.94	5.54	17.38	14.86	2.66
朝　　鲜		2.20			0.45
美　　国			0.40	2.35	0.01
新 西 兰		4.40			
中国台湾				3.10	
意 大 利		0.97			
柬 埔 寨		31.01	14.12	33.66	
加　　纳				0.12	
巴 拿 马			4.10		
希　　腊			0.65		
萨 摩 亚		0.07			
俄 罗 斯	38.85				
老　　挝	9.24				

表 8－95　分国别酸奶出口量值

单位：吨、千美元

国家或地区	2002		2003		2003 年比 2002 年增加%	
	数　量	金　额	数　量	金　额	数　量	金　额
国家（地区）总计	**150.97**	**110.55**	**246.30**	**379.26**	**63.15**	**243.08**
中国香港	39.33	33.01	96.78	65.54	146.04	98.53
日　　本			91.58	253.98	0.00	
中国澳门	16.40	23.45	52.47	53.72	219.89	129.11
缅　　甸	24.98	14.86	4.40	2.66	−82.38	−82.11
朝　　鲜			1.00	0.45		
新 加 坡			0.07	2.91		
美　　国	3.60	2.35	0.01	0.01	−99.75	−99.62
中国台湾	12.10	3.10				
柬 埔 寨	54.46	33.66				
加　　纳	0.10	0.12				

表 8-96 分地区酸奶出口数量

单位：吨

地 区	1995	2000	2001	2002	2003
全国总计	**232.22**	**162.23**	**73.62**	**150.97**	**246.30**
广 东	163.46	100.67	19.19	67.83	132.34
山 东	9.00	0.08			109.49
陕 西					4.40
辽 宁		2.00			0.07
上 海	24.37				
江 苏	20.00				
湖 南			22.60	54.56	
云 南	15.39	12.19	19.35	16.00	
河 南		45.49		7.00	
福 建		1.80	1.46	3.60	
浙 江				1.98	
四 川			10.80		
内蒙古			0.22		

表 8-97 分地区酸奶出口价值

单位：千美元

地 区	1995	2000	2001	2002	2003
全国总计	**381.31**	**200.24**	**61.82**	**110.55**	**379.26**
山 东	38.85	0.07			268.84
广 东	286.82	156.06	29.09	59.56	104.85
辽 宁		2.20			2.91
陕 西					2.66
上 海	19.82				
江 苏	26.58				
湖 南			14.12	33.78	
云 南	9.24	5.54	10.85	9.67	
河 南		35.40		4.23	
福 建		0.97	1.05	2.35	
浙 江				0.96	
四 川			6.52		
内蒙古			0.18		

表 8-98 分地区酸奶出口量值

单位：吨、千美元

地 区	2002		2003		2003年比2002年增加%	
	数 量	金 额	数 量	金 额	数 量	金 额
全国总计	**150.97**	**110.55**	**246.30**	**379.26**	**63.15**	**243.08**
广 东	67.83	59.56	132.34	104.85	95.11	76.04
山 东			109.49	268.84		
陕 西			4.40	2.66		
辽 宁			0.07	2.91		
湖 南	54.56	33.78				
云 南	16.00	9.67				
河 南	7.00	4.23				
福 建	3.60	2.35				
浙 江	1.98	0.96				

表 8－99　分国别乳清制品进口数量

单位：吨

国家或地区	1995	2000	2001	2002	2003
国家（地区）总计	**34 605.76**	**122 902.94**	**119 780.45**	**137 954.10**	**161 205.26**
美　国	18 066.71	36 079.98	40 448.71	51 160.87	60 646.56
法　国	864.23	36 409.87	29 563.98	39 057.05	49 799.90
澳大利亚	1 654.80	9 312.29	12 139.70	15 000.56	19 798.22
芬　兰	4 265.00	6 015.27	10 483.00	6 293.40	9 610.00
加拿大	3 490.10	13 348.05	12 350.56	10 469.93	7 354.40
爱尔兰		1 290.00	1 453.54	4 438.71	3 810.83
荷　兰	1 677.65	12 511.38	7 159.21	5 184.65	3 456.83
德　国	865.54	2 729.24	1 674.50	1 065.11	2 042.63
比利时		9.00	403.00	3 115.78	1 891.00
波　兰		2 384.95	665.00	391.40	913.60
瑞　典		550.00	100.00	225.00	450.00
新西兰	1 600.38	1 157.96	2 675.79	761.15	432.50
丹　麦	0.02	166.00		339.30	332.32
捷　克		415.00	525.00	275.00	205.55
韩　国	242.68	75.00	20.00		109.54
阿根廷					100.80
墨西哥		100.00			100.00
日　本	319.45	4.40	59.49	23.02	90.00
英　国	311.05	24.00		2.80	45.00
西班牙					15.60
中国香港	652.96			108.00	
中国澳门		0.19	0.03	0.22	
新加坡	162.55	40.68	51.38		
意大利	0.80			0.12	
立陶宛				25.00	
马来西亚	203.00	178.85		17.00	
中国台湾	15.64	0.44	7.00	0.04	
泰　国			0.57	0.01	
瑞　士	50.00	100.03			
中　国	0.19	0.38			
俄罗斯	148.00				
乌克兰	15.00				
厄瓜多尔	0.03				

表8-100 分国别乳清制品进口价值

单位：千美元

国家或地区	1995	2000	2001	2002	2003
国家（地区）总计	**19 361.26**	**79 964.33**	**88 067.19**	**90 359.96**	**99 552.81**
法　国	644.93	29 340.81	27 073.94	33 663.83	38 693.80
美　国	9 470.45	17 606.82	20 010.21	22 930.82	25 076.09
澳大利亚	993.14	7 038.01	11 229.83	10 317.99	12 522.80
芬　兰	3 403.98	5 270.57	9 644.22	6 025.25	8 387.77
爱尔兰		1 083.82	1 171.39	3 513.82	4 242.39
加拿大	1 281.38	5 688.57	5 397.55	4 692.03	2 844.25
比利时		4.19	473.37	2 103.87	2 236.29
荷　兰	1 324.57	8 892.43	5 441.11	4 236.32	2 234.65
德　国	388.68	1 468.28	948.17	983.87	1 142.49
新西兰	798.21	1 030.49	5 767.32	877.68	493.64
波　兰		1 287.53	405.71	230.05	479.88
瑞　典		489.44	94.15	210.82	412.79
丹　麦	0.01	200.00	0.00	266.69	310.28
日　本	209.45	3.54	37.23	43.47	155.33
捷　克		225.08	306.05	154.84	86.73
墨西哥		88.00			81.14
阿根廷					61.99
韩　国	125.14	35.25	8.61		48.79
西班牙					24.62
英　国	145.60	10.80		5.62	17.10
中国香港	262.19			78.84	
中国澳门		1.20	0.67	0.99	
新加坡	73.75	28.39	56.37		
意大利	0.15			0.35	
马来西亚	106.70	76.90		11.05	
立陶宛				11.00	
中国台湾	8.48	3.58	0.90	0.76	
泰　国			0.40	0.00	
瑞　士	29.33	90.48			
中　国	0.20	0.18			
俄罗斯	88.30				
乌克兰	6.59				
厄瓜多尔	0.03				

表 8－101　分国别乳清制品进口量值

单位：吨、千美元

国家或地区	2002		2003		2003 年比 2002 年增加％	
	数　量	金　额	数　量	金　额	数　量	金　额
国家（地区）总计	**137 954.10**	**90 359.96**	**161 205.26**	**99 552.81**	**16.85**	**10.17**
美　　国	51 160.87	22 930.82	60 646.56	25 076.09	18.54	9.36
法　　国	39 057.05	33 663.83	49 799.90	38 693.80	27.51	14.94
澳大利亚	15 000.56	10 317.99	19 798.22	12 522.80	31.98	21.37
芬　　兰	6 293.40	6 025.25	9 610.00	8 387.77	52.70	39.21
加 拿 大	10 469.93	4 692.03	7 354.40	2 844.25	－29.76	－39.38
爱 尔 兰	4 438.71	3 513.82	3 810.83	4 242.39	－14.15	20.73
荷　　兰	5 184.65	4 236.32	3 456.83	2 234.65	－33.33	－47.25
德　　国	1 065.11	983.87	2 042.63	1 142.49	91.78	16.12
比 利 时	3 115.78	2 103.87	1 891.00	2 236.29	－39.31	6.29
波　　兰	391.40	230.05	913.60	479.88	133.42	108.60
瑞　　典	225.00	210.82	450.00	412.79	100.00	95.80
新 西 兰	761.15	877.68	432.50	493.64	－43.18	－43.76
丹　　麦	339.30	266.69	332.32	310.28	－2.06	16.34
捷　　克	275.00	154.84	205.55	86.73	－25.25	－43.99
韩　　国			109.54	48.79		
阿 根 廷			100.80	61.99		
墨 西 哥			100.00	81.14		
日　　本	23.02	43.47	90.00	155.33	290.96	257.35
英　　国	2.80	5.62	45.00	17.10		
西 班 牙			15.60	24.62		
中国香港	108.00	78.84				
中国澳门	0.22	0.99				
意 大 利	0.12	0.35				
立 陶 宛	25.00	11.00				
马来西亚	17.00	11.05				
中国台湾	0.04	0.76				
泰　　国	0.01	0.001				

表 8－102　分地区乳清制品进口数量

单位：吨

地　区	1995	2000	2001	2002	2003
全国总计	**34 605.76**	**122 902.94**	**119 780.45**	**137 954.10**	**161 205.26**
天　津	4.45	7 868.28	9 576.55	18 257.50	30 772.58
上　海	1 545.78	20 860.17	23 488.47	24 225.76	29 985.42
北　京	1 210.18	29 179.12	27 912.23	28 655.39	28 974.96
广　东	10 616.87	26 941.23	17 516.29	19 446.44	17 053.65
辽　宁	5 176.02	10 016.95	10 976.23	13 139.60	11 578.63
安　徽	52.50	198.89	677.33	3 018.75	10 309.60
山　东	2 246.83	3 635.54	7 546.38	5 355.35	6 686.55
黑龙江		2 187.00	2 891.74	4 004.50	6 262.28
福　建	1 973.33	7 892.15	4 036.34	5 031.25	5 540.21
浙　江	2 056.03	4 544.41	4 828.74	3 357.74	3 751.91
江　苏	909.98	2 805.30	5 691.03	2 804.52	2 718.07
云　南		0.01		100.00	1 804.73
四　川	3 812.12	1 730.49	1 878.75	2 702.28	1 745.65
河　北		806.56	658.05	3 932.77	1 142.15
重　庆			300.00	1 648.80	1 011.00
湖　南	1 328.67	692.78	742.17	1 096.00	880.34
河　南		171.00	224.00	458.00	336.00
湖　北	252.14	635.83		254.00	324.00
吉　林	73.40		142.00	94.00	227.54
内蒙古		20.41	377.06	231.45	60.00
江　西	1 525.89	590.00	277.11	100.00	40.00
陕　西		364.00		40.00	
广　西	1 805.94	1 762.84	40.00	0.01	
海　南	15.64				

表 8－103　分地区乳清制品进口价值

单位：千美元

地　区	1995	2000	2001	2002	2003
全国总计	**19 361.26**	**79 964.33**	**88 067.19**	**90 359.96**	**99 552.81**
天　津	4.02	6 803.88	8 582.18	15 567.42	25 445.75
上　海	1 225.45	15 011.31	17 211.05	14 721.56	15 917.13
北　京	721.43	18 841.35	20 347.74	16 778.66	15 608.04
广　东	4 282.60	12 630.73	8 297.42	9 969.94	8 815.33
辽　宁	3 706.11	8 093.29	9 079.81	11 308.61	8 809.00
黑龙江		2 355.00	3 619.58	4 461.02	6 465.52
山　东	1 512.68	2 642.09	4 466.79	3 142.05	4 793.45
安　徽	31.50	94.89	314.44	1 176.14	3 841.28
浙　江	1 079.36	3 386.23	7 071.30	2 218.11	2 199.64
福　建	1 354.85	4 633.41	2 059.26	2 413.19	2 144.63
江　苏	596.03	2 070.29	4 415.84	2 003.30	1 956.33
河　北		658.35	541.11	3 489.42	979.70
云　南		0.03		58.50	723.22
四　川	1 907.35	735.81	883.82	1 212.69	671.10
重　庆			163.32	754.95	446.31
湖　南	748.68	320.39	333.38	457.27	356.08
湖　北	48.04	312.49		103.94	129.99
河　南		65.63	98.80	186.65	120.48
吉　林	46.37		58.37	45.88	89.79
内蒙古		20.45	357.16	214.91	21.60
江　西	890.32	310.58	150.80	61.15	18.46
陕　西		149.66		14.40	
广　西	1 199.64	828.49	15.04	0.21	
海　南	6.83				

表 8-104　分地区乳清制品进口量值

单位：吨、千美元

地　区	2002		2003		2003 年比 2002 年增加%	
	数　量	金　额	数　量	金　额	数　量	金　额
全国总计	**137 954.10**	**90 359.96**	**161 205.26**	**99 552.81**	**16.85**	**10.17**
天　津	18 257.50	15 567.42	30 772.58	25 445.75	68.55	63.46
上　海	24 225.76	14 721.56	29 985.42	15 917.13	23.77	8.12
北　京	28 655.39	16 778.66	28 974.96	15 608.04	1.12	−6.98
广　东	19 446.44	9 969.94	17 053.65	8 815.33	−12.30	−11.58
辽　宁	13 139.60	11 308.61	11 578.63	8 809.00	−11.88	−22.10
安　徽	3 018.75	1 176.14	10 309.60	3 841.28	241.52	226.60
山　东	5 355.35	3 142.05	6 686.55	4 793.45	24.86	52.56
黑龙江	4 004.50	4 461.02	6 262.28	6 465.52	56.38	44.93
福　建	5 031.25	2 413.19	5 540.21	2 144.63	10.12	−11.13
浙　江	3 357.74	2 218.11	3 751.91	2 199.64	11.74	−0.83
江　苏	2 804.52	2 003.30	2 718.07	1 956.33	−3.08	−2.34
云　南	100.00	58.50	1 804.73	723.22		
四　川	2 702.28	1 212.69	1 745.65	671.10	−35.40	−44.66
河　北	3 932.77	3 489.42	1 142.15	979.70	−70.96	−71.92
重　庆	1 648.80	754.95	1 011.00	446.31	−38.68	−40.88
湖　南	1 096.00	457.27	880.34	356.08	−19.68	−22.13
河　南	458.00	186.65	336.00	120.48	−26.64	−35.45
湖　北	254.00	103.94	324.00	129.99	27.56	25.07
吉　林	94.00	45.88	227.54	89.79	142.06	95.71
内蒙古	231.45	214.91	60.00	21.60	−74.08	−89.95
江　西	100.00	61.15	40.00	18.46	−60.00	−69.82
陕　西	40.00	14.40				
广　西	0.01	0.21				

表8－105　分国别奶油进口数量

单位：吨

国家或地区	1995	2000	2001	2002	2003
国家（地区）总计	**1 180.69**	**3 088.29**	**1 452.45**	**5 154.84**	**11228.17**
新西兰	283.12	2 744.49	1 202.47	4 581.85	8 444.78
澳大利亚	383.61	86.05	166.19	509.50	1 345.60
爱尔兰					483.60
芬　兰		0.01	60.00	10.78	283.83
美　国	365.58	1.97	0.22	1.91	252.57
法　国	5.06	40.49	16.21	26.81	177.03
比利时	1.12		1.00	19.51	82.07
加拿大	4.72	1.36	1.88		60.00
德　国		0.01			36.30
新加坡	15.80				23.78
丹　麦	1.79	37.86	2.46	2.20	19.47
西班牙		12.00			17.96
韩　国	17.14	4.00	0.38	0.74	1.10
日　本	35.52	5.39	0.19	0.13	0.08
印　度					0.01
中国香港	5.78	0.05		0.60	
意大利				0.35	
中国台湾	0.55	17.96	1.31	0.34	
英　国	0.03			0.12	
荷　兰	58.16		0.10		
瑞　士	1.92	0.04	0.05		
印度尼西亚	0.01	136.32			
马来西亚		0.26			
瑞　典	0.03	0.01			
中　国	0.74				

表 8-106 分国别奶油进口价值

单位：千美元

国家或地区	1995	2000	2001	2002	2003
国家（地区）总计	**1 256.31**	**4 749.49**	**2 022.85**	**6 736.92**	**16 833.69**
新西兰	375.24	4 133.18	1 755.29	6 061.38	12 712.50
澳大利亚	292.80	182.15	139.98	534.26	1 758.54
爱尔兰					733.12
美国	320.50	1.31	0.52	2.53	421.28
芬兰		0.14	79.80	13.03	379.97
法国	16.08	127.66	24.34	74.96	305.99
比利时	4.60		1.03	39.10	159.06
加拿大	6.22	2.87	8.63		136.80
丹麦	12.28	18.90	8.12	6.72	64.19
新加坡	21.07				49.57
德国		0.03		0.01	31.11
西班牙		6.19			30.15
日本	35.26	24.32	2.52	1.82	0.85
韩国	22.20	16.85	0.79	0.24	0.54
印度					0.04
中国台湾	0.78	10.03	1.29	1.11	
英国	0.22			0.88	
意大利		0.03		0.73	
中国香港	22.40	0.68		0.15	
瑞士	4.68	0.30	0.44		
荷兰	119.33		0.10		
印度尼西亚	0.04	224.41			
马来西亚		0.25			
瑞典	0.08	0.21			
中国	2.55				

表 8-107 分国别奶油进口量值

单位：吨、千美元

国家或地区	2002		2003		2003年比2002年增加%	
	数量	金额	数量	金额	数量	金额
国家（地区）总计	**5 154.84**	**6 736.92**	**11 228.17**	**16 833.69**	**117.82**	**149.87**
新西兰	4 581.85	6 061.38	8 444.78	12 762.50	84.31	110.55
澳大利亚	509.50	534.26	1 345.60	1 758.54	164.10	229.15
爱尔兰		0.00	483.60	733.12		
芬兰	10.78	13.03	283.83	379.97		
美国	1.91	2.53	252.57	421.28		
法国	26.81	74.96	177.03	305.99	560.35	308.18
比利时	19.51	39.10	82.07	159.06	320.69	306.82
加拿大			60.00	136.80		
德国	0.003	0.01	36.30	31.11		
新加坡			23.78	49.57		
丹麦	2.20	6.72	19.47	64.19	783.17	855.56
西班牙		0.00	17.96	30.15		
韩国	0.74	0.24	1.10	0.54	48.65	129.24
日本	0.13	1.82	0.08	0.85	−40.00	−53.36
印度		0.00	0.01	0.04		
中国香港	0.60	0.15				
意大利	0.35	0.73				
中国台湾	0.34	1.11				
英国	0.12	0.88				

表 8－108　分地区奶油进口数量

单位：吨

地　区	1995	2000	2001	2002	2003
全国总计	**1 180.69**	**3 088.29**	**1 452.45**	**5 154.84**	**11 228.17**
广　东	926.13	225.84	670.64	2 243.18	4 531.54
北　京	169.71	1 165.88	701.60	1 750.61	2 910.04
上　海	45.34	43.41	44.79	1 007.66	2 571.39
山　东	19.37	14.00		29.50	624.15
黑龙江		0.03	0.05	0.11	201.68
浙　江	0.33	0.02		93.17	117.60
天　津	16.71	90.91	33.60	12.60	115.07
海　南		0.11			80.00
辽　宁	1.50		0.15	17.54	76.72
云　南		0.03	0.05		
四　川				0.24	
江　苏	0.23			0.22	
重　庆				0.03	
河　南			1.20		
吉　林			0.38		
西　藏		1 522.74			
广　西		13.20			
江　西		12.00			
安　徽		0.12			
山　西		0.01			
福　建	1.38				

表 8－109　分地区奶油进口价值

单位：千美元

地　区	1995	2000	2001	2002	2003
全国总计	**1 256.31**	**4 749.49**	**2 022.85**	**6 736.92**	**16 833.69**
广　东	570.39	270.55	778.51	2 864.10	6 731.97
北　京	380.37	1 792.33	1 104.03	2 297.81	4 241.21
上　海	186.58	119.88	83.85	1 356.76	3 863.16
山　东	87.48	48.08		50.63	1 033.43
黑龙江		0.28	0.41	1.56	320.33
天　津	16.99	215.25	53.76	17.97	191.84
海　南		0.18			179.55
浙　江	2.23	0.05		126.26	147.00
辽　宁	5.50		0.34	19.56	125.19
云　南		0.24	0.44		0.01
江　苏	1.39			1.03	
四　川				0.96	
重　庆				0.28	
吉　林			0.79		
河　南			0.72		
西　藏		2 291.03			
江　西		6.21			
广　西		5.02			
安　徽		0.25			
山　西		0.14			
福　建	5.39				

表 8-110　分地区奶油进口量值

单位：吨、千美元

地　区	2002		2003		2003 年比 2002 年增加%	
	数　量	金　额	数　量	金　额	数　量	金　额
全国总计	**5 154.84**	**6 736.92**	**11 228.17**	**16 833.69**	**117.82**	**149.87**
广　东	2 243.18	2 864.10	4 531.54	6 731.97	102.01	135.05
北　京	1 750.61	2 297.81	2 910.04	4 241.21	66.23	84.58
上　海	1 007.66	1 356.76	2 571.39	3 863.16	155.19	184.74
山　东	29.50	50.63	624.15	1 033.43		
黑龙江	0.11	1.56	201.68	320.33		
浙　江	93.17	126.26	117.60	147.00	26.23	16.42
天　津	12.60	17.97	115.07	191.84	813.21	967.59
海　南			80.00	179.55		
辽　宁	17.54	19.56	76.72	125.19	337.37	540.16
云　南				0.01		
四　川	0.24	0.96				
江　苏	0.22	1.03				
重　庆	0.03	0.28				

表 8－111　分国别干酪进口数量

单位：吨

国家或地区	1995	2000	2001	2002	2003
国家（地区）总计	**1 858.99**	**1 967.87**	**2 029.50**	**2 532.52**	**4 613.75**
新西兰	57.18	910.71	1 340.32	1 535.99	2 666.06
澳大利亚	390.06	668.73	355.35	615.39	1 383.58
美国	748.44	136.63	167.47	105.41	121.62
德国	4.40	0.77	36.40	29.74	120.49
法国	60.84	71.94	49.30	103.32	63.03
奥地利	0.01				61.73
荷兰	455.49	28.11	1.04	12.76	46.83
马来西亚	3.00	0.10	3.08	23.49	35.57
丹麦	10.86	7.44	11.83	12.35	34.66
韩国	1.05	24.00	0.01		27.97
芬兰				1.23	12.82
中国香港	42.56	7.93	11.23	32.13	12.26
西班牙					6.85
英国	0.44	0.92	0.15	5.94	5.24
加拿大	0.65	18.58	10.50	0.10	5.09
瑞士	4.23	33.13	35.98	23.99	4.74
日本	14.17	34.34	1.26	4.04	3.24
意大利	2.81	2.52	0.55	1.31	1.93
爱尔兰			2.08		0.04
中国台湾	12.29	0.15	0.10	0.04	0.01
印度尼西亚	22.73		1.60		
新加坡	25.26	13.49	0.10	24.63	
泰国				0.30	
黎巴嫩				0.23	
瑞典	0.02	0.23	0.27	0.10	
比利时	0.10	3.42	0.90	0.03	
菲律宾	1.92			0.02	
匈牙利		4.70			
挪威	0.12	0.03			
国（地）别不详的	0.38				

表 8-112 分国别干酪进口价值

单位：千美元

国家或地区	1995	2000	2001	2002	2003
国家（地区）总计	**2 052.36**	**3 916.63**	**3 974.94**	**5 732.62**	**9 753.47**
新西兰	27.03	1 482.34	2 236.06	3 705.37	6 267.96
澳大利亚	893.13	1 133.48	615.06	799.46	1 702.37
美国	306.95	421.78	658.76	367.87	487.41
德国	48.20	5.94	103.78	91.85	382.48
法国	133.33	184.28	159.21	370.72	298.07
丹麦	68.00	20.82	29.50	67.64	175.16
马来西亚	14.70	0.07	6.15	101.41	142.42
奥地利	0.07				99.16
芬兰				3.17	38.66
瑞士	8.08	119.38	89.07	79.82	31.29
西班牙					27.72
日本	71.99	320.45	18.95	30.64	25.46
英国	2.08	10.31	1.24	23.65	20.33
荷兰	121.22	43.36	3.36	5.07	19.12
意大利	16.65	2.59	1.96	5.82	17.91
韩国	14.48	24.00	0.02		9.95
中国香港	208.67	8.89	17.67	13.00	4.85
加拿大	2.53	10.92	5.39	0.94	2.09
爱尔兰			20.12		1.06
中国台湾	52.23	0.28	1.40	0.10	0.02
印度					0.01
印度尼西亚	17.31		4.72		
新加坡	35.80	121.27	0.52	62.77	
泰国				2.15	
瑞典	0.26	1.19	1.55	0.57	
黎巴嫩				0.45	
菲律宾	6.59			0.13	
比利时	0.77	2.06	0.46	0.02	
匈牙利		3.13			
挪威	0.98	0.10			
国（地）别不详的	1.32				

表 8-113 分国别干酪进口量值

单位：吨、千美元

国家或地区	2002		2003		2003年比2002年增加%	
	数 量	金 额	数 量	金 额	数 量	金 额
国家（地区）总计	**2 532.52**	**5 732.62**	**4 613.75**	**9 753.47**	**82.18**	**70.14**
新西兰	1 535.99	3 705.37	2 666.06	6 267.96	73.57	69.16
澳大利亚	615.39	799.46	1 383.58	1 702.37	124.83	112.94
美国	105.41	367.87	121.62	487.41	15.37	32.49
德国	29.74	91.85	120.49	382.48	305.19	316.42
法国	103.32	370.72	63.03	298.07	−39.00	−19.60
奥地利			61.73	99.16		
荷兰	12.76	5.07	46.83	19.12	267.17	276.97
马来西亚	23.49	101.41	35.57	142.42	51.39	40.43
丹麦	12.35	67.64	34.66	175.16	180.72	158.97
韩国			27.97	9.95		
芬兰	1.23	3.17	12.82	38.66		
中国香港	32.13	13.00	12.26	4.85	−61.84	−62.72
西班牙			6.85	27.72		
英国	5.94	23.65	5.24	20.33	−11.81	−14.05
加拿大	0.10	0.94	5.09	2.09		
瑞士	23.99	79.82	4.74	31.29	−80.23	−60.80
日本	4.04	30.64	3.24	25.46	−19.86	−16.92
意大利	1.31	5.82	1.93	17.91	48.01	207.64
爱尔兰			0.04	1.06		
中国台湾	0.04	0.10	0.01	0.02	−80.00	−80.39
印度				0.01		
新加坡	24.63	62.77				
泰国	0.30	2.15				
黎巴嫩	0.23	0.45				
瑞典	0.10	0.57				
比利时	0.03	0.02				
菲律宾	0.02	0.13				

表 8-114 分地区干酪进口数量

单位：吨

地区	1995	2000	2001	2002	2003
全国总计	**1 858.99**	**1 967.87**	**2 029.50**	**2 532.52**	**4 613.75**
北京	132.45	106.07	63.90	687.68	2 185.98
广东	1 584.86	1 117.68	1 457.78	688.68	834.77
上海	44.20	110.14	171.76	757.55	673.81
福建	65.34		0.10	177.36	576.98
山东	0.10	482.62	102.70	140.40	201.70
江苏	4.52	57.30	85.81	32.57	72.82
辽宁	23.00	79.49			30.05
新疆					27.90
天津	1.10	13.25	143.65	20.52	9.31
河北	1.03			0.30	0.43
浙江	1.37	0.63		27.45	
黑龙江				0.02	
四川			2.74		
安徽		0.60	1.06		
吉林			0.01		
山西	0.94	0.10			
陕西	0.10				

表 8-115 分地区干酪进口价值

单位：千美元

地区	1995	2000	2001	2002	2003
全国总计	**2 052.36**	**3 916.63**	**3 974.94**	**5 732.62**	**9 753.47**
北京	558.90	325.57	244.71	1 130.54	3 251.13
上海	244.34	366.97	653.31	2 142.89	2 274.06
广东	1 026.11	1 590.72	2 165.38	1 573.28	2 119.38
福建	127.68		0.52	392.62	1 191.85
山东	1.61	1 254.90	192.17	235.82	527.05
江苏	20.17	172.88	368.75	133.82	235.31
辽宁	47.70	181.88			79.94
天津	9.32	21.41	341.01	42.84	62.00
新疆					9.45
河北	7.64		0.000	2.28	3.31
浙江	5.33	1.13		78.39	
黑龙江				0.13	
安徽		0.83	5.41		
四川			3.66		
吉林			0.02		
山西	1.90	0.36			
陕西	1.66				

表 8-116 分地区干酪进口量值

单位：吨、千美元

地 区	2002		2003		2003年比2002年增加%	
	数 量	金 额	数 量	金 额	数 量	金 额
全国总计	**2 532.52**	**5 732.62**	**4 613.75**	**9 753.47**	**82.18**	**70.14**
北 京	687.68	1 130.54	2 185.98	3 251.13	217.88	187.57
广 东	688.68	1 573.28	834.77	2 119.38	21.21	34.71
上 海	757.55	2 142.89	673.81	2 274.06	−11.05	6.12
福 建	177.36	392.62	576.98	1 191.85	225.33	203.56
山 东	140.40	235.82	201.70	527.05	43.66	123.49
江 苏	32.57	133.82	72.82	235.31	123.60	75.84
辽 宁			30.05	79.94		
新 疆			27.90	9.45		
天 津	20.52	42.84	9.31	62.00	−54.64	44.72
河 北	0.30	2.28	0.43	3.31	42.57	44.98
浙 江	27.45	78.39				
黑龙江	0.02	0.13				

表 8-117 分国别干酪出口数量

单位：吨

国家或地区	1995	2000	2001	2002	2003
国家（地区）总计	**66.27**	**407.47**	**513.65**	**605.92**	**546.84**
中国香港	3.47	378.96	479.64	574.28	532.24
中国澳门		3.62	0.25	7.12	7.80
美 国					3.57
印度尼西亚					2.50
特立尼达和多巴哥					0.73
马来西亚	3.00				
德 国	0.02				
澳大利亚				24.52	
新西兰	0.09				
日 本	0.51	21.48			
韩 国	0.50	3.40	28.00		
中国台湾	0.20				
荷 兰	54.00				
加拿大	0.30				
新加坡	0.02				
泰 国	0.29		0.40		
菲律宾			0.36		
土耳其			5.00		
南 非	3.00				
朝 鲜	0.88				

Ⅸ. 乳制品消费

表 9－1　各地区城镇居民平均每人全年可支配收入

单位：元/人

地　区	1995	2000	2001	2002	2003
全国总计	**4 282.95**	**6 279.98**	**6 859.58**	**7 702.80**	**8 472.20**
北　京	6 235.00	10 349.69	11 577.78	12 463.92	13 882.62
天　津	4 929.53	8 140.50	8 958.70	9 337.56	10 312.91
河　北	3 921.35	5 661.16	5 984.82	6 679.68	7 239.06
山　西	3 305.98	4 724.11	5 391.05	6 234.36	7 005.03
内蒙古	2 863.03	5 129.05	5 535.89	6 051.00	7 012.90
辽　宁	3 706.51	5 357.79	5 797.01	6 524.52	7 240.58
吉　林	3 174.83	4 810.00	5 340.46	6 260.16	7 005.17
黑龙江	3 375.21	4 912.88	5 425.87	6 100.56	6 678.90
上　海	7 191.77	11 718.01	12 883.46	13 249.80	14 867.49
江　苏	4 634.42	6 800.23	7 375.10	8 177.64	9 262.46
浙　江	6 221.36	9 279.16	10 464.67	11 715.60	13 179.53
安　徽	3 795.38	5 293.55	5 668.80	6 032.40	6 778.03
福　建	4 506.99	7 432.26	8 313.08	9 189.36	9 999.54
江　西	3 376.51	5 103.58	5 506.02	6 335.64	6 901.42
山　东	4 264.08	6 489.97	7 101.08	7 614.36	8 399.91
河　南	3 299.46	4 766.26	5 267.42	6 245.40	6 926.12
湖　北	4 028.63	5 524.54	5 855.98	6 788.52	7 321.98
湖　南	4 699.23	6 218.73	6 780.56	6 958.56	7 674.20
广　东	7 438.70	9 761.57	10 415.19	11 137.20	12 380.43
广　西	4 971.87	5 834.43	6 665.73	7 315.32	7 785.04
海　南	4 770.41	5 358.32	5 838.84	6 822.72	7 259.25
重　庆		6 275.98	6 721.09	7 238.04	8 093.67
四　川	4 002.92	5 894.27	6 360.47	6 610.80	7 041.87
贵　州	3 931.46	5 122.21	5 451.91	5 944.08	6 569.23
云　南	4 085.11	6 324.64	6 797.71	7 240.56	7 643.57
西　藏		7 426.32	7 869.16	8 079.12	8 765.45
陕　西	3 309.68	5 124.24	5 483.73	6 330.84	6 806.35
甘　肃	3 152.52	4 916.25	5 382.91	6 151.44	6 657.24
青　海	3 319.85	5 169.96	5 853.72	6 170.52	6 745.32
宁　夏	3 382.81	4 912.40	5 544.17	6 067.44	6 530.48
新　疆	4 163.44	5 644.86	6 395.04	6 899.64	7 173.54

表9-2 各地区城镇居民平均每人全年消费性支出

单位：元/人

地 区	1995	2000	2001	2002	2003
全国总计	**3 537.57**	**4 998.00**	**5 309.01**	**6 029.88**	**6 510.94**
北 京	5 019.77	8 493.49	8 922.72	10 284.60	11 123.84
天 津	4 064.10	6 121.04	6 987.22	7 191.96	7 867.53
河 北	3 161.99	4 348.47	4 479.75	5 069.28	5 439.77
山 西	2 640.73	3 941.87	4 123.01	4 710.96	5 105.38
内蒙古	2 482.15	3 927.75	4 195.62	4 859.88	5 419.14
辽 宁	3 113.39	4 356.06	4 654.42	5 342.64	6 077.92
吉 林	2 597.96	4 020.87	4 337.22	4 973.88	5 492.10
黑龙江	2 776.49	3 824.44	4 192.36	4 462.08	5 015.19
上 海	5 868.11	8 868.19	9 336.10	10 464.00	11 040.34
江 苏	3 772.28	5 323.18	5 532.74	6 042.60	6 708.58
浙 江	5 263.41	7 020.22	7 952.39	8 713.08	9 712.89
安 徽	3 161.41	4 232.98	4 517.65	4 736.52	5 064.34
福 建	3 848.11	5 638.74	6 015.11	6 631.68	7 356.26
江 西	2 712.44	3 623.56	3 894.51	4 549.32	4 914.55
山 东	3 285.50	5 022.00	5 252.41	5 596.32	6 069.35
河 南	2 673.95	3 830.71	4 110.17	4 504.68	4 941.60
湖 北	3 433.79	4 644.50	4 804.79	5 608.92	5 963.25
湖 南	3 885.64	5 218.79	5 546.22	5 574.72	6 082.62
广 东	6 253.68	8 016.91	8 099.63	8 988.48	9 636.27
广 西	4 045.83	4 852.31	5 224.73	5 413.44	5 763.50
海 南	3 760.29	4 082.56	4 367.85	5 459.64	5 502.43
重 庆		5 569.84	5 873.69	6 360.24	7 118.06
四 川	3 429.00	4 855.78	5 176.17	5 413.08	5 759.21
贵 州	3 250.55	4 278.28	4 273.90	4 598.28	4 948.98
云 南	3 448.27	5 185.31	5 252.60	5 827.92	6 023.56
西 藏		5 554.42	5 994.39	6 952.44	8 045.34
陕 西	2 837.69	4 276.67	4 637.74	5 378.04	5 666.54
甘 肃	2 617.74	4 126.47	4 420.31	5 064.24	5 298.91
青 海	2 870.07	4 185.73	4 698.59	5 042.52	5 400.24
宁 夏	2 865.71	4 200.50	4 595.40	5 104.92	5 330.34
新 疆	3 186.76	4 422.93	4 931.40	5 636.40	5 540.61

表 9－3　各地区农村居民平均每人全年纯收入

单位：元/人

地　区	1995	2000	2001	2002	2003
全国总计	**1 577.74**	**2 253.42**	**2 366.40**	**2 475.63**	**2 622.24**
北　京	3 223.65	4 604.55	5 025.50	5 398.48	5 601.55
天　津	2 406.38	3 622.39	3 947.72	4 278.71	4 566.01
河　北	1 668.73	2 478.86	2 603.60	2 685.16	2 853.38
山　西	1 208.30	1 905.61	1 956.05	2 149.82	2 299.17
内蒙古	1 208.38	2 038.21	1 973.37	2 086.02	2 267.65
辽　宁	1 756.50	2 355.58	2 557.93	2 751.34	2 934.44
吉　林	1 609.60	2 022.50	2 182.22	2 300.99	2 530.41
黑龙江	1 766.27	2 148.22	2 280.28	2 405.24	2 508.94
上　海	4 245.61	5 596.37	5 870.87	6 223.55	6 653.92
江　苏	2 456.86	3 595.09	3 784.71	3 979.79	4 239.26
浙　江	2 966.19	4 253.67	4 582.34	4 940.36	5 389.04
安　徽	1 302.82	1 934.57	2 020.04	2 117.56	2 127.48
福　建	2 048.59	3 230.49	3 380.72	3 538.83	3 733.89
江　西	1 537.36	2 135.30	2 231.60	2 306.45	2 457.53
山　东	1 715.09	2 659.20	2 804.51	2 947.65	3 150.49
河　南	1 231.97	1 985.82	2 097.86	2 215.74	2 235.68
湖　北	1 511.22	2 268.59	2 352.16	2 444.06	2 566.76
湖　南	1 425.16	2 197.16	2 299.46	2 397.92	2 532.87
广　东	2 699.24	3 654.48	3 769.79	3 911.90	4 054.58
广　西	1 446.14	1 864.51	1 944.33	2 012.60	2 094.51
海　南	1 519.71	2 182.26	2 226.47	2 423.20	2 588.06
重　庆		1 892.44	1 971.18	2 097.58	2 214.55
四　川	1 158.29	1 903.60	1 986.99	2 107.64	2 229.86
贵　州	1 086.62	1 374.16	1 411.73	1 489.91	1 564.66
云　南	1 010.97	1 478.60	1 533.74	1 608.64	1 697.12
西　藏	1 200.31	1 330.81	1 404.01	1 462.27	1 691.00
陕　西	962.89	1 443.86	1 490.80	1 596.25	1 675.66
甘　肃	880.34	1 428.68	1 508.61	1 590.30	1 673.05
青　海	1 029.77	1 490.49	1 557.32	1 668.94	1 794.13
宁　夏	998.75	1 724.30	1 823.05	1 917.36	2 043.30
新　疆	1 136.45	1 618.08	1 710.44	1 863.26	2 106.19

表 9-4 各地区农村居民平均每人全年生活消费支出

单位：元/人

地 区	1995	2000	2001	2002	2003
全国总计	**1 310.36**	**1 670.13**	**1 741.09**	**1 834.31**	**1 943.30**
北 京	2 335.62	3 425.71	3 552.07	3 731.68	4 147.30
天 津	1 548.40	1 995.61	2 050.89	2 163.55	2 319.52
河 北	1 104.30	1 365.23	1 429.81	1 476.42	1 600.10
山 西	927.99	1 149.01	1 221.58	1 354.64	1 434.40
内蒙古	1 180.46	1 614.91	1 554.59	1 647.04	1 770.56
辽 宁	1 471.93	1 753.54	1 786.28	1 781.26	1 884.08
吉 林	1 494.62	1 553.35	1 661.69	1 680.20	1 815.57
黑龙江	1 479.84	1 540.35	1 604.53	1 674.20	1 661.70
上 海	3 387.04	4 137.61	4 753.23	5 301.82	5 669.57
江 苏	1 938.01	2 337.46	2 374.66	2 620.29	2 704.37
浙 江	2 378.38	3 230.88	3 479.17	3 692.89	4 285.13
安 徽	1 070.64	1 321.50	1 412.41	1 475.80	1 596.27
福 建	1 793.68	2 409.69	2 503.07	2 583.16	2 715.50
江 西	1 256.08	1 642.66	1 720.01	1 784.88	1 907.57
山 东	1 338.46	1 770.75	1 904.95	1 997.83	2 133.20
河 南	929.39	1 315.83	1 375.60	1 451.51	1 444.45
湖 北	1 245.10	1 555.61	1 649.18	1 745.63	1 801.63
湖 南	1 367.30	1 942.94	1 990.33	2 068.74	2 139.15
广 东	2 255.01	2 646.02	2 703.36	2 825.01	2 927.35
广 西	1 202.91	1 487.96	1 550.62	1 686.11	1 751.23
海 南	1 080.46	1 483.90	1 357.43	1 602.85	1 644.79
重 庆		1 395.53	1 475.16	1 497.72	1 583.31
四 川	1 092.91	1 484.59	1 497.52	1 591.99	1 747.02
贵 州	930.59	1 096.64	1 098.39	1 137.57	1 185.17
云 南	981.10	1 270.83	1 336.25	1 381.54	1 405.70
西 藏	896.80	1 116.59	1 123.71	1 000.29	1 030.13
陕 西	913.73	1 251.21	1 331.03	1 490.76	1 455.39
甘 肃	915.25	1 084.00	1 127.37	1 153.29	1 336.85
青 海	913.84	1 218.23	1 330.45	1 386.08	1 563.15
宁 夏	1063.20	1 417.13	1 388.79	1 418.12	1 637.13
新 疆	941.58	1 236.45	1 350.23	1 411.73	1 465.31

表 9－5　各地区城镇居民家庭平均每人全年食品消费支出

单位：元/人

地　区	1995	2000	2001	2002	2003
全国总计	**1 766.02**	**1 958.31**	**2 014.02**	**2 271.84**	**2 416.92**
北　京	2 436.48	3 083.37	3 229.28	3 472.08	3 522.69
天　津	2 117.14	2 454.79	2 588.10	2 607.00	2 963.85
河　北	1 433.76	1 517.94	1 583.68	1 795.32	1 912.42
山　西	1 267.17	1 375.97	1 412.95	1 531.32	1 712.13
内蒙古	1 201.75	1 353.45	1 423.22	1 532.28	1 705.56
辽　宁	1 615.29	1 772.14	1 846.11	2 074.68	2 394.98
吉　林	1 330.45	1 582.70	1 650.95	1 809.48	1 957.92
黑龙江	1 338.58	1 469.52	1 561.00	1 584.60	1 783.95
上　海	3 120.33	3 915.59	4 021.77	4 120.20	4 102.65
江　苏	1 957.25	2 189.80	2 194.04	2 441.88	2 566.89
浙　江	2 476.21	2 752.25	2 888.28	3 474.36	3 558.41
安　徽	1 697.66	1 934.83	1 998.95	2 045.28	2 238.91
福　建	2 413.84	2 518.02	2 651.11	2 881.20	3 104.80
江　西	1 476.31	1 559.45	1 587.55	1 843.68	1 979.83
山　东	1 484.39	1 744.09	1 801.34	1 927.56	2 051.30
河　南	1 338.93	1 386.76	1 424.90	1 517.04	1 662.30
湖　北	1 680.60	1 779.39	1 799.38	2 087.76	2 279.64
湖　南	1 898.07	1 943.68	1 943.55	1 985.88	2 179.40
广　东	3 003.05	3 096.33	3 089.63	3 460.44	3 583.72
广　西	2 061.47	1 936.07	1 968.02	2 201.40	2 305.98
海　南	2 228.94	2 013.22	2 022.19	2 435.88	2 463.03
重　庆		2 308.70	2 337.65	2 418.96	2 702.34
四　川	1 760.26	2 014.30	2 082.18	2 156.16	2 240.65
贵　州	1 748.58	1 837.49	1 748.83	1 788.60	1 968.22
云　南	1 808.71	2 091.70	2 105.66	2 423.40	2 506.62
西　藏		2 570.04	2 626.99	2 837.28	3 542.89
陕　西	1 339.57	1 532.09	1 589.44	1 832.88	1 960.29
甘　肃	1 353.01	1 552.77	1 639.17	1 792.56	1 908.10
青　海	1 507.03	1 711.03	1 790.27	1 850.52	1 986.54
宁　夏	1 331.12	1 500.85	1 562.57	1 774.32	1 919.42
新　疆	1 428.47	1 609.17	1 716.80	1 912.80	1 987.42

表 9-6 各地区城镇居民家庭平均每人全年乳制品消费支出

单位：元/人

地 区	1995	2000	2001	2002	2003
全国总计	**31.43**	**68.57**	**80.06**	**104.76**	**124.70**
北 京	73.55	178.33	198.75	219.48	255.99
天 津	48.26	98.59	108.03	113.76	139.08
河 北	31.46	63.33	70.85	96.24	117.51
山 西	23.63	63.02	81.11	99.48	128.45
内蒙古	31.09	54.87	66.11	83.88	109.24
辽 宁	28.58	64.42	74.91	101.28	129.81
吉 林	22.00	47.16	54.35	75.00	86.59
黑龙江	26.01	57.61	68.06	76.80	101.37
上 海	114.22	200.90	230.57	246.48	241.82
江 苏	31.30	79.74	86.20	128.04	141.95
浙 江	36.57	81.86	96.60	120.12	139.17
安 徽	22.16	51.99	62.66	95.04	117.20
福 建	32.54	104.48	125.04	129.72	153.00
江 西	15.90	43.43	58.43	79.20	94.30
山 东	31.33	84.25	106.58	130.08	149.65
河 南	24.17	43.28	50.90	66.36	91.96
湖 北	16.85	43.35	53.03	82.44	90.27
湖 南	20.06	40.32	49.89	62.40	87.65
广 东	35.18	65.18	74.22	107.88	124.01
广 西	19.99	46.11	51.71	71.28	85.31
海 南	20.53	27.87	36.89	53.16	68.98
重 庆		111.42	127.12	134.64	178.21
四 川	31.79	70.66	88.07	110.28	130.10
贵 州	26.27	47.79	52.76	66.12	82.48
云 南	23.49	45.76	46.54	66.00	67.73
西 藏		282.74	298.67	225.96	333.64
陕 西	28.42	50.91	59.78	85.44	103.81
甘 肃	28.05	58.60	67.46	83.04	115.57
青 海	43.77	56.73	62.37	77.64	96.29
宁 夏	26.75	58.53	69.50	86.28	103.70
新 疆	39.59	59.95	67.62	84.00	110.10

表 9-7　全国城镇居民家庭平均每人全年酸奶购买量

单位：千克/人

年份	总平均	最低收入	其中：困难户	低收入户	中等偏下户	中等收入户	中等偏上户	高收入户	最高收入户
1992	0.37	0.14	0.13	0.23	0.32	0.36	0.50	0.54	0.58
1993	0.32	0.12	0.11	0.20	0.28	0.33	0.43	0.43	0.48
1994	1.04	0.14	0.13	0.17	3.95	0.29	0.33	0.53	0.53
1995	0.26	0.09	0.07	0.18	0.23	0.26	0.31	0.36	0.41
1996	0.32	0.11	0.09	0.37	0.23	0.33	0.34	0.39	0.56
1997	0.44	0.15	0.12	0.27	0.34	0.44	0.58	0.61	0.78
1998	0.64	0.28	0.19	0.34	0.48	0.57	0.80	1.11	1.16
1999	0.87	0.39	0.34	0.52	0.65	0.80	1.14	1.32	1.47
2000	1.12	0.51	0.41	0.62	0.88	1.09	1.42	1.52	2.06
2001	1.36	0.55	0.46	0.78	1.10	1.30	1.69	2.17	2.27
2002	1.82	0.51	0.34	0.98	1.35	1.76	2.30	2.74	3.31
2003	2.53	0.68	0.46	1.35	2.01	2.57	3.11	3.92	4.33

表 9-8　全国城镇居民家庭平均每人全年奶粉购买量

单位：千克/人

年份	总平均	最低收入	其中：困难户	低收入户	中等偏下户	中等收入户	中等偏上户	高收入户	最高收入户
1992	0.43	0.26	0.23	0.34	0.40	0.44	0.50	0.50	0.57
1993	0.42	0.22	0.19	0.31	0.36	0.49	0.48	0.54	0.62
1994	0.42	0.26	0.25	0.30	0.37	0.42	0.49	0.54	0.62
1995	0.35	0.19	0.16	0.23	0.33	0.39	0.41	0.42	0.50
1996	0.41	0.22	0.20	0.31	0.37	0.42	0.47	0.54	0.59
1997	0.41	0.23	0.20	0.34	0.37	0.40	0.46	0.52	0.61
1998	0.43	0.24	0.22	0.32	0.40	0.43	0.50	0.59	0.60
1999	0.44	0.25	0.21	0.32	0.40	0.47	0.52	0.56	0.62
2000	0.49	0.26	0.24	0.36	0.43	0.52	0.56	0.67	0.70
2001	0.50	0.29	0.27	0.34	0.46	0.52	0.56	0.62	0.74
2002	0.55	0.34	0.25	0.42	0.57	0.58	0.59	0.68	0.65
2003	0.56	0.31	0.30	0.46	0.57	0.61	0.62	0.62	0.63

表 9-9　全国城镇居民家庭平均每人全年鲜乳品购买量

单位：千克/人

年份	总平均	最低收入	其中：困难户	低收入户	中等偏下户	中等收入户	中等偏上户	高收入户	最高收入户
1992	5.52	3.21	2.83	3.49	4.55	5.27	6.66	7.81	9.39
1993	5.38	2.91	2.64	3.98	4.48	5.26	6.50	7.43	8.25
1994	5.25	2.94	2.59	3.27	4.64	5.13	5.78	7.66	8.80
1995	4.62	2.56	2.26	3.24	3.93	4.71	5.13	6.27	7.57
1996	4.83	2.52	2.27	3.45	3.93	4.84	5.62	6.59	7.91
1997	5.07	2.62	2.54	3.49	4.10	4.97	6.18	6.38	9.02
1998	6.18	2.87	2.17	3.72	4.95	6.17	7.48	9.03	10.66
1999	7.88	3.34	2.89	5.14	6.52	7.62	9.69	11.00	13.78
2000	9.94	4.59	3.95	6.04	8.27	9.83	11.95	14.07	17.52
2001	11.90	5.61	4.96	7.73	9.69	11.78	14.79	16.80	19.60
2002	15.68	4.83	3.59	8.39	11.78	15.79	19.99	23.63	26.46
2003	18.62	6.71	5.23	10.85	15.51	18.94	23.43	26.82	28.29

表9－10　各地区农村居民家庭平均每人全年鲜奶购买量

单位：千克/人

地　区	1995	2000	2001	2002	2003
全国总计	**0.05**	**0.16**	**0.27**	**0.33**	**0.6**
北　京	0.22	3.95	5.98	6.54	8.3
天　津	0.02	0.33	0.47	0.54	1.4
河　北	0.02	0.09	0.08	0.15	0.4
山　西	0.16	0.45	0.66	0.99	1.3
内蒙古	0.19	0.19	0.35	0.41	0.9
辽　宁	0.16	0.21	0.33	0.35	0.6
吉　林	0.05	0.02	0.02	0.02	0.2
黑龙江	0.03	0.07	0.21	0.25	0.5
上　海	0.61	1.45	1.44	1.77	2.9
江　苏	0.02	0.19	0.35	0.55	1.2
浙　江	0.04	0.36	0.53	0.74	1.2
安　徽	0.01	0.01	0.01	0.02	0
福　建	0.17	0.32	0.49	0.78	1.1
江　西		0.01	0.01	0.03	0.1
山　东	0.05	0.27	0.50	0.84	1.9
河　南	0.01	0.02	0.04	0.06	0.1
湖　北			0.01		0
湖　南	0.01	0.01	0.01		0
广　东	0.03	0.04	0.05	0.06	0.1
广　西			0.00		0
海　南	0.03		0.00	0.02	0
重　庆		0.02	0.03	0.04	0.1
四　川	0.01	0.03	0.04	0.07	0.2
贵　州			0.00		0
云　南	0.02	0.03	0.06	0.08	0.1
西　藏	0.03		1.91		0
陕　西	0.06	0.34	0.53	0.49	0.5
甘　肃	0.04	0.13	0.19	0.23	0.3
青　海	0.45	0.35	0.44	0.54	0.6
宁　夏	0.04	0.27	0.30	0.40	0.5
新　疆	0.21	0.31	0.50	0.68	0.4

表 9-11 各地区农村居民家庭平均每人全年乳及乳制品消费量

单位：千克/人

地 区	1995	2000	2001	2002	2003
全国总计	**0.64**	**1.06**	**1.20**	**1.19**	**1.71**
北 京	1.06	5.72	8.29	10.51	10.47
天 津	0.39	0.74	1.00	1.28	1.85
河 北	0.14	0.22	0.32	0.43	0.67
山 西	0.31	0.63	0.90	1.34	1.79
内蒙古	0.7	6.79	2.89	3.05	4.99
辽 宁	0.25	0.42	0.51	0.66	0.97
吉 林	0.23	0.15	0.14	0.15	0.42
黑龙江	0.28	0.34	0.49	0.49	0.73
上 海	1.5	2.07	2.50	2.41	4.47
江 苏	0.17	0.42	0.64	0.96	1.66
浙 江	0.2	0.97	1.28	1.83	3.15
安 徽	0.09	0.12	0.16	0.20	0.25
福 建	0.25	0.55	0.74	1.08	1.56
江 西	0.05	0.13	0.15	0.23	0.40
山 东	0.18	0.75	0.98	1.55	2.41
河 南	0.09	0.14	0.22	0.33	0.35
湖 北	0.03	0.04	0.21	0.05	0.08
湖 南	0.03	0.07	0.09	0.11	0.16
广 东	0.08	0.08	0.11	0.13	0.21
广 西	0.01	0.05	0.02	0.03	0.05
海 南	0.09	0.08	0.05	0.23	0.07
重 庆		0.06	0.09	0.26	0.18
四 川	0.89	1.31	0.75	1.07	0.83
贵 州	0.02	0.03	0.03	0.05	0.03
云 南	0.1	0.09	0.13	0.25	0.23
西 藏	14.06	12.25	30.71	15.18	33.68
陕 西	0.49	1.02	1.11	1.13	1.14
甘 肃	0.17	0.39	0.58	0.69	0.75
青 海	12.8	21.68	20.56	16.90	19.71
宁 夏	0.2	0.88	0.87	1.40	2.22
新 疆	4.11	2.78	2.85	3.87	4.58

注：表中乳制品的消费量指液态奶、奶粉等之和。

奶业行业名录

行业协会

中国奶业协会

理事长 刘成果
秘书长 魏克佳
副秘书长 张祥元
电 话 010－62948006
传 真 010－62948006
网 址 www.dac.com.cn
E－mail dac@dac.com.cn
地 址 北京德胜门外清河南镇
邮 编 100085
会 刊 《中国奶牛》

中国乳制品工业协会

理事长 宋昆冈
秘书长 牟静君
电 话 010－68396520
传 真 010－68396665
地 址 北京西城区阜外大街乙22号
邮 编 100833
会 刊 《中国乳品工业》
《中国乳品工业通讯》

北京市奶业协会

理事长 范学珊
秘书长 刘文奇
副秘书长 经宝临
电 话 010－62003750
传 真 010－62014068
地 址 北京西城区鼓楼西大街75号
邮 编 100009

北京市大兴区奶业协会

理事长 王凤岭
秘书长 张 民
电 话 010－69245639
传 真 010－69252037
E－mail lw－yu@263.net
地 址 北京大兴区黄村卫星城林校北路15号
邮 编 102600
会 刊 《大兴奶业》

天津市奶牛业协会

理事长 何秀恒
秘书长 曲金铎
电 话 022－27377883
传 真 022－27387708
地 址 天津和平区重庆道217号
邮 编 300050

天津市乳品协会

理事长 王金华
秘书长 侯勇革
电 话 022－23919229
地 址 天津南开区士英路18号
邮 编 300381
会 刊 《天津乳业信息》

河北省奶业协会

理事长 田文华
秘书长 贾树刚
电 话 0311－8615359
传 真 0311－8615376
地 址 河北石家庄市和平西路539号
邮 编 052271

石家庄市奶业协会

理事长 王怀进
秘书长 刘英虎
副秘书长 刘亚男
电 话 0311－7011574
传 真 0311－7011574
E－mail lyn4567@163.com
地 址 河北石家庄中华南大街253号
邮 编 050000
会 刊 《奶业简报》

张家口市奶业协会

理事长 荀秉兴
秘书长 石广山
电 话 0313－4054155
传 真 0313－4054155
地 址 河北张家口市纬一东路17号
邮 编 075000
会 刊 《张家口乳业》

唐山市奶业协会

理事长 郭占江
秘书长 赵桂林
电 话 0315－2801271
传 真 0315－2822645
地 址 河北唐山市西山道7号
邮 编 063000

廊坊市奶牛养殖协会

理事长 李修凯
秘书长 靳国安
电 话 0316－2023552 2047319
传 真 0316－2023552
地 址 河北廊坊市金光道43号
邮 编 065000
会 刊 《廊坊奶业动态》

山西省奶牛协会

理事长 刘 艺
秘书长 王印魁
电 话 0351－4155370
传 真 0351－4042582
E－mail nxwyk88@163.com
地 址 山西太原市迎泽大街312号
邮 编 030001
会 刊 《山西奶业信息》

太原市奶牛协会

理事长 王学文
秘书长 雷秀敏
电 话 0351－2024715
传 真 0351－2024715
E－mail tyrpz@163.com
地 址 山西太原市新建南路59号
邮 编 030001
会 刊 《太原奶业信息》

山西大同市奶业协会

理事长 张建强
秘书长 马兴仁
副秘书长 白蕊芳
电 话 0352－6127133
传 真 0352－6127133
地 址 山西大同市佛殿庙街29号
邮 编 037005

山西朔州市奶业协会

理事长 卫占成

秘书长　曹有升
副秘书长　刘思久
电　话　0349－2020603
传　真　0349－2020603
地　址　山西朔州市市政府接待处326室
邮　编　036002

山西晋中市榆次区奶业协会

理事长　成润明
秘书长　刘　焕
电　话　0354－3025323
传　真　0354－3027088
地　址　山西晋中市榆次区安宁大街151号畜牧局内
邮　编　030600

内蒙古自治区奶业协会

秘书长　那达木德
电　话　0471－4963294
传　真　0471－4963294
地　址　内蒙古呼和浩特市乌兰察布东路内蒙古家畜改良工作站
邮　编　010010

内蒙古自治区奶业协会乳品分会

理事长　鄂光宇
电　话　0471－6921373
传　真　0471－6923802
E－mail　eguangyu@sohu.com
地　址　内蒙古呼和浩特市中山东路1号
邮　编　010010

呼和浩特市奶业协会

秘书长　巴根那
电　话　0471－6862631
传　真　0471－4962033
E－mail　bgn6@hotmail.com
地　址　内蒙古呼和浩特市三十五中西苍内蒙计生委院畜牧局楼内
邮　编　010010

包头市奶业协会

理事长　袁长义
秘书长　雷青山
电　话　0472－5152366　5111378
传　真　0472－5122105
地　址　内蒙古包头市民族东路69号
邮　编　014010

辽宁省奶业协会

理事长　林仁堂
秘书长　卢戈川
电　话　024－22856461
传　真　024－22856461　22856562
地　址　辽宁沈阳市和平区北六经街7号
邮　编　110003

沈阳市奶牛协会

理事长　李春祥
秘书长　周传平
电　话　024－88532955
传　真　024－88530389
地　址　辽宁沈阳市大东区天后宫路134号
邮　编　110041

大连市奶业协会

理事长　范　颖
秘书长　金丰久
电　话　0411－84344584
传　真　0411－84306410
网　址　www.dldairy.com
E－mail　webmaster@dldairy.com
地　址　辽宁大连市沙河口区集贤北街9号
邮　编　116021

吉林省奶业协会

理事长　彭志国
秘书长　张家武
副秘书长　谢春雷、罗文生
电　话　0431－7926389
传　真　0431－7922790
地　址　吉林长春市绿园区辽阳街311号
邮　编　130062

黑龙江省奶业协会

理事长　张秀芝
秘书长　王存国
电　话　0451－82625847
传　真　0451－82625847
E－mail　wangcunguo@hotmail.net.cn
网　址　www.hljdairy.org
地　址　黑龙江哈尔滨市动力区文府街4－1号
邮　编　150040
会　刊　《黑龙江省奶业周刊》

黑龙江省乳品工业协会

理事长　张庆祥
秘书长　杨思行
电　话　0451－86671424
传　真　0451－86664742
E－mail　hdza@hr.hl.cn
地　址　黑龙江哈尔滨市南岗区学府路337号
邮　编　150086

哈尔滨市奶牛协会

理事长　年　智
秘书长　李宏图
电　话　0451－84530976
传　真　0451－84528244
地　址　黑龙江哈尔滨市道里区地正街31号
邮　编　150016

哈尔滨市呼兰区奶业协会

理事长　张敬武
秘书长　张恒为
电　话　0451－57355256
传　真　0451－57321901
地　址　黑龙江哈尔滨市呼兰区畜牧局
邮　编　150500

哈尔滨市平房区奶业协会

理事长　张耀东
电　话　0451－86501498
传　真　0451－86501498
地　址　黑龙江哈尔滨市平房区有协大街98号
邮　编　150060

齐齐哈尔奶业协会

理事长　王　玉
秘书长　李富山
电　话　0452－2713755
传　真　0452－2719967
地　址　黑龙江齐齐哈尔市中华西路174号
邮　编　151006

双鸭山市奶牛协会

理事长　解兆林
秘书长　王存国
电　话　0469－4280297
传　真　0469－4288381
地　址　黑龙江双鸭山市畜牧局
邮　编　155100

大庆市奶牛协会

理事长　刘兆全
秘书长　宋宪成
电　话　0459－6396563
传　真　0459－6396563
地　址　黑龙江大庆市东风新村经三届77号
邮　编　163311

安达市乳业协会

理事长　张景川
秘书长　于　波
电　话　0455－7220313＼7225919

传　真　0455-7220929＼7220515
E-mail　mylove1011@sina. com
地　址　黑龙江安达市总工会院内
邮　编　151400

上海奶业行业协会

理事长　王佳芬
秘书长　陈　新
电　话　021-56031169　56658489
传　真　021-56033018　56653894
网　址　www. naixie. org
E-mail　chenxin47@21cn. com
地　址　上海洛川中路816号303室
邮　编　200072
会　刊　奶业信息、乳业科学与技术

江苏省奶业协会

理事长　刘立仁
秘书长　刘　敞
电　话　025-86263913
传　真　025-86263918
地　址　江苏南京市龙江小区
　　　　农林大厦九楼
邮　编　210036

浙江省奶牛业协会

理事长　戴旭明
秘书长　周仲儿
电　话　0571-86990763
传　真　0571-86041245
地　址　浙江杭州市凤起东路29号
邮　编　310020
会　刊　浙江奶业通讯

杭州市奶业协会

理事长　王建华
秘书长　郑成祥
副秘书长　叶剑华
电　话　0571-85252116
传　真　0571-85252176
网　址　www. hzagro. com
E-mail　yjh6@mail. hzagro. com
地　址　浙江杭州市环城北路318号
邮　编　310026
会　刊　《杭州奶业》

金华市奶牛乳品行业协会

理事长　谭广潮
秘书长　吴春金
电　话　0579-2050180
传　真　0579-2050013
网　址　www. nfry. cn
E-mail　jhruye@163. com
地　址　浙江金华市双龙南路农
　　　　科教大楼
邮　编　321017
会　刊　金华乳业

台州市奶业协会

理事长　俞永平
秘书长　王德刚
电　话　0576-8595072
传　真　0576-8595075
地　址　浙江台州市椒江市康平路
　　　　农业大楼
邮　编　318000
会　刊　畜牧产业通讯

温州市奶业协会

理事长　朱立科
秘书长　王柏强
电　话　0577-88224203
传　真　0577-88224203
地　址　浙江温州市九山北路兽医桥
邮　编　325000

安徽省奶业协会

理事长　钱东方
秘书长　李赛明
电　话　0551-2616494　2616345
传　真　0551-2616494
地　址　安徽合肥市美菱大道421号
　　　　省农委畜牧局
邮　编　230001

福建省畜牧兽医学会奶牛专业委员会

理事长　尤　珩
秘书长　郑鸿钧
电　话　0591-87816848
传　真　0591-87856105
地　址　福建福州市鼓屏路183号
邮　编　350003

江西省乳业协会

理事长　席德三
秘书长　万建设
电　话　0791-3975819
传　真　0791-3977811
E-mail　Dyong 3975819@main. china. com
地　址　江西南昌市蛟桥江西金牛企业
　　　　集团公司内
邮　编　330044

南昌奶业协会

理事长　胡霄云
秘书长　李水根
电　话　0791-6504326
传　真　0791-6503964
E-mail　lsengnc0546@sina. com
地　址　江西南昌市朝阳中路22号
邮　编　330009

山东省畜牧协会奶业分会

理事长　王桂月
秘书长　张志民
副秘书长　张思聪
电　话　0531-7261441
地　址　山东济南市槐村街68号
邮　编　250022

青岛市奶业协会

理事长　程兴漠
秘书长　宗绪贵
电　话　0532-7685866
传　真　0532-7695876
网　址　www. qdxumu. com
E-mail　hanwenxin@qdxumu. com
地　址　青岛市李沧区夏庄路149号
邮　编　266100

济宁乳业协会

秘书长　李锡庆
电　话　0537-2602926
地　址　山东济宁市环城北路10＃
邮　编　272100

章丘市奶业协会

理事长　郭新明
电　话　0531-3581052
地　址　山东章丘市高寨镇驻地
邮　编　250209

河南省奶业协会

理事长　谢振生
秘书长　王春祥
副秘书长　宋洛文
电　话　0371-5922771
传　真　0371-5922772
E-mail　slwhn@enorth. com. cn
地　址　河南郑州市经五路23号
邮　编　450002

郑州市奶业协会

理事长　王瑞桐
秘书长　赵书峰
电　话　0371-8632120
传　真　0371-8616721
E-mail　dazz0101@sina. com
地　址　河南郑州市桐柏南路19号市
　　　　农业局五楼
邮　编　450006

武汉市奶业协会

理事长　施纪明
秘书长　李细桥
电　话　027-85778654
传　真　027-85778654

地　址　湖北武汉市汉口台北一路14号
邮　编　430015
会　刊　武汉奶业通讯

武汉市蔡甸区奶业协会

理事长　杨学斌
秘书长　周　炼
电　话　027-84942699
传　真　027-84997970
地　址　湖北武汉市武汉市蔡甸区畜牧局
邮　编　430100

广东省奶业协会

理事长　张永发
秘书长　林树斌
电　话　020-87714410
传　真　020-87714982
E-mail　linshubin@21cn.com
地　址　广东广州市先烈东路135号农业厅综合楼1210房
邮　编　510500
会　刊　《广东奶业》

广州市奶业协会

理事长　王丁棉
秘书长　谭俭才
电　话　020-86595036
传　真　020-86554273
E-mail　wangdm55@21cn.com
地　址　广东广州市广园中路麓景路388号
邮　编　510405
会　刊　《广州奶牛》

广东省佛山市南海区水奶牛协会

理事长　林明基
秘书长　罗汝灶
电　话　0757-86337447
传　真　0757-86324230
地　址　广东佛山市南海区桂城南新四路9号
邮　编　528200

深圳市奶业协会

理事长　杨志成
秘书长　徐德福
电　话　0755-25161529
传　真　0755-25161831
地　址　广东深圳市罗湖区笋岗路宝安大厦B座8楼
邮　编　051800

广东南海市水奶牛协会

理事长　林明基
秘书长　卢佐良
电　话　0757-6337447
传　真　0757-6324230
地　址　广东南海市南新四路市畜牧总站内转市水牛协会
邮　编　528200

广西水产畜牧协会奶业分会

秘书长　王国利
电　话　0771-2844415
传　真　0771-2852154
E-mail　wuliaowang2000@yahoo.com.cn
地　址　广西南宁市七星路135号
邮　编　530022

海南省奶业协会

理事长　邢贻强
秘书长　张一心
电　话　0898-65392139
传　真　0898-65343913
地　址　海南汉口市海府大道59号
邮　编　570204

重庆市奶业协会

理事长　廖祯华
秘书长　蒋远映
电　话　023-67865301
传　真　023-67865301
地　址　重庆江北区华新村209号2-3
邮　编　400020

四川省奶业协会

理事长　刘　键
秘书长　李　谦
电　话　028-85505575
传　真　028-85571245
地　址　四川成都市武侯祠大街4号
邮　编　610041
会　刊　《四川奶业》刊物

四川省乳品专业协会

秘书长　魏荣禄
电　话　028-85556934
传　真　028-85556934
地　址　四川成都市玉林街3号内421室
邮　编　610041

成都市奶业协会

理事长　李朝林
秘书长　余建明
电　话　028-86241673
传　真　028-86262423
地　址　四川成都市马道街75号
邮　编　610015
会　刊　奶业动态

成都市农垦奶业协作会

理事长　曾祥林
秘书长　王犀锐
电　话　028-85435770
传　真　028-85434751
地　址　四川成都市群众路2号
邮　编　610021

乐山市奶畜协会

理事长　史延康
秘书长　马维骏
电　话　0833-2430603
传　真　0833-2430603
地　址　四川乐山市乐山市中区龙游路中段市畜牧局
邮　编　614000

贵州省奶牛协会

理事长　赵宣富
副秘书长　王　犁
电　话　0851-5283890
传　真　0851-5283143
E-mail　n_kj@sohu.com
地　址　贵州贵阳市延安中路62号
邮　编　550001

安顺市奶农协会

理事长　楚胜捷
秘书长　郭荣华
电　话　0853-3341254
传　真　0853-3341254
E-mail　asomlb@public.gz.cn
地　址　贵州安顺市虹山东路1号三楼
邮　编　561000

云南省畜牧兽医学会奶业分会

理事长　袁跃云
秘书长　陈德端
电　话　0871-3649220
传　真　0871-3649220
地　址　云南昆明市华山东路43号
邮　编　650021
会　刊　《云南畜牧兽医》

昆明市奶业协会

理事长　朱　宝
秘书长　张　僖
电　话　0871-4156111
传　真　0871-4146053
网　址　www.yndairy.com
E-mail　netsong@yndairy.com
地　址　云南昆明市环城南路701号农工商大楼
邮　编　650034

晋宁县奶业协会

理事长　张树清
秘书长　毕正艳

电　话　0871-7800071
传　真　0871-7892255
地　址　云南昆明市晋宁县昆阳镇昆阳大街68号
邮　编　650600

大理市奶业协会

理事长　杨跃光
秘书长　赵沛军
电　话　0872-2670517
传　真　0872-2670367
E-mail　dlzpj@sina.com
地　址　云南大理市农业局奶业协会
邮　编　671003

陕西省奶业协会

理事长　梁凤民
秘书长　郭庆宏
副秘书长　庆麦玉
电　话　029-86248867
传　真　029-86248867
地　址　西安市未泱路28号
邮　编　710016

西安市乳业协会

理事长　李兴振
秘书长　王伟民
电　话　029-8198010
传　真　029-8198010
网　址　www.XBRY.com
E-mail　xbry@xbry.com
地　址　陕西西安市高新技术开发区高新路8号
邮　编　710068

兰州奶业协会

理事长　薛　红
秘书长　李景云
电　话　0931-8415250
传　真　0931-8415250
地　址　甘肃兰州市金昌路75号广武商厦13楼
邮　编　730030

青海省奶牛协会

理事长　张贞林
秘书长　李承鹏
副秘书长　殷生宏
电　话　0971-6153872
传　真　0971-6153872
地　址　青海西宁市胜利路77号
邮　编　810001

青海省西宁市奶业协会

理事长　张历新
秘书长　罗生明
电　话　0971-5318063
传　真　0971-5318063
地　址　青海西宁市张路29号
邮　编　810003

宁夏奶业协会

理事长　高万里
秘书长　虞景龙
副秘书长　罗晓瑜
电　话　0951-6036790
传　真　0951-6023445
E-mail　nxnyx@163.com
地　址　宁夏银川市云皇阁南街48号
邮　编　750004

新疆维吾尔自治区奶业协会

理事长　王树双
秘书长　刘建设
副秘书长　高庆超、李景芳
电　话　0991-4627687
传　真　0991-4627687
地　址　新疆乌鲁木齐克拉玛依东路43号附1号
邮　编　830067

乌鲁木齐市奶业协会

理事长　陆东林
秘书长　李景芳
电　话　0991-3741420　3660224　4551224　4669096
传　真　0991-4618113
地　址　新疆乌鲁木齐克拉玛依东路43号附1号
邮　编　830011
会　刊　《乌鲁木齐乳业》报

伊犁州乳业协会

秘书长　霍和平
电　话　0999-8023015
传　真　0999-8034480
地　址　新疆伊宁市斯大林街27号
邮　编　835000

良种繁育

北京奶牛中心

负责人　张胜利
电　话　010-62948018　62948010　62948028
传　真　010-62940663
地　址　北京市德胜门外清河南镇
邮　编　100085
网　址　www.bdcc.com.cn
品　种　荷斯坦、西门塔尔、夏洛来、利木赞及安格斯
存栏量　1320头
冻精量　260万支/年
胚胎量　5000～10000枚/年

北京雄特良种奶牛繁良中心有限公司

负责人　窦　铖
电　话　010-61435860
传　真　010-61432334
地　址　顺义区大孙各庄镇大孙各庄村东
邮　编　101300

天津市奶牛发展中心

电　话　022-88242586
传　真　022-88242586
地　址　天津市河西区解放南路南端
邮　编　300221
品　种　荷斯坦
存栏量　31头

新疆呼图壁胚胎中心河北分中心

负责人　李陆海
电　话　0318-2026083
地　址　河北衡水市深州乔屯乡林莆村
邮　编　053000
品　种　荷斯坦
存栏量　1000头
胚胎量　1000枚/年

河北省畜牧良种服务中心

负责人　杜　勇
电　话　0311-6839288
传　真　0311-6839288
地　址　石家庄市五七路7号
邮　编　050061
品　种　荷斯坦、利木赞、西门塔尔、海福特、短角、安格斯、夏洛来、皮埃蒙特等
存栏量　105头
冻精量　180万支/年
胚胎量　8000枚/年

河北省畜牧良种服务中心种牛站

负责人　刘廷玉
电　话　0311-6832024
传　真　0311-6839288
地　址　石家庄市五七路7号
邮　编　050061
品　种　荷斯坦
存栏量　100头
冻精量　180万支/年

大城县畜牧水产局改良站

负责人　杨振忠

电　话　0316－5522203
传　真　0316－5522203
地　址　大城县东环路畜牧水产局
邮　编　065900
冻精量　0.5万支/年
胚胎量　360枚/年

河北省御道口牧场畜牧兽医服务中心

负责人　于少相
电　话　0314－7996632
地　址　河北省御道口牧场
邮　编　068463
品　种　中国荷斯坦
冻精量　0.3万支/年
胚胎量　1995枚/年

山西省家畜冷冻精液中心

电　话　0351－6272494
传　真　0351－6264607
地　址　山西省太原市胜利西街7号
邮　编　030027
网　址　www.sxah.com
品　种　荷斯坦、西门塔尔、皮尔门特、利木赞、晋南牛、比利时牛
存栏量　50头
冻精量　80万支/年

太原市畜禽繁育工作站

负责人　李五柱
电　话　0351－4081574
地　址　太原市新建路59号
邮　编　030002
网　址　www.sxah.com

内蒙古家畜改良工作站

负责人　那达木德
电　话　0471－4963294　4963287
传　真　0471－4963294
地　址　呼和浩特市赛罕区
邮　编　010010
品　种　荷斯坦、西门塔尔、夏洛来、安格斯、海福特
存栏量　116头
冻精量　100万支/年
胚胎量　2000枚/年

内蒙古通辽市家畜繁育指导站

负责人　丁国臣
电　话　0475－8411176
传　真　0475－8411283
地　址　通辽市科尔沁区东郊
邮　编　028000
品　种　西门塔尔
存栏量　40头
冻精量　80万支/年
胚胎量　1000枚/年

内蒙古中谷良种奶牛有限公司

负责人　翟炳星
地　址　内蒙古商都县西坊子乡
邮　编　013400

辽宁省宽甸良种奶牛繁育中心

负责人　韩惠楠
电　话　0415－5102888
地　址　辽宁省宽甸县宽甸镇
邮　编　118200

吉林查干花种畜场

负责人　殷　强
电　话　0438－2690025
传　真　0438－2690021
地　址　前郭县查干花种畜场
邮　编　131100
品　种　西门塔尔
存栏量　1200头

黑龙江省家畜繁育指导站

负责人　孔宪臣
电　话　0451－86662555
传　真　0451－86663181
地　址　哈尔滨市哈平路七公里
邮　编　150069
品　种　荷斯坦、利木赞、夏洛来、西门塔尔、比利时牛、德国黄牛
存栏量　100头
冻精量　100万支/年

上海奶牛育种中心有限公司

负责人　陆耀华
电　话　021－56803008
传　真　021－56803008
地　址　上海市蕴川路1600号
邮　编　201901
品　种　荷斯坦
存栏量　150头
冻精量　200万支/年
胚胎量　5000枚/年

江苏省奶牛育种中心

负责人　金穗华
电　话　025－4395545
传　真　025－4396858
地　址　南京市童卫路20号（南京农业大学内）
邮　编　210095
品　种　荷斯坦
存栏量　8头
冻精量　12万支/年

杭州市奶牛繁育中心

负责人　殷光骐
电　话　0571－88144262
地　址　杭州拱墅区半山广济路10号
邮　编　310022
胚胎量　18枚/年

安徽省畜禽品种改良站

负责人　吴　宓
电　话　0551－5905110
传　真　0551－8564194
地　址　合肥市西郊南三十里岗
邮　编　231283
品　种　中国荷斯坦、加拿大荷斯坦、菲拉克苇
存栏量　30头
冻精量　60万支/年

江西省奶牛良种中心

负责人　万建设
电　话　0791－3975723
传　真　0791－3975451
地　址　江西省南昌市蛟桥
邮　编　330044
品　种　荷斯坦
冻精量　30万支/年
胚胎量　20000枚/年

江西省畜牧技术推广站

负责人　袭大堂
电　话　0791－3977846　3977046
地　址　南昌市昌北开发区蛟桥
邮　编　330044
品　种　荷斯坦
存栏量　20头
冻精量　40万支/年

山东省奶牛良种繁育场

负责人　张志民
电　话　0531－7389267
传　真　0531－7388267
地　址　济南长清区孝里镇
邮　编　250330
品　种　荷斯坦
存栏量　102头
冻精量　10万支/年
胚胎量　220枚/年

山东省莱西市奶牛良种繁育推广中心

负责人　单玉和
电　话　0532－8487244　8473068
传　真　0532－8487244
地　址　莱西市威海中路23号
邮　编　266600
冻精量　12万支/年
胚胎量　1000枚/年

湖南省奶牛原种场

负责人 肖兵南
电 话 0731－4615329
传 真 0731－4611342
地 址 湖南省长沙市泉塘畜牧所
邮 编 410131
品 种 西门塔尔、利木赞、摩拉水牛、短角牛、安格斯、皮尔蒙特
存栏量 300 头
冻精量 10 万支/年
胚胎量 2000 枚/年

广州市奶牛研究所种公牛站

负责人 关伟昆
电 话 020－86590250
传 真 020－86590250
地 址 广州市广园中麓景路 388 号
邮 编 510405
品 种 荷斯坦、娟姗
存栏量 23 头
冻精量 20 万支/年

广西水牛研究所

负责人 杨炳壮
电 话 0771－3320589
传 真 0771－3313814
地 址 广西南宁市邕武路 24－1 号
邮 编 530001
品 种 摩拉水牛、尼里拉菲水牛
存栏量 530 头
胚胎量 500 枚/年

广西畜禽品种改良站

负责人 许典新
电 话 0771－3302602
传 真 0771－3318656
地 址 广西南宁市邕武路 24－2 号
邮 编 530001
品 种 摩拉水牛、尼里拉菲水牛
存栏量 45 头
冻精量 30 万支/年

海南艾森牧业有限公司

负责人 戴桂海
电 话 0898－67486604 67486602
传 真 0898－67486604
地 址 海南澄迈县老城邮电支局 0008 号信箱
邮 编 571924
网 址 www.asichina.com
品 种 摩拉水牛、尼里拉菲水牛、娟姗
存栏量 5 头
冻精量 3 万支/年

重庆市良种牛繁育中心

负责人 陈长庚
电 话 023－67625833 67453566
传 真 023－67625833
地 址 重庆市渝北区龙溪镇加州花园 A2 栋 15－7 号
邮 编 401147
网 址 www.cqcattle.com
品 种 荷斯坦、安格斯、西门塔尔、劳莱恩
存栏量 783 头
冻精量 30 万支/年
胚胎量 500 枚/年

四川省家畜冷精液中心站

负责人 李自成
电 话 028－84790654 84792589
传 真 028－84790654
地 址 四川成都市静居寺南街 14 号
邮 编 610066
品 种 荷斯坦、西门塔尔、蒙贝利亚、摩拉
存栏量 120 头
冻精量 60 万支/年

云南省家畜冷冻精液站

负责人 何华川
电 话 0871－7391061
传 真 0871－7393362
地 址 昆明市官渡区小哨
邮 编 650221
品 种 荷斯坦、摩拉、尼里、大额牛、短角牛
存栏量 39 头
冻精量 20 万支/年

云南大理州家畜冷冻精液站

负责人 赵家明
电 话 0872－2125332
传 真 0872－2136731
地 址 大理市南郊
邮 编 671000
品 种 荷斯坦、摩拉、尼里、西门塔尔、安格斯
存栏量 42 头
冻精量 39 万支/年

昆明市乳畜研究所

负责人 张 僖
电 话 0871－4156111
传 真 0871－4145287
地 址 昆明市环城南路 701 号
邮 编 650034
冻精量 1 万支/年（外购）

陕西省家畜改良站

负责人 侯放亮
电 话 0910－6380652
传 真 0910－6381461
地 址 泾阳县永乐镇省家畜改良站
邮 编 713702
品 种 荷斯坦、秦川牛、红色安格斯
存栏量 30 头
冻精量 40 万支/年

西安光明荷斯坦奶牛育种有限公司

负责人 程英虎
电 话 029－6602214
传 真 029－6602214
地 址 西安北郊现代农业综合开发区中站
邮 编 710021
品 种 中国荷斯坦奶牛、意大利皮尔特肉牛
存栏量 50 头
冻精量 50 万支/年

甘肃省家畜繁育中心

负责人 陈学灿
电 话 0935－2301379
传 真 0935－2301287
地 址 甘肃省武威市凉州区槐安北河
邮 编 733000
品 种 荷斯坦、西门塔尔
存栏量 30 头
冻精量 50 万支/年
胚胎量 300 枚/年

甘肃天祝白牦牛育种实验场

负责人 梁育林
电 话 0935－3123902
地 址 甘肃省天祝县打柴沟镇
邮 编 733200
品 种 天祝白牦牛
存栏量 400 头
冻精量 600 万支/年

青海省种畜冷冻精液站

负责人 侯昌作
电 话 0971－5318022
传 真 0971－5318022
地 址 青海西宁市城北区宁站路 5 号
邮 编 810003
品 种 西门塔尔、荷斯坦、野牦牛、澳洲矮脚牛
存栏量 40 头
冻精量 100 万支/年

宁夏四正生物工程技术研究中心

负责人　史远刚
电　话　0951－8064700
传　真　0951－8068752
地　址　贺兰县北郊
邮　编　750200
网　址　四正 syngen. com. cn
品　种　荷斯坦、夏洛来、利木赞、红安格斯、西门塔尔
存栏量　39头
冻精量　20万支/年
胚胎量　2000枚/年

新疆维吾尔自治区畜禽繁育改良站

负责人　王锡波
电　话　0991－8785409
地　址　乌鲁木齐市西山路101号
邮　编　830009
品　种　西门塔尔、黑白花、新疆褐牛、安格斯、夏洛米
存栏量　98头
冻精量　123万支/年

种畜贸易

中国种畜进出口有限公司

负责人　冯立社
电　话　010－65228866
传　真　010－85201555
地　址　北京市建国门内大街26号新闻大厦5层
邮　编　100005

中地种业有限公司

负责人　张建设
电　话　010－64422415
传　真　010－64422414
地　址　北京朝阳区樱花西街16号
邮　编　100029

北京鑫茂嘉旭进出口有限公司

负责人　安国锋
电　话　010－65537778
传　真　010－65538804
地　址　朝外大街吉庆里蓝筹名座B座2区502室
邮　编　100020

大连三十里堡进口奶牛隔离场

负责人　关盛利
电　话　0416－7364207
传　真　0416－7364207
地　址　大连三十里堡奶业综合服务站
邮　编　116103

珠海中牛畜牧科技有限公司种畜隔离场

负责人　刘晓东
电　话　0756－2655080　8251264
传　真　0756－2655080
地　址　珠海市斗门区乾务镇三里村
邮　编　519000

奶牛养殖

北　京

北京康庄兴利鹏奶牛养殖小区

负责人　王海鹏
电　话　010－69130365
地　址　延庆县康庄镇火烧营村
邮　编　102101
养殖品种　黑白花
存栏量　380头

延庆县旧县镇西龙湾万方合作社

负责人　李　田
电　话　13910852663　13901243964
地　址　延庆县旧县镇西龙湾村
邮　编　102109
养殖品种　荷斯坦
存栏量　500头

延庆县旧县镇大柏老合作社

负责人　王贵友
地　址　延庆县大柏老西
存栏量　4700头

北京奶牛中心种良种场

负责人　黄　毅
电　话　010－6111754
地　址　延庆农场院内
存栏量　1170头

通州区张家湾里二泗奶牛养殖合作社

负责人　齐志军
电　话　010－61568740
地　址　通州区张家湾镇里二泗村
存栏量　526头

通州区渠头牛场

负责人　田青春
电　话　010－80521491
地　址　通州区于家务镇渠头村
邮　编　101105
存栏量　1086头

通州区小务奶牛场

电　话　010－80551350
地　址　通州区永乐店镇小务村
邮　编　101105
存栏量　1099头

通州区中以奶牛场

负责人　程九民
电　话　010－69569217
地　址　通州区永乐店镇德仁务村
邮　编　101105
存栏量　1123头

通州区草厂奶牛场

负责人　章泽宏
电　话　010－69568842
地　址　通州区郭县镇草厂村
邮　编　101105
存栏量　1004头

通州区柴厂屯镇三堡奶牛场

负责人　王明友
电　话　010－80511415
地　址　通州区柴厂屯镇三堡村
邮　编　101105
存栏量　1146头

通州区半截河牛场

负责人　李俊鹏
电　话　010－80511037
地　址　通州区柴厂屯镇半截河村
邮　编　101105
存栏量　969头

顺义区杨镇天辰奶牛合作社

负责人　付　军
电　话　010－61471883
地　址　顺义区杨镇李辛庄
存栏量　300头

顺义区衙门村奶牛合作社

负责人　李　春
电　话　010－69409908
地　址　顺义区马坡镇衙门村
邮　编　101300
存栏量　788头

顺义区向阳奶牛合作社

负责人　李　军
电　话　010－69401351
地　址　顺义区马坡镇向阳

邮　编　101300
存栏量　610 头

顺义区石家营奶牛合作社

负责人　胡国青
电　话　010－69400818　69409915
地　址　顺义区马坡镇石家营村
邮　编　101300
养殖品种　荷斯坦
存栏量　685 头

顺义区马卷合作社

负责人　刘京达
电　话　010－69409446
地　址　顺义区马坡镇马卷
邮　编　101300
养殖品种　荷斯坦
存栏量　790 头

顺义区华晨奶牛合作社

负责人　黄克敏
电　话　010－69436080　69436201
地　址　顺义区李遂镇陈庄村
邮　编　101300
养殖品种　荷斯坦
存栏量　407 头

顺义区小段奶牛合作社

负责人　高荣奎
电　话　010－61471338
地　址　顺义区大孙各庄镇小段
邮　编　101300
存栏量　301 头

顺义区大塘奶牛合作社

负责人　王者平
电　话　010－61434305
地　址　顺义区大孙各庄镇大塘村
邮　编　101300
养殖品种　荷斯坦
存栏量　600 头

顺义区雄特奶牛合作社

负责人　窦　诚
电　话　010－61432334
地　址　顺义区大孙各庄镇大孙各庄
存栏量　980 头

顺义区广峰奶牛合作社

负责人　徐广峰
电　话　010－61423718
地　址　顺义区北务镇北务村
邮　编　101300
养殖品种　荷斯坦
存栏量　1800 头

密云县西田各庄奶牛养殖小区

负责人　王志诚
电　话　13910211149
地　址　密云县西田各庄镇西田各庄村
邮　编　101509
养殖品种　黑白花
存栏量　1400 头

北京云峰养殖场

负责人　赵云峰
电　话　13501185385
地　址　密云县太师屯镇流河沟村
邮　编　101504
养殖品种　黑白花
存栏量　360 头

北京科光达养殖场

负责人　王志诚
电　话　13910595209
地　址　密云县十里堡镇新各寨村
邮　编　101500
养殖品种　黑白花
存栏量　550 头

北京益大牧业有限公司

负责人　曹正义
电　话　010－89022018
地　址　密云县十里堡镇新各寨村
邮　编　101500
养殖品种　黑白花
存栏量　350 头

北京瑞普工贸有限公司

负责人　侯春义
电　话　13601131240
地　址　密云县十里堡镇岭东村
邮　编　101500
养殖品种　黑白花
存栏量　1200 头

密云县华盛养殖场

负责人　张天良
电　话　010－69062029
地　址　密云县密云镇李各庄村
邮　编　101500
养殖品种　黑白花
存栏量　1200 头

北京密流奶牛合作社

负责人　秦军肖
电　话　13501151117
地　址　密云县流军庄村
邮　编　101500
存栏量　600 头

密云县康源奶牛有限公司

负责人　吕仲山
电　话　010－61085002
地　址　密云县河南寨镇台上村西
邮　编　101500
养殖品种　黑白花
存栏量　600 头

密云县宏盛奶牛养殖合作社

电　话　010－61061565
地　址　密云县东郊渠镇东邵区村
邮　编　101501
养殖品种　黑白花
存栏量　1500 头

密云县北庄奶牛合作社

负责人　徐振宏
电　话　13910533666
地　址　密云县北庄镇北庄村
邮　编　101503
养殖品种　黑白花
存栏量　2300 头

怀柔区杨宋镇张各庄养殖小区

负责人　郭　权
电　话　010－61678341
地　址　怀柔区杨宋镇
邮　编　101400
养殖品种　黑白花
存栏量　596 头

怀柔区杨宋镇校草兴茂小区

负责人　王晓义
电　话　010－61678147
地　址　怀柔区杨宋镇
邮　编　101400
养殖品种　黑白花
存栏量　556 头

怀柔区杨宋镇校草万茂公司

负责人　闻秀华　王　锦
电　话　010－61678755
地　址　怀柔区杨宋镇
邮　编　101400
养殖品种　黑白花
存栏量　438 头

北京城倍庄园有限公司

负责人　郭学武
电　话　010－60691012
地　址　怀柔区庙城镇
邮　编　101401
养殖品种　黑白花
存栏量　400 头

怀柔区黄吉营镇奶牛养镇小区

负责人　王生林
电　话　010－61681407
地　址　怀柔区黄吉镇
邮　编　101400
养殖品种　荷斯坦
存栏量　520 头

怀柔区万家兴奶牛养殖小区

负责人　周万平
电　话　010－61667212
地　址　怀柔区北房镇宰相庄
邮　编　101400
养殖品种　荷斯坦
存栏量　500 头

海淀区西郊奶牛一场

负责人　李瑞强
电　话　010－62471164
地　址　海淀区上庄乡上庄村东
邮　编　100094
存栏量　883 头

海淀区西郊奶牛二场

负责人　何启军
电　话　010－62471627
地　址　海淀区上庄乡前章村村西
邮　编　100094
存栏量　929 头

海淀区西郊奶牛四场

负责人　程锡亮
电　话　010－6247143C
地　址　海淀区上庄乡东小营村村北
邮　编　100094
存栏量　1002 头

丰台区三和奶牛养殖小区

负责人　李建国
电　话　010－63975615
地　址　丰台区辛庄村东坡 6 号
邮　编　100074
存栏量　350 头

北京西南奶牛场

负责人　封章成
电　话　010－83891052
地　址　丰台区农场路 28 号
存栏量　301 头

房山区长荣农牧发展有限公司

负责人　张浩宇
电　话　010－60308828
地　址　房山镇良乡镇梨村
邮　编　102401
存栏量　1650 头

房山区梨村奶牛合作社

负责人　杨玉梅
电　话　010－60308818
地　址　房山区梨村
存栏量　2300 头

房山区窦店奶牛合作社

负责人　新永利
电　话　010－80305737　80305732
地　址　房山区窦店
邮　编　102402
存栏量　300 头

房山区杨庄子奶牛场

负责人　王玉旺
电　话　010－80351598
地　址　房山区长阳镇杨庄子村村南
存栏量　1059 头

房山区长阳三场

负责人　李学武
电　话　010－80354140
地　址　房山区长阳镇保合庄村村南
存栏量　1061 头

房山区长阳四场

负责人　刘　军
电　话　010－80351606
地　址　房山区长阳镇保合庄村村南
邮　编　102445
存栏量　782 头

房山区双萍奶牛合作社

负责人　顾爱萍
电　话　010－61310997
地　址　房山区长沟镇双磨村
邮　编　102407
存栏量　513 头

房山区长阳奶牛合作社

负责人　董　全
电　话　010－80354032
地　址　房山区北广城
邮　编　102401
存栏量　1800 头

大兴区怡海奶业

负责人　王铁柱
电　话　010－67993572　13701200960
传　真　010－69279578
地　址　大兴区沄海镇怡乐村
邮　编　100076
存栏量　1300 头

大兴区笃庆牛场

负责人　王英珍
电　话　010－69279153
地　址　大兴区瀛海镇
存栏量　757 头

大兴区福有奶牛社

负责人　焦富有
电　话　010－89286235
地　址　大兴区瀛海镇
存栏量　412 头

大兴区鹿圈牛场

负责人　张凤奎
电　话　010－67889144
地　址　大兴区亦庄镇
存栏量　900 头

大兴区小谷店奶牛合作社

负责人　卢文风
电　话　010－80281915
地　址　大兴区小谷店村
存栏量　303 头

大兴区星光奶牛养殖小区

负责人　宋家升
电　话　010－60255976
地　址　大兴区西红门镇东
存栏量　303 头

大兴区西大屯奶牛场

负责人　王连庆
地　址　大兴区西大屯
存栏量　325 头

大兴区青云店东胜园奶牛场

负责人　路文胜
电　话　010－61261160
地　址　大兴区青云店镇赵村
邮　编　102605
存栏量　450 头

大兴区薛营创新奶牛合作

负责人　毛光祥
电　话　010－89087669　13901236090
地　址　大兴区庞各庄镇薛营村
邮　编　102601
存栏量　560 头

三元绿荷奶牛养殖中心

负责人　周卫东
联系人　乔　绿
电　话　010－67992012　67968550
传　真　010－67992022
地　址　大兴区旧宫镇茂庄德裕街 5 号

邮　编　100076
存栏量　29098 头

大兴区旧宫镇德茂牛场

负责人　张凤江
电　话　010－67961654
地　址　大兴区旧宫镇茂庄
存栏量　940 头

大兴区旧宫泽成奶牛场

负责人　杨启先
电　话　010－67976391/2846
地　址　大兴区旧宫三队
邮　编　100076
存栏量　496 头

大兴区旧宫二队牛场

负责人　李长春
电　话　13612266756
地　址　大兴区旧宫二村
存栏量　325 头

大兴区金星牛场

负责人　李新胜
电　话　010－61268500/01
地　址　大兴区金星镇
邮　编　100076
存栏量　1630 头

大兴区东店小区

负责人　郭铁柱
地　址　大兴区东店
存栏量　353 头

大兴区义鹏奶牛合作社

负责人　张义鹏
电　话　010－89221967
地　址　大兴区东安村
存栏量　415 头

北京南郊牛奶公司金银岛牧场

负责人　郑建华
电　话　010－98255334
地　址　大兴区定福庄
存栏量　1041 头

北京合兴聚养殖有限公司

负责人　孙　歧
电　话　010－89234236　13511011062
地　址　大兴区大狼堡村北
邮　编　102600
存栏量　361 头

大兴区安定胜奶牛场

负责人　杨德山
电　话　010－80232078
地　址　大兴区安定镇后安定村
邮　编　102605
存栏量　401 头

朝阳区辛堡牛场

负责人　董汇杰
电　话　010－64389265
地　址　朝阳区小岗乡辛堡牛场
邮　编　100012
存栏量　852 头

北京奶牛中心

负责人　周瑞君
电　话　010－62948018
地　址　朝阳区清河南镇
存栏量　1265 头

朝阳区朝阳南牛场

负责人　李文才
电　话　010－84211861
地　址　朝阳区楼梓庄乡
邮　编　100018
存栏量　862 头

朝阳区朝阳北牛场

负责人　赵　旺
电　话　010－84315517
地　址　朝阳区楼梓庄乡
邮　编　100018
存栏量　494 头

朝阳区双桥豆各庄牛场

负责人　曹东来
电　话　010－67370858
地　址　朝阳区焦化厂东侧
邮　编　100024
存栏量　639 头

朝阳区蒋台乡奶牛场

负责人　何延顺
电　话　010－84564327
地　址　朝阳区蒋台乡
邮　编　100016
养殖品种　黑白花
存栏量　324 头

朝阳区崔各庄牛场

负责人　王学工
电　话　010－64373704
地　址　朝阳区崔各庄乡
邮　编　100015
存栏量　721 头

昌平区十三陵牛场

负责人　佟宝旺
电　话　010－89748704
地　址　昌平区十三陵镇南新村
邮　编　102200
养殖品种　荷斯坦
存栏量　526 头

昌平区农机试验站中试牛场

负责人　段虎卿
电　话　010－80761074
地　址　昌平区沙河王庄村
存栏量　302 头

昌平区北郊三场

负责人　张国永
电　话　010－61757440
地　址　昌平区七家镇燕丹村东
存栏量　850 头

昌平区南邵京北奶牛场

负责人　杨家珍
电　话　010－69731648
地　址　昌平区南邵镇北邵洼村
存栏量　440 头

昌平区南口奶牛一分场

负责人　何长旺
联系人　何长旺
电　话　010－69781447
地　址　昌平区南口农场
邮　编　102202
存栏量　910 头

昌平区南口奶牛二分场

负责人　贾晨航
电　话　010－60757474
地　址　昌平区南口农场
邮　编　102202
存栏量　844 头

昌平区南口奶牛三分场

负责人　张志快
电　话　010－69781473
地　址　昌平区南口农场
邮　编　102202
存栏量　811 头

昌平区南即奶牛场

负责人　杨加玲
电　话　13901239643
传　真　60731648
地　址　昌平区南即镇
邮　编　102200
养殖品种　荷斯坦
存栏量　450 头

北郊农场四分场

负责人　万飞云

电　话　010-69731816
地　址　昌平区回龙观镇朱辛庄东
存栏量　1146 头

昌平区绪忠牛场

负责人　赵绪忠
电　话　010-69791073
地　址　昌平区回龙观镇
邮　编　102208
养殖品种　荷斯坦
存栏量　645 头

昌平区马连店牛场

负责人　李淑英
电　话　010-69791314
地　址　昌平区东小口镇马连店村
存栏量　311 头

昌平区北郊一场

负责人　朱继章
电　话　010-69791202
地　址　昌平区东小口镇霍营东
存栏量　1492 头

昌平镇旧县牛场

负责人　汤树敏
电　话　13001165395
地　址　昌平区昌平镇旧县
邮　编　102200
养殖品种　荷斯坦
存栏量　310 头

北郊农场五分场

负责人　顾　凯
电　话　010-69731816
地　址　昌平区北郊农场
存栏量　1139 头

天　津

塘沽农场奶牛场

负责人　刘宏杰
电　话　022-66360256
地　址　塘沽区四道桥
邮　编　300451
养殖品种　荷斯坦
存栏量　963 头

天津建业农庄奶牛养殖有限公司

负责人　梁学刚
电　话　022-66201119
地　址　塘沽区胡家园街中心庄村
邮　编　300450
养殖品种　荷斯坦牛
存栏量　500 头

滨海奶牛养殖有限公司

负责人　陈联邦
电　话　13920265486
地　址　汉沽区城镇王七村西
邮　编　300480
养殖品种　荷斯坦
存栏量　500 头

清源奶牛养殖有限公司

负责人　李学潮
电　话　13820766841
地　址　汉沽区杨家泊镇李自沽村北
邮　编　300480
养殖品种　荷斯坦
存栏量　300 头

天津市北大港农场奶牛三场

负责人　张长江
电　话　022-63128070
地　址　大港区小王庄镇
邮　编　300273
养殖品种　荷斯坦
存栏量　900 头

天津市北大港农场奶牛一场

负责人　杜和平
电　话　022-63128109
地　址　大港区小王庄镇
邮　编　300273
养殖品种　荷斯坦
存栏量　600 头

天津市实验奶牛场

负责人　曹学浩
电　话　13802052858
地　址　大港区小王庄镇大港农场内
邮　编　300273
养殖品种　荷斯坦
存栏量　265 头

天津市东海奶牛二场

负责人　刘连超
电　话　022-24891958
地　址　东丽区津北公路红贯路 8 号
邮　编　300300
养殖品种　荷斯坦
存栏量　1000 头

天津市顶盛农业种植有限公司

负责人　陈家华
电　话　13820582628
地　址　西青区西流城大桥南 3 公里处
邮　编　300191
养殖品种　荷斯坦牛
存栏量　1100 头

天津市工农联盟农牧场奶牛一场

负责人　李德生
电　话　022-23792436
地　址　西青区津静公路
邮　编　300381
养殖品种　荷斯坦
存栏量　1100 头

天津市工农联盟农牧场奶牛二场

负责人　李德生
电　话　022-23792436
地　址　西青区津静公路
邮　编　300381
养殖品种　荷斯坦
存栏量　600 头

天津凯润奶牛场

负责人　孙少起
电　话　022-23962086
地　址　西青区芦北口村南青泊洼
邮　编　300381
养殖品种　荷斯坦牛
存栏量　320 头

天津市西青区金鑫奶牛养殖场

负责人　王风杰
电　话　022-27936760　87910980
地　址　西青区杨柳青镇十八街村南
邮　编　300380
养殖品种　荷斯坦牛
存栏量　306 头

天津市东元养牛场

负责人　孙少来
电　话　022-23994729
地　址　西青区王稳庄镇小孙庄村东
邮　编　300380
养殖品种　荷斯坦牛
存栏量　300 头

天津市西青区乐民畜牧业发展有限公司

负责人　刘振中
电　话　022-83983998
地　址　西青区大寺镇青凝侯
邮　编　300381
养殖品种　荷斯坦牛
存栏量　300 头

天津市宏乐奶牛养殖有限公司

负责人　徐义同
电　话　022-87991988
地　址　西青区上辛口乡第六阜村
邮　编　300380
养殖品种　荷斯坦牛

存栏量 200头

天津润泽奶业发展有限公司

负责人 于斌
电 话 13820089870
地 址 北辰区青光镇北警备区农场
邮 编 300401
养殖品种 荷斯坦牛
存栏量 1800头

天津市北辰区佳亿养殖场

负责人 张玉顺
电 话 022-26980886
地 址 北辰区振兴水泥厂东侧
邮 编 300400
养殖品种 荷斯坦牛
存栏量 1700头

红光奶牛四场

负责人 张家国
电 话 022-26953800
地 址 北辰区青光乡
邮 编 300401
养殖品种 荷斯坦
存栏量 1500头

天津市线河奶牛养殖有限公司

负责人 王庆强
电 话 13820148408
地 址 北辰区双口镇线河南卫河西侧500米
邮 编 300380
养殖品种 荷斯坦牛
存栏量 1200头

荣发奶牛二场

负责人 李文发
电 话 022-86832669
地 址 北辰区双口镇丁庄村
邮 编 300401
养殖品种 荷斯坦
存栏量 1000头

天津市梦得牧业发展有限公司六场

负责人 张学勤
电 话 022-86829702
地 址 北辰区大张庄镇下股庄村
邮 编 300402
养殖品种 荷斯坦牛
存栏量 1000头

天津市祥乐奶牛养殖场

负责人 轧乃祥
电 话 13920431996
地 址 北辰区大张庄镇南麻疸村
邮 编 300400
养殖品种 荷斯坦牛
存栏量 900头

天津市红光农场奶牛一场

负责人 张家国
电 话 022-86839015
地 址 北辰区红光农场
邮 编 300401
养殖品种 荷斯坦
存栏量 853头

天津市红光农场奶牛二场

负责人 张家国
电 话 022-86839015
地 址 北辰区红光农场
邮 编 300401
养殖品种 荷斯坦
存栏量 840头

天津市旺路畜牧养殖有限公司

负责人 门忠旺
电 话 022-86846689 13902060000
地 址 北辰区西堤头镇刘快庄村
邮 编 300402
养殖品种 荷斯坦牛
存栏量 800头

天津市红光农场奶牛三场

负责人 张家国
电 话 022-86839015
地 址 北辰区红光农场
邮 编 300401
养殖品种 荷斯坦
存栏量 655头

天津市展望奶牛养殖场

负责人 张臣
电 话 13302042145
地 址 北辰区大张庄镇南麻疸村东
邮 编 300400
养殖品种 荷斯坦牛
存栏量 650头

天津荣发奶牛场

负责人 李文发
电 话 022-86831828
地 址 北辰区双口镇扬河
邮 编 300401
养殖品种 荷斯坦牛
存栏量 620头

亿达畜牧养殖有限公司

负责人 赵绍军
电 话 13920235726
地 址 北辰区西堤头镇赵庄村
邮 编 300402
养殖品种 荷斯坦
存栏量 570头

佳亿养殖场二分场

负责人 张玉宝
电 话 13312172068
地 址 北辰区九园公路东侧
邮 编 300400
养殖品种 荷斯坦
存栏量 560头

恒泽奶牛养殖有限公司

负责人 卢祥水
电 话 13132101583
地 址 北辰区青光镇铁锅店村
邮 编 300401
养殖品种 荷斯坦
存栏量 530头

天津市北辰区绍堂养殖场

负责人 李绍堂
电 话 022-86832085
地 址 北辰区双口镇杨河
邮 编 300401
养殖品种 荷斯坦牛
存栏量 500头

梦得牧业发展有限公司示范奶牛场

负责人 于静
电 话 022-86853416
地 址 北辰区大张庄镇北孙庄
邮 编 300100
养殖品种 荷斯坦
存栏量 300头

同发奶牛养殖场

负责人 刘利同
电 话 022-87911075
地 址 北辰区双口镇杨河村
邮 编 300401
养殖品种 荷斯坦牛
存栏量 300头

守明畜牧场

负责人 柴守明
电 话 13902089171
地 址 北辰区双口镇岔房子村北
邮 编 300401
养殖品种 荷斯坦
存栏量 200头

天津市华明奶牛三场

负责人 赵书明
电 话 022-29368899

地　址　武清区农场东安驾校教练场对过
邮　编　301700
养殖品种　荷斯坦牛
存栏量　4000 头

天津鹰旺良种奶牛场

负责人　高景旺
电　话　022－22159281
地　址　武清区石各庄镇
邮　编　301718
养殖品种　荷斯坦牛
存栏量　3000 头

天津市华润奶牛养殖有限公司

负责人　李晓军
电　话　022－29411043
地　址　武清区南蔡村砖厂村
邮　编　301700
养殖品种　荷斯坦牛
存栏量　2100 头

天津市金威乳牛庄园有限公司

负责人　沈晓健
电　话　022－29521225
地　址　武清区王庆坨镇大柳子村
邮　编　301713
养殖品种　荷斯坦牛
存栏量　1700 头

天津市武清区朋成养殖有限公司

负责人　王耀成
电　话　13920453510
地　址　武清区南蔡村镇丁圈村
邮　编　301709
养殖品种　荷斯坦牛
存栏量　1600 头

天津市华明奶牛一场

负责人　赵书明
电　话　022－29558899
地　址　武清区曹子乡曹子里村西南
邮　编　301700
养殖品种　荷斯坦牛
存栏量　1500 头

天津市武清区巨强奶牛养殖场

负责人　宋红强
电　话　13802002975
地　址　武清区梅场镇六指村
邮　编　301701
养殖品种　荷斯坦牛
存栏量　1500 头

天津市武清区鑫业实业有限公司（二区）

负责人　宋红艳
电　话　022－29392459
地　址　武清区徐官屯街段村西
邮　编　301700
养殖品种　荷斯坦牛
存栏量　1400 头

天津市武清农场第三奶牛场

负责人　王荫刚
电　话　13323338384
地　址　武清区武清农场内
邮　编　300400
养殖品种　荷斯坦
存栏量　1200 头

天津三义牧业养殖中心

负责人　王辉
电　话　13920819452
地　址　武清区梅厂镇塘坊村南
邮　编　301701
养殖品种　荷斯坦牛
存栏量　1200 头

富成畜牧养殖场

负责人　王立强
电　话　13821098808
地　址　武清区南菜村镇苏羊坊村南
邮　编　301709
养殖品种　荷斯坦
存栏量　1000 头

天津市金鹏畜牧养殖有限公司

负责人　王立斌
电　话　13920367760
地　址　武清区南蔡村镇苏羊坊村南
邮　编　301709
养殖品种　荷斯坦牛
存栏量　1000 头

天津市德兴隆奶业有限公司

负责人　刘宪辉
电　话　13902196679
地　址　武清区豆张庄乡政府西侧
邮　编　301700
养殖品种　荷斯坦牛
存栏量　820 头

天津市华明奶牛二场

负责人　赵书明
电　话　022－29558881
地　址　武清区曹子里乡石棉庄村东
邮　编　301700
养殖品种　荷斯坦牛
存栏量　800 头

天津市武清区海洋奶牛养殖有限公司

负责人　王元九
电　话　13820097243
地　址　武清区石各庄镇敖东村南
邮　编　301718
养殖品种　荷斯坦牛
存栏量　700 头

天津市武清区富利养殖场

负责人　王全利
电　话　022－29519442　13820398515
地　址　武清区王庆坨镇北
邮　编　301713
养殖品种　荷斯坦牛
存栏量　650 头

天津市武清区华兴畜牧养殖有限公司

负责人　宗荣旺
电　话　022－29411208
地　址　武清区南蔡村镇南陈庄村
邮　编　301709
养殖品种　荷斯坦牛
存栏量　630 头

天津市奥雪奶牛场

负责人　王伯良
电　话　13820528435
地　址　武清区陈嘴镇东肖庄村东
邮　编　301741
养殖品种　荷斯坦牛
存栏量　620 头

天津市武清区鑫业实业有限公司（一区）

负责人　宋红艳
电　话　13032230659
地　址　武清区徐官屯街楮庄村东
邮　编　301700
养殖品种　荷斯坦牛
存栏量　600 头

天津市武清区新世纪牧业有限公司

负责人　刘存来
电　话　022－22290185
地　址　武清区大良镇北小营村
邮　编　301703
养殖品种　荷斯坦牛
存栏量　750 头

天津市武清区宝利畜牧养殖场

负责人　吴宝利
电　话　13820260037
地　址　武清区大孟庄镇大程庄村东
邮　编　301711
养殖品种　荷斯坦牛
存栏量　600 头

天津金牛湾养殖场

负责人　肖建春
地　址　武清区南蔡镇湾子村
邮　编　301700
养殖品种　荷斯坦牛
存栏量　600 头

天津市武清区源达奶牛场

负责人　王会芬
电　话　13820930388
地　址　武清区曹子里乡小白马村北
邮　编　301741
养殖品种　荷斯坦牛
存栏量　580 头

天津市银雪奶牛养殖有限公司

负责人　冯作忠
电　话　022－29484086
地　址　武清区黄花店镇第三砖瓦厂
邮　编　301708
养殖品种　荷斯坦牛
存栏量　574 头

天津市福远养殖场二分场

负责人　徐士广
电　话　13820699131
地　址　武清区梅厂镇灰锅口村
邮　编　301701
养殖品种　荷斯坦
存栏量　571 头

天津市海通养殖有限公司

负责人　于海介
电　话　022－82218430
地　址　武清区大碱厂镇孙小屯南
邮　编　301706
养殖品种　荷斯坦牛
存栏量　570 头

天津市武清区绿海奶牛养殖场

负责人　刚海生
电　话　13902162608
地　址　武清区下朱庄街五间房村
邮　编　300701
养殖品种　荷斯坦牛
存栏量　560 头

天津市武清区文明奶牛场

负责人　何文明
电　话　13072256630
地　址　武清区大孟庄镇政府南
邮　编　301700
养殖品种　荷斯坦牛
存栏量　560 头

武清区晨光奶业有限公司

负责人
电　话　022－82101043
地　址　武清区黄庄街城上村
邮　编　301700
养殖品种　荷斯坦牛
存栏量　560 头

天津市福远养殖场

负责人　徐士广
电　话　022－29348768　13820699131
地　址　武清区梅厂镇灰锅口村
邮　编　301701
养殖品种　荷斯坦牛
存栏量　550 头

天津市武清区海林养殖场

负责人　贾春涛
电　话　022－22157889　13820097243
地　址　武清区石各庄镇敖咀村南口800 米
邮　编　301718
养殖品种　荷斯坦牛
存栏量　550 头

天津市武清区文稷养殖有限公司

负责人　丁文藻
电　话　022－29558299
地　址　武清区曹子里乡东柳店村
邮　编　301700
养殖品种　荷斯坦牛
存栏量　540 头

天津市福远养殖场一分场

负责人　徐士广
电　话　13820699131
地　址　武清区梅厂镇灰锅口村
邮　编　301701
养殖品种　荷斯坦
存栏量　540 头

天津市武清区五福奶牛场

负责人　冀贵良
电　话　022－29482169
地　址　武清区黄花店镇冀营村
邮　编　301708
养殖品种　荷斯坦牛
存栏量　540 头

天津市天缘畜牧养殖场

负责人　陈书宽
电　话　13821040358
地　址　武清区高村乡兰城村东口
邮　编　301714
养殖品种　荷斯坦牛
存栏量　521 头

天津市帅博养殖场

负责人　王振喜
电　话　022－22158038
地　址　武清区石各庄镇梁各庄东口
邮　编　301708
养殖品种　荷斯坦牛
存栏量　520 头

天津市正信养殖场

负责人　刘兴德
电　话　022－22159185
地　址　武清区石各庄镇
邮　编　301718
养殖品种　荷斯坦牛
存栏量　513 头

武清区富泉奶牛养殖场

负责人　吴俊
电　话　13820088552
地　址　武清区城关镇西门外
邮　编　301712
养殖品种　荷斯坦牛
存栏量　510 头

天津市武清供电有限公司养殖场

负责人　肖辉
电　话　022－82129614
地　址　武清区东蒲洼乡杨村小世界西侧
邮　编　301700
养殖品种　荷斯坦牛
存栏量　503 头

天津市超越畜牧养殖有限责任公司

负责人　李俊田
电　话　022－29472028
地　址　武清区东马圈安标堡
邮　编　301717
养殖品种　荷斯坦牛
存栏量　502 头

富圣凯养殖有限公司

负责人　李士刚
电　话　13820678716
地　址　武清区陈咀镇渔坝口二村
邮　编　301700
养殖品种　荷斯坦
存栏量　500 头

天津市富贵庄园牧业有限公司

负责人　李玲君
电　话　022－29371686
地　址　武清区徐官屯街费庄村东侧

邮　编　301700
养殖品种　荷斯坦牛
存栏量　500 头

天津市佳禾牧业有限公司

负责人　周克力
电　话　13803020375
地　址　武清区下朱庄街柳河村
邮　编　301700
养殖品种　荷斯坦牛
存栏量　500 头

天津市武清区冠宇乳牛养殖厂

负责人　王俊怀
电　话　022－29373459
地　址　武清区徐官屯街楮庄村东
邮　编　301700
养殖品种　荷斯坦牛
存栏量　500 头

天津市武清区思源奶牛场

负责人　郎家三
电　话　13032236866
地　址　武清区下朱庄街藕店村西
邮　编　301700
养殖品种　荷斯坦牛
存栏量　500 头

天津市武清区大老李牛农有限公司

负责人　李进友
电　话　022－29411043
地　址　武清区南蔡村镇砖场村
邮　编　301709
养殖品种　荷斯坦牛
存栏量　500 头

天津市武清区富万家奶牛养殖有限公司

负责人　刘建成
电　话　022－29472018
地　址　武清区东马圈镇半城
邮　编　301717
养殖品种　荷斯坦牛
存栏量　500 头

天津市宝丰养殖场

负责人　张连保
电　话　022－22156050
地　址　武清区石各庄镇
邮　编　301718
养殖品种　荷斯坦牛
存栏量　500 头

天津市龙海养殖场

负责人　解庆林
电　话　13512282395
地　址　武清区石各庄镇敖南村
邮　编　301718
养殖品种　荷斯坦牛
存栏量　500 头

完达山上方奶牛场

负责人　邵泉
电　话　022－29425345
地　址　武清区泗村店镇窑上村
邮　编　301709
养殖品种　荷斯坦
存栏量　430 头

天津市黄庄农场奶牛二场

负责人　刘新民
电　话　022－82558052
地　址　宝坻区黄庄农场内
邮　编　301800
养殖品种　荷斯坦
存栏量　1400 头

天津市宝坻区飞天奶牛场

负责人　宋涛
电　话　13821752246
地　址　宝坻区新安镇大赵庄村北
邮　编　301804
养殖品种　荷斯坦牛
存栏量　1000 头

里自沽农场奶牛一场

负责人　张学利
电　话　022－29668075
地　址　宝坻区里自沽农场
邮　编　301809
养殖品种　荷斯坦
存栏量　800 头

天津津河奶牛饲养有限公司

负责人　刘宝中
电　话　022－82466888
地　址　宝坻区新安镇大高庄
邮　编　301800
养殖品种　荷斯坦牛
存栏量　680 头

里自沽农场奶牛二场

负责人　王凤舞
电　话　022－29667099
地　址　宝坻区里自沽农场
邮　编　301809
养殖品种　荷斯坦
存栏量　661 头

天津宝坻区俱进奶牛场

负责人　吴奎全
电　话　13902155189
地　址　宝坻区黄庄乡黄庄村西南
邮　编　301803
养殖品种　荷斯坦牛
存栏量　660 头

天津市曦利奶牛饲养有限公司

负责人　刘虎
电　话　13821507064
地　址　宝坻区黄庄乡水流庄村北
邮　编　301803
养殖品种　荷斯坦牛
存栏量　620 头

天津市妙生奶牛饲养有限公司

负责人　王连庸
电　话　022－82479260
地　址　宝坻区新安镇小赵村
邮　编　301800
养殖品种　荷斯坦牛
存栏量　550 头

天津市宝坻区双齐盛奶牛场

负责人　王学军
电　话　022－22566238
地　址　宝坻区口东镇前齐各庄村南
邮　编　301800
养殖品种　荷斯坦牛
存栏量　518 头

建广奶牛场

负责人　张广东
电　话　022－22568560
地　址　宝坻区口东镇口东村南宝黑路东侧
邮　编　301800
养殖品种　荷斯坦
存栏量　508 头

天津津妙奶牛饲养有限公司

负责人　李云
电　话　13512298788
地　址　宝坻区八门城镇后辛庄
邮　编　301800
养殖品种　荷斯坦牛
存栏量　500 头

天津红新奶牛养殖场

负责人　周红新
电　话　13802079499
地　址　蓟县泗溜镇八里庄村北
邮　编　301907
养殖品种　荷斯坦牛
存栏量　600 头

天津市蓟县巨发奶牛养殖场

负责人　孟学军

电　话　022－29148116
地　址　蓟县穿芳峪乡大巨各庄村
邮　编　301909
养殖品种　荷斯坦牛
存栏量　508头

天津市神农奶牛养殖中心

负责人　许宝贵
电　话　022－29775885
地　址　蓟县别山镇盘山电场东侧
邮　编　301907
养殖品种　荷斯坦牛
存栏量　500头

化泉奶牛养殖场

负责人　王国敏
电　话　13132021211
地　址　蓟县别山镇翠屏山第二林场内
邮　编　301907
养殖品种　荷斯坦
存栏量　230头

海燕实业畜牧分公司

负责人　李春雨
电　话　13902050829
地　址　宁河县潘庄镇西
邮　编　301508
养殖品种　荷斯坦
存栏量　2400头

天津市宁河县东棘坨镇绿源奶牛场

负责人　高文生
电　话　022－69379803
地　址　宁河县东棘坨镇姜庄村西
邮　编　301507
养殖品种　荷斯坦牛
存栏量　1200头

中芬宁河奶牛养殖示范小区

负责人　李树柏
电　话　13110077587
地　址　宁河县东棘屯镇政府东
邮　编　301507
养殖品种　荷斯坦
存栏量　512头

天津市宁河县苗庄镇大沙窝奶牛养殖小区

负责人　张勇
电　话　13821654985
地　址　宁河县苗庄镇大沙窝村东
邮　编　301500
养殖品种　荷斯坦牛
存栏量　500头

天津市常店村奶牛养殖小区

负责人　张树宏
电　话　022－69379842
地　址　宁河县东棘坨镇常店村
邮　编　301507
养殖品种　荷斯坦牛
存栏量　500头

天津市静海县志华养殖场

负责人　陈志奎
电　话　022－68868323
地　址　静海县双塘镇杨家园村铁路东
邮　编　301600
养殖品种　荷斯坦牛
存栏量　1400头

天津市静海县腾达奶牛养殖场

负责人　杜恩祥
电　话　022－68868400
地　址　静海县双塘镇朴楼村
邮　编　301600
养殖品种　荷斯坦牛
存栏量　930头

天津合力奶牛养殖有限公司

负责人　李庆丰
电　话　13821292661
地　址　静海县良王庄乡罗各庄村
邮　编　301600
养殖品种　荷斯坦牛
存栏量　912头

东兴奶牛养殖场

负责人　杨增才
电　话　13920811121
地　址　静海县杨成庄乡东寨村东侧
邮　编　301600
养殖品种　荷斯坦牛
存栏量　800头

天津海翔奶牛养殖场

负责人　杨景波
电　话　022－68865080
地　址　静海县双塘镇东双塘村铁路东
邮　编　301600
养殖品种　荷斯坦牛
存栏量　800头

天津市兴达奶牛养殖场

负责人　严宝成
电　话　13920785140
地　址　静海县王口镇津涞公路东
邮　编　301603
养殖品种　荷斯坦牛
存栏量　800头

天津市静海县亚华奶牛养殖场

负责人　孙世忠
电　话　13920417659
地　址　静海县陈官屯镇潘庄
邮　编　301604
养殖品种　荷斯坦牛
存栏量　800头

天津光大奶牛养殖场

负责人　李泽亮
电　话　13702074925
地　址　静海县双塘镇杨学士村东
邮　编　301600
养殖品种　荷斯坦牛
存栏量　700头

天津市静海县康达养殖场

负责人　李洪建
电　话　022－68761048
地　址　静海县陈关屯一街104国道东
邮　编　301604
养殖品种　荷斯坦牛
存栏量　700头

天津静海县宝生乳牛养殖场

负责人　陈宝生
电　话　022－68651328
地　址　静海县杨成庄乡董庄家村
邮　编　301617
养殖品种　荷斯坦牛
存栏量　658头

天津东盛养殖场

负责人　王强
电　话　13752762287
地　址　静海县陈官屯镇吕官屯村
邮　编　301608
养殖品种　荷斯坦
存栏量　626头

天津市隆达场奶牛养殖场

负责人　高文林
电　话　1．38217E＋11
地　址　静海县唐官屯镇九宣闸东南
邮　编　301608
养殖品种　荷斯坦牛
存栏量　600头

天津市富达奶业有限公司

负责人　刘伟
电　话　13920862078
地　址　静海县高楼104国道东2公里
邮　编　301600
养殖品种　荷斯坦牛
存栏量　500头

天津宝龙养殖有限公司

负责人　关宝树
电　话　13132172888
地　址　静海县独流镇大青河南
邮　编　301602
养殖品种　荷斯坦牛
存栏量　500头

天津市团泊洼奶牛养殖中心

负责人　王立伟
电　话　022-68509028
地　址　静海县团泊镇张家房村
邮　编　301607
养殖品种　荷斯坦牛
存栏量　500头

天津市静海县长兴畜牧养殖场

负责人　胡明来
电　话　13602122559
地　址　静海县唐官屯镇长张屯村
邮　编　301608
养殖品种　荷斯坦牛
存栏量　500头

天津市静海县蓄驰奶牛养殖场

负责人　刘建华
电　话　13920489209
地　址　静海县西翟镇巨家庄村
邮　编　301600
养殖品种　荷斯坦牛
存栏量　500头

天津汇友畜牧养殖有限公司

负责人　王春乐
电　话　13920829427
地　址　静海县独流镇西抬路北
邮　编　301602
养殖品种　荷斯坦牛
存栏量　450头

天津利舜奶牛场

负责人　边春风
电　话　022-68651328
地　址　静海县杨成庄乡董庄窠村
邮　编　301617
养殖品种　荷斯坦牛
存栏量　450头

天津田野奶牛养殖场

负责人　王希成
电　话　13821265185
地　址　静海县梁头镇周庄子村
邮　编　301600
养殖品种　荷斯坦
存栏量　400头

天津市静海县润丰奶牛养殖场

负责人　邢德喜
电　话　13821759936
地　址　静海县双塘镇李靖村
邮　编　301600
养殖品种　荷斯坦牛
存栏量　300头

河　北

正定县曲阳桥奶厅奶站

负责人　康银忠
电　话　0311-8294100　8293070
地　址　石家庄市正定县曲阳桥乡上曲阳村
邮　编　050800
养殖品种　中国荷斯坦
存栏量　3400头

石家庄三鹿集团闵镇奶牛技术服务站

负责人　赵振香
联系人　樊立波
电　话　0311-8537208
地　址　石家庄市新乐市协神乡闵镇村
邮　编　050700
养殖品种　中国荷斯坦
存栏量　2800头

石家庄国富盛邦奶业公司

负责人　杨云乐
电　话　0311-5540000
传　真　0311-5549999
地　址　石家庄市栾城县南高乡北高村
邮　编　051430
养殖品种　中国荷斯坦
存栏量　2160头

行唐县军鹏养殖公司

负责人　严进忠
电　话　0311-2732430
地　址　石家庄市行唐县南桥镇九顷湾
邮　编　050600
养殖品种　中国荷斯坦
存栏量　1600头

南铜冶小区

负责人　李印田
电　话　0311-223736
地　址　石家庄市鹿泉市南铜冶
邮　编　050200
养殖品种　中国黑白花
存栏量　1200头

省广联奶牛小区

负责人　雍银虎
电　话　0311-8249898
地　址　石家庄市正定县小邯村
邮　编　050800
养殖品种　中国黑白花
存栏量　1058头

石家庄三鹿故城生态养殖园

负责人　胡菊林
电　话　0311-4561001
地　址　石家庄市元氏县故城奶站
邮　编　051134
养殖品种　中国荷斯坦
存栏量　1000头

南石家庄小区

负责人　马明健
电　话　0311-5301013
地　址　石家庄市长安区南石家庄村北
邮　编　050031
养殖品种　中国黑白花
存栏量　900头

赵县三旺奶牛养殖小区

负责人　李卫国
电　话　0311-4708236
传　真　0311-4708353
地　址　石家庄市赵县于家刚村南
邮　编　051530
养殖品种　中国荷斯坦
存栏量　900头

余底奶牛小区

负责人　郝喜福
电　话　0311-2682888
地　址　石家庄市行唐县余底村
邮　编　050600
养殖品种　中国黑白花
存栏量　800头

鹿泉三鹿铜冶奶牛生态养殖基地

负责人　王世伟
电　话　0311-2238172
传　真　0311-2236436
地　址　石家庄鹿泉市铜冶镇南铜冶村
邮　编　050221
养殖品种　中国荷斯坦
存栏量　780头

藁城鑫达奶牛小区

负责人　阎书兴
电　话　0311-6511036
传　真　0311-6511039
地　址　石家庄市藁城市岗上村鑫达奶牛小区
邮　编　052160
养殖品种　中国荷斯坦

存栏量 650头

鑫星养牛小区

负责人 何炳仁
电 话 0311-3396578
地 址 石家庄市辛集市田庄乡倾井村
邮 编 052360
养殖品种 中国黑白花
存栏量 620头

大流南区

负责人 王瑞江
电 话 0311-8680068
地 址 石家庄市新乐市畜牧场
邮 编 050700
养殖品种 中国黑白花
存栏量 560头

河北省元氏县汇海奶牛养殖小区

负责人 张惠英
联系人 张荣聚
电 话 0311-4571028
传 真 0311-4571666
地 址 石家庄市元氏县姬村镇姬村
邮 编 051130
养殖品种 中国荷斯坦
存栏量 537头

南桥奶牛小区

负责人 闫进法
电 话 0311-2732430
地 址 石家庄市行唐县南桥村东
邮 编 050600
养殖品种 中国黑白花
存栏量 500头

南智邱富民基地

负责人 王辰山
电 话 0311-3191336
地 址 石家庄辛集市南智邱镇
邮 编 052360
养殖品种 中国黑白花
存栏量 500头

北桥宅奶牛小区

负责人 范三臣
电 话 0311-8075044
地 址 石家庄市藁城市北桥宅村
邮 编 052160
养殖品种 中国黑白花
存栏量 470头

费家庄奶牛小区

负责人 刘庆卯
地 址 石家庄市无极县北苏镇费家庄
邮 编 052460
养殖品种 中国黑白花
存栏量 470头

凌透养牛基地

负责人 王建敏
地 址 石家庄市长安区凌透村北
邮 编 050031
养殖品种 中国黑白花
存栏量 400头

井陉县秀林镇南秀林奶厅

负责人 高建军
电 话 0311-2320109
地 址 石家庄井陉县秀林镇南秀林村
邮 编 050300
养殖品种 中国荷斯坦
存栏量 360头

大流北区

负责人 姚志辉
电 话 0311-8680359
地 址 石家庄新乐市原河北军区农场
邮 编 050700
养殖品种 中国黑白花
存栏量 300头

平山县圣地奶牛养殖基地

负责人 陈素娟
联系人 白占平
电 话 0311-2851777
传 真 0311-2851183
地 址 平山县西柏坡镇陈家峪村
邮 编 050408
养殖品种 中国荷斯坦
存栏量 170头

张家口市塞北管理区

负责人 范亚平
联系人 徐开宇
电 话 0313-5754265
传 真 0313-5754265
地 址 张家口市塞北管理区榆树沟
邮 编 076576
养殖品种 中国荷斯坦
存栏量 12000头

河北省察北牧场

负责人 班 勇
电 话 0313-5364040
传 真 0313-5364040
地 址 张家口市察北牧场
邮 编 076481
养殖品种 中国荷斯坦
存栏量 9500头

河北沽源牧场

负责人 范 平
电 话 0313-5754222
传 真 0313-5754265
地 址 张家口市沽源县牧场
邮 编 076576
养殖品种 荷斯坦
存栏量 8600头

察北舍饲奶牛示范养殖小区

负责人 李风雨
电 话 0313-5368455
传 真 0313-5364047
地 址 张家口市察北管理区
邮 编 076481
养殖品种 中国荷斯坦、杂种牛
存栏量 2010头

绿源奶牛养殖示范小区

负责人 刘喜清
电 话 0313-5754251
传 真 0313-5754231
地 址 张家口市塞北管理区榆树沟管理处
邮 编 076576
养殖品种 荷斯坦黑白花
存栏量 1203头

张家口市牛奶公司

负责人 苟秉兴
电 话 0313-4061011
传 真 0313-4054155
地 址 张家口市桥东区一东路7号
邮 编 075000
养殖品种 黑白花
存栏量 1000头

乔家营奶牛养殖小区

负责人 刘德民
电 话 0313-6250953
地 址 张家口怀来县沙城镇乔家营村
邮 编 075400
养殖品种 黑白花
存栏量 700头

宣化县乐乳业有限责任公司

负责人 王永龙
电 话 0313-3160617
传 真 0313-3160617
地 址 张家口市宣化区大西街40号
邮 编 075100
养殖品种 荷兰黑白花
存栏量 500头

湖滨奶牛场

负责人 寇成江
地 址 张家口市怀来县官厅镇
邮 编 075400

养殖品种　黑白花
存栏量　300头

京西奶业养殖合作社

负责人　王秀和
地　址　张家口市怀来县土木乡太平堡村
邮　编　075400
养殖品种　黑白花
存栏量　300头

大黄庄奶牛养殖小区

负责人　颜春良
地　址　张家口市怀来县大黄庄乡
邮　编　075431
养殖品种　黑白花
存栏量　300头

上板城养殖小区

负责人　张万来
电　话　0314－3050958
地　址　承德市承德县上板城镇漫子沟村
邮　编　067411
养殖品种　黑白花
存栏量　2500头

天添乳业奶牛小区

负责人　马玉民
电　话　0314－7562900
传　真　0314－7562900
地　址　承德市围场镇孟滦街63号
邮　编　068450
养殖品种　中国荷斯坦
存栏量　800头

丰宁肉牛繁育场

负责人　郑佰良
电　话　0314－8060583
传　真　0314－8060583
地　址　承德市大阁镇撒代沟门林
邮　编　068350
养殖品种　奶牛、肉牛
存栏量　440头

昌黎县赵东升奶牛养殖小区

负责人　刘森
地　址　秦皇岛昌黎县大蒲河镇
邮　编　066600
养殖品种　荷斯坦
存栏量　364头

河北国富爱德生物工程有限公司

负责人　李叙浩
联系人　张　超
电　话　0315－5179119
传　真　0315－5013695
地　址　唐山市丰润区
邮　编　064000
存栏量　3200头

唐山市国富润兴奶业有限公司

负责人　毛雄飞
联系人　黄宝东
电　话　0315－5400777　5523777
传　真　0315－5523500
地　址　唐山市丰润区岔河镇沙窝新庄子
邮　编　064002
养殖品种　中国荷斯坦奶牛
存栏量　1000头

丰润区沙流河村奶牛养殖基地

负责人　郝春生
联系人　侯兴平
电　话　0315－5566688
传　真　0315－5567316
地　址　唐山市丰润区沙流河村
邮　编　064006
养殖品种　中国荷斯坦
存栏量　800头

沙流河奶牛小区

地　址　唐山市丰润区沙流河镇
邮　编　064000
养殖品种　奶牛
存栏量　760头

唐山市京丰诚信奶业有限公司

负责人　王兆民
电　话　0315－5552195
传　真　0315－5553388
地　址　唐山市丰润区石各庄
邮　编　064005
养殖品种　中国荷斯坦
存栏量　600头

唐山金平奶牛生态养殖园

负责人　毕金平
电　话　022－69214825
地　址　唐山市汉沽管理区汉丰镇
邮　编　301501
养殖品种　中国荷斯坦
存栏量　518头

唐山市芦台管理区新华奶牛场

负责人　秦占海
电　话　022－69388421
地　址　唐山市芦台管理区新华奶牛场
邮　编　301505
养殖品种　中国荷斯坦
存栏量　506头

毕家鄱畜牧园区

负责人　王广华
联系人　毕伯增
地　址　唐山市丰南区犇鑫奶牛乳业有限公司
邮　编　063313
养殖品种　荷斯坦
存栏量　476头

丰润区军辉奶牛养殖小区

负责人　谷士余
电　话　0315－5415868
传　真　0315－5416321
地　址　唐山市丰润区杨官林镇商各庄
邮　编　064011
养殖品种　中国荷斯坦
存栏量　400头

丰润区周文兴奶牛场

负责人　周文兴
电　话　0315－5155068
地　址　唐山市丰润区丰润镇南台村
邮　编　064000
存栏量　342头

银城铺奶牛养殖小区

负责人　任得平
电　话　0315－3122757
地　址　唐山市唐山市丰润区银城铺乡
邮　编　063030
存栏量　230头

唐山燕东奶业公司

负责人　闫国建
电　话　0315－5589666
地　址　唐山市丰润区西杨家营乡西杨家营
邮　编　064009
存栏量　210头

丰润区什仟奶牛场

负责人　谷士俊
电　话　0315－5159908
地　址　唐山市丰润区丰润镇
邮　编　064000
养殖品种　中国荷斯坦奶牛
存栏量　110头

古县村奶牛养殖园区

负责人　邵宗舫
电　话　0316－2194871
地　址　廊坊市古县村奶牛养殖区
邮　编　065000
养殖品种　荷斯坦
存栏量　800头

永清县鑫隆奶牛养殖小区

负责人　李修凯
电　话　0316-6515555
传　真　0316-6511147
地　址　廊坊市永清县韩村镇
邮　编　065614
养殖品种　中国荷斯坦、中国黑白花
存栏量　800 头

大城县平舒镇奶牛小区

负责人　杜广增
地　址　廊坊市大城县畜牧水产局畜牧股
邮　编　065900
养殖品种　黑白花
存栏量　450 头

三河市红星奶牛场

负责人　肖林
电　话　0316-3450124
地　址　廊坊市三河市李旗庄镇二刘村
邮　编　065200
养殖品种　荷斯坦
存栏量　370 头

大尚屯陈良村奶牛小区

负责人　陈新民
地　址　廊坊市大城县畜牧水产局畜牧股
邮　编　065900
养殖品种　荷斯坦
存栏量　360 头

建寅奶牛养殖小区

负责人　赵建寅
电　话　0312-2155986
地　址　保定市南市区焦庄乡青堡村
邮　编　071000
养殖品种　中国荷斯坦
存栏量　2000 头

清苑种养园北店养牛小区

负责人　张春奇
电　话　0312-8120898
传　真　0312-8121999
地　址　保定市清苑县北店乡
邮　编　071100
养殖品种　黑白花
存栏量　1080 头

涿州市远大奶牛产业有限公司

负责人　李卫红
联系人　蔡小策
电　话　0312-3869572
传　真　0312-3759268
地　址　保定市涿州市经济技术开发区万达工贸小区
邮　编　072750
养殖品种　中国荷斯坦
存栏量　1000 头

徐水县中所营玉洁牛园托牛所

负责人　王　海
电　话　0312-8569101
地　址　保定市徐水县漕河镇中所营
邮　编　072550
养殖品种　中国荷斯坦
存栏量　436 头

中捷农场养殖基地

负责人　李文星
电　话　0317-5486770
传　真　0317-5482183
地　址　沧州市黄骅市中捷农场
邮　编　061108
养殖品种　荷斯坦
存栏量　2650 头

沧州市临港开发区奶牛二区

负责人　李义显
电　话　0317-5489114
传　真　0317-5489124
地　址　沧州市临港经济技术开发区
邮　编　061108
养殖品种　中国荷斯坦
存栏量　610 头

青县华茂奶牛科技示范园

负责人　陈刚
电　话　0317-4122256
传　真　0317-4022727
地　址　沧州市青县清州镇罗店村南奶牛科技园
邮　编　062650
养殖品种　中国荷斯坦
存栏量　450 头

阳兴奶牛养殖场

负责人　杨国琴
电　话　0317-4502329
传　真　0317-4502335
地　址　沧州市献县段村乡代村
邮　编　062250
养殖品种　黑白花
存栏量　412 头

泊头市天天乳业养殖基地

负责人　常守江
电　话　0317-8184901
地　址　沧州市泊头市龙华街
邮　编　062150
养殖品种　黑白花
存栏量　300 头

衡水陆海乳业奶牛胚胎移植有限公司

负责人　李陆海
联系人　何立萍
电　话　0318-2130360
地　址　衡水市深州市乔屯乡林甫村
邮　编　053000
养殖品种　中国荷斯坦
存栏量　3000 头

枣强镇富力奶牛养殖小区

负责人　孟昭伦
电　话　0318-7023109
传　真　0318-7023109
地　址　衡水市枣强县城关镇杜烟
邮　编　053100
养殖品种　中国黑白花
存栏量　400 头

大曹庄管理区奶牛发展中心

负责人　王维谦
电　话　0319-5568251
传　真　0319-5568251
地　址　邢台市大曹庄管理区
邮　编　055550
养殖品种　中国荷斯坦
存栏量　1600 头

宁晋东达奶牛养殖小区

负责人　贺立中
电　话　0319-5463999
传　真　0319-5462011
地　址　邢台市宁晋县东汪镇东达奶牛养殖小区
邮　编　055550
养殖品种　中国荷斯坦
存栏量　563 头

邯郸滏阳乳业公司第二奶牛场

负责人　李殿华
电　话　0310-6050505
传　真　0310-6068235
地　址　邯郸市渚河路 157 号
邮　编　056005
养殖品种　中国荷斯坦
存栏量　820 头

邯郸市马庄乡小北堡村奶牛小区

负责人　户好海
电　话　0310-8138290
地　址　邯郸市马庄乡小北堡村
邮　编　056005
养殖品种　中国荷斯坦

存栏量　630 头

永年县西韩寨奶牛小区司

负责人　郭树堂
电　话　0310－6970021
地　址　邯郸市永年县小西堡乡韩寨村
邮　编　057151
养殖品种　黑白花
存栏量　550 头

山　西

太原农牧场

负责人　郝锁业
电　话　0351－7957575　7957334
地　址　太原市小店区新东庄
邮　编　030032
养殖品种　荷斯坦
存栏量　1200 头

太原市长风奶牛场

负责人　孟五牛
电　话　0351－7093503
地　址　太原市小店区小店镇
邮　编　030032
养殖品种　荷斯坦
存栏量　1080 头

山西恒康乳业有限公司荷斯坦奶牛场

负责人　李建华
电　话　0351－7236088
传　真　0351－7244168
地　址　太原市小店区高新区
邮　编　030032
养殖品种　荷斯坦
存栏量　700 头

太原市金胜荷斯坦奶牛场

电　话　0351－6322064
地　址　太原市晋源区金胜镇金胜村
邮　编　030025
养殖品种　荷斯坦
存栏量　650 头

太原四海原种奶牛场

负责人　刘瑞修
电　话　0351－5523073
地　址　太原市阳曲县黄寨镇北郑村
邮　编　030100
养殖品种　荷斯坦
存栏量　556 头

太原市金胜奶牛场

负责人　王虎平
电　话　0351－6932977
地　址　太原市金胜乡金胜村
邮　编　030021
养殖品种　荷斯坦
存栏量　500 头

山西大同云城乳业有限公司

负责人　张建强
电　话　0352－4193016
传　真　0352－4193159
地　址　大同市新平旺新胜街
邮　编　037003
养殖品种　荷斯坦
存栏量　2060 头

山西省山阴农牧场

负责人　秦中文
电　话　0349－7095040
地　址　朔州市山阴县薛 00 乡
邮　编　036900
养殖品种　荷斯坦
存栏量　1495 头

怀仁云东奶牛养殖园区

负责人　赵　有
电　话　0349－3024717
地　址　朔州市怀仁县畜牧局
邮　编　038300
养殖品种　荷斯坦
存栏量　1140 头

朔州市雁音乳业有限责任公司

负责人　吴宏友
电　话　0349－2197963
传　真　0349－2197963
地　址　朔州市朔城区
邮　编　038500
养殖品种　荷斯坦
存栏量　880 头

山西省古城乳业集团有限公司

负责人　乔道首
电　话　0349－7082088
传　真　0349－7082001
地　址　朔州市山阴县古城镇
邮　编　036900
养殖品种　荷斯坦
存栏量　680 头

平鲁绿乳优种繁育场

负责人　尹存高
电　话　0349－6087261
传　真　0349－6087262
地　址　朔州市平鲁区
邮　编　038600
养殖品种　荷斯坦
存栏量　646 头

山阴农牧场奶牛场

负责人　王式义
电　话　0349－7095021
传　真　0349－7095040
地　址　朔州市山阴县薛 OO 乡山阴农牧场
邮　编　036900
养殖品种　荷斯坦
存栏量　385 头

山阴农牧场三友奶牛场

负责人　温　亮
电　话　0349－7095040
传　真　0349－7095040
地　址　朔州市山阴县薛 OO 乡山阴农牧场
邮　编　036900
养殖品种　荷斯坦
存栏量　384 头

山阴农牧场海宇奶牛场

负责人　尹德喜
电　话　0349－7095046
传　真　0349－7095040
地　址　朔州市山阴县薛 OO 乡
邮　编　036900
养殖品种　荷斯坦
存栏量　381 头

山阴农牧场春蕾奶牛场

负责人　温培祥
电　话　0349－7095046
传　真　0349－7095040
地　址　朔州市山阴县薛 OO 乡
邮　编　036900
养殖品种　荷斯坦
存栏量　376 头

山阴县兴荣养殖公司

负责人　孙荣
地　址　朔州市山阴县马营乡故驿村
邮　编　036900
养殖品种　荷斯坦
存栏量　367 头

山阴农牧场东达奶牛场

负责人　韩世功
电　话　0349－7095058
传　真　0349－7095040
地　址　朔州市山阴县薛 OO 乡
邮　编　036900
养殖品种　荷斯坦
存栏量　365 头

阳泉煤业集团鸿源乳制品厂

负责人　李海荣

电　话　0353-7071427
地　址　阳泉市简子沟
邮　编　045000
养殖品种　荷斯坦
存栏量　410 头

山西省屯留县鸣源奶业有限公司

负责人　李长清
电　话　0355-7629006
传　真　0355-7666616
地　址　长治市屯留县鸣水
邮　编　046100
养殖品种　荷斯坦
存栏量　1800 头

山西省原平农场

负责人　李　彬
电　话　0350-8278043　8275093
地　址　忻州市原平市
邮　编　034100
养殖品种　荷斯坦
存栏量　640 头

山西省忻州解村农场

负责人　刘海浩
电　话　0350-3671148
传　真　0350-3671345
地　址　忻州市播明东路 9 号
邮　编　034014
养殖品种　荷斯坦
存栏量　445 头

尧蒙奶牛养殖有限公司

负责人　谢娇爱
电　话　0357-2396327
传　真　0357-2396350
地　址　临汾市尧都区南外环贾得口南
邮　编　041000
养殖品种　荷斯坦
存栏量　320 头

山西省离石市益欣食品有限公司

负责人　武玉根
电　话　0358-8355253
传　真　0358-8343170
地　址　吕梁市离石市宝峰山绿色食品开发基地
邮　编　033015
养殖品种　荷斯坦
存栏量　810 头

山西永济超人奶业有限公司

负责人　胡小创
电　话　0359-8033565
地　址　运城市永济市飞机场
邮　编　044500
养殖品种　荷斯坦
存栏量　300 头

内蒙古

土左旗奶牛养殖示范小区

负责人　李高德
电　话　0471-8112716
地　址　呼和浩特市土左旗畜牧局
邮　编　010100
养殖品种　荷斯坦
存栏量　1300 头

内蒙古奈伦天然乳品公司奶源基地

负责人　田　志
电　话　0471-5684270
传　真　0471-5684316
地　址　呼和浩特市呼托旧公路 4.5 公里
邮　编　010070
网　站　www.nailun.com.cn
养殖品种　荷斯坦
存栏量　1100 头

呼和浩特市大黑河奶牛场

地　址　呼和浩特市南郊
邮　编　010020
养殖品种　荷斯坦
存栏量　500 头

内蒙古乳泉奶业有限公司

负责人　郭予丰
电　话　0472-8922552
传　真　0472-8922552
地　址　包头市土右旗
邮　编　014100
养殖品种　荷斯坦
存栏量　2500 头

包头市黄河奶牛场

地　址　包头市九原区
邮　编　014060
养殖品种　荷斯坦
存栏量　300 头

辽　宁

铁岭市种畜场

负责人　王佐俊
电　话　0410-2690549
传　真　0410-2690254
地　址　铁岭市开发区
邮　编　112000
养殖品种　中国荷斯坦
存栏量　2100 头

本溪市小堡畜牧场

负责人　韩晓光
电　话　0414-4511816
传　真　0414-45117716
地　址　本溪市明山区小堡
邮　编　117021
养殖品种　中国荷斯坦
存栏量　900 头

鞍钢副业总厂畜牧场

负责人　刘永先
电　话　0412-6752053
传　真　0412-5211082
地　址　鞍山市千山区鞍千路十里
邮　编　114041
养殖品种　中国荷斯坦
存栏量　890 头

大连三寰奶牛场

负责人　林乐成
电　话　0411-86289340　86289344
地　址　大连市旅顺口区英歌石红星奶牛分场
邮　编　116041
养殖品种　黑白花
存栏量　1610 头

大连三寰乳业有限公司奶牛场

负责人　白军
地　址　大连市金州区登沙河镇北关村
邮　编　116100
养殖品种　黑白花
存栏量　1400 头

大连奶牛场

负责人　展树清
电　话　0411-86289006
传　真　0411-86289188
地　址　大连市旅顺口区英歌石
邮　编　116041
养殖品种　黑白花
存栏量　1320 头

大连金星奶牛场

负责人　徐才涛
电　话　0411-86428257
地　址　大连市甘井子区泡崖村
邮　编　116033
养殖品种　黑白花
存栏量　670 头

大连建达农业发展有限公司

负责人　王少鹏
电　话　0411-83462227　83464278
地　址　大连市普兰店大刘家镇

邮　编　116228
养殖品种　黑白花
存栏量　650 头

吉　林

长春新希望乳业有限公司

负责人　邢东顺
联系人　王洪喜
电　话　0431－4595308
传　真　0431－4595308
地　址　长春市二道区长德公路 6 公里
邮　编　130102
网　站　miaomiao. changchun. gov. cn
养殖品种　中国荷斯坦
存栏量　1200 头

吉林农业大学教学实验场畜牧站

负责人　万克军
电　话　0431－4519059
传　真　0431－4519059
地　址　长春市长东公路 5 公里
邮　编　130118
养殖品种　中国荷斯坦
存栏量　780 头

长春市金财乳业有限公司养殖场

负责人　焦云峰
电　话　0431－4645820
传　真　0431－4645820
地　址　长春市经济技术开发区
邮　编　130031
网　站　www. jincaifood. com
存栏量　350 头

中国吉林科尔沁精品牧业园区

负责人　郝福财
电　话　0436－3892465
传　真　0436－3892465
地　址　白城市白镇公路 17. 5 公里
邮　编　137000
存栏量　890 头

洮南市机关养殖小区

负责人　李德金
电　话　0436－6222785
传　真　0436－6222785
地　址　白城市洮南市畜牧局
邮　编　137100
存栏量　300 头

前郭县长龙奶业小区

负责人　张秀文
电　话　0438－2570023
传　真　0438－25700289
地　址　松原市前郭县长龙乡
邮　编　138000
存栏量　530 头

吉林市九牛乳业发展有限公司

负责人　孙孝德
联系人　张树志
电　话　0432－4899123
传　真　0432－4898204
地　址　吉林市船营区军民路 188 号
邮　编　132011
网　站　www. gcow. com. cn
养殖品种　中国荷斯坦
存栏量　3100 头

吉林市春光牧工商实业有限公司

负责人　曲江
电　话　0432－2043677
传　真　0432－2043659
地　址　吉林市春光经济开发区
邮　编　132012
养殖品种　中国荷斯坦
存栏量　1000 头

黑龙江

哈尔滨市松花江奶牛场

负责人　董平
联系人　李世忠
电　话　0451－82030243
传　真　0451－82030040
地　址　哈尔滨市道外区团结镇东巨路 88 号
邮　编　150020
养殖品种　中国荷斯坦
存栏量　2000 头

黑龙江省香坊实验农场奶牛良种场

负责人　李豫江
电　话　0451－82052622
传　真　0451－55100075
地　址　哈尔滨市香坊区香福路 51 号
邮　编　150038
养殖品种　荷斯坦
存栏量　1100 头

哈尔滨牛奶公司

负责人　王哲斌
联系人　庞庆岩
电　话　0451－86672774
传　真　0451－86636004
地　址　哈尔滨市动力区哈平公路 7. 5 公里
邮　编　150040
养殖品种　荷斯坦
存栏量　700 头

呼兰康乐奶牛场

负责人　冯文臣
地　址　哈尔滨市呼兰县区长岭镇
邮　编　150500
养殖品种　荷斯坦
存栏量　700 头

黑龙江省阿城市犇鑫牧业有限公司

负责人　王东波
电　话　0451－53874888
地　址　哈尔滨市阿城市杨树乡永康村苏家屯（哈五路 651 公里）
邮　编　150300
养殖品种　荷斯坦
存栏量　580 头

双城市联兴乡安强小区

负责人　寇　丰
地　址　哈尔滨市双城市联兴乡安强村
邮　编　150100
养殖品种　荷斯坦
存栏量　460 头

公正乡有利小区

负责人　王作龙
地　址　哈尔滨市双城市公正乡有利村
邮　编　150100
养殖品种　荷斯坦
存栏量　442 头

双城市长勇小区

负责人　韩瑞庭
电　话　0451－53115401
地　址　哈尔滨市双城市双城镇长勇村
邮　编　150100
养殖品种　荷斯坦
存栏量　385 头

朝阳乡胜德小区

负责人　江　河
电　话　0451－57703333
地　址　哈尔滨市双城市朝阳乡胜德村
邮　编　150100
养殖品种　荷斯坦
存栏量　350 头

双城市幸福乡庆城小区

负责人　薛英华
电　话　0451－53280588
地　址　哈尔滨市双城市幸福乡庆城村
邮　编　150100
养殖品种　荷斯坦
存栏量　350 头

双城市中兴小区

负责人　沈士宽
电　话　0451-53210089
地　址　哈尔滨市双城市双城镇中兴村
邮　编　150100
养殖品种　荷斯坦
存栏量　346 头

双城市团结小区

负责人　张　磊
电　话　0451-53226377
地　址　哈尔滨市双城市团结乡团结村
邮　编　150100
养殖品种　荷斯坦
存栏量　300 头

大庆市银螺乳业有限公司

负责人　刘树清
联系人　董　晶
电　话　0459-6283801
传　真　0459-6280865
地　址　大庆市高新技术产业开发区建设路 6 号
邮　编　163316
养殖品种　荷斯坦
存栏量　11300 头

牡丹江三道乳业有限公司

负责人　郝秀礼
电　话　0453-6392204
传　真　0453-6394103
地　址　牡丹江市铁岭三道
邮　编　157614
养殖品种　荷斯坦
存栏量　1500 头

牡丹江大湾畜牧公司奶牛场

负责人　曲乃常
电　话　0453-6408450
地　址　牡丹江市兴龙镇大湾村
邮　编　157000
养殖品种　黑白花
存栏量　1304 头

上　海

普陀区长征镇奶牛场

负责人　秦根发
电　话　021-62507166
地　址　普陀区桃浦西路桥东 2 号
邮　编　200331
存栏量　460 头

宝山区宝罗奶牛场

负责人　陈建清
电　话　021-56014654
地　址　宝山区罗店镇张士村
邮　编　201908
存栏量　430 头

宝山区奶牛场

负责人　张春海
电　话　021-56860413
地　址　宝山区罗店镇石太路
邮　编　201908
存栏量　390 头

宝山区罗南奶牛场

负责人　陈剑忠
电　话　021-56011361
地　址　宝山区罗南西陶
邮　编　201908
存栏量　340 头

宝山区兴康奶牛场

负责人　庄德兴
电　话　021-66861916
地　址　宝山区罗店镇光明村
邮　编　201908
存栏量　300 头

马陆镇奶牛场

负责人　王梁燕
电　话　021-59156074
传　真　021-59156074
地　址　嘉定区马陆镇东樊家大严
邮　编　201801
存栏量　500 头

浦东新区唐镇奶牛场

负责人　顾天福
电　话　021-58960567
地　址　浦东新区唐镇唐四村庆丰大队
邮　编　201202
存栏量　600 头

上海杰隆生物工程股份有限公司

负责人　陈东良
电　话　021-58593978
地　址　浦东新区六团镇七灶村
邮　编　201202
存栏量　500 头

浦东新区合庆镇畜牧水产场

负责人　沈建明
电　话　021-58971218
地　址　浦东新区合庆镇向阳一村
邮　编　201201
存栏量　370 头

金山区吕巷奶牛场

负责人　夏连忠
电　话　021-57371424
传　真　021-57371457
地　址　金山区吕巷镇溪南路 31 号
邮　编　201517
养殖品种　上海荷斯坦
存栏量　1650 头

金山廊下畜牧种场

负责人　何道清
电　话　021-57391424
地　址　金山区金张支线 2325 号
邮　编　201516
养殖品种　荷斯坦
存栏量　450 头

松江区种奶牛场

负责人　朱秀庆
电　话　021-57775088
传　真　021-67832310
地　址　松江区北松公路奶牛棚桥南
邮　编　201611
养殖品种　黑白花
存栏量　800 头

松江区张泽奶牛场

负责人　胡秋坤
电　话　021-57883190
地　址　松江区张泽镇南马桥村
邮　编　201608
存栏量　600 头

青浦健康奶牛场

负责人　盛淦村
电　话　021-59750508
传　真　021-59752469
地　址　青浦区沪青平公路 3839 号
邮　编　201703
养殖品种　荷斯坦
存栏量　300 头

上海朝阳希迪乳业有限公司

负责人　金德华
电　话　021-58051853
传　真　021-58050312
地　址　南汇区朝阳农场内
邮　编　201302
养殖品种　荷斯坦
存栏量　800 头

上海真元乳业有限公司

负责人　王德新
电　话　021-58251235
传　真　021-58251333
地　址　南汇区芦潮港农场内
邮　编　201309
养殖品种　黑白花

存栏量　787 头

上海牛奶五四奶牛场有限公司

负责人　唐新仁
电　话　021－57169835
地　址　奉贤区五四农场
邮　编　201422
养殖品种　荷斯坦
存栏量　1500 头

上海燎原农场奶牛场

负责人　卫功宇
电　话　021－57110055
传　真　021－57110055
地　址　奉贤区燎原农场内
邮　编　201408
养殖品种　黑白花
存栏量　560 头

奉贤区健康奶牛场

负责人　王仲士
电　话　021－57120042
传　真　021－57120042
地　址　奉贤区奉新镇人民塘西路 29 号
邮　编　201418
养殖品种　上海黑白花
存栏量　520 头

奉贤区西渡奶牛场

负责人　李昌喜
电　话　021－57434225
地　址　奉贤区大叶公路 4388 号
邮　编　201401
养殖品种　荷斯坦
存栏量　300 头

上海红星农场奶牛场

负责人　李国庆
电　话　021－59341591
地　址　崇明区红星农场内
邮　编　202173
养殖品种　黑白花
存栏量　720 头

上海长江农场奶牛二场

负责人　施凤勤
电　话　021－59666346
传　真　021－59666346
地　址　崇明区长江奶农场内
邮　编　202178
养殖品种　荷斯坦
存栏量　700 头

上海新海农场新港奶牛场

负责人　陈惠忠
电　话　021－59655146
传　真　021－59655186
地　址　崇明区新海农场内
邮　编　202172
存栏量　600 头

上海佳辰牧业有限公司

负责人　倪德佳
电　话　021－59311477
传　真　021－59311447
地　址　崇明区长征农场内
邮　编　202174
养殖品种　黑白花
存栏量　500 头

江　苏

南京卫岗乳业有限公司

负责人　金人杰
联系人　李先斌
电　话　025－84872392
传　真　025－84875156
地　址　南京市江宁开发区将军大道 139 号
邮　编　211100
养殖品种　荷斯坦
存栏量　22000 头

南京珠江乳牛场有限责任公司

负责人　徐　家
电　话　025－8883132
传　真　025－8883132
地　址　南京市浦口区珠江镇北口
邮　编　211800
养殖品种　奶牛
存栏量　870 头

南京川田乳品有限公司

负责人　许翌星
联系人　陈　勇
电　话　025－52121589
传　真　025－52121881
地　址　南京江宁开发区经五路 129 号
邮　编　211100
网　站　www. shantian. com. cn
养殖品种　黑白花
存栏量　768 头

徐州绿健乳业有限责任公司

负责人　陈正晖
联系人　徐化春
电　话　0516－7667291
传　真　0516－7826362
地　址　徐州市北区马场湖
邮　编　221006
网　站　www. lujiandairy. com. cn
养殖品种　荷斯坦
存栏量　25000 头

徐州维维农牧科技有限公司

负责人　崔桂华
联系人　赵树楠
电　话　0516－3083828
传　真　0516－3083828
地　址　徐州市城南开发区维维总部
邮　编　221114
养殖品种　荷斯坦
存栏量　4000 头

江苏维维双宝乳业有限公司

负责人　熊铁虹
联系人　张建奎
电　话　0518－5498408
传　真　0518－5498408
地　址　连云港市江苏连云港
邮　编　222248
养殖品种　荷斯坦
存栏量　2000 头

连云港大平乳品厂

负责人　贾　萍
联系人　袁乃堂
电　话　0518－7642379
传　真　0518－7645030
地　址　连云港市东海县石湖乡驻地
邮　编　222302
养殖品种　黑白花
存栏量　800 头

淮安快鹿牛奶有限公司

负责人　顾荫民
联系人　张秀成
电　话　0517－3666382
传　真　0517－3644395
地　址　淮安市淮海西路 282 号
邮　编　223001
养殖品种　荷斯坦
存栏量　2800 头

盐城市泰来神奶业有限公司

负责人　陈连根
联系人　杜晓华
电　话　0515－8876522
传　真　0515－8897088－8888
地　址　盐城市亭湖区南洋镇江西村
邮　编　224051
养殖品种　荷斯坦、黑白花
存栏量　1300 头

江苏省东台市宇航奶业有限公司

负责人　丁昌根
联系人　郑英明
电　话　0515－5250922－8009

传　真　0515－5270921
地　址　盐城市东台市新东东路64号
邮　编　224200
养殖品种　荷斯坦
存栏量　602头

扬州大学实验农牧场

负责人　吕贞龙
联系人　于　颐
电　话　0514－7979290
传　真　0514－7369499
地　址　扬州市大学北路60号
邮　编　225009
网　站　www.yzu.edu.cn
养殖品种　荷斯坦
存栏量　732头

泰州卫岗乳品有限公司

负责人　黄建新
联系人　仲荣怀
电　话　0523－6593833
传　真　0523－6668336
地　址　泰州市海陵区斜桥东
邮　编　225300
养殖品种　荷斯坦
存栏量　880头

南通市乳品厂

负责人　周岳良
联系人　任智荣
电　话　0513－5609191
传　真　0513－5609199
地　址　南通市港闸经济开发区黄海路99号
邮　编　226002
养殖品种　荷斯坦
存栏量　1500头

南通市城南乳品厂养殖场

负责人　马清林
电　话　0513－5537143
传　真　0513－5256566
地　址　南通市南通市段家坝路49号
邮　编　226006
存栏量　331头

南通市爱特津乳业公司

负责人　顾进峰
电　话　0513－6276777
传　真　0513－6276999
地　址　南通市通州市骑岸工业园区
邮　编　226343
存栏量　300头

江苏省镇江市长江乳业有限公司

负责人　王　辉
联系人　鲁国宁
电　话　0511－5626348
传　真　0511－5626533
地　址　镇江市四摆渡
邮　编　212111
养殖品种　荷斯坦
存栏量　806头

常州红梅乳业有限公司

负责人　盛国兴
联系人　郭建中
电　话　0519－3271594
传　真　0519－3271594
地　址　常州市花园路25号
邮　编　213016
网　站　www.hmdairy.com
养殖品种　荷斯坦
存栏量　1700头

无锡市马山牛奶有限公司

负责人　曹善成
联系人　何高荣
电　话　0510－5996657　5994377
传　真　0510－5990457
地　址　无锡市滨湖区马山鱼花路29号
邮　编　214092
网　站　WWW.WXMILK.COM
养殖品种　黑白花
存栏量　560头

无锡市黄巷奶牛场

负责人　杨建清
联系人　唐建度
电　话　0510－3119213
传　真　0510－3119213
地　址　无锡市黄巷镇锡龙路百子桥堍
邮　编　214045
养殖品种　黑白花
存栏量　508头

无锡奔牛东北塘乳制品有限公司

负责人　过献忠
电　话　0510－3775816
传　真　0510－3771707
地　址　无锡市锡山区东北塘黄信桥
邮　编　214191
养殖品种　黑白花
存栏量　508头

无锡锡山区东北塘一牧场

负责人　李节农
电　话　0510－3771357
传　真　0510－3775138
地　址　无锡市锡山区东北塘镇黄信桥
邮　编　214191
养殖品种　荷斯坦
存栏量　480头

江阴市美天奶业有限公司

负责人　沈小美
联系人　周才坤
电　话　0510－6107368
传　真　0510－6107368
地　址　江阴市澄江镇红光村西
邮　编　214433
养殖品种　奶牛
存栏量　419头

创元双喜乳业（苏州）有限公司

负责人　曹　进
联系人　贝水荣
电　话　0512－67232790
传　真　0512－67232511
地　址　苏州市苏州市城北公路6号桥
邮　编　215008
网　站　www.szdairy.com
养殖品种　荷斯坦
存栏量　850头

苏州云兰奶业公司

负责人　陆火林
电　话　0512－68236688
传　真　0512－68236623
地　址　苏州市高新区上方山北麓
邮　编　215009
网　站　www.szyunlan.com
养殖品种　黑白花
存栏量　850头

波力牧场有限公司

负责人　吴信忠
联系人　范春颖
电　话　0512－57592200　57597676
传　真　0512－57591110
地　址　苏州市昆山市吴松江工业园新南中路
邮　编　215300
网　站　www.polidairy.com.cn
存栏量　400头

江苏梁丰食品集团有限公司机械化奶牛场

负责人　赵文伟
联系人　丁国祥
电　话　0512－58262362
传　真　0512－58180117
地　址　张家港市常奶沙农场
邮　编　215600
网　站　www.liangfengfood.com
养殖品种　黑白花
存栏量　3100头

浙 江

杭江奶牛场

负责人 王元法
电 话 0571-86931778-2818
地 址 杭州市外乔司（浙江省乔司监狱内）
邮 编 310018
养殖品种 荷斯坦
存栏量 2040头

杭州近江奶牛养殖有限公司

负责人 何泽敏
联系人 金红卫
地 址 杭州市经济技术开发区内
邮 编 310018
养殖品种 荷斯坦
存栏量 1087头

杭州双峰奶牛场

负责人 叶炳泉
联系人 徐国民
电 话 0571-86034169
地 址 杭州市经济技术开发区内
邮 编 310018
养殖品种 荷斯坦
存栏量 1019头

杭州正兴牧业有限公司

负责人 叶树生
联系人 叶宏伟
电 话 0571-63769091
地 址 杭州市临安市板桥乡
邮 编 311301
养殖品种 荷斯坦
存栏量 1009头

杭州市下沙第一奶牛场

负责人 叶雪泉
联系人 叶友财
电 话 0571-86921895
地 址 杭州市下沙镇
邮 编 310018
养殖品种 荷斯坦
存栏量 890头

杭州市湘湖奶牛场

负责人 汪关明
电 话 0571-62766179
地 址 杭州市萧山区湘湖农场内
邮 编 311258
养殖品种 荷斯坦
存栏量 590头

杭州市南湖奶牛场

负责人 黄月平
电 话 0571-88661923
地 址 杭州市余杭区南湖农场内
邮 编 311121
养殖品种 荷斯坦
存栏量 530头

杭州市下沙第二奶牛场

负责人 许荣虎
电 话 0571-66921742
地 址 杭州市下沙镇
邮 编 310018
养殖品种 荷斯坦
存栏量 490头

杭州市常青奶牛场

负责人 李兴法
电 话 0571-86912508
地 址 杭州市经济技术开发区
邮 编 310018
养殖品种 荷斯坦
存栏量 469头

杭州市三口奶牛场

负责人 周乐民
电 话 0571-63767037
地 址 杭州市临安市三口乡
邮 编 311301
养殖品种 荷斯坦
存栏量 390头

宁波牛奶公司

负责人 徐志雄
电 话 0574-87500234
传 真 0574-87506416
地 址 宁波市中山西路796弄11号
邮 编 315010
网 站 www.nbnn.com.cn
养殖品种 荷斯坦
存栏量 1200头

鄞州区永盛奶牛场

负责人 王永岳
电 话 0574-88345112
传 真 0574-88473040
地 址 宁波市鄞州区云龙镇甲村
邮 编 315137
养殖品种 荷斯坦
存栏量 1000头

金华丁丁良种奶牛养殖场

负责人 韩志龙
电 话 0579-2199070
地 址 金华市金东区多湖王宅
邮 编 321000
养殖品种 荷斯坦
存栏量 1100头

李子园牛奶食品有限公司

负责人 李国平
电 话 0579-2887719
传 真 0579-2887719
地 址 金华市金东区曹宅镇李子园工业区
邮 编 321031
网 站 www.liziyuan.com
养殖品种 荷斯坦
存栏量 1000头

青青奶牛场

负责人 金根松
电 话 0579-8277267
地 址 金华市佳乐乳业有限公司转青青奶牛场
邮 编 321001
养殖品种 荷斯坦
存栏量 653头

三路口牧场

负责人 林献桃
地 址 金华市开发区三江街道三路口村
邮 编 321000
养殖品种 荷斯坦
存栏量 300头

王坦牧场

负责人 盛茂樟
地 址 金华市金东区多湖街道王坦村
邮 编 321000
养殖品种 荷斯坦
存栏量 300头

安 徽

安徽白帝乳业有限公司

负责人 廖建和
联系人 张群芳
电 话 0551-5574358
传 真 0551-5562571
地 址 合肥市陈村路21号
邮 编 230031
养殖品种 荷斯坦
存栏量 1300头

安徽省保健奶牛场

负责人 李远福
电 话 0551-5562989 6771776
传 真 0551-5562989
地 址 合肥市长江西路407号
邮 编 230031
养殖品种 荷斯坦黑白花
存栏量 600头

淮北市奶牛场

负责人　王平哲
电　话　0561－3222653
地　址　淮北市渠沟
邮　编　235000
养殖品种　中国荷斯坦
存栏量　2500 头

亳州市天达奶牛示范场

负责人　支道友
电　话　0558－5010476
地　址　亳州市大杨镇
邮　编　236800
养殖品种　荷斯坦
存栏量　350 头

安徽省蚌埠市蚂蚁山奶牛场

负责人　刘世清
电　话　0552－2811281
传　真　0552－2811281
地　址　蚌埠市蚂蚁山奶牛场
邮　编　233000
养殖品种　中国荷斯坦
存栏量　890 头

安徽益益乳业有限公司

负责人　吴明楼
电　话　0554－3607120
传　真　0554－3607120　3607588
地　址　淮南市九龙岗北
邮　编　232035
养殖品种　中国荷斯坦
存栏量　5500 头

滁州市奶业有限责任公司

负责人　张顺利
电　话　0550－3022980
传　真　0550－3047757
地　址　滁州市环山路 8 号
邮　编　239000
养殖品种　荷斯坦
存栏量　2300 头

马鞍山市牛奶场

负责人　潘先松
电　话　0555－2353799
传　真　0555－2353799
地　址　马鞍山市东环路立交桥旁
邮　编　243000
养殖品种　中国荷斯坦
存栏量　400 头

芜湖卫岗乳品有限公司

负责人　贲曙光
电　话　0553－2863227
传　真　0553－2832576
地　址　芜湖市康复路 167 号
邮　编　241000
养殖品种　中国荷斯坦
存栏量　600 头

安徽省六安市奶牛场

负责人　张先国
电　话　0564－3269257
传　真　0564－3269257
地　址　六安市佛子岭路 59 号
邮　编　237011
养殖品种　中国荷斯坦
存栏量　500 头

宣城市华龙乳业商品奶牛发展有限公司

负责人　汪礼龙
联系人　许晓东
传　真　0563－3630068
地　址　宣城市宣州区黄渡乡黄渡街道
邮　编　242081
养殖品种　荷期坦、黑白花、奶牛
存栏量　352 头

福　建

康利达乳业有限公司

负责人　刘声锵
地　址　福州市金山
邮　编　350002
养殖品种　荷斯坦
存栏量　508 头

福建惠尔康乳业有限公司

负责人　叶争鸣
电　话　0591－83928777－828
传　真　0591－83923222
地　址　福州市晋安区连江中路 80 号
邮　编　350011
养殖品种　荷斯坦
存栏量　500 头

福建宏宝露乳业股份有限公司

负责人　林光明
联系人　林忠伟
电　话　0591－5365222
传　真　0591－5661195
地　址　福清市宏路镇东坪 88 号
邮　编　350301
养殖品种　荷斯坦
存栏量　4000 头

福建长富集团股份有限公司

负责人　陈学坤
联系人　陈鸿辉
电　话　0599－8635788　8635188
传　真　0599－8635318
地　址　南平市延平区长富路 168 号
邮　编　353000
网　站　www.fjchangfu.com
养殖品种　中国荷斯坦
存栏量　33414 头（基本牧场 33 个）

福建大乘乳业股份有限公司常坑牧场

负责人　吴移山
联系人　林金明
电　话　0599－8850921
传　真　0599－8805079
地　址　南平市建溪路 81 号
邮　编　353000
网　站　www.fzdcd.com
养殖品种　荷斯坦
存栏量　4794 头（基地牧场 10 个）

福建省浦城县华美乳业有限公司

负责人　罗继保
联系人　黄淑良
电　话　0599－2711858
传　真　0599－2711888
地　址　南平市浦城县南浦生态工业园区三元一号
邮　编　353400
网　站　www.tfhmd.com
养殖品种　荷斯坦
存栏量　1466 头（基地牧场 5 个）

福建长富乳业集团股份有限公司第二牧场

负责人　王友祥
联系人　林秀通
电　话　0599－8482489
传　真　0599－8482489
地　址　南平市延平区樟湖镇杨梅峡开发区
邮　编　353016
网　站　www.fjchangfu.com
养殖品种　荷斯坦
存栏量　2924 头

福建长富乳业集团股份有限公司第十三牧场

负责人　蔡永健
电　话　0599－8578562
传　真　0599－8578562
地　址　南平市延平区峡阳镇埂头村
邮　编　353005
网　站　www.fjchangfu.com
养殖品种　荷斯坦
存栏量　1748 头

福建长富乳业第六牧场

负责人　于佩强
电　话　0599－7852466
传　真　0599－7854066
地　址　南平市顺昌县水南镇新屯村
邮　编　353200
网　站　www. fjchangfu. com
养殖品种　荷斯坦
存栏量　1516 头

福建长富乳业第三牧场

负责人　林　青
电　话　0599－8455233
地　址　南平市延平区炉下镇瓦口村
邮　编　353013
网　站　www. fjchangfu. com
养殖品种　荷斯坦
存栏量　1401 头

福建长富乳业第二十八牧场

负责人　陈锦山
电　话　0599－5566668
地　址　南平市建阳市莒口镇后山村
邮　编　354202
网　站　www. fjchangfu. com
养殖品种　荷斯坦
存栏量　1167 头

邵武平荣奶牛养殖有限公司

负责人　朱江平
联系人　翁晓荣
电　话　0599－6712988　6712998
传　真　0599－6713333
地　址　南平市邵武市拿口庄上村
邮　编　354000
养殖品种　荷斯坦
存栏量　1100 头

福建长富乳业第七牧场

负责人　郑道年
电　话　0599－3525168
传　真　0599－3525168
地　址　南平市建瓯市南雅镇房村爱竹村
邮　编　353101
网　站　www. fjchangfu. com
养殖品种　荷斯坦
存栏量　1066 头

福建长富乳业第二十五牧场

负责人　郑祖新
电　话　0599－8564896
地　址　南平市来舟镇王富村渡口
邮　编　353004
网　站　www. fjchangfu. com
养殖品种　荷斯坦
存栏量　1056 头

福建长富乳业第三十三牧场

负责人　潘建东
电　话　0599－5877333
地　址　南平市建阳市水吉镇玉瑶村老虎山
邮　编　354207
网　站　www. fjchangfu. com
养殖品种　荷斯坦
存栏量　1054 头

福建大乘乳业股份有限公司大横牧场

负责人　邱承亮
联系人　罗金木
电　话　0599－8418668
地　址　南平市横镇新村
邮　编　353033
养殖品种　荷斯坦
存栏量　1050 头

福建长富乳业第一牧场

负责人　陈新华
电　话　0599－8614820
地　址　南平市长富路 168 号
邮　编　353000
养殖品种　荷斯坦
存栏量　1023 头

福建长富乳业第二十六牧场

负责人　程素红
电　话　0599－6668286
传　真　0599－6668285
地　址　南平市邵武市吴家塘镇
邮　编　354003
网　站　www. fjchangfu. com
养殖品种　荷斯坦奶牛
存栏量　889 头

邵武市长盛奶牛养殖有限公司

负责人　陈国英
电　话　0599－6763008
传　真　0599－6763008
地　址　南平市邵武市洪墩镇水口寨
养殖品种　荷斯坦
存栏量　800 头

大乘富头奶牛有限公司

负责人　詹小文
联系人　张启信
电　话　0599－3568386
地　址　南平市建瓯市徐墩镇富头村
邮　编　353100
养殖品种　荷斯坦
存栏量　760 头

大乘东源生态牧业有限公司

负责人　陈道平
联系人　任景张
电　话　0599－3598633
传　真　0599－3598633
地　址　南平市建瓯市东峰镇井岐村
邮　编　353100
养殖品种　荷斯坦
存栏量　580 头

福建长富乳业第五牧场

负责人　骆建安
电　话　0599－8577951
地　址　南平市延平区峡阳浪石村
邮　编　353005
网　站　www. fjchangfu. com
养殖品种　荷斯坦
存栏量　549 头

大乘广平奶牛有限公司

负责人　游加荣
联系人　游成稼
电　话　0599－8427489
地　址　南平市延平区南山镇大坎村
邮　编　353021
养殖品种　荷斯坦
存栏量　520 头

大乘德鲜奶牛饲养有限公司

负责人　张孙明
联系人　陈文秀
地　址　南平市建瓯市南雅镇房村小松溪桔园
邮　编　353102
养殖品种　荷斯坦
存栏量　480 头

大乘雅鲜奶牛有限公司

负责人　苏省忠
联系人　杨静奇
电　话　0599－3525206
地　址　南平市建瓯市房村口
邮　编　353102
养殖品种　荷斯坦
存栏量　450 头

大乘康顺奶牛养殖有限公司

负责人　李弥金
联系人　潘则岳
电　话　0599－8417127
地　址　南平市大横镇葫芦丘村
邮　编　353033
养殖品种　荷斯坦
存栏量　442 头

大乘徐墩山边奶牛场

负责人　兰振兴
联系人　谢德明
地　址　南平市建瓯市徐墩镇山边村
邮　编　353103
养殖品种　荷斯坦
存栏量　440 头

大乘天发奶牛场

负责人　詹恽华
联系人　詹慰平
电　话　0598－6246569
传　真　0598－6243097
地　址　三明市尤溪县联合乡东边村
邮　编　365102
养殖品种　荷斯坦
存栏量　580 头

长泰县新龙华乳业有限公司

负责人　林立新
电　话　0596－8318609
传　真　0596－8317316
地　址　漳州市长泰县新泰工业开发区
邮　编　363900
养殖品种　荷斯坦
存栏量　550 头

百信实业（漳州）有限公司

负责人　陈学炎
联系人　黄全裕
电　话　0596－3642303
传　真　0596－6342303
地　址　漳州市漳浦县前亭镇大社工业区
邮　编　363207
养殖品种　荷斯坦
存栏量　516 头

闽西绿蒙奶业有限公司

负责人　龚林旺
电　话　0597－3761962
传　真　0597－3761962
地　址　龙岩市上杭县龙湖开发区
邮　编　364200
养殖品种　荷斯坦
存栏量　500 头

江　西

江西金牛企业集团公司

负责人　席德三
联系人　邓　勇
电　话　0791－3975819
传　真　0791－3977811
地　址　南昌市蛟桥
邮　编　330044
养殖品种　奶牛
存栏量　8000 头

江西金牛企业集团公司南湖农场

负责人　江　洪
电　话　0791－3116299
传　真　0791－3977811
地　址　南昌市蛟桥
邮　编　330044
养殖品种　中国荷斯坦
存栏量　1800 头

江西金牛集团冠山农场

联系人　曹茂南
电　话　0791－3975171
地　址　南昌市蛟桥
邮　编　330044
养殖品种　中国荷斯坦
存栏量　1275 头

江西金牛企业集团公司三牧场

负责人　陈华生
电　话　0791－3975975
传　真　0791－3977811
地　址　南昌市蛟桥
邮　编　330044
养殖品种　中国荷斯坦
存栏量　1200 头

江西金牛企业集团公司二牧场

负责人　郭建明
电　话　0791－3975797
传　真　0791－3977811
地　址　南昌市蛟桥
邮　编　330044
养殖品种　中国荷斯坦
存栏量　1200 头

江西金牛企业集团公司一牧场

负责人　何圆喜
电　话　0791－3975739
传　真　0791－3977811
地　址　南昌市蛟桥
邮　编　330044
养殖品种　中国荷斯坦
存栏量　1200 头

江西金牛企业集团公司冠山农场

负责人　曹茂南
电　话　0791－3975171
传　真　0791－3977811
地　址　南昌市蛟桥
邮　编　330044
养殖品种　中国荷斯坦
存栏量　1064 头

江西金牛企业集团公司谭家农场

负责人　熊绪初
电　话　0791－3975396
传　真　0791－3977811
地　址　南昌市蛟桥
邮　编　330044
养殖品种　中国荷斯坦
存栏量　937 头

南昌市北郊奶牛服务有限公司

负责人　罗原宽
联系人　方小春
电　话　0791－3705766
地　址　南昌市北郊奶牛服务有限公司
邮　编　330100
养殖品种　荷斯坦
存栏量　850 头

南昌市北郊林场奶牛场

负责人　陈可波
电　话　0791－3705766
地　址　南昌市新建县
邮　编　330100
养殖品种　中国荷斯坦
存栏量　800 头

南昌市新建县北郊奶牛场

联系人　肖　鹏
电　话　0791－3700427
地　址　南昌市新建县北郊
邮　编　330100
养殖品种　中国荷斯坦
存栏量　762 头

江西阳光乳业二牧场

联系人　罗国富
电　话　0791－5274484
地　址　南昌市青云谱岱山西路
邮　编　330001
养殖品种　中国荷斯坦
存栏量　585 头

江西阳光乳业一牧场

联系人　熊功光
电　话　0791－5275079
地　址　南昌市青云谱岱山东路
邮　编　330001
养殖品种　中国荷斯坦
存栏量　504 头

江西阳光乳业四牧场

联系人　张旱霖
电　话　0791－5275901
地　址　南昌市县横岗

邮　编　330001
养殖品种　中国荷斯坦
存栏量　425 头

江西金牛企业集团公司钟山农场

负责人　邓必汉
电　话　0791－3975987
传　真　0791－3977811
地　址　南昌市蛟桥
邮　编　330044
养殖品种　中国荷斯坦
存栏量　400 头

九江市牛奶公司

负责人　赵　升
电　话　0792－8362869
传　真　0792－8362564
地　址　九江市九江市牛奶公司
邮　编　332000
养殖品种　荷斯坦
存栏量　360 头

景德镇牛奶公司

负责人　潘镇华
电　话　0798－222490
地　址　景德镇市
养殖品种　中国荷斯坦
存栏量　394 头

江西李子园牛奶食品有限公司

负责人　金旭浩
联系人　池跃进
电　话　0797－63227598
传　真　0797－6327599
地　址　赣州市于都楂林工业园
邮　编　342300
养殖品种　奶牛
存栏量　3000 头

江西省于都屏山牧场

负责人　叶彩义
联系人　舒正山
电　话　0797－6292338
传　真　0797－6292338
地　址　赣州市于都县靖石乡黄沙村
邮　编　342300
养殖品种　奶牛
存栏量　1032 头

英雄奶业（赣州）有限责任公司

负责人　李起来
联系人　殷贤塔
电　话　0797－8227999
传　真　0797－8223566
地　址　赣州市健康路 50 号
邮　编　341000
养殖品种　奶牛
存栏量　400 头

江西国营红星企业集团红壤开发公司

负责人　杨国龙
电　话　0794－542358
地　址　抚州市东乡县寺前
邮　编　341800
养殖品种　中国荷斯坦
存栏量　1018 头

江西国营红星企业集团南山牧场

负责人　徐武文
电　话　0794－542318
地　址　抚州市东乡县寺前
邮　编　341800
养殖品种　中国荷斯坦
存栏量　780 头

山　东

青岛玉皇岭奶牛场

负责人　王学瑞
电　话　0532－7883635
传　真　0532－7881901
地　址　青岛市城阳区正阳东路
邮　编　266041
养殖品种　中国荷斯坦　皮尔特肉牛
存栏量　900 头

河　南

中牟县万滩镇奶牛小区

负责人　齐成锁
电　话　0371－2291818
地　址　郑州市中牟县万滩镇永定庄北
邮　编　451450
养殖品种　荷斯坦
存栏量　1300 头

金水区祭城镇弓庄奶牛小区

负责人　袁晓琦
电　话　0371－5746820
地　址　郑州市金水区祭城镇弓庄
邮　编　450008
养殖品种　荷斯坦
存栏量　1273 头

郑州市金水区柳林镇徐庄奶牛小区

负责人　徐大举
电　话　0371－5630455
地　址　郑州市金水区柳林镇徐庄村
邮　编　450008
养殖品种　荷斯坦
存栏量　950 头

金水区祭城镇小郭村奶牛小区

负责人　朱国岭
电　话　0371－5661638
地　址　郑州市金水区祭城镇小郭村
邮　编　450008
养殖品种　荷斯坦
存栏量　848 头

高新区石佛镇老俩河奶牛小区

负责人　平彦涛
电　话　0371－7983480
地　址　郑州市高新区石佛镇老俩河
邮　编　450007
养殖品种　荷斯坦
存栏量　715 头

金水区祭城镇八里庙奶牛小区

负责人　海书群
电　话　0371－5746820
地　址　郑州市金水区祭城镇八里庙
邮　编　450008
养殖品种　荷斯坦
存栏量　705 头

惠济区老鸦陈办事处薛岗奶牛小区

负责人　王小回
联系人　别其明
电　话　0371－6620228
地　址　郑州市惠济区老鸦陈办事处薛岗村
邮　编　450053
养殖品种　荷斯坦
存栏量　662 头

新郑市龙湖镇郑老庄奶牛小区

负责人　张耀伟
联系人　郭永升
电　话　0371－2693536
地　址　郑州市新郑市龙湖镇郑老庄
邮　编　450000
养殖品种　荷斯坦
存栏量　600 头

金水区柳林镇新庄奶牛小区

负责人　宋小臣
电　话　0371－5631828
地　址　郑州市金水区柳林镇新庄
邮　编　450008
养殖品种　荷斯坦
存栏量　560 头

惠济区花园口镇京水奶牛小区

负责人　许艳梅

联系人　王　斌
电　话　0371－6620228
地　址　郑州市惠济区花园口镇京水村
邮　编　450053
养殖品种　荷斯坦
存栏量　474头

新郑市薛店镇龙占洼奶牛小区

负责人　侯宗杰
联系人　李宗区
电　话　0371－2693536
地　址　郑州市新郑市薛店镇龙占洼
邮　编　450000
养殖品种　荷斯坦
存栏量　400头

新郑市龙湖镇蓝天奶牛小区

负责人　王　伟
电　话　0371－8510151
地　址　郑州市新郑市龙湖镇
邮　编　450000
养殖品种　荷斯坦
存栏量　400头

中牟县三官庙乡湾王奶牛小区

负责人　李臣现
地　址　郑州市中牟县三官庙乡湾王村
邮　编　451450
养殖品种　荷斯坦
存栏量　400头

郑州市昌源乳业有限公司

负责人　王树森
联系人　位建立
电　话　0371－9938389
地　址　郑州市新密市曲梁乡
邮　编　452300
养殖品种　荷斯坦
存栏量　400头

荥阳市汜水镇滹沱奶牛小区

负责人　薛兰凤
联系人　李松龄
电　话　0371－4899383
地　址　郑州市荥阳市汜水镇滹沱
邮　编　450100
养殖品种　荷斯坦
存栏量　320头

新密市农业科技示范场

负责人　周　瑞
电　话　0371－9938073
地　址　郑州市新密市曲梁乡
邮　编　452300
养殖品种　荷斯坦
存栏量　310头

湖　北

武汉友芝友保健乳品有限公司

负责人　袁　谦
电　话　027－83370148　83228336
传　真　027－83226549
地　址　武汉市东西湖区吴家山梨花园路248号
邮　编　430040
网　站　www.yzymilk.com
养殖品种　荷斯坦、黑白花
存栏量　6500头

武汉惠尔康扬子江乳业畜牧区公司

负责人　叶争鸣
联系人　吴世钦
电　话　027－82866777
传　真　027－82866555
地　址　武汉市江岸区惠济路55号
邮　编　430010
网　站　www.yzjdairy.com
养殖品种　荷斯坦
存栏量　4000头

武汉惠尔康扬子江乳业武昌牧场

负责人　叶争鸣
联系人　李开桥
电　话　027－87803822
传　真　027－87803822
地　址　武汉市洪山区卓刀泉刘家咀
邮　编　430079
网　站　www.yzjdairy.com
养殖品种　中国荷斯坦
存栏量　1100头

武汉惠尔康扬子江乳业八一牧场

负责人　叶争鸣
联系人　毛兆训
电　话　027－61811175
传　真　027－61811175
地　址　武汉市黄陂区武湖农场高车39435部队农场
邮　编　432241
网　站　www.yzjdairy.com
养殖品种　中国荷斯坦
存栏量　1000头

武汉开隆高新农业发展有限公司

负责人　周世同
联系人　熊建斌
电　话　027－61817888－8006
传　真　027－61817888－8006
地　址　武汉市黄陂区武湖农场武汉生态农业园中心路二号
邮　编　430345
养殖品种　荷斯坦
存栏量　950头

武汉惠尔康扬子江乳业硚口牧场

负责人　叶争鸣
联系人　唐业斌
电　话　027－83832665
传　真　027－83832665
地　址　武汉市硚口古田四路长丰乡北院新墩
邮　编　430034
网　站　www.yzjdairy.com
养殖品种　中国荷斯坦
存栏量　900头

湖北省武汉市汉南乌金奶牛场

负责人　何跃进
电　话　027－84854494
地　址　武汉市汉南区乌金奶牛场
邮　编　430090
养殖品种　奶牛
存栏量　450头

武汉惠尔康扬子江乳业青菱牧场

负责人　叶争鸣
联系人　桂　峰
电　话　027－88115450
传　真　027－88115450
地　址　武汉市洪山区青菱奶牛场
邮　编　430065
网　站　www.yzjdairy.com
养殖品种　中国荷斯坦
存栏量　400头

湖南亚华种业股份有限公司

负责人　邹定民
电　话　0731－2566572
传　真　0731－2566602
地　址　长沙市八一路509号亚华大厦
邮　编　410011
网　站　www.yahuaseeds.com
养殖品种　荷斯坦、西门塔尔
存栏量　15000头

广　东

广州市华美牛奶公司

负责人　林辉新
电　话　020－82370622
传　真　020－82370622
地　址　广州市天河区东圃镇
邮　编　510663
养殖品种　荷斯坦
存栏量　2300头

广州市天河强兴畜牧有限公司

负责人　杨群兴
电　话　020－87039109
传　真　020－87039109
地　址　广州市天河区柯木塑强兴畜牧有限公司
邮　编　510520
养殖品种　荷斯坦
存栏量　1000头

广州市国营凤凰公司二牧场

负责人　赖炽文
电　话　020－87210955
传　真　020－37394212
地　址　广州市天河区渔沙坦
邮　编　510520
养殖品种　荷斯坦
存栏量　800头

广州市云燕畜牧发展公司

负责人　张祝华
电　话　020－87429012
传　真　020－87426979
地　址　广州市沙河燕塘
邮　编　510507
养殖品种　中国荷斯坦
存栏量　700头

广州市奶牛研究所试验奶牛场

负责人　关伟昆
电　话　020－86590250
传　真　020－86590250
地　址　广州市广园中麓景路388号
邮　编　510405
养殖品种　娟姗、荷斯坦、娟-荷杂
存栏量　600头

广州九龙奶牛场

负责人　李玉奇
电　话　020－86798919
地　址　广州市花都区花桥镇杨荷作业区
邮　编　510897
养殖品种　荷斯坦、娟姗
存栏量　600头

广东华怡（集团）牛奶有限公司

负责人　黄志平
电　话　0762－3370761
传　真　0762－3371888
地　址　河源市兴源东路1号
邮　编　517000
养殖品种　中国荷斯坦
存栏量　500头

广东省惠州市慧明食品饮料有限公司

负责人　黄文震
电　话　0752－6860266
传　真　0752－6860268
地　址　惠州市博罗县龙溪镇慧明大道
邮　编　516121
网　站　www.gdhuiming.com
养殖品种　荷斯坦、娟姗
存栏量　2520头

深圳市光明集团牛奶公司

负责人　陈　良
电　话　0755－27400639
传　真　0755－27406808
地　址　深圳市宝安区光明街道办
邮　编　518107
网　站　www.szgm.com
养殖品种　荷斯坦
存栏量　7600头

深圳市鹏发时代奶品饮料有限公司

负责人　朱楚坚
联系人　赵庆政
电　话　0755－84060423
传　真　0755－84060966
地　址　深圳市龙岗区坪地镇六联富临路
邮　编　518117
养殖品种　荷斯坦
存栏量　1500头

肇庆市鼎湖温氏乳业有限公司

负责人　温志芬
联系人　张　明
电　话　0758－2612828
传　真　0758－2613600
地　址　肇庆市鼎湖区莲花镇
邮　编　526072
养殖品种　荷斯坦、娟姗
存栏量　1300头

湛江市湖光奶牛场

负责人　陈马玉
电　话　0759－2843488
传　真　0759－2845683
地　址　湛江市郊志满
邮　编　524086
养殖品种　荷斯坦
存栏量　950头

广东湛江市湖光奶牛场

负责人　邓培义
电　话　0759－2845372
传　真　0759－2845683
地　址　湛江市志满湖光奶牛场
邮　编　524086
养殖品种　荷斯坦
存栏量　500头

广西农垦金光实业总公司畜牧有限公司

负责人　覃富超
电　话　0771－3355324
地　址　南宁市坛洛镇
邮　编　537104
养殖品种　澳大利亚荷斯坦
存栏量　570头

广西水牛研究所水牛场

负责人　杨炳壮
电　话　0771－3320780
传　真　0771－3313814
地　址　南宁市邕武路24号
邮　编　530001
养殖品种　奶用水牛
存栏量　460头

广　西

广西农垦西江畜牧有限公司奶牛场

负责人　邓绍辉
电　话　0775－4270941
传　真　0775－4271041
地　址　贵港市
邮　编　537104
养殖品种　荷斯坦
存栏量　300头

重　庆

重庆市南岸区峡口镇奶牛养殖园区

负责人　何德富
联系人　郭全华
电　话　023－62390518
传　真　023－62390809
地　址　南岸区峡口镇人民政府
邮　编　400072
养殖品种　奶牛
存栏量　300头

四　川

成都市共发实业有限责任公司

负责人　祝志祥
电　话　028－87321213　87349077
传　真　028－87321213
地　址　成都市外西苏坡乡青波堰

邮　编　610091
养殖品种　黑白花
存栏量　700 头

四川成都凤兴实业有限公司

负责人　刘成利
电　话　028－83112627
地　址　成都市外北凤凰山单石桥
邮　编　610081
养殖品种　黑白花
存栏量　450 头

成都市红瓦寺乳牛场联合奶场

负责人　杨学成
电　话　028－83987198
地　址　成都市新都区石板滩镇
邮　编　610511
养殖品种　黑白花
存栏量　450 头

成都市大面联合乳牛场

负责人　赵俊德
电　话　028－84630839
地　址　成都市龙泉驿区大面镇
邮　编　610101
养殖品种　荷斯坦
存栏量　430 头

成都菊乐奶牛生态养殖示范园区

负责人　童恩文
联系人　顾德先
电　话　028－87077198
传　真　028－85119308
地　址　成都市青羊区文家乡康河村
邮　编　610072
存栏量　330 头

崇州市鑫泉奶牛场

负责人　毛运辉
电　话　028－82306218
地　址　成都市崇州市中和镇明董村
邮　编　611230
养殖品种　荷斯坦
存栏量　300 头

彭州丰乐乳业有限公司

负责人　卢思荣
电　话　028－83832352
地　址　成都市彭州市桂花镇插旗村
邮　编　611937
养殖品种　荷斯坦
存栏量　300 头

四川省绵阳市种畜场

负责人　刘义贵
电　话　0816－6331513
传　真　0816－6331513
地　址　绵阳市西山北路 55 号
邮　编　621000
养殖品种　中国荷斯坦
存栏量　410 头

四川南充市乳制品有限公司

负责人　李全中
电　话　0817－2701741　2708078
传　真　0817－2701741
地　址　南充市文峰街 54 号
邮　编　637000
养殖品种　中国荷斯坦
存栏量　580 头

攀枝花市综合农场

负责人　颜明发
电　话　0812－2900348
传　真　0812－2900348
地　址　攀枝花市综合农场
邮　编　617061
养殖品种　荷斯坦
存栏量　400 头

达州市宣汉县胡家镇云蒙山牧场

地　址　达州市宣汉县胡家镇
邮　编　636154
养殖品种　西门塔尔、黑白花、本地杂交
存栏量　4500 头

应林集团现代奶牛生物技术研发公司

负责人　童应林
联系人　王　涛
电　话　0833－8103250
传　真　0833－8113078
地　址　眉山市三苏大道东段
邮　编　620010
网　站　www.yinglingroup.com
养殖品种　荷斯坦
存栏量　2500 头

四川阳平共发种子奶牛有限责任公司

负责人　祝志祥
联系人　凌建中
电　话　0833－87497418
地　址　眉山市洪雅县临江路 12 号
邮　编　620360
养殖品种　中国荷斯坦
存栏量　1100 头

四川美联胚胎生物工程有限公司

负责人　贾成群
电　话　0833－7676858
传　真　0833－7676858
地　址　眉山市彭山县彭溪镇
邮　编　612760
养殖品种　黑白花、荷斯坦
存栏量　800 头

眉山大业育种生物工程有限公司

负责人　罗蜀杭
联系人　郑宏亮
电　话　0833－6069299
传　真　0833－6069299
地　址　眉山市仁寿县视高乡河心村
邮　编　620564
养殖品种　荷斯坦
存栏量　406 头

四川省阳平种牛场

负责人　李天华
联系人　段利君
电　话　0833－7496173
传　真　0833－7496073
地　址　眉山市洪雅县临江路 12 号
邮　编　620360
网　站　www.yangpingdairy.com
养殖品种　西门塔尔
存栏量　400 头

眉山市东坡区大旺奶牛养殖有限公司

负责人　游玉珍
联系人　雷兴明
电　话　0833－8761396
传　真　0833－8761389
地　址　眉山市东坡区复兴乡高塔村
邮　编　620010
养殖品种　荷斯坦
存栏量　350 头

四川省彭山县曾家股份制奶牛场

负责人　曾正清
电　话　0833－7795826
地　址　眉山市县观音镇曾家村
邮　编　612760
养殖品种　黑白花
存栏量　300 头

四川雅安熊猫乳业有限公司

负责人　张健康
联系人　张　建
电　话　0835－2615168
传　真　0835－2613938
地　址　雅安市康藏路 95 号
邮　编　625000
养殖品种　中国荷斯坦
存栏量　300 头

西昌攀西乳业有限责任公司

负责人 贺 飞
联系人 黄学云
电 话 0834-3957018 3957858
传 真 0834-3957028
地 址 凉山彝族自治州西昌市新村路
邮 编 615022
养殖品种 中国荷斯坦
存栏量 500头

贵 州

贵阳三联乳业有限公司

负责人 孙良缔
电 话 0851-5562457 5562452
传 真 0851-5562457 5568323
地 址 贵阳市兴关路19号
邮 编 550002
养殖品种 中国荷斯坦
存栏量 6000头

云 南

前进乳业穆盛达乳业公司

负责人 保佑章
地 址 昆明市呈贡县可乐乡
邮 编 650500
养殖品种 荷斯坦
存栏量 1300头

昆明雪兰牛奶公司宏尚奶牛合作社

负责人 马敏尚
地 址 昆明市东郊官渡区跑马山
邮 编 650213
网 站 www.xuelan.com.cn
养殖品种 荷斯坦
存栏量 1000头

昆明雪兰牛奶公司月表奶牛合作社

负责人 李绍明
电 话 0871-7817888
地 址 昆明市晋宁县晋城镇花乐乡办事处
邮 编 650611
网 站 www.xuelan.com.cn
养殖品种 荷斯坦
存栏量 1000头

前进乳业兴桂奶牛合作社

负责人 桂宝义
地 址 昆明市东郊跑马山
邮 编 650213
养殖品种 荷斯坦
存栏量 916头

昆明雪兰牛奶公司昌盛奶牛合作社

负责人 张建昌
地 址 昆明市东郊跑马山大村
邮 编 650200
养殖品种 荷斯坦
存栏量 700头

兴桂奶牛合作社

负责人 桂宝仪
地 址 昆明市昆明官渡区矣六乡
邮 编 650200
养殖品种 荷杂
存栏量 615头

昆明雪兰牛奶公司伊桂奶牛合作社

负责人 桂保义
地 址 昆明市呈贡县斗南办事处麻窝村
邮 编 650213
网 站 www.xuelan.com.cn
养殖品种 荷斯坦
存栏量 600头

昆明雪兰牛奶公司第二奶牛场

负责人 周在勇
联系人 杨绍林
电 话 0871-7353054
传 真 0871-5151988
地 址 昆明市东郊跑马山
邮 编 650213
网 站 www.xuelan.com.cn
养殖品种 荷斯坦
存栏量 600头

昆明雪兰牛奶公司第三奶牛场

负责人 周在勇
联系人 罗 建
电 话 0871-7154156
传 真 0871-5151988
地 址 昆明市东郊跑马山
邮 编 650213
网 站 www.xuelan.com.cn
养殖品种 荷斯坦
存栏量 600头

昆明雪兰牛奶公司第四奶牛场

负责人 周在勇
联系人 李 春
电 话 0871-3806675
传 真 0871-5151988
地 址 昆明市东郊白沙河
邮 编 650216
网 站 www.xuelan.com.cn
养殖品种 荷斯坦
存栏量 600头

昆明雪兰牛奶公司第六奶牛场

负责人 周在勇
联系人 何桂林
电 话 0871-8613535
传 真 0871-5151988
地 址 昆明市西郊红星农场
邮 编 650301
网 站 www.xuelan.com.cn
养殖品种 荷斯坦
存栏量 600头

昆明雪兰牛奶公司孙家坝奶牛合作社

负责人 陈树才
电 话 0871-7813416
地 址 昆明市晋宁县新街乡孙家坝孙家坝办事处
邮 编 650600
网 站 www.xuelan.com.cn
养殖品种 荷斯坦
存栏量 600头

昆明雪兰牛奶公司现代奶牛合作社

负责人 洪丛喜
地 址 昆明市晋宁县上蒜乡
邮 编 650600
网 站 www.xuelan.com.cn
养殖品种 荷斯坦
存栏量 600头

昆明雪兰牛奶公司上蒜现代奶牛合作社

负责人 余祖映
传 真 0871-5151988
地 址 昆明市晋宁县上蒜乡上蒜现代奶牛合作社
邮 编 650600
网 站 www.xuelan.com.cn
养殖品种 荷斯坦
存栏量 600头

海子乳业绿源奶牛合作社

负责人 赵思聪
地 址 昆明市晋宁县白沙村
邮 编 650605
网 站 www.xuelan.com.cn
养殖品种 荷斯坦
存栏量 590头

伊桂奶牛合作社

负责人 李才明

地　址　昆明市呈贡县小古城
邮　编　650500
养殖品种　荷杂
存栏量　519 头

昆明雪兰牛奶公司第五奶牛场

负责人　张　藻
联系人　陆永国
电　话　0871－5154263
传　真　0871－5151988
地　址　昆明市环城北路 100 号
邮　编　650051
网　站　www.xuelan.com.cn
养殖品种　荷斯坦
存栏量　500 头

昆明雪兰牛奶公司第七奶牛场

负责人　周在勇
联系人　毛翔光
电　话　0871－7391296
传　真　0871－5151988
地　址　昆明市东郊小哨乡
邮　编　650051
网　站　www.xuelan.com.cn
养殖品种　荷斯坦
存栏量　500 头

昆明雪兰牛奶公司兴隆奶牛合作社

负责人　王中华
地　址　昆明市呈贡县王家营镇大洛羊
邮　编　650500
养殖品种　荷斯坦
存栏量　500 头

海子乳业文林奶牛合作社

负责人　柳文林
地　址　昆明市嵩明县军马场
邮　编　650000
网　站　www.xuelan.com.cn
养殖品种　荷斯坦
存栏量　450 头

海子乳业联盟奶牛养殖场

负责人　段永良
地　址　昆明市晋宁县晋城镇五里村
邮　编　650605
网　站　www.xuelan.com.cn
养殖品种　荷斯坦
存栏量　420 头

文林奶牛合作社

负责人　栖文林
地　址　昆明市嵩明县军马场
邮　编　651700
养殖品种　荷斯坦
存栏量　420 头

昆明雪兰牛奶公司第一奶牛场

负责人　张　藻
电　话　0871－5154263
传　真　0871－5151988
地　址　昆明市环城北路 100 号
邮　编　650051
网　站　www.xuelan.com.cn
养殖品种　荷斯坦
存栏量　400 头

前进乳业海建园奶牛场

负责人　李建民
地　址　昆明市管渡区金家河
邮　编　650200
养殖品种　荷斯坦
存栏量　308 头

前进乳业陆良富光奶牛基地

负责人　袁秋富
电　话　0874－6339489
传　真　0874－6221688
地　址　曲靖市陆良县大平哨
邮　编　655600
养殖品种　荷斯坦
存栏量　350 头

陕　西

现代农业综合开发总公司畜牧开发公司

负责人　武钢旦
电　话　029－86602067
传　真　029－86602312
地　址　西安市北郊草滩农场
邮　编　710021
养殖品种　中国荷斯坦
存栏量　4010 头

西安现代农业综合开发总公司奶牛一场

负责人　王铁芦
电　话　029－86677083
地　址　西安市现代农业综合开发区东区
邮　编　710021
养殖品种　中国荷斯坦
存栏量　1100 头

西安现代农业综合开发总公司奶牛三场

负责人　夏守兵
电　话　029－86602246
地　址　西安市现代农业综合开发区
邮　编　710021
养殖品种　中国荷斯坦
存栏量　900 头

西安现代农业综合开发总公司奶牛四场

负责人　程丰收
电　话　029－86602243
地　址　西安市现代农业综合开发区
邮　编　710021
养殖品种　中国荷斯坦
存栏量　700 头

西安现代农业综合开发总公司奶牛二场

负责人　严立学
电　话　029－86602241
地　址　西安市现代农业综合开发区
邮　编　710021
养殖品种　中国荷斯坦
存栏量　650 头

西安光明荷斯坦奶牛育种有限公司

负责人　张军民
联系人　程英虎
电　话　029－86602214
传　真　029－86602214
地　址　西安市经济技术开发区草滩农场中站
邮　编　710021

陕西乃德农牧高科技开发有限公司

负责人　李春黎
电　话　029－86603456
传　真　029－86604567
地　址　西安市未央区草滩农场农技校北
邮　编　710021
养殖品种　荷斯坦　黑白花
存栏量　618 头

西安现代农业综合开发总公司奶牛五场

负责人　秦海鹏
电　话　029－86602245
地　址　西安市现代农业综合开发区
邮　编　710021
养殖品种　中国荷斯坦
存栏量　600 头

西安市红星乳品厂牧业分场

负责人　牛　隽
电　话　029－84519754
地　址　西安市三桥镇西
邮　编　710086

养殖品种　中国荷斯坦
存栏量　550 头

西安市奶业科学研究所良种奶牛试验场

负责人　李永鹏
电　话　029－86602726
传　真　029－86602726　86602683
地　址　西安市现代农业综合开发区中站
邮　编　710021
养殖品种　中国荷斯坦
存栏量　320 头

宝鸡市得力康乳业公司

负责人　高亚凡
电　话　0917－3576453
地　址　宝鸡市金台区高家坪村
邮　编　721001
养殖品种　黑白花
存栏量　1000 头

宝鸡市农牧良种场

负责人　郝恩让
电　话　0917－5770029
地　址　宝鸡市
邮　编　722300
养殖品种　黑白花
存栏量　800 头

甘　肃

兰州奶牛繁殖场

负责人　李明高
电　话　0931－4677345
传　真　0931－7691235
地　址　兰州市段家滩 697 号
邮　编　730030
养殖品种　中国荷斯坦
存栏量　1350 头

兰州牧工商联合总公司华庄奶牛繁殖场

负责人　刘淇平
联系人　祁光红
电　话　0931－4887505　6271518
传　真　0931－4687297（总公司）
地　址　兰州市红古区华庄镇
邮　编　730030
养殖品种　中国荷斯坦
存栏量　1000 头

甘肃凯悦生物科技有限公司

负责人　牟克敏
电　话　0931－8440397
传　真　0931－8440397
地　址　兰州市庆阳路 277 号
邮　编　730030
养殖品种　荷斯坦
存栏量　1000 头

兰州好为尔生物科技公司奶牛繁育中心

负责人　王联盟
联系人　张辉军
电　话　0931－7691235　7654160
传　真　0931－7691235
地　址　兰州市安宁西路 122 号
邮　编　730030
网　站　www.hovill.com.cn
养殖品种　荷斯坦
存栏量　1000 头

兰州牧工商总公司段家滩奶牛繁殖场

负责人　刘淇平
联系人　祁光红
电　话　0931－4887505　4677345
传　真　0931－4687297
地　址　兰州市段家滩 75 号
邮　编　730030
养殖品种　中国荷斯坦
存栏量　900 头

青　海

青海天露乳业有限责任公司

负责人　张历新
联系人　徐庆林
电　话　0971－5318063　5318210
传　真　0971－5318063
地　址　西宁市宁张路 29 号
邮　编　810003
养殖品种　荷斯坦
存栏量　1088 头

宁　夏

平吉堡奶牛场

负责人　毛荣业
电　话　0951－2161294
传　真　0951－2161093
地　址　银川市平吉堡
邮　编　750024
存栏量　5000 头

北塔乳业东门奶牛场

负责人　杨　鹏
电　话　0951－6151754
地　址　银川市银通路东门外一公里
邮　编　750004
存栏量　892 头

北塔乳业八里桥奶牛场

负责人　黄跃树
电　话　0951－6721613
地　址　银川市八里桥
邮　编　750004
存栏量　848 头

宁夏北方乳业奶牛场

负责人　孙承彦
电　话　0951－4066251
传　真　0951－4085086
地　址　银川市永宁县望远经济开发区
邮　编　750100
存栏量　836 头

宁夏四正生物工程中心

负责人　史远刚
电　话　0951－8064700
传　真　0951－8068752
地　址　银川市贺兰县城北郊
邮　编　750200
存栏量　584 头

青松乳业

负责人　孙立军
传　真　0951－8943088
地　址　银川市贺兰县新胜一社
邮　编　750200
存栏量　450 头

灵农畜牧发展公司牛场

负责人　朱　军
电　话　0953－4092141
传　真　0953－4092122
地　址　吴忠市灵武市农场
邮　编　751402
存栏量　843 头

宁兰垦牧公司奶牛场

负责人　马庭选
传　真　0953－2796205
地　址　吴忠市金银滩农场
邮　编　751100
存栏量　680 头

连湖农场奶牛场

负责人　张文会
电　话　0953－3710064
地　址　吴忠市连湖农场
邮　编　751600
存栏量　308 头

新　疆

新疆物华畜牧股份公司呼图壁种牛场

负责人　庞海涛
电　话　0994－4352898　4352004　4352015
传　真　0994－4352898
地　址　昌吉回族自治州呼图壁种牛场
邮　编　831203
养殖品种　西门塔尔、蒙贝利亚、荷斯坦
存栏量　2800 头

乳品加工

北　京

北京三元食品股份有限公司

负责人　钮立平
电　话　010－64045361
传　真　010－64005995
地　址　海淀区西二旗中路 29 号
邮　编　100085
主产品　液态奶、酸奶
品　牌　三元
日处理鲜奶能力　1729.4 吨

北京三元食品股份有限公司乳品一厂

负责人　马满生
电　话　010－85390576
传　真　010－85390576
地　址　朝阳区双桥东路
邮　编　100025
主产品　液态奶
品　牌　三元、绿岛
日处理鲜奶能力　500 吨

伊利集团北京乳品厂

负责人　王树俊
电　话　010－69076949
传　真　010－69076949
地　址　密云县工业开发区锦程路 7 号
邮　编　101500
主产品　酸牛奶、鲜牛奶、冰激凌
品　牌　伊利
日处理鲜奶能力　500 吨

北京双娃乳业股份有限公司

联系人　程　兵
电　话　010－64391817
传　真　010－64391816
地　址　朝阳区望京利泽中园二区 203 号洛娃大厦
邮　编　100102
网　站　www.luowa.com
主产品　全脂淡奶粉
品　牌　双娃
日处理鲜奶能力　400 吨

北京兴起食品有限公司

负责人　王兴起
电　话　010－80212600
传　真　010－80213999
地　址　大兴区青云店镇工业区内
邮　编　102605
主产品　鲜奶、酸奶、学生奶、乳酸菌饮料
品　牌　喜达客
日处理鲜奶能力　300 吨

北京三元食品股份有限公司乳品三厂

负责人　李殿元
电　话　010－67522742
传　真　010－67522742
地　址　丰台区右安门外北甲地
主产品　发酵奶
品　牌　三元
日处理鲜奶能力　300 吨

北京绿顿乳业有限公司

负责人　陶友谊
电　话　010－60489898
传　真　010－60489696
地　址　顺义区北小营镇宏大工业区
邮　编　101305
网　站　www.bjlvdun.com
主产品　纯牛奶、果蔬奶、酸奶、乳酸菌饮料、花色奶
品　牌　绿乐尔、绿顿
日处理鲜奶能力　300 吨

蒙牛乳业（北京）有限责任公司

负责人　付吉祥
地　址　通州区潞城镇
邮　编　101117
主产品　UHT 乳酸菌饮料、活性乳酸菌饮料、搅拌型酸奶
品　牌　蒙牛
日处理鲜奶能力　250 吨

北京三元食品股份有限公司乳品四厂

负责人　陈慧峰
电　话　010－67990346
传　真　010－67990346
地　址　昌平区南口镇
邮　编　102202
主产品　奶粉、甜炼乳、稀奶油
品　牌　燕山
日处理鲜奶能力　200 吨

北京诚成奶制品有限公司

负责人　李新培
电　话　010－87912771
传　真　010－87912528
地　址　丰台区旧宫镇工业园区南区 22 号
邮　编　100076
主产品　酸奶、鲜奶
品　牌　诚成
日处理鲜奶能力　200 吨

北京冰凌花乳业有限公司

电　话　010－81198888
传　真　010－81194444
地　址　延庆县妫水南街 19 号绿都饭店二层
邮　编　102100
主产品　液态奶、乳酸饮料、酸奶
品　牌　冰凌花
日处理鲜奶能力　200 吨

大草原乳业（北京）有限公司

负责人　任子祥
电　话　010－81196835
地　址　延庆县经济技术开发区双杏路 2 号
邮　编　102100
主产品　大草原生态奶
品　牌　大草原
日处理鲜奶能力　200 吨

北京光明健能乳业有限公司

负责人　魏晓琨
电　话　010－89495539
传　真　010－89495539
地　址　顺义区区林河开发区
邮　编　101300
主产品　酸奶及保鲜奶
品　牌　光明
日处理鲜奶能力　150 吨

北京三元食品股份有限公司华冠分公司

负责人　王顺鸿
电　话　010－62912266
传　真　010－62913955
地　址　海淀区清河西三旗安宁庄
邮　编　100085
主产品　酸奶、干酪、UHT
品　牌　三元、雪凝
日处理鲜奶能力　127 吨

奥德华乳品（北京）有限公司

负责人 何亚军
电 话 010－61363665
传 真 010－61363665
地 址 房山区长河（沟）新世纪工业园区
邮 编 102407
主产品 鲜奶、酸奶
品 牌 维奥
日处理鲜奶能力 120吨

北京三元食品股份有限公司乳品五厂

负责人 马满生
电 话 010－69732480
传 真 010－69732480
地 址 昌平区史各庄朱辛庄村西
主产品 液态奶、各类花色奶
品 牌 三元
日处理鲜奶能力 100吨

北京南郊康乐乳品厂

负责人 王铁柱
电 话 010－69279578 67993752
传 真 010－69279578
地 址 丰台区沄海镇怡乐村
邮 编 100076
主产品 酸奶、消毒奶
品 牌 京世康
日处理鲜奶能力 100吨

北京南郊牛奶公司德茂乳品厂

负责人 阎 伟
电 话 010－67991311
传 真 010－67963520
地 址 丰台区旧宫镇德茂庄路42号
邮 编 100076
主产品 巴氏杀菌乳、酸牛奶、超高温纯奶
品 牌 德茂
日处理鲜奶能力 100吨

北京光明健康乳业有限公司

负责人 吕公良
电 话 010－68667090
传 真 010－68668299
地 址 石景山区京源路7号
邮 编 100043
主产品 袋装酸奶、袋装鲜奶、百利包鲜奶
品 牌 光明
日处理鲜奶能力 100吨

北京润生食品有限公司

负责人 金 毅
电 话 010－60507589
传 真 010－60507589
地 址 通州区马驹桥姚村
主产品 鲜奶、酸奶、奶粉
品 牌 润生
日处理鲜奶能力 100吨

北京艾莱发喜食品有限公司

负责人 包宗业
电 话 010－62981696 62983508
传 真 010－62983510
地 址 海淀区唐家岭路21号
邮 编 100094
主产品 冰激凌
品 牌 八喜
日处理鲜奶能力 90吨

北京聚福乳品厂

负责人 茹永江
电 话 010－60773519
地 址 昌平区马池口镇马池口村
邮 编 102200
主产品 酸奶
品 牌 聚康
日处理鲜奶能力 60吨

北京鸿达乳品有限公司

负责人 沈桂荣
电 话 010－69766819
传 真 010－69676796
地 址 怀柔区桥梓镇西茶坞村
邮 编 101402
主产品 可可奶、早餐奶
品 牌 光明
日处理鲜奶能力 60吨

北京华臣食品有限公司

负责人 姚思栋
电 话 010－67474193
地 址 朝阳区十八里店乡十八里店村
邮 编 100023
主产品 新南洋杯装酸奶、利乐纯牛奶
品 牌 新南洋
日处理鲜奶能力 50吨

北京延利天然食品饮料有限公司

负责人 李延桐
电 话 010－80212288
传 真 010－80212233
地 址 大兴区青云店镇南大门桥西路1号
邮 编 102605
网 站 www.yenli.com
主产品 乳制品、酸奶
品 牌 延利、奇好
日处理鲜奶能力 50吨

北京龙泉乳品有限公司

负责人 邓占礼
电 话 010－69842933
传 真 010－69867836
地 址 门头沟区三家店东街平1号
邮 编 102300
主产品 袋装高钙奶、袋装可可奶
品 牌 光明
日处理鲜奶能力 50吨

北京宏宝莱饮品有限公司

负责人 卢宪臣
电 话 010－89095597
传 真 010－89095597
地 址 密云县工业开发区
邮 编 101500
网 站 www.sphbl.com
主产品 雪糕
品 牌 宏宝莱
日处理鲜奶能力 50吨

北京昌平区鲜奶供应站

负责人 王 翔
电 话 010－69725055
传 真 010－89741351
地 址 昌平区十三陵镇
邮 编 102200
主产品 鲜奶、酸奶
品 牌 燕山
日处理鲜奶能力 40吨

北京三喜乳业有限公司

负责人 刘玉荣
电 话 010－83385615 63975615
传 真 010－66862318
地 址 丰台区长辛店乡辛庄村东坡6号
邮 编 100074
网 站 www.sanhebj.com
主产品 酸奶
品 牌 伊利
日处理鲜奶能力 35吨

北京日晨奶制品有限公司

负责人 李春山
电 话 010－69738598
地 址 昌平区沙河镇西二村
邮 编 102206
主产品 日晨牌酸奶
品 牌 日晨
日处理鲜奶能力 30吨

北京耕耘维康乳业有限公司

负责人 胡国清
电 话 010－69400818

传　真　010－69408118
地　址　顺义区马坡镇石家营村光明大街18号
主产品　鲜牛奶、酸奶、果味乳酸菌饮品、菠萝味饮品
品　牌　耕耘
日处理鲜奶能力　30吨

北京八达岭乳业有限公司

负责人　刘长永
电　话　010－81193473
传　真　010－81194542
地　址　延庆县大榆树镇东香园村北
邮　编　102100
主产品　乳制品、冷饮、冷食
品　牌　延乐
日处理鲜奶能力　30吨

北京延庆华庆乳品厂

负责人　孔建军
电　话　010－61112353
传　真　010－61111555
地　址　延庆县城西
邮　编　102100
主产品　奶粉、炼乳
品　牌　双吉
日处理鲜奶能力　25吨

北京怡美食品有限公司

负责人　王剑智
电　话　010－69981848
传　真　010－69981166
地　址　平谷区兴谷开发区平谷大街16号
邮　编　101200
主产品　纯牛奶、果味奶、酸奶
品　牌　怡美、乐园
日处理鲜奶能力　20吨

北京牧牛人乳品有限公司

负责人　金　辉
电　话　010－80496446
传　真　010－80481322
地　址　顺义区后沙峪镇回民村北100米
邮　编　101300
主产品　系列酸牛奶及调配型酸牛奶
品　牌　牧牛人
日处理鲜奶能力　20吨

北京太子奶生物科技发展有限责任公司

负责人　严夏松
电　话　010－61085050
传　真　010－61085051
地　址　密云县工业开发区大盛路158号
邮　编　101500
主产品　太子奶
品　牌　日出

北京汇源饮料食品集团有限公司

电　话　010－60483388
传　真　010－60488333
地　址　顺义区北小营镇
邮　编　101305

天　津

天津海河乳业股份有限公司

负责人　何秀恒
电　话　022－26727967
传　真　022－26727982
地　址　北辰区新宜白大道科技园区
邮　编　300402
主产品　鲜奶、UHT、酸奶、奶粉
品　牌　海河
日处理鲜奶能力　400吨

天津完达山乳业有限公司

主产品　UHT奶、酸奶
品　牌　完达山
日处理鲜奶能力　300吨

天津光明梦得乳制品有限公司

负责人　于　静
电　话　022－26978612
传　真　022－26975931
地　址　北辰区双辰前路15号
邮　编　300400
主产品　鲜奶、UHT、酸奶
品　牌　梦思得露
日处理鲜奶能力　200吨

天津娃哈哈乳制品有限公司

负责人　宗庆后
电　话　022－82109106
地　址　武清区泉洲北路18号
邮　编　301700
主产品　UHT、AD钙奶
品　牌　娃哈哈
日处理鲜奶能力　150吨

天津津河乳业有限公司

负责人　魏福盛
电　话　022－82577228
传　真　022－82579124
地　址　宝坻区黄庄村北
邮　编　301803
主产品　UHT奶
品　牌　妙生
日处理鲜奶能力　80吨

天津福是妙乳业有限公司

负责人　刘俊生
电　话　022－29515938
传　真　022－29511211
地　址　武清区王庆坨镇
邮　编　301713
主产品　酸奶、乳饮料
品　牌　福是妙
日处理鲜奶能力　60吨

天津三元乳业股份有限公司

负责人　邱志刚
电　话　022－68865066
传　真　022－68867006
地　址　静海县双塘镇东双塘村
邮　编　301600
主产品　UHT奶、奶粉
品　牌　三元
日处理鲜奶能力　40吨

天津市亚亿实业有限公司

负责人　刘　丽
电　话　022－88238168
传　真　022－88238187
地　址　河西区围堤道146号华盛广场A座27B
邮　编　300201
主产品　羊奶粉、羊奶片
品　牌　美可高特

天津市华明乳品公司

负责人　赵书明
电　话　022－29338899
传　真　022－29324156
地　址　武清区新华路2号
邮　编　301700

河　北

石家庄三鹿集团股份有限公司

负责人　田文华
联系人　刘福莲
电　话　0311－8615360
传　真　0311－8615365
地　址　石家庄市和平西路539号
邮　编　050071
网　站　www.sanludairy.com
主产品　奶粉、液态奶、酸奶、乳饮料
品　牌　三鹿
日处理鲜奶能力　2670吨

唐山丰润乐百氏

负责人　韦忠明
电　话　0315－5183494
传　真　0315－5180687

地　址　唐山市丰润区丰顺路 2 号
邮　编　064000
主产品　液态奶
品　牌　乐百氏
日处理鲜奶能力　1500 吨

保定天香集团

负责人　胡金全
电　话　0312－5022757
传　真　0312－5022757
地　址　保定市卫生路 61 号
邮　编　071000
主产品　乳饮料
品　牌　天香
日处理鲜奶能力　500 吨

唐山市三隆工业公司

负责人　武力群
电　话　0315－2240771
传　真　0315－2337001
地　址　唐山市北新西道友谊路北
邮　编　063004
网　站　http：//sanlong. ccbip. net
主产品　奶粉
品　牌　三隆
日处理鲜奶能力　400 吨

丰宁三鹿乳业有限公司

负责人　马中岳
联系人　张三然
电　话　0314－8038238
传　真　0314－8038238
地　址　承德市丰宁县大阁镇撒袋沟门村
邮　编　068350
主产品　奶粉、奶油
品　牌　三鹿
日处理鲜奶能力　350 吨

沽源三鹿乳业有限公司

负责人　马　江
电　话　0313－5754306
传　真　0313－5754265
地　址　张家口市沽源牧场三鹿乳业有限公司
邮　编　076576
主产品　奶粉、液态奶
品　牌　三鹿
日处理鲜奶能力　320 吨

邢台三鹿乳业有限公司

负责人　牛兰福
电　话　0319－5802191
地　址　邢台市宁晋县西城管理区
邮　编　055550
主产品　液态奶
品　牌　三鹿
日处理鲜奶能力　300 吨

廊坊伊利乳品有限公司

负责人　潘　刚
电　话　0316－6078801
传　真　0316－6087415
地　址　廊坊市经济开发区永兴路
邮　编　065001
网　站　www. yili. gpr. com. cn
主产品　饮料、纯牛奶
品　牌　伊利
日处理鲜奶能力　300 吨

河北小洋人生物乳业有限公司

负责人　陈世勇
电　话　0317－4310199
传　真　0317－4310086
地　址　沧州市青县新华西路 196 号
邮　编　062650
主产品　纯牛奶、酸奶、冰品
品　牌　小洋人
日处理鲜奶能力　300 吨

唐山汉沽三鹿乳业有限公司

负责人　田玉新
联系人　徐元鸿
电　话　022－69213255
传　真　022－69214466
地　址　唐山市汉沽农场平安东路 6 号
邮　编　301501
主产品　液态奶
品　牌　三鹿
日处理鲜奶能力　260 吨

张家口塞北三鹿乳业有限公司

负责人　马　江
联系人　马旭东
电　话　0313－5754306
传　真　0313－5754306
地　址　张家口市沽源县榆树沟
邮　编　076550
主产品　奶粉、液态奶
品　牌　三鹿
日处理鲜奶能力　250 吨

石家庄三鹿乳品有限公司

负责人　魏立华
联系人　郭建勇
电　话　0311－2130499
传　真　0311－2031499
地　址　石家庄市鹿泉市石铜路 68 号
邮　编　050200
主产品　酸奶、活性乳、纯牛奶
品　牌　三鹿、三鹿君乐宝
日处理鲜奶能力　220 吨

河北乡谣乳业有限公司

负责人　张长兴
联系人　张国印
电　话　0317－5482634
传　真　0317－5481888
地　址　沧州市中捷友谊农场
邮　编　061108
主产品　液体奶、酸奶、乳饮料、奶粉
品　牌　乡瑶
日处理鲜奶能力　220 吨

河北旭瑞乳业有限公司

负责人　曹长根
联系人　宋卫兵
电　话　0319－8982509
传　真　0319－8982666
地　址　邢台市沙河市桥东工业区
邮　编　054100
网　站　www. sunry9. com
主产品　鲜牛奶、酸奶、调味奶
品　牌　旭瑞、晨怡
日处理鲜奶能力　200 吨

邯郸康诺食品有限公司

负责人　王炜健
电　话　0310－7020485
传　真　0310－7021193
地　址　邯郸市高新技术开发区天园街6 号
邮　编　056007
网　站　www. kangnuo. com
主产品　酸奶、纯奶、果奶
品　牌　康诺
日处理鲜奶能力　200 吨

河北新天香乳业（集团）有限公司

负责人　周贤忠
联系人　李均民
电　话　0312－5976006
传　真　0312－5976000
地　址　保定市卫生路 61 号
邮　编　071000
主产品　乳酸菌饮料、纯牛奶、奶粉
品　牌　天香
日处理鲜奶能力　200 吨

河北省察北牧场福星乳业集团有限公司

负责人　冯海军
电　话　0313－5364107
传　真　0313－5364107
地　址　张家口市察北牧场
邮　编　076481
主产品　奶粉、液态奶

品　牌　福星
日处理鲜奶能力　200 吨

栾城三鹿乳业有限公司

负责人　聂续民
联系人　张会哲
电　话　0311-8039998
传　真　0311-8039998
地　址　石家庄市栾城县窦妪工业区
邮　编　051430
主产品　奶粉、豆奶粉
品　牌　三鹿
日处理鲜奶能力　160 吨

邯郸滏阳乳业有限责任公司

负责人　李殿华
电　话　0310-6026105
传　真　0310-6068235
地　址　邯郸市渚河路 157 号
邮　编　056005
主产品　液体奶、酸奶、奶粉、乳饮料
品　牌　滏阳
日处理鲜奶能力　160 吨

鹿泉三鹿乳业有限公司

负责人　王世伟
联系人　李怀全
电　话　0311-2236843
传　真　0311-2236436
地　址　石家庄市鹿泉市铜冶镇南铜冶村
邮　编　050221
主产品　奶粉
品　牌　三鹿
日处理鲜奶能力　160 吨

河北省百泉乳业有限公司

负责人　张胜利
联系人　宋慧杰
电　话　0319-2672036
传　真　0319-2672036
地　址　邢台市西外环北路
邮　编　054001
主产品　液体奶、酸奶、乳饮料
日处理鲜奶能力　160 吨

邯郸市牛奶公司

电　话　0310-6050505
传　真　0310-6068235
地　址　邯郸市
主产品　乳品
日处理鲜奶能力　150 吨

石家庄乐时乳业有限公司

负责人　魏立华
联系人　张永真
电　话　0311-2192700
传　真　0311-2192700
地　址　石家庄市鹿泉市高新区昌盛大街云开路 49 号
邮　编　050200
主产品　液态奶、活性乳
品　牌　三鹿
日处理鲜奶能力　150 吨

保定三鹿乳业有限公司

负责人　张保民
电　话　0312-5998088
传　真　0312-5096888
地　址　保定市七一东路永华工业园
邮　编　071052
主产品　液态奶
品　牌　三鹿
日处理鲜奶能力　150 吨

张北县中都乳制品厂

负责人　孙　宁
联系人　杨瑷栋
电　话　0313-5215379
传　真　0313-5215356
地　址　张家口市张北县树儿弯村
邮　编　076450
主产品　奶粉
日处理鲜奶能力　150 吨

唐山市田力乳业公司

负责人　张建东
电　话　0315-3112450
地　址　唐山市新区刘家营魏庄子
邮　编　063030
主产品　奶粉、液态奶
品　牌　田力
日处理鲜奶能力　150 吨

唐山均瑶乳品有限公司

负责人　杜炳文
联系人　孙海鸥
电　话　0315-5153688
传　真　0315-5153688
地　址　唐山市丰润区浭阳大街南侧西段
邮　编　064000
网　站　www.junyao.com
主产品　液态奶、乳饮料
品　牌　均瑶
日处理鲜奶能力　120 吨

唐山市芦台经济技术开发区乳业公司

负责人　霍建民
电　话　022-69388686
传　真　022-69388743
地　址　唐山市天津宁河芦台农场场部
邮　编　301505
网　站　www.hbltry.com
主产品　系列奶粉
品　牌　工农牌
日处理鲜奶能力　120 吨

行唐三鹿乳业有限公司

负责人　王永保
联系人　郝建忠
电　话　0311-2981713
传　真　0311-2981624
地　址　石家庄市行唐县只里乡政府西侧
邮　编　050600
主产品　奶粉
品　牌　三鹿
日处理鲜奶能力　110 吨

伊利芦台乳业有限公司

负责人　陈　彦
电　话　022-69380900
传　真　022-69380900
地　址　唐山市伊利芦台乳业有限公司
邮　编　301505
主产品　奶粉
品　牌　伊利
日处理鲜奶能力　100 吨

石家庄新世达乳制品有限公司

负责人　雍海晖
联系人　吴桂萍
电　话　0311-5383498
传　真　0311-5383498
地　址　石家庄市黄河大道 111 号
邮　编　050000
主产品　市民奶、杯酸奶、特浓奶
品　牌　世达
日处理鲜奶能力　100 吨

唐山三鹿乳业有限公司

负责人　朱振志
联系人　韩雅玲
电　话　0315-8115080
传　真　0315-8115080
地　址　唐山市丰南区西外环路北侧
邮　编　063300
主产品　配方奶粉
品　牌　三鹿
日处理鲜奶能力　100 吨

唐山丰润营佳乳品有限公司

负责人　闫益金
电　话　0315-5589438
传　真　0315-3241045
地　址　唐山市丰润区燕东集团南

200米
邮　编　064009
网　站　www.cn-营佳.com
主产品　全脂大包粉、婴儿粉、幼儿粉、中老年奶、铁锌钙粉、甜粉、妈咪奶粉
品　牌　营佳
日处理鲜奶能力　100吨

衡水康乐乳业公司

负责人　李陆海
电　话　0318-2130630
地　址　衡水市八里庄村
邮　编　053000
主产品　消毒牛奶、酸奶、花色奶
品　牌　康乐
日处理鲜奶能力　100吨

保定高阳新世纪乳业有限公司

负责人　刘红亮
电　话　0312-6802168
地　址　保定市高阳县
邮　编　071500
主产品　乳饮料
日处理鲜奶能力　80吨

张家口长城乳业有限责任公司

负责人　苟秉兴
联系人　范秀栋
电　话　0313-4058975
传　真　0313-4058975
地　址　张家口市桥东区纬一东路7号
邮　编　075000
主产品　奶粉、液体奶、乳饮料、酸奶
品　牌　长城
日处理鲜奶能力　80吨

唐山市丰润区御带山乳品厂

负责人　郭瑞岭
电　话　0315-5589150
传　真　0315-5589150
地　址　唐山市丰润区姜家营郭庄子村南
邮　编　064009
主产品　奶粉
品　牌　御带山
日处理鲜奶能力　80吨

唐山三星乳业有限公司

负责人　张子明
电　话　0315-3228698
地　址　唐山市丰润区银河路常庄
邮　编　063030
主产品　全脂奶粉
日处理鲜奶能力　60吨

唐山明乐乳业公司

负责人　崔守财
电　话　0315-4167557
地　址　唐山市滦南城镇张土坎村
邮　编　063500
主产品　工业奶粉
品　牌　明乐
日处理鲜奶能力　60吨

邢台大曹庄三鹿乳业有限公司

负责人　阎宝贵
联系人　宋振民
电　话　0319-5569415
传　真　0319-5569415
地　址　邢台市宁晋县大曹庄农场
邮　编　055550
主产品　奶粉
品　牌　三鹿、婴泊
日处理鲜奶能力　60吨

高盖乳业有限责任公司

负责人　吕金良
联系人　郭兰芳
电　话　0310-7717386
传　真　0310-5311369
地　址　邯郸市峰峰矿区峰峰镇靠山路1号
邮　编　056201
主产品　液态奶
品　牌　高盖、夏之梦
日处理鲜奶能力　50吨

石家庄双佳食品有限公司

负责人　刘山国
联系人　张　君
电　话　0311-8084590
传　真　0311-8086366
地　址　石家庄市经济技术开发区兴业街3号
主产品　乳饮料、茶饮料、蛋白饮料、八宝粥
日处理鲜奶能力　50吨

泊头市天天乳品有限公司

负责人　常守江
电　话　0317-8193893
传　真　0317-8193829
地　址　沧州市泊头市龙街
邮　编　062150
主产品　灭菌奶、酸奶、活性乳
品　牌　三井一品
日处理鲜奶能力　50吨

唐山市银河乳业有限公司

负责人　王向辉
电　话　0315-3120103
传　真　0315-3120206
地　址　唐山市丰润区银城铺东
邮　编　063030
主产品　全脂奶粉
日处理鲜奶能力　40吨

河北省张北县鹿源乳业有限责任公司

负责人　荀　渊
电　话　0313-5364467　5365007
传　真　0313-5364467　5365007
地　址　张家口市张北县
邮　编　076481
主产品　全脂奶粉、脱脂奶粉
品　牌　鹿源
日处理鲜奶能力　40吨

河北省承德御泉乳业有限责任公司

负责人　崔　杰
电　话　0314-7996640
传　真　0314-7996640
地　址　承德市围场县御道口牧场
邮　编　068463
主产品　奶粉
品　牌　御泉
日处理鲜奶能力　40吨

河北容城三元乳业有限责任公司

负责人　周铁华
电　话　0312-5612673
传　真　0312-5612673
地　址　保定市容城县环城西路99号
邮　编　071700
主产品　乳制品、畜牧业
品　牌　三元
日处理鲜奶能力　30吨

宣化旭乐乳业有限责任公司

负责人　王永龙
电　话　0313-3160617
传　真　0313-3160617
地　址　张家口市宣化区大西街40号
邮　编　075100
主产品　消毒牛奶、活性乳
品　牌　旭乐
日处理鲜奶能力　30吨

龙港乳品厂

负责人　靳　荣
电　话　0315-4422106
地　址　唐山市滦南县扒港镇
邮　编　063500
主产品　工业奶粉
品　牌　龙港

日处理鲜奶能力　23 吨

承德市畜牧场

负责人　张俊发
电　话　0314-4219856
传　真　0314-4219394
地　址　承德市双滦区小松树沟
邮　编　067001
主产品　鲜牛奶、含乳饮料、酸牛奶、发酵型乳饮料
品　牌　天时
日处理鲜奶能力　20 吨

泊头市三井乳业有限公司

负责人　祁建发
电　话　0317-8193200
传　真　0317-8183544
地　址　沧州市泊头市裕华路
邮　编　062150
网　站　www.3jmg.com
主产品　消毒奶、超高温灭菌奶酸奶
品　牌　三井一品
日处理鲜奶能力　20 吨

北戴河四同乳业责任有限公司

负责人　侣桐礼
电　话　0335-4044444
传　真　0335-4042983
地　址　秦皇岛市滨海大道 18 号
邮　编　066100
主产品　酸牛奶、消毒奶、果味奶、钙奶
品　牌　四同
日处理鲜奶能力　20 吨

唐山营佳乳品有限公司

负责人　闫丽贤
电　话　0315-3242214
传　真　0315-3241045
地　址　唐山市丰润区姜家营乡西杨家营村东
邮　编　064009
主产品　全脂奶粉、奶油
品　牌　营佳、春杨

唐山市丰润区阳光乳品厂

负责人　郭瑞岭
电　话　0315-5589150
传　真　0315-5589150
地　址　唐山市丰润区姜家营郭庄子村南
邮　编　064009
主产品　奶粉
品　牌　御带山

三鹿集团国富盛邦奶业有限公司

负责人　杨云乐
电　话　0311-5540000
传　真　0311-5549999
地　址　石家庄市栾城县
邮　编　051430

徐州维维乳业有限公司保定分厂

负责人　吴向阳
电　话　0312-8325063
地　址　保定市博野县环城北路
邮　编　071300
主产品　豆奶粉

保定妙士生物工程食品有限公司

负责人　爱文学
电　话　0312-3170601
地　址　保定市新保满路
邮　编　071500

承德天添乳业股份有限公司

负责人　马玉民
电　话　0314-7512900
地　址　承德市围场满族蒙古族自治县孟滦街道
邮　编　068465
主产品　奶粉

山　西

山西古城乳业集团有限公司

负责人　乔道首
电　话　0349-7082039
传　真　0349-7082001
地　址　朔州市山阴县古城镇
邮　编　036900
网　站　www.guchengmilk.com
主产品　鲜牛奶、系列奶粉、灭菌乳、冷冻饮品等
品　牌　古城
日处理鲜奶能力　800 吨

山西恒康乳业科技有限公司

负责人　李建华
电　话　0351-7236088
传　真　0351-7244168
地　址　太原市经济技术开发区 128 小区
邮　编　030012
主产品　鲜牛奶、UHT 奶、酸奶、乳饮料
品　牌　恒康
日处理鲜奶能力　600 吨

山西康喜奶业有限公司

负责人　崔建国
电　话　0349-7078888
地　址　朔州市山阴县岱岳镇
邮　编　036900
主产品　奶粉、酸奶
品　牌　康喜
日处理鲜奶能力　250 吨

山西溶溶乳业有限公司

负责人　许福亮
电　话　0349-7071810
地　址　朔州市山阴县岱岳镇
邮　编　036900
网　站　http://rrry.ccbip.net
主产品　奶粉
品　牌　溶溶
日处理鲜奶能力　250 吨

山西田仁乳业有限公司

负责人　赵田仁
传　真　0349-5021320
地　址　朔州市应县新建东街 32 号
邮　编　038500
网　站　http://trmilk.ccbip.net
主产品　系列豆乳制品、奶粉、婴儿配方奶粉等
品　牌　田仁
日处理鲜奶能力　200 吨

山西金赛利乳业有限公司

负责人　亢跃云
电　话　0351-6322644
地　址　太原市晋祠三段 81 号
邮　编　030025
主产品　鲜牛奶、酸奶、乳酸菌饮料奶
品　牌　金赛利
日处理鲜奶能力　200 吨

山西省欣乐乳业科技开发有限公司

负责人　高冀扶
电　话　0351-3056346
传　真　0351-3056880
地　址　太原市尖草坪区新兰路 3 号
邮　编　030008
主产品　系列乳制品、酸奶等
品　牌　欣乐
日处理鲜奶能力　150 吨

长治市九牛寨乳业有限公司

负责人　申志红
电　话　0355-8775727　8778413
地　址　长治市壶关化工集团公司
邮　编　047300
主产品　液态奶、乳饮料
日处理鲜奶能力　100 吨

山西离石市益欣食品有限公司

负责人　武玉根

电　话　0358－8355253
传　真　0358－8343170
地　址　吕梁地区离石市宝峰山绿色食品开发基地
邮　编　033015
主产品　鲜奶、酸奶、AD奶、乳饮料
品　牌　益欣
日处理鲜奶能力　60吨

山西山阴农牧场

负责人　万振纲
电　话　0349－7095040
传　真　0349－7095040
地　址　朔州市山阴县薛00乡
邮　编　036900
主产品　系列奶粉、鲜奶、酸奶
品　牌　红卫
日处理鲜奶能力　50吨

山西维尔生物乳制品有限公司

负责人　谢海军
电　话　0351－7024958
地　址　太原市平阳路398号
邮　编　030006
主产品　鲜牛奶、酸奶、乳酸菌饮料
品　牌　众和
日处理鲜奶能力　50吨

山西大同云城乳业有限公司

负责人　张建强
电　话　0352－4193016
传　真　0352－4193159
地　址　大同市新平旺新胜街
邮　编　037003
主产品　鲜奶、果奶、酸奶、钙奶
品　牌　云城
日处理鲜奶能力　50吨

大同九龙乳业有限公司

负责人　陈建民
电　话　0352－5024266
地　址　大同市迎宾西路15号
邮　编　037008
主产品　鲜奶、灭菌奶
品　牌　九龙
日处理鲜奶能力　50吨

山西屯留县鸣源奶业有限公司

负责人　李长清
电　话　0355－7629006
传　真　0355－7666616
地　址　长治市屯留东鸣水
邮　编　046100
主产品　鲜奶、酸奶
品　牌　鸣源
日处理鲜奶能力　50吨

山西春城乳业有限公司

负责人　温日厚
电　话　0349－7077888
传　真　0349－7078833
地　址　朔州市山阴县后所乡南万庄
邮　编　036900
网　站　http：//sxccrygs. sme. cn
主产品　女士酸牛奶、牛奶等
品　牌　春城
日处理鲜奶能力　40吨

山西省阿牛乳业实业有限公司

负责人　杨志刚
电　话　0351－5590332
地　址　太原市阳曲县万亩示范草场
邮　编　030013
主产品　鲜牛奶、二次灭菌奶、酸奶、乳酸菌饮料
品　牌　阿牛
日处理鲜奶能力　40吨

大同市金键鲜牛奶公司

负责人　赵　彬
电　话　0352－5195430
地　址　大同市南郊区全家湾村
邮　编　037000
主产品　鲜牛奶、酸奶
品　牌　金键
日处理鲜奶能力　40吨

大同市蒙源乳业有限公司

负责人　郭金荣
电　话　0352－4032688
地　址　大同市大庆西路时庄经济区
邮　编　037000
主产品　酸奶
品　牌　蒙源
日处理鲜奶能力　32吨

朔州市雁音乳业有限责任公司

负责人　吴宏友
电　话　0349－2197963
传　真　0349－2197963
地　址　朔州市朔城区
邮　编　038500
主产品　系列奶粉、鲜奶
品　牌　雁音
日处理鲜奶能力　30吨

山西永昌乳业有限公司

负责人　张永祺
电　话　0351－6930654
地　址　太原市晋源区金胜镇武家庄
邮　编　030021
主产品　鲜牛奶、酸奶
品　牌　永昌
日处理鲜奶能力　30吨

山西省太原市长风乳业集团公司

负责人　孟五牛
电　话　0351－7093503
地　址　太原市小店区小店镇
邮　编　030032
主产品　鲜牛奶、UHT奶、酸奶、乳酸菌饮料奶、奶粉
品　牌　长风
日处理鲜奶能力　30吨

大同市御宝乳业有限责任公司

负责人　李正保
电　话　0352－5050391
传　真　0352－5050157
地　址　大同市南郊区小南头村
邮　编　037004
主产品　活性钙奶、酸奶、纯牛奶
品　牌　御福
日处理鲜奶能力　30吨

榆次博瑞乳品有限公司

负责人　么瑞娟
联系人　李建国
电　话　0354－2024401　2081193
地　址　晋中市榆次区东顺城街
邮　编　030600
主产品　鲜牛奶、奶粉、酸奶、奶饮料
品　牌　博瑞
日处理鲜奶能力　30吨

山西永济超人奶业有限公司

负责人　胡小创
电　话　0359－8033565
地　址　运城市永济市飞机场
邮　编　044500
主产品　UHT奶、花生奶、乳酸菌饮品等
品　牌　超人
日处理鲜奶能力　30吨

山西原平农场

负责人　李　彬
电　话　0350－8275043
地　址　忻州市原平市
邮　编　031010
主产品　系列奶粉、鲜奶
品　牌　天崖山
日处理鲜奶能力　20吨

太原天一乳品厂

负责人　张　忠
电　话　0351－7585736
地　址　太原市龙堡街9号

邮 编 030031
主产品 鲜牛奶、酸奶、乳酸菌饮料
品 牌 天一
日处理鲜奶能力 20 吨

太原农牧场

负责人 郝锁业 梁海玉
电 话 0351-7957575 7957334
地 址 太原市小店区新东庄
邮 编 030032
主产品 鲜奶、酸奶
品 牌 源威
日处理鲜奶能力 20 吨

太原市好营养有限公司

负责人 高新明
电 话 0351-6146582
地 址 太原市万柏林区西矿街太白巷集贸市场
邮 编 030053
主产品 鲜牛奶、酸奶、奶饮料
品 牌 好营养
日处理鲜奶能力 20 吨

内蒙古

内蒙古伊利实业集团有限公司

负责人 潘 刚
电 话 0471-3602312
传 真 0471-3601615
地 址 呼和浩特市金川开发区2号
邮 编 010080
网 站 www.yili.com
品 牌 伊利

内蒙古蒙牛乳业（集团）股份有限公司

联系人 郭万富
电 话 0471-5921748
传 真 0471-5922220
地 址 呼和浩特市呼和浩特市赛罕区锡林南路山丹大厦B座4楼
邮 编 010020
网 站 www.mengniu.com.cn
主产品 液体奶、冰淇淋、奶粉
品 牌 蒙牛
日处理鲜奶能力 1000 吨

包头蒙牛乳业有限公司

品 牌 蒙牛
日处理鲜奶能力 700 吨

包头伊利乳业有限公司

品 牌 伊利
日处理鲜奶能力 600 吨

呼伦贝尔三元乳业有限责任公司

联系人 高小祥
电 话 0470-8246008
传 真 0470-8225433
地 址 呼伦贝尔盟海拉尔区加格达奇路
邮 编 021008
主产品 奶粉、奶油、液态奶
品 牌 三元
日处理鲜奶能力 300 吨

内蒙古奈伦天然乳品有限公司

负责人 胡利平
电 话 0471-5684316
传 真 0471-5684316
地 址 呼和浩特市呼托公路4公里
邮 编 010070
网 站 www.nailun.comm.cn
主产品 纯奶、乳酸
品 牌 奈伦、奶王
日处理鲜奶能力 105 吨

内蒙古满洲里三元乳业有限责任公司

联系人 孟顺生
电 话 0470-6552516
传 真 0470-6556385
地 址 呼伦贝尔盟满州里市扎赉诺尔乳品街29号
邮 编 021410
主产品 全脂淡奶粉\全脂加糖奶粉
品 牌 三元、草园
日处理鲜奶能力 100 吨

内蒙古额尔古纳梅鹿乳业有限公司

负责人 潘毓栋
电 话 0470-6822540
传 真 0470-6822527
地 址 呼伦贝尔盟额尔古纳市
邮 编 022250
网 站 www.meiludairy.com.cn
主产品 纯牛奶、奶粉
日处理鲜奶能力 100 吨

内蒙古草原兴发天然奶食品总厂

电 话 0476-3206222
传 真 0476-3206221
地 址 赤峰市元宝山区建昌营
邮 编 024079
主产品 鲜奶、奶粉
日处理鲜奶能力 100 吨

内蒙古乌兰浩特市乳品有限责任公司

负责人 邵晓君
电 话 0482-8215302 8229443
传 真 0482-8212928
地 址 兴安盟内蒙古乌兰浩特市富民北路乳品巷
邮 编 013740
主产品 鲜奶、奶粉
日处理鲜奶能力 90 吨

内蒙古锡林高勒乳业有限公司

联系人 阿拉达尔图
电 话 0479-8208888
传 真 0479-8209999
地 址 锡林郭勒盟锡林浩特市锡林大街东段128号
邮 编 026000
主产品 锡林高勒纯牛奶
品 牌 锡林高勒
日处理鲜奶能力 80 吨

内蒙古包头市奶业公司

负责人 李虎英
电 话 0472-5980168
地 址 包头市鸪原区麻池镇南
邮 编 014013
主产品 鲜奶、酸奶（袋、盒）
日处理鲜奶能力 55 吨

内蒙古科尔沁乳业有限公司

负责人 王立新
电 话 0472-5980180
传 真 0472-5980067
地 址 包头市火车站南
邮 编 014013
网 站 www.keqry.com
主产品 纯牛奶、酸乳乐、可可奶、奶茶、酸冰乳
日处理鲜奶能力 50 吨

内蒙古通辽市科尔沁乳业有限公司

负责人 邱丽梅
电 话 0475-8317555
地 址 通辽市内蒙古通 辽市霍林河大街10号
邮 编 028000
主产品 纯牛奶、酸乳乐、可可奶、奶茶、酸冰乳
日处理鲜奶能力 50 吨

内蒙古赤峰市物宝奶牛有限责任公司

负责人 刘志仁
电 话 0476-8901456
地 址 赤峰市红山区
邮 编 024007
主产品 酸牛奶、鲜牛奶、营养奶、

酸奶饮料
日处理鲜奶能力 50吨

内蒙古新巴尔虎左旗三元乳业有限责任公司

负责人 王发兴 刘士强
电 话 0470-8235328
传 真 0470-8225433
地 址 呼伦贝尔盟阿木古郎镇
邮 编 021200
主产品 乳制品、畜牧业、食品加工业
日处理鲜奶能力 40吨

呼伦贝尔盟光明乳品有限责任公司

负责人 倪卫兵
电 话 0470-8812202
传 真 0470-8812202
地 址 呼伦贝尔盟鄂温克族自治旗中央街巴彦托海
邮 编 021100
主产品 生产奶粉、生产脱脂粉、生产奶油

内蒙古龙驹乳业（集团）有限公司

电 话 0472-2126430
地 址 包头市团结大街22号街坊
邮 编 014000

内蒙古牛妈妈乳业有限公司

电 话 0474-3606068
地 址 乌兰察布盟察哈尔右翼前旗平地泉经济开发区1号
邮 编 012200

辽 宁

大连冰凌花乳业有限公司

联系人 於常艺
电 话 0411-86280326
传 真 0411-86281618
地 址 大连市旅顺口区龙头镇大连冰凌花乳业有限公司
邮 编 116051
主产品 牛奶、酸奶、乳酸饮料
品 牌 冰凌花
日处理鲜奶能力 300吨

大连三寰乳业有限公司

负责人 徐万能
电 话 0411-84602584
传 真 0411-84602194
地 址 大连市沙河口区西南路
邮 编 116021
主产品 鲜牛奶、强化奶、酸奶、乳饮料
品 牌 三寰、佳能
日处理鲜奶能力 100吨

辽宁千山乳业有限公司

负责人 王广祥
电 话 0412-8227222
传 真 0412-8239938
地 址 鞍山市兴盛 南路永康街1号
邮 编 111000
主产品 鲜牛奶、酸牛奶、乳饮料
品 牌 千山
日处理鲜奶能力 100吨

本溪木兰花乳业有限公司

负责人 韩晓光
电 话 0414-4511816
传 真 0414-4511716
地 址 本溪市明山区小堡
邮 编 117022
主产品 鲜牛奶、酸牛奶、乳饮料
品 牌 木兰花
日处理鲜奶能力 80吨

大连渤海乳品厂

负责人 郭永财
电 话 0411-4215945
传 真 0411-4215945
地 址 大连市沙河口区马栏广场358号
邮 编 116021
主产品 鲜牛奶、强化奶、酸奶、乳饮料
品 牌 奥乐
日处理鲜奶能力 50吨

阜新比牛哥乳业有限公司

负责人 李 勇
电 话 0418-2813969
传 真 0418-2813969
地 址 阜新市细河区华东镇
邮 编 123000
主产品 鲜牛奶、酸牛奶、乳饮料
品 牌 比牛哥
日处理鲜奶能力 50吨

辽宁森氏集团阿森乳业有限公司

负责人 张玉森
电 话 0418-3315818
传 真 0418-2825630
地 址 阜新市海洲区建设路36号
邮 编 123000
主产品 鲜牛奶、酸牛奶
品 牌 阿森
日处理鲜奶能力 40吨

大连旅顺口区城华奶业综合服务站

负责人 刘信力
电 话 0411-6260154
地 址 大连市旅顺口区三涧堡镇城华奶业综合服务站
邮 编 116043
主产品 原料奶
日处理鲜奶能力 30吨

大连金州三十里堡奶业综合服务站

负责人 关盛利
电 话 0411-7364202
传 真 0411-7364202
地 址 大连市金州三十里堡奶业综合服务站
邮 编 116103
主产品 原料奶
日处理鲜奶能力 30吨

大连金州区登沙河奶业综合服务站

负责人 于万力
电 话 0411-7230444
传 真 0411-7230444
地 址 大连市金州区登沙河奶业综合服务站
邮 编 116105
主产品 原料奶
日处理鲜奶能力 30吨

大连甘井子区营城子奶业综合服务站

负责人 卢相海
电 话 0411-6690143
地 址 大连市甘井子区营城子镇奶业综合服务站
邮 编 116036
主产品 原料奶
日处理鲜奶能力 20吨

沈阳辉山乳业有限公司

电 话 024-88043683
传 真 024-88043667
地 址 沈阳市东陵区辉山大街99号
邮 编 110164

大连华乳实业集团有限公司

负责人 宋咏霖
联系人 惠丽娟
电 话 0411-86221124-806
传 真 0411-86221129
地 址 大连市

吉林

吉林市九牛乳业发展有限公司

负责人 孙孝德
联系人 张树志
电 话 0432-8822345
传 真 0432-8822345
地 址 吉林市船营区军民路188号
邮 编 132011
网 站 www.9cow.com.cn
主产品 屋顶包、百利包、八联杯、鲜奶、酸奶
品 牌 乃利
日处理鲜奶能力 200吨

吉林市春光牧工商有限公司

负责人 曲 江
电 话 0432-2043677
传 真 0432-2043659
地 址 吉林市春光经济开发区
邮 编 132012
主产品 袋鲜奶、酸奶、奶饮料
品 牌 春柳
日处理鲜奶能力 200吨

长春新希望乳业有限公司

负责人 邢东顺
联系人 王洪喜
电 话 0431-4591391
传 真 0431-4591391
地 址 长春市京哈公路1080公里处
邮 编 130102
网 站 miaomiao.changchun.gov.cn
主产品 百利包、屋顶包、巴氏奶、联杯酸奶、袋装酸奶、利乐枕
品 牌 天牌
日处理鲜奶能力 160吨

吉林省乳业集团广泽有限公司

负责人 柴 琇
联系人 市场部姜经理
电 话 0431-4646198
传 真 0431-4646198
地 址 长春市经济技术开发区自由大路8333号
邮 编 130033
网 站 www.gzry.com
主产品 鲜奶、酸奶、乳饮料、固体奶
品 牌 广泽、恒牛、红牛
日处理鲜奶能力 150吨

吉林省金财乳业有限公司

负责人 焦云锋
电 话 0431-4645820
传 真 0431-4645820
地 址 长春市经济技术开发区
邮 编 130031
网 站 www.jincaifood.com
主产品 巴氏奶、酸奶、屋顶包
品 牌 金财牌
日处理鲜奶能力 100吨

吉林农业大学乳制品厂

负责人 赵全民
电 话 0431-4519059
传 真 0431-4519059
地 址 长春市长东公路5公里处
邮 编 130118
主产品 消毒鲜牛奶、酸奶、活性乳
品 牌 净月潭
日处理鲜奶能力 50吨

吉林查干花种畜场乳品厂

负责人 殷 强
电 话 0438-2690025
传 真 0438-2690025
地 址 松原市前郭县查干花种畜场
邮 编 131100
主产品 淡奶粉
品 牌 郭尔罗斯
日处理鲜奶能力 30吨

黑龙江

黑龙江完达山乳业股份有限公司

负责人 郑新民
联系人 高敏杰
电 话 0451-82341887
传 真 0451-82343776
地 址 哈尔滨市南岗区长江路368号
邮 编 150090
网 站 www.wondersun.com.cn
主产品 乳、乳制品、豆制品、饮料、糖果及保健食品
品 牌 完达山
日处理鲜奶能力 1563吨

黑龙江光明松鹤乳品有限公司

联系人 夏雪松
电 话 0452-3122888
传 真 0452-31228888
地 址 齐齐哈尔市富裕县新华南路
邮 编 161200
主产品 奶粉、液态奶
品 牌 光明、松鹤
日处理鲜奶能力 1000吨

黑龙江北亚乳业有限公司

联系人 姜翠萍
电 话 0459-6040775
传 真 0459-6040770
地 址 大庆市高新技术产业开发区创业新街3号
邮 编 163316
网 站 www.beiya.com.cn
主产品 液态奶
日处理鲜奶能力 500吨

黑龙江龙丹业科技股份有限公司

电 话 0451-86668600
传 真 0451-86664742
地 址 哈尔滨市南岗区学府路337号
邮 编 150086
主产品 奶粉、液态奶
品 牌 龙丹
日处理鲜奶能力 450吨

黑龙江绿洲乳业集团

联系人 李国彬
电 话 0455-5925838
传 真 0455-7724721
地 址 绥化市肇东市宋站镇
邮 编 151134
主产品 奶粉、液态奶
品 牌 绿洲
日处理鲜奶能力 360吨

黑龙江飞鹤乳业有限公司

联系人 马锦延
电 话 0452-4312788
传 真 0452-4312293
地 址 齐齐哈尔市克东县庆祥街1号
邮 编 164800
网 站 www.feihe.com
主产品 配方奶粉
品 牌 飞鹤
日处理鲜奶能力 320吨

黑龙江摇篮乳业股份有限公司

联系人 王业顺
电 话 0451-82368503
传 真 0451-82368503
地 址 哈尔滨市香坊区衡山路18号A座7楼
邮 编 150036
网 站 www.zhengyuandairy.com.cn
主产品 奶粉
品 牌 摇篮、正元、本元、正丰
日处理鲜奶能力 310吨

哈尔滨绿乐尔乳业科技有限公司

负责人 王应海
电 话 0451-82300825
传 真 0451-82335694
地 址 哈尔滨市湘江路39号
邮 编 150090
主产品 纯牛奶、乳酸菌饮料

品　牌　绿乐尔
日处理鲜奶能力　300 吨

肇东伊利乳业有限责任公司

电　话　0455-7700615
地　址　绥化市肇东市
邮　编　151100
主产品　UHT 奶
品　牌　伊利
日处理鲜奶能力　120 吨

杜尔伯特伊利乳业有限责任公司

负责人　吴子荣
电　话　0459-3421389
传　真　0459-3421239
地　址　大庆市杜尔伯特伊利乳业有限公司
邮　编　166201
主产品　奶粉
品　牌　伊利
日处理鲜奶能力　120 吨

伊利杜蒙分公司

联系人　包和平
电　话　0459-3438654
传　真　0459-3421239
地　址　大庆市杜蒙县东街
邮　编　166204
主产品　奶粉
品　牌　伊利
日处理鲜奶能力　120 吨

金星乳业集团公司

联系人　李宗宝
电　话　0451-57322754
传　真　0451-57339768
地　址　哈尔滨市呼兰县光安路 6 号
邮　编　150500
主产品　奶粉、液态奶
品　牌　金星
日处理鲜奶能力　90 吨

黑龙江红星集团股份有限公司

联系人　苗　冰
电　话　0455-7224431
传　真　0455-7224431
地　址　绥化市安达市铁西区
邮　编　151400
网　站　www.redstar-group.com
主产品　奶粉、保鲜奶、奶酪
品　牌　红星
日处理鲜奶能力　60 吨

黑龙江冰都乳业有限责任公司

电　话　0451-86721411
传　真　0451-86721473
地　址　哈尔滨市就哈公路 13 公里处
邮　编　150089
主产品　奶粉
品　牌　冰都
日处理鲜奶能力　60 吨

黑龙江雪田乳业有限公司

联系人　王　娟
电　话　0451-55655875
传　真　0451-55641901
地　址　哈尔滨市香坊区公滨路 441 号
邮　编　150036
网　站　www.Showtimeee.com
主产品　奶粉
品　牌　雪田、雪丰
日处理鲜奶能力　50 吨

哈尔滨隆迪乳业有限公司

负责人　于纯江
电　话　0451-82407033
传　真　0451-82407055
地　址　哈尔滨市哈尔滨市太平区先锋路 101 号
邮　编　150056
网　站　http://www.l-d.com.cn/newpage9.htm
主产品　全脂速溶奶粉、双歧因子奶粉、全脂 AD 钙奶粉、全脂加锌奶粉、中老年奶粉及供应食品加工的奶粉
品　牌　隆迪
日处理鲜奶能力　40 吨

大庆妙士乳业有限公司

联系人　韩子丹
电　话　0459-3433917
传　真　0459-3433917
地　址　大庆市杜蒙县新城街
邮　编　162200
主产品　液态奶
品　牌　妙士
日处理鲜奶能力　30 吨

黑龙江农垦正元乳业有限公司

电　话　0451-2342121
地　址　哈尔滨市衡山路 18 号远东大厦 A 区七楼
邮　编　150036

黑龙江齐梅保健食品有限责任公司

负责人　蒋安彬
电　话　0452-6565355
传　真　0452-6565355
地　址　齐齐哈尔市黑龙江省齐齐哈尔市梅里斯达斡尔族区
邮　编　161021
主产品　乳制品

安达市红梅乳业有限责任公司

负责人　吕增明
电　话　0455-7157023
地　址　绥化市安达市太平庄镇
邮　编　151424

黑龙江省鹤王乳业集团有限公司

负责人　李文柱
电　话　0456-7802989
传　真　0456-7899629
地　址　黑河市嫩江县九三分局鹤王乳业集团有限公司
邮　编　161441
主产品　乳制品

五大连池鹤王乳业集团有限公司

负责人　董　明
电　话　0456-6311200
传　真　0456-6329699
地　址　黑河市五大连池市城东
邮　编　164100

五大连池市汇昌乳制品有限公司

负责人　徐玉金
电　话　0456-6325405
传　真　0456-6325405
地　址　黑河市五大连池市城关乡龙头村
邮　编　164100
主产品　乳制品

大庆市本元乳业有限责任公司

负责人　穆喜森
电　话　0459-8513483
传　真　0459-8522800
地　址　大庆市肇州县肇州镇团结
邮　编　166400
主产品　奶粉

大庆市银螺乳业有限公司

负责人　刘树清
电　话　0459-6280865
传　真　0459-6280865
地　址　大庆市高新技术产业开发区建设路 6 号皇宫饭店
邮　编　163316

上　海

光明乳业股份有限公司

负责人　王佳芬
电　话　021-54584520
传　真　021-64655033
地　址　闵行区吴中路 578 号
邮　编　201103

主产品　液态奶、酸奶、果汁饮料
品　牌　光明
日处理鲜奶能力　5784 吨

光明乳业股份有限公司乳品二厂

联系人　王红坤
电　话　021-54770197
传　真　021-54771561
地　址　闵行区吴中路 580 号
邮　编　201103
主产品　乳制品、果汁饮料
品　牌　光明
日处理鲜奶能力　700 吨

均瑶集团乳业股份有限公司

负责人　王均豪
电　话　021-51155555
传　真　021-51155678
地　址　上海市肇家浜路 789 号均瑶国际广场
邮　编　200032
网　站　www.junyao.com
主产品　液态奶（利乐、屋顶包、袋奶、塑瓶）
品　牌　均瑶
日处理鲜奶能力　250 吨

上海真元乳业有限公司

负责人　王德新
电　话　021-58250888
传　真　021-58251333
地　址　南汇区南汇芦潮港农场东侧
邮　编　201309
主产品　液态奶、酸奶乳饮料等
品　牌　真元
日处理鲜奶能力　120 吨

上海三元全佳乳业有限公司

电　话　021-59700511
传　真　021-59700311
地　址　青浦区外青松公路 4789 号
邮　编　201707
网　站　www.bestmilk.com.cn
主产品　液态奶、酸奶
品　牌　三元、全佳
日处理鲜奶能力　80 吨

上海蜜儿可营养乳品有限公司

联系人　山秋新
电　话　021-66243491
传　真　021-56403158
地　址　闸北区宝山庙行镇场北路 200 号
邮　编　200436
主产品　巴氏杀菌乳、含乳饮料、乳酸菌饮料、酸奶
品　牌　蜜儿可
日处理鲜奶能力　70 吨

上海卫岗乳品有限公司

负责人　王晋益
电　话　021-56130111
传　真　021-56130555
地　址　闸北区陈太路 2039 号
邮　编　200436
主产品　液态奶系列
品　牌　卫岗
日处理鲜奶能力　50 吨

上海乳品一厂分厂

联系人　李建中
电　话　021-59511837
传　真　021-59511369
地　址　嘉定区马陆浜镇大治 315 号
邮　编　201818
主产品　瓶装、袋状牛奶
品　牌　嘉光
日处理鲜奶能力　20 吨

上海永安乳品有限公司

负责人　李玉柱
电　话　021-57110605
传　真　021-57110514
地　址　奉贤区奉贤燎原农场内
邮　编　201408

上海三元昂立营养食品有限公司

电　话　021-64274085
传　真　021-64387136
地　址　徐汇区漕溪北路 468 号宏汇大厦 10 楼 A-B 座（1001-1002 室）
邮　编　200030

上海市牛奶公司

电　话　021-65182893
地　址　徐汇区上海市枫林路 251 号
邮　编　200032

江　苏

南京奶业（集团）有限公司

负责人　蔡敬东
电　话　025-84872392
传　真　025-84875156
地　址　南京市卫岗童卫路 5 号
邮　编　210014
网　站　www.njdairy.com
主产品　消毒奶、UHT 奶、酸奶、奶粉、含乳饮料
品　牌　卫岗
日处理鲜奶能力　500 吨

徐州维维食品饮料股份有限公司

负责人　胡云峰
联系人　李明杰
电　话　0516-83398081
传　真　0516-83290901
地　址　徐州市城南开发区维维总部
邮　编　221111
网　站　www.vvgroup.com
主产品　豆奶、鲜奶
品　牌　天山雪
日处理鲜奶能力　1500 吨

徐州绿健乳业有限责任公司

负责人　韩友平
联系人　徐化春
电　话　0516-57667291
传　真　0516-57826362
地　址　徐州市北区马场湖
邮　编　221006
网　站　www.lujiandairy.com.net
主产品　液态奶
品　牌　绿健
日处理鲜奶能力　700 吨

南京卫岗乳业有限公司

负责人　金人杰
联系人　李先斌
电　话　025-84872392　52785768
传　真　025-84875156　52785767
地　址　南京市江宁开发区将军大道 139 号
网　站　www.wgdairy.com
主产品　液态奶
品　牌　卫岗
日处理鲜奶能力　500 吨

江苏梁丰食品集团有限公司

负责人　赵文伟
联系人　黄　斌
电　话　0512-58180301
传　真　0512-58180117
地　址　苏州市张家港市振兴路 9 号
邮　编　215600
网　站　http://www.liangfengfood.com
主产品　保鲜奶、高钙牛奶等
品　牌　梁丰
日处理鲜奶能力　200 吨

张家港梁丰食品饮料有限公司

地　址　苏州市张家港市西环路 245 号
邮　编　215600
主产品　消毒牛奶、酸牛奶、灭菌奶等
品　牌　梁丰
日处理鲜奶能力　150 吨

南京光明乳品有限公司

负责人　钱建国
联系人　韩供章
电　话　025-52774575
传　真　025-52774577
地　址　南京市江宁区绿口镇来风路2号
邮　编　211113
主产品　鲜奶、酸奶、含乳饮料
品　牌　光明
日处理鲜奶能力　150吨

波力牧场有限公司

负责人　吴圣文
联系人　范春颖
电　话　0512-57592200
传　真　0512-57591110
地　址　苏州市昆山市吴淞江工业园新南中路
邮　编　215300
网　站　www.polidairy.com.cn
主产品　3+1酸奶、100%纯鲜牛奶来一杯
品　牌　波力牧场
日处理鲜奶能力　150吨

淮安快鹿牛奶有限公司

负责人　刘海兵
联系人　张秀成
电　话　0517-3666382
传　真　0517-3644395
地　址　淮安市淮海西路282号
邮　编　223001
主产品　鲜奶、酸奶、含乳饮料
品　牌　快鹿
日处理鲜奶能力　110吨

均瑶集团（无锡）乳业股份有限公司

负责人　王均豪
电　话　0510-2116413
传　真　0510-2104684
地　址　无锡市村路道口
邮　编　214026
主产品　消毒牛奶、酸牛奶、灭菌奶等
品　牌　均瑶
日处理鲜奶能力　100吨

常州红梅乳品有限公司

负责人　盛国兴
联系人　郭建中
电　话　0519-3271594
传　真　0519-3271594
地　址　常州市花园路25号
邮　编　213016
网　站　http://www.hmdairy.com
主产品　消毒牛奶、酸牛奶、学生奶、乳酸菌饮料、乳珍
品　牌　红梅
日处理鲜奶能力　100吨

江苏省镇江市长江乳业有限公司

负责人　陆桂林
联系人　朱晓玲
电　话　0511-5626348
传　真　0511-5626533
地　址　镇江市四摆渡
邮　编　212111
网　站　www.zj114.com.cn
主产品　鲜牛奶、酸牛奶系列
品　牌　长江
日处理鲜奶能力　70吨

泰州市金力乳品有限公司

负责人　葛秀萍
联系人　吉小芳
电　话　0523-8648269
传　真　0523-8647768
地　址　泰州市姜堰市俞垛镇宫伦村食品工业园区
邮　编　225509
主产品　鲜奶、酸奶、乳饮料
品　牌　金力
日处理鲜奶能力　70吨

南京金阳光乳品有限公司

电　话　025-57928111
传　真　025-57928113
地　址　南京市江宁科学园6号路
邮　编　211100
网　站　www.jinyangguang.com
主产品　鲜奶、酸奶、含乳饮料
品　牌　金阳光
日处理鲜奶能力　65吨

苏州市牛奶公司

负责人　缪晓航
电　话　0512-67232511
传　真　0512-67232511
地　址　苏州市城北公路6号桥
邮　编　215008
网　站　www.szdairy.com
主产品　鲜牛奶、酸奶、UHT奶、奶粉
品　牌　双喜
日处理鲜奶能力　60吨

无锡佳浓乳制品有限公司

负责人　过献忠
联系人　扬美月
电　话　0510-3775816
传　真　0510-3771707
地　址　无锡市锡山区东北塘黄信桥
邮　编　214191
主产品　UHT杀菌乳、巴氏杀菌乳
品　牌　蓉湖
日处理鲜奶能力　60吨

创元双喜乳业（苏州）有限公司

负责人　缪晓航
联系人　陈　平
电　话　0512-67232790
传　真　0512-67232511
地　址　苏州市城化公路6号桥
邮　编　215006
网　站　www.szdairy.com
主产品　鲜牛奶、酸牛奶等
品　牌　双喜
日处理鲜奶能力　60吨

扬州大学实验农牧场

负责人　吕贞龙
联系人　于　颐
电　话　0514-7979290
传　真　0514-7369499
地　址　扬州市大学北路60号
邮　编　225009
网　站　www.yzu.edu.cn/bmweb/nmc2003
主产品　鲜奶、酸奶、乳饮料
品　牌　扬农、苏农、扬大
日处理鲜奶能力　60吨

江苏维维双宝乳业有限公司

负责人　孙立智
联系人　张建奎
电　话　0518-5498408
传　真　0518-5498408
地　址　连云港市江苏维维双宝乳业有限公司
邮　编　222248
主产品　液体乳、含乳饮料
品　牌　天山雪、双宝
日处理鲜奶能力　60吨

无锡光明乳品有限公司

负责人　楼守俭
电　话　0510-5016646
传　真　0510-5016646
地　址　无锡市塘南三支路三号
邮　编　214026
主产品　袋装液态奶
品　牌　光明
日处理鲜奶能力　57吨

无锡海浪乳品工业有限公司

电　话　0510-5751175

传　真　0510－5751175
地　址　无锡市清扬路414号
邮　编　214023
网　站　www. highlong. com. cn
主产品　消毒牛奶、酸牛奶等
品　牌　海浪
日处理鲜奶能力　50吨

江苏省镇江市牛奶公司

负责人　王　辉
电　话　0511－5626558
传　真　0511－5626533
地　址　镇江市四摆渡
邮　编　212111
主产品　消毒鲜牛奶、酸奶、特浓鲜牛奶、AD高钙鲜奶、锌元奶、双歧因子奶
品　牌　长江
日处理鲜奶能力　50吨

南京川田乳品有限公司

负责人　许翌星
联系人　陈　勇
电　话　025－52121589
传　真　025－52121881
地　址　南京市江宁开发区经五路129号
邮　编　211100
网　站　www. shantian. com. cn
主产品　巴氏杀菌乳、含乳饮料、酸牛奶
品　牌　山田
日处理鲜奶能力　50吨

无锡市卫岗乳品有限公司

负责人　李涛金
联系人　盛丽娟
电　话　0510－6011668
传　真　0510－6016300
地　址　无锡市江阴市云亭工业园云顾路78号
邮　编　214422
主产品　消毒牛奶、天元奶
品　牌　卫岗
日处理鲜奶能力　50吨

苏州市云兰奶业公司

负责人　陆火林
电　话　0512－68236688
传　真　0512－68236623
地　址　苏州市高新区上方山北麓
邮　编　215009
网　站　www. szyunlan. com
主产品　纯鲜牛奶、酸牛奶
品　牌　云兰
日处理鲜奶能力　50吨

盐城市泰来神奶业有限公司

负责人　陈连根
联系人　杜晓华
电　话　0515－8876522
传　真　0515－8897088－8888
地　址　盐城市亭湖区南洋镇江西村
邮　编　224051
主产品　巴氏杀菌奶
品　牌　泰来神
日处理鲜奶能力　50吨

泰州卫岗乳品有限公司

负责人　郭　勇
联系人　赵永庆
电　话　0523－6666286
传　真　0523－6668336
地　址　泰州市海陵区斜桥东
邮　编　225300
主产品　纯鲜奶、酸奶
品　牌　卫岗
日处理鲜奶能力　50吨

南通市爱特津乳品有限公司

电　话　0513－6276777
传　真　0513－6276999
地　址　南通市骑岸工业园区
邮　编　226343
主产品　鲜牛奶、酸牛奶、
品　牌　爱特津
日处理鲜奶能力　40吨

徐州卫岗乳品有限公司

负责人　韦　平
联系人　侯爱宝
电　话　0516－8683951
传　真　0516－8683688
地　址　徐州市新近市府东路168号
邮　编　221416
主产品　酸牛奶、纯鲜奶、天元奶、AD高钙奶
品　牌　卫岗
日处理鲜奶能力　40吨

无锡市马山牛奶有限公司

负责人　曹善成
联系人　何高荣
电　话　0510－5996657
传　真　0510－5990457
地　址　无锡市滨湖区马山鱼花路29号
邮　编　214092
网　站　www. wxmilk. com. cn
主产品　消毒鲜牛奶
品　牌　美尔可
日处理鲜奶能力　30吨

无锡市天资乳品饮料厂

负责人　朱英杰
电　话　0510－3119213
传　真　0510－3119213
地　址　无锡市黄巷镇锡龙路百子桥堍
邮　编　214045
主产品　消毒奶、含乳饮料
品　牌　唯得
日处理鲜奶能力　30吨

扬州市金发乳业有限公司

负责人　顾秀芹
电　话　0514－6445208
传　真　0514－6442468
地　址　扬州市江都港开发区
邮　编　225211
主产品　鲜奶、酸奶、乳饮料
品　牌　金发
日处理鲜奶能力　30吨

江苏省东台市宇航奶业有限公司

负责人　王敬东
联系人　郑英明
电　话　0515－5250922－8009
传　真　0515－5270921
地　址　盐城市东台市新东东路64号
邮　编　224200
主产品　液态奶
品　牌　宇航
日处理鲜奶能力　30吨

姜堰市明牛乳业有限公司

负责人　丁传明
电　话　0523－8661268
传　真　0523－8661012
地　址　泰州市姜堰市北郊刁家桥西
邮　编　225529
网　站　www. jysagr. gov. cn
主产品　鲜牛奶、酸牛奶
品　牌　河横
日处理鲜奶能力　30吨

扬州田原乳品有限公司

负责人　任　艺
联系人　吕来安
电　话　0514－4855778
传　真　0514－4855778
地　址　扬州市高邮市司徒镇
邮　编　225600
主产品　巴氏杀菌乳
品　牌　沁沁
日处理鲜奶能力　30吨

丹阳市康力乳制品有限公司

负责人　汪玉攸

联系人 祝苏梅
电 话 0511－6524731
传 真 0511－6524731
地 址 镇江市丹阳市西门农科所西侧
邮 编 212300
主产品 液态乳制品
品 牌 康力健
日处理鲜奶能力 20 吨

扬州市华兴乳业有限公司

负责人 刘永华
联系人 刘长贵
电 话 0514－4884488
传 真 0514－4884381
地 址 扬州市高邮市甘垛镇甘西路
邮 编 225636
主产品 鲜奶、学生奶、奶制品
品 牌 明智
日处理鲜奶能力 20 吨

常州市武进现代畜牧有限公司

负责人 吴新代
联系人 张友春
电 话 0519－6158348
传 真 0519－6151788
地 址 常州市武进区雪堰镇
邮 编 213169
主产品 消毒牛奶、酸牛奶
品 牌 春晖
日处理鲜奶能力 20 吨

旺旺集团

电 话 025－52105888
传 真 025－52123688
地 址 南京市江宁经济技术开发区董村西路 36 号
邮 编 211100
网 站 www. wantwant. com. cn

完达山（无锡）乳制品有限公司

电 话 0510－8703453
地 址 无锡市东亭镇 888 商城 8 号楼 302 室
邮 编 214101

温州市均瑶集团无锡有限公司

负责人 夏京海
电 话 0510－2114674
传 真 0510－2104684
地 址 无锡市郊区南站镇锡甘路道口
邮 编 214026
主产品 鲜奶、酸奶、屋型奶

扬州市晨光乳业科技发展有限公司

电 话 0514－7363137
地 址 扬州市扬州大学北路 55 号
邮 编 225000

浙 江

浙江李子园牛奶食品有限公司

电 话 0579－2887719
传 真 0579－2887719
地 址 金华市金东区曹宅镇李子园工业区
邮 编 321031
主产品 液态奶
品 牌 李子园
日处理鲜奶能力 400 吨

金华市佳乐乳业有限公司

电 话 0579－2285140
传 真 0579－2285140
地 址 金华市环城西路 2851 号
邮 编 321001
网 站 www. jialemilk. com
主产品 纯牛奶
品 牌 佳乐
日处理鲜奶能力 200 吨

杭州美丽健乳品有限公司

联系人 唐伟兴
电 话 0571－86963806 86045759
传 真 0571－86034010 86093846
地 址 杭州市秋涛北路 188 号
邮 编 310020
网 站 ttp：//hzmljrpgs. sme. cn
主产品 鲜纯奶、酸奶等
品 牌 美丽健、西湖
日处理鲜奶能力 100 吨

宁波牛奶公司

电 话 0574－87500234
传 真 0574－87506416
地 址 宁波市牛山西路 796 弄 11 号
邮 编 315010
网 站 www. nbnn. com. cn
主产品 鲜奶、酸奶
品 牌 宁波
日处理鲜奶能力 100 吨

金华丁丁乳业有限公司

电 话 0579－2423286
传 真 0579－2423222
地 址 金华市环城北路 706 号
邮 编 321000
主产品 纯、甜牛奶
品 牌 丁丁
日处理鲜奶能力 100 吨

金华市伟业乳品有限公司

电 话 0579－2711666
传 真 0579－2711217
地 址 金华市婺城区蒋堂镇伟业西路 88 号
邮 编 321071
网 站 www. weiyemilk. com
主产品 纯、甜、酸及果味奶
品 牌 伟业
日处理鲜奶能力 100 吨

杭州燕牌乳业有限公司

联系人 汪德利
电 话 0571－86066094
传 真 0571－86066094 86074847
地 址 杭州市秋涛路 373 号
邮 编 310009
网 站 www. hzyanpai. com
主产品 鲜奶、酸奶
品 牌 燕牌
日处理鲜奶能力 90 吨

瑞安市百好乳业有限公司

电 话 0577－65663931
传 真 0577－65672552
地 址 温州市瑞安市安阳镇沿江西路 163 号
邮 编 325200
主产品 炼乳
日处理鲜奶能力 85 吨

杭州新希望双峰乳业有限公司

联系人 潘燕山
电 话 0571－86949417 86034169
传 真 0571－86091006 86034169
地 址 杭州市清泰门外七甲路 98 号
邮 编 310016
主产品 鲜奶、酸奶
品 牌 双峰
日处理鲜奶能力 60 吨

杭州双峰牛奶食品有限公司

负责人 叶炳泉
电 话 0571－86949418
传 真 0571－86040913
地 址 杭州市清泰门外七甲路 98 号
邮 编 310016
主产品 鲜奶、酸奶
品 牌 双峰
日处理鲜奶能力 50 吨

嘉兴振华乳业食品有限责任公司

电 话 0573－2222001
传 真 0573－2221793
地 址 嘉兴市经济开发区昌盛路永兴桥堍
邮 编 314001
主产品 鲜牛奶、酸奶、奶粉、速冻食

品、速冻蔬菜
品　牌　中华、张家弄
日处理鲜奶能力　30 吨

杭州娃哈哈集团有限公司

负责人　孟岳成
电　话　0571－86911846
传　真　0571－86911367
地　址　杭州市下沙经济技术开发区
邮　编　310018
网　站　www.wahaha.com.cn

温州一鸣食品公司

电　话　0577－88520946
传　真　0577－88367613
地　址　温州市瓯海区南白象鹅湖工业区
邮　编　325015

浙江熊猫乳品有限公司

电　话　0577－64838790
地　址　温州市苍南县灵溪镇建兴东路650－668 号
邮　编　325800
网　站　www.pandadairy.com
主产品　炼乳
品　牌　熊猫

安　徽

安徽白帝乳业有限公司

负责人　廖建和
联系人　张群芳
电　话　0551－5574358
传　真　0551－5562571
地　址　合肥市陈村路 21 号
邮　编　230031
主产品　液态奶系列、奶粉系列
品　牌　白帝
日处理鲜奶能力　150 吨

安徽益益乳业有限公司

负责人　吴明楼
电　话　0554－3607120
传　真　0554－3607120　3607588
地　址　淮南市九龙岗北
邮　编　232035
主产品　系列奶粉、UHI 奶、巴氏消毒奶、酸奶
品　牌　益益
日处理鲜奶能力　120 吨

上海乳品七厂

负责人　张承吉
电　话　0559－6740008
传　真　0559－6740005
地　址　黄山市歙县上海市练江牧场练江大道 18 号
邮　编　245203
网　站　www.shenguang－rp.com.cn
主产品　奶粉、鲜牛奶、酸奶
品　牌　申光
日处理鲜奶能力　80 吨

蚌埠市和平乳业有限责任公司

负责人　李杨民
电　话　0552－4014827
传　真　0552－4014827
地　址　蚌埠市朝阳路 670 号
邮　编　233000
主产品　纯鲜奶、酸奶、精品乳、花色奶、奶粉等
品　牌　和平
日处理鲜奶能力　60 吨

滁州市奶业有限责任公司

负责人　张顺利
电　话　0550－3022980　3047781
传　真　0550－3047757
地　址　滁州市环山路 8 号
邮　编　239000
主产品　奶粉、液态奶
品　牌　琅琊
日处理鲜奶能力　50 吨

芜湖卫岗乳品有限公司

负责人　贲曙光
电　话　0553－2863227
传　真　0553－2832576
地　址　芜湖市康复路 162 号
邮　编　241000
主产品　液态奶系列
品　牌　卫岗
日处理鲜奶能力　50 吨

安徽丰大乳业有限责任公司

负责人　吴开启
电　话　0551－6370455
传　真　0551－6370455
地　址　合肥市双凤大道 67 号
邮　编　231131
主产品　鲜奶、酸奶等
品　牌　丰大
日处理鲜奶能力　30 吨

安徽淮北相山乳业有限公司

负责人　王平哲
电　话　0561－3112228
传　真　0561－3112228
地　址　淮北市
邮　编　235000
主产品　鲜奶、酸奶、各类花色奶
品　牌　相山
日处理鲜奶能力　30 吨

福　建

福建惠尔康乳业有限公司

联系人　叶争鸣
电　话　0591－83928777
传　真　0591－83923222
地　址　福州市晋安区连江中路 80 号
邮　编　350011
主产品　鲜奶、酸奶
品　牌　惠尔康
日处理鲜奶能力　300 吨

福建长富乳业股份有限公司

联系人　陈鸿辉
电　话　0591－8635188
传　真　0591－8635318
地　址　南平市长富路 168 号
邮　编　353000
网　站　www.fjchangfu.com
主产品　鲜奶、利乐奶、屋型奶
品　牌　长富
日处理鲜奶能力　300 吨

福建大乘乳业股份有限公司

联系人　夏小华
电　话　0599－8805259
传　真　0599－8805079
地　址　南平市建溪路 81 号
邮　编　353000
主产品　袋装奶、利乐奶、屋型奶
品　牌　大乘
日处理鲜奶能力　200 吨

福牛乳业有限公司

联系人　林光明
电　话　0591－5109788　5318673
传　真　0591－5318673
地　址　福州市福清宏路镇
邮　编　350300
主产品　风味奶、纯奶、酸奶
品　牌　福牛
日处理鲜奶能力　160 吨

福建宏宝露乳业股份有限公司

电　话　0591－85361099
传　真　0591－85365111
地　址　福州市
主产品　风味奶、纯奶、酸奶
品　牌　福牛
日处理鲜奶能力　150 吨

厦门心鲜乳业有限公司

电　话　0592－6254616

传　真　0592－6240575
地　址　厦门市杏林区西亭村羊场
邮　编　361022
主产品　纯鲜牛奶、羊奶、酸奶
品　牌　心鲜
日处理鲜奶能力　50 吨

厦门新龙华乳业有限公司

负责人　林立新
电　话　0592－6254616
传　真　0592－6240575
地　址　厦门市杏林区西亭村羊场
邮　编　361022
主产品　纯牛奶、羊奶、酸奶
品　牌　心鲜
日处理鲜奶能力　50 吨

百信实业（漳州）有限公司

负责人　黄全裕
联系人　黄美娇
电　话　0596－3642303
传　真　0596－3642303
地　址　漳州市漳浦县前亭镇大社工业区
邮　编　363207
主产品　百信鲜奶
品　牌　百信
日处理鲜奶能力　50 吨

长泰县新龙华乳业有限公司

负责人　颜素琼
联系人　柯和花
电　话　0596－8318609
传　真　0596－8317316
地　址　漳州市长泰县新泰工业开发区
邮　编　363900
主产品　酸牛乳、杀菌乳
品　牌　龙华
日处理鲜奶能力　50 吨

福建浦城县华美乳业有限公司

电　话　0599－2712998
传　真　0599－2711888
地　址　南平市浦城县南浦生态工业园区三元 1 号
邮　编　353400
网　站　www. fjhmd. com
主产品　纯奶、屋型奶、风味奶
品　牌　天凌
日处理鲜奶能力　50 吨

康利达乳业有限公司

联系人　刘声锵
地　址　福州市金山
邮　编　350002
主产品　纯奶、活性乳、乳酸饮料
品　牌　康利达
日处理鲜奶能力　30 吨

闽西绿蒙奶业有限公司

联系人　龚林旺
电　话　0597－3761962
传　真　0597－3761962
地　址　龙岩市上杭县龙湖开发区
邮　编　364200
主产品　纯鲜奶、AD 高钙奶
品　牌　绿蒙
日处理鲜奶能力　30 吨

蒙佳乐乳业有限公司

联系人　刘佰武
传　真　0591－28697166
地　址　福州市长乐文岭镇
邮　编　350200
主产品　风味奶、纯奶
品　牌　蒙佳乐
日处理鲜奶能力　24 吨

福州市仓山区世利畜牧场

联系人　林世发
电　话　0591－83492870
传　真　0591－83498429
地　址　福州市仓山区城门镇前锦村
邮　编　350018
主产品　豆奶、纯奶、冷饮
品　牌　欧城
日处理鲜奶能力　20 吨

漳州市天宝山奶牛场

负责人　丁琰山
联系人　游秀凤
电　话　0596－2936656
传　真　0596－2936656
地　址　漳州市芗城区天宝镇青山
邮　编　363001
主产品　鲜牛奶
品　牌　芗牧
日处理鲜奶能力　20 吨

福建大通乳业集团

电　话　0592－2233333
地　址　厦门市湖滨南路金源
邮　编　361004

圣王乳业（福鼎）有限公司

负责人　洪振荣
电　话　0593－7871999　7871888
传　真　0593－7871777
地　址　宁德市福鼎市星火工业园区
邮　编　355200
网　站　www. sheng－wang. com
主产品　液态奶

江　西

江西阳光乳业有限公司

联系人　高金文
电　话　0791－5278434
传　真　0791－5273187
地　址　南昌市青云谱岱山东路 1 号
邮　编　330001
主产品　鲜奶、酸奶、乳饮料
品　牌　天天阳光、天天健康
日处理鲜奶能力　200 吨

江西光明英雄乳业股份有限公司

联系人　邓昌华
电　话　0791－3975172
传　真　0791－3975264
地　址　南昌市蛟桥
邮　编　330044
网　站　www. hero dairy. com
主产品　超高温奶、巴氏消毒奶、酸奶、奶粉、调味奶
品　牌　英雄、光明
日处理鲜奶能力　200 吨

江西友芝友保健乳品有限公司

电　话　0791－3700408
传　真　0791－3700419
地　址　南昌市新建县长堎外商投资工业区
邮　编　330100
网　站　www. yzymilk. com
主产品　超高温奶、巴氏消毒奶、酸奶、调味奶
品　牌　友芝友
日处理鲜奶能力　80 吨

中外合资江西维雀乳业有限公司

联系人　邓传兵
传　真　0791－6496262　6496268
地　址　南昌市新建县长堎外商投资工业区大道 011 号
邮　编　330100
网　站　www. zhengbang. com
主产品　鲜奶、花色奶、酸奶
品　牌　维雀
日处理鲜奶能力　80 吨

南京奶业集团江西卫岗乳品有限公司

电　话　0790－5899307
传　真　0790－5899308
地　址　新余市中国林科院亚热带林木研究中心

邮　编　338000
网　站　www.wgdairy.com.cn
主产品　液态奶系列
品　牌　卫岗
日处理鲜奶能力　70 吨

江西卫岗乳品有限公司

主产品　液态奶系列
品　牌　卫岗
日处理鲜奶能力　70 吨

世威（宜春）奶业发展有限公司

电　话　0795－5482999
传　真　0795－5482999
地　址　宜春市高安市八景镇工业开发区
邮　编　330800
主产品　液态奶系列
日处理鲜奶能力　60 吨

江西省大富乳业有限公司

电　话　0799－7507888
传　真　0799－7507666
地　址　芦溪县银河镇
邮　编　337200
主产品　鲜奶制品
品　牌　大富
日处理鲜奶能力　60 吨

江西牛牛乳业有限公司

电　话　0796－8342315　8320241
传　真　0796－8310606
地　址　吉安市市郊三公里
邮　编　343000
网　站　www.jxniuniu.com
主产品　液态奶、含乳饮料
品　牌　牛牛乐
日处理鲜奶能力　50 吨

江西李子园牛奶食品有限公司

电　话　0797－6327598
传　真　0797－6327599
地　址　赣州市于都楂林工业园
邮　编　342300
网　站　www.liziyuan.com
主产品　纯鲜奶、乳饮料
品　牌　李子园
日处理鲜奶能力　50 吨

新余圣牛乳业有限公司

电　话　0790－6753228
传　真　0790－6753166
地　址　新余市姚圩镇
邮　编　338007
主产品　纯牛奶、甜牛奶、酸牛奶
品　牌　圣牛
日处理鲜奶能力　33 吨

英雄奶业（赣州）有限责任公司

电　话　0797－8227999
传　真　0797－8223566
地　址　赣州市健康路 50 号
邮　编　341000
网　站　http://yxny.ctiwt.com
主产品　鲜奶
日处理鲜奶能力　25 吨

江西红星乳业有限公司

负责人　华青地
电　话　0794－4383116
传　真　0794－4383116
地　址　抚州市东乡红星经济开发区
邮　编　331801

山　东

山东凯银乳业有限责任公司

负责人　李建龙
联系人　王　良
电　话　0546－6872557
传　真　0546－6872994
地　址　东营市东营（大王）高效生态农业科技园
邮　编　257335
网　站　www.dwry.com
主产品　液态奶、含乳饮料
品　牌　凯银
日处理鲜奶能力　300 吨

山东鹏程食品股份有限公司

联系人　于　萍
电　话　0631－8571018
传　真　0631－8571035
地　址　威海市山东省文登市北郊
邮　编　264416
网　站　www.pengcheng－food.com
主产品　液态奶、冷饮、奶粉、面食
品　牌　鹏程
日处理鲜奶能力　280 吨

淄博绿赛尔乳业有限公司

联系人　张　崎
电　话　0533－2766547
传　真　0533－2766547
地　址　淄博市张店区世纪路北首
邮　编　255090
网　站　www.lusaier.com
主产品　鲜奶、酸奶、超高温牛奶、乳酸菌饮料
品　牌　绿赛尔
日处理鲜奶能力　260 吨

济南佳宝乳业有限公司

负责人　孙作刚
电　话　0531－8901901
地　址　济南市佳宝路 6 号
邮　编　250100
主产品　液态奶、乳饮料
品　牌　佳宝
日处理鲜奶能力　250 吨

青岛市奶业总公司

负责人　黄光扬
电　话　0532－5816389
传　真　0532－5816487
地　址　青岛市宁夏路 129 号
邮　编　266071
网　站　www.qddairy.com
主产品　液态奶
品　牌　琴牌
日处理鲜奶能力　200 吨

青岛琴牌乳业有限公司

负责人　王光荣
联系人　张海宽
电　话　0532－7636808
传　真　0532－7637924
地　址　青岛市 308 国道 617 号
邮　编　266100
主产品　液态奶
品　牌　琴牌
日处理鲜奶能力　200 吨

青岛迎春乐乳业（集团）有限公司

负责人　郭克从
联系人　韩明亮
电　话　0532－7766116
传　真　0532－7712495
地　址　青岛市城阳区礼阳路 8 号
邮　编　266109
网　站　www.qdmilk.com
主产品　液体奶
品　牌　迎春乐
日处理鲜奶能力　180 吨

文登市金洋乳品有限公司

负责人　黄相方
联系人　邓兰英
电　话　0631－8681188
传　真　0631－8681030
地　址　威海市文登市天福山金洋路 88 号
邮　编　264412
网　站　www.jinyang.com
主产品　系列奶粉、系列液态奶

品　牌　金洋
日处理鲜奶能力　180 吨

青岛天泰饮乐多食品有限公司

负责人　王若雄　潘瑞春
电　话　0532－3837676
传　真　0532－3835130
地　址　青岛市市北区辽宁路 12 号
邮　编　266021
网　站　www.yogurt.com.cn
主产品　活性乳酸菌饮料
品　牌　饮乐多
日处理鲜奶能力　150 吨

莱阳宝宁食品有限公司

负责人　冯寿宝
电　话　0535－7321333
地　址　烟台市莱阳凤凰路 1 号
邮　编　265202
日处理鲜奶能力　90 吨

大强集团思达乳品公司

负责人　冯承湖
地　址　济南市黄台北路 7 号
邮　编　270011
主产品　液态奶、乳饮料
品　牌　思达
日处理鲜奶能力　50 吨

青岛仁和奶业有限公司

电　话　0532－7658174
传　真　0532－7657192
地　址　青岛市李沧区 308 国道 2648 号
邮　编　266100
网　站　www.cnrenhe.com
主产品　多功能免疫鲜牛奶
品　牌　麦优祥
日处理鲜奶能力　50 吨

青岛开开加食品有限公司

负责人　付象洲
联系人　王玉亮
电　话　0532－8704054
传　真　0532－8704577
地　址　青岛高科技工业园惠特工业城A区
邮　编　266101
品　牌　开开加
日处理鲜奶能力　50 吨

青岛龙马乳业有限责任公司

负责人　王学瑞
电　话　0532－7883616
传　真　0532－7881901
地　址　青岛市城阳区惜福镇正阳东路
邮　编　266106
主产品　液态奶、酸奶
品　牌　日日乐
日处理鲜奶能力　50 吨

青岛金大洋乳业有限公司

负责人　李宣文
电　话　0532－3131046
传　真　0532－3131496
地　址　青岛市胶南市王台镇高效农业园
邮　编　266425
网　站　金大洋乳业
主产品　牛奶、奶粉
品　牌　海滨
日处理鲜奶能力　40 吨

枣庄生活园发展有限公司

负责人　单立保
电　话　0632－3353560
地　址　枣庄市中工业园（前陈湖）
邮　编　277100
主产品　液态奶、乳饮料
日处理鲜奶能力　30 吨

枣庄大立乳业有限公司

负责人　孙卓启
电　话　0632－3318302　3258161
传　真　0632－3332289
地　址　枣庄市中区刘岭路 12 号
邮　编　277102
主产品　消毒奶、花色奶
日处理鲜奶能力　30 吨

青岛圣元乳业有限公司

负责人　张　亮
电　话　0532－6971112
传　真　0532－6972595
地　址　青岛市经济技术开发区千智广场二楼
邮　编　266555
网　站　www.shengyuan.com.cn
主产品　奶粉

山东得益乳业有限公司

负责人　王培亮
电　话　0533－2762278
传　真　0533－2763748
地　址　淄博市张店区世纪路西得益路1号
邮　编　255090
网　站　www.deyidairy.com.cn

山东龙口东海乳业有限公司

电　话　0535－8599119
传　真　0535－8599119
地　址　烟台市

山东凤祥乳业有限公司

负责人　荣　军
电　话　0635－6778623
传　真　0635－6779261
地　址　聊城市阳谷县
邮　编　252325
网　站　www.fengxiang.com
主产品　纯牛奶

河　南

河南焦作蒙牛乳业有限公司

地　址　焦作市
主产品　UHT 奶、冰淇淋
品　牌　蒙牛
日处理鲜奶能力　800 吨

河南三鹿花花牛乳业有限公司

负责人　阮晓琦
联系人　岳福安
电　话　0371－5719602
传　真　0371－5719602
地　址　郑州市畜牧路中段
邮　编　450008
主产品　酸奶、屋顶包等乳制品
品　牌　三鹿、花花牛
日处理鲜奶能力　400 吨

河南洛阳巨尔乳业有限公司

负责人　陈彦斌
电　话　0379－5599618
传　真　0379－5521553
地　址　洛阳市牡丹桥南端
邮　编　471022
主产品　巴氏消毒奶、袋酸奶、UHT 奶
品　牌　巨尔
日处理鲜奶能力　200 吨

河南科迪食品集团股份有限公司

电　话　0370－4471098
传　真　0370－4471193
地　址　商丘市虞城利民工贸区 18 号
邮　编　476343
网　站　www.kedigroup.com.cn
主产品　巴氏消毒奶、袋酸奶、UHT 奶
品　牌　科迪
日处理鲜奶能力　160 吨

郑州光明山盟乳业有限责任公司

负责人　董　波
电　话　0371－7528453
传　真　0371－7528799
地　址　郑州市电厂路 7 号
邮　编　450051

网　站　www. gmsm. cn
主产品　酸奶、牛奶、奶饮料
品　牌　光明、山盟
日处理鲜奶能力　150 吨

洛阳生生乳业有限公司

负责人　宋鸿道
联系人　刘　星
电　话　0379－3785088
传　真　0379－3787188
地　址　洛阳市孟津县平乐镇翟泉村
邮　编　471125
主产品　巴氏消毒奶、袋酸奶、UHT 奶
品　牌　龙脉
日处理鲜奶能力　100 吨

河南三剑客奶业有限责任公司

电　话　0395－2921388　2923804
地　址　漯河市长江路 39 号
邮　编　462000

湖　北

武汉惠尔康扬子江乳业有限公司

联系人　吴也钦
电　话　027－82866777
传　真　027－82866555
地　址　武汉市江岸区惠济路 55 号
邮　编　430010
网　站　www. yzjdairy. com
主产品　袋装奶、园杯酸奶、方杯酸奶、屋顶包、PE 奶、奶粉
品　牌　扬子江
日处理鲜奶能力　320 吨

武汉友芝友保健乳品有限公司

负责人　袁　谦
电　话　027－83370148　83228336
传　真　027－83226549
地　址　武汉市东西湖区吴家山梨花园路 248 号
邮　编　430040
网　站　www. yzymilk. com
主产品　鲜奶、酸奶、含乳饮料
品　牌　友芝友
日处理鲜奶能力　200 吨

武汉惠尔康扬子江乳业乳品一厂

联系人　李　民
电　话　027－82401664
传　真　027－82401664
地　址　武汉市汉口惠济路 55 号
邮　编　430010
网　站　www. yzjdairy. com
主产品　袋装奶、园杯酸奶、方杯酸奶、屋顶包、PE 奶、奶粉
品　牌　扬子江
日处理鲜奶能力　150 吨

武汉光明乳品有限公司

负责人　张华富　李　萍
电　话　027－83213509　83217040
传　真　027－83892136
地　址　武汉市东西湖张柏路 1 号
邮　编　430040
主产品　鲜奶、酸奶
品　牌　光明
日处理鲜奶能力　100 吨

湖北宜昌均瑶乳业有限公司

主产品　鲜牛奶、酸奶、含乳饮料
品　牌　均瑶
日处理鲜奶能力　100 吨

宜昌安琪集团喜旺鲜奶加工厂

主产品　鲜牛奶、酸奶、含乳饮料
品　牌　喜旺
日处理鲜奶能力　100 吨

武汉香满楼乳制品工业有限公司

负责人　张卫平　张春平
电　话　027－84898305
传　真　027－84896936
地　址　武汉市经济技术开发区南街 55 号
邮　编　430056
主产品　鲜牛奶、酸牛奶、乳酸菌饮料
品　牌　香满楼
日处理鲜奶能力　60 吨

武汉惠尔康扬子江乳业乳品二厂

联系人　卢全福
电　话　027－88080886
传　真　027－88731375
地　址　武汉市武昌区复兴路 77 号
邮　编　430060
网　站　www. yzjdairy. com
主产品　保鲜奶、保久奶
品　牌　扬子江
日处理鲜奶能力　50 吨

武汉惠尔康扬子江乳业乳品三厂

联系人　余长生
电　话　027－86841607
传　真　027－86841607
地　址　武汉市青山区红钢城 109 街
邮　编　430080
网　站　www. yzjdairy. com
主产品　袋装产品、莎莉包、瓶装产品
品　牌　扬子江
日处理鲜奶能力　40 吨

武汉妙士生物乳业有限公司

负责人　缪长青
电　话　027－83823332
传　真　027－83857567
地　址　武汉市古田二路硚口经济开发区
邮　编　430034
网　站　http：//whms. ctiwt. com

湖　南

湖南派派光明食品有限公司

负责人　王　云
电　话　0731－4414107
传　真　0731－4443091
地　址　长沙市解放路 151 号
邮　编　410011
主产品　鲜奶、酸奶
品　牌　光明、派派
日处理鲜奶能力　80 吨

湖南阳光乳业股份有限公司

电　话　0736－7322800　7322222
传　真　0736－7322800
地　址　常德市德山经济开发区桃林东路
邮　编　415001
网　站　www. ygry. com
主产品　纯鲜牛奶、酸牛奶
品　牌　金健
日处理鲜奶能力　50 吨

湖南亚华乳业有限公司

负责人　洪旗德
电　话　0731－2259887
传　真　0731－2259815
地　址　长沙市芙蓉中路 524 号金帆大厦 9 楼
邮　编　410005
网　站　www. avadairy. com
主产品　液态奶、婴儿配方奶粉、其他奶粉
品　牌　南山、宾佳乐

湖南太子奶生物科技股份有限公司

负责人　李途纯
电　话　0733－8481141
地　址　株州市红旗中路 15 号
邮　编　412000

广　东

深圳晨光乳业有限公司

负责人　杨志成

联系人　胡祖海
电　话　0755－27402788
传　真　0755－27400241
地　址　深圳市宝安区光明南区晨光大道
邮　编　518107
网　站　www.szgm.com.cn
主产品　杀菌奶、灭菌奶
品　牌　晨光
日处理鲜奶能力　580 吨

广东国营燕塘牛奶公司

负责人　黄　宣
电　话　020－61372250
传　真　020－87700451
地　址　广州市天河区燕塘路 8 号
邮　编　510507
网　站　www.yantangmilk.com
主产品　液态乳、UHT 奶
品　牌　燕塘
日处理鲜奶能力　300 吨

广州光明乳品有限公司

电　话　020－82978928
传　真　020－82978938
地　址　广州市经济技术开发区永和经济区新区二路 38 号
邮　编　511356
主产品　鲜奶、酸奶、酸奶饮料
品　牌　光明
日处理鲜奶能力　300 吨

深圳活力宝有限公司

联系人　张亿群
电　话　0755－26980622
传　真　0755－26980066
地　址　深圳市高新技术产业园北区 5 号
邮　编　518051
主产品　乳酸菌饮料
品　牌　活力宝
日处理鲜奶能力　200 吨

广东省惠州市慧明食品饮料有限公司

负责人　黄文震
电　话　0752－6860266
传　真　0752－6860268
地　址　惠州市博罗县龙溪镇慧明大道
邮　编　516121
网　站　www.gdhuiming.com
主产品　纯鲜奶、酸牛奶饮品、甜牛奶饮品
品　牌　慧明
日处理鲜奶能力　180 吨

广州风行牛奶有限公司

负责人　林辉新
电　话　020－87241615　87242982
传　真　020－87241615　87649901
地　址　广州市天河区沙太路盘龙岗临 84 号
邮　编　510510
主产品　鲜奶、炼乳、酸奶、花色奶
品　牌　风行
日处理鲜奶能力　150 吨

广美香满楼畜牧有限公司

电　话　020－82374371
传　真　020－82373473
地　址　广州市天河区东圃新塘果园厂
邮　编　510663
主产品　巴氏奶、超高温奶、酸奶
品　牌　香满楼
日处理鲜奶能力　150 吨

珠海维维大亨乳业有限公司

负责人　熊铁虹
联系人　李大鹏
电　话　0756－8508181　8501061
传　真　0756－8609966
地　址　珠海市前山镇东坑村乳品生产基地
邮　编　519000
网　站　www.bigshot－milk.com
主产品　纯鲜奶、花色奶
品　牌　大亨
日处理鲜奶能力　150 吨

深圳喜之康饮料有限公司

电　话　0755－28764888
传　真　0755－28763000
地　址　深圳市布吉镇岗头雪岗北路 45 号
邮　编　518129
网　站　www.xizhikang.com
主产品　牛奶
品　牌　喜之康
日处理鲜奶能力　100 吨

广州金鼎乳制品厂

负责人　苏汝荣
电　话　020－84213148　84266493
传　真　020－84213964　84266493
地　址　广州市海珠区石榴岗华洲路 68 号
邮　编　510320
主产品　婴儿奶粉、助长奶粉、鲜奶
品　牌　金鼎
日处理鲜奶能力　80 吨

珠海顺恩食品有限公司

负责人　梁　荣
电　话　0756－5571888
传　真　0756－5572303
地　址　珠海市斗门区五山第一工业区
邮　编　519175
网　站　www.soon－cn.com
主产品　巴氏纯鲜奶、酸奶、花色奶
品　牌　顺恩
日处理鲜奶能力　80 吨

广东太阳宝乳业有限公司

负责人　李庆生
电　话　0754－8872082
传　真　0754－8869771
地　址　汕头市黄山路 59 号三楼
邮　编　515041
网　站　www.tyb－milk.com
主产品　超高温灭菌奶、巴氏杀菌奶
品　牌　太阳宝
日处理鲜奶能力　60 吨

广州强兴畜牧有限公司

主产品　巴氏奶、超高温奶、酸奶、餐饮奶
品　牌　强兴、练士
日处理鲜奶能力　60 吨

广东梅州市英雄乳业发展有限公司

负责人　席德三
电　话　0753－2523884
传　真　0753－2523884
地　址　梅州市梅县华侨城中央大道华南大厦 B－2 号
邮　编　514087
主产品　巴氏杀菌奶及系列产品
品　牌　英雄客乡奶
日处理鲜奶能力　50 吨

深圳市鹏发时代奶品饮料有限公司

联系人　赵庆政
电　话　0755－84060423
传　真　0755－84060966
地　址　深圳市龙岗区坪地镇六联富临路
邮　编　518117
主产品　纯牛奶
品　牌　时代
日处理鲜奶能力　50 吨

南海市水牛奶研究开发有限公司

联系人　梁勤儿

电　话　0757-86236187
传　真　0757-86236187
地　址　佛山市南海区桂城南海农科所工业区内
邮　编　528200
网　站　www.buffalo.com.cn
主产品　巴氏纯鲜奶、酸奶、花色奶
品　牌　百富露
日处理鲜奶能力　40吨

广州市强兴乳品有限公司

负责人　任佛片、中留车
电　话　020-82038606　87038008
地　址　广州市天河柯木朗工业区后侧
邮　编　510520
主产品　鲜奶、酸奶、乳酸菌饮料
日处理鲜奶能力　30吨

湛江市湖光奶业有限公司

负责人　邓培义
电　话　0759-2845372
传　真　0759-2845683
地　址　湛江市郊志满
邮　编　524086
主产品　巴氏杀菌奶、酸牛奶、花色奶等
品　牌　湖光
日处理鲜奶能力　30吨

汕头达濠区牛奶厂

电　话　0754-8222012
地　址　汕头市升平区涨堤旁28号
邮　编　515024

深圳太子乳品工业有限公司

电　话　0755-82234759
地　址　深圳市罗湖区东门南路45号广发大厦931-932室
邮　编　518005

深圳市金谷园实业发展有限公司

电　话　0755-83875231
地　址　深圳市车公庙天安工业区F2.6栋C座5楼
邮　编　518048

佛山澳纯乳业有限公司

联系人　娄　华
电　话　0757-83808151
地　址　佛山市季华五路金融广场17楼
邮　编　528000

广东温氏乳业有限公司乳品厂

负责人　蒋志刚
电　话　0758-2613556
传　真　0758-2612828
地　址　肇庆市鼎湖区莲花镇温氏奶牛场
邮　编　526072

广东雅士利集团有限公司

负责人　张利坤
电　话　0768-5811338
传　真　0768-5812128
地　址　潮洲市潮安大道雅士利工业城
邮　编　515638
网　站　www.yashili.com

广　西

广西皇氏生物工程乳品有限公司

负责人　黄嘉棣
电　话　0771-3163008
传　真　0771-3180638
地　址　南宁市新阳路310号
邮　编　530003
主产品　消毒奶、酸奶
品　牌　甲天下皇品乳
日处理鲜奶能力　100吨

广西大学农大食品厂

负责人　王金龙
电　话　0771-3237715
传　真　0771-3237715
地　址　南宁市秀灵路13号
邮　编　530005
主产品　消毒奶、酸奶、果奶
品　牌　尤格
日处理鲜奶能力　50吨

南宁市多乐乳品有限公司

电　话　0771-4017527
传　真　0771-5665369
地　址　南宁市邕宁沿海开发区玉洞工业园6街
邮　编　530221
主产品　消毒奶
品　牌　石埠
日处理鲜奶能力　50吨

广西畜牧研究所乳品厂

负责人　莫琼才
电　话　0771-3315635
传　真　0771-3303129
地　址　南宁市邕武路24号
邮　编　530001
主产品　酸奶、消毒奶
品　牌　永望
日处理鲜奶能力　20吨

广西柳州市奶业有限公司

负责人　姚汉光
电　话　0772-3127508
传　真　0772-3121759
地　址　柳州市柳石路169号
邮　编　545005
主产品　消毒奶、酸奶、豆奶
品　牌　天爱
日处理鲜奶能力　20吨

桂林市乳品厂

电　话　0773-3623626
传　真　0773-3623608
地　址　桂林市瓦窑路二巷3号
邮　编　541003
主产品　酸奶、消毒奶、豆奶
品　牌　漓光
日处理鲜奶能力　20吨

海　南

海南艾森乳业有限公司

联系人　符　诗
电　话　0898-68640171
传　真　0898-68640170
地　址　海口市秀英区白水塘路海南省扶贫工业开发区
邮　编　570311
网　站　www.asichina.com
主产品　纯鲜牛奶、低脂酸奶
品　牌　艾森
日处理鲜奶能力　50吨

重　庆

重庆市天友乳业股份有限公司

负责人　向阳升
联系人　吴　杨
电　话　023-63871568
传　真　023-63629525
地　址　渝中区中山三路121号中山大厦7楼
邮　编　400015
网　站　www.tianyoudairl.com
主产品　液态鲜奶、发酵奶、灭菌奶、固体乳品
品　牌　天友、山城
日处理鲜奶能力　450吨

重庆三高乳业有限责任公司

负责人　何　涛
联系人　邓金凤
电　话　023-62756592
传　真　023-62750118
地　址　南岸区四公里街403号
邮　编　400074
网　站　液态鲜牛奶、发酵奶、乳酸饮料

主产品　益生奶酪
品　牌　三高
日处理鲜奶能力　100 吨

重庆太易乳业有限公司

电　话　023-65200093
传　真　023-65200093
地　址　沙坪坝区上桥工业园区
邮　编　400037
网　站　www.cqtaiyi.com
主产品　学生奶、纯牛奶、风味奶
品　牌　太易
日处理鲜奶能力　80 吨

重庆海浪生物乳业股份有限公司

负责人　刘亚波
联系人　杨　慧
电　话　023-68595594
传　真　023-68595594
地　址　渝中区大坪虎头岩 1 号
邮　编　400042
网　站　www.hailang.com
主产品　液态鲜牛奶、发酵奶、双叉奶、乳酸饮料
品　牌　海浪
日处理鲜奶能力　40 吨

重庆新大陆龙麦乳业有限公司

电　话　023-67706858
地　址　江北区红土地 64 号
邮　编　400023

重庆光明乳品厂

电　话　023-65318223
地　址　沙坪坝区
邮　编　400036

重庆渝鹰实业公司乳品厂

地　址　沙坪坝区小龙坎正街 307 号
邮　编　630030

四　川

四川新希望农业股份有限公司乳业事业部

负责人　黄代云
电　话　028-86658600
传　真　028-86659060
地　址　成都市新开街 1 号金竹大厦七楼
邮　编　610016
网　站　www.newhopegroop.com
主产品　液态奶、奶粉
品　牌　天友、山城、阳平、天、白帝、江淮、双峰、美丽健、西湖、华西、琴、天香 V 美、酒前一杯
日处理鲜奶能力　800 吨

四川华西乳业有限公司

负责人　尚振法
联系人　史玉忠
电　话　028-85321866
传　真　028-85316599
地　址　成都市高新区石羊乡仁和村
邮　编　610041
主产品　鲜奶、超高温灭菌奶
品　牌　华西
日处理鲜奶能力　250 吨

四川菊乐食品有限公司

负责人　杨晓东
联系人　吴小兰
电　话　028-85068723-8000
传　真　028-85069113
地　址　成都市一环路西一段菊乐路 19 号
邮　编　610041
网　站　www.jule.com
主产品　纯牛奶、酸奶、学生奶
品　牌　菊乐
日处理鲜奶能力　200 吨

四川新阳平乳业有限公司

联系人　欧仕田
电　话　0833-7496848
传　真　0833-7496373
地　址　眉山市洪雅县临江路 12 号
邮　编　620360
主产品　奶粉、液态奶
品　牌　阳坪
日处理鲜奶能力　125 吨

成都鑫华生乳品有限公司

联系人　林　生
电　话　028-87542460
传　真　028-87540485
地　址　成都市金牛区营门口黄忠五组
邮　编　610036
主产品　乳品、乳饮料
品　牌　鑫华生
日处理鲜奶能力　120 吨

四川红原牦牛乳业公司

负责人　代启明
电　话　028-87730135
地　址　成都市一环路西三段 33 号
邮　编　610031
主产品　各种奶粉、奶油
品　牌　红原
日处理鲜奶能力　110 吨

成都沙河乳品有限公司

负责人　祝志祥
联系人　冉龙海
电　话　028-84790740
传　真　028-84790351
地　址　成都市外东沙河堡
邮　编　610066
主产品　鲜奶、酸奶、乳饮料
品　牌　宝龄
日处理鲜奶能力　80 吨

四川雪宝乳业有限公司

电　话　0816-2843880
传　真　0816-2843881
地　址　绵阳市南郊工业园区（二环路南段 138 号）
邮　编　621000
网　站　www.xuebaoruye.com
主产品　酸奶、消毒鲜牛奶、双岐因子纯牛奶等
品　牌　雪宝
日处理鲜奶能力　80 吨

雅安熊猫乳业有限公司

联系人　张　建
电　话　0835-2615168
传　真　0835-2613938
地　址　雅安市康藏路 95 号
邮　编　625000
主产品　全脂奶粉、纯牛奶、酸奶及花色奶
品　牌　熊猫
日处理鲜奶能力　70 吨

南充市乳制品有限公司

负责人　李全中
电　话　0817-2708078
传　真　0817-2701741
地　址　南充市文峰街 54 号
邮　编　637000
主产品　双岐因子纯牛奶、鲜奶、大天元酸奶、优酸乳等
品　牌　天太
日处理鲜奶能力　40 吨

四川省西塔乳业有限公司

联系人　郑贵祥
电　话　0818-5822074
传　真　0818-5822081
地　址　达州市宣汉县胡家云城路 34 号
邮　编　636154
主产品　奶粉、巴氏奶、无菌包、活性乳、新鲜奶
品　牌　西塔
日处理鲜奶能力　40 吨

泸州市五峰乳业有限公司

联系人 向国章
电 话 0830-2505502
传 真 0830-2510216
地 址 泸州市龙马潭区小市五峰村60号
邮 编 646100
主产品 奶粉系列、液态奶系列
品 牌 五峰
日处理鲜奶能力 30吨

四川宜宾亚科特饮料有限公司

联系人 袁光银
电 话 0831-8271224 8270789
传 真 0831-8270789
地 址 宜宾市天池上石板
邮 编 644000
网 站 www.tzl.com.cn
主产品 冰激凌、发酵酸奶、饮料奶
品 牌 金太子乐
日处理鲜奶能力 30吨

自贡一对山乳业有限公司

联系人 张 超
电 话 0813-8204943 8205953
传 真 0813-8100210
地 址 自贡市汇东路135号
邮 编 653000
主产品 酸奶、纯牛奶、奶粉
品 牌 一对山
日处理鲜奶能力 20吨

西昌攀西乳业公司

联系人 李 怀
电 话 0834-3957018
传 真 0834-3957028
地 址 凉山彝族自治州西昌市新村路
邮 编 615022
主产品 鲜奶、酸奶、乳饮料
品 牌 美日
日处理鲜奶能力 20吨

德阳市乳品公司

负责人 任运国
电 话 0838-2500212
传 真 0838-2502588
地 址 德阳市凯江路东段文化娱乐城内
邮 编 618000
主产品 消毒牛奶、酸牛奶
品 牌 同心
日处理鲜奶能力 20吨

成都海浪生物乳业公司

负责人 孙 明
电 话 028-85561611
地 址 成都市武候祠大街11号
邮 编 610041

成都市统力食品公司

负责人 曾 蜀
电 话 028-85791095
地 址 成都市高升桥华达商城
邮 编 610041

成都金蒙乳业有限公司

负责人 王福柱
联系人 郭彩云
电 话 028-84935288
地 址 成都市金堂县三中园区
邮 编 610400
主产品 冰淇淋、雪糕、酸奶
品 牌 蒙牛

四川圣联食品有限责任公司

电 话 028-82630185
传 真 028-82630185
地 址 成都市海峡两岸科技产业开发园6号线西
邮 编 611137
网 站 www.scsl-china.com

四川西昌华宁公司

电 话 0834-2509550
地 址 凉山彝族自治州四川西昌长安北路华宁公司
邮 编 615000

四川雅安羌江食品有限责任公司

电 话 0835-2222726
传 真 0835-2222075
地 址 雅安市雨城区县前街50号
邮 编 625000

贵 州

贵州山花乳业食品有限公司

负责人 柳云松
联系人 崔益琴
电 话 0851-5203502
传 真 0851-5203342
地 址 贵阳市中华南路20#新大陆名园17楼B\C座
邮 编 550002
主产品 液态奶、酸奶
品 牌 好1多
日处理鲜奶能力 200吨

贵阳三联乳业有限公司

负责人 孙良缔
电 话 0851-5562457
传 真 0851-5562457
地 址 贵阳市兴关路19号
邮 编 550003
主产品 液态奶、酸奶
品 牌 山花
日处理鲜奶能力 80吨

遵义乳制品有限公司

负责人 梅继昭
电 话 0852-8910065
传 真 0852-8910065
地 址 遵义市西郊海龙坝
邮 编 563002
主产品 奶粉、液态奶
品 牌 遵义
日处理鲜奶能力 50吨

贵阳羊艾乳业有限公司

联系人 刘 勇
电 话 0851-5833483
主产品 巴氏消毒奶、鲜奶
日处理鲜奶能力 20吨

云 南

昆明雪兰牛奶有限责任公司

负责人 周在勇
联系人 赵 清
电 话 0871-5171667
传 真 0871-5151988
地 址 昆明市环城北路100号
邮 编 620051
网 站 www.xuelan.com.cn
主产品 巴氏奶、灭菌奶、酸奶
品 牌 雪兰
日处理鲜奶能力 100吨

云南邓川蝶泉乳品有限责任公司

负责人 黄松乔
联系人 江 平
电 话 0872-5384127
传 真 0872-5384011
地 址 大理白族自治州洱源县邓川镇新州街88号
邮 编 671204
网 站 www.dengchuan.com.cn
主产品 全脂奶粉、纯鲜奶、酸奶
品 牌 蝶泉
日处理鲜奶能力 200吨

昆明跑马山实业总公司（昆明前进乳业）

负责人 张华镇
联系人 朱志雄
电 话 0871-7354606
传 真 0871-7354602

地 址 昆明市东郊跑马山
邮 编 650213
网 站 www. kmpms. com
主产品 系列奶粉、系列液态奶
品 牌 前进牌、茶花牌
日处理鲜奶能力 200 吨

昆明市海子乳业有限公司

负责人 毛继林
联系人 毕义新
电 话 0871－7332046
传 真 0871－7334303
地 址 昆明市官渡区阿拉乡海子村委会
邮 编 650208
主产品 屋顶包、利乐枕、酸奶
品 牌 海子牌
日处理鲜奶能力 100 吨

昆明宜良乳制品总厂

负责人 万 纬
电 话 0871－7526608
传 真 0871－7524619
地 址 昆明市宜良县人民路 75 号
邮 编 652100
网 站 www. slmilk. com
主产品 奶粉
品 牌 石林
日处理鲜奶能力 50 吨

大理羊苴咩乳业有限责任公司

联系人 赵凤生
电 话 0872－2673378
传 真 0872－2673378
地 址 大理白族自治州大理市大城西大理农校内
邮 编 671003
网 站 http: //dlym. und. com. cn
主产品 液态奶、酸奶
品 牌 来思尔
日处理鲜奶能力 50 吨

昆明云花食品厂

负责人 钟世华
联系人 喻昆华
电 话 0871－3813011
传 真 0871－3813037
地 址 昆明市白龙路白龙寺 281 号
邮 编 650224
网 站 www. yhfoods. com
主产品 冰淇淋、雪糕、饮料
品 牌 云花
日处理鲜奶能力 40 吨

宜良李子园牛奶食品有限公司

电 话 0871－7591818
地 址 昆明市宜良县西山营
邮 编 652100
主产品 甜牛奶、乳饮料
品 牌 李子园
日处理鲜奶能力 30 吨

个旧市乍甸农场

电 话 0873－2671025
传 真 0873－2671212
地 址 红河哈尼族彝族自治州个旧市乍甸镇
邮 编 661400
主产品 牛奶、酸奶、乳饮料
品 牌 乍甸
日处理鲜奶能力 30 吨

云南大理东亚乳业有限公司

联系人 刘晓燕
电 话 0872－2318816
传 真 0872－2318816
地 址 大理白族自治州大理市苍浪路南段
邮 编 671000
网 站 www. Dy－ry. com

西 藏

高原之宝牦牛股份有限公司

联系人 王常锋
电 话 0891－6322804
传 真 0891－6323052
地 址 拉萨市色拉路 31 号
邮 编 850000
主产品 保鲜奶、酸奶
品 牌 高原之宝
日处理鲜奶能力 50 吨

陕 西

陕西杨凌晨光乳业有限责任公司

负责人 郝恩让
电 话 0910－7012939 7012855
传 真 0910－7012939
地 址 咸阳市杨凌国家农业高新技术产业示范区常乐西路 1 号
邮 编 712100
主产品 酸奶、鲜奶、乳饮料
品 牌 晨光、妙味
日处理鲜奶能力 1200 吨

西安银桥生物科技股份有限责任公司

负责人 刘华国
联系人 田文凯
电 话 029－83866868
传 真 029－83886998
地 址 西安市临潼经济开发区
邮 编 710604
网 站 www. yinqiaogroup. com
主产品 奶粉、液态奶
品 牌 秦俑、银桥
日处理鲜奶能力 750 吨

西安市东方乳品厂

负责人 杨林伟
联系人 李 毅
电 话 029－86027914
传 真 029－86060129
地 址 西安市东郊新合街 1 号
邮 编 710027
主产品 鲜奶、酸奶、乳饮料
品 牌 多鲜、东方
日处理鲜奶能力 350 吨

西安伊利泰普克饮品有限公司

负责人 孙东宏
联系人 王 亮
电 话 029－83979678
传 真 029－83972666
地 址 西安市临潼区新丰工贸小区
邮 编 710608
网 站 www. yili. com
主产品 酸性乳饮料
品 牌 伊利
日处理鲜奶能力 300 吨

陕西和氏乳品有限公司

负责人 刘安让
电 话 0917－4501167
地 址 宝鸡市陇县城关陇马路 48 号
邮 编 721200
网 站 www. herds. com. cn
主产品 奶粉
日处理鲜奶能力 200 吨

陕西泾阳光明乳业有限公司

主产品 液态奶、酸奶
品 牌 光明
日处理鲜奶能力 200 吨

西安牧童乳业有限公司

负责人 杨安定
联系人 郭鹏飞
电 话 029－84280915
传 真 029－8498222 转 8020
地 址 西安市经济技术开发区沣京工业园沣京大道 3 号
邮 编 710300
主产品 灭菌奶、巴氏奶、酸奶
品 牌 牧童
日处理鲜奶能力 120 吨

陕西神果股份有限公司

负责人　张普成
联系人　刘　誉
电　话　0910－7496067
传　真　0910－7496007
地　址　咸阳市武功县苏坊乡西
邮　编　712200
网　站　www. shenguo. com. cn
主产品　全脂奶粉、配方奶粉
品　牌　神果
日处理鲜奶能力　120 吨

西安市康桥乳业有限公司

负责人　周世英
电　话　029－86821198
传　真　029－86821238
地　址　西安市西安市阎良区阎关路中段
邮　编　710089
网　站　www. kqry. com
主产品　全脂奶粉、全脂加糖奶粉
品　牌　唐城
日处理鲜奶能力　100 吨

西安市蓝田乳制品厂

负责人　刘述信
电　话　029－82721062
传　真　029－82721062
地　址　西安市蓝田县北环路 5 号
邮　编　710500
主产品　全脂甜奶粉、淡奶粉、鲜奶、含乳饮料
品　牌　公正
日处理鲜奶能力　100 吨

陕西得利康乳业有限公司

主产品　奶粉
日处理鲜奶能力　100 吨

西安市玉山奶粉厂

负责人　王军旗
电　话　029－82955001
传　真　029－82955001
地　址　西安市蓝田县许庙镇
邮　编　710504
网　站　www. xbry. com、yushan. htm
主产品　奶粉
品　牌　玉山
日处理鲜奶能力　80 吨

陕西关山乳品有限公司

负责人　李小林
电　话　0917－4601817　4601358
地　址　宝鸡市陇县城关北关路 6 号
邮　编　721200
主产品　奶粉
日处理鲜奶能力　70 吨

西安市红星乳品厂

负责人　杨安定
电　话　029－84264149
传　真　029－84264532
地　址　西安市沣镐东路 392 号
邮　编　710077
主产品　鲜牛奶、酸牛奶、乳饮料
品　牌　牧童
日处理鲜奶能力　50 吨

西安市临潼乳品厂

负责人　靳民生
电　话　029－83850998
传　真　029－83850949
地　址　西安市临潼区西关正街 75 号
邮　编　710600
主产品　奶粉、液态奶
品　牌　骊山牌
日处理鲜奶能力　50 吨

西安市骊山乳品集团

负责人　勒民生
电　话　029－83850949
传　真　029－83850949
地　址　西安市临潼区西关 15 号
邮　编　710600
主产品　奶粉、鲜奶
品　牌　骊山
日处理鲜奶能力　48 吨

西安光明乳品有限责任公司

负责人　宋改宇
电　话　029－82216227
传　真　029－82216227
地　址　西安市新城区长樱东路 19 号
邮　编　710032

西安维佳乳品实业有限公司

负责人　陈近祥
电　话　029－85243883
传　真　029－85230499
地　址　西安市现代农业综合开发区中心
邮　编　710068

泾阳三乐乳品公司

负责人　黄德西
电　话　0910－6485366
地　址　咸阳市泾阳三渠
邮　编　713708

陕西宝塔乳业有限责任公司

负责人　杨　鹏
电　话　0913－8212436
传　真　0913－8212435
地　址　渭南市富平县望湖路 55 号
邮　编　711700

宝鸡惠民乳品公司

负责人　张烈财
电　话　0917－6773086
传　真　0917－6773166
地　址　宝鸡市宝鸡县天王八庙村
邮　编　721305
网　站　www. hmdp. cn
主产品　全脂甜牛奶粉

甘　肃

兰州好为尔生物科技股份有限公司

负责人　王联盟
电　话　0931－7691235
传　真　0931－7691235
地　址　兰州市安宁西路 122 号
邮　编　730070
网　站　www. hovill. com
主产品　消毒奶、酸奶、果奶
品　牌　好为尔
日处理鲜奶能力　220 吨

兰州雪顿生物乳业有限公司

负责人　安　多、才　老
电　话　0931－2862870
传　真　0931－2882178
地　址　兰州市七里河区彭家坪路 16 号
邮　编　730050
网　站　www. xuedun. com. cn
主产品　乳酸饮料、酸奶、纯鲜奶
品　牌　雪顿
日处理鲜奶能力　100 吨

兰州庄园乳业有限公司

负责人　马宏富
电　话　0931－8468595
传　真　0931－8468591
地　址　兰州市榆中县三角城
邮　编　730100
网　站　www. lzzhuangyuan. com
主产品　UHT（利乐包、百利包）奶、消毒奶、酸奶、乳饮料
品　牌　庄园
日处理鲜奶能力　60 吨

兰州乳品厂

负责人　李明高
电　话　0931－4683948
传　真　0931－4687153
地　址　兰州市段家滩 697 号

邮　编　730020
主产品　消毒奶、酸奶、果奶
品　牌　佳佳、一口爽
日处理鲜奶能力　50 吨

青　海

青海天露乳业有限责任公司

联系人　达庭荣
电　话　0971-8220595
传　真　0971-5318063
地　址　西宁市南关街 35 号
邮　编　810000
主产品　鲜奶、乳制品
品　牌　天露
日处理鲜奶能力　100 吨

青海西海明珠乳业发展有限公司

负责人　杨　正
联系人　邵小林
电　话　0971-6142195
传　真　0971-6142195
地　址　西宁市新宁路 5 号
邮　编　810001
主产品　奶粉
品　牌　联合
日处理鲜奶能力　40 吨

宁　夏

新华百货夏进乳业股份有限公司

电　话　0953-2691380
传　真　0953-2692890
地　址　吴忠市利通区金积镇东大街
邮　编　751101
网　站　www. xiajinmilk. com
主产品　液体奶
品　牌　夏进
日处理鲜奶能力　300 吨

银川维维北塔乳业股份有限公司

电　话　0951-6029511
传　真　0951-6025135
地　址　银川市解放东街 518 号
邮　编　750004
主产品　奶粉、酸奶、液态奶、含乳品饮料
品　牌　北塔
日处理鲜奶能力　200 吨

宁夏东方乳业有限公司

电　话　0951-6042435
传　真　0951-6014162
地　址　银川市解放东街 518 号
邮　编　750004
网　站　www. nxdfry. com
主产品　奶粉、酸奶、液态奶、含乳品饮料
品　牌　东方北塔
日处理鲜奶能力　100 吨

银川金河乳品饮料公司

电　话　0951-4110721
地　址　银川市南郊光华门
邮　编　750001
网　站　www. jinhemilk. com
主产品　酸奶
品　牌　金河
日处理鲜奶能力　50 吨

宁夏夏进昊尔乳品有限公司

联系人　柳柏青
电　话　0951-2161154
传　真　0951-2161154
地　址　银川市平吉堡奶牛场
邮　编　750024
主产品　纯牛奶
品　牌　夏进
日处理鲜奶能力　50 吨

宁夏银川平吉堡酸奶厂

电　话　0951-2161204
地　址　银川市平吉堡
邮　编　750024

宁夏北方乳业有限公司

电　话　0951-8429251
传　真　0951-4085086
地　址　银川市永宁望远经济开发区
邮　编　750100
主产品　液体奶
品　牌　北方

新　疆

德隆畜牧业投资有限公司

主产品　纯牛奶、酸奶、UHT 奶、奶粉
品　牌　天山、佳丽
日处理鲜奶能力　500 吨

新疆维维天山雪乳业有限公司

联系人　梁大强
电　话　0994-4516512
传　真　0994-4509777
地　址　昌吉回族自治州呼图壁县天山雪大道 99 号
邮　编　831000
网　站　www. vvtsx. com
主产品　低温奶、常温奶
品　牌　天山雪、维维
日处理鲜奶能力　200 吨

新疆麦趣尔乳业有限公司

负责人　李玉湖
电　话　0994-2518999
传　真　0994-2518999
地　址　昌吉回族自治州昌吉市乌伊西路 22 号
邮　编　831100
主产品　纯牛奶、酸奶
品　牌　麦趣尔
日处理鲜奶能力　150 吨

新疆物华畜牧股份有限公司西域春乳业分公司

联系人　赵　斌
电　话　0994-4352192
传　真　0994-4352192
地　址　昌吉回族自治州呼图壁种牛场
邮　编　831200
主产品　巴氏奶、灭菌奶、UHT 奶、奶粉
品　牌　西域春
日处理鲜奶能力　150 吨

金牛生物股份有限公司

负责人　冯立社
电　话　0991-3716842　3720092
传　真　0991-3711224
地　址　乌鲁木齐市经济技术开发区校园路 15 号
邮　编　830026
网　站　www. gcbio. cn
主产品　巴氏奶、UHT 奶
品　牌　盖瑞
日处理鲜奶能力　120 吨

新疆兵地天元乳业有限公司

电　话　0991-（0）3734101
传　真　0991-（0）373-0497
地　址　乌鲁木齐市百园路附 7 号
邮　编　830011
主产品　巴氏奶、酸奶、UHT 奶
品　牌　佳丽
日处理鲜奶能力　120 吨

乌鲁木齐农垦乳业集团公司

负责人　周福东
电　话　0991-3712473
传　真　0991-3722854
地　址　乌鲁木齐市百园路副七号
邮　编　830011
主产品　消毒奶、酸奶、UHT 奶
品　牌　佳丽
日处理鲜奶能力　100 吨

新疆新欧奶业有限公司

负责人　崔海章
传　真　0994－22821132
地　址　昌吉回族自治州昌吉市宁边西路63号
邮　编　831100
主产品　巴氏奶、酸奶
品　牌　新欧
日处理鲜奶能力　70吨

新疆乌鲁木齐市牛奶公司

负责人　严思琳
电　话　0991－2819630
传　真　0991－2819630
地　址　乌鲁木齐市新疆乌鲁木齐市红旗路109号
邮　编　830002
主产品　鲜牛奶、酸牛奶、奶茶粉、奶酪、冰淇淋
品　牌　白雪公主
日处理鲜奶能力　60吨

新疆新华联投资集团华鑫农业乳品分公司

负责人　王　亮
电　话　0991－3815315　3822984
传　真　0991－3816627
地　址　乌鲁木齐市苏州路68号华联公司三楼
邮　编　830011
主产品　袋鲜奶、酸奶、花色奶
品　牌　瑞科
日处理鲜奶能力　30吨

新疆物华畜牧股份有限公司

电　话　0991－2839683
传　真　0991－2833451　2833375
地　址　乌鲁木齐市新疆乌鲁木齐市新华北路92号消防大厦11楼
邮　编　830001

新疆盖瑞乳业有限公司

电　话　0991－3765020
地　址　乌鲁木齐市经济技术开发区校园路15号
邮　编　830011

新疆天润乳业生物制品股份有限公司

负责人　陆东林
电　话　0991－3660224
地　址　乌鲁木齐市北京南路22号龙岭大厦16楼
邮　编　830011
网　站　www.tianrunb.cn

新疆新绿洲乳业公司

负责人　蒋曙光
电　话　0991－2889602
传　真　0991－2884424
地　址　乌鲁木齐市燕尔窝路82号
邮　编　830049

新疆龙元乳业集团

负责人　杨松柏
电　话　0993－2621296
传　真　0993－2621296
地　址　阿勒泰地区石河子开发区64小区
邮　编　832000

兵地天元石河子分公司

电　话　0993－2620621
传　真　0993－2620621
地　址　阿勒泰地区石河子市开发区北三路64号小区
邮　编　832000

新疆维维牛奶有限公司

负责人　崔　刚
电　话　0994－4509777
传　真　0994－4509777
地　址　昌吉回族自治州呼图壁幸福路99号
邮　编　831200

德隆畜牧玛纳斯乳制品有限公司

电　话　0994－6602670
传　真　0994－6602670
地　址　昌吉回族自治州玛纳斯县德隆食品工业园
邮　编　832200

新疆大草原乳业有限公司

电　话　0994－5823399
传　真　0994－5823388
地　址　阿勒泰地区五家渠市南屯大草原工业区
邮　编　831300

牧草及草种

北京克劳沃草业技术开发中心

负责人　刘自学
电　话　010－64950380/81/82/83/84/85/86
传　真　010－64899278
地　址　朝阳区慧新东街23号8楼
邮　编　100029
网　站　www.clover.com
主产品　经营牧草草坪草种子、草业机械、生化产品

北京克劳沃种业有限公司

电　话　010－64950381/85/86
传　真　010－64950379

北京克劳沃机械设备销售中心

电　话　010－64950353
传　真　010－64950383

北京神州克劳沃园艺技术有限公司

电　话　010－64950382/84
传　真　010－64980452

北京阳光克劳沃生化技术有限公司

电　话　010－64950371
传　真　010－64950383

北京克劳沃绿化工程中心

电　话　010－64985641
传　真　010－64950383

北京东方克劳沃绿地养护有限公司

电　话　010－64950359
传　真　010－64950379

郑州克劳沃草业有限公司

电　话　0371－5750348
传　真　0371－5750349

武汉长江克劳沃生态技术有限公司

电　话　027－50655138

上海天圣克劳沃草业有限公司

电　话　021－52988584
传　真　021－52987721

昆明克劳沃草业有限公司

电　话　0871－4639381
传　真　0871－4639379

青岛金皇后草业有限公司

电　话　0532－5796053　5739888
传　真　0532－5796053

陇东克劳沃草业有限公司

电　话　0934－8215354
传　真　0934－8215524

北京中种草业有限公司

联系人　张　萍

电　话　010－64452760　64436699/4022
传　真　010－64438530
地　址　朝阳区安贞西里四区甲一号
邮　编　100029

中种集团承德长城种子有限公司

联系人　孙吉茹
电　话　0314－2053723
传　真　0314－2053107
地　址　承德市开发区种子路3号
邮　编　067000

北京绿冠草业科技发展中心

联系人　张凤友
电　话　010－84238585　84238584/8583/8645
传　真　010－84238643
地　址　和平里东街18号国家林业局
邮　编　100714

横店集团草业有限公司

联系人　袁　艳
电　话　010－62142266
传　真　010－62197432
地　址　中关村南大街2号科技会展中心B座22G1
邮　编　100086

临河市晨宇草业科技服务中心

联系人　李志勇
电　话　0478－8217244　8726060
地　址　临河市临狼路九公里处临河农场场部
邮　编　015001

宁夏远声绿阳草业有限公司

联系人　脱向银
电　话　0951－6036489
传　真　0951－6036489
地　址　银川市鼓楼北街裕隆小区6号楼02室
邮　编　750001

牧场设备

北京市农业机械研究所京鹏畜牧工程有限公司

负责人　高继伟
电　话　010－82951543
传　真　010－82951543
地　址　海淀区西三旗建材城西路87号
邮　编　100096
主产品　畜禽舍工程、畜禽饲养成套设备

北京金恒达工贸有限公司

联系人　崔新春
电　话　010－61731733　62143649
传　真　010－62124385
地　址　昌平区百善镇良各庄79号
邮　编　102211
主产品　各种型号挤奶机、制冷罐、运输罐、乳品工艺及设计

北京达尔曼农业科技发展有限公司

电　话　010－82896059　82896057
传　真　010－62985455
地　址　北京市海淀区上地信息中路2号创业园D座704室
邮　编　100085

现代农装科技股份有限公司

联系人　李　辉
电　话　010－65882588
传　真　010－65886911
地　址　德胜门外北沙滩一号35信箱
邮　编　100083

现代农装科技股份有限公司节水灌溉装备事业部

联系人　马学良
电　话　010－64882407
传　真　010－64878649
地　址　德外北沙滩一号24信箱行政楼三层340－5房间
邮　编　100083

现代农装科技股份有限公司畜禽机械事业部

负责人　吴德胜
联系人　郭景峰
电　话　010－64882488
传　真　010－64886911
地　址　德胜门外北沙滩1号35信箱
邮　编　100083
主产品　牛饲料搅拌设备；牧草收割机；牧草加工设备；有机肥加工设备；养殖场固体废弃物无害处理设备；揉草机；压捆机；压块机；捡拾打机。

北京博达通工贸有限公司

负责人　杨柏岭
电　话　010－81551301
传　真　010－81551301
地　址　通州区翠景南里龙鼎园4－132号
邮　编　101116
主产品　荷兰GM公司挤奶设备及零部件

北京嘉源易润工程技术有限公司

联系人　冯　阳
电　话　010－67378528/29　67377614
传　真　010－67376477　63271135
地　址　海淀区复兴路2号
邮　编　100038
网　址　www.yirun.com.cn
主产品　挤奶设备及相关产品

北京微至信达技术有限公司

联系人　何永膑
电　话　010－84565800　84565542转8007
传　真　010－84563367
地　址　朝阳区南皋草场地336号
邮　编　100015
主产品　代理丹麦SAC挤奶设备

天津市宏达挤奶设备技术服务公司

联系人　李宝顺
电　话　022－23791075
传　真　022－23791075
地　址　津静公路工农联盟场部南侧
邮　编　300384
主产品　挤奶设备安装、设备维护及零配件制造

天津市蓝水晶净化制冷设备技术有限公司

联系人　何战铜
电　话　022－27259888　27259988　27282188
传　真　022－27259888　27259988　27282188
地　址　南开发区南马路邮电公寓9－5－101室
邮　编　300100

天津市天光永新畜牧设备有限公司

负责人　刘庆会
联系人　任东生
电　话　022－24391830
传　真　022－24397140
地　址　东丽区新立村驯海路海星道18号
邮　编　300300
主产品　牛奶冷却罐、车载运输罐、鱼骨式、中置式挤奶机

天津市尤耐特机械技术有限公司

负责人　王明堂

联系人 徐 沛
电 话 022-27835553
传 真 022-27834232
地 址 和平区营口道201号惠嘉公寓A座2304室
邮 编 3000051
主产品 RC300型揉搓机、MK5050-G型青贮圆捆机、YBS-5050型圆捆包膜机、LMK5070-X牧草捆扎机等农牧机械

天津宝一饲养设备有限公司

负责人 金俊锡
联系人 鱼红素
电 话 022-24963447
传 真 022-24955442
地 址 东丽区津塘公路三号桥北侧
邮 编 300300
主产品 牛奶冷却罐、挤奶机、自动化蛋鸡养鸡设备、旋转式立体停车装置

长城科贸有限公司

联系人 胡晓江
电 话 0315-6923788
传 真 0315-6924638
地 址 遵化市

河北省涿州市光明园林机械制造厂

联系人 泰春利
电 话 0312-3611085
传 真 0312-3635056
地 址 涿州城西大马村

胖龙（邯郸）温室工程有限公司

联系人 赵秉君
电 话 0310-4059002
传 真 0310-4057378
地 址 邯郸市联纺西路15号
邮 编 056002

胖龙（邯郸）温室工程公司北京办事处

联系人 王志勇
电 话 010-65917657 65954947
传 真 010-65954967
地 址 农展馆南路5号京朝大厦10层
邮 编 100026

乾地农牧机械有限公司

联系人 郭春旭
电 话 0411-3136600
传 真 0411-3136604
地 址 大连市普兰店南山办事处
邮 编 116200

黑龙江农垦畜牧工程技术装备公司

负责人 石海星
联系人 卢 伟
电 话 0451-55199768 55199782
传 真 0451-55637384
地 址 哈尔滨市香坊区香康街7号
邮 编 150036
主产品 各种规格的挤奶设备及牛奶冷却罐

上海光明荷斯坦牧业有限公司

负责人 陆耀华
联系人 周利根
电 话 021-56490571
传 真 021-56800740
地 址 上海市万荣路467号
邮 编 200072
主产品 挤奶设备、TMR设备、环保设备

上海华幸直冷式奶罐制造有限公司

联系人 董顺川
电 话 021-69204859
传 真 021-69220447
地 址 青浦区盈秀路199号
邮 编 201700
主产品 各种规格奶罐

江苏省常州市洛阳冷库设备厂

联系人 胡国新
电 话 0519-8551902
传 真 0519-8551902
地 址 常东市东门外洛阳镇
邮 编 213105

江苏武进洛阳冷藏箱包厂

联系人 上官曙鹏
电 话 0519-8793526
地 址 常州市东门外洛阳镇

江苏正昌粮机股份有限公司

电 话 0519-7309802 7309800
地 址 溧阳昆仑开发区正昌路28号
邮 编 213330

西安市畜牧乳品机械厂

联系人 马主任
电 话 029-6602073 6602074
地 址 西安市北郊西安市现代农业综合开发区（原草滩农场内）
邮 编 710021
主产品 奶罐车、挤奶设备、奶槽、奶泵、铡草机

广州森达酪宝畜牧用品公司

负责人 梁柄权
联系人 张小姐、吕小姐
电 话 020-85559891
传 真 020-85559891
地 址 广州市员村一横路南富大街32号
邮 编 510655
主产品 挤奶调设备、牛棚设备、牛奶冷冻设备

加工设备

上海瑞派机械有限公司

负责人 郑元生
联系人 杨丽华
电 话 021-67103588 67103587
传 真 021-67103585
地 址 工业综合开发区沪杭公路瑞派工业园
邮 编 201400
主产品 乳制品的生产线式单机设备、果蔬汁成套设备、各种卫生级类阀门、管件

杭州中亚机械有限公司

联系人 史 正
电 话 0571-88237011
传 真 0571-88237012
地 址 杭州市拱墅区方家埭路3号
邮 编 310011
主产品 液态奶罐装设备

杭州中亚机械有限公司北京分公司

电 话 010-64057977
传 真 010-64020016
地 址 西城区鼓楼西大街75号
邮 编 100009

杭州中亚机械有限公司成都办事处

电 话 028-87546177
地 址 成都市二环路西三段26号黄龙宾馆6楼
邮 编 610036

杭州中亚机械有限公司乌鲁木齐办事处

电 话 0991-5855555/2028
地 址 乌鲁木齐市长江路98号皇朝大酒店
邮 编 830000

浙江温兄机械阀业有限公司成都分公司

电　话　028-86475758
传　真　028-86475759
地　址　成都市交大路222号机械商城B区56号
邮　编　610031
主产品　乳化机、CIP清洗系统等

浙江温兄机械阀业公司贵阳分公司

电　话　0851-6608088
传　真　0851-6608677
地　址　贵阳市新添大道南段284号
邮　编　550004
主产品　乳化机、CIP清洗系统等

浙江温兄机械阀业公司哈尔滨分公司

电　话　0451-8300778
传　真　0451-8300778
地　址　哈尔滨市道外区景阳街240号
邮　编　150020
主产品　乳化机、CIP清洗系统等

浙江温兄机械阀业公司兰州分公司

电　话　0931-2502577
传　真　0931-2502579
地　址　兰州市西津西路566号
邮　编　730030

浙江温兄机械阀业公司沈阳分公司

电　话　024-23512388
传　真　024-23512389
地　址　沈阳市和平区太原南街188号
邮　编　110001

浙江温兄机械阀业公司西安分公司

电　话　029-8638186
传　真　029-8643321
地　址　西安市莲湖区环城西路北段正7号
邮　编　710082

浙江温兄机械阀业公司总公司

联系人　姜瑞玉
电　话　0577-86922333
传　真　0577-86922389
地　址　温州市永强高新技术产业园区
邮　编　325024

豪斯特自动化设备有限公司

联系人　丁　勇
电　话　027-84887488　84867233/825
传　真　027-84671673
地　址　武汉市汉阳区邹家湾32#
邮　编　430051

广州奔科机械设备有限公司

联系人　李　强
电　话　020-38664856
传　真　020-38662016
主产品　代理意大利瑞达公司的牛奶前期处理设备及从收奶到灭菌系统的整套牛奶处理设备

广州铭瑞企业有限公司

电　话　020-38858838
传　真　020-38858768
地　址　广州市珠江新城马场路519号汇豪大厦南豪阁903
邮　编　510627
网　址　www.mingrui.com

广州市花都轻工机械厂

联系人　刘永洪
电　话　020-86898519
传　真　020-86899043
地　址　广州市花都区宝华路43号
邮　编　510800
主产品　标准屋顶型牛奶灌装机

温州市龙泰轻工机械有限公司

联系人　章方辉
电　话　010-67331970　67334775
传　真　010-67334775
地　址　温州龙湾区永强大道1718号
邮　编　325025

温州市龙泰轻工机械有限公司北京分公司

联系人　孔德俊
电　话　010-67331970　67334775
传　真　010-67334775

温州市乳宝机械有限公司

联系人　潘正华
电　话　0577-86877585
传　真　0577-86875777
地　址　温州市龙湾海滨工业区
邮　编　325024
主产品　奶罐、储罐、发酵罐、不锈钢阀门等

温州市天宇轻工机械有限公司

联系人　沈永贤
电　话　0577-86822228
传　真　0577-86819349
地　址　温州市永强大道1831号

温州天宇轻工机械公司上海办事处

联系人　李秀春
电　话　021-59222905
传　真　021-59222567
地　址　上海青浦区大鱼香大路528号
邮　编　201712

北京冰山机电冷冻设备有限公司

联系人　于锡权
电　话　010-83972799　83972077
传　真　010-63573077
地　址　丰台区右安门外大街97号1号楼301室

北京长空工业有限公司

电　话　010-64886093
地　址　德胜门外安翔里
邮　编　100101

北京得昊力新科技发展有限公司

联系人　张振国
电　话　010-82895103　82895102
传　真　010-82895102
地　址　海淀区上地信息中路一号国际科技创业园2号楼B504
邮　编　100085
主产品　超高温瞬时灭菌机

北京航空制造工程研究所

联系人　方贵春
电　话　010-85701757　85701479
传　真　010-85701390
地　址　朝阳区八里桥北东军庄1号
邮　编　100024
主产品　小袋无菌包装生产线

北京三元恒泰乳品机械有限公司

联系人　任明喜
电　话　010-64383441
传　真　010-64383442
地　址　朝阳区酒仙桥南十里居4号

北京市商业机械研究所

联系人　谢恩忠
电　话　010-83681068　63483889
传　真　010-83681069
地　址　丰台区科学城航丰路甲4号
邮　编　100070

北京先发流体技术有限责任公司

联系人　孙成杰
电　话　010-62719015
传　真　010-62719025
地　址　海淀区西三旗金榜园212室

邮　编　100096

萌进有限公司

联系人　裴志达
电　话　022-24160269
传　真　022-24160295
地　址　天津河东区津东大厦A-201室
邮　编　300171
主产品　荷兰施托克盘管超高温机、法国百利

天津巴氏轻工机械有限公司

联系人　许如涛
电　话　022-26782984
传　真　022-26758023
地　址　河北区大江路满江里25号
邮　编　300251

天津上一机电有限公司

联系人　郭　海
电　话　022-28593531　28593532
传　真　022-28593530
地　址　津南区双港柳林毛纺线厂院内

天津市天诚科技发展有限公司

负责人　韩　青
电　话　022-27717691
传　真　022-27717691
地　址　红桥区西青道65号金兴科技大厦2614号
邮　编　300122

石家庄德建机械有限公司

联系人　王晓先
电　话　0311-8083055　8083602
传　真　0311-8083055

太原理工天成科技股份有限公司

联系人　王建华
电　话　0351-7233010
传　真　0351-7233010
地　址　山西省太原市千峰南路鸿峰花园10-11楼5层
邮　编　030024
主产品　自动售奶机

包头市农牧林经济技术开发服务中心

联系人　张书伟
电　话　0472-5110342
地　址　包头市钢铁大街8号（农牧局二楼）
邮　编　014030

内蒙古一机集团一、三产业公司

联系人　王文侦
电　话　0472-3634388　3118031/8068
传　真　0472-3635537
地　址　包头市青山区奇峰北道
邮　编　014030

沈阳市沈松轻工食品机械厂

联系人　张文恒
电　话　024-86526068
传　真　024-86536375
地　址　沈阳市黄河北大街128-13号
邮　编　110034

黑龙江安达天元乳品机械有限公司

联系人　赵元军
电　话　0455-7224395
传　真　0455-1223401
地　址　安达市北一道街
邮　编　151400

黑龙江大三源乳品机械有限公司

联系人　宋胜文
电　话　0451-82292795　82292905转13
传　真　0451-82292793
地　址　哈尔滨市南岗区长江路380号宏洋大厦802室
邮　编　150090
主产品　无菌灌装系统、豆奶生产成套设备

中国轻工业机械总公司乳品工程中心

联系人　辛立斌
电　话　0451-82729576　82723925
传　真　0451-82726446

彬台机械（苏州）有限公司

联系人　谢志坚
电　话　021-64729528
传　真　021-64724203
地　址　肇嘉浜路746号4楼B座
邮　编　200030

廊坊市汇宇食品设备厂

电　话　0316-2687201
传　真　0316-2687201
地　址　廊坊市永华道131号
邮　编　065000

上海长隆工业设备有限公司

联系人　平补章
电　话　021-37441640　67102082转802
传　真　021-67104262
地　址　奉浦江海经济园区肖南路88号
邮　编　201400

上海三强工业设备有限公司

地　址　延安西路1088号2402、2405
邮　编　200052

上海申鹿均质机有限公司

联系人　王文龙
电　话　021-52823759　52822127　52823533
传　真　021-52816789
地　址　真北支路420号
邮　编　200333
网　址　www.china-samro.com
主产品　均质机

上海张堰轻工设备有限公司

联系人　姜卫东
电　话　021-52340882
传　真　021-32200293
地　址　上海市延安西路1088号长峰中心2405室
邮　编　200052
网　址　www.liond.com
主产品　高压均质机、无菌软包装牛奶生产线、酸奶泵

天宇企业—上海昊宇机械有限公司

联系人　袁红梅
电　话　021-59220567
传　真　021-59222567
地　址　青浦区大鱼香大路528号
邮　编　201712

上海贯一机械设备有限公司

联系人　王雪莲
电　话　021-63161698
传　真　021-63160396
地　址　陆家浜路1398号1205B座
邮　编　200011
网　址　www.shguanyi.com
主产品　乳品机械

上海轻工机械有限公司饮料机械厂

联系人　顾　平
电　话　021-56655084
传　真　021-56771480
地　址　汶水路31号
邮　编　200072
主产品　BTO波纹管式换热器

宁波象山食品机械厂

联系人　周建民
电　话　0574-65717418

传　真　0574－65724882
地　址　象山丹西路 61 号
邮　编　315700

宁波象山食品设备厂

联系人　俞海德
电　话　0574－65722309
传　真　0574－65726901
地　址　象山县丹城镇下半河工业区
邮　编　315709
主产品　食品机械

上海瑞派机械有限公司

联系人　郑元生
电　话　021－67103588　67103586
传　真　021－67103585
地　址　工业综合开发区沪杭公路瑞派工业园
邮　编　201400
网　址　www.ruipai.cn

上海瑞派机械有限公司北京办事处

联系人　张宝财
电　话　010－87678601
传　真　010－87678601
地　址　南二环芳城园一区 10 号楼乙门 206 室
邮　编　100078

上海达和包装机械制造有限公司

联系人　王纯立
电　话　021－50855577
传　真　021－50851177
地　址　浦东新区联民路 477 号
邮　编　200124
主产品　包装机械

上海德泵机电设备有限公司

联系人　唐　炜
电　话　021－58461844
传　真　021－58468591
地　址　浦东新区枣庄路 210 弄 57 号 302 室
邮　编　200129
主产品　卫生型离心泵、转子泵

上海第一冷冻机厂

联系人　金华峰
电　话　021－65450658
传　真　021－65457059
地　址　长阳路 555 号
邮　编　200082
主产品　低温冷冻水设备等

上海峰业食品机械有限公司

联系人　姜国安
电　话　021－50865537
传　真　021－50865537
地　址　浦东新区浦三路 1326 号
邮　编　200125
主产品　乳品机械

上海福峰乳业机械有限公司

联系人　章方富
电　话　021－62901026
传　真　021－62901026

上海米尔可直冷式储液罐制造有限公司

联系人　虞正明
传　真　021－63913256

上海南华换热器制造有限公司

联系人　徐德政
电　话　021－63275151　33100801
传　真　021－63586801
地　址　威海路 168 号长发大厦 A 栋 9 层
邮　编　200003
主产品　杀菌设备

上海轻工装备（集团）有限公司

联系人　陈桂芬
电　话　021－63053429　63027299
传　真　021－63053687
地　址　斜土路 433 号
邮　编　200023
主产品　轻工机械、铝材、压力容器、锁具、锅炉等

上海轻工装备（集团）总公司轻工机械厂

电　话　021－52815509
传　真　021－52813313
地　址　普陀区中江路 601 号
邮　编　200062

上海瑞丹轻工机械有限公司

联系人　章吉华
电　话　021－56553928
传　真　021－56551877
地　址　闸北区大统路 958 弄（协诚大厦 1 号 1705 室）
邮　编　200070

上海市机械设备成套（集团）公司实业公司

电　话　021－63061213
地　址　甘肃路 140 号
邮　编　200085

上海市前卫机械厂

电　话　021－58113607
地　址　浦东周浦康沈路 1916 号
邮　编　201318

上海星光机械厂

电　话　021－63026064
传　真　021－63013479
地　址　斜土路 433 号
邮　编　200023

上海远安流体设备有限公司

联系人　黄红华
电　话　021－64079977
传　真　021－64479922
地　址　徐家汇虹桥路 550 号 801 石

上海远安流体设备公司北京办事处

联系人　邵显荣
电　话　010－67677700
传　真　010－67676600
地　址　朝阳区成寿寺路 221 号

上海远安流体设备公司成都办事处

电　话　028－85181368
传　真　028－85180995
地　址　成都市二环路南四段 10 号附 10 号

上海远安流体设备公司武汉办事处

电　话　027－83660820
传　真　027－83660820
地　址　武汉市青年路 155 号

江苏白熊机械有限公司

电　话　0520－8570321　8570538
地　址　张家港市三兴镇白熊路 68 号
邮　编　215624

江苏达能乳品设备厂

联系人　顾经理
电　话　0512－65315579
地　址　苏州市城北公路 6 号桥
邮　编　215008

江苏美星顺峰集团总部

电　话　0512－58572988　58573999
传　真　0512－58572858

南京帕克机械制造有限公司

电　话　025－6665007
地　址　南京市汉中门大街涌泉里 8 号
邮　编　210029

富阳市盛大机电制造有限公司总部

联系人 钟福美
电　话 0571－63326689　63311214
传　真 0571－63340046
地　址 杭州富阳金桥北路308号
邮　编 311400

宁波乐伟机械有限公司

联系人 陈剑宏
电　话 0574－65601234
传　真 0574－65601713
地　址 象山工业园区园中路
邮　编 315700

宁波市江北永红食品机械有限公司

联系人 李岱崇
电　话 0574－87211298　87227078
传　真 0574－87227541
地　址 宁波市江北文教路83号
邮　编 315010
主产品 灌装封口机，装箱机、不锈钢容器、灭菌机

宁波市中兴机械制造有限公司

联系人 蒋锐敏
电　话 0574－87905666
传　真 0574－87906999
地　址 宁波科技园区杨木契路406号
邮　编 315040
网　址 www.zxfeef.com

欧利伐流体设备有限公司

联系人 张维飞
电　话 0577－85355776　86811129
传　真 0571－85772301
地　址 温州市沙城工业区永强大道2206号
邮　编 325025

台州市通宇变速机械有限公司

联系人 贺兴海
电　话 0576－8317357
传　真 0576－8317356
地　址 台州椒江区加止车站南100米
邮　编 318013
主产品 减速机、变速机

温州昌源机械设备有限公司

联系人 陈宏生
电　话 0577－86896189

温州国泰轻工机械有限公司

联系人 章奎军
电　话 0577－86818855
传　真 0577－86810745
地　址 温州市永强大道1827号
邮　编 325025
主产品 塑杯自动成型、灌装、封口成套设备、液体无菌灌装机、乳品饮料等

温州金榜轻工机械有限公司

联系人 孙昌榜
电　话 0577－86810733
传　真 0577－86811958

温州科田轻工机械有限公司

联系人 孔德涛
电　话 0577－86818358
传　真 0577－86822520
地　址 温州市永强大道1707号沙城机械工业区
邮　编 325025
主产品 乳品设备

温州市富田不锈钢管有限公司

联系人 孔建华
电　话 0577－86888885
传　真 0577－86896578
地　址 温州龙湾区永中建中南街34号
邮　编 325024
主产品 不锈钢镜面管等

温州市江波乳品设备制造厂

联系人 章兆土
电　话 0577－86810943
传　真 0577－86814928
地　址 永强大道1829号
邮　编 325025
主产品 超高温灭菌设备及卫生级泵

温州市龙强乳品机械厂

联系人 项光清
电　话 0577－86810851
传　真 0577－86825278
地　址 温州龙湾区永强大道2097号
邮　编 325025
网　址 www.long－qiang.com

温州市龙强乳品机械厂北京办事处

联系人 穆向东
电　话 010－64836108
地　址 德胜门外北沙滩一号

温州市龙强乳品机械厂山东办事处

联系人 刘晓康
电　话 0531－5812486
地　址 济南市大桥济洛路162－6号

温州市龙湾星火食品工程机械厂

联系人 沈永贤
电　话 0577－86812171
传　真 0577－86829658
地　址 龙湾沙城工业区
邮　编 325025
网　址 www.xinghuojixie.com

温州市宇达轻工机械公司北京办事处

联系人 郑笃达
电　话 010－67448091　67764599
传　真 010－67748091
地　址 朝阳区化工路西口鑫企旺写字楼305室
邮　编 100022

温州永德信流体设备有限公司

联系人 林钟福
电　话 0577－86824666
传　真 0577－86825681
地　址 温州市龙湾区沙堀北工业区金瓯路9号
邮　编 325025

温州振先食品成套设备有限公司

联系人 李振先
电　话 0577－86359900
传　真 0577－86359966
地　址 温州龙湾区状元三期工业区15号地块
邮　编 325011
主产品 超高温灭菌包装设备、学生奶UHT杀菌包装设备

宜兴市轻工机械厂

联系人 潘焕忠
电　话 0510－7801691
传　真 0510－7801723
地　址 江苏宜兴和桥镇永昌路
邮　编 214211

浙江省象山中乳机械有限公司

联系人 周吉良
电　话 0574－65605552
传　真 0574－65605552
地　址 象山爵溪前岙开发区
邮　编 315708

浙江台州市赛特食品设备厂

电　话 0576－8200388
地　址 台州市经济技术开发区赛特科技工业园
邮　编 318000

浙江温州市鸿昌机械制造有限公司

联系人 项公选
电 话 0577-86810341 86828666
传 真 0577-86810654
地 址 温州市龙湾区永强大道2012号
邮 编 325025
网 址 www.cnhongchang.com

舟山市普陀轻工机械厂

联系人 金 海
电 话 0580-3092178
传 真 0580-3091747
地 址 舟山市普陀浦西工业区
邮 编 316102

河南省东方兴企食品机械有限公司

电 话 0371-5978011 5800160
地 址 郑州市红专路51号
邮 编 450002

洛阳奥源设备制造有限公司

联系人 马维成
电 话 0379-7853999
传 真 0379-7856666
地 址 洛阳市洛东经济开发区
邮 编 471121

广州巴氏轻工机械有限公司

电 话 020-82266930
传 真 020-82264423
地 址 广州云埔工业区云埔一路23号
邮 编 510530

日新流体设备（惠州）有限公司

联系人 徐豪翔
电 话 0752-3323038 3324304
传 真 0752-3321055

特林机械工业（广州）有限公司

联系人 郭晓明
电 话 020-87582355 85515536
传 真 020-87599720
地 址 广州市天河区龙口西路86路天龙大厦23楼D室
邮 编 510635

海口宏邦机械有限公司

电 话 0898-68534989
传 真 0898-68536272
地 址 海口市国贸置地广场2-19A号
邮 编 570125

原料及添加剂

北京三乐元食品加工有限公司

联系人 赵英学
电 话 010-80212759 80213766
传 真 010-80212793
地 址 大兴区垡上工业区兴城集团院内
邮 编 102605
主产品 各类果酱、果粒

北京生泰尔生物科技有限公司

联系人 江厚生
电 话 010-62196270 62148214
传 真 010-62146147
地 址 中关村南大街12号中国农业科学院175信箱
邮 编 100081

北京世纪维他营养保健品有限公司

联系人 霍军生
电 话 010-83600831
传 真 010-83601507
地 址 丰台区花乡纪家庙南里168号
邮 编 100070

北京天天维他保健食品公司

联系人 殷泰安
电 话 010-67473110
传 真 010-67473837
地 址 朝阳区十八里店714号
邮 编 100023

北京万微联合科技有限公司

联系人 王 韬
电 话 010-82784251
传 真 010-82783219
地 址 海淀区上地信息路8号辰光大厦105室
邮 编 100085

北京维尔健康食品有限公司

联系人 于 炜
电 话 010-84916096
传 真 010-84916759
地 址 朝阳区来广营6号
邮 编 100012
主产品 复合营养素

北京优力科商贸有限公司

联系人 宋卫东
电 话 010-65255523
传 真 010-65277427
地 址 东城区北河沿大街95号510室
邮 编 100006

北京中佳达食品技术有限公司

电 话 010-67748091 67764599
传 真 010-67748091
地 址 朝阳区化工路西口鑫企旺写字楼305室
邮 编 100022

北京中柏创业化工厂产品有限公司

负责人 刘亚奇
电 话 010-67579100
传 真 010-67567565
地 址 丰台区马家堡88号西罗园写字楼407室
邮 编 100068
主产品 乳铁、乳钙、牛初乳及乳品添加剂是，营养强化剂如维生素系列、DHA

丰泽（天津）生物科技有限公司

联系人 孙宝庆
电 话 022-26428317 26428319
传 真 022-82685600 26428320
地 址 河北区正义道万科城市花园25-401

格瑞果汁工业（天津）有限公司

联系人 王登攀
电 话 022-23369686
传 真 022-23676802
地 址 西青区李七庄邓店村北
邮 编 300381
主产品 浓缩果汁、果浆、果酱、果粒等水果制品

纳美生物工程有限公司

联系人 刘成云
电 话 022-25887568
传 真 022-25887568
地 址 经济技术开发区天大生物园
邮 编 300457

沧州市运西华成食品添加剂厂

负责人 张文华
联系人 张文华
电 话 0317-2919637
传 真 0317-2919637
地 址 沧州市任丘市梁召工业区
邮 编 062557
主产品 奶饮料乳化稳定剂、高效复合乳化稳定剂

秦皇岛市信业经贸有限公司

电　话　0335－3619001/2
传　真　0335－3620100
地　址　秦皇岛市燕山大街119号中化河北大厦11层
邮　编　066001
主产品　脱脂奶粉、全脂奶粉、脱盐乳清粉、初乳粉、乳糖、乳清蛋白浓缩粉、乳清蛋白分离物、乳钙及矿物质混合物、乳铁生物蛋白、酶凝酪素、磨耗酸性酪蛋白、无水奶油、食用甜乳清粉、饲料用乳清粉、奶酪

山西壶关化工集团有限公司

联系人　申志红
电　话　0355－8775777
传　真　0355－8778413

上海康海食品工业研究所

联系人　黄　恺
电　话　021－59181999
传　真　021－59193205
地　址　曹安路1905号
邮　编　201824
主产品　乳品用：乳化稳定剂、保鲜剂、香精

上海励成食品工业有限公司

联系人　陈　众
电　话　021－52707333/212　52701320
传　真　021－52707999
地　址　长征工业园区同普路1175号2栋二层
邮　编　200333
网　址　richenchina. com　richenchina. com. cn
主产品　营养强化剂、乳化稳定剂、变性淀粉、食品级双氧水、膳食纤维饮料主剂、天然色素香精、酶制剂、焦糖色

上海明厚食品有限公司销售部

联系人　陈　明
电　话　021－52901875
传　真　021－52901875

上海上大生物工程有限公司

联系人　王孟轩
电　话　021－56389955
传　真　021－56389988

上海旭梅香精香料有限公司

联系人　房女士
电　话　021－64956074

上海伊威营养食品有限公司

电　话　021－56514631　63053477
传　真　021－56514631
地　址　塘沽路309号东泰大厦18楼F座

张家港浩波化学品公司上海分公司

电　话　021－64722871　64154733
传　真　021－64154733
地　址　徐家汇路518号天天花园福苑楼7楼D座
邮　编　200025
网　址　www. hopechem. com
www. xwhg. com

上海捷聪贸易有限公司

负责人　毛永新
联系人　严　琦
电　话　021－64153220　54561117
传　真　021－64153220
地　址　肇浜路366号裕华大厦19C座
邮　编　200031
主产品　乳铁、乳钙、牛初乳及乳品添加剂是，营养强化剂如维生素系列、DHA

德乐食品饮品配料（上海）有限公司

负责人　Michael Kruppe
联系人　Ellen Luo
电　话　021－34074473
传　真　021－34074465
地　址　闵行区申南路515号天为经济城4栋
邮　编　201108
主产品　开发、生产、加工基料、浓缩果汁、乳化香精及香精类

豪蓓特香化有限公司

联系人　赵远华
电　话　0516－3750287　3753470　3732620
传　真　0516－3750259
地　址　青年东路69号

江苏奥奇海洋生物工程有限公司

联系人　蔡凌辉
电　话　0519－6217259
传　真　0519－6217803
地　址　漕桥镇金三角东54号
邮　编　213171
主产品　DHA鱼油微胶囊

苏州海洋雪生物工程有限公司

联系人　王　琰
电　话　0512－52833886
传　真　0512－52832886
地　址　藕渠经济开发区312国道47.3公里处
邮　编　215558
主产品　发酵型酸奶稳定剂、酸奶菌饮料稳定剂调配型酸、奶稳定剂中型奶稳定剂等

一统＆豪蓓特技术公司

联系人　赵远华
电　话　0516－3758192
传　真　0516－3753470　3756196
地　址　青年东路69号
邮　编　210003
主产品　豪蓓特乳品乳化稳定剂、乳制品营养强化剂等

张家港浩波化学品有限公司

电　话　0512－58391063　58391190
传　真　0512－58391989
地　址　张家港市南沙镇
邮　编　215632
网　址　www. hopechem. com
www. xwhg. com

张家港浩波化学品有限公司北京办事处

电　话　010－83514663　83519785
传　真　010－83519785
地　址　宣武区南线阁怡华园414A
邮　编　100053
网　址　www. hopechem. com
www. xwhg. com

张家港浩波化学品有限公司广州办事处

电　话　020－83567125
传　真　020－83516978
地　址　东山区小北路（旧北园）7号102室
邮　编　510050
网　址　www. hopechem. com
www. xwhg. com

杭州绿晶香料有限公司

电　话　0571－88172822
传　真　0571－88172811
地　址　石祥路516号
邮　编　310015
网　址　www. ljflavor. com

金华市迪耳化工有限公司

联系人　姜国林
电　话　0579－2390102　2382715
传　真　0579－2390102

地　址　李渔路 1958 号
邮　编　321016
主产品　乳复合乳化稳定剂蔗糖酯系列产品、DR 系列

浙江仕顺食品有限公司

联系人　顾士顺
电　话　0576－4277178　4277278
传　真　0576－4277378
地　址　黄岐区东城开发区龙浦路 8 号
邮　编　318020
网　址　www. shishun. com

浙江医药股份有限公司新昌制药厂

联系人　邵　斌
电　话　0575－6126668
传　真　0575－6131771
地　址　新昌县环城东路 59 号
邮　编　312500
主产品　维生素 E、醋酸酯干粉、胡萝卜素干粉、水溶性维生素 E、维生素 A 醋酸酯干粉、生物素

浙江银象生物工程有限公司

联系人　叶明训
电　话　0576－3939828　3939666
传　真　0576－3939815
地　址　天台县丰泽路 22 号
邮　编　317200
主产品　乳酸链球菌素

福州先同达贸易有限公司

联系人　陈　晋
电　话　0591－87844958　87827153
传　真　0591－87809435
地　址　华路 201 号华林大厦 20 层
邮　编　350003

江西可生食品有限公司

负责人　胡亚平
电　话　0701－6272888
传　真　0701－6258717
地　址　交通路 35 号
邮　编　335000

青岛海博特国际贸易有限公司

联系人　李瑞国
电　话　0532－5918198
传　真　0532－5919327
地　址　香港中路 6 号世界贸易中心 A－2719
邮　编　266071
网　址　www. hys. com. cn
主产品　DHA 微粉、EPA 微粉、多烯酸乙酯

青岛天润来精细化工有限公司

联系人　张立伟
电　话　0532－7636080
传　真　0532－7636072
地　址　李沧区建材市场内
邮　编　266100

青岛胶南明月海藻工业有限责任公司

负责人　李同玉
联系人　适锦龙
电　话　0523－8184223　8186347
传　真　0523－8191201
地　址　青岛市胶南市铁山路 132 号
邮　编　266400
主产品　海藻酸钠、甘露醇、海藻酸

山东宝龄宝生物技术股份公司

联系人　李　跃
电　话　0534－7221879
传　真　0534－7220979

禹城市环宇集团宝龄宝生物开发有限公司

联系人　刘　峰
电　话　0534－7221879
传　真　0534－7220979
地　址　开拓路 173 号
邮　编　251200
主产品　膳食纤维、低聚糖、乳品专用糖浆、麦特灵、无糖专用糖浆

武汉烯王生物工程有限公司

联系人　王济华
电　话　027－87659156　87659191　87659190
传　真　027－87659187
地　址　武昌路瑜路 71 号东星大厦 16F
邮　编　430079

长沙兴嘉生物工程有限公司

联系人　黄逸强
电　话　0731－4747890
传　真　0731－4765109
地　址　高新技术产业开发区金荣科技园
邮　编　410001

广州汇普化工新材料有限公司

联系人　覃传海
电　话　020－87568088
传　真　020－87595606
地　址　黄埔大道西 159 号富星商贸大厦西塔 25 层
邮　编　510620

主产品　乳化稳定剂、消泡剂、香精、抑菌剂等

广州仟壹生物技术有限公司

联系人　潘亮君
电　话　020－84432538　84485317　84246925
传　真　020－84378798
地　址　荔福路 68 号
邮　编　510250

广州市汇诚建业化工有限公司

联系人　陈焯荣
电　话　020－85636208
传　真　020－85636091
地　址　黄埔大道中 197 号伟诚广场 1 幢 403 室
邮　编　510655
主产品　菌种、乳晶稳定剂、冰淇淋稳定剂、香精香料、乳化剂等

广州市凯闻食品原料有限公司

联系人　罗凯文
电　话　020－85636448
传　真　020－85636108
地　址　黄埔区大道中 197 号之二伟城广场甲栋写字楼 1205 室
邮　编　510655
主产品　乳制品专用复配乳化稳定剂、果胶、天然色素、天然果蔬粉

广州市乐通泰生物科技有限公司

联系人　宋浩恩
电　话　020－83295483　83295473　83295422　83295466
传　真　020－83295429
地　址　八旗二马路 48 号广东航运大厦 1505 室
邮　编　510111

美晨集团股份有限公司

联系人　郑育銮
电　话　020－81215537
传　真　020－81215535
地　址　荔湾区沙面南街 48 号（白天鹅宾馆东北侧）
邮　编　510130
主产品　乳品添加剂

广州市华柏食品添加剂有限公司

负责人　黄仲华
联系人　寅志贤
电　话　020－81937891
传　真　020－81196118
地　址　广州市中山八路 23 号富力商贸大厦 2410 室

邮　编　510150
主产品　乳铁、乳钙、牛初乳及乳品添加剂是，营养强化剂如维生素系列、DHA

华南理工大学精细化工厂

负责人　李小林
联系人　孙晓燕
电　话　020－85699336
传　真　020－85698137
地　址　广州市黄埔大道中伟诚街28号401
邮　编　510655
主产品　大豆卵磷/卵磷脂、大豆低聚糖、大豆异黄酮、大豆精华素、大豆膳食纤维、大豆皂甙、大豆蛋白粉、低聚异麦芽糖、低聚果糖、菊粉、螺旋藻粉、葡萄糖、酵母细胞壁、脱模剂、天然增光剂、化妆品

深圳市百维实业有限公司

负责人　陈佩萍
联系人　陈美霞
电　话　0755－25633160
传　真　0755－25666161
地　址　深圳市罗湖区水贝二路56号特力大厦110#
邮　编　518020
主产品　营养强化剂

汕头市润科生物工程有限公司

联系人　李建平
电　话　0754－8380515
传　真　0754－8351963
地　址　东夏北路龙盛工业区
邮　编　515041
主产品　微藻DHA粉末

广西南宁市蔗糖酯厂

负责人　蓝振东
电　话　0771－3215512
传　真　0771－3216420
地　址　南宁市大化路9号
邮　编　530003
主产品　蔗糖酯消泡剂、乳化剂、乳化硅油

重庆市科农生物技术有限公司

联系人　陈长庚
电　话　023－67625833
传　真　023－67625833
地　址　渝北区龙溪镇加州花园A2栋15-7号
邮　编　501157

三原琪佳食品原料厂

联系人　郭军辉
电　话　0910－2461328
传　真　0910－2461316

西安麦得法药业有限公司

联系人　孟军堂
电　话　029－8322708
地　址　高新区高新五路2号创拓大厦B128
邮　编　710075

新疆绿旗企业（集团）生物科技有限责任公司

负责人　孙晓冬
电　话　0994－2508558　2509656
传　真　0994－2509773
地　址　昌吉回族自治区昌吉市健国西路
邮　编　831100
主产品　食品添加剂、饮料添加剂、食用油植物油生产、销售#（国家禁止和限制经营除外）

包装机械及材料

山东泉林包装有限公司

电　话　0635－3961380
传　真　0635－3961290
地　址　高唐县城官道街北首26号
邮　编　252800

山东泉林包装有限公司北京办事处

负责人　毕　桦
电　话　010－64356368
传　真　010－64356068
地　址　朝阳区酒仙桥路14号A区4-2/F
邮　编　100016

山东泉林包装有限公司上海办事处

负责人　洪　钢
电　话　021－64133100
传　真　021－64133477
地　址　闵行区沪闵路6555号建行大厦1805室
邮　编　201100

云南玉溪创新彩印有限公司

联系人　张　明
电　话　0877－2076788
传　真　0877－2076598
地　址　玉溪市高新区
邮　编　653100

湖南万容包装有限公司

联系人　王　立
电　话　0731－5508388　5525498
传　真　0731－5508383
地　址　长沙市劳动西路128号中扬大厦23F
邮　编　410007

沈阳虹桥饮料机械有限公司

联系人　姜　兵
电　话　024－86372273
传　真　024－86373482

乐惠实业

联系人　赖云来
电　话　0574－65836556
传　真　0574－65836111

乐惠实业北京办事处

联系人　符经理
电　话　010－64311638　64311639
传　真　010－64313890

乐惠实业广州办事处

电　话　020－84309888　84321668
传　真　020－84308988
主产品　系列杀菌设备

乐惠实业宁波办事处

电　话　0574－88266210　88266211
传　真　0574－88250021

北京清华丰新技术有限责任公司

联系人　贺建敏
电　话　010－62615334　62566087
传　真　010－62545744
地　址　清华大学西门北侧300米
邮　编　100084

北京绿先锋环保科技有限责任公司

联系人　张　斌
电　话　010－84916458
传　真　010－84915298
地　址　安外大洋坊8号

北京全顺容器包装有限公司

联系人　于　滨
电　话　010－61318315
传　真　010－61318314
地　址　房山区长沟镇北正蓝宝啤酒厂
邮　编　102407

波特拉其公司

联系人 蒋建波
电　话 010-65992613/302
传　真 010-65992711
地　址 朝阳门外大街19号华普国际大厦815房间
邮　编 100020

奥瑞金制罐

联系人 周旭华
电　话 010-84990072
传　真 010-84990071
地　址 朝阳区北辰东路8号汇欣大厦B404-405

北京美宝龙食品包装材料有限公司

联系人 于　滨
电　话 010-69503580
传　真 010-69503681
地　址 通州台湖镇安定营工业园区北
邮　编 101111
主产品 酸奶杯、冰激凌杯、PS片材、饮水杯等乳制品包装材料

格来纳亚洲塑料技术（上海）有限公司

电　话 021-58124359
传　真 021-58124048
地　址 浦东康桥路1157号
邮　编 201315

格来纳亚洲塑料技术（上海）有限公司北京办事处

联系人 侯晓明
电　话 010-63274879
传　真 010-63274879

天津市三桥包装机械股份合作公司

联系人 高玉征
电　话 022-27353724
传　真 022-27357361
地　址 红桥区子牙河南路26号

天津天商包装机械有限公司

联系人 姜宗升
电　话 022-27571201
传　真 022-27599177
地　址 红桥区复兴路先春园隆春里底商A区乙一
邮　编 300121
主产品 液体包装设备、异型袋自动分装机、塑杯、纸杯、盒、全自动灌装机

河北程氏塑业包装有限公司

联系人 程国辉
电　话 0312-5791096　5791228
传　真 0312-5792286

呼和浩特市三环机电有限公司

联系人 王元光
电　话 0471-3958898　3959746
传　真 0471-3958898
地　址 呼和浩特市海拉尔西路209号
邮　编 010051

大连大诺印刷包装有限公司

联系人 李淑珍
电　话 0411-6511166　6510687
传　真 0411-6508808
地　址 大连市甘井子区华北路431号
主产品 黑白奶膜、白奶膜

大连吉润塑料包装制品有限公司

联系人 高吉良
电　话 0411-7160238
传　真 0411-7160186
网　址 www.jirun.com

抚顺市时代包装厂

电　话 0413-7722355
地　址 抚顺市顺城区高山路126号
邮　编 113006

辽宁现代纸业包装有限公司

联系人 宋英范
电　话 024-25360218　25814797
传　真 024-25367887
地　址 沈阳经济开发区流花湖街6号
邮　编 110141

沈阳白桦林轻工食品机械有限公司

联系人 王福林
电　话 024-86618220
传　真 024-86618219
地　址 沈阳市于洪区陵东街上岗子18号
邮　编 110032
主产品 侧封软包装机、全自动杯式软包装机

沈阳北亚饮品机械有限公司

联系人 周　娟
电　话 024-86783978
传　真 024-86783978
地　址 沈阳市皇姑区塔湾街32号
邮　编 110035
主产品 屋顶型包装机

沈阳农业大学工厂化农业工程技术中心

联系人 马　健
电　话 024-88492895
地　址 沈阳市东陵路120号
邮　编 110161

旅顺荣华塑料厂

电　话 0411-6220121
地　址 旅顺市荣华塑料厂
邮　编 116046

长春市农机发展服务中心

联系人 李社潮
电　话 0431-4727250
传　真 0431-4724562
地　址 长春市东荣大路1号（5段）

哈尔滨建成集团有限公司

联系人 郭秀喜
电　话 0451-5332762
传　真 0451-5332762

哈尔滨赛德技术发展有限公司

联系人 徐忠利
电　话 0451-2282044
传　真 0451-2282045
地　址 哈尔滨市嵩山路58号万宝大厦607室
邮　编 150036
网　址 www.saide.com

黑龙江隆华包装制品有限公司

电　话 0451-6673248
地　址 哈尔滨市学府路287号
邮　编 150086

上海阿仁科机械有限公司

联系人 吴建鸿
电　话 021-58341845
传　真 021-58991844
地　址 上海浦东金桥出口加工区宁桥路755号
邮　编 201206

上海东华高压均质机厂

联系人 汪杭生
电　话 021-64580106　64580351
传　真 021-64580270
地　址 沪闵路3725号
邮　编 201108
网　址 www.donghuamachine.com
主产品 高压均质机、胶体磨

上海弗鲁克流体机械制造有限公司

联系人 王冰斌
电 话 021-63178096/812
传 真 021-63178193
地 址 恒丰路600号机电大厦16楼A座
邮 编 200070

上海豪浦机电设备有限公司

联系人 曹 宏
电 话 021-59134286
传 真 021-59134286

上海虹康玻璃彩印厂

联系人 过明成
电 话 021-53821911
传 真 021-53060967

上海建技机械有限公司

联系人 王燕敏
电 话 021-64154668
传 真 021-62192290
地 址 淮海中路775号新华联大厦西楼14B室
邮 编 200020

上海利士包装有限公司

电 话 021-64090315
地 址 闵行区北松路1500号
邮 编 201111

上海乳品机械厂有限公司

联系人 陈慧樑
电 话 021-54770117/12 54774281
传 真 021-54774050
地 址 吴中路558号
邮 编 201103

上海富程塑料制品有限公司

电 话 021-64105252
地 址 莘朱路1400号
邮 编 201100

上海古林纸工有限公司

电 话 021-57741516
地 址 上海松江工业区繁华路25号
邮 编 201613

上海人民塑料印刷厂

电 话 021-64106416
地 址 上海朱行路55号
邮 编 200237

上海三樱包装材料有限公司

电 话 021-59137755
地 址 曹安路2611号
邮 编 201812

仅一包装设备有限公司

联系人 吴立平
电 话 0511-6885686
传 真 0511-6885044
地 址 丹阳开发区百花经济园丹桂路3号
邮 编 212310

溧阳市四方不锈钢制品有限公司

联系人 史旦菊
电 话 0519-7360223 7360038
传 真 0519-7360738
地 址 溧阳市埭头工业区
邮 编 213311
主产品 不锈钢流体管道、管件、阀门

南京第二轻工机械厂

联系人 王立文
电 话 025-8882629
传 真 025-8882729
地 址 南京江浦文德西路30号
邮 编 211800

江阴市东亚铝箔包装有限公司

电 话 0510-6303443
传 真 0510-6303442
地 址 江阴市长泾兴隆桥北首
邮 编 214411

连云港根深纸制品有限公司

电 话 0518-2340456
地 址 连云港经济技术开发区
邮 编 222047

泰兴市金鹏塑料有限公司

联系人 蔡立功
电 话 0523-7212078/811
传 真 0523-7212078/801
地 址 泰兴市城黄路409号
邮 编 225411
网 址 www.cnjinpeng.com

镇江汇川玻璃有限责任公司

联系人 马国刚
电 话 0511-2171073
传 真 0511-5011073

杭州宋城机械制造有限公司

联系人 郭锐剑
电 话 0571-86810536
传 真 0571-86069329
地 址 杭州市秋涛路18号中国针织城12层1-6号
邮 编 310008
网 址 www.songchengmachine.com

杭州正达彩印厂

联系人 戚国林
电 话 0571-86497388 86490053
传 真 0571-86490288
地 址 杭州市江干区彭埠直街
邮 编 310017

杭州中大包装机械有限公司

联系人 黄国年
电 话 0571-88150106
传 真 0571-88150675
地 址 杭州市石桥路279号
邮 编 310022

平湖市比例包装材料有限公司

联系人 高建平
电 话 0573-5095912
传 真 0573-5095905
地 址 平湖市工业园区昌盛路2号
邮 编 314200

温州市恒丰包装机械有限公司

联系人 俞经理
电 话 0577-86761998
传 真 0577-86362920
地 址 温州市瓯海经济开发区北纬三路18号
邮 编 325014

温州市一洲机械有限公司成都办事处

联系人 孙 通
电 话 028-7681592
地 址 成都市光荣西路67号506室
邮 编 610031
主产品 奶业机械

浙江宏华机械塑胶有限公司

联系人 蔡丽娜
电 话 0577-65659808
传 真 0577-65602277
地 址 瑞安市瑞祥大道（飞云江大桥边）
网 址 www.honghua.com

浙江金石包装有限公司

联系人 赵国途
电 话 0577-62985999
传 真 0577-62992676
地 址 温州市北白象（白塔王）技术开发区
邮 编 325603

浙江金石包装有限公司上海代表处

联系人　叶瑜斌
电　话　021－63175858/2760/2379
传　真　021－63531826　63531807
地　址　天目西路547号恒基不夜城逸升阁605室
邮　编　200070

浙江宁波东升包装材料有限公司

电　话　0574－88483818
地　址　宁波市梅墟工业区
邮　编　315013

浙江省东阳市塑料工业公司

电　话　0579－6813511
地　址　东阳市经济开发区蒋店
邮　编　322100

浙江天外包装印刷股份有限公司

联系人　刘建民
电　话　0572－2361178
传　真　0572－2361178

浙江伟博包装印刷品有限公司

联系人　陈寿武
电　话　0572－8025999
传　真　0572－8025126

杭州新光塑料有限公司

电　话　0571－86052260
地　址　杭州市海潮路44号
邮　编　310016

杭州新明包装有限公司

联系人　吕圣华
电　话　0571－88941558　88941568
传　真　0571－88941086　88941568
地　址　杭州市西湖区三墩街4号
邮　编　310030
网　址　www.xmbz.com
主产品　食品软包装材料

温州市正泰包装有限公司

电　话　0577－64499888
传　真　0577－64498275
地　址　温州市钱库镇钱东路194号
邮　编　325804

浙江苍南软包装厂

电　话　0577－64201245　64227378
地　址　苍南县龙港镇人民南路1000号
邮　编　325802

浙江诚信包装材料有限公司

联系人　叶　军
电　话　0573－7966364
传　真　0573－7966352

浙江海宁诚信薄膜有限公司

联系人　付海港
电　话　0573－7966495
传　真　0573－7966352

安徽省科苑包装系统有限公司

电　话　0551－5329999　5321111
传　真　0551－5320099
地　址　合肥市长江西路669号高新技术产业开发区天乐路
邮　编　230088

济南泉华包装制品有限公司

联系人　韩丕礼
电　话　0531－2892009
传　真　0531－2892009
地　址　济南仲宫龙山路北首
邮　编　250115

青岛金派克包装机械有限公司

联系人　张　伟
电　话　0532－3728333/9333
传　真　0532－3749377

青岛全通塑印有限公司

联系人　薛清林、朱峰
电　话　0532－4012628
传　真　0532－4012242
地　址　青岛市四方区周口路321号
邮　编　266042
主产品　塑料印刷包装

青岛人民印刷有限公司

联系人　茹庆钊
电　话　0532－4630577
传　真　0532－4630576
地　址　青岛市李沧区兴华路15号
邮　编　266041
主产品　屋顶盒包装

新乡市海洋包装机厂

电　话　0373－3043860
地　址　新乡市荣校路24号军分区第一干休所内
邮　编　453002

武汉人天包装机械有限公司

电　话　027－82839298
传　真　027－82805168
地　址　武汉汉口沿江大道141号
邮　编　430014

武汉市博源纸塑彩印制品有限公司

联系人　何天江
电　话　027－82348369
传　真　027－82348369
地　址　武汉市江岸区游湖一村特2号
邮　编　430011
主产品　乳品杯及乳品杯的彩印

波利泰普包装进出口有限公司

联系人　胡小姐
电　话　0755－82943085
传　真　0755－82943090
地　址　深圳市福田区益田路江苏大厦A座1013室
邮　编　518048

波利泰普包装进出口公司上海办事处

电　话　021－62520236
传　真　021－62263097
地　址　长寿路1118号金源国际大厦B座18楼D室
邮　编　200042

广东远东食品包装机械有限公司

电　话　0668－8812508　8821597
地　址　信宜市教育路38号
邮　编　525300

汕头市虹桥包装实业有限公司

联系人　孙立军
电　话　0754－8229387
传　真　0754－8217791
地　址　汕头市大学路32号
邮　编　515021
主产品　印刷包装材料、鲜奶膜、吸管立式袋

汕头虹桥包装实业公司北方市场部

联系人　林建华
电　话　010－67659344
传　真　010－67612146
地　址　丰台区芳古园一区四号楼703室
邮　编　100078

汕头市虹桥包装实业公司北京办事处

电　话　010－67659344
传　真　010－67612146

汕头市立信塑胶制品有限公司

电　话　0754－8337723

地　址　汕头市下蓬西畔（立信工业城）
邮　编　515045

汕头市粤东机械厂有限公司

联系人　李岳云
电　话　0754-8105300
传　真　0754-8107722
地　址　汕头潮汕路金园工业城2片区
邮　编　515021
网　址　www.yuedong.org

万日乳业机械有限公司

联系人　蓝兹恩
电　话　020-86509738
传　真　020-86509347
地　址　广州市西湾路148号之五

汕头新华食品包装材料实业有限公司

电　话　0754-8886193　8875386
地　址　汕头市珠池路头珠湖工业区
邮　编　515000

深圳市硕美包装材料厂

电　话　0755-27624606
地　址　深圳市宝安区石岩镇应人石春

顺德金冠塑料制品有限公司

电　话　0765-3225321
地　址　顺德市龙江镇瑞苑工业二路
邮　编　528319

中山市东森纸业有限公司

电　话　0760-8409088　8409998
地　址　中山市港口镇民主工业区8号
邮　编　528447

中山市中升包装材料有限公司

电　话　0760-8417328
地　址　中山市港口镇兴港南路
邮　编　528447

四川西南食品包装机械有限公司

电　话　028-7667395
地　址　成都市一环路北一段134号
邮　编　610031
主产品　食品包装机械

绵阳市高新区三阳塑胶有限责任公司

联系人　李春燕
电　话　0816-2536118
传　真　0816-2550727
地　址　绵阳高新区普明南路东段133号
邮　编　621000

四川威之国际新材料有限公司

联系人　王威之
电　话　028-87855555
传　真　028-87820477

昆明市穗江彩印包装有限责任公司

联系人　袁慧宇
电　话　0871-8253935
传　真　0871-8253199
地　址　昆明市红联新村1号
邮　编　650118

陕西双健包装有限公司

电　话　029-6276571
传　真　029-6255785
地　址　西安市米宏路纬28街28号
邮　编　710016
主产品　乳品包装

西安依莱新食品包装有限公司

联系人　王崇民
电　话　029-4516296/8010
传　真　029-4515892　4516295

检测仪器

北京安普生化科技有限公司

联系人　周　旌
电　话　010-84478816
传　真　010-84478830
地　址　东直门外小街甲2号雍景台国际大厦A座20
邮　编　100027
网　址　www.anapure.com
主产品　食品安全检测产品

北京天大光谱技术有限公司

联系人　袁　伟
电　话　010-82254840
传　真　010-82250839
地　址　朝阳区裕民路12号华展国际公寓B座1205室
邮　编　100029
主产品　乳品成份快速分析仪

南京南分医疗生化仪器有限责任公司

联系人　王　平
电　话　025-2202439
传　真　025-2202487
地　址　南京市中华路26号
邮　编　210001

主产品　RE-001型乳脂测定仪、MT-100型乳成份测定仪

杭州浙大优创科技有限公司

联系人　李洪波
电　话　0571-86962803　86962627
传　真　0571-86962621
地　址　杭州市艮山西路309号
邮　编　310004

浙江大学食品科学与发酵工程研究所

联系人　叶兴乾
电　话　0571-86094795
传　真　0571-86971169
地　址　杭州市凯旋路268号
邮　编　310029
主产品　全自动乳成份分析仪、体细胞分析仪、乳房炎诊断仪

广州市千江企业有限公司

联系人　唐炜如
电　话　020-85593241　85593262
传　真　020-85593248

国内其他

艾利特农牧业发展（天津）有限公司

联系人　胡　良
电　话　022-23190310　23190055
传　真　022-23190288
地　址　和平区大同道22号503室
邮　编　300041

多米诺喷码技术有限公司北京分公司

联系人　刘　剑
电　话　010-65836666
传　真　010-65836665
地　址　朝阳区光华路甲8号和乔大厦C座1103室
邮　编　100026

建成专用车有限公司

联系人　唐大平
电　话　0451-5332762
传　真　0451-5304538
地　址　哈尔滨市香坊区南直路65号
网　址　www.jiancheng.com.cn

北京绿乐科技发展有限责任公司

联系人　武先生
电　话　010-64802596　64803082

传　真　010－64802596
地　址　朝阳慧忠北里 313 号天创世缘 C座 1503
邮　编　100012
主产品　综合技术服务

北京德利冷迅制冷设备有限公司

联系人　王茂盛
电　话　010－85111152　85110082
传　真　010－85111152
地　址　东城区东总布 19 号
邮　编　100005

珠海经济特区伟迪捷电子有限公司

联系人　沐　欣
电　话　010－68002540
传　真　010－68002533
地　址　西城区车公庄大街 6 号市委大院内思鸿博 3 号写字楼 564 室
邮　编　100044
主产品　喷码机

《中国乳品》杂志社

负责人　席晓剑
电　话　010－86876508　82258330
传　真　010－82258330
地　址　北京西城区安德路安德磬居 126－3－503 室
邮　编　100009

黑龙江省双城市荣耀饲料生物技术开发公司

联系人　付荣耀
电　话　0451－53182888/102
传　真　0451－53182888/208
地　址　车站街变压器路 28 号
邮　编　150100

外资乳业机构

种畜贸易

加拿大畜牧服务有限公司

负责人　史佳霖
电　话　010－65575646
传　真　010－65589739
地　址　朝阳区通惠家园惠民园 4 号楼 1706 室
邮　编　100025

北京艾格威科贸有限公司

负责人　Robert　Watson
电　话　010－64678822/1688
传　真　010－64608244
地　址　北京亮马桥光明饭店 1688
邮　编　100016

澳大利亚艾德士有限公司上海代表处

负责人　韩力克
电　话　021－62178996
传　真　021－62184125
地　址　中国上海市南京西路 1038 号梅龙镇广场 1505B 室
邮　编　200041

澳大利亚种畜基因公司（ABS　Asia）北京联络处

负责人　全春明
电　话　010－82251053
传　真　010－82252932
地　址　朝阳区德外马甸裕民路 12 号元辰鑫 E1 座 536 室
邮　编　100029

爱德生物技术发展（中国）有限公司

联系人　纪改亚
电　话　010－65183730/31/32
传　真　010－65183729
地　址　北京市建国门外大街 18 号恒基中心办公楼三座 822 室
邮　编　100005

澳大利亚农牧出口有限公司

电　话　010－65974733
传　真　010－65974732
地　址　北京市朝阳区呼家楼京广中心商务楼 1002 室
邮　编　100020

乳品加工

雀巢（中国）有限公司

电　话　010－64389328
传　真　010－64389330
地　址　北京朝阳区酒仙桥路 10 号恒通广厦三号楼
邮　编　100016

双城雀巢有限公司

负责人　思伟达
电　话　0451－53123734
传　真　0451－53123712
地　址　双城市友谊路
邮　编　150100
E－mail　dc@cn. nestle. com
主产品　全脂奶粉
品　牌　雀巢
日处理鲜奶能力　1500 吨

青岛雀巢有限公司

负责人　朱　凯
电　话　0532－8438628
传　真　0532－8438300
地　址　中国青岛莱西市牛溪埠镇
邮　编　266600
网　站　www. cnnestle. com
主产品　液体乳制品、冰激凌
品　牌　雀巢、鹰唛、山花
日处理鲜奶能力　500 吨

天津雀巢牛奶有限公司

电　话　022－25326313
地　址　经济技术开发区南海路 149 号
邮　编　300457

北京艾莱发喜食品有限公司

负责人　包宗业
电　话　010－62981696　62983508
传　真　010－62983510
地　址　海淀区唐家岭路 21 号
邮　编　100094
主产品　冰激凌
品　牌　八喜
日处理鲜奶能力　90 吨

上海达能酸乳酪有限公司

电　话　021－56483600
传　真　021－66247953
地　址　场中路 3100 号
邮　编　200435
主产品　乳制品制造业、饮料

广州达能酸乳酪有限公司

负责人　秦　鹏、刘学良
电　话　020－82978928
传　真　020－82978938
地　址　广州花园沙太公路盘龙岗
邮　编　510510
主产品　酸牛奶、乳酸菌饮料

天津帕玛拉特乳业有限公司

负责人　白智生
电　话　022－28124840
传　真　022－28340426
地　址　河西区洞庭路南
邮　编　300222
主产品　巴氏奶、酸奶、超高温奶、奶粉
品　牌　帕玛拉特
日处理鲜奶能力　100 吨

帕玛拉特（南京）乳制品有限公司

电　话　025－5894879

传　真　025－5579074
地　址　栖霞区仙鹤门外大塘村
邮　编　210046

天津中芬乳业有限公司

负责人　吕志恒
电　话　022－88181607
传　真　022－88181607
地　址　天津市河西区洞庭路南
邮　编　300222
主产品　鲜奶、UHT、酸奶、奶粉
品　牌　红牛
日处理鲜奶能力　240 吨

菲仕兰（天津）乳制品有限公司

负责人　李海峰
电　话　022－28126880
传　真　022－28126885
地　址　河西区洞庭路南
邮　编　300222
主产品　UHT 奶、乳饮料
品　牌　子母
日处理鲜奶能力　150 吨

中澳合资保定美森乳业有限公司

电　话　0312－6631355
传　真　0312－6630308
地　址　保定市高保路东河路口
邮　编　071500

沈阳乳业有限责任公司

负责人　李安民
电　话　024－88043209
传　真　024－88043665
地　址　沈阳市农业高新技术开发区辉山街 20 号
邮　编　110164
主产品　液态奶
品　牌　辉山
日处理鲜奶能力　700 吨

英特儿（上海）营养乳品有限公司

负责人　M. 麦惠舜
联系人　陈慧英
电　话　021－58990899
传　真　021－58995155
地　址　浦东金桥出口加工区宁桥路 188 号
邮　编　201206
网　站　www. dumex. com. cn
主产品　婴幼儿配方奶粉
品　牌　多美滋
日处理鲜奶能力　200 吨

英特儿（无锡）营养乳品有限公司

电　话　0510－2755523
地　址　无锡中山路

美赞臣（广州）有限公司

联系人　陈昭茹
电　话　020－82219180
传　真　020－82222721
地　址　广州经济技术开发区东基夏园路 2 号
邮　编　510730
主产品　奶粉

广州益力多乳品有限公司

电　话　020－82580535　82521198
地　址　广州市天河区中山大道 286 号东圃商业大厦 B 座 6 楼
邮　编　510660
网　站　www. yakult－gz. com
主产品　乳酸菌乳饮料
品　牌　益力多

安佳乳业（广州）有限公司

负责人　林伟峰
电　话　020－83511780
传　真　020－83511781
地　址　广州市东风中路 268 号交易广场 2103－05 室
邮　编　510030

上海惠氏营养乳品有限公司

负责人　胡文耀
联系人　马　白
电　话　021－54772510
传　真　021－54778175
地　址　闵行区虹桥镇吴中路 582 号
邮　编　201103
网　站　www. wyeth. com. cn
主产品　婴幼儿配方奶粉等

纽迪希亚（黑龙江）营养制品有限公司

电　话　0452－6301770
传　真　0452－6301402
地　址　齐齐哈尔市昂昂溪区化工乳品街 278 号
邮　编　161033
主产品　婴幼儿配方奶粉、无水奶油、麦片
品　牌　亲亲宝贝、荷兰乳牛
日处理鲜奶能力　300 吨

哈尔滨隆迪乳业有限公司

负责人　杜德金
电　话　0451－4603948
地　址　哈尔滨道里区建国二道街 15 号
邮　编　150076
主产品　乳制品

北京怡美食品有限公司

负责人　王剑智
电　话　010－69981848
传　真　010－69981166
地　址　平谷区兴谷开发区平谷大街 16 号
邮　编　101200
主产品　纯牛奶、果味奶、酸奶
品　牌　怡美、乐园
日处理鲜奶能力　20 吨

北京新世纪美登高食品有限公司

负责人　李安民
电　话　010－88363638
传　真　010－88363638
地　址　密云县工业开发区
邮　编　101500
主产品　雪糕、冰激凌
品　牌　美登高

北京吉雅食品有限公司

电　话　010－69711498
地　址　昌平区南邵村
邮　编　102200

北京味全食品有限公司

负责人　张伟修
电　话　010－64212233/106
传　真　010－64226499
地　址　朝阳区西坝河西里 18 号
邮　编　100028
主产品　乳制品

乐百氏（丰润）食品饮料有限公司

负责人　韦忠明
电　话　0315－5183494
传　真　0315－5180687
地　址　唐山市丰润区丰顺路 2 号
邮　编　064000
主产品　液态奶
品　牌　乐百氏
日处理鲜奶能力　1 500 吨

黑龙江密山希诺乳业制品有限公司

负责人　刘京河
电　话　0467－5222818
传　真　0467－5222218
地　址　密山市晨曲街 332 号
邮　编　158300

哈尔滨森永乳品有限公司

负责人　酒井义雄
电　话　0451-4319932　4335253
传　真　0451-4306664　4335253
地　址　哈尔滨市道里区机场路8号
邮　编　150070
主产品　奶粉

上海诺华营养食品有限公司

电　话　021-52925666
传　真　021-52925999
地　址　南京西路1168号中信泰富广场41楼
邮　编　200041

芬兰维利奥有限公司上海代表处

负责人　刘金杰
电　话　021-63910381　63910382
传　真　021-63910383
地　址　淮海中路93号大上海时代广场1401室
邮　编　200021
主产品　黄油、奶酪、鲜奶制品及食品配料

乐百氏（无锡）食品饮料有限公司

电　话　0510-5509237
地　址　无锡市望湖路

福建大乘乳业股份有限公司

负责人　陈　龙
联系人　夏小华
电　话　0599-8805259
传　真　0599-8805079
地　址　南平市建溪路81号
邮　编　353000
主产品　袋装奶、利乐奶、屋型奶
品　牌　大乘
日处理鲜奶能力　200吨

江西维雀乳业有限公司

负责人　刘道君
联系人　邓传兵
电　话　0791-6496262
传　真　0791-6496262
地　址　南昌市新建县外商投资工业区大道011号
邮　编　330100
网　站　www.zhengbang.com
主产品　鲜乃奶、花色奶、酸奶
品　牌　维雀
日处理鲜奶能力　80吨

广州维记牛奶食品有限公司

电　话　020-87793078
传　真　020-87793077
地　址　广州天河区兴华沙太路盘龙岗
邮　编　510510
主产品　巴氏奶、乳酸饮品、纯牛奶
品　牌　维记
日处理鲜奶能力　60吨

四川奶奇乐乳业有限公司

负责人　濮　健
电　话　028-87846208
地　址　成都市高新西区银河西路
邮　编　610041
主产品　纯鲜奶、酸奶
品　牌　奶奇乐
日处理鲜奶能力　100吨

海南艾森乳业有限公司

负责人　戴桂海
联系人　符　诗
电　话　0898-68640171
传　真　0898-68640170
地　址　海口市秀英区白水塘路海南省扶贫工业开发区
邮　编　570311
网　站　www.asichina.com
主产品　纯鲜牛奶、低脂酸奶
品　牌　艾森
日处理鲜奶能力　50吨

乐百氏（广东）食品饮料有限公司

负责人　王　磊
电　话　020-38783488
传　真　020-38783121
地　址　广州市天河区林和西路1号国贸中心23F
邮　编　510610
E-mail　nnjs@robust.com.cn

海南艾森牧业有限公司

电　话　0898-67486601/6602/6603
传　真　0898-67486604
地　址　澄迈县老城邮电支局008号信箱
邮　编　571924
网　站　www.asichina.com

牧草及草种

澳洲良种公司上海代表处

电　话　021-54655126
传　真　021-54654826
地　址　建国西路91号3号楼20F
邮　编　200025
网　址　www.selectedseeds.com.au

丹麦丹农种子公司

电　话　010-84977049/7263
传　真　010-84984156
地　址　朝阳区汇宾大厦B1616

美国百绿（集团）北京代表处

联系人　陈　谷
电　话　010-65561872/73/74
传　真　010-65561876
地　址　朝阳区十里堡京港城市大厦写字楼9C
邮　编　100025

美国辛普劳草业公司北京办事处

电　话　010-64687369　64638383
传　真　010-64687350
地　址　朝阳区亮马桥路32号高斓大厦906
邮　编　100016

牧场设备

利拉伐（上海）乳业机械有限公司

负责人　黄静怡
电　话　021-32051155
传　真　021-32051166
地　址　普陀区玉门路215号
邮　编　200331

利拉伐（上海）乳业机械有限公司北京办事处

联系人　张晨光
电　话　010-85817600
传　真　010-85827253
地　址　朝阳区十里堡北里1号恒泰大厦3层3030室
邮　编　100025

利拉伐（上海）乳业机械有限公司福州办事处

电　话　0591-7616774
传　真　0591-7616774

利拉伐（上海）乳业机械有限公司广州办事处

联系人　李铭耀
电　话　020-84101991
传　真　020-84101990
地　址　广州滨江西路40号海星大厦1201室
邮　编　510235

利拉伐（上海）乳业机械有限公司哈尔滨办事处

传　真　0451-6619004

利拉伐（上海）乳业机械有限公司衡阳办事处

电　话　0734－8140042
传　真　0734－8140042

利拉伐（上海）乳业机械有限公司呼和浩特办事处

电　话　0471－6268874
传　真　0471－6268874

利拉伐（上海）乳业机械有限公司济南办事处

电　话　0531－7163881
传　真　0531－7163881

利拉伐（上海）乳业机械有限公司宁夏办事处

电　话　0951－5048974
传　真　0951－5041211

利拉伐（上海）乳业机械有限公司沈阳办事处

传　真　024－88041038

利拉伐（上海）乳业机械有限公司西安办事处

电　话　029－8324083
传　真　029－8324083

上海伐利牧业技术设备有限公司

电　话　021－56387106
传　真　021－56385091
地　址　洛川东路285号上海东方明珠欧洲城商务楼426室
邮　编　200072

荷兰麦格国际集团

电　话　010－63953449
传　真　010－63951981
地　址　丰台区西客站北广场东方联发大厦6812室

天津宝一饲养设备有限公司

联系人　鱼红素
电　话　022－24963447
传　真　022－24955442
地　址　津塘公路三号桥北侧
邮　编　300300

天津乾命畜牧机械有限公司

联系人　李亿福
电　话　022－29330974
传　真　022－29330798
地　址　武清开发区泉兴路32号
邮　编　301700

主产品　挤奶机、冷却罐及相关畜牧机械

天津三友机械制造有限公司

负责人　安光德
联系人　金龙哲
电　话　022－23970881/82
传　真　022－23974331
地　址　西青区经济开发区兴华道十一支路7号
邮　编　300385
主产品　牛奶制冷罐、挤奶机、养牛饲料自动供料器

万日乳业机械有限公司

电　话　020－86364458
传　真　020－86381458
地　址　广州市广园中路麓景路388号
邮　编　510405
主产品　挤奶设备

韦斯伐利亚（上海）牧业设备有限公司

联系人　周国强
电　话　021－50643651－113
传　真　021－50463163
地　址　外高桥保税区华京路461号39幢A座
邮　编　200131

韦斯伐利亚保兴成工程公司

联系人　冯家礼
电　话　020－81407808
传　真　020－81508629

以色列阿菲金特种设备公司

联系人　李玉珏
电　话　0755－26000674
传　真　0755－26001487
地　址　深圳市南山区白石洲深圳湾畔花园6栋22A
邮　编　518057

意大利Storti国际公司

联系人　李　蔚
电　话　010－89752304
传　真　010－89752304
地　址　北京市昌平北七家高科技工业园区中心楼
邮　编　102209

菲亚特国际股份公司

联系人　杨宇红
电　话　010－64624354
传　真　010－64624358

约翰迪尔（中国）投资有限公司

联系人　马俊伟
电　话　010－84536419/39
传　真　010－84536298

杜邦（中国）有限公司

联系人　谷向光　杨　兵
电　话　010－65058000－1520
传　真　010－65058008
地　址　国贸大厦2座11层
邮　编　100004

加工设备

荷兰佳农有限公司

联系人　谢树华
电　话　021－58202510
传　真　021－58202513
地　址　浦东张扬路828－838号华都大厦19号楼G室
邮　编　200122
主产品　乳品加工机械、灌装包装机械、贮乳及运输设备、食品加工用乳制品

IEC工程有限公司中国总代理

电　话　010－82085718/12
地　址　德胜门外东滨河路3号508室
邮　编　100011

德国乐嘉文洋行/RIECKE－RMANN

联系人　王学军
电　话　010－65102266
传　真　010－65240006
地　址　建国门内大街7号光华长安大厦2座625室
邮　编　100005
主产品　奶酪加工成型及包装设备、牛奶接收、巴氏杀菌机超高温灭菌系统、超洁净及无菌、灌装系统

德国耐驰（兰州）泵业有限公司

联系人　郑盈洁
电　话　0931－8841538/301
传　真　0931－8417505
地　址　兰州市民主东路210号
邮　编　730000
主产品　NEMA（单螺杆泵）

法国安其乐公司ARCIL

联系人　周　丹
电　话　010－65148800
传　真　010－65237512

地　址　劳动人民文化宫东门内文华宫写字楼 2609 室
邮　编　100006
主产品　塑杯成型-灌装-封口机

法国德枫丹公司北京代表处

联系人　张　燕
电　话　010－68723626
传　真　010－68946029
地　址　友谊宾馆苏园写字楼 298 室
邮　编　100873

韩国 KM 株式会社

联系人　柳庆鲧
电　话　0082－31－6732980
传　真　0082－31－6732981
地　址　韩国京几道一竹面芳本里

华粤企业公司

联系人　秦　毅
电　话　010－64908182/19
传　真　010－64908182/12
地　址　朝阳区北苑路 172 号欧陆经典 9 号楼 701 室
邮　编　100101

华粤企业公司（香港总部）

电　话　00852－27703628
传　真　00852－27511904
地　址　香港九龙旺角登打士街 56 号柏裕商业中心 16 号楼 1613A 室

建技机械有限公司

电　话　00852－23141928
传　真　00852－23147668
地　址　香港九龙尖沙咀东部科学馆道 1 号康宏广场南座 1005 室

建技机械有限公司北京办事处

联系人　朱红梅
电　话　010－64616156/57/58
传　真　010－64616159
地　址　朝阳区东三环北路 3 号幸福大厦 A 座 1506 室
邮　编　100027
主产品　挤奶设备、无菌袋灌装设备

建技机械有限公司福州办事处

电　话　0591－7811457　7826771
传　真　0591－7826771

建技机械有限公司广州办事处

电　话　020－37604332/30
传　真　020－37602079
地　址　广州市环市东水荫路 2 号华信大厦西塔 1901、1902 室
邮　编　510075

建技机械有限公司海口办事处

电　话　0898－5872879
传　真　0898－5872879

建技机械有限公司上海办事处

电　话　021－64275798
传　真　021－64276299
地　址　漕溪北路 18 号上海实业大厦 18E 室
邮　编　200020

建技机械有限公司深圳办事处

电　话　0755－25412310　25425352
传　真　0755－25412311
地　址　深圳市罗湖区文锦中路深港花园 12 楼 B 座
邮　编　518001

科瑞股份有限公司上海办事处

电　话　021－62269944
传　真　021－62076694
地　址　延安西路 1088 号长峰中心 2508 室
邮　编　200052

科瑞股份有限公司北京办事处

联系人　曹宇非
电　话　010－65127289
传　真　010－65125509
地　址　东城区灯市口大街 33 号国中商业大厦 1208 室
邮　编　100026
主产品　屋顶型灌装机

科瑞股份有限公司广州办事处

联系人　王旭华
电　话　020－87311043
传　真　020－87310011
地　址　广州市农林下路 83 号广发银行大厦 3310 室
邮　编　510080

科瑞股份有限公司台北分公司

电　话　00886－2－88098559
传　真　00886－2－88098557

青岛日清食品机械有限公司

联系人　姜礼新
电　话　0532－4855979
传　真　0532－4863994
地　址　青岛市长沙路 103 号
邮　编　266042
网　址　www.meetnissin.com

瑞典马驰集团上海阿仁科机械有限公司

联系人　刘　天
电　话　021－58346799
传　真　021－58991844
地　址　浦东金桥出口加工区宁桥路 755 号
邮　编　201206
主产品　热收缩包装机、三角包热收缩包装机等

韦斯伐里亚分离机（中国）有限公司香港总部

联系人　李仕德
电　话　00852－28660009
传　真　00852－25200432
地　址　香港港湾道 26 号华润大厦 27 楼 2708 室

韦斯伐里亚分离机（中国）有限公司北京代表处

联系人　于凯健
电　话　010－65814606/07/08/09
传　真　010－65814610
地　址　朝阳区光华路甲 8 号和乔大厦北座 209 室
邮　编　100026

韦斯伐里亚分离机（中国）有限公司广州代表处

联系人　李仕德
电　话　020－84243384
传　真　020－84412063
地　址　广州市江南大道中 348 号广州珀丽酒店 2603 房
邮　编　510245

韦斯伐里亚分离机（中国）有限公司上海代表处

联系人　吴丹人
电　话　021－63239156/8851
传　真　021－63238852
地　址　金陵东路 2 号光明大厦 207 室
邮　编　200002

温州国泰轻工机械有限公司

联系人　孙新春
电　话　0577－86818488/8855
传　真　0577－86810745
地　址　温州市沙城工业区永强大道 1827 号
邮　编　325025

沃喀莎公司

联系人　刘　芳
电　话　021－54955616/806

传　真　021－54955626
地　址　黎安路1189号
邮　编　201100
主产品　离心泵、阀门、管件

岩井机械（昆山）有限公司

联系人　贺集繁
电　话　0512－57715081
传　真　0512－57715091
地　址　昆山开发区金沙江南路25号
邮　编　215300
主产品　列管式灭菌机设备及CIP装置

原料及添加剂

恒天然（中国）有限公司

负责人　郭学研
电　话　00852－27202218
传　真　00852－27087225
地　址　香港九龙荔枝角道777号田氏企业中心1203－06&07－09室
网　址　www. fonterra. com
www. nzmp. com

恒天然（中国）有限公司北京代表处

电　话　010－85115006
传　真　010－65262586
地　址　东城区建国门内大街8号中粮广场B座1320室
邮　编　100005
网　址　www. fonterra. com
www. nzmp. com

恒天然（中国）有限公司广州代表处

电　话　020－38871359
传　真　020－38871329
地　址　广州市天河体育东路122号羊城国际商贸中心东塔3305室
邮　编　510620
网　址　www. fonterra. com
www. nzmp. com

恒天然（中国）有限公司上海代表处

电　话　021－52981578
传　真　021－52980375
地　址　成都北路333号招商局广场南楼1507室
邮　编　200041
网　址　www. fonterra. com
www. nzmp. com

新百利国际工贸有限公司

负责人　赵蔚蔚
电　话　0411－2655663
传　真　0411－2652812
地　址　大连市中山区人民路26号人寿大厦1906室
邮　编　116001

泛亚乳品（上海）有限公司北京办事处

联系人　董立军
电　话　010－64641966
传　真　010－64604478
地　址　朝阳区左家庄1号国门大厦4F
邮　编　100028
网　址　www. pacificdairy. com

戴维林贸易公司北京代表处

电　话　010－65260810
传　真　010－65260812
地　址　北京中粮广场A座405室
邮　编　100005

戴维林贸易公司上海代表处

电　话　021－64277337
传　真　021－64277336
地　址　上海漕溪北路18号上海实业大厦5座H座
邮　编　200030

DSM公司食品添加剂

联系人　慕博瑞
电　话　010－85262643/4/5/6/7
传　真　010－85262648
地　址　建外大街19号国际大厦2601室
邮　编　100004

DSM公司食品添加剂（上海）

联系人　陶耀娟
电　话　021－63863080/409
传　真　021－63862928
地　址　重庆中路25号
邮　编　200020

加拿大拉曼公司北京代表处

负责人　周　勇
联系人　张淑梅
电　话　010－84475326/27
传　真　010－84475330
地　址　朝阳区霄云路36号国航大厦810室
邮　编　100027

北京豪日中天科贸有限公司（惠益集团）

电　话　010－65229796　65229798
传　真　010－65221393

达翎国际贸易（上海）有限公司

联系人　唐伯文
电　话　021－56553707
传　真　021－56557443
地　址　芷江西路788号华舟大厦1904－06室
邮　编　200070
主产品　变性淀粉（法国进口）水溶性膳食纤维

丹麦帕思嘉有限公司上海代表处

联系人　杨锦健
电　话　021－58368536
传　真　021－58368408
地　址　上海浦东张杨路500号时代广场28C室
邮　编　200122
网　址　www. palsgaard. com
主产品　食品用乳化稳定剂

丹尼斯克（中国）有限公司

联系人　林　原
电　话　0512－57703894　57703888
传　真　0512－57703865
地　址　昆山经济技术开发区南浜路168号
邮　编　215300

丹尼斯克（中国）有限公司北京销售处

联系人　贾　燚
电　话　010－65007333　65931837/1838　85261430/1431
传　真　010－65007399
地　址　建国门外大街19号国际大厦1403房间
邮　编　100004

丹尼斯克（中国）有限公司广州销售处

联系人　刘卫斌
电　话　020－83836899　83836933
传　真　020－83836433
地　址　环市东路362－366号好世界广场2302室
邮　编　510060

德国贝克吉利尼化学有限公司上海代表处

联系人　虞　军
电　话　021－62567728
传　真　021－62567456
网　址　www. bk－giulini. com

法国罗地亚公司

电　话　021－54422630
传　真　021－54422887
地　址　莘庄工业园金都路3966号
邮　编　201108

法国罗地亚公司北京办事处

联系人　孟　彤
电　话　010－65102222/308
传　真　010－65102323
地　址　建国门内大街7号光华长安大厦1座17层
邮　编　100005

广州伟恩贸易有限公司（惠益集团）

联系人　林应坚
电　话　020－81301677　81302669
传　真　020－81301901
地　址　人民中路555号美国银行中心1305室
邮　编　510145

国民淀粉化学贸易（上海）有限公司

联系人　王海峰
电　话　021－64278178　57745700/3231
传　真　021－64642085　54278179
地　址　漕溪北路18号上海实业大厦11楼E座
邮　编　200030

国民淀粉化学有限公司北京办事处

电　话　010－65814166　65814167
传　真　010－65814169
地　址　朝阳区光华路甲3号和乔大厦107A室

惠益集团有限公司成都办事处

电　话　028－84375864
传　真　028－84375864

惠益集团有限公司广州办事处

电　话　020－81301677
传　真　020－81301901

惠益集团厦门华展贸易有限公司

电　话　0592－5818557　5144356
传　真　0592－5819477

纽特香港有限公司北京代表处

电　话　010－64501388
传　真　010－64501387
地　址　北京市10621－001信箱
邮　编　100621

乔富食品工业有限公司北京办事处

联系人　周水明
电　话　010－67676262
传　真　010－67675298

乔富食品工业有限公司上海办事处

联系人　徐　哲
电　话　021－64385777
传　真　021－64384666
地　址　漕溪北路45号航空科技大厦4楼
邮　编　200030

上海德立食品添加剂有限公司（韩国）DJD株式会社上海代表处

联系人　岳传静
电　话　021－64957099　56677426
传　真　021－64853172

上海佳碧国际贸易有限公司

联系人　李哲民
电　话　021－68406090　68406091
传　真　021－68406092

上海乐维经贸有限公司（惠益集团）

电　话　021－62124979　62124980
传　真　021－62401000

上海麦可维贸易有限公司

联系人　高彦霞
电　话　021－50563551
传　真　021－50563983
地　址　外高桥保税区华京路8号三联大厦533室
邮　编　200131

上海统园食品技术有限公司

联系人　李方兰
电　话　021－54481678
传　真　021－54481624
地　址　漕宝路401号2A
邮　编　200233

味之素（中国）有限公司广州分公司

联系人　许　毅
电　话　020－86373377
传　真　020－86594486
地　址　机场路十号之一丽珠大厦九楼
邮　编　510405

包装机械与材料

利乐（中国）有限公司

联系人　杨　斌
电　话　021－32174688
传　真　021－32174680
地　址　南京西路1168号中信泰富广场29层
邮　编　200041

利乐包装（北京）有限公司

电　话　010－67802166
地　址　北京经济技术开发区东环南路15号
邮　编　100176

利乐（中国）有限公司北京代表处

电　话　010－67739355
传　真　010－67769765
地　址　朝阳区广渠门外大街双井29号
邮　编　100022

利乐（中国）有限公司成都代表处

电　话　028－86198311
传　真　028－86198310
地　址　成都市西御街77号国信大厦7楼C座
邮　编　610015

利乐（中国）有限公司佛山代表处

电　话　0757－83831626
传　真　0757－83832872
地　址　佛山市高新技术产业开发区
邮　编　528041

利乐（中国）有限公司哈尔滨代表处

电　话　0451－3605941
传　真　0451－3605942
地　址　哈尔滨市南岗区花园街235号东方大厦806室
邮　编　150001

利乐（中国）有限公司昆山代表处

电　话　0512－57717725
传　真　0512－57717729
地　址　昆山经济开发区顺帆南路208号
邮　编　215301

利乐（中国）有限公司西安代表处

电　话　029－87203181
传　真　029－87203258
地　址　西安市南大街30号陕西中大国际大厦510房
邮　编　710002

利乐（中国）有限公司厦门代表处

电　话　0592－5185662
传　真　0592－5185659
地　址　厦门市湖滨南路鸿翔大厦7楼B、C座
邮　编　361004

利乐（中国）有限公司香港代表处

电　话　00852－28611933
传　真　00852－25279854
地　址　香港太古城英皇道1111号太古城第一期2313－15室

康美包包装技术服务（上海）有限公司

电　话　021－50461329
传　真　021－50461453
地　址　外高桥保税区希雅路55号F区5号地块12号二层
邮　编　200131

康美包有限公司北京代表处

电　话　010－86542332
传　真　010－65906559
地　址　朝阳区东三环北路8号亮马大厦A座2202室
邮　编　100004

康美包有限公司上海代表处

联系人　王　忆
电　话　021－62480885
传　真　021－62499541
地　址　延安西路129号华侨大厦22层
邮　编　200040

上海国际纸业有限公司

联系人　林丕坚
电　话　021－50311548
传　真　021－58543855
地　址　浦东金桥金海路450号
邮　编　201206
网　址　www.internationalpaper.com.cn

上海国际纸业有限公司北京办事处

电　话　010－65832154
传　真　010－65832285
地　址　朝阳区光华路甲8号和乔大厦C座1201室
邮　编　100022

上海国际纸业有限公司广州办事处

电　话　020－83579005
传　真　020－83505756
地　址　广州市淘金路50号丽晶大厦10B
邮　编　510095

爱克林（天津）有限公司北京办事处

联系人　郝莉霞
电　话　010－85275066
传　真　010－85275070
地　址　朝阳区新源里16号世方豪庭A－1601房间
邮　编　100026
主产品　灌装液态食品的立式袋及配套的全自动灌装设备

爱克林（天津）有限公司上海办事处

电　话　021－52560258
传　真　021－52560130
地　址　武定息路1185号上海神州大厦4028房间
邮　编　200042
网　址　www.ecolean.com

北京诺盟乳品无菌技术有限公司

电　话　010－65975309
传　真　010－65975310
地　址　朝阳区东三环北路19号华鹏大厦南楼408室
邮　编　100020
网　址　www.taiwan ricego.com
主产品　圆型类凸板干式印刷设备及塑料杯、印刷机及软管包装印刷机和各类瓶盖印刷机

芬兰依莱克斯德公司北京代表处

联系人　瑞斯托
电　话　010－65900047
传　真　010－65900047
地　址　朝阳区亮马大厦A座1205室
邮　编　100026

上海四国食品包装机械有限公司

联系人　林　海
电　话　021－57740495
传　真　021－57740496
地　址　上海松江区洞泾路18号
邮　编　201600
网　址　www.shikoku.com.cn

APV远东有限公司北京代表处

联系人　李彦君
电　话　010－65975138/39/40
传　真　010－65975110
地　址　朝阳区东三环19号华鹏大厦北楼301室
邮　编　100020

APV远东有限公司大连代表处

电　话　0411－3675851　3608777
传　真　0411－3675853
地　址　大连市西岗区新开路99号大连珠江国际大厦708室
邮　编　116011

APV远东有限公司广州代表处

电　话　020－81363326　81363356/57
传　真　020－81363327
地　址　广州市盘福路13－35号广州白云麒麟大厦A405室
邮　编　510810

APV远东有限公司上海代表处

联系人　钱　伟
电　话　021－63758186
传　真　021－63759409
地　址　上海市黄陂北路227号中区广场507室
网　址　apv.invensys.com
邮　编　200003

APV远东有限公司香港总部

电　话　00852－23673175
传　真　00852－27241290
地　址　香港铜锣湾恩平道28号嘉兰中心9楼902室

波利泰普包装进出口有限公司

联系人　胡经理
电　话　0755－82943085
传　真　0755－82943090

博世包装技术（杭州）有限公司

电　话　0571－88913077
传　真　0571－88913011
地　址　杭州高新技术开发区文二路247号三号厂房
邮　编　310012

德国宝得北京办事处

联系人　朱先生
电　话　010－65156508

传　真　010－65156507

德国宝得广州代表处

电　话　020－87698379
传　真　020－87604979
地　址　广州市东风东路828－836号东峻广场2座13楼1305室
邮　编　510080

德国宝得上海代表处

电　话　021－64865875
传　真　021－64865110
地　址　漕溪北路18号上海实业大厦27E
邮　编　200030

德国海思亚包装机械有限公司

联系人　斯蒂尔
电　话　0049－604181260
传　真　0049－604181213

德国海思亚包装机械有限公司上海代表处

电　话　021－62494340
传　真　021－62488465
地　址　华山路301号静安商楼408室
网　址　www. hassia. de

德国意韦卡工业股份有限公司

联系人　张云声
电　话　021－62494340
传　真　021－62488465
地　址　华山路301号静安商楼408室
邮　编　200040

荷兰纸业（香港）有限公司北京办事处

联系人　李　龙
电　话　010－65900372
传　真　010－65900373
地　址　朝阳区东三环北路8号亮马大厦办公楼1座1007室
邮　编　100004

华美集团

联系人　冯　时
电　话　010－65565087/6944
传　真　010－65566955
地　址　朝阳区朝阳路十里堡甲3号城市广场4号楼15层D、E、F室
邮　编　100025

惠州宝柏印刷有限公司

联系人　罗　斌
电　话　0752－2609023
传　真　0752－2608168　2600820
地　址　惠州仲恺大道马过渡华宝工业区
邮　编　516006

基伊埃技术设备（上海）有限公司

联系人　陈雯燕
电　话　021－64191318
传　真　021－64591368
地　址　上海市新镇路1678号
邮　编　201101

金光集团

联系人　张友培
电　话　0574－7225153
传　真　0574－7336621
地　址　宁波育才路288号繁景花园海棠阁8A2室
邮　编　315010

美国博特莱包装公司（Protola Packaging，Inc.）

联系人　姜瑞君
电　话　021－54425588/28
传　真　021－54422723
地　址　上海莘庄工业区春中路66号
邮　编　201108

美国惠好中国有限公司上海代表处

联系人　顾　云
电　话　021－53829983
传　真　021－53828113
地　址　上海市湖滨南路222号企业天地商业中心1101室
邮　编　200021
网　址　www. negerhacwser. com

挪威艾罗派克公司北京代表处

电　话　010－65546118
传　真　010－65541833
地　址　东城区朝阳门外北大街8号富华大厦D座2层1室
邮　编　100027

斯道拉恩索香港办事处

联系人　陈炳堂
电　话　00852－21265018
传　真　00852－25761480
地　址　香港告士打道280号

斯道拉恩索北京代表处

联系人　王志刚
电　话　010－65686699
传　真　010－65672921

斯道拉恩索香港有限公司上海代表处

电　话　021－32100385　32100386
地　址　南京西路1168号中信泰富广场3108室
邮　编　200041

香港捷成洋行有限公司北京代表处

联系人　Geoffrey P. Ziebart
电　话　010－65181188
传　真　010－65182066
地　址　东城区建国门内大街18号恒基中心办公楼二座10层
邮　编　100005

香港捷成洋行有限公司成都代表处

联系人　Anbing　Che
电　话　028－86613366/1415/1416
传　真　028－86761710
地　址　成都市新华大道文武路42号时代广场14楼C座
邮　编　610017

香港捷成洋行有限公司大连代表处

联系人　杨继萍
电　话　0411－36911270
3608888－3710
传　真　0411－3691271
地　址　大连市西岗区新开路99号珠江国际大厦710B室
邮　编　116011

香港捷成洋行有限公司广州代表处

联系人　Cheong　Chan　Ian
电　话　020－87322616
传　真　020－87322620
地　址　广州市环市东路403号国际电子大厦28楼2806－7室
邮　编　510095

香港捷成洋行有限公司青岛代表处

联系人　蒋月红
电　话　0532－5753038/16
传　真　0532－5753017
地　址　青岛市南京路9号青岛联合大厦6楼6D－6E室
邮　编　266071

香港捷成洋行有限公司上海代表处

联系人　Ms. Linda　Lam

电　话　021－63527002
传　真　021－63527003
地　址　延安东路588号东海商业中心10楼
邮　编　200001

香港捷成洋行有限公司深圳代表处

联系人　朱丽坤
电　话　0755－83594421
传　真　0755－83594415
地　址　深圳市福田保税区红花路1001号国际商贸中心3栋132号
邮　编　518038

香港捷成洋行有限公司天津代表处

联系人　梁碧恩
电　话　022－23306998/3998
传　真　022－23305991　23303990
地　址　南京路75号天津国际大厦1608室
邮　编　300050

香港捷成洋行有限公司武汉代表处

联系人　Wong　Kan，Borgia
电　话　027－85712556　85712681/80
传　真　027－85712757
地　址　武汉武胜路泰合广场27楼2709室
邮　编　430033

尤尼法斯特有限公司

联系人　宗　莉
电　话　010－64381380　65042844
传　真　010－65042704/5
地　址　朝阳区农展北路55号中欧宾馆201室
邮　编　100026

浙江伟博包装印刷品有限公司

电　话　0572－8025999
传　真　0572－8025126
地　址　德清县三桥镇莫干山经济开发区（104国道）
邮　编　313205

大连大诺印刷包装有限公司

联系人　李淑珍
电　话　0411－6511166　6510687
传　真　0411－6508808
地　址　大连市甘井子区华北路431号
邮　编　116037
主产品　塑料包装膜

检测仪器

SGS（通标标准技术服务有限公司）

联系人　杜　军
电　话　010－63955949　63955945/48
传　真　010－63951014
地　址　复兴路戊12号恩菲科技大厦1026室
邮　编　100038

布鲁克光谱仪器公司

联系人　朱雨杰
电　话　010－68415912　68474826　68472060
传　真　010－68474799

德国赛多利斯公司 SartoriusAG

联系人　郭　卫
电　话　010－64391688
传　真　010－64391685
地　址　朝阳区望京工业园区东湖渠
邮　编　100102
主产品　乳品收集取样系统、电子天平、水分测定仪、金属检测机

德国赛多利斯公司 SartoriusAG 上海代表处

联系人　陆　微
电　话　021－64270612
传　真　021－64270604
地　址　朝阳区望京工业园区东湖渠
邮　编　100102

福斯集团公司北京代表处

联系人　曹　勇
电　话　010－68467239/40
传　真　010－68467241
地　址　海淀区白石桥路11号北京理工科技大厦1105室
邮　编　100081

环球分析测试仪器有限公司北京办事处

联系人　朱　强
电　话　010－68946260
传　真　010－68463639
地　址　中关村南大街9号理工科技大厦506室
邮　编　100081

梅特勒-托利多（常州）称重设备系统有限公司

联系人　杨　勇
地　址　常州市常锡路111号
邮　编　213001

生物梅里埃（中国）有限公司北京代表处

联系人　郭　剑
电　话　010－65156963　010－65156993
地　址　朝阳区建国门外大街甲24号东海中心1601号
邮　编　100004
主产品　微生物细菌学检测试剂和检测系统
网　址　www.biomerieux.com.cn

生物梅里埃（中国）有限公司上海代表处

联系人　李　志
电　话　021－52401118
传　真　021－52400196

生物梅里埃（中国）有限公司香港总部

电　话　00852－23567033
传　真　00852－23302085
地　址　香港九龙观塘鸿图道57号南洋广场1701－02室A

台湾爱德士生物科技股份有限公司上海代表处

联系人　陆兵兵
电　话　021－62702222
传　真　021－62350676
地　址　上海市仙霞路319号远东国际广场A栋319号
邮　编　200051

沃尔包装计量机械

联系人　谢恩忠
电　话　010－83681067/68
传　真　010－83681069
地　址　丰台区科学城航丰路甲4号
邮　编　100070

香港波通仪器亚洲有限公司北京代表处

联系人　石冬冬
电　话　010－63423835
传　真　010－63420907
地　址　宣武区南滨河路31号华亨大厦818室
邮　编　100055
主产品　鲜奶、奶粉分析仪
网　址　www.pertenchina.com

附　录

主要国家乳业情况

法国奶业

（一）法国奶业概况

法国牛奶年产量超过 2 300 万吨，位居欧盟第二，世界第五。法国拥有大约 11 万个奶牛场，年平均产奶量超过 20 万升。每年（4 月 1 日到次年的 3 月 31 日）每个奶牛场的产奶量都必须控制在配额规定的范围以内。奶牛场以家庭经营为主，分布在全国各地的农村地区。法国 30%的农场都生产奶制品，占用法国可利用农业用地面积的 30%。喂养动物主要使用牧场产的饲料（草料、玉米……）以及一些增加营养的饲料（粮食、大豆……）。奶牛场的地理分布呈马蹄铁形状，从布列塔尼和诺曼底地区，经过法国北部、孚日山脉、汝拉山脉、中央高原一直到比利牛斯-大西洋沿岸地带。

法国奶牛的存栏数量为 450 万头，品种多样（表 1）。其中数量在 1 万头以上的奶牛品种有 8 个。多样的土壤和气候条件是奶牛品种繁多的重要原因。在过去的 50 年间，法国农业专业化发展促使奶业的生产向一些重要的奶牛品种集中。但是，某些数量稀少的奶牛品种因为适应了艰苦的环境（比如山区）而得以保存下来，这些奶牛的价值或者在于其所产牛奶制作的奶酪质量上乘，或者在于它们较高的肉用价值。由于品种的独特性也构成产地条件之一，因此奶酪原产地控制命名（AOC）的规定通常会要求使用某一特殊品种的产品。一套行之有效的基因选择系统保证了不同品种的奶牛品质的改良。

表 1　基本奶牛种类的数量

奶牛种类	奶牛的头数	奶牛种类	奶牛的头数
皮豪斯坦牛	3 000 000	法系西门塔尔牛	35 000
诺曼底牛	810 000	平原红白花牛	33 500
蒙贝利亚牛	710 000	褐牛	32 000
阿邦当斯牛	65 000	塔朗泰兹牛	14 000

（资料来源 ：BRG）

（二）多样化加工，高品质产品

法国是欧洲重要的奶制品生产国家。其生产的黄油和全脂奶粉位居欧洲第一，奶酪和脱脂奶粉位居欧洲第二。法国在欧盟奶制品生产中所占比重：液态奶 13%；发酵奶 28%；黄油 24%；奶酪 23%；奶粉 25%（资料来源于 ONILAIT 根据 ONILAIT/SCEES，Eurostat 的数据- 2003 年数据）。

法国奶业在农业-食品行业占据重要的地位，奶业在法国农业-食品行业所占比重：农业-食品企业的 10%；营业额的 20%；农业-食品行业 16% 的员工（资料来源于 ONILAIT 根据 SCEES 2001 年）。

法国 11 万个奶牛场生产的 230 亿升牛奶，被送往 700 个加工单位。其中，70%以上生产的是针对大众消费的奶制品（奶酪、酸奶、甜点、奶、稀奶油）。大众消费产品占采集奶量的 70 %，工业产品占采集奶量的 30 %（表 2）。

表 2　法国 11 万个奶牛场生产的奶制品类别、数量

生产数量	品种类别	占采奶量的%（采集的干物质 ）
39 亿升	包装奶	11
260 万吨	超鲜奶（1）	11
120 万吨	奶酪（2）	33

（续）

生产数量	品种类别	占采奶量的%（采集的干物质）
33万吨	稀奶油	6
45万吨	黄油和疏水乳脂肪	21
55万吨	奶粉	13
4万吨	酪蛋白	2
61万吨	乳清粉	3

（1）酸奶，乳制甜点，软干酪和小块乳脂干酪。

（2）鲜咸干酪，熟干酪和融化干酪，不包括软干酪和小块乳脂干酪。

（资料来源：ONILAIT根据ONILAIT/SCEES-2002年数据）

在法国，1/3的奶用于制作奶酪，这也证明了法国奶酪生产的悠久传统。法国奶酪品种繁多，共有上千种不同的奶酪产品。其中，40种奶酪持有原产地控制命名（AOC）。有AOC命名的奶酪产品的优良品质来自于产地的美名以及当地的传统生产条件。每一种AOC产品都有相应的法令，详细规定该产品的地理生产区域、生产条件（包括动物饲料等）、产品的质量和特征，以及监督管理办法。在欧洲，法国的AOC产品都属于原产地保护命名（AOP）产品范围之内（即AOC＝AOP）。

下图揭示了法国奶酪生产的多样性（图1）。

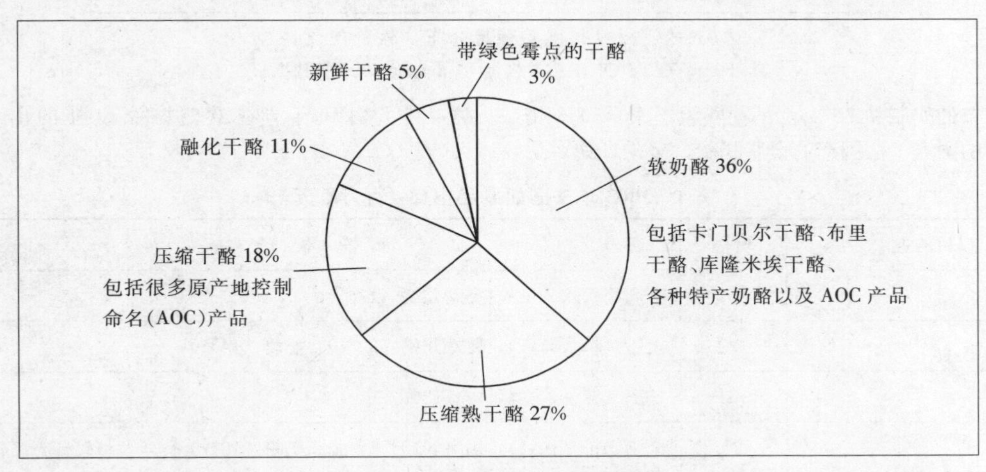

图1　牛奶干酪产品分布图

（资料来源：ONILAIT根据ONILAIT/SCEES）

（三）法国是奶制品出口大国

法国生产的奶70%用于国内市场。同时，法国奶业的出口也非常大，大约30%的奶用于出口（表3）。

2003年，法国奶制品外贸出口顺差为25亿欧元，是法国农业和食品行业对外贸易的重要组成部分。法国因此成为世界第二大奶制品出口国，仅次于德国，但是领先于荷兰和新西兰。

表3　奶制品进出口情况

	出　口	进　口	差　额
10亿欧元	10亿欧元	10亿欧元	10亿欧元
农业产品和食品	36.1	26.9	9.2
奶制品	5.1	2.6	2.5
奶制品所占比重	14.1%	9.7%	27.2%

（资料来源：ONILAIT根据Unifrance 2003年数据）

奶酪是法国主要的出口产品，出口量占到产量的30%，出口额为奶制品出口总额的41%。法国奶酪出口到很多国家，主要有德国、比利时、英国和意大利（图2）。

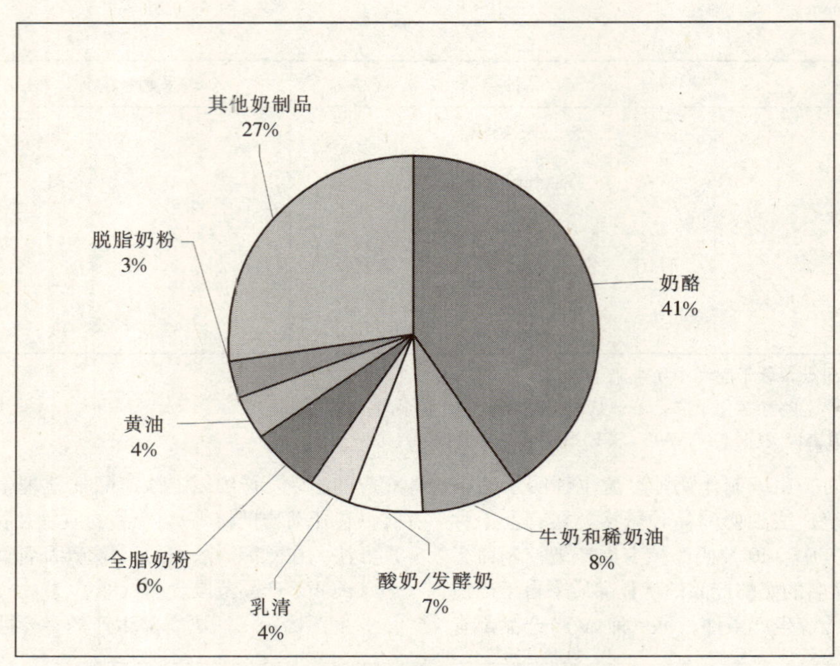

图 2　出口奶制品种类分布（按价值计）

（资料来源：ONILAIT 根据 Unifrance 2003 年数据）

法国出口的奶制品 70％ 都销往欧盟国家，30％ 销往欧盟以外的国家。法国产的全脂奶粉，婴幼儿奶，奶酪，酪蛋白和乳清在欧盟国家以外的出口量都很大（表 4）。

表 4　2003 年法国奶制品出口（百万欧元）

出口目的地	价格	基 本 产 品
马格里布	163	全脂奶粉（59％），婴幼儿奶（17％）
非洲其他地区	132	全脂奶粉（31％），婴幼儿奶（22％），奶酪（14％）
北美洲	164	奶酪（80％），酪蛋白（18％）
中美洲	27	全脂奶粉（19％），奶酪（16％），脱脂奶粉（16％）
南美洲	10	乳清（59％），奶酪（19％）
近东和中东	147	奶酪（47％），婴幼儿奶（24％），全脂奶粉（14％）
亚洲其他地区	192	乳清（31％），奶酪（31％）
欧盟 15 个成员国	3 134	奶酪（54％），液态奶（8％），酸奶（8％）
10 个欧盟新成员国	25	奶酪（47％），酪蛋白（15％），婴幼儿奶（11％）
独联体	19	奶酪（62％），黄油（18％）

（资料来源：UBIFRANCE－2003 年数据）

法国奶制品的进口量是其产量的 20％。主要进口产品是奶酪和黄油。比利时、德国和荷兰是法国主要的奶制品进口国。

（四）山羊奶：增长的采集量，高品质的产品

20 年以来，法国山羊奶的采集量增长了一倍，2003 年达到 4 亿升（表 5）。其中一半以上的生产集中在 Poitou-Charentes 地区。2003 年牧场的数量约为 3800 个，每个牧场平均产奶量为 10.7 万升（约为 1983 年的 9 倍）。山羊奶酪的生产也随之增长，2003 年达到 7 万吨（1983 年仅为 3 万吨）。

80％以上的奶酪产品为熟干酪。其中大部分是 bûches 和 bûchettes（不同大小的条形奶酪）。法国的山羊奶酪产品同样具有品质标志，持有 11 个原产地保护命名（AOP）。家庭农场生产的奶酪数量估计达到 1.5 万吨，家庭农场的数量约为法国山羊养殖农场的一半。

表5 2003年法国山羊奶采集情况

采 集	采集（千升）	牧场数量
	400 448	3 754
生 产	产量（吨）	份额
鲜干酪	10 643	15.2%
纯山羊奶熟干酪	56 255	80.5%
半山羊奶干酪	1 929	2.8%
混合奶干酪	1 058	1.5%
所有奶酪产品	69 885	100.0%

（资料来源：ONILAIT/SCEES-2003年数据）

（五）法国羊奶：世界知名

羊奶的采集量20年来翻了一番，2003年达到2.43亿升。2003年牧场的数量接近4 700个（表6），即每个牧场平均产奶量为5.2万升（为1983年的4倍）。

羊奶干酪的生产随之增长，2003年达到5.4万吨（1983年为2.2万吨）。

传统干酪制品占据了其中的很大一部分，比如Roquefort奶酪销往全世界，还有Ossau Iraty和Brocciu奶酪。用于烹调的干酪产品多种多样，其中Feta式的奶酪和意大利式奶酪的生产增长迅速。

表6 2003年法国羊奶酪采集情况

采 集	采集量（千升）	牧场数量
	242 636	4 664
生 产	产量（吨）	份额
Roquefort	21 105	39.4%
其他羊奶干酪产品	32 508	60.6%
全部干酪产品	53 613	100.0%

（资料来源：ONILAIT/SCEES-2003年数据）

（六）促进产品质量管理的政策

除了欧洲的市场支持政策以及通过配额管理政策实现的对奶业生产的控制以外，法国政府还制定了致力于改善产品质量的政策：根据产品质量的高低定价，制定牧场经营必须遵守的畜牧操作规程，开发原产地命名产品（2002年有40种AOC干酪产品，产量超过19万吨，几乎占法国干酪产量的15%，还有3种黄油和稀奶油AOC产品）。

加拿大的乳品产业

加拿大优质的奶牛、牛奶和奶制品在国际上享有盛誉。这种国际声誉与加拿大乳业农场和工厂一贯执行严格的质量标准是分不开的。

2003年，乳业农场的生产净收入总额为45亿加元。加拿大乳业成为仅次于粮食、红肉和园艺的第四大农业部门。其奶牛的产奶量、鲜奶和奶制品的产量以及奶牛遗传基因产品的出口量位居全球前20名。

加拿大乳业以其品种优良的牛群而闻名于世。加拿大的奶牛群是经过长期的品种改良、采用严格的后裔测定制度培育出来的，采用了TDM（日测模式）等世界上最先进的技术和方法。根据奶牛产奶量记录计划显示，加拿大奶牛2003年的平均产量高达每头9 519千克，蛋白质含量和乳脂含量分别达到了3.23%和3.73%。这些成绩得益于加拿大乳业在动物营养、疾病控制和遗传改良方面的成就。

长期以来，加拿大对产量和动物健康所做的不断研究，配以均衡育种原则，为牛群赢得了无病、高产、产奶期长和异地适应性的公认品质。

从农场开始，在整个乳业食品链的每一个环节中都执行严格的质量标准，为消费者提供最高质量、最安全的乳制品，其品质保证久藏不变。在奶牛农场，我们有经过加拿大食品检疫署认证和HCCP的农场食品安全制度——“加拿大优质牛奶”计划来保证质量。不仅如此，大多数的乳品企业也都经过了HCCP或ISO的认证。

加拿大食品检验署（CFIA）负责制定乳品的产品标准和评定、对乳品厂进行检查并管理产品的包装和标识。食品检验署同时还负责动物卫生计划和产品安全的监督。

加拿大政府拥有一套行之有效兽医卫生体系，对保障国家食品的供应高度重视。国家动物卫生计划按照国际兽医局（OIE）等机构规定的国际标准实行强度执行的检查和监控制度。2003年度的奶牛遗传产品出口总额超过8900万加元，比2002年减少了7700万加元。出口额减少的原因是2003年5月份发现的疯牛病例。加拿大食品检疫署立即采取了措施以确保牛群的安全。自国际兽医局确认冻精和胚胎并不传染疯牛病之后，国际市场恢复了加拿大冻精和胚胎的贸易。

加拿大农业部为保证食品体系的安全、环境的健康和行业的革新发展提供信息、开展研究和技术开发、制定政策并实施各项计划。

从农场到消费者手中，牛奶的供应需要生产和加工单位、省和联邦各级政府以及食品检验部门的密切配合与合作。农业部在确保加拿大乳业的持续和健康发展方面起着关键的作用，同时他们的工作也离不开各方的配合，其中包括生产企业协会，例如加拿大奶农协会（DFC），乳品加工企业组织，例如加拿大乳品加工企业协会（DPAC），乳品合作社，例如 Gay Lea Foods Ltd. 和 Agroupur，奶牛遗传基因集团，例如 Semex 联合体、加拿大荷斯坦奶牛协会以及加拿大牲畜品种培育协会。

加拿大的乳业拥有很强的生产和加工的研发能力，政府、大学、私营企业所设立的研究机构势力雄厚，所开发、推广的先进技术为培养行业的长远的竞争能力、确保乳品的食用安全和质量起到了推动作用。目前正在研究如何通过控制奶牛的饲养习惯来生产含有能抗癌的共轭亚油酸（CLA）和欧米加 3 脂肪的牛奶。

随着社会和人口的变化，消费者的需求、口味和消费习惯也在发生变化。在加拿大，消费者越来越注重也越来越了解营养信息，他们希望所食用的食品能够增进健康。同时随着移民的增多，加拿大的食品消费结构也在发生变化，消费者所要求的食品品种日益增多。

加拿大生产的牛奶有 39%供直接饮用，61%供工业加工使用。供直接饮用的新鲜液体牛奶品种有：含 3.25%乳脂的均质牛奶、2%的半脱脂奶以及 1%的低脂奶、全脱脂奶、超微过滤奶、特种奶和奶饮品、巧克力奶、黄油奶以及各种奶油。工业牛奶和奶油用来加工生产其他奶制品，例如奶酪、酸奶、冰激凌、黄油和奶制添加原料。

在过去 30 年中，加拿大乳品的产品结构的重点逐渐地由传统的黄油、去脂奶粉和脱水奶粉及炼乳转向附加值更高的特种奶酪、切达奶酪、各色酸奶、冰激凌精品和新品种以及其他冷冻甜品。同时乳品行业还通过创新引导消费，例如推出过滤去菌牛奶、提供更多不同尺寸的包装以及为现有产品作保健食品的包装。

乳品是均衡膳食的重要组成部分，也是人体发育必不可少的食物。加拿大的消费者可以选择的乳品品种非常丰富，可以满足他们的各种不同需要。这就是为什么加拿大人每年平均消费 275 千克的乳品。

加拿大的乳品行业有严格的质量控制和食品安全制度作保障，有一支高产、健康的牛群为依托，是一个成熟的产业；同时它还不断地开发、创新各种乳品来满足消费者的需要。在这个方面，加拿大农业部、加拿大奶农协会、艾格威公司和先马士联合体已经在中国开展了很多商业合作，为中国引入加拿大的优质的乳制品、奶牛遗传产品和先进的管理经验。其目标是成为全球的食品安全和创新以及环保型生产的领导，满足国内外消费者需要。

（艾格威公司总经理　罗伯特·华森）

新西兰奶业

新西兰位于太平洋南部，面积约为 27 万平方公里，总人口为 410 万人。新西兰 75%的面积为山脉和丘陵，这些土地又被开发成供放牧的牧场。可用于农牧业的土地为 1400 万公顷，其中的 140 万公顷土地用于乳业。新西兰的绝大部分地区的气候属温带海洋性气候，一年四季气候温和，雨量丰富，草场广袤，使得新西兰奶农拥有极佳的自然环境来饲养他们的奶牛，国内奶牛全年放养于露天草场，完全无人工饲料喂养，从而造就了极富比较优势的新西兰乳业。

新西兰的乳制品行业是其最重要的产业之一，且不享受任何政府津贴，乳制品业及其相关的业务约占新西兰国内生产总值的 7%及全部商品出口值的 23%。新西兰的牛奶产量虽然仅占世界牛奶产量的 2%，但由于国内消费市场的规模较小，所产牛奶的 95%用于加工出口。近年来，新西兰已占世界乳制品贸易份额的 31%。

奶牛养殖及牛奶生产：新西兰拥有 385 万头奶牛，由 13 000 名奶农所饲养，在 2003—2004 年度，生产了 146 亿升奶，其中的 75%产自于北岛。超过 12.5 亿千克的乳固体被加工成各种乳制品，其中的大部分用于出口。平均牧群规模为 302 头，平均每公顷牛头数为 2.75 头，平均每头牛的乳固体单产为 322 千克。

新西兰的生鲜牛奶生产有明显的季节性，即每年的 9 月到翌年的 3 月是奶牛产奶的高峰期，而进入冬季，即每年的 5～8 月则基本进入枯奶期。

新西兰的奶农亦不断通过品种改良及提高管理水平来提高生产效率。从 1992—1993 年度到 2001—2002 年度期间，总体生产效率的增长率保持在 1.4%左右。在 1992—1993 年度，新西兰的奶牛平均单产是每季 259 千克乳固体，而在 2003—2004 年度，这个数目则增加到 322 千克。

在生产效率长期提高的同时，奶牛的数目也不断增长。从 1993—1994 年度到 2003—2004 年度，奶牛由 2 736 452 头增至 3 851 302 头。

环境保护：奶牛养殖业是新西兰重要的使用土地的产业。奶牛养殖业如同其他土地密集型项目一样，对水源的品质和水生环境都有很大的影响。

随着现有的农场不断扩展到以前没有奶牛养殖的地区，有效的控制奶牛养殖业对水生环境的影响以保持整个行业的可持续发展就日益显得重要了。政府和乳业即共同发起了“奶牛养殖业和清洁河流协议”及“环保型农场计划”等来控制奶牛养殖业对环境的影响。

食品安全：新西兰能够出产世界一流的乳制品也是因为采用了世界一流的食品安全标准。最近，新西兰的食品供应已经被新西兰食品安全局（NZFSA）证实为世界最安全的食品之一。在已经完成的 2002—2003 年度对新西兰食品供应进行的残余化学物质的检验中，抽查了很大范围的日常食品。这些检验包括从食品加工到最终销售给顾客的各个环节。而从 117 340 项检验结果来看，99.9934%的结果达到或超过了管理机构所规定的农产品残余物含量的要求。在 2002 年 8 月到 2004 年 2 月对乳业所进行的化学污染物检验的 18 800 项测试中，也没有发现 80 种化学污染物中的任何一种。

乳业发展与管理：新西兰的乳业产生于 19 世纪，并于 20 世纪 30 年代开始了乳品产业合理化整合的进程，到 20 世纪 60 年代，随着技术水平的提高而获得具有里程式意义的进展，并在 90 年代加速这一进程，并最终成立了恒天然合作集团。

恒天然合作集团（Fonterra Co-operative Group Limited）是新西兰乳业的领导者。其所处理的牛奶约占新西兰全国的 96%。而余下的 4%则由 Westland 与 Tatua 乳业所控制。同时新西兰还有许多小型的独立加工企业，它们从恒天然购买原料并加工成特制产品以满足特定的市场。

在 2001 年恒天然合作集团的成立，引发了新西兰对乳制品出口更广范围的开放，由新西兰乳品局单一垄断乳品营销的局面被打破了。乳制品业的改革也创造了一个有利于创新和培养企业家精神的环境。同时，乳业通过立法和有关条例的制定来得以规范，这些条例的管理范围涵盖有关奶农股东自由加入或退出恒天然、奶农所占份额的分配、恒天然集团如何向独立加工企业销售生鲜奶及由家畜改良公司（Livestock Improvement Corporation（LIC））进行畜群检疫和畜群数据库管理等环节。

简言之，新西兰乳业的整体管理框架是确保奶农所生产的生鲜奶在市场上的竞争力，以及保护新西兰国内乳品市场上的竞争，从而避免因恒天然的主导优势而阻碍那些从恒天然处收购牛奶的较小乳品企业的发展潜力。

恒天然的规模和在乳品业的地位意味着她对新西兰乳业乃至整个国家的经济都至关重要。因而在合并成立恒天然的时候，有关部门就制定了相关法律和规则，以激励恒天然集团良好的业绩表现，从而确保恒天然集团不会因拥有新西兰绝大部分份额的鲜奶而不思进取。

恒天然合作集团：恒天然合作集团是一家跨国的乳制品集团，目前由约 12 000 名新西兰奶农所拥有，是新西兰最大的公司。在 2003—2004 财年，恒天然的资产达到 111 亿纽币，而销售收入则达到 118 亿纽币，股东基金则为 47 亿纽币。恒天然集团的收入分别占新西兰出口额的 23%及新西兰 GDP 的 7%。

在 2003—2004 财政年，恒天然从它的新西兰奶农股东手中收集了 140 亿升的牛奶，占新西兰产奶量的 96%，并在全球销售了 240 万吨的乳制品，市场覆盖全球 120 个国家。恒天然在全球拥有 2 万多名员工，其中的一半在新西兰本土工作。

恒天然的工厂和加工设备是世界上最好的乳品设施之一。它们都采用了最新的技术并获得世界最高级别的食品安全和质量认证。

恒天然集团包括两个独立运作的战略业务单位，即负责原料业务的恒天然有限公司及负责消费品业务的新西兰牛奶公司。恒天然有限公司的原料业务负责整个乳品产业供应链的管理，包括生鲜乳采集、生产加工、后勤及物流操作，直到最终将优质的乳品原料销售给分布全球的客户，所生产并销售的 NZMP 品牌的乳品原料享誉业内。主要的产品包括奶粉、奶酪、黄油、干酪素、无水奶油、及乳蛋白等。而新西兰牛奶公司则负责经营消费品市场，致力于以安佳（Anchor）、安怡（Anlene）、安满（Anmum）、芝司乐（Chesdale）等品牌的终端消费产品的生产与营销。

技术革新：新西兰为保持其乳业的领先地位不断进行技术与产品的创新。乳业的创新主要集中在农场、加工和新产品研发的效率和产量提高等方面。

家畜改良。新西兰在畜群改良方面已达到了世界领先地位。家畜改良是新西兰的奶农得以保持在世界上最低的生鲜奶生产成本的原因之一，这些改良是世界上最高的技术转化率、国家牧场管理系统及育种战略，以及基因改良的结果。新西兰亦拥有世界上最高的基因改良率。新西兰家畜改良公司（LIC）负责畜群检疫和改良等环节。公司通过所建立的新西兰国家数据库而为世界乳业的畜群改良工作制定了标准。该数据库拥有无与伦比的溯源能力、世界一流的基因改良系统和实验室自动解决方案。

同时，生物科技加速了为达到某种特定优点而进行的配种活动的进程，也有助于提高产量及获取更多的高值特殊产品。生物科技研究者在新西兰已经辨别出几种可能是非常重要的基因。这些基因包括一种可以影响奶牛产量的基因。这是由 ViaLactia（由恒天然拥有）和家畜改良公司合资成立的 BoviQuest 发现的。这种基因具有优化高价值牛奶品质特性的潜能。

创新的乳制品。新西兰乳业拥有雄厚的研发实力，同时也拥有可以把重要的研究成果推广到市场上的经济实力和操作技巧。恒天然的研究对乳制品在研发与生产环节上的创新都做出了贡献。

“研究和科学技术基金（FRST）”是长期乳制品研究项目的重要资助人，并与乳业界在重大项目上大力合作。Lactopharma 是恒天然和奥克兰大学的合资公司，旨在发现牛奶中可以提高骨骼成长和可以医治骨骼疾病的生物医学成分。

新西兰牛群改良体系和信息管理系统介绍

新西兰虽然是一个仅有 400 万人口的小国家，却是一个奶产品出口大国。2003 年度产奶奶牛的存栏数达 370 万头，分布在全国近 13 000 个奶牛场，生产鲜奶 1 390万吨。虽然新西兰的牛奶产量只占世界总产量的 3%，但是因为 95%的牛奶都出口到别的国家，所以新西兰的奶产品约占世界奶产品贸易的 1/3。新西兰的农业没有任何政府补贴，要在国际市场上与有政府补贴的欧美国家竞争，靠的是新西兰奶牛产业的高效率。这一高效率的取得，是与新西兰良好的生产环境、优质的良种奶牛、科学的管理方法和高效的牛奶加工分不开的。

（一）国家奶牛育种方案

新西兰的奶牛育种有一个全国统一的育种目标，所有的奶牛育种公司都根据这个统一的目标进行良种培育。新西兰的国家奶牛育种目标是：培育能够最有效地把饲料转化成利润的奶牛。这一育种目标充分体现了新西兰奶业对高效率的追求。

新西兰国家奶牛育种目标的实施是由新西兰家畜改良公司的遗传评估中心来执行的（网址：www.aeu.org.nz），这个中心的运行是由新西兰奶业任命的国家遗传评估委员会来监督的。除此之外，新西兰国家遗传评估委员会还负责批准育种指数中所包括的性状和定期修改各性状的经济加权值。

新西兰的遗传评估系统所需的统计模型的建立和维护是由新西兰家畜改良公司研发部的科学家们负责。遗传评估模型的任何改变都必须经过国家遗传评估委员会的批准和世界著名专家的审核。新西兰目前使用的是动物模型，正逐步向测定日模型发展，测定日模型已经用于体细胞的遗传评估。

新西兰的国家育种目标是用育种利润指数（BW，Breeding Worth）来衡量的，其单位是新西兰元，它是通过对 6 个性状的育种值进行经济加权后获得（表 1），每个性状的经济权重是根据该性状对农场利润的边际效应来分配的。BW 衡量 1 头种畜所生的后代每年、每单位饲料（4.5 吨干物质）所获得的经济效益。例如 1 头 BW＝＄200 的公牛所生的后代要比 1 头 BW＝＄0 的公牛所生的后代每年、每单位饲料多获得＄200 纯利润。图 1 显示了新西兰 2004 年 5 月全国母牛 BW 的分布情况。

新西兰是世界上惟一把体重纳入育种指数的国家，而且在育种指数里取负加权值，再次显示了新西兰奶牛业对效率的追求。虽然体重和产奶量成正相关，但是维持额外体重所需的饲料价值必须低于多产的牛奶的价值才能获得更多的利润。再有，新西兰的育种目标特别注重对牛奶固体物质（脂肪和蛋白质）产量的选择，并且对产奶量在育种指数里进行负加权，来惩罚那些奶中固体物质含量低的牛。这是因为新西兰的大部分牛奶都被加工成产品出口，奶中的水分会增加运输和加工的费用。归根结底，牛奶的营养价值主要来自奶中的蛋白质和脂肪。

表 1　新西兰育种利润指数中包括的目标性状及其经济权重百分比

性状，单位	权重百分比
蛋白质产量（千克）	41
脂肪产量（千克）	8
奶产量（升）	－17
体重，（千克）	－19
繁殖率，%	10
残余生产寿命，天	5

另外，新西兰的遗传评估系统还评定每头牛的生产利润指数（PW，Production Worth），PW 是用来衡量每头牛本身的产奶价值，其中包括了像杂交优势和永久环境效应等这些不能遗传给后代的因素。PW 对牛群的淘汰具有很大的指导意义。除此之外，新西兰的遗传评估系统同时产生所有生产性状和 16 个非生产性状的育种值，农场主可以在育种指数为主的基础上，对个别性状按育种值进行重点选择。

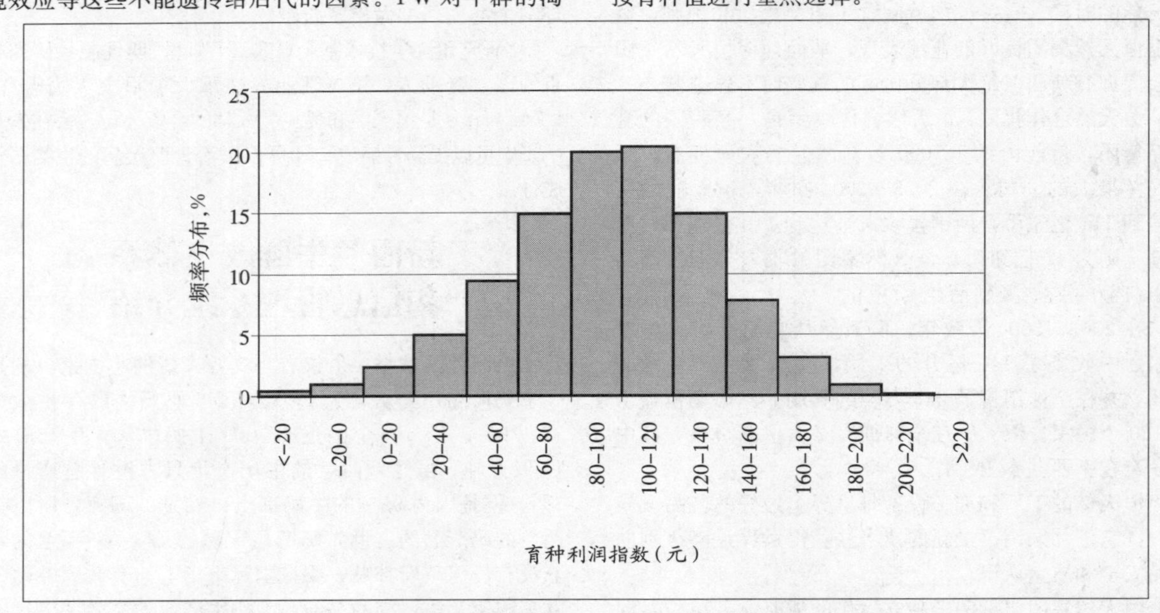

图 1　新西兰 2004 年 5 月全国母牛育种利润指数（BW）的分布

（二）良种繁育体系

由于人工授精在奶牛繁育中的广泛使用，使得种公牛育种在牛群改良中的作用显得尤其重要。研究表明，95%以上的遗传进展都是直接或间接地从种公牛的选育和使用上获得。因为受到繁殖率的限制，母牛在遗传改良中的贡献主要体现在作为种公牛的母本上。即使在使用胚胎移植技术的情况下，商品牛群从母本那里获得的遗传进展也不足5%。因此，有效的种公牛育种方案决定了牛群改良的速度。

（三）种公牛育种方案

新西兰的人工授精市场主要由新西兰家畜改良公司垄断，约占市场的75%。另一家公司占有不到20%的市场。新西兰家畜改良公司每年后裔测定300头种公牛。公司的育种专家根据育种目标的需要，在世界范围内选择最优秀的公牛作为下一代种公牛的父本，母本主要来自新西兰，有时也根据需要从国外进口部分胚胎。采用人工授精，产1头后裔测定公牛一般需要3头母牛。新西兰家畜改良公司的数据库里约有300万头现存母牛的生产记录，每年只需要从中选择不到1000头母牛作为下一代种公牛的母本，所以选择强度是很高的。初步选出的母牛必须通过公司育种专家的严格审查后才能最后作为母本使用，其中包括对许多非生产性状的鉴定。

世界上许多奶牛育种公司采用分散型的后裔测定方法。新西兰家畜改良公司的后裔测定是在400多个合同农场上进行。合同要求参与后裔测定的农场主必须把90%以上的牛群用于后裔测定。公司采用优化的配种方案，力争使每头公牛至少有80个女儿，并均匀分布在60个以上的牛群里。相同的环境、众多的女儿和均匀的分布可以降低后裔测定的偏差，从而增加了后裔测定的准确性。与分散型的后裔测定方法相比，利用专门的牛群从事后裔测定有利于测定方案的实施和数据的准确性。新西兰家畜改良公司不但对所有后裔测定女儿进行生产性能测定，而且全部进行严格的体型外貌鉴定，并利用基因测定来进一步确定亲缘关系。另外，公司还特别注意收集有关后代生长发育、畸形和疾病的数据，来探测公牛可能存在的有害基因。公司在这方面的努力已经得到了回报，由此发现了导致上皮发育缺陷的一个基因。

新西兰家畜改良公司高效的公牛育种方案保证了新西兰牛群的遗传进展持续保持每年1.3%的速度，在世界上名列前茅。这个数据从表面上看似乎不大，但是遗传改良的最大优点是通过育种所获得的进展是永久的，并且年复一年地累加。最近，世界各国都非常重视对乳蛋白质产量的选育，因此蛋白产量的遗传进展可以比较客观地反映出各国公牛育种的效率。新西兰从20世纪80年代末期才注重对蛋白质的选育，因此新西兰家畜改良公司的种公牛的蛋白质育种值一开始远远落后于其他国家。但是，在短短的十年里，公司种公牛的蛋白质育种值迅速赶超了其他国家，跃居首位。

良好的育种方案保证了新西兰家畜改良公司的种畜具有很高的遗传潜力。虽然新西兰奶牛在当地的产奶量较低，这是因为受放牧饲养条件限制的结果。新西兰家畜改良公司培育的奶牛的高产和高效性能在多个国家（波兰、加拿大、爱尔兰和新西兰）和不同的生产体系（全混合饲料舍饲，半放牧和全放牧）下所做的对比试验中得到了证实。在同样的饲养环境下，新西兰家畜改良公司的荷斯坦牛不但产奶量和欧美国家的牛相比非常接近；更重要的是，由于新西兰的牛具有较高的生产效率和繁殖率，以此获得的经济效益要比其他国家的牛高。

（四）良种繁育新技术

随着科技的发展，新的胚胎和基因技术已经开始在奶牛育种中发挥越来越重要的作用。前面已经提到，利用人工授精需要3头母牛才能产生1头小公牛。在2003年，新西兰家畜改良公司的科学家们利用自己先进的活体取卵和体外胚胎技术，在很短的时间内使30头顶尖母牛都产出了一头或多头小公牛，从而加大了对公牛母本的选择强度。随着更多的产奶基因和标记基因的发现，新西兰家畜改良公司计划利用胚胎技术使每一对父母本组合产生多头小公牛，然后通过基因测定选择携带有利基因的小公牛进行后裔测定，以此来提高遗传进展速度。

新西兰家畜改良公司在体外胚胎、基因发现和基因测定领域处于世界领先地位，拥有先进的胚胎生产和基因测定实验室，是世界上仅有的两个在生物技术方面投资的奶牛育种公司之一，已率先获得了两个产奶基因（GHR-1和DGAT）的专利。公司的奶牛基因发现实验是世界上规模最大的，有800头荷斯坦与娟珊牛的杂交后代参与。公司的基因分析实验室设备优良，具有从事大规模DNA测定能力，现在每年测定8万多个DNA样品。随着更多的基因的发现，预计在不远的将来，基因选择和同胞测定有可能取代传统的后裔测定，成为种公牛育种的主流。

高品质的种公牛需要有效的人工授精技术才能最大限度地发挥其实际效益。新西兰的人工授精普及率很高，几乎所有的后备母牛都是利用良种公牛的精液通过人工授精产生的。新西兰家畜改良公司独有的新鲜精液保存技术，使得每次人工授精所需的精子数只有世界同类产品的1/10，用此技术生产的精液在常温下能够保存4天而不影响受胎率，从而大大提高了顶尖种公牛的利用率。

（五）生产性能测定

完整、准确的生产性能测定是奶牛育种的基础。新西兰有全国统一的性能测定标准，对整个过程，包括仪器的精密度、奶样采集和分析方法以及数据的结构和收集，都做了详细地规定。所有从事奶牛性能测定服务的公司都必须达到这个标准才能营业。

新西兰约80%的牛群都进行生产性能测定，在270天的泌乳期间测定3～4次，测定间隔约2个月，测定指标包括 24 小时产奶量、乳脂率、乳蛋白率和体细胞数。现有两家公司从事生产性能测定服务，90%以上的农场主都使用新西兰家畜改良公司的服务。

新西兰家畜改良公司投入大量资金来提高从样品采集、分析到数据处理各个环节的效率，使整个过程只需 3～4 天就能把结果报告送达农场主手中。公司的奶样分析实验室是世界上最大的，每年分析 900 多万个牛奶样品，采用条形码标记和自动化技术，既提高了效率也提高了结果的准确性。

（六）奶牛信息管理系统

新西兰家畜改良公司拥有新西兰惟一的国家奶牛信息数据库，新西兰所有奶牛的基本数据都必须存入此数据库。这个世界上最大的奶牛数据库，记录着从 1984 年以来 3000 多万头奶牛的信息，新西兰几乎所有现存的奶牛在此数据库里都有完整而详细的记录。数据库的引擎是 IBM 公司的 DB2 数据库系统。

在这个巨大的数据库基础上，新西兰家畜改良公司开发了自己的奶牛信息管理平台（MINDA），提供多种功能，用来管理牛群注册、生产性能测定、遗传评估、繁殖、疾病、非生产性状、基因信息和客户服务等方面的数据，并可根据用户的要求产生管理报告。其中，牛群注册除了记录农场和牛群的信息外，还能够记录每头牛的系谱、出生和转群信息，具有基本的追踪功能。实用的农场信息管理报告是新西兰 95%以上的农场主都乐于使用 MINDA 的原因之一。

MINDA 系统的数据来源于多个渠道，包括农场主、生产性能测定服务公司、人工授精员和 DNA 及疾病测定实验室等。所有数据在进入 MINDA 系统之前都要经过严格地核对，以确保数据的准确性。为了方便 MINDA 数据的收集和使用，新西兰家畜改良公司开发了一系列便于在农场使用的电子通讯工具和软件，大大提高了农场信息管理的准确性和效率。例如，利用公司的 MINDAPro 程序，农场主可以通过互联网向 MINDA 直接输入和下载自己农场的数据，并根据需要产生报告。再如，公司为人工授精员开发的掌上电脑，不但可以在农场直接输入授精记录，而且还能优化公母牛的搭配，来降低近亲繁殖和避免遗传病，这些功能的实现是与 MINDA 系统所提供的信息分不开的。

新西兰家畜改良公司（网址：www. lic. co. nz）是新西兰奶牛育种的龙头企业，在人工授精、生产性能测定和牛群信息管理领域处于垄断地位，可以说是新西兰奶牛育种的代名词。公司规模上是南半球最大的奶牛育种公司，2003 年度的净有资产为 6 000 多万美元，总收入约 6 000 万美元，雇员 1 600 多人。不仅如此，公司在科研、奶牛育种、生产性能测定、牛群信息管理以及咨询服务等众多领域的完整的一体化服务结构使得新西兰家畜改良公司在世界同类企业中也是独树一帜。

新西兰家畜改良公司的种畜非常适合中国奶业的需要。除了具有高产和高效的遗传潜力外，还具有很高的繁殖率和产乳年限，这是为了适应季节性、全放牧生产体系的要求，在长期的育种过程中，重视对繁殖率选择的结果。再有，新西兰特殊的生产环境，使公司的奶牛具有较强的抗病和适应不同环境尤其是抵抗逆境的能力。因此，新西兰家畜改良公司的奶牛不但适合集约化的舍饲环境，同样也适合中国牧区和半农半牧区的饲养环境。新西兰独特的地理位置及其严格的动物防疫检疫制度，保证了新西兰的牛群没有疯牛病、口蹄疫和牛瘟等重大疫病。

（新西兰家畜改良公司　徐振忠）

韩国奶业

2003 年底韩国奶牛存栏为 51.8 万头，2002 年产奶量 253.7 万吨，人均占奶量 56 千克。全国共有乳品加工企业（厂）42 个。韩国奶业经过几十年的高速发展，20 个世纪 90 年代进入稳步发展阶段。

1. 充分利用国际、国内资源发展奶业　韩国在 1962 年仅有奶牛 2 406 头，饲养户 676 户，户均 3.6 头。通过利用国际、国内的资金，特别是通过世界开发银行（IBRD）和国际振兴基金（IDA）以借贷及民间借款等方式从美国等国引进优良奶牛。1968—1985 年之间，除了 1975 年和 1981 年之外，每年引进奶牛都在千头以上。在引进的同时，开展奶牛的人工授精、品种改良育种工作。牛群数量得到高速发展。到 1989 年，奶牛存栏达到 51.5 万头，户均 14.7 头，年平均递增率 21.9%，单产提高 4 倍多。

2. 根据需要，提高质量，朝规模化方向发展　1985 年以后，韩国每年引进奶牛的数量大幅度减少，基本上是为遗传、改良需要而引进奶牛，每年在十几头左右。进入 20 个世纪 90 年代之后，韩国的奶牛存栏有增有减，基本上是在 50 万～55 万头之间徘徊。但是奶的总产量 2002 年比 1990 年的 175.2 万吨增长了 44.8%，年平均递增 3.13%。户均饲养头数达到 46.4 头，韩国奶业进入了规模化、高质化阶段。

3. 充分重视奶牛的育种与改良工作　在引进的同时，韩国的育种改良协会即开始进行系谱登记、生产性能测定、人工授精技术的推广，制定配种计划、引进奶牛遗传资源的确认、后裔测定等工作。除了这些基础工作外，育种改良协会还和有关院校与科研机构进行合作，进行有关胚胎移植等多项研究工作。对韩国奶牛的质量、产量的提高做出了贡献。由于韩国奶业市场已基本饱和，而牛肉市场行情上涨，所以育种改良协会目前正在进行肉牛的胚胎移植工作，即用肉用的韩牛做供体、黑白花奶牛做受体，进行胚胎移植，增加肉牛数量。

4. 推广饲养新技术及饲料的开发研究　韩国由于多山和丘陵，饲料资源比较缺乏，因此非常重视饲养、饲料方面新技术的研究与推广。在韩国，从 1986 年就开始推广普及 TMR 饲喂技术，目前也是非常普及的技术。另外，还非常重视奶牛饲料添加剂方面的研究和生产。INNOBID公司生产的奶牛用饲料添加剂，已在中国进行试验，并着手进行注册。

5. 迈向现代化的乳品加工业 为了提高产品价格和质量的竞争力，以及使产品进一步走向国际市场，韩国两大乳品公司，即：南阳乳业公司和每日乳业公司，都在努力实现乳品加工高水平的自动化。特别是南阳乳业公司斥巨资新建了一座“世界高水平的新概念工厂”——南阳乳业天安新工厂，于2002年5月竣工，作为具有完全自动化设备的工厂，采用了新技术、新工艺、新设备，结合了南阳乳业40年乳品加工生产经验与尖端科学技术，为本世纪的飞跃做好了准备。该厂从原料的入库到产品的出库，整个过程都实现了自动化过程，生产卫生的产品，减少工作人员，提高价格竞争力，实现完善的HACCP系统，在“品质一流，世界一流”的概念下，打造韩国乳品加工业。

近几年，韩国乳品公司针对每年6亿美元规模的奶粉消费市场，2 000万新生儿的庞大的中国市场，韩国企业纷纷出击，南阳乳业公司与北京某贸易公司签定了金额高达3 400万美元的婴儿奶粉出口合同，为其年销售规模的10%。该公司有关人士表示，正在以亚洲地区的“高级奶粉市场”为中心开展市场营销。

每日公司与泰国第一大奶制品企业DATCH MILL公司就“高钙豆奶”等豆奶制造技术签署了技术转让合同，并从中获得10万美元的专利费。

韩国奶粉已占据中东地区，以沙特为例，韩国奶粉市场占有率列第3位，每8名婴儿中就有1名婴儿使用韩国奶粉。

（农业部奶类项目办公室　殷成文）

日本奶业

日本是东方发达的资本主义国家，国土面积37.7万平方公里，人口1.2亿。奶业独具特色，1885年从欧洲引进了黑白花奶牛，1950年有奶牛20万头，平均单产2 500千克，1995年达到193万头，其中产奶牛121万头，年产奶864万吨，平均单产7 000千克。2003年存栏奶牛112万头，产奶约840万吨，平均单产7 500千克。全国的乳品加工业以明治、雪印、森永三大龙头企业为主，另有各具特色的中小加工厂生产加工、经营具有一定特点的乳制品满足市场和消费者的需求。日本奶业的主要经验与特点如下：

（一）牛奶生产

1. 逐步建立起完善的奶业支持服务体系 农林水产省下设有家畜改良中心，下属有13个种畜场，由新冠牧场和岩手牧场专门进行种牛培育和技术研究示范。国家于1950年制定出家畜改良增殖法，把人工授精技术法制化，建立和完善人工授精体系，推动牛群改良。1965年起普及应用冷冻精液。1971年国家资助成立家畜改良事业团，47个都道府县政府和农业协同组合为成员，主要目的通过提供遗传性能优良的冷冻精液、受精卵，处理生产记录数据，提高牛群改良水平。事业团下设有数据处理中心、十圣、盛冈、前桥、冈山、熊本5个种牛中心，以及家畜改良技术研究所、血型检查课、繁殖技术研究课、家畜生物技术中心等。承担全国奶牛生产性能测定数据分析任务，供应全国奶牛所需的冷冻精液，鉴定奶牛的血型。所需的优良种公牛由农林水产省种畜牧场无偿提供及由美国、加拿大进口。1964年起开展牛血型检查项目，1978年起由家畜改良事业团承担奶牛和肉牛的血型检查任务。1982年起，将受精卵移植与双胞胎生殖、雌雄鉴别、核移植等生物技术广泛普及应用。1975年开始正式的牛群检定事业，基本以80户奶农为一个组织单位，由检定指导员实施，具体检定项目包括每头牛的产奶量、奶成分、体重和配合饲料的使用量，由都道府县的奶成分分析中心及时分析，并将结果传递给家畜改良事业团的数据分析中心，将汇总的分析结果及时反馈给奶农，用于改善饲养管理、繁殖、挤奶卫生、健康管理和奶牛选种选配。从中央到地方有众多的社团协会支持奶业，其中包括养牛者、技术人员及牛奶销售者以及各种技术协会等。有农林水产省和家畜改良事业团两大系统的强有力支持，有森永、明治、雪印等龙头企业的带动，富士平株式会社多品种奶牛机械、仪器的供应，还有专门的奶业高等院校——日本酪农大学，为奶业培养高级人才和进行科学研究。

2. 奶业生产与环境保护协调发展 日本的奶牛场都非常注意对环境的保护，强调生产与周围环境协调发展。奶牛场的粪便都经过无害化处理，例如：小岩井牧场，依据国家的法律、法规，结合自身的条件，拟定了本场的环境方针，并根据情况进行修改，最近的一次修改是2003年3月，强调与自然的协调共生与发展。同时该场设立了环境管理组织机构，由企业的厂长、经理直接负责。该场将所有的牛粪便收集，集中进行处理，生产有机肥料，用于农田和草场。位于北海道的町村牧场，实行生产、加工、销售一体化的模式，投资1.2亿日元，建立污水、粪便处理设施，利用粪便生产沼气、沼气发电，所发电量可以满足本场用电量的1/3，真正做到了良性循环。

3. 发挥地区的优势，创办特色牛场 在日本，有许多牛场都和旅游观光相结合，特别是处于旅游地区的那些高原地区。这些牛场均实行牛奶的生产、加工、销售一体化经营，并结合当地特点创办旅游牧场，重点是向人们，特别是中小学生介绍奶业生产的全过程及相关知识。这类牧场的产品，因为周围环境好，无污染，质量高，均比乳品加工厂生产的产品价格高，效益好。例如：小岩井、南丘、町村牧场等均是此类牧场。

4. 多方支持奶业 除了健全的服务体系外，各方面对奶业都给予关注和支持。例如：推行学生奶工作。除得到农林水产省和文部省的支持外，还得到学校以及学生和家长的支持。对于牧场建立粪便处理设施，中央政府提供所需资金的50%，地方政府提供20%～50%

的资金。

（二）乳品加工

1. 具有完善的法规与标准体系 对于奶业，特别是加工业，日本具有完善的法规，从生产到加工以及产品的包装、标识，还有学生奶等有一系列的法规与标准，全程严格按法规和标准组织生产，例如：食品卫生法、农政法、农林规格与品质基准、不正当竞争防止法、饮用乳公正竞争规则等。将乳制品分为三类：即鲜奶（必须是100%的鲜牛奶，不允许添加任何其他物质）、混合奶（添加了鲜奶以外的物质）、加工奶（由奶粉加工而成），产品属于哪一类必须在包装上标出，否则不允许上市和销售。

2. 普遍重视质量体系的建设 加工企业均通过ISO体系认证，目前正在推广HACCP体系的认证工作，已有8%的乳品企业通过该认证。普遍采用节能、节水装置与设备，明治公司对塑料包装物进行回收再利用，用于生产其他的包装用品，减少污染，降低了成本。对工厂内的作业区域采取分类。包装车间等卫生标准要求最高的高清洁区域采取正压化措施，以防止来自外部空气的污染。此外，也不忘彻底的洗手消毒，以及使用空气过虑除尘措施来达成严格的室内环境管理及出入口管理。包装材料以及原料一律经由空气淋浴除尘之后才能进入作业区域。所有的工程都尽可能地减少人力，采用自动化作业，以排除由作业人员而产生污染的危险性。

3. 注重新技术的应用以及新产品的开发 例如：明治公司和雪印公司根据市场需求应用ESL技术，生产ESL牛奶，同时开发出LG21优酪乳和酵母酸奶等产品，提高了企业的竞争力。

4. 鼓励企业兼并 最近几年，为提高企业间的竞争力政府出资支持大企业兼并小企业。

（农业部奶类项目办公室 殷成文）

日本鲜奶标识实施情况

日本奶业起步于20世纪50年代，经过半个多世纪的发展，2003年日本牛奶产量为840万吨，其中液态奶510万吨，居民人均消费液态奶40千克，日本奶业创造了液态奶全部本土生产、加工、供应自成体系的发展模式，实现了日本政府发展的两大基本目标，第一是发展奶牛养殖业实现农村地域振兴，致富农民，第二是向全体国民提供安全、新鲜、营养、质量有保证的液态乳制品。

日本奶业发展突破了饲料饲草短缺，土地资源紧张，人力资源成本高等诸多不利的限制性因素，实现了国内牛奶供给全部满足本土居民液态奶消费的局面，液态奶基本不进口，奶粉、奶酪等干乳制品部分进口。日本奶业在不具备资源优势的条件下，所以能够自成体系，健康发展，与日本政府、协会在奶业发展中严格建立法规、标准体系，并严格实施执行密不可分，特别是严格执行鲜奶产品标识。

（一）鲜奶标识规定的依据

日本政府把鲜奶标识问题视为确保奶制品饮用安全，建立奶制品市场规范，确保制作商不正当竞争，保障消费者合法权益的重要措施和办法，主要依据来自三个方面的法律：首先是食品卫生法相关条款，其次是日本农林产品的标准中有关产品品质标识的标准要求，第三是不正当竞争法中有关防止产品不正当标识防止法，特别是饮用奶的公平竞争章程。

（二）鲜奶标识规定规范的主要对象

首先是全日本境内奶业协会的600多家生产液态奶制品制造企业，其次规范的奶制品类别包括牛奶、特别牛奶、成分调整牛奶、低脂肪牛奶、无脂肪牛奶、加工奶、奶饮料等七大类液态奶制品。

（三）鲜奶标识规定的主要奶制品类别

牛奶：挤出的生奶都进行灭菌，可以直接饮用的奶叫牛奶。无脂肪奶的固定成分占8.0%以上，奶的脂肪占3%以上。

特别牛奶：作为特别牛奶进行销售的牛奶，应持有特别牛奶许可的设备对挤出的生奶进行处理而制造出的奶叫特别牛奶。无脂肪固定成分占8.5%，乳脂肪成分占3%以上。

成分调整牛奶：从生奶中除去一部分奶的成分。无脂肪奶固定成分占8%以上。

低脂肪牛奶：把牛奶当中的一部分牛奶脂肪去掉，无脂肪固定成分8%以上，奶脂肪成分0.5%以上1.5%以下。

无脂肪牛奶：把生奶当中所有的奶脂肪去掉，无脂肪固定成分8%以上，奶脂肪成分0.5%以下。

加工奶：把生奶、牛奶、特别牛奶作为原料，以饮用为目的进行加工的奶叫加工奶，无脂肪奶固定成分8%以上。

乳饮料：生奶、牛奶、特别牛奶作为原料制成的奶制品，作为主要原料的奶固定成分3%以上。

（四）鲜奶标识规定的主要内容

鲜奶标识的内容基本可分为四大类，从不同侧面标识奶制品产品质量信息，这些标识内容集中反映了科学系统、客观公正、简明易懂、统一规范，前三类为法定标识内容，第四类为非法定选择性标识内容。

1. 类别信息 日本政府、奶业协会把所有液态奶制品分为七个类别，包括牛奶、特别牛奶、成分调整牛奶、低脂肪牛奶、无脂肪牛奶、加工奶、奶饮料等。日本奶制品的包装首先要标识的内容就是产品的类别，法规对7个类别的奶制品具体范围作了严格的界定与划分，同时规定了类别在产品包装上标识的位置和字体字号都作了具体的要求。

2. 综合信息包括

（1）类别名称。注明产品的具体类别。

（2）商品名。指产品的具体名称，如明治北海道牛奶、森永牛奶、东毛酪农协牛奶等。

（3）无脂固形成分。按不同类别奶制品的值标识，牛奶一般为 8.3%以上，加工奶和乳饮料为 8.5%以上。

(4) 乳脂肪成分。按不同类别奶制品的值标识，牛奶为 3.5%以上，加工奶为 4.0%以上，乳饮料为1.9%。

(5) 原料成分。需要标识内容物原料名称及比例，例如类别为牛奶的产品标注为100%生奶，加工奶产品标注生奶50%以上，脱脂奶粉、乳饮料标注生奶50%以上，脱脂奶粉、砂糖、咖啡提取物、香料。

(6) 杀菌。需要标明加工处理的杀菌温度与时间。

(7) 内容物。标明液体含量即250毫升、500毫升、1 000毫升。

(8) 保质期。一般标在包装物上方。

(9) 保存方法。一般标明保存的温度，标注为10℃以下。

(10) 开封后的处理。开封后建议饮用的时间与保存方式。

(11) 制造所所在地。需要标注制造该产品的详细地址。

(12) 制造者。标明制造商名称，如果为分公司制造，也需标明，如明治乳业公司旭川工场。

3. 营养成分比例信息　主要标明能量、蛋白质、脂肪、碳水化合物、钠、钙和维他命等具体含量。

4. 其他质量信息

(1) 原产地。除加工奶、乳饮料以外的奶制品类别，可以在包装标识原料的原产地，如北海道牛奶、小岩井牛奶、东毛牛奶等，但是法规规定，包装如果标识原产地，所标原产地的生奶必须达到99%以上，否则属于违法行为。

(2) 特殊质量品质。特浓需标清具体浓度情况；特优需要标清细菌数和体细胞的具体数值；高钙、高铁等需要标清普通牛奶的含钙、含铁量，本产品的含钙、含铁量。

包装也可以将企业通过的HACCP、不使用状基因饲料等信息作为质量信息标识。

(3) 盲人识别标识。日本鲜奶标识规定还对盲人识别标识作了专门规定，牛奶包装盒上方设有一个半圆形缺口，缺口一定设计在牛奶出口的另一侧，专门方便盲人购物时触摸识别，并饮用，同时规定牛奶以外的包装禁止使用缺口。

(五) 鲜奶标识规定禁止的不当标识内容

鲜奶标识规定对四类带有虚假与夸大产品特性，容易造成误导消费者的不当标识内容，做出特别禁止不当标识内容的规定，主要包括：

1. 产品本身不是牛奶，由于标识不当使消费者误解成牛奶。

2. 产品类别标识不当使消费者对饮用奶的类别发生误解。

3. 产品标识夸大、美化商品，使消费者在原料、成分、品质和其他方面造成误解。

4. 产品标识使消费者误解产品可以预防疾病的功能效果。

(六) 鲜奶标识实施机构

日本鲜奶标识规定执行机构是全国饮用牛奶公正、交易协会。主要职能：

1. 让所有人知道公正竞争规则。

2. 对公正竞争的相关咨询方面的问题做出解释。

3. 公正标识的表示。

4. 对公正竞争规则的遵守情况的调查。

5. 对公正竞争规则的违反、嫌疑性的情况的调查。

6. 对公正竞争规则做出违反的生产者、经营者及相关人员采取处罚措施。

7. 来自一般消费者的投诉情况的处理。

(中国奶业年鉴编辑部　豆　明)

国际奶业统计资料

表 1　世界奶类产量

单位：百万吨

	1993	1994	1995	1996	1997	1998	1999	2000	2001	2002*	2003**
牛乳	460.1	461.8	465.2	464.4	472.1	478.1	483.0	488.1	492.0	500.6	505.3
水牛乳	50.0	52.5	54.5	57.0	59.7	62.5	64.9	67.1	68.9	70.7	72.7
山羊乳	9.9	10.0	11.8	11.8	12.1	12.0	12.1	12.4	12.5	12.5	12.4
绵羊乳	7.8	7.9	8.0	8.3	8.2	8.1	8.0	8.1	8.2	7.8	7.8
其他	1.2	1.3	1.3	1.3	1.3	1.3	1.3	1.3	1.3	1.3	1.3
全部乳	529.0	533.6	540.8	542.8	553.4	562.0	569.4	577.0	582.9	592.9	599.6

注：*部分估计数；**估计数。

资料来源：ZMP，联合国粮农组织、IDF各国家委员会及其他国际组织。

表 2　世界各地区牛奶产量

单位：百万吨

	1993	1994	1995	1996	1997	1998	1999	2000	2001	2002*	2003**
非洲[1]	4.8	4.9	5.3	5.2	5.4	5.5	5.3	5.2	4.8	4.7	4.7
北美[2]	83.5	85.0	86.0	85.6	87.0	88.1	91.2	93.7	93.2	95.1	96.0
南美[3]	27.4	28.7	31.6	33.1	34.3	36.0	36.7	36.6	36.8	37.0	37.0
亚洲[4]	57.9	56.6	58.0	58.4	59.8	61.7	63.7	65.0	66.0	70.0	72.0
欧盟15国	119.6	120.1	121.8	121.4	121.4	121.2	122.3	121.2	121.7	121.9	121.8
中东欧国家	29.6	33.0	32.8	33.2	33.3	33.7	32.8	32.0	31.7	32.3	32.5
独联体	71.6	66.8	62.4	56.3	53.5	53.0	51.6	50.4	51.6	53.0	54.0
其他西欧国家[5]	5.9	5.9	5.9	5.8	5.8	5.8	5.8	5.7	5.6	5.6	5.6
大洋洲[6]	17.4	17.2	18.5	19.6	20.2	20.2	22.4	23.9	24.6	24.3	25.0
全球	460.1	461.8	465.2	469.4	472.1	478.1	483.0	488.1	492.0	500.6	505.3

注：*部分估计数，**估计数。[1] 仅包括南非、肯尼亚和津巴布韦；[2] 美国、加拿大、墨西哥；[3] 阿根廷、巴西、智利、乌拉圭、委内瑞拉；[4] 中国、日本、印度和亚洲独联体国家；[5] 瑞士、挪威和冰岛；[6] 新西兰、澳大利亚。乳业年度分别截止到下午的5月、6月。

资料来源：ZMP，联合国粮农组织、IDF印度国家委员会。

表 3　世界主要国家水牛奶产量

单位：百万吨

	1993	1994	1995	1996	1997	1998	1999	2000	2001	2002*	2003**
印度[1]	29.3	31.2	35.7	37.0	38.4	40.1	41.9	43.3	43.6	45.3	47.1
巴基斯坦	12.8	13.2	14.0	14.8	5.6	16.5	16.9	17.5	17.5	17.6	
埃及	1.4	1.4	1.4	1.6	1.9	2.0	2.0	2.0	2.1	2.1	
意大利	0.1	0.1	0.1	0.1	0.1	0.2	0.2	0.2	0.2	0.2	
全球	50.0	52.5	54.5	57.0	59.7	62.5	64.9	67.1	68.0	70.7	72.7

注：*部分估计数；**估计数。[1] 乳业年度截止到下年3月。1995年以前的数字同后来的数字没有可比性。

资料来源：ZMP，联合国粮农组织、IDF各国家委员会。

表4 世界山羊奶和绵羊奶产量

单位：千吨

	1993	1994	1995	1996	1997	1998	1999	2000	2001	2002*	2003**
非洲	3 293	3 518	4 136	4 025	4 076	4 212	4 317	4 293	4 421	4 400	
亚洲	8 702	9 968	10 180	10 393	10 478	10 228	10 297	10 370	10 286	10 300	
欧洲	4 515	5 124	5 076	5 338	5 351	5 307	5 183	5 275	5 173	5 200	
全球	17 693	17 981	19 767	20 085	20 265	20 114	20 170	20 381	20 263	20 300	20 300
其中：山羊奶	9 858	10 035	11 773	11 824	12 098	12 049	12 140	12 377	12 455	12 500	12 500
绵羊奶	7 835	7 946	7 994	8 261	8 167	8 065	8 030	8 004	7 808	7 800	7 800

注：*部分估计数；**估计数。

资料来源：ZMP，联合国粮农组织、IDF各国家委员会及其他国际组织。

表5 世界主要国家奶牛存栏数（一）

单位：千头

	1997	1998	1999	2000	2001	2002	2003*
比利时	640	616	608	594	597	577	
丹麦	695	669	640	636	623	605	600
德国	5 026	4 881	4 758	4 579	4 528	4 431	
希腊	184	172	185	168	165		
西班牙	1 254	1 283	1 231	1 189	1 102	1 167	1 100
法国	4 502	4 145	4 124	4 060	4 153	4 038	
爱尔兰	1 268	1 308	1 284	1 270	1 279	1 257	
意大利	2 078	2 050	2 106	2 065	2 154	2 199	
卢森堡	47	46	45	43	43	42	
荷兰	1 674	1 667	1 630	1 567	1 601	1 532	1 430
奥地利	720	707	699	683	617	600	590
葡萄牙	362	355	351	349	348		
芬兰	383	383	372	372	355	349	
瑞典	462	449	449	428	419	417	
英国	2 498	2 439	2 461	2 353	2 251	2 225	2 225
欧盟15国	21 794	21 477	21 125	20 355	20 234	19 940	19 700
挪威	326	322	324	316	299		
瑞士	742	737	725	714	718		
冰岛	29	29	28	27	26	26	25
保加利亚	390	389	424	434	419		
克罗地亚	305	271	275	287	255		
捷克共和国	627	598	583	547	529		
爱沙尼亚	173	159	144	131	129		
拉脱维亚	277	242	206	205	200		

表 5 世界主要国家奶牛存栏数（二）

	1997	1998	1999	2000	2001	2002	2003*
立陶宛	590	583	541	494	438		
波兰	3 496	3 471	3 296	3 047	2 991	2 904	2 900
罗马尼亚	1 798	1 769	1 698	1 656	1 580		
匈牙利	403	407	399	380	368		
斯洛伐克	315	288	262	246	239	237	235
白俄罗斯		1 258	1 249	1 242			
俄罗斯	14 620	13 531	12 900	13 100	12 700	12 200	11 800
乌克兰	6 280	5 684	5 600	5 431	4 918	4 731	5 000
加拿大	1 253	1 202	1 180	1 142	1 156		
美国[1]	9 199	9 154	9 156	9 206	9 115		
墨西哥	6 500	6 600	6 700	6 800	6 900		
澳大利亚	2 060	2 154	2 170	2 165	2 281		
新西兰	3 273	3 300	3 270	3 485	3 682	3 750	3 800
阿根廷	2 525	2 567	2 630	2 500	2 400	2 200	2 000
巴西	17 067	17 067	16 194	16 040	16 045		
智利	725	615	613	608	610		
日本	1 204	1 190	1 171	1 150	1 124	1 126	1 121
中国		4 397	4 300	4 887	5 662	6 873	
印度[2]	77 750	83 885	86 000	86 862	88 401	89 976	
以色列		110	110	115	115		
泰国		220	239	266	292		
南非	554	552	550	545	545	540	
津巴布韦		45	43	39	36		

注：* 预测数。[1] 下一年的 1 月 1 日；[2] 包括水牛。

资料来源：ZMP，国家统计局，联合国粮农组织、美国农业部。

表 6 世界主要国家牛奶产量（一）

单位：千吨

	1997	1998	1999	2000	2001	2002	2003*
比利时	3 213	3 418	3 382	3 436	3 425	3 450	
丹麦	4 633	4 668	4 656	4 717	4 618	4 656	4 675
德国	28 668	28 378	28 334	28 332	28 191	27 900	28 200
希腊	750	769	775	789	776	790	
西班牙	5 997	5 980	6 172	5 900	6 220	6 372	6 385
法国	24 893	24 793	24 614	24 975	24 879	25 173	24 800
爱尔兰	5 366	5 141	5 320	5 260	5 373	5 200	5 300

表 6 世界主要国家牛奶产量（二）

	1997	1998	1999	2000	2001	2002	2003*
意大利	11 223	11 500	11 682	10 877	11 108	11 326	
卢森堡	264	264	267	267	269	269	
荷兰	10 922	10 995	11 174	11 155	11 079	10 797	10 700
奥地利	3 015	3 043	3 132	3 233	3 300	3 292	3 300
葡萄牙	1 824	1 830	1 920	1 970	1 920	2 020	
芬兰	2 463	2 450	2 470	2 450	2 456	2 430	
瑞典	3 334	3 331	3 352	3 348	3 339	3 274	
英国	14 841	14 632	15 015	14 489	14 709	14 908	14 518
欧盟 15 国	121 406	121 191	122 264	121 199	121 661	121 857	121 800
冰岛	105	109	119	115	117	121	119
挪威	1 827	1 819	1 797	1 690	1 640	1 600	
瑞士	3 867	3 894	3 852	3 872	3 942	3 900	
塞浦路斯				147	142	154	155
爱沙尼亚	714	733	626	629	687	612	
拉脱维亚	999	948	797	823	848	806	
立陶宛	1 950	1 930	1 714	1 725	1 730	1 752	
保加利亚	1 197	1 327	1 389	1 390	1 290	1 300	
斯洛伐克	1 239	1 358	1 142	1 099	1 114	1 163	1 173
斯洛文尼亚	603	627	644	649	660	670	
捷克共和国	2 703	2 716	2 736	2 708	2 702	2 729	
俄罗斯	34 067	33 197	32 274	31 938	33 000	33 467	33 500
乌克兰	13 717	13 738	13 140	12 658	13 444	14 138	14 200
白俄罗斯	5 133	5 232	4 762	4 320	4 300	4 907	
摩尔多瓦	646	589	569	551	575	604	
波兰	12 123	12 596	12 284	11 900	12 030	11 776	11 845
罗马尼亚	5 390	5 160	5 076	5 002	5 047	4 450	
匈牙利	1 931	2 045	2 045	2 080	2 100	2 150	
克罗地亚	669	615	560	600	588	753	
澳大利亚[1]	9 723	10 474	11 172	10 864	11 330	10 300	
新西兰[1]	10 929	10 500	11 900	12 700	13 300	14 000	14 200
加拿大	8 093	8 130	8 289	7 925	8 148	8 017	7 918
美国	70 802	71 373	73 807	76 004	74 995	77 020	
墨西哥	8 084	8 565	9 161	9 591	9 756	9 886	
阿根廷	9 086	9 684	10 329	9 794	9 475	8 500	7 800
巴西	20 600	21 630	21 700	22 134	22 580	22 635	

表 6　世界主要国家牛奶产量（三）

	1997	1998	1999	2000	2001	2002	2003*
智利	2 110	2 142	2 160	2 250	2 300	2 170	
乌拉圭	1 031	1 150	1 187	1 150	1 200	1 490	
委内瑞拉	1 431	1 440	1 312	1 300	1 300	1 450	
日本	8 645	8 572	8 460	8 497	8 300	8 385	
中国	6 674	6 621	7 120	8 420	10 255	12 998	
印度	29 800	31 200	32 680	32 870	34 160	35 550	
印度[2]	68 100	71 300	74 600	76 490	79 490	82 730	
以色列	1 128	1 160	1 166	1 162	1 208	1 215	
土耳其	8 914	8 832	8 800	8 750	8 490	8 489	
南非	2 289	2 429	2 238	2 197	2 275	2 193	
津巴布韦	193	173	176	168	160		
全球	472 100	478 100	483 000	488 100	494 075	500 600	505 300

注：* 预测数。[1] 乳业年度截止到次年的 5 月或 6 月；[2] 包括水牛乳。

资料来源：ZMP，IDF 各国家委员会、联合国粮农组织、EUROSTA、美国农业部。

表 7　世界主要国家商品牛奶产量[1]（一）

单位：千吨

	1997	1998	1999	2000	2001	2002	2003*
欧盟 15 国	113 539	113 466	114 996	114 496	115 453	115 563	115 550
冰岛	105	109	111	107	110	114	112
挪威	1 682	1 670	1 644	1 544	1 500	1 483	
瑞士	3 103	3 121	3 062	3 197	3 234	3 213	3 213
保加利亚	642	760	740				
克罗地亚	488	404	393	380	392	388	
捷克共和国	2 491	2 450	2 385	2 493	2 512	2 599	2 600
爱沙尼亚	518	532	395	409	428	496	
匈牙利	1 504	1 638	1 582	1 711	1 726	1 750	
拉脱维亚	362	464	390	398	403	420	
立陶宛	1 412	1 477	1 207	1 103	1 153	1 153	1 141
波兰	6 973	7221	6 520	6 662	7 037	7 217	7 400
斯洛伐克	898	929	936	903	952	1 042	1 057
斯洛文尼亚	399	420	435	448	461	488	
白俄罗斯	2 900	2 991	2 804	2 664			
俄罗斯	12 550	12 400	12 800	12 500	13 000	13 500	13 700
乌克兰	4 470	4 590	4 740	3 669	3 636	3 472	
加拿大[2]	7 357	7 391	7 535	7 407	7 615	7 492	7 400

表 7　世界主要国家商品牛奶产量（二）

	1997	1998	1999	2000	2001	2002	2003*
墨西哥	8 078	8 565	9 144	9 591	9 756	9 886	
美国[2]	69 583	70 735	73 204	75 413	74 518	76 483	76 788
阿根廷	8 512	8 966	9 651	9 103	8 780	7 880	7 170
智利	1 542	1 576	1 514	1 490	1 669	1 637	
以色列	1 128	1 160	1 166	1 162	1 208		
日本	8 532	8 467	8 357	8 391	8 208	8 286	
中国		3 715	4 060	5 050	7 280		
泰国		390	420	430			
澳大利亚[3]	9 723	10 484	11 172	11 172	10 864	11 330	10 300
新西兰[4]	10 540	10 100	11 500	12 300	12 900	13 600	13 800
津巴布韦	188	177	169	160			
南非	2 120	2 235	2 058	1 977	2 068	1 993	

注：* 预测数；[1] 除特别指出，仅指牛乳；[2] 包括售给乳品厂和直接售给消费者的牛乳；[3] 乳业年度截止到下年 6 月份；[4] 乳业年度截止到下年 5 月份。

资料来源：ZMP，IDF 各国家委员会，EUROSTAT。

表 8　世界主要国家液态奶产量（一）

单位：千吨

	1996	1997	1998	1999	2000	2001	2002
欧盟 15 国[1]	29 786	29 819	29 796	29 415	29 257	29 451	29 225
瑞士	533	520	512	517	509	505	505
挪威	635	547	529	505	490	467	450
冰岛		43	40	39	39	38	38
克罗地亚	162	262	285	280	296	313	354
捷克共和国	496	503	503	489	461	462	458
斯洛伐克	391	387	414	410	322	321	331
斯洛文尼亚	149	142	143	150	160	177	166
爱沙尼亚	43	54	49	55	57	50	
拉脱维亚	51	54	62	55	59	63	
立陶宛	88	78	81	73	75	75	
波兰[2]	1 296	1 336	1 391	1 803	1 803	1 786	1 899
匈牙利	603	557	570	576	607	566	538
白俄罗斯	727		915	945	920		
俄罗斯					2 772	2 951	2 950
乌克兰[2]					263	431	474
加拿大	2 667	2 679	2 761	2 754	2 699	2 792	2 739
墨西哥	3 412	3 552	3 525	3 733	3 765	3 633	3 527

表 8　世界主要国家液态奶产量（二）

	1996	1997	1998	1999	2000	2001	2002
美国	25 163	25 130	25 230	25 170	24 979	24 745	24 850
阿根廷	1 408	1 457	1 535	1 553	1 598	1 623	1 437
巴西[2]	11 400	12 100	12 826	12 726	12 690	12 670	
智利	247	279	277	288	284	300	305
以色列	327	327	339	347	348	351	
约旦		2	3	5			
日本	5 187	5 157	5 047	4 950	4 571	4 451	4 399
中国		490	570	720	1 230	2 380	3 010
尼泊尔		12	12	13			
泰国			580	670	750		
澳大利亚[3]	1 962	1 976	1 993	1 994	1 978	1 974	2 000
南非	1 100	1 130	1 124	1 177	1 200	1 208	1 223
津巴布韦		130	104	109	104		

注：[1] 大多数情况下包括酪乳；[2] 自 1999 年以后修改的数据；[3] 乳业年度截止到下年 6 月份。

资料来源：ZMP，IDF 各国家委员会，EUROSTAT。

表 9　世界主要国家含乳饮料、酸奶和发酵乳产量

单位：千吨

	1996	1997	1998	1999	2000	2001	2002
欧盟	6 400	5 960	6 170	6 397	6 500	6 600	6 790
冰岛		7	10	10	10	10	10
挪威	69	85	79	79	75	86	91
瑞士[1]	96	99	100	101	99	125	126
保加利亚	100	125	132				
克罗地亚	36	61	57	48	55	56	
捷克共和国	113	102	102	121	128	129	120
爱沙尼亚					22	25	
立陶宛	31	30	32	34	31		
匈牙利	100	90	105	121	123	117	114
波兰	88	131	155	165	176	213	223
斯洛伐克	20	29	34	38	46	48	60
斯洛文尼亚	27	30	32	38	38	39	39
白俄罗斯			342	375	309		
乌克兰	117	164	170	172	158	212	258
加拿大	100	100	111	131	150	161	176
阿根廷	216	215	224	253	243	265	204
智利		79	82	100	107	95	127
以色列	141	147	178	183	179	181	
中国			120	130	270	420	530
泰国			330	340	350		
南非	130	135	138	140	142	144	146

本表所列数据的可比性有限，主要原因是对这类产品的定义各国差异巨大。

注：[1] 同牛乳。

资料来源：ZMP，IDF 各国家委员会，EUROSTAT。

表 10 世界主要国家奶油产量[1]

单位：千吨

	1996	1997	1998	1999	2000	2001	2002
欧盟 15 国	1 836.0	1 706.7	1 722.8	1 742.7	1 702.4	1 673.4	1 726.2
瑞士	36.9	39.7	39.5	36.4	36.7	37.8	40.5
挪威	19.4	17.8	22.6	25.6	22.9	22.7	20.5
冰岛	1.3	1.4	1.4	1.5	1.5	1.5	1.8
保加利亚	2.1	2.1	2.1	1.4	1.4		
克罗地亚	3.0	2.6	2.4	3.7	2.3	2.6	2.6
捷克共和国	68.9	61.9	65.4	65.4	63.5	66.7	66.3
爱沙尼亚	16.9	21.3	12.6	7.6	8.8	6.9	
匈牙利	10.8	9.4	13.0	13.8	13.0	12.5	12.3
拉脱维亚	7.5	7.8	9.2	5.8	6.3	5.1	
立陶宛	34.8	34.8	35.9	26.3	19.4	18.3	
马其顿王国			9.0	9.0			
斯洛伐克	15.0	14.5	16.5	16.3	16.1	17.0	15.4
斯洛文尼亚	2.0	1.9	3.1	4.1	3.0	3.1	3.3
波兰	129.7	136.5	146.0	133.0	139.0	149.8	150.2
罗马尼亚	13.4	9.2	6.4	9.2	10.0		
白俄罗斯	61.8	61.0	72.8	61.2	64.1		
俄罗斯	323.0	277.0	271.0	262.0	230.5	222.3	228.7
乌克兰	116.5	79.0	76.0	102.2	135.4	158.0	131.3
摩尔多瓦			2.6	1.9	2.5		
澳大利亚[2]	157.8	164.2	186.9	183.2	176.0	159.6	140.0
新西兰[2]	351.0	344.0	339.0	346.0	353.0	360.0	358.0
加拿大	93.2	89.7	85.9	88.8	76.9	81.6	73.3
墨西哥	12.7	15.0	13.0	15.0	15.5	15.0	18.7
美国	525.9	520.7	529.8	579.2	569.7	561.1	614.7
阿根廷	52.2	49.0	49.1	54.1	46.7	43.9	36.4
巴西	70.0	72.0	70.0	70.0	72.0	78.0	70.0
智利	6.5	9.6	11.2	11.0	9.9	11.8	17.6
乌拉圭	14.5	15.0	16.4	15.1	15.6	15.6	
中国	3.5	3.5	4.0	5.0	15.0	20.0	25.0
印度[3]	36.3	33.2	30.0	26.0	36.9	37.5	35.4
印度[1]		80.8	83.6	89.9	98.1	105.3	121.1
尼泊尔			3.0	3.0			
伊朗	5.4	5.0					
以色列	4.2	4.7	4.7	5.0	5.2	5.2	
约旦			0.1	0.2			
日本	86.3	87.2	88.9	85.3	87.6	79.5	82.7
南非	8.1	10.8	17.3	10.5	9.0	11.0	9.0

注：[1] 包括与奶油等价的无水奶油、酥油；[2] 乳业年度截止到下年 5 月或 6 月；[3] 佐餐奶油。

资料来源：ZMP，各国统计数字、EUROSTAT、FAO、IDF 各国家委员会、USDA。

表 11 世界主要国家干酪产量[1]

单位：千吨

	1996	1997	1998	1999	2000	2001	2002
欧盟 15 国	5 985.4	6 022.9	6 126.5	6 166.0	6 371.5	6 586.5	6 618.3
冰岛	4.8	4.8	5.4	5.5	5.7	6.7	6.6
挪威	84.1	84.8	88.9	84.7	81.4	80.5	80.5
瑞士	130.4	133.3	136.8	134.3	167.4	172.2	155.0
保加利亚	71.0	72.0	71.0	58.0	56.0		
克罗地亚	19.0	12.3	12.9	15.3	19.2	19.7	19.8
捷克共和国	124.1	117.9	125.6	129.3	133.5	131.4	139.4
爱沙尼亚	8.8	10.3	10.7	9.2	8.6	10.6	
匈牙利	76.7	88.1	89.9	93.9	99.2	107.8	107.9
拉脱维亚	9.7	10.7	10.6	11.0	11.0	12.6	
立陶宛	40.2	47.8	54.4	52.5	57.7	66.0	65.0
波兰	337.8	379.2	457.6	411.9	398.0	434.6	452.9
罗马尼亚	42.6	41.8	47.8	49.4	51.4		
斯洛伐克	39.5	42.0	44.2	45.5	40.4	43.6	43.9
斯洛文尼亚	12.9	14.5	16.0	16.1	17.2	17.7	18.9
白俄罗斯	28.5	28.5	39.7	38.1	38.9		
俄罗斯	191.0	165.0	177.0	183.0	220.0	255.4	309.0
乌克兰	84.9	53.5	58.0	56.0	66.8	103.4	127.5
以色列		96.2	95.9	97.4	99.4	101.9	
约旦		0.4	0.7	1.3			
加拿大	288.7	336.3	330.2	329.1	328.4	329.6	334.6
墨西哥	109.5	116.4	116.9	125.6	133.5	139.6	125.6
美国	3 272.8	3 334.6	3 398.4	3 580.7	3 745.8	3 687.3	3 900.4
阿根廷	388.0	411.0	419.0	446.2	452.6	431.0	346.1
巴西	385.0	405.0	421.0	434.0	445.0	460.0	470.0
智利	48.5	50.8	54.2	51.8	51.9	57.9	60.5
日本	109.0	114.0	123.8	123.5	126.2	123.4	122.8
澳大利亚[2]	290.0	310.4	327.2	377.9	375.5	412.6	330.0
新西兰[2]	254.0	266.0	250.0	297.0	289.0	311.0	270.0
南非[3]	39.5	39.8	41.5	43.7	43.3	47.4	48.1
津巴布韦		1.2	0.9	5.2	6.9		

注：[1] 不包括农舍干酪；[2] 乳业年度截止到下年 5 月或 6 月；[3] 契达干酪和古尔达干酪。
资料来源：ZMP，各国家统计数字，FAO、EUROSTAT、USDA。

表 12　世界主要国家炼乳产量

单位：千吨

	1996	1997	1998	1999	2000	2001	2003
欧盟 15 国	1 272.0	1 348.1	1 284.1	1 257.6	1 248.8	1 317.3	1 203.0
克罗地亚	2.5	0.3	7.8	6.7	6.6	9.2	8.0
立陶宛	11.4	15.2	12.4	9.2	3.5		
白俄罗斯			107.2	79.2	78.4		
乌克兰	58.0	51.4	44.9	41.3	46.7	63.2	68.5
匈牙利	3.7	3.9	4.6	4.1	2.2	1.8	1.5
美国[1]	211.8	255.3	209.3	225.8	211.1	212.2	260.0
阿根廷	14.7	15.0	15.4	11.8	11.5	9.0	7.7
智利	9.8	10.2	13.2	15.7	24.4	25.4	24.3
中国	60.0	55.0	60.0	69.0	80.0	90.0	120.0
日本	52.8	45.7	43.7	43.0	41.4	39.6	38.0
南非	18.1	24.9	20.2	21.8	19.9	20.8	19.7

注：[1] 仅包括罐装淡炼乳和甜炼乳。

资料来源：ZMP，各国统计数字、IDF 各国家委员会、EUROSTAT、FAO。

表 13　世界主要国家全脂和半脱脂奶粉产量

单位：千吨

	1996	1997	1998	1999	2000	2001	2002
欧盟 15 国	877.5	898.8	926.3	895.3	879.1	835.7	794.1
冰岛		0.2	0.2	0.2	0.2	0.2	0.2
瑞士	9.9	9.3	8.0	7.6	10.2	15.2	19.0
挪威	1.7	1.7	1.7	1.8	1.4	1.2	1.0
捷克共和国	29.2	22.5	25.9	21.9	22.6	19.3	20.4
波兰	35.2	39.8	39.3	34.7	30.0	36.6	27.1
匈牙利	3.0	2.7	4.1	2.2	1.8		
立陶宛		4.5	3.6	4.9			
斯洛伐克	6.4	3.5	6.3	5.8	4.1	4.8	3.9
白俄罗斯	1.5		12.0	11.2	13.6		
俄罗斯	79.0	80.0	72.0	79.0	75.2	106.0	92.3
乌克兰	6.3	4.8	3.2	8.6	7.1	18.6	12.9
美国	58.8	55.4	64.6	53.5	50.5	18.7	21.5
阿根廷	162.3	166.0	207.0	244.3	201.9	203.4	240.4
巴西	220.0	231.0	240.0	244.0	256.0	345.0	355.0
澳大利亚[1]	133.7	126.5	144.8	186.7	205.3	213.7	216.0
新西兰[1]	337.2	396.0	381.0	450.0	515.0	500.0	525.0
日本	23.7	18.9	18.7	17.8	18.3	17.8	16.6
印度[2]	103.8	115.2			131.8	148.7	176.5
中国[2]	358.0	391.0	422.0	552.0	615.0	610.0	680.0
南非	9.7	13.0	10.8	11.5	10.0	14.1	15.4
津巴布韦		3.4	2.1	13.4			

注：[1] 乳业年度截止到下年 5 月或 6 月；[2] 包括全部乳粉。

资料来源：ZMP，各国统计数字、IDF 各国家委员会、EUROSTAT、FAO、USDA。

表 14　世界主要国家脱脂奶粉产量

单位：千吨

	1996	1997	1998	1999	2000	2001	2002
欧盟 15 国	1 210.0	1 130.4	1 074.0	1 121.6	1 037.7	949.6	1 080.4
冰岛		0.6	0.6	0.6	0.4	0.3	0.6
瑞士	26.9	27.2	29.1	29.6	22.1	18.7	26.0
挪威	5.3	6.1	5.1	10.6	5.3	6.6	6.5
波兰	120.6	119.9	131.3	109.0	128.0	150.9	150.9
斯洛伐克	7.0	9.7	10.1	8.5	7.8		
斯洛文尼亚			1.7	2.5	2.0	1.4	2.5
捷克共和国	51.6	33.6	31.9	34.6	34.5	39.7	36.9
爱沙尼亚	21.6	16.1	14.1	10.2	10.6	6.2	
拉脱维亚	1.8	3.1	4.2	2.5	2.9	1.3	
立陶宛	25.0	32.0	16.0	23.0	14.0		
白俄罗斯	33.0	33.0	33.1	27.3	34.8		
摩尔多瓦	3.8	2.9	2.7	2.0	3.1		
俄罗斯	107.0		79.0	83.0	96.7	107.7	92.3
乌克兰	28.0	19.8	22.4	32.0	61.2	42.4	59.2
匈牙利	4.1	3.6	6.7	5.6	4.7	9.1	11.1
加拿大	64.6	66.2	69.7	78.4	68.6	90.2	81.3
美国	477.6	548.0	517.0	618.9	661.0	643.8	715.0
阿根廷	36.6	40.0	38.0	46.3	45.1	41.0	39.2
巴西	50.0	55.0	58.0	60.0	62.0	103.0	107.0
以色列			11.1	10.7	9.2		
南非	9.0	10.5	22.1	9.8	8.1	8.5	5.0
澳大利亚[1]	237.8	230.6	272.6	264.4	265.1	261.1	210.0
新西兰[1]	172.0	177.0	172.0	187.0	251.0	245.0	300.0
日本	200.3	199.9	201.8	191.1	193.8	175.1	182.5

注：[1] 乳业年度截止到下年的 5 月或 6 月。

资料来源：ZMP，EUROSTAT，IDF 各国委员会、各国统计数字、USDA。

表 15 世界主要国家乳制品出口量

单位：千吨

	1998	1999	2000	2001	2002*	2003**
奶油						
全球	746	753	737	780	800	850
欧盟	164	159	175	166	212	250
美国	11	5	9	11	12	
澳大利亚[1]	117	139	108	109	105	
新西兰[1]	317	277	336	329	332	380
其他国家	174	173	110	165	139	
脱脂奶粉						
全球	942	1 115	1 278	1 100	1 120	1 200
欧盟	175	272	357	142	154	200
加拿大	31	41	32	46	49	
美国	111	183	113	110	100	
阿根廷	15	29	27	19	22	
澳大利亚[1]	199	243	253	218	232	225
新西兰[1]	166	174	172	191	217	283
波兰	101	83	86	108	94	
其他国家	144	89	237	267	290	
全脂奶粉						
全球	1 392	1 486	1 516	1 470	1 530	1 550
欧盟	588	576	575	477	490	420
美国	20	18	25	39	20	
阿根廷	97	149	104	85	135	
澳大利亚[1]	110	139	169	183	214	216
新西兰[1]	359	362	393	474	476	530
其他国家	315	243	250	212	200	
干酪						
全球	1 206	1 184	1 260	1 290	1 320	1 320
欧盟	448	398	458	470	484	500
瑞士	56	60	58	58	55	
澳大利亚[1]	167	202	223	219	218	210
新西兰[1]	232	240	249	262	277	270
美国	37	38	48	52	54	
其他国家	263	247	224	230	233	250

注：* 估计数；** 预测数。[1] 财政年度结束在 6 月。

资料来源：ZMP，FAO，EUROSTAT、ONILAIT，PZ。

表 16　世界主要国家乳制品进口量[1]

单位：千吨

	1997	1998	1999	2000	2001	2002[2]
奶油						
全球	783	746	753	737	780	800
欧盟	92	88	105	104	114	115
俄罗斯	190	83	53	54	136	110
埃及	38	40	43	49	50	
摩洛哥	16	22	20	27	29	
墨西哥	25	27	34	34	29	
巴西	6	10	11	10	2	
伊朗	10	26	11	20	13	
约旦	15	14	13	2	2	
美国	13	27	15	19	50	31
全脂奶粉						
全球	1 302	1 392	1 486	1 516	1 470	1 530
俄罗斯		35	35	40	80	98
阿尔及利亚	89	104	106	96		
巴西	105	133	147	108	43	85
墨西哥	30	46	35	33	55	
委内瑞拉	56	60	67	69	58	
沙特阿拉伯	63	64	34	43		
马来西亚	66	45	54	76		
新加坡	26	21	20	22		
菲律宾	52	47	37	58		
脱脂奶粉						
全球	1 087	942	1 115	1 278	1 100	1 120
欧盟	74	65	73	78	57	60
俄罗斯	20	31	109	51	65	
日本	73	57	57	52	53	
菲律宾	98	76	87	96		
巴西	41	42	46	30	11	16
墨西哥	133	94	113	117	129	118
阿尔及利亚	79	87	71	91		
干酪						
全球	1 145	1 206	1 184	1 260	1 290	1 320
欧盟	109	127	146	148	150	174
瑞士	31	31	31	31	31	31
俄罗斯	195	85	60	36	80	98
美国	140	163	198	189	204	218
巴西	29	24	20	16	11	10
埃及	16	14	16	15	15	
日本	168	178	181	205	202	204
沙特阿拉伯	52	64	77	73		
澳大利亚	32	31	33	38	43	45

注：[1] 全球进口量来源于出口统计数字；[2] 暂定数。

资料来源：ZMP，FAO，EUROSTAT，USDA，PZ。

表 17 世界主要国家液态奶消费量[1]

单位：千吨

	1999	2000	2001	2002*
奥地利	747	778	791	795
比利时	942	940		
丹麦	698	710	717	729
芬兰	981	975	967	927
法国	5 493	5 509	5 482	5 455
德国	7 474	7 385	7 484	7 550
希腊	685	725		
爱尔兰	546	546	556	553
意大利	5 110	5 030		
荷兰	1 608	1 629	1 603	1 571
葡萄牙	1 130	1 120	1 110	
西班牙	4 788	4 808	4 850	
瑞典	1 279	1 261	1 262	1 268
英国	6 929	6 860	6 760	6 640
欧盟 15 国[2]	35 842	35 757	36 050	36 015
挪威	572	554	551	549
瑞士	660	680	726	
冰岛	52	51	50	50
塞浦路斯			72	72
白俄罗斯	1 320	1 229		
克罗地亚	536			
捷克共和国	764	754	772	
匈牙利	883	905	831	821
波兰		1 803	1 786	1 899
斯洛伐克	440	440	443	460
斯洛文尼亚	137	140	148	166
爱沙尼亚	103	100		
乌克兰	3 350	3 178		
加拿大	2 898	2 950	2 953	2 914
墨西哥	3 733	3 765	3 632	
美国	24 905	24 716	24 485	24 592
阿根廷	2 533	2 514	2 578	2 287
巴西	12 726	12 690	12 670	
智利		390	395	432
澳大利亚[2]	2 100	2 086	2 067	
新西兰[2]	380	380	380	380
中国	850	1 230	2 380	3 010
日本[3]		4 702	4 534	4 568
泰国	600	650		
以色列	478	479	483	
南非	1 304	1 365	1 349	1 365
津巴布韦	109	104		

注：* 预测数。[1] 包括乳品厂加工的乳制品及直接由牧场销售给消费者的乳制品，同时包括可用的乳饮料和发酵乳制品数据资料；[2] 乳业年度结束于次年 5 月或 6 月；[3] 财政年度结束于次年 3 月。

资料来源：IDF 各国家委员会、ZMP、USDA。

表 18　世界主要国家液态奶人均消费量[1]

单位：千克

	1999	2000	2001	2002*
奥地利	91.6	93.1	98.9	99.4
比利时	88.5	88.3		
丹麦	131.4	133.1	134.0	135.7
芬兰	189.9	188.3	186.4	177.9
法国	93.1	92.5	92.6	91.9
德国	91.2	89.9	90.2	91.9
希腊	65.0	68.9		
爱尔兰	145.6	144.2	144.7	141.7
意大利	88.7	87.2		
荷兰	102.4	102.3	100.2	97.3
葡萄牙	113.2	112.0	111.0	
西班牙	121.5	123.8	123.0	
瑞典	143.7	141.7	141.8	142.4
英国	116.5	114.8	112.7	112.5
欧盟 15 国[2]	95.6	95.1	95.6	95.0
挪威	127.7	123.4	121.9	121.3
瑞士	90.0	92.5	98.0	
冰岛	189.9	180.4	176.1	175.3
塞浦路斯			101.8	99.6
白俄罗斯	128.0	119.0		
克罗地亚	112.0			
捷克共和国	76.2	73.2	75.0	
匈牙利	87.5	90.0	81.6	81.0
波兰		68.7	65.0	62.7
斯洛伐克	81.5	81.5	81.8	84.9
斯洛文尼亚	68.4	73.3	74.0	83.0
爱沙尼亚	71.2	70.0		
乌克兰	67.0	64.0		
加拿大	95.2	95.8	94.9	92.8
墨西哥	38.3	38.1	36.3	39.1
美国	89.3	87.6	85.9	85.5
阿根廷	69.6	69.8	70.9	62.2
巴西	75.8	74.6	73.7	
智利		25.7	25.6	28.2
澳大利亚[2]	110.1	108.5	106.8	
新西兰[2]	99.2	99.0	98.7	97.0
中国	0.7	1.0	2.1	2.3
日本[3]		37.0	35.6	35.9
泰国	10.2	10.8		
以色列	76.2	74.6	73.4	
南非	28.9	30.3	29.4	29.4
津巴布韦	8.6	8.1		

注：* 预测数。[1] 包括乳品厂加工的乳制品及直接由牧场销售给消费者的乳制品，同时包括可用的乳饮料和发酵乳制品数据资料；[2] 乳业年度结束于次年 5 月或 6 月；[3] 财政年度结束于次年 3 月。

资料来源：IDF 各国家委员会、ZMP、USDA。

表 19 世界主要国家含乳饮料、发酵乳消费量

单位：千吨

	1999	2000	2001	2002
奥地利	146	138	157	170
比利时	229	216		
丹麦	189	191	198	219
芬兰	211	202	205	211
法国		1 196	1 212	1 253
德国	2 142	2 176	2 156	2 180
荷兰	750	739	713	691
葡萄牙	108	107		
西班牙	600	620		
瑞典	288	284	296	303
欧盟 15 国	6 258	6 500	6 600	6 700
挪威	79	75	86	91
瑞士		167	179	
冰岛	10	10	10	10
塞浦路斯			8	8
捷克共和国	137	142	147	
爱沙尼亚	9	8	9	
斯洛伐克	61	63	68	81
斯洛文尼亚		32		
匈牙利	110	125	117	121
波兰		176	213	223
白俄罗斯	375	309		
加拿大	132	150	162	176
墨西哥		370	381	387
阿根廷	250	244	269	228
澳大利亚	106	108	110	
以色列	183	179	186	
中国	130	270	420	530
泰国	620	650		
南非	140	142	146	148

资料来源：IDF 各国家委员会、ZMP、USDA。

表 20　世界主要国家含乳饮料、发酵乳人均消费量

单位：千克

	1999	2000	2001	2002
奥地利	18.0	17.3	19.6	21.2
比利时	22.5	21.1		
丹麦	35.5	35.8	37.0	40.7
芬兰	41.1	39.0	39.5	40.5
法国		20.2	20.5	21.1
德国	26.1	26.5	26.2	26.5
荷兰	47.1	46.4	44.6	42.8
葡萄牙	9.8	9.7		
西班牙	15.2	15.7		
瑞典	32.6	32.1	33.3	34.0
欧盟 15 国	16.7	17.2	17.4	17.6
挪威	17.7	16.6	19.0	20.0
瑞士		22.8	24.2	
冰岛	35.7	34.9	34.0	35.2
塞浦路斯			11.0	10.8
捷克共和国	13.3	13.8	14.3	
爱沙尼亚	6.0	5.7	5.9	
斯洛伐克	11.2	11.7	12.6	15.0
斯洛文尼亚		15.8		
匈牙利	10.9	12.2	11.5	11.9
波兰		4.0	3.8	4.0
白俄罗斯	36.4	30.0		
加拿大	4.3	4.9	5.2	5.6
墨西哥		3.0	3.1	3.2
阿根廷	6.9	6.7	7.4	6.2
澳大利亚	5.8	5.6	5.7	
以色列	29.2	28.0	28.2	
中国	0.1	0.2	0.3	0.4
泰国	5.4	5.8		
南非	3.3	3.2	3.2	3.2

资料来源：IDF 各国家委员会、ZMP、USDA。

表 21　世界主要国家奶油消费量

单位：千吨

	1999	2000	2001	2002
奥地利	40	40	40	40
比利时	55	51		
丹麦	11	9	9	9
芬兰	35	35	33	31
法国	490	490	485	482
德国	548	545	536	537
希腊	10	7	7	7
爱尔兰	12	11	11	11
意大利	176	162	158	
荷兰	54	53	53	53
葡萄牙	20	21		
西班牙	25	24	27	36
瑞典[1]	50	44	43	42
英国	188	209	200	217
欧盟	1 765	1 749	1 734	1 675
挪威[1]	26	23	21	21
瑞士	44	45	44	44
冰岛	1	1	1	1
捷克共和国	40	42	44	
匈牙利	8	8	6	7
波兰	138	143	157	157
斯洛伐克	16	15	15	16
斯洛文尼亚	2	2		
爱沙尼亚	3	3	3	
拉脱维亚	5	4	5	
立陶宛	11	11		
白俄罗斯	47	41		
俄罗斯	360	332	369	
加拿大	87	90	106	93
美国	593	579	579	583
墨西哥				
阿根廷	45	44	41	34
澳大利亚	59	57	57	
新西兰	22	22	22	22
以色列	5	5	5	
日本	84	83	94	
南非	11	10	10	11

注：[1] 包括乳脂肪混合物。

资料来源：IDF 各国家委员会、ZMP、USDA。

表 22　世界主要国家奶油人均消费量

单位：千克

	1999	2000	2001	2002
奥地利	4.9	4.9	4.9	4.9
比利时	5.1	5.0		
丹麦	2.0	1.6	1.6	1.7
芬兰	6.9	6.7	6.3	5.9
法国	8.3	8.3	8.2	8.1
德国	6.7	6.6	6.5	6.6
希腊	1.0	0.7	0.7	0.7
爱尔兰	3.2	3.0	2.9	2.8
意大利	2.3	2.8	2.7	
荷兰	3.1	3.3	3.3	3.3
葡萄牙	3.4	1.9	2.0	
西班牙	0.7	0.7	0.7	0.9
瑞典[1]	5.6	4.9	4.8	4.7
英国	3.2	3.4	3.4	2.7
欧盟	4.7	4.6	4.6	4.4
挪威[1]	4.4	4.4	4.0	4.0
瑞士	6.0	6.0	6.0	6.0
冰岛	3.6	4.3	4.2	3.8
捷克共和国	3.9	4.1	4.3	
匈牙利	0.8	0.8	0.6	0.7
波兰	3.6	3.4	4.0	4.1
斯洛伐克	3.0	2.7	2.7	3.0
斯洛文尼亚	1.0	0.8		
爱沙尼亚	2.1	2.1	2.2	
拉脱维亚	2.2	1.6	1.9	
立陶宛	2.9	3.0		
白俄罗斯	4.6	4.0		
俄罗斯	2.4	2.3	2.5	
加拿大	2.8	2.9	3.5	3.0
美国	2.1	2.1	2.0	2.0
墨西哥		0.2	0.2	0.2
阿根廷	1.3	1.2	1.1	0.9
澳大利亚	3.1	3.1	3.0	
新西兰	5.7	6.5	6.5	6.3
以色列	0.8	0.8	0.7	
日本	0.7	0.7	0.7	
南非	0.3	0.2	0.2	0.2

注：[1] 包括乳脂肪混合物。

资料来源：IDF 各国家委员会、ZMP、USDA。

表 23　世界主要国家干酪消费量[1]

单位：千吨

	1999	2000	2001	2002
奥地利	130	146	140	143
比利时	165	161		
丹麦	74	77		
芬兰	83	83	92	92
法国	1 400	1 420	1 445	1 461
德国	1 701	1 740	1 772	1 788
希腊	255	268	280	290
爱尔兰	37	39	40	40
意大利	1 222	1 284	1 238	
荷兰	260	231	235	
葡萄牙	90	93		
西班牙	340	353	344	360
瑞典	165	148	152	155
英国	580	581	590	612
欧盟	6 695	6 859	7 092	7 130
挪威	66	65	66	66
瑞士		142	147	
冰岛	5	5	7	6
塞浦路斯			12	12
保加利亚	60	58		
克罗地亚	30			
捷克共和国	95	108	104	
匈牙利	83	90	88	90
波兰	443	390	394	394
斯洛伐克	45	31	34	49
斯洛文尼亚		14	13	19
爱沙尼亚	12	13	13	
拉脱维亚	9	10	19	
白俄罗斯	46	38		
俄罗斯	450			
加拿大	426	422	438	438
美国	4 075	4 148	4 173	4 352
阿根廷	434	410	450	
墨西哥				
澳大利亚	212	218	239	
新西兰	28	28	28	28
以色列	100	102		
日本	227	243	240	
南非	44	43	45	46
津巴布韦	5	7		

注：[1] 以现有数据为基础，包括农舍干酪、粗制脱脂酸奶干酪和融化干酪。

资料来源：IDF 各国家委员会、ZMP、USDA。

表 24 世界主要国家干酪人均消费量[1]

单位：千克

	1999	2000	2001	2002
奥地利	16.0	18.0	17.5	17.8
比利时	16.3	16.1		
丹麦	17.8	14.5		
芬兰	16.3	16.3	17.8	17.7
法国	24.9	25.3	25.5	25.8
德国	20.7	21.2	21.6	21.8
希腊	24.3	25.4	26.6	27.5
爱尔兰	10.0	10.3	10.3	10.3
意大利	21.2	22.3	21.4	
荷兰	16.6	14.5	14.7	14.6
葡萄牙	9.0	9.3		
西班牙	8.6	9.0	8.7	9.1
瑞典	19.0	16.9	17.1	17.4
英国	9.9	9.9	10.0	10.4
欧盟	17.9	18.3	18.7	18.9
挪威	14.9	14.4	14.6	14.6
瑞士		19.3	19.7	19.7
冰岛	18.8	20.6	22.8	22.3
塞浦路斯			17.6	16.3
保加利亚	7.2	7.1		
克罗地亚	6.3			
捷克共和国	9.3	10.5	10.2	
匈牙利	9.4	10.1	8.7	8.9
波兰	11.4	10.0	10.1	10.1
斯洛伐克	10.7	5.7	6.2	9.0
斯洛文尼亚		7.0	6.7	9.4
爱沙尼亚	8.4	9.0	8.9	
拉脱维亚	3.6	4.2	7.9	
白俄罗斯	4.5	3.7		
俄罗斯	3.1			
加拿大	14.0	13.8	14.1	13.8
美国	14.7	14.6	14.6	15.1
阿根廷	12.1	11.4	12.4	
墨西哥	1.7	1.7	1.6	1.7
澳大利亚	11.1	11.4	12.3	
新西兰	7.3	7.3	7.3	7.1
以色列	15.9	15.9		
日本	1.8	1.9	1.9	
南非	1.0	1.0	1.0	1.0
津巴布韦	0.5	0.5		

注：[1] 以现有数据为基础，包括农舍干酪、粗制脱脂酸奶干酪和融化干酪。

资料来源：IDF 各国家委员会、ZMP、USDA。

表 25 世界主要国家支付给奶农的平均奶价（一）

		各国货币/每 100 千克					欧元	美元
		1998	1999	2000	2001	2002	2002	2002
比利时	欧元	28.93	26.67	28.81	30.06	27.58	27.58	26.08
丹麦	丹麦克朗	236	229	231	242	243	32.44	30.68
德国	欧元	29.72	28.47	30.00	32.82	29.98	29.98	28.35
希腊	欧元	33.15	33.77	33.95	34.80	35.60	35.60	33.66
西班牙	欧元	28.55	27.95	27.42	30.68	29.39	29.39	27.79
法国	欧元	28.73	28.20	28.97	30.22	29.22	29.22	27.63
爱尔兰	欧元	27.99	27.36	28.15	29.60	27.30	27.30	25.81
意大利	欧元	35.12	34.19	32.88	34.50	33.90	33.90	32.06
荷兰	欧元	31.31	28.59	30.31	32.58	31.04	31.04	29.35
奥地利	欧元	27.83	27.76	27.83	32.00	30.20	30.20	28.56
葡萄牙	欧元	28.53	28.03	28.03	32.00	32.60	32.60	30.83
芬兰	欧元	30.27	30.06	30.50	32.50	32.00	32.00	30.36
瑞典	瑞典克朗	284	285	285	280	284	31.03	29.34
英国	英镑	18.81	17.82	16.44	18.70	16.59	24.60	23.26
欧盟平均价格（脂肪 3.7%）	欧元	30.50	28.77	29.18	31.50	29.50	29.50	27.90
瑞士（脂肪 3.8%）	瑞士法郎	81.00	78.70	79.17	79.95	78.44	53.47	50.56
挪威[1]	挪威克郎	333	319	322	329	336	44.75	42.32
冰岛	本国货币			34.77	36.50	39.06	43.01	40.67
塞浦路斯	本国货币			17.50	18.20	20.40	34.00	32.15
爱沙尼亚	本国货币	240.80	187.70	271.90	319.70		20.43[3]	18.30[3]
拉脱维亚	本国货币	85.54	78.24	84.63	93.11		16.62[3]	10.88[3]
立陶宛	本国货币	58.10	58.10	44.80	50.60		14.36[3]	12.56[3]
波兰[1]	兹罗提	60.80	60.46	76.07	76.19	69.71	18.07	17.09
斯洛伐克（脂肪 3.6%）	克朗	727	750	813	855	900	21.09	19.94
斯洛文尼亚	本国货币	48.70	52.01		61.45	66.98	29.63	28.02

表 25　世界主要国家支付给奶农的平均奶价（二）

		各国货币/每 100 千克					欧元	美元
		1998	1999	2000	2001	2002	2002	2002
捷克共和国	克朗	765	703	723	753	788	25.58	24.19
匈牙利(免税乳品厂、脂肪 3.68%)	福林	56.60	60.60	63.30	68.50	72.30	29.75	28.13
克罗地亚	克朗	222.0	200.0	240.0	278.0	277.0		
白俄罗斯	美元	11.00	8.00	9.00				
俄罗斯	美元			12.00	14.00	14.00	14.80	14.00
乌克兰	美元	10.88	13.56	9.19				
美国（脂肪 3.5%）	美元	34.00	31.70	27.33	33.18	26.72	28.26	26.72
加拿大（脂肪 3.6%）	加元	50.68	51.89	53.67	55.38	56.21	37.98	35.91
墨西哥	美元			24.00	24.50	27.00	28.84	27.00
澳大利亚[2]	澳元	26.21	24.66	29.16	31.07			
新西兰[2]	新元	29.13	31.07	39.80	42.70	29.10	14.29	13.51
阿根廷（脂肪 3.5%，大城市区）	美元	20.50	16.50	15.50	14.50	8.50	8.99	8.50
阿根廷（脂肪 3.5%，农村地区）	美元	17.50	14.00	13.50	12.50	7.70	8.14	7.70
智利	美元	8.56	8.56	9.46	10.28	7.70	8.14	7.70
南非[1]	兰特	116.64	110.73	126.08	142.66	171.04	18.56	17.55
以色列脂肪 3.37%	谢克尔	138	141	149	143			
中国（城市地区，脂肪 3.4%）	人民币	230	230	230	190	210	29.45	27.85
中国（农村地区，脂肪 3.4%）	人民币	150	150	180	140	150	21.04	19.90
印度	卢比		818	826	825	840	20.00	18.91
泰国（脂肪 3.5%）	铢	1 060	1 250	1 250				
日本	日元	8 260	8 210	8 150	8 220		69.62[3]	65.83[3]

注：如无特别指出，欧盟国家指全脂奶，脂肪含量 3.7%；如无特别指出，所有国家的数据均指出牧场价格；按照比率为 1∶0.971 将升换算成千克。[1] 普通乳脂肪含量；[2] 乳业年度结束在下年 5 月或 6 月；[3] 2001 年。

资料来源：IDF 各国家委员会、ZMP、EUROSTAT、USDA。

表 26　世界部分国家奶油价格

		美元/千克					欧元/千克				
	月份	1999	2000	2001	2002	2003	1999	2000	2001	2002	2003
阿根廷	3/4	1.81	1.60	1.40	1.35	1.70	1.70	1.68	1.64	2.07	1.57
加拿大	3/4	4.10	4.62	4.51	4.19	4.73	3.89	4.86	5.29	4.76	4.37
中国	3/4			3.14	2.30	2.30			3.58	2.61	2.13
捷克共和国	4			2.00	2.29	2.63			2.32	2.54	2.43
欧盟	6	3.28	3.16	2.86	2.98	3.52	3.00	3.35	3.36	3.00	3.04
匈牙利	3/4			2.99	3.07	3.61			3.32	3.42	3.34
冰岛	3/4		3.50	3.66	3.63	4.74		4.10	4.17	4.12	4.39
日本	4	12.67	8.67	8.41	7.20		11.86	9.38	9.46	8.17	
挪威	3/4	3.05	2.90	2.72	3.09	3.86	2.89	3.05	3.11	3.51	3.57
波兰	6	2.01	2.61	2.23	2.26	2.32	1.93	2.74	2.55	2.38	1.99
美国	6	2.14	2.94	4.36	2.30	2.45	2.03	2.79	5.11	2.42	2.10
斯洛伐克	5	2.11	2.08	1.81	1.83	2.45	2.00	2.26	2.12	1.86	2.12
斯洛文尼亚	3/4			3.24	3.29				3.69	3.74	
全球市场（西欧离岸价）	5	1.30	1.48	1.35	1.00	1.28	1.25	1.57	1.58	1.01	1.10

资料来源：IDF 各国家委员会、ZMP、USDA。

表 27　世界部分国家全脂奶粉价格

		美元/千克					欧元/千克				
	月份	1999	2000	2001	2002	2003	1999	2000	2001	2002	2003
阿根廷	3/4	1.80	1.80	2.10	1.30	1.65	1.70	1.90	2.46	1.48	1.52
中国	3/4		2.17	2.36	2.14	2.12		2.29	2.68	2.43	1.96
捷克共和国	3			1.97	1.70	2.11			2.31	1.88	1.95
欧盟	7	2.61	2.67	2.43	2.15	2.86	2.52	2.81	2.85	2.44	2.45
日本		6.60	7.22	7.62	5.92		6.26	7.60	8.58	6.73	
挪威	3/4	3.02	2.84	2.68	3.33	3.90	2.86	3.00	2.98	3.51	3.60
美国	6	2.95	2.78	3.35		2.41	2.84	2.92	3.92		2.06
斯洛伐克	5	1.76	1.92	1.85	1.97	2.78	1.68	2.00	2.16	2.00	2.40
全球市场（西欧离岸价）	6	1.38	1.90	2.02	1.15	1.65	1.33	2.01	2.37	1.16	1.41

资料来源：IDF 各国家委员会、ZMP、USDA。

表 28 世界部分国家脱脂奶粉价格

		美元/千克					欧元/千克				
	月份	1999	2000	2001	2002	2003	1999	2000	2001	2002	2003
捷克共和国	4			1.71	1.34	1.59			1.95	1.49	1.47
斯洛伐克	5	2.91	1.75	1.88	1.78	2.27	2.76	1.92	2.19	1.75	1.96
全球市场（西欧离岸价）	7	1.18	1.95	2.05	1.15	1.55	1.25	2.06	2.40	1.16	1.37
波兰	7	1.22	1.74	2.11	1.52	1.49	1.15	1.83	2.50	1.60	1.32
欧盟	7	2.12	2.53	2.15	2.01	2.29	2.05	2.69	2.50	2.00	2.03
阿根廷	3/4	1.80	1.75	2.20	1.25	1.75	1.70	1.84	2.58	1.42	1.62
美国	6	2.24	2.21	2.21	1.97	1.77	2.15	2.33	2.32	2.08	1.51
中国	3/4			2.54	2.20	2.23			2.89	2.50	2.08
挪威	3/4	2.93	4.74	2.72	2.92	3.97	2.77	5.00	3.10	3.32	3.51
加拿大	3/4	3.07	3.41	3.22	3.24	3.66	2.91	3.59	3.67	3.68	3.38
斯洛文尼亚	4			3.61	1.77				4.11	2.01	
日本	4	4.50	5.05	5.34	4.15		4.27	5.32	6.00	4.71	

资料来源：IDF 各国家委员会、ZMP、USDA。

欧洲部分国家牛奶按质论价标准

提示：按质论价的目的是将质量与价格体系联系起来，鼓励奶农生产出高质量的原料奶。因为酬劳是按每个农户分配，所以奶农都注重配种和饲养的实践工作，这样不但能提高每头奶牛的产奶量，产出的牛奶质量也很高。

牛奶如果质量高的话，那么人们的健康就能得到保证，产品的价值也会提升。奶农们从他们生产并交售的产品中获得收入。牛奶会在独立的中心实验室、合作社和乳品厂进行测试。

92/46/EEC（欧共体）大会的指令规定了原料奶的质量标准，这也就是说欧盟的所有成员国都必须遵守这个准则。规定每毫升牛奶中不得超过 100 000 个细菌总数和 400 000 个体细胞。下面列出了一些欧洲国家的以质论价标准，那些参数决定着价格。这些参数如何计算，以及多久计算一次。这些决定价格的参数主要为脂肪，蛋白质，细菌数，体细胞数，药物残留，抑制剂以及冰点。季节有时候也能影响价格。

这个报告是根据为牛奶工业工作的个人和组织的建议而形成的，比如说全国性和地方性的乳业组织和 FOSS 销售与服务公司。不要忘记来自 IDF 的“EX 农场牛奶的价格体系”是制定报告的一个很重要的补充材料。

丹　麦

价格的制定

在丹麦，所有的奶牛场都遵守欧盟的规定。牛奶价格的制定是乳品场和生产商之间的事，但是大部分的乳品场都是遵循丹麦乳业协会的建议。

牛奶价格由以下因素决定：

- 脂肪
- 蛋白质
- 细菌数
- 体细胞数
- 牛奶处理成本
- 牛奶收购成本
- 冰点
- 抑制剂
- 季节

脂肪和蛋白质

生产商可以从每千克脂肪中得到 DKK25.54，从每千克蛋白质中得到 DKK34.47。

细菌

牛奶的细菌数每月都要检测一次。牛奶由检测结果划分成四个等级。

优等＜30 000，加价

等级 1＜100 000

等级 2＜300 000，降价

等级 3＞300 000，降价

如果细菌数小于 30 000 的话，那么每千克加价 0.05DKK。如果牛奶被划分到第 2 或第 3 等级的话，那么每千克分别要扣除 0.05 和 0.15DKK。

体细胞

体细胞的测试为每月一次。等级划分如下：

优等＜300 000，加价

等级 1<400 000

等级 2<750 000，降价

等级 3>750 000，降价

如果细胞数不到 300 000，每千克可以增加 0.04DKK。如果牛奶被划分到第 2 或第 3 等级的话，那么每千克分别要扣除 0.05 和 0.15DKK。

牛奶处理成本

考虑到牛奶处理成本，每 100 千克牛奶的价格要扣除 DKK6.00。

牛奶收购成本

牛奶的收购和运输成本是从生产商应得的报酬中扣除。相比较而言，小配送商的成本要比大配送商的成本高。为了使之公平化，丹麦乳业协会建议为每个配送商提供一个固定价格，而根据运送的量提供一个可变价格。

乳品场根据以下标准实行：

• 每次收购的固定价格为 15.00DKK

• 可变价格根据运送的量定为每 100 千克 6.00DKK。

冰点

冰点测试为一年 4 次。

抑制剂

每月测试一次。如果测试发现有抗生素或其他残留，那么牛奶价格将被扣除，并且 4 星期之内必须再次进行测试。

季节

为了鼓励牛奶生产的季节均等化，提供了以下不同季节的牛奶价格（根据每个供应商的基本价格计算出的百分比）：

4～6 月	－13%
7 月	0%
8 月	＋15%
9～12 月	＋10%
12～3 月	0%

生产商得到的牛奶价格

1997 年丹麦的生产商平均可以得到 35.67 美元，而欧盟的平均水平是 35.10 美元。

挪　威

牛奶测试市场

在挪威，由全国奶业组织 TineNOrskeMeierier 来决定奶价。所有挪威的乳品都遵循符合欧盟规定的标准。

奶价的制定

牛奶价格是由以下因素决定

• 脂肪

• 蛋白质

• 冰点

• 孢子

• 气味和芳香

• 药物残留

• 细菌

• 体细胞

脂肪和蛋白质

脂肪和蛋白质的取样测试为每月两次，奶价根据两次测试的平均结果来决定。如果脂肪含量低于 3.2%，要降低 1%的价格。平均蛋白质含量为 3.2%，如果超过或低于 3.2%的话，那么价格将上升或降低 2%。如果蛋白质含量还不到 3.0%，那么将降低 3%的价格。

冰点

冰点的测试为每年两次。如果测试结果高于－0.515，那么必须在下个月马上再进行一次测试。以下是冰点测试的标准：

以下	－0.515：不降价，优等
－0.514	－0.510：扣除 1%
－0.509	－0.505：扣除 2%
－0.504	－0.500：扣除 3%
－0.499	－0.495：扣除 5%
－0.494	－0.490：扣除 7%

孢子

酪酸孢子的测试为每年 3 次。但如果最后三次测试的平均值超标，那么下个月必须再进行一次测试。如果孢子数在三个月内不减，牛奶将被归为等级 3，并且要中止运输。

气味及芳香

气味和芳香测试为每月一次。如果有异味，那么在接下来两个月中要进行三次测试。符合以下两个条件的牛奶必须停止运送：

1. 如果接下来的两个星期内做的三次测试还是有异味的话。

2. 在 12 个月内有 4 次检测结果为有异味，或在 6 个月内有两次同样的结果。

药物的残留

药物残留测试每次运送都有。如果检测结果发现有残留物，那么每个生产商都要被检测，运输没有报酬，并且会在基价上扣除 2 000。如果在 12 个月中有超过一次的检测发现有残留，那么将于基价扣除 5 000。如果检测发现了残留物，那么产品就不可能被评为优等。

细菌

牛奶的细菌数每月要检测两次。并且奶价由最近 4 次检测的最低平均值来决定。

细菌总数等级：	优等<20 000
	等级 1<30 000
	等级 2<60 000
	等级 3>60 000
Bactoscan 等级：	优等<100 000
	等级 1<175 000
	等级 2<450 000
	等级 3>450 000

如果最后两次的检测结果和最后 4 次检测结果的平

均值为 100 000（细菌总数）或 800 000（bactoscan），那么运输必须中止。

体细胞数

体细胞数的测试也是每月 2 次，但是奶价是根据最后 6 次测试的最低平均值来决定的

体细胞等级。　优等<230 000
　　　　　　　等级 1<300 000
　　　　　　　等级 2<350 000
　　　　　　　等级 3>350 00

如果最后 2 次测试以及最后 6 个月的测试平均值为 40 000 或以上，必须中止运输。

质量等级

根据质量的 4 个等级，在基础价格上加价或减价。优等可在基价上加 4.5%，等级 1 不加不减，等级 2 和等级 3 分别扣除 2%和 4%的价格。

细菌总数

如果细菌总数低于 20 000，牛奶被划为优等，可以在基础价格上加 4.5%。细菌总数在 3 000 与 6 000 之间，价格减少 2%，细菌总数超过 6 000，价格减少 4%。

Bactoscan

如果 Bactoscan 总数低于 100 000，牛奶被划为优等，可以在基础价格上加 4.5%。Bactoscan 总数在 175 000与 450 000 之间，牛奶被划为等级 2，价格减少 2%，Bactoscan 总数超过 450 000，牛奶为等级 3，价格减少 4%。

	优等	等级 1	等级 2	等级 3
加 4.5%		减 2%	减 4%	
细菌总数	<20 000	<30 000	<60 000	>60 000
	<100 000	<175 000	<450 000	>450 000
孢子数	在测试中或最后两次测试中不高	在测试中或最后两次测试中不高	在测试中或最后两次测试中的一次高	在测试中或最后两次测试中都高
细胞数	<230 000	<300 000	<350 000	>350 000
气味	无	无	中等	重
药物残留	无			
冰点	<−0.515			

孢子

如果孢子数在三次测试中不高，牛奶被划为优等，可以在基础价格上加 4.5%。孢子数在一次测试中或最后两次测试中的一次高，牛奶被划为等级 2，价格减少 2%，孢子数在三次测试中都高，价格扣除 4%。

体细胞

如果体细胞数低于 230 000，牛奶被划为优等，可以在基础价格上加 4.5%。体细胞数在 300 000 与 350 000之间，价格减少 2%，体细胞数超过 350 000，价格减少 4%。

气味

导致异味的最常见的原因有：

1. 在第一次挤奶中相比于大型牛奶盛桶只有较少的牛奶，所以牛奶被过度加工。

2. 牛奶因其他原因被过度加工（过多的空气进入，严重吸抽，运输管道等等）。

3. 饲料中的能量和蛋白质不平衡，比如说，结果用低质量的饲料喂养。

4. 初乳，干乳期的牛乳，乳房炎的牛乳或其他外来物质的混合物。

5. 大量饲料。

6. 挤奶后乳头清洗不彻底。

如果测试结果为有中等或严重异味，则牛乳分别被划为等级 2 和等级 3。如先前所说，如果在牛乳中发现药物残留，则牛乳不能被归为优等。

牛乳只有在冰点低于−0.515 的情况下才能归为优等。

生产商得到的牛奶价格

1997 年挪威的生产商平均可以得到 38.41 美元，而欧盟的平均水平是 35.10 美元。

瑞　典

在瑞典有一个全国性的奶业组织名为瑞典奶业协会，但是这个组织不为瑞典的牛奶制定价格体系。还有 8 个地方性组织共同负责 99%的运送牛乳。每个乳品场都有自己的价格体系。

这 8 个组织如下：

1. Arla
2. Falköpingsmejeri
3. Gäsene
4. Skånemejeri
5. Gefleorten
6. Milko
7. NNP
8. Norrmejerier

牛奶价格的制定

在瑞典牛奶价格由以下因素决定

- 脂肪和蛋白质
- 细菌数
- 体细胞数
- 孢子数
- 气味
- 冰点
- 抑制剂
- 质量等级
- 季节

脂肪和蛋白质

脂肪和蛋白质的测试为每月三次。下面的表格显示了因脂肪和蛋白质含量而使价格受到的影响。

	平　均		加　价		减　价	
	脂肪率	蛋白质率	超过平均水平的脂肪，增加 0.1%	超过平均水平的蛋白质，增加 0.1%	超过平均水平的脂肪，减少 0.1%	超过平均水平的蛋白质，减少 0.1%
Arla	4.2	3.4	2.7	3.3	2.7	2.2
Falköpingsmejeri	4.2	3.4	2.7	3.3	2.7	3.2
Gäsene	4.2	3.4	1.7	2.2	1.7	3.2
Skånemejeri	4	3.4	2.2	3.3	2.2	3.3
Gelfeorten	4.2	3.4	2.7	3.3	2.7	2.2
Milko	4.3	3.4	2.4	3.2	2.4	3.3
NNP	4.3	3.4	2.4	3.2	2.4	3.3
Norrmejerier	4.4	3.5	2.6	2.2	2.6	3.3

细菌

细菌数的检测为每月 2 次（Arla，Gäsene，NNP，Gefleorten 和 Skåne）或 3 次（Norr、Milko 和 FalköPing）。质量等级划分在 8 个组织中有些不同。

运送的月份

这个表格显示如果每毫升牛乳中含有的细胞数超过 100 000（Falköpingsmejeri 为 50 000），生产商获得的价格就小，每千克扣除 6～15öre。如果细菌数超过 300 000，那么将扣除 20～40öre。

然而，Milko 和 Norr 则有不同的价格体系。他们以最后 24 次测试中有多少次测试结果为超过 100 000 个细菌数来决定扣除多少价格。如果第一次测试结果就超过了 100 000 个细菌，那么每千克要扣除 0.06～0.1SEK，第二次为 0.16～0.4SEK 等（见以下表格）。

	等级 1	等级 2	等级 3 减价	等级 4 减价
Arla	< 5 000	< 100 000	< 300 000 10öre	> 300 000 40öre
Alköpingsmejeri	< 5 000		< 300 000 10öre	> 300 000 20öre
Gäsene		< 100 000	< 300 000 10öre	> 300 000 20öre
Skånemejeri	< 40 000	< 100 000	< 300 000 15öre	> 300 000 40öre
Gefleorten		< 100 000	< 300 000 10öre	< 300 000 40öre
Milko		< 100 000	< 300 000 10～100öre	
NNP	< 40 000	< 100 000	< 300 000 10öre	> 300 000 200öre
Norremjerier		< 100 000	< 100 000 6～50öre	

（续）

	等级 1	等级 2	等级 3 减价	等级 4 减价
Arla	< 200 000 +2öre	< 250 000 +2öre	350 000—700 000 10öre	> 700 000 40öre
Falköpingsmejeri		< 350 000	> 700 000 10öre	> 700 000 20öre
Gäsene		< 400 000	< 700 000 6öre	> 700 000 20öre
Skanemejeri	< 225 000	< 350 000	< 600 000 15öre	> 600 000 40öre
Gefleorten		< 400 000	> 700 000 10öre	> 700 000 40öre
Milko		< 400 000	< 400 000 15öre	
NNP	< 250 000	< 400 000	> 700 000 10öre	> 700 000 30öre
Norrmejerier		< 400 000	< 400 000 20öre	

第一次测试结果超过 100 000 个细菌 0.06～0.1SEK/千克

第二次测试结果超过 100 000 个细菌 0.16～0.4

第三次测试结果超过 100 000 个细菌 0.22～1

第四次测试结果超过 100 000 个细菌 0.25～1

第五次测试结果超过 100 000 个细菌 0.30～1

第六次测试结果超过 100 000 个细菌 0.5～1

体细胞数的测试为每月 2 次（Gäsene，Gefleorten）或 3 次。

如果每毫升牛奶含有的体细胞数超过 350 000/400 000，所有的乳品场都会降低价格，降低的幅度为每千克 6～20öre。如果每毫升的体细胞数超过 700 000，降低幅度会加大（20～40öre）。

孢子数

孢子数的测试为每年 6 次（Gefleorten，Gäsene 和 Aria），9 次（Falköpingsmejeri 和 Milko）或 12 次（Skåane，NNP 和 Norr）。

大多数乳品厂就孢子数将牛奶分为三个等级。等级 1 说明含有的孢子数很少，等级 2 说明孢子数有些偏多，等级 3 表示孢子数已经很多了。等级 2 和等级 3 的牛奶将被扣除6～20öre。见以下表格。

等级 1	
等级 2	6öre Gäsene
	10öre Falköpiflgsmejeri
	Arla
	Gefleorten
	Milko
	15öre Skåne
	20öre NNP
等级 3	20öre Falksping

气味

气味的测试为每月 1 次（Falköping，Gefleorten 和 Gäsene）或 2 次（Arla，Milko，NNP，Norr 和 Skåne）。

如果有以下情况出现，牛奶必须以公告的形式被拒收：

酸味，氧化，酸腐，化学味，不合格。

瑞典的乳品场就牛奶的气味分为 2 或 3 个等级。等级 1 为没有异味了，等级 2 为有异味的趋势，等级 3 为已经有异味了，归为等级 2 和等级 3 的牛奶要降价。具体参见以下表格：

等级 2	6öre Gösene 整个运输月
	10öre Falköping，Gelfeorten 和 Arla
	15öre Skåne
	20öre NNP
等级 3	20öre Falköping
	30öre NNP
	40Skåne，Gefleorten

Milko 和 Nors 有不同的体系。他们根据在最后 24 测试中有多少结果为肯定来决定是否减价。如果第一次测试结果就有异味，那么每千克要扣除 0.06～0.1SEK，第二次为 0.16～0.4SEK 等（见以下表格）。

	Milko 和 Norr
第一次测试结果为有异味	0.06～0.1SEK/千克
第二次	0.16～0.4
第三次	0.22～1
第四次	0.25～1
第五次	0.30

第六次　　　　　　0.50

冰点

冰点的测试为每年 6 次（Gefleorten，Gäsene，Milko 和 Arla），每月 1 次（Falköping，Skåne 和 NNP）或 3 次（Norr）。大多数乳品厂就此将牛奶分为 5 个等级。等级 1 的冰点为－0.515～0.545，具体参见以下表格。

	> 0.500	－0.514& －0.500	－0.515& －0.545	－0.546& －0.560	< 0.560	等级 2，减价		等级 3，减价	
						100öre	其他	40öre	其他
Arla	3	2	1	2	2	×	×		
Faldöpingsmejeri	3	2	1			×			20
Gäsene	3	2	1	2	3		6		20
Skånemejeri	3	2	1	2	3		15	×	
Gefleortens	3	2	1			×		×	
Milko		1							
NNP	3	2	1	1	3	×			30
Norrmejerier									

药物残留

药物残留的测试为每月 1～2 次。如果测试结果为肯定，就要减价。

20öre Gåsene 和 Falköping

30öre NNP

40öre Milko，Arla 和 Gefleorten

Norr 不付运输费用。

等级标准

如果牛奶的质量高，那么可以因此加价。牛奶的细菌含量不能超过 20 000/50 000，细胞数不能超过 175 000/250 000。另外在运输月中不能有任何减价行为。加价金额为每千克 3～10öre。

在 Skåne 奶价跟运输量也有关系，具体参见以下表格：

> 300 000　　1öre/kg

> 400 000　　2öre/kg

> 500 000　　3öre/kg

> 600 000　　4öre/kg

> 700 000　　5öre/kg

> 800 000　　6öre/kg

季节

在瑞典奶价跟季节也有关系。具体参见以下表格：

ore/kg	一月	二月	三月	四月	五月	六月	七月	八月	九月	十月	十一月	十二月
Arla	－20	－20	－20	－20	－10	0	25	25	25	20	10	0
Gäsene	0	0	－10	－20	－20	－10	0	10	20	20	10	0
Skånemejeri	0	0	0	0	0	0	0	0	0	0	0	0
Geflerortens	0	0	0	0	0	0	10	40	50	50	30	0
Milko	0	0	0	0	0	0	0	15	10	0	0	0
NNP	－10	－20	－30	－40	－30	0	20	60	30	20	0	0
Norrmejerier	－10	－20	－30	－40	－40		20	40	40	40	20	0

生产商得到的牛奶价格

1997 年瑞典的生产商平均可以得到 38.04 美元，而欧盟的平均水平是 35.10 美元。

芬　兰

价格的制定

在芬兰没有全国性的价格制定体系，但是大多数的芬兰奶牛场都是乳业组织 Valio 的成员，这也就是说大部分芬兰的奶牛场是遵守着同样的标准和规定的。牛奶价格由以下因素决定：

- 脂肪
- 蛋白质
- 细菌数
- 体细胞数
- 季节

脂肪和蛋白质

牛奶价格与脂肪和蛋白质的含量有密切的关系。生产商可以从每克脂肪中得到 0.125FIM，从每克蛋白质中得到 0.4FIM。

细菌

牛奶的细菌数每月要检测两次。牛奶价格是由最后两个月的细菌平均值来决定的。如果每毫升牛奶所含的细菌数不到 50 000 的话，那每升会加价 0.07FIM。

优等<50 000，加价

等级 1<100 000

等级 2>100 000，降价

如果细菌数高于 100 000 的话，牛奶被划分到等级 2 的话，那么牛奶价格就会下降。第一个月内每升细菌数超过 100 000 的话，每升就要扣除 0.30FIM，第二个月扣除 0.6FIM，第三个月则为 1.2FIM。

体细胞

体细胞的测试也是每月两次。价格是由最后三个月的平均值来决定的。如果牛奶为优等，那么每升可以加价 0.07FIM。第一个月内细胞数超过 40 000 的话，每升就要扣除 0.30FIM，第二个月和第三个月分别扣除 0.6FIM 和 1.2FIM。

优等<250 000，加价

等级 1<400 000

等级 2>400 000，降价

季节

在芬兰价格也受季节影响，波动为±0.08FIM/升。生产商在秋冬获得的较多。

脂解脂数，药物残留和冰点每次收购都要检测脂解指数，残留和冰点每月测试一次。

生产商得到的牛奶价格

1997 年芬兰的生产商平均可以得到 38.87 美元，而欧盟的平均水平是 35.10 美元。

德　国

在德国没有牛奶价格的制定标准，一些乳品厂对供应大量牛奶的奶户给予额外资金。其他乳品厂则不加入这个体系。奶价每月都按单位奶品场给奶户的报酬来决定。

德国西部的一些乳品厂根据周边乳品厂的平均价格来制定它自己的价格。

在北部有价格体系，奶价是由大的乳品公司决定的。奶价每月都要计算一次，然后向奶户们公布。在德国南部，“Der Bayerischen Landesanstalt fur Ernahrung”这个组织负责为成员制定奶价。

奶价的制定

“Der Bayerischen Landesanstalt fur Ernahrung”根据以下因素制定奶价：

• 脂肪
• 蛋白质
• 细菌数
• 体细胞
• 抑制剂
• 冰点
• 结核及普鲁氏菌病

脂肪和蛋白质

脂肪和蛋白质的测试为每月 4 次。奶价由 4 次测试结果的平均值来决定。

细菌

牛奶的细菌数每月要检测两次。牛奶价格是由最后 4 次检测平均值来决定的。

等级 1<100 000

等级 2>100 000，降价

体细胞

体细胞的测试也是每月两次。价格是由最后三个月的平均值来决定的。如果平均值超过了 400 000 个细胞数，那么每千克将扣除 2P。

等级 1　　<400 000

等级 2　　>400 000，降价

药物残留

药物残留的测试为每月 4 次。如果测试结果为肯定，那么每千克将扣除 10P，测试结果如果为每毫升牛奶含有超过 0.004Ug 的青霉素，那么结果就为肯定。

冰点

冰点的测试为每月 2 次。如果两次的平均值超过了 −0.515，则不能加价。

结核及普鲁氏菌病

如果在测试中发现牛奶含有结核或普鲁氏菌病，那么测试的牛奶将归于等级 2。

质量等级

如果牛奶要达到 S 级，那么必须符合以下条件：

1. 最后两个月的每毫升细菌数的平均值或两次测试的结果皆不超过 50 000。
2. 最后三月体细胞数的平均值低于 300 000。
3. 没有药物残留
4. 在运送期内冰点平均值为−0.515 5
5. 没有结核及普鲁氏菌病

如果牛奶达到了 S 级，生产商可就每升多得 0.5～2P。

运输

单位牛奶为 1～3P/千克。

生产商得到的牛奶价格

1997 年德国的生产商平均可以得到 32.96 美元，而欧盟的平均水平是 35.10 美元。

奥地利

牛奶测试市场

在奥地利，政府和全国的乳业组织 AMA 共同制定价格体系。所有的奥地利奶品场都必须遵守符合欧盟规定的最低标准，当然还有一些乳品合作社有额外的优点。

价格的制定

牛奶价格是由以下因素决定的：

- 脂肪
- 蛋白质
- 抑制剂（Inhibitors）
- 细菌总数
- 体细胞数

脂肪和蛋白质

脂肪和蛋白质的测定一个月至少要做3次。生产商可以每千克脂肪获得42.10奥币，每千克蛋白质获得5 250奥币。

抑制剂和季节

抑制剂和冰点的测试每月要做一次。如果测试中发现了抑制剂，那么运送必须立刻中止。当然，一旦测试发现没有抑制剂了，运送可以恢复。在一月，二月，三月，四月，十一和十二月都有10奥币的额外收入。

冰点

标准冰点为－0.515，如果温度超过了－0.515的话，必须再做一次测试，如果在测试中发现异样的水分，那么运送必须马上中止。

细菌和体细胞

细菌和体细胞的测试每月要做两次。如果平均值是质量等级2，那么上两个月的几何平均值也必须计算出来，这个水平就必须达到质量等级1。

质 量 等 级

微生物等级		细胞等级	
S	＜50 000	S	＜250 000
1	＜100 000	1	＜400 000
2	＜200 000，扣除50奥币	2	＜500 000，扣除50奥币
3	＞200 000，扣除100奥币	3	＞500 000，扣除100奥币

如果质量要达到S等级，微生物和细胞都要达到S等级。要达到S等级，也必须考虑到牛奶的运送，如，牛奶不能含有抑制剂。达到S等级，会有额外费用。如果是在等级2和等级3，分别扣除50和100奥币。

牛奶价格：（4.1％的脂肪和3.3％的蛋白质）

基础价格 …………………… S0.490

＋脂肪…S0.421X4.10％ … S1.726

＋蛋白质…S0.525X3.3％ ………………… S1.732

＋处理成本 ……………………… X

＋质量等级加价

S等级………………………X

微生物加价………………X

细胞加价…………………X

EVT. 加价……………………X

净价……………………X

生产商得到的牛奶价格

1997年奥地利的生产商平均可以得到31.40美元，而欧盟的平均水平是35.10美元。

瑞 士

牛奶价格的制定

在瑞典牛奶价格由以下因素决定：

- 细菌数
- 体细胞数
- 抑制剂
- 冰点

在瑞士私营的乳品场可以制定附加的质量和价格标准。

细菌

牛奶的细菌数每个月要检测1～2次。细菌限制为200 000个。如果每毫升牛奶所含的细菌数超过了200 000,那就会降低价格。

第一次发现超标，每千克牛奶扣除1Rpc五个月内的第二，第三，第四和第五次超标分别要扣除3，6，2，24RP。如果测试结果超过1 000 000个细菌数，那么要进行两次测试。

在五个月内第一次发现细菌数超过200 000，扣除1RP

在五个月内第二次发现细菌数超过200 000，扣除3RP

在五个月内第三次发现细菌数超过200 000，扣除6RP

在五个月内第四次发现细菌数超过200 000，扣除12RP

在五个月内第五次发现细菌数超过200 000，扣除24RP并中止运输。如果细菌数超过1 000 000个，要进行两次测试。

如果每月进行两次测试，那么以测试结果多的那次来决定奶价。

体细胞

体细胞的测试为每月1～2次。体细胞的限制数为每毫升350 000。

第一次发现测试结果超过350 000个细胞数，不扣除奶价。但五个月内第二，第三，第四和第五次超标分别要扣除3，6，12，24RP。

在五个月内第一次发现体细胞数超过350 000，不扣除奶价。

在五个月内第二次发现体细胞数超过350 000，扣除3RP。

在五个月内第三次发现体细胞数超过350 000，扣除6RP

在五个月内第四次发现体细胞数超过350 000，扣除12RP。

在五个月内第五次发现体细胞数超过350 000，扣除24RP并中止运输。

如果每月进行两次测试，那么以测试结果多的那次来决定奶价。

抑制剂

隔月测试一次。如果测试结果为肯定，则要扣除10R_P/千克。一年中的第二，第三次检测结果仍为肯定的话，分别要扣除30和60R_P。如果测试结果为肯定，必须马上中止运输。

冰点

冰点限制为−0.520。

生产商得到的牛奶价格

1997年瑞士的生产商平均可以得到58.80美元，而欧盟的平均水平是35.10美元。

荷　兰

在荷兰所有的乳品场都遵守符合欧盟规定的标准。采购牛奶的过程中，运送牛奶的货车司机就会取样带回牛奶监测站以及为奶户和奶业所拥有的独立实验室做测试。

奶价的制定

奶价根据以下因素制定：

- 脂肪
- 蛋白质
- 细菌数
- 体细胞
- 药物残留
- 数量
- 季节

脂肪和蛋白质

牛奶价格由监控中心的脂肪和蛋白质含量的测试结果来决定。

细菌

牛奶的细菌数每月要检测两次。如果细菌数超过了100 000，那么价格降低，乳品厂之间有所区别（直到1999年有一次全国降价）。

等级1<100 000

等级2<250 000，降价

等级3>250 000，降价

体细胞

体细胞的测试也是每月一次。

等级1<40 000

等级2<400 000，降价

等级3>400 000，降价

质量保证体系

现在的消费者和批发商越来越重视食品的质量和卫生。为了满足这样一种需求，于是奶业部门为牛奶制定了一个质量保证体系（KKM）。这个体系保证了产品质量，并被政府和公众组织所支持。

从2000年开始，所有的奶户都要通过KKM。若奶户的牛奶没有达到质量标准，那么他只能得到一个很低的价格。低质量的牛奶甚至会被奶品厂拒收——这也是遵循欧盟的规定的。一直提供优质奶的奶户会得到额外补贴。

药物残留

每次采购都要进行药物残留的检测。

冰点

冰点的测试为每年2次。

数量

有些公司，比如Campina Melkunie，对每年运送大量产品的大供应商会加价。

季节

在一年中的某几个月牛奶价格会上升，还有几个月奶价下降，荷兰的价格升落恰恰和丹麦相应季节的价格升落相反。

运输成本

每100升牛奶为7.5NLG。

生产商得到的牛奶价格

1997年荷兰的生产商平均可以得到33.76美元，而欧盟的平均水平是35.10美元。

比利时

在比利时价格体系是由农业部决定的。奶牛场遵守欧盟的相关规定，但是有些乳品合作社也有限制的选择性规定。

价格的制定

牛奶价格是由牛奶的量和所含脂肪，蛋白质的多少决定的。标准奶价通过法令决定的同时，乳品合作社通过自由商议来决定最终价格的，牛奶价格由以下因素决定：

- 脂肪
- 蛋白质
- 细菌数
- 体细胞数
- 残留
- 冰点

细菌

牛奶的细菌数每个月要检测两次。牛奶价格是由最后两个月的细菌平均值来决定的。如果每毫升牛奶所含的细菌数超过了100 000的话，那就会降低价格。

等级Ⅰ　＜100 000
等级Ⅱ　1X＞100 000　1点
等级 Ⅲ　2X＞100 000　2点
等级Ⅳ　3X＞100 000　4点

每一点表示每升要扣除 0.25BF

体细胞

体细胞的测试为每月4次。价格由最后三个月的平均值决定。如果每毫升牛奶超过了400 000个体细胞，那么价格要降低。

等级Ⅰ　＜400 000
等级Ⅱ　1X＞400 000　1点
等级Ⅲ　2X＞400 000　2点
等级Ⅳ　3X＞400 000　4点

每一点表示每升要扣除 0.25BF

抑制剂

每月测试两次。

冰点

冰点测试为每月一次。

运输成本

在比利时，奶品场负责运输。每升牛奶税收为1.25BF

生产商得到的牛奶价格

1997年比利时的生产商平均可以得到31.31美元，而欧盟的平均水平是35.10美元。

英　国

英国所有的乳品厂都遵循符合欧盟规定的统一标准，但是奶价是由私营的牛奶采购组织制定的。虽然英国没有具有代表性的全国性奶业组织，但有很多代表不同行业的自愿组织。最主要的一些组织有：英国奶业协会（UKDA），乳品工业联合会（DIF），DIF的成员大多来自加工和生产部门，还有一些来自小的牛奶生产者协会。所有这些团体都看准他们自己的主要目标，因此他们把注意力都放在每年要交会费的会员身上。

奶价的制定

牛奶价格由以下因素决定：

• 脂肪
• 蛋白质
• 细菌数
• 体细胞
• 药物残留
• 冰点
• 季节

脂肪和蛋白质

脂肪和蛋白质的测定为每星期一次。

细菌和体细胞

牛奶的细菌数和体细胞数的检测为每星期一次。

细菌数等级：

等级1　＜50 000
等级2　＜150 000
等级3　＜250 000
等级4　＞250 000

细胞数等级：

等级1　＜150 000
等级2　＜250 000
等级3　＜400 000
等级4　＞400 000

药物残留，抑制剂同体点

牛奶的药物残留和抑制剂的测试每天都进行。冰点测试为每星期一次。

其他

有时牛奶也就黄曲霉毒素，杀虫剂和重金属进行测试。

季节

在英格兰，奶价因季节的不同而不同。标准如下：

12～1月　0%
3月　－2.5%
4月　－5%
5～6月　－15%
7～10月　＋10%
11月　＋7.5%

运输成本

在英格兰单位牛奶的运输费用为0.2GP/升或4.5GP/次。

生产商得到的牛奶价格

1997年英国的生产商平均可以得到29.68美元，而欧盟的平均水平是35.10美元。

爱尔兰

牛奶测试市场

在爱尔兰，消费合作社在农民协会的重压下制定价格。周报"农民杂志"（IFA出版）也许是影响牛奶价格的惟一途径。他们每月公布各个合作社的比较价格，然后他们会指责那些支付得太少的公司，这样可以迫使其抬高价格。

在爱尔兰没有测试价格的中心实验室。所有的合作社都负责他们自己的测试。只有两个为牧群做记录的实验室，其他一些都用于他们自己的牧群记录样本。大多数测试用的是新鲜样本，但也有用保留样本的。所有的牧群都是依照保留样本来记录的。产品质量是由爱尔兰乳业协会检测的——他们根据最终消费者的要求，将产品分配到明确的乳品车间，还要确保最终的产品符合合同的条例。

奶价的制定

奶价根据以下因素制定：

• 脂肪
• 蛋白质
• 细菌数

• 体细胞
• 药物残留
• 冰点
• 孢子（一些合作社）

脂肪和蛋白质

脂肪和蛋白质的测定为每星期一次。

细菌和体细胞

牛奶的细菌数每月要检测 2 次，体细胞为每月 1～2 次。

细菌数等级：

等级 1＜50 000

等级 2＜100 000

等级 3＜250 000

等级 4＜500 000

拒收＞500 000

细胞数等级：

等级 1＜250 000

等级 2＜400 000

等级 3＜600 000

等级 4＞1 000 000

拒收＞400 0000

药物残留和孢子数

每次采购都要检测药物残留。一些合作社对于特殊产品需要特殊细菌测试，比如，对奶酪制作者的孢子测试，这些不属于官方的价格体系，现在供应商有更多的选择可以将牛奶变为特殊商品。

冰点

冰点的测试为每月一次。

质量等级

如果牛奶的蛋白质，脂肪含量高，TBC 和 SCC 含量少，就给予额外加价，如果牛奶超标，那么要受处罚。一些合作社准备将 TS 指标放进价格体系测定，但是现在它还不作为一个价格参数，更多的是用于平衡测试。

运输

单位牛奶为 0.5Iep./加仑和 1.5Iep 次。

生产商得到的牛奶价格

1997 年爱尔兰的生产商平均可以得到 30.39 美元，而欧盟的平均水平是 35.10 美元。

法　国

法国的全国乳业组织是 CHIEL。法国各个地区的价格体系因当地的乳业组织的决定而不同。当然，所有的规定都是遵循欧盟的原则。

牛奶价格的制定

牛奶价格由以下因素决定：

• 脂肪
• 蛋白质
• 细菌数
• 体细胞数
• 药物残留
• 酪酸孢子
• 抑制剂
• 冰点

脂肪和蛋白质

脂肪和蛋白质的测试为每月三次。平均的脂肪和蛋白质含量应分别为 3.8%和 3.2%。

细菌

牛奶的细菌数每月要检测 2～3 次。

等级Ⅰ＜50 000，加价

等级Ⅱ＜100 000

等级Ⅲ＞300 000，降价

体细胞

体细胞的测试为每月三次。等级划分如下：

等级Ⅰ＜200 000

等级Ⅱ＜300 000

等级Ⅲ＜400 000

＜500 000

＜750 000

＞750 000

药物残留，抑制剂，酸酪孢子和冰点

牛奶也要就药物残留，抑制剂，酸酪孢子和冰点进行测试。

生产商得到的牛奶价格

1997 年法国的生产商平均可以得到 32.49 美元，而欧盟的平均水平是 35.10 美元。

西班牙

在西班牙，奶价是由全国奶业组织。FENIL 根据欧盟规定来制定的，所有的奶品场都需要遵循这个标准。

牛奶价格的制定

牛奶价格由以下因素决定：

• 脂肪
• 蛋白质
• 细菌数
• 体细胞数
• 药物残留
• 冰点

细菌和体细胞

牛奶的细菌数和体细胞数每星期要检测一次。

细菌数　　＜100 000

体细胞数　＜400 000

药物残留和冰点

药物残留和冰点测试每月进行 2～4 次。

生产商得到的牛奶价格

1997 年西班牙的生产商平均可以得到 32.03 美元，而欧盟的平均水平是 35.0 美元。

葡萄牙

葡萄牙的奶价是由政府根据欧盟的规定来制定的。基础奶价因各个奶品场的情况有些不同。

牛奶价格的制定

牛奶价格由以下因素决定：

- 脂肪
- 蛋白质
- 固体物质
- 细菌数
- 体细胞数
- 药物残留
- 冰点

脂肪和蛋白质

如果脂肪率超过3.7%，蛋白质率超过3.2%，固体物质率超过8.7%，生产商可以得到额外加价。

细菌和体细胞

牛奶的细菌数和体细胞数每星期要检测一次。

细菌数等级：

等级1　＜100 000
等级2　＜300 000
等级3　＜500 000
等级4　＞1 000 000

体细胞数等级：

等级1　＜400 000
等级2　＜500 000
等级3　＜750 000
等级4　＞1 000 000

药物残留和冰点

牛奶也要就药物残留和冰点进行测试。

生产商得到的牛奶价格

1997年葡萄牙的生产商平均可以得到33.35美元，而欧盟的平均水平是35.10美元。

意大利

奶价的制定

奶价根据以下因素制定：

- 脂肪
- 蛋白质
- 细菌数
- 体细胞
- 孢子
- 药物残留
- 抑制剂

脂肪

脂肪含量的测试为每月2次。如果生产商提供的牛奶中含有的脂肪超过3.7gr/dl，那么加价0.5lit，如果脂肪含量不到3.7gr/dl，那么扣除0.5lit。

＜3.70gr/dl　－0.5lit
＝3.70gr/dl　0
＞3.70gr/dl　0.5lit

蛋白质

蛋白质含量的测试也为每月2次。如果蛋白质含量正好为3.25gr/dl，那么不加价也不减价，如果超过这个数，就加价，不过不到就减价。

＜3.05gr/dl　－1.3lit
3.05～3.24gr/dl　－1.0lit
3.25gr/dl　0lit
3.26～3.45gr/dl　1.0lit
＞3.46gr/dl　1.3lit

细菌

牛奶的细菌数每月要检测两次。牛奶价格是由平均值来决定的。如果每毫升细菌数低于100 000，加价4lit/l，如果细菌数超标则按超过的数目计算扣除的价格。

＞60 000　4lit/l
＜100 000　0
＜200 000　－2lit/l
＜300 000　－5lit/l
＜400 000　－7lit/l
＞400 000　－9lit/l

体细胞

体细胞的测试也是每月两次。奶价由平均值来决定的。如果牛奶中含有不到150 000个细胞数，那么价格可以上升10lit/l。如果细胞数在150 000和300 000之间，那么奶价可以上升5lit/l，但如果每毫升牛奶中含有超过350 000个细胞，那么将根据超过的细胞数扣除5或10lit/l。

＜150 000　10lit/l
＜300 000　5lit/l
＜350 000　0
＜400 000　－5lit/l
＞400 000　－10lit/l

孢子

牛奶孢子数的测试为一月两次。如果牛奶中孢子数不到300，可以加价，如果超过500，就要减价。

＜100　6lit/l
＜300　3lit/l
＜500　0
＜700　－3lit/l
＜1 000　－6lit/l
＞1 000　－9lit/l

药物残留及抑制剂

药物残留及抑制剂的测试为一月2次。

生产商得到的牛奶价格

1997年意大利的生产商平均可以得到41.62美元，而欧盟的平均水平是35.10美元。

希　腊

希腊的全国奶业组织是希腊奶业组织 Elog，但是这个组织不制定价格，奶价是由乳业公司和乳品厂来决定的。

以下的按质论价标准是由最大的私营乳品厂之一（P）和北希腊一家最大的乳品公司（C）制定的。

奶价的制定

牛奶价格是由以下因素决定：

- 脂肪
- 细菌数
- 体细胞
- 冰点
- 电力
- 数量

脂肪

P：	C：
脂肪>3.6% 1.2drs	脂肪>3.6% 0.63drs
以超过 3.6%的每 0.1%来计算	以超过 3.7%的每 0.1%来计算

细菌

牛奶的细菌数每月要检测两次

P：	加价	C：	加价
A<50 000	6	A<100 000	8
B<75 000	4	B<400 000	4
C>400 000	0	C>400 000	0

体细胞数

体细胞数的测试为每月 2～3 次。

P：	加价
A<200 000	6
B<300 000	4
C>300 000	0

药物残留和冰点

	加价		加价
Ⅰ<500	0	Ⅰ<300	0
Ⅱ<1 000	2	Ⅱ<600	4
Ⅲ<3 000	4	Ⅲ<800	7
Ⅳ>3 000	5	Ⅳ>1 500	12
		Ⅴ<2 500	15
		Ⅵ<4 000	17
		Ⅶ<6 000	19
		Ⅷ>6 000	22

药物残留和冰点的测试每天都进行。

测试结果为肯定的牛奶被拒收。

电费

电费为 0.7drs/千克

数量

吨/年

运输

在希腊单位牛奶为 7GRD/千克

生产商得到的牛奶价格

1997 年希腊的生产商平均可以得到 38.68 美元，而欧盟的平均水平是 35.10 美元。

基础价格为

P：98～107drs/千克　　C：98drs/千克

依据工厂离农场的距离和在特殊地区其他乳品场的竞争来决定。

平均价格为：

P：110.1drs/千克　　C：114.1drs/千克

关于中国奶业协会四届二次理事会调整协会负责人、常务理事、理事及新增会员单位的通告

根据协会工作需要，经中国奶业协会四届二次理事会讨论通过，对协会负责人、常务理事、理事进行了适当调整，并吸收部分新会员。现通告如下：

第一项：调整

1. 协会副理事长　原中国奶业协会副理事长、北京三元食品有限公司总经理高青山因工作调动，由现任总经理郭维健同志担任协会副理事长。

2. 常务理事

1）常务理事、四川省农业厅副厅长冯丹同志调整为四川省农业厅党组副书记、副厅长刘键同志担任。

2）常务理事、昆明雪兰牛奶有限责任公司总经理朱宝调整为现任公司总经理王洪同志担任。

3）常务理事、农业部畜牧兽医局刘佳文调整为农业部畜牧兽医局王俊勋处长担任。

4）常务理事、中国农垦发展中心主任于彤调整为现任中心主任陈升斗同志担任。

3. 理事

1）理事、原云南邓川蝶泉乳品有限公司董事长李林星调整为现任公司总经理黄松乔同志担任。

2）理事、黑龙江省安达市市委王英和更换为张景川同志。

第二项：新增团体会员、理事、常务理事

1. 新增团体会员

北京嘉源大都林科技发展有限公司
上海贯一机械设备有限公司
杭州浙大优创科技有限公司
黑龙江摇篮乳业股份有限公司
安徽六安华裕养殖有限责任公司
安徽省六安市奶牛场
五大连池鹤王乳业有限公司
遵义市乳制品有限公司
肇庆市鼎湖温氏乳业有限公司
四川省西昌攀西乳业公司
浙江省瑞安市百好乳业有限公司
杭州宋城机械制造有限公司
浙江温兄机械阀业有限公司
上海张堰轻工设备有限公司
杭州近江奶牛养殖有限公司
哈尔滨绿乐尔乳业科技有限公司
南京绿洲机械厂
江阴市江南轻工机械厂
上海瑞派机械有限公司
北京华龙星宇科技发展有限公司
青岛人民印刷有限公司
青岛玉皇岭奶牛场（原青岛第一奶牛场）
北京微至信达技术有限公司
上海益民科技有限公司
顺德市现代包装材料有限公司
天津市金威乳牛庄园有限公司
沈阳市沈松轻工食品机械厂
苏州市云兰奶业公司
广东远东食品包装机械有限公司
内蒙古奈伦天然乳品有限公司
武汉开隆高新农业发展有限公司
北京得昊力新科技发展有限公司
北京华乳技术咨询有限公司
北京瀛达丰轻工机械设备制造有限公司
天津海河乳业有限公司
吉林省生物研究所羊草研究中心
3M 中国有限公司
洛阳欣然奶业有限公司
洛阳奥源设备制造有限公司
美国惠好中国有限公司上海代表处
河北省唐山奥宏科技有限公司
现代农装科技股份有限公司
吉林松辽饲草贮备有限公司
雀巢（中国）有限公司
内蒙古乳泉奶业有限公司
北京艾格威科贸有限公司
山东凤祥乳业有限公司
农业部草原监理中心
黑龙江农垦畜牧工程技术装备有限公司
辽宁省铁岭市大牛乳品有限公司

2. 新增个人会员

内蒙古包头市人民政府副市长　王智

3. 新增理事单位

山东泉林包装有限公司
雀巢（中国）有限公司
天津海河乳业有限公司
黑龙江飞鹤乳业有限公司
农业部草原监理中心
中国农业科学院科技文献信息中心
北京艾格威科贸有限公司

4. 新增常务理事

王　智　内蒙古包头市人民政府　副市长
刘连贵　农业部草原监理中心　副主任

中国奶业协会
2003 年 10 月 31 日

图书在版编目（CIP）数据

中国奶业年鉴. 2004 / 刘成果主编. —北京：中国农业出版社，2005.1
ISBN 7-109-09595-9

Ⅰ. 中… Ⅱ. 刘… Ⅲ. 乳品工业-中国-2004-年鉴
Ⅳ. F426.82-54

中国版本图书馆 CIP 数据核字（2005）第 002361 号

中国农业出版社出版
（北京市朝阳区农展馆北路 2 号）
（邮政编码 100026）
出版人：傅玉祥
责任编辑 郭永立 刘博浩 豆 明

中国农业出版社印刷厂印刷 新华书店北京发行所发行
2005 年 3 月第 1 版 2005 年 3 月北京第 1 次印刷

开本：889mm×1194mm 1/16 印张：40 插页：32
字数：1 000 千字 印数：1～2 000 册
定价：300.00 元

CD YB
2004 2005 20